50 Jahre Verfassung des Landes Hessen

Eine Festschrift

50 Jahre
Verfassung des Landes Hessen

Eine Festschrift

Herausgegeben vom
Hessischen Ministerpräsidenten
Hans Eichel
und dem
Präsidenten des Hessischen Landtags
Klaus Peter Möller

Westdeutscher Verlag · Wiesbaden

Die Deutsche Bibliothek - CIP-Einheitsaufnahme

50 Jahre Verfassung des Landes Hessen : eine Festschrift /
hrsg. vom Hessischen Ministerpräsidenten Hans Eichel und dem
Präsidenten des Hessischen Landtags Klaus Peter Möller. -
Wiesbaden : Westdt. Verl., 1997
ISBN 978-3-663-01678-6 ISBN 978-3-663-01677-9 (eBook)
DOI 10.1007/978-3-663-01677-9
NE: Eichel, Hans [Hrsg.]; Fünfzig Jahre Verfassung des Landes Hessen

Softcover reprint of the hardcover 1st edition 1997
Der Westdeutsche Verlag ist ein Unternehmen der Bertelsmann Fachinformation.

Satz: ITS Text und Satz GmbH, Herford

Gedruckt auf säurefreiem Papier

ISBN 978-3-663-01678-6

Inhaltsverzeichnis

Vorwort des Hessischen Ministerpräsidenten

Das Land Hessen begeht die Gedenktage seiner Verfassung in einer Tradition der Zurückhaltung. 30 Jahre mußten vergehen, bis es der Landesregierung wie dem Hessischen Landtag vertretbar erschien, den Stand der Verfassungs- und Verwaltungsentwicklung in einer der Landesverfassung gewidmeten Festschrift dokumentieren zu lassen. Erwin Stein, deren Herausgeber und einer der großen Verfassungsväter, rechtfertigte dieses Unternehmen als Möglichkeit einer immerhin vorläufigen Bilanz – und das, obgleich die Verfassung doch schon damals einer ganzen Generation als Grundlage für die politische Gestaltung ihres Gemeinwesens gedient hatte. Diese Zurückhaltung mögen die aus der Katastrophe unseres Jahrhunderts erwachsenen Zweifel genährt haben, ob die rechts- und sozialstaatliche Demokratie der Hessischen Verfassung von den Bürgerinnen und Bürgern nicht nur als Staatsform akzeptiert, sondern – wie Georg August Zinn sich dies immer gewünscht hatte – zugleich als Lebensform verstanden und angenommen worden sei.

Heute ist diese älteste Nachkriegsverfassung eines deutschen Landes 50 Jahre in Kraft. Keine demokratische Verfassung in Deutschland kann auf ein längeres Bestehen zurückblicken. Der Zeitablauf hat jene frühere Skepsis nicht nur als grundlos erwiesen – mehr noch: ohne den Zweifel der Vorläufigkeit, aber mit dem Wissen um die Begrenztheit des Urteils läßt sich sagen, daß sich die Hessische Verfassung bewährt hat. Sie ist nicht nur verläßliche Rahmenordnung, funktionierendes „instrument of government", leistungsfähiges Organisationsstatut des staatlich-politischen Lebens, sondern die von der Bürgerschaft anerkannte Grundlage der demokratischen politischen Kultur unseres Landes.

Auf der Haben-Seite unserer Bilanz kann dies nicht hoch genug eingeschätzt werden:

Mit der Schaffung des Landes „Groß-Hessen" hatte die amerikanische Besatzungsmacht, den Vorschlägen ihrer deutschen Berater folgend, eine glückliche Hand bewiesen und zusammengefügt, was 400 Jahre früher schon einmal zusammen gehört hatte. Damit war das Fundament für die spätere Erfolgsgeschichte des Landes Hessen gelegt. Zu den Entstehungsbedingungen unseres Landes wie der Bundesrepublik insgesamt gehört freilich, daß diese Grundlage sich ebensowenig unseren eigenen Anstrengungen verdankt wie die historische Chance der sich anschließenden Verfassungsgebung. Dennoch war es diese von den gewählten Vertretern des Volkes erarbeitete und vom Volk in seiner Gesamtheit gebilligte Verfassung, mit der unser jetzt erstmals „Hessen" genannter „Gliedstaat der Deutschen Republik" – so die Präambel – sich als eine sozial- und rechtsstaatliche Demokratie konstituiert hat.

Zu den größten Leistungen dieser Verfassung zähle ich, daß sie in dem Rahmen, in dem Konstitutionen dies überhaupt vermögen, sozial, kulturell und politisch identitätsstiftend und integrierend gewirkt hat.

Als eine der großen verfassungspolitischen Konfessionen der unmittelbaren Nachkriegszeit charakterisiert sich die Hessische Verfassung durch ihren sozialreformatorischen Ansatz. Mit den sie auszeichnenden, den Ideen der Solidarität, der sozialen Gerechtigkeit und der sozialen Sicherheit verpflichteten Staatszielbestimmungen und Gesetzgebungsaufträgen sowie mit der Betonung des liberal-rechtsstaatlichen Elements in der starken Verankerung ihrer grundrechtlichen Verbürgungen ist dem hessischen Verfassungsgeber eine Verfassungsschöpfung gelungen, die sich dem Bewußtsein der Menschen nicht nur eingeprägt hat, sondern als gemeinsame Wertbasis akzeptiert und verinnerlicht worden ist. Ihr besonderes geschichtliches Verdienst bleibt es, nach dem Kriege zur Integration der wirtschaftlich und kulturell in ganz unterschiedlichen Landesteilen beheimateten Bürgerinnen und Bürger und der vielen Hunderttausenden von Vertriebenen beigetragen und die Ausbildung eines spezifischen Landesbewußtseins in der Bürgerschaft Hessens gefördert zu haben.

Zu den Leistungen, die untrennbar verbunden sind mit dem Auftrag der Hessischen Verfassung zur Gestaltung des Gemeinwesens im Sinne einer sozial gerechten, kulturstaatlichen Ordnung gehört aber auch die Überwindung der unterschiedlichen Entwicklung von Stadt und Land, Nord und Süd. Hier hat Hessen in den vergangenen fünf Jahrzehnten durch eine langfristig angelegte Strukturpolitik Mustergültiges geschaffen. In diesem „eigentlichen Bewährungsfeld der Länder" (Roman Herzog), bei der Errichtung von Schulen, Kindergärten, Bürgerhäusern, Verkehrs- und Versorgungseinrichtungen in der Fläche findet der sozial- und kulturstaatliche Auftrag der Verfassung seinen sichtbaren Niederschlag.

Das Beispiel der Strukturpolitik verweist freilich auch auf die Grenzen der Wirksamkeit von Landesverfassungsrecht im Bundesstaat. Denn 50 Jahre Hessische Verfassung bedeuten auch 14 Legislaturperioden – sie sind der eigentliche Zeittakt der Demokratie – Verfassungsentwicklung unter dem Grundgesetz in einem nach Europa geöffneten Deutschland. Gehört es unvermeidlich auf die Sollseite unserer Bilanz, daß das Reformpotential der Hessischen Verfassung angesichts der durch die Entwicklung und Auslegung des Grundgesetzes bewirkten Auszehrung der Länderkompetenzen, der Aufgabenabwanderung von den Ländern zum Bund, des starken und konstanten Unitarisierungsdrucks, bekräftigt noch durch das Recht der Europäischen Gemeinschaft, letztlich im Schatten des Grundgesetzes oder sogar im Schatten der Geschichte geblieben ist?

Dazu zwei Bemerkungen:

Die Hessische Verfassung hat dem Grundgesetz in manchem als Modell gedient. Schon hier findet sich – im betonten Unterschied zur Weimarer Reichsverfassung und anders als in der fast ebenso alten Verfassung des Freistaates Bayern – die Voranstellung der Grundrechte vor die staatsorganisatorischen Bestimmungen und ihre Bindungskraft für jedes staatliche Handeln. Zudem ist eine Vielzahl von Einzelbestimmungen – ich nenne etwa die Rechtsschutzgarantie, das Asylrecht, die Ächtung des Angriffskrieges, den Geltungsvorrang des Völkerrechts, das Verfahren der Richterwahl, die Bestimmungen zum Schutz der Verfassung und die verfassungsrechtliche Ewigkeitsgarantie – Maßstab für das Bundesverfassungsrecht geworden.

Für die Eigentümlichkeiten der hessischen Sozial- und Wirtschaftsverfassung gilt dies dagegen nur in einem sehr eingeschränkten Sinne.

Im Grundgesetz hat das, worin sich das Spezifische der Hessischen Verfassung am deutlichsten ausprägt, die durch Gesetzgebungsaufträge, Staatszielbestimmungen und soziale Grundrechte und -pflichten normierte Aufgabe einer sozial gerechten Sozial- und Wirtschaftsordnung, seinen – deutlich abgeschwächten – Niederschlag nur noch in der Staatszielbestimmung des Sozialstaatsgebotes gefunden. Zu diskutieren bliebe freilich, ob nicht einigen unserer Verfassungsnormen über die Sozial- und Wirtschaftsordnung verfassungsrechtliche Reservefunktionen zukommen können, die im Wandel zeitbedingter Deutungsmuster der legislativen Aktivierung fähig sind oder sich verfassungsrechtlicher Auslegung neu erschließen.

Das normative Potential der Hessischen Verfassung sieht sich aber eingeschränkt nicht nur durch die erdrückende Dichte des Bundesrechts, sondern auch durch das immer enger werdende Geflecht europarechtlicher Regelungen. Dieses Schicksal teilt sie mit den Verfassungen der anderen Bundesländer. Auch das mit der Verfassungsgebung der neuen Länder wieder erwachte Interesse am Landesverfassungsrecht und seinen Gestaltungsmöglichkeiten kann an dem Umstand nicht vorbeisehen, daß der Unitarisierungsdruck der letzten Jahre und Jahrzehnte nicht einfach umkehrbar ist. Es waren die Länder selbst, die die erschöpfende Inanspruchnahme seiner Gesetzgebungskompetenzen durch den Bund, gefördert von einem die länderspezifischen Besonderheiten mitunter nivellierenden Bundesverfassungsgericht, akzeptiert haben, weil ihr vernünftige Erwägungen und die Zweckmäßigkeit einheitlicher Regelungen nicht abzusprechen waren. Insoweit sehe ich, auch nach der Novellierung des Artikel 72 des Grundgesetzes, die Möglichkeit einer Revitalisierung des Landesstaatsrechts, die in erster Linie bei einer Zurückschneidung der Gesetzgebungskompetenzen des Bundes und einer Reform der Finanzverfassung anzusetzen hätte, eher nüchtern. Gegenüber den Herausforderungen etwa im Bereich der Medien, der Telekommunikation und der Biotechnik sowie den Imperativen einer zunehmend globalisierten Wirtschaft, die gesetzgeberischen Handlungsbedarf mehr auf der internationalen oder europäischen als auf der nationalen oder gar Landesebene verlangen, kann ein sinnvoller oder wünschenswerter Rücktransfer von Gesetzgebungskompetenzen an die Länder kaum andere als kompensatorische Bedeutung haben. Gerade der internationale Wettbewerbsdruck und die durch die globale Diversifizierung der Produktion mitverursachten Probleme des Arbeitsmarktes und der sozialen Sicherungssysteme auf der nationalen Ebene werfen heute in besonderer Schärfe die Frage nach dem Primat der Politik und damit nach der steuernden Kraft einer Verfassung als des politischen Grundkonsenses der Gesellschaft auf.

Unser Verfassungsjubiläum gibt Anlaß, solchen Fragen nachzugehen: die Wirksamkeit der Hessischen Verfassung nach einem halben Jahrhundert zu überprüfen, ihren verfassungshistorischen Kontext auszuloten, nach dem Bewährten, Überholten und ihren latent gebliebenen Gehalten zu fragen und die Ingerenzen des Bundesrechts wie des Rechts der Europäischen Gemeinschaft kritisch in den Blick zu nehmen.

Der Präsident des Hessischen Landtages und ich haben deshalb Staatsrechtslehrer, die an hessischen Hochschulen lehren oder gelehrt haben, und andere Kenner des hessischen Verfassungsrechts gebeten, sich an einer Festschrift zum 50jährigen Verfassungsjubiläum mit einem Beitrag ihrer Wahl zu beteiligen. Sie haben dies aus ihrer je eigenen Sicht und mit ganz unterschiedlichem Blickwinkel getan. Das Ergebnis wird hier der Öffentlichkeit vorgestellt. Den Autoren ist zu danken für die Fülle neuer Einblicke in verfassungsgeschichtliche Zusammenhänge. Ihre Beiträge erschließen aber ebenso das aktuelle Landesverfassungsrecht, indem sie neue Fragen aufwerfen oder in Einzelbereichen Entwicklungslinien der Staatspraxis und der Rechtsprechung nachzeichnen und ausziehen. Das in langen Jahren scheinbar geklärte Verhältnis von Landesverfassungsrecht und Bundesrecht erweist sich dabei materiell wie verfahrensrechtlich als immer noch offenes Problem. Schließlich dokumentieren die Beiträge die prekäre zukünftige Bedeutung des Landesverfassungsrechts angesichts der zunehmenden Europäisierung nationaler Rechtsordnungen.

Ich bin mir sicher, daß die Hessische Verfassung mit dieser ihr gewidmeten Festschrift eine verbreiterte theoretische Durchdringung erfahren wird, und möchte mir wünschen, daß hiervon Impulse für eine vertiefte historische wie praktische, politische wie wissenschaftliche Befassung mit dem hessischen Staatsrecht ausgehen. Es darf nicht verwundern, daß bei weitem nicht alle Fragen haben behandelt werden können, die eine Darstellung des Landesverfassungsrechts noch vollständiger hätten ausfallen lassen; und ebenso versteht es sich von selbst, daß die Beiträge dieses Bandes als Stimmen der wissenschaftlichen Diskussion und – ungeachtet ihrer Herausgeberschaft – nicht als Meinungsäußerungen von Landtag und Landesregierung genommen werden wollen.

In einem Punkt besteht freilich Einvernehmen:

Der soziale und freiheitliche Anspruch der Verfassung des Landes Hessen ist heute nicht weniger aktuell als je zuvor seit ihrer Entstehung. Was eine Landesverfassung unter den politischen und staatsrechtlichen Bedingungen der letzten 50 Jahre deutscher Geschichte in eben diesem Sinne leisten konnte, ist der Hessischen Verfassung gelungen: Die Schaffung einer politisch-sozialen Ordnung freier Menschen in einem freien Staat.

Hans Eichel

Geleitwort
des Präsidenten des Hessischen Landtags

Am 1. Dezember 1946 nahmen die hessischen Wählerinnen und Wähler durch Volksentscheid die neue Hessische Verfassung an und wählten gleichzeitig den ersten Hessischen Landtag, der am 19. Dezember 1946 zu seiner konstituierenden Sitzung zusammentrat.

Damit war Hessen 14 Monate nach seiner Gründung zu einer demokratischen und parlamentarischen Republik geworden, wie es in Artikel 65 der Hessischen Verfassung heißt.

Den Verfassungsberatungen waren Grenzen gesetzt nicht nur durch die Potsdamer Beschlüsse und die Gesetze des Alliierten Kontrollrats, zu beachten waren auch die föderativen und demokratischen Vorstellungen der amerikanischen Besatzungsmacht.

Der von der Verfassungberatenden Landesversammlung entsprechend der Direktive von General Clay vom 4. Februar 1946 erarbeitete Entwurf einer demokratischen Landesverfassung ist aus einem Kompromiß hervorgegangen, um den schwer gerungen worden war. Gelungen ist er schließlich, weil sich alle daran beteiligten politischen Kräfte darüber im klaren waren, daß nur ein von einer breiten Mehrheit getragener Entwurf die Genehmigung durch die Militärregierung und die Zustimmung im Volksentscheid erhalten und eine Grundlage für den Aufbau stabiler demokratischer Strukturen bilden würde.

„50 Jahre Hessische Verfassung" geben Anlaß zur Rückbesinnung auf ihre Entstehungsgeschichte, zu einer kritischen Auseinandersetzung mit der Verfassungswirklichkeit und zu Überlegungen, ob eine solche Bestandsaufnahme eine Verfassungsreform erfordert. Insbesondere von jugendlichen Besucherinnen und Besuchern des Landtags wird immer wieder Unverständnis darüber geäußert, daß die Todesstrafe noch Bestandteil der Hessischen Verfassung ist, obwohl das Grundgesetz sie ausdrücklich ausschließt.

Eine Diskrepanz zwischen Verfassung und Verfassungswirklichkeit besteht aus Sicht des Landtags hinsichtlich seiner Stellung zur Regierung: Das der Verfassung zugrundeliegende Gewaltenteilungsprinzip funktioniert, wie die Festrednerin zum Jubiläum am 1. Dezember 1996, Frau Staatsministerin a.D. Dr. Hildegard Hamm-Brücher, festgestellt hat, nicht mehr wie vorgesehen. Im Laufe der Jahre hat der Landtag, wie andere Landesparlamente auch, Gesetzgebungskompetenzen eingebüßt, während die Landesregierung über ihre Beteiligung im Bundesrat nicht nur an Einfluß auf die Gesetzgebung des Bundes, sondern auch in europäischen Angelegenheiten hinzugewonnen hat.

Die hier veröffentlichten Beiträge verdeutlichen die Tradition, in der unsere Verfassung steht, sie beleuchten ihre Einflüsse auf das drei Jahre später in Kraft getretene Grundgesetz, greifen spezielle Themen wie das Schulrecht, die Rolle der Kirchen und die Wahlprüfung auf, untersuchen die Stellung Hessens in der Europäischen Union und den Handlungsspielraum unseres Landes für eine eigenständige Europapolitik und werfen die Frage auf, ob eine Reform der Hessischen Verfassung angezeigt ist und welche Schranken das Grundgesetz hierfür setzt.

Mit der Herausgabe dieser Festschrift verbindet sich nicht nur der Wunsch, die Hessische Verfassung in angemessener Weise zu würdigen. Verbunden ist damit auch die Hoffnung, daß ein tieferes Verständnis ihrer Normen und der Umstände ihres Zustandekommens die Einsicht fördert, daß, um an ein Zitat von Ludwig Metzger anläßlich des 25jährigen Bestehens der Hessischen Verfassung anzuknüpfen,

„des Menschen Fähigkeit zur Gerechtigkeit Demokratie möglich, seine Neigung zur Ungerechtigkeit aber Demokratie notwendig macht."

Klaus Peter Möller

I.

WERNER FROTSCHER und UWE VOLKMANN

Geburtswehen des modernen Verfassungsstaates – Der Kampf um die kurhessische Verfassung als deutscher Präzedenzfall

I. Einleitung

Als das Land Hessen im September 1945 gegründet wurde, konnte man nicht an eine spezifisch eigene Verfassungstradition anknüpfen. Das neue Bundesland in seiner heutigen geographischen Ausdehnung war im wesentlichen „ein Resultat der Besatzungszeit",[1] wobei hier offen bleiben muß, ob die Besatzungsmacht wirklich nur vollzog, „was geschichtlich längst angelegt war"[2]. Jedenfalls hatte das heutige „Großhessen" eine Reihe von staatlichen Vorläufern. Kurzfristig, aber folgenreich unterbrochen von der nationalsozialistischen Unrechtsherrschaft, die die eigene Staatlichkeit der Länder spätestens mit dem Gesetz über den Neuaufbau des Reiches vom 30. Januar 1934 jäh beendete, reichen die geschichtlichen Wurzeln auch und vielleicht entscheidend in das 19. Jahrhundert zurück, als nach der Auflösung des Heiligen Römischen Reiches und der Abschüttelung der napoleonischen Fremdherrschaft nicht nur die politische Landkarte Deutschlands, sondern auch die innere Verfassung der im Deutschen Bund zusammengeschlossenen souveränen Fürstentümer neu geordnet wurde. Hier lassen sich vier selbständige Mitgliedsstaaten des Deutschen Bundes als Vorläufer des heutigen Hessen ausmachen: Kurhessen (das frühere Hessen-Kassel), Hessen-Darmstadt, das Fürstentum Waldeck und die Freie Stadt Frankfurt. Deren jeweilige Verfassungsgeschichte ist freilich ebenso wie ihre politische Geschichte so wechselhaft, daß sie hier nicht im einzelnen referiert werden soll.[3] Statt dessen konzentriert sich die nachfolgende Darstellung auf das Kurfürstentum Hessen, das einen Großteil des heutigen Bundeslandes zwischen Lahn, Main und Werra umfaßte und von Kassel bis Hanau, von Fulda bis Marburg reichte. Eine Beschränkung auf dieses bietet sich jedoch nicht nur deshalb an, weil es sich dabei um das eigentliche Kernland des heutigen Hessen handelt. Die Auseinandersetzungen um eine kurhessische Verfassung, die das politische Leben im Fürstentum von seiner Restaurierung im Jahre 1814 bis zu seinem Ende 1866 mehr oder weniger heftig bestimmten, erweisen sich vielmehr auch als beispielhaft für die Schwierigkeiten und Widerstände, welche die Entstehung des modernen

---

1 *W. Mühlhausen*, „... die Länder zu Pfeilern machen ...", Hessens Weg in die Bundesrepublik Deutschland 1945–1949, 1989, S. 11.

2 *M. Stolleis*, in: *Meyer/Stolleis* (Hrsg.), Staats- und Verwaltungsrecht für Hessen, 3. Aufl. 1994, S. 18.

3 Siehe hierzu den knappen Überblick bei *Stolleis* (Fn. 2), S. 19 ff.; eingehender *K. E. Demandt*, Geschichte des Landes Hessen, 2. Aufl. 1972; *U. Schultz* (Hrsg.), Die Geschichte Hessens, 2. Aufl. 1989, S. 160 ff.

Verfassungsstaates in Deutschland insgesamt begleiteten. Denn die heutige Verfassungsordnung in Bund und Ländern ist aus einer allgemeindeutschen, nicht auf einen Einzelstaat beschränkten Entwicklung hervorgegangen; insoweit haben sich die für das geltende Verfassungsrecht maßgebenden Begriffe „durch die Zeit" entwickelt und sind sie historisch-politisch bedingt.[4] Dementsprechend steht auch die Hessische Verfassung vom 1. Dezember 1946 nicht isoliert da, sondern ist in eine umfassendere deutsche Verfassungstradition eingebettet – die sich freilich an einer entscheidenden Schnittstelle gerade in der Geschichte Kurhessens spiegelt.

II. Die Anfänge des Konstitutionalismus in Hessen – der kurhessische Verfassungsentwurf von 1815/16

Die moderne Verfassung, wie wir sie kennen, ist das Resultat des Rufes nach Verrechtlichung politischer Herrschaft. Er ertönte, unüberhörbar, zum Ende des 18. Jahrhunderts, nachdem der Glaube an die göttliche Einsetzung dieser Herrschaft brüchig geworden war. Angestoßen von den revolutionären Umbauten des Staates in Frankreich und Nordamerika, griff er zu Beginn des 19. Jahrhunderts auch nach Deutschland über. Wenngleich eine Revolution hier noch lange nicht in Sicht war, fand die Idee der Konstitutionalisierung immer mehr Anhänger, und für den Zeitraum um 1815 läßt sich schon davon sprechen, daß „Verfassungen" ein beherrschendes Thema der öffentlichen Diskussion bildeten.[5]

Mehrere Bedingungen waren dafür ausschlaggebend. Neben dem geistigen Einfluß der Natur- und Vernunftrechtslehren der Aufklärung und dem Vorbild der nordamerikanischen Bills of Rights bzw. der französischen Revolutionsverfassungen, insbesondere aber der Charte Constitutionelle von 1814, waren es handfeste politische Interessen, welche die Verfassunggebung in Deutschland vorantrieben. Viele der soeben von napoleonischer Herrschaft befreiten deutschen Partikularstaaten waren mit einem erheblichen Integrationsproblem konfrontiert: Sie waren teils restituiert, teils arrondiert worden, konnten aber noch auf keine gewachsenen Strukturen zur Herstellung politischer Einheit zurückgreifen.[6] Zur Lösung dieses Problems gab es kein besseres Mittel als das Recht – und zwar in Gestalt einer Grundordnung, die Hoheitsbefugnisse sachlich und regional konzentrieren, unterschiedliche Bevölkerungsgruppen zu Angehörigen eines Staatsverbandes zusammenschließen und sie, in welcher Weise auch immer, in den politischen Prozeß einbinden konnte. Angesichts der besonderen Eignung einer solchen Grundordnung nimmt es nicht wunder, daß in vielen Fällen auch der Landesherr und die landesherrliche Regierung auf sie hinwirkten und beide folglich im Prozeß der Verfassunggebung eine aktive Rolle spielten. Gleichsam nebenbei lösten sie so ein

---

4 *E.-W. Böckenförde*, Gesetz und gesetzgebende Gewalt, 1958, S. 15.

5 *H. Brandt*, in: Das Parlament, H. 16/17 vom 14./21.4.1989.

6 Vgl. *Th. Nipperdey*, Deutsche Geschichte 1800–1866, 5. Aufl. 1991, S. 273; *E. R. Huber*, Deutsche Verfassungsgeschichte seit 1789, Bd. 1, Nachdruck der 2. Aufl. 1990, Bd. 2, 3. Aufl. 1988, hier Bd. 1, S. 317. Zur Lage in Kurhessen *W. Speitkamp*, Restauration als Transformation, 1986, S. 53 ff.

weiteres Problem monarchischer Herrschaft: Diese bedurfte, um der immer noch drohenden Revolutionsgefahr zu entgehen und als Staatsform zu überleben, dringend einer Erneuerung ihrer Legitimationsgrundlage.[7] Auch dafür ließ sich die Verfassung verwenden. Als Mit- oder Gegenspieler des Monarchen auf der Bühne frühkonstitutioneller Verfassunggebung erschien indes das Bürgertum, das nach und nach zum eigentlichen Träger der Verfassungsbewegung werden sollte.[8] Es focht nicht nur aus ideellen Gründen für eine Verfassung, sondern wollte über die Bindung der Staatsgewalt bei gleichzeitiger „Befreiung" der gesellschaftlichen Sphäre von obrigkeitlichen Eingriffen und Fesseln seine privaten und insbesondere seine wirtschaftlichen Interessen verfolgen. Dazu reichten die bloß moralischen Beschränkungen, denen die Ausübung politischer Herrschaft schon durch die verschiedenen Gesellschaftsvertragslehren des Vernunftrechts unterworfen worden war, nicht aus. Diese mußten vielmehr in eine auch den Landesherrn bindende Rechtsform übersetzt werden, um sicherer zu werden.

All diese verschiedenen Problemkreise und Strömungen flossen in der Idee der Konstitutionalisierung zusammen. Ihr schien auch der im Zuge der Neuordnung der Staatenwelt 1815 gegründete Deutsche Bund Rechnung zu tragen, der in Art. 13 seiner Bundesakte anordnete, daß in allen Bundesstaaten „eine landständische Verfassung stattfinden" sollte. Zwar geriet diese Bestimmung alsbald in die Hände der Verteidiger der alten Ordnung, die sie so interpretierten, daß sie den Erlaß von Verfassungen eher behinderte als vorantrieb.[9] Aber zumindest vorerst hielt sie das Projekt auf der Tagesordnung. Während es freilich in den beiden größten deutschen Teilstaaten – Österreich und Preußen – aus verschiedenen Gründen nicht vorankam, trug es in den süddeutschen Staaten schnell Früchte. Noch mehr oder weniger stark durch französischen Einfluß geprägt, brauchten sie eine stabile und funktionsfähige Ordnung zum Ausweis und zur Verteidigung ihrer noch frischen Souveränität.[10] Diese frühe Phase süddeutscher Verfassungsgesetzgebung wurde durch eine „einmalige, paradoxe Interessenparallelität zwischen absolutistischem Egalisierungswillen und teils altständischem, teils liberalem Repräsentationsverlangen"[11] entscheidend begünstigt. Es war jedoch ein hessisches Land, in dem die erste deutsche Verfassung nach dem Ende der Befreiungskriege in Kraft trat: Am 1./2. September 1814 gab sich das Herzogtum Nassau seine Konstitution; rund sechs Jahre später folgte auch Hessen-Darmstadt. Da war freilich der Prozeß der Konstitutionalisierung schon wieder ins Stocken geraten: Im Klima von Restauration, Reaktion und Resignation, das sich nach der Ermordung *Kotzebues* durch den Burschenschaftler *Sand* und den daraufhin von *Metternich* inspirierten und durchgesetzten Karlsbader Beschlüssen vom August 1819 im Deutschen Bund ausbreitete, verschlechterten sich auch die Chancen für jene umfassende Regulierung

---

[7] Vgl. *E.-W. Böckenförde*, Recht, Staat, Freiheit, 1991, S. 255.

[8] *D. Grimm*, Die Zukunft der Verfassung, 1991, S. 38 ff.

[9] Vor allem der Begriff „landständisch" gab in der Folge Anlaß zu manchen Unklarheiten; siehe dazu unten Fn. 18.

[10] Zu weiteren Gründen siehe *Nipperdey* (Fn. 6), S. 273.

[11] *D. Willoweit*, Deutsche Verfassungsgeschichte, 2. Aufl. 1992, S. 216.

der Ausübung politischer Herrschaft, wie sie mit der Idee der Verfassung verbunden war.

Nahezu sämtliche Geburtswehen dieses frühen Konstitutionalismus spiegeln sich in den Auseinandersetzungen um den ersten Verfassungsentwurf im Kurfürstentum Hessen. Eben erst als Teil des Königreiches Westphalen der französischen Besatzung und der Regierung durch *Napoléons* Bruder *Jérôme* entronnen, sollten hier die Weichen für die künftige Gestalt der politischen Ordnung schon zeitig gestellt werden. Die Bemühungen um eine Verfassung setzten dementsprechend bereits im Herbst 1814 ein, noch bevor die süddeutschen Staaten das Feld betreten hatten. Es war eine Phase des Umbruchs und des Übergangs, geprägt von den für solche Phasen typischen Halbheiten und Unentschiedenheiten. Die Gesellschaftsstruktur war noch nicht bürgerlich, sondern vorindustriell-agrarisch; der Ständestaat war nicht nur nicht überwunden, sondern sollte – in einem nachwirkenden Affekt gegen die Modernisierungsversuche der Besatzungszeit – sogar restauriert werden. Hinzu kamen offenbar schon damals notorisch hessische Verhältnisse: Das Land war arm, die Staatskasse leer, die Krone dringend auf Geld angewiesen. In dieser Lage konnten die entscheidenden Impulse für eine Verfassunggebung noch nicht von einem reformwilligen Bürgertum ausgehen, sondern, ähnlich wie einige Jahre später auch in Süddeutschland, nur von oben kommen: von dem gerade erst wieder frisch im Sattel sitzenden Kurfürsten *Wilhelm I.*, der sich an die Spitze der Bewegung zu stellen schien.[12] Jedenfalls berief dieser Ende September 1814 die Versammlung der Landstände ein – erstmals unter Einschluß der Bauern – und hoffte in der Eröffnungsrede auf Resultate, die „Glück und Wohl" der Untertanen „nicht bloß für jetzt, sondern für immer durch feste, unumstößliche Bestimmungen dauerhaft" sichern und gründen sollten.[13]

Das klang zwar noch reichlich sibyllinisch, ließ aber doch eine mindestens vorsichtige Annäherung an das Projekt einer künftigen Verfassung erkennen. Mit deren Ausarbeitung wurde denn auch nach einigem Hin und Her eine vierköpfige Expertenkommission beauftragt. Was diese schließlich als Ergebnis ihrer Bemühungen vorlegte, trägt – sowohl in der ursprünglichen als auch in der vom Kurfürsten redigierten Fassung – schon alle wesentlichen Züge des deutschen Verfassungstypus jener Zeit.[14] Zukunftsweisendes, die bürgerliche Gesellschaft Vorwegnehmendes steht darin neben Rückständigem und Rückwärtsgewandtem. Da der Entwurf von der Autorität des Landesherrn abgeleitet ist, liegt diese ihm notwendig voraus.

---

[12] Vgl. *H. Seier* (Hrsg.), Akten zur Entstehung und Bedeutung des kurhessischen Verfassungsentwurfs von 1815/16, 1985, S. XXXV ff.

[13] Zitiert nach *K. Wippermann*, Art. Hessen-Kassel, in: *v. Rotteck/Welcker*, Das Staats-Lexikon, 3. Aufl. 1863, Bd. 8, S. 39. Im Hintergrund dürften dabei auch die auf Verfassunggebung und Wiederherstellung der Stände gerichteten Selbstverpflichtungen gestanden haben, die der Kurfürst durch Unterzeichnung des Wiederherstellungsvertrages vom 2. Dezember 1813 und der Wiener Kleinstaatennote vom 16. November 1814 eingegangen war, vgl. dazu *Huber* (Fn. 6), Bd. 1, S. 497, Bd. 2, S. 63; *Seier* (Fn. 12), S. XXX.

[14] Die verschiedenen Fassungen sind abgedruckt bei *Seier* (Fn. 12), S. 155 ff. (Kommissionsentwurf), S. 180 ff. (Regierungsentwurf, vom Kurfürsten redigiert), S. 251 ff. (letzte erhaltene Fassung). Ausführliche Darstellung des gesamten Verfassungsprojekts und der Entwicklungen, die zu den einzelnen Fassungen führten, bei *Speitkamp* (Fn. 6), S. 124 ff.

Herrschaft wird, anders als in den Revolutionsverfassungen Frankreichs, der Vereinigten Staaten oder Belgiens, dementsprechend nicht begründet, sondern vorausgesetzt und lediglich kanalisiert.[15] Es gilt, ohne daß davon noch groß Aufhebens zu machen ist, das monarchische Prinzip, das für den Deutschen Bund einige Jahre später in Art. 57 der Schlußakte des Wiener Kongresses festgeschrieben werden sollte.[16] Zu seiner Bekräftigung reicht um 1815/16 noch ein lapidarer Halbsatz – auf daß noch der Anschein, hier werde womöglich ein fiktiver Gesellschaftsvertrag beurkundet oder vollzogen, peinlich vermieden wird.[17] Gleichwohl wird die Macht des ehedem absoluten Landesherrn auch begrenzt: Ihre Ausübung sollte er sich nach den von ihm gebilligten Vorstellungen der Entwurfsverfasser künftig mit den Ständen teilen. Vorgesehen ist dazu ein Einkammerlandtag, der vor allem bei der Gesetzgebung und Steuerbewilligung ein Mitspracherecht besitzt und dessen Mitglieder schon nicht mehr als weisungsabhängige Vertreter korporativer Interessen, sondern als mit einem freien Mandat ausgestattete Vertreter des ganzen Volkes erscheinen. Kap. III Art. 1 der nach den Wünschen des Kurfürsten revidierten und von ihm gebilligten Fassung läßt es insoweit nicht an der nötigen Klarheit vermissen: „Besondere Repräsentationen der Prälaten und Ritterschaft, der Städte und der Bauern hören zu Vermeidung alles Anlasses zum Zwiespalt der Stände für die Zukunft auf. Sämtliche Landtagsdeputierte zusammen machen die Stände aus, und jeder Landtagsdeputierte repräsentiert die Untertanen, ohne Unterschied ihres Standes." Mit dieser Verfassungsbestimmung ist der erste Schritt zu einem modernen Repräsentativsystem getan.[18]

Darüber hinaus werden mit einem Katalog von Grundrechten schon einzelne Pflöcke bürgerlicher Freiheit eingeschlagen, die vom Regenten allein nicht wieder ausgerissen werden können.[19] Und auch die Verfassung selbst, deren Respektierung dieser auf seinen Eid zu nehmen hat,[20] soll nicht mehr einseitig, sondern nur im

---

[15] Siehe dazu *Grimm* (Fn. 8), S. 59 f.

[16] Abgedruckt bei *E. R. Huber*, Dokumente zur deutschen Verfassungsgeschichte, Bd. 1, 3. Aufl. 1978, Bd. 2, 3. Aufl. 1986, hier Bd. 1, Nr. 31. Nach Art. 57 mußte in den Mitgliedsstaaten des Deutschen Bundes die gesamte Staatsgewalt im Oberhaupt des Staates vereinigt werden; der Souverän konnte durch eine landständische Verfassung nur in der *Ausübung* bestimmter Rechte gebunden werden.

[17] Siehe Kap. 1, Art. 1 der insoweit gleichlautenden Entwürfe. In der erstmals in der letzten Fassung enthaltenen Präambel ist die Verfassungserteilung denn auch ausdrücklich als ein keiner weiteren Ableitung mehr bedürftiger einseitiger Akt des Fürsten gekennzeichnet.

[18] Siehe im einzelnen Kap. IV des Kommissionsentwurfs. An echter Repräsentation im heutigen Sinne fehlte freilich noch einiges, vgl. *Ch. Wefelmeier*, Repräsentation und Abgeordnetenmandat, 1991, S. 49 ff. Von einem auch nur annähernd gleichen Wahlrecht konnte keine Rede sein; Besitzlose, abhängig Arbeitende und Frauen waren von vornherein von jeder Vertretung ausgeschlossen. Der Fortschritt liegt dementsprechend allein in der Idee der Gesamtrepräsentation, die trotz mancher Einschränkungen durch alle Entwürfe durchgehalten wird. Wie erheblich dieser Fortschritt war, wird vor allem in der Konfrontation mit der Alternative deutlich. Diese wurde vor allem von *Friedrich von Gentz*, einem Haus- und Hofpublizisten *Metternichs*, in seiner Schrift „Über den Unterschied von der landständischen und der Repräsentativverfassung" verfochten und sah so aus, daß jeder Abgeordnete allein seinen Stand repräsentieren sollte und von diesem dementsprechend auch instruiert werden konnte. Repräsentativverfassungen führten für *Gentz* demgegenüber auf den „verkehrten" Begriff der Volkssouveränität zurück.

[19] Vor allem hier macht sich das Mitspracherecht der Stände bemerkbar: Nach Kap. IV Art. 5 des Kommissionsentwurfs bedurften Gesetze, die in Freiheit und Eigentum eingriffen, zwingend ihrer Zustimmung.

[20] Kap. I Art. 6 des Kommissionsentwurfs.

gegenseitigen Einvernehmen mit dem Landtag geändert werden können.[21] In solchen und anderen Bestimmungen klingt schon an, was jede Verfassung sein will – eine umfassende Normierung und Bindung politischer Macht. Sie ist hier noch das Resultat einer Selbstbindung, von der es aber zumindest in der Theorie schon kein Zurück mehr gibt. Ist die Verfassung erst einmal in Kraft gesetzt, steht auch der Monarch wie alle anderen Träger öffentlicher Gewalt nicht mehr über, sondern unter ihr.[22]

Soweit sollte es allerdings vorerst nicht kommen. Dieser frühe Versuch einer Konstitutionalisierung des Staates scheiterte im Streit über Geld, Macht und Pfründe. Eine Einigung über die wechselseitigen Rechte von Krone und Ständen kam nicht zustande und war am Ende wohl auch nicht mehr gewollt. Die Zeit spielte für den Kurfürsten; der politische Wind hatte sich seit Beginn des Wiener Kongresses gedreht und blies den Reformern und Konstitutionalisten wieder kräftig ins Gesicht. So konnte *Wilhelm I.* im Mai 1816 den unbotmäßigen Landtag einfach auflösen.[23] In den folgenden Jahren regierten er und sein Nachfolger ohne förmliche Rechtsgrundlage und stellten offenbar fest, daß es auch so ging.[24] Die Verfassungsbestrebungen versandeten. Ihre alsbaldige Wiederbelebung scheiterte schon an dem Klima von Reaktion und Repression, das nach den Karlsbader Beschlüssen im Deutschen Bund herrschte.[25] Aber als „Denkvorlage"[26] blieben die Entwürfe der ersten Stunde präsent. Sie konnten wieder hervorgeholt werden, als in den revolutionären Wirren des Vormärz die Verfassungsbewegung einen neuen Aufschwung erlebte.

III. Auf der Höhe der Zeit – die kurhessische Verfassung von 1831

Die Karlsbader Beschlüsse führten zu gravierenden Beschränkungen vor allem für die Presse und die Universitäten und damit für die Zentren der politischen Opposition in Deutschland. Zudem wurde eine Zentraluntersuchungskommission mit dem Sitz in Mainz gegründet, um revolutionäre Umtriebe polizeilich zu verfolgen. Doch alle diese Unterdrückungsmaßnahmen schufen nur eine trügerische, äußerliche Ruhe. Die national-liberale, aber auch die radikal-demokratische Opposition konnten zwar von der politischen Bildfläche verdrängt, aber nicht ausgeschaltet oder gar aufgelöst werden. Das zeigte sich deutlich, als im Juli 1830 in Frankreich erneut die Revolution ausbrach, die zum Sturz des regierenden Königs *Karls X.* führte. Der neue „Bürgerkönig", wie er genannt wurde, *Louis Philippe*,

---

[21] Kap. X Art. 6 des Kommissionsentwurfes; Kap. X Art. 4 des revidierten Entwurfes vom Februar 1816; Zehntes Hauptstück Art. 4 der Letztfassung.

[22] Vgl. *Böckenförde* (Fn. 7), S. 281 f.

[23] Zu den Einzelheiten *Speitkamp* (Fn. 6), S. 312 ff.

[24] Ab 1821 existierte zumindest ein nach preußischem Vorbild formuliertes, den Monarchen freilich nicht bindendes Organisationsedikt, vgl. *Stolleis* (Fn. 2), S. 22 f.

[25] *Seier*, in: *Schultz* (Fn. 3), S. 164. Zu den Karlsbader Beschlüssen und ihren Folgen *Huber* (Fn. 6), Bd. 1, S. 732 ff.

[26] *Seier* (Fn. 12), S. XXIV.

mußte erhebliche Mitspracherechte zwar nicht des Volkes, wohl aber der in den Kammern vertretenen reichen Klassen akzeptieren und außerdem einen Eid auf die Verfassung ablegen, bevor er den Thron bestieg. Wie so oft in der jüngeren Verfassungsgeschichte wirkten die Ereignisse in Frankreich auch als Antriebskraft für die deutsche Verfassungsentwicklung. Im Gefolge der Juli-Revolution kam es in Deutschland zu erheblichen Unruhen, zu einem Erstarken freiheitlicher Ideen und einer neuen Welle der Verfassunggebung. Diese war so stark, daß der liberale Staatsrechtler *Karl von Rotteck* um 1830 davon sprechen konnte, es sei „heute ganz eigens das Zeitalter der Constitutionen".[27]

Parallel zu dieser Renaissance des Konstitutionalismus verschieben sich aber auch die Akzente innerhalb der Bewegung. Hatte die Verrechtlichung von Herrschaft in der Spielart, die sie schon in den frühen deutschen Verfassungen und Verfassungsentwürfen erfahren hatte, der Sache nach dazu geführt, daß die Ausübung dieser Herrschaft an bestimmte Formen und Verfahren gebunden und bereichsweise von der Zustimmung der Volksvertretung abhängig gemacht wurde, so wird nun verstärkt das freiheitssichernde Potential erkannt, das darin liegt.[28] Neben das negative Element der Begrenzung der monarchischen Machtfülle tritt auf diese Weise ein positives: Die Verfassung wird unmittelbar auf Freiheit bezogen und mit ihr gelegentlich sogar gleichgesetzt. Sie ist, wie *Karl Theodor Welcker* schrieb, „nicht irgendein Nebenpunkt, sondern die Hauptsache der politischen Freiheit oder ihrer Verwirklichung, ja diese selbst"[29]. Was an dieser Freiheit „politisch" war, mußte sich freilich erst noch herausstellen; je nach Interessenlage und realen Machtverhältnissen konnte der Zusatz als Forderung nach demokratischer Partizipation oder im Sinne einer gegen die überkommenen Herrschaftsansprüche erst noch zu erkämpfenden „Freiheit vom Staat" verstanden werden.[30] Aber in beiden Nuancierungen blieb die Verbindung der Verfassungs- mit der Freiheitsidee zu frappant, als daß sie noch länger ignoriert werden konnte.

In Kurhessen jedenfalls führte sie zu einer Verfassung, die manchem als die radikalste des deutschen Vormärz gilt.[31] Den unmittelbaren Anstoß zu ihr gaben die Unruhen, die im Anschluß an die Pariser Juli-Revolution auch in Hessen ausbrachen. Von ökonomisch-sozialen Mißständen befeuert und von breiten Volksschichten getragen, erreichten sie eine Wucht, die den Deutschen Bund schon veranlaßte, mit dem Einmarsch seiner Truppen zu drohen. Nicht einmal Thron und Dynastie schienen mehr sicher. Am Ende blieb Kurfürst *Wilhelm II.*, dessen Renommee durch allerlei Affären zusätzlich angeschlagen war, mitsamt seiner Regierung nur die Flucht in das Zugeständnis.[32] Das Menetekel der sozialen Revolution

---

[27] *K.v. Rotteck*, Lehrbuch des Vernunftrechts und der Staatswissenschaften, Bd. 2, 1830, S. 172.

[28] Vgl. *Grimm* (Fn. 8), S. 125 f.

[29] *K. Th. Welcker*, Art. Grundgesetz, Grundvertrag, in: *v. Rotteck/Welcker* (Fn. 13), 2. Aufl. 1847, Bd. 6, S. 166.

[30] Vgl. *E. Forsthoff*, Deutsche Verfassungsgeschichte, 4. Aufl. 1972, S. 117 f.

[31] So *Huber* (Fn. 6), Bd. 2, S. 68; *Stolleis* (Fn. 2), S. 23.

[32] Siehe zum Ablauf der Ereignisse *Huber* (Fn. 6), Bd. 2, S. 64 ff.; *G. Kleinknecht*, Sylvester Jordan (1792–1861). Ein deutscher Liberaler im Vormärz, 1983, S. 18 ff.; *Demandt* (Fn. 3), S. 551 f.

vor Augen und um zu retten, was zu retten war, besann er sich wieder auf das 1816 so unrühmlich von der Tagesordnung abgesetzte Verfassungsprojekt, berief schon zum 16. Oktober 1830 die Landstände ein und ließ in der einleitenden Sitzung einen als „Proposition" bezeichneten Entwurf eines Staatsgrundgesetzes präsentieren, der die Grundzüge einer künftigen, freilich über weite Strecken reaktionären Verfassung enthielt.[33] Der Landtag war mit dem Inhalt dieser Proposition nicht einverstanden und setzte seinerseits eine Verfassungskommission ein, zu deren Vorsitzendem der Marburger Staatsrechtler *Sylvester Jordan* bestimmt wurde. Mit ihm rückte an die Schaltstelle der kurhessischen Verfassungsbewegung endgültig ein Vertreter des liberalen Bürgertums – jener Schicht, der an Verteidigung und Ausbau privater Freiräume viel, an grundstürzenden sozialen und politischen Umwälzungen dagegen wenig gelegen war.

Von deren gemäßigter Denkart ist auch *Jordan* geprägt. In seiner Staatslehre, die sich von der anderer liberaler Juristen nur wenig abhebt, so daß ihr auch mangelnde Originalität nachgesagt wird,[34] nehmen die Ideen von Freiheit und Eigentum den Stellenwert ein, der ihrer gestiegenen ökonomischen Bedeutung entsprach: Als überpositive Rechte – „Urrechte"[35] – bilden sie einen der „Endzwecke" der Staatsgewalt, deren „geordnete und ungestörte Ausübung" diese nur „möglich zu machen und in der Tat zu bewirken hat"[36]; als Grundrechte sollen sie durch eine Verfassung vor Verflüssigung gesichert werden.[37] Hinter dieser Indienstnahme der Verfassung für die Freiheit schimmert schon das für die damaligen Verhältnisse durchaus fortschrittliche Leitbild auf – die bürgerliche Gesellschaft, die ausreichende Möglichkeiten der Kapitalbildung bereithält und sich im freien Spiel der Kräfte sowie im ungehinderten Austausch von Meinungen selbst zu regulieren imstande ist.[38] Was *Jordan* freilich daneben zu sagen hat, ist durchaus staatstragend. Überzeugt, daß die „repräsentative Erbmonarchie diejenige Staatsform" ist, „welche sowohl dem Kulturstande als den geschichtlichen Verhältnissen der Deutschen am meisten entspricht"[39], hat er mit Auflehnung und Erhebung nichts im Sinn; Revolutionen gehören für ihn zu den „größten der Übel, womit Völker heimgesucht werden können".[40] Das Alte weder gewaltsam zu zerstören noch das Neue gewaltsam zu verhindern sieht er als seine Aufgabe.[41] Vorrang hat im Zweifel die Ordnung im Sinne der „Begründung und Erhaltung der unbedingten

---

[33] Zu deren Inhalt *Kleinknecht* (Fn. 32), S. 33 f.

[34] Vgl. *Seier* (Fn. 25), S. 165.

[35] *S. Jordan*, Versuche über allgemeines Staatsrecht in systematischer Ordnung und mit Bezugnahme auf Politik, 1828, S. 411.

[36] *S. Jordan*, Lehrbuch des allgemeinen und deutschen Staatsrechts, 1831, S. 83 f. Noch deutlicher in bezug auf den Staat als ganzes ders. (Fn. 35), S. 411: „der letzte Grund seiner Notwendigkeit".

[37] Die Ausarbeitung eines Katalogs von Bürgerrechten nimmt dementsprechend bei *Jordan* breiten Raum ein, siehe ders. (Fn. 35), S. 413 ff.

[38] *Kleinknecht* (Fn. 32), S. 13.

[39] *Jordan* (Fn. 36), S. 49.

[40] *Ders.* (Fn. 35), S. 172.

[41] *Ders.* (Fn. 35), S. V.

Herrschaft des Rechtsgesetzes auf Erden"[42] – und als sich die Chance bot, diese gerade in Form einer Verfassung zu verankern, war *Jordan* zur Stelle.[43]

Vor diesem Hintergrund und mit diesem Personal waren die Weichen für die neue Verfassung schon auf Kompromiß gestellt, bevor diese im Januar 1831 dann verabschiedet wurde[44] – und das Kompromißhafte sollte denn auch, nicht anders als bei den anderen Verfassungswerken des Vormärz,[45] zu ihrem hervorstechenden Wesenszug werden. Auf der einen Seite ist sie immer noch dem überkommenen monarchischen Prinzip verhaftet: Der Landesherr bleibt alleiniger Inhaber der Staatsgewalt (§ 10), die Stände sind auf eine Mitwirkung bei deren Ausübung beschränkt – ganz wie es Art. 57 der Wiener Schlußakte entsprach.[46] Der Kurfürst behält traditionelle Instrumente und Insignien der Macht: Er hat das Recht zur Einberufung und Auflösung der Ständeversammlung (§§ 80 ff.), ernennt und entläßt die nach seinen Weisungen regierenden Minister (vgl. § 8), kann gegebenenfalls mit Hilfe eines nur vage begrenzten Notverordnungsrechts regieren (§ 95 Abs. 2), kommandiert die Armee und trifft die Entscheidung über Krieg und Frieden.[47] Die Verfassung hält sich damit ganz innerhalb der Systemgrenzen, die ihr von deutscher Wirklichkeit vorgegeben waren.[48] Sie kanalisiert monarchische Souveränität und gießt sie in Rechtsform, ohne sie indes als solche anzutasten.

Auf der anderen Seite steht indes einiges, was die Januarverfassung von ihren zeitgenössischen Pendants ebenso wie von ihrer Beinahe-Vorläuferin abhebt, wenngleich sie an beide in manchem anknüpft. Schon die Umstände ihrer Entstehung weisen sie weniger als großzügige Geste des Souveräns als vielmehr als Produkt von Verhandlungen aus. Es handelt sich – ebenso wie bei der württembergischen Verfassung vom 25. September 1819 – der Sache nach um eine vereinbarte, nicht um eine vom Landesherrn oktroyierte Verfassung.[49] Selbst die geschwätzige Präambel, ein syntaktisches Ungetüm sondergleichen, kann trotz sichtlichen Bemühens nur mühsam kaschieren, was nach diesen Umständen offen zutage liegt: daß die überlieferte Autorität des Herrschers allein nicht mehr ausreicht, um Gestalt und Wirksamkeit der Verfassung zu garantieren.[50] Diese hat ihren juristischen Gel-

---

[42] Vgl. *ders.* (Fn. 36), S. 24.

[43] Zu seiner Rolle bei der Verfassunggebung *Kleinknecht* (Fn. 32), S. 68; *H. Seier*, Sylvester Jordan und die Kurhessische Verfassung von 1831, 1981, S. 16.

[44] Abgedruckt bei *Huber* (Fn. 16), Bd. 1, Nr. 58.

[45] Vgl. *Willoweit* (Fn. 11), S. 221. Speziell zur Kurhessischen Verfassung jetzt ausführlich *E. Grothe*, Verfassungsgebung und Verfassungskonflikt, 1996, S. 101 ff.

[46] Siehe dazu oben Fn. 16 sowie allgemein zur fortbestehenden Dominanz des monarchischen Prinzips *W. Frotscher*, Regierung als Rechtsbegriff, 1975, S. 135 f.

[47] Beides war zwar in der Verfassung nicht ausdrücklich geregelt, ergab sich aber aus dem Umstand, daß der Kurfürst gemäß dem durch die §§ 2, 10 der Verfassung bestätigten monarchischen Prinzip alle Rechte der Staatsgewalt in sich vereinigte, vgl. dazu *R. Bovensiepen*, AöR 34 (1915), S. 104.

[48] So auch die Bewertung von *Seier* (Fn. 43), S. 18.

[49] Vgl. zu der Unterscheidung von vereinbarten und oktroyierten Verfassungen *Huber* (Fn. 6), Bd. 1, S. 318, sowie speziell zur kurhessischen Verfassung *Grothe* (Fn. 45), S. 108.

[50] Das Ausgehandelte, Vereinbarte läßt sich jedenfalls auch aus dem Text der Präambel ablesen, um den im Vorfeld lange gerungen wurde. Diese hält zwar verbal an der Idee monarchischer Erteilung fest („... erteilen Wir", d.h. *Wilhelm II.*), hebt aber gleichzeitig hervor, daß dies „in vollem Einverständnis mit den Ständen, deren Einsicht und treue Anhänglichkeit wir hierbei erprobt haben," und nachdem

tungsgrund damit erstmals nicht mehr nur in dessen Willen, sondern erscheint – im Sinne der eigentlichen Idee des Konstituierens – tendenziell schon als Neubegründung und Neufestsetzung von Herrschaft.[51] Im Unterschied zu der Innehabung und Ausübung der Staatsgewalt sub constitutione, für die unverändert das monarchische Prinzip gilt, ist die verfassunggebende Gewalt selbst geteilt.

Zu diesem vertraglichen Charakter der Verfassung paßt es, daß die Bindung der monarchischen Gewalt respektloser, die Orientierung an bürgerlicher Freiheit deutlicher ausfällt als anderswo.[52] Wie schon in den Verfassungsbestrebungen von 1815/16 vorgedacht, gibt es keine gesonderte, aus Vertretern des Adels oder Gefolgsleuten des Monarchen bestehende Zweite Kammer. Die Landstände sind vielmehr in einer Kammer organisiert, für die wiederum das Prinzip der Gesamtrepräsentation gilt (§ 73).[53] Anders als in den übrigen Mittelstaaten bedarf nicht nur jedes Gesetz ihrer Zustimmung (§ 95 Abs. 1), sondern sie erhalten auch das Recht der Gesetzesinitiative (§ 97) und die Befugnis zur Ministeranklage (§ 101).[54] Daneben bekommt die Verfassung einen beachtlichen Grundrechtskatalog (§§ 19 ff.), dem, trotz so mancher Lücke vor allem bei den politischen Grundrechten,[55] zahllose alte Zöpfe der Feudalzeit zum Opfer fallen.[56] Und die Beamten und das Heer werden – eine historische Pioniertat – nicht nur auf den Monarchen, sondern wie der Monarch selber auf die Verfassung vereidigt (§ 60).[57]

„Wir ... über ein Staatsgrundgesetz haben Beratung pflegen lassen", geschehen ist. Das ist schon nicht mehr nur Oktroi, sondern bringt – wenngleich weniger deutlich als etwa in der Verfassung des Königreichs Württemberg, wo von einer „vollkommene(n) beiderseitige(n) Vereinbarung" die Rede ist – schon das vertragliche Element zum Ausdruck. Anders jedoch die Bewertung von *Kleinknecht* (Fn. 32), S. 51 sowie *Grothe* (Fn. 45), S. 108.

[51] Vgl. dazu *H. Boldt*, Deutsche Staatslehre im Vormärz, 1975, S. 26.

[52] Diese Orientierung wird schon in der Präambel ausgesprochen; die Sicherung der bürgerlichen Freiheiten erscheint dort ausdrücklich als Zweck der Verfassunggebung.

[53] Auch hier wird allerdings das Kompromißhafte spürbar: Zwar verzichtete man auf eine gesonderte Adelskammer, richtete aber eine starke Adelsvertretung im Landtag ein; von 53 Abgeordneten stellte der Adel allein 23, vgl. *Bovensiepen* (Fn. 47), S. 122. Hinzu kamen die oben in Fn. 19 bereits aufgelisteten Schwächen sowie weitere Unzulänglichkeiten, die selbst einen zeitnahen Beobachter wie *Wippermann* (Fn. 13), S. 43, davon sprechen ließen, das Repräsentativsystem sei zwar in der kurhessischen Verfassung „in vielen Punkten schärfer und konsequenter" durchgeführt als in anderen Verfassungen, letztlich aber immer noch eine „Halbheit" und „weit hinter dem zurück, was man unter einem vollkommen durchgeführten Repräsentativsysteme zu verstehen hat". Das Fehlen einer Zweiten Kammer ist insoweit – entgegen der Einschätzung etwa von *Stolleis* (Fn. 2), S. 23 – nur bedingt ein Ausweis für Radikalität.

[54] Siehe aber auch hierzu die skeptischen Bemerkungen von *Wippermann* (Fn. 13), S. 43. Zusammenfassend zu diesem Problemkreis jetzt *P. Popp*, Ministerverantwortlichkeit und Ministeranklage im Spannungsfeld von Verfassungsgebung und Verfassungswirklichkeit, 1996, S. 91 ff.

[55] Entgegen *Jordans* Votum sind etwa weder die Versammlungs- noch die Vereinigungsfreiheit als politisch zu nutzende Grundrechte garantiert, vgl. *Seier* (Fn. 43), S. 17. Die Pressefreiheit steht unter der aufschiebenden Bedingung des vorherigen Erlasses eines Gesetzes gegen „Preßvergehen", das erst 1848 erlassen wurde; eine Zensur ist grundsätzlich zulässig (vgl. § 37).

[56] Insofern waren sie zugleich politisches Programm, das darauf abzielte, den Umbau der bestehenden Ständegesellschaft erst noch vorzunehmen, vgl. *R. Wahl*, Der Staat 18 (1979), S. 321 ff. Auch die in § 26 verheißene staatsbürgerliche Gleichheit, die als Grundlage dieses Umbaus hätte dienen sollen, stand noch unter Gesetzesvorbehalt. Eine über die Rechtsanwendungsgleichheit hinausgehende materielle (inhaltliche) Rechtsgleichheit, wie wir sie heute kennen, lag noch außerhalb der damaligen Vorstellungswelt.

[57] Dazu *Huber* (Fn. 6), Bd. 2, S. 70.

Die in der Verfassung festgelegte Ausgestaltung von Rechtspflege und Verwaltung entsprach den für damalige Verhältnisse fortschrittlichen Anforderungen.[58] So wurden die Rechtspflege strikt von der Landesverwaltung getrennt (§ 112), der Rechtsweg zu den Landesgerichten und die Beurteilung der Streitsache durch den gesetzlichen Richter garantiert (§§ 113, 114), die formellen Voraussetzungen für eine Freiheitsentziehung festgelegt (§§ 115, 116) und schließlich die Unabhängigkeit der Zivil- und Strafrechtspflege normiert (§ 123). Eine unabhängige Verwaltungsrechtspflege bestand bis weit in die zweite Hälfte des 19. Jahrhunderts hinein noch in keinem deutschen Staat. Auch die von der Verfassung vorgesehene Organisation des hessischen Gesamtministeriums (vgl. §§ 106–111) orientierte sich an dem seit der preußischen Regierungsreform als klassisch zu kennzeichnenden Modell: Inneres, Justiz, Finanzen, Kriegswesen und auswärtige Angelegenheiten standen als selbständige Ressorts nebeneinander, deren Vorstand für alle Angelegenheiten und Verfügungen durch seine Gegenzeichnung die Verantwortlichkeit übernahm.[59]

So fragmentarisch und unvollkommen aus heutiger Sicht viele Dinge noch geregelt sind, zeigt es doch den Fortschritt, den die Idee der Konstitutionalisierung mittlerweile erfahren hat. Machtbegrenzung und Freiheitssicherung treten als Funktionen der Verfassung mit Nachdruck hervor – mag die monarchische Macht als Ganzes auch noch intakt bleiben, die Freiheit hauptsächlich auf ihre private Seite reduziert und von Volkssouveränität noch wenig zu spüren sein. Auch oder gerade mit diesen Beschränkungen bleibt die kurhessische Verfassung – wie Verfassungen überhaupt – eine wichtige Zwischenstation im Prozeß der Emanzipation der bürgerlichen Gesellschaft.[60] Dieser ist in Kurhessen weiter fortgeschritten als andernorts und weist in mancher Hinsicht bereits voraus auf die Verfassung der Paulskirche.[61] Das eigentlich Neue aber dürfte auf anderer Ebene liegen. Es ist bildlich eingefangen im Eid, den Monarch und Staatsdiener auf die Verfassung abzulegen hatten: In ihm wird erstmals ein Stück vom Vorrang der Verfassung deutlich, der zwar noch nicht als formal-rechtslogischer erkannt, wohl aber inhaltlich umgesetzt und sogar nachhaltig akzentuiert wird. Denn der Verfassungseid ist das weithin sichtbare Symbol, daß die Verfassung und nicht mehr die Souveränität des Monarchen die oberste Richtschnur sein soll, an der sich alles Handeln der Staatsorgane zu legitimieren hat. Die Verfassung beansprucht auf diese Weise wie nebenbei eine höhere Geltungskraft als die bei ihrer Anwendung erlassenen Normen. Bezweckt ist eine Bindung, die auf Dauer angelegt ist und nicht ohne weiteres beseitigt werden kann. Diese erhöhte Geltungskraft der Verfassung kommt auch in ihrem § 153 zum Ausdruck, der die Abänderung oder Erläuterung der gegenwärtigen Verfassung nur im Einverständnis von Landesherrn und einer extrem qualifizierten Landtagsmehrheit ermöglicht.

---

[58] *Huber* (Fn. 6), Bd. 2, S. 70, hebt die „Vorschriften zur Wahrung einer rechtsstaatlichen Gerichtsbarkeit" besonders hervor.

[59] Hierzu *Popp* (Fn. 54), S. 108 ff.

[60] Vgl. *Boldt* (Fn. 51), S. 95.

[61] So bei aller Skepsis auch *Kleinknecht* (Fn. 32), S. 67.

Die mit der kurhessischen Verfassung angestrebte, auf Dauer angelegte Bindungswirkung führt jedoch zugleich zu dem zentralen Problem der Verfassungsidee insgesamt. Dieses liegt bekanntlich darin, daß die Instanzen, die durch eine Verfassung gebunden werden, zugleich für ihre Einhaltung und ihren Bestand verantwortlich sind. Da beides nicht von außen erzwungen werden kann, müssen Verfassungen die Gewähr für ihren Erfolg in nicht unerheblichem Umfang in sich selber tragen.[62] Die Bedingungen, die dafür gegeben sein müssen, lassen sich auf zwei Grundbegriffe zurückführen – Konsistenz und Konsens. Konsistenz meint dabei die Notwendigkeit, daß die einzelnen Regelungen einer Verfassung aufeinander abgestimmt sind und alles in allem ein nicht notwendig harmonisches, aber doch funktionsfähiges Ganzes ergeben. Konsens steht demgegenüber für den Umstand, daß Verfassungen im großen und ganzen akzeptiert und von einer mehr oder weniger breiten Übereinstimmung getragen sein müssen, die sich in ihnen spiegeln, aber auch ständig erneuern soll.[63] Sowohl das eine als auch das andere hatte die kurhessische Verfassung nur in beschränktem Umfang zu bieten: Mit dem Versuch, das monarchische Prinzip mit der Beschränkung monarchischer Macht kompatibel zu machen, verklammerte sie im Grunde Heterogenes,[64] und der politische Kompromiß, dem sie – wie viele andere Verfassungen auch – ihre Entstehung verdankte, war für zu viele Beteiligte keine Übereinstimmung in der Sache, sondern vor allem taktisch motiviert und aus der Not der drohenden Revolution geboren.[65] Er konnte daher in dem Moment brüchig werden, als diese Not wegfiel. Auf seine Fortdauer war die Verfassung jedoch existentiell angewiesen.[66]

Es zeigte sich indes nur zu bald, daß darauf nicht zu hoffen war. Schon zwei Tage nach Verkündung der Verfassung kam es zu einem Eklat, als der Kurfürst mitsamt Maitresse seine Residenz Kassel publikumswirksam verließ und für immer nach Hanau zog – wohl auch ein Akt des Protestes gegen die ihm aufgezwungene Verfassung.[67] Die eigentliche Machtfrage war nur vertagt, nicht gelöst. Vor dem Hintergrund und der Geltung der Verfassung nahm die Auseinandersetzung indes neue Formen an: Von einem Streit um allgemeine Stellungsvorteile wurde sie zu einem Streit um deren Auslegung. Kurfürst, Regierung und Stände interpretierten die Verfassung nach eigenem Gusto, und jeder Teil hoffte, „seine eigene Interpretation schließlich zur Geltung zu bringen“[68]. Die Grenzen zum Verfassungsbruch waren dabei freilich von Anfang an fließend. Sobald die Gewichte im Staat grundlegend anders verteilt werden sollten, mußte der Boden der Verfassung zwangsläufig verlassen werden. Die fehlende Konsistenz der Verfassung führte jedoch dazu, daß

[62] Vgl. *Grimm* (Fn. 8), S. 15.

[63] Dazu *U. Scheuner*, in: *Jakobs*, Rechtsgeltung und Konsens, 1976, S. 33; *E. Benda*, in: *Hattenhauer/Kaltefleiter*, Mehrheitsprinzip, Konsens und Verfassung, 1986, S. 71ff., *Grimm* (Fn. 8), S. 15 f.

[64] Vgl. *Boldt* (Fn. 51), S. 25 f.; *Frotscher* (Fn. 46), S. 105f.; speziell zur kurhessischen Verfassung *Seier* (Fn. 25), S. 165, 167.

[65] In diesem Sinne schon *Wippermann* (Fn. 13), S. 42.

[66] Vgl. *Böckenförde* (Fn. 7), S. 37.

[67] *Demandt* (Fn. 3), S. 552; *Grothe* (Fn. 45), S. 116f., 124f. Unmittelbarer Auslöser des Umzugs waren freilich Proteste gegen den laxen Lebenswandel des Kurfürsten, siehe *Demandt* a.a.O.

[68] So die Äußerung eines damaligen Regierungssprechers, zitiert nach *Seier* (Fn. 43), S. 26.

noch ihre Verletzung als denkbare Interpretation ausgegeben werden konnte – eine Methode, von der in der Folgezeit auch reichlich Gebrauch gemacht werden sollte.[69] Die Verfassung war damit einer ständigen Erosion ausgesetzt. Ihr Geltungsanspruch wurde schließlich solange untergraben, daß sie zuletzt gefahrlos ignoriert werden konnte. Die Selbstbindung der Staatsgewalt, die sie bewirken sollte, funktionierte im Ergebnis nicht.

Die ersten Verfassungskonflikte begannen denn auch schon kurz nach Inkrafttreten der Verfassung. Die Umsetzung der Beschlüsse, die der Deutsche Bund nach dem Hambacher Fest gegen die liberale Bewegung getroffen hatte, ein Streit über die Wirksamkeit der Wahl *Sylvester Jordans* zum Abgeordneten des Landtags, Auseinandersetzungen über das Budget sowie über die Kirchenpolitik lieferten die äußeren Anlässe.[70] Die Folge waren verschiedene Landtagsauflösungen – die erste bereits am 26. Juli 1832 – und mehrere, im Ergebnis sämtlich erfolglose Ministeranklagen.[71] Sie richteten sich gegen den vom Kurfürsten im Mai 1832 berufenen Regierungschef, dem der Konfrontationskurs vor allem zu danken war: *Ludwig Hassenpflug*, ein Reaktionär ersten Ranges und schon kurz nach seiner Amtseinführung der „bestgehaßte Mann" im Kurfürstentum.[72] Wer ihn agieren sah, konnte schon in dieser frühen Phase den Eindruck gewinnen, daß die Konfrontation selbst wichtiger war als ihr jeweiliger Anlaß.[73] Aber auch der Landtag, die zweite Machtsäule im Staat, reizte an Befugnissen aus, was ihm eingeräumt war.[74] Zur Kooperation schienen beide Seiten weder gewillt noch in der Lage. Die Sachthemen waren offenbar schon zweitrangig geworden. Was dahinterstand, war von anderem Kaliber: die Aufkündigung des Kompromisses, dem die Verfassung ihre Entstehung verdankte. Die Verfassung sollte offenbar auf ihre Haltbarkeit getestet werden – und schon jetzt deutete sich an, daß diese nur begrenzt war.

IV. Revolution und Restauration

Erst die Revolution vom März 1848, die sich auch in Kurhessen erfolgreich Bahn brach,[75] gab begründeten Anlaß zur Hoffnung, daß die Verfassung von 1831 nach jahrelanger äußerst restriktiver Anwendung oder gar Mißachtung neues Leben gewinnen würde und die freiheitlich-parlamentarischen Elemente der Verfassungsordnung weiter ausgebaut werden könnten. Erste Erfolge der Volksbewegung stellten sich auch sogleich ein: Kurfürst *Friedrich Wilhelm I.* versprach in einer Proklamation vom 11. März 1848[76] die Bewilligung vollständiger Presse-, Religions- und Ge-

---

[69] Vgl. *Seier* (Fn. 25), S. 167; *Grothe* (Fn. 45), S. 530.

[70] Siehe dazu im einzelnen *Huber* (Fn. 6), Bd. 2, S. 70 ff, sowie jetzt ausführlich *Grothe* (Fn. 45), S. 116 ff., 189 ff.

[71] Dazu jetzt *Popp* (Fn. 54), S. 190 ff., 211 ff.

[72] So die Charakterisierung von *Huber* (Fn. 6), Bd. 2, S. 70 f.

[73] Vgl. *Wippermann* (Fn. 13), S. 43.

[74] Siehe jetzt mit vielen Details *Grothe* (Fn. 45), S. 338 ff.

[75] Dazu zusammenfassend *Huber* (Fn. 6), Bd. 2, S. 519 ff.

[76] GS. 1848, 31, 32.

wissensfreiheit, die Wiederherstellung der verfassungsmäßigen Rechte wie insbesondere des Petitions-, Vereinigungs- und Versammlungsrechts, die Besetzung aller Ministerien mit „Männern, welche das Vertrauen des Volkes genießen", sowie eine Amnestie für alle seit dem Jahre 1830 begangenen politischen Vergehen. Ein neues, liberales Ministerium mit dem Hanauer Oberbürgermeister *Eberhard* an der Spitze löste das bisherige konservative Ministerium ab und brachte, unterstützt von einer liberalen Mehrheit in der Zweiten Kammer, eine große Zahl von Reformvorhaben auf den Weg.[77] Die Verfassung wurde dabei nicht nur durch freiheitssichernde Ausführungsgesetze – wie etwa die Gesetze über die Vereins- und Versammlungsfreiheit, die Pressefreiheit sowie die Religionsfreiheit – gestärkt, sondern in einzelnen Punkten auch durch Stärkung des parlamentarischen Einflusses fortentwickelt. So wurde durch eine Änderung des § 197 der Verfassung die bisherige ausschließliche Zuständigkeit des Kurfürsten als „oberster Militär-Chef" zugunsten einer (parlamentarischen) Verantwortlichkeit des Kriegsministers aufgehoben. Der Landtagsabschied vom 31. Oktober 1848,[78] der die beachtliche Zahl von knapp 50 Reformgesetzen ausweist und daneben über weitere im Entwurfsstadium befindliche Gesetzesvorhaben sowie Pläne u.a. für die Reform des Schulwesens, des Strafvollzuges und des Zivilprozesses berichtet, macht die Aufbruchstimmung und den Reformeifer von Regierung und Landtag deutlich. Als Höhepunkt dieser Entwicklung in Richtung auf einen liberalen Verfassungsstaat ist die Reform des Wahlrechts durch Gesetz vom 5. April 1849[79] zu werten. Das neue Wahlgesetz hob die §§ 63, 66–68 der Verfassung auf und legte eine neue Zusammensetzung der Ständeversammlung fest, welche die bisherigen Vorrechte des Adels beseitigte.

Dieser Phase einer liberalen Verfassungs- und Gesetzespolitik war jedoch keine Dauer beschieden. Mit dem endgültigen Scheitern der Revolution im Frühsommer 1849 verblühten nicht nur alle Träume von der Errichtung eines einheitlichen deutschen Nationalstaates auf der Grundlage der Volkssouveränität; auch die in den einzelnen Territorien im Verlauf der Revolution bereits erreichten Gesetzes- und Verfassungsreformen wurden rückgängig gemacht und der vorrevolutionäre Verfassungszustand weitgehend wieder hergestellt. In den damit verbundenen Auseinandersetzungen bildete sich in den verschiedenen Teilstaaten des Deutschen Bundes alsbald ein relativ einheitliches Schema heraus: Zunächst wurden die liberalen Ministerien in den deutschen Territorien durch konservative Regierungen ersetzt. Danach galt es, Verfassungsbestimmungen zu revidieren, die das Gedankengut von 1848 verkörperten. Schließlich mußten „widerspenstige" Parlamente diszipliniert werden, ein Ziel, dem die ungewöhnlich häufigen Parlamentsauflösungen dieser Jahre dienten. Auch die Entwicklung im Kurfürstentum fügte sich diesem Schema ein. Gleichzeitig war sie durch eine Reihe von Besonderheiten gekennzeichnet, die den sog. kurhessischen Verfassungskonflikt, der die politischen Auseinandersetzungen in den Jahren 1850–52 umgreift, aus der allgemeinen Ent-

---

[77] *Huber* (Fn. 6), Bd. 2, S. 521.

[78] Auszugsweise abgedruckt bei *H. Seier* (Hrsg.), Akten und Dokumente zur kurhessischen Parlaments- und Verfassungsgeschichte 1848–1866, 1987, S. 21.

[79] GS. 1849, 37.

wicklung herausheben, aber – wie in einem Brennglas – gerade dadurch die Startschwierigkeiten des modernen Verfassungsstaates in Deutschland einfangen.

Im Februar 1850 hatte Kurfürst *Friedrich Wilhelm* zunächst den hochkonservativen Minister *Hassenpflug*, bestens bekannt aus den vormärzlichen Auseinandersetzungen, erneut an die Spitze der Regierung berufen.[80] Im Unterschied zu der liberalen Landtagsmehrheit, die einen Verbleib Kurhessens in der von Preußen dominierten Erfurter Union befürwortete, distanzierte sich *Hassenpflug* von der Politik der Union, weil er sich von der Unterstützung Österreichs und des Deutschen Bundes mehr Hilfe bei der Durchsetzung der Restauration im eigenen Lande versprach. Als sich der Landtag weigerte, den Staatshaushalt zu bewilligen und eine Fortgeltung der Abgabengesetze zu beschließen, veranlaßte dies die Regierung am 12. Juni und am 2. September 1850 zur Auflösung der Versammlung. Am 4. September 1850 erließ der Kurfürst eine Steuer-Notverordnung, in der er die Weitererhebung der Abgaben verfügte. Dieses Vorgehen stand jedoch in einem eklatanten Widerspruch zu § 143 Satz 2 der Verfassung, wonach ohne landständische Bewilligung „vom Jahre 1831 an weder in Kriegs- noch in Friedenszeiten eine direkte oder indirekte Steuer, so wenig als irgend eine sonstige Landesabgabe, sie habe Namen, welchen sie wolle, ausgeschrieben oder erhoben werden“ konnte. Jetzt mußte sich zeigen, welche Kraft die geschriebene Verfassung in der Verfassungswirklichkeit des kurhessischen Staates besaß.

Zunächst griff die Justiz in die Auseinandersetzung zwischen Regierung und Ständen ein. Das Oberappellationsgericht in Kassel, das höchste Gericht des Landes, erklärte die Steuer-Notverordnung am 12. September für verfassungswidrig und nichtig.[81] Es nahm dabei ein Recht für sich in Anspruch, das bis heute ein Eckpfeiler des voll ausgebildeten Rechtsstaates geblieben ist: das sogenannte richterliche Prüfungsrecht, also die Befugnis der Gerichte, jede zur Anwendung stehende Norm auf ihre Vereinbarkeit mit höherrangigem Recht und insbesondere auf ihre Verfassungsmäßigkeit zu prüfen. Dieses Rechtsinstitut ist zum ersten Mal in der Auslegung der amerikanischen Verfassung zum Tragen gekommen. In der deutschen konstitutionellen Monarchie des 19. Jahrhunderts war das richterliche Prüfungsrecht keine Selbstverständlichkeit. Im Gegenteil, die Anhänger des monarchischen Prinzips wehrten sich dagegen, daß die Gerichte ein von der Autorität des Fürsten getragenes Gesetz wegen Verstoßes gegen die Verfassung nicht anwandten. Die für die moderne Verfassungsgerichtsbarkeit wegweisende Entscheidung des amerikanischen Supreme Court in Sachen *Marbury v. Madison* aus dem Jahre 1803, in der das Gericht zum ersten Mal den Vorrang der Verfassung begründet und daraus eine Verwerfungskompetenz hinsichtlich verfassungswidriger Gesetze abgeleitet hatte, fand in Deutschland kaum Beachtung und zunächst keine Nachahmung.[82] Um so bemerkenswerter ist die Entscheidung des Oberappellationsgerichts Kassel aus dem Jahre 1850. Sie bezeichnet den Beginn der Auseinandersetzung

---

[80] Vgl. hierzu und zum folgenden *Huber* (Fn. 6), Bd. 2, S. 908 ff.

[81] Vgl. *Huber* (Fn. 16), Bd. 1, Nr. 251.

[82] Vgl. *W. Frotscher*, Die ersten Auseinandersetzungen um die richterliche Normenkontrolle in Deutschland, Der Staat 1971, S. 383 ff.

um das richterliche Prüfungsrecht in Deutschland, eine Auseinandersetzung, die erst nach dem Zweiten Weltkrieg mit der Normierung des Art. 100 GG (vorher bereits Art. 133 der Hessischen Verfassung vom 1. Dezember 1946) ihren endgültigen Abschluß fand.

Kurfürst *Friedrich Wilhelm* und sein Minister *Hassenpflug* beugten sich dem Spruch des Oberappellationsgerichtes nicht. Mit Rückendeckung des Deutschen Bundes, der zur Wiederherstellung des vorrevolutionären Gesetzeszustandes und der landesherrlichen Autorität offen mit einer Bundesintervention drohte, erließ der Kurfürst eine zweite Notverordnung, die den Kriegszustand verschärfte und unter Berufung auf das in § 2 der Verfassung verankerte monarchische Prinzip den Gerichten die Kompetenz zur Prüfung der Verfassungsmäßigkeit königlicher Verordnungen absprach. Jedweder Widerstand gegen die Steuer-Notverordnung wurde verboten. Das Oberappellationsgericht erklärte jedoch auch diese Verordnung für verfassungswidrig.[83] Dabei stand das höchste Gericht des Landes in seinem Konflikt mit der landesherrlichen Regierung nicht allein, sondern reihte sich in die breite Front derer ein, die sich dem „Verfassungsumsturz von oben" aktiv widersetzten. Besonders bemerkenswert und im Vergleich zu den Auseinandersetzungen in anderen deutschen Ländern ungewöhnlich war die Tatsache, daß sich in Kurhessen 1850 auch die Beamtenschaft und sogar das Militär gegen den Landesherrn wandten und ihm die Gefolgschaft verweigerten. Zur Begründung ihrer renitenten Haltung beriefen sich die Staatsdiener auf ihren Diensteid, der gemäß § 60 der Verfassung die Verpflichtung zur Beobachtung und Aufrechterhaltung der Landesverfassung enthielt. Unter Berufung auf diesen sog. Verfassungseid versagte auch der Oberbefehlshaber der kurhessischen Armee, General *Bauer*, dem der Kurfürst die Durchsetzung des Kriegszustandes übertragen hattte, dem Landesherrn den Gehorsam und erbat zusammen mit nahezu sämtlichen Offizieren der Armee seinen Abschied. Dieses kollektive Entlassungsgesuch wird zu Recht als „ein beispielloser Akt betätigter Verfassungstreue, ein Vorgang, der in der deutschen Militärgeschichte nicht seinesgleichen hat"[84], gewürdigt.

Doch auch dieser Schritt konnte den Verfassungsumsturz von oben nicht aufhalten. Normenkontrolle und Verfassungseid erwiesen sich in der Verteidigung der Verfassung zwar nicht als stumpfe Waffen, aber sie konnten der im Deutschen Bund zusammengeballten fürstlichen Macht keinen dauerhaften Widerstand entgegensetzen. Am 16. Oktober ordnete der Bundestag die Bundesintervention in Kurhessen an. Nachdem auch Preußen, das bisher die kurhessischen Stände in ihrem Streit mit dem Landesherrn unterstützt hatte, auf der Grundlage der sogenannten Olmützer Punktation vom 29. November 1850 „reumütig" in den Schoß des Deutschen Bundes zurückgekehrt war, konnte die Bundesexekution erfolgreich vollzogen werden. Anfang 1851 wurde der Verfassungseid formell aufgehoben und wieder der reine Fahneneid angeordnet. Die mit der Durchführung der Bundesbeschlüsse beauftragten Kommissare taten ein übriges, um Verfassungskonflikte

---

[83] Vgl. *Huber* (Fn. 16), Bd. 1, Nr. 256.
[84] *Seier* (Fn. 25), S. 169.

in der Zukunft zu verhindern. Ihr Ziel war die Beseitigung der fortschrittlichen Verfassung von 1831. Am 13. April 1852 erhielt das Kurfürstentum eine neue, oktroyierte Verfassung.[85] Diese war zwar im Text weitgehend an die Verfassung von 1831 angelehnt, aber die Bestimmungen mit ausgesprochen liberalem oder gar demokratischem Charakter wurden im Sinne der Reaktion umgestaltet oder verschwanden ganz. Dazu gehörten etwa die Gleichheit vor dem Gesetz, die freie Berufswahl, der gleiche Zugang zu den öffentlichen Ämtern, die Freiheit der Person und des Eigentums, die Pressefreiheit, der Verfassungseid, die persönliche Unabhängigkeit der Richter, das Einkammersystem und das Steuerbewilligungsrecht der Stände.

So endete der kurhessische Verfassungskonflikt zunächst mit einem eindeutigen Erfolg der reaktionären Kräfte. Doch obwohl alle liberalen oder gar demokratischen Veränderungen der Revolutionszeit rückgängig gemacht wurden, darf man die zwischenzeitlichen (Teil-)Erfolge der kurhessischen Opposition nicht nur als „Pyrrhussieg" bewerten, wie es gelegentlich geschieht.[86] Die Inanspruchnahme eines richterlichen Prüfungsrechts durch das Oberappellationsgericht Kassel ebenso wie die Dienstverweigerung des kurhessischen Offizierskorps unter Berufung auf den Verfassungseid haben für die weitere Entwicklung des modernen Verfassungsstaates in Deutschland Zeichen gesetzt, auch wenn diese Zeichen zunächst wieder in Vergessenheit gerieten. Festzuhalten bleibt auch, daß in Kurhessen als einzigem deutschen Territorium die Restauration des vorrevolutionären Verfassungszustandes nur mit Hilfe von außen gelang. Die Einigung der beiden Großmächte Österreich und Preußen und die dadurch bewirkte Rückkehr des Deutschen Bundes zu alter Stärke und Metternichscher Disziplinierungstechnik hatten zur Folge, daß jede Opposition und jeder Versuch, liberale Verfassungspositionen gegen den Landesherrn oder gegen konservative Regierungen zu verteidigen, hinfällig wurden. Wäre der kurhessische Konflikt ohne Einmischung von außen ausgetragen worden, hätten die konstitutionellen Kräfte durchaus die Chance gehabt, den Verfassungsumsturz von oben erfolgreich abzuwehren.

Der Verfassungsstreit schwelte jedenfalls auch in den Folgejahren weiter.[87] Die neue, oktroyierte Verfassung konnte keine allgemeine Akzeptanz erlangen, die alte 31er Verfassung blieb unvergessen. Seit 1859, als die national-liberalen Hoffnungen überall in Deutschland durch den von Prinz *Wilhelm* als Regenten eingeleiteten Kurswechsel in der preußischen Politik genährt wurden, der optimistisch als „Neue Ära" begrüßt wurde, gewann auch die liberale Verfassungsbewegung in Kurhessen wieder an Kraft. Im Vertrauen auf die preußische Unterstützung widerrief die Zweite Kammer der kurhessischen Ständeversammlung ihre 1857 zunächst erklärte Anerkennung der 52er Verfassung und bat den Kurfürsten, „daß die zwanzig Jahre hindurch in anerkannter Wirksamkeit gestandene Verfassung vom 5. Januar 1831

---

[85] GS. 1852, S. 4; Abdruck der Einleitung mit kurzer Inhaltsangabe bei *Huber* (Fn. 16), Bd. 1, Nr. 270.

[86] So *Seier* (Fn. 25), S. 169.

[87] Vgl. *Seier* (Fn. 25), S. 169.

wieder in Kraft gesetzt werde"[88]. Und als *Sylvester Jordan*, der Vorkämpfer dieser Verfassung, der wie kein anderer in Kurhessen die Freiheitsbewegung in Vormärz und Revolution verkörpert hatte, am 25. April 1861 nach langem Leiden starb, wurde seine Beerdigung zu einer „Kundgebung für die Wiedererlangung der Verfassung"[89].

Im Sommer 1862 war es dann soweit. Durch landesherrliche Verordnung vom 21. Juni[90] wurden die Verfassung von 1831 und das weitergehende Wahlgesetz von 1849 wieder in Wirksamkeit gesetzt. Allerdings blieben die als bundesrechtswidrig betrachteten Bestimmungen über den Verfassungseid (§ 60), über die Verantwortlichkeit der Staatsdiener bei Verfassungsverletzungen (§ 61) und über die Beschränkung der landesherrlichen obersten Kommandogewalt (§ 107 in seiner geänderten Fassung) bis zu ihrer verfassungsmäßigen Abänderung suspendiert.

Die „Wiederbelebung" der inzwischen zum Mythos gewordenen Vormärz-Verfassung hat dem politischen Leben im Kurfürstentum freilich keine erkennbaren Impulse mehr geben können, so daß *Seier* die letzten Jahre des Kurstaates mit der deprimierenden Feststellung charakterisiert: „Was danach noch folgte, war ein zähes Sterben"[91]. Dringend notwendige Reformen kamen nicht voran oder scheiterten am Widerstand des Kasseler Hofes. Als der Deutsche Krieg von 1866 zwischen Preußen und Österreich ausbrach, der zugleich das Ende des Deutschen Bundes bedeutete, nahmen Regierung und Kurfürst – entgegen der liberal-konstitutionellen Mehrheit im kurhessischen Landtag, die bei offenkundiger Sympathie für die preußische Seite doch eine strikte Neutralität befürwortete – für den Deutschen Bund und für Österreich Partei. In der Landtagsdebatte vom 15. Juli 1866, nur einen Tag vor dem Einmarsch der preußischen Truppen, macht der Redebeitrag des Abgeordneten *Henkel* die politische Enttäuschung deutlich, aus der die Mehrheitsmeinung jedenfalls zum Teil resultierte: „Ich gehöre zu der letzteren Partei, welche davon ausgeht, daß Preußen an die Spitze von Deutschland gelangen muß, weil es schon die Hälfte Deutschlands unter seinem Szepter vereinigt. Das ist der nächste Schritt. Einheit gibt Macht, und Macht gibt Freiheit und Recht. Wo keine Macht ist, da hat man auch kein Recht; das haben wir gerade an der kurhessischen Verfassung erfahren. Wir hatten die brillanteste Verfassung, aber über Nacht war sie weg, weil wir keine Macht hatten"[92]. Unmittelbar danach folgte die Annexion Kurhessens, das durch Gesetz vom 20. September 1866[93] den Status einer preußischen Provinz erhielt. Damit war der Kampf um die kurhessische Verfassung endgültig beendet.

---

[88] Abgedruckt bei *Seier* (Fn. 78), Nr. 119, S. 307.
[89] *Kleinknecht* (Fn. 32), S. 182 im Anschluß an *Wippermann*.
[90] Vgl. *Huber* (Fn. 16), Bd. 2, Nr. 123.
[91] *Seier* (Fn. 78), S. LXVII.
[92] *Seier* (Fn. 78), Bd. 2, Nr. 200, S. 490.
[93] Preuß.GS. 1866, S. 555; *Huber* (Fn. 16), Bd. 2, Nr. 188.

V. Schlußbetrachtung

Seit diesen Konflikten und ihrem unglücklichen Ende in einem deutschen Fürstentum des letzten Jahrhunderts hat sich vieles geändert und getan – sowohl was die Verhältnisse in Hessen als auch die Idee des Verfassungsstaats insgesamt anbelangt. Für Hessen sind schon die äußeren Rahmenbedingungen andere geworden: Es ist kein souveräner Staat innerhalb eines Staatenbundes mehr, sondern eines von mehreren Ländern eines Bundesstaates. Dazu kommen die generellen sozialen und politischen Umwälzungen: Das monarchische Prinzip etwa, dem die kurhessische Verfassung von 1831 noch verhaftet war, hat sich so gründlich und vollständig überlebt, daß es nicht einmal als nostalgische Erinnerung mehr taugt. Auf der anderen Seite sind aber auch die Grenzen des bürgerlichen Sozialmodells, das mit Hilfe jener Verfassung auf den Weg gebracht werden sollte, im Laufe der Zeit deutlich geworden. Es konnte die umfassende Gerechtigkeit, die es ursprünglich in Aussicht stellte, nicht gewährleisten und geriet immer mehr in eine soziale und politische Schieflage, die am Ende zu seiner grundlegenden Revision führte. Von dieser blieben auch die Grundrechte und das Repräsentativsystem – als die vielleicht wichtigsten Institute, auf denen das Modell basierte – nicht ausgenommen. Die Grundrechte etwa gewährleisten nach heute weitverbreiteter Ansicht nicht mehr nur eine individuelle Sphäre der „Freiheit vom Staat", sondern sind mit weiteren Funktionen angereichert worden, die der Entwicklung zum demokratischen und sozialen Rechtsstaat der Gegenwart Rechnung tragen.[94] Außerdem war die Grundrechtsidee im deutschen Früh- und Spätkonstitutionalismus auch nach den Vorstellungen ihrer bürgerlichen Verfechter nur unzulänglich verwirklicht.[95] Grundrechte entfalteten in der Verfassungspraxis des 19. Jahrhundert nur begrenzte Wirksamkeit, weil sie in den verschiedenen Verfassungen – wenn überhaupt – nicht als dem Staat vorausliegende, sondern vielmehr nur als von staatlicher Ausgestaltung abhängige Rechtspositionen vorkamen. Sie lieferten nur eine Richtschnur für staatliches Handeln, das wiederum nach dem monarchischen Prinzip in der alleinigen Letztverantwortung des Landesherrn lag. Ihnen kam wohl eine „dirigierende und richtungweisende Funktion"[96] zu, sie bildeten jedoch keine subjektiv-öffentlichen Rechte, die der einzelne erfolgreich gegen den Souverän hätte behaupten können. Das konnten sie schon deswegen nicht sein, weil die „institutionelle Sicherung von Menschenrechten ein gewaltenteilendes Verfassungssystem voraussetzt"[97], das es eben noch nicht gab.

Gleichwohl lassen sich bereits am Beispiel der Grundrechte die Kontinuitäten festmachen, in denen die Hessische Verfassung von 1946 wie der moderne Ver-

[94] Stichworte sind etwa: Grundrechte als sozialstaatliche Handlungsaufträge, Grundrechte als Schutzpflichten, als Verfahrenspositionen etc. Siehe dazu zusammenfassend *K. Hesse*, in: *Benda/Maihofer/Vogel*, Handbuch des Verfassungsrechts, 2. Aufl. 1995, S. 139 ff.

[95] Zu der daraus resultierenden Veränderung des Grundrechtsverständnisses statt vieler *B. Pieroth/B. Schlink*, Grundrechte – Staatsrecht II, 12. Aufl. 1996, Rn. 26 ff.

[96] So *Wahl* (Fn. 56), S. 333.

[97] *M. Kriele*, in: Festschrift für Scupin, 1973, S. 187/194.

fassungsstaat insgesamt stehen. Denn für alle Verfassungsprinzipien gilt, daß sie eine historische Entwicklung durchlaufen, und zwar sowohl hinsichtlich ihrer theoretischen Ausformung als auch hinsichtlich ihrer praktischen Durchsetzung. In diesem Sinne ist in den kurhessischen Verfassungskonflikten auch für die Verzahnung der Grundrechte mit der Verfassungsidee ein wichtiger Grundstein gelegt worden. Und womöglich noch augenfälligere Verbindungslinien zeigen sich beim Blick auf das parlamentarisch-repräsentative System. Zwar hat auch dieses tiefgreifende Veränderungen erfahren, die einen unmittelbaren Vergleich etwa mit der Hessischen Verfassung von 1946 nicht erlauben.[98] Insbesondere gemessen an den Anforderungen der egalitären Demokratie war die Repräsentation der kurhessischen Bevölkerung nach der Verfassung von 1831 ebenso unzureichend ausgestaltet wie die politischen Mitspracherechte des Landtages. Stellt man jedoch auf die im Prozeß der Konstitutionalisierung erfolgte Weiterentwicklung ab, ist die Auseinandersetzung um die kurhessische Verfassung durchaus als eine bedeutsame Wegmarke für die Entwicklung des Repräsentativsystems zu kennzeichnen. Bei aller bürgerlich-liberalen Begrenztheit des politischen Ideen- und Interessenhorizontes seiner Mitglieder hat der kurhessische Landtag doch mit seinem jahrzehntelangen Kampf gegen monarchische Allgewalt und reaktionäre Regierungen ein Stück deutsche Parlamentsgeschichte geschrieben. Aus diesem Kampf ist die heutige Vormachtstellung des Parlaments einschließlich der umfassenden Regierungskontrolle hervorgegangen.

Die überraschendsten Parallelen zwischen Vergangenheit und Gegenwart liegen jedoch im Grundsätzlichen: Sie betreffen die Idee der Verfassung selbst. Was Verfassung ist und welchen Stellenwert sie innerhalb des politischen Systems einnimmt, ist 1831 vorgedacht und exemplarisch ausprobiert worden. Verfassung schafft staatliche Einheit und legitimiert staatliches Handeln – damals wie heute. Diese Funktion kann sie indes nur erfüllen, wenn man ihr Verbindlichkeit für jedermann und einen unbedingten Vorrang gegenüber anderen denkbaren Rechtsquellen einräumt. Das hat man 1831 versucht. Die Bindung auch des Landesherrn und die Vereidigung aller Staatsdiener auf die Verfassung sind dafür ein Beleg. Der Vorrang der Verfassung hat sich auch in der direkten Auseinandersetzung mit dem Landesherrn und seinem leitenden Minister *Hassenpflug* bewährt. Die kurhessische Armeeführung ebenso wie die kurhessischen Gerichte sind den Anordnungen und Gesetzesbefehlen des Landesherrn unter Berufung auf die Verfassung nicht gefolgt, konnten sich allerdings gegenüber der militärischen Intervention des Deutschen Bundes nicht behaupten. In keinem anderen deutschen Land hat die Idee der Verfassung als einer obersten Richtschnur staatlichen Handelns zu diesem Zeitpunkt einen vergleichbaren Erfolg gefeiert.

Schließlich macht der Kampf um die kurhessische Verfassung die Bedingungen deutlich, von denen der Bestand einer Verfassung abhängt. Will man unter diesen gewichten, so dürfte es weniger die juristische Akribie ihrer Verfasser sein, an der sich ihre Zukunft entscheidet. Vielmehr und vor allem muß eine Verfassung, um

---

[98] Vgl. zu diesen Veränderungen *Wefelmeier* (Fn. 18), S. 41 ff.

wirksam zu sein, im großen und ganzen akzeptiert und respektiert werden. Ein solcher Verfassungskonsens im Sinne einer Grundübereinstimmung in wesentlichen Verfassungsfragen ist für den modernen demokratischen Staat unerläßlich; er war jedoch auch für den konstitutionell-monarchischen Staat des 19. Jahrhunderts – das zeigt die kurhessische Verfassungsgeschichte – nicht entbehrlich. Während damals freilich die innere Anerkennung der Verfassungsordnung von seiten des Monarchen und seiner Regierung auf der einen und der politischen Repräsentanten des Bürgertums auf der anderen Seite ausreichend gewesen wäre, kommt es heute, der Idee der Volkssouveränität entsprechend, auf die Überzeugung der Gesamtbevölkerung an. Diese muß der Meinung sein, daß die bestehenden politischen Institutionen und ihr verfassungsmäßiges Zusammenspiel – bei allen Unzulänglichkeiten und Schwächen, die man registriert und beklagt – doch unter den bestehenden Verhältnissen die bestmöglichen sind. Die Hessische Verfassung von 1946 hat diese Akzeptanz bis heute gefunden; sie wird sie auch in der Zukunft bewahren müssen.

ECKHART G. FRANZ

„Alle Staatsgewalt im Volksstaat Hessen geht vom Volke aus"*

Die Hessische Verfassung von 1919

Am späten Abend des 8. November 1918 zogen rund 5000 Soldaten der Reservetruppen, die auf dem Truppenübungsplatz Griesheim vor den Toren Darmstadts biwakierten, unter Führung des kurz zuvor gewählten Soldatenrats stadteinwärts, um auch in der großherzoglichen Haupt- und Residenzstadt Revolution zu machen. Trotz der Meldungen von Unruhen in Frankfurt, Hanau und Offenbach hatten der kommandierende General und Gewerkschaftssekretär *Heinrich Delp* noch wenige Stunden vorher in einer Krisensitzung im Beisein Großherzog *Ernst Ludwigs* versichert, in Darmstadt gebe es „keine Anzeichen eines Aufruhrs". Am Morgen des 9. November versammelten sich Soldatenvertreter und die zu diesem Zweck freigestellten Arbeiter der Darmstädter Fabriken zu einer Großkundgebung vor dem Landtagsgebäude auf dem zentralen Luisenplatz, und der Redakteur des sozialdemokratischen „Hessischen Volksfreunds" *Wilhelm Knoblauch*, Vorsitzender des inzwischen formierten „Hessischen Arbeiter-, Bauern- und Soldatenrats", verkündete die Absetzung des Großherzogs, die Umwandlung Hessens „in eine freie sozialistische Republik". „Hessen sozialistische Republik" hieß es auch im rasch gedruckten Extrablatt des „Volksfreunds" mit den ersten Bekanntmachungen des Arbeiter- und Soldatenrats „an das hessische Volk". Der Auftrag an die SPD-Landtagsfraktion, alsbald eine neue, republikanische Regierung zu bilden, die möglichst „binnen drei Tagen" ein Gesetz zur Wahl der künftigen Landesversammlung vorlegen sollte, übertrug dem langjährigen Vorsitzenden der hessischen Sozialdemokratie *Carl Ulrich* die Weiterführung der proklamierten Revolution.

„Hessen" war staatsrechtlich seit den Annektionen von 1866, die das vormalige Kurfürstentum Hessen in der preußischen Provinz Hessen-Nassau aufgehen ließen, nur noch der in den Gebietsreformen der napoleonischen Zeit formierte Staat der Großherzöge von Hessen und bei Rhein. Die Verfassung des Großherzogtums, 1820 unter dem Druck einer Volksbewegung verkündet und in der endgültigen Formulierung von den gewählten Landständen mitgestaltet, war in ihren Grundzügen über fast 100 Jahre unverändert geblieben. Liberaler als manche andere

* Der vorstehende Text ist die etwas erweiterte Fassung eines Vortrags, der unter demselben Titel am 13. Dezember 1994 in einer Gedenkstunde zum 75. Jahrestag der Hessischen Verfassung von 1919 im Hessischen Landtag in Wiesbaden gehalten wurde. Eingearbeitet wurden Teile der Einleitung des vom Verfasser gemeinsam mit Manfred Köhler hrsg. Bandes „Parlament im Kampf um die Demokratie. Der Landtag des Volksstaats Hessen 1919–1933" (Arbeiten der Hessischen Historischen Kommission Neue Folge 6, Darmstadt 1991).

Verfassung der konstitutionellen Frühzeit, ermöglichte sie dem unter teilweiser Fortführung altständischer Traditionen nach englischem Muster konzipierten Zwei-Kammer-Parlament ein erhebliches Maß an politischer Mitbestimmung. Allerdings waren auch nach der letzten Wahlrechtsreform von 1911 kaum mehr als 20 Prozent der Bevölkerung wahlberechtigt. Die stärkste Fraktion im Landtag stellten seit den 1860er Jahren die Nationalliberalen der „Hessischen Fortschrittspartei", der auch die letzten Großherzöge und die von ihnen bestimmten Ministerpräsidenten nahestanden. In der Zweiten Kammer saßen seit der letzten Vorkriegswahl vom 3. November 1911 neben 17 Nationalliberalen und 14 Abgeordneten der vom Bauernbund gestützten „Hessischen Volkspartei", die zumindest in Teilen auf den Antisemitismus der 1890er Jahre zurückging, 9 Abgeordnete des vor allem im linksrheinischen Rheinhessen starken katholischen Zentrums und jeweils 8 Vertreter der linksdemokratischen „Fortschrittlichen Volkspartei" und der Sozialdemokratie.

In den Unruhen des Vormärz, die im „Hessischen Landboten" *Georg Büchners* und *Friedrich Ludwig Weidigs* kulminierten, wie in den frühen Parteibildungen der 48er Revolution artikulierten sich auch im großherzoglichen Hessen frühe republikanische Tendenzen, doch bei der großen Mehrheit der Bevölkerung war die konstitutionell-monarchische Regierungsreform nie in Frage gestellt. Noch im März 1917 feierte das Land das 25jährige Regierungsjubiläum des Jugendstil-Großherzogs *Ernst Ludwig*, der seiner Hauptstadt zu diesem Anlaß die bis heute bewahrte Krone aufs Stadtwappen setzte. Auch die liberale Reputation des aus Berliner Sicht schon fast „roten Großherzogs" konnte allerdings nicht verhindern, daß die Beendigung des zu Beginn des Weltkriegs verkündeten politischen „Burgfriedens", die mit den Revolutions-Nachrichten aus Rußland verschärften politischen Spannungen, die im April 1917 zu ersten Massenstreiks führten, auch auf Hessen ausstrahlten. Parallel zu entsprechenden Vorstößen im Reichstag beantragte die von *Carl Ulrich* geführte SPD-Fraktion des Darmstädter Landtags am 30. April 1917 die alsbaldige Einführung des allgemeinen, gleichen und geheimen Wahlrechts für Landtags- und Kommunalwahlen. Ein im Mai nachgeschobener Antrag der Fortschritts-Demokraten unter *Heinrich Reh* verlangte über die SPD-Motion hinaus eine durchgreifende „Umgestaltung und Weiterbildung der Rechte des Volkes im Staat, in den Kreisen und in den Gemeinden". Rechtsanwalt *Heinrich Reh* war der Enkel des *Weidig*-Schwagers *Theodor Reh*, der Anfang März 1848 den entscheidenden Antrag auf einen grundlegenden „Wechsel des bisherigen, mit den Wünschen und Forderungen des hessischen Volkes nicht in Einklang stehenden Regierungssystems" eingebracht hatte.

Mit dem Wiederzusammentritt des Landtags am 25. Oktober 1917 wurde gemäß dem *Reh*schen Antrag ein Verfassungausschuß aus je zwei Vertretern aller Landtagsfraktionen berufen. Doch dabei blieb es zunächst, da die Regierung empfahl, man möge zumindest in der Wahlrechtsfrage abwarten, bis der größere Nachbarstaat Preußen entschieden habe. Als SPD-Chef *Ulrich* ein Jahr später angesichts der wachsenden Unruhe im Land auf umgehende Einberufung des Plenums zur Beratung der Reformwünsche drängte, ließ die Regierung am 26. Oktober 1918 durch Ministerpräsident *Carl von Ewald* erklären, man sei zu einer „sach- und zeitgemäßen"

Änderung der Wahl- und Verwaltungsgesetze durchaus bereit; der Großherzog habe überdies zugestimmt, eine neue Regierung nur im Benehmen mit dem Landtag zu berufen. *Reh* und sein demokratischer Fraktionskollege *Konrad Henrich* stellten noch am selben Tag einen neuen, verschärften Antrag auf durchgreifende „Revision der Verfassungskunde und des Wahlgesetzes", die mit dem Übergang der „vollen Gesetzgebungs- und Regierungsgewalt ... auf das Volk" und Beschränkung der Krone „auf eine rein repräsentative Betätigung" den Wechsel von der konstitutionellen zur parlamentarischen Monarchie vollziehen wollte. Die „Rechte der Gesetzgebung" sollten „ausschließlich der Volksvertretung übertragen" werden. Mit der Beseitigung aller „auf Geburt und Besitz gestützten Vorrechte" sollten auch die Domänen des großherzoglichen „Familieneigentums" verstaatlicht, alle sonstigen „Familienfideikommisse" aufgehoben werden.

Beim Zusammentritt der Zweiten Kammer am 29. Oktober wußte man, daß der Reichstag schon am Vortag für die sofortige Einführung eines voll parlamentarisierten Systems votiert hatte. Doch die SPD, wie „das ganze Land überrascht" von der Reformbereitschaft der Darmstädter Regierung, war mit der Ausarbeitung ihrer Reformvorschläge nicht fertig geworden. Die so dringlich geforderte Debatte wurde vertagt, und der Landtag beriet stattdessen über eine Teuerungszulage für Beamte und das Sammeln von Bucheckern. Auch nachdem die Sozialdemokraten ihre Vorschläge formuliert hatten, dauerte es noch einmal fast eine Woche, bis der Verfassungsausschuß einen konsensfähigen Kompromißvorschlag formuliert hatte. In der Sitzung vom 7. November sprach *Ulrich* für alle Fraktionen, wenn er feststellte, man wolle „den Übergang aus dem Obrigkeitsstaat in den Volksstaat" jetzt „so schnell und so gründlich als möglich herbeiführen". In den am Folgetag einstimmig beschlossenen Reformpunkten fanden sich zwar die Neuordnung der Ersten Kammer und die Ernennung der Minister auf Vorschlag des Parlaments, doch das Gesetzgebungsrecht des Parlaments blieb an die Vorlagen der Regierung gebunden, und das demokratisierte Wahlrecht sollte den Frauen zunächst nur bei Kommunalwahlen zugestanden werden. Die vom Großherzog noch an diesem 8. November verfügte Berufung eines Staatsrats aus je zwei Abgeordneten der fünf Landtagsfraktionen kam, wie dies *Ulrich* bereits befürchtet hatte, „zu spät".

Carl Ulrich konnte jedoch an die vorliegenden Reformvorschläge anknüpfen, als er das Mandat des Revolutionsrats zur Regierungsneubildung übernahm, um den Umsturz baldmöglichst zur verfassungsmäßigen Legalität zurückzuführen. Der durch Delegierte aus den Provinzen aufgefüllte „Hessische Landesvolksrat" hat sich zwar um die Sicherung der öffentlichen Ordnung, die wirtschaftliche Versorgung und die rasche Demobilisierung des Militärs verdient gemacht, hat auch einzelne quasi-gesetzgeberische Beschlüsse wie die Einführung der 40-Stunden-Woche gefaßt, doch die vom USPD-Mitglied *Dr. Arthur Wolff* erhobene Forderung, daß der „Volksrat und nicht das Staatsministerium die oberste Regierung, ... das Ministerium lediglich die Exekutive sei", fand wenig Resonanz. In der von *Ulrich* gebildeten provisorischen Regierung gehörten wie er selbst und sein Fraktionskollege, der jüdische Anwalt und künftige Innenminister *Heinrich Fulda*, auch die Führer der schon in den Verfassungsdebatten des Vorjahres mit der SPD verbundenen Demokraten und der zur Unterstützung gewonnenen Zentrumspartei, der künftige Finanzminister *Henrich* und Justizminister *Otto von Brentano*, zu den noch vom Großherzog berufenen Mitgliedern des Staatsrats. Auch die Forderungen des in den Proklamationen vom 9. November festgelegten Sieben-Punkte-Programms entsprachen weitgehend den schon vor dem Umsturz eingebrachten Reformanträgen, denen der Großherzog und seine jetzt ordnungsgemäß pensionierten Minister grundsätzlich zugestimmt hatten: allgemeines Wahlrecht, Abschaffung „aller Sonderrechte der Geburt und des Standes“, Verstaatlichung der großherzoglichen Domänen und Auflösung der Fideikommisse. Die Zusatzforderungen auf Gewährleistung „vollständiger Glaubens- und Gewissensfreiheit“ und „Trennung von Kirche und Staat“ hätte zumindest Großherzog *Ernst Ludwig* unbesehen mitgetragen. Sie finden sich bereits in seinen vor dem Krieg niedergeschriebenen „Grundideen eines konstitutionellen Fürsten“.

In den Vordergrund des öffentlichen Interesses rückten schon vor der „Verordnung über die Wahlen der verfassungsgebenden Volkskammer der Republik Hessen“, die am 3. Dezember 1918 verkündet wurde, die Neuformierung der politischen Parteien, der anlaufende Wahlkampf für den Verfassungs-Landtag und die nach Weimar einberufene Nationalversammlung. Tonangebend waren zunächst die Parteien der vorläufigen Regierungskoalition, die Sozialdemokraten, die freiheitlichen Demokraten der ehemaligen Fortschrittspartei und das Zentrum, das den schon in den 1860er Jahren geführten Namen „Christliche Volkspartei“ neu zu beleben suchte. Spöttisch notierten Demokraten und SPD, daß auch die etwas zögerlich neuformierten bürgerlichen Mitte-Rechts-Parteien mit dem neuen Etikett der „Volkspartei“ zu werben suchten: die vormalige Regierungspartei der Nationalliberalen als „Deutsche Volkspartei“, DVP, die z.T. aus dem fatalen Erbe der Antisemiten rekrutierten „Deutschvölkischen“ als „Deutschnationale“ oder „Hessische Volkspartei“. Ebenso augenfällig war bei allen Parteien der Appell an die neuen weiblichen Wähler, die mit besonderen Frauenversammlungen und entsprechenden Plakaten umworben wurden. Wahlberechtigt zum neuen Landesparlament, das im Gegensatz zur alten Zwei-Kammer-Verfassung aus nur einer Kammer mit 70 Abgeordneten bestehen und ohne Wahlkreise in reiner Listenwahl gewählt werden sollte, waren alle in Hessen beheimateten Männer und Frauen ab 20 Jahren.

Die Wahl der Verfassungs-Volkskammer am 26. Januar 1919 brachte wie die Wahl zur Nationalversammlung am Sonntag zuvor einen Erdrutschsieg der an der vorläufigen Regierung beteiligten Parteien, die mit über 80 Prozent der abgegebenen Stimmen – 44,5 Prozent für die SPD, fast 19 Prozent für die Demokraten und 17,6 für die Zentrumsliste – ein klares Mandat für die eingeleitete demokratische Neuordnung erhielten. Noch vor dem offiziellen Zusammentritt der Volkskammer erklärte der Landesvolksrat in einer „feierlichen Schlußsitzung“ am 11. Februar 1919 seine Auflösung und übertrug die in der Revolution vom 8./9. November 1918 wurzelnde „gesetzgebende Gewalt“, die er de facto kaum genutzt hatte, auf die neugewählte Volksvertretung, die zwei Tage später im Landtagsgebäude des Darmstädter Ständehauses zu ihrer ersten Sitzung zusammentrat.

Die Anfang Januar gewählten Landtage in den südlichen Nachbarstaaten Baden und Württemberg begannen relativ rasch mit der Beratung endgültiger Staatsverfassungen, die bereits im März und April 1919, noch vor der Weimarer Reichsverfassung, verabschiedet wurden. Die Darmstädter Regierung entschied sich für die Zwischenlösung einer vorläufigen „Not-Verfassung", die eine sichere Rechtsgrundlage für die Zeit bis zur Ausarbeitung einer mit der künftigen Verfassung des Reiches abgestimmten Konstitution schaffen sollte. Der „Entwurf einer vorläufigen Verfassung für die Republik Hessen", den Ministerpräsident *Ulrich* namens der provisorischen Regierung in der zweiten Sitzung der Volkskammer am 14. Februar einbrachte, war nach *Ulrichs* selbstkritischem Urteil ein nicht ganz geglücktes „Gemisch von Programm und Verfassungsfragen". Man war sich schnell darüber einig, daß auf eine detaillierte Festlegung der Grundrechte, auf Einzelregelungen für das Schulwesen oder die künftige Wirtschafts- und Arbeitsordnung verzichtet werden sollte, zumal Sätze wie der Entwurfsartikel 18 – „Die Vergesellschaftung der Wirtschaft nach dem Stande ihrer Entwicklung ist Aufgabe des Reiches bzw. Staates" – vor Verabschiedung der künftigen Reichsverfassung wenig Sinn machten.

Der mit der Überarbeitung betraute Sonderausschuß unter dem Vorsitz des Demokraten *Reh* konnte binnen weniger Tage einen neuen, gestrafften Text vorlegen, der sich auf fünf Kernpunkte beschränkte: Staatsform, Staatsgebiet, Staatsgewalt, Gesetzgebung und Staatsleitung. Da der USPD-Abgeordnete *Alfred Kiel* als erster Redner der Debatte am 20. Februar 1919 den Verzicht auf den im ursprünglichen Entwurf wirksamen „Geist des Sozialismus", auf grundsätzliche Festlegungen zu Fragen wie Einheitsschule und Sozialisierung bedauerte, zugleich aber das Fortbestehen der Arbeiter- und Soldatenräte als eigentlicher „Träger der Revolution", die Mitwirkung eines von ihnen zu wählenden „Zentralrats" an der Gesetzgebung forderte, entspann sich entgegen den Absichten der Regierungsparteien eine engagierte Generaldiskussion. DVP-Sprecher *Eduard Dingeldey* verband die Ablehnung des von *Kiel* verfochtenen Rätesystems mit der Grundsatzfrage nach den „freiheitlichen Errungenschaften" der Revolution, die er als „in ihrer Bedeutung für das freiheitliche Leben nicht wesentlich, in ihrer Bedeutung für unser wirtschaftliches und nationales Leben als verhängnisvoll bezeichnen" wollte. Der auch vom Ministerpräsidenten vorgezeichnete „Weg von der Demokratie zum Sozialismus" sei keineswegs der Weg seiner Partei.

Für die konkrete Verfassungsplanung wichtiger war *Dingeldeys* Feststellung, daß auch seine Partei die „republikanische Staatsform" als geschaffene Tatsache anerkenne, auch wenn „Inhalt dieser republikanischen Staatsform ... nicht notwendigerweise der Parlamentarismus" sein müsse. Um der Gefahr einer auf die Parlamentsmehrheit gestützten Parteienregierung vorzubeugen, forderte er das plebiszitäre Korrektiv der Volksabstimmung. Der Bauernbunds-Sprecher *Wilhelm Dorsch*, der von der neueingeführten Verhältniswahl für die Zukunft eine „Parteiherrschaft in Reinkultur" fürchtete, hat diese Forderung nachdrücklich unterstützt. Die SPD-Fraktion sah mit gemischten Gefühlen, daß der vom Ausschuß nach längerer Debatte gestrichene Referendums-Artikel des ursprünglichen Entwurfs nun sozusagen als

„Geschenk der Rechten" neuaufgenommen wurde. Mit der zumindest programmatischen Einfügung von Volksbegehren und Volksabstimmung wurde der Entwurf der vorläufigen Verfassung schließlich mit nur einer Gegenstimme angenommen.

Die am Folgetag formell im Amt bestätigte Staatsregierung unter Ministerpräsident *Ulrich* bestellte zur Ausarbeitung der endgültigen Verfassung am 5. März 1919 zunächst eine Expertenkommission aus Vertretern der verschiedenen Regierungsressorts unter Vorsitz des späteren Ministerialdirektors im Justizministerium, Staatsrat *Daniel Lorbacher*, eines erfahrenen Verwaltungsjuristen, der seit fast zwei Jahrzehnten in leitender Funktion im großherzoglichen Innen- und Justizministerium gewirkt hatte. Die im Archiv des Hessischen Ministeriums der Justiz erhaltenen Handakten *Lorbachers* zeigen, daß sich die Kommission intensiv mit den bereits weiter fortgeschrittenen Vorarbeiten der anderen südwestdeutschen Staaten befaßte. Maßgeblich wurde vor allem die schon am 21. März 1919 endgültig verabschiedete badische Verfassung, an die sich der Darmstädter Kommissionsentwurf nicht nur im grundsätzlichen Aufbau, sondern auch in vielen Einzelformulierungen anlehnte. Übernahmen aus dem Württemberger Entwurf finden sich u.a. im IV. Abschnitt „Von den Religionsgemeinschaften". Der Text des in Abstimmung mit den Kollegen von *Lorbacher* konzipierten „Vorentwurfs" wurde am 8. Mai 1919 in der ‚Darmstädter Zeitung' abgedruckt – mit der ausdrücklichen „Hoffnung, daß sich daran eine fruchtbringende Kritik schließen möge".

Wichtiger als die hier angesprochene Mitwirkung der Wählerschaft, die wenig erbrachte, war das bereits vorliegende kritische Gutachten des Staatsrechtlers der Gießener Landesuniversität, Professor *Hans Gmelin*, dem die Regierung bei Überarbeitung ihres Entwurfs in allen wesentlichen Punkten gefolgt ist. Das galt für die von ihm vorgeschlagene Umstrukturierung des Entwurfs wie für eine ganze Reihe von Abänderungen und Präzisierungen im Text. Im grundlegenden Abschnitt „Von der Staatsgewalt" fuhr der Entwurf nach dem Kernsatz „Alle Staatsgewalt im Volksstaat Hessen geht vom Volke aus" fort (auch hier in Anlehnung an die badische Verfassung): „Sie wird ... durch die Gesamtheit der stimmberechtigten hessischen Staatsangehörigen ausgeübt". Für *Gmelin* war dies „genau so falsch wie der Satz früherer Verfassungen, der die Staatsgewalt dem Monarchen zusprach". Der endgültige Text sagt seinem Vorschlag entsprechend: „Sie wird ausgeübt teils unmittelbar durch die stimmberechtigten reichsdeutschen Männer und Frauen, die in Hessen wohnen, teils mittelbar durch die Volksvertretung und die Behörden".

Für die grundlegenden Abschnitte III und IV des Kommissionsentwurfs „Von den Rechten und Pflichten des hessischen Volkes" und „Von den Religionsgemeinschaften, den Unterrichts- und Wohltätigkeitsanstalten" hatte schon *Gmelin* auf den Vorrang der künftigen Reichsverfassung hingewiesen: „Soweit sich solche Regeln mit der Reichsgesetzgebung decken, sind sie überflüssig, und soweit sie mit der Reichsgesetzgebung in Widerspruch stehen, sind sie ungültig". Die Regierung folgte dem Rat *Gmelins*, man solle hier auf den Abschluß der rasch fortschreitenden Verhandlungen über die neue Reichsverfassung warten, die am 11. August 1919 in Weimar verabschiedet wurde. Erst am 9. Oktober, kurz vor Ende der sorgsam eingehaltenen Sommerpause des Parlaments, legte die Darmstädter

Regierung die überarbeitete Entwurfsfassung vor, die mit Verweis auf die Grundrechts-Regelungen der Weimarer Verfassung auf die bereits genannten Abschnitte, aber auch auf die ursprünglich vorgesehene „hessische Staatsangehörigkeit" verzichtete. Der nunmehrige „Volksstaat Hessen" sollte als „selbständiges Land ... Bestandteil des Deutschen Reiches" sein, dessen „Landeshoheit ... den aus der Verfassung und den sonstigen Gesetzen des Deutschen Reiches sich ergebenden Beschränkungen" unterliegt. Gleichwohl war die künftige Landesverfassung sicher mehr als „eine Art Ausführungsgesetz der Reichsverfassung", wie *Ulrich* später in der Volkskammer etwas tiefstapelnd formulierte.

Der Ende Oktober vorliegende Bericht des Verfassungsausschusses schlug trotz zum Teil kontrovers geführter Debatten – u.a. über den neuen Titel „Staatspräsident" – nur wenige Änderungen vor. Gestrichen wurden die Bestimmungen über die Vermögensauseinandersetzung mit dem Fürstenhaus, die gemäß den Vorschlägen des Ausschusses in einem besonderen, parallel zur Verfassung verabschiedeten Gesetz geregelt wurde. In der dreitägigen Plenardebatte Anfang Dezember ließ sich entgegen den Hoffnungen der Regierungsparteien ein „Hervortreten von Gegensätzen der Weltanschauung" wiederum nicht ganz vermeiden. Die Fraktionen der Rechten wollten die von der Verhältniswahl befürchtete Parteiherrschaft durch eine von den Berufsständen beschickte Zweitkammer eindämmen. Die linksradikale USPD forderte die konsequente Fortentwicklung der Revolution durch Volkswahl der Richter, schnellstmögliche Sozialisierung der Wirtschaft und Neuordnung des Schulsystems „auf Grundlage der sozialistischen Weltanschauung". Eigentlicher Streitpunkt wurde die an sich sekundäre Frage der Weiterführung der Verfassungs-Volkskammer als regulärer Landtag. Gegen das mit der Ablehnung alsbaldiger Neuwahlen begründete „Nein" der Rechtsparteien wurde die Gesamtverfassung am 9. Dezember 1919 mit der großen Mehrheit der Regierungskoalition angenommen. Daß sie erst am 12. Dezember in Kraft gesetzt werden konnte, lag an einer technischen Panne, der notwendigen Nachbesserung eines nebensächlichen Paragraphen, dessen Formulierung mit einem Änderungsantrag durcheinandergekommen war.

Die „Hessische Verfassung" vom 12. Dezember 1919 war in neun Abschnitte gegliedert. Abschnitt I handelte „Vom Volksstaat Hessen und seinen Grenzen", Abschnitt II „Von der Staatsgewalt". Im wichtigen III. Abschnitt „Von der Gesetzgebung" wurden zunächst „Allgemeine Regeln", dann unter „2. Das Volk" das Stimmrecht und „Volksbegehren und Volksabstimmung", schließlich unter „3. Die Volksvertretung" Bildung, Zusammentritt, Vertagung, Auflösung, Geschäftsbehandlung und Zuständigkeit des Landtags geregelt. „Die Gesetzgebungsgewalt wird ausgeübt teils durch das Volk im Wege des Volksbegehrens und der Volksabstimmung, teils durch die vom Volke gewählte Volksvertretung", besagte der grundlegende Artikel 4 der Verfassung. Abschnitt IV behandelte „Die Staatsleitung", die Wahl des Staatspräsidenten, der seinerseits die Mitglieder des Gesamtministeriums zu berufen hatte, Bestätigung und Abberufung der Minister und „Anklagen gegen die Mitglieder des Gesamtministeriums", für die ein besonderer „Staatsgerichtshof" geschaffen wurde. Im V. Abschnitt ging es um „Finanzwesen" und „Staatseigentum", insbesondere Steuerbewilligung und Budgetrecht. Vergleichsweise marginal waren der Abschnitt VI „Von der Rechtspflege", in dem insbesondere das Begnadigungsrecht definiert wurde, Abschnitt VII „Von den Gemeinden und öffentlichen Kommunalverbänden" und Abschnitt VIII „Von den Patronaten". Die Schluß- und Übergangsbestimmungen des IX. Abschnitts enthielten vor allem die umstrittene Neuwahl-Regelung, mit der die ersten Wahlen nach der neuen Verfassung auf den November 1921 festgelegt wurden.

Daß der „Kampf um die Demokratie", den der 1991 im Rahmen des vom Hessischen Landtag angeregten Forschungsprojekts „Vorgeschichte und Geschichte des Parlamentarismus in Hessen" publizierte Band über die Darmstädter Landtagsdebatten der Jahre 1919–1933 dokumentiert, letztendlich auch im Volksstaat Hessen verloren wurde, war sicher nicht der Verfassung anzulasten. Die Rahmenbedingungen waren schwierig, schwieriger noch als in anderen Teilen des Reiches, da mit der französischen Rheinland-Besetzung, die über das linksrheinische Rheinhessen hinaus bis in die Randbezirke der Landeshauptstadt reichte, fast ein Drittel des Staatsgebiets der unmittelbaren Einwirkung der Landesregierung entzogen war. Obwohl die in Hessen auch in den Wahlen der 20er Jahre mit zwar verringerten, aber tragfähigen Mehrheiten im Amt bestätigte Regierung der sogenannten Weimarer Koalitions-Parteien in ihrer Reformpolitik nach Überwindung der ersten Krisenjahre durchaus Erfolge zu verzeichnen hatte, gelang ihr die angestrebte Demokratisierung weder bei der im Interesse der von *Ulrich* erstrebten Kontinuität übernommenen Beamtenschaft noch an den Hochschulen des Landes. Das plebiszitäre Element der Verfassung bestand eine erste Bewährungsprobe, als das 1926 vom Wirtschafts- und Ordnungs-Block der Rechtsopposition inszenierte Volksbegehren auf vorzeitige Landtagsauflösung per Volksabstimmung zurückgewiesen wurde.

Der zunächst Hoffnungen weckende Neuansatz der 1928 verjüngten Regierung unter den Sozialdemokraten *Bernhard Adelung* und *Wilhelm Leuschner*, die sich härter und konsequenter als andernorts gegen die von rechts- und linksaußen kommenden Angriffe auf den demokratischen Staat zur Wehr setzte, scheiterte mit dem Einbruch der Weltwirtschaftskrise von 1930. In der mit dem sicher anfechtbaren Mittel einer Verfassungsänderung verschobenen Landtagswahl vom 15. November 1931 wurde die bis dahin im Landesparlament nur durch einen deutschnationalen Überläufer vertretene NSDAP mit 37 Prozent der Stimmen und 27 Abgeordnetensitzen sozusagen aus dem Stand zur stärksten Fraktion. Die Negativ-Mehrheit von Nationalsozialisten und Kommunisten konnte zwar die geschäftsführend im Amt gebliebene Regierung nicht stürzen, führte aber zur weitgehenden Lähmung des Parlaments, dessen Debatten zu agitatorischen Schauveranstaltungen verkamen. Die Regierung war auf den Verordnungsweg angewiesen. Sie nutzte den ihr verbliebenen Spielraum zu polizeilichen Maßnahmen gegen den wachsenden Straßenterror der Wehrverbände und zur kämpferischen Gegenpropaganda, die vor allem der trotz massiver Angriffe der Nazis zunächst weiter amtierende Innenminister *Leuschner*, sein Pressechef *Carlo Mierendorff* und die

Abgeordnete *Lily Pringsheim* auch nach der Machtergreifung der Nationalsozialisten im Reich am 30. Januar 1933 weiterführten.

Mit dem Ergebnis der Reichstagswahl vom 5. März 1933 – der Stimmanteil der NS-Liste im Volksstaat lag mit 47,4 Prozent deutlich über dem Reichsdurchschnitt – war das Schicksal der demokratischen Verfassung auch in Hessen besiegelt. Auf die bereits am Folgetag angeordnete kommissarische Übernahme der Polizei- und Regierungsgewalt durch den nationalsozialistischen Abgeordneten *Heinrich Müller* folgte am 13. März die Wahl des bisherigen NS-Landtagspräsidenten *Ferdinand Werner* zum neuen Staatspräsidenten, ermöglicht durch die Mitwirkung des Zentrums, das, „um möglichst rasch klare politische Verhältnisse zu schaffen", auch dem von der NSDAP beantragten Ermächtigungsgesetz zustimmte. Der gemäß dem „Vorläufigen Gesetz zur Gleichschaltung der Länder mit dem Reich" ohne verfassungsmäßige Legitimation neugebildete Landtag hat in seiner ersten und einzigen Sitzung am 16. Mai 1933, bereits in Gegenwart des Anfang Mai bestellten Reichsstatthalters *Jakob Sprenger*, seine endgültige Entmachtung beschlossen. „Wie der gesamte Parlamentarismus hat auch der Länderparlamentarismus aufgehört zu bestehen", erklärte Staatspräsident *Werner*, der wenige Monate später seinerseits von der Bildfläche verschwunden war.

Wilhelm Leuschner, Abgeordneter des Hessischen Landtags von 1924 bis 1933, wurde aufgrund seiner Mitwirkung in der Widerstandsbewegung des 20. Juli am 29. September 1944 in Plötzensee hingerichtet. Kurz zuvor, am 27. Juli, war *Wilhelm Beuttel*, hessischer KPD-Abgeordneter im letzten gewählten Landtag 1932/33, als Organisator von Widerstandszellen im Rhein-Ruhr-Gebiet in Köln unter dem Fallbeil gestorben. Nach der umfassenden Verhaftungswelle der sogenannten „Gitteraktion" vom 22. August 1944 sind die vormaligen Landtagsabgeordneten *Heinrich Angermeir* (KPD/KPO), *Heinrich Delp* und *Otto Sturmfels* (SPD) noch 1945 im Konzentrationslager Dachau zu Tode gekommen. Im neuen Land Groß-Hessen, das die rechtsrheinischen Teile des Volksstaats in Wiederaufnahme der schon nach 1918 propagierten Neugliederungspläne mit den preußischen Provinzen Kurhessen und Nassau vereinigte, steht vor allem der Name *Heinrich Zinnkanns*, der 1924 bis 1933 der SPD-Fraktion des Landtags in Darmstadt angehörte, ab 1946 dann dem Landtag des neuen Landes angehörte, dem er von 1954 bis 1962 präsidierte, für die Fortführung der demokratischen Tradition des Volksstaats Hessen, die auch in der 1964 von dem Hessischen Ministerpräsidenten gestifteten Wilhelm-Leuschner-Medaille weiterlebt.

RAINER POLLEY

Die Hessische Verfassung von 1946 und ihre historischen und zeitgenössischen Vorbilder

„Die Hessische Verfassung ist schließlich Einheit im Strome der Geschichte. Sie ist keine geschichtslose Grundordnung wie gewisse doktrinäre Verfassungen der Neuzeit. Für sie ist die deutsche Geschichte vor 1945 ‚Vorgeschichte' und das Jahr 1945 nicht ‚Nullzustand'"[1].

Nachdem 1996 die Dokumentation von *Helmut Berding* und *Katrin Lange* über „Die Entstehung der Hessischen Verfassung von 1946"[2] erschienen ist, haben mich die einleitend zitierten Sätze des Verfassungsvaters *Erwin Stein* zum zwanzigjährigen Jubiläum der Verfassung (1966) dazu ermuntert, anläßlich des fünfzigjährigen Jubiläums die Frage nach den Vorbildern der Hessischen Verfassung vom 1. Dezember 1946 auf der guten Quellengrundlage neu zu stellen. Unter Vorbildern sollen hier alle von anderer Seite beigesteuerten oder abrufbaren Verfassungsprinzipien oder konkreten Verfassungsnormen verstanden werden, die die Mütter und Väter der Hessischen Verfassung bei deren Gestaltung und Formulierung angeregt haben, auch wenn eine Umsetzung des Vorbildes nicht oder nur bedingt erfolgt ist. Erst danach ist es angebracht, das Wichtige vom Unwichtigen und Beiläufigen zu trennen und die Frage zu klären, welche Vorbilder nun unmittelbar – also bis in die konkrete Gestaltung und Formulierung hineinragend – für die Hessische Verfassung von Bedeutung gewesen sind.

Die Tatsache, daß in einer Demokratie bei der Auslegung von Gesetzen der Wortlaut der Vorschriften und ihre Würdigung aus dem Gesamtzusammenhang, aber nur ausnahmsweise die Entstehungsgeschichte maßgebend sind,[3] mag dafür verantwortlich sein, daß die staatsrechtliche Literatur zur in Kraft getretenen Hessischen Verfassung von 1946 ihren Vorbildern, insbesondere ihren textlichen Vorbildern wenig Beachtung geschenkt hat. Zwar haben die Bearbeiter des von *Georg August Zinn* und *Erwin Stein* begründeten Kommentars der Hessischen Verfassung[4] in den einleitenden Vorbemerkungen oder in den Erläuterungen zu den einzelnen Artikeln gelegentlich mit wenigen Worten oder auch nur unter schlichter Nennung

---

[1] *Erwin Stein:* 20 Jahre Hessische Verfassung. Festvortrag im Hessischen Landtag am 1.12.1966, Wiesbaden 1967, S. 14.

[2] Die Entstehung der Hessischen Verfassung von 1946: eine Dokumentation. Hrsg. und eingel. von *Helmut Berding*, bearbeitet von *Helmut Berding* und *Katrin Lange*, Wiesbaden 1996 (Veröffentlichungen der Historischen Kommission für Nassau; 58) (Vorgeschichte und Geschichte des Parlamentarismus in Hessen; 10). Mit Faksimileabdruck der Verfassung nach S. XLII und Quellen- und Literaturverzeichnis auf S. 1167–1181. Im folgenden kurz: Entstehung HV.

[3] *Thilo Ramm:* Die soziale Ordnung in der Hessischen Verfassung, in: *Jacob Schissler* (Hrsg.): Politische Kultur und politisches System in Hessen, Frankfurt a.M.: 1981, S. 126–150, hier S. 128.

[4] *Georg August Zinn* und *Erwin Stein* (Hrsg.): Verfassung des Landes Hessen, Kommentar, Bad Homburg vor der Höhe, 1954/1963 ff.

älterer Verfassungsartikel einen Traditionszusammenhang klargestellt, doch bleiben Zweifel, ob diese älteren Normen unmittelbare Textvorlagen für die jeweiligen Artikel der Hessischen Verfassung gewesen sind. Die juristische Forschung interessiert verständlicherweise mehr das Verhältnis der Hessischen Verfassung zum späteren Grundgesetz für die Bundesrepublik Deutschland. Die historische Forschung hat sich des Themas der Verfassungsvorbilder aber bisher auch nicht angenommen, teils weil sie dies als Aufgabe der Juristen angesehen hat, teils weil sie der geistige und politische Horizont und die eigenschöpferische Leistung der Mütter und Väter der Verfassung mehr interessiert hat und teils weil der von ihr geprägte Topos „Hessen in der Stunde Null“[5] Kontinuitäten der Vergangenheit weniger Rechnung tragen kann als dem Neubeginn. So ist die Antwort auf die Frage nach den Vorbildern der Hessischen Verfassung weitgehend noch auf dem Stande der Forschung von 1954 stehengeblieben, den *Wiltraut von Brünneck* so zusammenfaßte:[6]

> „Als Vorbilder dienten neben den Verfassungen der vornationalsozialistischen Epoche, insbesondere der Weimarer Verfassung, auch der Entwurf zur französischen Verfassung vom 19.4. 1946 einschließlich der Erklärung der Menschenrechte; ferner ist der im einzelnen schwer festzustellende gegenseitige Einfluß der gleichzeitig in den süddeutschen und anderen deutschen Ländern entstehenden Verfassungen untereinander von Bedeutung gewesen.“

Auch wenn die Untersuchung die Ausführungen *von Brünnecks* alles in allem bestätigen wird, wird sie doch das Spektrum der Vorbilder erweitern, die Gattungsbegriffe konkretisieren, am Ende aber die Akzente der Erheblichkeit der Beeinflussung anders setzen und ein Vorbild zu Tage fördern, das bisher in dieser Tragweite noch nicht erkannt worden ist, weil es durch mündliche oder schriftliche Hinweise bei den Verfassungsberatungen kaum belegbar ist.

I.

Vergegenwärtigen wir uns zunächst die ausländischen Verfassungsvorbilder.

1. Das älteste konkrete Vorbild, auf das man sich bei der Beratung der Hessischen Verfassung bezog, war die Bill of Rights von Virginia vom 12. Juni 1776.[7] Der Staatsekretär und Chef der Staatskanzlei *Hermann Brill* kam auf sie am 6. August 1946 in der Verfassungberatenden Landesversammlung zu sprechen, um die Notwendigkeit einer Verfassung zu behaupten und danach die Funktion der in die Verfassung aufzunehmenden Grundrechte im gesamten Rechtssystem zu umreißen.

---

[5] *Wolf-Arno Kropat:* Hessen in der Stunde Null 1945/1947: Politik, Wirtschaft und Bildungswesen in Dokumenten, Wiesbaden: Selbstverlag der Historischen Kommission für Nassau, 1979. – Stärker um die Frage nach Traditionszusammenhängen bemüht: *Walter Mühlhausen,* Hessen 1945–1950: zur politischen Gestaltung eines Landes in der Besatzungszeit, Frankfurt am Main, 1985.

[6] *Wiltraut von Brünneck:* Die Verfassung des Landes Hessen vom 1. Dezember 1946, in: Jahrbuch des öffentlichen Rechts der Gegenwart NF 3, 1954, S. 213–270, hier S. 217.

[7] Abdruck in: *Günther Franz:* Staatsverfassungen, 2. Aufl., München 1964, S. 6–11.

Er warf die Frage auf, ob die Grundrechte, wie das in der Weimarer Verfassung der Fall gewesen sei, nur Richtlinien für Gesetzgebung, Verwaltung und Rechtsprechung oder ob sie mehr sein sollten. Er vertrat danach die Auffassung, daß sie künftig nicht nur den Richter unmittelbar binden müßten, sondern auch die Verwaltung und den Gesetzgeber, eben den Landtag.[8] Bei der Schlußabstimmung kam der Abgeordnete *Wilhelm Knothe* (SPD) in einem weit ausholenden verfassungsgeschichtlichen Rückblick auch auf die Bill of Rights von Virginia zu sprechen und hob ihren starken Einfluß auf die anderen amerikanischen Staaten und den europäischen Kontinent, insbesondere auf das französische Volk, hervor. Er würdigte besonders die Artikel, in denen ausgesprochen worden sei, daß alle Menschen von Natur aus in gleicher Weise frei und unabhängig sein sollten, daß alle Macht im Volk begründet liege und Regierungsbeamte nur Diener und Vertrauensleute des Volkes seien, daß die Regierung eingesetzt sei für das allgemeine Wohl, den Schutz und die Sicherheit des Volkes.[9]

Auch die amerikanische Unabhängigkeitserklärung von 1776[10] wurde als Prototyp einer Festlegung von Menschen- und Bürgerrechten gewürdigt.[11] Der Vertreter der amerikanischen Militärregierung, Oberst *James R. Newman*, stellte in einer Rede[12] bei der Eröffnungssitzung der Verfassungberatenden Landesversammlung am 15. Juli 1946 die vor den Abgeordneten liegende Arbeit auch unter das Bekenntnis zu Einheit, Gerechtigkeit und Frieden, das im Prolog der Verfassung der Vereinigten Staaten von Amerika vom 17. September 1787[13] verankert war. Bei der Diskussion um die Notwendigkeit einer Ersten und Zweiten Kammer hatten die Abgeordneten diese Verfassung mit ihren organisatorischen Regelungen vor Augen, und zwar die Einteilung des Kongresses in Repräsentantenhaus und Senat[14], aber auch die Beschränkung auf ein Einkammersystem in den einzelnen amerikanischen Staaten.[15] Auch das suspensive Veto des amerikanischen Präsidenten bei der Gesetzgebung schien von Interesse zu sein.[16] Der Abgeordnete *Leo Bauer* (KPD) würdigte die restlose Trennung von Staat und Kirche in Nordamerika, das er ein „großes bürgerlich-demokratisches Land" nannte.[17]

Beachtung fand ferner das zeitgenössische amerikanische Verfassungsdenken, insbesondere die berühmte Verkündung der vier Freiheiten durch Präsident *Franklin D. Roosevelt* in seiner Ansprache vom 6. Januar 1941; er nannte die Freiheit der Rede und der Meinungsäußerung, die Freiheit eines jeden, Gott auf seine Weise zu dienen, die Freiheit von Not und die Freiheit von Furcht.[18] Den Mitschöpfer

---

[8] Entstehung HV, S. 482 f.
[9] Entstehung HV, S. 1107 f.
[10] Abdruck im Auszug in: *G. Franz* (Fn. 7), S. 3.
[11] Entstehung HV, S. 326.
[12] Entstehung HV, S. 405 f.
[13] Abdruck in: *G. Franz* (Fn. 7), S. 10–51.
[14] Entstehung HV, S. 690, 1162.
[15] Entstehung HV, S. 445.
[16] Entstehung HV, S. 120.
[17] Entstehung HV, S. 442.
[18] In deutscher Übersetzung zitiert in: Entstehung HV, S. 91.

der Hessischen Verfassung *Erwin Stein* bestärkten diese Leitsätze unter dem Eindruck der bedrückenden Gegenwartsprobleme in der Ansicht, daß über die Menschenrechte des Liberalismus von 1776, 1789 und 1849 in der Richtung der sozialen Bindung hinausgeschritten werden müsse[19] – ein Anliegen, dem auch die Hessische Verfassung von 1946 auf markante Weise Rechnung trägt.

Die Festigkeit der Grundrechte, die Bindung von Gesetzgebung, Exekutive und Rechtsprechung an die Grundrechte und ihre Sicherung durch eine Verfassungsgerichtsbarkeit, ferner das Bekenntnis zu einer fachlich und charakterlich hochqualifizierten, durch Wahlgremien ausgesuchten Richterschaft sind Grundprinzipien der Hessischen Verfassung, die sicherlich auch unter dem Einfluß des amerikanischen Verfassungssystems entstanden oder gefördert worden sind.[20] Denn im Vergleich mit der nicht minder einflußreichen französischen Verfassungstheorie sind sie in dieser Intensität auch nur dem amerikanischen Verfassungssystem eigen.[21]

Da sich in der Dokumentation zur Entstehung der Hessischen Verfassung aber nur sehr selten Anspielungen auf Diskussionen über das amerikanische Verfassungssystem im Kreise der Abgeordneten ermitteln lassen, ist die Rezeption amerikanischer Verfassungsprinzipien offenbar in der Stille erfolgt, wohl auch über die konstruktiven Unterredungen mit den taktvollen amerikanischen Verbindungsoffizieren.[22] Einig mit der Besatzungsmacht in dem Ziel, Deutschland zu einer demokratischen Gestaltung zu verhelfen und das deutsche Volk zu einer Demokratie zu erziehen,[23] versuchten die deutschen Mütter und Väter der Hessischen Verfassung im Bewußtsein einer eigenen demokratischen deutschen Verfassungstradition und ihrer intellektuellen Fähigkeit zur eigenen Gestaltung des Verfassungslebens, eine ostensive Anbiederung an die amerikanische Besatzungsmacht zu vermeiden.

2. Bei den Diskussionen um die Einführung eines Zweikammersystems stand auch das englische Verfassungssystem vor Augen, insofern man mit der Ersten Kammer, die nach einer von mehreren Vorstellungen mit hervorragenden Persönlichkeiten besetzt werden sollte, eine „Kombination des Oberhauses und des Privy Council der britischen Verfassung" erreichen wollte.[24] Von Belang ist dies allerdings

---

[19] Entstehung HV, S. 91.

[20] Entstehung HV, S. 97 (Vorbild des Obersten Bundesgerichts der USA, dessen Richter nach Artikel II, Abschnitt 2 der Verfassung von 1787 im Zusammenwirken von Präsident und Senat bestellt werden). – *Frank R. Pfetsch:* Verfassungsrechtliche Innovationen 1945–1949. Am Anfang war der linksliberale Rechtsstaat, in: Zeitschrift für Parlamentsfragen 17, 1986, S. 5–25, hier S. 12 f. – *Peter Krüger:* Staatsgründung unter fürsorglicher Obhut. Die hessische Verfassung vom 29. Oktober 1946 im Kontext amerikanischer Verfassungs- und Politikberatung für die Militärregierung, in: *Winfried Speitkamp* (Hrsg.): Staat, Gesellschaft, Wissenschaft: Beiträge zur modernen hessischen Geschichte, Marburg, 1994 (Veröffentlichungen der Historischen Kommission für Hessen; 55), S. 91–105. – Ders.: Einflüsse der Verfassung der Vereinigten Staaten auf die deutsche Verfassungsentwicklung, in: Zeitschrift für Neuere Rechtsgeschichte 18, 1996, S. 226–247.

[21] Darüber *Gerald Stourzh:* Wege zur Grundrechtsdemokratie: Studien zur Begriffs- und Institutionengeschichte des liberalen Verfassungsstaates, Wien und Köln, 1989 (Studien zu Politik und Verwaltung; 29), vor allem S. 70–73, 155–174.

[22] Entstehung HV, S. XXIII. Auch die Beiträge von *P. Krüger* (Fn. 20).

[23] Entstehung HV, S. 456.

[24] Entstehung HV, S. 74, 1162.

nicht gewesen. Wohl aber gereichte das englische Verfassungssystem zu der Forderung, daß eine „weitgehende und tiefdringende staatsbürgerliche Erziehung" um so nötiger sei, „als wir im Beispiel Englands die Wirksamkeit einer jahrhundertealten demokratischen Tradition vor uns haben"[25]. Wie das amerikanische ist auch das englische Rechtssystem für eine Verbesserung der Justiz durch besondere fachliche und charakterliche Qualifikation und praktische Berufungserfahrung der Richter motivierend gewesen.[26] Kritisch wurde dagegen das englische Wahlsystem, das relative Mehrheitswahlrecht, beurteilt, dem die Verhältniswahl als das gerechteste Wahlrecht gegenübergestellt wurde.[27]

3. Bei der Diskussion über eine Teilung der Gesetzgebungsorgane wurde auch das schweizerische Verfassungssystem mit seinem Nationalrat und Kantonsrat als Beispiel angeführt.[28] Bei einer Streitfrage um die Zulässigkeit einer alternativen Abstimmung bei einer Volksabstimmung,[29] bei der Diskussion über die Vorteile einer Richterwahl,[30] bei der Diskussion über die Frage, ob die gewählte Landesregierung gemäß dem schweizerischen System (arg. Art. 96 Abs. 2 der Bundesverfassung der Schweizerischen Eidgenossenschaft vom 29. Mai 1874)[31] nicht durch Mißtrauensvotum des Landtages während ihrer Amtsperiode abberufen werden sollte oder dem letztlich siegreichen parlamentarischen System gemäß (Art. 114 HV) doch,[32] waren bei den die Hessische Verfassung vorberatenden oder kommentierenden Personen Kenntnisse der schweizerischen Verfassung präsent. Das Vorbild der Schweiz hat in der Auseinandersetzung über den Sinn und Nutzen von Volksbegehren und Volksentscheid mit dazu beigetragen, daß in der Hessischen Verfassung Volksbegehren und Volksentscheid in den Art. 116, 117 und 124 Anerkennung gefunden haben.[33] Das Beispiel der Schweiz hat letztlich auch der Ansicht zum Siege verholfen, daß der Landtag nicht aufgelöst sei, wenn das Volk durch Volksentscheid ein Gesetz annimmt, das der Landtag verworfen hat.[34] Die Abgeordneten *Ludwig Bergsträsser* (SPD) und *Karl Theodor Bleek* (LDP) hatten die Auflösung befürwortet.[35]

4. Von weitaus größerer Bedeutung als Vorbild war aber das französische Verfassungswesen in Geschichte und Gegenwart. Es trat in den Stellungnahmen der hessischen Verfassungsberatungen häufiger auf als das amerikanische. Erwähnung fand die Erklärung der Menschen- und Bürgerrechte vom 26. August bzw. 3. November 1789, die auch Bestandteil der Französischen Verfassung vom 3. Sep-

[25] Entstehung HV, S. 71.
[26] Entstehung HV, S. 88.
[27] Entstehung HV, S. 451.
[28] Entstehung HV, S. 683.
[29] Entstehung HV, S. 14.
[30] Entstehung HV, S. 26, 767, 770.
[31] Abdruck in: *G. Franz* (Fn. 7), S. 620.
[32] Entstehung HV, S. 51, 984.
[33] Entstehung HV, S. 981.
[34] Entstehung HV, S. 756.
[35] Entstehung HV, S. 755 f.

tember 1791 wurde.[36] Gewürdigt wurde auch die nicht in Kraft getretene jakobinische Verfassung der Französischen Republik vom 24. Juni 1793.[37] Nach Ansicht der KPD hätten darin die 1789 postulierten Grundrechte bereits eine tiefgreifende Wandlung erfahren: Ein sozialpolitisches Programm sei ihnen beigefügt gewesen, das den Schutz des Eigentums durch ein weitgehendes Programm sozialer Gerechtigkeit zu ergänzen gesucht habe.[38] Doch wirkt alles mehr wie ein Bekenntnis zum Geist dieser europäischen Mutterverfassungen. Für die Arbeit am hessischen Verfassungstext wurden mit an Sicherheit grenzender Wahrscheinlichkeit nicht unmittelbar die alten Textfassungen von 1789, 1791 und 1793 herangezogen, sondern vielmehr der Entwurf einer Französischen Verfassung vom 19. April 1946,[39] auf den sich Sozialisten und Kommunisten in der Nationalversammlung geeinigt hatten, der aber in der Volksabstimmung vom 5. Mai 1946 vom französischen Volk abgelehnt wurde.[40] In diesem Entwurf waren die traditionellen Menschenrechte von 1789 teils in der alten, teils in einer modernisierten Sprache zusammengestellt, aber auch um solche erweitert worden, die insbesondere den sozialen Bedürfnissen der Zeit Rechnung trugen. Die Verfassung der Französischen Republik von 13. Oktober 1946,[41] die nach einer Umarbeitung des gescheiterten Entwurfs dann auch die Zustimmung des französischen Volkes fand, scheint dagegen keine Bedeutung mehr gespielt zu haben, da die eilbedürftigen Verfassungsberatungen in Hessen damals schon kurz vor dem Ende standen. So kam der beim Volke gescheiterte französische Verfassungsentwurf vom April 1946, der die Grundrechte viel ausführlicher als die Französische Verfassung vom Oktober 1946 behandelte, in Hessen zu ungeahnten Ehren.

In der Sitzung der Vorbereitenden Verfassungskommission vom 30. April 1946 wurden die Grundrechte dieses Verfassungsentwurfs pauschal als „gutes Beispiel" bezeichnet.[42] Wenn es Ministerpräsident *Karl Geiler* auf Grund des Ergebnisses dieser Sitzung für richtig fand, die Grundrechte an den Anfang der Hessischen Verfassung zu stellen, dürfte hierfür das französische Vorbild maßgebend gewesen sein, nicht die Weimarer Reichsverfassung, die die Grundrechte und Grundpflichten der Deutschen bekanntlich ans Ende stellte. Aber auch inhaltlich sind die hessischen Grundrechte und Grundpflichten sehr vom französischen Vorbild beeinflußt worden. Unzweifelhaft haben die Artikel 22 bis 39 des französischen Verfassungsentwurfs, die das Kapitel „Des droits sociaux et économiques" ausmachen, stark auf die Artikel 27 bis 47 der Hessischen Verfassung gewirkt, die den fast gleich lautenden

[36] Abdruck in: *G. Franz* (Fn. 7), S. 302–371, hier S. 302–307. – Entstehung HV, S. 326, 362, 1107.

[37] Abdruck in: *G. Franz* (Fn. 7), S. 373–397.

[38] Entstehung HV, S. 327. – Gemeint sind wohl die soziale Rechte betreffenden Artikel 16, 17, 18, 21, 22 der Verfassung.

[39] Abdruck in: *Duguit/Monnier/Bonnard* (Ed.): Les constitutions et les principales lois politiques de la France depuis 1789, septième édition par *Georges Berlia*, Paris 1952, S. 518–535.

[40] Entstehung HV, S. 13.

[41] Abdruck in: *G. Franz* (Fn. 7), S. 410–453, Grundrechteteil S. 410–414.

[42] Entstehung HV, S. 24.

[43] Entstehung HV, S. 144, 248, 599, 600, 618.

Abschnitt „Soziale und wirtschaftliche Rechte und Pflichten" ausmachen.[43] Wiewohl sich eine wörtliche Übersetzung und gleiche Reihenfolge nicht durchgängig feststellen läßt, so ist doch die Kongruenz der inhaltlichen Aussage der französischen wie hessischen Regelung in beeindruckender Weise gegeben, wenn man einmal von den eigentümlichen Sozialisierungsartikeln 38 bis 42 der Hessischen Verfassung absieht, die in Art. 36 Abs. 2 des französischen Entwurfs nur durch einen Satz angedeutet sind.[44] Insofern gab es auch Kritik am französischen Entwurf von 1946, der nach Ansicht *Erwin Steins* den Vorstoß in die neue Welt nicht gewagt habe, da das Grundrechtsverständnis noch sehr der früheren liberalistischen Auffassung von 1789 verpflichtet sei.[45] Aber auch bei der Formulierung der allgemeinen Grundrechte ist der französische Einfluß groß gewesen. So spricht einiges dafür, daß Art. 1 HV über die Gleichheit vor dem Gesetz aus einer Verbindung von Art. 1 und Art. 13 des französischen Verfassungsentwurfs entstanden ist.[46] Art. 2 Abs. 1 HV über die allgemeine Handlungsfreiheit scheint eine Kombination von Art. 1 und Art. 3 des französischen Verfassungsentwurfs zu sein.[47] Art. 2 Abs. 2 HV über den Vorbehalt des Gesetzes bei Einschränkung der Handlungsfreiheit dürfte auf Art. 3 Abs. 2, Art. 4 und Art. 9 Abs. 1 des französischen Entwurfs beruhen. Art. 20 Abs. 2 Satz 1 HV, die Unschuldsvermutung für einen nicht rechtskräftig Verurteilten, ist Art. 10 des französischen Entwurfes nachgebildet worden.[48] Ferner ist Art. 21 Abs. 2 HV über die Proportionalität zwischen Verbrechen und Strafen durch Art. 10 Abs. 4 Satz 1 des französischen Verfassungsentwurfs geprägt worden.[49]

Auch im Rahmen des organisatorischen Teils der Hessischen Verfassung hat das westeuropäische Muster Beachtung gefunden. Von unmittelbarer Bedeutung war der französische Entwurf über seinen Art. 46[50] für die Formulierung von Art. 67 HV, insofern den Regeln des Völkerrechts eine unmittelbar verbindliche Kraft zugemessen wird, ohne daß es ihrer ausdrücklichen Umformung in Landesrecht bedarf.[51] Auch Art. 69 HV über die Ächtung des Krieges und das Bekenntnis zur Völkerverständigung beruhte darauf, zumal es dafür kein älteres deutsches Verfassungsmuster gab. Der französische Entwurf in seinen Artikeln 79 bis 83 ist ferner bei der Erarbeitung der Artikel 114 und 80 HV reflektiert worden, die zum einen die Vertrauensfrage des Ministerpräsidenten und das Mißtrauensvotum des Landtags, zum anderen die Selbstauflösung des Landtags regeln.[52] Art. 101

---

[44] „Tout bien, toute entreprise dont l'exploitation a ou acquiert les caractères d'un service public national ou d'un monopole de fait doit devenir la propriété de la collectivité."

[45] Entstehung HV, S. 91, auch S. 614 (Abgeordneter *Erich Altwein*, SPD).

[46] Entstehung HV, S. 539 mit Übersetzung der französischen Artikel.

[47] Entstehung HV, S. 557 mit Übersetzung des französischen Artikels.

[48] Entstehung HV, S. 562 f.

[49] Entstehung HV, S. 570 f.

[50] „La République française, fidèle à ses traditions, se conforme aux règles du droit public international. Elle n'entreprendra aucune guerre dans des vues de conquête et n'emploiera jamais ses forces contre la liberté d'aucun peuple. Sous réserve de réciprocité, la France consent aux limitations de souverainité nécessaires à l'organisation et à la défense de la paix."

[51] Entstehung HV, S. 82, 256.

[52] Entstehung HV, S. 85 f.

Abs. 3 HV, wonach Angehörige bis 1918 regierender Häuser nicht Mitglieder der Landesregierung werden können, fand in Art. 110 des französischen Entwurfs und schon vorher in Art. 8 Abs. 2 des Verfassungsgesetzes über die Organisation der französischen Staatsgewalt vom 25. Februar 1875 in der Fassung vom 13. August 1884[53] eine Entsprechung hinsichtlich des Amtes des Präsidenten der Französischen Republik.

Die nach alledem verhältnismäßig starke Anlehnung an das französische Verfassungsvorbild ist durch die zeitlich aufeinanderfolgenden Bemühungen um eine neue Verfassung in Frankreich und in Hessen besonders begünstigt worden. Sie entsprach aber auch dem Bemühen, die Kontakte zu der angrenzenden, nur durch den Rhein getrennten französischen Zone zu verbessern, ja sogar einen Grundstein für eine deutsch-französische Zusammenarbeit und Freundschaft zu legen. Im Bewußtsein der Bedeutung, die die französische Verfassungsgeschichte schon für die bisherige deutsche Verfassungsentwicklung seit dem 19. Jahrhundert besessen hatte, brauchte keiner der Mitschöpfer der Hessischen Verfassung vor einer Siegermacht das Gesicht zu verlieren. Besonders ergreifend brachte dies der Abgeordnete *Wilhelm Knothe* (SPD) zum Ausdruck:[54]

> „Der demokratische deutsche Mensch erkennt in Frankreich das Land, das Europa die Idee der Freiheit, der Gleichheit und der Brüderlichkeit schenkte. Uns demokratischen Sozialisten ist es eine heilige Aufgabe daran mitzuarbeiten, daß das deutsche und französische Volk in einem friedlichen Wollen sich verbinden! Der Weg zu dem neu werdenden Europa kann nur über die Verständigung und über das innige Freundschaftsverhältnis zwischen dem französischen und dem deutschen Volk führen."

5. Im Zusammenhang mit dem französischen Verfassungsentwurf vom April 1946 gedachte *Adolf Arndt* (SPD) in einem Vortrag vor der Johann Wolfgang Goethe-Universität Frankfurt am Main, der die Verfassungsberatungen beeinflußte, auch der Verfassung der UdSSR von 5. Dezember 1936.[55] An beiden Verfassungen würdigte er, daß darin auf dem Boden der Planwirtschaft vorgebildet sei „die moderne Aufteilung des Eigentums in solches, das seiner Natur nach nur sozialistisches Gemeineigentum sein kann, etwa wegen seines Monopolcharakters, wobei noch offen bleibt, ob es Staatseigentum oder kontrolliertes oder genossenschaftliches Eigentum sein wird, und anderes Eigentum, das privat sein muß." Und er erwähnte noch, daß die Verfassung der UdSSR bisher die einzige in der Welt sei, in der der Begriff des Privateigentums vorkomme.[56] Auch die Hessische Verfassung verwendet in Art. 45 im Gegensatz zu allen übrigen Länderverfassungen den Begriff des „Privateigentums", was der oben angedeuteten, in sozialistischen Ländern üblichen Diffenzierung von Eigentumskategorien nahekommt.

---

[53] Abdruck in: *G. Franz* (Fn. 7), S. 396–401. – Entstehung HV, S. 393.

[54] Entstehung HV, S. 1111.

[55] Abdruck in: *G. Franz* (Fn. 7), S. 560–582.

[56] Entstehung HV, S. 243–260, hier S. 249 (betrifft Art. 10 der Verfassung der UdSSR). – Zum Begriff des Privateigentums auch der Redebeitrag von *Friedrich Caspary* (SPD): S. 625. – Weitere Bemerkungen zur Eigentumsverfassung der UdSSR: S. 331, 654, 898, 914, 1158.

II.

Kommen wir nun zu den Vorbildern, die der deutschen Verfassungsgeschichte angehören, und beginnen wir mit den auf ganz Deutschland bezogenen Verfassungsordnungen.

1. Hier ist zunächst bemerken, daß sich keine Stellungnahmen zu den Verfassungsorganen des Heiligen Römischen Reiches deutscher Nation ermitteln lassen. Es kam den Beratern der Hessischen Verfassung noch nicht in den Sinn, in der Tätigkeit des Reichskammergerichts auch eine Vorform der Verfassungsgerichtsbarkeit zu erkennen und ihre Bedeutung für die Entwicklung des liberalen Rechtsstaats zu würdigen.[57]

2. Es wurde vielmehr eine Traditionskette gespannt, die über die amerikanische und französische Verfassungsentwicklung gleich zur Erklärung der Grundrechte des deutschen Volkes vom 27. Dezember 1848[58] und zur Reichsverfassung der Paulskirche vom 28. März 1849[59] führte.[60] An sich wurden diese Verfassungswerke, die man in ihrer das damalige Deutschland einigenden Absicht auch als Ansporn für die feste Verankerung des Gedankens der freiheitlichen Selbstregierung des Volkes und das Streben nach einer neuen deutschen Einheit ansah,[61] sehr hochgehalten, zumal man sich des Orts des berühmten Geschehens, Frankfurt am Main, nahe wußte. Dennoch war nicht nur auf seiten der KPD, sondern bei allen politischen Vertretern eine gewisse Reserviertheit gegenüber dem Alter der Verfassung zu spüren, da man das in der Mitte des 19. Jahrhunderts propagierte liberalistische Konzept der Grundrechte in Ansehung der Not der Nachkriegszeit nicht für angemessen hielt und eine stärkere soziale Bindung befürwortete.[62] So war es fast mehr als eine versöhnliche Geste, wenn der Abgeordnete *Wilhelm Knothe* (SPD) zum Ende der Beratungen feststellte, „daß der Geist der Paulskirche von Frankfurt, durchflutet von sozialistischem Wollen, in der Verfassung des Landes Hessen umfassend niedergelegt worden ist“[63]. Der Rekurs auf den Geist deutete den sehr allgemeinen Einfluß an; eine konkrete Reflexion ist nur in einem Falle festzustellen. Die Tatsache, daß die Verfassungsregelungen seit der Paulskirchenverfassung keine Möglichkeit des Ausschlusses von Mitgliedern der Regierung an Plenar- oder Ausschußsitzungen des Parlaments vorsahen, war dafür bestimmend, daß auch in Art. 91 Satz 2 HV keine Beschränkung festgelegt wurde, obwohl der

---

[57] *Roman Herzog:* Reichskammergericht und Bundesverfassungsgericht, Wetzlar 1989 (Schriftenreihe der Gesellschaft für Reichskammergerichtsforschung; Heft 5).

[58] Abdruck in: Sammlung von Gesetzen, Verordnungen, Ausschreiben und anderen allgemeinen Verfügungen für Kurhessen, 1849, S. 1–8.

[59] Abdruck in: *G. Franz* (Fn. 7), S. 140–167.

[60] Entstehung HV, S. 327, 476.

[61] Entstehung HV, S. 261, 434, 1107.

[62] Entstehung HV, S. 91.

[63] Entstehung HV, S. 1108.

Abgeordnete *Erich Köhler* (CDU) sie unter Umständen für sinnvoll hielt.[64] Daß in Art. 126 der Paulskirchenverfassung bereits Ansätze zu einer die Grundrechte sichernden Verfassungsgerichtsbarkeit verankert waren, wird nicht besonders gewürdigt und muß daher gegenüber den Impulsen durch das amerikanische Vorbild als sekundär bezeichnet werden.

3. Auch die Verfassung des Deutschen Reiches von 16. April 1871[65] wurde beiläufig erwähnt. Sie kam in dem oben bereits erwähnten Vortrag von *Adolf Arndt* (SPD) aber schlecht weg. Weil sie ohne Revolution gleichsam von oben her gegeben worden sei, habe sie die wirklichen Fragen nicht gelöst und neben dem Reichstag, der nach allgemeinem, gleichem, geheimem Stimmrecht gewählt worden sei, das Preußische Abgeordnetenhaus bestehen lassen, welches auf dem Dreiklassenwahlrecht beruht habe. Dieser innere Gegensatz habe dazu beigetragen, daß das Deutsche Reich in der Krise des Ersten Weltkrieges zerbrochen sei.[66] Kritik wurde auch daran geübt, daß sie keine Garantie der Menschen- und Grundrechte enthalten habe.[67] Gleichwohl wurde die Einschätzung geäußert, daß ein neu entstehendes Deutschland in Bezug auf das Verhältnis zwischen Gesamtstaat und Ländern eher dem föderalen Bundesstaatscharakter der Reichsverfassung von 1871 als dem unitarischen Bundesstaatscharakter der Weimarer Reichsverfassung von 1919 entsprechen werde.[68] Dem Abgeordneten *August-Martin Euler* (LDP) diente die Reichsverfassung von 1871 auch dazu, einer allzu weitgehenden Normierung der Wirtschaftsordnung in der Hessischen Verfassung entgegenzutreten, da bereits die Reichsverfassung von 1871 wie dann auch die Weimarer Reichsverfassung von 1919 dafür eine Gesetzgebungskompetenz des Reiches vorgesehen hätten.[69]

4. Eine herausragende Bezugsquelle war dagegen unzweifelhaft die Weimarer Verfassung des Deutschen Reiches vom 11. August 1919.[70] Die Vielfalt der Belege zu dieser Verfassung läßt sich kaum aufzählen. Man reflektierte sogar die Frage, ob es im Hinblick auf eine noch zu verwirklichende nationale Einheit nach formalen und inhaltlichen Kriterien schicklich sei, daß die Hessische Verfassung annähernd so viele Artikel aufweise wie die Weimarer Verfassung.[71] Dahinter stand die zu Anfang der Beratungen noch virulente Prämisse, daß die Weimarer Verfassung ohnehin noch fortgelte und dort sanktionierte Regelungen nicht einer neuen oder eigenständigen Normierung bedürftig, ja zugänglich seien.[72] Einerseits wurde recht euphorisch über die Verfassung gesprochen; ihren Art. 1 mit den „herrlichen Wor-

---

[64] Entstehung HV, S. 515 f.
[65] Abdruck in: *G. Franz* (Fn. 7), S. 168–191.
[66] Entstehung HV, S. 245.
[67] Entstehung HV, S. 328.
[68] Entstehung HV, S. 104.
[69] Entstehung HV, S. 1092.
[70] Abdruck in: *G. Franz* (Fn. 7), S. 191–225.
[71] Entstehung HV, S. 1161.
[72] Entstehung HV, S. 53, 170.

ten" zitierte der Präsident der Verfassungberatenden Landesversammlung *Otto Witte* kurz nach seiner Wahl zur Aufmunterung für die zukünftige Arbeit: „Deutschland ist eine Republik. Die Staatsgewalt geht vom Volke aus"[73]. Maßgebend für ihren hohen Stellenwert war wohl das von allen geteilte Urteil, daß die Weimarer Verfassung „die freieste und fortschrittlichste der ganzen Welt"[74] gewesen sei. Andererseits verschloß keiner der Abgeordneten die Augen vor der Tatsache, daß die Weimarer Verfassung den nationalsozialistischen Unrechtstaat mit ihrem Instrumentarium nicht verhindert habe und daher bessere, stabilere Verfassungsverhältnisse angestrebt werden müßten.[75] Als besonders mangelhaft wurde das – freilich auch in der Weimarer Zeit nicht unumstrittene – Theorem der „leerlaufenden Grundrechte"[76] empfunden, dem man durch eine vorbehaltlose Formulierung der Grundrechte und die Festlegung ihrer Verbindlichkeit für alle Staatsgewalten als unmittelbar geltendes Recht begegnen wollte.[77] Weiterhin bemängelte man an der Weimarer Verfassung, daß sie keine Schutzvorkehrungen gegen Verächter der Demokratie enthalten habe.[78] Am Ende war es den Müttern und Vätern der Hessischen Verfassung sogar eine Genugtuung, einen „deutlich erkennbaren Fortschritt gegenüber der Verfassung von Weimar" erreicht zu haben.[79]

Es fällt auf, daß bei der Diskussion über die konventionellen Grundrechte die Weimarer Verfassung kaum als Gegenstand der Reflexion erwähnt wird. Nur bei der Formulierung des späteren Art. 18 HV über die Einschränkung der Meinungsfreiheit wird die Weimarer Reichsverfassung, hier mit ihren Artikeln 118 Abs. 2 Satz 2 und Art. 122 Abs. 1 zum Schutze der Jugend, angesprochen.[80] Später würdigte man auch den Fortschritt, den Art. 1 HV im Gegensatz zum einschränkend formulierten Art. 109 Abs. 2 WRV für eine absolute Gleichheit von Mann und Frau gebracht habe.[81] Eine eingehendere Beschäftigung mit der Weimarer Reichsverfassung wird erst bei den Grundrechten und Grundpflichten erkennbar, die das Sozial- und Wirtschaftsleben betreffen. Die Weimarer Verfassung war so gestaltet, daß sie eine Entwicklung zum Sozialismus offenließ.[82] Für die Sozial- und Wirtschaftsordnung der Hessischen Verfassung hat die Weimarer Verfassung daher mit ihrem Fünften Abschnitt „Das Wirtschaftsleben" (Art. 151 bis 165) als zum Teil auch kritisch reflektiertes Vorbild gedient,[83] obwohl der oben erwähnte Einfluß des französischen Verfassungsentwurfs von 1946 alles in allem doch stärker gewesen sein dürfte. Der einheitliche Eigentumsbegriff und die prinzipielle Pflicht zur Entschädigung nach Art. 153 und Art. 156 WRV hat in den Artikeln 39 bis 45 HV

---

73 Entstehung HV, S. 408.
74 Entstehung HV, S. 1123, auch S. 78, 417 f.
75 Entstehung HV, S. 78 f.
76 *Ernst Rudolf Huber:* Deutsche Verfassungsgeschichte seit 1789, Bd. VI, Stuttgart 1981, S. 99 f.
77 Entstehung HV, S. 248, 250 f., 332, 361, 441, 565 ff., 968.
78 Entstehung HV, S. 567 f.
79 Entstehung HV, S. 1107.
80 Entstehung HV, S. 968.
81 Entstehung HV, S. 1115.
82 Entstehung HV, S. 331 f., 631.
83 Entstehung HV, S. 96, 140, 331 f., 349 f., 417, 478, 597, 618, 646.

eine weitaus stärkere Differenzierung erfahren.[84] Auch die Regelungen in den Abschnitten „Staat, Kirchen, Religions- und Weltanschauungsgemeinschaften" (Art. 48 bis 54 HV) und „Erziehung und Schule" (Art. 55 bis 62 HV) sind in Anlehnung an die Regelungen der Weimarer Reichsverfassung im III. Abschnitt „Religion und Religionsgesellschaften" (Art. 135 bis 141 WRV) und IV. Abschnitt „Bildung und Schule" (Art. 142 bis 150 WRV) entstanden, wenn auch nach kritischer Reflexion.[85] Private Volksschulen sollte es aber nach Art. 61 HV entgegen Art. 147 Abs. 2 WRV (und später Art. 7 Abs. 5 GG) nicht mehr geben dürfen.[86]

Auch der Zweite Hauptteil der Hessischen Verfassung über den Aufbau des Landes hat sich mit dem Vorbild des Ersten Hauptteils der Weimarer Reichsverfassung über den Aufbau und die Aufgaben des Reichs auseinandergesetzt. Vieles, aber keineswegs alles läßt nach Wortlaut oder Inhalt den Einfluß der Weimarer Reichsverfassung erkennen. Im Vorgriff späterer Ausführungen sei hier schon bemerkt, daß es ebensosehr denkbar und wahrscheinlich ist, daß die Textfassung der Hessischen Verfassung insoweit mehr auf den Text der Verfassung des Freistaats Preußen vom 30. November 1920[87] zurückzuführen ist, der seinerseits stark von der Weimarer Reichsverfassung geprägt worden ist. Im einzelnen ist folgendes den Diskussionen zu entnehmen: Art. 67 HV über den Vorrang des Völkerrechts ist zwar nach gründlicher Auseinandersetzung mit Art. 4 WRV entstanden, in der Sache aber folgte der Artikel – wie oben erwähnt – mehr dem französischen Vorbild.[88] Die eine Zeitlang vertretene Forderung, daß die gesetzgebende Gewalt auf eine Erste und Zweite Kammer und die vollziehende Gewalt auf einen Ministerpräsidenten und auf einen Staatspräsidenten verteilt werden sollte,[89] ist sicherlich von der Weimarer Organisationsstruktur des Reiches beeinflußt worden, aber sie hat sich im weiteren Verlauf der Diskussionen nicht durchgesetzt. Die nicht nur von dem Abgeordneten *Leo Bauer* (KPD) vorgeschlagene Einrichtung eines Wirtschaftsrates, der vor der Behandlung von Gesetzen im Landtag beratend angehört werden müsse oder – nach *Erwin Stein* (CDU) – sogar eine Gesetzesinitiative bekommen müsse, folgte sicherlich mehr oder weniger dem Vorbild des bis zum Reichswirtschaftsrat emporwachsenden Systems der Arbeiter- und Wirtschaftsräte nach Art. 165 WRV.[90] Aber auch dieser Vorschlag ist nicht verwirklicht worden. Bei der Diskussion von Art. 76 HV folgte man dem in Art. 38 WRV zum Ausdruck gebrachten Grundsatz, daß auch Beamte und andere öffentliche Bedienstete, also Repräsentanten der Exekutive, das passive Wahlrecht für den Landtag besäßen, obwohl die amerikanische Besatzungsmacht den gegenteiligen Standpunkt vertreten hatte.[91] Im Gegensatz zu Art. 21 Satz 2 WRV verzichtete Art. 77 HV auf die Festlegung, daß die Abgeordneten nur ihrem Gewissen un-

---

[84] Entstehung HV, S. 631 f., 643 f., 646 f., 669 f.
[85] Entstehung HV, S. 55 f., 62, 69 f., 100, 125, 130, 170, 485, 814, 942.
[86] Entstehung HV, S. 1086 f.
[87] Abdruck in: Preußische Gesetzsammlung, Jahrgang 1920, S. 543–558.
[88] Entstehung HV, S. 73, 82, 493.
[89] Entstehung HV, S. 50, 429.
[90] Entstehung HV, S. 11 f., 28 (*Bauer*), 84, 88–90 (*Stein*), 112.
[91] Entstehung HV, S. 503 f.

terworfen und an Aufträge nicht gebunden seien; in der Diskussion hielt man dies in Ansehung eines von Fall zu Fall möglicherweise sinnvollen Fraktionszwanges für ehrlicher.[92] Die Einrichtung des Wahlprüfungsgerichts nach Art. 78 HV hatte in Art. 31 WRV eine Entsprechung.[93] Art. 83 Abs. 4 HV über Tagungsschluß und Wiederzusammentritt des Landtages ist Art. 24 Abs. 2 WRV nachgebildet worden.[94] Art. 86 HV über die Aufgaben des Präsidenten des Landtages ist aber um einiges ausführlicher formuliert worden als Art. 28 WRV.[95] Art. 92 HV über Untersuchungsausschüsse stimmt in der Sache, aber nicht ganz im Wortlaut mit Art. 34 WRV überein. Art. 93 HV über den Hauptausschuß weist dagegen nur in der Sache eine Verwandtschaft mit Art. 35 Abs. 2 WRV über den ständigen Ausschuß des Reichstages auf. In den drei soeben genannten Beispielen stellt sich die Frage nach der unmittelbaren Textvorlage: sie wird sich aus Art. 20, 25 und 26 der Preußischen Verfassung von 1920 ergeben, ohne daß die Beratungen dies erahnen lassen.[96] Dagegen sind die Regelungen über Indemnität, Immunität und Zeugnisverweigerungsrecht (Art. 95 bis 97 HV) bis auf Art. 96 Abs. 4 HV wörtlich Art. 36, 37 und 38 WRV entlehnt worden.[97] Bei Art. 98 HV über Freifahrt und Entschädigung der Abgeordneten hat man zumindest auch an Art. 40 WRV gedacht.[98] Von allen Beratern geäußerte Kritik an dem besorgniserregenden Art. 48 WRV über Maßnahmen bei Störung von Sicherheit und Ordnung hat zu einer grundsätzlich anderen sachlichen Ausprägung des Art. 110 HV über Notverordnungen geführt.[99] Art. 119 HV über das Einspruchsrecht der Landesregierung bei der Gesetzgebung läßt auch zum Teil vom Wortlaut her die Auseinandersetzung mit Art. 74 WRV über das Einspruchsrecht des Reichsrats erkennen, wenn auch statt der reichsrechtlichen Zweidrittelmehrheit die Hälfte der gesetzlichen Zahl der Mitglieder des Landtages für ausreichend legitimiert gehalten wurde, den Einspruch der Landesregierung zurückzuweisen.[100] Eine kritische Auseinandersetzung mit Art. 73 WRV hat dazu beigetragen, daß in Art. 123 Abs. 2 und Art 124 HV der Anwendungsbereich von Volksbegehren und Volksentscheid wesentlich restriktiver festgelegt wurde.[101] Auch Art. 126 bis 128 HV über die Rechtspflege sind teils in wörtlicher Anlehnung, teils aber in einer Auseinandersetzung mit Art. 102 bis 104 WRV entstanden.[102] Da nach allgemeiner Meinung auch die Dritte Gewalt während des Hitler-Reiches durch die Verhängung unverhältnismäßiger Strafen schwere Schuld auf sich geladen hatte, sahen die Abgeordneten die Notwendigkeit, in Art. 127 HV neben der Einführung eines Richterwahlausschusses Kautelen fur

---

[92] Entstehung HV, S. 504 f., 701 f.
[93] Entstehung HV, S. 14.
[94] Entstehung HV, S. 512.
[95] Entstehung HV, S. 512 f.
[96] Entstehung HV, S. 512–517.
[97] Entstehung HV, S. 517.
[98] Entstehung HV, S. 519 f.
[99] Entstehung HV, S. 57, 325, 334, 445, 451, 470, 979.
[100] Entstehung HV, S. 27.
[101] Entstehung HV, S. 82 f., 135, 752–757, 981.
[102] Entstehung HV, S. 88, 770, 774, 1087 f.

die Befähigung bei der Einstellung und Anstellung als Richter und für die Bewährung der Richter im Amt festzulegen, die die Weimarer Verfassung noch nicht kannte. Auch Art. 129 und 130 WRV über den Beamtenstatus sind nach heftiger Diskussion nicht in die Hessische Verfassung übernommen worden, vielmehr deutete sich in Art. 135 HV eine neuartige Konzeption des öffentlichen Dienstrechts an.[103]

III.

Ein korrektes Gesamturteil darüber, welches Gewicht und welchen Anteil die ausländischen Verfassungsordnungen, vor allem aber die Weimarer Reichsverfassung an der inhaltlichen Ausprägung der Hessischen Verfassung im allgemeinen und an ihrer Textfassung im besonderen gewonnen haben, läßt sich nur abgeben, wenn auch die Vorbildwirkung deutscher Länderverfassungen geprüft ist. Bisher ist hier ein Einfluß der etwa zeitgleichen Verfassungsbemühungen in Bayern und Württemberg-Baden namhaft gemacht worden, der sich freilich nur aus den Entwürfen der fast zeitgleich mit der Hessischen Verfassung erlassenen Verfassungen des Freistaats Bayern vom 2. Dezember 1946[104] und des Landes Württemberg-Baden vom 28. November 1946[105] ergeben kann.

1. Die Kenntnis bayerischer Verfassungsverhältnisse läßt sich in den Beratungen der Hessischen Verfassung zwar nachweisen, aber die Auseinandersetzung damit und eine etwaige Übernahme bayerischer Verfassungsmuster hält sich doch in sehr engen Grenzen. Die Ausgangsbedingungen der Verfassungsbemühungen in Bayern und Hessen waren grundsätzlich andere. Während sich Bayern innerhalb seiner seit dem frühen 19. Jahrhundert gewachsenen und von der Zoneneinteilung in Deutschland nicht betroffenen Grenzen neu konstituieren konnte, war in Hessen die Organisation eines neuen Staates zu bewältigen, dessen historische Landesteile zum Teil an die französische Zone verlorengegangen waren. Während sich Hessen um die Integration in einem größeren Deutschland bemühte, gab es in Bayern Tendenzen der Absonderung. Das behinderte offenbar auch die wechselseitige Kommunikation, da Bayern zweimal nicht zur Sitzung des Verfassungsausschusses der Länder erschienen war.[106]

Als bemerkenswert, weil über die Sozial- und Wirtschaftsbestimmungen des französischen Verfassungsentwurfs vom April 1946 weit hinausführend, wurde der Entwurf des Bayerischen Vorbereitenden Verfassungsausschusses[107] in seinem langen

---

[103] Entstehung HV, S. 788–800.

[104] Abdruck in: Verfassungen der deutschen Bundesländer, 5. Aufl., Nördlingen, 1995, S. 134–166.

[105] Abdruck in: Regierungsblatt der Regierung Württemberg–Baden, 1946, S. 277–289.

[106] Entstehung HV, S. 22, 25, 474 f., 518.

[107] Entspricht im wesentlichen dem Vorentwurf zur Verfassung des Volksstaates Bayern (Februar 1946) von *Wilhelm Hoegner* (SPD); dieser abgedruckt in: *Frank R. Pfetsch* (Hrsg.): Verfassungsreden und Verfassungsentwürfe: Länderverfassungen 1946–1953, Frankfurt am Main, Bern, New York 1986, S. 333–352. Zur Planwirtschaft: Art. 105 bis 108. – Zur Bedeutung des *Hoegner*-Entwurfs: *Bengt Beutler:* Das Staatsbild in den Länderverfassungen nach 1945, Berlin 1973 (Schriften zum Öffentlichen Recht; Bd. 221), S. 122 f.

Abschnitt „Das Wirtschaftsleben" angesehen, insbesondere wegen seiner planwirtschaftlichen Regelungen. Eine Reflexion läßt sich nachweisen,[108] wenn auch im Ergebnis Art. 38 HV die viel weiter gehenden Rechte des bayerischen Wirtschafts- bzw. Arbeitsministers zur Wirtschafts- und Arbeitslenkung nicht übernommen hat. Da die rigorose Ausgangsfassung des bayerischen Entwurfes im weiteren Beratungsverlauf selbst erheblich abgemildert wurde, wurde sie von dem Abgeordneten *Karl Willmann* (KPD) am 29. September 1946 schon als rückschrittlich gegenüber den Vorstellungen von SPD und KPD angesehen.[109] Entgegen dem bayerischen Entwurf, der die Regelung der täglichen und wöchentlichen Höchstarbeitszeit einem Gesetz überlassen wollte, wurde nach kontroverser Diskussion eine Festlegung des Achtstundentages als gesetzliche Regel in der Hessischen Verfassung selbst für erforderlich gehalten (vgl. Art. 31 HV).[110] Diskutiert wurde der bayerische Entwurf auch bei der Festlegung des passiven Wahlalters für den Landtag; in Bayern sollte die Vollendung des 30. Lebensjahrs, in Hessen nur die des 25. Lebensjahres erforderlich sein (Art. 75 Abs. 2 HV in der Ausgangsfassung).[111] Bei der Regelung der Rechte des Präsidenten des Landtages wurde auch Art. 17 des bayerischen Entwurfs herangezogen; er blieb aber ohne Auswirkungen auf die Formulierung von Art. 86 HV.[112] Die Diskussionen in Bayern um die Einrichtung einer weiteren Kammer, des Senats, sind in Hessen verfolgt worden.[113] Daß die Volksabstimmung in Bayern in der Verfassung verankert werden sollte, hat die kontroverse Diskussion in Hessen zugunsten dieses Mittels der Gesetzgebung eingenommen.[114] Der Abgeordnete *Leo Bauer* (KPD) begrüßte es, daß der bayerische Entwurf dem Finanzminister bei Haushaltsüberschreitungen und außerplanmäßigen Ausgaben keine Sonderstellung einräumte, doch wurde ein Notbewilligungsrecht des Finanzministers in solchen Fällen von anderen befürwortet und in Art. 143 Abs. 1 HV dann festgelegt.[115] Eine Denkschrift der Universität Gießen forderte in Hessen die Zulassung einer Verfassungsbeschwerde gemäß § 93 der Bayerischen Verfassung vom 14. August 1919:[116] Hiernach hatten jeder Staatsangehörige und jede juristische Person, die in Bayern ihren Sitz hatte, das Recht der Beschwerde an den Staatsgerichtshof, wenn sie glaubten, durch die Tätigkeit einer Behörde in ihrem Recht unter Verletzung dieser Verfassung geschädigt zu sein.[117] Dieses Vorbild könnte für die Ausgestaltung der Rechte und des Verfahrens vor dem späteren Hessischen Staatsgerichtshof (Art. 131 HV i.V.m. mit dem Gesetz über den Staatsgerichtshof) von Einfluß gewesen sein. Ein großer Unterschied zwischen den Verfassungen von

---

[108] Entstehung HV, S. 248, 582–591, 619.
[109] Entstehung HV, S. 912.
[110] Entstehung HV, S. 605–608.
[111] Entstehung HV, S. 502.
[112] Entstehung HV, S. 514.
[113] Entstehung HV, S. 325, 333, 683 f.
[114] Entstehung HV, S. 754.
[115] Entstehung HV, S. 704–706.
[116] Abdruck in: *Otto Ruthenberg* (Hrsg.): Verfassungsgesetze des Deutschen Reiches und der deutschen Länder nach dem Stande vom 1. Februar 1926, Berlin 1926, S. 63–82.
[117] Entstehung HV, S. 56.

Bayern und Hessen darf zum Abschluß nicht vergessen werden: die Verfassung des Freistaats Bayern folgt in der Gliederung der Weimarer Reichsverfassung, stellt also im Entwurf und in der endgültigen Fassung die Regelungen über den Aufbau und die Aufgaben des Staates den Grundrechten und Grundpflichten voran.

2. Württemberg-Baden hatte mit Hessen das Problem gemeinsam, sich innerhalb neuer, künstlicher Grenzen konstituieren zu müssen. Daraus ergab sich eine engere Interessenverwandtschaft als zu Bayern. Schon durch gemeinsame Beratungen war der hessische Informationsstand über die Verfassungsbemühungen in Württemberg-Baden viel besser[118]. Das blieb nicht ohne Folgen für die beiderseitigen Arbeitsergebnisse. Schon am Aufbau zeigt sich, daß die Hessische Verfassung der Verfassung für Württemberg-Baden näher stand, da letztere im Entwurf und in der endgültigen Fassung den Grundrechtsteil an den Anfang rückte und im übrigen bis auf einen hinzugefügten Familienabschnitt auch im großen und ganzen der gleichen Gliederung folgte wie die Hessische Verfassung. Ein wichtiger Stimulator für die Niederlegung eigener hessischer Vorstellungen in einem Verfassungsentwurf war der von *Carlo Schmid* erarbeitete Vorläufige Entwurf einer Verfassung für Württemberg-Baden vom 24. April 1946,[119] über den man auf der zweiten gemeinsamen Sitzung des Verfassungsausschusses beider Länder am 5. Mai 1946 in Stuttgart ausführlich diskutiert hatte.[120] Auf der Sitzung des Vorbereitenden Verfassungsausschusses vom 13. Mai 1946 in Wiesbaden bemerkte der Heidelberger Staatsrechtler *Walter Jellinek* nach einem Bericht über die Stuttgarter Begegnung: „Um mit Württemberg konkurrieren zu können, müssen wir mit eigenen Formulierungen kommen." Ministerpräsident *Karl Geiler* erwiderte darauf: „Wir sind uns einig, daß der Württembergische Entwurf für uns als Material dient und nicht als Schablone"[121].

Im einzelnen ist folgende Auseinandersetzung mit dem württemberg-badischen Verfassungsentwurf nachzuweisen. Im Gegensatz zu ihm bemühten sich die Berater der Hessischen Verfassung darum, bei der Formulierung der Grundrechte die Einfügung allgemeiner Gesetzesvorhalte zu vermeiden. Exemplarisch kam dies bei der Formulierung der Meinungsfreiheit (Art. 11 i. V. m. Art. 17 und 18 HV) entgegen Art. 10 des *Schmid*-Entwurfes zum Tragen.[122] Wie die entsprechenden bayerischen Bestimmungen sind auch die schon zu Beginn, erst recht im fortgeschrittenen Beratungsstadium wesentlich zurückhaltenderen Bestimmungen des württemberg-badischen Entwurfs über die zukünftige Sozial- und Wirtschaftsverfassung ausführlich diskutiert worden.[123] Schon im Vorbereitenden Verfassungsausschuß wurde es sehr interessant gefunden, daß in Art. 19 des *Schmid*-Entwurfes über die Enteignung ausdrücklich nichts über Entschädigungsrechte gesagt worden sei, sondern

[118] Entstehung HV, S. 13, 22, 25.
[119] Abdruck in: *Pfetsch* (Fn. 107), S. 353–363.
[120] Entstehung HV, S. 25.
[121] Entstehung HV, S. 25 f.
[122] Entstehung HV, S. 968.
[123] Entstehung HV, S. 583–591, 621.

über eine Entschädigung im Einzelfall entschieden werden sollte.[124] Davon ist man aber in den weiteren Beratungen in Württemberg-Baden selbst abgerückt, so daß in Art. 8 und 28 der in Kraft getretenen süddeutschen Verfassung sehr wohl auch der Entschädigung gedacht wird. Die moderate Formulierung von Art. 18 des Entwurfs des Württembergisch-Badischen Vorbereitenden Verfassungsausschusses über eine Wirtschaftslenkung hatte besonders die hessische CDU auf ihre Fahnen geschrieben.[125] Sie fand auch Gefallen an der Formulierung von Art. 8 des Entwurfs über die Gewährleistung des Eigentums, hielt aber den in Absatz 2 niedergelegten Gedanken, daß durch Arbeit und Sparsamkeit erworbenes Eigentum besonderen Schutz genieße, durch den späteren Art. 47 Abs. 2 HV über die Besteuerungsgrundsätze für ausreichend berücksichtigt.[126] Die KPD sah das Sozial- und Eigentumsmodell in Württemberg-Baden als rückschrittlich bis reaktionär an.[127] Alles in allem entsprach die Formulierung von Art. 45 Abs. 1 bis 3 HV über das Privateigentum mehr Art. 8 der Verfassung von Württemberg-Baden als Art. 153 WRV. Die Ächtung des Krieges in Art. 69 HV folgte zum Teil wörtlich Art. 24 des *Schmid*-Entwurfes (und dieser wohl dem oben bereits erwähnten Art. 46 des französischen Verfassungsentwurfs vom April 1946).[128] Entgegen dem *Schmid*-Entwurf, der in Art. 25 auch die Gewaltenteilung ausdrücklich festgelegt hatte, verzichteten die hessischen Beratungen mehrheitlich auf diesen Hinweis, was zu dem kurzen Art. 70 HV führte.[129] Die Tatsache, daß auf die im *Schmid*-Entwurf in Art. 44 und 52 vorgesehene Einrichtung einer weiteren Kammer (Senat) und eines Staatspräsidenten bei den späteren Beratungen verzichtet wurde, diente auch in Hessen den Befürwortern eines Einkammerparlaments und einer einheitlichen Regierungsspitze als Stütze.[130] Anders als in den Verfassungsentwürfen in Württemberg-Baden und Bayern wurde das oben bereits erwähnte Notbewilligungsrecht des Finanzministers in Art. 143 Abs. 1 HV verankert.[131] Am Ende wurde der Vorrang von Entnazifizierungsvorschriften gegenüber der Verfassung in Art. 158 HV genauer umschrieben als in Art. 104 der Verfassung von Württemberg-Baden.[132] Mithin ist bei aller Beachtung und kritischen Auseinandersetzung, die die Verfassung Württemberg-Badens in ihren Entwurfsstadien bei den Beraterinnen und Beratern der Hessischen Verfassung erfahren hat, die endgültige Textfassung der Hessischen Verfassung davon nur in geringem Maße beeinflußt worden.

3. *Wiltraut von Brünneck* weist in ihrem Beitrag noch auf einen möglichen Einfluß der zeitgleichen Verfassungsbemühungen in anderen deutschen Ländern

---

[124] Entstehung HV, S. 25.

[125] Entstehung HV, S. 615 f. unter Zitierung des genannten Artikels.

[126] Entstehung HV, S. 667–669 unter Zitierung des genannten Art. 8 des württemberg-badischen Entwurfes.

[127] Entstehung HV, S. 912, 960.

[128] Entstehung HV, S. 494–496.

[129] Entstehung HV, S. 496–498, 700.

[130] Entstehung HV, S. 325, 333, 469, 683.

[131] Entstehung HV, S. 705 f.

[132] Entstehung HV, S. 975 f.

hin. Dieser läßt sich aber durch die Dokumentation über die Entstehung der Hessischen Verfassung von 1946 nicht belegen. Viel interessanter ist die Frage nach der Vorbildwirkung der von *von Brünneck* pauschal erwähnten „Verfassungen der vornationalsozialistischen Epoche", was die Länderebene anbelangt. Bei der größeren Anzahl deutscher Länder im 19. und 20. Jahrhundert stößt die Möglichkeit der Prüfung an ihre Grenzen; es spricht auch wenig dafür, etwaige Vorbilder in allen Regionen Deutschlands suchen zu müssen. Aber die Vermutung läßt sich nicht von der Hand weisen, daß wenigstens die Verfassungsordnungen der Länder des hessischen Raumes im 19. und 20. Jahrhundert berücksichtigt worden sind.

4. An Verfassungen des hessischen Raumes im 19. Jahrhundert nach dem Ende der napoleonischen Ära kämen in Betracht: das Verfassungspatent vom 1./2. September 1814 für das Herzogtum Nassau,[133] der Waldeckische Landesvertrag vom 19. April 1816[134] sowie das Staatsgrundgesetz vom 23. Mai 1849[135] und die Verfassungsurkunde vom 17. August 1852 für die Fürstentümer Waldeck und Pyrmont,[136] die Konstitutionsergänzungsakte vom 19. Juli 1816 zu der alten Stadtverfassung für die Freie Stadt Frankfurt am Main,[137] die Verfassungsurkunde vom 17. Dezember 1820 für das Großherzogtum Hessen und bei Rhein,[138] die Verfassungsurkunden vom 5. Januar 1831,[139] vom 13. April 1852[140] und vom 30. Mai 1860,[141] nach dem 21. Juni 1862 erneut die Verfassungsurkunde vom 5. Januar 1831 für das Kurfürstentum Hessen, die nur kurzlebige Verfassungsurkunde vom 3. Januar 1850 für das Landgraftum Hessen-Homburg[142] und die Verfassungsurkunde für den Preußischen Staat vom 31. Januar 1850[143] für das Wetzlarer Gebiet und nach 1866 für die aus den ehemaligen Staaten Nassau, Kurhessen und Frankfurt formierte Provinz Hessen-Nassau. Es läßt sich jedoch aus der Dokumentation über die Entstehung der Hessischen Verfassung von 1946 kein einziger Anhaltspunkt dafür entnehmen, daß diese unterschiedlichen, älteren Verfassungen des hessischen Raumes, so berühmt und progressiv sie zum Teil für ihre Zeit auch gewesen sein mögen, für die Ausarbeitung der Hessischen Verfassung von 1946 herangezogen worden, geschweige denn von Bedeutung gewesen seien. Allein das Dreiklassenwahlrecht der Preußischen Verfassung von 1850 wird als Negativbeispiel

---

133 Abdruck in: *Heinrich Albert Zachariä* (Hrsg.): Die deutschen Verfassungsgesetze der Gegenwart, Göttingen 1855, S. 748–756.

134 Abdruck in: *Dieter Weigel:* Fürst, Stände und Verfassung im frühen 19. Jahrhundert: Studien zur Entstehung der Verfassungsurkunden von 1814 und 1816 des Fürstentums Waldeck, in: Geschichtsblätter für Waldeck, 59. Bd., 1967, S. 162–175.

135 Abdruck in: Fürstlich Waldeckisches Regierungs-Blatt, 1849, S. 27–51.

136 Abdruck in: *Zachariä* (Fn. 133), S. 1094–1107.

137 Abdruck in: *Zachariä* (Fn. 133), S. 1146–1175.

138 Abdruck in: *Ernst Rudolf Huber* (Hrsg.): Dokumente zur deutschen Verfassungsgeschichte, Bd. 1, 3. Aufl., Stuttgart u.a., 1978, S. 221–236.

139 Abdruck in: *Huber* (Fn. 138), S. 238–262.

140 Abdruck in: *Zachariä* (Fn. 133), S. 360–383.

141 Abdruck in: Sammlung von Gesetzen etc. für Kurhessen, 1860, S. 25–49.

142 Abdruck in: Landgräflich Hessisches Regierungs-Blatt, 1850, S. 3–11.

143 Abdruck in: *Huber* (Fn. 138), S. 501–514.

erwähnt.[144] Insbesondere fehlt, obwohl die Verfassungsberatungen überwiegend in Wiesbaden stattfanden, ein in Worte gefaßter Rückblick auf die Nassauische Verfassung von 1814, die als frühestes Beispiel einer schon in Ansätzen modernen Repräsentativverfassung in Deutschland zumindest als moralischer Stimulator von Bedeutung hätte sein können. Offenbar verbot es die Not der Zeit und das demokratische Grundverständnis der Mütter und Väter der Hessischen Verfassung, an diese monarchischen Verfassungen anzuknüpfen, ganz zu schweigen davon, daß wohl nur wenigen die älteren hessischen Verfassungsverhältnisse bekannt oder von Interesse gewesen sein dürften. Die Verfassungen des 18. und 19. Jahrhunderts vergegenwärtigte man sich – wie oben gezeigt – nur über die höhere nationale Ebene Deutschlands wie des Auslandes.

5. In der ersten Hälfte des 20. Jahrhundert nach dem Ende der Monarchie gliederte sich der hessische Raum nur noch in den Volksstaat Hessen, in die Provinz Hessen-Nassau des Freistaats Preußen und bis 1929 in den Freistaat Waldeck. Entsprechend begrenzt war daher der Umfang möglicher heimatlicher Vorbilder für die Hessische Verfassung von 1946. Der Freistaat Waldeck führte die alte Verfassung von 1852 weiter.[145] Im Volksstaat Hessen trat an die Stelle der älteren Verfassung von 1820 die demokratische Verfassung vom 12. Dezember 1919,[146] die nicht auf der Vorgängerin aufbaute, sondern stark von der Badischen Verfassung vom 21. März 1919[147] beeinflußt war.[148] Es handelte sich um ein Verfassungswerk von nur 65 Artikeln, das eher als Organisationstatut anzusprechen war. Auf die Festlegung von Grundrechten und Grundpflichten, die im Entwurf noch formuliert waren, verzichtete die Verfassung nach dem Inkrafttreten der Weimarer Reichsverfassung vom 11. August 1919, die die Grundrechte und Grundpflichten und damit im Zusammenhang stehende soziale, wirtschaftliche, reliöse und kulturelle Fragen ausführlich regelte.

In der Dokumentation gibt es drei Belege dafür, daß die Verfassung des Volksstaats Hessen von 1919 den Beratern der Hessischen Verfassung von 1946 bekannt war und für etwaige Fragen auch greifbar zur Verfügung stand. Der Abgeordnete *Erwin Stein* (CDU) riet dazu, in der Hessischen Verfassung von 1946 auch den Grundsatz der Gewaltenteilung besonders zu betonen, wie es in der alten Hessischen Verfassung von 1919 der Fall gewesen sei.[149] Diese unterschied im II. Abschnitt „Von der Staatsgewalt" nach der Grundaussage in Art. 3, daß die Staatsgewalt im Volksstaat Hessen vom Volke ausgehe, in den drei folgenden Art. 4 bis 6 die Gesetzgebungsgewalt, die Vollziehungsgewalt und die Gerichtsgewalt. Die Hessische Verfassung

---

[144] Entstehung HV, S. 323.

[145] Darüber *Gerhard Menk:* Das Ende des Freistaates Waldeck, Arolsen: Waldeckischer Geschichtsverein, 1989 (Waldeckische Historische Hefte; Bd. 1), S. 12 f.

[146] Abdruck in: *Ruthenberg* (Fn. 116), S. 113–122.

[147] Abdruck in: *Ruthenberg* (Fn. 116), S. 51–63.

[148] Darüber: *Eckhart G. Franz/Manfred Köhler* (Hrsg.): Parlament im Kampf um die Demokratie: Der Landtag des Volksstaats Hessen 1918–1933, Darmstadt: Hessische Historische Kommission, 1991 (Vorgeschichte und Geschichte des Parlamentarismus in Hessen; Bd. 6), S. 28–35.

[149] Entstehung HV, S. 496–498, 700.

von 1946 aber hat sich in Art. 70 – wie schon in anderem Zusammenhang erwähnt – auf die Grundaussage beschränkt, diese aber anders formuliert. Bei der Diskussion über die Frage, wer wann den neugewählten Landtag erstmalig zu versammeln habe, schlug *Erwin Stein* Art. 22 der alten Hessischen Verfassung in der Fassung des Gesetzes vom 27. September 1927 als Vorbild vor.[150] In der Tat entspricht Artikel 83 Abs. 2 und 3 HV inhaltlich und überwiegend auch wörtlich dem älteren Muster. Und noch ein drittes Mal brachte der gleiche umfassend gebildete Abgeordnete die alte Hessische Verfassung zur Sprache. Er schlug entsprechend Art. 27 Abs. 2 der Verfassung von 1919 vor, die Prüfung der Gültigkeit der Landtagswahl dem Staatsgerichtshof zu übertragen.[151] Am Ende wurde aber in Art. 78 HV entsprechend Art. 31 WRV die Wahlprüfung einem besonderen, beim Landtage gebildeten Wahlprüfungsgericht übertragen.

Diese bescheidene offene Auseinandersetzung mit der alten hessischen Verfassung wurde nicht durch eine stille Rezeption wettgemacht, wie ein Textvergleich der alten und der neuen Hessischen Verfassung ergibt. Obwohl nicht geleugnet werden kann, daß sich hinsichtlich der inhaltlichen Seite der Verfassungsregelungen manche Übereinstimmungen ergeben, so gibt es doch auch fundamentale inhaltliche Unterschiede. Zum Beispiel kannte die Verfassung von 1919 im Gegensatz zur Nachfolgerin von 1946 kein Selbstauflösungsrecht des Landtages, keine Richtlinienkompetenz des Ministerpräsidenten, kein Notbewilligungsrecht des Finanzministers, kein Einspruchsrecht der Landesregierung gegen die vom Landtag beschlossenen Gesetze, sondern nur die Befugnis nach Art. 13, darüber eine Volksabstimmung zu veranlassen. Im Falle inhaltlicher Übereinstimmung weichen aber die Formulierungen der Artikel der alten und der neuen Hessischen Verfassung bis auf wenige Ausnahmen so voneinander ab, daß die unmittelbare Beeinflussung ernsthaft bezweifelt werden muß. Das entspräche freilich der damaligen politischen und personellen Konstellation. Es bestand wenig Veranlassung im nassauischen, dann preußischen Wiesbaden, die ältere Verfassung des zerfallenen Volksstaats Hessen zugrundezulegen, zumal sein gebietlicher Anteil am neuen Groß-Hessen im Vergleich mit den preußischen Landesteilen kleiner war. Auch waren von den 90 Abgeordneten der Verfassungberatenden Landesversammlung nur 17 gebürtige Hessen-Darmstädter,[152] wohl zu wenige, um ihrer alten hessischen Verfassung einen dominanten Einfluß zu sichern.

6. Abschließend ist der Einfluß der Verfassung des Freistaats Preußen vom 30. November 1920[153] zu prüfen. Diese Verfassung verzichtete mit Rücksicht auf die Regelungen der Weimarer Reichsverfassung ebenfalls auf einen Grundrechte- und Grundpflichtenteil; sie war aber mit ihren 88 Artikeln etwas länger als die Hessische Verfassung von 1919, da sie neben dem Landtag noch die Einrichtung eines Staats-

---

[150] Entstehung HV, S. 508 unter Zitierung des geänderten Art. 22.

[151] Entstehung HV, S. 758 f.

[152] *Jochen Lengemann:* Das Hessen-Parlament 1946–1986. Biographisches Handbuch, 1. Aufl., Frankfurt am Main, 1986, S. 81–84, 197 ff.

[153] Abdruck in: *Ruthenberg* (Fn. 116), S. 176–189.

rates als Organ der Gesetzgebung zu regeln hatte. Daß die Verfassung bekannt war, ergibt sich auf der Grundlage der Beratungen an sich nur aus drei Belegen. So empfahl die Juristische Fakultät der Universität Gießen die Aufnahme eines Notverordnungsrechts in die Hessische Verfassung nach dem Muster von Art. 55 der Preußischen Verfassung.[154] In der Tat entspricht die Regelung des Art. 110 HV wörtlich dem preußischen Vorbild. Bei der am Ende ergebnislosen Diskussion über die Notwendigkeit der Einführung einer weiteren Gesetzgebungskammer in Hessen spielte auch der preußische Staatsrat nach Art. 31 bis 43 der Verfassung von 1920 eine Rolle.[155] Bei der kontroversen Diskussion über die Verankerung eines Berufsbeamtentums in der Hessischen Verfassung, die am Ende scheiterte und zu dem eigentümlichen Art. 135 HV über das öffentliche Dienstrecht führte, wies der Abgeordnete *Fritz Precht* (SPD) auf den X. Abschnitt „Die Staatsbeamten" (Art. 77 bis 80) der Verfassung des Freistaats Preußen hin.[156]

Trotz dieses bescheidenen Ergebnisses auf der Grundlage offizieller Erwähnung stellt sich auch hier die Frage nach einer stillen Rezeption der Preußischen Verfassung. Dabei gibt es Gesichtspunkte, die zu einer gründlichen Prüfung ermuntern, wie solche, die davon abhalten. Für einen nachhaltigen Einfluß spricht die Tatsache, daß die Verfassungsberatungen in Wiesbaden an einem Hauptort der früheren preußischen Provinz Hessen-Nassau stattfanden, die territorial den größten Anteil des neuen Staates Groß-Hessen ausmachte. Etwa 60 der 90 Abgeordneten der Verfassungberatenden Landesversammlung waren gebürtige Preußen.[157] Ein gerechtes Urteil hätte ferner zugunsten des preußischen Vorbildes zu berücksichtigen, daß die Preußische Verfassung – personifiziert durch die kontinuierliche Amtsgewalt des sozialdemokratischen Ministerpräsidenten *Otto Braun* – über 10 Jahre lang stabile demokratische Verhältnisse garantiert hatte, die erst nach dem sogenannten Preußenstreich der Reichsgewalt von 1932 zerfielen. Gegen eine Vorbildstellung spricht dagegen eine zeittypische, durch die Besatzungsmacht genährte feindselige Stimmung gegenüber Preußen, das als übergroßer Fremdkörper im Reichsgefüge,[158] als Hort des Konservativismus,[159] ja als „Keimzelle des stumpfen Gehorsams und der Übertreibung des Staatsgedankens, der rechte Nährboden für bedingungslose Gefolgschaft und Diktatur"[160] angesehen wurde. Der Geist von Potsdam sei es gewesen, „der das deutsche Volk von einem Krieg zum andern trieb"[161]. Am deutlichsten gegen einen Vorbildeinfluß sprechen die uns schon zum Teil bekannten Worte des Abgeordneten *Wilhelm Knothe* (SPD) zum Ende der Verfassungsberatungen:[162]

---

[154] Entstehung HV, S. 53.
[155] Entstehung HV, S. 111.
[156] Entstehung HV, S. 791 f.
[157] *Lengemann* (Fn. 152), S. 81–84, S. 197 ff.
[158] Entstehung HV, S. 72, 109.
[159] Entstehung HV, S. 245, 322 f.
[160] Entstehung HV, S. 107 f.
[161] Entstehung HV, S. 414.
[162] Entstehung HV, S. 1108.

„Aber, meine Damen und Herren, wir wollen dem deutschen Volke und wir wollen der Welt gegenüber heute, da wir am Schlusse unserer Verfassungsarbeit stehen, zeigen und beweisen, daß der Geist von Potsdam – das zeigt dieses Verfassungswerk – endgültig abgewirtschaftet hat und daß der Geist der Paulskirche von Frankfurt, durchflutet von sozialistischem Wollen, in der Verfassung des Landes Hessen umfassend niedergelegt worden ist."

Um so erstaunter ist man über die Intensität der stillen Rezeption, wenn man sich trotz der Irritation durch unfreundliche Bemerkungen nicht davon hat abhalten lassen, die beiden Verfassungstexte, die Preußische Verfassung von 1920 und die Hessische Verfassung von 1946, sorgfältig miteinander zu vergleichen. Wenn auch die Gliederung der Hessischen Verfassung beginnend mit dem Zweiten Hauptteil „Aufbau des Landes" vom VII. Abschnitt „Die Rechtspflege" an mit der Preußischen Verfassung differiert, so bestehen doch kaum Zweifel daran, daß sie im Duktus der Preußischen Verfassung folgt. Wichtige Verfassungsprinzipien wie das Selbstauflösungsrecht des Landtages nach Art. 80 HV, die politische Richtlinienkompetenz des Ministerpräsidenten nach Art. 102 HV, das Notbewilligungsrecht des Finanzministers bei Haushaltsüberschreitungen und außerplanmäßigen Ausgaben nach Art. 143 Abs. 1 HV kannte bereits die Preußische Verfassung in Art. 14, 46 und Art. 67 Abs. 2. Der Anwendungsbereich von Volksbegehren und Volksentscheid ist in der Hessischen Verfassung von 1946 zwar begrenzter als in der Preußischen Verfassung, aber es ist wegen mancher wortgleicher Formulierungen sehr wahrscheinlich, daß der einschlägige Art. 124 HV nicht nur Art. 73 WRV, sondern auch dem parallelen Art. 6 der Preußischen Verfassung nachgebildet worden ist. Ein Einspruchsrecht der Landesregierung gegen vom Landtag beschlossene Gesetze wie in Art. 119 HV kannte die Preußische Verfassung zwar nicht, da dieses Recht dem preußischen Staatsrat nach Art. 42 zukam. Eine vergleichbare Institution ist in Hessen nicht eingerichtet worden, wiewohl Art. 155 HV noch von der lebhaften Diskussion darüber Zeugnis ablegt. Doch spricht einiges dafür, daß man sich bei der Formulierung von Art. 119 HV nicht nur an das Einspruchsrecht des Reichsrats nach Art. 74 WRV, sondern auch an das Einspruchsrecht des Staatsrates nach Art. 42 der Preußischen Verfassung angelehnt hat.

Diese Beispiele mögen für eine Vielzahl von Artikeln der Hessischen Verfassung von 1946 stehen, die vor allem in den Abschnitten über die Staatsgewalt, über den Landtag, über die Landesregierung und über das Finanzwesen mit den entsprechenden Artikeln der Preußischen Verfassung von 1920 wortgleich,[163] fast wortgleich,[164] überwiegend wortgleich oder wenigstens sinngleich sind. Selbst wenn

[163] Art. 15 PrV und Art. 81 HV; Art. 16 PrV und Art. 82 HV; Art. 19 PrV und Art. 85 Satz 1 HV; Art. 67 PrV und Art. 143 HV in umgekehrter Folge der Absätze. Da die Regelungen nicht bzw. so nicht in der Weimarer Reichsverfassung vorkommen, ist der unmittelbare Einfluß der Preußischen Verfassung offenkundig.

[164] Art. 3 PrV und Art. 71 HV; Art. 13 PrV und Art. 79 HV; Art. 18 PrV und Art. 84 HV; Art. 24 PrV und Art. 91 HV; Art. 25 PrV und Art. 92 HV; Art. 27 PrV und Art. 94 HV; Art. 29 Abs. 2 PrV und Art. 99 HV; Art. 46 PrV und Art. 102 HV; Art. 47 PrV und Art. 104 HV (außer Abs. 1 Satz 2 und 3); Art. 48 PrV und Art. 105 HV; Art. 50 PrV und Art. 106 HV; Art. 63 PrV und Art. 139 HV; Art. 64 PrV und Art. 140 HV; Art. 65 PrV und Art. 141 HV; Art. 66 PrV und Art. 142 HV; Art. 68 PrV und Art. 144 HV; Art. 69 PrV und Art. 145 HV.

in dem einen oder anderen Falle eine erhebliche Veränderung des Inhalts vorgenommen worden ist, wird doch zumeist deutlich, daß das Sprachgerüst der Preußischen Verfassung die Ausgangsgrundlage einer Umformulierung gewesen ist. Selbstverständlich steht die Preußische Verfassung ihrerseits nicht beziehungslos im Raume, sondern läßt in vielen Fällen den Einfluß der Weimarer Reichsverfassung bis in die sprachliche Formulierung hinein erkennen. Dennoch wird man die Ansicht vertreten dürfen, daß die Weimarer Reichsverfassung überwiegend nur über das Medium der Preußischen Verfassung auf die Hessische Verfassung von 1946 gewirkt hat. Das gilt freilich nur für solche Regelungen, die sowohl in der Reichsverfassung als auch in der Preußischen Verfassung eine parallele Berücksichtigung gefunden haben. Für den Hauptteil über Grundrechte und Grundpflichten, den die Preußische Verfassung nicht kannte, kam die Weimarer Reichsverfassung als unmittelbares Vorbild zur Geltung, allerdings – wie oben dargelegt – nur insoweit, als der Einfluß des französischen Verfassungsentwurfs von 1946 nicht wirkungsmächtiger gewesen ist.

Wie ist es aber zu erklären, daß das preußische Verfassungsvorbild trotz der gegen Preußen gerichteten Stimmung so nachhaltig gewesen ist? Folgende Vermutung hat vieles für sich: die Mütter und Väter der Hessischen Verfassung waren sich bei der Verfassungsdiskussion über das preußische Muster nur unzureichend im klaren. Die Rezeption der preußischen Verfassungsbestimmungen erfolgte über den Verfassungsentwurf des hochangesehenen Heidelberger Staatsrechtslehrers *Walter Jellinek*.[165] Dieser Entwurf konnte sich trotz der Auseinandersetzung mit anderen Entwürfen in den Beratungen vor allem im staatsorganisatorischen Teil behaupten und somit zum wichtigsten Bauelement der endgültigen Verfassung werden. Als langjähriger Professor in Kiel, von wo aus er zu Beginn der Dreißiger Jahre nach Heidelberg wechselte, war *Jellinek* mit der preußischen Staatsverfassung bestens vertraut und hat sie, ohne es transparent zu machen, auch für eine kluge Grundlage der im Entstehen begriffenen hessischen Staatsorganisation angesehen. Die Adressaten des Entwurfes hinterfragten seine Vorbilder nicht, da die Autorität des bedeutenden Staatsrechtlers und die für sich selbst sprechende Vernünftigkeit der vorgeschlagenen Verfassungsregelungen für die Güte des Entwurfes bürgten. Keiner machte sich daher in der Hektik der Beratungen ausreichend bewußt, daß er mit der Zustimmung zu den Regelungen des Entwurfes zugleich mittelbar ein Bekenntnis zu der Staatskunst des „besseren Preußen" ablegte.

---

[165] Abdruck in: Entstehung HV, S. 153–173. *Jellinek* machte das preußische Muster für seinen Entwurf nur dadurch offenkundig, daß er in Art. 116 statt von einem Rechnungshof von der Oberrechnungskammer sprach. Damit war das ehrwürdige Potsdamer Behördenvorbild gemeint.

FRIEDRICH VON ZEZSCHWITZ

Die Hessische Verfassung zwischen der Weimarer Reichsverfassung und dem Bonner Grundgesetz

I. Die Hessische Verfassung im Umfeld des Jahres 1946

Eine Landesverfassung wie die hessische mit der Reichsverfassung von 1919 und der Bundesverfassung von 1949 vergleichen zu wollen, mag im ersten Anschein als wenig sinngerecht erscheinen. Wer die heutigen Aufgabenstellungen und Kompetenzen der Bundesländer in den Blick nimmt, wird ungeachtet der nach wie vor anerkannten Eigenstaatlichkeit der Länder[1] in der Tat einen so unterschiedlichen Regelungsbedarf für das Landesverfassungsrecht feststellen, daß eine inhaltliche Kongruenz zwischen Landes- und Bundesverfassung schwer vorstellbar ist.

Einige nach dem Grundgesetz verabschiedete Landesverfassungen beschränken sich folgerichtig auf die landesspezifischen Komplementärregelungen, für die das Grundgesetz keine Vorgaben enthält, vor allem auf das Staatsorganisationsrecht, das Schul- und Erziehungsrecht, das Verhältnis zu den autonomen Körperschaften und das Finanzverfassungsrecht. Zu diesem Verfassungstypus gehören beispielsweise einige norddeutsche Verfassungen wie die nordrhein-westfälische von 1950, die hamburgische von 1952, die niedersächsische von 1951 und die mecklenburg-vorpommerische von 1993. Sie haben auf einen eigenen Grundrechtsteil entweder ganz verzichtet oder verweisen auf die grundgesetzlichen Garantien und ergänzen diese um einzelne neue Gewährleistungen[2].

Die Hessische Verfassung geht in ihrer Regelungstiefe deutlich weiter. Sie hat ein umfassendes Staatsgrundgesetz geschaffen, das neben einem umfangreichen staatsorganisationsrechtlichen Teil einen voll ausgebildeten Grundrechtskatalog enthält, darüber hinaus eine Vielzahl wirtschafts-, arbeits- und sozialrechtlicher Handlungsaufträge formuliert und in seinem Schlußteil detaillierte bundesstaatliche Kompetenzabschichtungen vornimmt. Sie geht damit auch deutlich über ihre unmittelbaren historischen Vorgängerinnen, die in Kurhessen, Waldeck, Nassau und Frankfurt geltende Preußische Verfassung von 1920[3] und die im Volksstaat Hessen

[1] Siehe beispielsweise BVerfGE 36, S. 342 [360], und *Maunz-Dürig-Herzog*, Grundgesetz, Rdnr. 16, 52 zu Art. 20 – Bundesstaat.

[2] Die nordrhein-westfälische Verfassung hat einige ergänzende Punkte normiert: eine Datenschutzgewährleistung, einen Familienschutz, der über Art. 6 GG hinausgreift, und einen besonderen Jugendschutz- und -förderungstatbestand (Art. 4 Abs. 2; 5 und 6 NRW-Verf). Ähnlich wie Nordrhein-Westfalen ist Mecklenburg-Vorpommern verfahren, das neben einem Verweis auf die Bundesgrundrechte besondere Garantien für den Datenschutz, die Freiheit von Kunst und Wissenschaft, die Chancengleichheit im Bildungswesen, den Jugendschutz, die Gleichstellung von Mann und Frau und den Minderheitenschutz geschaffen hat (Art. 5 Abs. 3; 6 bis 8; 13; 14; 18 MV-Verf).

[3] Verfassung des Freistaates Preußen vom 30.11.1920 (PreußGS S. 543).

geltende Hessische Verfassung von 1919[4], hinaus. Sie waren reine Organisationsstatute ohne Grundrechtsteil.

Über technische Organisationsvorschriften hinausgehende Spuren, die auf diese beiden Verfassungen zurückzuführen wären, lassen sich in der Verfassung von 1946 fast gar nicht ausmachen. Als hervorhebenswerte Ausnahme ist vor allem die Finanzverfassung der Art. 139 bis 145 HV zu nennen, die sogar in ihrem Wortlaut auf die Preußische Verfassung zurückgeht. Inwieweit Art. 63 Abs. 2 HV sich auf eine vergleichbare Regelung[5] in der Verfassung des Volksstaats zurückführen läßt, ist aus den Aufzeichnungen über die Beratungen der Verfassunggebenden Landesversammlung nicht verifizierbar. Aus der Preußischen Verfassung sind in den Abschnitten über den Landtag, die Landesregierung und die Gesetzgebung eine Reihe von organisationstechnischen Bestimmungen übernommen worden.[6] Das darf indessen nicht darüber hinwegtäuschen, daß in den entscheidenden Strukturfragen trotz Übernahme organisationstechnischer Vorschriften tiefgreifende Änderungen vorgenommen worden sind. So sind im Abschnitt über den Landtag die grundlegenden Vorschriften der Art. 76 Abs. 1, 77, 78 Abs. 2, 81, 90, 95–98 neu konzipiert worden. Diese Vorschriften besitzen für die Stellung der Abgeordneten entscheidende Bedeutung. Trotz formaler Übernahme zahlreicher Vorschriften wäre es daher falsch, von einer Identität der Strukturen des Preußischen und des Hessischen Landtages zu sprechen. Das gleiche gilt für die Landesregierung. Auch hier ist für das Verhältnis der Landesregierung zum Landtag als wesentliche Neuerung geregelt worden, daß der Ministerpräsident eine gegenüber dem Kollegium der Landesregierung deutlich verstärkte Stellung hat. So ist er der Vertreter des Landes, nicht die Regierung als ganze (Art. 103 HV). Er kann die einzelnen Minister abberufen (Art. 112 HV), während dieses Recht in Preußen nur dem Landtag zustand. Ein Mißtrauensvotum kann sich nur gegen den Ministerpräsidenten richten (Art. 114 Abs. 1 HV). Neu ist auch die Vorschrift, daß die Landesregierung die Geschäfte erst übernehmen darf, nachdem ihr der Landtag durch besonderen Beschluß sein Vertrauen ausgesprochen hat (Art. 101 Abs. 4 HV). Schließlich sind auch die Notstandsbefugnisse wesentlich verändert worden und nach den Erfahrungen der Weimarer Zeit auf Fälle von Naturkatastrophen und ungewöhnlichen äußeren Einwirkungen beschränkt (Art. 110 HV). In der Ge-

---

[4] Verfassung vom 12.12.1919 (GS für das Großherzogtum Hessen S. 210).

[5] Art. 7 Abs. 1 der Hessischen Verfassung lautete: „Allgemeine Anordnungen des Staates, durch die Rechte und Pflichten begründet, geändert oder aufgehoben werden, bedürfen grundsätzlich der Gesetzesform."

[6] So entsprechen im Abschnitt über den Landtag Art. 78 Abs. 1 HV dem Art. 12 Abs. 1 PrV, Art. 79 HV dem Art. 13 PrV, Art. 80 HV dem Art. 14 Abs. 2 PrV, Art. 81 und 82 HV den Art. 15 und 16 PrV, Art. 83 Abs. 1 HV dem Art. 17 PrV, Art. 84 bis 87 HV den Art. 18 bis 21 PrV, Art. 88 S. 2 HV dem Art. 22 Abs. 2 PrV, Art. 89 S. 1 HV dem Art. 23 S. 1 PrV, Art. 91, 92 und 94 HV den Art. 24, 25 und 27 PrV. Aus dem Bereich Landesregierung entsprechen Art. 100, 101 Abs. 1, 2 und 102 HV den Art. 44 bis 46 PrV, Art. 104 HV dem Art. 47 PrV, Art. 105 HV dem Art. 48 PrV, Art. 106 bis 108 HV den Art. 50 bis 52 PrV, Art. 109 HV weitgehend dem Art. 54 PrV, Art. 113 Abs. 1 und 3 HV dem Art. 59 Abs. 1 PrV, Art. 114 HV teilweise dem Art. 57 PrV und Art. 115 Abs. 1 HV dem Art. 58 Abs. 1 PrV. Aus dem Abschnitt über die Gesetzgebung sind Art. 120 HV übernommen aus Art. 60 PrV und Teile des Art. 121 HV aus Art. 6 Abs. 1 Satz 1 und Abs. 5 PrV.

setzgebung ist das Einspruchsrecht gegen Gesetze des Landtags nunmehr der Landesregierung übertragen worden (Art. 119 HV). Außerdem ist die zweite Entscheidung des Landtags auf die einfache Mehrheit der gesetzlichen Mitgliederzahl zurückgenommen worden (Art. 119 Abs. 3 HV). Neu ist auch Art. 123 HV, mit dem auf die zahlreichen Verfassungsdurchbrechungen der Weimarer Zeit geantwortet wird. Schließlich ist Art. 125 HV grundlegend neu konzipiert, um Umsturzversuche zu verhindern. Die wesentlichen Abweichungen, die die Neuregelungen in den Abschnitten IV–VI des Zweiten Hauptteils enthalten, machen deutlich, daß letztlich von der preußischen Organisationsverfassung nur organisationstechnische Standardregelungen, nicht aber die Verfassungsstrukturen übernommen worden sind. Gewaltenteilung und Stellung des Ministerpräsidenten sind so stark verändert, daß es einer Fehleinschätzung entspräche, die Hessische Verfassung in diesen Teilen als Tochter der Preußischen auszuweisen.

Die hohe Regelungstiefe der Hessischen Verfassung ist aus ihrer Entstehungszeit in der Zeit des bundesstaatlichen Interregnums zu erklären. Im Frühjahr und Sommer des Jahres 1946, als die Hessische Verfassung beraten und geschaffen wurde, hat sich kein Deutscher eine gesicherte Hoffnung machen können, daß nach den Verbrechen des „Dritten Reiches" in absehbarer Zeit ein deutscher Gesamtstaat wiedererstehen würde. Zwar war in allen Schichten des Volkes und auch in den politischen Parteien die aus dem 19. Jahrhundert überkommene Idee eines deutschen Gesamtstaates nach wie vor lebendig[7]. Gleichwohl ließ die alliierte Deutschlandpolitik noch keine Anzeichen erkennen, die eine Überwindung der Länder- und der Zonengliederung und einen Verzicht auf die Oberhoheit der Besatzungsmächte in den Bereich des irgendwie Greifbaren gelegt hätten. Hinzu trat die Aufkündigung des politischen Grundkonsenses infolge der zentrifugal wirkenden Entwicklungen in der sowjetisch besetzten Zone.

Hoffnungsvoller gestaltete sich die politische Situation auf der Ebene der Länder. Die Zusammenfassung der bislang getrennten Teile Hessens zu „Groß-Hessen"[8] und die bereits am 19. September 1945 proklamierte Einsetzung einer hessischen Regierung unter Ministerpräsident Dr. *Geiler*[9] zeigten an, daß die Besatzungsmächte

---

[7] Zum Bewußtsein fortbestehender staatlicher Existenz als Wirkungsfaktor siehe *G. Dürig*, Der deutsche Staat nach 1945 und seither, VVDStRL 13 (1954), S. 27 [48].

[8] Konstitutiv wird der Zuschnitt der Länder Groß-Hessen und Württemberg-Baden durch Art. I der Proklamation Nr. 2 festgeschrieben, für Hessen wie folgt: „Groß-Hessen umfaßt Kurhessen und Nassau (ausschließlich der zugehörigen Exklaven und der Kreise Oberwesterwald, Unterlahn und Sankt Goarshausen) und Hessen-Starkenburg, Oberhessen und den östlich des Rheins gelegenen Teil Rheinhessens". Für Hessen war damit eine schon zu Weimarer Zeiten angestrebte Vereinigung von Hessen-Darmstadt, Kurhessen und Nassau vollzogen. Allerdings mußte im Interesse der französischen Besatzungsmacht, die alle linksrheinischen Gebiete und einen nördlichen „Brückenkopf" rechts des Rheins beanspruchte, in Kauf genommen werden, daß die später Rheinland-Pfalz zugeordneten Teile Rheinhessens und Nassaus verloren gingen. Der Verlust Bad Wimpfens hatte andere Gründe.

[9] Proklamation Nr. 2 der Militärregierung Deutschland – Amerikanische Zone – unterzeichnet durch den Obersten Befehlshaber der Amerikanischen Streitkräfte, *Dwight D. Eisenhower*. Die Proklamation überträgt die „gesetzgebende, richterliche und vollziehende Gewalt" der Regierung, allerdings „unter Vorbehalt der übergeordneten Machtbefugnisse der Militärregierung" (Art. III der Proklamation Nr. 2).

sehr früh zur Schaffung staatsrechtlicher Institutionen in den Ländern[10] schritten – im Falle „Groß-Hessens" zugleich mit dem Ziel, das als Hort des deutschen Militarismus begriffene Preußen endgültig zu zerschlagen. Die Etablierung deutscher Regierungs- und Administrativgewalt auf der Ebene der neu geschaffenen Länder konnte indessen von den Zeitgenossen keineswegs als erster Schritt auf dem Weg zu einer länder- oder gar zonenübergreifenden Staatsorganisation in Deutschland begriffen werden. Zwar kamen die soeben eingesetzten Regierungschefs der drei Länder in der Amerikanischen Besatzungszone schon am 17. Oktober 1945 zur Gründung eines „Länderrates" zusammen; diesem sollte jedoch nach alliierter Direktive zunächst nur die Aufgabe einer Koordination ausgewählter Verwaltungssektoren zukommen[11]. Erst im Juli 1946, als die Wahl zur Verfassungberatenden Landesversammlung bereits stattgefunden (30. Juni 1946) und die hessischen Verfassungsberatungen eingesetzt hatten, ergriff die amerikanische Besatzungsmacht eine erste Initiative, zusammen mit der britischen Besatzungsmacht eine „Bizone" zu schaffen, die dann ab 1. Januar 1947 zentrale Verwaltungsorgane erhalten sollte[12].

Daß die bedingungslose Kapitulation und die aus ihr hervorgegangene deutsche Vierteilung die politischen Hoffnungen auf einen deutschen Gesamtstaat nicht untergehen ließ[13], zeigt nichts deutlicher als das Bekenntnis der Hessischen Verfassung zur gesamtdeutschen Einheit und zur deutschen Republik[14]. Nicht ein der Zukunft überantwortetes Sehnen, sondern die klare Erwartung künftiger Einheit ist hier formuliert, und zwar mit Billigung der amerikanischen Besatzungsmacht, die diese Unterwerfung unter eine gesamtdeutsche Staatsgewalt im Gegensatz zu anderen Artikeln weder beanstandet noch einem besonderen Abstimmungsverfahren unterworfen hat. Deutlicher als alle anderen Verfassungen der Nachkriegszeit hat die Hessische Verfassung schon in ihrer Präambel die Einbettung Hessens in einen wiedererstehenden deutschen Gesamtstaat betont[15]. Es liegt in der Konsequenz dieses Selbstverständnisses als „Gliedstaat der Deutschen Republik", wenn in Art. 151 HV die Aussage formuliert wird, daß Hessen „alle Maßnahmen, die es auf Gebieten trifft, für welche die deutsche Republik die Zuständigkeit beanspruchen könnte, unter den Grundsatz stellen (wird), daß die gesamtdeutsche Einheit

[10] Die Proklamation Nr. 2 betrifft mit Bayern, Groß-Hessen und Württemberg-Baden alle Länder der Amerikanischen Zone.

[11] Zu nennen sind vor allem die Ernährungssicherung, ferner der Interzonen- und Außenhandel, die Preisregulierung, Verkehr und Post.

[12] Geschaffen wurden fünf Verwaltungsbereiche: Ernährung und Landwirtschaft, Wirtschaft, Finanzen, Verkehr, Post und Telefon. Im Frühjahr wurden die zunächst dezentral verteilten Verwaltungen in Frankfurt zusammengefaßt.

[13] Wenige Jahre später sollte die These vom Fortbestand des Deutschen Reiches zur allseits anerkannten Doktrin der deutschen Staats- und Völkerrechtslehre werden, vgl. *U. Scheuner*, Die staatsrechtliche Kontinuität in Deutschland, DVBl. 1950, S. 481 ff., 515 ff.

[14] Art. 151 und 152 HV. Hessen hat als einziges Land einen verfassungsrechtlichen Auftrag an seine gesetzgebenden und Verwaltungsorgane gerichtet, die deutsche Rechtseinheit so weit wie möglich zu wahren und „ohne zwingenden Grund" keine Veränderungen der überkommenen Rechtseinheit vorzunehmen.

[15] Art. 64 HV wiederholt diese Eingliederung Hessens in den Gesamtstaat, während Art. 65 HV das republikanische Selbstverständnis für Hessen als Gliedstaat zum Ausdruck bringt.

zu wahren ist", und daß es „die bestehende Rechtseinheit nicht ohne zwingenden Grund antasten" werde[16].

Die entstehungszeitlich verwandten Verfassungen von Bayern und Rheinland-Pfalz sind in dieser Frage sehr viel verhaltener. Zwar kündigt auch Bayern seinen „freiwilligen" Beitritt zu einem Bundesstaat an, wenn dieser das „staatsrechtliche Eigenleben" des Freistaats sichert[17], und Rheinland-Pfalz erkennt an, daß künftiges Bundesverfassungsrecht der Landesverfassung vorgehe[18], die bundesstaatlichen Bekenntnisse und Prärogativen bleiben in beiden Verfassungen aber weit hinter den ausführlichen Regelungen der Hessischen Verfassung in den Art. 151 bis 154 zurück[19].

II. Die Weimarer Verfassung von 1919 als Vorbild?

In ihrer Präambel erklärt die Hessische Verfassung das Land zum Gliedstaat der Deutschen Republik. Sie spricht nicht von *einer* künftigen Republik, sondern in Betonung der historischen Kontinuität von *der* Deutschen Republik. Auch die in Art. 151 Abs. 1 HV ausgesprochene Verpflichtung zur Wahrung der Rechtseinheit in Deutschland denkt nicht an eine künftige Republik und deren Recht, sondern gebietet die Wahrung der bestehenden Rechtseinheit für *die* deutsche Republik.

Beide Normierungen lassen erkennen, daß trotz der berechtigten Zweifel an einem normativen Wiederaufleben der Weimarer Verfassung[20] Einigkeit darüber bestand, daß die Nazidiktatur und der mit dem Ermächtigungsgesetz geschaffene Führerstaat als Entgleisung auf dem Weg zum republikanischen Staat zu begreifen seien. Die historische Anknüpfung an die erste deutsche Republik von 1919 stellte daher den logisch einzigen Bezugspunkt für die Hessische Verfassung dar. Daß in Hessen nicht ein künftiger Bundesstaat genuin neuer Prägung – wie in der gleichzeitig entstandenen Bayerischen Verfassung – angestrebt wurde, sondern die Eingliederung des Landes in *die* Deutsche Republik, ist für das hier zum Ausdruck kommende Denken im historischen Kontinuum charakteristisch. Über die Frage, ob das starke Gewicht der hessischen Sozialdemokratie und der starke sozialistische Flügel der CDU[21] die Bereitschaft gesteigert haben, der Weimarer Republik nicht

[16] Auch Art. 151 Abs. 1 HV denkt nicht an *eine* künftige, sondern benennt *die* deutsche Republik.

[17] Art. 178 BV bindet die Entscheidung über den Beitritt zu einem neu zu errichtenden Bundesstaat mit dem Kriterium des „freiwilligen Zusammenschlusses der deutschen Einzelstaaten" an sein Veto.

[18] Art. 141 RP-V. Rheinland-Pfalz hatte allerdings mit Art. 137 Abs. 2 RP-V für Gesetze, mit denen bisher einheitlich geltendes Recht abgeändert werden sollte, ein geringfügig erhöhtes Abstimmungsquorum, nämlich die Mehrheit der gesetzlichen Mitgliederzahl des Landtages, vorgesehen.

[19] Durch Art. 152 HV sind auch staatsrechtliche Vereinbarungen zu einer länderübergreifenden Gesetzgebung an die Wahrung der Rechtseinheit gebunden worden. In Art. 153 HV ist eine Kompetenzabgrenzung gegenüber der Republik vorbehalten, mit Art. 154 HV sind die Angehörigen aller deutschen Länder als „Inländer" im Sinne gesetzlicher Regelungen anerkannt worden.

[20] Zum teils förmlichen, teils faktischen Untergang der Weimarer Verfassung vgl. *Zinn-Stein*, Hessische Verfassung, Loseblattslg. Stand 1991, Einführung vor Art. 1 Abschnitt VIII 4. [S. 70] mit weiteren Nachweisen.

[21] Das „linke" Manifest ist in den sog. Frankfurter Leitsätzen niedergelegt, das sich mit dem später zum Schlagwort gewordenen „Sozialismus aus christlicher Verantwortung" charakterisieren läßt. Sie ent-

nur die Jahre ihrer Agonie zuzurechnen, sondern auch ihre Innovationsleistung einer liberalen und sozialen Verfassungsstruktur, läßt sich heute nur spekulieren. Die gemeinsame Herkunft der neu gegründeten Parteien aus dem Antifaschismus drängt zu der Annahme, daß die 1933 unterbrochene Entwicklung zum modernen Parteienstaat republikanischer Prägung das Leitbild gewesen ist, aus dem auch die Hessische Verfassung erwachsen ist. Die gerade in den ersten Nachkriegsjahren häufig anzutreffende Sicht, die Nazidiktatur als furchtbaren, aus der Not der Jahre 1930 bis 33 aber erklärbaren „Betriebsunfall" zu charakterisieren, hat der Rückanknüpfung an die übereinstimmend gewollte republikanische Staatsform der Weimarer Verfassung besondere Legitimität verliehen.

Damit entsteht die Frage, ob es nur die in Deutschland junge republikanische Hülse ist, die ihren normativen Niederschlag in der Hessischen Verfassung gefunden hat, oder ob die Rückanknüpfung weiter reicht. Diese Frage in der soeben formulierten Pauschalität zu stellen, heißt sie zu verneinen. Die Hessische Verfassung hat in entscheidenden Punkten die Schwächen vermieden, die die Weimarer Verfassung kennzeichneten: ihre schwachen Grundrechtswirkungen, ihre Wertneutralität, ihre Anfälligkeit gegen Verfassungsänderungen, die Schwäche ihrer Regierungen und ihre Notstandsregelungen.

Ungeachtet dieser deutlichen Abkehr von einigen liberalistischen Grundorientierungen der Weimarer Verfassung ist indessen eine Vielzahl von Parallelen sichtbar zu machen. Sie finden ihre Kulmination in dem sehr dicht formulierten Abschnitt über die hessische Wirtschafts- und Sozialverfassung. Hier kehren die sozialstaatlichen Postulate wieder, die schon die Weimarer Verfassung als Novum in der deutschen Verfassungsgeschichte gekennzeichnet hatten. Die Hessische Verfassung ragt mit ihrer Wirtschafts- und Sozialverfassung wie ein erratischer Block aus den zeitgleich entstandenen Landesverfassungen heraus und blieb mit diesem sozialstaatlichen Manifest aus den frühen Jahren des demokratischen Neubeginns einzig. Daß von alledem nur noch wenige Gewährleistungen bis heute materiellen Bestand behalten haben und nicht durch arbeits-, sozial- oder wirtschaftsrechliche Spezialregelungen des Bundesrechts überlagert worden sind, berührt die verfassungsgeschichtliche Bedeutung dieses Regelungskomplexes nicht.

1. Die hessische Wirtschafts- und Sozialverfassung

Die starke sozialstaatliche Ausrichtung, die die Hessische Verfassung mit der Weimarer Verfassung teilt, hat beiden Verfassungen das meist nicht freundlich gemeinte Etikett eingetragen, „sozialistischen" Zielen zu folgen[22]. Beide Verfas-

---

hielten – wie das Ahlener Programm der CDU – das Bekenntnis zu einem christlichen Sozialismus und präzisierten das in der Forderung auf gleichberechtigte Mitbestimmung der Arbeiter und auf Sozialisierung der Grundstoffindustrien.

[22] Bezüglich der Weimarer Verfassung siehe *G. Anschütz*, Kommentar, 14. Aufl. 1930, Vorbem. zu Art. 151 ff., der diese Kennzeichnung allerdings auf den Abschnitt der Art. 151 bis 165 beschränkt und zudem hervorhebt, daß mit der Garantie der Vertragsfreiheit (Art.152), vor allem aber den Eigentums- und Erbrechtsgarantien (Art. 153, 154) sowie dem Mittelstandsschutz (Art. 153, 164) Gewährleistungen

sungen sind in Deutschland – sieht man von der sowjetisch besetzten Zone ab – mit dieser Ausrichtung auf einen freiheitlichen Sozialismus[23] einmalig geblieben. Die historischen Ursachen sind verschieden: Während es 1919 die von den Arbeiter- und Soldatenräten getragenen revolutionären Umstürze waren, aus denen die Weimarer Republik und ihre Verfassung hervorgegangen waren, liegen die Ursachen 1946 in der allzu willigen Verstrickung des industriellen Systems mit der Nazidiktatur und in der aus der Not geborenen Befürchtung, daß mit den traditionellen Wirtschaftsstrukturen ein Wiederaufbau unmöglich sei. Während die sozialstaatlichen Teile der Weimarer Verfassung wegen der Stimmenverteilung in der Nationalversammlung nur als Formelkompromiß zustandegekommen waren[24], reichte die Übereinstimmung in der hessischen Verfassungberatenden Landesversammlung im Jahre 1946 sehr viel weiter. Sieht man von dem äußerst umstrittenen Art. 41 HV zur sofortigen Sozialisierung der Grundstoffindustrien ab, so traten als nachhaltige Gegner nur die LDP und der Königsteiner Kreis[25] innerhalb der CDU in Erscheinung.

Die hessische Wirtschafts- und Sozialverfassung gehörte zu den verfassungspolitischen Streitfragen, die erst im Verfassungskompromiß zwischen SPD und CDU ihre endgültige Fassung erhielten[26]. Da die SPD sich aus verschiedenen Gründen scheute, ihren Verfassungsentwurf zusammen mit der KPD gegen die bürgerlichen Parteien durchzusetzen, kam sie der CDU im Verfassungskompromiß vom 30. September 1946 auch in einigen Streitfragen[27] zur Wirtschaftsverfassung entgegen. Insbesondere wurden die chemische Industrie von der Sofortsozialisierung ausgenommen und das Streikrecht auf gewerkschaftlich organisierte Arbeitskämpfe beschränkt.

Im Inhaltlichen sind deutliche Unterschiede zwischen der Weimarer und der Hessischen Verfassung erkennbar. Anders als die Weimarer Verfassung, deren Ziel die Schaffung einer „gerechten" Wirtschaftsordnung war, geht die Hessische Verfassung in ihrem wirtschafts- und sozialrechtlichen Abschnitt von einer grundrechtlichen Fundierung aus. Sie zentriert die teilweise detailreichen Einzelregelungen mit dem Bekenntnis des einleitenden Art. 27 HV zur Menschenwürde und zum Persönlichkeitsrecht. Mit gleicher Schutzwirkung für das Individuum fordert Art. 30

---

aufgenommen worden sind, die keineswegs als „sozialistisch" gewertet werden können. – In Hessen ist der Vorwurf einer „roten" Verfassung vor allem von der Vorläuferin der FDP, der LDP, erhoben und erfolgreich in Wählerstimmen umgesetzt worden.

[23] Die Auffassung von *M. Dörr*, Zeitschrift für Parlamentsfragen 1971, S. 99 [117 f.], daß die hessische Wirtschafts- und Sozialverfassung unter dem Einfluß der CDU zu einer verschleiernden Deklamation abgewertet worden sei, übersieht, daß die wesentlichen Teile des SPD-Entwurfs vom Verfassungskompromiß unberührt geblieben sind.

[24] Als „dilatorischen Formelkompromiß" hat insb. *C. Schmitt*, Verfassungslehre, 1928, S. 31, 35 weite Teile der Weimarer Verfassung gekennzeichnet.

[25] Zum begrenzten Einfluß des Königsteiner Kreises siehe *E. Stein*, in: 30 Jahre Hessische Verfassung, 1976, S. 195, Fn. 19. Siehe ferner *v. Brünneck*, JöR 3, S. 220 f.

[26] Zum Verfassungskompromiß siehe *Caspary*, Vom Werden der Hessischen Verfassung, 1946, S. 53 ff. Die vereinbarten Gegenstände finden sich in den Drucksachen der Verfassungberatenden Landesversammlung I, Nr. 81 bis 83.

[27] Weitere Streitpunkte betrafen das Verhältnis von Staat und Kirchen und die hessische Schulverfassung, insbesondere die Bekenntnisschulen.

HV für die Arbeitsbedingungen, daß sie Gesundheit, Würde, Familienleben und kulturelle Ansprüche der Arbeitnehmer sichern müssen und die leibliche, geistige und sittliche Entwicklung der Jugendlichen nicht gefährden dürfen. Außerdem wird dem Gesetzgeber in Art. 30 Abs. 2 HV der Auftrag erteilt, Einrichtungen zum Schutz der Mütter und Kinder zu schaffen, um die Gewähr zu bieten, „daß die Frau ihre Aufgaben als Bürgerin und Schaffende mit ihren Pflichten als Frau und Mutter vereinbaren kann" – ein bis heute unverändert wirksamer und auch nach 50 Jahren unvollkommen verwirklichter Gestaltungsauftrag.

Mit den in diesen Normen enthaltenen Grundrechtsbezügen zur Menschenwürde, Gleichberechtigung, Gesundheit und Familie hat sich die Hessische Verfassung für ein Grundrechtsverständnis entschieden, das über deren Bedeutung als individuelle Freiheitsrechte hinausreicht und deren wertbestimmende Kraft betont[28]. Die positivrechtlich eingeführte Einwirkung grundrechtlicher Werte auf die Ausgestaltung der Wirtschafts- und Sozialordnung zeigt ein Grundrechtsverständnis, das die traditionelle Begrenzung auf das Verhältnis von Bürger und Staat aufbricht und zur Drittwirkung grundrechtlicher Gewährleistungen für alle Sektoren der bürgerlichen Rechtsordnung führt[29].

Dieser anthropozentrische Auftakt des III. Abschnitts der Hessischen Verfassung ist auf die Forderungen der Sozialdemokratie zurückzuführen, die stärker auf materielle Verfassungsgarantien für eine Wirtschaftsdemokratie vertraute als die CDU, die eine institutionelle Absicherung durch eine Zweite Kammer zu erreichen versuchte. Entsprechend der schon zum Ende der Weimarer Republik erörterten korporativistischen Verfassungsrevision hatte sie sich auf eine berufsständisch zusammengesetzte Zweite Kammer festgelegt. Diese Pläne sind erst im hessischen Verfassungskompromiß zurückgedrängt worden und finden sich nur noch in dem Vorbehalt des Art. 155 HV, der jedoch in der Folgezeit niemals irgendeine politische Bedeutung gewonnen hat[30].

Übereinstimmend hohe Bedeutung besaßen 1919 und 1946 die Koalitionsfreiheit und die Mitbestimmung. Während die Weimarer Verfassung in ihrem Art. 159 indes bewußt eine Beschränkung auf die Vereinigungsfreiheit vornahm, um das damals umstrittene Streikrecht der Arbeitnehmer aus der verfassungsrechtlichen Gewährleistung auszuklammern[31], geht die Hessische Verfassung mit ihrem Art. 29 Abs. 4 weiter und gewährleistet das Streikrecht, allerdings begrenzt auf gewerkschaftlich organisierte Arbeitskämpfe. Die gleichzeitig ausgeschlossene Aussperrung (Art. 29 Abs. 5) macht deutlich, daß wegen der leidvollen Erfahrungen aus den

---

[28] Dazu *T. Ramm*, in: *E. Stein*, 30 Jahre Hessische Verfassung, 1976, S. 204 [209].

[29] Zur diesbezüglichen Diskussion zum GG siehe *v. Münch*, in: ders. (Hrsg.), Grundgesetz-Kommentar, 4. Aufl. 1992, Rdnr. 28 ff. in Vorbem. zu Art. 1 GG; ferner *J. Schwabe*, Die sog. Drittwirkung der Grundrechte, 1971, S. 9–14. Besondere auch „drittwirkende" Regelungen enthalten Art. 11 S. 2 HV (Maulkorbverbot auch in privatrechtlichen Dienstverhältnissen) und Art. 13 HV (Informationsfreiheit aus allen, auch privaten Quellen).

[30] Durch die Bezugnahme auf „demokratische Wahlen" ist nach einem Meinungswandel innerhalb der CDU eine Absage gegen eine berufsständisch geformte Delegiertenkammer normiert worden, vgl. *Zinn-Stein*, HV, Anm. II 2.

[31] *Anschütz*, WRV, 14. Aufl., Anm. 5 unter Hinweis auf die Beratungen der Nationalversammlung.

Jahren 1919 bis 1945 die sozialpolitische Skepsis gegenüber industrieller Macht überaus hoch war. Das drückt sich auch in dem verfassungsunmittelbaren Verbot des „Mißbrauchs der wirtschaftlichen Freiheit – insbesondere zu monopolistischer Machtzusammenballung und zu politischer Macht" und der als Sanktion beigefügten „Überführung in Gemeineigentum" aus (Art. 39 Abs. 1 und 2 HV).

Beide Verfassungen verpflichten den Gesetzgeber zur Kodifikation des Arbeitsrechts (Art. 157 Abs. 2 WRV; Art. 29 Abs. 1 HV). Der Tenor liegt in beiden Regelungen auf der Schaffung eines *einheitlichen* Arbeitsrechts. Indessen geht auch hier die Hessische Verfassung deutlich weiter, indem sie die Dienstverhältnisse der Beamten in den Auftrag zur Schaffung eines einheitlichen Dienstrechts mit einbezieht[32]. Während es unter beiden Verfassungen zu keinem Arbeitsgesetzbuch gekommen ist[33], hatte Art. 29 HV insofern innovatorische Folgen, als mit dem hessischen Bedienstetengesetz[34] eine einheitliche Regelung für den gesamten öffentlichen Dienst geschaffen worden war. Für ein eigenes Arbeitsgesetzbuch hatte das Land mit dem Inkrafttreten des Grundgesetzes die Zuständigkeit verloren.

Zur Schaffung einer auf „gleichberechtigte" Mitbestimmung angelegten Betriebsverfassung bekennen sich beide Verfassungen (Art. 165 Abs. 1 WRV; Art. 37 Abs. 2 HV). Wie ernsthaft beide Regelungen verstanden worden sind, zeigt die Ausführungsgesetzgebung, die in beiden historischen Phasen unverzüglich folgte. Art. 165 WRV wurde bereits im Winter 1920 entsprechend der grundlegenden Absprache im sog. Stinnes-Legien-Pakt[35] durch das Betriebsrätegesetz[36], Art. 37 HV im Frühjahr 1948 durch das hessische Betriebsrätegesetz[37] umgesetzt. Die deutlich weiterreichende hessische Regelung wurde allerdings von der amerikanischen Militärregierung teilweise suspendiert[38] und zwei Jahre später durch das Betriebsverfassungsgesetz des Bundes aufgehoben[39].

Gemeinsam ist beiden Verfassungen ein hohes Vertrauen in staatliche Wirtschaftslenkung. Während Art. 156 Abs. 2 WRV hierfür Formen der Gemeinwirt-

---

[32] In diesem Punkt hat sich die SPD im Verfassungskompromiß durchgesetzt, obwohl die allgemeine Streitfrage um die Beamtenschaft und ihre besonderen Rechte ausgeklammert worden ist.

[33] Ein Entwurf eines Arbeitsschutzgesetzes wurde 1929 in den Reichstag eingebracht, aber nicht abschließend beraten.

[34] Gesetz über die Rechtsstellung der Beamten und Angestellten im öffentlichen Dienst des Landes Hessen vom 12.11.1946 (GVBl. S. 205), Neufassung vom 25.6.1948 (GVBl. S. 101), vgl. zu den Verfassungsfragen *Zinn-Stein*, Kommentar, Anm. 2a zu Art. 29 HV. Mit dem Beamtenrechtsrahmengesetz endete der hessische Sonderweg.

[35] Text abgedruckt bei *E.R.Huber*, Dokumente zur deutschen Verfassungsgeschichte, III, 1966, S. 19 f. – Dokument Nr. 27.

[36] Gesetz vom 4.2.1920 (RGBl. S. 175) – das Gesetz verweigerte eine paritätische Mitbestimmung (s. insb. § 69: Verbot des Eingriffs in die Betriebsleitung).

[37] Gesetz vom 31.5.1948 (GVBl. S. 117). Das hessische Gesetz ging über das Kontrollratsgesetz Nr. 22 vom 30.4.1946 hinaus und warf die Frage auf, ob es dem Vorrang alliierten Rechts zu weichen habe, vgl. *Zinn-Stein*, Kommentar, 1. Aufl., 1954, Anm. 9 zu Art. 37 HV.

[38] Betroffen waren die §§ 30 Abs. 1, 32 Abs. 1, 52 bis 55 bezüglich der wirtschaftlichen Mitbestimmung. Zur Verfassungsmäßigkeit StGH, Urteile vom 6.1. und 4.8.1950 (StAnz. 1950, Beilage 7). Nach Aufhebung der Suspension wurden auch diese Vorschriften verkündet (GVBl. 1950, S. 49)

[39] § 90 BetrVG vom 11.10.1952 (BGBl. I, S. 681). Für den öffentlichen Dienst einschließlich öffentlichrechtlicher Unternehmen blieb das Gesetz bis zum Erlaß des Personalvertretungsgesetzes vom 23.12.1959 (GVBl. S. 83) in Kraft.

schaft und selbstverwaltete Zwangssyndikate vorsah, enthält Art. 38 Abs. 1 S. 2 HV zur Bedarfssicherung für jedermann den zwingenden Auftrag an den Gesetzgeber, „Maßnahmen anzuordnen, die erforderlich sind, um die Erzeugung, Herstellung und Verteilung sinnvoll zu lenken und jedermann einen gerechten Anteil an dem wirtschaftlichen Ergebnis aller Arbeit zu sichern und ihn vor Ausbeutung zu schützen". In diesen Vorschriften zeigt sich nicht nur die Stunde der Not, aus der sie geboren sind, sondern zugleich das planwirtschaftliche Grundverständnis sozialistischer Wirtschaftsverfassung. Um auch bei Akten der Wirtschaftslenkung die Gewerkschaften mit einzubeziehen, ist deren gleichberechtigte Mitbestimmung in den administrativen Lenkungsorganen angeordnet worden (Art. 38 Abs. 3 HV).

Weitere Parallelen bieten die verfassungsrechtlichen Schutzpflichten für die Arbeit (Art. 157 Abs. 1 WRV und Art. 28 Abs. 1 HV), in beiden Verfassungen ergänzt durch einen Anspruch auf Arbeit. Während Art. 163 Abs. 1 WRV von der „Möglichkeit, durch wirtschaftliche Arbeit seinen Unterhalt zu erwerben", spricht, die jedem Deutschen gegeben werden solle, geht Art. 28 Abs. 2 HV von einem „Recht auf Arbeit" aus. Ein Rechtsanspruch auf staatliche Beschäftigung ist daraus jedoch unter keiner der beiden Verfassungen hergeleitet worden[40], während der verfassungskräftige Anspruch auf Unterstützung im Falle unverschuldeter Arbeitslosigkeit im Grundsatz anerkannt wird. Hieraus ist schon vor der Entscheidung des Bundesverwaltungsgerichts[41] zur subjektivrechtlichen Anspruchsqualität von Fürsorgeansprüchen ein Individualanspruch hergeleitet worden[42].

Gemeinsam ist beiden Verfassungen auch die Sorge für eine einheitliche und selbstverwaltete Sozialversicherung (Art. 161 WRV und Art. 35 HV). Die damit geschaffenen institutionellen Garantien unterscheiden sich nur graduell. So sieht Art. 35 HV eine „das ganze Volk verbindende" Organisation vor und schließt die Invaliditätsversicherung ein. Die ursprüngliche Forderung der Sozialdemokraten, eine ungegliederte Einheitsversicherung zu schaffen, ist im Verfassungskompromiß durch den Zusatz, daß die Versicherung „sinnvoll aufzubauen" sei, relativiert worden[43]; das Gebot, alle Bürger ohne Unterschied von Art und Höhe des Einkommens einzubeziehen, ist jedoch nicht aufgegeben worden.

Der am stärksten in die Augen fallende Unterschied zwischen der Weimarer und der Hessischen Verfassung wie auch dem Grundgesetz tritt in der Sozialisierungsfrage zutage. Während sich die Weimarer Verfassung und das Grundgesetz in ihren Art. 156 Abs. 1 WRV und Art. 15 GG auf eine Ermächtigung zur Vergesellschaftung ausgewählter Industrien beschränken und dafür eine gesetzliche Entschädigungsregelung vorsehen, ordnet Art. 41 HV die Überführung in Gemeineigentum mit verfassungsunmittelbarer Wirkung an[44]. Während bei Vermögen,

---

[40] Vgl. *Anschütz*, Kommentar, Anm. 3 zu Art. 163 WRV; *Zinn-Stein*, Kommentar, Anm. 1 zu Art. 28.

[41] BVerwGE 1, S. 159 [161 f.] vom 24.6.1954 zu den Reichsgrundsätzen über Voraussetzung, Art und Maß der öffentlichen Fürsorge von 1931, den Vorläufern des BSHG.

[42] Siehe *Zinn-Stein*, Kommentar, Anm. 4 zu Art. 28 HV.

[43] Vgl. *Zinn-Stein*, Kommentar, Anm. 2 zu Art. 35 HV.

[44] Vom StGH, Urteile vom 6.1. und 4.8.1950 (StAnz. 1950, Beilage 7) und vom 6.6.1952 (StAnz. S. 516), ist die verfassungsunmittelbare Enteignungswirkung bestätigt worden.

die wegen wirtschaftlichen Mißbrauchs oder wegen einer Bodenreform eingezogen werden (Art. 39 Abs. 2 S. 1, 42 Abs. 1 und 4 HV), eine Entschädigung „nach sozialen Gesichtspunkten" vorgesehen ist (Art. 39 Abs. 4 HV), ist Art. 41 HV ohne Entschädigungsvorbehalt geblieben. Wie keine andere Verfassungsnorm hat Art. 41 HV zu erbitterten Kontroversen während der Beratungen in der Verfassungberatenden Landesversammlung[45], während der Volksabstimmung über die Verfassung und in der anschließenden Verfassungsrechtsdoktrin geführt[46]. Daß wie viele andere auch diese Verfassungsbestimmung ohne bleibende umgestaltende Folgen geblieben ist, beruht auf der 1948 einsetzenden bundesrechtlichen Überlagerung durch eine marktwirtschaftliche Wirtschaftsverfassung, der sich schließlich auch der Landesgesetzgeber hat beugen müssen[47].

2. Gleichberechtigung von Mann und Frau

Schon die Weimarer Reichsverfassung hatte mit ihren Art. 109, 118, 119 und 128 wesentliche Schritte zur Gleichberechtigung getan; sie blieb jedoch auf halbem Weg stehen. So garantierte Art. 118 Abs. 2 WRV für Mann und Frau nur die Gleichheit der staatsbürgerlichen, nicht allgemein der bürgerlichen Rechte. Damit waren nur die Rechte gemeint, die im Rahmen eines organschaftlichen Handelns eröffnet worden waren. Zusammen mit der Gewährleistung des allgemeinen Wahlrechts lag darin ein unbestreitbarer Fortschritt gegenüber dem Kaiserreich. Jedoch wurde Art. 118 WRV wegen der Einschränkung, daß Männer und Frauen „grundsätzlich" gleichgestellt sind, sehr restriktiv interpretiert[48] – ein Schicksal, das er mit Art. 119 Abs. 1 S. 2 und 128 Abs. 2 WRV teilte und das zunächst auch Art. 3 Abs. 2 GG zu drohen schien[49].

Deswegen war es ein großer Fortschritt, als Art. 1 HV in den allgemeinen Gleichheitssatz ausdrücklich ein uneingeschränktes Diskriminierungsverbot wegen unterschiedlichen Geschlechts aufnahm und diese grundrechtliche Gewährleistung mit der aus Art. 26 HV folgenden unmittelbaren Bindung für Gesetzgeber, Richter und Verwaltung verband. Der rigorosen hessischen Regelung war eine intensive Diskussion im Verfassungsausschuß und in der Verfassungberatenden Landesver-

---

[45] Die endgültige Fassung fand im Verfassungskompromiß auch die Zustimmung der CDU, vgl. Drucksache I Nr. 81–83 der Verfassungberatenden Landesversammlung.

[46] Die zahlreichen Literaturnachweise bei *Zinn-Stein*, Kommentar, Vor Anm. 1 zu Art. 41, zeigen die weitreichende Beteiligung vieler Staatsrechtslehrer. Siehe ferner *T. Ramm*, Die soziale Ordnung der Hessischen Verfassung, in: *E. Stein* (Hrsg.), 30 Jahre Hessische Verfassung, 1976, S. 204, und *M. Dörr*, Zeitschrift für Parlamentsfragen 1971, S. 99, der die sozialstaatliche Wirkung der HV allerdings zu Unrecht verneint, weil er den Verfassungskompromiß als Beginn der marktwirtschaftlichen Restauration wertet.

[47] Zweites Abschlußgesetz zum Artikel 41 der Hessischen Verfassung vom 19.6.1967 (GVBl. I, S. 119).

[48] Vgl. *Anschütz*, Kommentar, Anm. V 3 zu Art. 109, Anm. 2 zu Art. 119, Anm. 4 zu Art. 128 WRV. Erst unter dem Eindruck mehrerer Reichsgerichtsentscheidungen (RGZ 102, S. 145; 106, S. 154 und 110, S. 189) trat eine gewisse Wende ein, die dann allerdings durch verfassungsändernde Gesetze unterlaufen wurde – so durch das Gesetz über die Rechtsstellung der weiblichen Beamten vom 30.5.1932 (RGBl. S. 245). Art. 128 Abs. 2 wurde zudem nicht auf Bewerberinnen um Beamtenstellen angewandt (*W. Jellinek*, Verwaltungsrecht, 3. Aufl. 1931, S. 166).

[49] Die unmittelbare Geltung hat erst BVerfGE 3, S. 225 [239] festgestellt.

sammlung vorausgegangen, die wesentlich durch die nachhaltige Energie der Kasseler Juristin und Abgeordneten *E. Selbert* bestimmt worden ist. Auf ihr Wirken geht nicht nur die weite Fassung des Art. 1 HV, sondern auch die Garantie der Lohngleichheit für Mann und Frau in Art. 33 S. 2 HV, die Pflicht zur Förderung arbeitender Mütter in Art. 30 Abs. 2 HV und schließlich auch der Gleichberechtigungsgrundsatz in Art. 3 Abs. 2 GG zurück, den sie später als Mitglied des Parlamentarischen Rates gegen erhebliche Widerstände hat durchsetzen können[50].

Für die Entwicklung des Gleichberechtigungsgrundsatzes in der Nachkriegszeit kommt der Hessischen Verfassung besonderes Gewicht zu. Die zeitgleich verabschiedete Bayerische Verfassung verwendet in ihrem Art. 118 Abs. 2 noch die auf staatsbürgerliche Rechte beschränkte Formulierung der Weimarer Verfassung und nimmt – auch insofern der Weimarer Verfassung gleich – eine volle Gleichstellung von Mann und Frau nur bezüglich der ehelichen Rechte und Pflichten vor (Art. 124 Abs. 2). Auch die rheinland-pfälzische Verfassung sah in ihrem Art. 17 Abs. 3 nur eine Gleichstellung hinsichtlich der staatsbürgerlichen Rechte vor, verbietet in Art. 19 allerdings zusätzlich geschlechtsbezogene Diskriminierungen beim Zugang zu den öffentlichen Ämtern. Die schulische Erziehung sollte hingegen gemäß Art. 32 der „Eigenart der männlichen und weiblichen Jugend" Rechnung tragen und führte damit zur Verfestigung bestehender Rollenunterschiede. Damit verglichen geht die Hessische Verfassung den entscheidenden Schritt auf dem Weg zur Gleichberechtigung und nimmt die spätere Regelung in Art. 3 Abs. 2 GG als einzige der frühen Verfassungen vorweg. Daß die eindeutige Regelung in Art. 33 S. 2 HV vielfältig unterlaufen worden ist, scheint der Rechtswissenschaft erst nach der deutlich rigideren Rechtsprechung des Europäischen Gerichtshofs bewußt geworden zu sein.

3. Trennung von Staat und Kirchen, weltanschauliche Neutralität

Der 1919 und 1946 noch lebendigen antiklerikalen Tradition der SPD folgend zeigen die Weimarer Verfassung mit ihrer Abkehr vom monarchischen Kirchenregiment und die Hessische Verfassung mit ihrer Betonung der Nicht-Identifikation übereinstimmende laizistische Züge[51]. Beide Verfassungen vollziehen die Trennung von Staat und Kirchen nur unvollkommen, denn 1919 forderten die Abstimmung mit der Weimarer Koalition und 1946 der hessische Verfassungskompromiß Zugeständnisse an die bürgerlichen Parteien. Andere Landesverfassungen der gleichen Periode betonen naturrechtliche und religiöse Vorstellungen, wie etwa die Verfassung von Rheinland-Pfalz, die sich im „Bewußtsein der Verantwortung vor Gott, dem Urgrund des Rechts und Schöpfer aller menschlichen Gemeinschaft", sieht und immer wieder der katholischen Soziallehre folgt[52]. Die Hessische Verfassung ist

[50] Vgl. Stenoprotokoll Parlamentarischer Rat, 42. Sitzung des Hauptausschusses, S. 539.
[51] *E. Stein*, in: 30 Jahre Hessische Verfassung, 1976, S. 186 ff.
[52] Beispielsweise Art. 23, 41 Abs. 1, 51 Abs. 1, 60 Rh-Pf.Verf.

trotz des Verfassungskompromisses in zahlreichen Bestimmungen deutlich von der weltanschaulichen Neutralität des Staates gegenüber den Kirchen und Religionsgemeinschaften, aber auch gegenüber dem Glauben und den Weltanschauungen seiner Bürger geprägt. Dem wiederholt normierten Toleranzgebot kommt besonderer Rang zu (Art. 9, 48, 54, 56 HV).

Dem Grundsatz der Nicht-Identifikation genügend hat die Hessische Verfassung eine strikte Trennung von Staat und Kirche zum Prinzip erhoben (Art. 48 Abs. 3, 49 HV). Ohne Parallele im deutschen Staatskirchenrecht ist das Gebot an die Kirchen und Weltanschauungsgemeinschaften, sich jeder Einmischung in die Angelegenheiten des Staates zu enthalten (Art. 50 Abs. 2 HV). Die gleichzeitig statuierte Pflicht des Staates, die Kirchen und Religionsgemeinschaften von staatlichen Eingriffen freizuhalten, entspricht deren traditionellem Freiheitsrecht aus Art. 137 WRV. Die Pflicht der Kirchen zur Mäßigung stellt eine sonst unbekannte Regelung des Staatskirchenrechts dar. Dieses Gebot der Nichteinmischung hat erheblich an Bedeutung verloren und wird von den Kirchen längst nicht mehr anerkannt. Kirchliche Stellungnahmen zu allen gesellschaftspolitischen Fragen werden mit dem „Öffentlichkeitsanspruch der Kirchen“[53] legitimiert, der sich auf deren grundrechtliche Meinungsfreiheit stützt, die in der pluralistischen Gesellschaft auch den Kirchen ein Mitwirkungsrecht verleiht. Dieser „Öffentlichkeitsanspruch“ ist kaum von einer unzulässigen Einmischung in die staatlichen Angelegenheiten zu trennen. Die in Art. 50 HV formulierte Umkehrung des Toleranzgebotes stellt eine Abkehr vom herkömmlichen liberalistischen Staatsverständnis dar, die keine staatsrechtliche Parallele in der Vergangenheit hatte und auch später nicht gefunden hat.

Die weltanschauliche Neutralität der Hessischen Verfassung tritt auch im Bekenntnis zur Gemeinschaftsschule als Standardtypus staatlicher Schulen zutage (Art. 56 Abs. 2 HV). Der in den Verfassungsberatungen hartnäckig verfolgte Wunsch der CDU, eine christliche Prägung in den staatskirchenrechtlichen und schulrechtlichen Teilen der Verfassung zu verankern, stand in deutlichem Widerspruch zum strikt laizistischen Verfassungsentwurf, den der spätere Ministerpräsident *Georg August Zinn* und *Adolf Arndt* verfaßt hatten. Da in den hessischen Verfassungskompromiß Vorstellungen beider Seiten eingegangen sind, wäre es eine nachträgliche Verfälschung des Sinngehalts der Hessischen Verfassung, die Elemente des staatlichen wie des kirchlichen Neutralitätsgebots im Wege der einfachgesetzlichen Überlagerung abzuschwächen. Derartige Tendenzen zeigten sich vor allem in dem Versuch, die hessischen Schulen als Gemeinschaftsschulen christlicher Prägung[54] zu gestalten. Das hohe emanzipatorische Ideal, das die Schulrechtsartikel verfolgen, ist nur zu verwirklichen, wenn keine Verengung auf traditionalistisch geprägte religiöse, marxistische oder andere weltanschauliche Vorverständnisse stattfindet. Diesem Anspruch hat die hessische Schulpolitik der siebziger Jahre trotz manchen Übereifers genügt.

---

[53] Zu Hirtenbriefen der katholischen Kirche vor Wahlen BVerwGE 18, S. 14 f.; vgl. ferner *Engelhardt*, in: *Zinn-Stein*, Komm. zur HV, Stand 1991, Anm. 6 zu Art. 50 HV.

[54] *E. Stein*, in: 30 Jahre Hessische Verfassung, 1976, S. 190. Ablehnend StGH, Urt. vom 27.10.1965 (DÖV 1966, S. 51 ff.).

III. Die Hessische Verfassung – Vorläuferin zum Grundgesetz?

1. Die Grundrechte in der Hessischen Verfassung

Der Grundrechtskatalog der Hessischen Verfassung weist einige thematische Besonderheiten gegenüber der Weimarer Verfassung und dem Grundgesetz auf. So werden

- die menschliche Ehre gleichwertig neben Leben, Gesundheit und Würde als grundrechtliches Schutzgut benannt (Art. 3 HV),
- das Recht zur Verbreitung wissenschaftlicher und künstlerischer Werke ausdrücklich garantiert (Art.10 HV),
- die Informationsfreiheit auf alle denkbaren, also nicht nur öffentlich zugänglichen Quellen erstreckt (Art. 13 HV),
- die Unschuldsvermutung (noch) nicht verurteilter Beschuldigter verfassungsrechtlich verankert einschließlich des Rechtes, sich jederzeit eines Rechtsbeistands zur Verteidigung zu bedienen (Art. 20 Abs. 2 HV),
- Kollektivschuld oder Kollektivhaftung[55] für Handlungen oder Unterlassungen, für die keine persönliche Schuld nachweisbar ist (Art. 22 Abs. 2 HV), verboten,
- das Recht auf einen von Gewerkschaften organisierten Streik anerkannt, die Aussperrung hingegen verboten (Art. 29 Abs. 4 und 5 HV),
- Kinderarbeit verfassungsrechtlich verboten (Art. 30 Abs. 3 HV),
- der Achtstunden-Arbeitstag (Art. 31 HV), der Anspruch auf gleichen Lohn für Frauen und Jugendliche für gleiche Tätigkeit und gleiche Leistung (Art. 33 S. 2 HV) und ein Mindesturlaub von 12 Tagen im Jahr (Art. 34 HV) als institutionelle Garantien und Grundrechte anerkannt[56],
- die negative Vereinigungsfreiheit ausdrücklich garantiert (Art. 36 Abs. 2 HV),
- das Mitbestimmungsrecht der Erziehungsberechtigten bei der Gestaltung des Schulunterrichts als Grundrecht[57] positiviert (Art. 56 Abs. 6 HV) und
- das Recht auf Unterrichtsgeld- und Lernmittelfreiheit an allen öffentlichen Schulen grundrechtlich[58] gewährleistet (Art. 59 Abs. 1 HV).

Die meisten der aufgeführten Grundrechtsgarantien verlassen den Katalog der klassischen Freiheitsrechte, die der Konstitutionalismus hervorgebracht hat. Die strafverfahrensrechtlichen Grundrechte der Hessischen Verfassung stellen eine zeitgeschichtlich naheliegende Reaktion auf die zahllosen Unrechtsakte der gerade erst überwundenen Nazidiktatur dar. Das gleiche gilt für das weitreichende Mit-

---

[55] Art. 22 HV reagiert auf die Naziwillkür gegenüber Juden, vgl. die VO über eine Sühneleistung der Juden deutscher Staatsangehörigkeit vom 12.11.1938 (RGBl. I, S. 1579).

[56] *Zinn-Stein*, Kommentar, 1954, gehen zu Art. 30 und 31 (nur) von institutionellen Garantien aus (Anm. 1 zu Art. 30 und Anm. 1 zu Art. 31), während für Art. 33 S. 2 wegen seiner Nähe zum allgemeinen Gleichheitssatz ein Grundrecht anerkannt wird (Anm. 2 zu Art. 33). Die Unterscheidung erscheint mir nicht überzeugend.

[57] Für Grundrechtsqualität *Zinn-Stein*, Kommentar, Anm. 11 zu Art. 56 HV.

[58] *Zinn-Stein*, Kommentar, Anm. 2 zu Art. 57 HV. Zur unmittelbaren Geltung StGH vom 8.7.1949 (StAnz. S. 348). Für die Lernmittelfreiheit ist ein Haushaltsvorbehalt zulässig gewesen, StGH vom 11.5.1956 und vom 13.7.1956 (StAnz. S. 552).

wirkungsrecht der Erziehungsberechtigten bei der Gestaltung des Schulunterrichts, mit dem den Gefahren totalitär einseitiger Indoktrination hat begegnet werden sollen. Es stellt die grundrechtliche Kehrseite des Toleranzgebotes aus Art. 56 Abs. 3 S. 1 und Abs. 4 HV dar, dessen zentrale Bedeutung für die Schulrechtsartikel offenkundig ist[59]. – Die starke Auffächerung sozialstaatlicher Grundrechte gibt zum einen eine Antwort auf die nur noch schwer vorstellbare Not der ersten Nachkriegsjahre. Zum zweiten unternehmen die wirtschafts- und sozialverfassungsrechtlichen Garantien und Gesetzgebungsaufträge den erneuten Versuch, der alten sozialistischen Idee einer gleichberechtigten Partizipation der Arbeitnehmer zum Durchbruch zu verhelfen. Am deutlichsten zeigt das die verfassungsrechtliche Leitlinie des Art. 30 Abs. 1 HV für die Arbeitsbedingungen, auch wenn dieser Vorschrift keine grundrechtliche Qualität beigemessen werden kann: Gesundheit, Würde, Familienleben und kulturelle Ansprüche des arbeitenden Menschen sollen die Werte sein, die auch das Arbeitsleben beherrschen. – Von gleicher emanzipatorischer Zielsetzung sind die Garantien zur Gleichberechtigung von Mann und Frau einschließlich der gesondert gewährleisteten Lohngleichheit und der Schutzpflichten für berufstätige Mütter. In diesen Rahmen fügt sich die allgemeine Schulgeld- und Lernmittelfreiheit als Schlußstein ein, mit der die Hessische Verfassung ungeachtet der Haushaltsnöte der Nachkriegszeit prägende Einflüsse auf das gesamte deutsche Schulsystem initiiert hat.

2. *Effektive Grundrechtsausgestaltung, Gesetzesvorbehalt und Zitiergebot*

Von nicht minder herausragender Bedeutung sind die allgemeinen grundrechtsdogmatischen Neuerungen, die die nachfolgend näher zu beleuchtenden Grundsätze der Hessischen Verfassung mit sich gebracht haben:

- Die Grundrechte werden ausdrücklich als unabänderliche Individualrechte gewährleistet (Art. 26 1. Hs. HV).
- Die Grundrechte werden als unmittelbar bindendes Recht für Gesetzgeber, Richter und Verwaltung gewährleistet (Art. 26 2. Hs. HV).
- Der Wesensgehalt der Grundrechte wird für unantastbar erklärt (Art. 63 Abs. 1 HV).
- Als Gesetz im Sinne grundrechtlicher Beschränkungs- und Ausgestaltungsvorbehalte wird nur das förmliche Volks- oder Parlamentsgesetz anerkannt, während Verordnungen, gesetzliche Verweisungen auf ältere Vorschriften sowie administrative Ausführungsvorschriften diesen Anforderungen nicht genügen (Art. 63 Abs. 2 HV).
- Verletzungen der Grundrechte können im individualrechtlichen Grundrechtsklageverfahren[60] vor dem Staatsgerichtshof gerügt werden (Art. 131 Abs. 1 HV).

[59] Zum historischen Bezug auf die Nazijahre *Zinn-Stein*, Kommentar, Anm. 9 zu Art. 56 HV. Auf *E. Stein* geht auch der Ministerialerlaß über die Erziehung zur Toleranz vom 22.7.1948 (Amtsbl. S. 89 f.) zurück.

[60] Obwohl Art. 131 Abs. 1 HV ein Individualklagerecht nicht ausdrücklich statuiert, wird die Grundrechtsklage einhellig als verfassungsunmittelbare Gewährleistung betrachtet. Der Ausgestaltungsvorbehalt

– Allen Bürgern ist eine gegenständlich unbeschränkte Rechtsweggarantie für den Fall zuerkannt worden, daß sie eine Verletzung durch die öffentliche Gewalt erlitten zu haben glauben (Art. 2 Abs. 3 HV).

Mit diesen allgemeinen grundrechtsdogmatischen und rechtsstaatlichen Innovationen hat die Hessische Verfassung im Wege der ausdrücklichen Positivierung einen Schlußpunkt unter die bis zum Schluß offenen Auseinandersetzungen gesetzt, die das Grundrechtsverständnis in der Weimarer Staatsrechtslehre gekennzeichnet hatten[61]. Die Hessische Verfassung geht mit der normativen Verankerung effektiver Grundrechtsgarantien den entscheidenden Schritt zum heutigen Grundrechtsverständnis.

Zu den in der Weimarer Zeit umstrittensten Kontroversen gehörte die Frage, ob die Grundrechte bindende normative Kraft auch gegenüber dem Gesetzgeber entfalten oder diesem nur richterlich nicht überprüfbare Regelungsaufträge erteilen. Die Mehrzahl der Grundrechte wurde den Rechtsgrundsätzen zugeordnet; diese Qualifikation führte dazu, eine verfassungsunmittelbare Kraft als verbindliche Rechtsnorm und ein richterliches Prüfungsrecht zu verneinen[62]. Das Parlament wurde wie zu Zeiten des Konstitutionalismus als der Garant verfassungsrechtlicher Freiheit begriffen, die Grundrechte folgerichtig als inhaltlich gegliederte Manifestationen des allgemeinen Gesetzesvorbehalts verstanden.

Im Rückblick auf das Jahr 1946 mag die Entscheidung der Hessischen Verfassung für unmittelbar bindende Grundrechtsnormen sich als natürliche Fortentwicklung und als Zwischenschritt auf dem Weg zu Art. 1 Abs. 3 GG darstellen. Die heute nahezu selbstverständlich gewordene Effektivität des Grundrechtsschutzes und seine Handhabung durch das Bundesverfassungsgericht dürfen indes nicht darüber hinwegtäuschen, daß die konsequente Neuorientierung der Grundrechtsdogmatik zum Grundgesetz im Jahre 1946 noch keineswegs vorgezeichnet war. Ohne die ausdrückliche Positivierung einer umfassenden Grundrechtseffektivität durch die Hessische Verfassung hätte nichts näher gelegen, als an den Diskussionsstand in der 1933 untergegangenen Republik anzuknüpfen. Die latente Schwäche der Weimarer Verfassung gegenüber der Gesetz- und Verordnungsgebung hätte dann auch die Anfangsjahre der Nachkriegszeit geprägt.

Die bewußte Umgestaltung zu bindenden Rechtsnormen und die damit verbundene Abkehr von Rechtsgrundsätzen und Programmsätzen hat dem hessischen Verfassungsrecht und später auch dem Grundgesetz jene Autorität verliehen, die es den Staatsbürgern erlaubt, sich dem wechselnden politischen Gestaltungswillen unter Berufung auf wirksame Individual- und Minderheitenrechte entgegenzustel-

---

in Art. 131 Abs. 3 HV wird daher allein auf die verfahrensrechtlichen Voraussetzungen bezogen (vgl. *Zinn-Stein*, Kommentar, Anm. IV.1 zu Art. 131 HV). Deswegen ist auch unbedenklich, daß der StGH im Anschluß an das BVerfG als Zulässigkeitsvoraussetzung fordert, daß der Kläger selbst, gegenwärtig und unmittelbar betroffen sein müsse, vgl. StGH, Urt. vom 7.1.1970 (StAnz. S. 342 und ESVGH 20, S. 206).

[61] Dazu zusammenfassend *G. Anschütz*, Kommentar, Vorbem. 5b, c, 6, 7 zum 2. Hauptteil der WRV (S. 511 ff.).

[62] Vgl. *Anschütz*, Kommentar, Vorbem. 5c, 6 vor Art. 109 WRV (S. 514, 516); *C. Schmitt*, Verfassungslehre, 1928, S. 175 ff.

len. Die damit verbundene Etablierung uneingeschränkter richterlicher Kontrolle durch den Staatsgerichtshof stellt das notwendige Sanktionsinstrument dar, ohne das die Durchsetzung der Grundrechtsträger gegenüber dem prinzipiell unbegrenzten Machtanspruch der organschaftlich handelnden Mehrheitsparteien nicht zu sichern wäre.

Die latente Schwäche der Weimarer Verfassung gegenüber einfachgesetzlicher und verordnungsrechtlicher Aushöhlung ihrer Grundrechte und institutionellen Garantien ist durch die verfassungsdogmatischen Neuerungen der Hessischen Verfassung erstmals in der Nachkriegsgeschichte überwunden worden. Die Hessische Verfassung kann daher als die eigentliche Begründerin des seither grundlegend veränderten Verfassungsverständnisses gekennzeichnet werden. Dieser dogmatische Fortschritt pflegt in der Verfassungsdoktrin gemeinhin mit dem Grundgesetz verbunden zu werden, dessen Art. 1 Abs. 3 das hessische Vorbild in das Bundesverfassungsrecht übertragen hat, ist in seiner vollen staatsrechtlichen Tragweite aber bereits in der Hessischen Verfassung verwirklicht gewesen.

Zu den weiteren Neuerungen der Hessischen Verfassung gehört die in Art. 63 Abs. 1 HV verankerte Garantie der Unantastbarkeit der Grundrechte. Auch mit dieser Garantie setzt die Hessische Verfassung einen Schlußpunkt unter die Weimarer Diskussionen[63] und begründet damit die volle Durchsetzungskraft der Grundrechte auch gegen gesetzliche Einschränkungen. Von besonderer verfassungsrechtlicher Weitsicht ist die Gleichstellung der gesetzlichen „Beschränkung" und „näheren Ausgestaltung" von Grundrechten. Die Wechselwirkung zwischen Verfassungsinterpretation und ausgestaltender Gesetzgebung ist in ihrer vollen Tragweite erst sehr viel später herausgearbeitet worden[64].

In einem wesentlichen Punkt geht die Hessische Verfassung sogar über die rechtsstaatlichen Grundsätze des Grundgesetzes hinaus. In Art. 63 Abs. 2 HV ist vorgesehen, daß Grundrechtsbeschränkungen und -ausgestaltungen nur durch förmliches Gesetz stattfinden dürfen. Das Gesetz muß zudem allgemeinverbindlich sein und eine ausdrückliche Bestimmung über die Beschränkung oder Ausgestaltung des betroffenen Grundrechts enthalten. Verordnungen, gesetzliche Verweisungen auf ältere Regelungen oder durch Auslegung gewonnene Ausführungsbestimmungen genügen den grundrechtlichen Gesetzesvorbehalten der Hessischen Verfassung nicht. Damit wird die Destruktion der Gesetzgebungstechnik in der Notverordnungspraxis des Reichspräsidenten und der Exekutiv-Gesetzgebung des „Dritten Reichs" aufgrund des Ermächtigungsgesetzes wieder in rechtsstaatliche Bahnen gelenkt.

Mit dieser sehr rigiden Form des allgemeinen Gesetzmäßigkeitsprinzips geht die Hessische Verfassung deutlich über die rechtsstaatlichen Anforderungen hinaus, die bis dahin Staatspraxis waren. Sie geht auch deutlich weiter als Art. 19 Abs. 1

---

[63] Ansätze für eine gesetzesfeste Gewährleistung bestanden in der Rechtsfigur von Instituts- und institutionellen Garantien, vgl. *M. Wolff,* Reichsverfassung und Eigentum, in: Festschrift für W. Kahl, 1923, S. 5 f.; *C. Schmitt,* in: Handbuch des Deutschen Staatsrechts, Bd. 2, 1932, S. 595 ff.

[64] *P. Häberle,* Die Wesensgehaltsgarantie des Art. 19 Abs. 2 GG, 1962.

und 2 GG. Die Tatsache, daß *Zinn* und *Stein*[65] schon im Jahr 1954 gerügt haben, daß die Landesgesetzgebung diesen strengen Anforderungen nicht stets genügt habe, macht deutlich, daß Art. 63 HV zu jenen Vorschriften gehört, die zu Unrecht ein Schattendasein in der Staatspraxis geführt haben und nach wie vor führen. Da das Gesetzeserfordernis wie auch das Zitiergebot des Art. 63 Abs. 2 S. 1 HV sich nicht nur auf Grundrechtseingriffe erstrecken, sondern auch „Ausgestaltungen" durch die Gesetzgebung miteinbeziehen, ist die Reichweite der Hessischen Verfassung deutlich größer als Art. 19 Abs. 1 S. 2 GG in seiner restriktiven Auslegung durch die ständige Rechtsprechung des Bundesverfassungsgerichts[66]. Jede grundrechtsbezogene Normsetzung muß im Wege förmlicher Gesetzgebung und unter Zitat des betroffenen Grundrechts erfolgen. Eine Differenzierung nach geschriebenen, systematischen oder verfassungsimmanenten Gesetzesvorbehalten – wie sie *Zinn-Stein* vornehmen[67] – läßt sich aus Art. 63 HV nicht herleiten.

Von noch größerer Tragweite für die hessische Staatspraxis ist das Verbot verordnungsrechtlicher oder sonstiger administrativer Normsetzung im Grundrechtsbereich[68]. Der im Bundesrecht üblich gewordene Rekurs auf allgemeine Verwaltungsvorschriften, die im Wege der „Normkonkretisierung" vor allem im Umweltrecht zur eigentlichen Rechtsquelle für die Grenzwertbestimmung und damit für administrative Eingriffe geworden sind[69], läßt sich für das hessische Landesrecht nicht legitimieren[70]. Die „Auslegung" offener oder unbestimmter Eingriffsnormen durch Ausführungsverordnung oder Verwaltungsvorschrift ist im Lande Hessen nach der ausdrücklichen Verbotsnorm des Art. 63 Abs. 2 S. 2 HV verfassungswidrig, soweit dadurch Grundrechte eingeschränkt oder ausgestaltet werden. Nur wenige normkonkretisierende Interpretationsrichtlinien und ermessensreduzierende Verwaltungsvorschriften zum hessischen Ordnungsrecht können danach unbeanstandet bleiben, da sie regelmäßig einschränkend oder ausgestaltend auf Grundrechte einwirken.

---

[65] *Zinn-Stein*, Kommentar, 1954, Anm. 1 zu Art. 63 HV.

[66] BVerfGE 28, S. 282 [289 ff.], Beschl. v. 26.5.1970 zu Art. 5 Abs. 2 und 17a Abs.1 GG. Danach sind inhaltsbestimmende, schrankenziehende und auf allgemeine sowie ungeschriebene Vorbehalte bezogene Gesetze vom Zitiergebot freigestellt; krit. *R. Herzog* in: *Maunz-Dürig*, Grundgesetz, Rdnr. 58 zu Art. 19 Abs.1 GG.

[67] *Zinn-Stein*, Kommentar, Anm. 4 zu Art. 63 HV. Danach soll Art. 63 nur bei „echten" Gesetzesvorbehalten gelten, nicht hingegen bei einem „gemeinschaftsbezogenen Grundrecht", weil der Gesetzgeber hier keine Einschränkung oder Ausgestaltung vornehme, sondern nur den von vornherein beschränkten Inhalt nachzeichne. Schon die rechtslogische Unterscheidung zwischen Wiedergabe vorhandener Grenzen und ausgestaltender Gesetzgebung ist nicht nachvollziehbar; noch schwieriger dürfte der Nachweis sein, daß der Verfassungsgeber sich alle „nachzeichnenden" Landesgesetze schon 1946 vorgestellt habe.

[68] Zur stringenten Geltung des förmlichen Gesetzesvorbehalts StGH, Urt. vom 4.4.1984, ESVGH 35, S. 1 und DÖV 1984, S. 719. Der StGH stützt sich allerdings nur auf den Gesetzesvorbehalt des Art. 2 Abs. 2 HV.

[69] BVerwGE 72, S. 300 [320], Urt. vom 19.12.1985 (betr. Wyhl-AKW).

[70] Der StGH hat bislang die verfassungsrechtliche Überprüfung von Verwaltungsvorschriften abgelehnt, weil er sie nicht als bindende Rechtsnormen qualifiziert, Beschl. v. 27.7.1977 zur Dienst- und Vollzugsordnung vom 1.3.1971 (JMBl. S. 282) – P.St. 838 – und Beschl. v. 2.4.1979 – P.St. 887, 888, 890 und 891 (Leitsätze bei *Zinn-Stein*, Anhang zu Art. 131 – 133, Nr. 81 und 92). Diese Rechtsprechung wird angesichts der normersetzenden Verwaltungspraxis zu überdenken sein. Urteile der hessischen Verwaltungsgerichte, die sich auf Art. 63 Abs. 2 S. 2 HV stützen, sind nicht ersichtlich geworden.

3. Wehrhafte Verfassung, Widerstandsrecht

Mit ihrem XI. Abschnitt hat die Hessische Verfassung eine bewußte Abkehr vom Wertrelativismus vollzogen, der – zu Recht oder zu Unrecht – als einer der Gründe für das Scheitern der Weimarer Verfassung gekennzeichnet worden ist. Ähnlich der Ewigkeitsgarantie des Art. 79 Abs. 3 GG werden die „demokratischen Grundgedanken" und die „republikanisch-parlamentarische Staatsform" für unantastbar erklärt und ein ausdrückliches Diktaturverbot statuiert (Art. 150 Abs. 1 HV). Sie beschränkt sich – anders als das verfassungsändernde Gesetz zu Art. 20 Abs. 4 GG – nicht darauf, ein subsidiäres Widerstandsrecht gegen die Zerstörung der verfassungsmäßigen Ordnung zu gewährleisten. Art. 147 Abs. 1 HV richtet sich gegen jede verfassungswidrig ausgeübte öffentliche Gewalt und verzichtet zudem darauf, das Widerstandsrecht an den vergeblichen Versuch anderweitiger Abhilfe zu binden. Das Widerstandsrecht wird überdies in Art. 146 Abs. 1 HV durch eine Widerstandspflicht ergänzt, die jeden hessischen Bürger verpflichtet, „für den Bestand der Verfassung mit allen ihm zu Gebote stehenden Kräften einzutreten". Auch wenn damit mehr als eine nur sittliche Pflicht begründet wird[71], erschöpft sich die verfassungsunmittelbare Pflicht zu vorbeugendem Widerstand in ihrer bewußtseinsbildenden Kraft. Staatsbürgerliche Pflichten dieser Art entziehen sich einer wie immer gearteten Sanktion[72] und wirken eher legitimierend als gebietend. Das zeigt sich besonders deutlich am Beispiel des historisch wirksamsten Mittels kollektiven Widerstandes, am politischen Streik.

Eine vom Staatsgerichtshof[73] negativ beantwortete Frage zu den Art. 146 Abs. 1 und 147 Abs. 1 HV liegt darin, ob die verfassungsrechtliche Gewährleistung des Widerstandsrechts eine Popularklage gegen verfassungswidrige Staatsakte eröffnet. Dem Staatsgerichtshof ist darin zu folgen, daß Art. 146 Abs. 1, 147 Abs. 1 HV nicht generell als subjektiv-rechtliche Bewehrung für behauptete objektive Rechtsverletzungen gedeutet werden können. Beide Normen sind gegen Zielsetzungen gerichtet, die einen Verfassungsumsturz anstreben, nicht gegen punktuelle Rechtsverletzungen. Nachdem die Antragspflicht gemäß Art. 146 Abs. 2 HV auf Strafverfolgung durch den Staatsgerichtshof obsolet geworden ist[74], ist jedoch die Rüge zuzulassen, daß ein Gesetz oder sonstiger Staatsakt eine spezifische Verfassungsrechtsverletzung bewirke. Ein so begründeter Antrag darf allerdings nicht mit privatnütziger Zielsetzung, sondern ausschließlich zum Schutz der verfassungsmäßigen Ordnung als solcher erhoben werden.[75] Soweit der Staatsgerichtshof eine Grundrechtsklage aus Art. 147 Abs. 1 HV auf Fälle beschränkt, in denen der Kläger

---

[71] *Zinn-Stein*, Anm. 2 zu Art. 146 HV.

[72] Deswegen ist es noch zu keinem Verfahren wegen einer Pflichtverletzung nach Art. 146 Abs. 1 HV vor dem StGH (§§ 36 – 38 StGHG) gekommen. Art. 146 Abs. 2 HV läuft insofern leer.

[73] P.St. 1103, Beschl. v. 26.3.1990, LKV 1991, S. 41; P.St. 1154, Beschl. v. 23.6.1993; P.St. 1198, Beschl. v. 24.8.1994.

[74] Diese Pflicht ist wegen bundesrechtlicher Überlagerung obsolet geworden, vgl. *Zinn-Stein*, Kommentar, Anm. 7 zu Art. 147 HV.

[75] Die vom StGH enschiedenen Fälle P.St. 1103 und 1154 betrafen eine privatnützige Zielsetzung.

die Verletzung des Widerstandsrechts durch die Exekutive rügt,[76] erscheint das zu eng, da einem Widerstandleistenden auf diese Weise das Risiko, durch Widerstandsleistungen rechtswidrige Taten zu begehen, voll überbürdet wird. Ein Antragsrecht, verfassungswidrige Staatsakte, gegen die das Widerstandsrecht eröffnet ist, im gerichtlichen Verfahren als Verfassungsverletzung feststellen zu lassen, kann die mit dem Widerstandsrecht allgemein verbundenen Risiken mindern und sollte daher mit der oben formulierten Einschränkung zugelassen werden. Es ist jedoch daran festzuhalten, daß keine privatnützige Verwendung stattfinden darf, um einen Mißbrauch anstelle eines für den Streitgegenstand nicht verfügbaren Grundrechtes auszuschließen.

4. Staatsbürgerliche Partizipationsrechte

Anders als das Grundgesetz, das das Instrument der Volksabstimmung nur für wenige Ausnahmefälle kennt, weist die Hessische Verfassung der Gesetzgebung durch Volksentscheid durch die Art. 71, 116, 124 HV gleichberechtigte Bedeutung zu. Dieses hohe Vertrauen in die staatsorganschaftliche Funktion des Volkes zeigte sich bereits bei der Verabschiedung der Verfassung, die anders als das Grundgesetz der Volksabstimmung unterbreitet worden ist[77]. Es hat sich auch in der Folgezeit bewährt; ein Mißbrauch von Volksbegehren und Volksentscheid ist zu keiner Zeit initiiert worden[78].

Weitere Partizipationsrechte sind vor allem in der Wirtschafts- und Schulverfassung geschaffen worden (Art. 35 Abs. 1, 38 Abs. 3, 56 Abs. 6 und 7 HV). Die staatsbürgerliche Mitwirkung ist als bewußtes Mittel zur Überwindung des autoritären Staatsverständnisses eingesetzt worden. Wegen der unmittelbaren bürgerschaftlichen Einwirkung auf die Kommunalverwaltung gilt diese Wertung auch für die weitreichende Weichenstellung, die in der Zuweisung der Allzuständigkeit für alle Verwaltungsagenden durch Art. 137 Abs. 1 HV enthalten ist[79]. Die Skepsis, die aus der entarteten Staatsgewalt der Nazidiktatur erwachsen war, wurde auch hier zum Leitfaden der Verfassunggebung.

---

[76] So der Beschl. v. 24.8.1994, P.St. 1198.

[77] Die gesonderte Abstimmung zu Art. 41 HV geht zwar auf die amerikanische Militärregierung zurück (vgl. *Kropat*, Hessen in der Stunde Null 1945/1947, 1976, S. 263), zeigt aber die „politische Reife", über Einzelfragen strittiger Verfassungsgebung zu befinden.

[78] Das gilt auch für das Volksbegehren „Keine Startbahn West", das vom StGH wegen fehlender Gesetzgebungskompetenz abgelehnt worden ist (Beschl. v. 14./15.1.1985, ESVGH 32, S. 20). Die Frage der Landeszuständigkeit beruht auf diffizilen bundesrechtlichen Überlegungen und kann deswegen nicht als „Mißbrauch" der Volksgesetzgebung qualifiziert werden.

[79] Mit Art. 137 Abs. 1 HV folgt die Hessische Verfassung dem sog. „Weinheimer Entwurf" in besonders rigider Form, vgl. i.e. *Zinn-Stein*, Kommentar, Anm. V 1 und 3 c zu Art. 137 HV.

ULRICH BACHMANN

Die Hessische Verfassung – Pate und Vorbild des Grundgesetzes? Einflüsse der hessischen Verfassungsgesetzgebung und Verfassunggeber auf das Bonner Grundgesetz*

„Die Länderverfassungen sind die Vorboten der künftigen Reichsverfassung. Was sich in ihnen bewährt, wird Eingang in ihr finden." Mit dieser Einschätzung schloß *Walter Jellinek*, einer der „Väter" der Hessischen Verfassung (HV), seinen Beitrag in der Deutschen Rechtszeitschrift[1] über die neben der bayerischen und württemberg-badischen Verfassung erste deutsche Nachkriegsverfassung ab. „Während der Verfassungsberatungen war geplant, die drei Verfassungen der amerikanischen Zone einander anzugleichen. Es ist gut, daß es nicht geschah. Solange es noch so viele ungelöste Probleme des staatlichen Aufbaues gibt, bietet der freie Wettbewerb die beste Gewähr für jene Mannigfaltigkeit gesetzgeberischer Gedanken, unter denen man schließlich die besten aussuchen kann."[2]

Die Amerikaner hatten in ihrer Zone schon im Herbst 1945 den Ländern die gesetzgebende, vollziehende und richterliche Gewalt übertragen, die unter der Kontrolle der Militärregierung ausgeübt werden durfte. Früher und konsequenter als die anderen Besatzungsmächte begannen sie, einen Weg zum demokratischen Wiederaufbau Deutschlands einzuschlagen[3]. So konnte die Hessische Verfassung bereits am 1. Dezember 1946 in Kraft treten und ist damit neben der bayerischen die älteste noch heute in Kraft befindliche Landesverfassung.

Was aber hat sich von *Jellineks* Prognose bewahrheitet? Konnten die Hessische Verfassung und ihre Autoren wirklich Einfluß auf das Bonner Grundgesetz (GG) vom 23. Mai 1949 ausüben und die Einschätzung von *Willi Knothe*, seinerzeit Vorsitzender der hessischen SPD, bestätigen, daß „diese Verfassung vorbildlich sein (dürfte) für die Verfassung, die wir uns für Deutschland schaffen werden"[4]? Ausgehend von der Frage, ob Landesverfassungen überhaupt zu einer Vorbildrolle für eine Bundesverfassung taugen (I.), wird zunächst auf die Entstehungsbedingungen (west-)deutscher Verfassungen in der unmittelbaren Nachkriegszeit eingegangen (II.). Im folgenden wird der Blick auf die Akteure des Verfassungsprozesses

---

* Ich danke meiner früheren Wirkungsstätte, der Forschungsstelle für Zeitgeschichte des Verfassungsrechts der Universität Hannover (Leiter: Prof. Dr. Dr. h.c. *Hans-Peter Schneider*), insbesondere der stellv. Leiterin, *Kirsten Nemitz*, für die Unterstützung bei der Erarbeitung dieses Beitrags.

1 *Walter Jellinek*, Die Verfassung des Landes Hessen, DRZ 1947, S. 4.

2 Ebd.

3 *Alfred Kube*, Von der Kapitulation zum Grundgesetz: Der Weg zur Bundesrepublik Deutschland aus dem Blickwinkel Südwestdeutschlands, in: *Alfred Kube/Thomas Schnabel*, Südwestdeutschland und die Entstehung des Grundgesetzes, Villingen-Schwenningen 1989, S. 15.

4 *Willi Knothe/Ludwig Bergsträsser/Christian Stock*, Im Kampf für eine neue Verfassung. Programmatische Reden, Frankfurt/M. 1946, S. 32, zit. nach *Ernst-Ulrich Huster*, Die Politik der SPD 1945–1950, Frankfurt/M. 1978, S. 49.

gerichtet: Die meisten Vertreter Hessens bei der Erarbeitung des Grundgesetzes waren schon vorher mit Verfassungsfragen befaßt (III.); unmittelbare Einflußnahmen der Hessischen Landesregierung auf die Verfassungsarbeiten in Bonn sind, verglichen etwa mit Bayern, weitgehend unterblieben (IV.). Anschließend sollen strukturelle Gemeinsamkeiten, aber auch Unterschiede zwischen Hessischer Verfassung und Grundgesetz aufgezeigt werden (V.), und anhand von konkreten Bezugnahmen in den Beratungen des Verfassungskonvents von Herrenchiemsee und des Parlamentarischen Rates[5] soll die eigentliche Frage dieses Beitrages beantwortet werden, ob und wenn ja wie die Hessische Verfassung dem Grundgesetz als Vorbild gedient hat (VI.). Als Fazit (VII.) wird festgestellt, daß die Hessische Verfassung durchaus das Werden des Bonner Grundgesetzes beeinflußt hat[6], dieses aber in vielerlei Hinsicht gleichwohl eigene Wege gegangen ist.

I. Landesverfassung als Vorbild für eine Bundesverfassung?

„Die besondere Gestalt einer Verfassung", so schrieb 1946 *Franz-W. Jerusalem*[7], „ist immer der spezifische Ausdruck eines Landes, eines Volkes, seiner soziologischen Struktur und der Machtsituation seiner gesellschaftlichen Kräfte, die nicht beliebig zum Vorbild genommen werden kann." Ähnlich ist der spezifische Charakter von Verfassungen auch von anderen Autoren schon oft beschrieben worden. *Jerusalem* wollte vor allem davor warnen, die Verfassungen der Siegermächte zu übernehmen. Und doch sollte damit auch allgemein ausgedrückt werden, daß Verfassungen nicht einfach übertragbar sind. Denn sie sind als konstitutives Merkmal eines jeden politischen Gemeinwesens vor allem Ausdruck einer Identität und eines Grundkonsenses, Ausweis der Eigenstaatlichkeit, ein „Selbstzeugnis des sich verfassenden Volkes"[8]. Sie repräsentieren und explizieren das „symbolische Ensemble der politischen Kultur, das der gesellschaftlichen Existenz transpersonalen Sinn und transhistorische Wahrheit verleiht und die Gesellschaftsglieder ihre Gesellschaft als ein Gemeinschaftsunternehmen erleben läßt"[9].

---

[5] Die Protokolle des Verfassungskonvents von Herrenchiemsee und die Protokolle und Drucksachen des Parlamentarischen Rates, auf die in diesem Beitrag durchgängig Bezug genommen wird, befinden sich im Bundesarchiv Koblenz (Bestände Z 5 „Parlamentarischer Rat" und Z 12 „Büro der Ministerpräsidenten des amerikanischen, britischen und französischen Besatzungsgebiets") und im Parlamentsarchiv des Deutschen Bundestages in Bonn (Bestand 5 „Parlamentarischer Rat"). Im folgenden wird auf die wiederholte Angabe der Fundstellen verzichtet. Die Plenumsprotokolle des Verfassungskonvents von Herrenchiemsee sowie die Stenoprotokolle u.a. des Grundsatzausschusses des Parlamentarischen Rates liegen gedruckt vor in der vom Deutschen Bundestag und vom Bundesarchiv gemeinsam herausgegebenen Reihe „Der Parlamentarische Rat 1948–1949. Akten und Protokolle", Boppard am Rhein 1975 ff.

[6] Daß die Hessische Verfassung daneben vor allem in den fünfziger und sechziger Jahren eine Wirkungsgeschichte ganz eigener Art entwickelte und – vor allem wegen der konsequenten Sozialstaatskonzeption – nicht selten als eine Art Alternativverfassung zum Grundgesetz angesehen wurde – wobei sicher auch Mythenbildung betrieben wurde –, ist ein spannendes, aber nicht hierher gehörendes Thema.

[7] *Franz-W. Jerusalem*, Zum Verfassungsproblem, SJZ 1946, S. 108 ff.

[8] *Erhard Denninger*, Sicherheit/Vielheit/Solidarität: Ethisierung der Verfassung, in: *Ulrich K. Preuß* (Hrsg.), Zum Begriff der Verfassung. Die Ordnung des Politischen, Frankfurt/M. 1994, S. 98.

[9] *Jürgen Gebhardt*, Die Idee der Verfassung: Symbol und Instrument, in: *Adolf Kimmel* (Hrsg.), Verfassungen als Fundament und Instrument der Politik, Baden-Baden 1995, S. 14.

Dies erklärt, warum die Verfassungen der einzelnen Bundesländer, selbst wenn etwa zeitgleich entstanden, doch so unterschiedlich ausgefallen sind, und warum auch die Bundesverfassung nicht einfach ein Abbild einer oder mehrerer Landesverfassungen sein kann: Es ist eben nicht dasselbe Volk, das sich eine Verfassung gibt. Maßstab der Beratungen bei der Schaffung des Grundgesetzes, d.h. ihr überspannender Orientierungspunkt, waren daher mehr die Weimarer Reichsverfassung (WRV)[10] und frühere deutsche Verfassungen als die Landesverfassungen. Diese können, weil sie einen anderen Identitätsbezug und damit einen anderen „spezifischen Ausdruck" haben, von dem *Jerusalem* sprach, nicht in ihrer Gesamtheit Modell sein.

Bedeutet das, daß die Frage nach dem möglichen Vorbildcharakter einer Landesverfassung für das Grundgesetz von vornherein falsch gestellt ist? Die Antwort gaben der Parlamentarische Rat wie auch der Verfassungskonvent auf Herrenchiemsee selbst: Indem immer wieder auf Bestimmungen in den bestehenden Landesverfassungen Bezug genommen wurde, waren jedenfalls zumindest einzelne Regelungen, Elemente, Ideen – wenn schon nicht die jeweilige Verfassung als Ganzes – mögliche Vorbilder. Noch 1987 konnte *Hans-Peter Schneider* sogar feststellen, „daß die Länderverfassungen auf einigen Gebieten Regelungen enthalten, die geradezu als beispielhaft, wenn nicht gar als vorbildlich anzusehen sind und deshalb immer wieder herausgestellt werden, sobald eine entsprechende Reform des GG diskutiert wird"[11].

Verfassungen sind dem geschichtlichen Wandel unterworfen, damit stets Ausdruck ihrer Zeit, indem sie historische Verhältnisse zum Zeitpunkt ihrer Entstehung, ja die politischen Tendenzen, die das Denken der Mehrheit der Bevölkerung bestimmen, spiegeln.[12] Schließlich haben Verfassungen den Auftrag, die Zukunft zu gestalten. In dieser Hinsicht hatten die vorkonstitutionellen Landesverfassungen durch die Zeitnähe und die Bezogenheit auf die jüngste Vergangenheit eine ungleich größere Problemkonvergenz mit dem Grundgesetz als frühere Verfassungen. Dies machte sie gleichsam zu natürlichen Weggefährten der zu schaffenden Bundesverfassung.

Einflüsse sind indes nicht meßbar und im einzelnen in der Regel auch nur schwer feststellbar. Inhaltliche Übereinstimmungen sind sicherlich ein Indiz, aber noch kein Beweis für eine Beeinflussung; denn sie können auch einer gemeinsamen politischen Grundhaltung entspringen, auf ein gemeinsames drittes Vorbild zurückgehen o.ä. Personelle Kontinuitäten lassen zumindest Einflüsse vermuten. Am

---

[10] Die Abweichungen von der Weimarer Verfassung seien nicht bedeutend, schrieb einmal *Werner Weber*, „und sie zerstören den Eindruck nicht, daß im ganzen doch der Anschluß an das Werk von Weimar gesucht werden sollte", in: ders., Spannungen und Kräfte im westdeutschen Verfassungssystem, 3. Aufl., Berlin 1970, S. 18, und an anderer Stelle: „Wie die geisterhafte Erscheinung eines nach verfehltem Leben unglücklich Abgeschiedenen hat die Weimarer Verfassung die Bonner Beratungen erfüllt und bedrückt.", ebd. S. 9.

[11] *Hans-Peter Schneider*, Verfassungsrecht der Länder – Relikt oder Rezept?, DÖV 1987, S. 753.

[12] Vgl. etwa *Wolfgang Abendroth*, Das Grundgesetz, 4. Aufl., Pfullingen 1973, S. 22, und *Hans v. Mangoldt*, Die Verfassungen der neuen Bundesländer, Berlin 1993, S. 10 ff.

augenfälligsten sind Einflüsse, wenn sie explizit benannt werden, wie dies in den Herrenchiemseer und Bonner Verfassungsberatungen der Fall war.

II. Entstehungsbedingungen (west-)deutscher Verfassungen in der Nachkriegszeit

Wenn man heute den 50. Jahrestag der Hessischen Verfassung feiert und sich Gedanken über ihre Wirkungsgeschichte macht, muß man sich vor Augen halten, daß diese Verfassung „unter denkbar ungünstigen dirigistischen Rahmenbedingungen erarbeitet worden“[13] war. Das jetzige Hessen war in dieser Gestalt ja nicht ein in langer geschichtlicher Entwicklung gewachsenes Gebilde, sondern eben erst von den Besatzungsmächten geformt.[14] Die amerikanische Militärregierung hatte einen äußerst engen Zeitplan vorgesehen, innerhalb dessen fertige Verfassungsentwürfe vorgelegt werden sollten.[15] Der Hessische Ministerpräsident hatte ebenso wie seine Kollegen aus Bayern und Württemberg-Baden eine solch frühe Verfassunggebung zunächst abgelehnt[16], und noch im August 1946, als die Verfassungsberatungen bereits in vollem Gange waren, berichtete die Militärregierung in Hessen, daß keine der Parteien bereit sei, die Verantwortung für die Verfassung zu übernehmen und sie aktiv zu unterstützen.[17] Dennoch gelang es schließlich, eine Verfassung zu erarbeiten, die die Zustimmung der drei größten in der Verfassungberatenden Landesversammlung vertretenen Parteien (SPD, CDU, KPD) fand.[18] Und daß auch die hessische Bevölkerung ihre neue Verfassung annahm, belegt das eindeutige Ergebnis der Volksabstimmung vom 1. Dezember 1946, die 76,8 % Ja-Stimmen und immerhin noch 72 %[19] für den umstrittenen Sozialisierungs-Artikel 41, über den eine gesonderte Abstimmung durchgeführt werden mußte[20], erbrachte.

---

[13] *Barbara Fait*, „In einer Atmosphäre von Freiheit“. Die Rolle der Amerikaner bei der Verfassunggebung in den Ländern der US-Zone 1946, Vierteljahreshefte für Zeitgeschichte (VfZ) 33 (1985), S. 420.

[14] Vgl. hierzu u.a. *Herbert Lilge*, Hessen in Geschichte und Gegenwart, Stuttgart 1992, S. 15, und *Ludwig Bergsträsser*, Zeugnisse zur Entstehungsgeschichte des Landes Hessen, Vierteljahreshefte für Zeitgeschichte (VfZ) 5 (1957), S. 397 ff.

[15] Abgedruckt in: Die Entstehung der Hessischen Verfassung von 1946. Eine Dokumentation. Hrsg. und eingel. von *Helmut Berding*. Bearb. von *Helmut Berding* und *Katrin Lange*, Wiesbaden 1996, Dok. 3 (S. 4).

[16] *Fait* (Fn. 13), S. 431.

[17] Report on Hessian Constitutional Convention, 6.–13. August 1946, IfZ, MA 1420/8, zit. nach *Fait* (Fn. 13), S. 430.

[18] Nur die Mitglieder der LDP-Fraktion hatten gegen die Verfassung gestimmt. Zum sog. Verfassungskompromiß vgl. etwa *Walter Mühlhausen*, Der Kompromiß von SPD und CDU – Zur Entstehung der Hessischen Verfassung 1946, in: Recht und Verfassung in Hessen. Vom Reichskammergericht zur Landesverfassung, Wiesbaden 1995, S. 61 ff.; im einzelnen vgl. Die Entstehung der Hessischen Verfassung (Fn. 15), Dok. 56 ff. (S. 958 ff.).

[19] Die genauen Zahlen sind zu finden bei *Wolf-Arno Kropat*, Hessen in der Stunde Null 1945/1947, Wiesbaden 1979, S. 121.

[20] Die Besatzungsmacht hatte dies verlangt, vgl. *Manfred Dörr*, Restauration oder Demokratisierung? Zur Verfassungspolitik in Hessen 1945/1946, Zeitschrift für Parlamentsfragen (ZParl) 2 (1971), S. 122.

Damit war eingetreten, was zu den Grundpfeilern amerikanischer Besatzungspolitik gehörte, daß nämlich die Bevölkerung sich mit ihrer Verfassung identifizieren kann. Deshalb hatte man die Landesverfassungen „frei von amerikanischem Diktat entstehen lassen" wollen.[21] Zwar wollte man sich einen gewissen Einfluß auf die inhaltliche Gestaltung sichern, gleichzeitig aber den Deutschen in der amerikanischen Zone das Gefühl lassen, Verfassungen mit der freien Entschlußkraft und dem eigenen Willen erarbeiten zu können. Diese Prämisse galt – jedenfalls für die Amerikaner – auch später noch hinsichtlich der Schaffung eines Bundesgrundgesetzes.[22] Dennoch ist die Geschichte des Grundgesetzes nicht zuletzt auch eine Geschichte der Interventionen der Militärgouverneure und ihrer Verbindungsstäbe.[23]

Trotz der starken Interventionsmöglichkeiten, die die amerikanische Militärregierung hatte, spielten die politischen Mehrheitsverhältnisse sowohl bei der Schaffung der Landesverfassungen wie auch des Grundgesetzes eine nicht unerhebliche Rolle. So war nach den ersten landesweiten Wahlen in der Geschichte des damals noch als Groß-Hessen bezeichneten Landes – in denen die Abgeordneten für die Verfassungberatende Landesversammlung zu bestimmen waren – die SPD als einzige Partei in der Lage, mit jeder der anderen Parteien eine Verfassung zu verabschieden.[24] Damit unterschied sich die Situation in Hessen von der in den beiden anderen Ländern der US-Zone, in denen gleichzeitig Verfassungsberatungen stattfanden, wo sich die SPD in der Minderheit befand, aber auch von der in Bonn, wo die beiden großen Fraktionen gleich stark waren. Dies sollte nicht ohne Auswirkungen auf das zu erarbeitende Werk bleiben.[25]

Hinsichtlich der Schaffung des Grundgesetzes muß man sich in Erinnerung rufen, daß damals nicht „eine auf Dauer bestimmte Reichsverfassung, sondern ein provisorisches Statut für einen provisorischen, von niemand geliebten westdeutschen Staatstorso"[26] erarbeitet werden sollte. Nur wenige Wochen waren dafür vorgesehen. Zu dem Zeitpunkt ahnte keiner, daß es neun Monate werden sollten.[27]

---

[21] *Frank R. Pfetsch*, Die Verfassungspolitik der westlichen Besatzungsmächte in den Ländern nach 1945, Aus Politik und Zeitgeschichte B 22/86 vom 31. Mai 1986, S. 6, 15.

[22] Der Spiegel (vom 19. Mai 1949, S. 6) schrieb rückschauend: „Deutschlands Militärregenten haben neun Monate mit Rat, Mahnung, Warnung und versteckter Drohung hinter den Bonner Räten gestanden. Als alles dann soweit war, verfehlten sie nicht, den Räten zu bescheinigen, sie seien wackere Männer, die etwas Wackeres geschaffen hätten."

[23] Vgl. *Wilhelm Grewe*, Das Grundgesetz. Die verfassungsrechtlichen Grundlagen der Bundesrepublik Deutschland Teil II, DRZ 1949, S. 313 f.; *Karl (Carlo) Schmid* schrieb im Juni 1949 (Die politische und staatsrechtliche Ordnung der Bundesrepublik Deutschland, DÖV 1949, S. 202): „Es ist sicher, daß ohne diese Interventionen das Grundgesetz in mancher Hinsicht anders ausgesehen haben würde, als es nunmehr der Fall ist."

[24] Vgl. im einzelnen *Walter Mühlhausen*, „... die Länder zu Pfeilern machen ...". Hessens Weg in die Bundesrepublik Deutschland 1945–1949, Wiesbaden 1989, S. 37.

[25] Vgl. etwa *Dörr* (Fn. 20), S. 122.

[26] Der Spiegel vom 14. August 1948, S. 3.

[27] Der Parlamentarische Rat brauche „seine sechs bis acht Wochen, um die Chiemseer Vorlage abstimmungsreif zu machen. Am Jahresende soll alles fertig sein." (Der Spiegel vom 14. August 1948, S. 4). *Anton Pfeiffer* sprach noch in einem im November 1948 erschienenen Artikel (Vom Werden einer Verfassung, DÖV 1948, S. 51) die Hoffnung aus, „daß in der ersten Hälfte des Monats Dezember die Beratungen zu Ende gehen". In einem weiteren Artikel *Pfeiffers*, der im Dezember erschien (Vom Werden einer

III. Personelle Kontinuitäten

Die Vertreter des Landes Hessen beim von der Ministerpräsidentenkonferenz eingerichteten „Ausschuß von Sachverständigen für Verfassungsfragen", dem sog. Verfassungskonvent auf Herrenchiemsee (10. bis 23. August 1948) – der die Aufgabe hatte, einen Verfassungsentwurf auszuarbeiten, der dem Parlamentarischen Rat als Unterlage dienen sollte –, sowie beim Parlamentarischen Rat waren ausnahmslos erfahrene Politiker, die fast alle schon mit Verfassungsfragen zu tun gehabt hatten.

Delegierter des Landes in Herrenchiemsee war der Chef der Staatskanzlei, Staatssekretär *Dr. Hermann Brill* (SPD). Ihm stand Rechtsanwalt *Dr. Karl Kanka* (CDU), Mitglied des Hessischen Landtages, als Mitarbeiter zur Seite.[28] *Kanka* war bereits Mitglied der Verfassungberatenden Landesversammlung Groß-Hessen vom 15.7. bis 30.11.1946 und hatte für deren Beratungen sogar einen eigenen Verfassungsentwurf erstellt.[29] *Brill* hatte sich 1947 als Verbindungsmann Hessens zu Bremen bei den dortigen Verfassungsberatungen betätigt, nachdem Bremen als viertes Land in die amerikanische Zone eingegliedert worden war und vor allem die dortigen SPD-Politiker auf die hessischen Erfahrungen zurückgreifen wollten.[30] Über eine Verfassungsbesprechung in der Bayerischen Staatskanzlei am 14. März 1947 hatte *Brill* einen Bericht[31] geschrieben und anschließend Vorschläge für eine Verfassungspolitik des Länderrates der amerikanischen Besatzungszone[32] verfaßt. Im Jahre 1948 war er an allen entscheidenden Konferenzen beteiligt, die der Gründung der Bundesrepublik Deutschland vorangingen.[33]

Verfassung II, DÖV 1948, S. 90), hieß es: „Zur endgültigen Prägung des Grundgesetzes, die wohl erst im Januar zustande kommt, (...)". Daß es dann noch so lange gedauert hat, lag aber nicht daran, daß die Abgeordneten zu viele „überflüssige Reden" gehalten hätten – weswegen *Heuss* vorgeschlagen haben soll, erst abends nach 22 Uhr zu beginnen, dann würden sie dazu zu müde sein (Der Spiegel vom 18. Dezember 1948, S. 6) –, als vielmehr daran, daß zwischen den Parteien und auch zwischen Parlamentarischem Rat und den Westalliierten schwer überwindliche Differenzen auftraten; vgl. nur *Hans-Jürgen Grabbe*, Die deutsch-alliierte Kontroverse um den Grundgesetzentwurf im Frühjahr 1949, VfZ 26 (1978), S. 393 ff.

[28] *Brill* war offensichtlich verärgert darüber, daß er keinen Parteifreund als Mitarbeiter hatte („Herr *Zinn* und Herr *Stock* haben mir jeden Mitarbeiter verweigert"). Vergeblich angefordert hatte er neben *Kanka* zunächst *Martin Drath* und, nachdem diesem eine Reise nach Herrenchiemsee verweigert worden war, den Regierungsrat in der Staatskanzlei *Joachim Kniesch*. *Brill* vermutete dahinter die Absicht „der Hannover-Clique um *Menzel* (...), die Arbeiten der Sachverständigen der Ministerpräsidenten unmöglich zu machen, zu zerstören und sie innerhalb der SPD zu diffamieren", vgl. *Brills* Herrenchiemseer Tagebuch, abgedruckt bei *Rüdiger Griepenburg*, Hermann Louis Brill: Herrenchiemseer Tagebuch 1948, VfZ 1986, S. 612.

[29] Undat.; abgedruckt in: Die Entstehung der Hessischen Verfassung von 1946 (Fn. 15), Dok. 26 (S. 310); vgl. auch *Wiltraut v. Brünneck*, Die Verfassung des Landes Hessen vom 1. Dezember 1946, in: Jahrbuch für Öffentliches Recht N.F. Nr. 3 (1954), S. 213 (221).

[30] Näheres bei *Frank R. Pfetsch*, Ursprünge der Zweiten Republik. Prozesse der Verfassungsgebung, Opladen 1990, S. 425. Dort heiß es auch, daß die Gemeinsamkeiten zwischen der Bremer und der Hessischen Verfassung, insbesondere bei der Wirtschafts- und Sozialordnung, sich nicht zuletzt auf Gespräche zwischen *Brill* und Bremer SPD-Mitgliedern zurückführen ließen.

[31] Abgedruckt in: *Wolfgang Benz* (Hrsg.), Bewegt von der Hoffnung aller Deutschen. Zur Geschichte des Grundgesetzes, München 1979, S. 239.

[32] Ebd. S. 248.

[33] *Griepenburg* (Fn. 28), S. 592.

Im Parlamentarischen Rat (PR)[34] war Hessen durch die SPD-Politiker *Dr. Ludwig Bergsträsser, Dr. Fritz Hoch* und *Georg August Zinn*[35], die CDU-Vertreter *Dr. Heinrich v. Brentano* und *Dr. Walter Strauß* sowie schließlich *Dr. Max Becker* von der hessischen FDP vertreten. Die aus Kassel stammende *Dr. Elisabeth Selbert* war von Niedersachsen entsandt worden, weil die der hessischen SPD zustehenden Sitze ausgeschöpft waren.[36]

Einige der hessischen Abgeordneten waren bereits „Architekten" der Hessischen Verfassung. *Zinn, Hoch, Bergsträsser* und *v. Brentano* waren Mitglieder des Vorbereitenden Verfassungsausschusses, der mit den Vorarbeiten für die Verfassungsgebung in Hessen betraut war; *Zinn, Hoch* und *Bergsträsser* gehörten auch dem Verfassungsausschuß der hessischen SPD an. *Zinn*, seit 1945 Hessischer Justizminister, hatte zusammen mit *Adolf Arndt* im Mai und im Juli 1946 Entwürfe einer Verfassung des Landes Hessen vorgelegt, die in der hessischen SPD breite Zustimmung fanden.[37] *Bergsträsser, v. Brentano* und *Selbert* waren Mitglieder der Verfassungberatenden Landesversammlung Groß-Hessen; *Bergsträsser* war dort Vorsitzender des Verfassungsausschusses. *Strauß* und *v. Brentano* waren führende Verfassungsexperten ihrer Partei. *Strauß* war Staatssekretär im Hessischen Staatsministerium und später Stellvertretender Direktor der Verwaltung für Wirtschaft des Vereinigten Wirtschaftsgebietes. Er hatte schon am 4. August 1946 „Vorschläge für den organisatorischen Aufbau bei einer Vereinheitlichung von Besatzungsgebieten"[38] und im Oktober 1946 „Vorschläge zu Erörterungen über eine künftige Reichsverfassung"[39] vorgelegt. *V. Brentano*, Fraktionsvorsitzender der CDU im Hessischen Landtag, war Vorsitzender des Verfassungsausschusses der Arbeitsgemeinschaft der CDU/CSU. Mit Ausnahme von *Becker*, Mitglied des Hessischen Landtages, hatten also alle hessischen Mitglieder des Parlamentarischen Rates maßgeblich schon an der Schaffung der Hessischen Verfassung bzw. an den Verfassungsplänen ihrer Parteien mitgewirkt.

Im Parlamentarischen Rat hatten wiederum die meisten der Genannten Schlüsselpositionen inne. *Zinn* als Vorsitzender und *v. Brentano* als Mitglied des drei-

---

[34] Über die Mitglieder des Parlamentarischen Rates allgemein vgl. *Richard Ley*, Die Mitglieder des Parlamentarischen Rates. Ihre Wahl, Zugehörigkeit zu Parlamenten und Regierungen, ZParl 4 (1973), S. 373 ff. und *Reiner Pommerin*, Die Mitglieder des Parlamentarischen Rates. Porträtskizzen des britischen Verbindungsoffiziers Chaput de Saintonge, VfZ 36 (1988), S. 557 ff.

[35] *Zinn* erhielt die Ehrendoktorwürde erst 1953.

[36] Zu ihrem Selbstverständnis als Delegierte Niedersachsens hat sich *Elisabeth Selbert* wie folgt geäußert: „Ich fühle mich hier keineswegs als Vertreter von Niedersachsen. Ich bin nicht einmal in Hessen gewählt, obwohl ich Hessin bin, sondern in Niedersachsen. Ich glaube, so soll es doch auch sein: wir fühlen uns gar nicht als Vertreter der Länder, die uns entsandt haben, sondern wir fühlen uns hier als Deutsche, als Vertreter des ganzen Volkes. Deshalb ist dieser Vorgang, daß die Länder uns entsandt haben, genauso wie das Entsenden selbst, ganz subsidiärer Natur." (Ausschuß für Grundsatzfragen, 21. Sitzung vom 16. November 1948, StenProt. S. 21). Nicht immer hat man allerdings den Eindruck, daß diese Meinung *Selberts* allgemein geteilt wurde.

[37] Undat.; abgedruckt in: Die Entstehung der Hessischen Verfassung von 1946 (Fn. 13), Dok. 21 (S. 220), vgl. auch S. XVIII f. und S. 220 Fn. 37, und in: *Frank R. Pfetsch*, Verfassungsreden und Verfassungsentwürfe. Länderverfassungen 1946–1953, Frankfurt/M. 1986, S. 387.

[38] Abgedruckt in: *Benz* (Hrsg.), Bewegt ... (Fn. 31), S. 208.

[39] Ebd. S. 216.

köpfigen, äußerst einflußreichen Allgemeinen Redaktionsausschusses[40] konnten entscheidende Weichenstellungen bei den einzelnen Grundgesetzartikeln vornehmen. *Zinn* war außerdem Mitglied zunächst des kombinierten Organisations- und Rechtspflegeausschusses und dann Vorsitzender des Rechtspflegeausschusses sowie stellvertretender Vorsitzender des Grundsatzausschusses. *V. Brentano* hatte im Fünfer- bzw. Siebenerausschuß Gelegenheit, die nach der 3. Lesung festgefahrenen Beratungen voranzubringen, und war auch stellvertretender Vorsitzender des Hauptausschusses und des Ausschusses für das Besatzungsstatut. *Strauß* war stellvertretender Vorsitzender des Zuständigkeits- und des Rechtspflegeausschusses und zeitweise auch Mitglied des Allgemeinen Redaktionsausschusses. *Hoch* war einer der Wortführer im Zuständigkeitsausschuß, *Bergsträsser* Hauptakteur im Grundsatzausschuß und dort als Berichterstatter maßgeblich an der Formulierung der Grundrechte beteiligt. Frau *Selbert* war, was inzwischen einer breiteren Öffentlichkeit bekannt ist, gleichsam die Mutter des Gleichberechtigungsartikels, aber auch bei anderen Themen eine rege Mitgestalterin. *Becker* schließlich war als Vorsitzender des Wahlrechtsausschusses vor allem wesentlich an der Ausgestaltung des Wahlrechts beteiligt.

IV. Unmittelbare Einflußnahmen auf die Arbeiten des Parlamentarischen Rates

Das Land Hessen hat – im Gegensatz etwa zu der bayerischen Staatsregierung, die „intensive Bemühungen (unternommen hat), dem im Entstehen begriffenen Bonner Verfassungswerk ihren Stempel aufzudrücken“[41] – sich relativ zurückhaltend verhalten, was Versuche anging, auf die Arbeiten des Herrenchiemseer Verfassungskonvents und des Parlamentarischen Rates unmittelbar Einfluß zu nehmen. Bayern hatte durch seine Vertreter dem Herrenchiemseer Verfassungskonvent einen Grundgesetzentwurf und ein Memorandum als Besprechungsgrundlage vorgelegt, von dem es hieß, daß er eine von der Regierung in Auftrag gegebene „private Arbeit“ sei, aber kein Regierungsentwurf[42]: „Vor einer Generaldebatte könnten dann diese

[40] Zur Organisation des Parlamentarischen Rates und Funktion der einzelnen Ausschüsse vgl. *Dennewitz* in: Bonner Kommentar zum Grundgesetz, Einleitung S. 75 ff.; *Erhard H.M. Lange*, Die Würde des Menschen ist unantastbar. Der Parlamentarische Rat und das Grundgesetz, Heidelberg 1993, S. 38 ff.; *Richard Ley*, Organisation und Geschäftsordnung des Parlamentarischen Rates, ZParl 6 (1975), S. 192 ff.; *Werner Sörgel*, Konsensus und Interessen, S. 232 ff.; *Walter Strauß*, Aus der Entstehungsgeschichte des Grundgesetzes, in: Neue Perspektiven aus Wirtschaft und Recht. Festschrift für Hans Schäffer, Berlin 1966, S. 343 ff. Daß der Allgemeine Redaktionsausschuß seine Kompetenzen überschritten habe, indem er wesentliche materielle Änderungen gegenüber den in langen Auseinandersetzungen entstandenen Vorschlägen der Fachausschüsse vorgenommen habe, wurde vielfach kritisiert, u.a. auch – öffentlich – von einem Ratsmitglied selbst, *Dr. Hermann v. Mangoldt*, in den Kieler Nachrichten vom 24. November 1948, S. 2.

[41] *Dieter Düding*, Bayern und der Bund. Bayerische „Opposition“ während der Grundgesetzberatungen im Parlamentarischen Rat (1948/49), Der Staat 29 (1990), S. 355.

[42] Der bayerische Entwurf eines Grundgesetzes und die bayerischen Leitgedanken für die Schaffung des Grundgesetzes sind u.a. abgedruckt in: Der Parlamentarische Rat 1948–1949. Akten und Protokolle (Fn. 5), Band 2: Der Verfassungskonvent auf Herrenchiemsee, bearb. von *Peter Bucher*, Boppard 1981, Dok. 1 (S. 1 ff.); Näheres zu deren Entstehungsgeschichte ebd., S. LVII. Der Spiegel (vom 14. August 1948, S. 4) schrieb hierzu: „Die Bayern, zu fünft und am stärksten, bliesen gleich zum Generalangriff. Sie hatten zwei fertige Entwürfe (...) – einer bis aufs i-Tüpfelchen, mit 94 Artikeln.“

Entwürfe von den Teilnehmern studiert werden, um später bei den Beratungen mitverwertet zu werden"[43]. Nach Abschluß des Verfassungskonvents hat Bayern nicht nur diesen umfangreich kommentiert,[44] sondern einen neuerlichen „Entwurf eines Grundgesetzes des Deutschen Volkes, bearbeitet im Bayerischen Staatsministerium des Innern"[45], vorgelegt.

Bayern unterhielt sogar eine „Bonner Dienststelle der Bayerischen Staatskanzlei" und eine „Ständige Vertretung Bayerns beim Parlamentarischen Rat" in Bonn, von dem aus ständige Regierungsvertreter die Arbeiten begleiteten. Der bayerische Ministerpräsident *Hans Ehard* unterstützte die CSU-Vertreter im Parlamentarischen Rat nach Kräften[46] und versuchte, sie über seine Mitarbeiter zu beeinflussen bzw. bei seinen eigenen Aufenthalten in Bonn auf eine gemeinsame Linie zu verpflichten.[47] Vor allem aber führte er, z.T. ohne Wissen der führenden Vertreter der CDU im Parlamentarischen Rat, Verhandlungen mit Vertretern der SPD.[48] Er war stets bestens informiert: Über die Tätigkeit des Parlamentarischen Rates berichtete der Leiter der Rechts- und Verfassungsabteilung in der Bayerischen Staatskanzlei und „offizielle Beauftragte der Bayerischen Staatsregierung" beim Parlamentarischen Rat, Ministerialrat *Claus Leusser*, regelmäßig[49] Ganz beiläufig hat er denn auch schon einmal dem Redaktionsausschuß „wertvolle Hilfe geleistet"[50].

Dies alles wird hier erwähnt, um zu zeigen, welche Zurückhaltung sich Hessen, aber auch die anderen Länder im Vergleich dazu auferlegt haben. Selbst nachdem der Hauptausschuß bei Beginn seiner Beratungen „feststellte, daß die Länderregierungen das Recht haben sollten, sich durch bevollmächtigte Regierungsvertreter an den Beratungen zu beteiligen"[51], machte Hessen hiervon – im Gegensatz etwa

---

[43] So der bayerische Delegierte und Vorsitzende des Verfassungskonvents, *Dr. Anton Pfeiffer*, in der auf die Eröffnungssitzung unmittelbar folgenden 2. Sitzung am 10. August 1948, Prot. S. 15 f.

[44] „Bayerische Bemerkungen zum Vorentwurf eines Deutschen Grundgesetzes" (mit 4 Ergänzungen), undat., Bayerisches Hauptstaatsarchiv München (BayHStA), StK 110009.

[45] Undat., BayHStA, StK 110012. Darüber hinaus liegt eine Fülle weiterer Dokumente vor.

[46] *Rudolf Morsey*, Die Rolle Konrad Adenauers im Parlamentarischen Rat, Aus Politik und Zeitgeschichte, B8/70 vom 21. Februar 1970, S. 42. Über die bayerische Performance in Bonn, speziell im Finanzausschuß, berichtete sehr anschaulich Der Spiegel in seiner Ausgabe vom 11. Dezember 1948, S. 3 f.

[47] Dem Präsidenten des Parlamentarischen Rates und Vorsitzenden der CDU der britischen Zone, *Konrad Adenauer*, war *Ehards* häufige Präsenz sichtlich ein Dorn im Auge. Beispielsweise wird man wohl etwa folgende Bemerkung in der Fraktionssitzung vom 25. November 1948, 15 Uhr, in Anwesenheit von *Ehard* – von dem er in der Frage der Länderkammer durch den *Ehard/Menzel*-Kompromiß vom 26. Oktober 1948 (Fn. 48) klassisch ausgekontert worden war –, dahingehend zu interpretieren haben: „Ich muß sagen, als Landtagsabgeordneter, ich würde es mir verbitten, wenn der Ministerpräsident die Hälfte seiner Zeit in der Bundesregierung zubrächte; er soll zu Hause sein und dort regieren.", vgl. Sitzungsprotokoll, abgedruckt in: *Rainer Salzmann* (Bearb.), Die CDU/CSU im Parlamentarischen Rat. Sitzungsprotokolle der Unionsfraktion, Stuttgart 1981, S. 199.

[48] Am bekanntesten ist sein abendliches Treffen mit dem stellv. Fraktionsvorsitzenden der SPD und Innenminister Nordrhein-Westfalens, *Walter Menzel*, am 26. Oktober 1948, in dem die Weichen für die Bundesrats- anstelle der Senatslösung gestellt wurden; vgl. etwa *Erhard H.M. Lange* (Fn. 40), S. 50; *Gerhard Hirscher*, Sozialdemokratische Verfassungspolitik und die Entstehung des Bonner Grundgesetzes, Bochum 1989, S. 179 ff.

[49] BayHStA, Nachlaß (NL) Pfeiffer 206, 213, NL Ehard 963.

[50] So *Carlo Schmid* in der 2. Sitzung des Hauptausschusses vom 11. November 1948, StenProt. S. 18.

[51] So *Anton Pfeiffer*, Vom Werden einer Verfassung II, DÖV 1948, S. 89. Laut StenProt. (der 2. Sitzung des Hauptausschusses vom 11. November 1948, S. 1) hat indes der Vorsitzende *Carlo Schmid* lediglich

zu Hamburg, Niedersachsen und Nordrhein-Westfalen – keinen Gebrauch.[52] Und der Hessische Ministerpräsident *Christian Stock* beschränkte sich im wesentlichen darauf, als Vorsitzender der Ministerpräsidenten-Konferenz den Parlamentarischen Rat am 1. September 1948 in Bonn zu eröffnen und ihm den Bericht des Herrenchiemseer Verfassungskonvents zu übergeben. Da waren andere Ministerpräsidenten durchaus aktiver; genannt werden müssen vor allem *Peter Altmeier* (Rheinland-Pfalz), *Gebhard Müller* (Württemberg-Hohenzollern), aber auch *Karl Arnold* (Nordrhein-Westfalen) und *Hinrich Wilhelm Kopf* (Niedersachsen).[53] Dennoch: „Nicht im entferntesten nahm irgendein anderer Ministerpräsident derart systematisch mittel- und unmittelbar Einfluß auf die Verfassungsberatungen (wie der bayerische Ministerpräsident *Ehard).* Nicht im entferntesten war irgendeine andere Landesregierung durch eine so treu ergebene und umsichtig agierende Schar von Interessenvertretern im und beim Parlamentarischen Rat vertreten“[54]. Ist es angesichts dessen und der offenkundigen Zufriedenheit *Ehards* mit dem Ergebnis und der Leistung seiner Vertreter in Bonn eine Ironie der Geschichte, daß sechs der acht CSU-Abgeordneten – neben den jeweils zwei Vertretern der kleinen Parteien Zentrum, DP und KPD – dem Grundgesetz ihre Zustimmung verweigerten[55] und der Bayerische Landtag als einziges Landesparlament das Grundgesetz abgelehnt[56] hat?[57]

V. Strukturelle Gemeinsamkeiten und Unterschiede zwischen Hessischer Verfassung und Grundgesetz

Sowohl die Hessische Verfassung als auch das Grundgesetz sind wesentlich durch das Dritte Reich und die Weimarer Zeit geprägt – was Deutschland soeben durchlebt hatte, durfte sich unter keinen Umständen wiederholen: „Jetzt ist die Stunde da,

---

folgendes ausgeführt: „Wir haben heute zum ersten Mal die amtlichen Vertreter der Landesregierungen in unserer Mitte. Ich begrüße die Herren aufs herzlichste. Ich bin überzeugt, daß ihre Anwesenheit für das Werk, das wir zu vollbringen haben, von Nutzen sein wird.“ Anwesend in dieser Sitzung waren der Ministerpräsident und ein Vertreter von Nordrhein-Westfalen sowie Vertreter von Baden, Bayern und Schleswig-Holstein. Später nahm an den Sitzungen des Hauptausschusses nur noch ein bayerischer Vertreter, *Dr. Ringelmann*, gelegentlich teil (14., 15., 39., 40. und 41. Sitzung, vgl. Kurzprotokolle dieser Sitzungen, PR-Drs. 452, 453, 533, 529, 508).

[52] Allerdings muß daran erinnert werden, daß einige Mitglieder des Parlamentarischen Rates (von den hessischen: *Zinn*) selbst Mitglieder einer Landesregierung waren. Außer Hamburg hatte jedes Land zumindest einen Staatssekretär entsandt (Hessen: *Strauß*).

[53] *Erhard H.M. Lange* (Fn. 40), S. 48.

[54] *Düding* (Fn. 41), S. 360 f.

[55] Der Spiegel (vom 12. Mai 1949) schrieb allerdings: „Auch den anderen CSU-Verneinern war es nicht wohl bei ihrer Antwort. Ihr Sprecher *Josef Schwalber* hatte Tränen in den Augen, als er die CSU-Ablehnung verkündete. Und *Pfeiffers* Stimme war leise und brüchig bei seinem Nein.“

[56] Unbeschadet dessen wurde beschlossen, die Rechtsverbindlichkeit des Grundgesetzes anzuerkennen, wenn zwei Drittel der deutschen Westzonenländer ihm ihre Zustimmung geben würden.

[57] *Düding* (Fn. 41), S. 369, sieht den Grund dafür in den innenpolitischen Verhältnissen Bayerns, vor allem in der Rolle der Bayernpartei; ähnlich auch *Klaus Köhle*, Vorgeschichte, Arbeit und Konflikte des Parlamentarischen Rates, Politische Studien 22 (1971), S. 613.

in der wir für immer die Folgerungen aus den furchtbaren Erfahrungen der jüngsten Vergangenheit ziehen müssen, (...)“[58]. Zwar stand man bei der Erarbeitung des Grundgesetzes nicht mehr so unmittelbar unter dem Eindruck des Nazi-Terrorregimes wie bei der Schaffung der Hessischen Verfassung. Dennoch war dieses noch nahe genug, um Hintergrund vieler verfassungspolitischer Entscheidungen zu sein: Die Distanzierung von der jüngsten Vergangenheit und das Bestreben, die Wiedererrichtung einer ähnlichen totalitären Staatsordnung in der Zukunft zu verhindern, liegen den Grundkonzeptionen und zahlreichen Einzelregelungen sowohl des Grundgesetzes wie der Hessischen Verfassung zugrunde. Dies kommt vor allem in der Sicherung individueller Rechte gegenüber dem Staat und der rechtsstaatlichen Demokratie, aber auch im Konzept der „wehrhaften“, „abwehrbereiten“ Demokratie zum Ausdruck.

Die Grundrechte sind – in bewußter Abkehr von der Weimarer Reichsverfassung – in beiden Verfassungen keine bloßen programmatischen Rechtsgrundsätze oder Deklarationen, sondern unmittelbar bindendes und einklagbares Recht. Deshalb sind sie nicht nur für die Gerichte, sondern gleichermaßen für die Gesetzgebung und die vollziehende Gewalt verbindlich. Indem die Grundrechte den staatsorganisatorischen Regelungen vorangestellt sind, wird ihre fundamentale Bedeutung zum Ausdruck gebracht[59]. Die Wesensgehaltsgarantie des Art. 63 Abs. 1 HV hat in das Grundgesetz ebenso Eingang gefunden (Art. 19 Abs. 2 GG) wie die individuelle Rechtsschutzgarantie des Art. 2 Abs. 3 HV (Art. 19 Abs. 4 GG).[60]

Stärker als in der Hessischen Verfassung (Art. 3) ist die Unantastbarkeit der Würde des Menschen als tragendes Konstitutionsprinzip im Grundgesetz ausgeprägt. Als Art. 1 Abs. 1 bildet sie den Mittelpunkt des Wertsystems des Grundgesetzes, wohingegen die Hessische Verfassung den Gleichheitsgrundsatz an ihre Spitze gestellt hat. Die justiziellen Grundrechte – Verbot von Ausnahmegerichten und Garantie des gesetzlichen Richters, Anspruch auf rechtliches Gehör, Unschuldsvermutung, Grundsatz der Gesetzesbestimmtheit der Strafe und Verbot der Doppelbestrafung, Rückwirkungsverbot, Habeas-Corpus-Rechte u.a. – sind in der Hessischen Verfassung als Reaktion auf das nationalsozialistische Gewaltregime mit Verfassungsrang versehen und im Grundrechtsteil unter der Überschrift „Grenzen und Sicherung der Menschenrechte“[61] plaziert worden; sie sind ausführlicher aus-

---

[58] Abg. *Dr. Köhler* (CDU), 2. Sitzung der Verfassungberatenden Landesversammlung Groß-Hessen vom 5. August 1946, StenProt. S. 16.

[59] Dies hatte besonders eindringlich schon *Hermann Brill* in Herrenchiemsee gefordert, vgl. 3. Sitzung vom 11. August 1948, Prot. S. 13; vgl. auch *Manfred Overesch*, Deutschland 1945–1949. Vorgeschichte und Gründung der Bundesrepublik, Königstein/Ts. 1979, S. 154.

[60] *Erhard Denninger* bezeichnet Art. 2 Abs. 3 HV als „das inhaltliche, wenn nicht gar auch entstehungsgeschichtliche Vorbild dieser gelungenen Erfindung“, 40 Jahre Hessische Verfassung – 40 Jahre Grundrechtspolitik in Hessen, in: Auf einem Dritten Weg. Festschrift für Helmut Ridder zum 70. Geburtstag, hrsg. von *E. Stein* und *H. Faber*, Neuwied und Frankfurt/M. 1979, S. 26.

[61] Eine Übernahme dieser Systematik ist auch vom Parlamentarischen Rat erwogen worden, vgl. nur *Bergsträsser*: „Es gibt zwei Möglichkeiten der Lösung: Entweder man fügt einen zweiten Teil an, der die Begrenzungen der Grundrechte enthält, wie es die hessische Verfassung macht; oder aber man nimmt diese Einzelheiten in den Abschnitt über die Rechtspflege hinein. Aber dadurch wird der Schlüssel zur Sicherung der Rechte wieder auseinandergerissen.“, Grundsatzausschuß, 4. Sitzung vom 23. September 1948, StenProt. S. 35.

gestaltet als im Grundgesetz, wo sie bei den Bestimmungen über die Rechtsprechung geführt werden.[62]

Insgesamt hat der Grundgesetzgeber den Rahmen nicht annähernd so weit gespannt wie die Hessische Verfassung und nur die „echten oder klassischen Grundrechte (...), also die Grundrechte, die sich darauf beschränken, das Verhältnis der Einzelpersönlichkeit zum Staate festzulegen“[63], aufnehmen wollen. Der Grundrechtsteil der Hessischen Verfassung dagegen ist, „noch ganz auf der Linie der WRV und auch der anderen vorgrundgesetzlichen Landesverfassungen, mehr als doppelt so umfangreich wie später der des GG“[64]. Vor allem im Bereich der sozialen Grundrechte und Staatszielbestimmungen hat das Grundgesetz sich im Gegensatz zur Hessischen Verfassung, deren Profil ihre sozialstaatliche Struktur „am markantesten prägt“[65], weitgehend zurückgehalten.

Dabei war die Frage, ob überhaupt und wenn ja welche Grundrechte Aufnahme in das Grundgesetz finden sollten, im Parlamentarischen Rat durchaus umstritten. Zunächst sollte darauf ganz verzichtet werden, weil Grundrechte nicht in eine Verfassung gehörten, die nur ein Provisorium darstellen sollte: „Was wir machen können, ist ausschließlich das Grundgesetz für ein Staatsfragment. (...) Wir haben nicht die Verfassung Deutschlands oder Westdeutschlands zu machen“[66]. Bekanntlich hatten vor allem die Ministerpräsidenten zunächst darauf gepocht, lediglich ein Organisationsstatut zu schaffen, da die Befürchtung bestand, daß mit einer Vollverfassung die deutsche Teilung zementiert würde. Aber schon bald stellte sich heraus, daß der Parlamentarische Rat seine Aufgabe doch wesentlich weiter faßte, als viele anfänglich noch an Selbstbeschränkung im Hinblick auf die Provisoriumsthese forderten. Bereits in der ersten Grundsatzdebatte des Plenums zeigte sich, daß eine Mehrheit für die Verankerung von Grundrechten eintrat und diese sich auf die individuellen Freiheitsrechte beschränken sollten, und in der 3. Sitzung des Grundsatzausschusses kam man überein, die „sogenannten vorverfassungsmäßigen Grundrechte in die Verfassung aufzunehmen“[67].

Später wurden dann insbesondere seitens der Gewerkschaften Forderungen laut, wirtschaftliche und soziale Grundrechte in das Grundgesetz aufzunehmen. Im Gegensatz zur Weimarer Reichsverfassung und zu den bestehenden Landesverfassun-

---

[62] Einen der Gründe hierfür hat *Dr. Heuss* wie folgt beschrieben: „(...) ich hatte schon gesagt, wie sehr es mich bei allen Grundrechtskatalogen immer gestört hat, daß neben den erhabenen allgemeinen Rechtssätzen plötzlich ein so minutiöses polizeitechnisches Verfahren beschrieben wird. (...) Ich bitte zu verstehen, warum ich diese technischen Dinge nicht an die Grundrechte angeschlossen sehen möchte: Sie heben die ganze Wirkung, das ganze Pathos auf. Mein ästhetisches Empfinden sträubt sich dagegen.“ Daraufhin *Schmid*: „Herr Dr. Heuss hat vollkommen recht. Ästhetisch, vom Pathos her ist das zweifellos ein störendes Element.“, Grundsatzausschuß, 4. Sitzung vom 23. September 1948, StenProt. S. 32.

[63] *Bergsträsser* in der 3. Sitzung des Grundsatzausschusses vom 21. September 1948, StenProt. S. 7.

[64] *Walter Schmidt*, Verfassungsrecht, in: *Meyer/Stolleis*, Hessisches Staats- und Verwaltungsrecht, 2. Auflage, Frankfurt/M. 1986, S. 50.

[65] *Klaus Lange*, Die Landesverfassung – Fundament des politischen Lebens, in: *Heidenreich/Schacht*, Hessen. Eine politische Landeskunde, Stuttgart 1993, S. 105.

[66] *Carlo Schmid* in der 2. Sitzung des Parlamentarischen Rates vom 8. September 1948, StenBer. S. 11.

[67] Grundsatzausschuß, 3. Sitzung vom 21. September 1948, Kurzprot. S. 3 (PR-Drs. 73), StenProt. S. 24; vgl. auch *Volker Otto*, Das Staatsverständnis des Parlamentarischen Rates, Bonn-Bad Godesberg 1971, S. 68 f.

gen, besonders der hessischen, unterblieb dies, und zwar aus mehreren Gründen. Einerseits vertrug sich dies nicht mit dem Gedanken, nur ein provisorisches Grundgesetz zu schaffen; vor allem aber hatte die SPD Befürchtungen, daß dann die CDU/CSU die Aufnahme der sogenannten kulturellen „Lebensordnungen" fordern würde – Auseinandersetzungen hierüber wollte die SPD aber vermeiden. Wie sich zeigen sollte, gelang dies nicht, denn als die Frage der sozialpolitischen Forderungen längst vom Tisch war, begannen CDU, CSU und Zentrum, auf die Aufnahme des Elternrechts, des Schutzes der Familie und der Garantie des Religionsunterrichts zu insistieren, was zu ernsthaften Differenzen führte. Daß es schließlich doch noch zu einer Einigung kam, lag wohl vor allem daran, daß die beiden gleich großen Fraktionen SPD und CDU – einer Forderung der Westalliierten folgend – bestrebt waren, das Grundgesetz mit großer Mehrheit zu verabschieden.[68]

Ebensowenig enthält das Grundgesetz einen Katalog von Grundpflichten. Es schreibt nur folgende Grundpflichten fest: Pflege- und Erziehungspflicht der Eltern (Art. 6 Abs. 2), Bindungen des Eigentümers (Art. 14 Abs. 2 und 3) sowie allgemeine Dienstleistungspflicht (Art. 12 Abs. 2). Demgegenüber normiert die Hessische Verfassung wie alle vorkonstitutionellen Landesverfassungen eine Fülle von Grundpflichten.[69] Insbesondere die in Art. 146, 147 HV normierten positiven Inpflichtnahmen, die den Gedanken beinhalten, daß der Schutz der Verfassung in allererster Linie den Bürgerinnen und Bürgern selbst anvertraut ist[70], sind vom Parlamentarischen Rat zwar angesprochen, letztlich aber nicht aufgenommen worden.

Die Demokratiekonzeptionen der Hessischen Verfassung und des Grundgesetzes sind gleichermaßen die einer parlamentarischen Demokratie, in der die Regierung der Volksvertretung verantwortlich ist, und einer rechtsstaatlichen Demokratie, in der die Gesetzgebung an die verfassungsmäßige Ordnung, die Rechtsprechung und die vollziehende Gewalt an Gesetz und Recht gebunden sind. In Stellung und Verhältnis der staatlichen Organe zueinander zeigt sich vielleicht am deutlichsten der Reflex auf die Weimarer Verfassung, nämlich im Bestreben, Fehler zu vermeiden, die – wirklich oder vermeintlich – zum Scheitern der Weimarer Republik geführt haben.[71] Das parlamentarische System ist im Interesse einer möglichst großen Stabilität und Kontinuität der Regierung in beiden Verfassungen insofern abgeschwächt worden, als das Mißtrauensvotum als „konstruktives"[72] ausgestaltet wurde, und zwar im Grundgesetz „in Anlehnung u.a. an Art. 114 HV", wie einer der Berichterstatter des Parlamentarischen Rates, *Heinrich v. Brentano*,

---

[68] Vgl. *Kurt Düwell*, Entstehung und Entwicklung der Bundesrepublik Deutschland 1945–1961, Köln 1981, S. 129 f.

[69] *Astrid Hencke*, Die Grundpflichten in den Landesverfassungen unter dem Grundgesetz, Diss. iur. Würzburg 1989, S. 35.

[70] *Denninger* (Fn. 60), S. 30.

[71] *Konrad Hesse*, Das Grundgesetz in der Entwicklung der Bundesrepublik Deutschland; Aufgabe und Funktion der Verfassung, in: *Benda/Maihofer/Vogel* (Hrsg.), Handbuch des Verfassungsrechts der Bundesrepublik Deutschland, Berlin/New York 1983, S. 8 f.

[72] Danach ist der Ausspruch des Mißtrauens nur dadurch möglich, daß das Parlament mit der Mehrheit seiner Mitglieder einen Nachfolger wählt und den Bundespräsidenten ersucht, den Bundeskanzler zu entlassen. Damit ist es nicht wie beim „destruktiven" Mißtrauensvotum möglich, einer Regierung das Vertrauen zu entziehen, ohne gleichzeitig zur Bildung einer neuen Regierung bereit oder imstande zu sein.

ausdrücklich feststellte.[73] Außerdem kann nur noch dem Bundeskanzler bzw. dem Ministerpräsidenten, nicht mehr wie in der Weimarer Reichsverfassung einzelnen Ministern das Mißtrauen ausgesprochen werden.

Im Unterschied zur Hessischen Verfassung kennt das Grundgesetz keine Plebiszite. Allerdings sind die Hürden für eine Volksgesetzgebung in der Hessischen Verfassung so hoch angesetzt, daß auch sie letztlich eine repräsentative, keine plebiszitäre Demokratie konstituiert.

Die Rechtsstaatlichkeit zeigt sich in der Hessischen Verfassung wie im Grundgesetz im Grundsatz der Gewaltenteilung, in der Bindung der drei Gewalten an die Grundrechte, der Gesetzmäßigkeit der Verwaltung, der Garantie effektiven gerichtlichen Rechtsschutzes, der richterlichen Unabhängigkeit und der Institution einer Verfassungsgerichtsbarkeit.

VI. Ausdrückliche Bezugnahmen auf die Hessische Verfassung bei der Erarbeitung des Grundgesetzes

Auf dem Verfassungskonvent von Herrenchiemsee haben vor allem die hessischen Teilnehmer *Brill* und *Kanka* einige Male die Hessische Verfassung explizit in die Diskussionen eingebracht. Dabei ging es um folgende Bestimmungen: Art. 7 Satz 1, Art. 26, Art. 63, Art. 110, Art. 139 Abs. 3 Satz 1 und Art. 140 HV. Auch im Parlamentarischen Rat waren es fast ausschließlich die hessischen Vertreter, vor allem *Bergsträsser, Selbert* und *Zinn*, die auf Regelungen der Hessischen Verfassung aufmerksam machten.[74]

1. Verfassungskonvent von Herrenchiemsee

a) Art. 7 Satz 1 HV [Auslieferungsverbot]

Im Zusammenhang mit einer Asylbestimmung regte *Brill* an, dieser die Formulierung aus Art. 7 Satz 1 HV voranzustellen, wonach kein Deutscher einer fremden Macht ausgeliefert werden darf.[75] Der Entwurf des Verfassungskonvents enthielt diesen Vorschlag in Art. 4 Abs. 1; die Bestimmung wurde im Parlamen-

---

[73] In seinem Beitrag „Der Bundestag und der Bundesrat", DÖV 1949, S. 270. Anders als das Grundgesetz sieht Art. 114 Abs. 5 HV allerdings eine automatische Parlamentsauflösung vor, wenn nicht binnen zwölf Tagen die Neubildung einer Regierung gelingt.

[74] Die folgende Darstellung kann nicht die Textgenese der genannten Bestimmungen nachzeichnen; dazu muß auf *v. Doemming/Füßlein/Matz,* Entstehungsgeschichte der Artikel des Grundgesetzes, in: Jahrbuch des Öffentlichen Rechts der Gegenwart, N.F. Band 1, Tübingen 1951, sowie auf das sukzessive im Erscheinen befindliche auf 32 Bände angelegte Werk „Das Grundgesetz. Dokumentation seiner Entstehung", hrsg. von *Hans-Peter Schneider* unter Mitarbeit von *Ulrich Bachmann* u.a., Frankfurt/M. 1995 ff., verwiesen werden.

[75] Unterausschuß I: Grundsatzfragen, 5. Sitzung vom 19. August 1948, Prot. S. 127. Ähnliche, allerdings eingeschränktere Bestimmungen („nur bei verbürgter Gegenseitigkeit") enthielten die Verfassungen von Rheinland-Pfalz und des Saarlandes sowie in Art. 112 Abs. 3 auch die Weimarer Reichsverfassung.

tarischen Rat geringfügig umformuliert, indem auf Vorschlag eines Unterausschusses des Grundsatzausschusses die Worte „einer fremden Macht" durch „an das Ausland" ersetzt wurden (Art. 16 Abs. 2 Satz 1 GG).[76] Zwar war auch diese Formulierung, insbesondere im Hinblick auf die Situation in Berlin, umstritten, da bei Sektoren, die den einzelnen Besatzungsmächten unterstellt sind, man kaum von „Ausland" sprechen könne.[77] Andererseits müsse es aber möglich sein, daß innerhalb der deutschen Länder ausgeliefert wird; deshalb sei der Ausdruck „Ausland" erforderlich.[78]

b) Art. 22 Abs. 3 HV [Verbot der Mehrfachbestrafung]

Der Unterausschuß III: Organisationsfragen bezeichnete in seinem Bericht und seinem artikulierten Verfassungsentwurf[79] ausdrücklich Art. 22 Abs. 3 HV – neben ähnlichen Bestimmungen aus den Verfassungen von Bayern, Württemberg-Baden und Württemberg-Hohenzollern[80] – als Vorbild für seinen Vorschlag, den Grundsatz „ne bis in idem" (Verbot der Mehrfachbestrafung) in der Verfassung zu verankern, wie dies in Art. 136 Abs. 2 HChE und in Art. 103 Abs. 3 GG dann auch geschah.

c) Art. 26, 63, 110 HV [Rechtsverbindlichkeit der Grundrechte; Grundrechtsbeschränkungen; Notverordnungsrecht]

Brill schlug in der 6. Sitzung des Unterausschusses I: Grundsatzfragen,[81] der seinen Einzelberatungen den Entwurf einer dreiköpfigen Unterkommission, den sog. Entwurf *Nawiasky*[82], zugrundegelegt hatte, vor, einem umfangreichen Artikel über das Verbot der Beseitigung der Grundrechte einen Satz aus der Hessischen Verfassung anzuhängen, wonach die Grundrechte den Gesetzgeber, den Richter und die Verwaltung unmittelbar binden (Art. 26 2. Halbs. HV).[83] Außerdem wollte *Brill* Art. 63 HV übernehmen, wonach, soweit die Verfassung die Beschränkung eines von ihr gewährten Grundrechtes durch Gesetz zuläßt oder die nähere Ausgestaltung einem Gesetz vorbehält, das Grundrecht als solches unangetastet bleiben müsse. Schließlich lehnte er unter Hinweis auf Art. 110 HV eine Bestim-

---

[76] Vgl. Grundsatzausschuß, 4. Sitzung vom 23. September 1948, StenProt. S. 35. *Zinn* nahm dort erneut Bezug auf die hessische, aber auch auf die Weimarer Verfassung, irrte jedoch insofern, als er glaubte, beide enthielten die Formulierung „an eine fremde Regierung". Die Hessische Verfassung sprach tatsächlich von „fremder Macht", und der Verfassungskonvent von Herrenchiemsee war ihr darin gefolgt.

[77] *Dr. Eberhard* im Grundsatzausschuß, 4. Sitzung vom 23. September 1948, StenProt. S. 35 f.

[78] *Dr. v. Mangoldt*, ebd. S. 37.

[79] Vom 18. August 1948, S. 19, Bundesarchiv, Nachlaß Brill 7 und undat. (17. August 1948), Anlage zum Prot. der 6. Sitzung, S. 155, abgedruckt in: Der Parlamentarische Rat 1948–1949. Akten und Protokolle (Fn. 5), Band 2: Der Verfassungskonvent auf Herrenchiemsee (Fn. 42), Dok. 10 (S. 279 ff.).

[80] Darüber hinaus enthielten auch die vorkonstitutionellen Verfassungen von Rheinland-Pfalz und Bremen diesen Grundsatz.

[81] 6. Sitzung vom 19. August 1948, Prot. S. 148 ff.

[82] *Prof. Hans Nawiasky* war als Berichterstatter für die Grundrechte geladen worden und spielte bei deren Formulierung eine maßgebliche Rolle.

[83] Ähnlich lautende Bestimmungen enthielten auch die Verfassungen von Bremen (Art. 20) und des Saarlandes (Art. 21).

mung ab, wonach bei erheblicher Bedrohung der öffentlichen Sicherheit und Ordnung von einem Notverordnungsrecht Gebrauch gemacht werden könne; damit, so *Brill*, würde man sich von dem Rechtszustand der hessischen Verfassung grundlegend entfernen, denn diese habe es in Art. 110 ausdrücklich verneint, Grundrechte aufheben zu lassen, wenn von dem Notverordnungsrecht Gebrauch gemacht werde. *Brills* Anregungen wurden aufgegriffen und fanden Eingang in den Entwurf des Verfassungskonvents (Art. 21 HChE). Mit Art. 1 Abs. 3 und Art. 19 Abs. 2 GG sollten sie später Fundamentalnormen des Grundgesetzes bilden.

d) Art. 139, 140 HV [Haushaltsplan; -vorgriff]

In der 7. Sitzung des Unterausschusses II: Zuständigkeitsfragen[84] regte *Kanka* an, Art. 139 Abs. 3 Satz 1 2. Halbs. und Art. 140 HV zu übernehmen. Nach Art. 139 Abs. 3 Satz 1 werden Ausgaben in der Regel für ein Jahr bewilligt; in besonderen Fällen können sie nach dessen 2. Halbsatz jedoch auch für längere Dauer bewilligt werden. Art. 140 enthält eine Ermächtigung der Landesregierung zu vorläufiger Haushaltsführung für den Fall, daß der Haushaltsplan bis zum Schluß des Rechnungsjahres noch nicht durch Gesetz festgestellt ist. Der Sachverständige *Dr. Fischer-Menshausen* und der Ausschußvorsitzende *Dr. Spitta* unterstützten den Vorschlag, und er fand Aufnahme in den Entwurf des Verfassungskonvents (Art. 124 Abs. 2 Satz 3 2. Halbs. und Abs. 3 HChE) und als Art. 110 Abs. 2 Satz 3 2. Halbs. und Art. 111 auch in das Grundgesetz.

2. Parlamentarischer Rat

Von den Fachausschüssen des Parlamentarischen Rates war es vor allem der Grundsatzausschuß, bei dem häufige direkte Bezugnahmen auf die Hessische Verfassung zu verzeichnen sind. Namentlich *Bergsträsser*, der als einziges Mitglied an allen Sitzungen dieses Ausschusses teilnahm[85] und als dortiger „Leistungsträger"[86] bezeichnet werden kann, ließ kaum eine Sitzung vergehen, ohne eine Parallelbestimmung aus der Hessischen Verfassung zu erwähnen. Nicht selten bezog er sich zur Bekräftigung seines Votums auf diese: „Ich habe nichts dagegen. Ich bin völlig damit einverstanden. Die hessische Verfassung kennt diesen Gesetzesvorbehalt auch nicht"[87], oder: „Ich würde nach dem Vorbild der hessischen Verfassung folgende Formulierung vorschlagen: (...)"[88]. Auch hatte er beispielsweise in dem von ihm zusammengestellten Katalog der Grundrechte, für die er in der Frühphase der

---

84 7. Sitzung vom 17. August 1948, Prot. S. 269 f.

85 Vgl. die Übersicht bei *Wolfram Werner*, Einleitung, in: Der Parlamentarische Rat 1948–1949. Akten und Protokolle (Fn. 5), Band 5/I, bearb. von *Eberhard Pikart* und *Wolfram Werner*, Boppard 1993, S. XVIII f.

86 *Werner* bezeichnet so außer ihm nur noch den Vorsitzenden *v. Mangoldt* und *Theodor Heuss*, ebd. S. XXIII.

87 Ausschuß für Grundsatzfragen, 24. Sitzung vom 23. November 1948, StenProt. S. 10.

88 Ebd. S. 30.

Ausschußarbeiten Berichterstatter war, ausdrücklich eine Reihe von Formulierungen aus der Hessischen Verfassung – allerdings auch aus anderen Verfassungstexten – entnommen.[89]

Relativ häufig finden sich Bezugnahmen auf die Hessische Verfassung auch im Rechtspflegeausschuß, dem mit *Zinn, Strauß, v. Brentano, Becker* und Frau *Selbert* gleich fünf hessische Vertreter angehörten. Auch im Hauptausschuß ist verschiedentlich auf Bestimmungen der Hessischen Verfassung Bezug genommen worden. In den übrigen Fachausschüssen ist dies hingegen nur vereinzelt geschehen.

a) Art. 1 HV [Gleichheit vor dem Gesetz]

An die Spitze seines Grundrechtekataloges, den er in der 3. Sitzung des Grundsatzausschusses vorstellte, hatte *Bergsträsser* einen Satz gestellt[90], der aus der Hessischen Verfassung „stammt“[91] und auch an deren Spitze stand: „Alle Menschen sind vor dem Gesetze gleich ohne Unterschied des Geschlechts, der Rasse, der Herkunft, der religiösen und der politischen Überzeugung“ (Art. 1 HV). Ähnliche, wenn auch anders formulierte Bestimmungen fanden sich in einigen anderen Landesverfassungen. Ein nach der 3. Sitzung des Grundsatzausschusses gebildeter Unterausschuß, bestehend aus den Abgeordneten *Bergsträsser, v. Mangoldt* und *Zinn*, der sich zunächst mit den ersten vier Artikeln befaßte, legte für die 6. Sitzung des Grundsatzausschusses eine Fassung vor, die diesen Satz aufteilte in einen allgemeinen und einen speziellen Gleichheitssatz, wie es fortan auch beibehalten wurde (Art. 3 Abs. 1 und Art. 3 Abs. 3 GG).

b) Art. 2 Abs. 1 HV [Allgemeine Handlungsfreiheit]

Der genannte Unterausschuß wollte in Abänderung der Reihenfolge des *Bergsträsser*-Kataloges einige Grundsatzbestimmungen voranstellen, wie es schon der Herrenchiemsee-Entwurf getan hatte. Von diesem wollte man Art. 2 Abs. 1 HChE sinngemäß („Der Mensch ist frei.“) übernehmen, nicht aber dessen Absatz 2, weil der Zusatz „innerhalb der Schranken der Rechtsordnung und der guten Sitten“ (habe jedermann die Freiheit, alles zu tun, was anderen nicht schadet) „zu Zweifeln Anlaß geben“ könne. Deshalb habe man sich der Formulierung der Hessischen Verfassung angeschlossen.[92] Danach darf der Mensch tun und lassen, was die Rechte anderer nicht verletzt oder die verfassungsmäßige Ordnung des Gemeinwesens nicht beeinträchtigt (Art. 2 Abs. 1 Satz 2 HV). Der Allgemeine Redak-

[89] Vgl. nur Ausschuß für Grundsatzfragen, 3. Sitzung vom 21. September 1948, StenProt. S. 46 f. und „Anregungen des Berichterstatters Prof. Dr. Bergsträsser (SPD) am 21.9.1948“, BayHStA, NL Pfeiffer 180, abgedruckt in: Der Parlamentarische Rat 1948–1949. Akten und Protokolle (Fn. 5), Band 5/I: Ausschuß für Grundsatzfragen (Fn. 85), Dok. 3 (S. 15 ff.).

[90] Schon in der darauffolgenden 4. Sitzung vom 23. September 1948 hatte er sich aber mit den Abgeordneten *Dr. v. Mangoldt* und *Zinn* darauf verständigt, „an die Spitze der Grundrechte einige Sätze zu stellen, die Absicht, Sinn und Grund der Grundrechte (...) deutlich machen“, StenProt. S. 2.

[91] *Bergsträsser* in der 3. Sitzung des Grundsatzausschusses vom 21. September 1948, StenProt. S. 46.

[92] Grundsatzausschuß, 4. Sitzung vom 23. September 1948, StenProt. S. 23.

tionsausschuß[93] schlug dann folgenden Wortlaut vor: „Jedermann ist frei, zu tun und zu lassen, was die Rechte anderer nicht verletzt und nicht gegen die verfassungsmäßige Ordnung oder das Sittengesetz verstößt." Später wurde die Bestimmung noch mehrfach umformuliert, bis sie schließlich als Art. 2 Abs. 1 Eingang in das Grundgesetz fand.

c) Art. 13 HV [Informationsfreiheit]

Es gab auch Eingaben von außerhalb des Parlamentarischen Rates, die eine Übernahme von Bestimmungen der Hessischen Verfassung anregten. An den Grundsatzausschuß ist beispielsweise ein Antrag[94] gerichtet worden, dem Grundrecht auf freie Meinungsäußerung ein Grundrecht der Informationsfreiheit zur Seite zu stellen, „wie es übrigens in Ansätzen bereits im Artikel 13 der hessischen Verfassung ausgedrückt ist". So sollte das journalistische Fragerecht durch eine behördliche Auskunftspflicht ergänzt werden. Diese Anregung wurde vom Ausschuß in einer nur sehr kurzen Erörterung allerdings einmütig verworfen.[95]

d) Art. 17 HV [Verwirkung von Grundrechten]

Im Zusammenhang mit Beratungen über die Presse- und Meinungsfreiheit und einen möglichen Mißbrauch sowie das Treuegebot zur Verfassung zitierte *Bergsträsser* Art. 17 und auch Art. 18 HV und regte – unterstützt von *Heuss* – an, eine solche „Formulierung eines generellen Schutzes der Demokratie" aufzunehmen; „dann brauchten wir die ganze Geschichte von der Treue zur Verfassung nicht"[96]. Eine ähnliche Bestimmung enthielten auch einige andere Landesverfassungen und der Herrenchiemsee-Entwurf in Art. 20. Dessen Wortlaut zog der Ausschußvorsitzende *v. Mangoldt* gegenüber der hessischen Formulierung „wer den verfassungsmäßigen Zustand angreift oder gefährdet" vor, über die er sich abfällig äußerte: „Das ist nicht schön"[97]. Die Diskussion kreiste im weiteren Verlauf aber mehr um die Frage, welche Grundrechte durch diese Bestimmung verwirkt werden können.[98] Ausdrückliche Bezugnahmen auf die hessische Bestimmung erfolgten in den späteren Beratungen nicht mehr, wohl aber im Schrifttum, wo das Institut der Grundrechtsverwirkung, wie es schließlich mit Art. 18 im Grundgesetz verankert wurde, als wesentliche Änderung gegenüber der Weimarer Reichsverfassung bezeichnet

[93] Vorschlag vom 16. November 1948, PR-Drs. 282.

[94] Eingabe der „Aktionsgruppe Heidelberg", der u.a. *Alfred Weber, Dolf Sternberger, Alexander Mitscherlich* und *Eugen Kogon* angehörten. Der Antrag wurde verlesen und erörtert im Grundsatzausschuß, 26. Sitzung vom 30. November 1948, StenProt. S. 89 ff.

[95] Ebd. S. 92.

[96] Grundsatzausschuß, 25. Sitzung vom 24. November 1948, StenProt. S. 26, 35 f., 39. Der Entwurf von Herrenchiemsee enthielt eine Bestimmung, nach der jeder die Pflicht zur Treue gegen die Verfassung und Verfassung und Gesetz zu achten und zu befolgen hat (Art. 19).

[97] Grundsatzausschuß, 26. Sitzung vom 30. November 1948, StenProt. S. 78.

[98] Ebd. S. 70 ff.

wird, die auf Art. 17 der Hessischen Verfassung und auf Art. 133 Abs. 1 der Verfassung von Rheinland-Pfalz zurückgehe.[99]

e) Art. 19, 23, 24 HV [Richterliche Anordnung von Grundrechtseingriffen, Rechtsgarantien bei Freiheitsentziehung; Freiheitsentziehung bei geistiger oder körperlicher Krankheit; sonstige Beschränkungen der persönlichen Freiheit]

Ausführliche Diskussionen gab es im Rechtspflegeausschuß über eine vom Grundsatzausschuß formulierte Bestimmung über die Voraussetzungen der Zulässigkeit einer Freiheitsentziehung und die Notwendigkeit einer richterlichen Entscheidung. Dabei war vor allem umstritten der Passus, daß die Polizei niemanden länger als bis zum Ende des folgenden Tages nach dem Ergreifen festhalten darf. Nach Ansicht einiger Abgeordneter der CDU und der CSU sei einer solchen Regelung „aus polizeilichen Gründen aufs allerschärfste“[100] zu widersprechen, da sie in der Praxis nicht durchführbar sei. Außerdem gebe es eine Fülle von Fällen, in denen die Polizei keine Tätigkeit der Strafverfolgung ausübe, sondern eine Fürsorgetätigkeit, z.B. wenn ein Geisteskranker festgehalten werde.[101] Einige SPD-Vertreter sahen dagegen die Gefahr, Schutzhaft ohne jede Sicherheitsmaßnahme zu ermöglichen, wenn man auf diesen Passus verzichte, und verwiesen im übrigen auf die Hessische Verfassung und die Rechtsprechung des Reichsgerichts, die den Grundsatz entwickelt habe, daß ein Festgenommener binnen 24 Stunden dem Richter vorzuführen sei.[102] Auch in den USA seien die Fristen viel schärfer und kürzer. Der Rechtspflegeausschuß behielt diese Bestimmung trotz der geäußerten Bedenken bei; der Artikel wurde später nicht mehr geändert (Art. 104 Abs. 2 bis 4 GG).

Unter den „Freiheitsrechten“ hatte *Bergsträsser* in den von ihm vorgelegten Grundrechtekatalog auch die Bestimmung aus Art. 23 HV übernommen, wonach ein geistig oder körperlich Kranker, der durch seinen Zustand seine Mitmenschen erheblich gefährdet, in eine Anstalt eingewiesen werden kann, gleichzeitig aber das Recht hat, gegen diese Maßnahme den Richter anzurufen. Einen solchen Artikel, so *Bergsträsser*, habe er in keiner anderen Verfassung gefunden.[103] Auf Art. 23 und 24 HV kam der hessische FDP-Vertreter *Dr. Becker* nun im Zusammenhang mit der genannten umstrittenen Freiheitsentziehungsvorschrift zu sprechen – ohne aber einen Antrag auf Übernahme zu stellen –, indem er darauf hinwies, daß diese beiden Bestimmungen genau jene Voraussetzungen regelten, unter denen ein Geisteskranker oder körperlich Behinderter in eine Anstalt gebracht werden könne. Der Ausschußvorsitzende *Zinn* sah darin allerdings „den Mangel, daß da

[99] *Ule*, Die Grundrechte, DV 1949, S. 335.

[100] Abg. *Dr. de Chapeaurouge* (CDU) im Rechtspflegeausschuß, 7. Sitzung vom 6. Dezember 1948, StenProt. S. 159; ähnlich *Dr. Laforet* (CSU), Rechtspflegeausschuß, 8. Sitzung vom 7. Dezember 1948, StenProt. S. 46 ff., 59.

[101] Rechtspflegeausschuß, 8. Sitzung vom 7. Dezember 1948, StenProt. S. 51.

[102] Vors. *Zinn* im Rechtspflegeausschuß, 8. Sitzung vom 7. Dezember 1948, StenProt. S. 50 f., 55. *Zinn* weiter: „Die Schutzhaft war das Problem, und daher muß man gegen ihren Mißbrauch Sicherungen treffen.“, ebd. S. 55.

[103] Grundsatzausschuß, 3. Sitzung vom 21. September 1948, StenProt. S. 47.

der Richter nirgends zwangsläufig eingeschaltet ist. (...) Der Richter ist hier zuständig; das gehört in unsere Generalklausel hinein"[104].

f) Art. 26 HV [Rechtsverbindlichkeit der Grundrechte]

Im Zusammenhang mit der Beratung des Freizügigkeitsartikels kam es in der letzten Sitzung des Grundsatzausschusses zu einer kurzen Diskussion über die Einschränkung von Grundrechten durch Gesetzesvorbehalte. Hier hatte der Allgemeine Redaktionsausschuß nach Auffassung des Vorsitzenden *v. Mangoldt* zu weitgehende Einschränkungsmöglichkeiten vorgesehen. „Wir haben uns zur Aufgabe gemacht, die Grundrechte möglichst umfangreich zu schützen und die Ermächtigungen an den Gesetzgeber so eng zu halten, wie es irgend möglich ist"[105]. Das sei „gerade der Fortschritt, den wir hier gegenüber den Grundrechten des Jahres 1789 ff. machen". *Bergsträsser* ergänzte daraufhin: „Dadurch kommen die Grundrechte aus dem Charakter der Deklaration heraus in den Charakter von unmittelbar anwendbarem Recht"[106]. Und später: „Damit wird der Weg weiter gegangen, den wir z.B. schon in der hessischen Verfassung gegangen sind, wo wir auch die Grundrechte für unmittelbar anwendbares Recht erklärt haben"[107]. Und so geschah es (Art. 1 Abs. 3 GG).

g) Art. 29 Abs. 4 HV [Streikrecht]

Im Rahmen des Koalitionsrechts wurde bei der Frage, ob ein Streikrecht bestehen und welchen Beschränkungen es unterliegen solle, erwogen, statt der bis dahin vorgesehenen Formulierung „Das Streikrecht wird im Rahmen der Gesetze anerkannt" die hessische Fassung zu übernehmen, die besagt, daß das Streikrecht anerkannt wird, wenn die Gewerkschaften den Streik erklären (Art. 29 Abs. 4 HV).[108] Hiergegen wurde u.a. eingewandt, daß man dann auch der Parität entsprechend ein Aussperrungsrecht der Unternehmer mit hereinnehmen müsse, was man aber bewußt vermeiden wolle. Besser sei es, das Streikrecht den Gesetzen zu überlassen.[109] Nach weiteren kontroversen Diskussionen im Grundsatzausschuß[110] und im Hauptausschuß wurde es gestrichen.[111]

---

[104] Rechtspflegeausschuß, 8. Sitzung vom 7. Dezember 1948, StenProt. S. 56 f.

[105] Grundsatzausschuß, 36. Sitzung vom 27. Januar 1949, StenProt. S. 3.

[106] Ebd. S. 6 f.

[107] Ebd. S. 10.

[108] Grundsatzausschuß, 6. Sitzung vom 5. Oktober 1948, StenProt. S. 17.

[109] So *Heuss* und *v. Mangoldt* im Grundsatzausschuß, 6. Sitzung vom 5. Oktober 1948, StenProt. S. 18 f.

[110] Die Diskussion wurde in der 25. Sitzung fortgeführt, vgl. StenProt. S. 79 ff. Dort sagte etwa *Heuss*: „In den meisten Landesverfassungen, soweit ich sie kenne, ist das Streikrecht als solches enthalten. Ich teile Ihre Auffassung, daß es vorausgesetzt wird und keiner besonderen verfassungsmäßigen Weihe bedarf.", ebd. S. 88.

[111] Hauptausschuß, 18. Sitzung vom 4. Dezember 1948, StenProt. S. 215.

h) Art. 33 Satz 2 HV [Anspruch auf gleichen Lohn]

Bergsträsser hatte in seinem in der 3. Sitzung des Grundsatzausschusses vorgelegten Grundrechtekatalog die Gleichheitsrechte zusammengefaßt und den Freiheitsrechten vorangestellt. Den ersteren ordnete er auch den der Hessischen Verfassung entnommenen Art. 33 Satz 2 zu, wonach Frauen und Jugendliche für gleiche Tätigkeit und gleiche Leistung Anspruch auf gleichen Lohn haben. Er glaube, daß dieser Satz nicht zur Regelung des Soziallebens gehöre, sondern eine direkte Folge aus dem Grundsatz der Gleichstellung darstelle, weshalb er in die personellen Grundrechte aufzunehmen sei.[112] *Heuss* wandte gegen diese Bestimmung ein, daß sie ihm etwas mißverständlich erscheine, da man geneigt sei zu schließen, daß Frauen und Jugendliche unter sich gleich behandelt werden sollen, nicht aber im Verhältnis zu Männern, was aber doch offenbar gemeint sei.[113]

Die Diskussion hierüber wurde aufgegriffen in der 26. Sitzung und beschäftigte sich vor allem mit der Frage, ob die Gleichheit des Lohns in dem Passus „Niemand darf wegen seines Geschlechtes (...) benachteiligt oder bevorzugt werden" enthalten und deshalb überflüssig sei.[114] Gegen die Bestimmung sprach sich vor allem der Abgeordnete *Dr. Dehler* aus: „Das hat unübersehbare Konsequenzen"[115]. Auch der Ausschußvorsitzende war skeptisch: „Wir müßten eigentlich über einen solchen Satz tagelang sprechen. Wir müßten immer wieder an neuen Beispielen überprüfen, ob es geht. Das können wir nicht, weil wir in Zeitdruck sind. Ich glaube, wir lassen es"[116].

i) Art. 41 HV [Sozialisierte Unternehmen]

Art. 41 HV ist in der deutschen Verfassungslandschaft einzigartig, indem er die Sofortsozialisierung „industrieller Leitsektoren" mit Annahme der Verfassung[117] vorsah. Er hat zu zahlreichen Kontroversen geführt, u.a. über die Frage, ob er einen Sozialisierungsvollzug oder nur einen Sozialisierungsbefehl darstelle.[118] Das Grundgesetz ist mit seinem Art. 15, der lediglich eine Ermächtigung enthält, nicht so weit gegangen.

Im Parlamentarischen Rat hat zuerst der KPD-Abgeordnete *Paul* in der Grundsatzaussprache über die bevorstehenden Aufgaben des Rates auf die Sozialisierungsbestimmung in der Hessischen Verfassung hingewiesen: „Es gibt einige fortschrittliche Festlegungen und Paragraphen. Aber trotz der entscheidenden Volksabstimmung in Hessen ist die Grundstoffindustrie bis heute noch nicht in die

---

[112] Grundsatzausschuß, 3. Sitzung vom 21. September 1948, StenProt. S. 46.
[113] Ebd. S. 45.
[114] Grundsatzausschuß, 26. Sitzung vom 30. November 1948, StenProt. S. 65 ff.
[115] Ebd. S. 67.
[116] Ebd. S. 69.
[117] *Mühlhausen* (Fn. 24), S. 42.
[118] Vgl. im einzelnen *Kimminich*, BK, Art. 15 Rn. 45 ff. (Zweitbearbeitung) m.w.N. und Urteil des Hess. StGH vom 6. Juni 1952, StAnz. S. 516 ff.

Hände des Landes bzw. des Volkes übergeführt." Eine geschriebene Verfassung, „mag sie noch so schön sein", sei „einen Dreck wert, wenn die realen Machtverhältnisse in der Wirtschaft und Gesellschaft nicht im Sinne dieser Zielsetzung verändert werden"[119]. Später hat auch der KPD-Vertreter *Renner* im Rahmen einer allgemeinen Diskussion über das Ruhrstatut auf Art. 41 HV Bezug genommen[120], in der er die Ansicht vertrat, daß das Ruhrstatut die Frage der Sozialisierung zwar offenlasse, einzelne seiner Bestimmungen aber die Möglichkeit einer späteren Sozialisierung weitgehend verbauten. Nur bei einer Verankerung der Sozialisierung der Grundstoffindustrien in der Verfassung würde die Militärregierung – „keine Freunde der Sozialisierung" – daran gehindert werden, eine Sozialisierung zu verhindern. *Renner* hatte recht mit der Einschätzung, daß aber auch die Mehrheit des Parlamentarischen Rats eine Sozialisierungsbestimmung wie in der Hessischen Verfassung nicht wolle.[121]

j) Art. 48 Abs. 1 HV [Ungestörte Religionsübung, Freiheit der Vereinigung zu Religions- und Weltanschauungsgemeinschaften]

Art. 48 Abs. 1 HV wurde mehrfach zitiert in der 24. Sitzung des Grundsatzausschusses.[122] Die dort behandelte Vorlage enthielt, ähnlich wie die Weimarer Reichsverfassung, noch einen Gesetzesvorbehalt: „Die ungestörte Religionsausübung wird im Rahmen der allgemeinen Gesetze gewährleistet." *Bergsträsser* erklärte sich unter Hinweis auf die Hessische Verfassung sogleich mit dem Vorschlag des CDU-Abgeordneten *Dr. Süsterhenn* einverstanden, auf diesen Gesetzesvorbehalt zu verzichten[123]. Nach einer kontroversen Diskussion über das Für und Wider einer solchen Einschränkung wies *Bergsträsser* darauf hin, daß die hessische Regelung bisher zu keinerlei Schwierigkeiten bei der Auslegung geführt habe.

Die ebenfalls in Art. 48 Abs. 1 HV gewährleistete Freiheit der Vereinigung zu Religions- und Weltanschauungsgemeinschaften wurde von *v. Mangoldt* als ein Fall der Vereinigungsfreiheit angesehen, wie sie im späteren Art. 9 Abs. 1 GG niedergelegt wurde.[124] Dem widersprach *Heuss*, der die Ansicht vertrat, daß die Vereinigungsfreiheit der Kirchen nicht in die allgemeine Vereinigungsfreiheit einbezogen werden solle und auch nicht in die Grundrechte hineingehöre.[125] Auf Anregung von *Bergsträsser* wurde „nach dem Vorbild der hessischen Verfassung"[126] die Formulierung „Das Recht der Vereinigung zu Religions- und Weltanschau-

[119] Plenum, 3. Sitzung vom 9. September 1948, StenBer. S. 52.

[120] Hauptausschuß, 31. Sitzung vom 7. Januar 1949, StenProt. S. 383 ff.

[121] *Walter Menzel* (Die Bonner Entscheidungen, in: Geist und Tat 4 (1949), S. 3) resümierte, daß es für die Sozialdemokratie entscheidend gewesen sei, „daß es ihr erstmalig gelungen ist, in dem Grundgesetz den Begriff des Gemeineigentums zur Anerkennung zu bringen", auch wenn nach der jetzigen Formulierung eine Überführung in Gemeineigentum nur durch Gesetz möglich sei.

[122] Grundsatzausschuß, 24. Sitzung vom 23. November 1948, StenProt. S. 10, 14, 27 f., 30.

[123] Ebd. S. 10.

[124] Ebd. S. 27.

[125] Ebd. S. 29.

[126] Ebd. S. 30.

ungsgemeinschaften wird anerkannt" angenommen und der Glaubens- und Bekenntnisfreiheit als Satz 2 angefügt (und später über Art. 140 GG als Übernahme des Art. 137 Abs. 2 WRV mit anderem Wortlaut in das Grundgesetz aufgenommen) und der Satz „Die ungestörte Religionsausübung wird gewährleistet" als gesonderter Absatz geführt (später Art. 4 Abs. 2 GG).

k) Art. 49 HV [Selbstverwaltung der Religionsgemeinschaften]

Der Grundsatzausschuß-Vorsitzende *v. Mangoldt* schlug vor, ein Recht der Religionsgemeinschaften festzulegen, ihre Angelegenheiten selbständig und aus eigenem Recht zu ordnen und zu verwalten.[127] *Bergsträsser* hatte Bedenken gegen eine solche Formulierung, da sie zu sehr in die gesamten Rechtsverhältnisse der Konkordate und Kirchenverträge und in die Rechte der Länder eingreife und dem Staat sein in gewissem Umfang bestehendes Einspruchsrecht bei Bischofswahlen nehme. Er verwies auf die „klare Bestimmung" der Hessischen Verfassung, wonach jede Religions- und Weltanschauungsgemeinschaft ihre Angelegenheiten selbständig „innerhalb der Schranken des für jedermann geltenden Gesetzes" verwalte und ordne (Art. 49 HV).[128] In einer späteren Debatte, in der ein Antrag der CDU/CSU, der DP und des Zentrums zur Regelung des Verhältnisses zwischen Kirche und Staat erörtert wurde, bekräftigte *Bergsträsser* seine Meinung, daß Bestimmungen über die Kirche in die Länderverfassungen und nicht in die Bundesverfassung gehörten.[129] Im Hauptausschuß betonte er, daß solche Bestimmungen dem geltenden Recht in einigen Ländern widersprächen. „Wenn Sie sich die Verfassungen der Länder ansehen, so werden Sie sehen, daß in ihnen die Rechte der Kirche gewahrt sind. Ich habe mit Interesse festgestellt, daß einige Sätze Ihres Antrags unmittelbar der hessischen Verfassung entnommen sind. Allerdings ist Ihnen dabei (...) ein kleiner Fehler unterlaufen (...)"[130]. Auch in der 2. Lesung des Hauptausschusses lehnten *Zinn* und *Bergsträsser* eine solche Bestimmung unter Hinweis auf Hessen als Eingriff in die kulturelle und kirchenpolitische Autonomie der Länder ab.[131]

l) Art. 56 HV [Gemeinschaftsschule, Elternrecht]

Eines der heftigst umstrittenen Probleme zwischen den Fraktionen im Parlamentarischen Rat, insbesondere zwischen CDU und SPD, waren die „weltanschaulichen Fragen", namentlich das Elternrecht auf Gestaltung des religiös-weltanschaulichen Charakters der Schule.[132] Bei diesem vor allem von CDU/CSU-

---

[127] Ebd. S. 27 ff.

[128] Ebd. S. 28.

[129] Grundsatzausschuß, 29. Sitzung vom 4. Dezember 1948, StenProt. S. 62.

[130] Hauptausschuß, 22. Sitzung vom 8. Dezember 1948, StenProt. S. 256; vgl. auch 39. Sitzung vom 14. Januar 1949, StenProt. S. 489 f.

[131] Hauptausschuß, 39. Sitzung vom 14. Januar 1949, StenProt. S. 489 f.

[132] Auch die Bevölkerung zeigte an diesem Thema – neben der Frage der Gleichberechtigung von Mann und Frau – das meiste Interesse, jedenfalls wenn man dies an den Eingaben messen will, die den

und Zentrums-Vertretern wiederholt als zentrales Grundproblem von außerordentlicher, ja fundamentaler Bedeutung bezeichneten Thema wurde verschiedentlich auch die Kollisionsproblematik mit den bestehenden Landesverfassungen erörtert, wenn ein solches Elternrecht niedergelegt werden würde. So wies *Bergsträsser* auf Art. 56 Abs. 2 HV hin, der besagt, daß an allen hessischen Schulen die Kinder aller religiösen Bekenntnisse und Weltanschauungen in der Regel gemeinsam erzogen werden (Gemeinschaftsschule); er erwähnte auch die Übergangsbestimmung in Art. 156 Abs. 2 HV, „daß die konfessionelle Schule von 1950 ab eventuell wiederhergestellt werden kann, wo sie vorher bestand“[133]. Der CDU-Abgeordnete *Blomeyer* bestritt „irgendwelche Gegensätze zu den süddeutschen Verfassungen“ und sah in Art. 56 Abs. 7 Satz 2 HV ein Recht der Erziehungsberechtigten, die Gestaltung des Unterrichtswesens mitzubestimmen, so daß auch nach der Hessischen Verfassung der Elternwille in allen Erziehungsfragen entscheidend sei.[134] *Bergsträsser* verwies seinerseits wiederholt auf Hessen, wo „wir das (...) durchgekämpft“ haben, weil nur die Simultanschule Toleranz erzeuge, konfessionelle Schulen hingegen Intoleranz und „eigentlich nichts anderes als Standesschulen“ seien.[135]

Die gegensätzlichen Standpunkte standen sich auch in der 1. Lesung des Hauptausschusses unversöhnlich gegenüber. Die Zentrumsabgeordnete *Wessel* bezeichnete ebenso wie die CDU-Vertreterin *Dr. Weber* das Elternrecht[136] als ein Naturrecht, das vor jedem staatlichen und auch kirchlichen Recht stehe, deshalb im Grundgesetz verankert werden müsse und nicht Sache der Länder sein könne.[137] *Bergsträsser* wiederholte seine Bemerkungen aus dem Grundsatzausschuß unter erneuter Bezugnahme auf die Hessische Verfassung. Die Schaffung eines solchen Rechtes im Grundgesetz bedeute nicht nur „einen schweren Eingriff in Verfassungen verschiedener Länder“, sondern auch „die Zerreißung des geistigen Lebens in Deutschland“. Er kündigte an, die „Frage der sozialen Ordnung“ doch noch zum Gegenstand von Anträgen zu machen, „falls Sie auf diesen Wegen weitergehen sollten“[138]. Die so Angesprochenen ließen dennoch nicht locker; eine Aufnahme des Elternrechts scheiterte in der 1. und 2. Lesung des Hauptausschusses nur denkbar knapp. In der 3. Lesung gaben die Fraktionen der CDU/CSU, der DP und des Zentrums eine gemeinsame Erklärung ab, „daß kein Staat das Recht habe, den Eltern das

---

Parlamentarischen Rat erreichten. Von den 5131 Eingaben betrafen allein 2690 das Elternrecht; „20.000 bis 30.000 weitere Elternrechts-Zuschriften schwirrten auf Sammellisten und Kartenvordrucken ins Zimmer 143. Die las niemand. Sie liegen im Schrank (gebündelt). ‚Der ist nur fürs Elternrecht da‘ – sagte (Registrator) Pauli“, so Der Spiegel vom 19. Mai 1949, S. 5.

[133] Grundsatzausschuß, 29. Sitzung vom 4. Dezember 1948, StenProt. S. 16.

[134] Ebd. S. 17 f.

[135] Ebd. S. 21 f.

[136] *Heuss* machte zurecht darauf aufmerksam, daß dieses Wort einen mißverständlichen Charakter habe, da es eine Bedeutung bekommen habe, die weit darüber hinausgehe zu beschreiben, daß die Eltern Erziehungsrechte und -pflichten besitzen, Hauptausschuß, 21. Sitzung vom 7. Dezember 1948, StenProt. S. 247.

[137] Ebd. S. 245 f.

[138] Ebd. S. 249 f.

natürliche, von Gott gegebene Recht zur Erziehung ihrer Kinder anzutasten"[139]. Entsprechende Anträge scheiterten jedoch auch in der 4. Lesung.[140]

m) Art. 61 HV [Privatschulen]

In der Aussprache über einen Antrag des DP-Abgeordneten *Dr. Seebohm* zu Privatschulen wiederholte *Bergsträsser* seine Bemerkungen, die er im Zusammenhang mit Konfessionsschulen gemacht hatte, und verlas Art. 61 HV, den „man annehmen könnte. Aber auch in diesem Fall möchte ich doch sagen: die ganze Angelegenheit ist eine Sache der Länder und nicht der Bundesverfassung. Deshalb werden wir gegen diesen Antrag stimmen"[141]. Der Antrag wurde abgelehnt.

n) Art. 62 HV [Denkmalschutz]

Im Rahmen der Behandlung einer Eingabe aus der Bevölkerung, eine Bestimmung zum Denkmalschutz aufzunehmen, wies *Bergsträsser* auf einen Artikel in der Hessischen Verfassung hin, „nach welchem Kunstgüter, die auf einer bestimmten Liste stehen, nicht ausgeführt werden dürfen"[142]. Eine weitere Befassung mit dieser Frage erfolgte nicht, da sie als reine Landesangelegenheit angesehen wurde.

o) Art. 69 Abs. 1 Satz 2 HV [Kriegsächtung]

Auf Art. 69 Abs. 1 Satz 2 HV ist das erste Mal im Zusammenhang mit Eingaben aus der Bevölkerung[143] in der 15. Sitzung des Grundsatzausschusses Bezug genommen worden. An prominenter Stelle wurde diese Bestimmung dann von dem KPD-Abgeordneten *Renner* in der 6. Sitzung des Hauptausschusses ins Spiel gebracht, indem er den Antrag stellte, dem Artikel über die Verfassungswidrigkeit von Handlungen, die geeignet sind, das friedliche Zusammenleben zu stören, „eine grundsätzliche Erklärung etwa in der Form (vorauszuschicken), wie sie die hessische Verfassung enthält" („Der Krieg ist geächtet.")[144]. Er wurde darin unterstützt etwa von dem CDU-Vertreter *Kaufmann*, der zuvor die württembergisch-badische Verfassung zitiert hatte, wo der Krieg als Auseinandersetzungsmittel der Völker verurteilt werde.[145] Bezüglich der Formulierung wollte dieser sich zu jenem Zeitpunkt

---

[139] Hauptausschuß, 47. Sitzung, StenProt. S. 615. Vgl. im einzelnen *v. Doemming/Füßlein/Matz* (Fn. 74), S. 103 ff.

[140] Hauptausschuß, 57. Sitzung, StenProt. S. 760.

[141] Hauptausschuß, 22. Sitzung vom 8. Dezember 1948, StenProt. S. 262 f.

[142] Gemeint ist wohl Art. 62 HV, der allerdings einen anderen Inhalt hat.

[143] „In einer ganzen Reihe von Eingaben schreibt das Volk aus Sehnsucht nach dem Frieden, wir sollten uns dafür einsetzen, daß Frieden kommt und daß der Friedensgedanke und die Friedensbereitschaft in irgendeiner Weise in der Verfassung verankert wird." Frau *Dr. Weber* in der 15. Sitzung des Grundsatzausschusses vom 27. Oktober 1948, StenProt. S. 5.

[144] Hauptausschuß, 6. Sitzung vom 19. November 1948, StenProt. S. 72.

[145] Ebd. Die genannte Verfassung enthält eine solche Textstelle indes genauso wenig wie andere Landesverfassungen. In Art. 47 der Verfassung für Württemberg-Baden hieß es lediglich: „Jede Handlung,

noch nicht festlegen; er bat allerdings darum festzuhalten, daß diese Absicht bestehe und für einen gemeinsamen Antrag die Bestimmung aus der Hessischen Verfassung zu verwenden sei.[146]

In der 2. Lesung des Hauptausschusses erinnerte *Renner* an seinen Antrag, die Formulierung aus der Hessischen Verfassung zu übernehmen, die „richtiger, eindeutiger, klarer und zweckbedingter erscheint". Damit würde sich ein Recht auf Kriegsdienstverweigerung, wie es die SPD verlange, erübrigen, da mit dieser Formulierung zum Ausdruck gebracht werde, „was das Gros des Volkes will. Das Volk will keinen Krieg und keinen Kriegsdienst"[147]. Die Abstimmung über diesen Antrag wurde ausgesetzt.[148]

Renner blieb hartnäckig und stellte in der 4. Lesung des Hauptausschusses erneut den Antrag, die Formulierung aus der Hessischen Verfassung zu übernehmen, und zwar anstelle der Fassung des Redaktionsausschusses, daß niemand gegen sein Gewissen zum Kriegsdienst mit der Waffe gezwungen werden dürfe,[149] da dies den „zwangsweisen Einsatz deutscher Menschen etwa im Etappendienst" offen lasse. „Mit Ihrer Formulierung erreichen Sie gar nichts. Kommt es zu einem Krieg, dann wird gegen die Leute, die aus Gewissensbedenken den Waffendienst ablehnen, ein derartiges agitatorisches Trommelfeuer aufgezogen, daß sie es einfach nicht wagen, von dem vagen, in Ihrer Verfassung konzedierten Recht Gebrauch zu machen"[150]. Der Antrag wurde ohne weitere Erörterung gegen eine Stimme abgelehnt, das Recht zur Kriegsdienstverweigerung hingegen mehrheitlich angenommen.[151]

p) Art. 75 HV [Verhältniswahlrecht]

Zu der Frage des Einflusses der Hessischen Verfassung und Verfassungsgeber auf das Grundgesetz gehört auch, welche Wünsche an dieses in bezug auf das eigene Landesverfassungsrecht gerichtet wurden. Einen ganz konkreten Wunsch äußerte *Zinn* im Zusammenhang mit einer vorgesehenen Bestimmung, die die Ermächtigung enthielt, Vorschriften einer Landesverfassung, die über die Vorschriften des Grundgesetzes hinaus das Wahlverfahren und die Art des Wahlrechts regeln, jederzeit durch einfaches Landesgesetz zu ändern: „Die hessische Verfassung enthält (...) eine Vorschrift, die das reine Verhältniswahlrecht zwingend vorschreibt.[152]

---

die mit der Absicht vorgenommen wird, eine friedliche Zusammenarbeit der Völker zu stören, insbesondere die Führung eines Krieges vorzubereiten, ist verfassungswidrig."

[146] Ebd. S. 73.

[147] Hauptausschuß, 29. Sitzung vom 5. Januar 1949, StenProt. S. 347 ff.

[148] Ebd. S. 349.

[149] PR-Drs. 751, abgedruckt in: Der Parlamentarische Rat 1948–1949. Akten und Protokolle (Fn. 5), Band 7: Entwürfe zum Grundgesetz, bearb. von *Michael Hollmann*, Boppard 1995, Dok. 12 (S. 498).

[150] Hauptausschuß, 57. Sitzung vom 5. Mai 1949, StenProt. S. 745.

[151] Ebd.

[152] Auch andere Landesverfassungen enthielten solche Bestimmungen: Art. 80 der Verfassung für Rheinland-Pfalz, Art. 69 der Verfassung des Saarlandes, Art. 52 der Verfassung von Württemberg-Baden. Art. 14 Bayerische Verfassung spricht von einem (mit Elementen aus dem Mehrheitswahlrecht) „verbesserten Verhältniswahlrecht", vgl. dazu *Schweiger* in: *Nawiasky*, Die Verfassung des Freistaats Bayern. Kommentar, Art. 14, Rn. 9. Vgl. aber auch Art. 130 Abs. 1 HV, wonach die sechs vom Landtag zu wählenden Mitglieder des Staatsgerichtshofes nach den Grundsätzen der Verhältniswahl gewählt werden.

Wir in Hessen bedauern es, daß diese Vorschrift damals im Jahre 1946, ich muß wie der Herr Kollege *Schmid*[153] sagen, übereilt in die Verfassung hineingekommen ist. Man sollte solche Dinge nicht verfassungsrechtlich verankern. Heute hat man es eingesehen, und wir legen in Hessen Wert darauf, daß uns durch das Bundesgesetz die Möglichkeit gegeben wird, (...) auf erleichtertem Wege, nämlich durch gewöhnliches Landesgesetz, diese Vorschrift zu ändern"[154]. Der Artikel wurde zunächst angenommen, obwohl *Dr. Laforet* ihn als einen Eingriff in das alleinige Bestimmungsrecht des Landes hinsichtlich seines Verfassungsrechts ansah.[155]

Eigentlich hatte der Parlamentarische Rat kein Mandat, das künftige Wahlrecht auszuarbeiten, denn die für seine Tätigkeit maßgeblichen „Frankfurter Dokumente"[156] enthielten nichts über eine diesbezügliche Zuständigkeit. Folgerichtig kam es dann auch zu erheblichen Differenzen mit den Westalliierten,[157] nachdem der Parlamentarische Rat einen Wahlrechtsausschuß eingerichtet hatte, der in 20 Sitzungen den Entwurf eines Wahlgesetzes erarbeitete. Dieser wurde Gegenstand ausführlicher Erörterungen in der 8. Sitzung des Plenums, die der Berichterstatter *Dr. Becker* mit den Worten einleitete: „Auch wenn die Abstimmungen zunächst alle negativ verliefen, ergab sich schließlich aus der Summe der Negationen etwas Positives"[158]. In der Tat war das Wahlrecht „eines der umstrittensten und besonders leidenschaftlich diskutierten Themen"[159], wenn auch schnell erkennbar wurde, daß reine Systeme keine Chance hatten, vielmehr alles auf ein Misch-System zwischen Verhältnis- und Mehrheitswahl hinauslief.

q) Art. 127 HV

Richterwahlausschuß

„Artikel 127 HV war das Vorbild für Artikel 95 Absatz 2 GG." So steht es lapidar in einer in großer Auflage vertriebenen Druckschrift zur Hessischen Verfassung und zum Grundgesetz.[160] Und im Kommentar von *Zinn/Stein* heißt es:

---

[153] *Schmid* hatte als Vorredner diese Bestimmung als „Hilfe zur leichteren Korrektur übereilter Beschlüsse der verfassunggebenden Versammlungen des Jahres 1946" bezeichnet, Hauptausschuß, 40. Sitzung vom 14. Januar 1949, StenProt. S. 506.

[154] Ebd. Art. 75 Abs. 1 wurde durch die erste Änderung der Hessischen Verfassung überhaupt, nämlich durch Gesetz vom 22. Juli 1950 (GVBl. S. 131), geändert.

[155] Hauptausschuß, 40. Sitzung vom 14. Januar 1949, StenProt. S. 506.

[156] Dokumente zur künftigen politischen Entwicklung Deutschlands („Frankfurter Dokumente") vom 1. Juli 1948, abgedruckt in: Der Parlamentarische Rat 1948–1949. Akten und Protokolle (Fn. 5), Band 1: Vorgeschichte, bearb. von *Johannes Volker Wagner*, Boppard 1975, Dok. 4 (S. 30 ff.).

[157] Vgl. ausführlich *Erhard Lange*, Der Parlamentarische Rat und die Entstehung des ersten Bundestagswahlgesetzes, VfZ 20 (1972), S. 280 ff.

[158] Plenum, 8. Sitzung vom 24. Februar 1949, StenBer. S. 126. Der Spiegel (vom 20. November 1948) schrieb: „Daß (das Ausschuß-Schiff) sich überhaupt so lange auf den hochgehenden Diskussionswogen halten konnte, ist nur der energischen und ausgleichenden Verhandlungsführung des liberalen Hessen zu danken."

[159] So *Erich Straetling*, Der Parlamentarische Rat 1948–1949. Pfullingen 1989, S. 34.

[160] Einführung, in: Verfassung des Landes Hessen und Grundgesetz für die Bundesrepublik Deutschland, 46. Auflage, Bad Homburg vor der Höhe 1993, S. 63.

„Offenkundig ist die Patenschaft der HV bei der Regelung der Richterwahl und der Richteranklage im GG"[161].

In der Tat war es Frau *Dr. Selbert*, die Richterwahlausschüsse zum ersten Mal, und zwar in der 5. Sitzung des Rechtspflegeausschusses, ins Gespräch brachte: „Ich möchte in dem Gedanken, die Justiz etwas näher an das Volk zu bringen, nicht um sie in das politische Leben einzuschalten, sondern um sie volkstümlicher zu machen, das Volk, richtiger die politischen Parteien, bei der Ernennung der Richter mitreden lassen. Wir haben in Hessen eine sehr schöne Lösung gefunden, indem wir die Richter wählen. Sie werden vom Minister ernannt, aber sie werden vorher durch einen Richterwahlausschuß gewählt"[162]. Über diese Frage wurde ausführlich beraten, und ausgerechnet der hessische Kollege *Dr. Becker* wandte sich entschieden gegen die Einführung von Richterwahlausschüssen, u.a. deshalb, weil sie „praktisch die Unabhängigkeit der Richter aufhebt", außerdem gegen den Grundsatz der Ministerverantwortlichkeit verstoße und deshalb dem Geist der Demokratie widerspreche.[163]

Im Hauptausschuß wurde hierüber in 1. Lesung ausführlich in der 24. Sitzung beraten. Dabei wandten sich mehrere Redner dagegen, daß auch in den Ländern über die Anstellung der Richter der Landesjustizminister gemeinsam mit einem Richterwahlausschuß entscheidet. Frau *Dr. Selbert* hatte diesen Vorschlag eingebracht, „um nicht eine Uneinheitlichkeit der Regelung in den verschiedenen Ländern aufkommen zu lassen". Denn die Frage der Berufung der Richter gehöre zu den Grundfragen des staatlichen Lebens eines Volkes und müsse deshalb grundsätzlich vom Bund aus geregelt werden. Dem widersprachen *Süsterhenn, Laforet* und *Dehler*, da dies ein Bruch der Justizhoheit sei. *Dehler* und *Seebohm* wandten sich darüber hinaus auch gegen die Richterwahl als solche, da dies zu einer völligen Verwischung der Verantwortung führen würde.[164]

Der Ansicht, daß es sich bei dieser Regelung um einen Eingriff in die Justizhoheit der Länder handele, traten der KPD-Vertreter *Renner* und der SPD-Abgeordnete *Dr. Greve* entgegen: „Gerade weil wir die Justizhoheit der Länder in der britischen Zone wiederhergestellt wissen möchten, sind wir für diesen Artikel. (...) Durch die Regelung der Justizverhältnisse in der britischen Zone hat es keine Landesjustizhoheit gegeben"[165]. Dies betätigte der SPD-Vertreter *Stock* für die US-Zone. Und Frau *Dr. Selbert* ergänzte: „Umso nötiger ist es, eine Institution zu schaffen,

---

[161] *Zinn/Stein,* Die Verfassung des Landes Hessen. Kommentar. Erster Band, Bad Homburg vor der Höhe 1954, S. 76.

[162] Rechtspflegeausschuß, 5. Sitzung vom 10. November 1948, StenProt. S. 88. Eine Entschließung der Präsidenten der Obergerichte für das Vereinigte Wirtschaftsgebiet vom 18. Oktober 1948 (Archiv der sozialen Demokratie der Friedrich-Ebert-Stiftung Bonn, NL Hoch 26), die *Selbert* und andere Abgeordnete im weiteren Verlauf der Sitzung wiederholt erwähnten, enthielt bereits die Empfehlung, Richterwahlausschüsse einzurichten, ebenso ein Vorschlag des Abg. *Zinn* vom 3. November 1948, PR-Drs. 243. Von den Landesverfassungen kannte außer der Hessischen nur die Bremer (Art. 136) Richterwahlausschüsse. Zur Situation in Hamburg vgl. *Dr. de Chapeaurouge* im Hauptausschuß, 24. Sitzung vom 9. Dezember 1948, StenProt. S. 292.

[163] Rechtspflegeausschuß, 5. Sitzung vom 10. November 1948, StenProt. S. 93 f.

[164] Hauptausschuß, 24. Sitzung vom 9. Dezember 1948, StenProt. S. 287 f.

[165] *Dr. Greve,* ebd. S. 288.

um (die Richter) auf ihre demokratische Zuverlässigkeit zu prüfen. Das soll die Aufgabe eines Richterwahlausschusses sein, nicht etwa die Prüfung auf sachliche Qualifikation"[166]. Während die Bestimmung über die Anstellung der Richter der Bundesgerichte für die 2. Lesung zunächst zurückgestellt[167] und später in das Grundgesetz übernommen wurde (Art. 95 Abs. 3, 96 Abs. 2 GG, nach der 16. Änderung des Grundgesetzes vom 18. Juni 1968 Art. 95 Abs. 2 GG), fand der entsprechende Artikel über die Landesrichter mit 12 gegen 9 Stimmen zunächst Ablehnung,[168] wurde aber später in eine Ermächtigung für die Länder zur Einführung der Richterwahl umgewandelt, was unter ausdrücklichem Hinweis auf den Charakter als „Kann-Vorschrift" dann auch die Zustimmung der Abgeordneten der CDU und der CSU fand[169] (Art. 98 Abs. 4 GG).

Richteranklage

In der 7. Sitzung des Rechtspflegeausschusses stellte dessen Sitzungsvorsitzender *Dr. Strauß* einen Artikel vor, wonach ein Richter in bestimmten Fällen durch das Verfassungsgericht in ein anderes Amt oder in den Ruhestand versetzt oder entlassen werden kann. Er bezeichnete dies als „einen völlig neuen Gedanken", jedenfalls für das Bundesrecht. Die Hessische und die Württembergische Verfassung hätten „etwas Ähnliches"[170]. Die Bestimmung fand allgemeinen Beifall, soweit sie sich auf Bundesrichter bezog; eine Einbeziehung von Landesrichtern hielten einige hingegen für einen Einbruch in die Länderzuständigkeit.

Der Ausschußvorsitzende *Zinn* äußerte in der letzten Sitzung des Rechtspflegeausschusses allerdings „erhebliche Bedenken" gegen die vom Hauptausschuß in 1. Lesung angenommene Fassung, wonach die Richteranklage einen „vorsätzlichen oder grob fahrlässigen" Verstoß gegen Grundsätze des Grundgesetzes oder die verfassungsmäßige Ordnung eines Landes voraussetze. Die Hessische Verfassung habe dies nicht so geregelt; man könne die Richteranklage nicht von einer Schuld im Sinne des Strafrechts abhängig machen. Unter Berufung auf *Eberhard Schmidt*[171] sagte er, dem Richter sei nur ganz allgemein die Vertrauensfrage zu stellen und diese zu verneinen, wenn er als Repräsentant einer verfassungsmäßigen Justiz nicht mehr anerkannt werden könne.[172] Der Ausschuß schloß sich dieser Ansicht an.

---

[166] Ebd. S. 288 f.

[167] Ebd. S. 286.

[168] Ebd. S. 292.

[169] Rechtspflegeausschuß, 9. Sitzung vom 17. Dezember 1948, StenProt. S. 12 f.

[170] Rechtspflegeausschuß, 7. Sitzung vom 6. Dezember 1948, StenProt. S. 123. Der Allgemeine Redaktionsausschuß hatte am Tage zuvor diese Bestimmung vorgeschlagen, PR-Drs. 343, ebenso ein Entwurf des Abg. *Zinn* vom 3. November 1948 (PR-Drs. 243). Neben den Verfassungen Hessens und Württemberg-Badens enthielt auch die badische Verfassung in Art. 111 die Richteranklage.

[171] *Schmidt* war Professor in Göttingen und Gegner der Richteranklage, vgl. seinen Beitrag „Politische Rechtsbeugung und Richteranklage" in: Justiz und Verfassung. Beiträge und Vorschläge zur Stellung der Rechtspflege im Staat aus Anlaß der westdeutschen Verfassungsberatungen, hg. vom Zentral-Justizamt für die Britische Zone, Hamburg 1948, S. 55–102.

[172] Rechtspflegeausschuß, 10. Sitzung vom 11. Januar 1949, StenProt. S. 50 f.

Im Hauptausschuß wurde darüber in 2. Lesung am 13. Januar 1949 verhandelt. Hier traf *Zinn* zunächst die Feststellung, daß man sich über die Notwendigkeit einer Richteranklage grundsätzlich einig sei.[173] Kontrovers erörtert wurde neben der Frage, welches Gericht über die Richteranklage entscheiden solle – das Verfassungsgericht oder das oberste Dienststrafgericht –, erneut die Frage des Verschuldens. Während Abgeordnete wie der CDU-Vertreter *de Chapeaurouge* der Ansicht waren, die Möglichkeit einer Richteranklage schon bei leichtem Verschulden widerspräche dem Prinzip der Unabhängigkeit der Richter,[174] sahen andere eine Bestimmung über die Richteranklage im Hinblick auf den Rechtsbeugungstatbestand des Strafgesetzbuches als überflüssig an, wenn sie nur bei vorsätzlicher oder grob fahrlässiger Verfassungsverletzung greifen würde. Gerade die Unabhängigkeit des Richters schaffe eine Vertrauensstellung, die eine besondere Verantwortlichkeit dem Staat gegenüber bedinge. Deshalb sei die Erziehung des Richters dahin, daß er sich zu den Grundsätzen der Verfassung und der Demokratie bekennt, notwendig, sonst stünde eine neue Justizkrise vor der Tür.[175] Diese Verfassungsbestimmung sei keine Strafsanktion, sondern diene der Feststellung, ob ein Richter die menschliche Eignung besitze, die von einem Richter eines demokratischen Staates verlangt werden müsse.[176] Auch die Hessische Verfassung habe ein Verschulden nicht zur Voraussetzung, und man würde nicht sagen können, daß in der hessischen Justiz die Unabhängigkeit des Richters durch die Möglichkeit, einen Richter ohne Verschulden wegen Verfassungsverletzung anzuklagen, erschüttert sei.[177]

Nach kurzer Vertagung und einer erneut ausführlichen Debatte über diese Frage – „eine der empfindlichsten Stellen unseres staatlichen Aufbaus"[178] –, in der *Elisabeth Selbert* auf den Zusammenhang zwischen der Richteranklage und der Richterwahl hinwies, wurde der Artikel mit einer Stimme Mehrheit auf vorsätzliches Handeln beschränkt und mit ebenfalls nur knapper Mehrheit angenommen.[179] Später wurde er aber noch mehrfach geändert, was nicht zuletzt auf Eingaben von Kreisen außerhalb des Parlamentarischen Rates – Richtervereine, Dekane der rechtswissenschaftlichen Fakultäten u.a. – zurückzuführen war.[180] Im Schriftlichen Bericht zum Entwurf des Grundgesetzes[181] heißt es, daß die Regelung des Art. 98 Abs. 2 GG

---

[173] Hauptausschuß, 37. Sitzung vom 13. Januar 1949, S. 469.

[174] Ebd.

[175] *Elisabeth Selbert*, ebd. S. 469 f., ähnlich auch in der 38. Sitzung vom selben Tage, StenProt. S. 478 f.

[176] *Dr. Carlo Schmid* (SPD), ebd. S. 472 f.

[177] *Zinn*, ebd. S. 472.

[178] *Dr. Dehler* (FDP), Hauptausschuß, 38. Sitzung vom 13. Januar 1949, StenProt. S. 477.

[179] Ebd. S. 480.

[180] Dennoch hat diese Bestimmung schnell Kritiker gefunden; der Senatspräsident *Dr. Rotberg* etwa befaßte sich ausführlich mit der Frage, „wie sich die bedenklichen Rechtsfolgen des Art. 98 auf ein erträgliches Maß zurückführen lassen", in: DRZ 1949, S. 388; *Grewe* (Die Bundesrepublik als Rechtsstaat, DRZ 1949, S. 394) charakterisierte die Bestimmung – „wie man die Kautelen auch bewerten mag, mit denen sie umgeben ist" – als „Ausdruck der eigentümlich zwiespältigen Haltung, die im Parl. Rat gegenüber der Justiz herrschte". *Eduard Kern* (Die Rechtsprechung, DV 1949, S. 332) bezeichnete die Verfassungen von Hessen, Württemberg-Baden und Baden ausdrücklich als „Vorbild" für diese Bestimmung. Vgl. auch *Georg August Zinn*, Die Rechtsprechung, DÖV 1949, S. 278 ff., der im Hinblick auf die Bedenken der Kritiker sogar auf die Verfassungen von Kanada, Australien und Südafrika verwies.

[181] Anlage zum StenBer. der 9. Sitzung des Plenums vom 6. Mai 1949, S. 49.

nicht so weit gehe wie die Bestimmungen einiger Landesverfassungen, insbesondere Art. 127 Abs. 4 der Hessischen Verfassung, die „den einschlägigen Fragenkomplex nicht primär unter eigentlich strafrechtlichen Aspekten gewertet wissen" wolle und nach der ein Richter unter Umständen ohne Vorliegen irgendeines Schuldmomentes entlassen werden könne.

r) Art. 146 HV [Pflicht zur Verteidigung der Verfassung]

Frau *Dr. Selbert* regte an, eine Bestimmung aufzunehmen, daß jeder Staatsbürger für den Bestand der Verfassung eintreten müsse. Dies sei nach französischem Vorbild in die Hessische Verfassung gelangt. „Man sollte anregen, daß das zumindest einmal in einem Gremium besprochen wird"[182]. Das geschah nicht.

s) Art. 147 HV [Widerstandspflicht]

Bergsträsser übernahm für seinen Grundrechtekatalog unter Hinweis auf Art. 147 HV, wonach Widerstand gegen verfassungswidrig ausgeübte öffentliche Gewalt jedermanns Recht und Pflicht ist,[183] eine Formulierung aus dem UN-Entwurf:[184] „Jedermann hat das Recht, einzeln oder in Verbindung mit anderen der Unterdrückung und der Tyrannei Widerstand zu leisten." *Heuss* sah darin eine „Heroisierung der Widerstandsbewegungen" und war gegen die Aufnahme einer solchen Bestimmung, während *Bergsträsser* der Ansicht war, es gebe eine Pflicht zum Widerstand gegen den Versuch, die demokratische Staatsform umzustürzen, und dafür die Unterstützung des Vertreters der Deutschen Partei, *Wilhelm Heile,* erhielt. Eine solche Bestimmung habe, so *Bergsträsser* weiter, Bedeutung etwa für einen Beamten, der einem Umsturzversuch nicht Widerstand geleistet hat.[185]

Auf das Widerstandsrecht in der Hessischen Verfassung wurde erneut in der 6. Sitzung des Grundsatzausschusses Bezug genommen; der Ausschußvorsitzende *v. Mangoldt* sah es mehr oder weniger von der Treuepflicht gegenüber der Verfassung miterfaßt. Es sei, so *v. Mangoldt* und *Heuss,* auch schwer zu verwirklichen, und außerdem müsse man vermeiden, daß „jeder Querulant dann dauernd vom Widerstandsrecht unter voller Berufung auf die Verfassung sprechen wird"[186]. *Zinn* schlug deshalb vor, es auf eine Widerstandspflicht der Beamten zu beschränken, was allerdings eine weitere Diskussion über die Frage der Bestrafung jener auslöste,

---

182 Rechtspflegeausschuß, 5. Sitzung vom 10. November 1948, StenProt. S. 81.

183 Ähnliche Bestimmungen enthielten nur die Verfassungen von Baden (Art. 126) und Bremen (Art. 19).

184 Erklärung der Menschenrechte. Entwurf der Vereinten Nationen vom 7. Oktober 1948, abgedruckt in: Der Parlamentarische Rat 1948–1949. Akten und Protokolle (Fn. 5), Band 5/I: Ausschuß für Grundsatzfragen (Fn. 85), Dok. 10 (S. 220 ff.).

185 Grundsatzausschuß, 3. Sitzung vom 21. September 1948, StenProt. S. 55 und 6. Sitzung vom 5. Oktober 1948, StenProt. S. 69.

186 *v. Mangoldt,* Grundsatzausschuß, 6. Sitzung vom 5. Oktober 1948, StenProt. S. 69.

die dieser Pflicht nicht nachkommen würden.[187] Letztendlich wurde eine solche Bestimmung aber nicht in das Grundgesetz aufgenommen.

VII. Schluß

Zusammenfassend läßt sich feststellen, daß die Hessische Verfassung und das Grundgesetz einige wesentliche Gemeinsamkeiten haben, auch solche, die für das deutsche Verfassungsleben neu waren. Allerdings ist die Hessische Verfassung nicht die einzige vorkonstitutionelle Landesverfassung, bei der diese Gemeinsamkeiten mit dem Grundgesetz bestehen. Insofern bestätigt sich der eingangs zitierte Satz von *Jellinek*, daß „die Länderverfassungen" – nicht nur eine bestimmte – Vorboten des Grundgesetzes waren. Viele Elemente der Hessischen Verfassung hat das Grundgesetz aufgegriffen – dies gilt aber auch für andere Landesverfassungen. Ebenso läßt sich feststellen, daß die Hessische Verfassung in Herrenchiemsee und Bonn durchaus häufig in den Blick genommen wurde; sie nahm aber keine herausragende Stellung unter den verschiedenen Quellen ein, die dem Grundgesetzgeber zur Verfügung standen und die er zu Rate zog. Dieser hat sich im „freien Wettbewerb", von dem *Jellinek* sprach, bedient und war gut versorgt. Dennoch ist – wen sollte das überraschen – das Grundgesetz stets eigene Wege gegangen, und zwar auch dann, wenn einzelne Verfassungen wie die hessische explizit als Vorbildgeber für einzelne Bestimmungen fungierten. „Die Leistung des Parlamentarischen Rates lag auch und gerade in seiner Fähigkeit, Zuflüsse aus so verschiedenen Quellen so zusammenzuführen, daß eine im ganzen doch schlüssige und stimmige Lösung gefunden wurde"[188]. Eine dieser Quellen war die Hessische Verfassung – nicht mehr, aber auch nicht weniger.

---

[187] Ebd. S. 70 ff.

[188] *Peter Schulz*, Ursprünge unserer Freiheit. Von der Amerikanischen Revolution zum Bonner Grundgesetz, Hamburg 1989, S. 229.

GILBERT GORNIG

Kontinuität oder Diskontinuität: Die Beziehungen des Landes Hessen zu seinen Gebietsvorgängern

I. Zur Entstehung des Landes Hessen nach 1945

1. Überblick über die Geschichte

Unter Landgraf *Philipp dem Großmütigen* (1509–1567) waren die hessischen Lande – die Besitzungen an der Fulda, Werra, Diemel, Schwalm und Lahn, die Grafschaften Ziegenhain, Nidda und Katzenelnbogen – zum letzten Mal in einer Hand vereinigt. Nach *Philipps* Tod wurde das Land aufgrund seines Testaments unter seinem ältesten Sohn *Wilhelm IV.* und seinem jüngsten Sohn *Georg* geteilt.[1] *Wilhelm IV.* war der Begründer des Hauses Hessen-Kassel und der Landgrafschaft Hessen-Kassel. Er erhielt Niederhessen mit Kassel, den größten Teil von Ziegenhain und einen Teil von Schmalkalden. *Georg* war der Begründer des Hauses Hessen-Darmstadt und der Landgrafschaft Hessen-Darmstadt. Ihm fiel die Obergrafschaft Katzenelnbogen mit Darmstadt zu. Die Erbteile der beiden anderen Söhne – Oberhessen mit Marburg und Gießen, die Grafschaft Nidda, die Herrschaft Eppstein und die Niedergrafschaft Katzenelnbogen mit Rheinfels und St. Goar – kamen nach deren Tode an die überlebenden Linien.[2]

Nach der Aufhebung zahlreicher weltlicher und geistlicher Herrschaften im Reichsdeputationshauptschluß des Jahres 1803[3] gliederte sich das Land in das zum Kurfürstentum erhobene Hessen-Kassel[4], die Landgrafschaft Hessen-Darm-

---

[1] Das Herrschaftsgebiet von *Philipp* umschloß ferner die Erzbistümer Trier und Mainz, die Reichsabteien Hersfeld und Fulda sowie die Reichsstädte Frankfurt am Main, Friedberg, Wetzlar, Gelnhausen sowie zahlreiche gräfliche und ritterschaftliche Besitzungen. Vgl. zur Geschichte: *Demandt, Karl E.*, Geschichte des Landes Hessen, 2. Aufl. 1972, S. 40 ff.; ferner: *Zinn, Georg A./Stein, Erwin*, Verfassung des Landes Hessen, Kommentar, 1. Ausgabe 1954, 2. Ausgabe 1963, Bd. 1, Teil B, S. 3 ff.; ferner: *Stolleis, Michael*, Die Entstehung des Landes Hessen und seiner Verfassung, in: *Meyer, Hans/Stolleis, Michael* (Hrsg.), Staats- und Verwaltungsrecht für Hessen, 3. Aufl. 1994, S. 17 ff. (20).

[2] Vgl. *Zinn/Stein* (Anm. 1), Bd. 1, Teil B, S. 4 f.

[3] Es handelt sich hierbei um den Beschluß der letzten Reichsdeputation (Text: *Hofmann, Hanns Hubert* (Hrsg.), Quellen zum Verfassungsorganismus des Heiligen Römischen Reiches Deutscher Nation 1495–1815. Freiherr vom Stein Gedächtnisausgabe, Reihe B, Bd. 13, 1976, Nr. 66), eines Ausschusses des Reichstages. Mit ihm wurden unter dem maßgebenden Einfluß Frankreichs und Rußlands fast alle geistlichen Fürstentümer und die Reichsstädte bis auf 6 mediatisiert, um die Bestimmungen des Friedens von Lunéville vom 9. Februar 1801 (Text: *Parry, Clive* [ed.], The Consolidated Treaty Series, vol. 55 [1799–1801], 1969, S. 477 ff.) über die Abtretung des linken Rheinufers an Frankreich und die Entschädigung der dort begüterten deutschen Fürsten durchzuführen. Den Hauptnutzen davon hatten die süd- und westdeutschen Mittelstaaten und Preußen.

[4] Vgl. zur Geschichte des Kurfürstentums Hessen: *Losch, Philipp*, Geschichte des Kurfürstentums Hessen 1803–1866, 1922, S. 20 ff.

stadt, Nassau-Weilburg, Nassau-Usingen und Nassau-Oranien. Zahlreiche territoriale Veränderungen brachte die napoleonische Zeit mit sich: aus Frankfurt, der Reichsstadt Wetzlar, dem Fürstentum Aschaffenburg, dem Fürstentum Fulda und der Grafschaft Hanau wurde das Großherzogtum Frankfurt, aus Kurhessen[5], Braunschweig, Teilen von Hannover und von Preußen das Königreich Westphalen mit der Hauptstadt Kassel. Nassau-Weilburg und Nassau-Usingen[6] haben sich zusammen mit den rechtsrheinischen Besitzungen von Kurmainz und Kurtrier 1806 zum Herzogtum Nassau vereinigt.[7] Hessen-Darmstadt wurde 1806 mit dem Beitritt zum Rheinbund Großherzogtum.[8] Frankfurt wurde die Hauptstadt des Rheinbundes und des Großherzogtums Frankfurt.[9]

Nach der Niederlage *Napoleons* zerfiel das Königreich Westphalen, und das Kurfürstentum Hessen-Kassel (Kurhessen) wurde wiederhergestellt. Kurhessen erhielt auf dem Wiener Kongreß 1814–1815 den größten Teil des Fürstentums Fulda, mußte dafür aber Katzenelnbogen an Nassau abtreten. Das Herzogtum Nassau wurde durch das Fürstentum Nassau-Oranien vergrößert. Hessen-Darmstadt erhielt als Entschädigung für verlorene Gebiete ehemals geistliche und Pfälzer Gebiete auf dem linken Rheinufer mit Mainz und Worms. Sie erhielten den Namen Rheinhessen.[10] Hessen-Kassel, Hessen-Darmstadt, die Nebenlinie Hessen-Homburg, das Fürstentum Waldeck und die freie Stadt Frankfurt schlossen sich dem Deutschen Bund an.

Im Krieg 1866 annektierte Preußen Kurhessen, Nassau und Frankfurt[11]. Sie bildeten seit 1868 die preußische Provinz Hessen-Nassau. Bei der Vereinigung des

---

[5] Da Kurhessen anders als Hessen-Darmstadt nicht dem Rheinbund beigetreten war, wurde es 1806 von *Napoleon* besetzt und dem Königreich Westphalen unterstellt, dessen König der Bruder *Napoleons, Jérôme,* war.

[6] Sie wurden im Reichsdeputationshauptschluß 1803 für den Verlust linksrheinischer Gebiete durch ehemals geistliche Gebiete entschädigt.

[7] Vgl. *Zinn/Stein* (Anm. 1), Bd. 1, Teil B, S. 5.

[8] Vgl. etwa *Stolleis* (Anm. 1), in: *Meyer/Stolleis,* S. 21.

[9] Vgl. insgesamt auch *Demandt, Karl E.*, Hessen, in: *Erler, Adalbert/Kaufmann, Ekkehard/Werkmüller, Dieter* (Hrsg.), Handwörterbuch zur Deutschen Rechtsgeschichte, Bd. II, 1978, Sp. 127 ff. (135 ff.).

[10] Unter der Bezeichnung Rheinhessen wird das Gebiet der Stadtkreise Mainz und Worms und der Landkreise Alzey, Bingen, Mainz und Worms verstanden. Vgl. ferner *Zinn/Stein* (Anm. 1), Bd. 1, Teil B, S. 5; *Kluke, Paul,* Das Land Hessen. Geschichtliche Voraussetzungen der politischen Betätigung in einem Bundeslande, in: *Stein, Erwin* (Hrsg.), 30 Jahre Hessische Verfassung 1946–1976, 1976, S. 1 ff. (5).

[11] Das Gesetz vom 5. März 1869 (Gesetzsammlung für die Königlichen Preußischen Staaten, 1869, Nr. 21, S. 379 ff.) betraf die Übernahme der Schulden der Stadt Frankfurt am Main, die als vormalige Freie Stadt sowohl Staat als auch Stadt gewesen war. Zentraler Punkt der Verhandlungen zwischen Frankfurt und Preußen anläßlich der preußischen Einverleibung 1866 war die Frage, welche Schulden Frankfurts Staatsschulden waren, die von Preußen zu übernehmen waren – darüber bestand Einigkeit –, und welche Schulden als städtische Schulden bei Frankfurt verbleiben sollten. Der Kompromiß wurde im Gesetz vom 5. März 1869 verankert. Dem Gesetz wurde als Anlage ein Rezess beigefügt, der die Auseinandersetzung der Schulden enthielt. Die meisten Anleihen der Stadt Frankfurt wurden als Staatsschulden übernommen. Art. 16 des Rezesses bestimmte, daß alle durch diesen Rezess nicht ausdrücklich auf den Staat übernommenen Schuldverbindlichkeiten der vormaligen Freien Stadt Frankfurt, insbesondere die aufgrund des Senatsbeschlusses vom 23. Oktober 1828 zur Anlage einer neuen Wasserleitung aufgenommene Anleihe vom 15. Januar 1829 und die aufgrund des Gesetzes vom 12. Januar und 13. Mai 1864 zur Ablösung gewerblicher Berechtigungen aufgenommenen beiden Anleihen vom 20. Mai 1864, als städtische Schulden der Stadtgemeinde Frankfurt am Main zur Last fallen. § 3 des Gesetzes bestimmte die Übernahme der Pensionslast zu den Pensionen, die weder städtische noch persönliche Verbindlichkeiten der abgesetzten Herrscher

Freistaates Waldeck mit Preußen im Jahre 1928 wurde Waldeck Bestandteil der Provinz Hessen-Nassau.[12] Am 1. Juli 1944 wurde die preußische Provinz Hessen-Nassau in die Provinzen Kurhessen[13] und Nassau[14] geteilt. Aus dem Großherzogtum Hessen-Darmstadt wurde 1918 der Volksstaat Hessen.[15]

2. *Die Errichtung des hessischen Staates nach dem Ende des Zweiten Weltkriegs*

Die Initiative zum staatlichen Wiederaufbau, insbesondere der Länder, ging nach der Kapitulation der Deutschen Wehrmacht vom 7./8. Mai 1945 nicht von deutscher Seite, sondern von den Besatzungsmächten aus.[16] Ziel der Alliierten war es, an die Stelle des zentralistischen Staatswesens der nationalsozialistischen Diktatur eine föderalistische Ordnung zu setzen, die weitgehend auf die geschichtliche Entwicklung und die geographischen und wirtschaftlichen Zusammenhänge Rücksicht zu nehmen habe. Schon am 21. April 1945 wurde in Darmstadt eine Regierung für die ehemalige Provinz Starkenburg gebildet, der später auch die Regierungsgewalt über Oberhessen übertragen wurde und die ab 8. August 1945 unter der Bezeichnung „Deutsche Regierung des Landes Hessen" im wesentlichen den ehemaligen Volksstaat Hessen verwaltete.[17] Entsprechende Befugnisse erhielten am 1. Mai 1945 der Regierungspräsident in Wiesbaden für die ehemalige preußische Provinz Nassau und am 10. Mai 1945 der Ober- und Regierungspräsident in Kassel für die ehemalige Provinz Kurhessen[18]. Hierbei handelt es sich aber nicht um Vorläuferstaaten des

---

waren. Die gleiche Regelung wurde auch in anderen Annexionsfällen getroffen. Die Gesetze enthielten keine Ausnahmebestimmungen für Kriegsschulden. Welche Schulden als persönliche Verbindlichkeiten der ehemaligen Herrscher anzusehen waren, wurde in Verträgen des Preußischen Staates mit den Herrschern festgelegt. Schon vor Erlaß der Gesetze von 1868 und 1869 hatte Preußen in den Patenten vom 3. Oktober 1866 (Gesetzsammlung für die Königlichen Preußischen Staaten 1866, Nr. 51, S. 591 ff.) erklärt, daß es wohlerworbene Rechte schützen werde. Diese Patente folgten dem Gesetz vom 20. September 1866 betreffend die Einverleibung Hannovers, Hessen-Kassels, Nassaus und Frankfurts in den Preußischen Staat (Gesetzsammlung für die Königlichen Preußischen Staaten, 1866, Nr. 47, S. 555 ff.).

[12] Vgl. Preußisches Gesetz vom 25.7.1928, Text: Preußische Gesetzessammlung, S. 179; Reichsgesetz vom 7.12.1928 über die Vereinigung von Waldeck mit Preußen, Text: RGBl. 1928 I, S. 401.

[13] Vgl. § 1 des Erlasses des Führers vom 1.4.1944 über die Bildung der Provinzen Kurhessen und Nassau, Text: RGBl. 1944, S. 109 f. Die Provinz Kurhessen war gemäß § 2 Abs. 1 des Erlasses aus dem Regierungsbezirk Kassel entstanden. Der Landkreis Schmalkalden wurde gemäß § 5 Abs. 2 des Erlasses aus dem Regierungsbezirk Kassel in den Regierungsbezirk Erfurt der preußischen Provinz Sachsen umgegliedert.

[14] Die Provinz Nassau war gemäß § 3 Abs. 1 des Erlasses vom 1.4.1944 aus dem Regierungsbezirk Wiesbaden entstanden.

[15] Großherzog *Ernst Ludwig* verzichtete in Darmstadt auf den Thron, nachdem der Übergang zur Republik vollzogen war.

[16] Vgl. *Mühlhausen, Walter,* Die Entscheidung der amerikanischen Besatzungsmacht zur Gründung des Landes Hessen 1945, in: Nassauische Annalen. Jahrbuch des Vereins für nassauische Altertumskunde und Geschichtsforschung, Bd. 96 (1985), S. 197 ff.; ders., Hessen 1945–1950. Zur politischen Geschichte eines Landes in der Besatzungszeit, 1985, S. 19 ff., 485 ff.; *Kluke* (Anm. 10), in: *Stein,* S. 12 ff.

[17] Vgl. *Mühlhausen* (Anm. 16), in: Nassauische Annalen. Jahrbuch des Vereins für nassauische Altertumskunde und Geschichtsforschung, Bd. 96 (1985), S. 202.

[18] Vgl. *Demandt* (Anm. 1), S. 608; *Dorn, Walter L.,* Zur Entstehungsgeschichte des Landes Hessen, in: Vierteljahreshefte für Zeitgeschichte 1958, Heft 2, S. 191 ff.; vgl. auch *Clay, Lucius D.,* Entscheidung in Deutschland, 1950, S. 103.

Landes Hessen. Vielmehr waren die Bezirke Verwaltungseinheiten ohne Rechtsfähigkeit, und ihre Organe übten ihre Befugnisse auf Weisung der Militärregierung als deutsche Reichsgewalt aus.[19]

Am 19. September 1945 erfolgte schließlich durch die Proklamation Nr. 2 der amerikanischen Militärregierung die Bildung eines Landes Groß-Hessen.[20] Die ursprüngliche, wegen des Zusammenschlusses mehrerer Gebietsteile gewählte Bezeichnung „Groß-Hessen" ist in der Hessischen Verfassung durch „Hessen" ersetzt worden.[21] Das Land Hessen setzt sich aus folgenden Gebietsteilen zusammen:

- der ehemaligen preußischen Provinz Kurhessen, wobei am 19. September 1945 die ehemaligen kurhessischen Gemeinden Asbach, Hennigerode-Weidenbach, Sickenberg und Vatterode zur sowjetischen Besatzungszone geschlagen wurden, während umgekehrt die bis 1945 zur preußischen Provinz Sachsen gehörenden Gemeinden Neuseesen und Werleshausen in die amerikanische Besatzungszone und daher in das Land Hessen einbezogen wurden,
- der ehemals preußischen Provinz Nassau mit Ausnahme der Landkreise Oberwesterwald, Unterwesterwald, Unterlahn und St. Goarshausen,
- Teilen des Volkstaates Hessen, nämlich den früheren Provinzen Starkenburg und Oberhessen, sowie den rechtsrheinischen Teilen der Provinz Rheinhessen.

Damit verfügt Hessen über ein territorial geschlossenes Staatsgebiet.[22] Hessen erhob aber Anspruch auf die infolge der Zonenabgrenzung[23] zu Rheinland-Pfalz geschlagenen Teile der preußischen Provinz Nassau und des ehemaligen Volkstaates Hessen.[24] Dem Land ist gemäß Art. III unter Vorbehalt der übergeordneten Machtbefugnis der Militärregierung volle gesetzgebende, richterliche und vollziehende Gewalt übertragen worden bei gleichzeitiger Überordnung des alliierten Kontrollrats[25]. Das Land wurde in die drei Regierungsbezirke Kassel, Wiesbaden und Darmstadt eingeteilt. Der stellvertretende Militärgouverneur und Zonenbefehlshaber *Lucius D. Clay* war der Ansicht, daß mit dem Land Hessen ein Staatsgebilde von ausreichender Größe, Bevölkerung und natürlichem Reichtum zur Verfügung stand, um eine stabile Einheit in einem späteren föderalen Deutschland darzustellen.[26]

---

[19] Vgl. *Zinn/Stein* (Anm. 1), Bd. 1, Teil B, S. 72.

[20] Text: Amerikanisches Amtsblatt, Ausgabe A, S. 2; *Lilge, Herbert*, Hessen in Geschichte und Gegenwart, 1922, S. 17. Vgl. auch *Stolleis* (Anm. 1), in: *Meyer/Stolleis*, S. 29.

[21] Vgl. hierzu auch *Mühlhausen* (Anm. 16), in: Nassauische Annalen. Jahrbuch des Vereins für nassauische Altertumskunde und Geschichtsforschung, Bd. 96 (1985), S. 219.

[22] Zum Problem Bad Wimpfen vgl. *Zinn/Stein* (Anm. 1), Bd. 1, Teil B, S. 7.

[23] Es geht um die Grenze zwischen der US-amerikanischen und der französischen Besatzungszone.

[24] Die abgetrennten Teile waren die Regierungsbezirke Montabaur mit den Kreisen Ober- und Unterwesterwald, Unterlahn und St. Goarshausen (heute Regierungsbezirk Koblenz) und Rheinhessen-Pfalz. Heute gehören die Gebiete zum Land Rheinland-Pfalz. Art. 2 Abs. 2 des Staatsgrundgesetzes vom 22.11.1945 (Text: GVBl. 1945, S. 23) machte aber den Vorbehalt: „Die in der französischen Besatzungszone liegenden Gebietsteile der ehemaligen Provinz Nassau und des ehemaligen Volkstaates Hessen gehören z.Z. nicht zu dem Staatsgebiet des Staates Groß-Hessen". Zur Frage der Wiedereingliederung dieser Gebiete in das Land Hessen nach einem Volksbegehren (vgl. Gesetz vom 23.12.1955, Text: BGBl. 1955 I, S. 835 ff.) vgl. BVerfGE 13, S. 54 ff. (97).

[25] Vgl. Art. 3 des Londoner Abkommens über Kontrolleinrichtungen in Deutschland vom 14. November 1944, Text: *von Münch, Ingo*, Dokumente des geteilten Deutschland, 2. Aufl. 1976, S. 29 ff.

[26] *Clay* an Secretary of War *Patterson*, 13.10.1945, in: *Smith, Jean E.*, The Papers of General Lucius D. Clay, 1974, Bd. 1, S. 91, vgl. auch S. 102.

Die Proklamation Nr. 2 war der erste Schritt zur Errichtung eines Landes Hessen, die Entstehung des Landes Hessen erfolgt jedoch noch nicht mit dieser Proklamation. Die durch die Proklamation geschaffenen Länder konnten nämlich noch nicht sämtliche Merkmale eines Staates, Staatsgebiet, Staatsvolk und Staatsgewalt, aufweisen. Die Besatzungsmächte schufen vielmehr „Verwaltungsgebiete", die sie zwar als Staaten mit „Staatsgebieten" bezeichneten und denen sie eine „Staatsregierung" zuwiesen, sie übertrugen der Verwaltungseinheit jedoch keine Staatsgewalt. Die Befugnisse, die den Ländern nach Art. III Abs. 1 der Proklamation Nr. 2 übertragen wurden, waren immer noch von der obersten Machtbefugnis der Militärregierung überlagert. Man kann deswegen zum Zeitpunkt der Proklamation Nr. 2 noch nicht von einem Staat im eigentlichen Sinne sprechen, da es noch an der Staatsgewalt fehlte.[27] Da die Alliierten nur Verwaltungseinheiten schufen, machten sie von einer Kompetenz Gebrauch, die ihnen im Rahmen ihrer Besatzungsgewalt[28] zustand. Es kann damit die Frage offen bleiben, ob es in der Kompetenz der Alliierten gelegen wäre, auch Länder zu begründen.[29] Die Besatzungsmacht hatte also lediglich den Anstoß gegeben, daß sich aus einer Gebietskörperschaft ein Land entwickelte. Staatlichkeit mußte sich später durch weitere Akte herausbilden.[30] Es stellt sich somit die Frage, ab wann aus der „Verwaltungseinheit" Hessen der „Staat" Hessen geworden ist. Es wird argumentiert, daß zugleich mit der Reorganisation der Bundesrepublik deren Gliedstaaten Staatlichkeit erhielten, daß sich also erst aus Art. 20 Abs. 1 GG der Staatscharakter der Länder im staatsrechtlichen Sinne ergebe. Die westdeutschen Länder seien somit erst Staaten geworden, als die Bundesrepublik Deutschland als Teilordnung der gesamtdeutschen Staatlichkeit in Westdeutschland entstand.[31] Diese Auffassung hätte jedoch zur Folge, daß die Neuordnung der Staatlichkeit im Gebiet der westlichen Besatzungszone allein durch die Bundesrepublik Deutschland erfolgt wäre und daß die Länder ihre Staatsqualität vom Bund empfangen hätten. Dies würde bedeuten, daß die

---

[27] Vgl. *Klein, Friedrich,* Neues deutsches Verfassungsrecht, 1949, S. 197. *Schweiger, Karl,* in: *Nawiasky, Hans/Schweiger, Karl/Knöpfle, Franz* (Hrsg.), Die Verfassung des Freistaates Bayern, 1989, Teil II, S. 11 f., bezeichnet Bayern nach der Proklamation Nr. 2 „als Verwaltungsgebiet mit der Bezeichnung ‚Staat' und mit einer Staatsregierung an der Spitze". Nach anderer Ansicht haben jedoch die durch die Proklamation geschaffenen Länder sämtliche Merkmale eines Staates, vgl. etwa *Luginger, Johann,* Bayerisches Staatsrecht, 1952, S. 17 f.; *Hoegner, Wilhelm,* Lehrbuch des Bayerischen Verfassungsrechts, 1949, S. 18 f.; *Zinn, Georg August,* Der Bund und die Länder, in: Archiv des Öffentlichen Rechts, Bd. 75, S. 291 ff. (295 f.). *Nawiasky, Hans,* in: *Nawiasky, Hans/Schweiger, Karl/Knöpfle, Franz* (Hrsg.), Die Verfassung des Freistaates Bayern, 1989, Teil III, S. 2, spricht von „geschlossenen staatsrechtlichen Körpern". Ebenfalls unklar: *Giese, Friedrich,* Allgemeines Staatsrecht, 1948, S. 29.

[28] Vgl. Art. 42 ff. Haager Abkommen, betreffend die Gesetze und Gebräuche des Landkriegs, Text: RGBl. 1910, S. 107 ff.

[29] Vgl. hierzu *Hörter, Peter,* Die Entstehung des Landes Hessen nach 1945 unter besonderer Berücksichtigung der Mitwirkung der Besatzungsmächte, Diss. jur. Würzburg 1968, S. 97.

[30] Insoweit wird der These von *Giese* hier Rechnung getragen, der ausführt, daß fremde Staaten wohl einer Staatswerdung die Wege ebenen, sie aber nicht vollziehen könnten; vgl. *Giese, Friedrich,* Bundesstaatsgründung einst und jetzt. Ein rechtsvergleichender Konstruktionsversuch, in: Hochschule für Verwaltungswissenschaften Speyer (Hrsg.), Festschrift 10 Jahre Hochschule für Verwaltungswissenschaften Speyer, 1957, S. 63 ff. (65).

[31] Vgl. *Danco, Armin,* Die Entstehung der Bundesrepublik Deutschland und das Inkrafttreten des Grundgesetzes, Diss. Münster 1961, S. 11 ff.

Bundesrepublik Deutschland lediglich ein dezentralisierter Einheitsstaat wäre.[32] In Wirklichkeit hatten die Länder aber bereits ihre Staatsqualität, bevor die Bundesrepublik Deutschland sich im Jahre 1949 konstituierte.[33] Sie konnten sie also nicht aufgrund einer Delegation des Oberstaates Bundesrepublik Deutschland erhalten haben.

Da das Land Hessen weder durch einen konstitutiven Akt der Besatzungsmacht noch durch die Konstituierung der Bundesrepublik Deutschland seine Staatlichkeit erlangte, muß die Entstehung des Staates in der Sphäre des Landes Hessen selbst gesucht werden. Solange es noch an einer effektiven Staatsgewalt fehlte, die die dem Land übertragenen Befugnisse hätte wahrnehmen können, konnte von einem Staat jedenfalls nicht die Rede sein. Ein erster Schritt zur Schaffung einer Staatsgewalt erfolgte am 16. Oktober 1945 durch den Direktor der amerikanischen Militärregierung für Groß-Hessen. An diesem Tag wurde *Karl Geiler* zum Ministerpräsidenten der ersten Groß-Hessischen Regierung ernannt.[34] Im Anschluß an die Ernennung wurden die Regierungsbehörden in Kassel, Wiesbaden und Darmstadt dem Groß-Hessischen Staatsministerium unterstellt. Im Rahmen der Proklamation Nr. 2 erließ dann das Groß-Hessische Staatsministerium durch das Staatsgrundgesetz vom 22. November 1945[35] ein vorläufiges Organisationsstatut des Landes. Dieses Organisationsstatut erklärt in Art. 1 das Land Groß-Hessen als ein Glied des künftigen deutschen Gesamtstaates. In Art. 2 legt es das „Staatsgebiet" fest und regelt in den Art. 3 bis 9 die Ausübung der Staatsgewalt durch die „Staatsregierung", einen Ministerpräsidenten und neun Minister. Deutlich wird hier noch einmal, daß die Proklamation Nr. 2 nur als eine fremdstaatliche Vorbereitung der Staatsentstehung zu qualifizieren ist und nicht als konstitutiver Akt gewertet werden kann, durch den die Länder entstanden sind.[36] Allerdings hat die Militärregierung in allen Bereichen des staatlichen Lebens noch ständig Einfluß auf die Regierung von Groß-Hessen genommen.[37] Trotz der in Art. III Abs. 1 der Proklamation Nr. 2 der ehemaligen Hessischen Landesregierung übertragenen Befugnisse wird man also nach wie vor nur von einer teilweise vorhandenen und ausübbaren Staatsgewalt, von einer fragmentarischen Staatsgewalt sprechen können. Es handelt sich damit um eine Staatsgewalt in statu nascendi und somit auch um einen Staat in statu nascendi.

---

[32] Vgl. auch BVerfGE 6, S. 309 ff. (340 ff.); vgl. aber neuerdings *Hesse, Konrad,* Grundzüge des Verfassungsrechts der Bundesrepublik Deutschland, 18. Aufl. 1991, S. 89 Rdnr. 217 Fußnote 1, zur Staatlichkeit der Länder.

[33] So schlossen sich die Länder zur Bundesrepublik Deutschland zusammen. Vgl. etwa *Stein, Ekkehart,* Staatsrecht, 14. Aufl. 1993, S. 5, 112.

[34] Vgl. *v. Brünneck, Wiltraut,* Die Verfassung des Landes Hessen vom 1. Dezember 1946, in: Jahrbuch des Öffentlichen Rechts, Neue Folge, Bd. 3, 1954, S. 213 ff. (S. 216 Fußnote 2); *Zinn/Stein* (Anm. 1), Bd. 1, Teil B, S. 14; *Hörter* (Anm. 29), S. 113; *Stolleis* (Anm. 1), in: *Meyer/Stolleis,* S. 29; *Lilge* (Anm. 20), S. 16.

[35] Text: GVBl. 1945, S. 23.

[36] Vgl. auch *Scheuner, Ulrich,* Die staatsrechtliche Kontinuität in Deutschland, in: DVBl. 1950, S. 481 ff. (482); *Hörter* (Anm. 29), S. 114.

[37] Vgl. *Arndt, Adolf,* Die staats- und verwaltungsrechtliche Entwicklung in Groß-Hessen, in: DRZ 1946, S. 185; *Hörter* (Anm. 29), S. 114 f.

Am 1. Dezember 1946 ist die Verfassung Hessens von den Abstimmungsberechtigten in einem Volksentscheid angenommen worden.[38] Am Tage des Volksentscheides ist die Verfassung gemäß ihrem Art. 160 Abs. 1 Satz 1 formell in Kraft getreten.[39] Es stellt sich nun die Frage, ob sich mit dem Inkrafttreten der Hessischen Verfassung am 1. Dezember 1946 auch das Land Hessen als Staat konstituierte. Dies setzt aber voraus, daß zu diesem Zeitpunkt bereits sämtliche Merkmale des Staates vorlagen. Es müßten Organe der Landesstaatsgewalt vorhanden gewesen sein, deren Tätigwerden die Rechtswirksamkeit der Verfassung und den Beginn der rechtlichen Existenz des Landes legitimieren konnten.[40] Im Zeitpunkt des Inkrafttretens der Verfassung war jedoch der gewählte Landtag noch nicht funktionsfähig gewesen und hatte noch keine Regierung gebildet. Gemäß Art. 160 Abs. 2 HV i.V.m. Art. 113 Abs. 3 HV führte die vom Amt der Militärregierung für Hessen am 16. Oktober 1945 ernannte Regierung die laufenden Geschäfte bis zu deren Übernahme durch die nach der Wahl des ersten Landtags gebildete neue Landesregierung fort. Insoweit existierte am Tage des Inkrafttretens der Verfassung ein eigenes Oberstes Landesorgan, das bis zur Wahl einer neuen Regierung die Staatsgewalt ausgeübt hatte. Dessen Tätigkeit wurde durch den Hauptausschuß der Landesversammlung, welcher nach Art. 160 Abs. 2 Satz 2 i.V.m. Art. 93 HV als Vertretungsorgan des zwar gewählten, aber noch nicht funktionsfähigen Landtags tätig wurde und die Rechte der Volksvertretung gegenüber der Regierung wahrnahm, unterstützt. Es waren also beim Inkrafttreten der Hessischen Verfassung Organe der Landesstaatsgewalt vorhanden. Zweifelhaft ist aber, ob es sich bei dieser Staatsgewalt bereits um eine effektive Staatsgewalt handelte, ob die vorhandenen Organe tatsächlich und rechtlich in der Lage waren, von ihrer Staatsgewalt in einer Weise Gebrauch zu machen, die man als Herrschaftsausübung bezeichnen kann.[41] Fordert man, daß die eigenen Organe des neuen Staatswesens tatsächlich Herrschaft ausüben und ihnen Gehorsam gezollt wird,[42] so wird man zum damaligen Zeitpunkt das Vorhandensein einer effektiven Staatsgewalt verneinen müssen. Die Verfassunggebung änderte nichts daran, daß die nun handelnden Organe immer noch den Machtbefugnissen der Militärregierung

---

[38] Die Hauptlast der Ausarbeitung der Verfassung lag bei dem von der Verfassungberatenden Landesversammlung eingesetzten Verfassungsausschuß, der sich entsprechend dem Verhältnis der Parteien in der Landesversammlung aus Vertretern dieser Parteien zusammensetzte. Die Landesversammlung wurde am 30.6.1946 vom Volke gewählt. Mit Schreiben des stellvertretenden amerikanischen Militärgouverneurs General *Clay* vom 29.10.1946 ist die in dritter Lesung vorliegende Fassung der Hessischen Verfassung grundsätzlich genehmigt worden. Vgl. hierzu auch *v. Brünneck* (Anm. 34), in: Jahrbuch des Öffentlichen Rechts, Neue Folge, Bd. 3, S. 222 ff., 225; *Hörter* (Anm. 29), S. 116 ff.

[39] Die Verfassung wurde am 11.12.1946 ausgefertigt; die Verkündung erfolgte im Gesetz- und Verordnungsblatt vom 18.12.1946 (S. 229); vgl. auch *v. Brünneck* (Anm. 34), in: Jahrbuch des Öffentlichen Rechts, Neue Folge, Bd. 3, S. 238.

[40] Vgl. hierzu *Giese, Friedrich*, Staatsrecht, 1956, S. 177; *Scheuner* (Anm. 36), DVBl. 1950, S. 482.

[41] Vgl. auch *von Mangoldt, Hellmuth*, Zur rechtlichen Natur der bi-zonalen Wirtschaftsverwaltung – Eine Entgegnung, in: MDR 1948, S. 438; *Arndt* (Anm. 37), in: DRZ 1946, S. 185 ff.; *Klein* (Anm. 27), S. 198; vgl. ferner *Scheuner* (Anm. 36), DVBl. 1950, S. 482.

[42] Vgl. *Giese* (Anm. 30), in: Festschrift 10 Jahre Hochschule für Verwaltungswissenschaften Speyer, S. 65.

unterworfen waren.[43] Die der Besatzungsmacht nach Art. III der Proklamation Nr. 2 zustehenden, der Staatsgewalt des Landes auf allen Gebieten übergeordneten Machtbefugnisse der Militärregierung verhinderten damit nach wie vor das zur Staatlichkeit des Landes erforderliche Entstehen der effektiven Staatsgewalt.

Eine Änderung trat ein durch die Proklamation Nr. 4 vom 1. März 1947[44]. Art. I der Proklamation Nr. 4 trifft eine Abgrenzung der Befugnisse und Zuständigkeiten der Besatzungsmacht einerseits und der Länder andererseits, indem es dort heißt, daß gemäß seiner Verfassung das Land Hessen nun die „volle gesetzgebende, vollziehende und richterliche Gewalt" habe. Diese Gewalt war lediglich eingeschränkt durch internationale Vereinbarungen, an denen die Vereinigten Staaten beteiligt waren, und die Viermächtegesetzgebung und -befugnisse, die der Militärregierung zur Verwirklichung grundlegender Ziele der Besatzungspolitik vorbehalten waren. In der Proklamation Nr. 4 verzichtete also die Besatzungsmacht auf die von ihr bisher ausgeübten Machtbefugnisse, die die beschränkte Landesstaatsgewalt bislang in allen Bereichen überlagert hatte. Das Land Hessen erhielt die zur Erlangung der Staatlichkeit noch fehlende effektive Staatsgewalt. Damit wurde das Land Hessen ein Staat,[45] es war aber Gliedstaat im fortbestehenden deutschen Gesamtstaat und sollte nach der Konstituierung der Bundesrepublik Deutschland im Jahre 1949 Gliedstaat der Bundesrepublik Deutschland werden.

II. Kontinuität und Diskontinuität, Identität und Rechtsnachfolge

1. Problematik

Verändert ein Staat seine Grenzen, gewinnt er ein Gebiet hinzu bzw. tritt er ein Gebiet ab, stellt sich die Frage nach der Kontinuität des Staates. Überlegungen zur Kontinuität werden häufig auch angestellt, wenn ein Staat seinen Namen oder seine Verfassung ändert oder eine gewisse Zeit keine effektive Staatsgewalt nachweisen kann. Im Falle einer *Kontinuität*[46] bleibt das Völkerrechtssubjekt Staat, bei dem Änderungen eingetreten sind, existent. Im Falle einer *Diskontinuität* geht das Völkerrechtssubjekt Staat unter, und an seine Stelle treten ein oder mehrere neue Völkerrechtssubjekte. Während im Falle einer Kontinuität also die *Identität*

---

[43] Vgl. auch *Zinn* (Anm. 27), AöR Bd. 75, S. 295 f.

[44] *Hemken, Ruth,* Sammlung der vom Alliierten Kontrollrat der amerikanischen Militärregierung erlassenen Proklamationen, Gesetze, Verordnungen, Befehle, Direktiven, 3. Aufl., 1946 ff., Bd. 1, Teil II, M.

[45] Vgl. *von Mangoldt* (Anm. 41), MDR 1948, S. 439; *Hennle, Wilhelm,* Besatzungsstatut und deutsche Gesetzgebung, in: SJZ 1949, Sp. 575 ff. (577); *Wengler, Wilhelm,* Betrachtungen zum Besatzungsstatut, in: NJW 1949, S. 881 ff. (882); *Klein, Friedrich,* Das Besatzungsstatut für Deutschland, in: SJZ 1949, Sp. 737 ff. (745); *Hoffmann, Gerhard,* Die Staatsangehörigkeit in den deutschen Bundesländern, in: AöR, Bd. 81, S. 300 ff. (310); *Hörter* (Anm. 40), S. 127.

[46] Vgl. hierzu *Fiedler, Wilfried,* Das völkerrechtliche Kontinuitätsproblem und die besonderen Fragen der Rechtslage Deutschlands, in: *Meissner, Boris/Zieger, Gottfried,* Staatliche Kontinuität unter besonderer Berücksichtigung der Rechtslage Deutschlands, 1983, S. 9 ff.

des Völkerrechtssubjekts bestehen bleibt,[47] gibt es im Falle einer Diskontinuität einen oder mehrere *Rechtsnachfolger.*[48] Es handelt sich dann um einen Fall der Staatennachfolge.[49]

Die Konstituierung des hessischen Staates gibt Anlaß zur Überlegung, ob ein neuer hessischer Staat gegründet oder ein früheres staatliches Gebilde wiederbelebt wurde. Ist das Land Hessen identisch mit einem der Vorgänger, also etwa dem Volksstaat Hessen, so hätte diese Subjektsidentität zur Folge, daß alle Rechte und Pflichten des Volksstaates Hessen nun Rechte und Pflichten des Landes Hessen geworden wären, Vermögen des Volksstaates Hessen wäre dann ohne weiteres Vermögen des Landes Hessen, die Schulden des Volksstaates Hessen wären dann selbstverständlich auch Schulden des Landes Hessen. Besteht jedoch keine Identität zwischen einem Vorgängergebilde und dem Land Hessen, so kann das Land Hessen lediglich als Rechtsnachfolger bezeichnet werden. Ob und inwieweit dann allerdings ein Rechtsnachfolger in Rechte und Pflichten, in das Vermögen und die Schulden des Rechtsvorgängers eintritt, ist zweifelhaft.

Auch wenn es sich bei Hessen um ein Gemeinwesen innerhalb des fortbestehenden deutschen Gesamtstaates[50] handelt, sind jedenfalls völkerrechtliche Grundsätze heranzuziehen, da sich auf innerstaatlicher Ebene insoweit keine eigenen Prinzipien entwickelt haben.

2. Fortbestehen und Untergang eines Staates

a) Vorliegen eines Staates

Die Beantwortung der Frage, ob Kontinuität des Staates und damit Rechtssubjektsidentität gegeben ist oder ob der Fall der Diskontinuität und damit der Staatennachfolge vorliegt, ist vom völkerrechtlichen Staatsbegriff abhängig, der sich im Völkerrecht nach der sog. *„Drei-Elemente-Lehre“*[51] bestimmt.[52] Nach dieser

---

[47] So ist nach *Kimminich, Otto,* Deutschland als Rechtsbegriff und die Anerkennung der DDR, in: DVBl. 1970, S. 437 ff. (438), die Identität lediglich „eine besondere Ausprägung der Kontinuität“.

[48] Identität und Rechtsnachfolge können durchaus nebeneinander auftreten, allerdings nicht hinsichtlich desselben Gebiets (vgl. *Marek, Krystyna,* Identity and Continuity of States in Public International Law, 1954, S. 10). So tritt bei einer Inkorporation Rechtsnachfolge nur in bezug auf das inkorporierte Gebiet auf. Bei einer Gebietsabtretung bleiben der erwerbende Staat und der abgebende Staat identisch, bezüglich des übergegangenen Staatsgebiets hingegen liegt der Fall einer Rechtsnachfolge vor.

[49] Bei der Staatennachfolge oder -sukzession handelt es sich um die Nachfolge eines Staates in Rechte und Pflichten eines anderen Staates als Folge der Erstreckung seiner Staatsgewalt auf ein Gebiet, welches bisher der Staatsgewalt des anderen Staates unterstellt war (vgl. *Schoenborn, Walter,* Handbuch des Völkerrechts, Bd. 2: Der Staat als Subjekt des Völkerrechts, Staatensukzessionen, Gesandtschafts- und Konsularrecht. Staatsgebiet und Staatsverträge. 2. Abteilung: Staatensukzessionen, 1913, S. 6).

[50] Vgl. hierzu BVerfGE 6, S. 309 ff.; 11, S. 150 ff.; 18, S. 353 ff.; 36, S. 1 ff.; 40, S. 141 ff. Vgl. ferner z.B. *Blumenwitz, Dieter,* Was ist Deutschland? Staats- und völkerrechtliche Grundsätze zur deutschen Frage und ihre Konsequenzen für die deutsche Ostpolitik, 1989, S. 33 ff. m.w.N.

[51] Vgl. *Jellinek, Georg,* Allgemeine Staatslehre, 3. Aufl. 1928, S. 394 ff.; vgl. ferner: *Simma, Bruno,* in: *Verdross, Alfred/Simma, Bruno,* Universelles Völkerrecht, 3. Aufl. 1984, S. 224 § 380; *Kimminich, Otto,* Einführung in das Völkerrecht, 4. Aufl. 1990, S. 134; vgl. ferner *Teyssen, Georg,* Deutschlandtheorien auf

„Drei-Elemente-Lehre" vereint der Tatbestand eines Staates die Merkmale Staatsgebiet, Staatsvolk und Staatsgewalt.

Unter *Staatsgebiet* verstehen wir den gesicherten Raum, in dem ein Volk seine Herrschaft effektiv ausüben kann und über den ihm die Verfügungsgewalt zusteht. Beim *Staatsvolk*[53] handelt es sich um einen dauerhaften Personenverband, der in der Geschlechterfolge fortlebt. *Staatsgewalt*[54] schließlich ist die Herrschaftsgewalt über diesen Personenverband und das Gebiet.[55] Konstituierend ist letztlich die *Zusammengehörigkeit*[56] der drei Elemente sowie die *Effektivität* der Ordnung.[57] Ein solches Gemeinwesen ist ein Staat und damit ipso facto Völkerrechtssubjekt[58], also völkerrechtlichen Rechten und Pflichten unterworfen.

Das Entstehen und die Existenz eines Staates ist unabhängig von Rechtmäßigkeits- und Legitimationsüberlegungen. Eine politische Organisation, die unter Verletzung des Völkerrechts zustandegekommen ist, ist demnach ein Staat, wenn sie dessen faktische Voraussetzungen erfüllt. Auch spielt keine Rolle, ob sich die Staatsgewalt in Übereinstimmung mit dem Volkswillen etabliert hat oder nicht.[59] Es kam also jedenfalls bei der Schaffung Hessens auf Rechtmäßigkeitsfragen nicht an. Für die Völkerrechtssubjektivität ist es auch unerheblich, ob ein Staat von anderen Staaten anerkannt wird oder nicht.[60] Die Anerkennung hat nur insoweit eine konstitutive Wirkung[61], als sie den Willen des anerkennenden Staates zum Ausdruck bringt, mit dem anerkannten Staat diplomatische Beziehungen zu pflegen und den anderen als Völkerrechtssubjekt zu behandeln.[62]

b) Kontinuität und Diskontinuität

Durch die Anknüpfung an die drei konstitutiven Staatselemente Staatsgebiet, Staatsvolk und Staatsgewalt sind territoriale, demographische sowie soziale, gesellschaftliche und politische Veränderungen innerhalb des Staatsgefüges in der Regel bedeutungslos.[63] Damit wird dem Völkerrechtler eine klare Entscheidung der Frage,

---

der Grundlage der Ostvertragspolitik, 1987, S. 27 ff., mit einer umfassenden Würdigung der Drei-Elemente-Lehre.

[52] Vgl. auch Hess.VGH, Verwaltungsrechtsprechung 4 (1952), S. 138 ff. (140).

[53] Vgl. *Jellinek* (Anm. 51), S. 406 ff.; vgl. ferner *Simma* (Anm. 51), in: *Verdross/Simma*, S. 224 § 380.

[54] Vgl. *Jellinek* (Anm. 51), S. 427 ff.; vgl. ferner: *Simma* (Anm. 51), in: *Verdross/Simma*, S. 224 § 380.

[55] Zur Frage der Souveränität als Teil der Staatsgewalt vgl. *Kimminich, Otto*, Die Souveränität der Bundesrepublik Deutschland, 1970, S. 11; *Fiedler, Wilfried*, Staatskontinuität und Verfassungsrechtsprechung, 1970, S. 34, 57 f.; *Dahm, Georg*, Völkerrecht, Bd. 1, 1958, S. 79 f.; *Wilke, Kay-Michael*, Bundesrepublik Deutschland und Deutsche Demokratische Republik. Grundlagen und ausgewählte Probleme des gegenseitigen Verhältnisses der beiden deutschen Staaten, 1976, S. 56 ff.; *Teyssen* (Anm. 51), S. 55 ff.

[56] Vgl. etwa *Kimminich* (Anm. 51), S. 135.

[57] Vgl. *Simma* (Anm. 51), in: *Verdross/Simma*, S. 226 § 383.

[58] Vgl. *Kimminich* (Anm. 51), S. 130.

[59] Vgl. auch *Teyssen* (Anm. 51), S. 35 f.

[60] Vgl. *Kimminich* (Anm. 51), S. 130; ders. (Anm. 47), DVBl. 1970, S. 437 (439 ff.).

[61] Vgl. *Kimminich* (Anm. 51), S. 130.

[62] So kann die Anerkennung nicht einen Nichtstaat zum Staat machen, die Nichtanerkennung kann nicht einen Staat zum Nichtstaat machen, vgl. auch *Kimminich* (Anm. 51), S. 130 f.

[63] Vgl. *Fiedler, Wilfried*, Das Kontinuitätsproblem im Völkerrecht. – Zum funktionalen Zusammenhang zwischen Völkerrecht, Staatsrecht und Politik, 1978, S. 40 ff.

ob der Staat als Rechtssubjekt fortexistiert oder nicht, erleichtert. Bloße Veränderungen bei den drei Elementen führen grundsätzlich nicht zum Staatsuntergang. Ein Staat geht erst dann unter, wenn er sein Staatsgebiet oder sein Staatsvolk verliert oder keine Staatsgewalt mehr vorhanden ist. Betrachtet man den nach 1945 sich konstituierenden hessischen Staat, zeigen sich gegenüber möglichen Vorgängern Veränderungen des Staatsgebiets und des Staatsvolks, sogar Teilidentitäten bezüglich des Staatsgebiets und des Staatsvolkes, so daß eine Subjektsidentität mit Vorgängern nicht ohne weiteres ausgeschlossen werden kann.

Veränderungen des Staatsgebietes

Am häufigsten wird die Frage nach dem Fortbestand oder dem Untergang eines Staates bei Gebietsveränderungen aufgeworfen. Es ist dabei zwischen folgenden Situationen zu unterscheiden: Die Veränderung kann das *ganze Gebiet* eines Staates betreffen. Hierbei ist denkbar, daß sich zwei oder mehrere bisher unabhängige Staaten zu einem neuen Staat zusammenschließen. Es handelt sich dann um eine *Fusion*. Es kann aber auch das gesamte Gebiet eines Staates in mehrere Staaten zerfallen. Es liegt dann eine *Dismembration* vor. Schließlich kann sich ein Staat einem anderen Staat anschließen. In diesem Fall ist eine *Inkorporation* gegeben. Die Nachfolge kann auch lediglich ein *Teilgebiet* eines Staates umfassen, der im übrigen weiter besteht. So kann der Staat ein Teilgebiet einem anderen Staat in einem Vertrag abtreten, es handelt sich um eine *Zession*; es kann sich aber ein Teilgebiet – mit und ohne Einverständnis – von einem bestehenden Staat losreißen und sich einem anderen Staat anschließen oder einen Neustaat bilden, es ist dann eine *Sezession* gegeben.

Ein Staat verliert sein Staatsgebiet, wenn er sich mit einem oder mehreren anderen Staaten vereinigt, also eine *Fusion* gegeben ist, oder auseinanderfällt, also eine *Dismembration* erfolgt. Der nach einer Fusion sich konstituierende Staat und die nach einer *Dismembration* entstandenden Staaten sind nicht identisch mit dem bzw. den Vorgängerstaaten. Schließlich ist auch ein Staatsuntergang durch *Inkorporation* eines Staates in einen anderen Staat möglich.[64] Im Falle Hessens könnte an eine Fusion des Volksstaates Hessen mit den beiden preußischen Provinzen Hessen-Nassau und Kurhessen gedacht werden, die den Untergang der Vorgänger zur Folge hätte.

Nicht akzeptabel ist es, die fehlende Identität zwischen einem der früheren Länder und dem jetzigen Land Hessen damit zu begründen,[65] daß das Land Hessen

---

[64] Nach klassischem Völkerrecht konnte ein Staat auch durch Annexion, also gewaltsame Einverleibung durch einen anderen Staat untergehen. Heute ist eine solche Annexion völkerrechtswidrig und damit unwirksam, da sie mit dem Gewalt- und Kriegsverbot nicht zu vereinbaren ist.

[65] Vgl. Hess.VGH vom 7.1.1948, in: Verwaltungsrechtsprechung 1, S. 325 f. und Hess.VGH vom 31.10.1951, in: DVBl. 1952, S. 379 ff. Vgl. ferner *Zinn/Stein* (Anm. 1), Bd. 1, Teil C, Vorbem. C Art. 64–66, S. 10. Hier wird geographische Identität mit Subjektsidentität gleichgesetzt.
Es ist also auch nicht richtig, wenn *Hörter* (Anm. 29), S. 102, konstatiert, daß Hessen nicht als Wiedererrichtung eines früher bestehenden Staates angesehen werden könne, da das heutige Land Hessen nicht nur den seinerzeitigen Volksstaat Hessen umfaßt, sondern auch die Provinzen des ehemaligen Landes

mit den Gebieten dieser früheren Länder nicht übereinstimme. Bloße Veränderungen des territorialen Bestandes – auch größerer Art[66] – lassen die rechtliche Identität des Staates unberührt.[67] Eine *Zession* oder *Sezession* eines Gebietes führt also nicht zum Untergang der sich territorial verändernden Staaten. Sie haben lediglich Auswirkungen auf deren territoriale Souveränität.[68]

Veränderungen des Staatsvolkes

Eine Änderung der Zahl und Zusammensetzung der Bevölkerung bedeutet keine Änderung der staatlichen Kontinuität.[69] Das Staatsvolk kann jedoch dadurch wegfallen, daß die Staatsangehörigkeit aufgehoben wird, was allerdings bei Bundesländern ohne eigene Staatsangehörigkeit keine Rolle spielen wird.[70]

Veränderungen der Staatsgewalt

Eine *revolutionäre Umgestaltung* der Staatsgewalt sowie ein *Staatsstreich* bedeuten grundsätzlich keinen Staatsuntergang.[71] Erst recht hat eine Verfassungsänderung keinen Staatsuntergang zur Folge.[72] Ein aufgrund revolutionärer Wirren vorübergehendes Fehlen einer Staatsgewalt führt nicht ipso iure zum Staatsuntergang, solange der Wunsch vorhanden ist, eine neue Staatsgewalt zu installieren.[73] Ein vorübergehender Wegfall der Staatsgewalt im Falle einer *Okkupation* durch einen Drittstaat ist bedeutungslos.[74]

Das Erlöschen des Staates setzt vielmehr das wirkliche und endgültige Verschwinden der Staatsgewalt bis zur untersten Ebene[75] und ihrer Funktionen voraus. Sollte

---

Preußen, nämlich Kurhessen und Nassau. Die Tatsache der geographischen Verkleinerung oder Vergrößerung (vgl. hierzu auch die Grenzänderungen Jugoslawiens, die Grenzänderungen Deutschlands nach dem Ende des Ersten und Zweiten Weltkrieges) ist für die Frage der Subjektsidentität irrelevant.

[66] *Fiedler* (Anm. 63), S. 9 ff., 14, stellt allerdings die Frage, wie groß die territoriale Veränderung sein darf, um noch von Identität sprechen zu können. Feste Regeln ließen sich hier nicht bilden. Es komme auf die Gesamtwürdigung an.

[67] Vgl. *Delbrück, Jost*, in: *Dahm, Georg/Delbrück, Jost/Wolfrum, Rüdiger*, Völkerrecht, Bd. I/1. Die Grundlagen. Die Völkerrechtssubjekte, 1989, S. 137; *Dahm* (Anm. 55), S. 85 f.; *Fiedler* (Anm. 46), in: *Meissner/Zieger*, S. 14.

[68] Vgl. auch *Teyssen* (Anm. 51), S. 73, 74.

[69] Vgl. auch *Fiedler, Wilfried*, Staats- und völkerrechtliche Probleme des Staatsuntergangs, in: ZfP 1973, S. 150 ff.; *Dahm* (Anm. 55), Bd. 1, S. 85.

[70] Vgl. auch BVerfGE 77, S. 137 ff. (155) – Teso.

[71] Vgl. *Fiedler* (Anm. 63), S. 39; ders. (Anm. 69), ZfP 1973, S. 150 ff. (153); *Kimminich* (Anm. 47), DVBl. 1970, S. 438.

[72] Vgl. *Fiedler* (Anm. 63), S. 40; *Anzilotti, Dionisio*, Lehrbuch des Völkerrechts, Bd. 1, 1929, S. 132.

[73] Ein lang andauernder Bürgerkrieg, in dem die Gegner um die Macht, also um die Staatsgewalt im Lande streiten, führt ebenfalls nicht zum Untergang des Staates (abwegig daher *Geistlinger, Michael*, Revolution und Völkerrecht, 1991, S. 126 ff., der von einem Untergang des Staates Libanon ausgeht). Nach *Wilke* (Anm. 55), S. 27, ist erst das Chaos der Beweis für den Untergang der Staatsgewalt, sofern dieser Zustand länger andauert. Bei einem kumulativen Wegfall von Staatsgebiet und Staatsgewalt sei dagegen die Feststellung des Wegfalls der Staatsgewalt ohne Zeitfaktor in der Regel ausreichend.

[74] Vgl. *Dahm* (Anm. 55), Bd. 1, S. 88 f.; *Fiedler* (Anm. 63), S. 150; *Teyssen* (Anm. 51), S. 74.

[75] Vgl. *Blumenwitz, Dieter*, Die Grundlagen eines Friedensvertrages mit Deutschland. Ein völkerrechtlicher Beitrag zur künftigen Deutschlandpolitik, 1966, S. 77; *Wilke* (Anm. 55), S. 26; *Teyssen* (Anm. 51), S. 80.

nach einem revolutionären Umsturz eine neue Regierung nicht mehr bereit sein, das alte Völkerrechtssubjekt fortzuführen, und macht die neue Regierung dies auch Drittstaaten bekannt, so stellt sich die Frage, ob durch eine solche interne Entscheidung das alte Völkerrechtssubjekt untergeht. Wäre das möglich, würde das doch bedeuten, daß ein Regime den Untergang nach Belieben herbeiführen und sich dadurch eventuell völkerrechtlichen Verpflichtungen entziehen könnte. Es kann also nicht die bloße *Verkündung des Staatsuntergangs* genügen. Vielmehr müssen sich der Staatsuntergang und die Staatsneugründung, also der Wegfall der Identität, in der *Staatenpraxis*[76] durchsetzen.[77]

Das Erlöschen eines Staates durch Wegfall der Staatsgewalt tritt somit erst dann ein, wenn nach einer ex-ante-Betrachtung mit einer Wiederherstellung einer Staatsgewalt nicht mehr gerechnet werden kann[78], wie es etwa im Falle des Untergangs des Deutschen Reiches im Jahre 1806 gewesen war, und die Staatengemeinschaft den Untergang akzeptiert.

Die Tatsache, daß sich in Hessen eine neue Staatsgewalt konstituiert hat, gibt also noch keine Auskunft darüber, ob ein Neustaat entstanden ist oder ein bereits existierender Staat fortgesetzt wird. Es ist also nach wie vor möglich, daß man von einer Identität des Landes Hessen mit dem früheren Volksstaat Hessen oder mit dem Land Preußen ausgeht. Nicht denkbar ist es jedoch, wie *Hörter*[79] es annimmt, daß sich nach der Identitätstheorie die staatliche Existenz des Volksstaates Hessen *und* des Landes Preußen unmittelbar im heutigen Lande Hessen fortsetzt. Entweder ist Hessen identisch mit dem Volksstaat Hessen oder Hessen ist identisch mit Preußen. Eine Identität mit beiden Gebilden ist nicht vorstellbar.

---

[76] Drittstaaten könnten geneigt sein, den Staatsuntergang zu akzeptieren, wenn neben der völligen Umgestaltung der inneren Ordnung des Staates und der deswegen von der Regierung vertretenen These vom Wegfall der alten Staatsgewalt auch das Staatsgebiet und das Staatsvolk erheblichen Änderungen unterworfen worden ist. Bei völliger Identität von Staatsgebiet und Staatsvolk werden hingegen Drittstaaten nicht ohne weiteres bereit sein, von einem endgültigen Wegfall der alten Staatsgewalt auszugehen und damit den Untergang des Staates hinzunehmen. Dies schon deshalb nicht, weil eine neue Identität erhebliche Konsequenzen mit sich brächte. Es träte dann nämlich der Fall der Staatensukzession ein, die Auswirkungen auf die Fortgeltung völkerrechtlicher Verträge, auf das Staatsvermögen und vor allem die Staatsschulden haben könnte. Sollte hingegen die neue Regierung, die den Staatsuntergang durch Wegfall der alten Staatsgewalt propagiert, sich vertraglich bereit erklärt haben, Verpflichtungen des Vorgängerstaates zu übernehmen, könnte das Wegfallen der Identität für Drittstaaten eher hinzunehmen sein. Vgl. auch *Gornig, Gilbert,* Völkerrechtliche Konsequenzen einer Revolution, in: The European Law Students Association (Hrsg.), Osteuropa im Umbruch, 1992, S. 5 ff. (9 ff.).

[77] So änderte beispielsweise die (Rechts-)Behauptung Österreichs in den Jahren 1918/19, ein „Neustaat" zu sein, nichts an der völkerrechtlichen Kontinuität zum Kaisertum, wie sie sich im Vertrag von St. Germain manifestierte. Vgl. hierzu *Silagi, Michael,* Staatsuntergang und Staatennachfolge mit besonderer Berücksichtigung des Endes der DDR, 1996, S. 30 ff., 36 ff.

[78] Wird ein Staat, der durch Annexion einem anderen Staat einverleibt wurde, neu errichtet, so wird er häufig im Wege juristischer Fiktion mit dem früheren Staat identifiziert. Es wird so getan, als habe er ohne Unterbrechung fortbestanden; vgl. *Dahm* (Anm. 55), Bd. 1, S. 91. Auf diese Weise wird Österreich heute mit dem Österreich der Zeit vor 1938 als identisch angesehen; vgl. *Dahm* (Anm. 55), Bd. 1, S. 91; *Verdross, Alfred,* Völkerrecht, 5. Aufl. 1964, S. 250 f.; *Marek* (Anm. 48), S. 8 ff.; 366 ff; a.A. *Kelsen, Hans,* Principles of International Law, 1952, S. 262; ders., The International Legal Status of Germany to be Established Immediately upon Termination of the War, in: AJIL, vol. 38 (1944), S. 689 ff.

[79] *Hörter* (Anm. 29), S. 121.

Grundsatz der größtmöglichen Kontinuität

Da der Untergang eines Staates ein Vorgang ist, der die Staatengemeinschaft erheblich berührt, und die Völkerrechtsordnung auf Verläßlichkeit und Rechtssicherheit angewiesen ist,[80] versucht man, so lange wie möglich von der Kontinuität eines Staates auszugehen.[81] Die Vermutung spricht also für die Kontinuität.[82] Damit ist auch eine Kontinuität bei der Frage des völkerrechtlich Verpflichteten gegeben. Bei einem Staatsuntergang hingegen treten an die Stelle des überkommenen Völkerrechtssubjekts eventuell mehrere Neustaaten. Völkervertragsrechtlich nicht geregelte Nachfolgeprobleme können dann zu zwischenstaatlichen Spannungen führen. Auch dieser Grundsatz könnte dafür sprechen, daß das Land Hessen in Kontinuität zu einem Vorgänger steht.

III. Anwendung der Grundsätze auf das Land Hessen

1. Untergang der deutschen Länder

Von einem Neustaat Hessen könnte dann gesprochen werden, wenn die Altstaaten, nämlich der Volksstaat Hessen und Preußen, untergegangen waren. Dieser Untergang könnte durch die Verreichlichung der Länder im Jahre 1934 eingetreten sein: In Art. 1 des Gesetzes über den Neuaufbau des Reichs vom 30. Januar 1934[83] wurden die Volksvertretungen der Länder aufgehoben. Die Hoheitsrechte der Länder gingen auf das Reich über, die Landesregierungen unterstanden der Reichsregierung und die Reichsstatthalter der Dienstaufsicht des Reichsministers des Inneren. Im übrigen konnte die Reichsregierung neues Verfassungsrecht setzen und der Reichsminister zur Durchführung des Gesetzes über den Neuaufbau die erforderlichen Rechtsverordnungen und Verwaltungsvorschriften erlassen. Nach § 1 Abs. 1 der Verordnung über die deutsche Staatsangehörigkeit vom 5. Februar 1934[84] fiel die Staatsangehörigkeit in den deutschen Ländern fort. Die Landesregierungen trafen Entscheidungen auf dem Gebiet des Staatsangehörigkeitsrechts im Namen und Auftrage des Reichs. Nach dem Gesetz vom 14. Februar 1934[85] wurde der Reichsrat aufgehoben. Die Vertretungen der Länder beim Reich fielen fort, die Mitwirkung des Reichsrats in Rechtsetzung und Verwaltung ebenfalls. Begründet wurde die Aufhebung damit, daß Aufgabe des Reichsrats nach Art. 60 der Weimarer Verfassung die Vertretung der deutschen Länder bei der Gesetzgebung und Verwaltung des Reichs war. Da durch das Gesetz vom 30. Januar 1934 die

---

[80] *Fiedler* (Anm. 46), in: *Meissner/Zieger*, S. 15.

[81] Es daher nicht erforderlich, daß der – existenzgefährdete – Staat stets seine Kontinuität beweist und erklärt. So aber *Teyssen* (Anm. 51), S. 88. Vielmehr muß umgekehrt der Staat aktiv werden, wenn er von der Kontinuität abrücken will.

[82] Vgl. *Dahm* (Anm. 55), Bd. 1, S. 85; *Fiedler* (Anm. 63), S. 110.

[83] Text: RGBl. 1934 I, S. 75.

[84] Text: RGBl. 1934 I, S. 85.

[85] Text: RGBl. 1934 I, S. 89.

Hoheitsrechte der Länder auf das Reich übergegangen und die Landesregierungen der Reichsregierung unterstellt waren, bleibe für eine mit den Befugnissen des Reichsrats ausgestattete Körperschaft kein Raum mehr. Mit dem Gesetz vom 30. Januar 1934 könnten also die Länder ihren Charakter als Staaten durch die Beseitigung ihrer Volksvertretungen und die Unterstellung der Landesregierungen unter die Reichsregierung verloren haben.[86] Durch den damit verbundenen Verlust der Hoheitsrechte könnten die Länder zu bloßen Gebietskörperschaften höherer Art des zum Einheitsstaat gewordenen Reiches herabgesunken sein.[87]

Es wird aber auch vertreten, daß von einem staatsrechtlichen Untergang der Länder nicht die Rede sein könne und alle Länder formal bis mindestens 1945 bestehen blieben.[88] Begründet wird dies mit der Fortgeltung der überkommenen Länderverträge über den Zeitpunkt der Verreichlichung hinaus. In der Tat führt die amtliche Mitteilung aus dem Jahre 1934 vier Ländervereinbarungen über die Bestrafung von Forst-, Jagd-, Fisch- und Feldfreveln in den Grenzbezirken[89] und über Zoll- und Steuerstrafsachen an der badisch-schweizerischen Grenze[90] als weiterbestehend an. Es wird betont, daß 1934 „jedenfalls vom Ausland her gesehen“[91] der Zustand hinsichtlich der Länder kaum ein anderer war als zuvor. *Merten*[92] hebt in diesem Zusammenhang hervor, daß das Gesetz vom 30. Januar 1934 die Länder nicht in der Weise auflöste, daß ein Kontrahent ersatzlos unterging. Sieht man also die Länder nach wie vor als Vertragspartner an, spricht dies für die Fortexistenz der deutschen Länder über den Zeitpunkt der Verreichlichung hinaus.

Nach einer Entscheidung des Reichsgericht[93] sollen jedoch die alten Verträge seit dem Gesetz vom 30. Januar 1934 nicht mehr rechtsverbindlich sein, weil damals die Länder ihren Charakter als Staaten verloren hätten. Diese Ansicht wird teilweise abgelehnt, weil sie darauf hinausliefe, daß von innerstaatlichen Rechtsgemeinschaften abgeschlossene völkerrechtliche Verträge durch innerstaatliches Staatsrecht einseitig beseitigt werden könnten.[94] Dieser ablehnenden Auffassung

---

[86] Mit dem Verlust der Staatsqualität mußte aber nicht auch die Rechtspersönlichkeit untergegangen sein; sie könnten diese als autonome Verbände höherer Art, als Gebietskörperschaften höherer Art behalten haben. Vgl. zu dieser Frage auch BVerfGE 3, S. 267 ff. (268); Bay.VerfGH 9, S. 57 ff. (78); 12, S. 171 ff. (174).

[87] So im Ergebnis auch der Hess.VGH, Verwaltungsrechtsprechung 4 (1952), S. 138 ff. (140); Bay. VerfGH 9, S. 57 ff. (77 f.); 12, S. 171 ff. (174). Vgl. auch *Zinn/Stein* (Anm. 1), Bd. 1, Teil B, S. 71; *Meder, Theodor,* Die Verfassung des Freistaates Bayern. Handkommentar, 4. Aufl. 1992, S. 59 Rdnr. 1; *Hoegner* (Anm. 27), S. 17; *Luginger* (Anm. 27), S. 16. Vgl. auch *Khan, Ali L.*, The Extinction of Nation-States. A World without Borders, 1996, S. 82 ff., 90 ff.

[88] *Rebentisch, Dieter,* Innere Verwaltung, in: Deutsche Verwaltungsgeschichte, Bd. 4, 1985, S. 732 ff. (752); *Wochner, Manfred,* Staatsverträge deutscher Länder mit der Schweiz, in: Konkurs, Treuhand und Schiedsgerichtswesen 1977, S. 201 ff. (206).

[89] Amtliche Sonderveröffentlichung der Deutschen Justiz Nr. 4, 1934, Nr. 92–95, 1934, S. 21 f.

[90] Amtliche Sonderveröffentlichung der Deutschen Justiz Nr. 4, 1934, Nr. 112–115, 1934, S. 24 f.

[91] *Wochner* (Anm. 88), in: Konkurs-, Treuhand- und Schiedsgerichtwesen 1977, S. 206.

[92] Vgl. *Merten, Detlev/Küchenhoff, Ferdinand,* Art. 56 EGBGB, in: J. von Staudingers Kommentar zum Bürgerlichen Gesetzbuch mit Einführungsgesetz und Nebengesetzen, 12. Aufl. 1985, Rdnr. 11.

[93] RGSt 70, S. 286 ff. (287). In dieser Entscheidung vom 13. August 1936 ging es um das Erlöschen von Auslieferungsverträgen der Länder. Anderer Ansicht insoweit: Kammergericht, Deutsche Justiz 1936, S. S. 581, das den preußisch-französischen Auslieferungsvertrag für weiterhin wirksam angesehen hat.

[94] Vgl. *Danckelmann, Bernhard,* Art. 56 EGBGB, in: *Palandt,* Bürgerliches Gesetzbuch, 35. Aufl. 1976; ebenso *Heinrichs, Helmut,* Art. 56, in: *Palandt,* Bürgerliches Gesetzbuch, 37. bis 53. Aufl. 1978–1996.

schloß sich 1981 das Oberlandesgericht München[95] an, als es den Fortbestand einer konkursrechtlichen Übereinkunft des Königreichs Bayern mit Schweizer Kantonen aus dem Jahre 1834 bejahte. Die tatsächliche Vertragskontinuität über das Jahr 1934 ließe sich jedoch dann erklären, wenn man bereits seit der Fusion der deutschen Staaten 1867/1871 deutscherseits das Reich als Vertragspartner ansähe.[96]

Es kann also jedenfalls ein Untergang der Länder durch die Verreichlichung 1934 angenommen werden. Die Verträge gelten entweder nach 1934 nicht mehr fort, so daß sie auch nicht als Beleg für eine Fortexistenz der Länder herangezogen werden können, oder die Verträge binden das Reich, seitdem die Länder bei der Fusion der deutschen Staaten 1870/71 zum Deutschen Reich ihre Völkerrechtsunmittelbarkeit verloren haben, so daß auch das Fortgelten der Verträge nicht die Fortexistenz der Länder als Staaten belegen kann.

2. *Insbesondere Preußen*

Wird nach dem Zeitpunkt des Untergangs Preußens gesucht, so wird insbesondere auch der Staatsstreich des Reichskanzlers *von Papen* vom 20. Juli 1932 als Anfang vom Ende Preußens in politischer und staatsrechtlicher Hinsicht betrachtet. Mit einer Notverordnung vom 20. Juli 1932[97] wurde die preußische Staatsregierung unter dem sozialdemokratischen Ministerpräsidenten *Otto Braun* abgesetzt und der Reichskanzler, damals *Franz von Papen* und dann *Kurt von Schleicher*, Reichskommissar für das Land Preußen. Begründet wurde diese Reichsexekution gemäß Art. 48 Abs. 1 der Weimarer Reichsverfassung mit der Behauptung, Preußen sei seinen Rechtspflichten bei der Abwehr kommunistischer Ausschreitungen und hochverräterischer Anschläge nicht nachgekommen. Später verneinte der Staatsgerichtshof eine Pflichtverletzung der preußischen Regierung und damit das Recht zur Reichs-exekution, rechtfertigte aber andererseits die getroffenen Maßnahmen durch das dem Reichspräsidenten bei der Ausübung seiner Diktaturgewalt zustehende weite Ermessen. Der „Preußenschlag" führte aber zu einer Gleichschaltung und Entmündigung Preußens, ohne jedoch letztlich den Untergang Preußens zu bewirken.

Als weitere Möglichkeit einer Beschließung der Geschichte Preußens verbleibt das Kontrollratsgesetz Nr. 46 betreffend die Auflösung Preußens vom 25. Februar 1947.[98] Dort heißt es, daß der Staat Preußen, „der seit jeher Träger des Militarismus und der Reaktion in Deutschland gewesen ist", in Wirklichkeit zu bestehen aufgehört habe. Das Kontrollratsgesetz ist darauf zurückzuführen, daß die alliierten Mächte

---

[95] OLG München, Konkurs, Treuhand und Schiedsgerichtswesen 1982, S. 313 (315 f.).

[96] Vgl. etwa *Mettgenberg, Wolfgang*, Die deutschen Verträge über die Rechtshilfe in Strafsachen, in: Deutsche Justiz 1934, S. 964 ff.; zu dieser Ansicht neigt wohl auch *Riesenfeld, Stefan*, Decision of the German Supreme Court on the Termination of Treaties of the German States, in: AJIL 1937, S. 720 ff. (724); *Silagi* (Anm. 77), S. 118.

[97] Text: RGBl. 1932 I, S. 377. Die Verordnung wurde erlassen aufgrund des Art. 48 Abs. 1 und 2 der Weimarer Reichsverfassung.

[98] Text: Amtsblatt des Kontrollrats in Deutschland, Ergänzungsblatt Nr. 14, S. 262.

nach dem Ende des Zweiten Weltkrieges in Preußen, wie schon *Churchill* 1943 betont hatte, die Wurzel allen Übels sahen.[99] In Art. 1 Abs. 1 heißt es dann: „Der Staat Preußen, seine Zentralregierung und alle nachgeordneten Behörden werden hiermit aufgelöst". Nach Art. II werden die Gebiete, die ein Teil des Staates Preußens waren, die Rechtsstellung von Ländern erhalten oder Ländern einverleibt werden. Staats- und Verwaltungsvermögen sowie Vermögen und Verbindlichkeiten des früheren Staates Preußen sollen auf die beteiligten Länder übertragen werden vorbehaltlich etwaiger Abkommen, die sich als notwendig herausstellen sollten und von der Alliierten Kontrollbehörde getroffen werden. Dieses Kontrollratsgesetz könnte den Untergang Preußens bereits im Jahre 1934 durch die Verreichlichung wieder in Zweifel ziehen. Man wird dem Kontrollratsgesetz jedoch nur deklaratorische Bedeutung zubilligen können. Immerhin sind auf ehemaligem preußischen Gebiet bereits deutsche Staaten gebildet worden. Vielleicht wollten die Alliierten eher eine Tradition als eine Staatsmacht vernichten, als sie 1947 de iure abschaffen wollten, was de facto gar nicht mehr bestand.

Zwar ist zu bedenken, daß Reste des preußischen Behördenapparates wie das Preußische Finanzministerium oder die Archivverwaltung gespenstischerweise sogar bis zum Ende des „Dritten Reiches" weiterexistierten. Noch zwei Wochen vor dem Selbstmord Hitlers erschien am 17. April 1945 ein vom Preußischen Staatsministerium herausgegebenes und von der Preußischen Verlags- und Druckerei GmbH verlegtes Druckwerk: Nr. 1 der Preußischen Gesetzessammlung für das Jahr 1945 mit dem Haushaltsplan für das Rechnungsjahr 1945.[100] Diese Tatsachen sind aber nur als Beweis des zähen Festhaltens der Bürokratie an einem preußischen Staat zu werten, können aber nicht als Beleg für eine Fortexistenz der Staatlichkeit Preußens dienen.[101]

Bejaht man also den Untergang Preußens als Staat mit der Verreichlichung 1934, kann der 1946/47 konstituierte Staat Hessen nicht als identisch mit Preußen betrachtet werden.[102] Im übrigen lag es auch nicht in der Absicht der Väter des hessischen Staates, Kontinuität mit dem preußischen Staat herbeizuführen.[103]

---

[99] Vgl. etwa Foreign Relations of the United States. Diplomatic Papers. The Conferences at Cairo and Tehran, 1943. Department of State Publication 7187, 1961, S. 602; *Churchill, Winston S.*, The Second World War, vol. 5: Closing the Ring, 1951, S. 401.

[100] Die preußische Bürokratie funktionierte also noch, als die Schlacht um die Reichshauptstadt schon fast verloren war.

101 Auch wenn 1945 Preußen nur noch ein Verwaltungsbezirk war, so galt das doch auch für die anderen deutschen Länder, auf deren Hüllen man beim Neuanfang selbstverständlich zurückgriff. Preußen hingegen, das sich einst über viele dieser Länder erhoben hatte, verlor alle seine Kernprovinzen, aus denen die Bevölkerung vertrieben wurde. Es wurde zum „Steinbruch" für die sich neu konstituierenden deutschen Länder.

[102] So im Ergebnis auch Hess.VGH vom 13.10.1950, in: Verwaltungsrechtsprechung 4 (1952), S. 138 ff. (140 f.), soweit es um die fehlende Identität mit Preußen geht.
Ginge man jedoch entgegen der hier vertretenen Ansicht von der Fortexistenz der Länder nach der Verreichlichung von 1934 aus, wäre Preußen jedenfalls am 25. Februar 1947 untergegangen und damit kein geeignetes Subjekt, im Land Hessen fortzuleben. Das gilt, wenn man die Konstituierung des Landes Hessen am 1. März 1947 annimmt, also eine Woche nach dem Inkrafttreten des Kontrollratsgesetzes, aber auch dann, wenn man die Konstituierung des Landes bereits mit der Einsetzung der Staatsregierung am 16. Oktober 1945 annähme, da ja in diesem Falle Hessen und Preußen nebeneinander existiert hätten. Hessen wären in diesem Fall Gebiete Preußens zugewiesen worden.

[103] Alles Preußische war diskreditiert. Weder die Bundesrepublik Deutschland noch die DDR fühlten sich als sein Nachfolger, und nicht einmal eine Regionalbezeichnung Preußen existiert mehr. Diese Radikalität

3. *Insbesondere: Hessen*

Näherliegend wäre es, eine Identität des Landes Hessen mit dem Volksstaat Hessen anzunehmen. Bejaht man jedoch einen Untergang des Volksstaates Hessen durch das Gesetz über den Wiederaufbau des Deutschen Reiches vom 30. Januar 1934, kann das Land Hessen keine Identität mit diesem partiellen Gebietsvorgänger behaupten.[104]

4. *Resümee*

Das Land Hessen ist weder mit Preußen noch mit dem Volksstaat Hessen identisch. Vielmehr ist das Land Hessen als Rechtsnachfolger des Volksstaates Hessen und der preußischen Provinzen Kurhessen und Nassau zu qualifizieren, und zwar unabhängig davon, ob es Rechte und Pflichten der Gebietsvorgänger übernommen hat.[105]

IV. Probleme der Rechtsnachfolge

Da nun festgestellt wurde, daß das Land Hessen lediglich Rechtsnachfolger ist, stellt sich die Frage, welche Konsequenzen sich daraus hinsichtlich der im Volksstaat Hessen und in den preußischen Provinzen geltenden Gesetze sowie hinsichtlich des Vermögens und der Schulden dieser Gemeinwesen ergeben.

1. *Gesetze und internationale Verträge*

Einigkeit herrscht, daß ein Rechtsnachfolger die Gesetze des Vorgängers nicht zu übernehmen hat. Auf die Frage des Fortgeltens von internationalen Verträgen muß hier nicht weiter eingegangen werden.[106]

---

des Verschwindens ist ein erstaunlicher Befund in Anbetracht der Rolle, die Preußen in Deutschland und in Europa gespielt hatte. Es gab keine Politiker, die es wagten, Preußens Bewahrung zu fordern.

[104] Aber auch wenn man einen Untergang durch die Verreichlichung 1934 verneinte, wird man das Land Hessen als einen Neustaat betrachten müssen. Es gilt zwar im Völkerrecht die Vermutung der Kontinuität, es wird damit im Zweifelsfalle von der Identität des Rechtssubjektes ausgegangen. Allerdings kommt in allen Phasen des Aufbaus des Landes Hessen aus den drei Gebieten Volksstaat Hessen, Kurhessen und Nassau zum Ausdruck, daß hier nicht eine Inkorporation der Gebiete Nassau und Kurhessen in den Volksstaat Hessen erfolgen sollte, sondern ein neuer Staat geschaffen wurde. Vgl. etwa Zeugnisse zur Entstehungsgeschichte des Landes Hessen. Mitgeteilt und kommentiert von *Ludwig Bergsträsser*, in: Vierteljahreshefte für Zeitgeschichte, 1957, Heft 4, S. 397 ff.; *Dorn* (Anm. 18), Vierteljahreshefte für Zeitgeschichte 1958, Heft 2, S. 191 ff.; auch *Zinn/Stein* (Anm. 1), Bd. 1, Teil B, S. 71. Aber auch dann, wenn man eine Fusion zwischen dem Volksstaat Hessen und den beiden preußischen Provinzen annähme, würde das daraus entstandene Gebilde ein Neustaat sein. Vgl. oben II.2.b.

[105] Anders wohl *Zinn/Stein* (Anm. 1), Bd. 1, Teil B, S. 71.

[106] Zum Problem Waldeck-Pyrmont vgl. unten VI.

2. Vermögen

Soweit es sich um das Vermögen handelt, das sich im Inland befindet, gehen Staatenpraxis, Rechtslehre[107] und Urteile[108] im Völkerrecht davon aus, daß das *Verwaltungsvermögen* eines untergehenden Vorgängerrechtssubjekts, welches im Nachfolgestaat belegen ist, grundsätzlich auf diesen Nachfolgestaat übergeht.

Ähnlich verhält es sich mit dem *Finanzvermögen*, also demjenigen Vermögen, das durch seinen Wert oder seine Erträgnisse dem Staat und den juristischen Personen des Öffentlichen Rechts fiskalische Mittel zur Durchführung der Verwaltungsaufgaben liefert. Besonders zu erwähnen sind hier Forderungsrechte, die eine besondere Form des Finanzvermögens darstellen. Im Nachfolgestaat belegenes Finanzvermögen eines untergehenden Vorgängers geht somit ebenfalls auf den Nachfolgestaat über.[109] Inwieweit der Nachfolgestaat gegenüber Konzessionsnehmern des Vorgängerstaates geltend machen kann, mit dem Eintritt der Nachfolge sei die Konzession, aus welchem Grunde auch immer, erloschen, ist nicht eine Frage des Rechts der Staatennachfolge in das Vermögen, sondern des Rechts des Schutzes der wohlerworbenen Rechte.[110]

Für das Verwaltungsvermögen des Gebietsvorgängers, welches in Drittstaaten belegen ist, gilt letztlich das gleiche wie für das übrige Verwaltungsvermögen: es geht auf den Nachfolgestaat über.[111] In der Staatenpraxis und in der Rechtsprechung finden sich Einschränkungen nur insoweit, als der Drittstaat die Staatennachfolge noch nicht anerkannt hat.[112] Sofern nicht bestritten wird, daß es sich um einen rechtskonformen Fall der Staatennachfolge handelt, ist der Übergang des Verwaltungsvermögens im Drittstaat jedenfalls unstreitig.[113] Da die Herrschaft Hessens in den Gebieten des ehemaligen Volksstaates Hessen und der ehemaligen Provinzen Nassau und Kurhessen nicht bestritten wird, ist außerhalb dieser Gebiete befindliches Verwaltungsvermögen – sollte es solches überhaupt geben – nun dem Land Hessen zugefallen. Auch das außerhalb belegene Finanzvermögen[114] des Vorgän-

---

[107] Liegen mehrere Nachfolgestaaten im Falle einer Dismembration oder Sezession vor, wird man eine Teilung des Vermögens vornehmen müssen. Vgl. die Beispiele aus der Staatenpraxis bei *Gornig, Gilbert*, Staatennachfolge und die Einigung Deutschlands, Teil 2: Staatsvermögen und Staatsschulden, 1992, S. 48; *Silagi* (Anm. 77), S. 196 ff., jeweils auch mit weiteren Nachweisen aus der Literatur und Rechtsprechung. Vgl. auch insbesondere die Regelung in Art. 21 Einigungsvertrag. Vgl. ferner: *Delbrück* (Anm. 67), in: *Dahm/Delbrück/Wolfrum*, S. 169.

[108] Vgl. Peter Pázmány University v. The State of Czechoslovakia, Judgement of December 15th, 1933, Permanent Court of International Justice, Series A/B, Judgements, Orders and Advisory Opinions, No. 61, S. 205 ff. (237).

[109] So sah schon § 61 des Reichsdeputationshauptschlusses von 1803 den Übergang allen öffentlichen Eigentums in den säkularisierten Staaten des Heiligen Römischen Reiches an die neuen Souveräne vor. Vgl. auch Art. 21 Einigungsvertrag; ferner *Delbrück* (Anm. 67), in: *Dahm/Delbrück/Wolfrum*, S. 170; *Gornig* (Anm. 107), S. 80 ff.; *Silagi* (Anm. 77), S. 289 ff.

[110] Vgl. *Gornig* (Anm. 107), S. 83 f.

[111] Vgl. *Silagi* (Anm. 77), S. 255 ff.; *Gornig* (Anm. 107), S. 56 ff.

[112] Dies spielte insbesondere bei Gesandtschaftsgebäuden eine Rolle, vgl. *Silagi* (Anm. 77), S. 256 ff.; *Gornig* (Anm. 107), S. 57 ff.; *Mullerson, Rein*, The Continuity and Succession of States by Reference to the former USSR and Yugoslavia, in: ICLQ 1993, S. 473 ff. (483).

[113] Vgl. *Gornig* (Anm. 107), S. 67.

[114] Forderungen sind im Ausland belegen, wenn der Schuldner nicht der Staatsgewalt des Nachfolgestaates untersteht, also ein fremder Staat oder eine natürliche oder juristische Person mit Sitz im Ausland ist.

gergemeinwesens geht auf den Nachfolger über.[115] Läßt sich die Herkunft des außerhalb des Gebiets befindlichen Vermögens nicht nachweisen, ist eine Einigung zwischen den Staaten herbeizuführen, die das Vermögen für sich beanspruchen.[116]

3. *Verbindlichkeiten*

Bei den *Verwaltungsschulden*, also Verpflichtungen, die im Rahmen hoheitlicher Betätigung eingegangen wurden,[117] läßt sich die Frage der Nachfolge nur schwer lösen. In der Staatenpraxis läßt sich allenfalls eine Tendenz zur tatsächlichen Übernahme der Verwaltungsschulden durch den Nachfolger erkennen.[118] In Fällen der Übernahme von Verbindlichkeiten des Vorgängers wird aber häufig keine rechtliche Verpflichtung, sondern nur eine moralische Verpflichtung anerkannt. Verständlich ist jedoch, daß sich Gläubigerstaaten auf den Standpunkt stellen, es gebe eine völkerrechtliche Verpflichtung zur Schuldenübernahme.[119] Nach überwiegender Ansicht im Schrifttum[120] haftet in der Tat der Nachfolgestaat für die Verwaltungsschulden des Gebietsvorgängers. Zugrunde liegen entweder Billigkeitserwägungen[121] oder der Rechtssatz „res transit cum suo onere"[122], aus der Sicht der privaten Gläubiger der Grundsatz des Schutzes der wohlerworbenen Rechte.[123] Lehnt der Nachfolgestaat die Übernahme der Schulden ab, übernimmt er aber die Aktiva, so wird dies einer Enteignung gleichkommen, auf die im Völkerrecht

---

[115] Vgl. etwa *Delbrück* (Anm. 67), in: *Dahm/Delbrück/Wolfrum*, S. 171; *O'Connell, Daniel P.*, State Succession in Municipal and International Law, vol. 1, 1967, S. 207. Eine Versagung der Anerkennung durch den Forumstaat hindert den Übergang. Zwar besteht im Völkerrecht keine Pflicht zur Anerkennung, es wäre aber rechtsmißbräuchlich, wenn ein Drittstaat im Falle einer zweifelsfrei völkerrechtskonformen Rechtsnachfolge durch Nichtanerkennung dieser Rechtsnachfolge die Durchsetzbarkeit und Geltendmachung des Rechts durch den Nachfolgestaat verhindern könnte. Vgl. *Silagi* (Anm. 77), S. 302 ff.; *Gornig* (Anm. 107), S. 88 ff.

[116] So wird insbesondere im Fall der Dismembration eines Staates – der im Falle Hessens nicht gegeben ist – Uneinigkeit darüber bestehen, wem die im Ausland liegenden Botschafts- und Konsulatsgebäude sowie Kriegsschiffe gehören. Vgl. *Silagi* (Anm. 77), S. 255 ff.; *Gornig* (Anm. 107), S. 56 ff.

[117] Gehaltsansprüche, Pensionsansprüche, Entschädigungsansprüche, Ansprüche auf Subventionen, Ansprüche aus Vermietung und Verpachtung, Ansprüche aus Kauf-, Transport- und Werkverträgen sowie insgesamt aus Verwaltungsverträgen wie Konzessionsverträgen.

[118] Vgl. auch Art. 23 Einigungsvertrag.

[119] Vgl. nach Auswertung der Staatenpraxis *Gornig* (Anm. 107), S. 99 ff., 117; *Silagi* (Anm. 77), S. 317 ff.; vgl. ferner: *Oeter, Stefan*, German Unification and State Succession, in: ZaöRV, Bd. 51 (1991), S. 349 ff. (379).

[120] Vgl. etwa *Feilchenfeld, Ernst H.*, Public Debts and State Succession, 1931, S. 682 ff.; *Huber, Max*, Die Staatensuccession, 1898, S. 156 ff.; *Oppenheim, Lassa/Lauterpacht, Hersh*, International Law. A Treatise, vol. I – Peace, 8 th, 1955, S. 159 ff.; *Hall, William E.*, A Treatise on International Law, 1924, S. 129; *Guggenheim, Paul*, Lehrbuch des Völkerrechts. Unter Berücksichtigung der internationalen und schweizerischen Praxis, Bd. 1, 1948, S. 436; *O'Connell* (Anm. 115), S. 448.

[121] Vgl. etwa *Mosler, Hermann*, Wirtschaftskonzessionen bei Änderung der Staatshoheit. Eine völkerrechtliche Studie zum Hoheitswechsel und zur Hoheitsausübung auf fremden Staatsgebiet, 1948, S. 38; *Menzel, Eberhard*, Staatensukzession,in: *Strupp, Karl/Schlochauer, Hans-Jürgen*, (Hrsg.), Wörterbuch des Völkerrechts, Bd. 3, 1962, S. 311; *Delbrück* (Anm. 67), in: *Dahm/Delbrück/Wolfrum*, S. 179.

[122] Vgl. *Oppenheim/Lauterpacht* (Anm. 120), S. 159 ff.; *Delbrück* (Anm. 67), in: *Dahm/Delbrück/Wolfrum*, S. 179; *Simma* (Anm. 51), in: *Verdross/Simma*, S. 627 f. §§ 1007, 1011.

[123] Vgl. *O'Connell* (Anm. 115), S. 250 ff., 355, 367.

dann dessen allgemeine Regeln Anwendung fänden. Für die verschiedenen Arten von Verwaltungsverträgen gilt, daß den Nachfolger keine völkerrechtliche Pflicht zur unveränderten Fortführung dieser Verträge trifft. Man wird jedoch, entsprechend der Regelung im deutschen Konkursrecht für Verbindlichkeiten aus synallagmatischen Verträgen, davon ausgehen müssen, daß der Schuldner erfüllen muß, soweit der Gläubiger seine Leistungen bereits erbracht hat, da nun dem Nachfolger die Leistungen voll zugute kommen.[124] Haben im Zeitpunkt der Rechtsnachfolge beide Seiten noch nicht erfüllt, kann der Nachfolger entscheiden, ob er den Vertrag fortführen will oder nicht. Bei Nichtfortführung hat der Gläubiger einen entsprechenden Entschädigungsanspruch. Entsprechendes gilt für Wirtschaftskonzessionen. Im Falle des Entzugs einer Konzession nach der Nachfolge hat der Nachfolger die Pflicht, den Konzessionär angemessen zu entschädigen. Die Konzession bildet allerdings nur dann ein wohlerworbenes Recht mit der Folge, daß sie vor entschädigungslosem Entzug geschützt wird, wenn sie nach dem Recht des Vorgängers rechtswirksam erworben wurde. Eine Pflicht zur Achtung des im Zeitpunkt des Souveränitätswechsels bereits erworbenen Rechts trifft die Nachfolger auch in bezug auf Gehalts-, Renten- und Pensionsansprüche, soweit bereits Dienste geleistet oder eigene Beiträge erbracht worden sind. Es ist mindestens eine angemessene Entschädigung zu leisten. Die Pflicht zur Fortführung bestehender Beamten- und Arbeitsverhältnisse besteht nicht. Für Kautionen, Depositen und sonstige Einlagen bei öffentlichen Kassen, die der Nachfolgestaat übernimmt, haftet er gleich dem untergegangenen Vorgänger. Den Nachfolgestaat trifft jedoch keine Verantwortlichkeit für Verbindlichkeiten des Vorgängerstaates, die aus Schadensersatzansprüchen wegen deliktischen Verhaltens herrühren, da sie höchstpersönlicher Natur sind.[125] In der völkerrechtlichen Literatur[126] besteht allerdings die starke Tendenz, einen Übergang anzunehmen, wenn der Schadensersatzanspruch bereits auch der Höhe nach anerkannt worden war. Schulden aus Enteignungsentschädigungsansprüchen gehen über, da es sich bei ihnen nicht um eine Unrechtsfolge, sondern um eine Gegenleistung handelt. Eine Pflicht zur Übernahme von Verwaltungsschulden durch den Nachfolgestaat ist nicht anzunehmen, wenn es sich um sog. odious debts (dettes odieuses) handelt, also Schulden, die der Vorgänger aus politischen Gründen eingegangen ist und die den wesentlichen Interessen des Nachfolgers widersprechen. Dem Nachfolger ist hier ein Übergang nicht zumutbar, soweit nicht eine entsprechende Bereicherung eingetreten ist.[127]

Ähnlich wie bei den Verwaltungsschulden liegen die Verhältnisse bei den *Finanzschulden*, also denjenigen Staatsschulden, die ihren Ursprung in Anleihen des Staates haben. Es handelt sich hierbei um Verbindlichkeiten aus der Aufnahme von Krediten, aus der Hereinnahme von Geldern, die mit einer Rückzahlungsverpflichtung verbunden ist. Die Betrachtung der Staatenpraxis, der völkerrecht-

---

[124] Vgl. auch *Feilchenfeld* (Anm. 120), S. 685 f.

[125] Vgl. etwa *Oppenheim/Lauterpacht* (Anm. 120), S. 162 f.

[126] Vgl. *Oppenheim/Lauterpacht* (Anm. 120), S. 162; *O'Connell* (Anm. 115), S. 485 f.

[127] Vgl. etwa *Delbrück* (Anm. 67), in: *Dahm/Delbrück/Wolfrum*, S. 179; *Simma* (Anm. 51), in: *Verdross/Simma*, S. 628, § 1010; *Menzel* (Anm. 121), in: *Strupp/Schlochauer*, S. 311 f.

lichen Lehre, der einschlägigen Rechtsprechung und auch der Auffassung der International Law Commission[128] zur Frage der Staatennachfolge in Finanzschulden läßt erkennen,[129] daß ganz überwiegend, insbesondere im kontinentalen Europa, von einer gewohnheitsrechtlich verankerten Haftung des Nachfolgestaates für die Finanzschulden des untergegangenen Vorgängers ausgegangen wird. Auch hier wird der Grundsatz „res transit cum suo onere" und in bezug auf private Gläubiger der Grundsatz des Schutzes wohlerworbener Recht zugrunde gelegt. Die Haftung des Nachfolgestaates für Finanzschulden des Vorgängerstaates bei dessen vollständiger Einverleibung ist aus Billigkeitserwägungen jedoch beschränkt. Sog. „odious debts", also Schulden, die der Vorgängerstaat zu Zwecken aufgenommen hat, die den wesentlichen Interessen des Nachfolgerstaates widersprechen, sind auch hier von der Haftung ausgenommen.[130]

Nicht als eigentliche Probleme der Nachfolge in Schulden sind die Schulden lokaler, mit finanzieller Autonomie ausgestatteter Untergliederungen des Vorgängerstaates anzusehen, die sog. local debts, soweit in der Person des Schuldners keine Veränderung eintritt. Dies gilt entsprechend für öffentliche Unternehmen und Anstalten mit eigener Rechtspersönlichkeit und einem gewissen Grad an finanzieller Autonomie. In diesen Fällen bleibt die rechtliche Verbindung zwischen Gläubiger und Schuldner in jedem Fall intakt.[131]

V. Das Verhältnis des Landes Hessen zu Preußen und zum Volksstaat Hessen

Aufgrund des Untergangs des Volksstaates Hessen und des Landes Preußen und seiner Provinzen ist die hessische Staatspraxis davon ausgegangen, daß die Wandlung der inneren Staatsordnung nach dem Zusammenbruch eine Fortsetzung der Dienstverhältnisse ausschließt.[132] Die hessische Staatspraxis hat daher im Beamtengesetz vom 12. November 1946[133] nur die neu begründeten Dienstverhältnisse als verbindlich für das Land anerkannt[134]. Später hat jedoch das Land Hessen nach § 109 des Beamtengesetzes i.d.F. vom 25. Juni 1948[135] die früheren Dienstverhältnisse der tatsächlich von ihm weiterbeschäftigten Beamten und Angestellten unter bestimmten Voraussetzungen auch ohne formelle Neubegründung für sich anerkannt, allerdings unter grundsätzlicher Umwandlung der Beamtenverhältnisse

---

[128] Report of the International Law Commission. General Assembly. Official Records, thirty-sixth session, S. 176 Anm. 45.

[129] Vgl. hierzu *Huber* (Anm. 120), S. 149, 156; *v. Holtzendorff, Franz*, Handbuch des Völkerrechts, Bd. 2. Die völkerrechtliche Verfassung und Grundordnung der auswärtigen Staatsbeziehungen, 1887, S. 38 f.; *Hall* (Anm. 120), S. 129; *Gornig* (Anm. 107), S. 154 ff.

[130] Vgl. *Gornig* (Anm. 107), S. 165.

[131] Vgl. auch *Delbrück* (Anm. 67), in: *Dahm/Delbrück/Wolfrum*, S. 181; *Gornig* (Anm. 107), S. 132; 168 f.

[132] Vgl. auch BVerfGE 3, S. S. 58 ff. (114 ff., 121, 124 f., 139 f.); 6, S. 132 ff. (150 ff.) unter Ablehnung der gegenteiligen Ansicht des BGH, BGHZ 2, S. 198 ff. (202 f.); 3, S. 1 ff. (13 ff.); 10, S. 30 ff. (36 ff.).

[133] Text: GVBl. 1946, S. 205

[134] Vgl. Hess.VGH, Verwaltungsrechtsprechung 1, S. 324 ff.

[135] Text: GVBl. 1948, S. 101.

auf Lebenszeit in solche auf Widerruf.[136] Insoweit wird der oben angeführte Grundsatz bestätigt, wonach Verwaltungsschulden des Vorgängers grundsätzlich zu übernehmen und wohlerworbene Rechte zu respektieren sind. Das Land Hessen, das das Verwaltungsvermögen der Vorgänger übernommen hat, genügte also dem Grundsatz „res transit cum suo onere", wenn es die Verwaltungsschulden, also die wohlerworbenen Rechte der Beamten, respektierte.

Der gleiche Rechtsgedanke liegt auch der 16. Durchführungsverordnung zum Befreiungsgesetz vom 15. Januar 1947[137], dem Unterhaltsbeitragsgesetz vom 2. Juni 1948[138] sowie dem Gesetz über die Einstellung spätheimkehrender Beamter vom 18. Oktober 1951[139] zugrunde. Das Gesetz zur Regelung der Rechtsverhältnisse der unter Art. 131 GG fallenden Personen vom 11. Mai 1951[140] hat diesen Fragenkreis geregelt. Nach § 82 dieses Gesetzes ist Dienstherr der Beamten, Angestellten und Arbeiter, die am 8. Mai 1945 in einem Dienst- oder Arbeitsverhältnis bei einer Reichs- oder Landesdienststelle im Bundesgebiet gestanden haben, die Körperschaft, die bei der Neuordnung der staatsrechtlichen Verhältnisse die Aufgaben der Dienststelle ganz oder überwiegend übernommen hat. Im Ergebnis haftet also das Land Hessen für Verbindlichkeiten des Volksstaates Hessen und des Preußischen Staates, die sich ausschließlich auf das nunmehr zum Lande Hessen gehörende Gebiet dieser beiden Länder, auf die in diesem Gebiet übernommene Verwaltung und das dort gelegene Verwaltungsvermögen beziehen. Die Haftung für gebietsbezogene Verbindlichkeiten bezüglich Rheinhessen und Montabaur trifft hingegen das Land Rheinland-Pfalz.[141]

VI. Sonderfall Waldeck-Pyrmont

1. Beitritt Waldeck-Pyrmonts zu Preußen und Nachfolgeprobleme

Die Grafschaft Waldeck, die seit 1712 Fürstentum war, und die Grafschaft Pyrmont wurden seit 1625 in Personalunion regiert und waren seit 1848 auch staatsrechtlich vereinigt. Die Vereinigung von Waldeck-Pyrmont mit Preußen vollzog sich in den Jahren 1922 und 1929 in zwei Schritten.[142] Zum 1. April 1922 wurde zunächst das ehemalige Fürstentum Pyrmont aufgrund des Staatsvertrags vom 29. November 1921 zwischen Preußen und Waldeck-Pyrmont der preußischen Provinz

[136] Vgl. Hess.VGH v. 31.10.1951, in: DVBl. 1952, S. 379.
[137] Text: GVBl. 1947, S. 14.
[138] Text: GVBl. 1948, S. 73.
[139] Text: GVBl. 1951, S. 70.
[140] BGBl. 1951 I, S. 307.
[141] Vgl. LG Zweibrücken, MDR 1949, S. 633: Das Land Rheinland-Pfalz haftet als Rechtsnachfolger Bayerns auch für Verbindlichkeiten hinsichtlich des in der Pfalz gelegenen Vermögens Bayerns.
[142] Vgl. *Huber, Ernst Rudolf,* Deutsche Verfassungsgeschichte seit 1789, Bd. 6, 1981, S. 850 f.

Hannover einverleibt.[143] Im Jahre 1928 wurde dann ein Anschlußvertrag zwischen dem restlichen Waldeck und Preußen über die Eingliederung in die preußische Provinz Hessen-Nassau geschlossen, der am 1. April 1929 in Kraft trat.[144] Der ehemalige Landesteil Pyrmont liegt also heute im Bundesland Niedersachsen, das übrige Waldeck im Land Hessen. In beiden preußischen Vereinigungsgesetzen ist festgehalten, daß die im jeweiligen Staatsvertrag und im Schlußprotokoll enthaltenen Rechtsbestimmungen mit dem Tage der Vereinigung Gesetzeskraft erlangen. In die Verpflichtung zur Wahrung der Vorbehaltsrechte des beigetretenen Gebietes, des ehemaligen Fürstentums Pyrmont, könnte mit der Auflösung Preußens eine Rechtsnachfolge stattgefunden haben, in die jedenfalls Niedersachsen eingetreten ist[145]. Hessen hingegen als ein anderer Nachfolgestaat Preußens betrachtet sich bezüglich einer Geltendmachung von Ansprüchen der 1929 als Gliedstaat untergegangenen, heute hessischen Gebiete Waldecks als passiv legitimiert, da es den unveränderten Fortbestand der Waldeck durch den Staatsvertrag von 1928 eingeräumten Rechtsstellung auch unter hessischer Staatshoheit gewährleistet. Dabei achtet Hessen trotz der 1974 erfolgten Zusammenlegung der Kreise Waldeck und Frankenberg weiterhin die Sonderrechte der ehemals Waldeckischen Kreisteile.[146]

2. Der Streit vor dem Bundesverfassungsgericht

Auch wenn 1976 das Bundesverfassungsgericht einen Rechtsstreit zwischen der Stadt Bad Pyrmont für das durch Anschluß an Preußen untergegangene Land Waldeck-Pyrmont und dem Land Niedersachsen zu entscheiden hatte, sind doch die Erkenntnisse dieses Gerichts eventuell auch für das Verhältnis von Waldeck zum Land Hessen von Bedeutung. Streitgegenstand war die Schließung des Amtsgerichts Bad Pyrmont entgegen dem Vertrag über die Aufnahme Pyrmonts von 1921.[147] Im Schlußprotokoll zum Staatsvertrag über die Vereinigung Pyrmonts mit Preußen von 1921 war nämlich bestimmt, daß das Amtsgericht in Bad Pyrmont erhalten bleibt. Nun wurde durch niedersächsisches Gesetz von 1962 das Amtsgericht Bad Pyrmont aufgelöst und das Gebiet dem Amtsgericht Hameln unterstellt. Gegen diese Verletzung der Bestandsgarantie aus dem Vertrag zwischen Preußen

[143] Vgl. Gesetz über die Vereinigung des zu Waldeck-Pyrmont gehörigen Gebietsteils Pyrmont mit dem Freistaate Preußen vom 22. Februar 1922, Preußische Gesetzessammlung 1922, S. 37 ff. Vgl. auch Reichsgesetz vom 24.3.1922, Text: RGBl. 1922 I, S. 281.

[144] Gesetz über die Vereinigung des Freistaats Waldeck mit dem Freistaat Preußen vom 25. Juli 1928, Preußische Gesetzessammlung 1928, S. 179. Vgl. auch Reichsgesetz vom 7.12.1928, Text: RGBl. 1928 I, S. 401.

[145] Dies belegt die Aufnahme des Eingliederungsvertrages aus dem Jahre 1921 in die Sammlung des niedersächsischen Landesrechts; vgl. Sammlung des niedersächsischen bereinigten Landesrechts, GVBl. Sonderband II, S. 7. Durch Art. 3 des niedersächsischen Rechtsvereinfachungsgesetzes vom 19.9. 1989 (GVBl. 1989, S. 345) wurden große Teile des Gesetzes gestrichen, da die zu streichenden Vorschriften durch Vollzug entbehrlich geworden seien; Niedersächsische LT-Drucks. 11/2575, S. 40 f.

[146] Vgl. *Jensen, Günter Martin*, Das Domanium Waldeck: Die rechtliche Zuordnung eines Fürstenvermögens, 1984, S. 226 Anm. 280.

[147] Vgl. BVerfGE 42, S. 345 ff.

und Waldeck-Pyrmont aus dem Jahre 1921 richtete sich die Klage von Bad Pyrmont vor dem Bundesverfassungsgericht.

Obwohl Vertragspartner Waldeck-Pyrmonts 1921 der Staat Preußen gewesen war, richtete sich der Antrag in diesem Streit gegen das Land Niedersachsen. Nach Ansicht des Bundesverfassungsgerichts bedurfte es zur Bejahung der Passivlegitimation keiner abschließenden Klärung der Frage, auf welche Weise das Land Niedersachsen Rechtsnachfolger Preußens geworden war. Jedenfalls träfen die Pflichten aus dem hier in Rede stehenden Staatsvertrag heute das Land Niedersachsen.[148] Es wird also davon ausgegangen, daß das Land Preußen untergegangen ist, für das betroffene Gebiet Niedersachsen die Rechtsnachfolge angetreten hat und somit an den von Preußen mit Waldeck-Pyrmont geschlossenen Vertrag gebunden ist.

Die Aktivlegitimation der Stadt Pyrmont ist hingegen zweifelhaft. Sie wurde mit der Begründung bejaht, daß die noch bestehenden obersten Selbstverwaltungskörperschaften „als Repräsentanten der Bevölkerung des untergegangenen Landes angesehen werden können" und damit die Stadt zur Geltendmachung der Rechte des untergegangenen Staates Waldeck legitimiert sei.[149] Zunächst blieb der Zessionsvertrag über die Eingliederung des Waldeckischen Staatsteils Pyrmont nach Preußen und Hannover als staatsrechtlicher Vertrag zwischen Preußen und dem verkleinert fortbestehenden Waldeck in Geltung. Vor dem Anschluß Waldecks an Preußen im Jahre 1929 lag also die Aktivlegitimation zur Geltendmachung der preußischen Verpflichtungen aus dem Staatsvertrag von 1921 bei dem verkleinerten Staat Waldeck. Rechtsnachfolger des Staates Waldeck, der 1929 durch Beitritt zu Preußen und Eingliederung in dessen Provinz Hessen-Nassau untergegangen war, wurde Preußen. Der Vertrag von 1921 erlosch also durch Konfusion, so daß nach der Errichtung Hessens nach dem Zweiten Weltkrieg eine Rechtsnachfolge Hessens in diesen Vertrag nicht mehr stattfinden konnte. Der Zweite Senat des Bundesverfassungsgerichts stellte jedoch darauf ab, welche von den Gebietskörperschaften des ehemaligen Staates Waldeck-Pyrmont durch die Auflösung des Amtsgerichts Bad Pyrmont betroffen sei. Es seien lediglich die Interessen von Bad Pyrmont berührt, so daß diese Stadt allein antragsberechtigt sei, ohne daß es darauf ankäme, „ob die nach Hessen eingegliederten ehemals waldeckischen Gebietsteile heute noch durch eine Gebietskörperschaft repräsentiert erscheinen".[150]

In einem zweiten Verfahren im Jahre 1982 ging es wieder um den Vertrag zwischen Preußen und Waldeck-Pyrmont von 1921. Preußen hatte in diesem Vertrag dem durch die Abtretung Pyrmonts verkleinerten Land Waldeck die anteilige Übernahme wiederkehrender finanzieller Aufwendungen zugesagt. Der Landkreis Waldeck-Frankenberg als „Repräsentant des untergegangenen Landes Waldeck"[151] strengte ein Verfahren gegen das Land Niedersachsen und gegen die Stadt Pyrmont

---

[148] Vgl. BVerfGE 42, S. 345 ff. (356 f.).

[149] BVerfGE 42, S. 345 ff. (355 f.), unter Hinweis auf die Rechtsprechung zu Lippe, BVerfGE 3, S. 267 ff. (280); 4, S. 250 ff. (268), und Coburg, BVerfGE 22, S. 221 ff. (231); 34, S. 216 ff. (226); 38, S. 231 ff. (237).

[150] Vgl. BVerfGE 42, S. 345 ff. (356).

[151] BVerfGE 62, S. 295 ff. (303).

als Rechtsnachfolger des untergegangenen Staates Preußen an. Auch in diesem Verfahren konnte man ohne weiteres Niedersachsen als Rechtsnachfolger Preußens betrachten, da Pyrmont heute in Niedersachsen liegt, so daß die Gegenleistungen für die Abtretung Bad Pyrmonts an Preußen nun vom Lande Niedersachsen zu erfolgen hätten. Erstaunlich ist, daß Bad Pyrmont, das hier nicht in der Rolle des Aktivlegitimierten wie im Verfahren von 1976 auftreten konnte, in die Rolle des Passivlegitimierten gedrängt wurde. Damit wurde Bad Pyrmont ebenfalls als Rechtsnachfolger Preußens betrachtet, nicht aber als Nachfolger des untergegangenen Landes Waldeck-Pyrmont. Das Bundesverfassungsgericht jedoch befaßte sich mit den Fragen der Aktiv- und Passivlegitimation hier nicht näher,[152] da es die Klage des hessischen Landkreises Waldeck-Frankenberg mangels Vorliegen einer verfassungsrechtlichen Streitigkeit für unzulässig hielt.

Entscheidend für die Frage einer Rechtsnachfolge des Landes Hessen gegenüber den Vorgängern Volksstaat Hessen, Nassau und Kurhessen ist, daß Niedersachsen als Rechtsnachfolger Preußens gesehen wird, soweit es um ehemalige preußische Gebiete im heutigen Niedersachsen geht. Eine Rechtsnachfolge Niedersachsens bezüglich anderer preußischer Gebiete, die heute nicht zu Niedersachsen gehören, ist damit abzulehnen. Daraus ist eine Rechtsnachfolge Hessens für die heute hessischen, ehemals aber preußischen Gebiete abzulesen. Das Bundesverfassungsgericht übersieht allerdings, daß die gesamte Rechtsordnung Waldecks durch die Eingliederung nach Preußen unterging. Damit war auch der Vertrag aus dem Jahre 1921 erloschen, eine Rechtsnachfolge in den Vertrag konnte damit gar nicht stattfinden.

VII. Resümee

Das Land Hessen, das nach dem Ende des Zweiten Weltkriegs gegründet wurde, ist mit keinem der Staaten, die sich vor dem Jahre 1945 auf dem Gebiet des heutigen Hessen befanden, identisch. Es besteht also keine Kontinuität mit Gebietsvorgängern. Hessen ist aber Rechtsnachfolger. Da für die Rechtsnachfolge von innerstaatlichen Gemeinwesen das deutsche Recht keine Grundsätze entwickelt hat, ist auf die Regeln des Völkerrechts zur Staatennachfolge zurückzugreifen. Unbestritten ist, daß bei einem Untergang der Gebietsvorgänger das im Land belegene Vermögen auf den Rechtsnachfolger übergeht. Bei Schulden des Gebietsvorgängers hingegen neigen die Nachfolger dazu, Schulden des Vorgängers nach dem Grundsatz „res transit cum suo onere" unter Respektierung wohlerworbener Rechte zu übernehmen, häufig aber ohne Anerkennung einer Rechtspflicht.

---

[152] BVerfGE 62, S. 295 ff. (312).

II.

ROLF GROSS

Die Ausformung der Meinungsfreiheit durch das Hessische Pressegesetz

I. Die Meinungsfreiheit in der Hessischen Verfassung

Art. 11 Abs. 1 Satz 1 HV gewährleistet die Meinungsäußerungsfreiheit. Danach hat jedermann „das Recht, seine Meinung frei und öffentlich zu äußern". Das Grundrecht lehnt sich an Art. 118 Abs. 1 Satz 1 WRV an; allerdings genießen es nicht nur Deutsche wie nach der Weimarer Reichsverfassung, das Grundrecht ist als Menschenrecht ausgestaltet.[1] Die Drittwirkung der Meinungsäußerungsfreiheit wird durch Art. 11 Abs. 1 Satz 2 HV unterstrichen. Diese Vorschrift bestimmt in Anlehnung an Art. 118 Abs. 1 Satz 2 WRV, daß ein Dienstverhältnis die Meinungsfreiheit nicht beschränken und demjenigen, der sie ausübt, kein Nachteil entstehen darf. Eine Ausnahme hiervon machen Dienstverhältnisse in Tendenzbetrieben. Letztere Regelung, die einen Vorgriff auf den Tendenzschutz des § 118 des Betriebsverfassungsgesetzes darstellt, hat in Art. 118 WRV keinen Vorläufer.

Wie schon Art. 118 Abs. 2 Satz 1 WRV verbietet Art. 11 Abs. 2 HV die Zensur. Dabei ist allerdings Art. 11 Abs. 2 HV auf das Verbot der „Pressezensur" beschränkt, eine Einschränkung, die der Weimarer Reichsverfassung fremd war, wie der dortige Hinweis auf „abweichende Bestimmungen für Lichtspiele" belegt. Kein Vorbild in der Weimarer Reichsverfassung hat die in Art. 13 HV aufgrund der Erfahrungen mit der NS-Herrschaft verankerte Informationsfreiheit. Diese gibt jedermann das Recht, „sich auf allen Gebieten des Wissens und der Erfahrung sowie über die Meinung anderer durch den Bezug von Druck-Erzeugnissen, das Abhören von Rundfunksendern oder auf sonstige Weise frei zu unterrichten".

Über die Weimarer Reichsverfassung hinaus schützt Art. 10 HV das wissenschaftliche und künstlerische Schaffen. Dabei wird namentlich das Recht auf Verbreitung der Werke gewährleistet. Eine allgemeine Garantie der Freiheit der Lehre enthält die Hessische Verfassung nicht. Der Verfassungsausschuß der Verfassungberatenden Landesversammlung hielt eine derartige Gewährleistung „in Anbetracht der Haltung einer Reihe von Universitätslehrern" in der NS-Zeit für unangebracht.[2]

Sieht man von der Erwähnung der Unzulässigkeit der Pressezensur in Art. 11 Abs. 2 HV und von der Einordnung der Druckerzeugnisse unter die allgemein zugänglichen Quellen bei der Informationsfreiheit des Bürgers nach Art. 13 HV ab, so fehlt in der Hessischen Verfassung jeder Hinweis auf eine eigenständige Pressefreiheit. Das beruht darauf, daß die Hessische Verfassung die Pressefreiheit

---

[1] *Zinn/Stein*, Verfassung des Landes Hessen, 1954, Erl. 2 zu Art. 11.
[2] *Zinn/Stein* (Fn. 1), Erl. 1 zu Art. 10.

nach dem Vorbild des Art. 118 WRV als Unterfall der Meinungsfreiheit sieht. Der Schutz, den die Pressefreiheit durch Art. 5 Abs. 1 Satz 2 und 3 GG erfahren hat, geht darüber hinaus.[3]

II. Die Pressefreiheit nach dem Grundgesetz

Der Grundgesetzgeber hat die öffentliche Aufgabe der Presse erkannt. Deshalb hat er in Art. 5 Abs. 1 Satz 2 GG die Pressefreiheit nicht nur als Individualgrundrecht ausgestaltet, sondern sie institutionalisiert.[4] Es wäre kaum verständlich, wenn der Grundgesetzgeber in Art. 5 Abs. 1 Satz 2 GG abweichend von Art. 118 WRV die Pressefreiheit besonders verbürgt hätte, ohne damit auch die Presse als Institution zu sichern. Zwar kann die Pressefreiheit, wie erwähnt, unschwer als individuelles Grundrecht und Ausprägung des Rechts der freien Meinungsäußerung betrachtet werden, aus dem sie sich auch geschichtlich entwickelt hat. Die Institutionalisierung der Pressefreiheit trägt jedoch der Anerkennung der öffentlichen Aufgabe der Presse Rechnung, die ähnlich wie die politischen Parteien den Auftrag hat, bei der Bildung der öffentlichen Meinung mitzuwirken (Art. 21 Abs. 1 Satz 1 GG).

Aus der Institutionalisierung folgt nicht die Gefahr oder gar die Berechtigung einer Einschränkung der Pressefreiheit oder einer staatlichen Inpflichtnahme der Presse. Die Kennzeichnung der Presse als Institution rechtfertigt keine qualitativen Anforderungen an die Presse und kann daher auch nicht der Begrenzung des Schutzumfangs des Art. 5 Abs. 1 Satz 2 GG Vorschub leisten. Die Bezeichnung eines Gebildes als Institution soll „dessen Vorgegebenheit zum Ausdruck bringen"[5], woraus allenfalls Schranken für den Verfassungsgeber selbst hergeleitet werden könnten. Schließlich ist der Umfang der verfassungsrechtlichen Verbürgung des Art. 5 Abs. 1 Satz 2 GG, ob man nun die Pressefreiheit als Individualgrundrecht oder als institutionelle Garantie betrachtet, nicht davon abhängig, ob die Presse Geschäftspresse ist, ob sie seriös oder unseriös ist.[6]

---

[3] *Zinn/Stein* (Fn. 1), Erl. 1 zu Art. 11.

[4] *Ridder*, Meinungsfreiheit, in: *Neumann/Nipperdey/Scheuner*, Die Grundrechte, Bd. 2, 1954, S. 243 ff., 250 ff.; *Scheuner*, Die institutionellen Garantien des Grundgesetzes, Recht-Staat-Wirtschaft, 1953, IV, S. 106 f. und VVDStRL 22, S. 1 ff., 62 ff.; BVerfGE 10, S. 118 ff., 121 = JZ 1960, S. 362 f., 363 = DÖV 1959, S. 905 f., 905 = NJW 1960, S. 29 ff., 29, mit Anm. von *Löffler*, BVerfGE 12, S. 113 ff., 125 = UFITA 35, S. 82 ff., 87 = NJW 1961, S. 819 ff., 820, mit Anm. von *Schmidt-Leichner* = DVBl. 1961, S. 327 ff., 327 f. = JZ 1961, S. 535 ff., 536, mit Anm. von *Ridder*, BVerfGE 50, S. 234 ff., 240 = NJW 1979, S. 1400 f., 1401 = JZ 1979, S. 437 f. = AfP 1979, S. 301 ff., 302; BVerfGE 62, S. 230 ff., 243 = NJW 1983, S. 1181 f., 1181 = JZ 1983, S. 341 ff., 342 = AfP 1983, S. 267 ff., 269; BVerfGE 66, S. 116 ff., 133 = NJW 1984, S. 1741 ff., 1742 = DVBl. 1984, S. 716 ff., 717 = AfP 1984, S. 94 ff., 95.

[5] *Krüger*, Die öffentlichen Massenmedien als notwendige Ergänzung der privaten Massenmedien, Beiträge zum Rundfunkrecht, Heft 5, 1965, S. 25 ff. = Rundfunkanstalten und Tageszeitungen, Eine Materialsammlung, herausgegeben von der ARD, Dokumentation 3, 1965, S. 207 ff., 231 ff.

[6] BVerfGE 34, S. 269 ff., 283 = NJW 1973, S. 1221 ff., 1224 = AfP 1973, S. 435 ff., 436 = DÖV 1973, S. 456 ff., 457 = DVBl. 1973, S. 784 ff., 785, mit Anm. von *Schwabe* = JZ 1973, S. 662 ff., 664, mit Anm. von *Kübler*.

III. Verhältnis der Verbürgungen und Schranken nach der Hessischen Verfassung und dem Grundgesetz

Geht auch die Verbürgung der Pressefreiheit im Grundgesetz über die Gewährleistung der Hessischen Verfassung hinaus, so bleiben doch die Freiheit von Wissenschaft und Kunst nach Art. 10 HV, die Meinungsäußerungsfreiheit nach Art. 11 Abs. 1 HV und die Informationsfreiheit nach Art. 13 HV gemäß Art. 142 GG weiter in Geltung.[7] Dagegen ist Art. 11 Abs. 2 HV im Hinblick auf das Defizit gegenüber Art. 5 Abs. 1 Satz 3 GG durch letztere Vorschrift verdrängt worden.[8]

Ein Vorbehalt zugunsten der allgemeinen Gesetze fehlt sowohl in Art. 10 und 11 wie in Art. 13 HV. Art. 118 Abs. 1 Satz 1 WRV enthielt einen solchen Vorbehalt, so daß es eines Rückgriffs auf sämtlichen Grundrechten vorgegebene Schranken nicht bedurfte, abgesehen davon, daß Grundrechte nach der Weimarer Reichsverfassung zur Disposition des einfachen Gesetzgebers standen. Soweit es nicht um den als Schranke der Meinungsfreiheit in Art. 18 HV bezeichneten Schutz der Jugend geht, ergeben sich Grundrechtsschranken aus den Grenzen des allgemeinen Freiheitsrechts in Art. 2 Abs. 1 HV.[9] Zu den Schranken nach dieser Bestimmung gehören „die Rechte anderer" und „die verfassungsmäßige Ordnung". Beide Beschränkungen sind auch Teil der Schrankentrias nach Art. 2 Abs. 1 GG. Die wesentlich höhere Eingriffshürde der allgemeinen Gesetze nach Art. 5 Abs. 2 GG[10] gilt natürlich auch für den Landesgesetzgeber. Dabei ist praktisch bedeutungslos, ob die Schranken des Art. 5 Abs. 2 GG anstelle der oder neben den Schranken des Art. 2 Abs. 1 HV gelten.

Die Berufung auf die Grundrechte nach Art. 10 und 11 HV ist gemäß Art. 17 Abs. 1 HV dem versagt, der den „verfassungsmäßigen Zustand angreift oder gefährdet." Dem steht Art. 18 GG nicht entgegen. Nach Art. 18 GG kann das Bundesverfassungsgericht denjenigen, der ein Grundrecht zum Kampfe gegen die freiheitliche demokratische Grundordnung mißbraucht, von der Inanspruchnahme des Grundrechts für die Zukunft ausschließen, d. h. dem Betroffenen wird der Grundrechtsschutz schlechthin aberkannt.[11] Das schließt nicht aus, daß dem Betroffenen die Berufung auf ein Grundrecht im Einzelfall versagt werden kann.[12] Nur das bringt Art. 17 HV zum Ausdruck;[13] ihm sind der inzwischen insoweit

---

[7] *Zinn/Stein* (Fn. 1), Erl. 1 zu Art. 10, Erl. 1 zu Art. 11, Erl. 1 zu Art. 13; *Reh/Groß*, Hessisches Pressegesetz,1963, Anm. 4 zu § 1.

[8] *Zinn/Stein* (Fn. 3); *Reh/Groß*, (Fn. 7).

[9] *Zinn/Stein* (Fn. 1).

[10] Zum Begriff der allgemeinen Gesetze *Groß*, Presserecht, 2. Aufl., 1987, S. 64 ff. mit weiteren Hinweisen.

[11] *Von Mangoldt/Klein*, 2. Aufl., Anm. II 5 ff. zu Art. 18; *Reißmüller*, JZ 1960, S. 529 ff., 532.

[12] BVerfGE 10, S. 118 ff. = JZ 1960, S. 362 f. = DÖV 1959, S. 905 f. = VerwRspr. 12, S. 394 ff. = AfP 1959, S. 101 f. = NJW 1960, S. 29 ff., mit Anm. von *Löffler*, steht hierzu nicht in Widerspruch, weil § 4 des nordrhein-westfälischen Gesetzes über die Berufsausübung von Verlegern, Verlagsleitern und Redakteuren ein Verbot der Berufsausübung durch die Landesregierung zuließ.

[13] Zum Verhältnis des Art. 17 HV zu Art. 18 GG vgl. *Zinn/Stein* (Fn. 1), Erl. 3 zu Art. 17.

geänderte Art. 10 a. F. der Rheinland-Pfälzischen Verfassung, Art. 10 der Verfassung des Saarlandes und Art. 37 der Berliner Verfassung gefolgt.[14]

IV. Ausführung der Hessischen Verfassung durch die Pressegesetzgebung

Der Ausführung der Verfassung dient die Gesetzgebung dort, wo sie einen Verfassungsauftrag erfüllt. Wie andere Verfassungen bestimmt auch die Hessische Verfassung an vielen Stellen, daß nähere Regelungen zu treffen Aufgabe des Gesetzgebers sei.[15] Aber auch soweit der Gesetzgeber lediglich zum Handeln ermächtigt ist, ist es seine Aufgabe, die Richtungsvorgaben der Verfassung zu erfüllen. Folglich sind auch Regelungen, die nicht Erfüllung einer erzwingbaren verfassungsrechtlichen Pflicht sind, als Ausführung der Verfassung zu bewerten. Der Umfang der Gesetze, die als Ausführung der Verfassung zu bewerten sind, nimmt zu, wenn man mit Rechtsprechung und Lehre aus den Grundrechten und anderen Verfassungsverbürgungen Aufträge an die Gesetzgebung entnimmt. In diesem Sinne ist auch die Presse- und Rundfunkgesetzgebung Ausführung der einschlägigen grundrechtlichen und institutionellen Gewährleistungen der Verfassung. Dies machten schon die Beratungen im Verfassungsausschuß der Verfassungberatenden Landesversammlung deutlich, die sich der Frage widmeten, ob bestimmte Regelungen in die Verfassung oder in ein Pressegesetz gehören. Die politische Betätigung von Journalisten in Tendenzbetrieben, die Verhinderung von Konzernmacht und der Widerspruch von Redakteurstätigkeit und Abgeordnetenimmunität standen im Mittelpunkt.[16]

An der hessischen Pressegesetzgebung hatte die Amerikanische Militärregierung besonderes Interesse gezeigt. Sie hatte zunächst einigen wenigen Personen „Lizenzen" zur Herausgabe von Zeitungen erteilt und ihnen die Herstellung der Zeitungen technisch ermöglicht. Diese Lizenzpresse sollte durch eine freie Presse abgelöst werden. Mit Schreiben vom 6. Oktober 1948 wurde die Hessische Landesregierung aufgefordert, zur Ausführung der Art. 11 und 13 HV ein Pressegesetz, das auf alle Druckerzeugnisse Anwendung findet, vorzubereiten. Am 25. Februar 1949 brachte die Hessische Landesregierung im Landtag den Entwurf eines Gesetzes über die Freiheit der Presse[17] ein, der nach teilweise recht schwierigen Beratungen am 4. Mai 1949 in dritter Lesung verabschiedet wurde. Das Gesetz fand jedoch zunächst nicht die Zustimmung der Amerikanischen Militärregierung. Diese nahm vor allem an § 10, der das Recht der Gegendarstellung behandelt, Anstoß, weil

---

[14] Art. 10 a. F. der Rheinland-Pfälzischen Verfassung (GVBl. 1947 S. 209), Art. 10 der Verfassung des Saarlandes (ABl. 1947 S. 1077) und Art. 24 a. F. der Berliner Verfassung (GVBl. 1950 S. 433) – Vorläufer des Art. 37 – sind auch abgedruckt bei *Bauer/Ory*, Recht in Hörfunk und Fernsehen, 1992 ff., Bd. 2, Ziff. 7.3.1., 7.7.1., 7.11.1., 7.12.1., *Ring*, Medienrecht, 1987 ff., Bd. I, A-II 2, 4, 5, 6, und *Delp*, Das gesamte Recht der Publizistik, 2. Aufl., 1979 ff., Bd. 1, Gliederungsnr. 7, 10, 13, 14.

[15] *Groß*, Ausführung der Hessischen Verfassung durch die Gesetzgebung, in: 30 Jahre Hessische Verfassung, 1976, S. 269 ff., 270.

[16] Die Entstehung der Hessischen Verfassung von 1946: eine Dokumentation. Hrsg. und eingel. von *Berding*, Wiesbaden 1996 (Veröffentlichungen der Historischen Kommission für Nassau, Bd. 58), S. 545.

[17] LT-Drucks. Abt. I Nr. 1078 der 1. WP.

sie befürchtete, dieses Recht könnte die Freiheit der Presse beeinträchtigen. Wegen des Einspruchs der Militärregierung konnte das Gesetz am 15. Juni 1949 erst in vierter Lesung vom Landtag beschlossen werden.[18]

Das Hessische Gesetz über Freiheit und Recht der Presse (im folgenden: Hessisches Pressegesetz – HPrG) vom 23. Juni 1949[19] brachte in Hessen die bis in die Zeit der Weimarer Republik zurückreichenden Ansätze zur Modernisierung des Reichspressegesetzes vom 7. Mai 1874 zu einem nur vorläufigen Abschluß. Schon im Jahre 1958 wurde es durch das Gesetz vom 25. Oktober 1958[20] geändert. Zur Vorbereitung der Novelle hatte der Hessische Ministerpräsident eine Kommission eingesetzt, die sich aus Universitätsprofessoren, Verlegern, Journalisten, Staatsanwälten und Ministerialbeamten zusammensetzte. Die Kommission untersuchte vor allem das Beschlagnahmerecht und das Recht der Gegendarstellung und arbeitete Vorschläge für das Abänderungsgesetz aus. Den Anlaß für die Novellierung in jenem Zeitpunkt hatte eine Beschlagnahmeaktion gegen mehrere Zeitungen im Bundestagswahlkampf 1957 gegeben. Um die Wiederholung derartiger Beschlagnahmeaktionen zu verhindern, schränkte man die Beschlagnahme durch Aufzählung abschließender Beschlagnahmegründe ein. Außerdem führte man die Entschädigungspflicht bei ungerechtfertigter Pressebeschlagnahme ein.[21]

Das Hessische Pressegesetz in der Fassung vom 20. November 1958[22] behandelt in den §§ 1 bis 3 die Pressefreiheit. In den folgenden §§ 4 bis 9 werden die Ordnungsvorschriften normiert, denen die Druckwerke unterliegen. Was Druckwerke im Sinne des Gesetzes sind, bestimmt § 4. In § 10 wird das Recht der Gegendarstellung geregelt. Damit wird den Interessen derjenigen, die von einer Presseveröffentlichung betroffen werden, Rechnung getragen. § 11 handelt von der strafrechtlichen Verantwortung des Redakteurs, § 12 von der Verjährung. Die §§ 13 bis 20 regeln die Pressebeschlagnahme; davon ist § 17, der die weitere Beschwerde zuließ, vom Bundesverfassungsgericht für nichtig erklärt worden.[23] § 21 ist die einzige Strafvorschrift; daneben enthält § 21 a eine Bußgeldvorschrift für leichtere Verstöße gegen das Presseordnungsrecht. Keine Regelung enthielt das Hessische Pressegesetz von Anfang an zur Redakteursmitbestimmung. Dieser Gegenstand war weder zur Entstehungszeit 1949 noch zur Zeit der Überarbeitung 1958 Thema der Auseinandersetzung.[24] Dasselbe gilt für Regelungen zur Verhinderung von Konzernmacht. Die Ansätze aus der Verfassungsdiskussion von 1946 in den Entwürfen von *Caspary* mit dem Verbot, „mehr als eine Tageszeitung und eine sonstige periodische Druckschrift heraus(zu)geben", sowie von *Zinn* und *Arndt* mit der Forderung, an Pressebetrieben dürften „Unternehmen der gewerblichen

[18] *Reh/Groß* (Fn. 7), Erl. 2 der Einleitung.
[19] GVBl. S. 75.
[20] GVBl. S. 152.
[21] Zu Entstehung und Inhalt der Novelle von 1958 vgl. *Löffler*, NJW 1959, S. 417 ff.
[22] GVBl. S. 183.
[23] BVerfGE 48, S. 367 ff. = NJW 1978, S. 1911 ff. = DÖV 1978, S. 687 f.
[24] *Groß*, Zur inneren Pressefreiheit, in: Festschrift für E. Stein, 1983, S. 73 ff.

Wirtschaft weder unmittelbar noch mittelbar beteiligt sein"[25], waren zur Zeit der Entstehung des Hessischen Pressegesetzes schon nicht mehr aktuell.

V. Freiheitssichernde Schwerpunkte des Hessischen Pressegesetzes

Das Hessische Pressegesetz wahrt vorbildlich die Pressefreiheit, die Voraussetzung für jedes demokratische Staatswesen ist. Dabei geht das Gesetz über die Hessische Verfassung hinaus und sieht die Pressefreiheit nicht als bloßen Unterfall der Meinungsfreiheit. Seine Regelungen werden der Institutionalisierung in Art. 5 Abs. 1 Satz 2 GG gerecht. Die Pressetätigkeit kann von keinerlei staatlicher Zulassung abhängig gemacht werden. Zur Erfüllung ihrer Aufgabe, den Staatsbürger über öffentliche Angelegenheiten zu informieren, ist der Presse ein umfassender Auskunftsanspruch gegen alle Behörden eingeräumt. Danach sind der Presse alle gewünschten Auskünfte zu erteilen, soweit nicht absolute Schweigegebote oder einer der genau umrissenen Auskunftsverweigerungsgründe vorliegen. Zum Schutz der Presse vor staatlichem Zugriff ist eine Pressebeschlagnahme von richterlicher Anordnung abhängig, die nur bei Vorliegen ganz bestimmter schwerwiegender Straftatbestände getroffen werden kann. Letztere Regelung hat allerdings durch die zwischenzeitlich erfolgte bundesgesetzliche Regelung über die Beschlagnahme von Druckwerken in dem Gesetz über das Zeugnisverweigerungsrecht der Mitarbeiter von Presse und Rundfunk vom 25. Juli 1975[26] eine Bedeutungsminderung erfahren.

Der Aufhebung durch den Gesetzgeber bzw. der Rechtsprechung des Bundesverfassungsgerichts fiel die inhaltlich vorbildliche Vorschrift über das journalistische Zeugnisverweigerungsrecht zum Opfer. Sie war zunächst in § 12, später in § 22 des Gesetzes enthalten. Das Zeugnisverweigerungsrecht ist eine Ausnahme von der allgemeinen Zeugnispflicht, die eines der wichtigsten Mittel gerichtlicher Wahrheitsfindung ist, so daß es zwangsläufig dem gerichtlichen Verfahren nach Art. 74 Abs. 1 Nr. 1 GG zugeordnet werden muß.[27] Das hatte bereits die Begründung des Gesetzesantrags im Bundesrat vom 6. September 1963, mit dem die Hessische Landesregierung eine Änderung der Strafprozeßordnung herbeiführen wollte, dargelegt.[28] Zuvor war im Hessischen Pressegesetz die Bestimmung über das journalistische Zeugnisverweigerungsrecht bei der Novellierung im Jahre 1958 gestrichen worden. Hierzu heißt es in der Begründung der Regierungsvorlage,[29] daß § 12 durch Änderung und Neufassung der Strafprozeßordnung gegenstandslos geworden sei.

Daß gleichwohl in Hessen und in anderen Bundesländern eine Regelung des journalistischen Zeugnisverweigerungsrechts auf Landesebene getroffen wurde, hat-

---

[25] *Berding* (Fn. 16), S. 198 ff., 201 (Art. 17) und S. 220 ff., 223 (Art. 13).

[26] BGBl. I S. 1973.

[27] Vgl. *Groß*, Zum Zeugnisverweigerungsrecht der Mitarbeiter von Presse und Rundfunk, in: Festschrift für G. Schiedermair, 1976, S. 223 ff., 227 ff.

[28] BR-Drucks. 347/63.

[29] LT-Drucks. Abt. I Nr. 1171 der 3. Wp.

te seine Ursache darin, daß der Antrag vom 6. September 1963 zwar als Initiativgesetzentwurf des Bundesrats am 29. November 1963 beschlossen wurde,[30] es zu einer Verabschiedung des Entwurfs aber nicht kam. Allein die Entscheidung des Bundesverfassungsgerichts vom 28. November 1973[31] hob den durch Änderungsgesetz vom 22. Februar 1966[32] eingefügten § 22 auf.

Ein zentraler Gegenstand des Hessischen Pressegesetzes war von Anfang an die Pressebeschlagnahme. Dabei handelt es sich um die Beschlagnahme eines Druckwerks mit Verbreitungs- und Wiederabdruckverbot.[33] Schon den Gesetzgeber des Reichspressegesetzes vom 7. Mai 1874 bewegte die Frage, ob die Pressebeschlagnahme dem Richter vorbehalten werden soll.[34] Die Reichstagsmehrheit wollte die Pressebeschlagnahme der Polizei entziehen und beim Richter monopolisieren. Nur den unabhängigen Richter sah die Mehrheit als zuverlässigen Garanten der Pressefreiheit an. Zudem wollte sie nicht der im Hinblick auf die bei der Pressebeschlagnahme auftauchenden Rechtsfragen nur ungenügend geschulten und den Weisungen politischer Stellen unterworfenen Polizei die Anordnung der Beschlagnahme überlassen.[35] Aufgrund des Widerstandes des Bundesrates, dessen Zustimmung zu Gesetzen nach Art. 5 Abs. 1 der Reichsverfassung von 1871 erforderlich war, kam es zu einem Kompromiß: Die Anordnung der Beschlagnahme wurde grundsätzlich dem Richter übertragen; für bestimmte Fälle wurde in § 23 des Reichspressegesetzes eine vorläufige Beschlagnahme ohne richterliche Anordnung zugelassen, namentlich bei Verstößen gegen die Vorschriften über das Impressum, bei hochverräterischem Inhalt eines Presseerzeugnisses und bei Verunglimpfung des Staatsoberhaupts oder bei Aufforderung zu strafbaren Handlungen in einem Druckwerk.

Nach 1945 haben die Pressegesetze Bayerns und Hessens diese Entwicklung fortgesetzt.[36] Allerdings hat nur § 16 HPrG eine ausschließliche Kompetenz des Richters für die Beschlagnahme begründet. Das Bayerische Pressegesetz erlaubt dagegen eine vorläufige Wegnahme durch die Polizei außer bei Zeitungen und Zeitschriften. Dem Vorbild Hessens schloß sich der Modellentwurf i.d.F. vom 19. Mai 1960[37] an. § 12 des Entwurfs enthält ein richterliches Pressebeschlagnahmemonopol. Im Verlauf der weiteren Diskussion setzte sich jedoch die Überzeugung durch, auf die vorläufige Beschlagnahme ohne richterliche Anordnung (Sicherstellung) nicht verzichten zu können, und so gestattete § 17 des Modellentwurfs

---

[30] BR-Drucks. 347/63 – Beschluß –.

[31] BVerfGE 36, S. 193 ff. = NJW 1974, S. 356 ff. = DÖV 1974, S. 313 ff. = MDR 1974, S. 468 ff. = DVBl. 1974, S. 417 ff. (mit Anm. von *Rottmann* in DVBl. 1974, S. 407 ff.) = AfP 1974, S. 565 ff., mit Anm. von *Gehrhardt.*

[32] GVBl. I S. 31.

[33] *Reh/Groß* (Fn. 7), Vorbem. zu §§ 14 und 15.

[34] *Häntzschel,* Das Deutsche Presserecht, S. 58.

[35] Bericht der Siebenten Kommission über den Gesetzentwurf über die Presse, Stenographische Berichte über die Verhandlungen des Deutschen Reichstags, 2. Wp. – I Session –, 1874, Bd. 3, Nr. 67 S. 250 ff., 255.

[36] Vgl. *Reh/Groß* (Fn. 7), Anm. zu § 16.

[37] Text im Tätigkeitsbericht des Deutschen Presserates, 1960, S. 34 ff. = *Reh/Groß* (Fn. 7), Anh., S. 118 ff.

i.d.F. vom 10. Januar 1963[38] die vorläufige Sicherstellung durch die Staatsanwaltschaft und deren Hilfsbeamte.

Nach § 13 Abs. 1 Nr. 1 HPrG ist die richterliche Pressebeschlagnahme nur zulässig bei Friedensverrat (§§ 80, 80 a StGB), Hochverrat (§§ 81, 82, 83 StGB), Gefährdung des demokratischen Rechtsstaates (§§ 86 bis 90 b StGB), Landesverrat und Gefährdung der äußeren Sicherheit (§§ 94, 95, 96, 97, 97 a, 100 a StGB), Beleidigung nach den §§ 185 bis 187 a, 189 StGB und Straftaten nach den §§ 30, 103 und 184 StGB. Im Falle des § 184 StGB ist eine offensichtliche grobe Verletzung des Schamgefühls erforderlich, während andere Pressegesetze selbst bei der vorläufigen Sicherstellung auf diese Voraussetzung verzichten.

Druckwerke dürfen wegen der Gefahren, die von ihrem Inhalt oder ihrer Form ausgehen, nicht aufgrund von Vorschriften über die polizeiliche Sicherstellung in Beschlag genommen werden.[39] § 1 des Reichspressegesetzes schloß die Beschlagnahme von Presseerzeugnissen wegen ihres Inhalts oder ihrer Form aufgrund der polizeilichen Generalklausel aus.[40] Der Gesetzgeber des Reichspressegesetzes wollte die nichtrichterliche Beschlagnahme von Presseerzeugnissen auf ein Minimum beschränken, um so die Gefahren, die mit einer nichtrichterlichen Sicherstellung verbunden sind, möglichst auszuschalten. Es ist nicht anzunehmen, daß ein Landespressegesetz es zulassen wollte, daß die Beschränkung der Pressebeschlagnahme durch eine konkurrierende Sicherstellungsbefugnis der Exekutive entwertet wird. Die Vorschriften über die Pressebeschlagnahme sind als abschließende Regelung, die den präventivpolizeilichen Zugriff wegen Inhalt oder Form eines Druckwerks aufgrund des Polizeirechts ausschließt, konzipiert.[41] Das wird auch durch die Zulassung der vorläufigen Sicherstellung in einem Teil der Landespressegesetze bestätigt. Denn die Zulassung der vorläufigen Sicherstellung wäre überflüssig, wenn man eine Zugriffsmöglichkeit aufgrund des Polizeirechts wegen inhaltlicher und förmlicher Verstöße bejahte, wogegen verfassungsrechtliche Bedenken kaum angemeldet werden könnten, weil auch die Polizeigesetze allgemeine Gesetze im Sinne des Art. 5 Abs. 2 GG sind.

Gemäß § 13 Abs. 2 HPrG darf eine Pressebeschlagnahme nicht angeordnet werden, wenn das Interesse an unverzögerter Unterrichtung der Öffentlichkeit beachtlicher ist als der durch die Beschlagnahme verfolgte und erreichbare Rechtsschutz oder wenn der Rechtsschutz in offenbarem Mißverhältnis zu dem zu erwartenden Vermögensschaden des Verlegers oder Herausgebers steht. Dies ist eine Ausprägung des allgemeinen Grundsatzes der Verhältnismäßigkeit.

Trotz der oben beschriebenen Bedeutungsminderung der Pressebeschlagnahme durch das Bundesgesetz von 1975[42] hat die Regelung über die Beschlagnahme von Druckwerken in §§ 111 m und 111 n StPO die Pressebeschlagnahme (mit

---

[38] Text in AfP 1963, S. 329 ff. = *Reh/Groß* (Fn. 7), Anh., S. 129 ff.

[39] Vgl. *Drews/Wacke/Vogel/Martens*, Gefahrenabwehr, 9. Aufl., 1986, S. 275; *Bernet/Groß*, Polizeirecht in Hessen, 1965 ff., Rdnr. 8 zu § 10 und Rdnr. 2 zu Vorbem. vor §§ 40 ff.

[40] *Löffler*, DÖV 1957, S. 897 ff.

[41] VGH München NJW 1983, S. 1339 f.

[42] BGBl. I S. 1973.

Verbreitungs- und Wiederabdruckverbot) im Hessischen Pressegesetz nicht verdrängt. Der Bund hätte dies aus Kompetenzgründen auch nicht gekonnt. So konkurriert die Pressebeschlagnahme gemäß §§ 13 ff. HPrG nach wie vor mit der strafprozessualen Beschlagnahme zur Sicherstellung, die der Vorbereitung der Einziehung dient.[43]

VI. Schlußbemerkung

Das Hessische Pressegesetz hat die Zustimmung der Zeitungs- und Zeitschriftenpresse erfahren. Es ist in weiten Teilen Vorbild für den Modellentwurf eines Landespressegesetzes der Ständigen Konferenz der Innenminister von 1963[44] geworden. Dieser liegt im wesentlichen sämtlichen Landespressegesetzen wie auch den Initiativgesetzentwürfen für ein Presserechtsrahmengesetz aus der 4. Wahlperiode sowohl der FDP[45] als auch der SPD[46] und dem Referentenentwurf des Bundesinnenministeriums aus dem Jahre 1974[47] zugrunde. Nicht unwesentlich hat schließlich das Hessische Pressegesetz Regelungen auf wesensverwandten Gebieten beeinflußt. Das gilt für den Film[48] wie für den öffentlich-rechtlichen Rundfunk[49]. Auch der Bildschirmtext-Staatsvertrag vom 18. März 1983[50] lehnt sich an bewährte Vorschriften des Landespresserechts an. Dasselbe gilt für die Privatrundfunkgesetze der achtziger Jahre sowie die Presse- und Rundfunkgesetze der neuen Bundesländer vom Anfang der neunziger Jahre.

[43] *Groß* (Fn. 10), S. 204 ff.

[44] Text siehe Fn. 38.

[45] BT-Drucks. IV/1814; abgedruckt bei *Groß*, Textsammlung zum Presserecht 1987, S. 137 ff. = AfP 1964, S. 425 f.

[46] BT-Drucks. IV/1849; abgedruckt bei *Groß* (Fn. 45), S. 143 ff. = AfP 1964, S. 427 f.

[47] Text bei *Groß* (Fn. 45), S. 151 ff.

[48] *S. Leinveber*, GRUR 1961, S. 20 ff.

[49] Staatsvertrag über die Errichtung der Anstalt des öffentlichen Rechts „Zweites Deutsches Fernsehen" vom 6.6.1961 (GVBl. 1961 S. 199).

[50] Zustimmungsgesetz mit Urfassung des Staatsvertrages in GVBl. 1983 I S. 91.

INGO RICHTER

Verfassungskämpfe um die Schule – ein Schwanengesang

I.

Der Kultusminister der Landesregierung der großen Koalition aus SPD und CDU, die nach der Annahme der Verfassung am 6.4.1947 gebildet worden war, *Erwin Stein* (CDU), legte einen Plan für den Aufbau des Hessischen Schulwesens vor, der eine Einheitsschule vorsah. In dem später von ihm veröffentlichten Entwurf[1] hieß es:

§ 10 „Das gesamte Schulwesen baut sich organisch auf ...
Die einheitliche Schule gliedert sich in Grundstufe, Mittelstufe und Oberstufe ... Übergangsmöglichkeiten zwischen den einzelnen Schulzweigen sind vorzusehen. Der Minister für Kultus und Unterricht bestimmt die Bildungswege in den Zweigen der Schule und gibt Richtlinien für den Unterricht im Benehmen mit dem Landesschulbeirat. Der Unterrichtsplan ist so zu gestalten, daß möglichst lange ein gemeinsamer Kern erhalten bleibt.

§ 11 Alle schulpflichtigen Kinder erhalten nach ihrem Können und Wollen gleiche Bildungsmöglichkeiten.

§ 12 Die Schulpflicht dauert vom vollendeten sechsten bis zum vollendeten achtzehnten Lebensjahr. Sie wird erfüllt durch den Besuch der in die Grund-, Mittel- und Oberstufe gegliederten einheitlichen Schule. ...

§ 14 Die Schulpflicht für die Grundstufe dauert sechs Jahre vom vollendeten sechsten bis zum vollendeten zwölften Lebensjahr. Für die Kinder, die bis zu diesem Zeitpunkt das Ziel der Grundstufe nicht erreicht haben, kann die Schulpflicht für die Grundstufe bis zur Dauer eines Jahres verlängert werden. Mit der Beendigung der Schulpflicht für die Grundstufe beginnt die Pflicht zum Besuch der dreijährigen Mittelstufe bis zum fünfzehnten Lebensjahr. Die dreijährige Oberstufe endet für alle Jugendlichen, die im Laufe des Kalenderjahres das achtzehnte Lebensjahr vollenden, mit dem Schluß des Schuljahres. Die Schulpflicht zum Besuch der Oberstufe kann durch den Besuch eines allgemeinbildenden oder berufsbildenden Zweiges der Schule erfüllt werden. ...

§ 17 Die Grundstufe (Grundschule) wird von allen schulpflichtigen Kindern gemeinsam besucht.
In den ersten vier Schuljahren wird der Unterricht möglichst als Gesamtunterricht ohne fachliche Gliederung erteilt. Gruppenarbeit ist der Einzelarbeit vorzuziehen. Im fünften Schuljahr beginnt der Unterricht in einer Fremdsprache. Über die Teilnahme an diesem Unterricht entscheiden der Wille der Erziehungsberechtigten und das Urteil der Schule über die Eignung der Kinder.

---

[1] *Stein, Erwin:* Der Deutsche Lehrer. Gedanken und Anregungen zur Lösung der Erziehungsaufgaben der Gegenwart, Heft 9/10. Herausgegeben vom Ministerium für Kultus und Unterricht Wiesbaden, Wiesbaden 1948.

§ 18 Die Mittelstufe gliedert sich in:
1. den Zweig der Hauptschule mit der begonnenen Fremdsprache als Wahlfach,
2. den mittleren Zweig, der eine moderne Fremdsprache bei verstärktem mathematisch-naturwissenschaftlichem Unterricht weiterführt,
3. den gymnasialen Zweig, in dem zu der Fremdsprache eine zweite alte oder moderne Fremdsprache hinzutritt.

Bis zum neunten Schuljahr gelten für alle Zweige einheitliche, von der Leistungsspitze her differenzierte Lehrbücher, Lehr- und Erziehungsziele in den Kernfächern. Der Unterricht wird in der Mittelstufe in den einzelnen Zweigen getrennt erteilt.
Die Mittelstufe ist nach den Bedürfnissen der Stadt und des Landes und der anschließenden Oberstufe auszugestalten."

Stein nannte diese Schule eine differenzierte einheitliche Schule und lehnte sich damit an den Traditionsbegriff der deutschen Reformpädagogik „Einheitsschule" an. Die Begriffe „Gesamtschule" und „Förderstufe" waren noch nicht erfunden. *Ludwig von Friedeburg* nennt den *Stein*schen Entwurf nach heutiger Terminologie eine „kooperative schulformbezogene Gesamtschule mit integrierter Förderstufe"[2].

Der *Stein*sche Entwurf wurde nicht verwirklicht. Während die amerikanische Besatzungsmacht bis zum Ende der Besatzung nach dem Vorschlag einer amerikanischen Expertenkommission eine undifferenzierte Einheitsschule verlangte, forderten die konservativen Kräfte im Lande die Erhaltung bzw. die Wiederherstellung des traditionellen deutschen Schulsystems. Zwischen diesen Fronten blieb das *Stein*sche Konzept auf der Strecke.[3]

Die Regierungserklärung des Hessischen Ministerpräsidenten *Hans Eichel* vom 5. April 1995 erwähnt den Schulaufbau mit keinem Wort, sondern legt das Schwergewicht auf die Eigenverantwortung der Einzelschule.[4] In der Koalitionsvereinbarung für die 14. Wahlperiode des Hessischen Landtags (1995–1999) zwischen der SPD und Bündnis 90/Die Grünen heißt es: „Die freie Wahl der Bildungswege bleibt erhalten"[5]. In der ersten Regierungserklärung des Hessischen Ministerpräsidenten *Hans Eichel* vom 16. April 1991 war die Wiederherstellung der freien Wahl des Bildungsganges durch die Eltern angekündigt worden, aber es war gleichzeitig eine gewisse Präferenz für die Gesamtschule zum Ausdruck gebracht worden:

„Freilich bleibt es auch richtig, daß Gesamtschulen nach unserer Überzeugung am ehesten in der Lage sind, einen ‚offenen' Bildungsgang zu sichern, ein breites Angebot zu ermöglichen und vollständige Bildungsangebote wohnortnah zu sichern."

---

[2] *Von Friedeburg, Ludwig:* Bildungsreform in Deutschland, Geschichte und gesellschaftliche Wirkungen, Frankfurt/Main 1989, S. 306.

[3] *Mühlhausen, Walter:* Hessen 1945–1950, Frankfurt/Main 1985, S. 463 ff.; *Frenz, Wilhelm,* Bildungspolitik und politische Bildung in Hessen im Zeichen der Reform, in: *Greven, Michael Th.* und *Schumann, Hans-Gerd,* 40 Jahre Hessische Verfassung – 40 Jahre Politik in Hessen, 1989, S. 187 ff.

[4] Hessische Landesregierung, Hessen 2000. Den Generationenvertrag einlösen. Regierungserklärung des Hessischen Ministerpräsidenten *Hans Eichel* am 5. April 1995 vor dem Hessischen Landtag, Frankfurt/Main 1995, S. 28 f.

[5] Umdruck ohne Datum, S. 23.

„Wo der Schulträger es beantragt, soll daher der Ausbau der Förderstufen und Gesamtschulen unterstützt und nicht wie bisher behindert werden“[6].

Das Hessische Schulgesetz (HSchG) vom 17. Juni 1992 (GVBl. I S. 233) verwirklicht das freie Wahlrecht der Eltern in § 77 Abs. 1:

„Die Wahl des Bildungsganges nach dem Besuch der Grundschule oder der Förderstufe ist Sache der Eltern. Wird der Bildungsgang sowohl schulformbezogen als auch integriert angeboten, können die Eltern zwischen beiden Formen wählen. Der Besuch eines weiterführenden Bildungsganges setzt Eignung voraus.“

Da aber bekanntlich eine Auswahl nur dann möglich ist, wenn es auch eine entsprechende Anzahl verschiedenartiger Angebote gibt, kommt es auf das Zustandekommen dieser Angebote an. Dieses bestimmt sich grundsätzlich nach den gesetzlichen Strukturvorschriften, die in der Mittelstufe drei Schulformen vorsehen: erstens die in der Regel miteinander verbundenen Haupt- und Realschulen, zweitens die kooperativen oder die integrierten Gesamtschulen und drittens das Gymnasium – wozu noch die Sonderschulen kommen. In der Jahrgangsstufe fünf und sechs, die den Charakter eines „Bindegliedes“ zwischen der Grundschule und den Bildungsgängen der Sekundarstufe haben soll, gibt es ganz unterschiedliche Organisationsmöglichkeiten: einerseits schulformübergreifend als Förderstufe an Grundschulen, Haupt- und Realschulen und kooperativen Gesamtschulen oder an integrierten Gesamtschulen oder andererseits schulformbezogen an Gymnasien, Realschulen oder Hauptschulen (§ 21). Konkret bestimmt sich das Angebot in den Stadt- oder Landkreisen nach den Schulentwicklungsplänen, die die Schulträger aufstellen und die der Zustimmung des Kultusministers bedürfen. Inhaltlich wird dieser Schulentwicklungsplan folgendermaßen gebunden:

§ 144 HSchG: „Die Schulträger sind verpflichtet, ein Schulangebot vorzuhalten, das gewährleistet, daß Eltern den Bildungsgang ihres Kindes nach § 77 wählen können und die Übergänge in die Oberstufe (Sekundarstufe II) nach § 78 Abs. 2 und 3 sichergestellt sind. Für die Gestaltung des schulischen Angebots ist das öffentliche Bedürfnis maßgeblich; dabei sind insbesondere die Entwicklung der Schülerzahlen, das erkennbare Interesse der Eltern und ein ausgeglichenes Bildungsangebot zu berücksichtigen.“ ...

Das Gesetz enthält allerdings gewisse schulpolitische Optionen, wenn es in § 25 Abs. 1 Satz 3 sagt, daß die Errichtung von Gesamtschulen zu fördern ist, wenn die örtlichen Verhältnisse es zulassen, oder wenn in § 21 die schulformübergreifenden Organisationsformen als Regeltatbestand und die schulformbezogenen Formen als Ermessenstatbestand formuliert sind.

Faktisch hat sich das Schulangebot folgendermaßen entwickelt: Es gibt in Hessen 205 verbundene Haupt- und Realschulen, 21 Realschulen, 119 Gymnasien und

---

[6] *Eichel, Hans*, In Hessen kann wieder Reformpolitik gemacht werden. Regierungserklärung vom 16.4.1991, herausgegeben von der Hessischen Staatskanzlei Wiesbaden, 1991, S. 24.

82 integrierte und 121 kooperative Gesamtschulen.[7] Es gibt einige Schulträger, die keine integrierten Gesamtschulen eingerichtet haben, und etwa die Hälfte der Schulträger hat eine oder zwei integrierte Gesamtschulen vorgesehen.[8]

Welch ein Unterschied! Welche Paradoxie! Der CDU-Kultusminister *Stein* legte vor 50 Jahren einen Gesetzentwurf vor, der für das ganze Land eine einzige einheitliche Schule vorsah. Der SPD-Kultusminister *Hartmut Holzapfel* verzichtet 50 Jahre später auf die Durchsetzung eines einheitlichen Schultyps und überläßt die Entscheidung über die Gestaltung der Schullandschaft einem komplizierten Verfahren, an dem die Eltern, die Schulträger und das Land beteiligt sind. Zwischen diesen beiden Zeitpunkten jedoch gab es durchaus vielfache Versuche, das hessische Schulwesen einheitlich, und zwar im Sinne der Integration der Schulformen, umzugestalten. Diese Versuche waren von einer verfassungsgerichtlichen Auseinandersetzung vor dem Hessischen Staatsgerichtshof und dem Bundesverfassungsgericht begleitet. Schulkämpfe waren in Hessen immer auch Verfassungskämpfe. Der Hessische Staatsgerichtshof und das Bundesverfassungsgericht haben mehrfach Regelungen des hessischen Schulrechts für verfassungswidrig erklärt. Über den *Stein*schen Entwurf von 1947 freilich konnte der Hessische Staatsgerichtshof nicht entscheiden, weil er Entwurf geblieben war und nicht verwirklicht wurde. Das letzte Hessische Schulgesetz vom 17. Juni 1992 hat der Hessische Staatsgerichthof mit Urteil vom 4. Oktober 1995 allerdings für verfassungsgemäß erklärt.[9] Sind damit die Verfassungskämpfe um die hessische Schule beendet? – Ist der Bericht über sie ein Schwanengesang?

Der Singschwan (nach *Brehms* Tierleben von 1879 „Cycnus musicus") gibt im Fluge und auf dem Wasser gleichlautende, langgezogene, posaunenhafte Töne von sich, die lyrisch sanft klingen.[10] *Brehm* schrieb darüber 1879: „Sein letztes Aufröcheln ist klangvoll wie jeder Ton, welchen er von sich gibt." Was wohl schon *Aeschylus* veranlaßt hatte, Kassandras Todesklagegesang mit dem Klagelaut des sterbenden Singschwans zu vergleichen.[11] Es ist also unzutreffend, daß es sich bei dem Schwanengesang um ein Geräusch handelt, das durch Fluggeräusche verursacht wird.[12] Und daß der Schwanengesang im übertragenen Sinn etwa durch besonders heftiges Flügelschlagen verursacht wird, und selbst wenn *Aeschylus* Kassandras Todesgesang mit dem Schwanengesang vergleicht, berechtigt dies nicht zu bösen Vorahnungen – was die hessische Schulpolitik betrifft.

---

[7] Vgl. die Angaben im Urteil des Hessischen Staatsgerichtshofs vom 4.10.1995 – P.St. 1170 (StAnz. 1995, S. 3391, 3405) – Bildungsgangentscheidung.

[8] Hessisches Institut für Bildungsplanung und Schulentwicklung, 25 Jahre Gesamtschule in Hessen, Bestandsaufnahme, Wiesbaden 1994, S. 12.

[9] StAnz. 1995, S. 3391 – Bildungsgangentscheidung.

[10] *Hilprecht, A.*: Höckerschwan, Singschwan, Zwergschwan, Wittenberg, Neue Brehmbücherei, Ziemsen 1956.

[11] Zu dieser Ableitung s. *Büchmann*, Geflügelte Worte, 26. Aufl., Berlin 1918, S. 345.

[12] *Grzimeks* Tierleben, Bd. 7, Vögel 1, München 1980, S. 272.

II. Schulstrukturpolitik und Verfassungsgerichtsbarkeit

Das Ergebnis der *Stein*schen Schulpolitik war nicht die Einführung einer differenzierten Einheitsschule, sondern die Durchsetzung des dreigliedrigen Sekundarschulwesens durch die Einführung der selbständigen Realschule in Hessen.[13] Die Schulstrukturreform richtete sich in den fünfziger und sechziger Jahren sodann im wesentlichen auf die Landschulreform durch die Gründung von Mittelpunktschulen sowie auf die Einführung des neunten Schuljahres. Die Erinnerung an die differenzierte Einheitsschule wurde in Hessen ab 1955 mit der Durchführung von Schulversuchen im fünften und sechsten Schuljahr sowie durch das Schuldorf Bergstraße aufrechterhalten, das als „Gesamtschule" bezeichnet wurde.[14] Unter verfassungsrechtlichen Gesichtspunkten ist dies alles kaum thematisiert worden; dies änderte sich erst mit dem Schulgesetz vom 29. März 1969 (GVBl. I S. 44), das das fünfte Kabinett *Zinn* mit dem Kultusminister *Ernst Schütte* und der Staatssekretärin *Hildegard Hamm-Brücher* entwarf.[15]

Der Deutsche Ausschuß für das Erziehungs- und Bildungswesen hatte 1959 – unter anderem aufbauend auf den hessischen Schulversuchen – in seinem „Rahmenplan" die allgemeine Einführung einer sogenannten Förderstufe vorgeschlagen, die organisatorisch in der Regel mit der Grundschule verbunden im fünften und sechsten Schuljahr der Auslese und Förderung für den Übergang in die drei Schulformen der Mittelstufe des Schulwesens (Hauptschule, Realschule und Gymnasium) dienen sollte; ausgenommen sollten nur diejenigen hochbefähigten Schüler sein, die unmittelbar nach der Grundschule in eine sogenannte Studienschule aufgenommen werden. Das Land Hessen baute seine förderstufenähnlichen Schulversuche in den sechziger Jahren soweit aus, daß 1968 über 10 % aller Kinder Förderstufenkurse besuchten[16] – und wagte 1969 dann die gesetzliche Einführung der Förderstufe als Regelschule. Das Gesetz vom 29. März 1969 (GVBl. I S. 44) sah vor, daß Förderstufen einzurichten sind, „wenn die persönlichen, sächlichen und schulorganisatorischen Voraussetzungen vorliegen". Die Landesregierung sollte im Benehmen mit den Schulträgern für die Einrichtung der Förderstufen durch Rechtsverordnung zuständig sein. Die Landesregierung führte auf dieser Grundlage in kurzer Zeit immer mehr Förderstufen ein, so daß nach fünf weiteren Jahren bereits fast die Hälfte aller Schüler Förderstufen besuchten.[17] Einzelne Landkreise gingen

---

[13] *Robinson, Saul B.*, Schulreform als gesellschaftlicher Prozeß. Ein interkultureller Vergleich, Stuttgart 1970, S. 1/102; *Frenz, Wilhelm*, Bildungspolitik und politische Bildung in Hessen im Zeichen der Reform, in: *Greven, Michael Th.* und *Schumann, Hans-Gerd*, 40 Jahre Hessische Verfassung – 40 Jahre Politik in Hessen, 1989, S. 195 ff.

[14] *Uplegger, Fritz – Götz, Hans*, Die förderstufenähnlichen Schulversuche in Hessen, Hannover 1963; *Schultze, Walter:* Das Bildungskonzept der Hessischen Verfassung und seine Verwirklichung im Schulwesen und in der Lehrerbildung, in: *Stein, Erwin* (Hrsg.): 30 Jahre Hessische Verfassung 1946–1976, Wiesbaden 1976, S. 230, 238 ff.

[15] *Schütte, Ernst – Hamm-Brücher, Hildegard – Niklas, Hans:* Die Schule in der veränderten Welt. Zur Begründung der großen Schulreform, Wiesbaden 1969.

[16] a.a.O. S. 9.

[17] *v. Friedeburg* (Fn. 2), S. 447. *Frenz, Wilhelm*, Bildungspolitik und politische Bildung in Hessen im Zeichen der Reform, in: *Greven, Michael Th.* und *Schumann, Hans-Gerd*, 40 Jahre Hessische Verfassung – 40 Jahre Politik in Hessen, 1989, S. 195 ff.

dann dazu über, die Förderstufe flächendeckend einzuführen. Im Jahre 1985 führte das Land Hessen schließlich die obligatorische Förderstufe flächendeckend im ganzen Lande ein (Förderstufen-Abschlußgesetz vom 3. Juli 1985 GVBl. I S. 98).

Die Verfassungsgerichte haben zur Einführung der hessischen Förderstufe die folgenden maßgebenden Entscheidungen gefällt:

1.1 Der Hessische Staatsgerichtshof stellte durch das Urteil vom 20.12.1971 die Verfassungsmäßigkeit der gesetzlichen Einführung der Förderstufe durch das Gesetz von 1969 fest (Hessisches Förderstufenurteil – P.St. 608/637 –, StAnz. 1972, S. 112).

1.2 Das Bundesverfassungsgericht bestätigte durch Urteil vom 6.12.1972 im wesentlichen die Übereinstimmung des Hessischen Gesetzes mit dem Grundgesetz und hielt nur den Ausschluß des Besuchs von Privatschulen und von außerhessischen Schulen im fünften und sechsten Schuljahr für verfassungswidrig (BVerfGE 34, 165 – Förderstufenurteil).

1.3 Der Hessische Staatsgerichtshof entschied am 4.4.1984, daß die flächendeckende Einführung der Förderstufe im Schwalm-Eder-Kreis aufgrund einer Rechtsverordnung der Landesregierung verfassungswidrig sei (P.St. 1002 – StAnz. 1984, S. 825). Er traf keine Entscheidung in der Sache, sondern meinte, daß die Einführung eines Parlamentsgesetzes bedurft hätte (Schwalm-Eder-Kreis-Entscheidung).

1.4 Der Hessische Staatsgerichtshof bestätigte in seiner Entscheidung vom 11.2. 1987 über das Förderstufen-Abschlußgesetz im wesentlichen seine Entscheidung zur Verfassungsmäßigkeit der Förderstufe an sich und beschränkte sich darauf, einen Ausschluß des Besuches außerhessischer Schulen im fünften und sechsten Schuljahr sowie die absolute „Sprengelpflicht" für verfassungswidrig zu erklären (P.St. 1036 – StAnz. 1987, S. 562, Förderstufen-Abschlußgesetzurteil).

1.5 In seiner Entscheidung über das Hessische Schulgesetz vom 4.10.1995 (Bildungsgangentscheidung s.o.) billigte der Staatsgerichtshof die Förderstufe als verfassungskonform, da sie 1. in mehreren Organisationsformen der fünften und sechsten Jahrgangsstufe zur Wahl gestellt wird und 2. elternrechtskonform differenziert ist (P.St. 1170 – StAnz. 1995, S. 3391, 3412 f.).

Ein zweiter Bereich verfassungsgerichtlicher Auseinandersetzungen um die Schulstruktur in Hessen lag in der gymnasialen Oberstufe. Zwar handelte es sich hierbei nicht um eine spezifisch hessische Angelegenheit, denn die Einführung der hessischen gymnasialen Oberstufe durch das Gesetz vom 21. Juni 1977 (GVBl. I S. 284) ging auf die Vereinbarung der Kultusministerkonferenz zur Neugestaltung der gymnasialen Oberstufe in der Sekundarstufe II vom 7.7.1972 (ABl. des Hessischen Kultusministers 1972, S. 771) zurück. Doch die verfassungsgerichtliche Auseinandersetzung in Hessen betraf die hessische Ausgestaltung dieser bundesweiten Oberstufenreform.

2.1 Das Bundesverfassungsgericht bestätigte in seinem Beschluß vom 26.2.1980, daß die hessische Oberstufenreform nicht gegen das Grundgesetz verstieß (BVerfGE 53, 185 – Oberstufenentscheidung).

2.2 Der Hessische Staatsgerichtshof stellte in seinem Urteil vom 30.12.1981 fest, daß das hessische Oberstufengesetz verfassungswidrig sei, weil das dort vorgesehene Kurssystem und die Einbeziehung des Fachs Geschichte in die Gemeinschaftskunde gegen das Elternrecht der Hessischen Verfassung verstieß (P.St. 880 – StAnz. 1982, S. 150 – Hessisches Oberstufenurteil).

Die Diskrepanz zwischen diesen beiden Entscheidungen, die auf die Unterschiede zwischen der Hessischen Verfassung und dem Grundgesetz zurückgeführt wurde, wurde nicht beseitigt.

Im dritten Bereich möglicher verfassungsgerichtlicher Auseinandersetzungen um die Schulstruktur, die Gesamtschule, gibt es keine verfassungsgerichtlichen Grundsatzentscheidungen über die flächendeckende Einführung der Gesamtschule, weil es eine solche weder in Hessen noch in einem anderen Bundesland gegeben hat, sondern nur Schulversuche und Regelschulen neben anderen Schulformen oder eine regional begrenzte Einführung.

3.1 Der Hessische Staatsgerichtshof hat in seinem Beschluß vom 25.11.1982 die Umwandlung eines Gymnasiums in einen Zweig einer kooperativen Gesamtschule und eine Oberstufenschule für zulässig gehalten (P.St. 929 – StAnz. 1982, S. 2432 – Main-Taunus-Entscheidung).

3.2 Das Bundesverfassungsgericht hat in seinem Urteil vom 22. Juni 1977 (BVerfGE 45, 400 – Hessische Oberstufenreform) entschieden, daß die hessische Oberstufenreform weder gegen das Eltern- und Kindeswohl noch gegen das Rechtsstaatsprinzip verstößt.

3.3 Der Hessische Verwaltungsgerichtshof entschied am 1.2.1990, daß die flächendeckende Einführung integrierter Gesamtschulen in einem Landkreis nach hessischem Schulrecht unzulässig sei, weil sie das im hessischen Schulverwaltungsgesetz vorgesehene Wahlrecht der Eltern nicht ermögliche (ESVGH 40, S. 205 ff. = NVwZ 1991, S. 189 – Lahn-Dill-Urteil).

3.4 Der Hessische Staatsgerichtshof widersprach dieser Beurteilung des Hessischen Verwaltungsgerichtshofs und entschied, daß die gesetzliche Regelung des Hessischen Schulgesetzes vom 17. Juni 1992, die die Gesamtschule in ein differenziertes Sekundarschulsystem einordnet, mit der Hessischen Verfassung vereinbar ist (P.St. 1170 – StAnz 1995, S. 3391, 3406 – Bildungsgangentscheidung).

Die Verfassungsrechtsprechung überläßt damit die Entwicklung der Schulstruktur politischen Entscheidungen, soweit diese die durch die verfassungsgerichtliche Rechtsprechung herausgearbeitete Auslegung der Hessischen Verfassung und des Grundgesetzes beachten.

III. Elternrecht und Schulstrukturpolitik

Die Entscheidungen des Hessischen Staatsgerichtshofes zur Schulstrukturpolitik des Landes Hessen beruhen im wesentlichen auf der Auslegung und Anwendung des Art. 55 Satz 1 HV:

„Die Erziehung der Jugend zu Gemeinsinn und zu leiblicher, geistiger und seelischer Tüchtigkeit ist Recht und Pflicht der Eltern."

Der Hessische Staatsgerichtshof hat in seiner ersten Förderstufenentscheidung im Jahre 1971 entschieden, daß dieses Elternrecht dem Elternrecht des Artikels 6 Abs. 2 GG inhaltlich entspricht (s.o. 1.1., StAnz. 1972, S. 117).

Art. 6 Abs. 2 Satz 1 GG lautet:

„Pflege und Erziehung der Kinder sind das natürliche Recht der Eltern und die zuvörderst ihnen obliegende Pflicht."

In seiner Entscheidung über die hessische gymnasiale Oberstufe hat der Staatsgerichtshof diesen Standpunkt ausdrücklich aufgegeben und festgestellt, daß Art. 55 Satz 1 HV und Art. 6 Abs. 2 Satz 1 GG nicht inhaltsgleich sind, sondern daß Art. 55 Satz 1 HV den Eltern einen Anspruch auf „umfassende Allgemeinbildung" ihrer Kinder gibt, der über Art. 6 Abs. 2 GG hinausgeht und aufgrund von Art. 142 GG trotz Art. 31 GG in Kraft bleibt (s.o. 2.2, StAnz. 1982, S. 157 f).

Darüber hinaus enthält die hessische Landesverfassung die Gewährleistung eines kollektiven elterlichen Mitbestimmungsrechts in Art. 56 Abs. 6,

„Die Erziehungsberechtigten haben das Recht, die Gestaltung des Unterrichtswesens mitzubestimmen, soweit die Grundsätze der Absätze 2 bis 5 nicht verletzt werden."

das so in Art. 6 Abs. 2 GG nicht enthalten ist (BVerfGE 47, 46 – Sexualkunde), das jedoch im Zusammenhang der Schulstrukturentscheidungen der hessischen Verfassungsgerichtsbarkeit unmittelbar nicht bedeutsam wurde.

Die Grundrechte der von den Schulstrukturentscheidungen betroffenen Kinder werden in den Entscheidungen des Hessischen Staatsgerichtshofs in der Regel zwar erwähnt; sie treten jedoch regelmäßig hinter dem Elternrecht zurück. Der Staatsgerichtshof prüfte regelmäßig aufgrund entsprechender Behauptungen eine mögliche Verletzung des Gleichheitssatzes, gelangte jedoch nicht zur Feststellung gleichheitswidriger schulpolitischer Entscheidungen. Eine große Rolle spielte in den Entscheidungen zwar das kommunale Selbstverwaltungsrecht, insbesondere im Urteil über das Förderstufen-Abschlußgesetz (s.o. 1.4), ohne daß ihm jedoch angesichts der schulträgerorientierten Entwicklung letztlich schulpolitische Entscheidungsrelevanz zukam. Der Gesetzesvorbehalt schließlich setzte sich im Schulstrukturrecht bereits mit der Förderstufenentscheidung des Bundesverfassungsgerichts durch (BVerfGE 34, 165, 192 f); der Hessische Staatsgerichtshof übernahm ihn in das hessische Landesverfassungsrecht, ließ aber nur die flächendeckende Einführung der Förderstufe durch Rechtsverordnung daran scheitern (s.o. Nr. 1.3,

StAnz. 1984, S. 829). Es läßt sich deshalb feststellen, daß die Verfassungskämpfe um die Schule in Hessen Kämpfe um das Elternrecht der hessischen Landesverfassung waren, d.h. gleichzeitig Kämpfe von Eltern gegen die Schulstrukturpolitik des Landes mit dem Instrument des verfassungsrechtlichen Elternrechtes. Wie sind sie ausgegangen?

1. Elternrecht und äußere Schulorganisation

Schulstrukturpolitik ist zunächst einmal Schulwesenorganisationspolitik. Diese war lange Zeit von einer einzigen Frage beherrscht: Dreigliedrigkeit des Sekundarschulwesens oder Gesamtschule? In Hessen und in den mehrheitlich sozialdemokratisch regierten Ländern wurde diese Frage durch die Entscheidung für die Mehrgliedrigkeit des Sekundarschulwesens mit Gesamtschule abgelöst. Dieser schulpolitische Modellwechsel steht in enger Beziehung zur Auslegung und Anwendung des verfassungsrechtlichen Elternrechts.

Ausgangspunkt der Beurteilung der äußeren Schulorganisation nach Maßgabe des Elternrechts sind einige dogmatische Feststellungen zum Elternrecht, die das Bundesverfassungsgericht in der Förderstufenentscheidung (s.o. 1.2) getroffen hat und die sich in der Rechtsprechung – auch des Hessischen Staatsgerichtshofs – durchgesetzt haben:

- Das Elternrecht bezieht sich nicht nur auf die familiäre Erziehung, sondern auch auf die schulische Erziehung der Kinder (BVerfGE 34, S. 182 f).
- Die staatliche Schulaufsicht nach Art. 7 Abs. 1 GG, verstanden auch als staatliches Schulorganisationsrecht, wird durch dieses Elternrecht begrenzt (BVerfGE 34, S. 182).
- Der Staat hat jedoch nach Art. 7 Abs. 1 GG ein eigenes Erziehungsrecht, das sich nicht auf die Überwachung der Ausübung des elterlichen Erziehungsrechts (Art. 6 Abs. 2 Satz 2 GG) beschränkt, sondern das gleichgeordnet neben dem elterlichen Erziehungsrecht steht (BVerfGE 34, S. 183).
- Das staatliche Erziehungsrecht beschränkt sich jedoch auf die schulische Erziehung, darf die Erziehung des ganzen Menschen nicht anstreben und muß vielmehr den „Gesamtplan" der Eltern für die Erziehung ihrer Kinder beachten (BVerfGE 34, S. 183 f).
- Der Staat sieht sich jedoch einer Vielzahl elterlicher Interessen gegenüber, die sich mit unterschiedlichen Zielen auf ihr Elternrecht berufen. Angesichts dieser Vielfalt hat der Staat einerseits die Aufgabe, durch die Herstellung praktischer Konkordanz allen Elternrechten soweit als möglich zur Verwirklichung zu verhelfen, und andererseits die Aufgabe, einen geordneten Schulbetrieb zu gewährleisten (a.a.O., S. 183), und das Recht, die Chancengleichheit aller zu ermöglichen (a.a.O., S. 189). Angesichts dieser Staatsaufgaben haben die Eltern nicht das Recht, optimale schulische Bedingungen für die Entwicklung ihrer eigenen Kinder zu verlangen (a.a.O., S. 188).

Diese Grundsätze hat nicht nur der Hessische Staatsgerichtshof in seiner Rechtsprechung zu Art. 55 Satz 1 HV übernommen, sondern sie sind heute im wesentlichen unumstritten.

Die äußere Schulorganisation ist nach diesen Grundsätzen in erster Linie eine staatliche Angelegenheit; doch der Staat muß dabei die Grundsätze des Elternrechts beachten. Die staatliche Schulpolitik kann sich deshalb für eine flächendeckende Förderstufe entscheiden, wenn sie bei der Binnenorganisation der Förderstufe den Anforderungen des Elternrechts gerecht wird (s.o. 1.3 – Schwalm-Eder-Kreis-Entscheidung, 1.4 – Förderstufen-Abschlußgesetzentscheidung, zur Binnenorganisation s.u. Unterabschnitt 2). Eine Schulorganisationsform für das fünfte und sechste Schuljahr, die den Eltern die Wahl zwischen schulformübergreifenden und schulformbezogenen Organisationen läßt, ist deshalb verfassungsrechtlich vollends unproblematisch (s.o. 1.5 – Bildungsgangentscheidung). Die staatliche Schulpolitik kann sich – und das ist das Neue der Bildungsgangentscheidung des Hessischen Staatsgerichtshofs (s.o. 3.4, StAnz. 1995, S. 3406) – für die flächendeckende Einführung der kooperativen und sogar der integrierten Gesamtschule entscheiden, wenn die Binnenorganisation der Gesamtschule den Anforderungen des Elternrechts entspricht (zur Binnenorganisation s.u. Unterabschnitt 2).

Der Hessische Staatsgerichtshof hat im Bildungsgangurteil aber ohne Not auch über die flächendeckende Einführung der integrierten Gesamtschule entschieden, denn – wie er ausdrücklich betont – das Hessische Schulgesetz vom 17. Juni 1992 führt die Gesamtschule und schon gar nicht die integrierte Gesamtschule flächendeckend ein und auch die Schulpolitik des Landes zielt nicht dahin:

> „Nach alledem ist eine landesweit flächendeckende einheitliche integrierte Gesamtschule als gesetzliche Zielvorstellung auch bei Berücksichtigung des § 25 Abs. 1 Satz 3 HSchG nicht zu erkennen und bei realistischer Einschätzung unter Berücksichtigung der Entscheidungskriterien der §§ 144 ff. HSchG und der in das Verfahren eingebauten Kontrollmechanismen (Mitwirkung der Stadt- bzw. Kreiselternbeiräte, Zustimmung durch das Kultusministerium), auch nicht vorstellbar“ (StAnz. 1995, 3406).

Warum also behandelt ein Gericht eine Rechtsfrage, über die zu entscheiden es gar nicht gerufen ist? Allein die bloße Möglichkeit, die das Gesetz allerdings zuläßt und deren Verwirklichung von den Fachgerichten anhand des einfachen Rechts zu überprüfen ist, veranlaßt den Staatsgerichtshof zu seinen grundsätzlichen Ausführungen zur verfassungsrechtlichen Zulässigkeit der flächendeckenden integrierten Gesamtschule, bei denen es sich nun nicht nur um ein bloßes obiter dictum, sondern um tragende Gründe der Entscheidung handelt (StAnz. 1995, S. 3405–3412).

Diese Entwicklung des Verhältnisses von Schulpolitik und Verfassungsrecht ist nicht ohne Komik. Jahrzehntelang wurde darüber gestritten und spekuliert, ob die flächendeckende Einführung der Gesamtschule verfassungsgemäß sei, und in der Rechtswissenschaft und der Literatur bildete sich eine starke Meinung gegen eine solche Annahme heraus;[18] doch eine gerichtliche Entscheidung darüber konnte

[18] z.B. *Eiselt, Gerhard,* Die Begrenzung schulorganisatorischer Entscheidungen von Legislation und Exekutive durch Kinder- und Elternrecht, DÖV 1979, S. 845; *Ossenbühl, Fritz,* Das elterliche Erziehungsrecht

nicht ergehen, weil es eine flächendeckende Einführung der integrierten Gesamtschule nicht gab.[19] Jahrzehntelang war die flächendeckende Einführung der Gesamtschule Ziel sozialdemokratischer Schulpolitik und gewerkschaftlicher schulpolitischer Erklärungen, und ihr wurde die Elternrechtsrechtsprechung des Bundesverfassungsgerichts und insbesondere des Hessischen Staatsgerichtshofs warnend entgegengehalten. Nun hat die sozialdemokratische Schulpolitik die flächendeckende Einführung der Gesamtschule als Ziel aufgegeben oder jedenfalls nur noch recht allgemein vertreten, wie z.B. in der Regierungserklärung des Hessischen Ministerpräsidenten von 1991 (s.o.), und ausgerechnet der Hessische Staatsgerichtshof stellt die Verfassungsmäßigkeit der flächendeckenden integrierten Gesamtschule fest. Vielleicht aber fühlte sich der Hessische Staatsgerichtshof auch frei, die Verfassungsmäßigkeit der flächendeckenden integrierten Gesamtschule festzustellen, gerade weil er – ein gewisser befriedigender Unterton ist nicht zu überhören – die flächendeckende integrierte Gesamtschule für „nicht vorstellbar" (StAnz. 1995, S. 3406) halten konnte.

Doch dies ist Spekulation! Als Ergebnis 50jähriger Verfassungskämpfe um die äußere Schulorganisation in Hessen läßt sich nun freilich feststellen, daß die vom hessischen Kultusminister *Stein* (CDU) 1947 vorgeschlagene Einheitsschule nach den heutigen Maßstäben des Hessischen Staatsgerichtshofs dem Elternrecht der hessischen Landesverfassung entspricht, weil es sich – nach *Ludwig von Friedeburg* – in Wirklichkeit um eine kooperative Gesamtschule mit integrierter Förderstufe handelt, und daß der hessische Kultusminister *Holzapfel* (SPD), der nach eben dieser Rechtsprechung die integrierte Gesamtschule einführen könnte, in Hessen eine Schulorganisationsstruktur geschaffen hat, in der die integrierte Gesamtschule und die kooperative Gesamtschule ihren Platz in einem mehrgliedrigen Sekundarschulwesen finden.

2. Elternrecht und innere Schulorganisation

Die äußere Schulorganisation bezieht sich auf die selbständigen Verwaltungseinheiten des Schulwesens, die Schulen; die innere Schulorganisation bezieht sich auf die Binnenorganisation dieser Verwaltungseinheiten. Die äußere Schulorganisation ist primär ein politisches und administratives Problem, die innere Schulorganisation ist primär ein pädagogisches Problem. Doch es gibt Grenzüberschreitungen.

Das Bundesverfassungsgericht hat nun in der Förderstufenentscheidung den berühmten Satz formuliert

im Sinne des Grundgesetzes, 1981, S. 122 ff; *Clemens, Thomas*, Grenzen staatlicher Maßnahmen im Schulbereich, NVwZ 1984, S. 65, 69 ff.

[19] Ausnahme im hessischen Lahn-Dill-Kreis; hierzu die Entscheidung des VGH Kassel vom 1.2.1990 (s.o. Nr. 3.3, NVwZ 1991, 189) und die Distanzierung des Hessischen Staatsgerichtshofs von dieser Entscheidung im Bildungsgangurteil (s.o. Nr. 3.4, StAnz. 1995, S. 3406).

„Das Grundgesetz gibt keinen Maßstab für die pädagogische Beurteilung von Schulsystemen" (s.o. Nr. 1.2, BVerfGE 34, S. 185),

und der Hessische Staatsgerichtshof hat diesen Satz immer wiederholt, zuletzt in der Bildungsgangentscheidung 1995:

„Das Grundgesetz und die Hessische Verfassung enthalten keine Maßstäbe für die pädagogische Beurteilung von Schulsystemen und garantieren keine bestimmte Schulform" (StAnz. 1995, S. 3406).

Hieraus hat der Staatsgerichtshof zu Recht abgeleitet, daß die Entscheidung über die äußere Schulorganisation Angelegenheit der Landespolitik ist und daß das verfassungsrechtliche Elternrecht in unterschiedlichen Schulsystemen verwirklicht werden kann (s.o. Unterabschnitt 1). Die Frage nach der Verfassungsmäßigkeit der äußeren Schulorganisation verlagert sich damit in die innere Schulorganisation. Ist das Schulsystem so binnenstrukturiert, daß es dem Elternrecht entsprechen kann? Da Binnenstrukturfragen der Schule jedoch in erster Linie pädagogische Fragen aufwerfen und pädagogische Antworten finden, verlagert sich die verfassungsrechtliche Prüfung unvermeidlich – trotz des berühmten Diktums – auf pädagogische Probleme. Das Bundesverfassungsgericht und insbesondere der Hessische Staatsgerichtshof haben deshalb pädagogische Fragen der Binnenstruktur der Schulform in großer Breite und Tiefe untersucht und beurteilt, letztlich aber im wesentlichen dem Gesetzgeber bzw. der Schule und der Schulaufsicht stets einen breiten politisch-pädagogischen Beurteilungsspielraum eingeräumt.

2.1 Die innere Differenzierung der Schulformen

Der Hessische Staatsgerichtshof hat die Binnendifferenzierung der neuen Schulformen unter ganz unterschiedlichen Gesichtspunkten geprüft. Dabei kann es sich sowohl um die (äußere) Kern-Kurs-Fachleistungsdifferenzierung handeln wie um eine reine Binnendifferenzierung innerhalb von Kern- oder Kursgruppen.

– Die *Förderstufe* muß hinreichend differenziert sein, um den Anforderungen des Elternrechts zu genügen. Das Bundesverfassungsgericht hatte in der Förderstufenentscheidung verlangt, daß die Kinder nicht übermäßig lange in einer Schule mit undifferenziertem Unterricht festgehalten werden (s.o. Nr. 1.2, BVerfGE 34, S. 187). Nach der Förderstufen-Abschlußgesetzentscheidung genügen dafür in der Regel drei Anspruchsebenen, unter Umständen aber auch zwei (s.o. 1.4, StAnz. 1987, S. 574); in der Bildungsgangentscheidung hat sich der Hessische Staatsgerichtshof dann allerdings mit zwei Anspruchsebenen begnügt (s.o. Nr. 1.5, StAnz. 1995, S. 3412), ja sogar unter Umständen den Verzicht auf jede innere Differenzierung hingenommen. Doch darüber muß jährlich neu entschieden werden. Der Zeitpunkt der Ersteinstufung kann zwar nach Fächern unterschiedlich, er muß jedoch bestimmt sein und darf nicht offen bleiben (s.o. Nr. 1.4, StAnz. 1987, S. 575). Für die Einbeziehung bestimmter Fächer in die Differenzierung hat der Staatsgerichtshof dem Gesetzgeber einen Beurteilungspielraum eingeräumt und insbesondere im Falle des Faches Deutsch ein „non liquet" angenommen (s.o. 1.4, StAnz. 1987, S. 572 und Nr. 1.5, StAnz. 1995, S. 3412). Es versteht sich, daß die Ersteinstufung im Zusammenwirken von Eltern und Schule verfahrensmäßig geregelt sein muß (s.o. 1.4, StAnz. 1987, S. 575 f).

- Eine *integrierte Gesamtschule*, die verfassungsrechtlich zulässigerweise flächendeckend eingeführt wird, muß eine innere Differenzierung aufweisen, die die drei herkömmlichen Bildungswege unterscheidbar und wählbar erkennen läßt (s.o. Nr. 1.5, StAnz. 1995, S. 3408). Bei einer kooperativen Gesamtschule ist dieses nicht unmöglich, sondern Prinzip; bei einer integrierten Gesamtschule dürften diese vom Hessischen Staatsgerichtshof aufgestellten Voraussetzungen im Prinzip wohl nicht erfüllbar sein, möglicherweise aber in der Praxis. Dem Staatsgerichtshof ist dieses nun durchaus klar, und er parallelisiert aus diesem Grunde die integrierte Gesamtschule und die herkömmlichen Schulformen (StAnz. 1995, S. 3408). Eine Hinausschiebung des Zeitpunkts der Wahlentscheidung innerhalb des differenzierten Systems bis zum Beginn der siebenten Jahrgangsstufe, wie dies für die integrierte Gesamtschule vorgesehen ist, soll auch noch verfassungsgemäß sein (StAnz. 1995, S. 3409). Eine Verletzung des vom Bundesverfassungsgericht aufgestellten Grundsatzes, nach dem eine übermäßig lange Verschiebung der Differenzierung unzulässig ist, soll darin nicht liegen, zumal sie durch Differenzierung im Kernunterricht kompensiert werden kann (StAnz. 1995, S. 3410). Es versteht sich, daß auch bei den integrierten Gesamtschulen das Zusammenwirken von Eltern und Schule bei der Ersteinstufung gewährleistet sein muß (StAnz. 1995, S. 3408 f.).
- Die *gymnasiale Oberstufe* darf durch ein Kern-Kurs-System nicht so differenziert werden, daß das Abitur eine umfassende Allgemeinbildung, wie sie das Elternrecht der Hessischen Verfassung gewährleistet, nicht mehr ermöglicht, sondern eine Hochschulreife zuerkennt, die in Wirklichkeit in der Beliebigkeit der Fächerkombination ein „modifiziertes Fachabitur ist" (s.o. Nr. 2.2, StAnz. 1982, S. 158 f). In dieser Entscheidung verließ der Hessische Staatsgerichtshof deutlich den Boden des Verfassungsrechts und begab sich auf das Terrain pädagogischer Beurteilung mit der Folge der Wirkungslosigkeit seiner Entscheidung.

2.2 Bildungswege/Bildungsgänge

„Bildungsgänge" sind die normierten „Bildungswege" (s.o. Nr. 1.5, StAnz. 1995, S. 3404). Das Gesetz beschreibt die möglichen Wege durch die Schulstufen in den Schulformen; das sind die „Bildungsgänge". Die Wege, die die Schülerinnen und Schüler in den vorgegebenen Bildungsgängen einschlagen, das sind ihre individuellen Bildungswege. Die Terminologie entspricht den rechtsstaatlichen Anforderungen an Klarheit und Bestimmtheit der Rechtssprache (StAnz. 1995, S. 3403 f.); sie normiert Pädagogik. Über die Bildungswege in diesen Bildungsgängen entscheidet die Schule im Zusammenwirken mit den Eltern; das entspricht dem Elternrecht. (s.o. 2.1). Das Bundesverwaltungsgericht hatte in seiner Entscheidung zum Hamburger Schulstreit dem Staat das Recht der positiven Auslese verwehrt (BVerwGE 5, 153). Das Bundesverfassungsgericht, das ebenso wie das Bundesverwaltungsgericht die negative Auslese wegen der Hemmung anderer Schüler für zulässig hielt, hatte in seiner Förderstufenentscheidung die Gegenüberstellung von negativer und positiver Auslese relativiert und dem Staat die Einführung eines differenzierten Auswahlverfahrens ermöglicht, wenn dieses im Zusammenwirken von Schule und Elternhaus organisiert wird (s.o. Nr. 1.2, BVerfGE 34, S. 191). Der Hessische Staatsgerichtshof, der die Zulässigkeit einer negativen Auslese nach Eignungsgesichtspunkten nicht in Abrede stellt, will den Staat aber nicht zu einer negativen Auslese verpflichten, weil auch die Förderung der Kinder eine zulässige staatliche Aufgabe ist (s.o. Nr. 1.4, StAnz. 1987, S. 572). Auch hier prüft und beurteilt die Rechtsprechung pädagogische Fragen, nämlich die Eignung von Allokationskriterien.

2.3 Unterrichtsorganisation

In der Förderstufen-Abschlußgesetzentscheidung (s.o. Nr. 1.4) prüft der Hessische Staatsgerichtshof das Klassenlehrerprinzip, nämlich die Bestimmung, daß der Klassenlehrer „möglichst viel Unterricht in seiner Klasse" erteilen soll. Der Staatsgerichtshof legt diese unbestimmte Regelung so aus, daß es sich um „möglichst viel" im Rahmen der Fachqualifikation des Klassenlehrers handelt und nicht um „möglichst viel" unter Einbeziehung fachfremden Unterrichts (StAnz. 1987, S. 573), und nur in dieser Auslegung ist die Bestimmung verfassungsgemäß, denn die Eltern haben einen Anspruch auf die bestmögliche Förderung ihrer Kinder, die nur durch fachqualifizierten Unterricht, nicht aber z.B. durch die Verringerung der Zahl der Bezugspersonen oder durch die Betonung „gefühlsmäßiger Wärme", die die Erziehung zu geistiger Tüchtigkeit gefährden könnten. Auch hier verläßt der Staatsgerichtshof deutlich den Boden des Verfassungsrechts zugunsten einer pädagogischen Beurteilung.

2.4 Fächerkanon, insbesondere Sprachenfolge

Das Bundesverfassungsgericht hatte in der Förderstufenentscheidung dem Staat das Recht zur Bestimmung der ersten Fremdsprache zugestanden (s.o. Nr. 1.2, BVerfGE 34, S. 192). Und hierbei ist es auch in der Rechtsprechung des Hessischen Staatsgerichtshofs geblieben. Geprüft hat der Staatsgerichtshof diese Fragen jedoch durchaus, insbesondere in der Förderstufen-Abschlußgesetzentscheidung (s.o. Nr. 1.4, StAnz. 1987, S. 576), und zwar mit der Folge, daß die sogenannte Sprengelpflicht verfassungswidrig ist, wenn sie Eltern daran hindert, ihre Kinder in Förderstufen von Schulbezirken zu schicken, in denen eine andere Sprachenfolge herrscht. Wenn der Gesetzgeber Abweichungen von einer bestimmten Sprachenfolge zuläßt, muß er auch den Eltern ein sprengelübergreifendes Wahlrecht einräumen (StAnz. 1987, S. 577). Die Entscheidung über die Sprachenfolge ist damit auch keine reine pädagogische Frage mehr.

Das gilt nun erst recht für die Entscheidung über die hessische gymnasiale Oberstufe, in der der Staatsgerichtshof aus dem Anspruch auf Allgemeinbildung den durchgängigen Deutschunterricht in der Oberstufe ableitet und aus der Erwähnung des Geschichtsunterrichts in Art. 56 HV die Selbständigkeit des Faches Geschichte im Lehrplan der Oberstufe (s.o. Nr. 2.2, StAnz. 1982, S. 159 f.).

3. Das Wahl- und Beteiligungsrecht der Eltern.

Das Wahlrecht der Eltern angesichts unterschiedlicher Schulformen und Bildungsgänge ist das älteste und eindeutigste Elternrecht. Das Bundesverfassungsgericht hat es in der Förderstufenentscheidung deutlich formuliert (s.o. Nr. 1.2, BVerfGE 34, S. 184), das Verbot einer positiven Auslese der Schüler durch den Staat damit begründet, in der negativen Auslese jedoch keinen Verstoß gegen das Wahlrecht gesehen. Der Hessische Staatsgerichtshof hat sich in jeder Entscheidung zu diesem Wahlrecht bekannt, und es hat sich nicht nur in der hessischen Gesetzgebung, sondern in der Gesetzgebung aller Bundesländer durchgesetzt.

Der Hessische Staatsgerichtshof hat die hessische Schulstrukturpolitik jedoch nicht nur im Hinblick auf die Einräumung eines solchen Wahlrechts geprüft, sondern er bestand stets darauf, daß es sich um ein „substantielles Wahlrecht" zwischen verschiedenen Bildungsgängen handeln muß; ein Schulwesen, das nur formal verschiedene Schulformen anbietet, ohne unterschiedliche Bildungsgänge zur individuellen Entscheidung über verschiedene Bildungswege zu ermöglichen, verstößt gegen das verfassungsrechtliche Elternrecht (Bildungsgangentscheidung s.o. Nr. 1.5, StAnz. 1995, S. 3404). Eine gemeinsame Grundschule, deren zeitliches Ausmaß freilich verfassungsrechtlich nicht bestimmbar ist, wie bereits das Bundesverfassungsgericht in der Förderstufenentscheidung gesagt hat, steht diesem Grundsatz jedoch nicht entgegen (s.o. Nr. 1.2, BVerfGE 34, S. 184). Dieser Grundsatz wird jedoch problematisch, wenn die Lehrpläne der Schulen des herkömmlich dreigliedrigen Sekundarschulwesens aus Gründen der besseren Durchlässigkeit so aneinander angeglichen werden, daß eine echte Wahlentscheidung nur noch hinsichtlich der Höhe des Aspirationsniveaus und der Art des Abschlusses, nicht aber hinsichtlich der Inhalte möglich ist. Und dieser Grundsatz wird insbesondere problematisch, wenn in integrierten Formen wie der Förderstufe oder der kooperativen oder integrativen Gesamtschule aus Gründen der Förderung und Auslese die curriculare Harmonisierung grundsätzlich angestrebt wird. Der Hessische Staatsgerichtshof hat dennoch selbst für die integrierte Gesamtschule angenommen, daß sie nach Anspruchshöhe, Begabung und Neigung so differenzierte Kurse anbietet, daß das substantielle Wahlrecht der Eltern gewährleistet werden kann (s.o. Nr. 1.5, StAnz. 1995, S. 3407). Dies war die Voraussetzung für die vom Staatsgerichtshof angenommene verfassungsrechtliche Zulässigkeit ihrer flächendeckenden Einführung.

Im Unterschied zum Elternrecht des Art. 6 Abs. 2 Satz 1 GG soll das Elternrecht nach Art. 55 Satz 1 HV darüber hinaus nicht nur ein individuelles Wahlrecht, sondern auch ein kollektives Beteiligungsrecht sein (s.o. Nr. 2.2, StAnz. 1982, S. 158). Damit ist nun ausdrücklich nicht die Elternmitbestimmung nach Maßgabe von Art. 56 Abs. 6 HV gemeint, sondern ein kollektives, aktives Mitwirkungs- und Bestimmungsrecht nach Art. 55 Satz 1 HV. Im Rahmen der Rechtsprechung zur äußeren und inneren Schulorganisation hatte der Staatsgerichtshof daraus allerdings keine Folgerungen gezogen, sondern sich vielmehr bei staatlichen Strukturentscheidungen unter Wahrung des Mitbestimmungsrechts der Gremien nach Art. 56 Abs. 6 HV auf die Forderung nach der Gewährleistung des individuellen Wahlrechts beschränkt.

Es hätte nun nahegelegen, daß der Hessische Staatsgerichtshof Gelegenheit nimmt, dieses „kollektive aktive Mitwirkungs- und Bestimmungsrecht" angesichts des neuen Hessischen Schulgesetzes zu konkretisieren. Dieses Gesetz räumt nämlich zur Stärkung der Eigenständigkeit der Schulkonferenz, an der die Eltern der Schule beteiligt sind, Mitwirkungsrechte bei der Ausgestaltung von Unterricht und Erziehung ein, die über die traditionelle Begrenzung des Mitbestimmungsrechts auf Fragen des Schullebens in der Schule hinausgehen (§ 129 HSchG). Der Staatsgerichtshof hat diese Gelegenheit jedoch nicht ergriffen. Er hat sich vielmehr darauf beschränkt festzustellen, daß das individuelle Elternrecht durch die Entscheidungsbefugnisse der Schulkonferenz wegen mangelnder Bestimmtheit des Bildungsganges nicht verletzt wird (s.o. Nr. 1.5, StAnz. 1995, S. 3413f.), und daß weder das Rechtsstaatsprinzip (Gesetzesvorbehalt) noch das Demokratieprinzip (parlamentarische Verantwortlichkeit der Regierung) beeinträchtigt sind, weil es sich um Einzelangelegenheiten minderer Bedeutung handelt, die zudem auch noch der vollen Fachaufsicht unterliegen. Schade – es wäre eine Gelegenheit gewesen, die Frage zu beantworten, ob die Hessische Verfassung wirklich ein in Art. 55 Satz 1 verankertes kollektives Elternrecht enthält und wie dieses auszuüben sei.

IV. Krieg und Frieden im Verfassungsrecht – eine Paradoxie?

Die Rechtsprechung hat ganz allgemein die Aufgabe, dem Rechtsfrieden zu dienen, Interessen auszugleichen und Auseinandersetzungen zu regeln. Die Verfassungsrechtsprechung übernimmt diese Aufgabe einerseits auf staatlicher Ebene durch die Konfliktregelung angesichts des Föderalismus und der Gewaltenteilung und andererseits im Staat-Bürger-Verhältnis, wenn es um das Verhältnis von staatlicher Herrschaft und bürgerlicher Freiheit geht. Die Verfassungsrechtsprechung hat diese Aufgabe im großen und ganzen in der Bundesrepublik auch vorzüglich erfüllt – und zwar auch in der Bildungspolitik.

Die Schulpolitik der Nachkriegszeit wurde durch die Auseinandersetzung über die konfessionelle Gliederung des Volksschulwesens beherrscht. Es handelte sich um einen Konflikt, dessen Schärfe und Tiefe heute kaum noch vorstellbar ist.[20]

[20] In Hessen spielte dieser Konflikt angesichts der in großen Gebieten seit langem eingerichteten Gemeinschaftsschule keine große Rolle, so daß die Verfassungsentscheidung für die Gemeinschaftsschule

Die bildungspolitischen Auseinandersetzungen in den Ländern waren auch Verfassungskämpfe, und zwar auch verfassungsgerichtliche Auseinandersetzungen vom Verfahren um das niedersächsische Konkordat (BVerfGE 6, 309) bis zu den Prozessen um die badische Gemeinschaftsschule (BVerfGE 41,29), die nordrhein-westfälische Gemeinschaftsschule (BVerfGE 41, 88) und die bayerischen Bekenntnis-Klassen (BVerfGE 41, 65). Erst in diesen Verfahren war es dem Bundesverfassungsgericht Mitte der 70er Jahre gelungen, den konfessionellen Frieden in der Schulpolitik herzustellen und die Verfassungskämpfe zu beenden. Die Lösung der Konflikte bestand darin, die Gemeinschaftsschule für die Anhänger der Konfessionsschule dadurch akzeptabel zu machen, daß auch die Gemeinschaftsschule christliches Gedankengut und christliche Religionsausübung z.B. im Schulgebet (BVerfGE 52, 223) zuläßt und daß auch die Konfessionsschule durch Toleranz gegenüber den Angehörigen der anderen Konfessionen für diese aktzeptabel sein mußte. Man kann nun allerdings auch die Auffassung vertreten, daß das Bundesverfassungsgericht diese Friedensstiftungsleistung nur vollbringen konnte, als die Säkularisierung des öffentlichen Lebens in der Bundesrepublik so weit vorangeschritten war, daß sie die „Konfessionskriege" obsolet erscheinen ließ. Es läßt auch aufhorchen, daß nun – nach 20 Jahren des relativen „Religionsfriedens" in der Schulpolitik – mit dem Kruzifixstreit, mit dem Streit um den Religionsunterricht in Brandenburg und um Koranregelungen für Muslime plötzlich neue Konflikte aufgebrochen sind, zu deren Regelung das Verfassungsrecht einstweilen nicht beitragen konnte.

Die Auseinandersetzungen um Differenzierung und Integration der Mittelstufe des Schulwesens, um dreigliedriges Sekundarschulwesen oder Gesamtschule sind von manchen als Glaubenskriege bezeichnet worden; die Gesamtschule wurde ab und zu als Konfessionsschule bezeichnet. An Heftigkeit stand die Auseinandersetzung in den 70er Jahren jedenfalls den Auseinandersetzungen um die konfessionelle Gliederung in den 50er und 60er Jahren nicht nach. Ist es der Rechtsprechung des Hessischen Staatsgerichtshofs – ähnlich wie dem Bundesverfassungsgericht im Religionsstreit – gelungen, Frieden in diesem Krieg zu stiften? Ich meine ja; das letzte Urteil über das Hessische Schulgesetz vom 17. Juni 1992 ist dazu geeignet, die Konflikte um die Differenzierung oder Integration des Sekundarschulwesens dauerhaft zu lösen. Die Lösung besteht darin, daß es nicht auf die vom Staat zu bestimmende äußere Schulorganisation ankommt, sondern auf die Berücksichtigung des Elternrechts bei der inneren Schulorganisation. Diese Lösung war freilich nur möglich geworden, weil der Staat, das Land Hessen, auf die Durchsetzung einer einzigen Schulorganisationsform verzichtete und angesichts der Vielfalt möglicher Lösungen Schulträgern und Eltern Mitgestaltungs- und Auswahlrechte einräumte. Verfassungsrechtlich war der Konflikt deshalb wohl auch hier erst lösbar, als er bildungspolitisch bereits gelöst war. Kann man deshalb

---

unproblematisch war (Art. 56 Abs. 2 HV), s. *Schultze, Walter* (Anm. 14) S. 231 f; anders aber in anderen Ländern, insbes. in Bayern, Rheinland-Pfalz, Nordrhein-Westfalen und insbes. in Niedersachsen und Süd-Württemberg-Hohenzollern, s. *Ludwig von Friedeburg* (Anm. 2), S. 284 ff.

sagen, daß das Verfassungsrecht seine Aufgabe der Konfliktlösung eigentlich erst angesichts bereits gelöster politischer Konflikte erfüllen kann? – Eine Paradoxie!

Wenn diese Feststellung dazu berechtigt, von einem „Schwanengesang" zu sprechen, der als „letztes Aufröcheln" so klangvoll ist wie der Gesang des Singschwans überhaupt, so stellt sich doch die Frage nach der Bedeutung der Tatsache, daß *Aeschylus* Kassandras Todesklagegesang als Schwanengesang bezeichnete. Steht der Schulstrukturpolitik ihr „Kruzifixurteil" noch bevor?

HERMANN AVENARIUS

Schulische Selbstverwaltung und Demokratieprinzip

I.

Das Hessische Schulgesetz (SchulG) vom 17. Juni 1992,[1] in Kraft getreten am 1. August 1993, ist der gelungene Versuch einer Kodifikation, die acht zuvor auf verschiedene Gesetze verstreute Regelungsmaterien zusammenfaßt und dadurch Normenklarheit schafft. Darüber hinaus trägt es der vom Bundesverfassungsgericht entwickelten Wesentlichkeitstheorie Rechnung, wonach das Rechtsstaats- und das Demokratieprinzip des Grundgesetzes den Gesetzgeber verpflichten, die wesentlichen Entscheidungen im Schulwesen selbst zu treffen und nicht der Schulverwaltung zu überlassen[2]. Das Gesetz gleicht frühere Regelungsdefizite insbesondere in der normativen Gestaltung des Aufbaus der Schulen, ihrer Bildungsgänge, Formen, Stufen und Inhalte aus. Auf diese Weise eröffnet es den Schulen einen rechtlich gesicherten, aber auch überprüfbaren Rahmen für ihre pädagogische Arbeit. Nicht zuletzt soll das Gesetz auch eine innere Schulreform ermöglichen beispielsweise dadurch, daß es die Schule für neue Inhalte und Arbeitsformen sowie für ihr soziales und kulturelles Umfeld öffnet.[3]

Besondere Bedeutung kommt der Stärkung pädagogischer und administrativer Eigenverantwortung der einzelnen Schule zu, durch die sie die Möglichkeit erhält, ein eigenes Profil zu entwickeln.

Nach § 127 Abs. 2 und 3 SchulG sind die öffentlichen Schulen zwar nichtrechtsfähige öffentliche Anstalten, zugleich aber im Rahmen der staatlichen Verantwortung und der Rechts- und Verwaltungsvorschriften selbständig in Planung und Durchführung des Unterrichts, in der Erziehung und in der Verwaltung ihrer eigenen Angelegenheiten. Gemäß § 127 Abs. 4 SchulG werden die Entscheidungen der Schule von den Konferenzen (der Schulkonferenz und den Konferenzen der Lehrkräfte) sowie vom Schulleiter getroffen. Besonderes Gewicht kommt der Schulkonferenz zu, die aus dem Schulleiter sowie, jeweils mit der Hälfte der Sitze, aus Vertretern der Lehrkräfte und der Personengruppen der Eltern und Schüler besteht. Hessen hat demnach von der in anderen Ländern, z.B. in Berlin, Brandenburg und Bremen, verwirklichten drittelparitätischen Zusammensetzung der Schulkonferenz abgesehen und statt dessen der durch Professionalität und Kontinuität aus-

---

[1] GVBl. I S. 233.

[2] BVerfGE 41, 251, 259 ff., Beschluß v. 27.1.1976, und seitdem st. Rspr.

[3] Zu den Zielen des Hessischen Schulgesetzes s. *Franz Köller:* Hessisches Schulgesetz. Kommentar (Loseblattausgabe), Wiesbaden 1993 ff., S. 23 f.

gewiesenen Lehrerschaft größere Mitwirkungsrechte eingeräumt als den Gruppen der Schüler und Eltern. Das ist angesichts der nicht unerheblichen Befugnisse der Schulkonferenz von einiger Bedeutung; sie entscheidet nach § 129 SchulG u.a. über

- die Verteilung des Unterrichts auf sechs statt auf fünf Wochentage,
- Abweichungen von der Stundentafel zur Entwicklung eines schulspezifischen Profils,
- die Zusammenfassung von Fächern (z.B. Geschichte, Erdkunde und Sozialkunde) zu Lernbereichen (z.B. Gesellschaftslehre),
- Grundsätze für Umfang und Verteilung der Hausaufgaben und Klassenarbeiten,
- die Einführung eines Fremdsprachenangebots in der Grundschule und den Verzicht auf Ziffernnoten in der dritten Jahrgangsstufe,
- Art, Umfang und Beginn der äußeren Fachleistungsdifferenzierung an Förderstufen und integrierten Gesamtschulen,
- die Verwendung der nicht für die laufende Verwaltung der Schule bestimmten Mittel, die der Schule vom Land, vom Schulträger oder von Dritten zur Verfügung gestellt worden sind,
- eine Schulordnung zur Regelung des geordneten Ablaufs des äußeren Schulbetriebs,
- die Einrichtung eines zehnten Hauptschuljahres.

II.

Mit diesen Bestimmungen hat Hessen Entwicklungen aufgegriffen, die gegenwärtig die pädagogische Diskussion beherrschen[4] und die Um- und Neugestaltung des Bildungswesens in den alten und den neuen Ländern beeinflussen. Die Überzeugung gewinnt an Boden, daß die Schule ihre Aufgabe weit besser meistern kann, wenn sie nicht zentral, „von oben", gesteuert wird, sondern sich den Vorstellungen und Bedürfnissen der Menschen öffnet, die in der Schule und mit der Schule leben: der Schüler, Lehrer und Eltern. Man kann diese Tendenz als Modeerscheinung abtun: Die, die gestern für „Chancengleichheit" plädierten und zur Verwirklichung dieses Ziels nachhaltige staatliche Intervention forderten, verkünden heute „Schulautonomie" und damit den Rückzug des Staates aus der Schule. Und natürlich gibt es gerade unter Pädagogen Leute, die schlechthin einen antistaatlichen Affekt kultivieren, zugleich aber von demselben Staat verlangen, daß er den Lehrern gute Bezahlung und Arbeitsplatzsicherheit garantiert und obendrein, mit Hilfe der Gemeinden, für eine großzügige Ausstattung der Schulen sorgt.

[4] Vgl. etwa *Theo Liket:* Freiheit und Verantwortung. Das niederländische Modell des Bildungswesens, Gütersloh 1993; *Peter Daschner/Hans-Günter Rolff/Tom Stryck* (Hrsg.): Schulautonomie – Chancen und Grenzen. Impulse für die Schulentwicklung, Weinheim und München 1995; Denkschrift der Kommission „Zukunft der Bildung – Schule der Zukunft" beim Ministerpräsidenten des Landes Nordrhein-Westfalen, Neuwied, Kriftel, Berlin 1995.

Ganz offensichtlich lassen sich indes die Argumente, die für eine größere Selbständigkeit der Schulen sprechen, mit diesen Hinweisen nicht so ohne weiteres beiseite schieben. Man muß die Tatsache zur Kenntnis nehmen, daß die Integrationskraft und die Steuerungsfähigkeit des Staates auch im Schulwesen schwinden. Schulen auf dem Lande und in den kleineren Städten stehen vor anderen Problemen als Schulen in Ballungsräumen, und innerhalb einer Großstadt unterscheiden sie sich von Viertel zu Viertel: hier Schulen mit hohem Ausländeranteil, dort Schulen im Arbeitermilieu, woanders wiederum Schulen mit einer bürgerlichen Klientel. Lebensstile und Lebenswelten weichen voneinander ab. Das schulische Umfeld spielt eine zunehmend große Rolle, mit keineswegs übereinstimmender – den Erziehungsauftrag der Schule manchmal stützender, bisweilen konterkarierender – Tendenz. Der Staat würde scheitern, wollte er die Schulen dazu anhalten, auf all diese Herausforderungen nach einem einheitlichen, von ihm vorgegebenen Muster zu reagieren. So gibt es gute Gründe für die Auffassung, daß die Schulen über ein gewisses Maß an Selbstverwaltung verfügen, daß sie ihr eigenes Profil selbstverantwortlich entwickeln sollten.

III.

Hessen hat mit seinem neuen Schulgesetz dieser Entwicklung als erstes Bundesland Rechnung getragen. Dabei stellt sich allerdings die Frage, ob die in dem Gesetz geregelte größere Selbständigkeit der Einzelschule, vor allem die Kompetenzzuweisung an die Schulkonferenz, im Einklang mit der Hessischen Verfassung (HV), insbesondere mit dem sich aus Art. 65, 70, 102 HV ergebenden Demokratiegebot, steht.[5] Hier ist allerdings vor einem Mißverständnis zu warnen. Zwar ist das demokratische Prinzip für die Schule insoweit wichtig, als es zu ihren herausragenden Aufgaben gehört, die Schüler in demokratischem Geist zu erziehen; dem entspricht es, wenn die Schulverfassung partizipatorisch ausgestaltet ist und den Schülern und Eltern Mitwirkungsrechte einräumt. Daraus kann aber nicht die Forderung abgeleitet werden, die Schule als solche zu „demokratisieren", also ihre innere und äußere Gestaltung vorwiegend ihren Selbstverwaltungsgremien zu überlassen. Dem Demokratieprinzip kommt vielmehr eine legitimatorische Funktion für die Ausübung von Staatsgewalt zu. Diese muß sich vom Volk herleiten. „Demokratisierung" der Schule darf nicht dazu führen, daß sich der Staat, der seine Verantwortung für das Schulwesen im Interesse der Gesamtheit der Bürger, auch soweit sie schulisch nicht „betroffen" sind, wahrzunehmen hat, in politisch nicht mehr beeinflußbare Subsysteme auflöst und dadurch handlungsunfähig wird.

Daher setzt vor allem der Parlamentsvorbehalt der Reichweite schulischer Selbstverwaltung Grenzen. Wenn nach der Wesentlichkeitstheorie des Bundesverfassungsgerichts das Demokratie- und das Rechtsstaatsprinzip des Grundgesetzes den Ge-

---

[5] Grundsätzlich zur verfassungsrechtlich zulässigen Reichweite schulischer Selbstverwaltung s. *Hermann Avenarius:* Schulische Selbstverwaltung – Grenzen und Möglichkeiten, RdJB 1994, 256.

setzgeber verpflichten, die wesentlichen Entscheidungen im Schulwesen selbst zu treffen und nicht der Schulverwaltung zu überlassen – die immerhin, wenn auch mittelbar, demokratisch legitimiert ist –, dann darf er sie noch weniger den Selbstverwaltungsgremien einer Schule zuweisen, die, mögen ihre Mitglieder auch gewählt sein, jedenfalls nicht über eine demokratische Legitimation im Sinne der Verfassung verfügen. Das Parlament darf sich daher seiner Verantwortung nicht dadurch entziehen, daß es die Entscheidung bildungspolitisch umstrittener Fragen offen läßt und sie an die Einzelschule delegiert.

Das Demokratieprinzip gebietet nicht nur, daß die wesentlichen Entscheidungen im Schulbereich vom Parlament getroffen werden. Es verlangt zudem, daß der für das Schulwesen zuständige Minister gegenüber dem Parlament für das, was im Schulbereich geschieht, einsteht; das setzt voraus, daß er überhaupt in der Lage ist, die Entscheidungen der Schule zu beeinflussen und dafür Verantwortung zu übernehmen.

So ist zu klären, ob Regelungen wie die des Hessischen Schulgesetzes, die der Schulkonferenz bestimmte Entscheidungskompetenzen zuweisen, auch im Sinne dieser Ministerverantwortlichkeit dem Demokratiegebot entsprechen.

IV.

Bislang sind zu diesem Problemkreis zwei verfassungsgerichtliche Entscheidungen ergangen: eine des Hessischen Staatsgerichtshofes und eine des Bayerischen Verfassungsgerichtshofs.

Der Hessische Staatsgerichtshof hatte sich in einem Normenkontrollverfahren mit der von Abgeordneten des Hessischen Landtags zur Entscheidung gestellten Frage zu befassen, ob mehrere Vorschriften des Schulgesetzes jeweils ganz oder teilweise mit der Hessischen Verfassung vereinbar sind. Dabei ging es nicht zuletzt um das Demokratiegebot als Prüfungsmaßstab. Der Gerichtshof hat das Schulgesetz in seinem Urteil vom 4. Oktober 1995[6] insgesamt für verfassungsgemäß erklärt. Auch die Frage, ob die im Gesetz geregelte Kompetenzzuweisung an die Schulkonferenz im Einklang mit dem Demokratiegebot stehe, hat er klar und eindeutig – man ist fast versucht zu sagen: in lakonischer Kürze – bejaht.

Das Prinzip der demokratischen Legitimation verlange, daß die obersten Exekutivorgane des Landes im Grundsatz rechtlich in der Lage sein müßten, die in ihre Zuständigkeit fallenden Entscheidungen auf dem Gebiet der Staatsverwaltung entweder selbst zu treffen oder nach ihren Richtlinien und Weisungen durch nachgeordnete Stellen treffen zu lassen, weil sie nur so die verfassungsmäßig vorgesehene Verantwortung für diese Entscheidungen gegenüber dem Parlament übernehmen könnten. Dieses Prinzip gelte allerdings nur für solche Angelegenheiten, die für die Organisation und die Leitung und Steuerung des Staates „wesentlich" seien. Bei Staatsgeschäften von minderer politischer Bedeutung sei die Regierung befugt,

---

[6] Hess. StGH, Urt. v. 4.10.1995 – P.St. 1170 –, StAnz. 1995 S. 3391.

Verwaltungsentscheidungen mit Letztverbindlichkeit auf unabhängige, nicht in die Staatsverwaltung eingebundene und dem Parlament nicht verantwortliche Ausschüsse zu übertragen.[7] Der Staatsgerichtshof läßt es sodann offen, ob die Zuständigkeiten der Schulkonferenz in diesem Sinne wesentlich oder von minderer Bedeutung sind. Denn die Schulkonferenz sei zwar ein Organ der schulischen Selbstverwaltung, in dem die Schulgemeinde in gemeinsamer Beratung und Beschlußfassung zusammenwirke; sie sei aber nicht als ein aus der staatlichen Verwaltung ausgegliederter, dem Parlament nicht verantwortlicher, unabhängiger Ausschuß anzusehen. Als Organ der Schule unterliege nämlich die Schulkonferenz wie alle anderen Verwaltungsorgane der Schule der uneingeschränkten staatlichen Fachaufsicht gemäß § 92 Abs. 2 Nr. 1 SchulG.

Mit dem Hinweis auf die uneingeschränkte staatliche Fachaufsicht, die die auf das Volk als den Träger der Staatsgewalt zurückzuführende demokratische Legitimation sichere, scheint der Staatsgerichtshof den gordischen Knoten durchhauen zu haben. Diese Argumentation läßt sich aber nur dann aufrechterhalten, wenn man, wie der Staatsgerichtshof, die von der Schulkonferenz nach § 129 SchulG zu treffenden Maßnahmen als bloße Organisationsentscheidungen ansieht.

Entgegen der Auffassung des Staatsgerichtshofs handelt es sich bei den Beschlüssen der Schulkonferenz indessen überwiegend um „unterrichtliche und erzieherische Maßnahmen" im Sinne des § 93 Abs. 2 SchulG,[8] bei denen die staatliche Schulaufsicht nur eingreifen kann, wenn wesentliche Verfahrens- und Rechtsvorschriften verletzt wurden,[9] von unrichtigen Voraussetzungen oder sachfremden Erwägungen ausgegangen wurde, gegen allgemein anerkannte pädagogische Grundsätze oder Bewertungsmaßstäbe oder gegen den Grundsatz der Gleichbehandlung der Schüler verstoßen wurde. Daß es sich bei diesen nur eingeschränkter Fachaufsicht unterliegenden Entscheidungen nicht allein um pädagogische Bewertungen wie etwa Notengebung, Versetzungsentscheidungen und Prüfungen handelt – so aber der Staatsgerichtshof –, ergibt sich schon aus dem Wortlaut des § 93 Abs. 2 SchulG, der zwischen pädagogischen Bewertungen einerseits, unterrichtlichen und erzieherischen Entscheidungen und Maßnahmen andererseits unterscheidet.

---

[7] Der Hessische Staatsgerichtshof nimmt mit dieser Wendung ausdrücklich Bezug auf sein Urteil vom 30.4.1986 in dem Normenkontrollverfahren zur verfassungsrechtlichen Überprüfung des Hessischen Personalvertretungsgesetzes (– P.St. 1023 – StAnz. 1986 S. 1089). Der Begriff „wesentlich", den der Staatsgerichtshof verwendet, hat eine andere Bedeutung als der, der der Wesentlichkeitstheorie des Bundesverfassungsgerichts zugrunde liegt. Während er dort die Unterscheidung zwischen den Verantwortungsbereichen von Parlament und Regierung/Verwaltung trägt, wird er hier zur Abgrenzung der Zuständigkeiten der Exekutive und der ihr nachgeordneten weisungsgebundenen Stellen gegenüber weisungsunabhängigen, dem Parlament nicht verantwortlichen Gremien verwendet.

[8] Nicht zu den unterrichtlichen und erzieherischen Maßnahmen rechnet die Befugnis der Schulkonferenz, über die Verwendung der nicht für die laufende Verwaltung der Schule bestimmten Mittel zu entscheiden.

[9] Nicht weiter erörtert werden soll an dieser Stelle die Frage, ob es angeht, die Rechtsaufsicht so einzuschränken, daß das Staatliche Schulamt nur bei Verstößen gegen *wesentliche* Rechtsvorschriften einschreiten kann. In der Parallelvorschrift des früheren, durch das neue Schulgesetz abgelösten Schulverwaltungsgesetzes (§ 62) war die Eingriffsmöglichkeit der Schulaufsicht auf die Verletzung wesentlicher *Verfahrensvorschriften* begrenzt.

Überdies ist § 93 Abs. 2 SchulG im Zusammenhang mit der Stellung der Schulkonferenz gemäß § 129 i.V.m. § 127 Abs. 3 und 4 SchulG auszulegen. Nach diesen Bestimmungen sind die Schulen im Rahmen der staatlichen Verantwortung und der Rechts- und Verwaltungsvorschriften selbständig in Planung und Durchführung des Unterrichts, in der Erziehung und in der Verwaltung ihrer eigenen Angelegenheiten; die diesbezüglichen Entscheidungen der Schule werden nach Maßgabe der folgenden Vorschriften von den Konferenzen und dem Schulleiter getroffen. Unterwürfe man die Schulkonferenz bei ihren Beschlüssen in unterrichtlichen und erzieherischen Angelegenheiten unbegrenzter staatlicher Kontrolle, dann bliebe vom Grundsatz der Selbständigkeit der Schule, der sich vor allem in den der Schulkonferenz zugewiesenen Befugnissen niederschlägt, wenig übrig. Die systematische Interpretation bestätigt somit das schon aus dem Wortlaut des § 93 Abs. 2 SchulG gewonnene Ergebnis. Daher kann die Schulaufsicht gegen Beschlüsse der Schulkonferenz nur vorgehen, wenn die Voraussetzungen dieser Vorschrift erfüllt sind.

Wenn beispielsweise das Staatliche Schulamt die Entscheidung der Schulkonferenz zugunsten der Zusammenfassung der Fächer Geschichte, Erdkunde und Sozialkunde zum Lernbereich Gesellschaftslehre aufheben und auf eine Beibehaltung der getrennten Unterrichtung dieser Fächer hinwirken will, trifft es eine Darlegungs- und Begründungslast für diese Intervention. Es muß dartun, daß die Entscheidung der Schulkonferenz gegen „allgemein anerkannte pädagogische Grundsätze" verstößt. Da die Schulkonferenz durch einen solchen Eingriff der Schulaufsicht in eigenen, ihr vom Gesetzgeber eingeräumten Befugnissen betroffen ist, kann sie sich hiergegen zur Wehr setzen bis hin zur Klage vor dem Verwaltungsgericht.[10]

Mit Rücksicht darauf, daß die Schulkonferenz über ihr vom Gesetzgeber ausdrücklich zuerkannte, fachaufsichtlich nur beschränkt kontrollierbare Befugnisse verfügt, hätte der Staatsgerichtshof, in der Konsequenz seiner Unterscheidung zwischen Angelegenheiten von politisch wesentlicher und solchen von politisch minderer Bedeutung, die Zuordnung der verschiedenen Zuständigkeiten der Schulkonferenz zur einen oder anderen Kategorie keineswegs dahingestellt sein lassen dürfen; er hätte sie im einzelnen prüfen müssen. Aber auch dann, wenn man davon ausgeht, daß es sich bei den von der Schulkonferenz eigenverantwortlich und unabhängig wahrzunehmenden Aufgaben um Angelegenheiten von geringerem Gewicht handelt, bleibt die Frage zu klären, ob hinsichtlich des Schulwesens die der Unterscheidung zugrunde liegende Prämisse des Staatsgerichtshofs zutrifft, wonach die Regierung bei Staatsgeschäften von minderer politischer Bedeutung befugt ist, Verwaltungsentscheidungen mit Letztverbindlichkeit auf unabhängige, nicht in die Staatsverwaltung eingebundene und dem Parlament nicht verantwortliche Ausschüsse zu übertragen.[11] Das hätte zur Folge, daß die Schulkonferenz Ent-

[10] Zur „Klagebefugnis von Schulgremien im Schulverfassungsstreit" *Jürgen Staupe*, RdJB 1978, 188.

[11] Die Formulierung im Urteil vom 30.4.1986 (Fn. 7), auf das sich der Staatsgerichtshof in seiner Entscheidung zur Verfassungsmäßigkeit des Schulgesetzes bezieht, ist übrigens differenzierter: „Es ist durchaus zulässig, Verwaltungsentscheidungen im staatlichen Bereich durch gesetzliche oder sonstige Regelungen aus dem Aufgabenbereich und der Entscheidungsbefugnis der Landesregierung herauszunehmen und zum Beispiel unabhängigen Ausschüssen zu übertragen, sofern es nicht erforderlich ist, daß die Regierung diese

scheidungen, mögen sie auch im Sinne der Rechtsprechung des Staatsgerichtshofs nicht wesentlich sein, ohne Rückbindung an den Volkssouverän treffen könnte.

Die Aussagen des Staatsgerichtshofs sind auch insoweit bemerkenswert, als er – ohne dies zu erwähnen – in deutlichen Gegensatz zum Bayerischen Verfassungsgerichtshof tritt. Dieser hatte knapp ein Jahr zuvor, am 17. November 1994, in einer ganz ähnlichen Rechtsfrage genau die gegenteilige Position eingenommen.[12] Er hatte darüber zu entscheiden, ob die gesetzlichen Voraussetzungen für die Zulassung eines Volksbegehrens zur Änderung des Bayerischen Gesetzes über das Erziehungs- und Unterrichtswesen gegeben waren. Das Volksbegehren zielte u.a. darauf ab, dem Gesetz Bestimmungen einzufügen, die dem Schulforum ähnliche Zuständigkeiten zuweisen sollten, wie sie in Hessen die Schulkonferenz wahrnimmt. Dazu gehörten Entscheidungen über wesentliche Fragen der Schulorganisation, zusätzliche Betreuungsangebote, die Bildung eines pädagogischen Profils der Schule, Abweichungen von einzelnen Bestimmungen der Stundentafel, Erlaß einer Hausordnung und Grundsätze über die Durchführung von Veranstaltungen im Rahmen des Schullebens.

Der Verfassungsgerichtshof kam zu dem Ergebnis, daß die Regelungen des durch das Volksbegehren vorgelegten Gesetzentwurfs über die schulische Selbstverwaltung mit der Bayerischen Verfassung (BV) u.a. deshalb unvereinbar seien, weil sie gegen das Demokratie- und Rechtsstaatsprinzip verstießen. Diese Prinzipien – so der Gerichtshof unter Verwendung der vom Bundesverfassungsgericht entwickelten Wesentlichkeitsformel – verpflichteten den Gesetzgeber, die wesentlichen Entscheidungen im Schulwesen selbst zu treffen und nicht der Schulverwaltung und schon gar nicht den Selbstverwaltungsgremien der Schule zu überlassen. Denn sonst könnten diese Gremien Entscheidungen treffen, die auf „wesentliche" Rechtsbereiche Dritter (der Schüler, Eltern und Lehrer) einwirkten, sich aber nicht an Kriterien halten müßten, die in einem demokratisch-parlamentarischen offenen Gesetzgebungsprozeß mit allgemeiner Geltungskraft erarbeitet worden seien.

Dieses Ergebnis folge ferner daraus, daß Art. 130 BV dem Staat die grundsätzliche Pflicht auferlege, die Kompetenz, die ihm durch die Zuerkennung einer staatlichen Schulaufsicht eingeräumt worden sei, auch wahrzunehmen. Der Staat könne sich seiner Verantwortung nicht dadurch entledigen, daß er der Entscheidung wesentlicher Fragen der Schulgestaltung ausweiche und sie durch lediglich einfaches Gesetz an die Einzelschule und dort bestehende schulische Selbstverwaltungsgremien delegiere.

Auch die Entscheidung des Bayerischen Verfassungsgerichtshofs hält – allerdings aus ganz anderen Gründen als das Urteil des Hessischen Staatsgerichtshofs – kritischer Überprüfung nicht gänzlich stand. Das Gericht greift die Wesentlichkeitstheorie des Bundesverfassungsgerichts auf, wonach der Gesetzgeber alle wesentlichen

---

Entscheidungen selbst treffen oder maßgeblich beeinflussen können muß, um die Richtung der Staatstätigkeit zu bestimmen und für deren Einhaltung durch den ihr unterstellten Verwaltungsapparat zu sorgen und hierfür gegenüber dem Parlament die Verantwortung übernehmen zu können."

[12] BayVerfGH, Entscheidung v. 17.11.1994 – Az. Vf. 96-IX-94, Vf.-97-IX-94 – DVBl. 1995, 419.

Entscheidungen im Schulwesen selbst treffen müsse und nicht der Schulverwaltung, also noch weniger dem Schulforum überlassen dürfe. Die Frage ist aber, ob es sich bei den im Gesetzentwurf des Volksbegehrens vorgesehenen Befugnissen des Schulforums tatsächlich um wesentliche Befugnisse handelte. Daß es bei den im einzelnen ausgewiesenen Kompetenzen des Schulforums jeweils um Angelegenheiten gegangen wäre, die zu regeln allein dem Gesetzgeber hätte vorbehalten bleiben müssen, ist nicht erkennbar. Es wäre also unter dem Gesichtspunkt des Demokratiegebots zu prüfen gewesen, ob es die Bayerische Verfassung zuläßt, dem Schulforum wenigstens solche Befugnisse zuzuerkennen, die sich auf „unwesentliche“ Angelegenheiten beziehen.

So steht man vor dem eigentümlichen Phänomen, daß die Verfassungsgerichte beider Länder hinsichtlich der Verfassungsmäßigkeit schulischer Selbstverwaltung zwar übereinstimmend das Demokratiegebot als Prüfungsmaßstab heranziehen, bei der Anwendung dieses Maßstabs aber zu unterschiedlichen Ergebnissen gelangen. Daß grundlegende Verfassungsprinzipien wie das Demokratiegebot, das allen Landesverfassungen eigen ist, von Land zu Land unterschiedlich ausgelegt werden, erscheint als nicht unproblematisch. Dies auch deshalb, weil das in den Landesverfassungen enthaltene demokratische Prinzip und seine Auslegung nicht in Widerspruch zum Demokratiegebot des Grundgesetzes (Art. 28 Abs. 1 i.V.m. Art. 20 Abs. 2) geraten dürfen. Gemäß Art. 28 Abs. 1 Satz 1 GG sind die Grundentscheidung des Art. 20 Abs. 2 GG für die Volkssouveränität und die daraus folgenden Grundsätze der demokratischen Organisation und Legitimation von Staatsgewalt auch für die verfassungsmäßige Ordnung in den Ländern verbindlich.[13]

V.

Konturen einer für die Länder verbindlichen Auslegung des Demokratieprinzips im Hinblick auf die zulässige Reichweite schulischer Selbstverwaltung ergeben sich aus dem Beschluß des Bundesverfassungsgerichts vom 24. Mai 1995 zur Verfassungsmäßigkeit des schleswig-holsteinischen Gesetzes über die Mitbestimmung der Personalräte.[14] Er betrifft im wesentlichen die Frage, welche verfassungsrechtlichen Grenzen das demokratische Prinzip einer Beteiligung der Personalvertretung an Maßnahmen im Bereich von Regierung und Verwaltung setzt.[15] Diese Entscheidung soll im folgenden kurz referiert werden.

Das Bundesverfassungsgericht leitet aus dem Demokratiegebot die Notwendigkeit eines Zurechnungszusammenhangs zwischen dem Volk und der Ausübung von

[13] BVerfGE 9, 268, 281, Urt. v. 27.4.1959; BVerfGE 83, 60, 71, Urt. v. 26.6.1990; st. Rspr.

[14] BVerfGE 93, 37, 66 ff., Beschluß v. 24.5.1995.

[15] Auch hier überrascht, daß der Hessische Staatsgerichtshof auf diese Entscheidung, die zum Zeitpunkt des Erlasses seines Urteils zum Hessischen Schulgesetz längst veröffentlicht war, mit keinem Wort eingeht. Im übrigen wäre es aufschlußreich, den Beschluß des Bundesverfassungsgerichts zum schleswig-holsteinischen Gesetz über die Mitbestimmung der Personalräte mit dem Urteil des Staatsgerichtshof zum Hessischen Personalvertretungsgesetz aus dem Jahre 1986 (Fn. 7) zu vergleichen; doch würde das den Rahmen dieses Beitrags sprengen.

Staatsgewalt ab, der vor allem durch die Wahl des Parlaments, durch die von ihm beschlossenen Gesetze als Maßstab der vollziehenden Gewalt, durch den parlamentarischen Einfluß auf die Politik der Regierung sowie durch die grundsätzliche Weisungsgebundenheit der Verwaltung gegenüber der Regierung hergestellt wird. Ausübung von Staatsgewalt, die demokratischer Legitimation bedarf, ist – so das Bundesverfassungsgericht – alles amtliche Handeln mit Entscheidungscharakter; es kommt nicht darauf an, ob es unmittelbar nach außen wirkt oder nur behördenintern die Voraussetzungen für die Wahrnehmung der Amtsaufgaben schafft. Demokratische Legitimation erfordert, daß sich die Bestellung der mit der Wahrnehmung von Amtsaufgaben betrauten Amtsträger auf das Staatsvolk zurückführen läßt (personelle Legitimation) und dadurch – worauf *Böckenförde* hinweist[16] – zugleich die staatlichen Organe, in denen und für die die Amtsträger handeln, demokratisch legitimiert. Sie verlangt ferner, daß das Handeln der Amtsträger selbst eine ausreichende sachlich-inhaltliche Legitimation erfährt; dies setzt voraus, daß die Amtsträger im Auftrag und nach Weisung der Regierung – ohne Bindung an die Willensentschließung einer außerhalb parlamentarischer Verantwortung stehenden Stelle – handeln können und die Regierung damit in die Lage versetzen, die Sachverantwortung gegenüber Volk und Parlament zu übernehmen.

Entscheidungen im internen Bereich von Regierung und Verwaltung sind zwar im Verhältnis zu den Bürgern Ausübung von Staatsgewalt; ihnen kommt jedoch außerdem eine auf den Binnenbereich des öffentlichen Dienstes bezogene Bedeutung zu, da die in dem jeweiligen Dienstbereich Beschäftigten hierdurch in ihren spezifischen Interessen als Dienst- und Arbeitnehmer berührt werden. Diese Besonderheiten darf der Gesetzgeber bei der Verwirklichung des demokratischen Prinzips berücksichtigen, indem er den Beschäftigten zur Wahrung ihrer Belange und zur Mitgestaltung ihrer Arbeitsbedingungen eine Beteiligung an der Entscheidungsfindung für innerdienstliche Maßnahmen einräumt. Allerdings dürfen solche Maßnahmen in keinem Fall ohne die mindestens mitentscheidende Beteiligung verantwortlicher Amtsträger erlassen werden; auch im internen Dienstbetrieb ist kein Raum für eine „Autonomie" des öffentlichen Dienstes, sei diese auch noch so eingeschränkt. Die Mitbestimmung der Personalvertretung darf sich einerseits nur auf innerdienstliche Maßnahmen erstrecken und nur so weit gehen, als die spezifischen in dem Beschäftigungsverhältnis angelegten Interessen der Angehörigen der Dienststelle sie rechtfertigen; andererseits verlangt das Demokratieprinzip für die Ausübung von Staatsgewalt bei Entscheidungen von Bedeutung für die Erfüllung des Amtsauftrags jedenfalls, daß die Letztentscheidung eines dem Parlament verantwortlichen Verwaltungsträgers gesichert ist.

Das Bundesverfassungsgericht entwickelt auf dieser Grundlage für die Beteiligung der Personalräte eine Art Stufentheorie. Danach ist zu unterscheiden, ob es sich

---

[16] Vgl. *Ernst-Wolfgang Böckenförde:* Demokratie als Verfassungsprinzip, in: *Isensee/Kirchhof* (Hrsg.): Handbuch des Staatsrechts, Band I, Heidelberg 1987, § 22, S. 887 (896 f.). *Böckenförde* hat mit diesem Beitrag die Entscheidung des Bundesverfassungsgerichts zum schleswig-holsteinischen Mitbestimmungsgesetz, an der er als Richter des Bundesverfassungsgerichts selbst mitgewirkt hat, weitgehend vorstrukturiert.

a) um Angelegenheiten handelt, die in ihrem Schwerpunkt die Bediensteten in ihrem Beschäftigungsverhältnis betreffen, typischerweise aber nicht oder nur unerheblich die Wahrnehmung von Amtsaufgaben gegenüber dem Bürger berühren,

b) um Maßnahmen, die den Binnenbereich des Beschäftigungsverhältnisses betreffen, die Wahrnehmung des Amtsauftrags jedoch typischerweise nicht nur unerheblich berühren, oder

c) um Maßnahmen, die schwerpunktmäßig die Erledigung von Amtsaufgaben betreffen, unvermeidlich aber auch die Interessen der Beschäftigten berühren.

In der Fallgruppe a) gestattet das Demokratieprinzip eine weitreichende Mitwirkung der Beschäftigten, bei der der Gesetzgeber vorsehen kann, daß die Maßnahmen an die Zustimmung der Personalvertretung gebunden und, sofern Dienststelle und Personalvertretung nicht zu einer Einigung gelangen, der Entscheidung einer weisungsunabhängigen Einigungsstelle überlassen werden. Doch bedarf es auch in diesen Fällen einer – wenngleich abgeschwächten – demokratischen Legitimation, beispielsweise dadurch, daß zumindest die Mehrheit der Mitglieder der Einigungsstelle jedenfalls in gewissem Maße demokratisch legitimiert ist und überdies Entscheidungen, die im Einzelfall wegen ihrer Auswirkungen auf das Gemeinwohl wesentlicher Bestandteil der Regierungsgewalt sind, einem parlamentarisch verantwortlichen Amtsträger vorbehalten bleiben.

Entscheidungen in der Fallgruppe b) bedürfen eines höheren Maßes an demokratischer Legitimation. Hier muß jedenfalls die Möglichkeit der verbindlichen Letztentscheidung stets einem gegenüber Volk und Parlament verantwortlichen Amtsträger vorbehalten bleiben. Die Kompetenz einer Einigungsstelle zur abschließenden Entscheidung kann hier nur unter der Voraussetzung hingenommen werden, daß die Mehrheit ihrer Mitglieder uneingeschränkt personell demokratisch legitimiert ist und die Entscheidung darüber hinaus von der Mehrheit der so legitimierten Mitglieder getragen wird.

Bei Maßnahmen in der Fallgruppe c) darf die parlamentarische Verantwortung der Regierung nicht substantiell eingeschränkt werden. Solche Entscheidungen dürfen nicht auf Stellen zur Alleinentscheidung übertragen werden, die Parlament und Regierung nicht verantwortlich sind. Sind in diesen Fällen Personalvertretung und Einigungsstelle in die Willensbildung und Entscheidungsfindung einbezogen, so kann die Entscheidung der Einigungsstelle nur den Charakter einer Empfehlung an die zuständige Dienstbehörde haben.

Die vom Bundesverfassungsgericht aus dem Prinzip der demokratischen Legitimation abgeleiteten Kriterien für die Zulässigkeit der Beteiligung von Personalvertretungen an Maßnahmen im Bereich von Regierung und Verwaltung enthalten wichtige Hinweise für die Prüfung der Verfassungsmäßigkeit der geltenden Regelungen des Hessischen Schulgesetzes und der seinerzeit durch das Volksbegehren in Bayern angestrebten Bestimmungen des Bayerischen Gesetzes über das Erziehungs- und Unterrichtswesen, die der Schulkonferenz (dem Schulforum) bestimmte Zuständigkeiten zuweisen.

Die Entscheidungen dieser Gremien, die Organe der Schule als einer nichtrechtsfähigen Anstalt des öffentlichen Rechts sind, stellen amtliches Handeln mit Entscheidungscharakter dar und sind somit im Sinne der Definition des Bundesverfassungsgerichts „Ausübung von Staatsgewalt“. Sie verbleiben nicht im internen Bereich der Verwaltung, sondern betreffen schwerpunktmäßig die Erledigung von Amtsaufgaben, und zwar die Erfüllung eines wichtigen, nämlich verfassungsrechtlich verankerten Amtsauftrags. Dieser ergibt sich aus Art. 56 Abs. 1 Satz 2 HV bzw. aus Art. 130 Abs. 1 BV, wonach das Schulwesen Sache des Staates ist bzw. – inhaltlich mit dieser Aussage übereinstimmend – unter der Aufsicht des Staates steht. Es handelt sich somit um Maßnahmen, die der Fallgruppe c) im Beschluß des Bundesverfassungsgerichts entsprechen.

Daraus könnte man den Schluß ziehen: Wenn nach der Entscheidung des Bundesverfassungsgerichts zum schleswig-holsteinischen Gesetz über die Mitbestimmung der Personalräte schon bei innerdienstlichen Maßnahmen, die „schwerpunktmäßig die Erledigung von Amtsgeschäften betreffen“, die parlamentarische Verantwortlichkeit der Regierung für die Erfüllung des Amtsauftrags nicht substantiell eingeschränkt werden darf, so darf dies um so weniger geschehen, wenn die Schule gegenüber Schülern und Eltern Maßnahmen erläßt, die sich unmittelbar auf den in der Verfassung verankerten Erziehungsauftrag stützen. Dies gilt auch deshalb, weil der Schulkonferenz (dem Schulforum) eine im Vergleich zu den Personalräten im öffentlichen Dienst weitergehende Rolle zugemessen ist. Diese Gremien sind nicht auf ein Zustimmungsrecht beschränkt, kraft dessen sie (nur) *mit*zuentscheiden hätten, sondern treffen selbst die ihnen zugewiesenen Entscheidungen.

Diese Feststellung führt jedoch nicht ohne weiteres zu dem Verdikt, die Bestimmungen des Hessischen Schulgesetzes bzw. der durch das Volksbegehren angestrebten Novellierung des Bayerischen Erziehungs- und Unterrichtsgesetzes über die Entscheidungsrechte der Schulkonferenz bzw. des Schulforums seien verfassungswidrig. Vielmehr ist auf die anfangs erörterte Überlegung zurückzugreifen, daß die einzelne Schule ihre Erziehungsaufgabe unter den heute bestehenden Verhältnissen nicht hinreichend wahrnehmen kann, wenn sie ausschließlich zentral gesteuert wird und ihr nicht die Möglichkeit eröffnet ist, den besonderen Bedingungen vor Ort, die ihre Arbeit fördern oder beeinträchtigen, Rechnung zu tragen.

Zur Lösung des Problems kann die Rechtsfigur der pädagogischen Freiheit des Lehrers herangezogen werden. Er ist, als Beamter wie als Angestellter, grundsätzlich weisungsgebunden und somit Teil einer ununterbrochenen demokratischen Legitimationskette. Doch sichert ihm die pädagogische Freiheit einen Gestaltungsraum eigenverantwortlicher Unterrichtung und Erziehung. Die pädagogische Freiheit ist der Sache nach in den Schulgesetzen sämtlicher Länder anerkannt und wird in der Rechtsprechung als selbstverständlicher Grundsatz vorausgesetzt.[17] Sie findet ihren Grund und ihre innere Rechtfertigung in der Erziehungsaufgabe des Lehrers, ist ihm also nicht um seiner selbst, sondern um seiner Funktion, seines Amtes willen gewährleistet. Damit ist auch ihr verfassungsrechtlicher Standort bestimmt: Die pädagogische Freiheit wurzelt in der vorrangig durch den Lehrer wahrzunehmenden Staatsaufgabe, erfolgreich Schule zu halten (Art. 56 Abs. 1 Satz 2 HV,

[17] Vgl. z.B. BVerfGE 47, 46, 83, Beschluß v. 21.12.1977.

Art. 130 Abs. 1 BV), und in dem Recht der Schüler auf Bildung (Art. 56 Abs. 4 HV, Art. 131 BV).[18]

Ähnlich läßt sich im Blick auf die Entscheidungsrechte der Schulkonferenz nach den Bestimmungen des Hessischen Schulgesetzes bzw. auf die durch das Volksbegehren in Bayern angestrebten erweiterten Befugnisse des Schulforums argumentieren. Aufgrund der Nähe dieser Organe zur konkreten Situation der Schule, aufgrund der Vertrautheit ihrer Mitglieder mit den spezifischen Gegebenheiten des Schulalltags setzt die Schulkonferenz (das Schulforum) die Schule in den Stand, den ihr von der Verfassung übertragenen Auftrag angemessen zu erfüllen. Auch hier gilt: Die der Schulkonferenz (dem Schulforum) zur eigenen Entscheidung zugewiesenen Aufgaben – auch das ist pädagogische Freiheit – sind ihr nicht um ihrer selbst, sondern um ihres Amtsauftrags willen eingeräumt.

Diese Argumentation knüpft zugleich an den von *Böckenförde*[19] zur Diskussion gestellten Gedanken der autonomen Legitimation durch funktionale Selbstverwaltung an. Letztere umfaßt die auf bestimmte funktionsbezogene Aufgaben ausgerichteten Träger von Selbstverwaltung wie z.B. die Berufskammern. Ihre Entscheidungsorgane werden aus den von den Verwaltungsaufgaben Betroffenen rekrutiert. Funktionale Selbstverwaltung vermittelt zwar keine demokratische Legitimation. Sie hat gleichwohl ihre Bedeutung und Rechtfertigung in der Heranziehung und eigenverantwortlichen Beteiligung von Betroffenen an der dezentralen Erledigung von auf sie bezogenen Verwaltungsaufgaben. Verfassungsrechtlich zulässig ist diese Verwaltungsform dann, wenn sie durch Verfassungsbestimmung ausdrücklich anerkannt ist, wie z.B. im Fall der gemäß Art. 87 Abs. 2 GG als bundesunmittelbare Körperschaften des öffentlichen Rechts geführten sozialen Versicherungsträger, oder wenn besondere sachliche Notwendigkeiten dafür bestehen. Die Ausgestaltung der funktionalen Selbstverwaltung bedarf allerdings zum Ausgleich des Defizits an demokratischer Legitimation der Eingrenzung in mehrfacher Hinsicht: Aufgaben, Organisation und Befugnisse der Träger funktionaler Selbstverwaltung müssen in weitem Umfang gesetzlich geregelt sein und sich tendenziell auf die eigenen Angelegenheiten der in solchen Einrichtungen organisatorisch zusammengefaßten Personen beschränken; sie dürfen nicht mit Aufgaben betraut werden, die von politischer Tragweite sind. Außerdem ist eine demokratisch verantwortliche Rechtsaufsicht unabdingbar, die die Einhaltung der gesetzlichen Bindungen der funktionalen Selbstverwaltung wirksam kontrolliert.

Unter diesen Gesichtspunkten läßt sich die durch das Hessische Schulgesetz getroffene Kompetenzzuweisung an die Schulkonferenz rechtfertigen[20] – dies um so mehr, als auch eine demokratische Legitimation zur Geltung kommt, und zwar

---

[18] Vgl. *Hans Heckel/Hermann Avenarius:* Schulrechtskunde, 6. Aufl., Neuwied und Darmstadt 1986, S. 234 f., m.w.N.

[19] *Böckenförde* (Fn. 16), S. 908 f.

[20] Bedenklich bleibt allerdings, daß die staatliche Schulaufsicht bei der Wahrnehmung ihrer rechtsaufsichtlichen Funktionen gemäß § 93 Abs. 2 Nr. 1 SchulG nur bei Verstößen gegen *wesentliche* Rechtsvorschriften eingreifen kann. Diese Einschränkung könnte eine wirksame Kontrolle der Einhaltung der rechtlichen Bindungen der Schulkonferenz gefährden.

dadurch, daß der Schulkonferenz mehrheitlich Lehrer angehören, die ihrerseits kraft ihrer Bestellung über personelle demokratische Legitimation verfügen. Überdies kann der Schulleiter Beschlüsse der Schulkonferenz beanstanden und zur erneuten Beschlußfassung an die Schulkonferenz zurückverweisen, wenn er aus pädagogischen Gründen erhebliche Bedenken hat (§ 89 Abs. 1 Satz 4 SchulG); das trägt zur sachlich-inhaltlichen Legitimation der Entscheidungen der Schulkonferenz bei.

Auch die durch das in Bayern gescheiterte Volksbegehren angestrebten erweiterten Zuständigkeiten des Schulforums wären unter dem Aspekt funktionaler Selbstverwaltung noch vertretbar gewesen, wenngleich die Lehrer in diesem Organ nicht die Mehrheit, sondern nur gleiche Sitz- und Stimmenzahl wie Eltern- und Schülervertreter zusammen gehabt hätten – was bei übereinstimmender Stimmabgabe immerhin einem Vetorecht gleichgekommen wäre –, und obwohl ein Beanstandungsrecht des Schulleiters nicht vorgesehen war.

VI.

Was die Stellung der Schulkonferenz nach dem Hessischen Schulgesetz angeht, so sollte ein Vorbehalt gemacht werden, der der Neuartigkeit der erweiterten Verantwortung dieses Organs Rechnung trägt. Der Gesetzgeber darf nicht wie selbstverständlich davon ausgehen, daß er mit den von ihm erlassenen Bestimmungen eine Lösung gefunden hat, die über jeden Zweifel an ihrer Funktionsfähigkeit erhaben ist. Er muß die Entwicklung kontinuierlich beobachten; hierbei kann er sich der Schulaufsicht bedienen, die das Recht hat, sich jederzeit über die Angelegenheiten der Schulen zu informieren (§ 93 Abs. 1 SchulG), und außerdem auf Erkenntnisse der pädagogischen Forschung zurückgreifen. Sollte sich dabei herausstellen, daß die der Schulkonferenz eingeräumten Selbstverwaltungsbefugnisse den Erziehungsauftrag der Schule gefährden, dann muß das Parlament diese neue Lage berücksichtigen und durch entsprechende Änderung der Vorschriften über die Aufgaben der Schulkonferenz „nachfassen“. Nicht nur im Bereich der mit hohen Risiken belasteten Kernenergie gilt, was das Bundesverfassungsgericht in seinem vor mehr als 18 Jahren ergangenen Kalkar-Beschluß gesagt hat:[21] „Hat der Gesetzgeber eine Entscheidung getroffen, deren Grundlage durch neue, im Zeitpunkt des Gesetzeserlasses noch nicht abzusehende Entwicklungen entscheidend in Frage gestellt wird, dann kann er von Verfassungs wegen gehalten sein zu überprüfen, ob die ursprüngliche Entscheidung auch unter den veränderten Umständen aufrechtzuerhalten ist.“

---

[21] BVerfGE 49, 89, 130, Beschluß v. 8.8.1978.

WALTER SCHMIDT

Art. 35 Abs. 1 HV und die berufsständischen Versorgungswerke

I.

Eine Norm zur Sozialversicherung enthalten alle vorgrundgesetzlichen Landesverfassungen.[1] Mit dem Grundgesetz und der Inanspruchnahme der konkurrierenden Gesetzgebungskompetenz aus Art. 74 Nr. 12 (seit 1994 Art. 74 Abs. 1 Nr. 12), 72 GG durch den Bund wurden diese landesverfassungsrechtlichen Normen jedenfalls für die „klassische" Sozialversicherung der abhängig Beschäftigten gegenstandslos. Die Frage ist, ob „Sozialversicherung" sich darin erschöpft oder ob daneben noch ein landesrechtlicher Anwendungsbereich geblieben ist; sie läuft praktisch darauf hinaus, ob und mit welchen verfassungsrechtlichen Folgen der Begriff „Sozialversicherung" des Art. 35 Abs. 1 HV auch berufsspezifische Pflichtversicherungen für die Alters-, Berufsunfähigkeits- und Hinterbliebenenversorgung der freien Berufe (oder Dienstleistungsberufe höherer Art) einschließt, in Hessen heute also die auf landesrechtlicher Grundlage errichteten Versorgungswerke der Ärzte, Zahnärzte, Tierärzte, Apotheker und Rechtsanwälte. Diese Frage wurde jüngst noch dem Hessischen Staatsgerichtshof vorgelegt, von ihm aber nicht beantwortet.[2] In Ansätzen und mit zeitbedingter Undeutlichkeit hat sie schon die Entstehung des Art. 35 Abs. 1 HV begleitet.

1. In der Verfassungberatenden Landesversammlung war Art. 35 Abs. 1 HV Teil eines Kompromisses zwischen SPD und CDU zur Sozial- und Wirtschaftsverfassung.[3] Der „gemeinsame Entwurf" beider Parteien hatte das Ziel, „unter völliger Wahrung des grundsätzlichen Standpunktes das Trennende zu überbrükken".[4] Die gegensätzlichen Standpunkte zeigen sich deutlich in den einander gegenübergestellten vorausgegangenen Entwurfsfassungen. Die von der SPD vertre-

---

[1] In der zeitlichen Abfolge ihres Inkrafttretens sind es Art. 35 Abs. 1 HV, Art. 171 BayVerf, Art. 53 Abs. 3–5 RhPfVerf, Art. 57 BremVerf, Art. 46 SaarlVerf. Art. 35 Abs. 1 HV lautet: *„Es ist eine das gesamte Volk verbindende Sozialversicherung zu schaffen. Sie ist sinnvoll aufzubauen. Die Selbstverwaltung der Versicherten wird anerkannt. Ihre Organe werden in allgemeiner, gleicher, freier und geheimer Wahl gewählt. Das Nähere bestimmt das Gesetz."*

[2] HessStGH StAnz. 1996, 1438, 1441; Einzelheiten unten II 3 b. Zur Kennzeichnung der Tätigkeit der Freiberufler als „persönliche Dienstleistungen höherer Art, die eine höhere Bildung erfordern", BVerwG NJW 1977, 772 = DÖV 1977, 403.

[3] *Zinn/Stein/Barwinski*, Verfassung des Landes Hessen, Kommentar, Bd. I, 1954, Vorbem. I vor Art. 27. Neben Art. 35 Abs. 1 betraf der Verfassungskompromiß noch Art. 29, 38, 39 und 41 HV.

[4] Abg. *Dr. Bergsträsser*, Stenographische Protokolle der Verfassungberatenden Landesversammlung Groß-Hessen, 5. Sitzung, 1.10.1946, S. 191.

tene Fassung, der die CDU im Verfassungsausschuß am 17.9.1946 noch zugestimmt hatte, lautete: „Es ist eine das gesamte Volk verbindende Sozialversicherung zu schaffen. Auf der Grundlage der Selbstverwaltung der Versicherten wird ein einheitlicher Versicherungsträger gebildet, dessen Organe von den Versicherten in allgemeiner und gleicher Wahl bestimmt werden. Das Nähere bestimmt das Gesetz."[5] In der Plenarsitzung vom 29.9.1946 beantragte die CDU eine Neufassung, deren Abs. 1 lautete: „Die Sozialversicherung ist auf eine möglichst breite Grundlage zu stellen. Sie ist nach den Grundsätzen der Selbstverwaltung der Versicherten sinnvoll aufzubauen und ihre Organe sind von den Versicherten in allgemeiner und gleicher Wahl zu bestimmen. Das Nähere bestimmt das Gesetz."[6] Umstritten war, ob „eine Erweiterung und Verbreiterung" der bisher im Schwerpunkt Arbeiter und Angestellte umfassenden Sozialversicherung, die selbständig Erwerbstätige nur in wenigen Ausnahmefällen einschloß, auf „selbständige Existenzen, Handwerker, Landwirte, die Angehörigen der freien Berufe usw." nur in einer „einheitliche(n) Organisation",[7] mit einem „einheitlichen Versicherungsträger" zulässig sein oder ob auch eine Vielfalt von Versicherungsträgern möglich bleiben sollte. Im Ziel – einer möglichst breiten Grundlage, einer das gesamte Volk verbindenden Sozialversicherung – war man sich einig; der Gegensatz betraf die verfassungsrechtliche Beschränkung oder Offenhaltung des Mittels. Als Anschauung für eine berufsspezifische Alters-, Berufsunfähigkeits- und Hinterbliebenenversorgung im Unterschied zur berufsneutralen Rentenversicherung für Arbeiter und Angestellte konnten die Versorgungswerke dienen, die in Bayern schon 1923 für Ärzte und 1925 für Apotheker errichtet worden waren.[8]

Daß eine Alters-, Berufsunfähigkeits- und Hinterbliebenenversorgung auch für selbständig Erwerbstätige, namentlich die Angehörigen der freien Berufe, angezeigt sein konnte, war 1946 vor dem Hintergrund der Kriegsfolgen außer Streit und ist heute angesichts tiefgreifender Veränderungen gerade bei den freien Berufen kein Diskussionsthema mehr. Hingegen waren und sind bis heute die berufsständischen Versorgungswerke der freien Berufe sozialpolitisch wegen der ihnen nachgesagten Risikoauslese und günstigen Altersstruktur umstritten. Immer wieder wurde und wird überlegt, diese Vorteile dem berufsneutralen Rentenversicherungssystem des Bundes zugute kommen zu lassen.[9] In diesem Streit hielt 1946 der Verfassungskompromiß zu Art. 35 Abs. 1 HV eine Weiterentwicklung auch für sozialversicherungsrechtliche Sondersysteme wie berufsständische Versorgungswerke offen. Der Wortlaut des Art. 35 Abs. 1 S. 1 HV mag für sich genommen noch nicht ganz eindeutig sein. Im systematischen Zusammenhang mit Art. 35 Abs. 1 S. 2 HV wird jedoch erkennbar, daß die Formulierung „das gesamte Volk verbindend" nur das Ziel einer Weiterentwicklung der Sozialversicherung über das

[5] Stenographische Protokolle über die Verhandlungen des Verfassungsausschusses, S. 18.
[6] Sten. Prot. (o. Fn. 4), S. 144.
[7] Abg. *Stock*, Sten. Prot. (o. Fn. 4), S. 78.
[8] Vgl. BVerfGE 10, 354 (355) für die bayer. Ärzteversorgung; allgemeiner in neuerer Zeit *W. Boecken*, in: *B. von Maydell/F. Ruland* (Hrsg.), Sozialrechtshandbuch, 1988, S. 829 ff. Rn. 5.
[9] Zum heutigen Diskussionsstand *Th. Mann*, NJW 1996, 1315 ff., 1316 f. m. Nachw.

bisherige Ausmaß hinaus bezeichnet, während Satz 2 dafür nicht mehr als die – heute schon aus dem Verhältnismäßigkeitsprinzip ableitbare – Vorgabe eines „sinnvollen Aufbaus" enthält, aber im übrigen die Mittel zur Erreichung des Ziels nicht – wie noch die Ausschußfassung – organisationsrechtlich einschränkt. Das wird durch die Entstehungsgeschichte des Art. 35 Abs. 1 HV als Teil eines Verfassungskompromisses bestätigt.

2. Art. 35 Abs. 1 HV enthält eine weitere Auslegungsschwierigkeit. Seine programmatische Fassung („ist zu schaffen", „ist aufzubauen") verdeckt, daß jedenfalls für die abhängig Erwerbstätigen ein solches Sicherungssystem längst vorhanden und nur – erneut – über die erheblichen Schwierigkeiten eines verlorenen Krieges und seiner Folgelasten hinweg zu bewahren und erforderlichenfalls zu ergänzen war – soweit dies in den 1946 zeitlich noch nicht absehbaren Übergang bis zur Wiedererrichtung einer „deutschen Republik" fiel, als deren „Glied" sich Hessen in Art. 64 seiner neuen Verfassung bezeichnete. Für die Bewahrung „eines längst vorhandenen Rechtszustandes" griff die spätere Auslegung des Art. 35 Abs. 1 HV auf die dogmatische Figur der „institutionellen Garantie" und auf deren Beschreibung als „eine *Gewährleistung* bestimmter Einrichtungen" zurück.[10] Aber diese Figur paßt eben nur auf schon Vorhandenes. Eine hinsichtlich ihres „ob überhaupt" und, wenn ja, „wie" offengehaltene Weiterentwicklung ist damit nicht zu fassen.

Eine auf die Zeit vor dem Grundgesetz zurückblickende Auslegung des Art. 35 Abs. 1 HV muß somit zwischen der Bewahrung der vorhandenen Sozialversicherung und einer hinsichtlich des „ob überhaupt" und des Versicherungsträgers offengehaltenen Weiterentwicklung unterscheiden. Für das vorhandene Sozialversicherungssystem wird „die Selbstverwaltung der Versicherten" mit binnendemokratischer Wahl ihrer Organe „anerkannt". Für neue Sozialversicherungssysteme ist eine solche binnendemokratische Selbstverwaltung verfassungsrechtlich geboten. Schon Art. 161 WRV, über den die umstrittene Ausschußfassung des späteren Art. 35 Abs. 1 HV erkennbar hinausgehen sollte, hatte diese doppelte Bedeutung: die (ebenso unklar programmatisch formulierte) Aufrechterhaltung der bestehenden Einrichtungen und deren Ergänzung um eine „maßgebende Mitwirkung der Versicherten" einerseits,[11] die Öffnung der Sozialversicherung über die „Arbeiterschaft" (von der allein noch eine Entwurfsfassung des späteren Art. 161 WRV sprach) hinaus für alle, für die sich ein entsprechendes Bedürfnis ergeben würde, andererseits.[12]

---

[10] HessStGHG StAnz. 1953, 546 (548 – im Anschluß an *Th. Maunz,* Hervorhebung a.a.O.); dem folgt *Zinn/Stein/Barwinski* (o. Fn. 3), Art. 35 Anm. 1. Der StGH äußerte sich in dieser seiner einzigen Entscheidung zu Art. 35 Abs. 1 HV nicht zu dessen Geltung für landesrechtliche Regelungen außerhalb des vorhandenen Sozialversicherungssystems und hatte dazu auch keine Veranlassung. *Barwinski* geht nicht über den StGH hinaus. Darin erschöpfen sich die bisherigen Veröffentlichungen zu dieser Verfassungsnorm.

[11] Art. 161 WRV lautete: *„Zur Erhaltung der Gesundheit und Arbeitsfähigkeit, zum Schutz der Mutterschaft und zur Vorsorge gegen die wirtschaftlichen Folgen von Alter, Schwäche und Wechselfällen des Lebens schafft das Reich ein umfassendes Versicherungswesen unter maßgebender Mitwirkung der Versicherten";* dazu *G. Anschütz:* Die Verfassung des Deutschen Reichs vom 11.8.1919, 14. Aufl. 1933, S. 768 f.

[12] Dazu *K.H. Fischer,* Art. 161 – Sozialversicherung, in: Die Grundrechte und Grundpflichten der Reichsverfassung, III. Bd. 1930, S. 452 ff.

II.

Auf der Grundlage der Art. 74 Abs. 1 Nr. 12, 72 (87 Abs. 2; 125 Nr. 1; 130) GG zog der Bund die vorhandene berufsneutrale allgemeine Rentenversicherung an sich und überließ die Schaffung neuer Versorgungseinrichtungen für die freien Berufe weitgehend den Ländern.

1. Die Reichweite der konkurrierenden Gesetzgebungskompetenz des Bundes aus Art. 74 Abs. 1 Nr. 12 GG hängt zunächst davon ab, wie eng oder weit hier der Begriff „Sozialversicherung" zu verstehen ist. Das Bundesverfassungsgericht hat ihn von Anfang an als weitgefaßten „verfassungsrechtlichen Gattungsbegriff" verstanden, der über die „klassische" Sozialversicherung (wie etwa die allgemeine Rentenversicherung) hinaus für neuartige Risikoabsicherungen offen ist. „Prägende" Merkmale einer jeden „Sozialversicherung" in diesem Sinne sind danach materiellrechtlich die gemeinsame Deckung eines möglichen, in seiner Gesamtheit schätzbaren Bedarfs durch Verteilung auf eine organisierte Vielheit, organisationsrechtlich bewältigt durch selbständige Anstalten oder Körperschaften des öffentlichen Rechts, die ihre Mittel durch Beiträge der „Beteiligten" aufbringen. Die Beschränkung auf Arbeitnehmer gehört nicht zum Wesen der Sozialversicherung.[13] In einigen Randbereichen ging die Bundesgesetzgebung denn auch über diesen Bereich hinaus und wählte dabei unterschiedliche Organisationsformen. Durch das Gesetz über die Krankenversicherung der Landwirte vom 10.8.1972 wurde eine „berufsspezifische Solidargemeinschaft" als berufsständische Pflichtversicherung geschaffen.[14] Durch das Künstlersozialversicherungsgesetz vom 27.7.1981 wurden die selbständigen Künstler und Publizisten in der berufsneutralen Solidargemeinschaft der gesetzlichen Kranken- und Rentenversicherung pflichtversichert.[15]

Durch Bundesgesetz errichtete Versorgungswerke gibt es nicht; hingegen gibt es in allen alten und den meisten neuen Bundesländern landesrechtlich begründete Versorgungswerke der freien Berufe. Das Bundesverfassungsgericht wurde schon früh zur Vereinbarkeit der Zwangsmitgliedschaft in solchen Versorgungswerken mit den Grundrechten des Grundgesetzes angerufen und bejahte diese Frage in ständiger Rechtsprechung; diese Rechtsprechung ist zwar in ihrem Ansatz bei Art. 2 Abs. 1 GG statt bei der negativen Vereinigungsfreiheit des Art. 9 Abs. 1 GG in der Literatur nach wie vor umstritten, im Ergebnis, der Vereinbarkeit solcher Pflichtmitgliedschaften mit dem Grundgesetz, aber außer Streit.[16] Ob es sich bei solchen Versorgungswerken um „Sozialversicherung" im Sinne des Art. 74 Abs. 1 Nr. 12 GG handele, konnte das Bundesverfassungsgericht mit zwei Sätzen dahin-

---

[13] BVerfGE 11, 105 (111 f. – Kindergeld); st. Rspr., zuletzt BVerfGE 75, 108 II (146 – Künstlersozialversicherung); 88, 203 II (313 – Schwangerschaftsabbruch).

[14] BGBl. I S. 1433; dazu BVerfGE 44, 70 (94).

[15] BGBl. I S. 705; dazu BVerfGE 75, 108 II (110, 117 ff., 146).

[16] BVerfGE 10, 354 (361 ff. – bayer. Ärzteversorgung von 1923/1933!); zur negativen Vereinigungsfreiheit in öffentlichrechtlichen Zwangsverbänden *B. Pieroth/B. Schlink*, Staatsrecht II – Die Grundrechte, 12. Aufl. 1996, Rn. 793–795 m. Nachw.

gestellt bleiben lassen: „Rechnet man die Pflichtversorgung für freie Berufe zum Sachgebiet ‚Sozialversicherung' im Sinne des Art. 74 Abs. 1 Nr. 12 GG, so war das Land nach Art. 70, 72 Abs. 1 GG zuständig, weil der Bund dieses Gebiet nicht abschließend geregelt hatte ... Handelt es sich dagegen um eine öffentlich-rechtliche Versicherung ‚eigener Art', so ergibt sich die Zuständigkeit des Landesgesetzgebers – mangels einer Bundeskompetenz nach Art. 73 bis 75 – aus dem Grundsatz des Art. 70 GG."[17]

2. Für die seit Anfang der fünfziger Jahre in den Ländern entstehenden Versorgungswerke zunächst der Ärzte, Zahnärzte, Tierärzte und Apotheker (also der sogenannten Heilberufe) ist die Gesetzgebungskompetenz der Länder dann auch alsbald kein Thema mehr.[18] Die Grundsatzdiskussion jener Jahre dreht sich rechtspolitisch um die Entscheidung zwischen der (nur noch von der Bundesgesetzgebung zu regelnden) Eingliederung in die berufsneutrale allgemeine Rentenversicherung und der Schaffung berufsspezifischer Solidargemeinschaften in Gestalt je eigener Versorgungswerke, verfassungsrechtlich – beide Modelle übergreifend – um die Grundrechtsproblematik solcher Pflichtversicherungen. Für die gesamte Diskussion spielen die landesverfassungsrechtlichen Aussagen zur „Sozialversicherung" keine Rolle. Der Anwendungsbereich des Art. 171 BayVerf wurde wegen seines engen Wortlauts („Jedermann hat Anspruch auf ... eine ausreichende Sozialversicherung") nach anfänglichem Schwanken auf die „klassische Arbeiterversicherung" beschränkt (wo er unter dem Grundgesetz „kaum noch Bedeutung" hatte); der Versicherung oder Versorgung der freien Berufe „konnte er folgerichtig nicht entgegenstehen".[19] Einer solchen Fassung als Anspruch sind Art. 53 Abs. 3 RhPfVerf („dient eine dem ganzen Volk zugängliche Sozial- und Arbeitslosenversicherung") und Art. 46 SaarlVerf („dient dem ganzen Volke") nahe; sie lassen sich demzufolge ähnlich eng verstehen. Art. 57 Abs. 1, 4 und 5 BremVerf ist nach dem Vorbild des Art. 35 Abs. 1 HV formuliert und teilt damit das rechtliche Schicksal des in Hessen erzielten Verfassungskompromisses.[20] Dieser wiederum hält die Frage des Versicherungsträgers (berufsneutral oder berufsspezifisch) offen und gibt zur Zwangsmitgliedschaft nicht mehr als einen Gesetzesvorbehalt her (Art. 35 Abs. 1 S. 5 HV, Art. 57 Abs. 5 BremVerf). Die Versorgungswerke beruhen durchweg auf gesetzlichen Grundlagen, die in Hessen wie in den anderen Bundesländern in zwei Modelle zerfallen: Bei den Ärzten, Zahnärzten, Tierärzten und Apothekern gab § 4 Abs. 2 HeilberufsG[21] den Kammern dieser „Heilberufe" die Ermächtigung

[17] BVerfGE 12, 319 (323 – bad.-württ. Versorgungsanstalt für Ärzte, Zahnärzte usw.); darauf bezieht sich in neuerer Zeit BVerwGE 87, 324 (325 f. – Versorgungswerk der Rechtsanwälte in Rheinland-Pfalz).

[18] 1961 leitete das BVerfG seine soeben (bei Fn. 17) zitierten Sätze mit der Feststellung ein: „An der Gesetzgebungskompetenz des Landes ist nicht zu zweifeln."

[19] Dazu *Th. Meder*, Die Verfassung des Freistaates Bayern, Handkommentar, 4. Aufl. 1992, Art. 171 Rn. 2.

[20] Vgl. *W. Kringe*, Verfassungsgenese. Die Entstehung der Landesverfassung der Freien Hansestadt Bremen vom 21.10.1947, 1993, S. 127 ff.

[21] § 4 Abs. 2 HeilberufsG vom 10.11.1954 (GVBl. S. 193) = § 4 Abs. 2 S. 1 in der Fassung vom 18.4.1966 (GVBl. I S. 101); dem entsprach auch noch § 5 Abs. 2 S. 1 in der Fassung vom 24.4.1986 (GVBl. I S. 121); zur Neufassung des § 5 Abs. 2 vom 19.5.1995 (GVBl. I S. 374) noch unten III.

zur Schaffung von (Fürsorge- und) Versorgungseinrichtungen durch Satzung. Hingegen wurde das Versorgungswerk der Rechtsanwälte (ebenso wie zuvor in den anderen Bundesländern) 1987 unmittelbar durch Gesetz errichtet; § 89 Abs. 2 Nr. 3 BRAO vom 1.8.1959 ermächtigte die Rechtsanwaltskammern nur zur Schaffung von „Fürsorgeeinrichtungen".[22] Diese gesetzlichen Grundlagen gaben vor 1972 (der Entwicklung der Lehre vom „Parlamentsvorbehalt" anhand des Fachärzte-Beschlusses des Bundesverfassungsgerichts) keinerlei Anlaß, etwa die Delegationsnorm des Heilberufegesetzes im Hinblick auf die Anforderungen des Art. 35 Abs. 1 S. 5 HV zu problematisieren. Auch aus heutiger Sicht sind sie unbedenklich.[23] Die verfassungsrechtliche Unbedenklichkeit der Zwangsmitgliedschaft in dem jeweiligen Versorgungswerk wurde nach der Grundsatzentscheidung des Bundesverfassungsgerichts immer neu bestätigt.[24]

3. Die Versorgungswerke der Rechtsanwälte bilden nicht nur hinsichtlich ihrer Rechtsgrundlagen, sondern auch hinsichtlich ihrer Entwicklungsgeschichte eine Sondergruppe. Am Anfang stand ein bundesrechtlicher Regelungsversuch (a). Die landesrechtlichen Versorgungswerke entstanden erst zwei bis drei Jahrzehnte nach denen der Heilberufe. Hessen bildete mit seinem Rechtsanwaltsversorgungsgesetz vom 16.12.1987 den Endpunkt der Entwicklung in den alten Bundesländern; wenige Jahre später gab dieses Gesetz den Anstoß für einen Verfassungsstreit vor dem Hessischen Staatsgerichtshof (b).

a) 1961 leitete die Bundesregierung dem Dritten Deutschen Bundestag den Entwurf eines Gesetzes über die Alters- und Hinterbliebenenversorgung der Rechtsanwälte zu, der (in § 1 Abs. 1) ein Versicherungswerk der Rechtsanwälte als Körperschaft des öffentlichen Rechts vorsah, mithin das Modell der berufsspezifischen Solidargemeinschaft wählte, nicht das der berufsneutralen Solidargemeinschaft durch Einbeziehung der Rechtsanwälte in die allgemeine Rentenversicherung. Der Entwurf blieb unerledigt stecken, ebenso seine Wiederholung in der 4. Wahlperiode.[25] Die rechtspolitischen Einwände verbargen sich hinter dem bekannten verfassungsrechtlichen Einwand gegen eine Zwangsmitgliedschaft, dieser wiederum, weil inzwischen durch die Rechtsprechung des Bundesverfassungsgerichts überholt, hinter dem Versuch, über den Begriff „Sozialversicherung" dem Bund die Gesetzgebungskompetenz aus Art. 74 (Abs. 1) Nr. 12 GG zu bestreiten.[26] In den folgenden Wahlperioden der Großen und der Sozialliberalen Koalition wurde das Gesetzgebungsvorhaben nicht mehr aufgegriffen, vermutlich wegen grundsätzlicher rechtspolitischer Vorbehalte: die SPD tendierte zur Eingliederung der freien Berufe in die berufsneutrale Solidargemeinschaft der allgemeinen Rentenversicherung, die FDP hatte Einwände gegen neue Zwangsversicherungen.

---

[22] RechtsanwaltsversorgungsG vom 16.12.1987 (GVBl. I S. 232).

[23] BVerfGE 33, 125 (Fachärzte); vgl. noch unten III.

[24] Für Hessen HessVGH VwRspr Bd. 27 (1976), 107 (112 f.); NJW 1994, 145 (146 mit zahlr. Nachw.).

[25] BT-Dr. III/2656 vom 6.4.1961; IV/2298 vom 3.6.1964.

[26] Vgl. die Zusammenfassung mit Nachweisen bei *R. Zuck* (der diese Einwände nicht teilt), BB 1965, 593 ff.

b) Entsprechende Gründe mögen für den vergleichsweise späten Regelungsanlauf in Hessen ausschlaggebend gewesen sein. Jedenfalls sind sie noch aus den Landtagsdebatten der Jahre 1986 und 1987 ablesbar. Die unterschiedlichen Grundsatzstandpunkte sind seit dem Verfassungskompromiß von 1946 bekannt. Den unterschiedlichen parlamentarischen Mehrheiten entsprechend wurde der gleiche Gesetzentwurf in der 11. Wahlperiode als Entwurf der CDU/FDP mit den Stimmen von SPD und Grünen abgelehnt und in der 12. Wahlperiode als Regierungsentwurf mit den Stimmen von CDU und FDP angenommen. In beiden (mit entgegengesetzten Abstimmungsergebnissen endenden) Beratungen wurde von den politischen Gegnern eines solchen Versorgungswerks die „Gefahr der Aushöhlung der gesetzlichen Rentenversicherung" (Abgeordneter *Dr. Dr. Bökemeier*, SPD) beziehungsweise die Gefahr für die allgemeine Grundversorgung durch „potentiell betuchtere Berufsgruppen" (Abgeordneter *von Plottnitz*, Die Grünen) beschworen. Verfassungsrechtliche Vorbehalte wurden nicht geäußert (Art. 35 Abs. 1 HV kam in den Debatten nicht vor) – im Gegenteil: auch die politischen Gegner gestanden zu (1986:), „daß der Landtag die grundsätzliche Kompetenz" habe, „ein solches Gesetz zu beschließen", beziehungsweise daß man (1987:) grundsätzlich bereit sei, „ein vernünftiges berufsständisches Versorgungswerk mitzutragen", daß man aber ebenso grundsätzliche Einwände gegen Einzelheiten des vorgelegten Entwurfs habe.[27]

Im Frühjahr 1993 (die Landtagsmehrheit hatte inzwischen erneut gewechselt) nahm das Verwaltungsgericht Frankfurt am Main mehrere Verfahren zwischen dem Versorgungswerk der Rechtsanwälte im Lande Hessen bzw. der Landesärztekammer Hessen und jeweils einzelnen Mitgliedern zum Anlaß, die Vereinbarkeit der Mitgliedschaft in den Versorgungswerken der Rechtsanwälte und Ärzte mit der Hessischen Verfassung infragezustellen und gemäß Art. 133 HV den Hessischen Staatsgerichtshof anzurufen.[28] Der Schwerpunkt der Vorlagebegründungen liegt auf Art. 35 Abs. 1 S. 1 HV: Das Verfassungsgebot „eine(r) das gesamte Volk verbindende(n) Sozialversicherung" gebiete die „Einheitlichkeit der Sozialversicherung" und schließe „rein berufsständische Pflichtversicherungen" aus. Art. 35 Abs. 1 S. 1 HV lasse nur eine solche (auf Alters-, Berufsunfähigkeits- und Hinterbliebenenversorgung gerichtete) Versicherungspflicht zu, die zu einer Übertragbarkeit der Versicherungsansprüche in die inzwischen bundesgesetzlich geregelte Rentenversicherung führe. Da dies sich nicht einseitig landesrechtlich regeln lasse, fehle dem Land die Gesetzgebungskompetenz zur Normierung solcher Versicherungspflichten.[29]

Die Verengung der Vorlagebegründungen auf Art. 35 Abs. 1 S. 1 HV übergeht die sprachliche Undeutlichkeit der in Anspruch genommenen Textstelle („eine das gesamte Volk verbindende Sozialversicherung" – nicht: „ein einheitlicher Versi-

---

[27] Hess. Landtag, Plen.-Prot. 11/69, S. 4067, 4069; 12/25, S. 1267.

[28] Zu den Einzelheiten HessStGH StAnz. 1996, 1438, 1441.

[29] Vgl. VG Frankfurt am Main, Beschluß vom 17.5.1993 – IX/V E 2912/90, S. 9 f. (Vorlagebeschluß für HessStGH StAnz. 1996, 1438). Weitere Einzelheiten der Vorlagebegründung, die hier beiseitebleiben können, wurden von mir in einem im Frühjahr 1994 für das Versorgungswerk der Rechtsanwälte in Hessen und die Landesärztekammer Hessen erstatteten Rechtsgutachten erörtert.

cherungsträger"), löst die Textstelle aus ihrem systematischen Zusammenhang mit Art. 35 Abs. 1 S. 2 HV und ignoriert so den historisch nachweisbaren und bislang bei jeder Auslegung des Art. 35 Abs. 1 HV beachteten Verfassungskompromiß von 1946. Als juristisches Konstrukt ist die Auslegung des Art. 35 Abs. 1 S. 1 HV durch das Verwaltungsgericht Frankfurt am Main nicht haltbar.

Der Hessische Staatsgerichtshof ist der gebotenen Klarstellung in eine ihrerseits fragwürdige Prozeßentscheidung ausgewichen und hat die Vorlagen für unzulässig erklärt. Dabei orientierte sich der Staatsgerichtshof an einer schon grundsätzlich umstrittenen Rechtsprechung des Bundesverfassungsgerichts zu Art. 100 Abs. 1 GG und bezog sich konkret auf einen Beschluß des Bundesverfassungsgerichts, der wegen seines anders gelagerten Ausgangsverfahrens für eine solche Anknüpfung ungeeignet ist.[30] Ausgangspunkt des Bundesverfassungsgerichts war die ausnahmsweise Anwendbarkeit einer mit dem Grundgesetz nur für unvereinbar (aber nicht auch für nichtig, also ausnahmslos für unanwendbar) erklärten Norm, von deren Gültigkeit die Entscheidung des Ausgangsverfahrens abhing. Im Ausgangsverfahren, das zur Vorlage an das Bundesverfassungsgericht geführt hatte, ging es um den Anspruch auf Zahlung einer Witwenrente aus dem Versorgungswerk der Ärztekammer Hamburg, also um einen Leistungsanspruch. Hier ließ sich die ausnahmsweise begünstigende Anwendbarkeit der grundsätzlich für (nur) unvereinbar mit der Verfassung zu erklärenden Rechtsgrundlage mit der Rechtsprechung des Bundesverfassungsgerichts vertreten – unterstellt, das vorlegende Gericht hätte eine entsprechend eingeschränkte Verwerfung der Rechtsgrundlage durch das Bundesverfassungsgericht zu prognostizieren.[31] In den Ausgangsverfahren der Staatsgerichtshofsentscheidungen hatten hingegen zum einen ein Anwalt gegen seine Beitragspflicht geklagt, zum andern eine Ärztin gegen ihre Doppelmitgliedschaft im Ärzteversorgungswerk neben der in der gesetzlichen Rentenversicherung – solche Belastungen im Einzelfall (und nur den Einzelfall hat das vorlegende Gericht zu entscheiden) lassen sich als Ausnahmen von der grundsätzlichen Unanwendbarkeit der Eingriffsgrundlage nicht mehr mit dem überwiegenden Interesse an der „Funktionsfähigkeit des Versorgungswerks wenigstens für einen begrenzten Zeitraum" begründen.[32] Der Staatsgerichtshof hätte sich wegen dieser Abweichung von den von ihm als Anknüpfung verwendeten Ausgangsfällen nicht auf die (wie gesagt, ihrerseits schon grundsätzlich umstrittene) Rechtsprechung des Bundesverfassungsgerichts beziehen dürfen, sondern hätte zur Sache entscheiden und die Vorlagen des Verwaltungsgerichts Frankfurt am Main als unbegründet zurückweisen müssen.

4. Wie schon aus einem der dem Staatsgerichtshof vorgelegten Fälle ablesbar ist, können sich die Mitgliedschaftsvoraussetzungen für eine berufsständische Pflichtversicherung auf landesrechtlicher Grundlage und die berufsneutrale allge-

---

[30] HessStGH StAnz. 1996, 1438 (1440 f.), 1441 (1443), jeweils unter Bezugnahme auf BVerfGE 79, 245 II. Zur Grundsatzkritik an dieser Rechtsprechung des BVerfG *W. Löwer*, in: *Isensee/Kirchhof*, HbdStR II, 1987, § 56 Rn. 78; *K. Schlaich*, Das Bundesverfassungsgericht, 3. Aufl. 1994, Rn. 142.

[31] Hier setzt die Grundsatzkritik (o. Fn. 30) an.

[32] HessStGH (o. Fn. 28).

meine Rentenversicherung nach Bundesrecht überschneiden. Die jüngste Lösung dieses Konflikts begrenzt zugleich die rechtspolitischen Ausweitungsmöglichkeiten für berufsständische Pflichtversicherungen durch eine „Friedensgrenze", § 6 Abs. 1 Nr. 1 SGB VI.[33]

Eine doppelte Versicherungspflicht dieser Art betrifft Angehörige freier Berufe als durchweg abhängig Beschäftigte oder – wie in der Praxis häufig bei Rechtsanwälten – als Berufsanfänger. Doppelte Versicherungspflicht bedeutet doppelte Beitragspflicht. Den Ausweg aus dieser doppelten Belastung bietet die Befreiung von einer der Pflichtmitgliedschaften, in der Praxis aufgrund bundesrechtlicher Regelung von der in der Bundesversicherungsanstalt für Angestellte. Die Befreiungsmöglichkeit gibt es seit 1957; ihre Voraussetzungen sind jedoch durch die Neufassung des § 6 Abs. 1 Nr. 1 SGB VI deutlich verschärft worden. Anlaß dafür war die Errichtung von Versorgungseinrichtungen für Bauingenieure in Bayern und Nordrhein-Westfalen, also für eine Berufsgruppe, deren Angehörige regelmäßig nicht freiberuflich tätig sind und die bislang der gesetzlichen Rentenversicherung angehörten.[34] In einer solchen Entwicklung wurden Gefahren einerseits für die allgemeine gesetzliche Rentenversicherung durch deren Aushöhlung gesehen, andererseits für alle Versorgungswerke der Freiberufler durch eine politische Gegenbewegung mit dem Ziel der Eingliederung dieser Versorgungswerke in die allgemeine berufsneutrale Rentenversicherung. Hessische Versorgungswerke werden durch die Neuregelung infolge deren differenzierter Ausnahme- und Übergangsregelungen nicht betroffen. Jedoch beschränkt § 6 Abs. 1 Nr. 1 SGB VI faktisch die Ausweitung des Modells der berufsständischen Versorgungswerke in neue Grenzbereiche und begrenzt damit den für Art. 35 Abs. 1 HV in Betracht kommenden Restbereich mit Wirkung für die Zukunft.

5. Es bleibt die Frage, ob dieser Restbereich durch die bundesrechtliche Auflösung der landesrechtlich begründeten Versorgungswerke und die Eingliederung ihrer Mitglieder in die allgemeine Rentenversicherung ganz beseitigt werden könnte. Unabhängig von den Folgewirkungen für landesverfassungsrechtliche Normen wie Art. 35 Abs. 1 HV, Art. 57 Abs. 1, 4 und 5 BremVerf ist das in der Literatur immer wieder erörtert worden. Maßgebend sind Art. 74 Abs. 1 Nr. 12, 72 GG; der Schwerpunkt liegt auf der Subsidiaritätsklausel des Art. 72 Abs. 2 GG. Die Frage, ob eine solche bundesgesetzliche Regelung „erforderlich" wäre, kann aus der Interessenperspektive der betroffenen Freiberufler und der Finanzlage der Bundesversicherungsanstalt für Angestellte betrachtet werden; die Antwort ist jeweils die gleiche. Aus der Sicht der Mitglieder der landesrechtlichen Versorgungswerke ist eine berufsneutrale Sozialversicherung in der Bundesversicherungsanstalt für Angestellte nicht erforderlich. Ob das Finanzinteresse der Bundesversicherungs-

---

[33] In der Fassung vom 15.12.1995, BGBl. I S. 1824; dazu (wie zum folgenden) *Mann* (o. Fn. 9), 1319 ff.

[34] Demgegenüber verbietet § 2 Abs. 2 S. 2 HessIngenieurG vom 30.8.1986 (GVBl. I S. 281) diesen Kammern ausdrücklich die Schaffung eines Versorgungswerks.

anstalt für Angestellte eine Auflösung der vorhandenen Versorgungswerke rechtfertigen könnte, ist schon ganz allgemein verfassungsrechtlich zweifelhaft. Doch scheitert eine solche Regelung letztlich jedenfalls an ihrer Unverhältnismäßigkeit, denn Berechnungen zum Verhältnis beider Finanzmassen haben ergeben, daß das gesamte Vermögen aller berufsständischen Versorgungswerke nur etwa einem einzigen monatlichen Beitragsaufkommen der Bundesversicherungsanstalt für Angestellte entspricht.[35]

III.

Es bleibt somit bei dem Nebeneinander der Alters-, Berufsunfähigkeits- und Hinterbliebenenversorgung durch die bundesrechtliche berufsneutrale Rentenversicherung und die landesrechtlichen berufsständischen Versorgungswerke. Für die Versorgungswerke der Heilberufe und der Rechtsanwälte in Hessen kann noch erörtert werden, welche verfassungsrechtlichen Vorgaben sich für sie aus Art. 35 Abs. 1 HV ergeben und was damit von Art. 35 Abs. 1 HV unter dem Grundgesetz geblieben ist.

Gerade das bundesstaatliche Nebeneinander der unterschiedlichen Sicherungsformen bestätigt das schon für die vorgrundgesetzliche Situation gefundene Auslegungsergebnis, „Sozialversicherung“ (auch) in Art. 35 Abs. 1 HV (mit der Formulierung des Bundesverfassungsgerichts) als weitgefaßten verfassungsrechtlichen Gattungsbegriff zu verstehen und auf die Alters-, Berufsunfähigkeits- und Hinterbliebenenversorgung der Freiberufler durch berufsständische Versorgungswerke zu erstrecken. Art. 74 Abs. 1 Nr. 12, 72, 87 Abs. 2 GG einerseits und Art. 35 Abs. 1 HV andererseits ergänzen einander. Was dabei für die Bundesgesetzgebung erst zusätzlich und mühsam aus Art. 2 Abs. 1 GG herausinterpretiert werden muß, steht schon in Art. 35 Abs. 1 S. 2 bis 5 HV. Berufsständische Versorgungswerke als Mittel der Sozialversicherung sind inzwischen bundesweit als sinnvolle Organisationsform (Art. 35 Abs. 1 S. 2 HV) anerkannt. Ihre binnendemokratische Selbstverwaltung genügt den ausdrücklichen Anforderungen des Art. 35 Abs. 1 S. 3 und 4 HV. Allenfalls hätte vorübergehend noch gefragt werden können, ob die Rechtsgrundlagen der jeweiligen Versorgungswerke der Heilberufe den Anforderungen des Art. 35 Abs. 1 S. 5 HV genügen, wenn dieser im Sinne der neueren Verfassungsrechtsdogmatik als Parlamentsvorbehalt verstanden wird. Für das Versorgungswerk der Rechtsanwälte stellte sich diese Frage von vornherein nicht: Das Hessische Rechtsanwaltsversorgungsgesetz enthält neben den Regeln über Organisation und Verfahrensrecht des Versorgungswerks eingehende Bestimmungen über die Voraussetzungen der Pflichtmitgliedschaft, die Pflichten der Mitglieder, die Leistungen des Versorgungswerks und die Gegenstände der Satzung – das kann auch vor den strengsten Anforderungen eines Parlamentsvorbehalts bestehen. Glei-

---

[35] *Mann* (o. Fn. 9), S. 1317 m. Nachw.

ches gilt seit 1995 auch für die Ermächtigungsnorm des § 5 Abs. 2 HeilberufsG.[36] Demgegenüber beschränkte sich § 5 Abs. 2 S. 1 HeilberufsG a.F. (wie zuvor § 4 Abs. 2 S. 1 a.F.) auf die Ermächtigung der Kammern, durch Satzung Versorgungseinrichtungen zu schaffen. Die grundrechtsrelevanten Entscheidungen für die betroffenen Mitglieder waren jedoch schon mit der gesetzlichen Grundlage für die Pflichtmitgliedschaften in den Kammern getroffen. Die zusätzliche Pflichtmitgliedschaft im Versorgungswerk wirkte sich nur noch über die zusätzliche Beitragspflicht aus. Dabei war der Zweck der Beitragspflicht (Alters-, Berufsunfähigkeits- und Hinterbliebenenversorgung) der Kammer als Satzungsgeberin vorgegeben. Das Ausmaß der Beitragspflicht (die Beitragshöhe) richtet sich ohnehin nach dem Leistungsanspruch. Damit war auch vor 1995 dem Grundrechtsschutz der allgemeinen Handlungsfreiheit aus Art. 2 Abs. 1 GG vollauf genügt: er verlangt für die Rechtfertigung von Eingriffen ein vorrangiges öffentliches Interesse als Zweck des Eingriffs und die Verhältnismäßigkeit des Mittels zur Erreichung dieses Zwecks. Eine ausführlichere Regelung im Heilberufsgesetz hätte nur formulieren können (und hat inzwischen nur formuliert), was sich im Wege der Auslegung schon aus der vorhandenen Regelung ergab. Der Gesetzgeber hätte bei der Regelung der Mindestvorgaben an den Satzungsgeber keinen weiteren Regelungsspielraum gehabt. Damit war (und ist) auch hier den Anforderungen des Art. 35 Abs. 1 S. 5 HV im Sinne eines Parlamentsvorbehalts genügt.

Als Gesamtergebnis läßt sich festhalten: Für Art. 35 Abs. 1 HV bleibt mehr, als aus der frühen Rechtsprechung des Staatsgerichtshofs und ihrer Kommentierung abzulesen ist. Nach Systematik, Entstehungsgeschichte und bundesstaatlich verstandenem Sinn ist „Sozialversicherung" auch hier – parallel zu Art. 74 Abs. 1 Nr. 12 GG – als weitgefaßter verfassungsrechtlicher Gattungsbegriff zu verstehen. Deshalb umschließt er die mangels bundesgesetzlicher Regelung in Hessen wie in den anderen Bundesländern entstandenen berufsständischen Versorgungswerke der Heilberufe und Rechtsanwälte. Deren landesrechtliche Grundlagen genügen dem Gesetzesvorbehalt und den organisationsrechtlichen Forderungen des Art. 35 Abs. 1 HV.

---

[36] Vgl. o. Fn. 21.

HANNS ENGELHARDT

50 Jahre Staat und Kirche in Hessen

I. Ausgangspunkt: die Verfassung

Als eine der „frühen Verfassungen", die nach dem Zweiten Weltkrieg erlassen wurden, enthält die Verfassung des Landes Hessen vom 1. Dezember 1946[1] – wie die etwa gleichzeitigen Verfassungen Bayerns, Bremens und Württemberg-Badens – in ihrem Grundrechtsteil einen Abschnitt über „Staat, Kirchen, Religions- und Weltanschauungsgemeinschaften". Die Bestimmungen dieses Abschnitts waren sowohl im Vorbereitenden Verfassungsausschuß als auch in der Verfassungberatenden Landesversammlung lebhaft umstritten, fanden aber schließlich aufgrund eines Verfassungskompromisses zwischen SPD und CDU eine breite Mehrheit.[2]

Soweit diese staatskirchenrechtlichen Bestimmungen der Hessischen Verfassung Grundrechte gewährleisten, ist ihre Geltung gemäß Art. 142 GG durch das Grundgesetz unberührt geblieben. Im übrigen war die Fortgeltung der Landesverfassungsbestimmungen, soweit sie mit dem Grundgesetz übereinstimmen, zunächst umstritten. So vertrat vor allem *Erwin Stein* 1954 die Auffassung, die Art. 49, 51, 52 seien durch Art. 140 GG in Verbindung mit den Art. 137, 138 Abs. 1 WRV außer Kraft gesetzt.[3] Durch den Beschluß des BVerfG vom 29.1.1974[4] ist jedoch inzwischen klargestellt, daß auch Vorschriften der Landesverfassungen, die keine Grundrechte i.S. des Art. 142 GG gewährleisten, neben gleichlautenden Vorschriften des Grundgesetzes fortgelten. Dies ändert freilich nichts daran, daß ihre praktische Bedeutung durch die Möglichkeit, sich in diesen Angelegenheiten unmittelbar auf Bundesrecht zu berufen (und gegebenenfalls das Bundesverfassungsgericht anzurufen), nicht unerheblich gemindert ist.[5] Insbesondere kann die Auslegung der bundesrechtlichen Vorschriften durch Rechtsprechung und Wissenschaft auch im Bereich dieser landesrechtlichen Bestimmungen nicht unberücksichtigt bleiben, soweit nicht der Zusammenhang mit abweichenden landesrechtlichen Regelungen etwas anderes gebietet.

---

[1] GVBl S. 229.

[2] Vgl. *v. Brünneck*, Die Verfassung des Landes Hessen vom 1. Dezember 1946, in: JöR NF 3 (1954), S. 213, 228–232.

[3] *Stein*, in: *Zinn/Stein*, Verfassung des Landes Hessen, Band I, 1954, Art. 49 Anm. 1, Art. 51 Anm. 1, Art. 52 Anm. 1.

[4] BVerfGE 36, 342.

[5] Ein deutliches Beispiel bietet der Rechtsstreit um den Diplomstudiengang Katholische Theologie an der Johann Wolfgang Goethe-Universität Frankfurt am Main, in dem schon der Hessische VGH (unten Fn. 112) und dann natürlich auch das BVerwG (unten Fn. 114) ihre Entscheidungen ausschließlich auf Bundesrecht gestützt haben.

1. Verbot der Staatskirche

Art. 48 Abs. 3 HV wiederholt den schon in Art 137 Abs. 1 WRV enthaltenen Satz: „Es besteht keine Staatskirche." Diese Aussage, die zunächst einen rechtlichen Tatbestand feststellt, wird allgemein als „Verbot der Staatskirche" verstanden, das auch einer (Wieder-)Einführung staatskirchlicher Rechtsfiguren entgegensteht. Das damit ausgesprochene Prinzip der Trennung von Staat und Kirchen ist allerdings nicht lupenrein durchgeführt, wie sich bereits aus den Verfassungsbestimmungen über Religionsunterricht und theologische Fakultäten ergibt. Deshalb hat die Hessische Landesregierung gern von einer „balancierten Trennung von Staat und Kirche" gesprochen.[6] Diese Formulierung geht zurück auf *Ernst-Wolfgang Böckenförde.*[7] Von kirchlicher Seite wird sie nicht ohne Mißtrauen betrachtet;[8] es wird befürchtet, daß sie – zumal bewußt dem Begriff der Partnerschaft von Staat und Kirchen entgegengesetzt – zu einer Argumentationsbasis für nicht unbedingt im Interesse der Kirchen liegende Folgerungen für die Beziehungen von Staat und Kirchen werden könnte. Diese Bedenken sind unbegründet, wenn die staatskirchenrechtliche Argumentation sich bewußt bleibt, daß es sich bei diesem Begriff um den Versuch einer wissenschaftlichen Beschreibung, nicht aber um einen Rechtssatz handelt, aus dem selbständige Folgerungen abgeleitet werden könnten. Verfassungsrechtliche Folgerungen müssen immer unmittelbar an die Sätze der Verfassung anknüpfen, deren Beschreibung in der Formel von der „balancierten Trennung" zusammengefaßt wird. Zutreffend erscheint allerdings, daß der Begriff „balanciert" in diesem Zusammenhang nicht sehr eindeutig zum Ausdruck bringt, was mit ihm gemeint ist; aus seiner Verwendung kann gerade noch geschlossen werden, daß die Trennung von Staat und Kirche nicht strikt durchgeführt sein soll, was schon durch den von *Ulrich Stutz* geprägten Begriff der „hinkenden Trennung" – bildhafter, wenn auch mit einem deutlich negativen Akzent[9] – zum Ausdruck gebracht wurde.

2. Kirchliches Selbstbestimmungsrecht

a) Allgemeines

Im Zentrum des staatskirchenrechtlichen Systems der Hessischen Verfassung steht – wie im Grundgesetz – die Garantie des kirchlichen Selbstbestimmungsrechts. Art. 49 Satz 1 HV gewährleistet jeder Kirche, Religions- oder Weltanschauungs-

---

[6] *Stolleis,* Staatskirchenrecht, in: *Hans Meyer/Michael Stolleis,* Hessisches Staats- und Verwaltungsrecht, 2. Aufl. 1986, S. 459, 461.

[7] *Ernst-Wolfgang Böckenförde,* Staat – Gesellschaft – Kirche, in: Christlicher Glaube und moderne Gesellschaft, Teilbd. 15, 1982, S. 5, 64.

[8] Vgl. *Weispfenning,* Neuere Entwicklung des Verhältnisses von Staat und Kirche in Hessen, in: ZevKR 24 (1979), S. 315, 316 f.; *Bielitz,* Kurzbegriffe zur Kennzeichnung des Verhältnisses von Staat und Kirche nach dem Grundgesetz, in: ZevKR 29 (1984), S. 103, 109 ff.

[9] „Hinken" ist für den allgemeinen Sprachgebrauch ein Mangel. So dürfte *Stutz* selbst seine Wortprägung allerdings nicht gemeint haben.

gemeinschaft das Recht, ihre Angelegenheiten selbständig innerhalb der Schranken des für jedermann geltenden Gesetzes zu ordnen und zu verwalten. Dieses Selbstbestimmungsrecht[10] ist heute eine Grundnorm für das Verhältnis von Staat und Kirchen. Art. 49 Satz 2 HV spezifiziert sie für das kirchliche Amtsrecht durch den Ausschluß einer „Mitwirkung des Staates oder der bürgerlichen Gemeinde" bei der Verleihung kirchlicher Ämter. Diese Regelung ist bis auf zwei Ausnahmen – „Kirche, Religions- und Weltanschauungsgemeinschaft" statt „Religionsgesellschaft" und „jedermann" statt „alle" –, die aber keine inhaltliche Änderung bedeuten,[11] dem Art. 137 Abs. 3 der Weimarer Reichsverfassung wörtlich nachgebildet. Deshalb liegt es nahe, bei ihrer Auslegung zunächst auf das Verständnis dieser Bestimmung zurückzugreifen.

Das kirchliche Selbstbestimmungsrecht ist *Selbst*bestimmungsrecht, nicht *Fremd*bestimmungsrecht. Es betrifft nur das eigene Handeln der Kirche;[12] fremdes Handeln betrifft es nur insoweit, als es kirchliches Handeln unmittelbar beeinträchtigt. Eine unmittelbare Beeinträchtigung liegt nur dann vor, wenn das fremde Handeln als solches die kirchliche Tätigkeit einschränkt oder stört – nicht schon dann, wenn es etwa durch seine Wirkung auf Dritte die Wirkung des kirchlichen Handelns schmälert. Sonst wäre jede Kirchenkritik, die geeignet ist, Menschen von der Kirche abzuwenden, ein Eingriff in das kirchliche Selbstbestimmungsrecht; das kann nicht richtig sein. Kirchenkritische Äußerungen unterliegen vielmehr keinen anderen rechtlichen Schranken als jede andere Kritik an Personen oder Institutionen.

So gehört Diakonie/Caritas als Lebensäußerung des christlichen Glaubens ganz ohne Zweifel zum Bereich der kirchlichen Angelegenheiten, soweit und sofern die Kirche sie zu ihrer Angelegenheit macht, d.h. sich ihrer annimmt.[13] Die kirchliche Betätigung in diesem Bereich ist durch das Selbstbestimmungsrecht geschützt. Daraus folgt aber nicht, daß der Kirche ein Einfluß auf die Wohltätigkeit Dritter eingeräumt werden müßte oder sie sie sogar verbieten könnte. Karitative Betätigung außerhalb der Kirche ist kein Eingriff in das kirchliche Selbstbestimmungsrecht.

b) Ämterbesetzung

Das in Art. 49 Satz 2 HV – wie in Art. 137 Abs. 3 Satz 2 WRV – besonders hervorgehobene Recht der Kirchen etc., ihre Ämter „ohne Mitwirkung" des Staates oder der politischen Gemeinden zu verleihen, hat seit dem Zweiten Weltkrieg eine zuvor nicht gekannte Ausdehnung erfahren. Der Begriff der „Mitwirkung" im Sinne des Art. 137 Abs. 3 Satz 2 WRV war schon zwischen 1919 und 1933

---

[10] Dazu neuestens *Wolfgang Bock*, Das für alle geltende Gesetz und die kirchliche Selbstbestimmung (Jus Ecclesiasticum Bd. 55), Tübingen 1996.

[11] Vgl. zum letzteren schon *Ebers*, Religionsgesellschaften, in: Die Grundrechte und Grundpflichten der Reichsverfassung, hrsg. v. *Hans Carl Nipperdey*, Bd. 2, 1930, S. 361, 399.

[12] Vgl. schon *Engelhardt*, in: *Zinn/Stein* (Fn. 3), Art. 49, Nachtrag 1990, 2 d.

[13] Vgl. BVerfGE 24, 236; auch abgedruckt bei *v. Campenhausen/Erhardt* (Hrsg.), Kirche – Staat – Diakonie, 1982, S. 77 ff.

umstritten. Nach einer verbreiteten Auffassung[14] lag eine Mitwirkung in diesem Sinne nur vor, soweit Staat oder Gemeinde befugt waren, die Besetzung kirchlicher Ämter entweder selbst vorzunehmen, oder die Besetzung ihrer Genehmigung oder Bestätigung bedurfte, nicht dagegen schon dann, wenn einer staatlichen Behörde ein Einspruchsrecht zustand.[15] So war es vor 1919 verbreitet gewesen, daß Vorsteher jüdischer Kultusgemeinden vom Staat ernannt wurden;[16] aber auch im Bereich der christlichen, insbesondere der evangelischen, Kirchen kam dem Staat erheblicher rechtlicher Einfluß bei der Besetzung kirchlicher Ämter zu.[17] Der gerichtliche Rechtsschutz kirchlicher Bediensteter – soweit es überhaupt einen beamtenrechtlichen Rechtsschutz gab – erschien dagegen auch unter der Geltung der Weimarer Verfassung unproblematisch.[18] In der Zeit des Kirchenkampfes unter der nationalsozialistischen Herrschaft zeigte sich sogar, daß dieser Rechtsschutz auch im wohlverstandenen kirchlichen Interesse liegen kann.[19] Es erscheint allerdings auch schon sprachlich eher fernliegend, gerichtlichen Rechtsschutz bei Streitigkeiten über kirchliche Dienstverhältnisse als staatliche „Mitwirkung" bei der kirchlichen Ämterbesetzung anzusehen.

Sehr weit verstanden wurde der Begriff der „Mitwirkung" immerhin vom Reichsschiedsgericht in einer Entscheidung vom 9.9.1924,[20] die den Einspruch des Reichsfinanzministers gegen eine kirchliche Besoldungsordnung aufgrund des Besoldungssperrgesetzes für unzulässig erklärte. Das Reichsschiedsgericht führte in dieser Entscheidung aus, der Begriff der „Mitwirkung" des Staates i.S. von Art 137 Abs. 3 Satz 2 WRV könne nicht auf Handlungen des Staates beschränkt werden, die mit der Stellenbesetzung in unmittelbarem Zusammenhange stehen; es fielen darunter vielmehr alle Handlungen, die auch nur mittelbar das Recht der Ämterverleihung beeinflussen können. Ein solcher Einfluß könne auch stattfinden, wenn der Religionsgesellschaft zwar die Auswahl der geeigneten Person und die Vornahme der Anstellung selbst überlassen werde, ihr aber bei dem Bemessen der Besoldung Schranken auferlegt würden; denn dies könne dazu führen, daß der Kreis der Bewerber sich verenge und die Kirche dort eine Absage erhalte, wo sie an eine ihr geeignet erscheinende Person mit dem Angebot eines Amtes herantrete. Diese Argumentation erscheint nicht unbedenklich, denn in diesem Sinne kann die der Kirche tatsächlich zur Verfügung stehende Bewerberauswahl durch mannigfache Maßnahmen des Staates verengt werden, die als „Mitwirkung" zu bezeichnen man

---

14 Vgl. z.B. *Anschütz*, Die Verfassung des Deutschen Reichs vom 11. August 1919, 14. Aufl. 1933, Art. 137 Anm. 6 m. w. Nachw.

15 A.A. vor allem *Ebers* (Fn. 11), S. 392.

16 Vgl. *Vulpius*, Verträge mit der Jüdischen Gemeinschaft in den neuen Ländern, in: NVwZ 1996, 759, 760.

17 Vgl. z.B. *Aemilius Ludwig Richter*, Lehrbuch des katholischen und evangelischen Kirchenrechts, 7. Aufl., bearb. von *Richard Wilhelm Dove*, 1874, S. 417 ff.

18 Vgl. z.B. RGZ 114, 220 ff.; vgl. dazu auch *Schultze*, Die kirchenrechtliche Judikatur des Reichsgerichts, in: Die Reichsgerichtspraxis im deutschen Rechtsleben, hrsg. v. *Otto Schreiber*, Bd. 1, 1929, S. 278, 289.

19 Vgl. *Hesse*, Die Entwicklung des Staatskirchenrechts seit 1945, in: JöR NF 10 (1961) S. 3, 7; *Adalbert Erler*, Kirchenrecht, 5. Aufl. 1983, S. 77.

20 RBesBl. 1924, 327.

sich scheuen würde. Es dürfte daher vorzuziehen sein, das erwünschte Ergebnis aus Art. 137 Abs. 3 Satz 1 WRV herzuleiten, was m.E. ohne weiteres möglich ist.

Vollends unumstritten war von jeher die Unbedenklichkeit vertraglich zwischen Staat und Kirche ausgehandelter Regelungen über das Zusammenwirken von Staat und Kirchen bei der Besetzung kirchlicher Stellen,[21] wie etwa die politischen Klauseln der Konkordate und Kirchenverträge. In diesen Zusammenhang gehört auch Art. 16 des Reichskonkordats, nach dem die römisch-katholischen Bischöfe, bevor sie von ihrer Diözese Besitz ergriffen, in die Hand des Reichsstatthalters in dem zuständigen Land bzw. des Reichspräsidenten einen Treueid nach folgender Formel zu leisten hatten:

> „Vor Gott und auf die heiligen Evangelien schwöre und verspreche ich, so wie es einem Bischof geziemt, dem Deutschen Reich und dem Land ... Treue. Ich schwöre und verspreche, die verfassungsmäßig gebildete Regierung zu achten und von meinem Klerus achten zu lassen. In der pflichtmäßigen Sorge um das Wohl und das Interesse des deutschen Staatswesens werde ich in Ausübung des mir übertragenen geistlichen Amtes jeden Schaden zu verhüten trachten, der es bedrohen könnte."

Dieser Treueid[22] war ursprünglich ein „Desiderat des staatlichen Verhandlungspartners, für das sich übrigens auch *Hitler* persönlich interessierte", gewesen.[23] Es entbehrt daher nicht einer gewissen Pikanterie, daß die Abnahme gerade dieses der Kirche von der nationalsozialistischen Regierung aufgenötigten Eides durch die (in Hessen eher widerstrebende) Landesregierung von den Bischöfen nach dem Zweiten Weltkrieg stets erbeten wurde – um das Festhalten am Reichskonkordat zu dokumentieren. Die Landesregierung hat den Treueid entgegengenommen, nicht ohne darauf hinzuweisen, daß sie das Reichskonkordat nicht für verbindlich hält, die Entgegennahme aber als „einen guten Brauch" betrachtet, durch den den Bischöfen die Möglichkeit eingeräumt wird, „eine nach ihrer Rechtsauffassung bestehende vertragliche Verpflichtung zu erfüllen." Der Wandel der rechtlichen Verhältnisse hat sich allerdings in Veränderungen des Wortlauts niedergeschlagen. An die Stelle des „Deutschen Reiches" trat zunächst das „Deutsche Volk", sodann „Deutschland". Bischof *Dirichs* (Limburg) leistete den Eid 1947 auf die Verfassung des Landes Hessen, sein Nachfolger, Bischof *Kempf*, 1949 auf das Grundgesetz und diese Verfassung. Seit 1959 (Bischof *Bolte*, Fulda) wird der Eid auf Wunsch der Kirche wieder auf die verfassungsmäßig gebildete(n) Regierung(en) geleistet. Die einem Bischof geziemende Treue wird „Deutschland und den Ländern Hessen und ... (je nach Diözese unterschiedlich)" versprochen.[24]

---

[21] So schon – wenn auch mit Einschränkungen – *Ebers* (Fn. 11), S. 392 f. Kritisch *Erwin Fischer*, Trennung von Staat und Kirche, 2. Aufl. 1971, S. 298 ff.

[22] Zu ihm grundlegend *Hollerbach*, Zur Problematik des staatlichen Treueids der Bischöfe, in: Festschrift für *Klaus Obermayer*, 1986, S. 193 ff. Es wirft ein Schlaglicht auf die Problematik dieses Eides, daß hier an einer Stelle der Druckfehler „des staatlichen Bischofs*amts*" statt „Bischofs*eides*" sich eingeschlichen hat; a.a.O. S. 194.

[23] *Hollerbach* (Fn. 22), S. 195.

[24] Vgl. *Engelhardt,*, in: *Zinn/Stein* (Fn. 3), Art. 49, Nachtrag 1990, 5 b.

3. Einmischungsverbot

Eine Vorschrift, der von jeher eine zumindest kirchenkritische Tendenz zugeschrieben wird, ist Art. 50 Abs. 2 HV, nach dem „die Kirchen, Religions- und Weltanschauungsgemeinschaften ... sich, wie der Staat, jeder Einmischung in die Angelegenheiten des anderen Teiles zu enthalten" haben. Sie ist allerdings nicht so singulär, wie oft angenommen wird. Die gleichzeitige Verfassung für Württemberg-Baden[25] bestimmte in Art. 29 Abs. 2 Satz 1 ganz ähnlich:[26]

> „Die Einrichtungen und Veranstaltungen der in diesem Artikel der Verfassung anerkannten Kirchen und Gemeinschaften dürfen nicht zu parteipolitischen Zwecken mißbraucht werden."

Die Grenzen dieser Bestimmung wurden freilich sofort in Art. 29 Abs. 2 Satz 2 aufgezeigt, wo es hieß:

> „Die staatsbürgerlichen Rechte und die pflichtmäßige religiös-sittliche Wirksamkeit der Beauftragten der Kirchen und Religionsgemeinschaften im öffentlichen Leben bleiben davon unberührt."

Diese Einschränkung entsprach der in Art. 29 Abs. 1 Satz 1 der Verfassung für Württemberg-Hohenzollern ausdrücklich ausgesprochenen Anerkennung der „Bedeutung der Kirchen und der anerkannten Religions- und Weltanschauungsgemeinschaften für die Bewahrung und Festigung der religiösen und sittlichen Grundlagen des menschlichen Lebens".

Dem Art. 50 Abs. 2 HV folgten im Entwurf des Verfassungsausschusses der Verfassungberatenden Landesversammlung (dort noch Art. 34) folgende zwei weiteren Absätze:

> „(3) Keine Religions- oder Weltanschauungsgemeinschaft darf einen Gewissenszwang ausüben, insbesondere nicht zur Beeinflussung der staatlichen Willensbildung.
>
> (4) Eine Religions- oder Weltanschauungsgemeinschaft, deren Organe die ihr hiernach obliegenden Verpflichtungen verletzen oder verfassungswidrige Bestrebungen unterstützen, ist auf Antrag der Landesregierung oder des Landtages durch Entscheid des Staatsgerichtshofes zur Abstellung des Mangels zu zwingen. Das Nähere bestimmt das Gesetz."

Diese „die Trennung (scil. von Staat und Kirche) scharf zum Ausdruck bringenden"[27], nach Auffassung von *Gisela Lenz* sogar „extrem kirchenfeindlichen"[28] Bestimmungen wurden allerdings im Rahmen des Verfassungskompromisses zwischen SPD und CDU[29] nicht in den endgültigen Verfassungstext aufgenommen. Die neueren Diskussionen um die Möglichkeiten der Bekämpfung (behaupteter)

---

25 RegBl. 1946, S. 277.

26 Darauf weist zutreffend hin *Beutler*, Die Länderverfassungen in der gegenwärtigen Verfassungsdiskussion, in: JöR 26 (1977), S. 1, 21.

27 *Stein*, in: *Zinn/Stein* (Fn. 3), Art. 50 Anm. 5.

28 *Gisela Lenz*, Die Rechtsbeziehung zwischen dem Land Hessen und der katholischen Kirche unter besonderer Berücksichtigung der Bistumsverträge vom 9. März 1963 und 29. März 1974, 1987, S. 13.

29 Dazu *Zinn*, in: *Zinn/Stein* (Fn. 3), Einführung II 3; *v. Brünneck* (Fn. 2).

verfassungsfeindlicher Bestrebungen z.B. der Scientology-Kirche zeigen jedoch, daß eine so oder anders geregelte „Mißbrauchsaufsicht" vielleicht nicht absolut verzichtbar ist; eine eindeutige verfassungsrechtliche Grundlage für Maßnahmen zur Abwehr solcher Bestrebungen könnte durchaus als wünschenswert erscheinen. Durch Abs. 3 des Entwurfs hätten die meisten Kirchen sich auch nicht getroffen zu fühlen brauchen, da sie doch wohl einen Gewissenszwang nicht ausüben wollen.[30]

Art. 50 Abs. 2 HV stellt formal eine Symmetrie her; durch ihn werden die religiösen und weltanschaulichen Gemeinschaften „wie der Staat" verpflichtet. Es ist zwar richtig, daß die Vorschrift selbständige Bedeutung praktisch nur für die Kirchen hat, weil dem Staat schon an anderer Stelle der Verfassung verboten wird, sich in kirchliche Angelegenheiten einzumischen.[31] Das ändert aber nichts daran, daß den Religionsgemeinschaften im Verhältnis zum Staat nicht mehr verboten wird, als dem Staat im Verhältnis zu ihnen bereits verboten ist; dies ergibt sich bereits aus den Worten „wie der Staat". Tatsächlich besteht allerdings trotzdem eine grundlegende Asymmetrie. Der Staat hat ganz andere Möglichkeiten, sich in kirchliche Angelegenheiten „einzumischen", als die religiösen und weltanschaulichen Gemeinschaften in staatliche.

Er ist in der Lage – wenn man von dem verfassungsmäßigen Verbot einmal absieht –, durch Gesetze oder Verwaltungsanordnungen regelnd in das kirchliche Leben einzugreifen. Dies hat er nicht nur in der Vergangenheit getan; in anderen Ländern ist es auch heute noch nicht unüblich. Als Beispiel sei nur auf die Diskussion in Großbritannien um eine Verpflichtung von Militärgeistlichen zur Auskunft über ihnen im Rahmen ihrer Seelsorgetätigkeit bekanntgewordene homosexuelle Neigungen von Soldaten[32] und in den Vereinigten Staaten von Amerika über die Rekrutierung von Missionaren als Informanten für den Geheimdienst[33] verwiesen.

Alle diese Möglichkeiten haben die Kirchen nicht; insoweit kann Art. 50 Abs. 2 HV ihnen gegenüber nur eine im Vergleich zu den das Handeln des Staates begrenzenden Vorschriften stark eingeschränkte Bedeutung besitzen. Die Kirchen können sich in staatliche Angelegenheiten nur „durch das Wort" einmischen. Sie können – z.B. in Hirtenbriefen oder sonst von der Kanzel – zu Maßnahmen des Staates kritisch Stellung nehmen. Dieses Recht nehmen sie – die römisch-katholische Kirche herkömmlich aufgrund ihres Selbstverständnisses als Wächterin des Naturrechts (praktisch freilich in nennenswertem Umfang noch nicht so lange), die evangelischen Kirchen mindestens seit dem sog. Kirchenkampf[34] aufgrund des von ihnen aus der Bibel hergeleiteten Öffentlichkeitsauftrages – auch gegenüber

[30] „Nicht Herren eures Glaubens, sondern Gehilfen eurer Freude" (*Paulus*, 2. Korintherbrief Kap. 1 V. 24).

[31] *Lenz* (Fn. 28), S. 17.

[32] Vgl. Church Times v. 22.3.1996, S. 1; v. 29.3., 12.4.; 26.4. und 3.5.1996, jeweils S. 9.

[33] Church Times v. 2.8.1996, S. 3.

[34] Zu seiner Bedeutung für das kirchliche Rechtsverständnis vgl. *Stolleis* (Fn. 6), S. 460; *Ulrich Klose*, Die Rechtsbeziehungen zwischen dem Staat und den Evangelischen Landeskirchen in Hessen unter besonderer Berücksichtigung des Hessischen Kirchenvertrages vom 18.2.1960, 1966, S. 44 ff.

dem Staat in Anspruch. Im staatlichen Bereich ist dieses kirchliche Selbstverständnis nach dem Zweiten Weltkrieg auch weitgehend anerkannt worden.[35]

Politische Parteien mögen es bedauern, wenn Kirchen – besonders vor Wahlen, etwa in Hirtenbriefen – mehr oder weniger deutlich gegen sie Stellung beziehen. Wer diese Problematik heute ins Auge faßt, muß bedenken, daß dies in der unmittelbaren Folge des Zweiten Weltkrieges häufiger und mit viel stärkerer Intensität geschehen ist als in der jüngeren Gegenwart. Der Rückgang des geistigen Einflusses der Kirchen auf das Leben der Gesellschaft – den man, je nach gesellschaftspolitischem Standort, bedauern oder begrüßen mag – hat bei den Kirchen im allgemeinen zu einer größeren Zurückhaltung geführt. Zugleich haben gerade jene politischen Kräfte, die 1946 kirchliche „Einmischung" in staatliche Angelegenheiten verhindern wollten, sich zumindest zeitweilig in einer (damals vielleicht unvermuteten) Koalition mit den Kirchen befunden. Soweit kirchliche Kreise zu sozialen und politischen Fragen öffentlich Stellung bezogen, standen sie nicht selten auf der Seite ihrer früheren Kritiker. Hingegen ist gerade in der letzten Zeit der Konflikt an konkreten Einzelfragen – etwa des Schwangerschaftsabbruchs oder der staatlich verordneten Ausschmückung[36] von Klassenzimmern staatlicher Schulen mit Kruzifixen – aufgebrochen.

Eine restriktive Auslegung des Art. 50 Abs. 2 HV im Sinne einer Beschränkung des Einmischungsverbots auf die „inneren Angelegenheiten"[37] erscheint nicht erfolgversprechend – nicht deshalb, weil eine Einmischung des Staates in die inneren Angelegenheiten der Kirchen schon anderwärts verboten ist,[38] sondern weil eine Bestimmung der „inneren Angelegenheiten" des Staates im Verhältnis zu den Kirchen kaum möglich erscheint. Da die Kirchen selbst „im" Staat stehen und wirken, lassen die Angelegenheiten des Staates sich ihnen gegenüber nicht in „innere" und „äußere" bereichsmäßig scheiden. Ein solches Verständnis würde auch dem Wesen der Religion, die auf das Ganze des menschlichen Lebens ausgerichtet ist, nicht gerecht; und die Freiheit der Religionsausübung hat auch die Hessische Verfassung auf ihre Fahnen geschrieben.

Aus der Zuerkennung des Status einer Körperschaft des öffentlichen Rechts (Art. 51 Abs. 1 HV) läßt sich für die Auslegung des Art. 50 Abs. 2 kaum etwas gewinnen.[39] Diese Regelung, die nicht einmal alle Religionsgesellschaften und Weltanschauungsvereinigungen betrifft, dient einem bestimmten Zweck, nämlich den von ihr betroffenen Gemeinschaften bestimmte öffentlich-rechtliche Handlungsmöglichkeiten zu erhalten. Über weitergehende Befugnisse dieser Gemeinschaften in bezug auf staatliche Angelegenheiten sagt sie nichts aus.

---

[35] OVG Nordrhein-Westfalen v. 14.2.1962, OVGE 18, 1.

[36] Gegen die Verwendung des Wortes „Ausschmückung" in diesem Zusammenhang würde ich mich vom kirchlichen Standpunkt aus mit Nachdruck wehren; sie dient hier nur dem Hinweis darauf, daß die Befürworter von Kruzifixen in Schulen darin weitgehend nur Traditionssymbole sehen wollen.

[37] So *Stein*, in: *Zinn/Stein* (Fn. 3), Art. 50 Anm. 5.

[38] So aber *Lenz* (Fn. 28), S. 18.

[39] Anders wohl *Lenz* (Fn. 28), S. 18.

Ähnliches gilt für die Verträge des Landes Hessen mit Kirchen und Religionsgemeinschaften. In der Präambel des Vertrages mit den evangelischen Landeskirchen in Hessen vom 18.2.1960[40] hat das Land zwar „den Öffentlichkeitsauftrag der Kirchen" anerkannt. Ist aber schon zweifelhaft, ob das Land rechtlich in der Lage war, in dieser Form den Rechtsinhalt des Art. 50 Abs. 2 seiner Verfassung authentisch zu bestimmen, so erscheint überdies die Anknüpfung an den Begriff des Öffentlichkeitsauftrags wegen dessen Unbestimmtheit bedenklich.

Es dürfte sich daher empfehlen, bei der Auslegung des Art. 50 Abs. 2 HV wieder in den Zusammenhang der Verfassung selbst zurückzukehren.[41] Dem Staat ist es durch die Religionsfreiheit, deren auch die religiösen Gemeinschaften sich erfreuen, nicht verwehrt, in der Öffentlichkeit kritisch zum Wirken von Religionsgemeinschaften Stellung zu nehmen, wenn der begründete Verdacht einer Gefahr für die Menschenwürde, das Leben oder die Gesundheit anderer Bürger besteht,[42] die seinem Schutz anvertraut sind. Sollen die Kirchen durch Art. 50 Abs. 2 HV „wie der Staat" gestellt werden, dann können ihnen öffentliche Äußerungen nicht verwehrt sein, die insofern als Betätigung der Religionsfreiheit angesehen werden können, als sie Stellungnahmen oder Forderungen zum Ausdruck bringen, die sich unmittelbar aus ihren religiösen Grundsätzen ergeben. Eine unmittelbare Folgerung in diesem Sinne ist zu bejahen, wenn zwischen dem religiösen Grundsatz und der aus ihm abgeleiteten Stellungnahme kein Zwischenglied besteht, über das auch auf der Grundlage des religiösen Grundsatzes eine Meinungsverschiedenheit bestehen könnte. Äußerungen dieses Inhalts sind durch die Religionsfreiheit geschützt und deshalb durch Art. 50 Abs. 2 HV nicht verboten. Anders ist es, wenn eine Kirche oder Religionsgemeinschaft als solche politische Stellungnahmen oder Bewertungen staatlichen Handelns abgibt, die nicht in dem beschriebenen Sinne unmittelbar in ihren religiösen Grundsätzen verwurzelt sind, sondern auf politischen Entscheidungen oder Wertungen beruhen, die selbständig zu den religiösen Grundsätzen hinzutreten.

Eine wesentliche Grenze des Art. 50 Abs. 2 HV liegt überdies darin, daß er sich nur an Kirchen als solche richtet. Er betrifft nur Handlungen und Äußerungen, die auf die Autorität der Kirche als solcher gestützt werden. Dagegen berührt er nicht Handlungen und Äußerungen von Mitgliedern einer Kirche, durch die diese ihre staatsbürgerlichen Rechte ausüben. Ein Pfarrer ist an Art. 50 Abs. 2 HV gebunden, wenn er in vollem Ornat von der Kanzel die Lehre der Kirche verkündet, nicht aber, wenn er nach dem Gottesdienst in persönlichem Gespräch oder auch in einer Parteiversammlung seine persönliche Auffassung zu bestimmten politischen Fragen zum Ausdruck bringt. Auch kirchlichen Amtsträgern ist es durch die Verfassung nicht verboten, an politischen Demonstrationen teilzunehmen;[43] in den Bereich des Art. 50 Abs. 2 HV geraten sie, wenn sie dabei ihre Amtstracht tragen

[40] GVBl S. 54.
[41] Das will im Grunde auch *Lenz* (Fn. 28), S. 18 f.
[42] BVerwGE 82, 76 = ZevKR 35 (1990), S. 72.
[43] Eine andere Frage ist es, ob das innerkirchliche Recht ihnen insoweit Beschränkungen auferlegt und inwieweit sie diese hinnehmen müssen.

und dadurch zum Ausdruck bringen, daß sie in kirchenamtlicher Eigenschaft handeln.

II. Konkordatsprozeß

Die erste große Auseinandersetzung zwischen Staat und römisch-katholischer Kirche, an der das Land Hessen beteiligt war, war der Streit um die Fortgeltung des Reichskonkordats von 1933 vor dem Bundesverfassungsgericht.[44] Formell waren Gegner in diesem Streit freilich die Bundesregierung und die Länder Hessen, Niedersachsen und Bremen. Materiell hatte die Bundesregierung sich jedoch die Auffassung der römisch-katholischen Kirche zu eigen gemacht, nach der das Reichskonkordat für die Bundesrepublik – Bund und Länder – verbindlich und verpflichtend war.

1. Die hessische Auffassung

Die Gültigkeit des Reichskonkordats ist umstritten und vom Land Hessen nie anerkannt worden; die Haltung des Landes ist im Konkordatsprozeß im einzelnen deutlich gemacht worden. Danach ist ein Konkordat „äußerstenfalls ein völkerrechtlicher Vertrag eigener Art (quasi-völkerrechtlicher Vertrag)", auf den nicht alle Völkerrechtsregeln schlechthin anzuwenden sind, auf den insbesondere innerstaatliche Verhältnisse wesentlichen Einfluß ausüben, weil er sich im Kern auf innerstaatliche Angelegenheiten bezieht[45] und weil der Papst nicht nur ein auswärtiges Völkerrechtssubjekt, sondern zugleich „wahrer und eigentlicher innerer Bischof" der römischen Katholiken des vertragschließenden Staates ist und in erster Linie als solcher mit dem Staate handelt.[46]

Hiervon ausgehend ist das Reichskonkordat schon als Vertrag nicht wirksam abgeschlossen worden,[47] weil der Reichspräsident mit der Ratifikation mangels Zustimmung des Reichstages seine verfassungsmäßige Zuständigkeit überschritt.[48] Die Zustimmung des Reichstages war erforderlich, weil das Ermächtigungsgesetz vom 24. März 1933,[49] wegen der im Widerspruch zur damaligen Verfassungslage

---

[44] Dazu *Friedrich Giese* und *Friedrich August Frhr. v. d. Heydte* (Hrsg.), Der Konkordatsprozeß, 4 Bde., 1957–59.

[45] Konkordatsprozeß (Fn. 44), Bd. 1, S. 136; vgl. auch S. 600 ff. und Bd. 3, S. 1251 ff.; vgl. dazu aus dem römisch-katholischen Bereich z.B. *Alaphridus Ottaviani*, Institutiones Iuris Publici Ecclesiastici, 4. Aufl. 1960, Bd. 2 S. 253 ff.; schon früher *Schoen*, Die Rechtsgrundlagen der Verträge zwischen Staat und Kirche und der Verträge der Kirchen untereinander, in: AöR 60 (1932), S. 317, 333 f.

[46] Konkordatsprozeß (Fn. 44), Bd. 1, S. 602; vgl. auch *Engelhardt*, Die Verträge des ungarischen Staates mit den Kirchen, in: Verantwortlichkeit und Freiheit, Festschrift für Willi Geiger zum 80. Geburtstag, hrsg. v. *Hans Joachim Faller* et al., 1989, S. 722 ff., 732 f.

[47] Zur wahrhaft ominösen Geschichte der Konkordatsverhandlungen ausführlich die erschütternde Darstellung bei *Klaus Scholder*, Die Kirchen und das Dritte Reich, Bd. 1, 1986, S. 482 ff.

[48] Konkordatsprozeß (Fn. 44), Bd. 1, S. 135 f., 604 ff.

[49] RGBl 1933 I S. 141.

stehenden Festhaltung einer erheblichen Zahl von Reichstagsabgeordneten und der fehlerhaften Behandlung im Reichsrat[50] nicht gültig zustande gekommen, unwirksam war[51].

Das Reichskonkordat hat auch keine innerstaatliche Wirksamkeit erlangt, weil es nicht, wie erforderlich, durch Reichsgesetz transformiert worden ist.[52]

Jedenfalls hat das Reichskonkordat seine vertragsrechtliche und innerstaatliche Wirksamkeit inzwischen verloren.[53] Es konnte allenfalls so lange Gültigkeit beanspruchen, wie eine diktatorische Regierung in der Lage war, die unter der Geltung der demokratischen Weimarer Reichsverfassung nicht möglichen[54] Regelungen durchzusetzen.[55] Außerdem ist das Reichskonkordat durch die Besatzungsmächte suspendiert und nicht ausdrücklich wieder in Wirkung gesetzt worden.[56]

2. Die Entscheidung

Das Bundesverfassungsgericht ist dieser Auffassung in seinem Urteil vom 26. März 1957[57] nicht gefolgt. Es ist davon ausgegangen, daß das Reichskonkordat als ein beide Teile verpflichtender Vertrag gültig zustande gekommen sei, denn das Ermächtigungsgesetz sei zwar gemessen an den Vorschriften der Weimarer Verfassung ungültig gewesen, müsse aber als eine Stufe der revolutionären Begründung der nationalsozialistischen Gewaltherrschaft angesehen werden, die sich zur Zeit der Ratifizierung nach innen und außen tatsächlich durchgesetzt habe.[58] Nach Auffassung des Gerichts sind auch zumindest die Schulbestimmungen des Reichskonkordats – auch ohne formelles Transformationsgesetz – deutsches innerstaatliches Recht geworden, weil die Reichsregierung, nachdem durch das Ermächtigungsgesetz das Erfordernis der Zustimmung des Reichstages zum Vertragsschluß entfallen sei, in Anknüpfung an die Staatspraxis des deutschen Kaiserreichs eine Bekanntmachung des Konkordats im Reichsgesetzblatt zur innerstaatlichen Inkraftsetzung für ausreichend gehalten habe.[59] Schließlich ist das Reichskonkordat nach Auffassung des Gerichts auch nicht durch den Zusammenbruch der nationalsozialistischen Gewaltherrschaft hinfällig geworden, weil die Vertragschließenden eine Dauerregelung gewollt hätten und der Vertrag auch seinem Inhalt nach nicht ungeeignet sei, die nationalsozialistische Gewaltherrschaft zu überdauern.[60]

---

[50] Dazu ausführlich und eindrucksvoll *Karl Dietrich Bracher*, Nationalsozialistische Machtergreifung und Reichskonkordat, in: Konkordatsprozeß (Fn. 44), Bd. 2, S. 947 ff.
[51] Konkordatsprozeß (Fn. 44), Bd. 1, S. 135; Bd. 3, S. 1285 ff.
[52] Konkordatsprozeß (Fn. 44), Bd. 1, S. 137 f., 596 f.
[53] Konkordatsprozeß (Fn. 44), Bd. 1, S. 140 f., 610 ff., Bd. 3, S. 1262.
[54] Konkordatsprozeß (Fn. 44), Bd. 1, S. 614 f.
[55] Konkordatsprozeß (Fn. 44), Bd. 1, S. 142.
[56] Konkordatsprozeß (Fn. 44), Bd. 1, S. 147 f., 619 f.
[57] BVerfGE 6, 309 = Konkordatsprozeß (Fn. 44), Bd. 3, S. 1669 ff.
[58] BVerfGE 6, 331 = Konkordatsprozeß (Fn. 44), Bd. 3, S. 1685 f.
[59] BVerfGE 6, 332 f. = Konkordatsprozeß (Fn. 44), Bd. 3, S. 1686 ff.
[60] BVerfGE 6, 336 = Konkordatsprozeß (Fn. 44), Bd. 3, S. 1689 ff.

Dies alles sind freilich unverbindliche obiter dicta, die an der Bindungswirkung nach § 31 BVerfGG nicht teilnehmen; denn das Bundesverfassungsgericht kommt anschließend in einer überraschenden Wendung zu dem Ergebnis, daß man aus dem Grundgesetz keine verfassungsrechtliche Pflicht der Länder gegenüber dem Bund zur Beachtung der Schulbestimmungen des Reichskonkordats herleiten könne.[61] Diese Wendung machte an sich die gesamten Ausführungen zur Gültigkeit des Reichskonkordats überflüssig; diese Frage hätte dahingestellt bleiben können. Wenn das Bundesverfassungsgericht diesen Weg – der der eingeführten Praxis gerichtlicher Entscheidungstechnik entsprochen hätte – nicht gewählt hat, so scheint es sich dabei um einen Kompromiß zwischen Konkordatsfreundlichkeit und Föderalismus gehandelt zu haben. Jedenfalls ändert es nichts daran, daß sich dem Konkordatsurteil keine das Land in irgend einer Weise bindende Entscheidung über die Weitergeltung des Reichskonkordats – noch weniger über die anderer Kirchenverträge – entnehmen läßt.[62]

III. Schulgebetsstreit

Der soeben beendete Rechtsstreit um den theologischen Diplomstudiengang an der Universität Frankfurt am Main,[63] der das Verhältnis von Kirchen und Universitäten betrifft, mag an einen früheren Streit erinnern, der das Verhältnis von Kirchen und Schule betraf, einen Vorläufer gewissermaßen des bayerischen Kruzifixstreites,[64] nämlich das Verfahren und die Entscheidung des Staatsgerichtshofes (StGH) über die Zulässigkeit eines Schulgebetes. In diesem Verfahren hatte der Staatsgerichtshof des Landes Hessen durch Urteil vom 27.5.1965[65] entschieden, daß ein überkonfessionelles gemeinsames Gebet vor Beginn des Unterrichts die Grundrechte eines das Gebet ablehnenden Schülers aus Art. 9 und Art. 48 Abs. 2 HV selbst dann verletze, wenn dem Schüler gestattet werde, das Klassenzimmer erst nach dem Beten zu betreten. Der antragstellende Schüler hatte sich gegen ein Gebet gewandt, das nach den Feststellungen des Staatsgerichtshofes zwar weder von dem Schulleiter noch von der Klassenlehrerin ausdrücklich angeordnet, jedoch von der Lehrerin mit den Schülern eingeübt worden war und mit dem Aussprechen des Anfangswortes eingeleitet und von den Schülern an ihren Plätzen stehend gemeinsam gesprochen wurde.

Anders als der Supreme Court der Vereinigten Staaten von Amerika[66] hat der Staatsgerichtshof seine Entscheidung ausdrücklich nicht aus dem Verbot einer Staatskirche oder Staatsreligion (Verbot des *establishment of religion*) hergeleitet. Er ging

---

[61] BVerfGE 6, 353 ff. = Konkordatsprozeß (Fn. 44), Bd. 3, S. 1692 ff.
[62] Vgl. *Engelhardt*, in: *Zinn/Stein* (Fn. 3), Art. 50, Nachtrag 1990, 5 A a.
[63] Vgl. unten Teil VI.
[64] Vgl. BVerfGE 93, 1 ff.
[65] StAnz 1965, 1394 = DÖV 1966, 51.
[66] Vgl. *Engel* v. *Vitale*, 25.6.1962; dazu *Bayer*, Das Prinzip der Trennung von Staat und Kirche als Problem der neueren Rechtsprechung des United States Supreme Court, in: ZaöRV 24 (1964), S. 201 ff.

vielmehr von dem in Art. 48 Abs. 2 HV niedergelegten Verbot, jemanden zu zwingen, an einer religiösen Übung teilzunehmen, und ganz entscheidend von dem Recht aus, seine religiöse Überzeugung zu verschweigen, das er in der Freiheit des Bekenntnisses eingeschlossen sah. Dieses Recht wurde nach seiner Auffassung dadurch verletzt, daß der antragstellende Schüler durch die Übung des gemeinsamen Gebetes gezwungen wurde, seine abweichende Auffassung „Tag für Tag offen zu bekunden", wenn er nicht bei dem Gebet anwesend sein wollte und sich deshalb während dieser Zeit außerhalb des Klassenzimmers aufhielt. Das Grundrecht der übrigen Schüler, ihre Religion durch das Gebet zu betätigen, hat der Staatsgerichtshof demgegenüber zurücktreten lassen, weil diese, wenn sie ihre Religion auszuüben wünschten, dies „überall da und zu jeder Zeit tun (könnten), sei es zu Hause, sei es im Gotteshaus, sei es wo und wann sonst immer, wenn Rechte anderer dadurch nicht verletzt werden", und ihre Beschränkung daher „nur lokaler oder temporärer Natur" sei.

Wie das Kruzifixurteil des Bundesverfassungsgerichts hat das Schulgebetsurteil des Staatsgerichtshofes seinerzeit ein lebhaftes öffentliches Echo erregt; [67]die Mehrheit der Kommentatoren hat es mehr oder weniger heftig kritisiert, wobei freilich auffällig ist, daß dieselben Kritiker, die in Hessen das überkonfessionelle Schulgebet verteidigten, in Bremen den überkonfessionellen Unterricht in biblischer Geschichte[68] bekämpften. Wie bei dem Kruzifixstreit wurde das Kernproblem in einem Widerstreit von positiver und negativer Religionsfreiheit gesehen und die Einräumung eines ungebührlichen Vorrangs für die negative Seite der Religionsfreiheit beanstandet.[69] *V. Zezschwitz* hat schon damals mit Recht darauf hingewiesen, daß das Kernproblem nicht der Ausgleich zwischen positiver und negativer individueller Religionsausübungsfreiheit, sondern die Kompetenz des Staates zur Veranstaltung religiöser Zeremonien war.[70] Nicht die Schüler als Privatpersonen haben von der ihnen zustehenden Freiheit der Religionsausübung Gebrauch gemacht, sondern die Lehrer als Amtspersonen haben die Gebete mit den Schülern eingeübt und jeweils die Gebetshandlung eingeleitet. Die Frage war daher, auf welcher Rechtsgrundlage der Staat als Träger der inneren Schulverwaltung[71] die Kompetenz zur Veranstaltung religiöser Übungen in Anspruch nehmen konnte. Dazu weist *v. Zezschwitz*[72] auf die Verfassungsbestimmung über den Religionsunterricht (Art. 57 Abs. 1 HV) hin, der allerdings – angesichts der Existenz theologischer Universitätsfakultäten – nicht „die einzige Systemwidrigkeit im Bereich der dem Staat versagten religiösen und weltanschaulichen Verkündigung"[73] darstellt; Gegenstand

---

[67] Vgl. *v. Zezschwitz*, Staatliche Neutralitätspflicht und Schulgebet, in: JZ 1966, 337.

[68] Dazu vgl. *Bergemann*, Biblischer Unterricht auf allgemein christlicher Grundlage?, in: ZevKR 12 (1966/67), S. 138, sowie das Urteil des Bremischen StGH, aaO, S. 186 und den Beschluß des BVerfG vom 13.1.1971, BVerfGE 30, 112.

[69] Einen vergleichbaren Vorrang räumt allerdings selbst *v. Campenhausen* in der Bekenntnisschulfrage der Ablehnung einer unerwünschten Konfessionsschule ein; *v. Campenhausen*, Staat, Schule und Kirche, in: ZevKR 14 (1968/69) S. 26, 33.

[70] v. *Zezschwitz* (Fn. 67), S. 338.

[71] Dazu *Stein*, in: *Zinn/Stein* (Fn. 3), Art. 56, Anm. 3.

[72] v. *Zezschwitz* (Fn. 67), S. 342 ff.

[73] So aber *v. Zezschwitz* (Fn. 67), S. 342.

des Religionsunterrichts „können auch Gebete und ähnliche religiöse Handlungen sein".[74] Nicht folgen kann ich dagegen seiner Auffassung, überkonfessionelle Gebete könnten schon deshalb nicht Gegenstand des verfassungsmäßig gewährleisteten Religionsunterrichts sein, weil dessen „ausschließlicher Bezug auf *eine* Religion, *ein* Bekenntnis ... zwingend" sei. In der Tat ist der Lehrer „im Religionsunterricht ... an die Lehren und die Ordnungen seiner Kirche oder Religionsgemeinschaft gebunden" (Art. 57 Abs. 1 Satz 2 HV); nach Art. 7 Abs. 3 Satz 2 GG wird der Religionsunterricht „in Übereinstimmung mit den Grundsätzen der Religionsgemeinschaften erteilt". Daraus läßt sich jedoch kein Verbot (das sich an die Kirchen und Religionsgemeinschaften richten müßte) herleiten, die Möglichkeit eines gemeinsamen Religionsunterrichts in ihre Grundsätze und Ordnungen einzubeziehen. Sie können dazu selbstverständlich nicht von Staats wegen angehalten werden; das wäre eine unzulässige Einmischung des Staates in ihre Angelegenheiten. Eine solche Maßnahme, die insbesondere an Orten sinnvoll erscheinen kann, in denen die Angehörigen mehrerer Kirchen oder Religionsgemeinschaften zusammen nur eine Minderheit der Schüler bilden und für einen getrennten Religionsunterricht die notwendige Mindestzahl nicht erreicht wird, kann ihnen aber auch nicht durch den Staat verboten werden. Ebensowenig kann der Staat verbieten, daß mehrere Kirchen sich bei Aufrechterhaltung des konfessionell getrennten Religionsunterrichts im übrigen zu einzelnen religiösen Handlungen zusammentun. In einer Zeit, in der ökumenische Gebets- und Wortgottesdienste keine skurrile Ausnahme mehr sind und im Grunde nur noch darum gestritten wird, ob römische Katholiken durch deren Besuch die Pflicht zur Teilnahme am Sonntagsgottesdienst erfüllen können, ist es nicht Sache des Staates, dem am religiösen Frieden gelegen sein muß, hier juristische Barrikaden aufzubauen.

Ebensowenig vermag ich zu erkennen, daß der Religionsunterricht in Form religiöser Handlungen auf die als solche bezeichneten Unterrichtsstunden beschränkt werden muß.[75] Es versteht sich von selbst, daß die Vermittlung religiöser Inhalte, die in den Religionsunterricht gehört, nicht unter der Hand in andere Lehrfächer eingeschoben werden darf, weil dadurch die durch die Religionsfreiheit der Schüler und das Erziehungsrecht der Eltern geforderte Möglichkeit verkürzt wird, sich dieser Vermittlung zu entziehen. Daraus ist aber nicht zu folgern, daß es auch unzulässig sein müßte, am Beginn des Schultages Zeit für ein gemeinsames Gebet vorzusehen, wenn die Teilnahme daran ebenso freiwillig ist wie die Teilnahme am Religionsunterricht. Zu fordern ist freilich, daß ein Schulgebet – wie der Religionsunterricht – inhaltlich von der oder den beteiligten Religionsgemeinschaften verantwortet wird; nur dann fügt es sich in den Rahmen des bestehenden Verhältnisses von Staat und Kirchen ein.

---

[74] *Hans Peters*, in: Die Grundrechte, Bd. IV/1, S. 423; insoweit zustimmend *v. Zezschwitz* (Fn. 67), S. 343.

[75] So *v. Zezschwitz* (Fn. 67), S. 343.

IV. Kirchenverträge

1. Allgemeines

Vereinbarungen zwischen Staat und Kirchen sollen nach Art. 50 Abs. 1 HV dazu dienen, „die staatlichen und kirchlichen Bereiche klar gegeneinander abzugrenzen". Diese Verfassungsbestimmung enthält ein Doppeltes: sie geht einmal von einer eindeutigen Abgrenzbarkeit des staatlichen und des kirchlichen Bereichs aus; zum andern sieht sie Vereinbarungen zwischen Staat und Kirchen vor, die diese Abgrenzung durchführen. Wie z.B. der Hessische Ministerpräsident *Börner* bei der Entgegennahme des Treueides des Mainzer Bischofs *Lehmann* 1983 ausgeführt hat, geht die Hessische Verfassung „von einer grundsätzlichen Trennung der Aufgabenbereiche von Staat und Kirchen aus. Gleichwohl ist das Verhältnis beider zueinander nicht beziehungslos. Es muß durch fortgesetztes beiderseitiges Bemühen in Balance gehalten werden. Ausdrücklich wird dabei der Öffentlichkeitsauftrag der Kirchen anerkannt."

Eine Anerkennung früher geschlossener Verträge zwischen Staat und Kirchen kennt die Hessische Verfassung – anders als die Verfassungen des Freistaats Bayern (Art. 182) und Nordrhein-Westfalens (Art. 23 Abs. 1) – nicht.

2. Verträge

Das Land selbst hat mit den evangelischen Kirchen den Vertrag vom 18.2.1960[76], mit den römisch-katholischen Bistümern den Vertrag vom 9.3.1963[77] sowie den Ergänzungsvertrag vom 29.3.1974[78] geschlossen. Mit den Bistümerverträgen hat das Land an eine Vertragsform angeknüpft, „die in der Geschichte des Verhältnisses von Kirche und Staat oft eine große Rolle gespielt" hat;[79] damit hat es die Aussage *Albrechts*, diese Art von Vereinbarungen sei „heute im allgemeinen staatskirchenpolitisch uninteressant"[80], zumindest relativiert.

Im Jahr 1986 ist mit dem Staatsvertrag mit dem Landesverband der Jüdischen Gemeinden in Hessen vom 11.11.1986[81] – soweit ersichtlich – der erste den Verträgen mit den „großen" Kirchen gleichgestellte Staatsvertrag mit einer kleinen Religionsgesellschaft hinzugekommen. Dieser Vertrag enthält neben der Zusicherung einer pauschalen Staatsleistung von 2.000.000 DM, die in Anlehnung an die Beamtenbesoldung zu erhöhen oder zu vermindern ist (Art. 1), lediglich die Absichtserklärung, zur Pflege der gegenseitigen Beziehungen regelmäßige Begeg-

---

[76] GVBl S. 54.

[77] GVBl I S. 102.

[78] GVBl I S. 388.

[79] *Alfred Albrecht*, Koordination von Staat und Kirche in der Demokratie, 1965, S. 230.

[80] *Albrecht* (Fn. 79).

[81] GVBl I S. 395; zu ihm vor allem *Erwin Stein*, Mahnung zur Toleranz und Markstein für einen Neubeginn, in: Dokumentation zum Staatsvertrag zwischen dem Land Hessen und dem Landesverband der Jüdischen Gemeinden in Hessen, 1988, S. 11 ff.; ferner *Vulpius* (Fn. 16), S. 759.

nungen anzustreben und sich jederzeit zur Besprechung die beiderseitigen Interessen berührender Fragen zur Verfügung zu stellen (Art. 5), sowie eine Freundschaftsklausel (Art. 6). Der Abschluß läßt sich nicht sachlich, sondern nur historisch – aus der besonderen, durch die Judenverfolgung des nationalsozialistischen Regimes gekennzeichneten jüngsten deutschen Geschichte – erklären; in Art. 1 Abs. 1 wird daher ausdrücklich auf das „historisch bedingte besondere Verhältnis (des Landes) zu seinen jüdischen Bürgern" Bezug genommen. Wohl aus diesem Grund sind diesem Vertrag bisher keine weiteren Staatsverträge mit kleineren Religionsgemeinschaften gefolgt, obwohl zum Beispiel die staatskirchenrechtlich unklare Stellung des Katholischen Bistums der Alt-Katholiken in Deutschland, dessen Bischof ursprünglich von Preußen und Hessen als katholischer Bischof anerkannt wurde,[82] das heute aber praktisch wie die anderen kleinen Religionsgesellschaften des öffentlichen Rechts behandelt wird,[83] dies nahelegen könnte.

3. Rechtsnatur

Hinsichtlich der Rechtsnatur der vom Land Hessen geschlossenen Kirchenverträge[84] steht zunächst fest, daß sie – unabhängig von der Frage, wie man die Rechtsnatur von Konkordaten beurteilt[85] – jedenfalls keine völkerrechtlichen Verträge sind, denn die Vertragspartner des Landes sind in keinem Falle als Völkerrechtssubjekte anerkannt. Dies gilt auch für die römisch-katholische Seite. Es wäre zwar denkbar, daß die hessischen Bischöfe mit dem Staat als bevollmächtigte Vertreter des Heiligen Stuhles kontrahieren. Dies ist aber in den Bistümerverträgen nicht geschehen. Vielmehr bezeichnen sie als kirchliche Vertragspartner ausdrücklich die hessischen Bistümer. Auch die nach kanonischem Recht erforderliche Zustimmung des Heiligen Stuhles (can. CIC) macht diesen nicht zum Partner der Verträge.[86]

Deshalb wird heute für diese Kirchenverträge – wie z.T. auch für die Konkordate – die Auffassung vertreten, sie gehörten zu einem besonderen „Staat-Kirche-Recht",[87] beruhten auf einer „Koordinationsrechtsordnung eigener Art"[88].

Aus dem Gedanken, in diesen Verträgen begegneten Staat und Kirche sich auf der Ebene der Gleichordnung, läßt sich ein solches besonderes Recht freilich nicht

---

[82] Vgl. Urkunden vom 13.9.1873 (Preußen) und 15.12.1873 (Hessen), abgedruckt in: *J. F. von Schulte,* Der Altkatholicismus, 1887, S. 405, 416.

[83] So wurde bei der Abfassung des § 2 Nr. 2 des in den Einigungsvertrag aufgenommenen Gesetzes zur Regelung des Kirchensteuerwesens in den neuen Ländern der Bundesrepublik die ursprüngliche Rechtsstellung des Katholischen Bistums der Alt-Katholiken nicht berücksichtigt, so daß es nach § 2 Nr. 4 dieses Gesetzes zu behandeln ist; vgl. *Engelhardt,* Die Kirchensteuer in den neuen Bundesländern, 1991, S. 23.

[84] Vgl. zu dieser Problematik schon *Schoen* (Fn. 45), S. 317.

[85] Dazu *Engelhardt,* in: *Zinn/Stein* (Fn. 3), Art. 50 Nachtrag 1990, 4.

[86] *Lenz* (Fn. 28), S. 115, 131.

[87] *Lenz* (Fn. 28), S. 114.

[88] Kritisch dazu schon *Schoen* (Fn. 45), S. 339 f.; vgl. aber wiederum S. 341 ff.

herleiten.[89] Es gibt heute zahlreiche öffentlich-rechtliche Verträge zwischen Staat und Bürger. Beim Abschluß eines solchen Vertrages verzichtet der Staat auf die an sich gegebene Möglichkeit, den betreffenden Gegenstand einseitig durch Verwaltungsakt zu regeln. Das macht das Verhältnis der Vertragspartner noch nicht zu einem Gleichordnungsverhältnis. Vielmehr spricht die Verwaltungsrechtslehre ausdrücklich von „subordinationsrechtlichen Verträgen"[90].

Der heute bei vielen beliebte Koordinationsgedanke[91] findet sich schon vor mehr als hundert Jahren bei *Rudolph Sohm*, allerdings in einer etwas anders gewendeten (meines Erachtens aber dafür tiefer durchdachten) Form. Für ihn stehen Staat und Kirche „beide im Dienst der menschlichen Vollkommenheit, der Staat im Dienst des Rechtsgesetzes, die Kirche im Dienst des Sittengesetzes." Deshalb ist die Kirche „ethisch gleich nothwendig wie der Staat. Die Kirche ist ethisch gleichberechtigt mit dem Staat."[92]. Eine von der staatlichen unterschiedene Rechtsordnung, auf deren Boden Staat und Kirche sich auch rechtlich gleichberechtigt treffen, hat er daraus indes nicht abgeleitet.

Folgerichtig kommt auch *Albrecht* zu dem Ergebnis, „daß es keine gemeinsame, einheitliche Rechtsquelle gibt, aus der die rechtliche Bindung der Kirche bzw. des Staates an ihre Koordinationsentscheidung folgt"[93]. Andererseits erscheint es höchst zweifelhaft, ob die von ihm aus der jeweils eigenen Rechtsordnung des Staates und der Kirche hergeleitete Verpflichtung, nicht den inneren Frieden zu gefährden bzw. sich so zu verhalten, wie es das Gemeinwohl der Kirche erfordert,[94] eine hinreichende Grundlage für einen solchen Vertrag bilden kann. Denn diese Verpflichtungen stehen unter einem allgemeinen Abwägungsvorbehalt: sowohl kann der Staat im Einzelfall zu dem Ergebnis kommen, daß eine begrenzte Störung des inneren Friedens aus übergeordneten Gesichtspunkten hingenommen werden muß,[95] als auch kann die Kirche sich verpflichtet sehen, einen Konflikt mit dem Staat um ihres ewigen Auftrages willen auf sich zu nehmen.

Mißlich wäre es in jedem Fall, Verträgen des Staates mit evangelischen Landeskirchen und Verträgen mit römisch-katholischen Bistümern – und etwa Verträgen mit anderen Religionsgemeinschaften wie dem Vertrag des Landes Hessen mit dem Landesverband der jüdischen Gemeinden – eine je verschiedene Rechtsqualität zuzuschreiben.[96] Die römisch-katholischen Bistümer und die evangelischen Landeskirchen haben staatsrechtlich dieselbe Rechtsstellung als Körperschaften des öffentlichen Rechts. Die Mitwirkung des Heiligen Stuhles kann für die Rechtsnatur der Verträge nicht maßgebend sein, da dieser nicht Vertragspartner und seine Beteiligung daher grundsätzlich nur eine Frage des innerkirchlichen Rechts ist.

---

89 Anders *Lenz* (Fn. 28), S. 114.

90 Vgl. *Hartmut Maurer*, Allgemeines Verwaltungsrecht, 10. Aufl. 1995, S. 348.

91 Grundlegend dazu *Albrecht* (Fn. 79), passim.

92 *Rudolph Sohm*, Das Verhältnis von Staat und Kirche, 1873, S. 32.

93 *Albrecht* (Fn. 79), S. 228.

94 *Albrecht* (Fn. 79), S. 227, 228.

95 Ganz abgesehen von dem Fall, daß auch die Erfüllung des Vertrages einmal eine Gefahr für den inneren Frieden heraufbeschwören kann.

96 So aber wohl *Lenz* (Fn. 28), S. 119 f.

Es ist daher daran festzuhalten, daß die Verträge des Landes Hessen mit den evangelischen Landeskirchen und mit den römisch-katholischen Bistümern jedenfalls von ihrer Rechtsnatur her gleich zu beurteilen sind.

Wie ihre Rechtsnatur letztlich zu bestimmen ist, steht damit allerdings noch nicht fest.[97] Die Frage, ob man wirklich sinnvoll eine „allgemeine gemeinsame Rechtsebene allen zwischenmenschlichen Rechts" annehmen kann, auf der „eine wirkliche Beziehung (des Kirchenrechts) mit dem staatlichen Recht" möglich wird,[98] ist noch nicht abschließend mit der Folge eines breiten Konsenses beantwortet. Sie kann auch hier nicht abschließend beantwortet werden. Ihre Bedeutung wird dadurch wesentlich gemindert, daß nach der herrschenden Auffassung ohne Rücksicht auf ihre Beantwortung ein Kirchenvertrag die von ihm geregelten Gegenstände der Verfügungsmacht des Gesetzgebers nicht entziehen kann.[99] Ob der Gesetzgeber durch eine abweichende Regelung auch die Vertragsbindung beseitigen kann,[100] ist ein vor allem theoretisches Problem, bei dem man fragen kann, ob es nicht eher dem Bereich der Moral als dem des Rechts zuzuordnen ist.

Mit Recht weist *Hollerbach*[101] freilich darauf hin, daß die Frage des Ranges und der Bestandskraft von Kirchenverträgen in Landesverfassungen geregelt sein kann. So bestimmt Art. 8 der Verfassung des Landes Baden-Württemberg vom 11.1.1953,[102] daß „Rechte und Pflichten, die sich aus Verträgen mit der evangelischen und katholischen Kirche ergeben," „von dieser Verfassung unberührt" bleiben.[103] In der Hessischen Verfassung bestimmt Art. 67 Satz 2, daß kein Gesetz gültig ist, das „mit einem Staatsvertrag in Widerspruch steht". Indes sind Staatskirchenverträge keine Staatsverträge i.S. dieser Vorschrift; aus der Abschnittsüberschrift „Völkerrechtliche Bindungen", aus dem sonstigen Inhalt des Art. 67 und aus der Entstehungsgeschichte des Abschnitts ist zu entnehmen, daß die Bestimmung nur Verträge mit anderen Staaten betrifft. Daß man spätere Staatsgesetze, soweit die allgemeinen Regeln der Gesetzesauslegung dies zulassen, im Einklang mit bestehenden Verträgen auslegen wird, sollte sich von selbst verstehen.

V. Theologie an der Universität

Das bisher letzte Kapitel in der Geschichte der Beziehungen zwischen Staat und Kirchen im Hessen der vergangenen fünfzig Jahre betrifft wieder Bildung und Erziehung. Insoweit sind aktuelle Probleme in jüngster Zeit im Bereich des Rechts

---

[97] Zum gegenwärtigen Meinungsstand *Hollerbach*, Die vertragsrechtlichen Grundlagen des Staatskirchenrechts, in: HdbStKirchR, Bd. I, 2. Aufl. 1994, S. 253, 272 ff.

[98] So vor allem *Scheuner*, Kirchenverträge in ihrem Verhältnis zu Staatsgesetz und Staatsverfassung, in: Festschrift für Erich Ruppel, 1968, S. 312, 322 f.

[99] Vgl. *Hollerbach* (Fn. 97), S. 276; ebenso schon *Scheuner* (Fn. 98), S. 324 ff.

[100] So *Quaritsch*, Kirchenvertrag und Staatsgesetz, in: Hamburger Festschrift für Friedrich Schack, 1966, S. 125, 139.

[101] *Hollerbach* (Fn. 97), S. 276.

[102] GBl. S. 173.

[103] Dazu *Hollerbach* (Fn. 97), S. 276.

der theologischen Fachbereiche an staatlichen Hochschulen entstanden, deren Bestand durch Art. 60 Abs. 2 Satz 1 HV gewährleistet ist. Der Anlaß ergab sich in dem im Gefolge der Neugliederung der Universität Frankfurt durch das Universitätsgesetz vom 12.5.1970[104] errichteten Fachbereich Religionswissenschaften. Dieser – ursprünglich nur der Ausbildung von Religionslehrern dienende – „bikonfessionelle" Fachbereich war in die Betriebseinheiten Katholische und Evangelische Theologie gegliedert. In der (römisch-)katholischen Betriebseinheit entstand bald der Wunsch nach Einrichtung eines theologischen Diplomstudienganges. Mit Erlaß vom 15. Dezember 1982 kam der Hessische Kultusminister diesem Wunsch nach und führte den Diplomstudiengang – nach Unterrichtung der römisch-katholischen Bischöfe, aber ohne ihre Zustimmung – ein. Darauf strengte der Bischof von Limburg ein Verfahren vor den Verwaltungsgerichten an, das erst in diesem Jahr durch eine Entscheidung des Bundesverwaltungsgerichtes endgültig erledigt worden ist.

Es handelt sich allerdings nicht um das erste Mal, daß aus der Universitätsreform staatskirchenrechtliche Probleme entstanden sind.[105] Im Zusammenhang mit der Umwandlung der Evangelisch-theologischen Fakultät der Philipps-Universität Marburg in einen Fachbereich wurden bestimmte Assistenten kraft Gesetzes Professoren; für eine Anhörung der Kirche nach Art. 60 Abs. 2 Satz 2 HV und Art. 13 Abs. 2 des Staatskirchenvertrages war kein Raum.

Den Erlaß des Hessischen Kultusministers vom 15. Dezember 1982 hob der Hessische Verwaltungsgerichtshof auf die Klage des Bischofs von Limburg durch Urteil vom 3. Mai 1985[106] im wesentlichen mit der Begründung auf, die gegen den Willen des Bischofs verfügte Einrichtung eines Diplomstudienganges Katholische Theologie an einem bikonfessionellen Fachbereich verstoße gegen das verfassungsmäßig gewährleistete Selbstbestimmungsrecht der römisch-katholischen Kirche. Dadurch sah das Ministerium sich genötigt, den bikonfessionellen Fachbereich zu teilen und je einen Fachbereich Evangelische und Katholische Theologie zu errichten.

Es ist lebhaft zu bedauern, daß so von kirchlicher Seite – trotz vielfacher Bekenntnisse zu Gemeinsamkeiten und Annäherung zwischen den verschiedenen Konfessionen[107] – ein Ansatz zur Überwindung der strikten konfessionellen Trennung der theologischen Forschung und Lehre an staatlichen Universitäten, wie es sie außerhalb Deutschlands kaum gibt,[108] zunichte gemacht worden ist. Selbstverständlich gehört es nicht zu den Aufgaben des heutigen Staates, die ökumenische Einigung gegen den Willen der beteiligten Kirchen zu fördern.[109] Die konfes-

---

[104] GVBl I S. 324.

[105] Zum folgenden vgl. *Weispfenning* (Fn. 8), S. 319 ff.

[106] NVwZ 1986, 406.

[107] Vgl. nur das Dekret „Unitatis Redintegratio" des II. Vatikanischen Konzils über den Ökumenismus vom 21. November 1964.

[108] Vgl. etwa *Keith Ward*, The move towards a more open theology, in: Church Times (London) v. 21. Januar 1994, S. 10.

[109] Insoweit zutreffend *Heckel*, Zur Errichtung theologischer Fakultäten und Studiengänge im Spannungsfeld von Kulturverfassungsrecht und Staatskirchenrecht, in: Festschrift für Klaus Obermayer, 1986, S. 181, 186.

sionsübergreifende theologische Zusammenarbeit – vor allem in den Bibelwissenschaften,[110] aber nicht nur dort[111] – ist aber heute Gott sei Dank bereits eine Realität und nicht mehr nur eine „futuristische Fiktion". Hier sind freilich zunächst die Kirchen gefragt.

Der Streit zwischen Land und Bischof war mit der Teilung des Fachbereichs allerdings noch nicht zu Ende. Der Bischof klagte auch gegen die erneute Einführung des Diplomstudienganges an dem nunmehr konfessionell einfarbigen Fachbereich und hatte beim Hessischen Verwaltungsgerichtshof wiederum Erfolg. Der Verwaltungsgerichtshof führte in seinem Urteil vom 7.7.1994[112] aus, die Einrichtung des Studienganges verletze das kirchliche Selbstbestimmungsrecht, denn „die der Beigeladenen (Universität) in dem angefochtenen Erlaß übertragene Aufgabe, in dem neugeschaffenen Fachbereich Katholische Theologie im Rahmen eines Diplomstudienganges die katholische Theologie als Glaubenswissenschaft zu pflegen und den theologischen Nachwuchs auszubilden, (dürfe) nicht ohne Mitwirkung der Kirche erfolgen"[113].

Diese Aussage ist insoweit zutreffend, als es um die Ausbildung des „theologischen Nachwuchses" geht, wenn man den Verwaltungsgerichtshof dahin versteht, daß er damit den Nachwuchs für kirchliche Ämter und die Erfüllung der Einstellungsvoraussetzungen für diese Ämter meint. Die Anerkennung einer Universitätsausbildung als Erfüllung einer Voraussetzung für die Einstellung in den kirchlichen Dienst ist (selbstverständlich) Sache der Kirche und allein ihrer Entscheidung vorbehalten. Damit ist aber noch nicht gesagt, daß die Kirche gegenüber einer theologischen Ausbildung im Rahmen einer staatlichen Universität mehr tun kann, als ihr diese Anerkennung zu verweigern.

Auch die vom Land Hessen gegen das Urteil des Hessischen Verwaltungsgerichtshof eingelegte Revision ist allerdings erfolglos geblieben. Durch Urteil vom 18.7.1996 hat das Bundesverwaltungsgericht entschieden, „die an ein bestimmtes Bekenntnis gebundene Ausbildung von Volltheologen" an einer staatlichen Universität bedürfe des Einverständnisses der „betroffenen" Kirche.[114] Auch das Bundesverwaltungsgericht leitet diese Entscheidung aus dem kirchlichen Selbstbestimmungsrecht her. Die Einführung eines solchen Studienganges an einer Universität sei zwar auch eine staatliche Angelegenheit. Der Staat habe die Wissenschaftsfreiheit zu schützen und nach der hessischen Landesverfassung insbesondere auch den Auftrag, die Theologie als Wissenschaftsdisziplin zu fördern. Nach dem Vorbringen des Bischofs zum kirchlichen Selbstverständnis müsse dieser Organisationsakt jedoch ebenso als eine Angelegenheit der Kirche angesehen werden. Er berühre nämlich die Struktur der Theologenausbildung an kirchlichen und staatlichen Einrichtungen,

---

[110] Vgl. etwa den Evangelisch-Katholischen Kommentar zum Neuen Testament, hrsg. von *Josef Blank* (rk.), *Rudolf Schnackenburg* (rk.), *Eduard Schweizer* (ev.) und *Ulrich Wilckens* (ev.).

[111] Vgl. das Handbuch der Christlichen Ethik, hrsg. von *Anselm Hertz* (rk.), *Wilhelm Korff* (rk.), *Trutz Rendtorff* (ev.) und *Hermann Ringeling* (ev.), Aktualisierte Neuausgabe 1993.

[112] ESVGH 45, 24.

[113] ESVGH 45, 32.

[114] NJW 1996, 3287.

die in ihrer Gesamtheit Angelegenheit der Kirche sei und an staatlichen Hochschulen auch als Aufgabe der Kirchen wahrgenommen werde.

Nun kann es keinem vernünftigen Zweifel unterliegen, daß der Staat in das kirchliche Selbstbestimmungsrecht eingriffe, wenn er sich in die kirchliche Priesterausbildung einmischte, sei es, daß der Staat der Kirche verbietet, ihre Priester selbst theologisch auszubilden, oder daß er ihr Vorschriften über die Gestaltung dieser Ausbildung macht.[115] Es fragt sich aber, ob durch theologische Forschung und (wissenschaftliche) Lehre als solche an einer staatlichen Universität in den kirchlichen Bereich eingegriffen wird.

„Privat Theologie betreiben kann jeder, der dazu Fähigkeit und/oder (sic!) Lust hat“[116]. Das kann keine Kirche verbieten. Denn es fällt nicht in ihren Kompetenzbereich, wenn irgend jemand außerhalb ihrer sich wissenschaftlich mit Theologie beschäftigt. Ebensowenig kann eine Kirche es verhindern, daß jemand sich – darstellend oder kritisch – mit ihrer eigenen Lehre und Praxis befaßt. Wissenschafts- und Meinungsfreiheit gewährleisten jedem das Recht, sich unabhängig von kirchenamtlicher Beeinflussung zu kirchlichem Lehren und Handeln in Geschichte und Gegenwart zu äußern. Daß die Verbreitung der Ergebnisse solcher theologischer Privatforschung bei Dritten möglicherweise Zweifel an der Autorität kirchlicher Verkündigung weckt, dies in einzelnen Fällen vielleicht sogar beabsichtigt, müssen die Kirchen hinnehmen. Gegen Beleidigung und üble Nachrede können sie die allgemeinen Vorschriften des Ehrenschutzes in Anspruch nehmen. Umgekehrt unterwirft auch die Absicht, Theologie in inhaltlicher Bindung an ein kirchliches Bekenntnis zu erforschen und zu lehren, einen solchen Theologen nicht der kirchlichen Hoheit. Die Kirche kann sich, wenn sie Methode oder Ergebnisse dieser theologischen Arbeit mißbilligt, davon distanzieren; sie kann diese Arbeit aber nicht verbieten.

Auch die wissenschaftliche Arbeit an theologischen Fakultäten staatlicher Universitäten gehört an sich nicht zu den Angelegenheiten einer Kirche. Als Tätigkeit innerhalb einer staatlichen Institution ist sie keine kirchliche Tätigkeit. Die wissenschaftliche Erforschung theologischer Fragen ist als solche keine kirchliche Funktion, sondern nur, soweit sie in kirchlicher Verantwortung geschieht. Die Kirchen werden dadurch auch nicht beeinträchtigt. Keine Kirche braucht sie sich zurechnen zu lassen. Damit entfällt ein Hauptargument von *May*, der (formal) zutreffend darauf hinweist, es gebe „keine außerkirchliche oder unkirchliche Theologie, *welche die Kirche sich zurechnen lassen müßte*“[117]. Dieser Satz ist deshalb zutreffend, weil die Kirche „außerkirchliche oder unkirchliche Theologie“, die es natürlich gibt, sich selbstverständlich in keinem Fall zurechnen lassen muß; sie kann frei ent-

[115] Eine solche Einmischung hat die römisch-katholische Kirche dem Staat freilich in mehreren Konkordaten ausdrücklich vertraglich zugestanden; vgl. Reichskonkordat Art. 14 Abs. 2 Nr. 1; preuß. Konkordat Art. 10 Abs. 1.

[116] *Georg May*, Errichtung und Erweiterung katholisch-theologischer Studieneinrichtungen an staatlichen Hochschulen, in: Iuri Canonico Promovendo, Festschrift für Heribert Schmitz zum 65. Geburtstag, hrsg. v. *Winfried Aymans* und *Karl-Theodor Geringer*, Regensburg 1994, S. 415 ff., 417.

[117] *May* (Fn. 116), S. 424; Hervorhebung von mir.

scheiden – das ergibt sich aus ihrem Selbstbestimmungsrecht –, ob und welche Theologie sie sich zurechnen lassen will, und hat jederzeit die Möglichkeit, sich von einer Theologie zu distanzieren, auch wenn diese den Anspruch erhebt, mit kirchlichen Grundsätzen inhaltlich übereinzustimmen. Darüber hinaus bleibt es den Kirchen unbenommen, ihren Mitgliedern und insbesondere künftigen Priestern abzuraten oder sogar – bei innerkirchlicher Sanktion – zu verbieten, bei bestimmten Lehrern an theologischen Staatsfakultäten zu hören; ebensowenig brauchen sie Prüfungen anzuerkennen, die von diesen Fakultäten abgehalten werden. Dies alles fällt zweifelsfrei in den Bereich des kirchlichen Selbstbestimmungsrechts. Dementsprechend hat die römisch-katholische Kirche sich im 19. Jahrhundert etwa im Streit um den Freiburger Theologieprofessor *Hirscher* verhalten, als der Bischof von Limburg den Theologiestudenten aus seiner Diözese den Besuch von dessen Vorlesungen verbot.[118] Noch nach dem zweiten Weltkrieg wurde in evangelischen Kirchen diskutiert, ob man theologische Fakultätsprüfungen anerkennen könne, an denen der Marburger Neutestamentler *Rudolf Bultmann* teilgenommen hatte.

Daraus folgt aber nicht, daß eine Kirche es außerhalb ihrer stehenden Personen oder Institutionen verbieten kann, sich mit Theologie zu befassen. Nicht „nur die Kirche verfügt über die Theologie“[119]; dies kann schon deshalb nicht zutreffen, weil es „die Theologie“ ohne qualifizierendes Prädikat nur in einem formalen Sinne gibt, der alles umfaßt, was sich mit dem Begriff „Theos“ befaßt, von den frühen Griechen bis *Ludwig Feuerbach* und in jeder Richtung darüber hinaus. Zur kirchlichen Angelegenheit wird die Universitätstheologie erst, wenn die Kirche sich an ihrer Organisation beteiligt und die Arbeit der Universitätstheologen als in ihrem Namen geschehend anerkennt. Dazu ist die Kirche – wie gesagt – nicht verpflichtet; sie kann diese Anerkennung auch jederzeit zurücknehmen, wenn sie die Ergebnisse der theologischen Universitätsarbeit nicht mehr mit ihren Grundsätzen als vereinbar ansehen kann. Eben diese Möglichkeit der Distanzierung verbietet es jedoch, ein weitergehendes Einflußrecht kirchlicher Instanzen aus dem kirchlichen Selbstbestimmungsrecht herzuleiten. Der Zwang des Staates zur Rücksichtnahme auf die Kirchen bei der Errichtung und Ordnung theologischer Einheiten an Universitäten ist daher lediglich tatsächlicher und politischer, nicht aber rechtlicher Natur.[120]

Gilt etwas anderes, wenn der Staat sich bemüht, die theologische Forschung und Lehre an einer Universität so zu gestalten, daß sie auch der Kirche zugute kommt, daß sie von ihr anerkannt und genutzt werden kann? Ich meine: nein.

Auf diesen Gesichtspunkt stellt allerdings insbesondere auch das Bundesverwaltungsgericht bei seiner Entscheidung ab. Es spricht ständig von „bekenntnisgebundener Ausbildung von (Voll-)Theologen“, von „bekenntnisgebundenen Studiengängen“. Es geht davon aus, daß „die Kirche die bekenntnisgebundene Aus-

118 Vgl. *Herman H. Schwedt*, Vom ultramontanen zum liberalen Döllinger, in: Geschichtlichkeit und Glaube. Gedenkschrift zum 100. Todestage Ignaz von Döllingers, hrsg. v. *Georg Denzler* und *Ludwig Grasmück*, München 1990, S. 107 ff., 123.

119 So aber *May* (Fn. 116), S. 424.

120 Anders *Martin Heckel*, Die theologischen Fakultäten im weltlichen Verfassungsstaat, 1986, S. 328 ff.

bildung von Volltheologen[121] in ihrer Gesamtheit – an kirchlichen und staatlichen Hochschulen – ordnet und verwaltet". Diese Aussage ist in mehrfacher Hinsicht einer Nachfrage würdig. Zunächst ist sie insofern ungenau, als die Ordnung und Verwaltung durch die Kirche sich legitimerweise nur auf die Ausbildung kirchlicher Amtsträger, also von Priestern oder Pfarrern, beziehen kann. Das Land hatte aber geltend gemacht, daß eine theologische Ausbildung auch von Studenten angestrebt werde, die nicht die Absicht hätten, in den kirchlichen Dienst zu treten. Daß die Kirche aus ihrem Selbstverständnis einen Anspruch darauf hätte, auch die Ausbildung dieser Studenten zu bestimmen, kann keinesfalls anerkannt werden.

Wenn der Staat einer staatlichen theologischen Universitätsfakultät den Auftrag erteilt, Theologie im Sinne einer bestimmten Kirche zu betreiben und dadurch zur Priesterausbildung dieser Kirche beizutragen, dann ist auch dies nur ein Angebot, das die Kirche ablehnen kann. Lehnt sie es ab, dann kann der staatliche Auftrag sich innerkirchlich nicht auswirken, den Bereich des kirchlichen Selbstbestimmungsrechts nicht beeinträchtigen. Entsprechendes gilt, wenn der Staat den konfessionellen Charakter einer theologischen Fakultät ändert.[122] Dies kann gegen die verfassungsrechtliche Bestandsgarantie für die theologischen Fakultäten verstoßen, denn diese Garantie bezweckt in der Tat, die bestehenden Fakultäten als für den kirchlichen Dienst geeignete Ausbildungsstätten zu erhalten; das kirchliche Selbstbestimmungsrecht wird dadurch aber nicht beeinträchtigt, denn die betreffende Kirche kann die weitere Annahme des in der Unterhaltung der theologischen Fakultät durch den Staat liegenden Angebotes ablehnen und sich von der dort gelehrten Theologie distanzieren. Diese Unterscheidung ist nicht sinnlos, denn die genannte Bestandsgarantie gilt nicht für alle theologischen Fakultäten.

Die einer Kirche offenstehende Möglichkeit, das staatliche Angebot theologischer Ausbildung an einer (staatlichen) Universität abzulehnen, dort erteilten akademischen Graden die Anerkennung zu verweigern oder zu entziehen oder sogar ihren Mitgliedern das Studium an einer bestimmten Universität zu untersagen, wird vom Bundesverwaltungsgericht freilich gesehen. Das Gericht ist lediglich der Auffassung, solche kirchlichen Maßnahmen hätten „erfahrungsgemäß nur begrenzte Wirksamkeit". Auf welchen Erfahrungen diese Aussage beruht, teilt es allerdings nicht mit; die Erfahrungen des 19. Jahrhunderts, insbesondere die erfolgreiche Unterdrückung des Modernismus, scheinen eher in eine andere Richtung zu gehen.

Schließlich bleibt der Gesichtspunkt, daß die Einrichtung des Diplomstudienganges die theologische Ausbildung im Sinne der Kirche beeinträchtige, weil die Zahl der dafür zur Verfügung stehenden Wissenschaftler begrenzt sei. Hier stellt sich die grundsätzliche Frage, inwieweit der Staat an der Schaffung von Dienstposten oder Arbeitsstellen, die er für erforderlich hält, dadurch gehindert werden kann, daß eine Kirche erklärt, die für die Besetzung dieser Stellen in Aussicht genommenen Arbeitskräfte im eigenen Bereich zu benötigen. Man wird nicht annehmen wollen,

[121] Leider äußert das BVerwG sich nicht zu der Frage, was es unter „Voll"theologen – im Gegensatz zu „Halb"- oder „Teil"theologen? – versteht, und welche Bedeutung die mehrfache – geradezu betonte – Beziehung auf „Voll"theologen für seine Entscheidung hat.

[122] A. A. *Heckel* (Fn. 109), S. 181, 186.

der Staat oder eine Gemeinde dürften nicht die Stellen für kommunale Kindergärtnerinnen vermehren, weil dadurch die Zahl der einer Kirche auf dem Arbeitsmarkt zur Verfügung stehenden Kindergärtnerinnen vermindert werden kann. Ebenso wird man die Stellenausstattung einer staatlichen Fachhochschule für Sozialarbeit mit Hochschullehrerstellen nicht dadurch begrenzt sehen, wieviele Hochschullehrer für kirchliche Fachhochschulen zur Verfügung bleiben, an deren Errichtung und Erhaltung eine Kirche im Hinblick auf die Ausbildungsnotwendigkeiten für den diakonischen/karitativen Dienst der Kirche ein legitimes Interesse haben kann. Im Streitfall kommt hinzu, daß die in dem bestehenden Fachbereich vorhandenen Hochschullehrerstellen, soweit ersichtlich, besetzt sind. Ob sie für die Durchführung eines Diplomstudienganges ausreichend sind, ist eine Frage von dessen inhaltlicher Ausgestaltung.

Im übrigen setzt die Relevanz der beiden letztgenannten Argumente die Bejahung der hier verneinten Frage voraus, ob die Errichtung des umstrittenen Diplomstudienganges (auch) eine kirchliche Angelegenheit ist.

Die Bestandsgarantie der theologischen Fakultäten (Art. 60 Abs. 2 Satz 1 HV) geht über das Selbstbestimmungsrecht der Kirchen hinaus. Ob sich aus dieser Bestandsgarantie Mitwirkungsrechte der Kirchen bei der Ordnung von Forschung und Lehre an diesen Fakultäten herleiten lassen, erscheint allerdings ebenfalls zweifelhaft. Diese Bestimmung garantiert den Bestand der theologischen Fakultäten allenfalls in der Ausformung, die sie 1946 hatten. Damals besaßen aber zumindest die evangelischen Kirchen nur sehr begrenzte Mitwirkungsrechte in diesen Fakultäten.[123] Es fragt sich überdies, ob die Garantie auch diese Einzelheiten der Ausgestaltung umfaßt. Die Frage der Errichtung neuer theologischer Fakultäten liegt ohnehin außerhalb des Bereichs der Bestandsgarantie.

Art. 60 Abs. 2 Satz 2 HV schreibt allerdings vor, vor der Berufung von Dozenten der theologischen Fakultäten staatlicher Hochschulen die Kirchen zu hören. Er erweitert damit den Einfluß der Kirchen über den durch ihr Selbstbestimmungsrecht gebotenen Umfang hinaus. Ein Vetorecht der Kirchen gegen die Ernennung bestimmter Dozenten ergibt sich daraus jedoch nicht,[124] noch weniger ein Anspruch der Kirchen auf Ernennung bestimmter Personen.

Anders wird die Rechtslage nur, wenn Staat und Kirche sich im Interesse der Kirche an einer ihren Vorstellungen entsprechenden Priesterausbildung an staatlichen und damit auch staatlich finanzierten Fakultäten vertraglich auf die Gewährung kirchlicher Einflußmöglichkeiten auf die Arbeit der theologischen Fakultäten ihres Bekenntnisses einigen. Rechtsgrundlage dieser Einflußmöglichkeiten ist dann die vertragliche Einigung, nicht die Verfassung selbst.

Eine solche vertragliche Erweiterung der kirchlichen Rechte hinsichtlich der jetzt im Land Hessen bestehenden theologischen Fachbereiche ist jedoch nicht erfolgt. Das preußische Konkordat (vgl. Art. 12 Abs. 1) betrifft sie nicht; die Bistümerverträge sowie der preußische (vgl. Art. 11 Abs. 2) und der hessische

123 Vgl. *M. Heckel* (Fn. 120), S. 87 ff.
124 Vgl. *Stein*, in: *Zinn/Stein* (Fn. 3), Art. 60, Anm. 5.

Kirchenvertrag (vgl. Art. 13 Abs. 2) enthalten keine über Art. 60 Abs. 2 HV hinausgehenden Bestimmungen. Das Reichskonkordat (vgl. Art. 19) – wie man seine Geltung auch beurteilt – enthält keine über die Länderkonkordate hinausgehenden unmittelbar verbindlichen Vorschriften.

VII. Ausblick

Ein Gesamtüberblick über ein halbes Jahrhundert hessischer Geschichte ergibt, daß das Verhältnis zwischen Land und Kirchen im ganzen gut war. Meinungsverschiedenheiten in Einzelfragen haben es nicht dauerhaft stören können. Selbst der zuletzt beschriebene Rechtsstreit hat das Verhältnis nicht nachhaltig zu trüben vermocht. Dies ist zu begrüßen. Staat und Kirchen dienen mit ihren spezifischen Funktionen denselben Menschen. Die Wirkungskraft dieses Dienstes würde gestört, wenn sie dabei gegeneinander arbeiten würden. Dazu ist es in dem vergangenen halben Jahrhundert nicht gekommen, und man darf die zuversichtliche Hoffnung hegen, daß sich daran in der überschaubaren Zukunft nichts ändern wird.

OTTMAR FRIEDRICH

Die Wahlprüfung in der Rechtsprechung des Wahlprüfungsgerichts beim Hessischen Landtag

I. Rechtsgrundlagen, Prüfungskompetenz und Verfahren des Wahlprüfungsgerichts

1. Rechtsgrundlagen

Die verfassungsrechtliche Grundlage für die Tätigkeit des Wahlprüfungsgerichts beim Hessischen Landtag bildet Art. 78 der Verfassung des Landes Hessen (HV), dessen Abs. 1 und 3 den Aufgabenbereich des Gerichts festlegen und die Grundsätze für die Organisation des Wahlprüfungsgerichts enthalten, während Abs. 2 dieser Vorschrift in materiell-rechtlicher Hinsicht den Prüfungsrahmen für das Wahlprüfungsverfahren vorgibt. Nach Art. 78 Abs. 1 HV prüft „ein beim Landtage gebildetes Wahlprüfungsgericht" die Gültigkeit der Wahlen und entscheidet auch über die Frage, ob ein Abgeordneter seinen Sitz verloren hat. Nach Art. 78 Abs. 3 HV besteht das Wahlprüfungsgericht aus den beiden höchsten Richtern des Landes und drei vom Landtag für seine Wahlperiode gewählten Abgeordneten, wobei das Nähere durch Gesetz geregelt wird (Art. 78 Abs. 4 HV). In Ausfüllung dieser Grundlagennorm regelt das Wahlprüfungsgesetz vom 5. August 1948 (GVBl. 1948 S. 93, ber. S. 137) in der Fassung des Änderungsgesetzes vom 4. Juli 1962 (GVBl. I 1962 S. 314) – WPrG – im einzelnen die Zusammensetzung und – wenn auch nicht abschließend – das Verfahren des Wahlprüfungsgerichts bei der Durchführung der ihm nach der Verfassung obliegenden Aufgaben. Danach besteht das Wahlprüfungsgericht aus dem Präsidenten des Verwaltungsgerichtshofs, dem Präsidenten des Oberlandesgerichts und drei gewählten Mitgliedern (§ 1 – Paragraphennummern ohne zusätzliche Angaben zur Norm sind solche des Wahlprüfungsgesetzes), wobei die zu wählenden Mitglieder vom Landtag aus dem Kreise der Abgeordneten im Wege der Verhältniswahl nach dem Listenwahlsystem für die Dauer der Wahlperiode gewählt werden (§ 2 Abs. 1). Den Vorsitz im Wahlprüfungsgericht führt der Präsident des Verwaltungsgerichtshofs, bei seiner Verhinderung der Präsident des Oberlandesgerichts. Sind beide verhindert, so führt der ständige Vertreter des Präsidenten des Verwaltungsgerichtshofs den Vorsitz (§ 4). Im übrigen werden der Präsident des Verwaltungsgerichtshofs und der Präsident des Oberlandesgerichts jeweils durch den ständigen Vertreter im Amt vertreten, während bei Verhinderung oder Ausscheiden eines gewählten Mitglieds der auf der Liste folgende Abgeordnete an seine Stelle tritt (§ 3).

Das Wahlprüfungsgericht prüft von Amts wegen oder auf Einspruch die Gültigkeit der Wahl zum Landtag (§ 6 Abs. 1); es entscheidet ferner von Amts wegen, auf Antrag des Präsidenten des Landtages oder auf Einspruch eines Wahlberechtigten darüber, ob ein Abgeordneter seinen Sitz verloren hat (§ 6 Abs. 2). Der Einspruch nach § 6 steht jedem Wahlberechtigten zu. Er muß innerhalb eines Monats beim Landtag eingegangen und mit Gründen versehen sein, wobei die Frist – soweit es sich um einen Einspruch gegen die Gültigkeit der Wahl zum Landtag handelt – mit der Bekanntmachung des Wahlergebnisses und bei dem Einspruch betreffend den Verlust des Abgeordnetenmandates mit der Entscheidung des Landeswahlausschusses gemäß § 40 Abs. 4 Satz 2 des Landtagswahlgesetzes – LWG – beginnt (§ 7 Abs. 1). Wird gegen die Wahl ein Einspruch nicht erhoben und sind keine Fehler bei der Feststellung des Wahlergebnisses ersichtlich, so stellt das Wahlprüfungsgericht dies nach Ablauf der Einspruchsfrist durch Beschluß, der dem Präsidenten des Landtages, dem Minister des Innern und dem Landeswahlleiter zuzustellen und im Staatsanzeiger zu veröffentlichen ist, fest (§ 8). Wird hingegen Einspruch eingelegt, oder erachtet das Wahlprüfungsgericht von Amts wegen eine eingehendere Prüfung für erforderlich, so leitet es ein ordentliches Wahlprüfungsverfahren ein und entscheidet aufgrund mündlicher Verhandlung durch Urteil, wobei in diesem Fall für das Verfahren die Vorschriften der §§ 10 bis 17 des Wahlprüfungsgesetzes gelten, auf die im folgenden noch näher eingegangen werden wird. Weitere Regelungen für das zu beobachtende Verfahren enthält § 5 des Wahlprüfungsgesetzes, nach dessen Abs. 1 die Vorschriften der Zivilprozeßordnung über die Ausschließung von Gerichtspersonen (§ 41), die Leitung der Verhandlung (§§ 136, 139, 140), das persönliche Erscheinen (§ 141), den Beweis durch Zeugen und Sachverständige (§§ 373 bis 414) sowie die Vorschriften des Gerichtsverfassungsgesetzes über die Beratung und Abstimmung (§§ 194 bis 198) entsprechende Anwendung finden, während nach § 5 Abs. 4 im übrigen das Wahlprüfungsgericht sein Verfahren im Rahmen dieses Gesetzes nach freiem Ermessen regelt.

2. *Das Wahlprüfungsgericht*[1]

a) Zusammensetzung des Gerichts

Die Zusammensetzung des Gerichts hat zu wiederholten Malen Einspruchsführer dazu veranlaßt, dessen gesetzliche Legitimation in Frage zu stellen bzw. die gewählten Mitglieder des Gerichts wegen Besorgnis der Befangenheit abzulehnen, da sie als Teil der Legislative nicht gleichzeitig Aufgaben der rechtsprechenden Gewalt wahrnehmen könnten.

Soweit derartige Beanstandungen die gesetzlich festgelegte Besetzung des Wahlprüfungsgerichts generell zum Gegenstand haben, betrifft dies indes die Frage der Verfassungsmäßigkeit des Art. 78 Abs. 3 HV und der entsprechenden Vorschriften des Wahlprüfungsgesetzes (§§ 1, 2 Abs. 1, 5 Abs. 1 i.V.m. § 41 ZPO analog), die ausschließlich der Prüfungsbefugnis des Staatsgerichtshofes des Landes Hessen unterliegt (Art. 133 HV). Dieser hat die in Art. 78 Abs. 3 HV normierte Zusammensetzung des Wahlprüfungsgerichts und die aufgrund von Art. 78 Abs. 4 HV getroffene Ausführungsregelung einer näheren Prüfung unterzogen und ist zu dem Ergebnis gelangt, daß diese Regelungen mit der Verfassung in Einklang stehen und im übrigen Art. 78 HV nicht gegen Bundesrecht verstoße.[2] Zur Begründung hat der Staatsgerichtshof im wesentlichen ausgeführt, stets sei die Wahlprüfung als eine spezielle, von anderen Verfahren deutlich abgehobene Rechtskontrolle betrachtet worden, deren Verfahrensziel auf die objektive Überprüfung des Wahlergebnisses ausgerichtet sei. Der Zweck des Wahlprüfungsverfahrens bestehe nicht darin, Schutz vor der Verletzung subjektiver Rechte zu gewähren. Die Verfolgung subjektiver Rechte einzelner trete zurück gegenüber der Notwendigkeit, die Stimmen einer Vielzahl von Bürgern in einer einheitlichen, wirksamen Wahlentscheidung zusammenzufassen. Keine Norm des Bundesrechts gebiete, daß diese spezielle

---

[1] Die bisher ergangenen Entscheidungen des Wahlprüfungsgerichts ergeben sich aus der folgenden Übersicht:

Landtagswahl	Fundstelle Staatsanzeiger	Entscheidung
01.12.1946	1949, 233	23.03.1949
19.11.1950	1951 – Beilage Nr. 11, 295	28.03.1951
28.11.1954	1955, 521	16.03.1955
23.11.1958	1960, 81	07.07.1959
11.11.1962	1963, 637	19.03.1963
06.11.1966	1967, 1137	12.06.1967
08.11.1970	1971, 1337	29.06.1971
27.10.1974	1975, 1177	18.06.1975
08.10.1978	1979, 1538	27.06.1979
26.09.1982	1983, 1066	25.02.1983
25.09.1983	1984, 1178	15.03.1984
05.04.1987	1988, 62	10.12.1987
05.04.1987	1988, 2330	27.09.1988
20.01.1991	1992, 1554	26.03.1992
19.02./15.03. 1995	1995, 4018	18.09.1995

[2] Hess.StGH, Beschluß vom 20. Juli 1988, P.St. 1075, ESVGH 39, 1 ff. = NVwZ 1983, 647.

Rechtskontrolle der Wahlprüfung einem Gericht im Sinne von Art. 92 ff. des Grundgesetzes (GG) übertragen werden müsse. Insbesondere auch das Gewaltenteilungsprinzip (Art. 20 Abs. 2 Satz 2 GG) und das Recht auf den gesetzlichen Richter (Art. 101 Abs. 1 Satz 2 GG) verlangten nicht, daß die mit der Wahlprüfung beabsichtigte objektive Rechtskontrolle einem Kontrollorgan übertragen werde, das den Status eines Gerichts im klassischen Sinne habe. Das Wahlprüfungsgericht müsse daher nicht den in Art. 20, 92 und 97 GG statuierten Anforderungen eines Gerichts im klassischen Sinne entsprechen. Folglich komme es auch nicht darauf an, ob das beim Landtag gebildete Wahlprüfungsgericht angesichts seiner organisatorischen Zuordnung und seiner Besetzung mit drei Abgeordneten gleichwohl als ein selbständiges und unabhängiges Gericht qualifiziert werden könne, das in richterlicher Unabhängigkeit Rechtsprechung ausübe. Jedenfalls könne der Landesverfassungsgeber frei von bundesrechtlichen Vorgaben entscheiden, ob er die Wahlprüfung als ein Recht des Parlaments zur Selbstkontrolle ausgestalte oder damit ein besonderes und gemäß Art. 78 Abs. 3 HV besetztes Wahlprüfungsgericht betraue, das in gerichtsförmigem Verfahren nach Maßgabe des geltenden Wahlrechts über die Gültigkeit der Wahl entscheide. Art. 78 HV verstoße auch nicht gegen höherrangige Grundentscheidungen der Hessischen Verfassung. Dabei könne offen bleiben, ob die mit Art. 19 Abs. 4 GG und Art. 101 Abs. 1 Satz 2 GG inhaltlich übereinstimmenden und fortgeltenden Landesgrundrechte aus Art. 2 Abs. 3 HV und Art. 20 Abs. 1 Satz 1 HV oder das der Hessischen Verfassung immanente Gewaltenteilungsprinzip derart höherrangige Grundentscheidungen enthielten. Jedenfalls folge inhaltlich aus diesen Verfassungssätzen ebensowenig wie aus den inhaltsgleichen Bestimmungen des Grundgesetzes, daß die Wahlprüfung nur einem Gericht im Sinne der Art. 126 ff. HV zugewiesen werden dürfe.[3] An dieser Auffassung hat der Staatsgerichtshof des Landes Hessen auch in der Folgezeit festgehalten und sie in einer Entscheidung vom 9. Dezember 1992 – P.St. 1139 – noch einmal ausdrücklich bekräftigt.

Das Wahlprüfungsgericht selbst hatte sich anläßlich der letzten Wahlprüfung im Jahr 1995 auf Rüge eines Einspruchsführers hin mit der Frage zu befassen, ob die aus den Reihen der Landtagsabgeordneten gewählten Mitglieder des Wahlprüfungsgerichts in analoger Anwendung des § 41 Nr. 1 ZPO als „Partei" von der Ausübung des Richteramtes kraft Gesetzes ausgeschlossen sein können. Das Wahlprüfungsgericht hat diese Frage verneint und ausgeführt, weder seien die dem Wahlprüfungsgericht als Mitglieder angehörenden Landtagsabgeordneten in dem Wahlprüfungsverfahren selbst „Partei" im Sinne von § 41 Nr. 1 ZPO, noch stünden sie im Sinne dieser Vorschrift zu einer „Partei" des Wahlprüfungsverfahrens in dem Verhältnis eines Mitberechtigten, Mitverpflichteten oder Regreßpflichtigen. Abgesehen davon, daß das Wahlprüfungsverfahren vorrangig nicht der subjektiven Rechtsschutzgewährung gegenüber einzelnen diene und zu dienen bestimmt sei, sondern zum Ziel habe, die ordnungsgemäße Durchführung der Landtagswahl zu überprüfen und die richtige Zusammensetzung des Landtags aufgrund einer solchen

[3] Vgl. Hess.StGH, a.a.O., S. 3/4 m.w.N.

Wahl festzustellen bzw. zu gewährleisten, ergebe sich die Beteiligteneigenschaft und damit die Eigenschaft als „Partei" des Wahlprüfungsverfahrens ausschließlich aus den Bestimmungen der §§ 13, 14. Zu den dort enumerativ aufgeführten Personen bzw. Behörden gehörten indes die dem Wahlprüfungsgericht als Mitglieder angehörenden Landtagsabgeordneten offenkundig nicht. Sie stünden zu diesen Personen und Behörden auch nicht in einer der in § 41 Nr. 1 ZPO bezeichneten sonstigen rechtlich beachtlichen Beziehung, so daß auch deswegen eine analoge Anwendung des § 41 Nr. 1 ZPO auf die dem Wahlprüfungsgericht angehörenden Landtagsmitglieder im Hinblick auf die Beschaffenheit und gesetzliche Konstruktion des Wahlprüfungsverfahrens von vornherein ausscheide.[4]

b) Der Berichterstatter

Eine Besonderheit dieses Verfahrens ist, daß dessen Durchführung nach § 11 außerhalb der (öffentlichen) Verhandlung vor dem Wahlprüfungsgericht ausschließlich in den Händen eines dem Verwaltungsgerichtshof als Mitglied angehörigen, vom Wahlprüfungsgericht auf Vorschlag des Präsidenten des Verwaltungsgerichtshofs gewählten Richters liegt. Dieser tritt in der Verhandlung als Berichterstatter auf, gehört jedoch dem Wahlprüfungsgericht nicht an. Nach § 12 sind alle hessischen Behörden verpflichtet, dem Wahlprüfungsgericht und dem gemäß § 11 bestellten Berichterstatter auf Verlangen Auskunft zu erteilen und Amtshilfe zu leisten; die Gerichte haben ihm nach Maßgabe der Bestimmungen des Gerichtsverfassungsgesetzes Rechtshilfe zu leisten. Der Berichterstatter bereitet die mündliche Verhandlung des Wahlprüfungsgerichts eigenverantwortlich im Rahmen der ihm gesetzlich zustehenden Befugnisse vor. Er führt den gesamten Schriftwechsel mit den Einspruchsführern und den sonst am Verfahren beteiligten staatlichen und anderen Stellen und prüft insbesondere in ständiger Praxis des Wahlprüfungsgerichts im Vorfeld der mündlichen Verhandlung auch stichprobenartig die in der Regel sehr umfangreichen Wahlunterlagen des Landeswahlleiters auf mögliche wahlprüfungsrechtlich relevante Unregelmäßigkeiten, die dem Wahlprüfungsgericht – ungeachtet etwaiger Einsprüche – von Amts wegen Veranlassung geben könnten, seine Prüfung auf dabei offenkundig gewordene Mängel zu erstrecken oder gar – falls kein Einspruch eingelegt wird – erst ein ordentliches Wahlprüfungsverfahren einzuleiten (§ 9 Satz 1). Daß die Aufklärungs- und Ermittlungstätigkeit des Berichterstatters im Einzelfall sehr umfangreich und arbeitsintensiv sein kann, mag beispielhaft die Prüfung der Gültigkeit der Hessischen Landtagswahl vom 20. Januar 1991 belegen. Seinerzeit waren gegen die Gültigkeit der Landtagswahl 29 Einsprüche eingelegt worden, von denen sich 15 im wesentlichen gegen behauptete Verstöße gegen die sogenannte „Bannmeilenregelung" im Landtagswahlgesetz i.d.F. vom 19. Februar 1990 (GVBl. I S. 58) richteten, nach dessen § 31 a Abs. 1 während der Wahlzeit in und an dem Gebäude, in dem sich der Wahlraum befindet, sowie unmittelbar vor dem Zugang zu dem Gebäude jede Beeinflussung der Wähler

[4] Urteil vom 18. September 1995, StAnz. 1995, 4024.

durch Wort, Ton, Schrift oder Bild sowie jede Unterschriftensammlung verboten sind. Anlaß für die geltendgemachten Verstöße waren seinerzeit die in zahlreichen Wahlbezirken durchgeführten Unterschrifts- oder Befragungsaktionen zum Thema „Golfkrieg" unmittelbar vor Wahllokalen bzw. im Eingangsbereich zahlreicher Wahllokale, die als Unregelmäßigkeiten im Wahlverfahren im Falle ihrer Erheblichkeit möglicherweise zu einer Ungültigkeit oder Teilungültigkeit der Landtagswahl führen konnten. Zur Aufklärung der behaupteten Verstöße hat der Berichterstatter seinerzeit in zahlreichen Wahlkreisen schriftliche Äußerungen aller Mitglieder der jeweiligen Wahlvorstände sämtlicher Wahllokale darüber herbeigeführt und ausgewertet, ob von diesen Personen während der Wahlzeit am 20. Januar 1991 derartige Vorgänge im Bereich ihres Wahllokals bemerkt worden sind und welcher Art die beobachteten Vorgänge im einzelnen waren. Die Ergebnisse dieser Aufklärungsmaßnahmen füllten seinerzeit 17 Leitzordner und führten zu der Feststellung des Wahlprüfungsgerichts, daß in zahlreichen Wahlbezirken in tatbestandlich relevanter Weise durch Durchführung von Unterschriftensammlungen – zum Teil kombiniert mit Plakat- bzw. Transparentwerbung zum Thema „Golfkrieg" – gegen § 31 a Abs. 1 LWG verstoßen worden ist. Die Feststellung und Analyse der Verstöße im einzelnen hat dazu geführt, daß das Wahlprüfungsgericht in seinem Urteil vom 26. März 1992[5] die maßgeblichen Kriterien für die Auslegung des § 31 a Abs. 1 LWG herausarbeiten und konkrete Maßstäbe dafür entwickeln konnte, wann und unter welchen Umständen von wahlrechtsrelevanten derartigen Verstößen auszugehen ist. Aufgrund dieser Vorgaben hat sich der Landesgesetzgeber in der Folgezeit veranlaßt gesehen, durch eine entsprechende Novellierung des Landtagswahlgesetzes den Wortlaut des § 31 a LWG unter Berücksichtigung der von dem Wahlprüfungsgericht aufgestellten Kriterien zu präzisieren und damit die Anwendbarkeit dieser Norm zu erleichtern und mögliche wahlrelevante Unregelmäßigkeiten im Wahlverfahren aufgrund dieser Vorschrift zu vermeiden.[6]

3. Prüfungsgegenstand und Prüfungskompetenz

a) Prüfungsgegenstand

Unregelmäßigkeiten im Wahlverfahren

Den materiellen Prüfungsrahmen für das Wahlprüfungsgericht bildet Art. 78 Abs. 2 HV. Danach machen eine Wahl ungültig Unregelmäßigkeiten im Wahlverfahren und strafbare oder gegen die guten Sitten verstoßende Handlungen, die das Wahlergebnis beeinflussen und für den Ausgang der Wahl erheblich gewesen sind. Unregelmäßigkeiten im Wahlverfahren sind nach ständiger Rechtsprechung

---

[5] StAnz. 1992, 1554.
[6] Art. 8 Nr. 2 des Gesetzes zur Änderung kommunalrechtlicher Vorschriften vom 20.05.1992, GVBl. I S. 170.

des Wahlprüfungsgerichts alle Verstöße gegen Vorschriften des Landtagswahlrechts, soweit sie sich auf die Vorbereitung der Wahl, den Wahlakt selbst und die Feststellung des Wahlergebnisses beziehen.[7] Dabei sind derartige Unregelmäßigkeiten im Wahlverfahren nicht nur solche, die auf ein fehlerhaftes Verhalten von Wahlorganen oder -behörden zurückzuführen sind. Vielmehr nimmt die Regelung des Art. 78 Abs. 2 HV generell Unregelmäßigkeiten im Wahlverfahren, von welcher Seite auch immer sie kommen mögen, zum Anlaß, daran die Ungültigkeit der Wahl zu knüpfen, sofern die Unregelmäßigkeit wesentlich und für den Ausgang der Wahl erheblich war.[8]

Erheblichkeit von Wahlfehlern

Wie bereits ausgeführt, machen allerdings Unregelmäßigkeiten im Wahlverfahren und strafbare oder gegen die guten Sitten verstoßende Handlungen, die das Wahlergebnis beeinflussen, die Wahl nur im Falle ihrer Erheblichkeit für den Wahlausgang ungültig, also dann, wenn sie die Verteilung der Sitze im gesamten Parlament beeinflussen. Hierzu reicht nach ständiger Rechtsprechung des Bundesverfassungsgerichts und des Wahlprüfungsgerichts bereits die Möglichkeit aus, daß die Unregelmäßigkeit die Verteilung der Sitze verändern kann.[9] Ein Wahlfehler kann nämlich den in der Wahl zum Ausdruck gebrachten Wählerwillen nur dann verfälschen, wenn sich ohne ihn eine andere Mandatsverteilung und damit ein anderes Mehrheitsverhältnis ergeben würde.[10] Dies rechtfertigt sich daraus, daß das Wahlprüfungsverfahren vorrangig nicht den Schutz subjektiver Rechte von Wählerinnen und Wählern, Parteimitgliedern, Wahlkandidatinnen oder -kandidaten oder Abgeordneten zum Ziel hat, sondern die Feststellung der Gültigkeit der Wahl als solche. Das Wahlprüfungsverfahren dient mithin dem Schutz des objektiven Wahlrechts, d.h. der Gewährleistung der gesetzmäßigen Zusammensetzung des Landtags. Darüber hinausgehende Sanktionsfunktionen hat das Wahlprüfungsverfahren nicht. Die Verletzung subjektiver Rechte von Wahlberechtigten oder Wahlbewerbern kann damit lediglich Anlaß, nicht aber Gegenstand des Wahlprüfungsverfahrens sein. Vielmehr ist dessen eigentlicher Gegenstand die Gültigkeit der Wahl und die ordnungsgemäße Zusammensetzung des gewählten Parlaments. Angesichts dieses prinzipiell objektiven Charakters des Wahlprüfungsverfahrens können nach der Rechtsprechung des Wahlprüfungsgerichts deshalb regelmäßig nur solche festgestellten Gesetzesverletzungen (formelle und materielle Wahlfehler) zu Eingriffen der Wahlprüfungsorgane führen, die auf die gesetzmäßige Zusammensetzung des Parlaments, d.h. die konkrete Mandatsverteilung, von Einfluß sind – Prinzip der objektiven Kausalität – oder sein können – Prinzip der potentiellen Kausalität –. Im Hinblick

[7] StAnz. 1983, 1069; 1984, 1180; 1992, 1569; vgl. ferner *Zinn/Stein*, Verfassung des Landes Hessen, Kommentar, Art. 78 Erläuterung 7 a unter Hinweis auf das Urteil des Wahlprüfungsgerichts vom 28. März 1951 StAnz. 1951, Beilage Nr. 11, 295/296.

[8] Vgl. StAnz. 1992, 1570.

[9] Vgl. BVerfGE 4, 370, 373 f. sowie StAnz. 1984, 1180.

[10] StAnz. 1983, 1069 unter Hinweis auf BVerfGE 29, 154, 164 ff.

auf die danach erforderliche Mandatsrelevanz führt eine erwiesene Unregelmäßigkeit im Wahlverfahren mithin nur dann zur (Teil-)Ungültigkeit der Wahl, wenn sie unter den gegebenen Umständen nicht nur eine theoretische, sondern zumindest nach der allgemeinen Lebenserfahrung eine konkrete und nicht ganz fernliegende Möglichkeit oder Wahrscheinlichkeit dafür begründet, daß die Unregelmäßigkeit auf das Wahlergebnis und damit auf die Sitzverteilung von Einfluß gewesen ist oder gewesen sein kann. Erst die ernsthaft in Betracht zu ziehende Möglichkeit der Auswirkung eines Wahlfehlers auf die konkrete Sitzverteilung kann deshalb dazu führen, eine Wahl ganz oder teilweise für ungültig zu erklären.[11]

Das zuvor beschriebene, verfassungsrechtlich festgelegte Erheblichkeitserfordernis ist eine „hohe Hürde", die schwer zu überwinden ist und es bisher verhindert hat, daß festgestellte Wahlfehler bzw. Unregelmäßigkeiten im Wahlverfahren in der Vergangenheit dazu geführt haben, eine Landtagswahl ganz oder teilweise für ungültig zu erklären. Gleichwohl mindert dieser Umstand den Wert solcher Wahlprüfungsverfahren nicht erheblich, weil das Wahlprüfungsgericht in seiner Rechtsprechung davon ausgeht, daß es wegen der Funktion des Wahlprüfungsverfahrens und der Bedeutung festgestellter Verstöße gegen Wahlrechtsnormen im Hinblick auf die erforderlichen Ermittlungen des Berichterstatters bzw. des Gerichts nicht darauf ankommt, ob gerügte oder durch die von Amts wegen durchgeführten Ermittlungen bestätigte Wahlfehler letztlich von Einfluß auf die Mandatsverteilung im Hessischen Landtag gewesen sind oder gewesen sein können und damit als erheblich i.S.v. Art. 78 Abs. 2 HV anzusehen sind. Denn das Gericht vertritt hierzu die Auffassung, daß wegen der Bedeutung für die Verfahrensgestaltung bei künftigen Landtagswahlen jeweils zunächst zu klären sei, ob die gerügten Wahlfehler vorliegen. Erst anschließend sei die Möglichkeit ihrer Auswirkung auf das Wahlergebnis bzw. die Sitzverteilung im Hessischen Landtag zu prüfen. Denn nur bei einem solchen Vorgehen erscheine hinreichend gewährleistet, daß aus festgestellten Verstößen entsprechende Folgerungen für künftige Landtagswahlen gezogen werden können.[12] Diese Praxis des Wahlprüfungsgerichts trägt nach meinen Erfahrungen erheblich zur Befriedungsfunktion des Wahlprüfungsverfahrens bei, indem seine Durchführung – ungeachtet der „problematischen" Zusammensetzung des Gerichts und daraus folgender möglicher Akzeptanzprobleme – ein Forum darstellt, aus dem Kreis der Wahlberechtigten heraus Unzulänglichkeiten und Mängel bei der Vorbereitung und Durchführung der Landtagswahl zu artikulieren und darauf eine sachliche Antwort zu bekommen, während andererseits die Prüfung der Vorgänge und deren rechtliche Bewertung in den Entscheidungen des Wahlprüfungsgerichts den Wahlgremien und sonst mit der Organisation und Durchführung der Landtagswahlen Befaßten – vom Gesetzgeber angefangen bis zum örtlichen Wahlvorstand – eine gewisse Sicherheit im Umgang mit problematischen Wahlrechtsnormen vermittelt und zur Fehlervermeidung bei nachfolgenden Landtagswahlen erheblich

[11] Ständige Rechtsprechung des Wahlprüfungsgerichts im Anschluß an die Rechtsprechung des Bundesverfassungsgerichts; vgl. zuletzt ausführlich StAnz. 1992, 1572.

[12] StAnz. 1992, 1569 m.w.N.

beiträgt. Als Beispiel für diese „Anstoßfunktion" des Wahlprüfungsverfahrens mag die bereits an anderer Stelle erwähnte Novellierung des § 31 a des Landtagswahlgesetzes unter dem Eindruck des Wahlprüfungsverfahrens aus dem Jahre 1992 dienen sowie die im Urteil des Wahlprüfungsgerichts vom 18. September 1995 bei Überprüfung der Gültigkeit der Landtagswahl 1995 getroffene Feststellung, daß der Landeswahlleiter durch die Vorabbekanntgabe des Teilwahlergebnisses vom 19. Februar 1995 vor Durchführung der Nachwahl gegen den Wahlrechtsgrundsatz der „Gleichheit der Wahl" verstoßen hat. Auch wenn diese konstatierte Unregelmäßigkeit im Wahlverfahren nach dem Urteil des Gerichts nicht zur Ungültigkeit oder Teilungültigkeit der Landtagswahl 1995 geführt hat, dürfte gleichwohl für den Gesetzgeber bzw. den Minister des Innern Veranlassung bestehen, sich dieser Problematik durch Novellierung des Landtagswahlgesetzes bzw. der Landeswahlordnung anzunehmen, um solchen Fehlern bei künftigen Landtagswahlen vorzubeugen.

b) Prüfungskompetenz

Wird gegen eine Wahl Einspruch eingelegt oder erachtet das Wahlprüfungsgericht von Amts wegen eine eingehendere Prüfung für erforderlich, so leitet es das ordentliche Wahlprüfungsverfahren ein und entscheidet aufgrund mündlicher Verhandlung durch Urteil. Wird gegen die Wahl ein Einspruch nicht erhoben und sind keine Fehler bei der Feststellung des Wahlergebnisses ersichtlich, so stellt das Wahlprüfungsgericht dies nach Abschluß der Einspruchsfrist durch Beschluß fest, der dem Präsidenten des Landtags, dem Minister des Innern und dem Landeswahlleiter zuzustellen und im Staatsanzeiger zu veröffentlichen ist (§ 8).

Inzident-Prüfungskompetenz

Gegenstand zulässiger Einsprüche können insbesondere auch Rügen sein, die die Verfassungswidrigkeit von Vorschriften des Landtagswahlgesetzes und der Landeswahlordnung betreffen. Nach der Rechtsprechung des Wahlprüfungsgerichts unterliegt die Verfassungsmäßigkeit derartiger Vorschriften der von ihm in Anspruch genommenen Inzident-Prüfungskompetenz, die sich u.a. aus dem Zweck der Wahlprüfung ergibt, den recht- und ordnungsmäßigen Ablauf der Wahl und die Legitimation der Parlamentsmitglieder zu kontrollieren, sowie aus dem Sinn der Vorlageregelungen an die Verfassungsgerichte, die einerseits das sogenannte richterliche Prüfungsrecht statuieren, andererseits der Wahrung der Autorität des Gesetzgebers im Verhältnis zur Rechtsprechung dienen, indem sie die Entscheidungen verfassungsrechtlicher Fragen monopolisieren.[13]

Diese Auffassung hat auch die Billigung des Hessischen Staatsgerichtshofs gefunden, der im Rahmen einer gegen eine Entscheidung des Wahlprüfungsgerichts erhobenen Grundrechtsklage ausgeführt hat, entscheidungsrelevant könne ein Vor-

---

[13] StAnz. 1979, 1538; 1988, 62 sowie 1992, 1554 ff., vgl. auch BVerfGE 16, 130, 136 jeweils mit weiteren Nachweisen.

trag immer nur sein, wenn er Tatbestände betreffe, die im Rahmen der dem Gericht vom Gesetz übertragenen Aufgaben innerhalb seiner Prüfungskompetenz lägen;[14] gewisse Passagen in dieser Entscheidung des Staatsgerichtshofs deuten im übrigen darauf hin, daß er der vom Wahlprüfungsgericht in Anspruch genommenen Inzident-Prüfungskompetenz, soweit sie bei angenommener Verfassungswidrigkeit von einfachgesetzlichen Wahlrechtsnormen nicht zur Vorlage an den Staatsgerichtshof führt, unter Hinweis auf Art. 132 HV wohl ablehnend gegenübersteht.

4. Das Verfahren vor dem Wahlprüfungsgericht

a) Einsprüche (formale Voraussetzungen)

Wesentlicher Einleitungsgrund für das ordentliche Wahlprüfungsverfahren waren bei den bisher überprüften Landtagswahlen Einsprüche von wahlberechtigten Bürgerinnen und Bürgern des Landes Hessen. Gemäß § 7 Abs. 1 Satz 2 muß der Einspruch innerhalb eines Monats beim Hessischen Landtag eingegangen sein, wobei die Frist mit der Bekanntgabe des Wahlergebnisses, also mit dessen Veröffentlichung im Staatsanzeiger für das Land Hessen beginnt. Dabei steht der Zulässigkeit des Einspruchs nicht entgegen, wenn er vor Beginn der Einspruchsfrist beim Hessischen Landtag erhoben worden ist. Denn nach ständiger Rechtsprechung des Wahlprüfungsgerichts kann eine Landtagswahl auch schon vor Bekanntgabe des endgültigen Wahlergebnisses angefochten werden, allerdings erst, sobald sie stattgefunden hat, weil erst dann das „Ziel" der Wahlanfechtung vorhanden ist.[15] Ansonsten ist der Umstand, daß ein Einspruch vor Beginn der Einspruchsfrist (§ 7 Abs. 1 Satz 3) beim Hessischen Landtag erhoben wird, für die Zulässigkeit des Einspruchs unschädlich. Das Wahlprüfungsgericht hat ferner in seiner bisherigen Rechtsprechung die Zulässigkeit des Einspruchs auch nicht daran scheitern lassen, daß er nicht unmittelbar beim Landtag, sondern bei dem Präsidenten des Hessischen Verwaltungsgerichtshofs eingelegt worden ist. Es hat insoweit die Auffassung vertreten, im Hinblick darauf, daß der Präsident des Hessischen Verwaltungsgerichtshofs kraft Gesetzes ständiges Mitglied und Vorsitzender des Wahlprüfungsgerichtes beim Hessischen Landtag sei, müßten Schriftsätze, die an ihn in dieser Eigenschaft gerichtet seien und bei ihm eingingen, als solche angesehen werden, die im Sinne von § 7 Abs. 1 Satz 1 „beim Landtag" eingegangen sind.[16]

Es ist allerdings in der Praxis des Wahlprüfungsgerichts auch wiederholt vorgekommen, daß als „Einspruch" bezeichnete Eingaben bereits vor Durchführung der Landtagswahl an das Wahlprüfungsgericht gerichtet worden sind, mit denen insbesondere angebliche Mängel im Rahmen der Vorbereitung der Landtagswahl – etwa Entscheidungen des Landeswahlleiters oder anderer Wahlorgane – gerügt

[14] Hess. StGH, Beschluß vom 13. Januar 1993, StAnz. 1993, 438.
[15] Vgl. etwa StAnz. 1988, 63 ff. und 1992, 1554 ff.
[16] StAnz. 1992, 1561 sowie auch StAnz. 1951, Beilage Nr. 11, 295 ff.

wurden. Solche Einsprüche hat das Wahlprüfungsgericht stets als unzulässig angesehen und die Auffassung vertreten, die Gültigkeit der Wahlen zum Landtag und in diesem Zusammenhang auch die Entscheidungen des Landeswahlleiters oder anderer Wahlorgane könnten erst und nur im ordentlichen Wahlprüfungsverfahren überprüft werden, das nach Abschluß der Wahl auf Einspruch von Wahlberechtigten oder von Amts wegen eingeleitet werde. Außerhalb dieses Wahlprüfungsverfahrens, d.h. vor dem Abschluß der Wahl, könne das Wahlprüfungsgericht nicht tätig werden. Die Entscheidungen und Maßnahmen, die sich unmittelbar auf das Wahlverfahren bezögen, könnten im Hinblick auf § 46 LWG nur mit den im Landtagswahlgesetz und in der Landeswahlordnung vorgesehenen Rechtsbehelfen sowie im Wahlprüfungsverfahren angefochten werden, wobei diese Besonderheit des Wahlprüfungsverfahrens auf der Erwägung beruhe, daß die Wahl in einem großräumigen Flächenstaat, die eine Vielzahl von Einzelentscheidungen der Wahlorgane erfordere, nur dann an dem festgesetzten Wahltag einheitlich durchgeführt werden könne, wenn die Rechtskontrolle dieser Einzelentscheidungen während des Wahlverfahrens von der Wahlvorbereitung bis zur Wahlhandlung begrenzt und im übrigen dem Wahlprüfungsverfahren nach Durchführung der Wahl überlassen werde. Insoweit ist das Wahlprüfungsgericht der Auffassung des Bundesverfassungsgerichts gefolgt, das eine derartige Begrenzung der Wahlprüfung mit der Rechtsweggarantie (Art. 19 Abs. 4 GG) für vereinbar gehalten hat.[17]

Nicht eindeutig geklärt ist in der Rechtsprechung des Wahlprüfungsgerichts die Frage, ob gegen die Versäumung der Einspruchsfrist nach § 7 Abs. 1 Satz 2 Wiedereinsetzung in den vorigen Stand gewährt werden kann. Während das Wahlprüfungsgericht die Wiedereinsetzungsmöglichkeit in seinem Urteil vom 18. Juli 1975[18] bejaht hat, hat es in späteren Urteilen die Frage der Wiedereinsetzungsmöglichkeit offen gelassen.[19]

Das Wahlprüfungsgericht hat ferner in ständiger Rechtsprechung einen Einspruch dann als unzulässig angesehen, wenn er nicht im Sinne von § 7 Abs. 1 Satz 1 mit Gründen versehen ist. Nach dieser Rechtsprechung fehlt es einem Einspruch an der erforderlichen Begründung, wenn der Einspruchsführer eine Unregelmäßigkeit im Wahlverfahren oder eine strafbare oder gegen die guten Sitten verstoßende Handlung, die das Wahlergebnis beeinflußt, nicht schlüssig darzulegen vermocht hat. Entsprechendes gilt, wenn die Beanstandung derart unsubstantiiert ist, daß die Behauptung es weder dem Berichterstatter des Wahlprüfungsgerichts noch diesem selbst ermöglicht, Ermittlungen über Ort, Zeit und Art der angeblichen Wahlbehinderung anzustellen sowie die Frage ihrer Erheblichkeit für das Wahlergebnis im Sinne von Art. 78 Abs. 2 HV zu überprüfen.[20]

Das Wahlprüfungsgericht hat schließlich einen Einspruch auch dann als unzulässig angesehen, wenn ein Einspruchsführer anonym bleibt oder die Angaben zu seiner Person und zu seinem Wohnsitz oder gewöhnlichen Aufenthaltsort zu einer Iden-

---

[17] Vgl. BVerfGE 14, 155 und 22, 277 ff., 281.
[18] StAnz. 1975, 1180 unter Hinweis auf § 5 Abs. 4 i.V.m. §§ 233 ff. ZPO.
[19] StAnz. 1983, 1067; 1988, 62 ff.; 1992, 1554 und 1995, 4018.
[20] StAnz. 1975, 1177 ff.; 1992, 1554 ff. und 1995, 4018, 4027.

tifizierung der Person des Einspruchsführers nicht ausreichen. Das Gericht vertritt in solchen Fällen die Auffassung, mangels nachgewiesener oder von Amts wegen aufklärbarer Wahlberechtigung im Land Hessen stehe einem solchen Einspruchsführer nach § 7 Abs. 1 Satz 1 kein Einspruchsrecht gegen die Landtagswahl zu.[21]

Ob und in welchem Umfang bei einem ansonsten ordnungsgemäß erhobenen Einspruch nach Ablauf der Einspruchsfrist nachgeschobenes ergänzendes Vorbringen noch Berücksichtigung finden kann, ist in der Rechtsprechung des Wahlprüfungsgerichts bisher nicht abschließend geklärt. Das Wahlprüfungsgericht hat diese Frage wiederholt offengelassen, sich aber gleichwohl mit derartigem Vorbringen in den Urteilsgründen in der Regel inhaltlich befaßt.[22]

Gemäß § 7 Abs. 1 Satz 1 steht der Einspruch gegen die Gültigkeit der Landtagswahl gemäß § 6 jedem Wahlberechtigten zu. Daraus hat das Wahlprüfungsgericht abgeleitet, daß Parteien und Wählergruppen nicht zu den Einspruchsberechtigten gehören, deren Einsprüche also regelmäßig unzulässig sind.[23] Derartige Einsprüche können regelmäßig nur dann als zulässig angesehen werden, wenn sie in Anbetracht der konkreten Umstände des Einzelfalles in einen zulässigen Einspruch einer wahlberechtigten Einzelperson umgedeutet werden können. Das Wahlprüfungsgericht sieht sich allerdings in ständiger Rechtsprechung – ebenso wie etwa bei der Zurücknahme eines Einspruchs – auch bei einem unzulässigen Einspruch regelmäßig nicht daran gehindert, den vorgetragenen Sachverhalt in seine von Amts wegen durchzuführende Wahlprüfung nach § 6 Abs. 1, 1. Alt. einzubeziehen, soweit dafür ein sachliches Bedürfnis besteht.[24] Voraussetzung ist allerdings hier – ebenso wie bei zulässigen Einsprüchen –, daß das Einspruchsvorbringen ein Begehren betrifft, das überhaupt Gegenstand einer Entscheidung des Wahlprüfungsgerichts i.S.v. § 6 sein kann, wobei das Wahlprüfungsgericht davon ausgeht, daß seine Prüfungskompetenz abschließend in §§ 6 und 18 und in § 46 LWG geregelt ist.[25]

Soweit ein Einspruch die Unrichtigkeit oder Unvollständigkeit des Wählerverzeichnisses betrifft, geht das Wahlprüfungsgericht in ständiger Rechtsprechung davon aus, daß eine Wahlanfechtung darauf regelmäßig jedenfalls dann nicht gestützt werden kann, wenn nicht zuvor erfolglos Einspruch oder Beschwerde gegen die Unrichtigkeit oder Unvollständigkeit des Wählerverzeichnisses eingelegt worden ist.[26] Wie das Wahlprüfungsgericht in seinem Urteil vom 18. September 1995[27] klargestellt hat, bezieht sich diese Rechtsprechung jedoch nur auf Fallgestaltungen, in denen der Einspruchsführer bereits vor der Wahl von der Unrichtigkeit bzw. Unvollständigkeit des Wählerverzeichnisses Kenntnis erlangt hat oder in zumutbarer

21 StAnz. 1992, 1568.

22 StAnz. 1992, 1565.

23 Ständige Rechtsprechung des Wahlprüfungsgerichts; vgl. StAnz. 1971, 1337; 1983, 1066, 1067 sowie zuletzt StAnz. 1995, 4027.

24 Vgl. etwa StAnz. 1979, 1540 und 1988, 62 ff.

25 StAnz. 1995, 4025.

26 Vgl. etwa StAnz. 1949, 233; 1951, Beilage Nr. 11, 295; 1975, 1179; 1992, 1564.

27 StAnz. 1995, 4025.

Weise Kenntnis hätte erlangen können, ohne dagegen mit einem Rechtsbehelf der zuvor beschriebenen Art vorzugehen.

b) Die mündliche Verhandlung vor dem Wahlprüfungsgericht

Allgemeines

Hält der Berichterstatter seine Aufklärungs- und Ermittlungstätigkeit für abgeschlossen, wird Termin zur mündlichen Verhandlung bestimmt. Von dem Verhandlungstermin sind als Beteiligte diejenigen Personen mindestens eine Woche vor dem Termin zu benachrichtigen, deren Wahl geprüft wird, und diejenigen, welche gegen die Wahl Einspruch erhoben haben (§ 13 Satz 1). Die Beteiligten haben das Recht, sich schriftlich zu äußern, Akten einzusehen, an der Verhandlung oder Beweisaufnahme teilzunehmen oder einen Vertreter zu entsenden. Sie sind in der Verhandlung zu hören (§ 13 Sätze 3 und 4). Von dem Termin sind ferner der Präsident des Landtags, der Minister des Innern und der Landeswahlleiter schriftlich zu verständigen. Sie oder ihre Vertreter sind ebenfalls auf Verlangen jederzeit zu hören und haben das Recht, sich schriftlich zu äußern, Akten einzusehen und an der Verhandlung oder Beweisaufnahme teilzunehmen. Nach ständiger Praxis des Wahlprüfungsgerichts gibt der Berichterstatter regelmäßig schon mit der Einladung zur mündlichen Verhandlung dem Präsidenten des Landtags, dem Minister des Innern und dem Landeswahlleiter Gelegenheit zur schriftlichen Äußerung zu den Einsprüchen und zu den Ergebnissen seiner Ermittlungstätigkeit, damit ggf. die abgegebenen Äußerungen bei der konkreten Vorbereitung der mündlichen Verhandlung schon berücksichtigt werden können. Von der Gelegenheit zur schriftsätzlichen Äußerung im Vorfeld der mündlichen Verhandlung hat indes in der Vergangenheit regelmäßig nur der Landeswahlleiter Gebrauch gemacht, während der Präsident des Landtags und der Minister des Innern sich in der Regel darauf beschränkt haben, einen Beauftragten erst zur mündlichen Verhandlung des Wahlprüfungsgerichts zu entsenden.

Im Hinblick auf den zuvor beschriebenen besonderen Charakter des Wahlprüfungsverfahrens hat das Wahlprüfungsgericht von Einspruchsführern gestellte Anträge auf Verlegung des Verhandlungstermins regelmäßig mit der Begründung zurückgewiesen, die Wahlprüfung sei ein objektiviertes Verfahren, das zwar auf Einspruch Wahlberechtigter eingeleitet werde, dessen Fortgang aber von den Vorstellungen und Wünschen der Einspruchsführer hinsichtlich der Terminsgestaltung unabhängig ist. Desgleichen ist der Antrag eines inhaftierten Einspruchsführers, sein persönliches Erscheinen bzw. seine Vorführung zur mündlichen Verhandlung anzuordnen, mit der Begründung abgelehnt worden, da das Wahlprüfungsgericht die Wahl auch von Amts wegen prüfe, sei das persönliche Erscheinen des Einspruchsführers zur Aufklärung des Sachverhalts nicht erforderlich.[28]

---

[28] StAnz. 1979, 1543.

Geltendmachung der Besorgnis der Befangenheit

Die Zusammensetzung des Wahlprüfungsgerichts hat im übrigen wiederholt dazu geführt, daß Einspruchsführer die gewählten Mitglieder des Gerichts wegen Besorgnis der Befangenheit abgelehnt haben. Das Wahlprüfungsgericht hat solche Ablehnungsgesuche regelmäßig als unzulässig verworfen mit der Begründung, sie seien unstatthaft, weil das Wahlprüfungsgesetz eine Richterablehnung wegen der Besorgnis der Befangenheit nicht vorsehe. Zwar fänden gemäß § 5 Abs. 1 u.a. die Vorschriften der Zivilprozeßordnung über die Ausschließung von Gerichtspersonen entsprechende Anwendung. Daraus folge jedoch umgekehrt, daß über den gesetzlichen Ausschluß von der Ausübung des Richteramtes hinaus eine Ablehnung wegen Besorgnis der Befangenheit nach dem Willen des Gesetzgebers nicht möglich sein solle. Insoweit handele es sich weder um ein Redaktionsversehen noch um eine Gesetzeslücke. Denn der Gesetzgeber habe sich bei der Abfassung des § 5 Abs. 1 in Kenntnis der damals schon vorhandenen Regelung des § 42 ZPO bewußt darauf beschränkt, die Vorschriften der Zivilprozeßordnung in diesem Zusammenhang lediglich für anwendbar zu erklären, soweit es um deren § 41 (Ausschließung von Gerichtspersonen) gehe. Im Interesse der Funktionsfähigkeit des Wahlprüfungsgerichts habe der Gesetzgeber also bewußt davon abgesehen, im Wahlprüfungsverfahren über den Ausschluß von Richtern kraft Gesetzes hinaus den Beteiligten noch ein zusätzliches Recht auf Richterablehnung wegen Besorgnis der Befangenheit einzuräumen. Da das Wahlprüfungsverfahren dem Schutz des objektiven Wahlrechts, d.h. der Gewährleistung der gesetzlichen Zusammensetzung des Landtags diene und demzufolge die Verletzung subjektiver Rechte von Wahlberechtigten oder Wahlbewerbern allenfalls Anlaß, nicht aber Gegenstand des Wahlprüfungsverfahrens sein könne, rechtfertige diese im Vergleich zu anderen gerichtlichen Verfahren unterschiedliche Ziel- und Zweckrichtung des Wahlprüfungsverfahrens in verfassungsrechtlich unbedenklicher Weise auch eine unterschiedliche Behandlung in Bezug auf die Ablehnungsmöglichkeit der dem Wahlprüfungsgericht angehörenden richterlichen Mitglieder wegen Besorgnis der Befangenheit, zumal eine andere Entscheidung dieser Frage die Funktionsfähigkeit des Wahlprüfungsgerichts auch ernsthaft gefährden würde. Das gelte insbesondere für die dem Wahlprüfungsgericht als Mitglieder angehörenden gewählten Landtagsabgeordneten im Hinblick auf deren Mitgliedschaft in politischen Parteien und dergleichen.[29]

Entsprechend ist das Gericht auch mit Ablehnungsgesuchen gegen den Berichterstatter des Wahlprüfungsgerichts verfahren, wobei im übrigen – im Hinblick auf die gesetzliche Regelung des § 11 – offengelassen wurde, ob die Ablehnung des Berichterstatters wegen Besorgnis der Befangenheit überhaupt im Hinblick darauf möglich ist, daß dieser dem Wahlprüfungsgericht nicht angehört und demzufolge an der wahlprüfungsgerichtlichen Entscheidung über die Gültigkeit der Landtagswahl als Richter nicht beteiligt ist.[30]

---

[29] St. Rspr. des Wahlprüfungsgerichts, vgl. etwa StAnz. 1983, 1066 und 1984, 1178 sowie Beschlüsse vom 19. März 1992 – 104/2 – 1991 – und vom 4. Juli 1995 – 104/2 – 1995 – jeweils m.w.N.

[30] Vgl. etwa Beschluß vom 4. Juli 1995 – 104/2 – 1995 –, nicht veröffentlicht.

c) Die Entscheidung des Wahlprüfungsgerichts

Allgemeines

Das Wahlprüfungsgericht entscheidet durch Urteil
- über die Gültigkeit oder Ungültigkeit der gesamten Wahlen in einem Wahlbezirk,
- über die Gültigkeit oder Ungültigkeit einer bestimmen Anzahl von Stimmzetteln,
- über die Gültigkeit oder Ungültigkeit einer Wahl aus Gründen, die in der Person des Gewählten liegen, sowie
- über die Frage, ob ein Abgeordneter seinen Sitz verloren hat (§ 15).

Das Urteil ist mit Gründen zu versehen; es wird mit seiner Verkündung rechtskräftig. Eine Ausfertigung des Urteils ist dem Präsidenten des Landtags, dem Minister des Innern und dem Landeswahlleiter zuzustellen. Ferner ist das Urteil im Staatsanzeiger zu veröffentlichen (§§ 16, 17). Gegen die mit ordentlichen Rechtsmitteln nicht mehr anfechtbare Entscheidung des Wahlprüfungsgerichts ist allerdings die Grundrechtsklage gegeben.[31] Im Grundrechtsklageverfahren prüft der Staatsgerichtshof auch, ob der Entscheidung des Wahlprüfungsgerichts verfassungsrechtlich relevante Verfahrensfehler – etwa die Verletzung rechtlichen Gehörs – zugrundeliegen.[32]

Kosten

Nach § 19 fallen die gerichtlichen Kosten des Verfahrens der Staatskasse zur Last.

Allerdings haben die Beteiligten nach Satz 2 dieser Vorschrift keinen Anspruch auf die Erstattung der ihnen entstandenen Auslagen. Diesen Ausschluß der Kostenerstattung hat das Wahlprüfungsgericht jedenfalls für den Fall als unbedenklich angesehen, daß Einsprüche erfolglos geblieben sind. Ob es eine billige und angemessene Regelung sei, auch einem erfolgreichen Einspruchsführer die Erstattung seiner Aufwendungen zu versagen, bedürfe unter solchen Umständen keiner Entscheidung. Desgleichen bestehe kein Anlaß für eine Vorlage an den Hessischen Staatsgerichtshof zur Überprüfung der Verfassungsmäßigkeit des § 19 Satz 2.[33] In Anknüpfung daran hat es das Wahlprüfungsgericht bisher regelmäßig abgelehnt, Einspruchsführern ihre Auslagen im Wahlprüfungsverfahren zu erstatten oder ihnen Prozeßkostenhilfe zu gewähren, letzteres mit der Begründung, daß § 5 Abs. 1 die §§ 114 ff. ZPO nicht für entsprechend anwendbar erkläre und auch verfassungsrechtliche Gründe keine entsprechende Anwendung dieser Vorschriften in einem Wahlprüfungsverfahren gebieten würden. Denn bei dem Wahlprüfungsverfahren handele es sich um ein objektiviertes Verfahren, das nicht den subjektiven Rechtsschutz einzelner Bürger zum Gegenstand habe, sondern die Gültigkeit der Land-

[31] Vgl. dazu StGH, Beschluß vom 20. Juli 1988 – P.St. 1075 –, StAnz. 1988, 2121 = NVwZ 1989, S 647.

[32] Vgl. dazu StGH, Beschluß vom 5. August 1992 – P.St. 1132 –, StAnz. 1992, 2173 m.w.N.

[33] StAnz. 1971, 1340.

tagswahl als solche. In Anknüpfung an diese Rechtsprechung vertrete auch der Staatsgerichtshof des Landes Hessen die Auffassung, das objektive Wahlprüfungsverfahren stelle kein „Instrument des Individualrechts" dar.[34] Angesichts dieser Unterschiede zwischen einem Wahlprüfungsverfahren und sonstigen Klage- und Antragsverfahren, die regelmäßig dem subjektiven Rechtsschutz des Bürgers zu dienen bestimmt seien, begegneten die Regelung des § 19 Satz 2 und die fehlende Möglichkeit der Prozeßkostenhilfebewilligung in dem Wahlprüfungsverfahren weder verfassungsrechtlichen Bedenken, noch stünden sie im Widerspruch zur Rechtsprechung des Bundesverfassungsgerichts zu den allgemeinen verfassungsrechtlichen Anforderungen, die an die Prozeßkostenhilfegewährung in einem Rechtsstaat zu stellen seien.[35]

II. Materiell-rechtliche Fragen der Wahlprüfung in der Rechtsprechung des Wahlprüfungsgerichts

Die Darstellung materiell-rechtlicher Fragen der Wahlprüfung in der Rechtsprechung des Wahlprüfungsgerichts gibt im folgenden eine Übersicht über wesentliche und häufiger geltend gemachte Gründe für Unregelmäßigkeiten im Wahlverfahren und strafbare oder gegen die guten Sitten verstoßende Handlungen, die das Wahlergebnis beeinflussen können (Art. 78 Abs. 2 HV). Angesichts der hier beschränkten Möglichkeiten der Darstellung können grundsätzlich nur die entscheidenden Gesichtspunkte mit der maßgeblichen Begründung wiedergegeben werden; im übrigen ist für die umfassende Information über die erörterten Wahlfehler auf die durch die Zitate bezeichneten jeweiligen Entscheidungen des Wahlprüfungsgerichts zu verweisen.

1. Grundlegende Fragen

Bevor nachfolgend wesentliche, vom Wahlprüfungsgericht in seiner Rechtsprechung erörterte Gesichtspunkte der materiell-rechtlichen Wahlprüfung so strukturiert dargestellt werden sollen, wie das Wahlprüfungsgericht mögliche Unregelmäßigkeiten im Wahlverfahren entsprechend dem Aufbau des Landtagswahlgesetzes gliedert, soll zunächst auf einige grundlegende Fragen der Rechtmäßigkeit von Wahlen zum Hessischen Landtag eingegangen werden: die Wahlgrundsätze, das Wahlsystem, den Begriff des Wählers, das Wahlalter und den Zuschnitt der Wahlkreise.

---

[34] Hess. StGH, Beschluß vom 28. Februar 1985, P.St. 998, StAnz. 1985, 734.
[35] Vgl. Beschluß vom 19. März 1992 – nicht veröffentlicht –.

a) Wahlgrundsätze

Allgemeinheit der Wahl

Zu den wichtigen Wahlgrundsätzen, die das Wahlprüfungsgericht in seiner Rechtsprechung erörtert hat, gehört der Wahlrechtsgrundsatz der „Allgemeinheit der Wahl“, der unter Berücksichtigung der durch das Grundgesetz, die Hessische Verfassung und das Landtagswahlgesetz statuierten Freiwilligkeit der Wahlbeteiligung besage, daß grundsätzlich allen Staatsbürgern das aktive Wahlrecht zustehe. Das Prinzip der allgemeinen Wahl als Anwendungsfall des allgemeinen Gleichheitssatzes bedeute, daß grundsätzlich jeder sein staatsbürgerliches Recht auf Wahlteilnahme in formal möglichst gleicher Weise ausüben könne. Ein Verstoß gegen diesen Grundsatz enthalte zugleich eine Verletzung des Art. 3 Abs. 1 GG. Gegen diesen Grundsatz werde aber z.B. nicht dadurch verstoßen, daß der Landeswahlleiter bei der Notwendigkeit einer Nachwahl in einem Wahlkreis an einem Termin nach der „Hauptwahl“ (wie 1995 im Wahlkreis 55 wegen Todes einer Wahlkreiskandidatin erforderlich) schon nach der Hauptwahl das Teilwahlergebnis bekanntgebe. Denn dadurch sei die Möglichkeit der Wahlberechtigten in den Wahlkreisen, in denen am Tage der Hauptwahl gewählt worden sei, und im Nachwahlkreis, formal in gleicher Weise an der Landtagswahl teilzunehmen, nicht beeinträchtigt worden.[36]

Gleichheit der Wahl

Darin liege aber ein Verstoß gegen den Grundsatz der „gleichen Wahl“, nach dem jeder Wahlberechtigte seine Stimme wie jeder andere Wahlberechtigte so abgeben dürfe, daß jede Stimme den gleichen Einfluß auf das Wahlergebnis habe, wobei es bei Verhältniswahlen nicht nur auf den gleichen Zählwert, sondern auch auf den gleichen Erfolgswert jeder Stimme ankomme.[37] Das Gewicht jeder Stimme dürfe weder nach der Art der Stimmabgabe noch nach der Person des Wahlberechtigten differenziert werden.[38] Die Zählwertgleichheit sei gewährleistet, wenn jeder nach den allgemeinen Vorschriften Wahlberechtigte die gleiche Stimmenzahl besitze und seine Stimme wie jeder andere abgeben könne. Erfolgswertgleichheit bedeute, daß jede gültig abgegebene Stimme ebenso bewertet werde wie alle anderen Stimmen. Dem einzelnen Wähler dürfe also nicht aus Gründen, die in seiner Person liegen, ein unterschiedlich starker Einfluß auf das Wahlergebnis eingeräumt werden. In diesem Sinne erhöhe sich der *Zählwert* der Stimmen in einem Nachwahlkreis, in dem die Wahlberechtigten in Kenntnis des Hauptwahlergebnisses wählen könnten, nicht. In rechtserheblicher Weise verändert sei allerdings der *Erfolgswert* der Stimmen dieser Wahlberechtigten. Denn durch die Vorabbekanntgabe des Teilwahlergebnisses vom Hauptwahltag sei es für relativ wenige Wähler

[36] StAnz. 1995, 4030.
[37] StAnz. 1995, 4030.
[38] StAnz. 1988, 62 f.

im Nachwahlkreis bei entsprechender Bündelung der Stimmen möglich, ein bestimmtes Ergebnis anzustreben, also z.B. einer Partei gezielt dazu zu verhelfen, die 5 %-Sperrklausel zu überwinden und damit eine bestimmte Anzahl von Sitzen im Landtag zu erhalten, die ihr sonst verwehrt geblieben wäre. Durch die unter Verstoß gegen den Grundsatz der Gleichheit der Wahl erfolgte Vorabbekanntgabe des Teilwahlergebnisses hätten die Wähler in dem Nachwahlkreis bei einem ansonsten knappen Wahlausgang das Wahlergebnis und damit die Sitzverteilung im Landtag gezielt beeinflussen können. Ihnen sei durch die Möglichkeit einer gezielten Stimmbündelung ein stärkerer Einfluß auf das Wahlergebnis eingeräumt worden, als dies ohne die beanstandete Vorabbekanntgabe des Teilwahlergebnisses möglich gewesen wäre.[39] Nur weil auch diese Unregelmäßigkeit nach Feststellung des Wahlprüfungsgerichts keine Auswirkung auf die Sitzverteilung im Landtag haben konnte, weil die Nachwahl gegenüber der Hauptwahl keinerlei Veränderung in der Sitzverteilung erbracht habe, führte auch diese Unregelmäßigkeit mangels Erheblichkeit nicht zur Ungültigkeit der Landtagswahl im Ganzen oder in Teilen.[40]

Geheimhaltung der Wahl

Zu den wichtigen Wahlgrundsätzen gehört auch der Grundsatz der „geheimen Wahl". Durch die geheime Stimmabgabe wird nach der Rechtsprechung des Wahlprüfungsgerichts zugleich die Freiheit der Wahl gewährleistet, weil eine unbeeinflußte, von jeglichem Zwang freie Stimmabgabe nicht mehr gesichert sei, wenn Dritte von der Wahlentscheidung Kenntnis nehmen könnten. Dabei sei ein Verstoß gegen diesen Grundsatz nicht nur anzunehmen, wenn die Stimmabgabe eines Wahlberechtigten tatsächlich beobachtet worden sei, sondern eine Verletzung des Wahlgeheimnisses liege auch dann vor, wenn Wahlberechtigte aufgrund der konkreten Verhältnisse im Wahlraum nicht sicher sein könnten, bei der Stimmabgabe unbeobachtet zu sein.[41] Einen Verstoß gegen diesen Grundsatz hat das Wahlprüfungsgericht in einem Fall angenommen, in dem der Wahlvorstand gestattet hatte, daß in einem Wahlraum an zwei zusätzlich aufgestellten Tischen mit Sitzgelegenheit, aber ohne Sichtschutz, die Stimmzettel gekennzeichnet und in den Wahlumschlag gelegt wurden. Darin liege ein Verstoß gegen § 49 Abs. 2 LWO, nach der sich der Wähler zu dieser Wahlhandlung „in die Wahlzelle" begeben müsse. Von dieser vorgeschriebenen Verfahrensweise dürfe auch auf ausdrücklichen Wunsch eines Wahlberechtigten nicht abgewichen werden, da das Wahlgeheimnis nicht zur Disposition der Wahlberechtigten stehe. Da der Wahlvorstand die Stimmzettelkennzeichnung außerhalb der Wahlzelle nicht nur geduldet, sondern sogar freigestellt habe, liege damit eine „Unregelmäßigkeit" im Wahlverfahren vor, die allerdings nach der Feststellung des Wahlprüfungsgerichts auch hier nicht für den Ausgang der Landtagswahl erheblich war.[42]

[39] StAnz. 1995, 4030.
[40] StAnz. 1995, 4030.
[41] StAnz. 1992, 1566.
[42] StAnz. 1992, 1566.

Einen ähnlichen Verstoß hat das Wahlprüfungsgericht rechtlich für möglich gehalten, wenn ein zunächst ordnungsgemäß aufgestelltes Stimmenzählgerät sich so verschoben habe, daß die Stimmabgabe der Wähler von der Straße aus habe beobachtet werden können. Auch wenn eine solche Beobachtung möglich gewesen sei, sei auch in diesem die Landtagswahl 1966 betreffenden Fall die darin liegende Unregelmäßigkeit nicht für den Ausgang der Wahl erheblich gewesen.[43]

b) Wahlsystem

Mehrheits- und Verhältniswahl, Zweistimmensystem

Zum „Wahlsystem" hat das Wahlprüfungsgericht festgestellt, daß das bis zur Landtagswahl 1987 geltende Wahlsystem der Kombination aus Mehrheitswahl und Verhältniswahl, bei der jeder Wähler nur *eine* Stimme hatte, den verfassungsrechtlich bestimmten Wahlrechtsgrundsätzen der Art. 72 bis 74 HV entspreche. Der hessische Landesgesetzgeber könne sowohl das reine Mehrheitswahlrecht als auch das reine Verhältniswahlrecht einführen oder beide Systeme kombinieren. Verfassungsrechtlich geboten sei insbesondere nicht die Möglichkeit eines sogenannten „Stimmensplittings", wie sie durch § 4 des Bundeswahlgesetzes mit der Normierung des „Zwei-Stimmen-Systems" eröffnet sei. Die politische Entscheidung über das jeweilige Wahlsystem sei durch den Ermessensspielraum des Gesetzgebers gedeckt.[44] Habe der Gesetzgeber aber ein Wahlsystem mit einer Erst- und Zweitstimme für jeden Wähler eingeführt, dürfe z.B. die Nachwahl in einem Wahlkreis nicht auf die Abgabe der Wahlkreisstimme für den Wahlkreisbewerber beschränkt werden und die Landesstimme schon isoliert bereits am Tage der Hauptwahl abgegeben und ausgewertet werden. Eine auf die Wahl des Wahlkreisbewerbers begrenzte Nachwahl sehe das Landtagswahlgesetz nicht vor.[45]

5 %-Klausel

Wiederholt hat das Wahlprüfungsgericht festgestellt, daß die sogenannte 5 %-Klausel nicht zu beanstanden sei.[46] In Anwendung und unter Hinweis auf die Rechtsprechung des Bundesverfassungsgerichts dazu hält das Wahlprüfungsgericht § 36 Abs. 2 Satz 2 LWG, dessen Zweck sei, der Zersplitterung der Parlamentssitze auf zu viele kleine Parteien und Wählergruppen vorzubeugen, für verfassungsrechtlich unbedenklich.[47] Der Einleitung eines konkreten Normenkontrollverfahrens und Vorlage der Sache an den Staatsgerichtshof des Landes Hessen bedürfe

[43] StAnz. 1967, 1140.
[44] StAnz. 1988, 70.
[45] StAnz. 1995, 4029.
[46] StAnz. 1971, 1339; 1979, 1543.
[47] StAnz. 1983, 1068.

es nicht, weil das Wahlprüfungsgericht die die 5 %-Klausel regelnden Wahlrechtsvorschriften nicht für verfassungswidrig halte.[48]

c) Wähler

Ausschluß vom Wahlrecht/Wahlalter

Zur Abgrenzung des Kreises der Wahlberechtigten hat das Wahlprüfungsgericht entschieden, daß „Wähler" nicht sein könne, wer nach § 3 Abs. 1 Nr. 1 LWG vom Wahlrecht gesetzlich ausgeschlossen ist, weil er zu einem Kreis bestimmter unter das Betreuungsgesetz fallender Personen gehört. Die Vorschriften über das aktive und passive Wahlrecht der §§ 3 bis 5 LWG begegneten keinen verfassungsrechtlichen Bedenken und stimmten zudem mit bundesrechtlichen Regelungen inhaltlich überein. Durch die Neufassung des § 3 Nr. 1 LWG im Jahre 1992 sei der Kreis der Wahlberechtigten dadurch erweitert worden, daß nunmehr auch Personen, die nach früherem Recht unter vorläufiger Vormundschaft gestanden hätten oder für die wegen geistiger Gebrechen eine Pflegschaft ohne deren Einwilligung angeordnet gewesen sei, wahlberechtigt geworden seien.[49] Auch die Höhe des Mindestalters von 18 Jahren für das aktive Wahlrecht hat das Wahlprüfungsgericht für rechtlich unbedenklich erachtet, weshalb es einer Vorlage zur Klärung der Verfassungsmäßigkeit des Art. 73 Abs. 1 HV an den Staatsgerichtshof, in dessen ausschließlicher Prüfungskompetenz diese Frage liege, nicht bedürfe.[50]

d) Wahlkreise

Auch die in der Anlage zu § 7 Abs. 1 LWG bestimmte Einteilung der 55 Wahlkreise im Lande Hessen hat das Wahlprüfungsgericht bei Überprüfung der Gültigkeit der Landtagswahlen 1978 und 1982 im Hinblick auf die damals jeweils geltende Aufteilung der Wahlkreise im Rahmen der von ihm beanspruchten Inzident-Prüfungskompetenz ohne Anrufung des Hessischen Staatsgerichtshofs für verfassungsmäßig erachtet. Obwohl damals die Differenz der Größe – nach der Zahl der Wahlberechtigten – des größten Wahlkreises 25 zu der des kleinsten Wahlkreises 36 mit fast 77.000 Wahlberechtigten mehr als die Durchschnittsgröße eines Wahlkreises betragen habe, werde dadurch der Grundsatz der Wahlgleichheit ebensowenig verletzt wie dieser Umstand eine Unregelmäßigkeit im Wahlverfahren darstelle. Eine unterschiedliche Wahlkreisgröße könne nach dem geltenden Landeswahlrecht in Hessen erst dann zu einem Verstoß gegen den Grundsatz der Wahlrechtsgleichheit führen, wenn eine Partei oder Wählergruppe „infolge aktiver oder passiver Wahlkreisgeometrie" durch einen entsprechenden Zuschnitt der Wahlkreise mehr Direktmandate erwerben könne als ihre Gegner.[51] Die im Bundeswahlgesetz enthaltene

48 StAnz. 1995, 4028.
49 StAnz. 1995, 4026.
50 StAnz. 1995, 4028; 1992, 1565.
51 StAnz. 1983, 1070.

Toleranzgrenze für Größenabweichungen der Wahlkreise von 25 % und die zwingend vorgeschriebene Neuabgrenzung der Wahlkreise bei einer Abweichung von mehr als 33 %, die dort eine Entscheidung über die Neueinteilung der Wahlkreise durch den Bundesgesetzgeber erforderten, stellten keine allgemein verbindliche Konkretisierung verfassungsrechtlicher Normen dar. Zu einer Angleichung des Landes- an das Bundeswahlrecht sei der Landesgesetzgeber in diesem konkreten Bereich nicht verpflichtet.[52]

Erhebliche Größenunterschiede der Wahlkreise seien bei einem reinen Mehrheitswahlsystem im Einerwahlkreis mit dem Gleichheitssatz unvereinbar, wie das Bundesverfassungsgericht entschieden habe. Diese Gefahr drohe aber in der Regel nicht, wenn sich die Sitzverteilung unter den Parteien letztlich durch Verhältniswahlen bestimme wie bei der durch den hessischen Gesetzgeber normierten „personalisierten Verhältniswahl". Danach sei ausschlaggebend für die Sitzverteilung im Hessischen Landtag primär das Verhältnis der für die Parteien oder Wählergruppen im Lande abgegebenen Stimmen. Abgesehen von faktischen Einflüssen, die unterschiedliche Wahlkreisgrößen haben könnten, führe die unterschiedliche Größe der Wahlkreise nach dem in Hessen geltenden Wahlsystem nicht zu einer verfassungswidrigen Verfälschung des politischen Gesamtbildes. Durch den Verhältnisausgleich zwischen den Parteien gemäß ihrer Gesamtstimmenzahl im Lande bleibe der Erfolgswert jeder Wählerstimme erhalten.[53] Dies habe das Bundesverfassungsgericht in einem auf die Verfassungsbeschwerde gegen das Urteil des Wahlprüfungsgerichts vom 27. Juni 1979 ergangenen Beschluß vom 28. November 1979 – 2 BvR 870/79 – bestätigt. Durch dieses Wahlsystem werde die Gesamtzahl der Sitze so auf die Parteien oder Wählergruppen verteilt, wie es dem Verhältnis der gesamten abgegebenen Stimmen entspreche. Die Auslese der Wahlkreisbewerber nach dem Prinzip der relativen Mehrheit im Wahlkreis hebe den grundsätzlichen Charakter als Verhältniswahl nicht auf. Deshalb habe jede Stimme bei der Zuteilung der Sitze im Landtag auch den gleichen Erfolgswert. Die unterschiedliche Größe der Wahlkreise sei deshalb für die Frage der Verletzung des Grundsatzes der gleichen Wahl nicht von Belang.[54]

Die Feststellung des Wahlprüfungsgerichts in dem Urteil vom 25. Februar 1983 zur Gültigkeit der Landtagswahl 1982, die unterschiedliche Größe der Wahlkreise verletze den Grundsatz der gleichen Wahl auch nicht, soweit sie das Entstehen sogenannter Überhangmandate begünstige, ist durch die Streichung des § 36 LWG gegenstandslos geworden. Danach erhöhte sich die Gesamtzahl der Abgeordneten von 110 solange, bis das nach § 36 Abs. 3 LWG a.F. zu berechnende Verhältnis der auf die Parteien oder Wählergruppen entfallenen Stimmen zur Gesamtstimmenzahl anhand der an der Sitzverteilung teilnehmenden Wahlvorschläge erreicht war. Durch diese Regelung bleibe der gleiche Erfolgswert der Stimmen auch bei dem Entstehen von Überhangmandaten gewährleistet. Auch der Gesichtspunkt,

52 StAnz. 1979, 1540.
53 StAnz. 1979, 1541.
54 StAnz. 1983, 1070.

daß bei erheblichen Abweichungen der Größe der Wahlkreise der einzelne Wahlkreisbewerber deutlich mehr oder weniger Stimmen für seinen Sieg im Wahlkreis benötige, führe nicht zur Verfassungswidrigkeit einer solchen Wahlkreiseinteilung. Da die Wahl der Wahlkreisbewerber nach dem Prinzip der relativen Mehrheit im Wahlkreis den grundsätzlichen Charakter der Hessischen Landtagswahl als Verhältniswahl nicht aufhebe, habe jede Stimme bei der Zuteilung der Sitze den gleichen Erfolgswert, so daß die Größe und die Zuschnitt der Wahlkreise, solange sie nicht auf Manipulation beruhten, für die Frage, ob der Grundsatz der gleichen Wahl verletzt worden sei, nicht von Bedeutung sei.[55]

2. *Wahlfehler, die die Wahlvorbereitung betreffen*

a) Vorabinformation des Landeswahlleiters und öffentliche Bekanntmachung zur Einreichung von Kreiswahlvorschlägen

Im folgenden sollen einzelne Fallgruppen von Wahlfehlern dargestellt werden. Nach der Rechtsprechung des Wahlprüfungsgerichts, die insofern auch dem Aufbau des Landtagswahlgesetzes entspricht, sind die Verstöße gegen Vorschriften des Landtagswahlrechts danach zu differenzieren, ob sie sich auf die Vorbereitung der Wahl, die Wahlhandlung selbst oder die Feststellung des Wahlergebnisses beziehen.

Das Wahlprüfungsgericht hat festgestellt, daß bei der Wahlvorbereitung für die Landtagswahl die „etablierten“ Parteien gegenüber parteilosen Einzelbewerbern und neu hinzukommenden Parteien nicht unzulässig dadurch Vorteile hätten, daß ihnen bereits Monate vor der Wahl eine „traditionelle Vorabinformation“ durch den Landeswahlleiter zugeleitet werde. Soweit der Landeswahlleiter traditionell in Hessen allen Parteien und Wählergruppen regelmäßig Informationen übermittle, sobald deren Absicht bekannt sei, sich an der bevorstehenden Landtagswahl mit einer Landesliste zu beteiligen, sei dies zwar in den wahlrechtlichen Vorschriften nicht vorgesehen, aber praxisgerecht. Dies stelle keine unzulässige Bevorzugung „etablierter“ Parteien dar, weil die Hinweise ohne Unterschied allen Interessenten zur Verfügung gestellt würden, also bei entsprechendem Bedarf auch anfragenden Einzelpersonen.[56]

Die Aufforderung zur Abgabe der Kreiswahlvorschläge nach § 27 LWO durch „öffentliche Bekanntmachung“ im alleinigen öffentlichen Bekanntmachungsorgan eines Kreises reiche aus, um die Pflicht des Kreiswahlleiters zur Wahlbekanntmachung „in den amtlichen Blättern oder Zeitungen, die allgemein für Bekanntmachungen der Verwaltungsbehörden der Landkreise und kreisfreien Städte des Wahlkreises bestimmt sind“, gemäß § 73 Abs. 2 LWO zu erfüllen. Einer zusätzlichen Veröffentlichung dieser Aufforderung in den Bekanntmachungsorganen der kreisangehörigen Gemeinden bedürfe es nicht.[57]

[55] StAnz. 1983, 1071.
[56] StAnz. 1995, 4024.
[57] StAnz. 1995, 4024.

b) Aufstellung der Wahlbewerber

Soweit bei der Aufstellung der Wahlbewerberinnen und Wahlbewerber gegen wahlrechtliche Vorschriften verstoßen werde und sich dies bei der Zulassung der Wahlvorschläge auswirke, könne es sich grundsätzlich um „Unregelmäßigkeiten" im Sinne des Art. 78 Abs. 2 HV handeln. Dies gelte aber nicht bei bloßen Verstößen gegen „partei-internes Satzungsrecht", denn letzteres sei nicht Gegenstand eines Wahlprüfungsverfahrens, sondern könne nur als partei-interne Angelegenheit im Rahmen eines Parteischiedsverfahrens oder eines Verwaltungsrechtsstreits überprüft werden.[58] Entscheidungen über die partei-interne Aufstellung von Wahlkreisbewerbern stellten keine „Wahlentscheidungen" im Sinne des § 46 LWG dar, die durch die dort bezeichneten Rechtsbehelfe, insbesondere im Wahlprüfungsverfahren, angefochten werden könnten. Insofern enthalte § 46 LWG, der zum Beispiel die Entscheidungen über die Zulassung von Wahlvorschlägen betreffe, einen „Numerus clausus" wahlrechtlichen Rechtsschutzes. Dieser Rechtsschutz diene nicht dem Schutz vor der Verletzung subjektiver Rechte, etwa als Parteimitglied oder Delegierter eines Parteiorgans, sondern allein dem Schutz des objektiven Wahlrechts, d.h. der Erzielung der gesetzmäßigen Zusammensetzung des Parlaments. Insoweit müsse zwischen dem „vorplebiszitären" Bereich und dem eigentlichen Bereich der Wahl unterschieden werden. Die Überprüfung der innerhalb von Parteien oder Wählergruppen getroffenen Entscheidungen komme im Wahlprüfungsverfahren nur insoweit in Betracht, als sie in den Bereich der Wahlen hineinwirkten und Wahlvorschriften die Überprüfung dieser Entscheidungen, zum Beispiel zur Ordnungsgemäßheit und Vollständigkeit von Kreiswahlvorschlägen gemäß § 28 Abs. 1 LWG, vorschrieben. Im Wahlprüfungsverfahren dürfe deshalb nicht mehr geprüft werden als auch im Zulassungsverfahren nach § 28 LWG in Verbindung mit §§ 28 LWO überprüft werde.[59]

Die Vorschrift des § 24 Abs. 4 LWG, nach der in Landkreisen und kreisfreien Städten, die mehrere Wahlkreise umfassen, die Bewerber für diejenigen Wahlkreise, deren Gebiet die Grenze des Kreises oder der kreisfreien Stadt nicht durchschneidet, in einer gemeinsamen Mitglieder- oder Vertreterversammlung gewählt werden können, sei insbesondere unter Berücksichtigung des Zwecks der Demokratisierung der Bewerberaufstellung als verfassungsgemäß zu beurteilen. Überprüft werden könne, ob ein Wahlvorschlag „ordnungsgemäß" sei, also ob der im Wahlvorschlag benannte Bewerber rechtswirksam in einer gesetzmäßig gebildeten und einberufenen Parteiversammlung von den stimmberechtigten Parteimitgliedern oder -vertretern auf demokratische Weise in geheimer Abstimmung nominiert worden sei.[60] Die Zulassung von Wahlvorschlägen sei nach hessischem Wahlrecht nicht von der Beachtung aller Vorschriften des Parteiengesetzes, des bürgerlichen Vereinsrechts und der Parteisatzungen abhängig. So sei für eine im Sinne des § 24 Abs. 4 LWG

---

[58] StAnz. 1984, 1180.
[59] StAnz. 1984, 1181.
[60] StAnz. 1984, 1181.

ordnungsgemäße „Mitglieder- oder Vertreterversammlung" nur erforderlich, daß sie die wahlberechtigten Mitglieder der jeweiligen Partei oder Wählergruppe repräsentiere und zum anderen das Auswahlverfahren demokratischen Grundsätzen entspreche. Auch Bedenken gegen die Auswahl der Wahlkreisbewerber durch „Parteitage" bestünden nach hessischem Wahlrecht nicht. Die Ordnungsmäßigkeit eines Wahlvorschlages im Sinne des § 28 Abs. 1 LWG setze auch keine satzungsgemäße Einberufung des Nominationsorgans voraus; insoweit genüge, daß die Delegierten vor der Versammlung Ort, Zeit und Tagesordnung erfahren hätten.[61]

In einer früheren Entscheidung hatte das Wahlprüfungsgericht festgestellt, daß ein Kreiswahlvorschlag auch dann ordnungsgemäß zugelassen worden sei, wenn die Kandidaten dafür in einer nur kurzfristig anberaumten Mitgliederversammlung für zwei Wahlkreise gemeinsam gewählt worden seien. Im zugrundeliegenden Falle hatten die in einer ersten Mitgliederversammlung gewählten Kandidaten sich geweigert, die erforderlichen schriftlichen Zustimmungserklärungen für ihre Nominierung zu erteilen, um dadurch die Kreiswahlvorstände der Partei und darüber hinaus die Landesliste dieser Partei zu Fall zu bringen. Deshalb war mit der Einladungsfrist von drei Stunden eine nochmalige Mitgliederversammlung einberufen worden, was das Wahlprüfungsgericht angesichts der „unverschuldeten Notlage" als rechtmäßig beurteilte, auch wenn ein großer Teil der Einladungsschreiben zu der kurzfristig anberaumten Mitgliederversammlung wegen falscher Anschriften nicht zugestellt werden konnte und einige Mitglieder von vornherein nicht eingeladen wurden. Auch insoweit gelte die Feststellung, daß ein Fehler bei der Einladung zu der Mitgliederversammlung im konkreten Fall nicht „erheblich" gewesen sei.[62]

Im übrigen weist das Wahlprüfungsgericht in diesem Zusammenhang darauf hin, daß mögliche „Wahlfehler" dem Rechtsweg des Art. 19 Abs. 4 GG nicht unterlägen. Insoweit könne ein Verstoß gegen das Gebot effektiven Rechtsschutzes nach Art. 19 Abs. 4 GG auch dann nicht vorliegen, wenn im Falle von Verstößen gegen partei-interne Vorschriften über die Bewerberaufstellung über Rechtsbehelfe im partei-schiedsgerichtlichen Verfahren bzw. von den Gerichten nicht rechtzeitig entschieden werde.[63]

c) Unterschriftenquorum für Wahlvorschläge

Die Regelung eines Unterschriftenquorums für Wahlvorschläge, die von einer bisher nicht im Parlament vertretenen Partei oder Wählergruppe oder von Einzelbewerbern gemäß § 21 Abs. 3 LWG eingereicht werden müssen, ist nach Ansicht des Wahlprüfungsgerichts mit der Garantie des passiven Wahlrechts in Art. 75 Abs. 2 HV i.V.m. Art. 73 Abs. 2 HV vereinbar, wie auch der Hessische Staats-

---

61 StAnz. 1984, 1182.
62 StAnz. 1960, 84.
63 StAnz. 1984, 1182.

gerichtshof in seinem Beschluß vom 20. Juli 1988[64] festgestellt habe.[65] Das Unterschriftenquorum nach § 21 Abs. 3 LWG sei verfassungsgemäß, denn dadurch solle gesichert werden, daß sich nur solche „neue" Parteien an der Wahl beteiligten, die in der Öffentlichkeit bereits eine gewisse Anhängerschaft unter den Wählern gefunden hätten. Damit diene die „Unterschriftenklausel" nicht zuletzt auch der Wählerschaft, die durch ein Übermaß an aussichtslosen Wahlvorschlägen verwirrt und leicht zu erfolgloser Stimmabgabe verleitetet werden könne.[66] Die Verfassungsmäßigkeit des Unterschriftenquorums habe auch das Bundesverfassungsgericht bestätigt. Es sei im übrigen unbedenklich, daß die bereits im Parlament vertretenen Parteien hinsichtlich des Unterschriftenquorums privilegiert würden, da ein früherer Wahlerfolg bereits einen ausreichenden Nachweis für die Ernsthaftigkeit eines Wahlvorschlages darstelle und deshalb zu einer Befreiung von dem Unterschriftenquorum führen könne.[67] Verfassungsrechtliche Bedenken beständen in Übereinstimmung mit der Rechtsprechung des Bundesverfassungsgerichts auch nicht gegen die in § 33 Abs. 2 LWO getroffene Regelung über die Beibringung der erforderlichen Unterstützungsunterschriften auf amtlichen Formblättern, denn damit, wie mit dem Erfordernis des Unterschriftenquorums überhaupt, solle die Ernsthaftigkeit von Wahlvorschlägen nachgewiesen werden.[68] Auch der Grundsatz der Geheimhaltung der Wahl gemäß Art. 73 Abs. 2 HV werde weder durch die Unterschriftenklausel selbst noch durch die nach § 33 Abs. 3 Nr. 4 LWO erforderliche Bescheinigung über die Wahlberechtigung der Unterzeichner verletzt.[69] Auch die Gestaltung der Formblätter für die Unterstützungsunterschriften sei rechtlich nicht zu beanstanden. Der Eindruck eines Einspruchsführers, die Formblätter seien in ihrer Aufmachung so gestaltet, daß viele Unterschriftswillige abgeschreckt worden seien, weil sie vermutet hätten, mit ihrer Unterschrift Mitglied der jeweiligen Partei zu werden und Beiträge bezahlen zu müssen, sei nicht nachzuvollziehen. Angesichts der deutlichen Überschriften, die auf eine „Unterstützungsunterschrift" und eine „Bescheinigung des Wahlrechts" hinwiesen, sei dieser Eindruck nicht ersichtlich.[70]

d) Frist zur Einreichung von Kreiswahlvorschlägen

Die Frist zur Einreichung von Kreiswahlvorschlägen gemäß § 23 Abs. 1 LWG ist nach Auffassung des Wahlprüfungsgerichts verfassungsgemäß. Vordringlicher Zweck dieser Frist sei die Gewährleistung einer zügigen Wahlvorbereitung und einer einheitlichen Durchführung der Wahl im gesamten Wahlgebiet. Diese Frist sei wie alle Fristen für das Einreichen von Wahlvorschlägen und sonstige fristge-

---

[64] P.St 1075 –, StAnz. 1988, 2121 = ESVGH 39, 1.
[65] StAnz. 1992, 1562.
[66] StAnz. 1983, 1068.
[67] StAnz. 1995, 4028.
[68] StAnz. 1992, 1562.
[69] StAnz. 1992, 1563.
[70] StAnz. 1988, 66.

bundene Wahlvorbereitungshandlungen als „gesetzliche Ausschlußfrist" anzusehen, bei deren Versäumung weder eine Wiedereinsetzung in den vorigen Stand noch eine „Nachsichtgewährung" zulässig sei. Dies gelte auch dann, wenn die Fristversäumung auf „höherer Gewalt" oder einem „unabwendbaren Ereignis" beruhe, wie dies allgemein in der wahlrechtlichen Rechtsprechung anerkannt sei.[71] Insofern stehe das öffentliche Interesse an der Eindeutigkeit und alsbaldigen Wirksamkeit des Wahlergebnisses im Vordergrund. Die Frist des § 23 Abs. 1 LWG für das Einreichen der Kreiswahlvorschläge sei zwingend erforderlich, um eine ordnungsgemäße Briefwahl noch zeitgerecht einleiten und durchführen zu können. Deshalb sei es auch grundsätzlich ausgeschlossen, im Falle der Versäumung der Ausschlußfrist zum Einreichen der Wahlvorschläge „Nachsicht" zu gewähren. Nur bei einem auf eindeutigem Verschulden des Wahlleiters oder seines Stellvertreters bzw. deren Bediensteten beruhenden Fristversäumnis könne mit allen Vorbehalten die Möglichkeit einer „Nachsicht" in Betracht gezogen werden, wofür aber im konkreten Fall nicht die Voraussetzungen vorlägen.[72]

e) Prüfung der Kreiswahlvorschläge

Auch die Regelung des § 26 Abs. 1 LWG, nach der der Kreiswahlleiter Kreiswahlvorschläge sofort zu prüfen und bei der Feststellung von Mängeln die Vertrauensperson für den Wahlvorschlag unverzüglich aufzufordern hat, sie rechtzeitig zu beseitigen, unterliegt nach Feststellung des Wahlprüfungsgerichts keinen verfassungsrechtlichen Bedenken.[73] Die Intensität der Prüfung der Wahlvorschläge durch den Landeswahlausschuß aufgrund der Vorprüfung durch den Landeswahlleiter, an dessen Feststellungen der Landeswahlausschuß aber in keiner Weise gebunden sei, könne danach differieren, wie eindeutig und klar das Ergebnis der Vorprüfung durch den Landeswahlleiter ausgefallen sei.[74] Gegen die Entscheidung eines Kreiswahlausschusses, einen Wahlvorschlag zuzulassen, könne der Kreiswahlleiter auch dann, wenn er selbst im Wahlausschuß für die Zulassung des Wahlvorschlags gestimmt habe, auf Weisung des zuständigen Ministers des Innern Beschwerde einlegen.[75] Bei der Zulassung der Landesliste sei der Landeswahlausschuß nicht an die Vorprüfung durch den Landeswahlleiter gebunden. Er könne sich aber dessen Feststellungen zu eigen machen.[76]

Der Landeswahlausschuß könne einen Kreiswahlvorschlag ablehnen, wenn sich bei der Überprüfung des Kreiswahlvorschlages ergebe, daß die aufgestellten Bewerber und Ersatzleute frühere Mitglieder oder Funktionäre einer durch das Bundesverfassungsgericht verbotenen Partei seien. Dies hat das Wahlprüfungsgericht im Hinblick auf eine „Unabhängige Wählergemeinschaft ..." (UWG) festgestellt, die zur

---

[71] StAnz. 1988, 68.
[72] StAnz. 1988, 68.
[73] StAnz. 1992, 1563.
[74] StAnz. 1992, 1563.
[75] StAnz. 1960, 83.
[76] StAnz. 1992, 1563.

Landtagswahl 1958 einen Kreiswahlvorschlag eingereicht hatte. Da der Kreiswahlvorschlag – wie in vielen anderen Wahlkreisen – Kandidaten enthalte, die frühere Mitglieder, Funktionäre oder Anhänger der verbotenen KPD gewesen seien, handele es sich um eine planmäßig gesteuerte und auf das Land Hessen bezogene Aktion der illegalen KPD. Da die KPD mit Hilfe dieser Wählergemeinschaften „im Sinne ihrer kommunistischen Zielsetzung" auf die Wahlen Einfluß nehmen wolle und sich hierzu dieser Wählergruppen bediene, müßten diese als Teil einer Ersatzorganisation der verbotenen KPD angesehen werden.[77] Unerheblich sei, daß die Verfassungswidrigkeit der Wählergemeinschaften nicht in einem besonderen Verfahren festgestellt worden sei, weil die Ersatzorganisationen der verbotenen KPD durch das Urteil des Bundesverfassungsgerichts unmittelbar erfaßt worden seien. Für die wahlrechtliche Prüfung der Beurteilung der Zulässigkeit des Wahlvorschlages komme es auch nicht darauf an, ob eine Auflösung der Wählergemeinschaft verfügt worden sei.[78]

f) Wählerverzeichnis

Ausländer/Wohnsitz

Unrichtig ist das Wählerverzeichnis u.a., wenn ein Ausländer als deutscher Staatsangehöriger und damit als Wahlberechtigter im Wählerverzeichnis aufgeführt werde,[79] aber auch dann, wenn ein Wahlberechtigter aus dem Wählerverzeichnis für den bisherigen Wahlbezirk gestrichen werde, nachdem er in einen anderen Wahlbezirk umgezogen sei.[80]

Grundsätzlich bleibe der Umzug ohne Einfluß auf die Eintragung im Wählerverzeichnis des alten Wahlbezirks, wenn ein Wahlberechtigter nach dem Stichtag für die Eintragung in das Wählerverzeichnis und dem Beginn der Auslegung des Wählerverzeichnisses innerhalb derselben Gemeinde umziehe.[81] Nur auf Antrag nach § 5 Abs. 5 Satz 1 LWO wird der Wahlberechtigte in das Wählerverzeichnis des Wahlbezirks seiner neuen Hauptwohnung eingetragen. Der Begriff des „Wohnsitzes" in § 2 Abs. 1 Satz 1 Nr. 3 LWG wurde vom Wahlprüfungsgericht ursprünglich dahingehend ausgelegt, daß ein Aufenthalt von gewisser Dauer dafür genüge, ohne daß die Begründung eines Wohnsitzes im Sinne des bürgerlichen Rechts notwendig sei. Es sei ausreichend, daß Personen, die keinen bürgerlichrechtlichen Wohnsitz in Hessen hätten, in ein gewisses räumliches Dauerverhältnis zum Lande Hessen getreten seien. Erforderlich für die Bejahung eines „Wohnsitzes" in Hessen sei eine dauerhafte räumliche Bindung zum hessischen Staatsgebiet.[82] Auch die Karenzzeit von drei Monaten gemäß § 2 Abs. 1 Nr. 3 LWG sei recht-

77 StAnz. 1960, 83.
78 StAnz. 1960, 84.
79 StAnz. 1995, 4025.
80 StAnz. 1983, 1072.
81 StAnz. 1984, 1179.
82 StAnz. 1951, 297.

mäßig.[83] Die ausdrückliche Regelung der Wahlberechtigung im Hinblick auf den Wohnsitz und die daran anknüpfende Eintragung in das Wählerverzeichnis, die das Wahlprüfungsgericht in seinem Urteil vom 28. März 1951 „für zukünftige Wahlen" für „geboten" hielt, ist später durch die Regelungen der Landeswahlordnung, insbesondere über die Eintragung der Wahlberechtigten in das Wählerverzeichnis nach §§ 3, 5 LWO, getroffen worden. Probleme mit der Wahlberechtigung in Anknüpfung an den Wohnsitz hat es anfangs vor allem im Hinblick auf den Wohnsitz von Studenten gegeben. Das Wahlprüfungsgericht hat insoweit zwar Unregelmäßigkeiten festgestellt, die aber im Ergebnis nie für den Wahlausgang erheblich waren.[84]

Angabe des Berufs

In das Wählerverzeichnis und die Wahlbenachrichtigung müsse die Angabe des Berufs des Wahlberechtigten nicht aufgenommen werden; im Fehlen dieser Angabe liege keine Unregelmäßigkeit im Rahmen der Wahlvorbereitung, da dies im Landtagswahlgesetz nicht vorgesehen sei.[85]

g) Briefwahl

Briefwahlunterlagen müssen so frühzeitig versandt werden, daß sie den Wahlberechtigten rechtzeitig für eine Stimmabgabe erreichen. Daraus könne sich im Einzelfall die Pflicht der Gemeindebehörde ergeben, den Wahlschein einschließlich der Briefwahlunterlagen dem Antragsteller sofort auszuhändigen, falls eine rechtzeitige Versendung mit der Post nicht mehr gewährleistet erscheine.[86] Würden Briefwahlunterlagen versehentlich mit Stimmzetteln für einen anderen als für den Wahlkreis versandt, zu dem der Wahlbezirk gehört, in dem der Wahlberechtigte wohnt, liege darin eine Unregelmäßigkeit. Die Wahlbriefe mit „falschen" Stimmzetteln habe der Briefwahlvorstand zurückzuweisen.[87] Die Regelung des § 15 Abs. 8 Satz 1 LWO, daß verlorene Wahlscheine grundsätzlich nicht ersetzt werden, sei wegen der sonst gegebenen Mißbrauchsgefahr rechtmäßig.[88] Die Feststellung des Wahlprüfungsgerichts, jeder Verlust des Wahlscheines nach Aufgabe durch die Gemeindebehörde zur Post falle in die Risikosphäre des Wahlberechtigten, ist inzwischen aber durch § 15 Abs. 8 Satz 2 LWO dahingehend korrigiert worden, daß einem Wahlberechtigten ein neuer Wahlschein erteilt werden kann, wenn er glaubhaft macht, daß ihm der beantragte Wahlschein nicht zugegangen ist. Die Eintragung ins Wählerverzeichnis berechtige nur dann zur Stimmabgabe, wenn für den Wahl-

83 StAnz. 1951, 298.
84 StAnz. 1955, 522 f.
85 StAnz. 1967, 1140.
86 StAnz. 1988, 65.
87 StAnz. 1983, 1072.
88 StAnz. 1975, 1179.

berechtigten kein Wahlschein ausgestellt worden sei. Denn sonst trete der Wahlschein an die Stelle der Eintragung im Wählerverzeichnis als Voraussetzung für die Stimmabgabe.[89]

3. Wahlfehler, die die Wahlhandlung betreffen

a) Zusammensetzung des Wahlvorstandes

Zur Zusammensetzung des Wahlvorstandes hat das Wahlprüfungsgericht in seiner ersten Entscheidung von 1949 zur Landtagswahl 1946 – insoweit zeitgebunden – festgestellt, daß die Tätigkeit eines früheren Mitgliedes der NSDAP als Beisitzer im Wahlvorstand die Wahl in diesem Wahlbezirk nicht ungültig mache, soweit das NSDAP-Mitglied nicht wegen Beitritts zur NSDAP vor dem 1. Mai 1937 oder bei späterem Eintreten als aktives Mitglied der NSDAP von dem aktiven Wahlrecht ausgeschlossen sei.[90]

b) Wahlzeit

Zum Wahlbeginn hat das Wahlprüfungsgericht festgestellt, daß eine Unregelmäßigkeit der Wahl in einem Wahlbezirk dann vorliegt, wenn die Wahl dort statt um 8.00 Uhr erst gegen 8.15 Uhr begonnen habe, weil erst zu diesem Zeitpunkt der Wahlvorstand vollzählig versammelt gewesen sei.[91]

c) Wahlraum

Kreuz

Auch die Ausgestaltung des Wahlraums bzw. die Zustände in der näheren Umgebung des Wahlraumes waren Gegenstand der Wahlprüfung durch das Wahlprüfungsgericht. Ein Kruzifix im Wahlraum stelle keine unzulässige Wahlpropaganda i.S.d. § 31 a LWG dar. Danach sind während der Wahlzeit in und an dem Gebäude, in dem sich der Wahlraum befindet, sowie in dem Bereich mit einem Abstand von weniger als 10 m von dem Gebäudeeingang jede Beeinflussung der Wähler durch Wort, Ton, Schrift oder Bild sowie jede Unterschriftensammlung verboten. Unter Bezugnahme auf Feststellungen des Wahlprüfungsausschusses des Deutschen Bundestages[92] wird ausgeführt, ein Zimmerschmuck des Wahlraumes in Gestalt eines Kreuzes stelle keine Wahlpropaganda dar. Auch wenn sich Parteien in ihrem Namen ausdrücklich auf das Christentum beriefen, sei das Kreuz dennoch kein Symbol, das diesen Parteien als Identitätszeichen vorbehalten und zugerechnet

---

[89] StAnz. 1975, 1179.
[90] StAnz. 1949, 234.
[91] StAnz. 1967, 1140.
[92] Beschlußempfehlung vom 10. Februar 1988, BT-Drs. 11/1805, Anlage 29.

werde. Das hessische Recht verbiete es nicht, in Schulräumen Kreuze anzubringen. Das Wahlprüfungsgericht hält es aber grundsätzlich für möglich, daß die Ausstattung von Wahlräumen mit religiösen Symbolen eine unzulässige Wählerbeeinflussung i.S.d. § 31 a Abs. 1 LWG sein könne, wenn die Anbringung solcher religiösen Symbole nach Art und/oder Umfang über einen bloßen Zimmerschmuck hinausgehe. Im zu entscheidenden Falle sei das Kruzifix angesichts seiner Maße von 60 × 90 cm noch als Zimmerschmuck zu werten, mit dem keine unzulässige Wahlpropaganda verbunden sei. Ergänzend verweist das Wahlprüfungsgericht auf die Rechtsprechung zur Frage der Entfernung von Kreuzen aus Schulräumen im Hinblick auf das Grundrecht der negativen Religionsfreiheit (Art. 4 GG). Auch unter Berücksichtigung dieser Rechtsprechung stelle ein Kreuz in einem Wahlraum jedenfalls dann keine Verletzung wahlrechtlicher Vorschriften dar, wenn es sich dabei um einen bloßen Zimmerschmuck im zuvor dargestellten Sinne handele.[93]

Wahlplakat

Nachdem das Wahlprüfungsgericht 1949 noch lapidar festgestellt hatte, das Anbringen eines Wahlplakates neben dem Eingang zum Wahllokal berühre die Gültigkeit der Wahl nicht,[94] hat es sich im Hinblick auf die Landtagswahl 1991 umfassend mit der Zulässigkeit von Wahlwerbung und Unterschriftensammlungen in der näheren Umgebung des Wahlraumes befaßt. Gerügt worden war von Einspruchsführern zum einen, daß auf dem Gelände einer Schule, in der sich ein Wahlraum befand, Werbetafeln von Parteien aufgestellt worden waren. Nach den Feststellungen des Wahlprüfungsgerichts befanden sich die Wahlplakate aber weder am Wahlgebäude selbst noch unmittelbar vor dem Zugang zu dem Gebäude, sondern in mindestens 10 m Abstand seitlich vom eigentlichen Zugang des Wahlgebäudes entfernt. Bei dieser Sachlage und angesichts der Tatsache, daß der Einspruchsführer selbst nicht behauptete, er und/oder andere Wähler hätten sich durch die Plakate bei der Stimmabgabe unzulässig beeinflußt gefühlt, verneinte das Gericht einen Verstoß gegen § 31 a Abs. 1 LWG.[95]

Unterschriftensammlung

Einen Wahlfehler im Sinne einer Unregelmäßigkeit des Wahlverfahrens hat das Wahlprüfungsgericht allerdings in bestimmten Fällen bejaht, in denen während der Wahlzeit Unterschriftensammlungen in Wahlgebäuden, entweder im Wahlraum selbst oder unmittelbar vor dem Zugang zum Wahlraum, zu einem politischen Thema (hier: Golfkrieg) durchgeführt wurden. Dabei handele es sich um einen Verstoß gegen § 31 a LWG, der die Wahlhandlung und damit die Durchführung des Wahlakts als solchen unmittelbar betreffe. Ein solcher Verstoß könne eine

---

93 StAnz. 1992, 1567 f.
94 StAnz. 1949, 234.
95 StAnz. 1992, 1567.

„Unregelmäßigkeit im Wahlverfahren" i.S.d. Art. 78 Abs. 2 HV auch dann sein, wenn er nicht auf einem Verhalten von Wahlorganen oder -behörden beruhe. Sinn und Zweck des Art. 78 Abs. 2 HV geböten es nicht, Unregelmäßigkeiten im Wahlverfahren auf Vorgänge zu beschränken, die der unmittelbaren Einflußsphäre dieser Wahlorgane bzw. -behörden unterlägen oder ihr zugeordnet werden könnten. Denn anderenfalls führe eine solche Beschränkung dazu, daß Verstöße gegen wahlrechtliche Bestimmungen durch außerhalb der Verwaltung stehende Personen, die den eigentlichen Wahlakt erheblich beeinträchtigen bzw. empfindlich stören und damit letztlich das Verhalten der Wahlberechtigten maßgeblich beeinflussen könnten, auch im Falle ihrer Erheblichkeit für den Ausgang der Wahl unberücksichtigt blieben, wenn sie nicht gleichzeitig als strafbare oder gegen die guten Sitten verstoßende Handlungen einzustufen seien, die das Wahlergebnis beeinflußten. Dies trüge dem verfassungsmäßig abgesicherten Kernbestand eines freiheitlichen und demokratischen Wahlrechts nicht angemessen Rechnung und schränke darüber hinaus die Kontrollmöglichkeiten des Wahlprüfungsgerichts unvertretbar ein. § 31 a Abs. 1 LWG, der neben unzulässiger Wahlpropaganda auch Unterschriftensammlungen in unmittelbarer Nähe des Wahlraumes verbiete, sei deshalb nicht als bloße Ordnungsvorschrift zu verstehen, sondern solle eine unbeeinflußte Stimmabgabe durch die Wahlberechtigten gewährleisten und die Gefahr einer Beeinträchtigung des Grundsatzes der Geheimhaltung der Wahl wirksam verhindern. Verstöße gegen die sogenannte „Bannmeilenregelung" des § 31 a Abs. 1 LWG seien deshalb als Unregelmäßigkeiten im Wahlverfahren i.S.v. Art. 78 Abs. 2 HV, nicht aber als strafbare oder gegen die guten Sitten verstoßende Handlungen zu werten, die das Wahlergebnis beeinflußten. Die in den Unterschriftsaktionen zum Thema Krieg, insbesondere zum Thema „Golfkrieg", zum Ausdruck kommende Sorge um einen die ganze Welt bedrohenden Konflikt und das Werben für den Frieden verletze nicht das Anstandsgefühl aller billig und gerecht Denkenden. Im Hinblick auf den sachlichen Zusammenhang zwischen dieser Friedenswerbung und der Landtagswahl könne nicht unberücksichtigt bleiben, daß die an der hessischen Landtagswahl teilnehmenden Parteien und Wählergruppen durchaus unterschiedliche Einstellungen und Haltungen gerade zu dem Thema „Golfkrieg" vor der Landtagswahl hätten erkennen lassen und diese Einschätzungen sich auch auf die Art und Weise des von den einzelnen Parteien betriebenen Wahlkampfes ausgewirkt hätten.[96]

Mit den Unterschriftensammlungen in der Nähe von Wahllokalen sei dann gegen § 31 a Abs. 1 LWG verstoßen worden, wenn diese im direkten Zugangsbereich zu dem Gebäudeeingang, also in einem Abstand von 8–10 m davon vorgenommen worden seien.[97] Diese Rechtsprechung hat sich in dem durch die Novelle vom Mai 1992 geänderten §§ 31 a LWG in der o.g. Fassung niedergeschlagen, in der ausdrücklich in einem Bereich „mit einem Abstand von weniger als 10 m" von dem Gebäudeeingang jede Beeinflussung der Wähler sowie jede Unterschriften-

[96] StAnz. 1992, 1570 f.
[97] StAnz. 1992, 1572.

sammlung verboten wurde. Die in der Entscheidung vom 26. März 1992 – 104/2 – 1991 –[98] festgestellten Unregelmäßigkeiten seien auch eine unzulässige Wählerbeeinflussung gewesen, da sie ihrer Natur nach geeignet gewesen seien, die Entscheidungsfreiheit des Wählers trotz bestehenden Wahlgeheimnisses ernstlich zu beeinträchtigen. Dazu gehöre auch der unzulässige Druck von Seiten anderer Bürger oder gesellschaftlicher Gruppen. Verbotswidrig durchgeführte Unterschriftensammlungen seien deshalb objektiv geeignet, das Wählerverhalten hinsichtlich der Stimmabgabe zu beeinflussen und die Entscheidungsfreiheit der Wahlberechtigten trotz bestehenden Wahlgeheimnisses ernstlich zu beeinträchtigen. Diese Unregelmäßigkeit führe aber nicht zur Ungültigkeit der Wahl, weil auch sie für den Ausgang der Landtagswahl im Ergebnis nicht erheblich gewesen sei. Es könne nicht mit hinreichender Sicherheit von der ernsthaft in Betracht zu ziehenden Möglichkeit ausgegangen werden, die Durchführung der verbotenen Unterschriftensammlungen gegen den Golfkrieg habe den Wählerwillen in den betroffenen Wahlbezirken so verfälscht oder verfälschen können, daß sie sich auf die konkrete Sitzverteilung im Hessischen Landtag ausgewirkt habe. Dies gelte jedenfalls dann, wenn entsprechende Unterschriftenaktionen nicht eindeutig parteipolitisch ausgerichtet seien, sondern es an einem Bezug zu dem Programm oder zu einer zentralen Wahlkampfthematik einer bestimmten Partei fehle. Je eindeutiger allerdings nach § 31 a LWG zu beanstandende Vorgänge einer bestimmten Partei zuzuordnen seien – insbesondere bei unmittelbar parteipolitischer Werbung –, um so eher könne auch von der Möglichkeit der Verfälschung des Wählerwillens ausgegangen und damit die Möglichkeit der Mandatsrelevanz in Betracht gezogen werden. Dies gelte insbesondere, wenn diese Annahme dadurch erhärtet werde, daß das Stimmenpotential einer Partei oder politischen Gruppierung signifikante Steigerungsraten gegenüber früheren Wahlen in den von Verstößen gegen § 31 a LWG betroffenen Wahlbezirken aufweise, für die sich andere empirisch nachvollziehbare, hinreichende Anhaltspunkte nicht ergäben. Die zum Anlaß für die Unterschriftensammlung genommene Golfkrieg-Thematik betreffe aber keine unmittelbaren parteipolitischen Aussagen und keine zentrale landespolitische Thematik, die den Wahlkampf längerfristig oder nachhaltig bestimmt habe. Auch wenn am Wahlkampf beteiligte Parteien und Gruppierungen sich zu dieser Frage geäußert hätten, sei doch ein Bezug dieser Problematik zum Landeswahlkampf nicht in der Weise vorhanden gewesen, daß den zu dieser Thematik durchgeführten Unterschriftensammlungen mandatsrelevante Bedeutung empirisch nachvollziehbar habe beigemessen werden können.[99]

Wählerbefragung

Wählerbefragungen nach der Stimmabgabe über den Inhalt der Wahlentscheidung durch Beauftragte von Meinungsforschungsinstituten seien zulässig. Sie stellten

---

[98] StAnz. 1992, 1554.
[99] StAnz. 1992, 1573.

keinen Verstoß gegen § 31 a Abs. 2 LWG dar, nach dem nur die „Veröffentlichung" von Ergebnissen von Wählerbefragungen vor Ablauf der Wahlzeit unzulässig sei. Aus dieser Regelung könne im Umkehrschluß entnommen werden, daß der Gesetzgeber die Durchführung solcher Wählerbefragungen nach der Stimmabgabe für zulässig erachte und nur eine vorzeitige Publikation der Ergebnisse noch während der Wahlhandlung ausschließen wolle, damit sie keine Auswirkungen auf das Stimmabgabeverhalten von Wahlberechtigten haben könne.[100]

d) Stimmzettel

Falsche Stimmzettel

Die Wahl in einem Wahlkreis A mit Stimmzetteln, die für den Wahlkreis B gelten, stelle eine Unregelmäßigkeit des Wahlverfahrens dar. Denn die Wahlberechtigten hätten damit ihre Stimmen für die Bewerber des Wahlkreises B abgegeben, obwohl sie tatsächlich nur die Bewerber des Wahlkreises A hätten wählen können. Diese Stimmen könnten bei der Ermittlung des Wahlergebnisses im Wahlkreis B nicht berücksichtigt werden. Die Prüfung der Erheblichkeit habe sich dann darauf zu erstrecken, ob ohne die Unregelmäßigkeit das Wahlergebnis im Wahlkreis A anders ausgefallen wäre, was im zu entscheidenden Falle nicht der Fall sei.[101]

Gestaltung des Stimmzettels

Zur Gestaltung der Stimmzettel hat das Wahlprüfungsgericht entschieden, diese sei durch § 30 Abs. 2 und 3 LWG hinreichend bestimmt festgelegt. Dies gelte auch für die Regelung der Beschaffenheit der Stimmzettel nach § 37 LWO. Das Erfordernis des § 37 Abs. 2 Satz 2 LWG, die Stimmzettel in jedem Wahlbezirk müßten von gleicher Farbe und Beschaffenheit sein, diene der Gewährleistung des Wahlgeheimnisses.[102] Die Reihenfolge der notwendigen Angaben auf den Stimmzetteln sei durch § 30 Abs. 2 LWG außer im Hinblick auf die Reihenfolge der Wahlvorschläge gemäß § 30 Abs. 3 i.V.m. § 29 Abs. 2 LWG nicht festgelegt, dies sei auch von Rechts wegen nicht erforderlich. Es sei aber nicht zu beanstanden, wenn Stimmzettel in verschiedenen Wahlkreisen von unterschiedlicher Farbe und unterschiedlichen Drucktypen seien. Wichtig sei wegen der Wahrung des Wahlgeheimnisses, daß die Stimmzettel in der kleinsten Einheit eines Wahlgebietes, also im Wahlbezirk, von gleicher Farbe und Beschaffenheit seien. Die Stimmzettel erweckten auch nicht deshalb den Anschein einer Parteienwahl, weil die Wahlvorschläge auch die Parteien aufführten, denen die Wahlkreisbewerber angehörten. Das Wahlrecht sehe keine Personenwahl vor, sondern eine personalisierte Verhältniswahl. Damit verbinde das Wahlsystem in Hessen Elemente der Personen- und

100 StAnz. 1992, 1571.
101 StAnz. 1967, 1141 f.
102 StAnz. 1979, 1541.

der Parteienwahl. Durch die Gestaltung der Stimmzettel bestehe auch nicht die Gefahr, daß durch amtliche Wahlbeeinflussung der Wähler verführt werde, unzulässigerweise zwei Wahlvorschläge anzukreuzen, was den Stimmzettel ungültig mache. Denn insoweit seien ausreichende Hinweise auf den Stimmzetteln, nicht mehr als *einen* Wahlvorschlag anzukreuzen, vorhanden.[103]

Veränderung des Stimmzettels

Stimmzettel, bei denen der für statistische Erhebungen eingedruckte Vermerk entfernt worden sei, dürften im Hinblick auf die darauf abgegebenen Stimmen nicht als ungültig gewertet werden. Zwar sei durch das Herausschneiden des eingedruckten Vermerks für statistische Zwecke der amtlich hergestellte Stimmzettel inhaltlich und substantiell in verbotener Weise verändert worden. Gleichwohl sei die Sanktion, die auf einem solchen Stimmzettel abgegebene Stimme als ungültig zu werten, unangemessen und von den einschlägigen gesetzlichen Vorschriften nicht gedeckt. Denn nach § 30 Abs. 2 LWG gehöre zu dem danach notwendigen Inhalt eines amtlich hergestellten Zettels die auf den Stimmzetteln aufgedruckte Unterscheidungskennzeichnung für statistische Zwecke nicht. Auch in § 33 LWG sei dies nicht als Fall geregelt, der zur Ungültigkeit der abgegebenen Stimme führe. Auch ein Stimmzettel, von dem der für statistische Erhebungen zulässigerweise eingedruckte Vermerk entfernt worden sei, sei noch im Sinne des § 33 Abs. 1 Satz 1 Nr. 3 LWG als „amtlich hergestellt erkennbar".[104] Bedenken gegen die Anbringung dieser Vermerke für statistische Zwecke auf den Stimmzetteln beständen auch unter Berücksichtigung des „Rechts auf informationelle Selbstbestimmung" nicht, da gewährleistet sei, daß die Stimmabgabe der einzelnen Wähler dadurch nicht erkennbar werde. Nach § 72 Abs. 2 Satz 3 LWO dürften Stimmzettel von unterschiedlicher Farbe zur Kennzeichnung der einzelnen Gruppen nicht verwendet werden, sondern müßten in jedem Wahlbezirk von gleicher Farbe und Beschaffenheit sein (§ 37 Abs. 2 Satz 2 LWO). Dadurch sei hinreichend sichergestellt, daß die in Art. 72 HV gewährleistete Abstimmungsfreiheit und das Abstimmungsgeheimnis nicht verletzt würden.[105]

Schreibstifte

Zum Ankreuzen der Wahlvorschläge auf dem Stimmzettel müßten keine „Tintenstifte" vorhanden sein. Aus der Regelung des § 40 Abs. 2 LWO, nach der in der Wahlzelle „Schreibstifte" bereitliegen sollen, lasse sich nicht das Gebot ableiten, in den Wahlzellen keine Bleistifte zu verwenden. Auch wenn nicht zu verkennen sei, daß Bleistiftstriche/-kreuze am einfachsten zu entfernen seien, könne die Fälschungsgefahr auch durch die Bereitstellung von Tintenstiften allenfalls einge-

---

103 StAnz. 1979, 1541 f.
104 StAnz. 1992, 1564.
105 StAnz. 1992, 1564.

schränkt, nicht jedoch beseitigt werden. Da der Wähler die Kontrolle über seinen Stimmzettel behalte, bis er ihn in einem Wahlumschlag in die verschlossene Urne werfe, und bei der Stimmzählung von einer ständigen gegenseitigen Kontrolle der hieran Beteiligten auszugehen sei, sei eine Manipulationsmöglichkeit so gering, daß sie fast ganz auszuschließen sei. Im übrigen sei der Wähler grundsätzlich nicht verpflichtet, einen bereitliegenden Schreibstift zu benutzen; er könne den Stimmzettel auch mit eigenem Schreibgerät kennzeichnen.[106]

Abgabe ohne Wahlumschlag

Zur Stimmabgabe selbst hatte das Wahlprüfungsgericht in seiner ersten Entscheidung 1949 festgestellt, daß das Fehlen von Briefumschlägen für die Stimmzettel bei der Wahlhandlung nicht gegen den Grundsatz der geheimen Wahl verstoße, wenn statt dessen das sogenannte „Knick-Verfahren", also Abgabe des Stimmzettels mit nach innen geknickter Seite, auf der sich die Wahlvorschläge befinden, angewandt werde. Zur Zeit der Landtagswahl 1946 herrschte nach den Feststellungen des Wahlprüfungsgerichts eine große Papierknappheit, so daß es nicht möglich gewesen sei, die erforderliche Zahl von Wahlumschlägen zu beschaffen. Der Landeswahlleiter habe deshalb angeordnet, daß in solchen Fällen die Wahlzettel geknickt in die Wahlurne geworfen würden. Angesichts dieses Mangels an Briefumschlägen, die auf der Unzulänglichkeit der Nachkriegsverhältnisse beruhe, sei es unter diesen außergewöhnlichen Umständen, die sonst eine Durchführung der Wahl unmöglich gemacht hätten, ausnahmsweise zulässig gewesen, in besonderen Fällen von der Verwendung von Wahlumschlägen Abstand zu nehmen.[107]

e) Wahlgeräte

Die Verwendung von Wahlgeräten bei der Landtagswahl begegne keinen grundsätzlichen rechtlichen Bedenken. Insbesondere liege in dem Umstand, daß in einigen Wahlbezirken mit Stimmzetteln, in anderen Wahlbezirken mit Wahlgeräten gewählt werde, kein Verstoß gegen den Grundsatz der Gleichheit der Wahl, da die Gleichwertigkeit der abgegebenen Stimmen gewährleistet sei. Eine Differenzierung bei der Stimmenauszählung nach der Abgabe der Stimme auf einem Stimmzettel oder mit einem Wahlgerät finde nicht statt.[108] Auch die Beschriftung der Wahlgeräte sei nicht zu beanstanden. Die Forderung des § 5 Abs. 2 LandeswahlgeräteVO, die Wahlgeräte müßten dem amtlichen Stimmzettel „entsprechend" beschriftet sein, bedeute nicht, daß die Beschriftung mit der der amtlichen Stimmzettel identisch sein müsse. Sie müsse nur dieselben Angaben enthalten wie der amtliche Stimmzettel, könne aber – ihrer Eigenart entsprechend etwa wegen geringeren Raumes für die Eintragungen – äußerliche Abweichungen in Form und Gestaltung

---

[106] StAnz. 1984, 1182.
[107] StAnz. 1949, 234.
[108] StAnz. 1988, 67.

enthalten.[109] Auch die unterschiedliche Numerierung des Wahlkreisvorschlags einer Partei oder Wählergruppe und des Zugknopfs, der am Wahlgerät für die Wahl dieser Partei oder Wählergruppe zu betätigen sei, stelle keine zu beanstandende Unregelmäßigkeit dar. Auch wenn die Gefahr der Verwechslung einer beabsichtigten Stimmabgabe nicht auszuschließen sei, könne darin keine unzulässige Wahlbeeinflussung gesehen werden. Jedenfalls seien solche Verwechslungen für den Ausgang der zu beurteilenden Landtagswahl (von 1982) nicht erheblich gewesen. Obwohl das Wahlprüfungsgericht in der unterschiedlichen Beschriftung der bei der Landtagswahl 1982 verwendeten Wahlgeräte keine Unregelmäßigkeit im Wahlverfahren sah, sah es sich doch zu dem Hinweis veranlaßt, daß der Landeswahlleiter bei künftigen Wahlen, bei denen wieder eine Partei nicht in allen Wahlkreisen Kreiswahlvorschläge einreichen sollte, für eine einheitliche Beschriftung der Wahlgeräte sorgen solle, um jegliche Verwechslungsgefahr und berechtigte Fragen nach den Gründen für eine unterschiedliche Beschriftung der Wahlgeräte desselben Typs in verschiedenen Wahlkreisen auszuschalten. Dazu gab das Wahlprüfungsgericht konkrete Hinweise zur Ausgestaltung der Beschriftung der Wahlgeräte.[110]

4. Wahlfehler, die die Feststellung des Wahlergebnisses betreffen

a) Ungültige Stimmen

Die Regelung, daß eine Stimme ungültig ist, wenn der Stimmzettel keine Kennzeichnung enthält (§ 33 Abs. 1 Nr. 4 LWG, der § 39 Abs. 1 Nr. 4 BWG entspricht), begegnet nach Prüfung durch das Wahlprüfungsgericht keinen verfassungsrechtlichen oder sonstigen rechtlichen Bedenken. Der Gesetzgeber sei davon ausgegangen, es bestehe keine Notwendigkeit, bei der Ermittlung und Feststellung des Wahlergebnisses zwischen fehlerhaften Stimmabgaben und Fällen von Nichtabgabe einer Stimme zu differenzieren. Nur die tatsächliche Nichtteilnahme an der Wahl werde als „Stimmenthaltung" gewertet und sei für die Feststellung der Wahlbeteiligung relevant, während die Fälle einer „Stimmenthaltung beim Wahlgang" einer ungültigen Stimmabgabe gleichzustellen seien. Denn vom Zeitpunkt der Wahlbeteiligung an solle es nur noch gültige und ungültige Stimmen geben, zumal ein besonderes Bedürfnis für eine weitergehende Differenzierung nicht erkennbar sei. „Ungültig" besage deshalb auch im Falle der Nichtabgabe der Stimme nur, daß die Stimme nicht gezählt werde. Ein zusätzlicher Aufwand zur Differenzierung der Wahlberechtigten, die nur die Erststimme, nur die Zweitstimme oder überhaupt keine Stimme abgegeben hätten, sei weder sachdienlich noch gerechtfertigt.[111]

---

109 StAnz. 1979, 1541.
110 StAnz. 1983, 1069.
111 StAnz. 1995, 4026.

b) Bekanntgabe eines Teilwahlergebnisses

Die Bekanntgabe eines Teilwahlergebnisses aus den Wahlkreisen, in denen am Hauptwahltag gewählt wurde, stellt einen Verstoß gegen allgemeine Wahlrechtsgrundsätze dar.[112] Rechtlich unbedenklich ist die öffentliche Ermittlung und Feststellung des Wahlergebnisses gemäß § 35 Abs. 1 LWG in den Wahlkreisen, in denen am Tage der Hauptwahl gewählt wurde. Eine andere Praxis verstieße gegen §§ 34, 35 LWG, nach denen nach „Beendigung der Wahl" das Wahlergebnis in den einzelnen Wahlbezirken öffentlich zu ermitteln ist sowie der Kreiswahlausschuß festzustellen hat, wieviele gültige Stimmen im Wahlkreis abgegeben und auf jeden Wahlvorschlag entfallen sind und welcher Bewerber im Wahlkreis gewählt worden ist. Eine Vorschrift, die es gebiete, diese Feststellungen auch vor Durchführung der Nachwahl bekanntzumachen, gebe es aber im hessischen Landtagswahlrecht nicht. Allerdings verstoße die Verfahrensweise des Landeswahlleiters, am Tage der Hauptwahl auf Landesebene die bisherigen Teilwahlergebnisse öffentlich bekanntzumachen, nicht direkt gegen Bestimmungen des Landeswahlgesetzes und der Landeswahlordnung. Es werde damit aber gegen den Grundsatz der Gleichheit der Wahl verstoßen, nach dem jeder Wahlberechtigte den gleichen Einfluß auf das Wahlergebnis haben solle. Damit sei es den Wählern in dem Nachwahlkreis in Kenntnis des Teilwahlergebnisses der Hauptwahl möglich gewesen, durch gezielte Bündelung von Stimmen bei einem ansonsten knappen Wahlausgang das Wahlergebnis und damit die Sitzverteilung im Landtag zu beeinflussen. Ihnen sei dadurch ein stärkerer Einfluß auf das Wahlergebnis eingeräumt worden, als dies ohne die beanstandete Vorabbekanntgabe des Teilwahlergebnisses der Fall gewesen sei.[113]

---

[112] StAnz. 1995, 4029.
[113] StAnz. 1995, 4030; zur näheren Begründung siehe oben die Ausführungen zum Grundsatz der Gleichheit der Wahl unter Ziff. II. 1. a).

CLAUDIA REITZMANN

Machtbalance und Informationsgleichgewicht – Zu den Informations- und Kontrollbefugnissen des Landtags gegenüber der Regierung

I. Das Modell der Machtbalance zwischen Parlament und Regierung nach der Hessischen Verfassung

1. Tragende Strukturprinzipien in der Hessischen Verfassung

a) Grundsatz der Gewaltenteilung

In der Hessischen Verfassung (HV) ist der Grundsatz der Gewaltenteilung in keiner Bestimmung niedergelegt, er liegt ihr aber zugrunde, wie sich aus der formellen Unterscheidung der drei Gewalten in Art. 26 HV und im Aufbau des Zweiten Hauptteils und ferner daraus ergibt, daß die drei Funktionen staatlicher Gewalt jeweils eigenständigen Organen zugewiesen sind.[1] Der Grundsatz der Gewaltenteilung ist ein tragendes Organisationsprinzip des Grundgesetzes[2] wie auch der Verfassungen der Länder. Die politische Macht der einen Staatsgewalt zu trennen und entsprechend ihren Funktionen Gesetzgebung, Regierung und Rechtsprechung auf drei voneinander getrennte Organe zu verteilen ist der Sinn dieses Grundsatzes. Nicht so sehr die scharfe Trennung von Legislative, Exekutive und Justiz, sondern vielmehr deren gegenseitige Kontrolle und Begrenzung wie auch das Ineinandergreifen der drei Gewalten soll auf diese Weise die Staatsmacht mäßigen und die Freiheit des Einzelnen schützen helfen.[3] Das Prinzip der Gewaltenteilung soll verhindern, daß ein Gewaltenträger seine Funktion auf Kosten eines anderen verstärkt und so eine beherrschende Stellung im Verfassungsgefüge einnimmt.[4] Jeder Staatsgewalt müsse, so das Bundesverfassungsgericht, ein eigener Kernbereich verbleiben, der von den beiden anderen Gewalten unabhängig ist.[5]

[1] Vgl. *Stein* in: *Zinn-Stein*, Verfassung des Landes Hessen, Kommentar, Stand April 1991, Erl. 5 zu Art. 70; *v. Brünneck*, Die Verfassung des Landes Hessen vom 1. Dezember 1946, in: Jahrbuch des Öffentlichen Rechts, Neue Folge, Band 3 (1954), 213, 249.

[2] BVerfGE 67, 100, 130.

[3] BVerfGE 3, 225, 247; 7, 183, 188; 9, 268, 279; 34, 52, 59; 67, 100, 130.

[4] BVerfGE 9, 268, 279; *Birkelbach*, Einfluß maschineller Datenverarbeitung auf die verfassungsrechtliche Zuordnung staatlicher Aufgaben im Verhältnis des Parlaments zur Regierung, ZParl 1974, 326, 329.

[5] Sogenannte „Kernbereichstheorie", BVerfGE 67, 100, 139; vgl. *Magiera*, Rechte des Bundestags und seiner Mitglieder gegenüber der Regierung, in: *Schneider/Zeh* (Hrsg.), Parlamentsrecht und Parlamentspraxis, 1989, § 52 Rn. 76; ausführlich *Busse*, Der Kernbereich exekutiver Eigenverantwortung im Spannungsfeld der staatlichen Gewalten, DÖV 1989, 45 ff.

Hinsichtlich der hier zu erörternden Informationsbeziehungen zwischen Parlament und Regierung ist dieses Postulat eines jeder Staatsgewalt verbleibenden Kernbereichs in zweifacher Weise von Bedeutung. Zum einen für die Frage, inwieweit durch einen Informationsvorsprung der Regierung gegenüber dem Parlament die Gefahr besteht, daß dieses zunehmend zu einem „Organ zur Vermittlung von Legalität für das Regierungshandeln wird".[6] Zum anderen ist die Feststellung eines Kernbereichs exekutiver Eigenverantwortung notwendig, um die Grenzen für Informationsansprüche des Parlaments bestimmen zu können.[7] Mit dem Grundsatz der Gewaltenteilung verbindet sich das Ziel einer anzustrebenden Machtbalance der Verfassungsorgane zueinander.

b) Parlamentarisches Regierungssystem

Als einzige Verfassung in der Bundesrepublik Deutschland enthält die Hessische Verfassung ein ausdrückliches Bekenntnis zum parlamentarischen Regierungssystem. Art. 65 HV sieht als Staatsform für Hessen die demokratische und parlamentarische Republik vor. Eine Änderung dieser Staatsform durch Verfassungsänderung ist unzulässig, Art. 150 Abs. 1 HV.

Ausprägungen des demokratischen Prinzips[8] finden sich u.a. in der besonderen Garantie der Abstimmungsfreiheit, Art. 72 HV, den Wahlrechtsgrundsätzen, Art. 73 76 HV, und im Mehrheitsprinzip. Das Volk als Träger der Staatsgewalt kann seinen Willen unmittelbar durch Wahlen,[9] Art. 71 HV, durch die Abstimmung über eine vom Landtag beschlossene Verfassungsänderung, Art. 123 Abs. 2 HV, und unter besonderen Voraussetzungen durch Volksbegehren und Volksentscheid, Art. 116, 124 HV, kundtun. Im übrigen handelt es sich um eine repräsentative Demokratie: Nach Art. 71 HV handelt das Volk mittelbar durch die verfassungsgemäß bestellten Organe.

Als wesentliche Strukturmerkmale eines parlamentarischen Regierungssystems sind zu nennen: die Aufteilung der politischen Willensbildung und Staatsleitung zwischen Parlament und Regierung; die Verantwortlichkeit der Regierung gegenüber dem Parlament mit der Möglichkeit, die Regierung durch Mißtrauensvotum zu stürzen, und die Abhängigkeit der Amtsdauer der Regierung vom Vertrauen des Parlaments.[10]

---

[6] Vgl. *Birkelbach* (o. Fn. 4), 326, 330.

[7] BVerfGE 67, 130, 139.

[8] Hierzu ausführlich *v. Brünneck* (o. Fn. 1), 213, 248.

[9] Aufgrund einer Änderung des Art. 138 HV durch Art. 1 des Gesetzes vom 20. März 1990 (GVBl. I S. 101), durch Volksabstimmung bestätigt, werden auch die Oberbürgermeister, Bürgermeister und Landräte direkt gewählt.

[10] Vgl. *Stein* in: *Zinn-Stein* (o. Fn. 1), Erl. 12 zu Art. 65.

c) Die Kompetenzzuweisung in der Hessischen Verfassung

Nach der Kompetenzzuweisung in der Hessischen Verfassung[11] ergibt sich für die Stellung der Verfassungsorgane Landtag und Regierung folgendes:

Der Landtag repräsentiert den eigentlichen Träger der Staatsgewalt, das Volk, Art. 70 HV, und ist damit das höchste repräsentative Verfassungsorgan. Er beschließt die Gesetze, Art. 116 S. 2 HV, und überwacht ihre Ausführung, Art. 116 S. 3 HV. Seine starke Stellung im Verfassungsgefüge tritt besonders im Verhältnis zur Regierung hervor, die entsprechend den Merkmalen eines parlamentarischen Regierungssystems gebildet wird. Der Landtag wählt den Ministerpräsidenten mit absoluter Mehrheit, Art. 101 HV. Die vom Ministerpräsidenten gebildete Regierung bedarf zur Amtsübernahme des Vertrauens des Landtags, Art. 101 Abs. 1, 2 und 4 HV. Die Landesregierung ist nach Art. 113 Abs. 2 HV zum Rücktritt verpflichtet, sobald der neugewählte Landtag erstmals zusammentritt. Nach Art. 114 Abs. 1 HV kann der Landtag dem Ministerpräsidenten durch Beschluß das Vertrauen entziehen oder durch Ablehnung eines Antrages, ihm das Vertrauen auszusprechen, versagen. Er kann der Landesregierung insgesamt nach Art. 113 Abs. 3 HV das Vertrauen entziehen. Der Beschluß für ein Mißtrauensvotum muß allerdings mit absoluter Mehrheit gefaßt werden, Art. 114 Abs. 3 S. 2 HV, und der Landtag muß binnen zwölf Tagen einer neuen Regierung das Vertrauen aussprechen, andernfalls sich das Parlament automatisch selbst auflöst, Art. 114 Abs. 5 HV.[12] Die Abhängigkeit der Regierung vom Vertrauen des Parlaments äußert sich ferner darin, daß jedes Regierungsmitglied im Falle schuldhafter Verletzung der Verfassung oder der Gesetze vor dem Staatsgerichtshof angeklagt werden kann, wenn eine Zweidrittelmehrheit der Abgeordneten dies beschließt, Art. 115 HV. Schließlich kann der Landtag die Geschäftsverteilung innerhalb der Landesregierung bestimmen, Art. 104 Abs. 2 HV. Das Recht zur Gesetzgebung steht dem Landtag nach Art. 116, 117 HV, das Budgetrecht nach Art. 139 ff. HV zu. Als besondere Befugnisse zur Kontrolle der Regierung sind zu nennen das Zitierrecht, Art. 91 HV, das Recht, Untersuchungsausschüsse einzusetzen, Art. 92 HV, das Recht, Bitten und Beschwerden an die Landesregierung zu überweisen und hierzu Auskunft zu verlangen, Art. 94 HV.

Der Ministerpräsident vertritt das Land Hessen, Art. 103 Abs. 1 S. 1 HV, er bestimmt die Richtlinien der Regierungspolitik, Art. 102 S. 1 HV, und übt das Recht der Begnadigung aus, Art. 109 Abs. 1 HV. Die Landesregierung führt die Gesetze aus und erläßt die zur Ausführung der Gesetze erforderlichen Rechts-

---

[11] An dieser Stelle können nicht alle den Landtag und die Landesregierung betreffenden Kompetenznormen aufgegriffen werden; ausführlich hierzu: *v. Brünneck* (o. Fn. 1), 213, 249 ff.; vgl. auch *Partsch*, Von den Grenzen parlamentarischer Untersuchungen zur Regierungskontrolle, Rechtsgutachten über die Einsetzung eines Untersuchungsausschusses des Hessischen Landtags zur Untersuchung der Vorgänge betreffend den Erwerb einer Beteiligung an der Investitions- und Handelsbank und ihre Vereinbarkeit mit der Hessischen Verfassung im Auftrag der Hessischen Landesregierung, 1965, 56 ff.

[12] Zur Entstehung dieser Vorschrift vgl. *Caspary*, Vom Werden der Verfassung in Hessen, in: Aktuelle Schriften, Heft 3, 1946, 13/14.

und Verwaltungsvorschriften, Art. 107 HV. Ihr steht auch das Initiativrecht zu, Art. 117 HV. Gegen vom Landtag beschlossene Gesetze steht ihr das Recht des Einspruchs zu, der mit absoluter Mehrheit vom Landtag zurückgewiesen werden kann, Art. 119 HV.[13] Nach Art. 120 HV obliegt es dem Ministerpräsidenten und den zuständigen Ministern, die Gesetze auszufertigen und zu veröffentlichen. Die Landesregierung leitet den Verwaltungsapparat und erstellt traditionell den Entwurf für den Haushaltsplan.[14]

2. Folgerungen aus der verfassungsmäßigen Kompetenzzuweisung

a) Folgerungen für die Stellung des Landtags

Der Landtag nimmt eine hervorgehobene Stellung ein, die vom Verfassungsgeber auch so gewollt war.[15]

Insgesamt läßt sich feststellen, daß der Landtag „nach dem System der Verfassung gewissermaßen im Mittelpunkt der gesamten Staatsorganisation“ steht.[16] Die starke Stellung des Hessischen Landtags ergibt sich insbesondere aus den im Vergleich zu anderen Verfassungen sehr ausgeprägten Bestimmungen über das parlamentarische Regierungssystem.[17] Nicht nur, daß sich die Hessische Verfassung ausdrücklich hierzu bekennt; auch daß die Landesregierung ihre Geschäfte erst übernehmen kann, nachdem der Landtag ihr ausdrücklich das Vertrauen ausgesprochen hat, Art. 101 Abs. 4 HV, und die Einflußmöglichkeiten des Parlaments auf die Zuständigkeitsverteilung der Landesregierung, Art. 104 Abs. 2 HV, dokumentieren in besonderer Weise die Abhängigkeit der Landesregierung vom Vertrauen des Landtags.

b) Folgerungen für die Stellung der Landesregierung

Deutlich wird auch, daß die Regierung ein Träger mit eigener politischer Entscheidungsgewalt und insbesondere kein Ausschuß des Parlaments ist.[18] Im Interesse der Stabilität der Regierung ist das Mißtrauensvotum erschwert, nicht nur wegen

---

[13] Vgl. zur Entstehungsgeschichte dieser Bestimmung *Caspary* (o. Fn. 12), 13.

[14] *Groß* in: *Zinn-Stein* (o. Fn. 1) Erl. 1.d) zu Art. 139.

[15] Vgl. *v. Brünneck* (o. Fn. 1), 213, 249 ff.; *Schmidt* in: *Meyer/Stolleis* (Hrsg.), Staats- und Verwaltungsrecht für Hessen, 3. Aufl. 1994, 48 f.

[16] *Rupp-v. Brünneck/Konow* in: *Zinn-Stein* (o. Fn. 1), Vorb. II 2. zu Art. 75.

[17] Vgl. hierzu *Meyer*, Was können und was sollen die Landesparlamente leisten?, in: Hat das parlamentarische System in den Bundesländern eine Zukunft?, Hessische Schriften zum Föderalismus und Landesparlamentarismus, Nr. 1, 1990, 35, 37.

[18] *Stein* in: *Zinn-Stein* (o. Fn. 1), Erl. 12 zu Art. 65; im Gegensatz hierzu steht die Äußerung des Hessischen Ministerpräsidenten anläßlich einer Veranstaltung zum 50. Jahrestag der Konstituierung des Landes Groß-Hessen im Oktober 1995. Dieser hatte das Kontrollrecht als einen „Atavismus aus monarchischen Zeiten“ bezeichnet und als zentrales Recht des Parlaments in demokratisch verfaßten Ländern das Gestaltungsrecht genannt. Es stelle sich die Frage, ob die Regierung als der „Exekutivausschuß des Parlaments“ und das Parlament selbst nicht vielmehr als eine Gestaltungseinheit anzusehen seien, Wiesbadener Tagblatt vom 14.10.1995.

des Quorums von einem Sechstel der gesetzlichen Mitglieder des Landtags für die Antragstellung, sondern vor allem wegen des Risikos der automatischen Selbstauflösung, falls es dem Parlament nicht gelingen sollte, binnen zwölf Tagen einer neuen Regierung das Vertrauen auszusprechen.[19]

II. Verfassungswirklichkeit

Bereits 1954 wurde konstatiert, daß der Landtag von seinem Initiativrecht immer zurückhaltender Gebrauch mache und trotz seines verfassungsrechtlichen Übergewichts der Schwerpunkt staatlichen Lebens bei der Landesregierung liege.[20] Diese Feststellung trifft heute verstärkt und nicht nur für Hessen zu. Vielfältige Ursachen haben zu einer Abnahme gesetzgeberischer Tätigkeit und zu einer Verengung des Handlungs- und Entscheidungsspielraums auch im Bereich der Haushaltsbewilligung der Parlamente geführt, die hier nur kurz angedeutet werden können.

1. Ursachen für den Funktionsverlust der Parlamente

Im Verhältnis zur Landesregierung haben die jeweiligen Landesparlamente zunehmend Schwierigkeiten, ihre verfassungsmäßig vorgesehene Beteiligung an der Staatsleitung durch die Formulierung eigenständiger politischer Konzepte und die Durchsetzung derselben wahrzunehmen: Politische Gestaltung und Entscheidung ist mehr und mehr zu einer Domäne der Regierung geworden. Dieser Befund hat zu einer Bewertung der Parlamente als bloße „staatsnotarielle Ratifikationsämter"[21] geführt, weil sie im Grunde nur noch die bereits von der Exekutive getroffenen Entscheidungen nachzuvollziehen, eben zu beurkunden hätten.[22] Diese provokante Feststellung kann zumindest für den föderalen Aufgabenbereich so pauschal nicht gelten.[23] Wie ist es zu dieser Gewichtsverschiebung zugunsten der Exekutive gekommen, und gibt es Bestrebungen in Richtung eines Ausgleichs?

a) Informationsvorsprung der Regierung

Die Landesregierung verfügt zur Erfüllung der staatlichen Aufgaben über eine Ministerialverwaltung mit weitverzweigtem Unterbau und bedient sich des dort vorhandenen Sachverstands und der gesammelten und ausgewerteten Informationen. Gesetzentwürfe werden daher weitaus häufiger von der Regierung oder den

---

[19] Vgl. *v. Brünneck* (o. Fn. 1), 213, 250.
[20] *v. Brünneck* (o. Fn. 1), 251.
[21] *Lenz*, Die Landtage als staatsnotarielle Ratifikationsämter?, DÖV 1977, 157 ff.
[22] Vgl. auch *Birkelbach* (o. Fn. 4), 326, 327.
[23] Vgl. *Klatt*, Beziehungen zwischen Bundestag und Landesparlamenten. (Selbst-)Entmachtung der Landesparlamente? Möglichkeiten und Gegenstrategien, in: Hat das parlamentarische System in den Bundesländern eine Zukunft? (o. Fn. 17), 63, 83 f.

Regierungsfraktionen eingebracht, die ihrer vielfältigen Kontakte zur Regierung und den Ministerien wegen leichter als die Oppositionsfraktionen von der Verwaltung bei der Vorbereitung ihrer Initiativen unterstützt werden. Für den Bundestag wie die Landesparlamente gilt die Feststellung, daß die Regierung im Verhältnis zum Parlament über einen Informationsvorsprung verfügt.[24] Bis zu einem gewissen Grade ist dieser Vorsprung durch die verfassungsrechtliche Kompetenzzuweisung bedingt: Die Ausführung der Gesetze bringt es zwangsläufig mit sich, daß die Regierung mehr Detail- und Fachwissen für ihr politisches Handeln, etwa durch Vorlage eines Gesetzesentwurfs, fruchtbar machen kann.[25] Dieses Informationsübergewicht der Regierung ist solange hinnehmbar gewesen, wie sich Regierung und Parlament in gleichermaßen unvollkommener Weise informieren mußten.[26] Mit der Einführung der automatischen Datenverarbeitung zu Beginn der 70er Jahre hat der Informationsvorsprung der Regierung eine neue Qualität erlangt: Im Unterschied zum Aktenverfahren können in Datenbanken gespeicherte Daten nicht nur in großem Maße gesammelt und abgerufen, sondern vor allem äußerst effektiv verwertet werden. Auf die gespeicherten Informationen kann gezielt, schnell und unter verschiedenen Fragestellungen zugegriffen, sie können in verschiedene Zusammenhänge eingefügt und zur Erfassung komplexer Vorgänge eingesetzt werden,[27] was gerade für die Erstellung von Planungen von großem Vorteil ist. Nun orientiert sich der Staat zur Erfüllung seiner Aufgaben verstärkt an mittel- und längerfristigen Planungen, auf die die Parlamente allenfalls geringen Einfluß haben,[28] obwohl deren Beteiligung nicht nur zulässig, sondern verfassungsrechtlich geboten ist. Für den Hessischen Landtag kommt dies in den Verfassungsbestimmungen zum demokratischen und parlamentarischen Staat in besonderer Weise zum Ausdruck.[29] Da Entwicklungsplanung als Teil der Staatsleitung zu begreifen sei, müsse dem Landtag eine Mitentscheidung von „substantiellem Gewicht" gesichert werden, die von der Unterrichtung bis zur parlamentarischen Planfeststellung vorstellbar sei.[30] Regierungspolitik ist schon lange keine Summe von Einzelentscheidungen mehr, sondern eingebettet in Planungs- und Handlungskonzeptionen. Am Ende eines solchen Planungsprozesses steht nicht selten ein „integriertes Handlungsgefüge"[31], dessen Einzelteile in vielfältige Richtungen hin koordiniert und abgestimmt wurden, so daß ein Drehen an der kleinsten Schraube die Realisierung

[24] Vgl. *Magiera* (o. Fn. 5), § 52 Rn. 52; *H.H. Klein*, Aufgaben des Bundestages, in: *Isensee/Kirchhof* (Hrsg.), Handbuch des Staatsrechts der Bundesrepublik Deutschland, Band II, 1987, § 40 Rn. 33; *Groß* in: *Zinn-Stein* (o. Fn. 1), Vorb. II 5 zu Art. 100.

[25] Vgl. *Magiera* (o. Fn. 5), § 52 Rn. 52.

[26] So *Dobiey*, Zur Frage eines unmittelbaren Zugangs zu Datenbanken der Regierung, ZParl 1974, 316, 319.

[27] Vgl. hierzu *Dobiey* (o. Fn. 26), 316, 319; *v. Einem*, Die Auskunftspflicht der Regierung gegenüber dem Parlament, 1977, 110 ff.

[28] Vgl. *Birkelbach* (o. Fn. 4), 326, 327.

[29] Vgl. *Schmidt* in: *Meyer/Stolleis* (o. Fn. 15), 49; vgl. hierzu auch *Groß* in: *Zinn-Stein* (o. Fn. 1), Vorb. II 4.d) vor Art. 100.

[30] *Groß* in: *Zinn-Stein* (o. Fn. 1), Vorb. II 4.d) vor Art. 100 unter Berufung auf die Enquête-Kommission des Bundes für Fragen der Verfassungsreform.

[31] *v. Einem* (o. Fn. 27), 112.

der Planung insgesamt in Frage stellen kann.[32] Beispielhaft sei hier das Verfahren zur Aufstellung des Landesentwicklungsplans aufgrund der §§ 4 und 5 des Hessischen Landesplanungsgesetzes (HLPG)[33] genannt, an dem der Landtag nicht beteiligt ist. Erst der fertiggestellte und von der Landesregierung gebilligte Entwurf wird ihm zur Kenntnis zugeleitet, § 5 Abs. 3 S. 1 HLPG. Festzuhalten bleibt an dieser Stelle, daß der Einsatz moderner Datenverarbeitungstechnik im Bereich staatlicher Planung dazu führt, daß quasi Vorentscheidungen durch die Exekutive getroffen und diese im Parlament oft nur noch nachvollzogen werden. Sie geraten häufig in die erwähnte Ratifizierungslage.

b) Verlagerung von Gesetzgebungszuständigkeiten auf den Bund

Nach der Grundregel für die Zuständigkeitsverteilung zwischen Bund und Ländern, Art. 30 GG, ist die Ausübung der staatlichen Befugnisse und die Erfüllung staatlicher Aufgaben vorbehaltlich anderer Regelungen im Grundgesetz Sache der Länder. Durch zahlreiche Verfassungsänderungen hat Art. 30 GG mehr und mehr an Bedeutung verloren: So sind in der Vergangenheit die Gegenstände der konkurrierenden Gesetzgebung, z.B. auf dem Gebiet der Besoldung und Versorgung der Angehörigen des öffentlichen Dienstes, Art. 74 a GG, oder im Bereich des Steuerrechts, Art. 105 Abs. 2 und Abs. 2 a GG, erweitert und eine Rahmenkompetenz des Bundes über die allgemeinen Grundsätze des Hochschulwesens, Art. 75 Nr. 1 a GG, eingeführt worden. Darüber hinaus hat der Bund von seiner Möglichkeit, Gegenstände der konkurrierenden Gesetzgebung zu regeln, regen Gebrauch gemacht und auch ungeschriebene Gesetzgebungszuständigkeiten in Anspruch genommen. Durch die sogenannte „kleine“ (1955) und die „große“ (1969) Finanzreform wurden im Grundgesetz von 1949 den Ländern eingeräumte Kompetenzen zur Steuergesetzgebung aufgegeben und u.a. durch die Einführung von Gemeinschaftssteuern und später auch Gemeinschaftsaufgaben sowie durch die Einführung einer Kompetenz des Bundes, Grundsätze außer für eine konjunkturgerechte Haushaltswirtschaft und für eine mehrjährige Finanzplanung nun auch für das Haushaltsrecht aufzustellen, der Bereich der Finanzausstattung nachhaltig verändert.[34]

Die Enquête-Kommission des Bundes für Fragen der Verfassungsreform sah sich in ihrem 1976 vorgelegten Bericht veranlaßt, von einem erheblichen Funktionsverlust der Parlamente gerade in den zentralen Bereichen der Gesetzgebung und Haushaltsbewilligung zu sprechen, der nahe an die Grenze des Art. 79 Abs. 3 GG heranreiche.

Die Verlagerung von Gesetzgebungszuständigkeiten auf den Bund wie auch die Einführung von Gemeinschaftsaufgaben von Bund und Ländern führen nicht nur zu einem Funktionsverlust der Landesparlamente, sondern auch zu einer weiteren

---

[32] Vgl. *v. Einem* (o. Fn. 27), 113.

[33] Vom 29. November 1994 (GVBl. I S. 707).

[34] Vgl. den Überblick bei *Möller*, Aufgaben, Anforderungen und Reformansätze des Landesparlamentarismus. Das Beispiel Hessischer Landtag, in: Hat das parlamentarische System in den Bundesländern eine Zukunft? (o. Fn. 17), 11, 19 ff.

Machtverschiebung in Richtung Exekutive. Denn diese ist über ihre Vertretung im Bundesrat an der Gesetzgebung des Bundes beteiligt. Und sie, nicht die Landesparlamente, sind in die Vorplanung für die Rahmenpläne zu den Gemeinschaftsaufgaben eingebunden. In den für die Beratung und die Feststellung der Rahmenpläne gebildeten Gremien sind keine Parlamentarier, sondern nur Regierungsmitglieder oder Verwaltungsbeamte vertreten, so daß eine Beteiligung am Willensbildungs- und Entscheidungsprozeß dieser Ausschüsse durch die Parlamente nicht gegeben ist. Auch bei der Haushaltsbewilligung für die Finanzierung der Gemeinschaftsaufgaben ist der Einfluß der Parlamente faktisch darauf reduziert, die Mittelansätze in Gänze zu billigen oder abzulehnen.[35]

Als Konsequenz dieser skizzierten Entwicklung bleibt festzuhalten: Über eigene Zuständigkeiten zur Erfüllung staatlicher Aufgaben verfügen die Länder in immer geringerem Umfang; Art. 30 GG hat so an Bedeutung verloren. Dies wirkt sich nicht nur auf das föderalistische System im Verhältnis des Bundes zu den Ländern aus, das wegen der nötigen Abstimmung auch als „kooperativer Föderalismus" und aufgrund der Tatsache, daß die Länder nach Art. 83 GG die Bundesgesetze als eigene Angelegenheit ausführen, auch als „Exekutivföderalismus" bezeichnet wird. Die Auswirkungen betreffen gerade auch das Verhältnis der Landesparlamente zur jeweiligen Regierung: Bedeutungsverlust auf der einen und Machtzuwachs auf der anderen Seite.

c) Verlagerung von Gesetzgebungszuständigkeiten auf die Europäische Union

Neben dem Kompetenzverlust der Länder dadurch, daß sich die im Grundgesetz angelegte unitarische Tendenz, wie dargelegt, in erheblichem, die Eigenstaatlichkeit der Länder gefährdenden Umfang bereits realisiert hat, trägt die Übertragung von originär den Ländern zustehenden Gesetzgebungszuständigkeiten auf die europäische Ebene zu ihrer weiteren Schwächung bei.[36] Zur Anpassung des Bundesrechts an den Vertrag von Maastricht wurde mit Gesetz vom 21. Dezember 1992 das Grundgesetz geändert.[37] Die Mitwirkung der Länder über den Bundesrat in Angelegenheiten der Europäischen Union ist nun im neuen Art. 23 GG verfassungsrechtlich verankert. Entsprechend wurde die Mitwirkungsbefugnis des Bundesrates in Art. 50 GG auf die Angelegenheiten der Europäischen Union erweitert. Auch hier gilt: Die Landesparlamente verlieren Kompetenzen, die Landesregierungen gewinnen Einwirkungsmöglichkeiten über das Bundesratsverfahren hinzu und erfahren einmal mehr einen Zugewinn an politischer Macht.

---

[35] Vgl. hierzu *Groß* in: *Zinn-Stein* (o. Fn. 1), Vorb. 6 und 7 zu Art. 100; *Klatt* (o. Fn. 23), 63, 80.

[36] Zu den Auswirkungen der europäischen Integration auf die Landesparlamente ausführlich *Johne*, Landesparlamentarismus im Zeichen der europäischen Integration, Europäische Hochschulschriften, Reihe 31, Politikwissenschaft; Band 258; die Beiträge zur Fachtagung „Europa – Ende des Föderalismus?", in: Hessische Schriften zum Föderalismus und Landesparlamentarismus, Band 5.

[37] BGBl. I S. 2086.

d) Politischer Machtzuwachs der Exekutive aufgrund kooperativer Zusammenarbeit mit Bund und Ländern

Der Abschluß von Staatsverträgen und Verwaltungsabkommen wie auch die politischen Absprachen in länderübergreifenden, von der Verfassung nicht vorgesehenen Gremien, wie z.B. der Ministerpräsidentenkonferenz und den Konferenzen der jeweiligen Fachminister aller Bundesländer, sind hier zu nennen. Wie sich aus einer Antwort der Landesregierung auf eine Kleine Anfrage aus dem Jahre 1982 ergibt,[38] waren die Hessische Landesregierung zum damaligen Zeitpunkt an 635, die Fachbehörden an 290 und die übrige Verwaltung an weiteren 60 überregionalen Gremien beteiligt.[39]

2. Gegenmaßnahmen als Ausgleich für den Kompetenzverlust

a) Reform des Grundgesetzes

Die Arbeit der Gemeinsamen Verfassungskommission aus Bundestag und Bundesrat, die Vorschläge für eine Verfassungsreform, die Art. 5 des Einigungsvertrages vorsah, unterbreiten sollte, mündete in das „Gesetz zur Änderung des Grundgesetzes" vom 27. Oktober 1994.[40] Die Landesparlamente waren in diesem Gremium nicht vertreten. Dies mag ein Grund gewesen sein, daß die zahlreichen Vorschläge und Vorstöße zur Rückholung von Gesetzgebungszuständigkeiten der Länder, die seitens der Konferenz der Präsidentinnen und Präsidenten der Landesparlamente unterbreitet wurden, in nur geringem Umfang und im Bereich der Finanzverfassung überhaupt nicht aufgegriffen wurden. Aus parlamentarischer Sicht seien beispielhaft folgende positive Veränderungen genannt: Soweit durch Bundesgesetz oder auf Grund von Bundesgesetzen Landesregierungen ermächtigt werden, Rechtsverordnungen zu erlassen, sind die Länder zu einer Regelung auch durch Gesetz befugt, Art. 80 Abs. 4 GG. Nach Art. 72 Abs. 2 GG darf der Bund erst dann von seiner konkurrierenden Gesetzgebung Gebrauch machen, wenn Ziel die Schaffung „gleichwertiger", bisher „einheitlicher", Lebensverhältnisse ist und dies „im gesamtstaatlichen Interesse" erforderlich ist. Ob diese Voraussetzungen gegeben sind, ist vor dem Bundesverfassungsgericht nachprüfbar, und zwar auch auf Veranlassung der Landesparlamente, Art. 93 Abs. 1 Nr. 2 Buchst. a GG. Nach Art. 75 GG dürfen Rahmenvorschriften des Bundes nur ausnahmsweise in Einzelheiten gehende oder unmittelbar geltende Regelungen enthalten. Das Filmwesen in Art. 75 Abs. 1 Nr. 2 GG wurde aus der Kompetenz des Bundes zur Rahmengesetzgebung herausgenommen.

---

[38] LT-Drucks. 9/6806 zu LT-Drucks. 9/6422.
[39] Vgl. *Möller* (o. Fn. 34), 11, 25.
[40] BGBl. I S. 3146.

b) Unterrichtung des Landtags durch die Regierung

Aufgrund eines Antrages „betreffend Verhinderung der Ausschaltung der Landesparlamente von wesentlichen Entscheidungsprozessen durch Fachministerkonferenzen“[41] wurde die Landesregierung durch Beschluß des Landtags aufgefordert, Vorschläge zur ständigen Information über diese Konferenzen zu unterbreiten. In der Folge wurde aufgrund eines Schriftwechsels zwischen dem Ministerpräsidenten und dem Präsidenten des Hessischen Landtags vom 31. Oktober/21. Dezember 1978 vereinbart, daß der Landtag halbjährlich über die in der Ministerpräsidentenkonferenz oder in den Fachministerkonferenzen behandelten Vorhaben unterrichtet wird.[42] Aufgrund einer ähnlichen Übereinkunft berichtet die Landesregierung über ihr Verhalten im Bundesrat gegenüber dem Hauptausschuß und auf dessen Verlangen im Einzelfall auch einmal vor einer Bundesratssitzung. Darüber hinaus wird der Landtag regelmäßig in Form eines Kurzberichts des Bevollmächtigten des Landes Hessen beim Bund über die jeweiligen Sitzungen des Bundesrates informiert.

Die Landesregierung übermittelt alle Referentenentwürfe zum gleichen Zeitpunkt wie den interessierten Verbänden und Organisationen auch den Fraktionen des Hessischen Landtags.

Von den Informationspflichten, die für die Landesregierung gegenüber dem Landtag nach der Landeshaushaltsordnung (LHO) bestehen, ist zunächst § 10 LHO zu nennen: Gesetzesvorlagen der Landesregierung enthalten einen Überblick über deren finanzielle Auswirkungen, § 10 Abs. 1 LHO; die Landesregierung unterrichtet den Landtag über erhebliche Änderungen der Haushaltsentwicklung und deren Auswirkung auf die Finanzplanung, § 10 Abs. 2 LHO; sie legt ihm die Entwürfe der Anmeldungen für die gemeinsame Rahmenplanung nach Art. 91 a GG so rechtzeitig vor, daß eine Sachberatung erfolgen kann, was auch für Anmeldungen zur Änderung der Rahmenpläne gilt; schließlich unterrichtet die Landesregierung den Landtag unverzüglich über wesentliche Abweichungen von den Anmeldungen, die sich in Planungsausschüssen ergeben haben, § 10 Abs. 3 LHO. Ferner besteht u.a. eine Mitteilungspflicht nach § 37 Abs. 4 LHO, wonach über- und außerplanmäßige Ausgaben dem Landtag vierteljährlich mitzuteilen sind.

Hinsichtlich der Beteiligung des Landtags in Angelegenheiten der Europäischen Union hat der Landtag auf der Grundlage eines gemeinsamen Antrags aller im Landtag vertretenen Fraktionen[43] einen Forderungskatalog beschlossen, der sicherstellen soll, daß der Landtag so rechtzeitig wie möglich und so umfassend wie nötig über alle wichtigen Entscheidungsprozesse auf der europäischen Ebene und die europapolitischen Aktivitäten der Landesregierung informiert wird. Dies hat die Landesregierung in ihrem Bericht zu diesem Antrag grundsätzlich zugesagt. Der Präsident des Hessischen Landtags und der Vorsitzende des zu Beginn der

---

[41] LT-Drucks. 8/6215.

[42] Vgl. zu weiteren Initiativen zur Unterrichtung des Landtags *Möller* (o. Fn. 34), 11, 22 ff.

[43] LT-Drucks. 14/785.

14. Wahlperiode eingerichteten Europaausschusses erhalten regelmäßig den „Bericht aus Brüssel", den die Hessische Vertretung des Landes Hessen bei der Europäischen Union erstellt.

c) Konsequenzen des Kompetenzverlustes

Die herausragende Stellung des Hessischen Landtags nach der Hessischen Verfassung entspricht nicht seiner Rolle, die er in der staatspolitischen Praxis spielt; zwischen Verfassungsrecht und Verfassungswirklichkeit gibt es eine erhebliche Diskrepanz.

aa) Bedeutungswandel der Parlamentsfunktionen

Die verminderte Bedeutung der Funktionen Gesetzgebung und Haushaltsbewilligung rücken die Kontroll- und Öffentlichkeitsfunktion in den Blickpunkt. Dies gilt im Zusammenhang mit der Europäischen Union um so mehr, als auf dem Wege zur europäischen Integration ein nicht unerhebliches Demokratiedefizit zu beklagen ist. Die Bedeutung der Kontrollfunktion gerade in Bezug auf die starke Stellung der Regierung hat auch das Bundesverfassungsgericht in verschiedenen Entscheidungen hervorgehoben und ausgeführt, der Grundsatz der Gewaltenteilung gebiete eine Auslegung dahin, daß parlamentarische Kontrolle wirksam sein könne.[44] Auch im Schrifttum wird die Kontrollfunktion betont.[45]

bb) Initiativen zur Absicherung und Stärkung der Kontrollmöglichkeiten

Die Empfehlung der Präsidentinnen und Präsidenten
der deutschen Landesparlamente vom 11. Mai 1992

Auf ihrer 70. Konferenz verabschiedeten die Präsidentinnen und Präsidenten der deutschen Landesparlamente eine Empfehlung zum Informationsrecht der einzelnen Abgeordneten und der Parlamente sowie zu den Informationspflichten der Regierung.[46] Vorgeschlagen werden Ergänzungen der Landesverfassungen, die eine Antwortpflicht der Regierung auf parlamentarische Anfragen und einen Anspruch auf Aktenvorlage einerseits und Informationspflichten der Regierung von näher bezeichneten Gegenständen, die für das Land von grundsätzlicher Bedeutung sind, andererseits vorsehen. Näheres könne in entsprechenden Ausführungsgesetzen geregelt werden. Aufgrund der verschiedenen Verfassungs- und Interessenlage in den einzelnen Bundesländern sei die Empfehlung als Angebot zu verstehen, einzelne Vorschläge je nach Bedarf aufzugreifen.

---

[44] BVerfGE 67, 100, 130; vgl. auch BVerfG NJW 1996, 2085 f.; NWVerfGH NVwZ 1994, 678 ff.

[45] Vgl. *Achterberg*, Parlamentsrecht, 1984, 411; *H.H. Klein* (o. Fn. 24), § 40 Rn. 30; *Kunig*, Politische Kontrolle der Bundesregierung durch das Parlament, Jura 1993, 220 ff.

[46] Veröffentlicht in: ZParl 1992, 573 ff.

Die verfassungsrechtliche Verankerung von Informationsrechten in anderen Landesverfassungen

Schleswig-Holstein, dem die Federführung in der zur Vorbereitung der oben genannten Empfehlung eingesetzten Kommission oblag, hatte nach der „Barschel-Affäre" 1990 eine Verfassungs- und Parlamentsreform vorgenommen mit dem Ziel, dem Anspruch des Parlaments als des obersten Organs der politischen Willensbildung Geltung zu verschaffen. Hierzu sind umfangreiche Informationspflichten der Regierung gegenüber dem Parlament in die Verfassung aufgenommen worden. Die Landesregierung hat den Landtag zu unterrichten über die Vorbereitung von Gesetzen, Grundsatzfragen der Landesplanung, Standortplanung und Durchführung von Großvorhaben, die Vorbereitung von Verordnungen und Verwaltungsvorschriften, die Mitwirkung im Bundesrat und, soweit es um Gegenstände von grundsätzlicher Bedeutung geht, die Zusammenarbeit mit dem Bund, den Ländern, anderen Staaten und den Europäischen Gemeinschaften und deren Organen, Art. 22 Abs. 1 der Verfassung Schleswig-Holsteins (SchlHVerf).[47] Verfassungsrechtlich geregelt sind jetzt eine Antwortpflicht der Regierung auf parlamentarische Anfragen, Art. 23 Abs. 1 SchlHVerf, die Pflicht zur Erteilung von Auskünften gegenüber einzelnen Abgeordneten und zur Vorlage von Akten gegenüber dem Landtag und seinen Ausschüssen, Art. 23 Abs. 2 SchlHVerf, sowie die Voraussetzungen, unter denen die Regierung die Beantwortung von Fragen, die Erteilung von Auskünften und die Vorlage von Akten ablehnen kann, Art. 23 Abs. 3 SchlHVerf.

Die in Schleswig-Holstein gesammelten Erfahrungen sind in die Empfehlung der Landtagspräsidentinnen und -präsidenten eingegangen und haben die Verfassungen der neuen Bundesländer[48] sowie die 1993 beschlossene Verfassung Niedersachsens[49] beeinflußt. Die neuen Verfassungen sind von dem Bemühen geprägt, eine effektive Kontrolle der Regierung zu ermöglichen, wobei zu diesem Zweck Informationsrechte fast ausnahmslos schon Minderheiten eingeräumt sind.[50] Am weitesten geht dabei die Verfassung Brandenburgs, die in Art. 56 Abs. 3 den Abgeordneten ein umfassendes Informations-, Zugangs- und Aktenvorlagerecht gegenüber der Verwaltung einräumt und damit einen „qualitativen Sprung von der Fremd- zur Selbstinformation" vorsieht.[51]

---

[47] Verfassung des Landes Schleswig-Holstein vom 13. Dezember 1949 (GVBl. 1950 S. 3) in der Fassung der Bekanntmachung vom 13. Juni 1990 (GVBl. S. 391).

[48] Verfassung von Brandenburg vom 20. August 1992 (GVBl. I S. 298), Sachsen vom 27. Mai 1992 (SächsGVBl. S. 243), Sachsen-Anhalt vom 16. Juli 1992 (SachsAnhGVBl. S. 600), Mecklenburg-Vorpommern vom 23. Mai 1993 (GVBl. S. 372/GS M.-V. Gl. Nr. 100-4) und Thüringen vom 25. Oktober 1993 (GVBl. S. 625).

[49] Niedersächsische Verfassung vom 19. Mai 1993 (GVBl. S. 107).

[50] Vgl. *Sacksofsky*, Landesverfassungen und Grundgesetz – am Beispiel der Verfassungen der neuen Bundesländer, NVwZ 1993, 235, 236.

[51] *Neßler*, Art. 56 III BbgVerf. – Ein Beitrag zu den Informationsbeziehungen zwischen Regierung und Parlament, LKV 1995, 12, 13.

Einflüsse des Rechts der Europäischen Gemeinschaft

Impulse zu einer Ausweitung von Informationsrechten einzelner Abgeordneter können vom europäischen Recht ausgehen. Wenn der „Umweltinformationsrichtlinie" der Europäischen Union Modellcharakter zukommt,[52] dann wird von einem Druck hin zur Verbesserung der Informationsstellung der Abgeordneten auszugehen sein müssen. Denn wenn der Bürger einen im Grundsatz unbeschränkten Zugang zu bei Behörden gespeicherten und gesammelten Umweltinformationen hat, wird man diesen Zugang den Abgeordneten als Repräsentanten des Volkes schlecht verwehren können.[53]

III. Die Kontrollfunktion des Parlaments

1. Parlamentarisches Regierungssystem und Kontrollfunktion

In der Hessischen Verfassung ist als Regierungsform das parlamentarische Regierungssystem ausdrücklich festgelegt, Art. 65 HV, die Kompetenz des Landtags zur Kontrolle der Regierung expressis verbis hingegen nicht. In das Grundgesetz hat der Begriff „parlamentarische Kontrolle" mit der Aufnahme des verfassungsändernden Artikels 45 b GG im Jahre 1956 Eingang gefunden. Unbestritten gehört diese Kompetenz aber zu den wesentlichen Aufgaben des Parlaments, zu denen nach dem Bundesverfassungsgericht zu zählen sind: Gesetzgebung, Budgetrecht, Kreations-, Informations- und Kontrollrecht sowie die Erörterung anstehender Probleme in öffentlicher Debatte.[54] Die Aufgabe, die Regierung einschließlich der ihr untergeordneten Verwaltung zu kontrollieren, wird wegen ihrer Ausstrahlung, die sie auch auf die anderen Funktionen wie die Gesetzgebung oder die Haushaltsbewilligung hat, teilweise sogar als Hauptfunktion des Parlaments bezeichnet.[55]

Die Befugnis des Parlaments zur Kontrolle wird allgemein als Komplement zur Regierungsverantwortlichkeit gesehen. Das Bundesverfassungsgericht hat wegen der Abhängigkeit der Regierung vom Vertrauen des Parlaments festgestellt: „Der Verantwortlichkeit der Regierung korrespondiert das Kontrollrecht des Parlaments"[56]. Verfassungsrechtlich wird die Kontrollbefugnis für den Bundestag aus einer Gesamtbetrachtung der Normen, die Ausdruck der Regierungsverantwortung sind,

---

[52] So *Neßler* (o. Fn. 51), 14; ausführlich zur Richtlinie 90/313/EWG *Erichsen*, Das Recht auf freien Zugang zu Informationen über die Umwelt, NVwZ 1992, 409 ff.

[53] So *Neßler* (o. Fn. 51), 14.

[54] BVerfGE 80, 188, 217; vgl. auch NWVerfGH, NVwZ 94, 678, 679; *H.H. Klein* (o. Fn. 24), § 40 Rn. 30; *Abmeier*, Die parlamentarischen Befugnisse des Abgeordneten des Deutschen Bundestages nach dem Grundgesetz, 1984, 183; *Stern*, Das Staatsrecht der Bundesrepublik Deutschland, Band I, 2. Aufl. 1984, 973, 974; *Weis*, Parlamentarische Fragerechte und Antwortpflicht der Regierung, DVBl. 1988, 268, 270; *Bodenheim*, Das parlamentarische Fragerecht unter dem Grundgesetz, ZParl 1980, 38, 46; *Kunig* (o. Fn. 45), 220.

[55] Vgl. *Achterberg* (o. Fn. 45), 410.

[56] BVerfGE 67, 100, 130.

abgeleitet. Daß sich wesentliche Verfassungsgrundsätze nicht nur aus dem Verfassungstext, sondern aus dem Gesamtinhalt der Verfassung ergeben, hat das Bundesverfassungsgericht schon früh anerkannt.[57]

Für den Hessischen Landtag wird man hingegen die Kontrollfunktion direkt aus Art. 65 HV ableiten können, da dem parlamentarischen Regierungssystem die Regierungsverantwortlichkeit inhärent ist.[58] Sie wäre allerdings auch ohne dieses Bekenntnis zur parlamentarischen Regierungsform unschwer einer Gesamtbetrachtung der dieses Regierungsprinzip ausdrückenden Normen zu entnehmen.[59]

2. Der Begriff der parlamentarischen Kontrolle

Der Begriff der parlamentarischen Kontrolle wird nicht einheitlich verwendet. Teilweise wird er als „Sammelbegriff für die Kontrollbefugnisse des Parlaments gegenüber der Regierung" bezeichnet.[60] Diese Befugnisse müßten Möglichkeiten zur Einwirkung des Parlaments auf die Regierung beinhalten, die äußerstenfalls bis zur Durchsetzung eines Regierungswechsels reichen müßten.[61] Hier wird der Schwerpunkt auf normierte Kontrollbefugnisse mit Sanktionscharakter gelegt. Bis auf das Recht einer Minderheit, die Einsetzung eines Untersuchungsausschusses zu verlangen, stehen derlei Rechte nur der Parlamentsmehrheit zur Verfügung, wie das Zitierrecht und die Beschließung eines konstruktiven Mißtrauensvotums. Auch der Kommentierung zur Hessischen Verfassung von Zinn-Stein liegt die Auffassung zugrunde, nur ausdrücklich in der Verfassung geregelte Kontrollrechte seien Kontrollmittel des Parlaments.[62] Dies hat, worauf noch zurückzukommen sein wird, insbesondere für die Ausübung des Fragerechts weitreichende Konsequenzen: Soweit auf der Grundlage dieser auf die verfassungsrechtlich ausdrücklich geregelten Kontrollrechte beschränkten Auffassung überhaupt ein Fragerecht aus der Verfassung abgeleitet wird, dann unter Inanspruchnahme des Zitierrechts in Art. 43 Abs. 1 GG bzw. Art. 91 S. 1 HV, das ein Recht der Parlamentsmehrheit ist. Stünden aber die Informationsmöglichkeiten des Parlaments zur Disposition der jeweiligen Parlamentsmehrheit, könnte in dem vom Bundesverfassungsgericht geforderten Sinne von einer effektiven Wahrnehmung parlamentarischer Kontrolle kaum die Rede sein. Im Grunde wird von den Stimmen in der Staatsrechtsliteratur, die als Kontrollmittel nur jene begreifen, die ausdrücklich in der Verfassung Erwähnung finden, eine strenge Unterscheidung zwischen den Begriffen „parlamentarische Kontrolle" als Beschreibung einer Aufgabe des Parlaments und „Kontroll-

[57] Vgl. BVerfGE 1, 14, 32; 1, 208, 227 f.; *Magiera* (o. Fn. 5), § 52 Rdn. 47; *Weis* (o. Fn. 54), 268, 270; *Demmler*, Der Abgeordnete im Parlament der Fraktionen, Beiträge zum Parlamentsrecht, Band 27, 1994, 439.

[58] Vgl. *Schröder* in: *Dolzer/Vogel* (Hrsg.), Bonner Kommentar zum Grundgesetz, Stand: 75. Lieferung Dezember 1995, Art. 43 Rn. 13.

[59] Vgl. oben Teil I.

[60] *Busch*, in: BK (o. Fn. 58), Art. 45 b Rn. 56.

[61] *Busch*, in: BK (o. Fn. 58), Art. 45 b Rn. 57.

[62] Vgl. *Stein* in: *Zinn-Stein* (o. Fn. 1), Erl. 13 zu Art. 65.

mittel" als normiertes „Recht" vorgenommen und der Zusammenhang mit dem Begriff „parlamentarisches Regierungssystem" letztlich verkannt. Es soll deshalb im folgenden versucht werden, den Begriff der parlamentarischen Kontrolle zu bestimmen.

Das Wort „Kontrolle" ist sprachgeschichtlich von „contre-rôle", der Gegenrolle, abgeleitet. Früher wurden Dokumente auf Rollen notiert, in der Mitte zerrissen und bei den jeweiligen Interessenten aufbewahrt. Um später die Echtheit eines Dokuments feststellen zu können, bedurfte es des Gegenstücks der Rolle. In diesem Sinne bedeutet Kontrolle allgemein die Feststellung der Richtigkeit eines Sachverhalts.[63] Bezogen auf das Verhältnis zwischen Parlament und Regierung lassen sich nach *Steffani* insgesamt sechs verschiedene Kontrollbeziehungen ausmachen, die von einer Überprüfung von Regierungshandeln im nachhinein oder begleitend durch das Parlament und seine Ausschüsse, über durchsetzungsfähige Auskunftsansprüche mit mittelbarem Sanktionscharakter, wie der Einwirkung auf die Medien, oder eigenem Sanktionscharakter, wie der Abberufung von Regierungsmitgliedern, reichen.[64] Werden alle diese Spielarten parlamentarischer Kontrolle in den Blick genommen, ist mit *Steffani* von folgender, alle Möglichkeiten umfassenden Definition auszugehen:

„Parlamentarische Kontrolle bezeichnet den Prozeß der Überprüfung von Regierung und Verwaltung bei unmittelbarer Sanktionsfähigkeit durch die Parlamentsmehrheit oder mittelbarer Sanktionsfähigkeit durch die Opposition im Wege der Informationsgewinnung, Informationsverarbeitung und abschließender politischer Stellungnahme bzw. Entscheidung."[65]

Auf dieser Grundlage ist von einem weiten Begriff parlamentarischer Kontrolle auszugehen, der einen auf der Ebene der Informationserlangung einsetzenden Prozeß der Willens- und Entscheidungsbildung bezeichnet, an dessen Ende eine abschließende Stellungnahme oder eine Entscheidung darüber steht, von einer verfassungsrechtlich eingeräumten Kontrollbefugnis Gebrauch zu machen.

3. Bedeutung von Information für die parlamentarische Kontrolle

Die Bedeutung von Informationen für die Arbeit des Parlaments ist schlicht fundamental: Für alle Funktionen, die ein Parlament in einem parlamentarischen Regierungssystem zu erfüllen hat, ist eine ausreichende Informationsbasis Grundlage seiner Arbeit. Ohne sachgerechte Information kann weder das Parlament noch die oder der einzelne Abgeordnete die Aufgaben im Bereich der Staatsleitung, Gesetzgebung, Haushaltsbewilligung, Kontrolle, Kreations- und Öffentlichkeitsfunktion adäquat wahrnehmen.[66] Dem hier zugrundegelegten weiten Kontrollbe-

---

[63] Vgl. *Steffani*, Formen, Verfahren und Wirkungen der parlamentarischen Kontrolle, in: *Schneider/Zeh* (o. Fn. 5), § 49 Rn. 2.

[64] Grundlegend: *Steffani* (o. Fn. 63), § 49 Rn. 5 und 6.

[65] *Steffani* (o. Fn. 63), § 49 Rn. 11.

[66] Vgl. *Magiera* (o. Fn. 5), § 52 Rn. 56; *Linck*, Zur Informationspflicht der Regierung gegenüber dem Parlament, DÖV 1983, 957, 958.

griff entspricht ein ebenso weiter Informationsanspruch: Auf der Ebene der Informationsgewinnung bedürfen grundsätzlich alle Abgeordneten gleichermaßen ausreichender Informationen als Basis für jede Form der Ausübung parlamentarischer Kontrolle.[67] Im Rahmen der abschließenden Phase des Kontrollprozesses, d.h. bei der abschließenden Stellungnahme oder Entscheidung, kommt es darauf an, ob spezielle, in der Verfassung ausdrücklich vorgesehene Kontrollmittel zum Einsatz kommen sollen.

4. Verhältnis der Informations- zu den ausdrücklich in der Verfassung geregelten Kontrollmitteln

Kontrollmittel mit Sanktionscharakter, wie Zitierrecht oder das Recht, die Einsetzung eines Untersuchungsausschusses zu verlangen, sind im Grunde präventiver Art und nach ihrem Gebrauch die Ausnahme. Im Regelfall bedient sich das Parlament solcher Kontrollmittel, die informativen Charakter haben, wozu alle parlamentarischen Fragerechte zu zählen sind.[68] Das Verhältnis der speziell im Grundgesetz oder in der Hessischen Verfassung geregelten Kontrollbefugnisse zu den parlamentarischen Fragerechten läßt sich dahin beschreiben, daß den ausdrücklich benannten Kontrollmitteln eine „Reservefunktion“ zukommt.[69] In der Alltagspraxis sind die Frage- und Auskunftsverlangen das übliche Mittel parlamentarischer Kontrolle. Ihnen kommt eine doppelte Bedeutung zu: Sie dienen einerseits dazu, Informationen zu erhalten, die erst eine Entscheidung über die Ausübung sanktionsbewehrter Kontrollmittel ermöglichen, wirken andererseits aber selbst als Kontrollmittel, da bereits allein die Überwachung zu normgemäßem Verhalten zu veranlassen vermag.[70] Damit erweisen sich die Fragerechte als eine Befugnis, die die Kontrollfunktion im Normalfall weitgehend ausfüllt.[71]

IV. Informations- und Kontrollmöglichkeiten des Parlaments gegenüber der Regierung

Die folgende Darstellung stellt die sogenannten parlamentarischen Fragerechte, wie sie in der Geschäftsordnung des Hessischen Landtags (GOHLT) geregelt sind,

[67] Vgl. BVerfGE 13, 123, 125; 44, 308, 320; 57, 1, 5; 70, 324, 355; 80, 188, 217; BVerfG NJW 1996, 2085 f.; *Badura*, Die Stellung des Abgeordneten nach dem Grundgesetz und den Abgeordnetengesetzen in Bund und Ländern in: *Schneider/Zeh* (o. Fn. 5) § 15 Rn. 40; *Jarass/Pieroth*, Grundgesetz für die Bundesrepublik Deutschland, 3. Aufl. 1995, Art. 38 Rn. 34; *Linck* (o. Fn. 66), 958.

[68] Vgl. *H. H. Klein* (o. Fn. 24), § 40 Rn. 33.

[69] Vgl. *Schröder*, in: BK (o. Fn. 58), Art. 43 Rn. 24; *Vonderbeck*, Das Recht des Deutschen Bundestages auf Information durch die Bundesregierung, in: *Achterberg* (Hrsg.), Parlamentarische Informations- und Redebefugnisse, Beiträge zum Parlamentsrecht, Band 2, 11; *Demmler* (o. Fn. 57), 437.

[70] Vgl. *Achterberg* (o. Fn. 45), 434; *Demmler* (o. Fn. 57), 440.

[71] *Demmler* (o. Fn. 57), 440.

an den Anfang und trägt damit ihrer Bedeutung für die parlamentarische Praxis Rechnung.

1. Parlamentarische Fragerechte

a) Überblick über die einzelnen Fragerechte

Es werden zunächst diejenigen Initiativen vorgestellt, die eine Behandlung im Plenum auf jeden Fall erfordern: Mündliche Fragen, Aktuelle Stunden und die Antworten auf Große Anfragen.

Mündliche Fragen, § 37 GOHLT

Jedes Mitglied des Landtags kann bis zu zwei Mündliche Fragen in einer Fragestunde an die Landesregierung richten (Abs. 1). Sie sollen von überörtlichem Interesse, kurz und knapp gehalten und ohne Wertung sein (Abs. 2). Bis zu zwei Zusatzfragen dürfen nach ihrer Beantwortung von den Abgeordneten selbst, zwei weitere von anderen Abgeordneten gestellt werden (Abs. 5). Können Fragen innerhalb dieser Stunde nicht mehr aufgerufen werden, werden sie mit der schriftlichen Antwort der Landesregierung als Anlagen zum Sitzungsbericht abgedruckt, es sei denn, die Fragestellerin oder der Fragesteller zieht die Frage zurück oder wünscht ihre Beantwortung in der nächsten Fragestunde (Abs. 7).

Aktuelle Stunde, § 31 GOHLT

Eine Aktuelle Stunde über einen bestimmt bezeichneten Gegenstand von allgemeinem aktuellen Interesse kann von einer Fraktion (Abs. 1) frühestens am Tag nach der Sitzung des Ältestenrats über die Erstellung der Tagesordnung und spätestens am Montag vor Beginn der Plenarsitzungswoche bis 12.00 Uhr schriftlich beantragt werden (Abs. 4). Vorbereitete Reden oder Erklärungen dürfen nicht verlesen (Abs. 8), Anträge zur Sache – mit Ausnahme von Entschließungsanträgen – nicht gestellt (Abs. 9) werden. Diese Regelungen sowie die Begrenzung des Rederechts eines jeden Mitglieds des Landtags auf nur einen Wortbeitrag von maximal fünf Minuten (Abs. 8) sollen dazu beitragen, einen offenen Meinungsaustausch, eine „politische Diskussionsstunde" zu ermöglichen.[72] Gerade der fehlende Druck für die Abgeordneten, mit Rücksicht auf eine sich üblicherweise einer Debatte anschließende Schlußabstimmung diskutieren und sich frei äußern zu können, könnte an sich die Plenarsitzungen lebendiger machen, zu mehr Präsenz der Abgeordneten im Plenum führen und somit insgesamt das Ansehen des Parlaments

[72] So der Präsident des BT, *Gerstenmaier*, 1965, 4. WP, Sten.Prot., 156. Sitzung v. 20.01.65, S. 7650, zitiert nach *Ritzel/Bücker*, Handbuch für die Parlamentarische Praxis, Loseblattsammlung, Stand: Juli 1995, Anm. 1 b) zu § 106 Abs. 1 GOBT.

erhöhen helfen. Wenn es diese Wirkung gelegentlich nicht auszulösen vermag, dann nicht zuletzt deshalb, weil die mit einer freien Aussprache verbundene Lockerung von der Fraktionsdisziplin von den Rednern nicht genutzt wird. „Der Vogel fliegt nicht aus dem offenen Käfig, wenn er gewiß nach einer Stunde wieder darin eingeschlossen wird“[73]. Zur Auslegung des Begriffs „Thema von allgemeinem aktuellen Interesse“, bei dem es sich um einen unbestimmten Rechtsbegriff handelt, sei auf die einschlägige Kommentierung zu § 106 GOBT verwiesen.[74]

Große Anfragen, § 34 GOHLT

Große Anfragen können von einer Fraktion oder von mindestens fünf Abgeordneten eingebracht werden (Abs. 1). Die Präsidentin oder der Präsident, bei dem sie einzureichen sind, teilt sie unverzüglich der Landesregierung mit und fordert sie zur Antwort binnen drei Monaten auf (Abs. 3). Nach Eingang und Verteilung der Antwort wird die Große Anfrage entweder auf die Tagesordnung der nächsten Sitzungswoche gesetzt oder an den zuständigen Ausschuß überwiesen, wenn dies die Fragestellerinnen und Fragesteller verlangen (Abs. 4). Im ersten Fall wird die Aussprache über die Antwort eröffnet, wenn dies von den fragestellenden Abgeordneten verlangt wird. Diese entscheiden auch im Falle der Nichtbeantwortung ihrer Anfrage darüber, ob die Große Anfrage auf die Tagesordnung der nächsten Plenarsitzungswoche gesetzt wird (Abs. 5). Dieser als Minderheitenrecht konzipierte Fragetyp gibt gerade den Oppositionsfraktionen die Gelegenheit, Grundsatzpositionen zu politisch bedeutsamen Themen und Sachfragen zu erörtern und hierüber mit der Regierung in eine Diskussion einzutreten[75].

Kleine Anfragen, § 35 GOHLT

Mit der Kleinen Anfrage kann jedes Mitglied des Hessischen Landtags schriftlich die Landesregierung um Auskunft über bestimmte Angelegenheiten, die nicht nur von örtlichem Interesse sind, ersuchen (Abs. 1). Wegen des geforderten überörtlichen Bezugs von Kleinen Anfragen wird diese zusammen mit der Antwort der Landesregierung als Landtagsdrucksache veröffentlicht und verteilt. Im Unterschied zur Großen Anfrage dient die Kleine Anfrage primär dazu, sachdienliche Informationen über bestimmte Gegenstände zu erlangen, und hat weniger die Darlegung politischer Standpunkte zum Ziel.[76] Diesem Zweck entsprechend können Kleine Anfragen nicht Verhandlungsgegenstand im Plenum sein; sie werden dort weder beantwortet noch erörtert. Im Gegensatz zu den Geschäftsordnungen des Bundestages und der meisten anderen Landesparlamente ist in der Geschäftsordnung des Hessischen Landtags kein weiteres parlamentarisches Procedere vorgesehen, wie der oder die fragestellenden Abgeordneten reagieren können, wenn eine Antwort

---

[73] Vgl. *Ritzel/Bücker* (o. Fn. 72), Vorb. zu §§ 100–106, Anm. 4.
[74] Vgl. *Ritzel/Bücker* (o. Fn. 72).
[75] Vgl. *Magiera* (o. Fn. 5), § 52 Rn. 19; *Demmler* (o. Fn. 57), 448.
[76] Vgl. *Magiera* (o. Fn. 5), § 52 Rn. 21; *Ritzel/Bücker* (o. Fn. 72), Anm. 1 b) zu § 104 Abs. 1 GOBT.

verzögert oder gar verweigert wird. Ihnen ist es aber unbenommen, mit Unterstützung des erforderlichen Quorums eine Große Anfrage an die Regierung zu richten oder – was in der Praxis öfter geschieht – in der Fragestunde um Auskunft zu bitten, wann mit der Beantwortung einer Kleinen Anfrage gerechnet werden könne.

Auskunftsersuchen, § 36 GOHLT

Speziell für die jeweiligen Informationsbedürfnisse der einzelnen Abgeordneten über Themen von örtlichem Interesse wurde diese Fragemöglichkeit neu in die Geschäftsordnung von 1993 aufgenommen. Die Fragestellerinnen und Fragesteller können damit Auskunft über Angelegenheiten erhalten, die für ihre Wahlkreisarbeit relevant sind. Sie können auf diese Weise ihr Eintreten für die Belange der Wählerinnen und Wähler ihres Wahlkreises auch nach außen dokumentieren. Auf die schriftliche Frage antwortet die Landesregierung unmittelbar den Abgeordneten (Abs. 4). Weder die Anfrage selbst noch die Antwort der Landesregierung werden als Landtagsdrucksache veröffentlicht (Abs. 5).

Bewertung

Die in der Geschäftsordnung geregelten Frageäußerungsrechte stellen insgesamt ein sehr ausdifferenziertes Informationssystem dar, getragen von der Intention, den unterschiedlichen Informationsbedürfnissen der einzelnen Abgeordneten, eines Zusammenschlusses von Abgeordneten sowie der Fraktionen Rechnung zu tragen. Die Anforderungen an die Berechtigung, diese Fragerechte in Anspruch zu nehmen, steigen in dem Maße, wie das Interesse weniger auf den Erhalt einer Sachinformation gerichtet ist, sondern mehr der Austragung gegensätzlicher politischer Standpunkte dient. Konsequenterweise kann z.B. eine Aktuelle Stunde, die auch medienpolitisch mit großer Aufmerksamkeit begleitet wird, nur von einer Fraktion beantragt werden.

b) Verfassungsrechtliche Verankerung der Fragerechte

In der Hessischen Verfassung wie auch im Grundgesetz sind weder die parlamentarischen Informationsrechte geregelt noch, im Unterschied zu etlichen Verfassungen in den übrigen Bundesländern,[77] Bestimmungen über eine Antwortpflicht der Regierung enthalten.

Im folgenden soll der Frage nachgegangen werden, ob nicht auch ohne ausdrückliche verfassungsrechtliche Normierung von einem verfassungsrechtlich ver-

[77] Vgl. Art. 23 Abs. 1 der Verfassung von Schleswig-Holstein, Art. 24 der Hamburger Verfassung, Art. 24 Verfassung Niedersachsen, Art. 100 Bremer Verfassung, Art. 56 Abs. 2 der Verfassung von Brandenburg, Art. 22 Abs. 2 und Art. 40 Abs. 1 Verfassung Mecklenburg-Vorpommern, Art. 51 Abs. 1 der Verfassung von Sachsen, Art. 53 Verfassung Sachsen-Anhalt und Art. 67 Abs. 1–3 Verfassung Thüringen.

ankerten Informationsanspruch und einer korrespondierenden Antwortpflicht der Regierung auszugehen ist.

Notwendigkeit einer verfassungsrechtlichen Verankerung parlamentarischer Fragerechte

Von den unter a) dargestellten Informationsmöglichkeiten enthält die Geschäftsordnung außer für das Institut „Aktuelle Stunde", die sich in der Aussprache selbst erschöpft, für alle Informationsrechte Bestimmungen, die selbstverständlich von einer Antwortpflicht der Regierung ausgehen.[78] Nach herrschender Meinung vermag indes die Geschäftsordnung als autonomes Parlamentsrecht oder „Verfassungssatzung"[79] Rechte und Pflichten weder gegenüber Privatpersonen noch im Verhältnis zu anderen Verfassungsorganen, sondern grundsätzlich nur gegenüber den Abgeordneten als Adressaten autonomen Parlamentsrechts zu begründen.[80]

Da alle staatliche Kompetenzausübung verfassungsrechtlicher Begründung bedarf und auch deren Begrenzung nur aus verfassungsrechtlicher Sicht ermittelt werden kann,[81] stellt sich die Frage, ob die parlamentarischen Fragerechte in der Hessischen Verfassung verankert sind und ihnen eine Antwortpflicht der Regierung korrespondiert.

Art. 91 HV als Grundlage parlamentarischer Fragerechte?

Nach Art. 91 S. 1 HV können der Landtag und seine Ausschüsse die Anwesenheit des Ministerpräsidenten und der Minister verlangen. In der Kommentierung zu dieser Bestimmung wird die Auffassung vertreten, daß die in der Geschäftsordnung geregelten Fragerechte vom Zitierungsrecht zu trennen und auch nicht als Konkretisierungen dieser Bestimmung aufzufassen seien, weil die Geschäftsordnung andere Verfassungsorgane nicht binden könne.[82] Das Zitierrecht und das Fragerecht seien dem Landtag und seinen Ausschüssen vorbehalten, eine Antwortpflicht auf die in der Geschäftsordnung geregelten Fragerechte bestehe deshalb nicht.[83] Offensichtlich wird Art. 91 S. 1 HV ein allgemeines Fragerecht des Parlaments insgesamt entnommen, wie daraus deutlich wird, daß ein eigenständiges Fragerecht einzelner Abgeordneter mit dem Hinweis darauf, diese könnten für den Fall, daß

---

[78] Vgl. § 37 Abs. 5 und 7 GOHLT für die Mündlichen Fragen, § 34 Abs. 4 und 5 GOHLT für die Großen Anfragen, § 35 Abs. 3 GOHLT für die Kleinen Anfragen und § 36 Abs. 4 GOHLT für die Auskunftsersuchen.

[79] So *Böckenförde*, Die Organisationsgewalt im Bereich der Regierung. Eine Untersuchung zum Staatsrecht der Bundesrepublik Deutschland, 1964, 122 f.

[80] Vgl. BVerfGE 1, 144, 148; *Magiera* (o. Fn. 5), § 52 Rn. 37; *Vonderbeck* (o. Fn. 69), 23; *Demmler* (o. Fn. 57), 434; *Vetter*, Zur Frage der Aktenvorlagepflicht der Exekutive gegenüber Parlamentsausschüssen, DÖV 1986, 590, 591; *Achterberg* (o. Fn. 45), 687; *Vogelgesang*, Die Verpflichtung der Bundesregierung zur Antwort auf parlamentarische Anfragen, ZRP 1988, 5, 6; *Ritzel/Bücker* (o. Fn. 72), Vorb. §§ 100–106, Anm. IV; *v. Einem* (o. Fn. 27), 61, 65.

[81] Vgl. nur *Magiera* (o. Fn. 5), § 53, Rn. 35: *Vetter* (o. Fn. 80) 591.

[82] Vgl. *Rupp-v. Brünneck/Konow* in: *Zinn-Stein* (o. Fn. 1), Erl. 5. zu Art. 91.

[83] Vgl. *Rupp-v. Brünneck/Konow* in: *Zinn-Stein* (o. Fn. 1), Erl. 5. zu Art. 91.

die Beantwortung einer Kleinen Anfrage abgelehnt werde, einen Beschluß des Plenums oder eines Ausschusses über ein entsprechendes Auskunftsersuchen nach Art. 91 S. 1 HV herbeiführen, für nicht erforderlich gehalten wird.[84] Diese Möglichkeit bestünde für die einzelnen Abgeordneten gerade nicht, wenn dem Zitierrecht nur ein Fragerecht im Zusammenhang mit dem jeweiligen Beratungsgegenstand zu entnehmen wäre, zu dem das herbeizitierte Regierungsmitglied Auskunft geben soll. Die Auffassung, Art. 91 S. 1 HV beinhalte ein allgemeines Auskunftsrecht, wird explizit in der Kommentierung zu Art. 94 HV geäußert.[85]

Diese Auffassung hat eine weitreichende Konsequenz: Die Verankerung eines allgemeinen Fragerechts in Art. 91 S. 1 HV stellt die Informationsmöglichkeiten des Parlaments zur Disposition der Parlamentsmehrheit, was wegen des Gegensatzes von Regierungsmehrheit und Opposition, der eine wichtige Funktion bei der Ausübung parlamentarischer Kontrolle allgemein zugestanden wird, nicht zu einer effektiven Wahrnehmung parlamentarischer Kontrolle, wie sie das Bundesverfassungsgericht fordert,[86] beiträgt.

Zum Zitierungsrecht des Bundestages in Art. 43 GG wird im Schrifttum zwar auch die These vertreten, es beinhalte ein allgemeines Fragerecht. Dabei werden aber die parlamentarischen Fragerechte als ausgeformte Konkretisierungen dieser Verfassungsbestimmung begriffen und damit auf eine verfassungsrechtliche Basis gestellt.[87]

Gegen beide Auffassungen, die ein allgemeines parlamentarisches Fragerecht, einmal unter explizitem Ausschluß der geschäftsordnungsmäßig geregelten Fragerechte, einmal unter Einschluß derselben, aus dem Zitierrecht ableiten wollen, sprechen im wesentlichen folgende Gründe: Das Zitierungs- und das Fragerecht haben entstehungsgeschichtlich je eine eigene, voneinander unabhängige staatsrechtliche Tradition, wobei das Fragerecht das ältere Recht ist.[88] Diese verschiedene historische Herleitung findet ihren Niederschlag auch in getrennten Regelungsanordnungen in der Geschäftsordnung des Bundestages, woraus *Schröder*[89] folgert, daß auch das Selbstverständnis des Parlaments der Konkretisierungsthese widerspreche.[90] Schwer wiegt der Einwand, daß das Fragerecht seit jeher als Minderheitenrecht aufgefaßt und anerkannt wurde,[91] das Zitierrecht aber einen Mehr-

---

[84] Vgl. *Rupp-v. Brünneck/Konow* in: *Zinn-Stein* (o. Fn. 1), Erl. 7. zu Art. 91.

[85] Vgl. *Rupp-v. Brünneck/Konow* in: *Zinn-Stein* (o. Fn. 1), Erl. 4. zu Art. 94.

[86] BVerfGE 67, 100, 130.

[87] Vgl. *Schmidt-Bleibtreu/Klein*, Kommentar zum Grundgesetz, 8. Aufl. 1995, Art. 43 Rn. 1, 6; *Maunz* in: *Maunz-Dürig*, Kommentar zum Grundgesetz, Band III, 1994, Art. 43 Rn. 1; *Vonderbeck* (o. Fn. 69), 21.

[88] Ausführlich zur Entstehungsgeschichte: *Meier*, Zitier- und Zutrittsrecht im parlamentarischen Regierungssystem, Beiträge zum Parlamentsrecht, Band 3, 99; *v. Mangoldt/Klein/Achterberg/Schulte*, Das Bonner Grundgesetz, Kommentar, 3. Aufl. 1991, Art. 43 Abs. 1 Rn. 7; *v. Einem* (o. Fn. 27), 84; *Bodenheim* (o. Fn. 54), 42; eine gemeinsame Tradition heben dagegen hervor: *Vonderbeck* (o. Fn. 69), 20 f.; *Ritzel/Bücker* (o. Fn. 72), Vorb. zu §§ 100–106 GOBT, Anm. IV.

[89] *Schröder*, in: BK (o. Fn. 58), Art. 43 Rn. 9.

[90] Vgl. hierzu auch *Meier* (o. Fn. 88), 101; *v. Mangoldt/Klein/Achterberg/Schulte* (o. Fn. 88), Art. 43 Rn. 7.

[91] Vgl. *Bodenheim* (o. Fn. 54), 42 m.w.N. Fn. 19; *Schröder*, in: BK (o. Fn. 58), Art. 43 Rn. 3.

heitsbeschluß des Parlaments erfordert. Vor diesem Hintergrund ergäbe die Ableitung des Fragerechts aus dem Zitierrecht das „seltsam anmutende Ergebnis, daß ausgerechnet eine Verfassung von der liberalen Substanz des Grundgesetzes mit parlamentarischer Rückbindung der Regierung an das Vertrauen des Parlaments (parlamentarisches Regierungssystem) das parlamentstraditionell minoritäre Fragerecht der letzten 130 Jahre zu einem bloßen Recht der Mehrheit habe verkümmern lassen wollen"[92]. Noch seltsamer wäre diese Deutung für die Hessische Verfassung angesichts ihres klaren Bekenntnisses zum parlamentarischen Regierungssystem, das in besonderer Weise ausgeprägt ist. Gegenüber dem Einwand gegen diese Konkretisierungsthese, daß es sich bei Art. 43 Abs. 1 GG um ein Mehrheitsrecht handele, die Fragerechte aber ausschließlich als Minderheitenrechte ausgestaltet seien,[93] wird argumentiert, indem die Geschäftsordnung diese Rechte vorsehe, verlange der Bundestag letztlich in seiner Gesamtheit die Beantwortung der Fragen.[94] Es wird auch folgende Lösung konstruiert: Eine Große Anfrage einer Fraktion werde dadurch zu einer Anfrage des Gesamtparlaments, daß sie beim Präsidenten des Bundestages eingereicht und von diesem an die Bundesregierung weitergeleitet werde.[95] Zu Recht sind derlei gekünstelte Lösungen als Verbiegungen eines Minderheitenrechts in ein solches der Parlamentsmehrheit abgelehnt worden.[96] Weitere Unterschiede bestehen hinsichtlich der verschiedenen Verfahrensvoraussetzungen, die sich aus der Ausgestaltung des Zitier- als eines Mehrheitsrechts und des Frage- als eines Minderheitenrechts ergeben, sowie in Bezug auf den Adressaten, denn das Zitierrecht richtet sich an einzelne Regierungsmitglieder, das Fragerecht an die Landesregierung insgesamt.[97] Ein letztes und nicht minder gewichtiges Argument gegen die Ableitung der Fragerechte aus dem Zitierrecht ist der Zusammenhang des letzteren mit dem jeweils zur Beratung anstehenden Tagesordnungspunkt, zu dem es akzessorisch ist.[98]

Aus all diesen Gründen, von denen die unterschiedliche historische Entwicklung und die Akzessorietät des Zitierrechts zum jeweiligen Beratungsgegenstand in der Plenarsitzung die entscheidenden sind, ist eine Verankerung der Fragerechte in Art. 43 Abs. 1 GG bzw. Art. 91 HV abzulehnen.

---

[92] *Bodenheim* (o. Fn. 54), 42.

[93] Vgl. *Schröder*, in: BK (o. Fn. 58), Art. 43 Rn. 3 und 5; *Schneider* in: *Wassermann* (Hrsg.), Kommentar zum Grundgesetz für die Bundesrepublik Deutschland, Band 2, 1989, Alternativ-Kommentar, Art. 43 Rn. 6; *Meier* (o. Fn. 88), 99; *Kunig* (o. Fn. 45), 221.

[94] Vgl. *Schmidt-Bleibtreu/Klein* (o. Fn. 87), Art. 43 Rn. 6.

[95] *Trossmann*, Parlamentsrecht des Deutschen Bundestages, Kommentar zur Geschäftsordnung des Deutschen Bundestages unter Berücksichtigung des Verfassungsrechts, 1977, § 105 Rn. 3.

[96] *Schröder*, in: BK (o. Fn. 58), Art. 43 Rn. 6; vgl. auch *Rupp-v. Brünneck/Konow*, in: *Zinn-Stein* (o. Fn. 1), Erl. 5. zu Art. 91.

[97] Vgl. *Schneider*, in: AK-GG (o. Fn. 93), Art. 43 Rn. 6; *Schröder*, in: BK (o. Fn. 58), Art. 43 Rn. 6; *v. Mangoldt/Klein/Achterberg/Schulte* (o. Fn. 88), Art. 43 Rn. 7; *Ritzel/Bücker* (o. Fn. 72), Vorb. zu §§ 100–106, Anm. IV; *Hölscheidt*, Information der Parlamente durch die Regierungen, DÖV 1993, 593, 595; *Vogelgesang* (o. Fn. 80), 5, 6; *Weis* (o. Fn. 54), 269; *Meier* (o. Fn. 88), 99.

[98] Vgl. *Demmler* (o. Fn. 57), 435; *Schneider*, in: AK-GG (o. Fn. 93), Art. 43 Rn. 3; *Schröder*, in: BK (o. Fn. 58), Art. 43 Rn. 4, 8.

Art. 77 HV als Grundlage der parlamentarischen Fragerechte?

Verhältnis des Abgeordneten zum Parlament

Nach Art. 77 HV sind die Abgeordneten Vertreter des ganzen Volkes. Das hierin zum Ausdruck kommende Repräsentationsprinzip bezieht sich damit nicht auf die einzelne Person des oder der Abgeordneten, sondern auf alle Mitglieder des Parlaments, die in ihrer Gesamtheit das Volk repräsentieren. Nicht eine persönliche, sondern eine parlamentarische Repräsentation ist gemeint.[99] Die Vorschrift entspricht Art. 21 S. 1 WRV. Wenn auch der zweite Satz dieses Artikels, „an Aufträge und Weisungen nicht gebunden", nicht Bestandteil des Art. 77 HV wurde, sollte dies nach den Vorstellungen des Verfassungsausschusses nicht zum Ausdruck bringen, daß die Abgeordneten nicht nach freier Überzeugung stimmen oder an Aufträge und Weisungen gebunden sein sollen.[100] Insofern lassen sich die Kommentierungen zu Ausprägung und Umfang des Status, den ein Abgeordneter durch seine Wahl nach Art. 38 Abs. 1 S. 2 GG erlangt, auch für die Auslegung des Art. 77 HV heranziehen.[101] Das Mandat verleiht dem Abgeordneten einen eigenen verfassungsrechtlichen Status.[102] Kraft seines „Amtes"[103] ist der Abgeordnete ein „mit eigenen Rechten ausgestatteter Teil des Parlaments"[104]. Da es sich nicht um ein Individualrecht handelt, kann es auch nicht im Wege der Verfassungsbeschwerde, sondern nur im Organstreitverfahren verteidigt werden.[105] Der durch Art. 38 Abs. 1 GG gewährleistete verfassungsrechtliche Status des Abgeordneten ist Grundlage für die repräsentative Stellung des Bundestages, der als „besonderes Organ", Art. 20 Abs. 2 GG, die vom Volk ausgehende Staatsgewalt ausübt.[106]

Inhalt des Abgeordnetenstatus

Der Status des Abgeordneten beinhaltet die Freiheit, Gleichheit und Teilhabe an der Ausübung von Staatsgewalt.[107] Da die Staatsgewalt vom Parlament in der Gesamtheit seiner Mitglieder als eigenes Organ wahrgenommen wird, läßt sich aus dem Gedanken der Repräsentation die Forderung nach gleicher Mitwirkung aller Abgeordneten bei Entscheidungen des Parlaments ableiten.[108] Dieses aus dem

---

[99] *Schneider*, in: AK-GG (o. Fn. 93), Art. 38 Rn. 18; *Schröder*, in: BK (o. Fn. 58), Art. 38 Rn. 13 ff. und 32.

[100] Vgl. *Konow*, in: *Zinn-Stein* (o. Fn. 1), Erl. 1 zu Art. 77.

[101] Vgl. *Schröder*, in: BK (o. Fn. 58), Art. 38 Rn. 48.

[102] BVerfGE 2, 143, 164.

[103] Vgl. Art. 48 Abs. 2 S. 1 GG; zu den Konsequenzen aus dem Amtscharakter des Abgeordnetenstatus vgl. *Demmler* (o. Fn. 57), 50 ff.

[104] BVerfGE 4, 144, 149 f., vgl. *Badura*, in: BK (o. Fn. 58), Art. 38 Rn. 53; *Konow*, in: *Zinn-Stein* (o. Fn. 1), Erl. 4 zu Art. 77. Art. 38 Abs. 1 S. 2 GG ist im Unterschied zu Art. 38 Abs. 1 S. 1 GG kein grundrechtsgleiches Recht (BVerfGE 6, 445, 447 f.); *Jarass/Pieroth* (o. Fn. 67), Art. 38 Rn. 25.

[105] Vgl. BVerfGE 6, 445, 448; *Badura*, in: BK (o. Fn. 58), Art. 38 Rn. 56.

[106] BVerfGE 80, 188, 217; 92, 130, 134.

[107] *Schneider*, in: AK-GG (o. Fn. 93), Art. 38 Rn. 19; *Jarass/Pieroth* (o. Fn. 67), Art. 38 Rn. 25.

[108] BVerfGE 40, 296, 317 f.; 44, 308, 316 ff.; 56, 396, 405; 80, 188, 217; 92, 130, 134.

Abgeordnetenstatus folgende Prinzip formalisierter Gleichheit bedeutet, daß jeder Abgeordnete die gleiche Chance haben muß, sein Mandat auszuüben.[109] Das Parlament selbst hat im Rahmen seiner Geschäftsordnungsautonomie seine Arbeit und die Erledigung seiner Aufgaben unter Beachtung dieses Grundsatzes zu organisieren.[110] Hierbei dürfen im Interesse der Funktionsfähigkeit die Rechte des einzelnen Abgeordneten zwar eingeschränkt, ihm aber nicht grundsätzlich entzogen werden.[111] Welche Teilhaberechte dem einzelnen Abgeordneten zustehen, ergibt sich aus einer Gesamtbetrachtung der Befugnisse des Parlaments und seiner Organe.[112] Insgesamt lassen sich als die wesentlichen Aufgaben oder Kompetenzen eines Parlamentes nennen: Gesetzgebung, Budgetrecht, Informations- und Kontrollrecht, Kreations- und Öffentlichkeitsfunktion.[113] Folglich stehen den einzelnen Abgeordneten kraft ihres Amtes als Teilhaberechte zu: das Rederecht, das Stimmrecht, die Beteiligung an der Ausübung des Informations- und Kontrollrechts und an der Erörterung anstehender Probleme in öffentlicher Debatte.[114]

Zwischenergebnis

Art. 77 HV kann als Teilhaberecht an der Ausübung der dem Parlament in seiner Gesamtheit obliegenden Aufgaben und Befugnisse einen Anspruch der oder des einzelnen Abgeordneten gegenüber der Regierung auf Beantwortung parlamentarischer Anfragen nur dann begründen, wenn dem Parlament insgesamt aufgrund seiner Aufgaben ein solches Recht zur Information und als Korrelat eine Antwortpflicht der Regierung gegenüber dem Parlament zusteht. Die Kompetenzen des Parlaments begründen und begrenzen zugleich die Teilhaberechte aus dem Abgeordnetenstatus. Im folgenden ist daher zu prüfen, welchem Teilhaberecht aufgrund welcher parlamentarischen Aufgabe die Stellung geschäftsordnungsmäßig ausgeformter Fragerechte zuzuordnen ist.

Fragen an die Regierung als Ausübung des Rederechts?

Im Schrifttum wird zu Art. 38 Abs. 1 S. 2 GG die Auffassung vertreten, die geschäftsordnungsmäßig geregelten Fragerechte seien Ausfluß des Rederechts der oder des einzelnen Abgeordneten und damit verfassungsrechtlich geschützte Frageäußerungsrechte. In den Verhandlungen des Plenums führten die Abgeordneten einen Dialog mit der Regierung, wobei es freigestellt sei, welchen rhetorischen Mittels sie sich hierzu bedienten. Sie könnten sich auch ganz darauf beschränken,

[109] *Schneider*, in: AK-GG (o. Fn. 93), Art. 38 Rn. 19; *Leibholz/Rinck/Hesselberger*, Grundgesetz für die Bundesrepublik Deutschland, Kommentar an Hand der Rechtsprechung des Bundesverfassungsgerichts, 7. Aufl. 1993, Stand: August 1996, Art. 38 Rn. 508.

[110] BVerfGE 80, 188, 217.

[111] BVerfGE 80, 188, 219; *Jarass/Pieroth* (o. Fn. 67), Art. 38 Rn. 25.

[112] *Jarass/Pieroth* (o. Fn. 67), Art. 38 Rn. 25.

[113] Vgl. BVerfGE 80, 188, 217.

[114] BVerfGE 80, 188, 217.

Fragen zu stellen.[115] Der Grundsatz der Öffentlichkeit der Verhandlungen des Bundestages nach Art. 42 Abs. 1 S. 1 GG und des Landtags nach Art. 89 S. 1 HV ist allerdings, wie *Linck* zu Recht unter Hinweis auf den Sprachgebrauch des Ausdrucks „verhandeln" feststellt, dahin zu verstehen, daß von ihm nur mündliche, nicht aber auch schriftliche Beiträge erfaßt werden.[116] So können zwar Mündliche Fragen, die in der Plenarsitzung gestellt und beantwortet werden, sowie Zwischenfragen, nicht aber die schriftlichen Frageformen nach der GO als Ausübung des Rederechts begriffen werden.

Parlamentarische Anfragen und Kontrollkompetenz des Parlaments

Wie bereits festgestellt, gehört die parlamentarische Kontrolle zu den zentralen Funktionen des Parlaments. Ihr kommt eine große Bedeutung zu, zumal Kontrolle in ihren vielschichtigen Erscheinungsformen auch durch die Funktionen Gesetzgebung und Haushaltsbewilligung ausgeübt wird.[117] Eine wirksame Kontrolle setzt umfängliche Informationen voraus.[118] Verfassungsrechtlich ist die Kontrollfunktion eine Ausprägung des parlamentarischen Regierungssystems. Die hiergegen vorgebrachten Einwände, insbesondere der Vorwurf, dieses Prinzip sei zu allgemein, als daß es zur Begründung von Rechten und Pflichten herangezogen werden könnte,[119] verkennt, daß gerade die Verantwortlichkeit der Regierung gegenüber dem Parlament die besondere Bedeutung der Kontrollfunktion begründet.[120] So erkennt auch *Schröder*[121] an, das parlamentarische Regierungssystem sei zur Begründung einer Antwortpflicht erst diskutabel, wenn man auf die ihm inhärente Regierungsverantwortlichkeit abhebe. Im Vorgriff auf die Darstellung des Zitierrechts sei an dieser Stelle darauf verwiesen, daß einige Autoren, die im Zusammenhang mit der Frage, ob denn das herbeizitierte Regierungsmitglied verpflichtet sei, Rede und Antwort zu stehen, dieses unter Hinweis auf eben das parlamentarische Regierungssystem bejahen, obschon dem Wortlaut des Art. 91 HV oder Art. 43 Abs. 1 GG eine Antwortpflicht nicht zu entnehmen ist. Diese Widersprüchlichkeit in der Argumentation könnte darin begründet sein, daß für das Zitier*recht* eine ausdrückliche Verfassungsnorm existiert, für die parlamentarischen Fragerechte hingegen nicht. Deutlich kommt hier eine Anlehnung an das Zivilrecht zum Ausdruck. Mit *Bodenheim* ist hingegen zu betonen, daß das Verhältnis der einzelnen Verfassungsorgane zueinander nicht durch Rechte und Pflichten, sondern durch die Zuordnung von Kompetenzen bestimmt wird.[122] Die einem Verfassungsorgan ein-

---

[115] Vgl. *Vonderbeck* (o. Fn. 69), 24; so auch *Hölscheidt* (o. Fn. 97), 595, der feststellt: „Fragen ist nur eine Form des Redens".

[116] Vgl. *Linck*, Die Parlamentsöffentlichkeit, ZParl 1992, 673, 686 f.

[117] Vgl. *Achterberg* (o. Fn. 45), 409; *Steffani* (o. Fn. 63), § 49 Rn. 8; *v. Einem* (o. Fn. 27), 107.

[118] *Ritzel/Bücker* (o. Fn. 72), Vorb. §§ 100–106 GOBT, Anm. IV.

[119] Vgl. *Schröder*, in: BK (o. Fn. 58), Art. 43 Rn. 13; *Magiera* (o. Fn. 5), § 52 Rn. 45; *Vetter* (o. Fn. 80), 592.

[120] Vgl. *Rupp-v. Brünneck/Konow* in: *Zinn-Stein* (o. Fn. 1), Erl. 5 zu Art. 91; *Kunig* (o. Fn. 45), 220.

[121] *Schröder*, in: BK (o. Fn. 58), Art. 43 Rn. 13.

[122] Vgl. *Bodenheim* (o. Fn. 54), 52 f.; *Magiera* (o. Fn. 5), § 52 Rn. 46 ff.

geräumte Kompetenz ist von den anderen Verfassungsorganen grundsätzlich zu respektieren, was für die Fragerechte als Geltendmachung von Regierungsverantwortlichkeit bedeutet, daß diese zu beantworten sind. Erst dann, wenn der Rahmen der Kompetenz überschritten, d.h. der eigene Kompetenzbereich in seinem Kern berührt wird, darf dieser Respekt verweigert, im Falle der Fragerechte: die Beantwortung abgelehnt werden.[123]

Die Kontrollfunktion gehört als Komplement zur Regierungsverantwortlichkeit so selbstverständlich zu den Aufgaben des Parlaments, daß eine ausdrückliche Bestimmung hierüber „überflüssig" wäre.[124] Dies hat wegen der essentiellen Bedeutung der Informationserlangung für jedwede Ausübung parlamentarischer Kontrolle ebenfalls zu gelten und wird für die als Minderheitenrechte ausgestalteten Fragerechte in den Geschäftsordnungen der Parlamente entstehungsgeschichtlich[125] und insbesondere durch die Rechtsprechung des Bundesverfassungsgerichts bestätigt: Das Bundesverfassungsgericht hat mehrfach ausgeführt, daß Antworten der Bundesregierung auf mündliche und schriftliche Fragen dazu dienen, dem einzelnen Abgeordneten die für seine Tätigkeit nötigen Informationen zu verschaffen. Sie seien Teil des Frage- und Interpellationsrechts des Parlaments, das der Bundesregierung die verfassungsrechtliche Pflicht auferlege, auf Fragen Rede und Antwort zu stehen und den Abgeordneten die zur Ausübung seines Mandats erforderlichen Informationen zu verschaffen.[126] In späteren Entscheidungen wurde diese Antwortpflicht ausdrücklich in den Zusammenhang mit einer effektiven Wahrnehmung der parlamentarischen Kontrolle gestellt[127] und auf Art. 38 Abs. 1 S. 2 GG Bezug genommen.[128] Nach dieser Rechtsprechung wird von einem großen Teil im Schrifttum von einer verfassungsrechtlichen Verankerung der geschäftsordnungsmäßig geregelten Fragerechte ausgegangen.[129]

Im Ergebnis ist das Frage- und Informationsrecht des einzelnen Abgeordneten abzuleiten aus der Kontrollfunktion des Parlaments und gehört als Teilhaberecht zu seinem verfassungsrechtlichen Status aus Art. 38 Abs. 1 S. 2 GG bzw. Art. 77 HV. Die parlamentarischen Fragerechte sind als Ausprägungen der Informations- und Kontrollbefugnis des Parlaments anzusehen.

---

[123] Vgl. *Busse* (o. Fn. 5).

[124] So *Bodenheim* (o. Fn. 54), 47.

[125] Vgl. *Bodenheim* (o. Fn. 54), 40 f.

[126] BVerfGE 13, 123; 57, 1, 5.

[127] BVerfGE 67, 100, 130; 80, 188, 217; NJW 1996, 2085 f.

[128] BverfGE 70, 324, 355; 80, 188, 217.

[129] Vgl. *Leibholz/Rinck/Hesselberger* (o. Fn. 109), Art. 38 Rn. 546 ff.; *v. Mangoldt/Klein/Achterberg/Schulte* (o. Fn. 88), Art. 38 Rn. 88; Art. 43 Rn. 17; *v. Münch*, in: *v. Münch/Kunig*, Grundgesetz-Kommentar, Band 2, 3. Aufl. 1995, Art. 38 Rn. 71; *Schmidt-Bleibtreu/Klein* (o. Fn. 87), Art. 38 Rn. 24 (für Konkretisierungsthese in Art. 43 Rn. 6); *Jarass/Pieroth* (o. Fn. 67), Art. 38 Rn. 34; *Ritzel/Bücker* (o. Fn. 72), Vorb. zu §§ 100–106 GOBT, Anm. IV.; *Linck* (o. Fn. 66), 958; *Burkholz*, Müssen Abgeordnete alles wissen dürfen?, VerwArch 1993, 203, 219; *H.H. Klein* (o. Fn. 24), § 40 Rn. 35; *Bodenheim* (o. Fn. 54), 50; *W.W. Schmidt*, Informationsanspruch des Abgeordneten und Ausschußbesetzung, DÖV 1986, 236; *Weis* (o. Fn. 54), 271; *Demmler* (o. Fn. 57), 441; *Badura* (o. Fn. 67), § 15 Rn. 40; *Magiera* (o. Fn. 5), § 52 Rn. 53 ff.

c) Der Träger des Teilhaberechts

Träger des Informations- als Teilhaberecht der einzelnen Abgeordneten ist zunächst der Hessische Landtag, der bei der Gestaltung seiner Geschäftsordnung im Rahmen seiner Geschäftsordnungsautonomie, Art. 99 HV, dieses Teilhaberecht zu berücksichtigen hat, das sich darauf erstreckt, daß es dem einzelnen Mitglied des Landtags möglich sein muß, überhaupt Anfragen an die Regierung zu richten.[130]

Fraglich ist, ob dieser Informationsanspruch des einzelnen Abgeordneten zugleich gegenüber der Landesregierung wirkt, die zu antworten grundsätzlich verpflichtet ist. Zu der Frage, ob ein anderes Verfassungsorgan als das Parlament Adressat des Informationsanspruchs eines Abgeordneten sein kann, hat sich das Bundesverfassungsgericht in seinem Beschluß vom 9.2.1995 geäußert. Von der Diktion her als Einschränkung gemeint, in seinen Ausführungen aber von klarstellender Bedeutung, hat es ausgeführt, das Gericht habe in seinen einschlägigen Entscheidungen zum Informations- und Kontrollrecht des Parlaments einen „möglicherweise auch an andere Verfassungsorgane gerichteten Anspruch des Abgeordneten, die zur Ausübung seines Mandats erforderlichen Informationen zu erhalten, bisher nur gegenüber der Regierung für bestimmte, sachlich eingegrenzte Informationsverlangen" in Erwägung gezogen. Als Beispiele werden genannt: „die Beantwortung mündlicher und schriftlicher Anfragen,[131] das Aktenvorlagerecht von Untersuchungsausschüssen[132] und die Einsichtnahme in die Begründung bestimmter Haushaltsansätze"[133].

Der Ausdruck „sachlich eingegrenzte Informationsverlangen" ist widersprüchlich, wenn im gleichen Atemzug die Beantwortung mündlicher und schriftlicher Anfragen als Beispiel genannt wird, das sich auf jeden möglichen Bereich, den die Regierung zu verantworten hat, beziehen kann. Letztlich spricht dieses Urteil für die Annahme eines sich auf alle Bereiche parlamentarischer Tätigkeit erstreckenden Informationsanspruchs des einzelnen Abgeordneten.[134]

d) Grenzen der Antwortpflicht

Der zur Auskunft Verpflichtete kann in Ausnahmefällen die Antwort verweigern. Anerkannt ist dies aus Gründen des Staats- und Geheimnisschutzes und wenn das allgemeine Persönlichkeitsrecht oder der Kernbereich exekutiver Eigenverantwortung betroffen ist.[135] In Rechtsprechung und Literatur werden geheimhaltungsbedürftige Interessen nicht, zumindest nicht generell,[136] als wichtiger Grund anerkannt. Auch hier wird die Kompetenzaufteilung zwischen den Verfassungsor-

---

[130] Vgl. *Demmler* (o. Fn. 57), 441.
[131] BVerfGE 13, 123; 57, 1.
[132] BVerfGE 67, 100.
[133] BVerfGE 70, 324, 356; vgl. BVerfGE 92, 130, 136.
[134] So schon früher: *W.W. Schmidt* (o. Fn. 129), 236; *Linck* (o. Fn. 66), 958.
[135] Vgl. *Rupp-v. Brünneck/Konow* in: *Zinn-Stein* (o. Fn. 1), Erl. 4 zu Art. 91; *Maunz*, in: *Maunz/Dürig* (o. Fn. 87), Art. 43 Rn. 8; *v. Mangoldt/Klein/Achterberg/Schulte* (o. Fn. 88), Art. 43 Rn. 14; *Schmidt-Bleibtreu/Klein* (o. Fn. 87), Art. 43 Rn. 6; speziell zum Kernbereich ausführlich *Busse* (o. Fn. 5), 45 ff.
[136] Vgl. *Vonderbeck* (o. Fn. 69), 21.

ganen in einem parlamentarischen Regierungssystem ins Spiel gebracht, denn das Wohl des Staates sei Parlament und Regierung gemeinsam anvertraut,[137] eine Geheimhaltung von Regierungssachen gegenüber dem Parlament könne im parlamentarischen Regierungssystem grundsätzlich nicht in Betracht kommen.[138] Zum Schutz solcher Interessen wie auch zum Schutz der Persönlichkeitsrechte Dritter, insbesondere des Rechts auf informationelle Selbstbestimmung,[139] wird auf folgende Möglichkeiten des Parlaments, Vorkehrungen zu treffen, verwiesen: Erörterung in nichtöffentlicher Sitzung, Anwendung einer Geheimschutzordnung des Parlaments oder eine Beschränkung der Information auf einen Ausschuß oder ein noch kleineres Gremium,[140] etwa einer Parlamentarischen Kontrollkommission. Derlei Vorkehrungen sind in der als Anlage 3 zur Geschäftsordnung beschlossenen Datenschutzordnung des Hessischen Landtags vom 5. April 1995 getroffen. Sie geht zurück auf § 39 a Abs. 1 S. 2 Hessisches Datenschutzgesetz,[141] der 1994 neu in das Gesetz aufgenommen wurde. Speziell für personenbezogene Daten in Antworten der Landesregierung auf parlamentarische Anfragen sowie zur Vorlage von Unterlagen und Berichten ist in § 39 a Abs. 2 HDSG ihre Verwendung im Rahmen der Hessischen Datenschutzordnung geregelt. Ergänzend treten hinzu die schon länger bestehenden Richtlinien für den Umgang mit Verschlußsachen im Bereich des Hessischen Landtags – VS-Richtlinien Landtag 1986 –, als Anlage 1 der GOHLT beigefügt.

2. Das Zitierrecht, Art. 91 HV

a) Zitierberechtigte

Nach Art. 91 S. 1 HV kann der Landtag und jeder seiner Ausschüsse die Anwesenheit des Ministerpräsidenten und jedes Ministers verlangen, d.h., sie haben ein Recht, die Mitglieder der Landesregierung zum persönlichen Erscheinen zu verpflichten. Hierfür ist ein Mehrheitsbeschluß erforderlich (Mehrheit der abgegebenen Stimmen). Es handelt sich mithin um ein Kontrollrecht mit Entscheidungskompetenz, dessen Geltendmachung der Parlamentsmehrheit vorbehalten ist. Aufgrund des politischen Zusammenspiels von Regierung und die Regierung unterstützenden Fraktionen im Landtag wird von diesem Kontrollrecht nur selten Gebrauch gemacht. Zitierungsberechtigte Ausschüsse sind all jene, die als verkleinertes Abbild des Parlaments aus Abgeordneten bestehen, unabhängig davon, ob sie in der Verfassung vorgesehen sind, wie der Hauptausschuß in Art. 93 HV,

---

[137] Vgl. BVerfGE 67, 100, 101: Leitsatz 3.b) und 102: Leitsatz 5.c); *Magiera* (o. Fn. 5), § 52 Rn. 66.

[138] Vgl. *Schröder* in: BK (o. Fn. 58), Art. 43 Rn. 43 a; *Linck* (o. Fn. 66), 962 f. für das Untersuchungsrecht.

[139] Hierzu ausführlich *Burkholz* (o. Fn. 129).

[140] *Vonderbeck* (o. Fn. 69), 21; *Schröder* in: BK (o. Fn. 58), Rn. 43a; *Magiera* (o. Fn. 5), § 52 Rn. 67 f.

[141] HDSG vom 11. November 1986, GVBl. I S. 309, zuletzt geändert durch Gesetz v. 21. Dezember 1994, GVBl. I S. 817.

oder Untersuchungsausschüsse, Art. 92 HV, oder ob sie aufgrund gesetzlicher Bestimmungen oder der Regelungen in der Geschäftsordnung gebildet werden.[142] Für die aufgrund § 50 Abs. 2 GOHLT eingerichteten ständigen Unterausschüsse, wie z.B. den Unterausschuß für Justizvollzug, hat Gleiches zu gelten, weil § 50 Abs. 3 GOHLT für die Verteilung der Sitze bestimmt, daß jede Fraktion vertreten und die Mehrheitsverhältnisse gewahrt sein sollten. Umstritten ist, ob auch Enquête-Kommissionen die Herbeirufung eines Regierungsmitglieds beschließen können. Verneint wird dies von einem Teil der Literatur deshalb, weil ihnen außer Abgeordneten auch Sachverständige angehören können;[143] Befürworter eines Zitierrechts für diese Ausschüsse weisen auf ihre Einsetzung durch das Parlament und ihren Zweck, eben die Arbeit des Parlaments zu unterstützen, hin.[144] Erwägenswert zur Lösung dieses insgesamt noch einer verfassungsrechtlichen Klärung bedürftigen Problems ist der Vorschlag von *Meier*, den verfassungsrechtlichen Bedenken dadurch Rechnung zu tragen, daß nur solche Mitglieder, die zugleich Abgeordnete sind, den Zitierbeschluß herbeiführen dürfen.[145]

b) Adressaten des Zitierrechts

Unterschiedlich wird auch die Frage beantwortet, wer außer dem Ministerpräsidenten zum Erscheinen verpflichtet ist. Klar ist insoweit, daß jeder Minister, in dessen Ressortzuständigkeit der jeweilige Beratungsgegenstand fällt, herbeigerufen werden kann. Teilweise wird es auch als zulässig angesehen, auch einen für den jeweiligen Beratungsgegenstand unzuständigen Minister zu zitieren, weil eine Beschränkung auf nur zuständige Minister dem Wortlaut der Verfassungsvorschrift nicht zu entnehmen sei.[146] Art. 43 Abs. 1 GG entspricht dem Art. 33 Abs. 1 Weimarer Verfassung, der stets im gegenteiligen Sinne, also beschränkt auf ressortzuständige Minister, interpretiert worden ist. Gegen diesen Einwand wird argumentiert, daß unter Geltung der Weimarer Verfassung die einzelnen Minister vom Parlament abberufen werden konnten, was nach dem Grundgesetz aber nicht mehr möglich sei. Diese Argumentation ist nicht stichhaltig, denn ob eine Sanktionsmöglichkeit des Parlaments in Form der Abberufung einzelner Minister besteht oder nicht, ändert nichts daran, daß eine Ministerverantwortlichkeit nur durch das jeweils zuständige Ressort erfüllt ist,[147] die sich für die Minister der Hessischen Landesregierung aus Art. 102 S. 2 HV ergibt. Auch spricht der Adressat des Zitierrechts, der nicht die Landesregierung insgesamt, sondern nur das einzelne Regierungsmitglied ist, für die Annahme, daß ressortunzuständige Minister nicht herbeizitiert werden können. Anders als in einigen Landesverfassungen, in denen

---

142 Vgl. *Magiera* (o. Fn. 5), § 52 Rn. 5.

143 Vgl. *v. Mangoldt/Klein/Achterberg/Schulte* (o. Fn. 88), Art. 43 Rn. 22; *Achterberg* (o. Fn. 45), 463.

144 Vgl. nur *Magiera* (o. Fn. 5), § 52 Rn. 6 m.w.N. in Fn. 5.

145 Vgl. *Meier* (o. Fn. 88), 126 f.

146 Vgl. *v. Mangoldt/Klein/Achterberg/Schulte* (o. Fn. 88), Art. 43 Rn. 27 m.w.N.

147 Vgl. *Schröder*, in: BK (o. Fn. 58), Art. 43 Rn. 33 m.w.N.; *Rupp-v. Brünneck/Konow*, in: *Zinn-Stein* (o. Fn. 1), Erl. 3a) zu Art. 91.

Staatssekretäre entweder ausdrücklich vom Zitierrecht erfaßt[148] oder diese zu den Regierungsmitgliedern gezählt werden,[149] erstreckt Art. 91 S. 1 HV den Kreis der zum Erscheinen Verpflichteten eindeutig auf den Ministerpräsidenten und die Minister, so daß auf die Frage, ob außer diesen Personen auch Staatssekretäre oder andere „Beauftragte" herbeigerufen werden können, nicht einzugehen ist.

c) Folgen der Herbeirufung

Bereits unter Geltung des Art. 33 WRV entsprach es allgemeiner Auffassung, daß die Herbeirufung nicht nur zum persönlichen Erscheinen verpflichte. „Anwesenheit", so *G. Anschütz*, bedeute nicht nur „stummes Dabeisitzen, sondern Beteiligung an den parlamentarischen Verhandlungen, insbesondere die Pflicht der Minister, auf Anfragen ... Rede und Antwort zu stehen"[150]. Art. 91 HV räumt beiden Verfassungsorganen ein Recht ein: dem Parlament das Zitierrecht, Art. 91 S. 1 HV, der Regierung ein Zutrittsrecht zu den Sitzungen des Landtags und seiner Ausschüsse, Art. 91 S. 2 HV. Entsprechend wird als Konsequenz aus dem parlamentarischen Regierungssystem die Pflicht der Regierung zur Präsenz und Beantwortung und für den Landtag die Pflicht, die Regierung anzuhören, abgeleitet, sogenannte „Korrespondenztheorie"[151]. Von einer Antwortpflicht als Folge der Herbeirufung wird auch für die Mitglieder der Hessischen Landesregierung ausgegangen,[152] und für die aufgrund Art. 43 Abs. 1 GG herbeizitierten Regierungsmitglieder ist diese Ableitung ganz herrschende Meinung.[153] *Meier*[154], der eine Antwortpflicht verneint, erkennt bei seiner Ermittlung des aktuellen Normgehalts von Art. 43 Abs. 1 GG an, daß „veränderte Umstände veränderte Interpretationen nach sich zu ziehen vermögen". Als solchen Umstand zieht er den Übertritt zum parlamentarischen Regierungssystem in Betracht, nachdem er zuvor festgestellt hat, daß erst seit diesem Übertritt die Auffassung vom Bestehen einer Antwortpflicht vertreten wird.[155] Diese von ihm zitierte Auffassung lasse aber nicht erkennen, worauf die veränderten Gesichtspunkte beruhten.[156] Daß der ausschlaggebende Gesichtspunkt die Abhängigkeit der Regierung vom Vertrauen des Parlaments ist, damit setzt er sich nicht auseinander, und zwar auch nicht, wenn er im Rahmen der systematischen Interpretation den Einfluß des parlamentarischen Regierungs-

[148] Vgl. Art. 24 Abs. 1 BayVerf; Art. 23 Abs. 1 S. 2 HHVerf.

[149] Vgl. Art. 34 Abs. 1 i.V.m. Art. 45 Abs. 2 S. 2 BaWüVerf.

[150] Vgl. *G. Anschütz*, Die Verfassung des Deutschen Reiches vom 11. August 1919 – Kommentar, 14. Aufl. 1933, Art. 33 Anm. 1.

[151] Vgl. *Versteyl*, in: *v. Münch/Kunig* (o. Fn. 129), Art. 43 Rn. 1.

[152] Vgl. *Rupp-v. Brünneck/Konow*, in: *Zinn-Stein* (o. Fn. 1), Erl. 2 zu Art. 91.

[153] *Maunz* in: *Maunz/Dürig* (o. Fn. 87), Art. 43 Rn. 8; *Schröder*, in: BK (o. Fn. 58), Art. 43 Rn. 43a f.; *Vonderbeck* (o. Fn. 69), 20 m.w.N.; *Schmidt-Bleibtreu/Klein* (o. Fn. 87), Art. 43 Rn. 6; *Schneider*, in: AK-GG (o. Fn. 93), Art. 43 Rn. 3; *v. Mangoldt/Klein/Achterberg/Schulte* (o. Fn. 88), Art. 43 Rn. 13 f.; *H. H. Klein* (o. Fn. 24), § 40 Rn. 32; a.A.: *Meier* (o. Fn. 88), 145; *Ritzel/Bücker* (o. Fn. 72), § 42 GOBT, Anm. e).

[154] *Meier* (o. Fn. 88), 134 ff.

[155] *Meier* (o. Fn. 88), 134, 136.

[156] *Meier* (o. Fn. 88), 136.

systems auf die Auslegung der Verfassungsnorm untersucht. Seine Frage zielt nicht dahin, ob die Geltung des Art. 43 Abs. 1 GG und zuvor des Art. 33 Abs. 1 WRV unter einem parlamentarischen Regierungssystem eine Auslegung dieser Verfassungsbestimmung im Sinne einer Antwortpflicht rechtfertigt, sondern dahin, ob das Zitierrecht als Ausfluß des parlamentarischen Regierungssystems zu verstehen sei, um dies mit Hinweis auf seine ausführliche Darstellung der historischen Entwicklung dieses Instituts zu verneinen. Die Bedeutung des Wandels der Staatsform 1919 und das damit „von Grund auf" veränderte Verhältnis von Parlament und Regierung[157] wird hierbei nicht gesehen.

Inhaltlich erstreckt sich die Pflicht zur Beantwortung der oder des Herbeigerufenen auf alle mit dem Beratungsgegenstand in Zusammenhang stehenden Fragen.[158]

3. Die Behandlung von Petitionen, Art. 94 HV

a) Inhalt des Petitionsrechts

Der Landtag, nicht ein Ausschuß oder ein einzelner Abgeordneter, kann nach Art. 94 HV an ihn gerichtete Eingaben der Landesregierung überweisen und von ihr Auskunft über eingegangene Anträge und Beschwerden verlangen.[159] Beide Rechte stehen im Zusammenhang mit Art. 16 HV, der jedermann das Recht gewährt, sich mit Anträgen oder Beschwerden auch an die Volksvertretung zu wenden, wozu es im Unterschied zu Art. 17 GG der Schriftform nicht bedarf. Aus dem Grundsatz der Gewaltenteilung folgt, daß der Landtag nicht selbst einer Petition entsprechen, sondern sie nur an die Landesregierung als Kollegialorgan mit einer bestimmten Empfehlung überweisen kann.[160] Nach § 101 Abs. 1 GOHLT[161] wird die Petition der Landesregierung zur Berücksichtigung, zur Erwägung, als Material oder mit der Bitte überwiesen, die Petentin oder den Petenten über die Sach- und Rechtslage zu unterrichten. Die Überweisung begründet eine Pflicht der Landesregierung, sich mit der Eingabe sachlich zu befassen und sie zu beantworten, sofern sie nicht nur als „Material" oder „zur Kenntnis" überwiesen wurde.[162]

---

[157] Vgl. *Schröder,* in: BK (o. Fn. 58), Art. 43 Rn. 43.

[158] Vgl. *Schneider,* in: AK-GG (o. Fn. 93), Art. 43 Rn. 3; *Schröder,* in: BK (o. Fn. 58), Art. 43 Rn. 8.

[159] Petitionsüberweisungs- und Auskunftsrecht, vgl. *Rupp-v. Brünneck/Konow,* in: *Zinn-Stein* (o. Fn. 1), Erl. 1. zu Art. 94.

[160] Vgl. *Rupp-v. Brünneck/Konow,* in: *Zinn-Stein* (o. Fn. 1), Erl. 2 zu Art. 94.

[161] Vom 16. Dezember 1993 (GVBl I S. 628), zuletzt geändert durch Beschluß des Landtags vom 30. Mai 1995 (GVBl I S. 412).

[162] Vgl. *Rupp-v. Brünneck/Konow,* in: *Zinn-Stein* (o. Fn. 1), Erl. 2. zu Art. 94; zum weiteren Verfahren wird auf die §§ 98–105 GOHLT verwiesen; ausführlich zum Petitionsrecht z.B. *Achterberg* (o. Fn. 45), 453 ff.

b) Umfang des Auskunftsanspruchs

Der Umfang der Auskunftspflicht erstreckt sich auf die verfahrensmäßige Behandlung der Eingaben, die der Landesregierung vom Landtag überwiesen werden oder bei ihr direkt eingegangen sind, auf das Ergebnis der Prüfung und die jeweils getroffenen Maßnahmen. Sofern der Landtag Auskunft begehrt im Zusammenhang mit der Beratung einer Petition, erstreckt sich die Auskunftspflicht auf alle der Verwaltung bekannten Umstände, die für die Beurteilung bzw. Beratung der Petition erforderlich sind.[163] Ein Recht auf Akteneinsicht oder Aktenvorlage ist dem Landtag hingegen verfassungsrechtlich nicht eingeräumt.

c) Die geschäftsordnungsmäßige Ausformung des Art. 94 HV

Die Feststellung in § 38 Abs. 1 GOHLT, das Petitionsrecht diene auch der Kontrolle der Landesregierung im Einzelfall, trägt der gewandelten Auffassung über die Funktionen eines Parlamentes insbesondere hinsichtlich der Bedeutung der Kontrollfunktion Rechnung.[164] § 38 Abs. 2 GOHLT gibt den Inhalt des Auskunftsanspruchs wieder und hat gegenüber Art. 94 HV deklaratorischen Charakter. „Auskunft" bedeutet, daß Fragesteller und Antwortgeber verschiedene Personen sind, auf das Verhältnis der Verfassungsorgane übertragen, daß die Landesregierung den Landtag informiert und nicht dieser selbst sich die für erforderlich gehaltenen Informationen beschafft. Befugnisse eines Verfassungsorgans gegenüber einem anderen Verfassungsorgan bedürfen verfassungsmäßiger Begründung.[165] Angesichts des klaren Wortlauts in Art. 94 HV kann ein Selbstinformationsrecht des Landtags dieser Bestimmung nicht entnommen werden. Ein Recht auf Akteneinsicht oder Aktenvorlage ist dem Landtag verfassungsrechtlich nicht eingeräumt. Die Berichterstatter können aber nach § 100 Abs. 3 S. 1 GOHLT die Landesregierung um weitere schriftliche Stellungnahmen oder um mündliche Auskünfte, um Einsichtnahme in die die Petition betreffende Akten und um Gewährung des Zutritts zu geschlossenen Anstalten und Einrichtungen ersuchen.[166] In dem äußerst sensiblen Bereich der Petitionsbehandlung sind der Petitionsausschuß des Hessischen Landtags und die Landesregierung im Interesse der Petentinnen und Petenten um einvernehmliche Lösungen und eine vertrauensvolle Zusammenarbeit bemüht.

---

[163] Vgl. *Rupp-v. Brünneck/Konow* in: *Zinn-Stein* (o. Fn. 1), Erl. 4 zu Art. 94.

[164] Zur Funktion des Petitions- als Kontrollrecht: *Achterberg* (o. Fn. 45), 455, der von einer „Doppelfunktion" spricht.

[165] Vgl. nur BVerfGE 67, 100, 129; *Magiera* (o. Fn. 5) § 52 Rn. 41.

[166] Als Ersuchen sind auch die in § 100 Abs. 3 S. 2 GOHLT geregelten weiteren Informationsmöglichkeiten zu verstehen.

4. Untersuchungsausschüsse, Art. 92 HV

Der Landtag hat das Recht und auf Antrag von einem Fünftel der gesetzlichen Zahl seiner Mitglieder die Pflicht, Untersuchungsausschüsse einzusetzen, Art. 92 HV. Das Recht, die Einsetzung dieser Ausschüsse zu verlangen, ist neben dem Mißtrauensvotum das schärfste Mittel parlamentarischer Kontrolle gerade für die Opposition. Es ist als Minderheitenrecht konzipiert. Die Auflösung eines von einem Fünftel der gesetzlichen Zahl der Mitglieder des Landtags eingesetzten Untersuchungsausschusses kann nur von mehr als vier Fünfteln der Mitglieder beschlossen werden. Das Untersuchungsrecht ist ein Recht des Parlaments, im Wege der „Selbstinformation" von sich aus Sachverhalte aufzuklären, ohne auf die Auskünfte der Landesregierung, „Fremdinformation", angewiesen zu sein.[167]

a) Besondere Untersuchungsfälle in der parlamentarischen Praxis

Der Hessische Landtag hat bisher 25 Untersuchungsausschüsse, zuletzt durch Beschluß vom 10.10.1995,[168] eingesetzt,[169] von denen insbesondere drei rechtliche Probleme aufwarfen und gerichtliche Verfahren nach sich zogen. Sie sollen exemplarisch für eine Reihe von relevanten Fragen im Zusammenhang mit der Ausübung des Untersuchungsrechts vorangestellt werden.

In der 5. Wahlperiode wurde die Einsetzung des 8. Untersuchungsausschusses vom Staatsgerichtshof für verfassungswidrig erklärt.[170] Gegenstand der Untersuchung war die von der Landesregierung beabsichtigte Beteiligung an der Investitions- und Handelsbank.[171] Trotz erheblicher verfassungsrechtlicher Bedenken, die gegen den Antrag geäußert worden waren, unterließ es der damalige Landtagspräsident, einen förmlichen Beschluß des Plenums über die Einsetzung herbeizuführen. Der Staatsgerichtshof bejahte die Notwendigkeit eines solchen förmlichen Beschlusses, weil der Untersuchungsausschuß als Hilfsorgan des Parlaments nur innerhalb der Parlamentskompetenz tätig werden könne, sogenannte „Korollar-Theorie". Der Landtag selbst hätte den Einsetzungsbeschluß hinreichend bestimmen müssen, da dieser den Umfang der Untersuchung festlegt und die Ermittlungstätigkeit des Ausschusses begrenzt. Es hätte dem Untersuchungsausschuß nicht selbst überlassen sein dürfen, die Verfassungsmäßigkeit des Auftrags zu prüfen und seine Untersuchung danach auszurichten. Das Gericht äußerte sich auch zu den möglichen Grenzen einer parlamentarischen Untersuchung. Eine Begrenzung könne sich aus einem zeitlichen Aspekt, aus Gründen der Gewaltenteilung und aus dem Zweck der jeweiligen Untersuchung ergeben. Hierzu stellt es fest, daß die Prüfung eines Sachverhalts in der Regel nur ex post als Ergebniskontrolle vorgenommen werden

---

[167] Vgl. zur Systematisierung der Instrumente zur Ausübung parlamentarischer Kontrolle *Achterberg* (o. Fn. 45), S. 434; *Steffani* (o. Fn. 63), § 49 Rn. 23; *Magiera* (o. Fn. 5), § 52 Rn. 29.
[168] LT-Drucks. 14/541.
[169] Vgl. Übersicht bei *Zinn-Stein* (o. Fn. 1), Erl. 10 zu Art. 92 HV.
[170] Urteil vom 24. November 1966 – P.St. 414 – ESVGH 17, 1 ff.
[171] Vgl. hierzu ausführlich *Partsch* (o. Fn. 11).

dürfe und unzulässig in den Initiativbereich der Exekutive eingegriffen werde, wenn sich die Untersuchung nicht auf Verhandlungsergebnisse beziehe, sondern auf die Verhandlungen selbst. Vorläufige Absprachen brauche die Landesregierung nicht zu offenbaren.

Durch Beschluß vom 9.2.1972 wies der Staatsgerichtshof die Grundrechtsklage einer Privatperson gegen das in der 7. Wahlperiode eingesetzte 11. Untersuchungsverfahren als unzulässig zurück. Gegenstand dieses Verfahrens waren Vorwürfe gegen den Frankfurter Bund für Volksbildung e.V., bei Kursen und Lehrveranstaltungen werde in mündlichen und schriftlichen Beiträgen gegen die Verfassung gerichtete Agitation betrieben.[172] Kläger war ein Referent des Vereins, der sich in seinen Grundrechten aus Art. 2 Abs. 1, 10 und 13 HV verletzt sah. Der Staatsgerichtshof stellte fest, die Einsetzung eines Untersuchungsausschusses stelle eine parlamentarische Maßnahme dar, die in aller Regel Rechte des Bürgers nicht verletzen könne.[173] Selbst wenn es sich hierbei um einen Akt öffentlicher Gewalt handeln sollte, sei dieser ein gerichtsfreier Hoheitsakt. Die Berechtigung des Hessischen Landtags zur Einsetzung von Untersuchungsausschüssen unterliege grundsätzlich keiner Beschränkung, das Parlament könne zu beliebigen Beweisthemen Ermittlungen anstellen, sofern hierfür ein öffentliches Interesse gegeben sei, auch wenn diese prima facie als Privatangelegenheit erscheinen mögen. Schließlich vermochte das Gericht auch keine Grundrechtsbeeinträchtigung in der Verpflichtung, als Zeuge vor einem Untersuchungsausschuß auszusagen, zu sehen; da nach Art. 92 Abs. 3 HV für die Beweiserhebungen im Untersuchungsverfahren die Vorschriften der Strafprozeßordnung über die Zeugnisverweigerung sinngemäß zur Anwendung kämen, sei der Antragsteller vor unzulässigen Eingriffen in seine Rechte geschützt.

Der Status des Betroffenen und die Anwendung der sogenannten „IPA-Regeln" auf das Verfahren des 25. Untersuchungsausschusses in der laufenden 14. Wahlperiode waren u.a. Gegenstand eines Verfahrens vor dem Hessischen Verwaltungsgerichtshof in Kassel. Dieser hat dem Untersuchungsausschuß aufgegeben, im Rahmen seiner Beweisaufnahme die Antragsteller vorläufig als Betroffene im Sinne der „IPA-Regeln"[174] zu behandeln. Aufgabe des Ausschusses war es, die näheren Umstände der Entlassung eines erst wenige Monate zuvor in sein Amt berufenen Staatssekretärs sowie des kurze Zeit später erklärten Rücktritts einer Staatsministerin zu untersuchen. Dabei sollte insbesondere auch überprüft werden, ob sachfremde Entscheidungsstrukturen und private Verflechtungen im Führungsbereich des Ministeriums die auftragsgemäße Erledigung der Sacharbeit und dessen Umfang bestimmten bzw. ausschlossen. In seiner konstituierenden Sitzung hatte der Ausschuß beschlossen, der Beweisaufnahme die IPA-Regeln zugrunde zu legen, die in § 18

---

172 P.St. 665 – ESVGH 22, 136 ff.

173 ESVGH 22, 136, 137 f.

174 Hess. VGH Beschluß vom 29. Oktober 1995 – 11 TG 3617/95 – NVwZ-RR 1996, 683. Die IPA-Regeln sind Bestimmungen eines interfraktionellen Gesetzentwurfs des Bundestages aus dem Jahre 1969 für ein Untersuchungsausschußgesetz, die nicht Gesetz geworden sind, in der Praxis, auch der des Hessischen Landtags, aber häufig angewendet werden, um so eine Verfahrensgrundlage für die ad hoc einzusetzenden Ausschüsse zu haben, dort § 18.

ausführlich die Stellung des Betroffenen regeln. Die Antragsteller sollten im Beweisaufnahmeverfahren als Zeugen gehört werden. Der Betroffenenstatus war ihnen in der Ausschußsitzung vom 25. Oktober nicht zuerkannt worden. Die Ausführungen des Verwaltungsgerichtshofs sind bemerkenswert hinsichtlich der Qualifizierung der Tätigkeit des Untersuchungsausschusses als durch die Verwaltungsgerichte überprüfbare Verwaltungstätigkeit,[175] der Einordnung der IPA-Regeln als parlamentarisches Gewohnheitsrecht, das sich in der Praxis des Hessischen Landtags gebildet habe, sowie zum Anwendungsbereich des Art. 92 Abs. 3 HV.

b) Untersuchungsausschuß und Enquête-Kommission

„Enquête-Kommission" heißt übersetzt nichts anderes als „Untersuchungsausschuß", die Begriffe wurden früher auch synonym verwendet. Das Enquêterecht kann einmal ausgeübt werden zur Nachprüfung bestimmter Vorkommnisse, die als Mißstände oder Skandale in der Öffentlichkeit wahrgenommen werden. Das Parlament kann eine Enquête auch einsetzen „zur Vorbereitung von Entscheidungen über umfangreiche und bedeutsame Sachverhalte", wie es in § 55 Abs. 1 S. 1 GOHLT formuliert ist. Bekanntestes Beispiel dürfte die Einsetzung der Enquête-Kommission „Verfassungsreform" durch Beschluß des Bundestages sein. Es hat sich eine sprachliche Übung dahin entwickelt, den Begriff „Untersuchungsausschuß" der Aufklärung solcher Vorkommnisse vorzubehalten, die den Bereich der Exekutive betreffen, sogenannte Mißstands- oder Skandalenquêten,[176] während „Enquête-Kommission" einen Ausschuß bezeichnet, der als Beratungsgremium mit dem Ziel fungiert, den Sachverstand aus Wissenschaft und Praxis für die parlamentarische Arbeit fruchtbar zu machen, weshalb ihm nicht nur Abgeordnete, sondern auch Nichtparlamentarier angehören können.[177] Ihre Einsetzung ist nicht nur vorstellbar zur Vorbereitung komplexer Gesetzesvorhaben, sondern auch zur Befassung mit gesellschaftspolitischen Sachverhalten, um deren Ursachen, Zusammenhänge und Auswirkungen in ihrer Vielschichtigkeit zu erfassen und mit bestimmten Konzepten auf sie reagieren zu können.[178] Aktuelles Beispiel ist der für den Hessischen Landtag erste Antrag auf Einsetzung einer Enquête-Kommission „Familienfreundliches Hessen"[179]. Untersuchungsausschüsse und Enquête-Kommissionen haben gleichermaßen Sachverhalte zu untersuchen, die im öffentlichen Interesse liegen, und bedürfen hierzu durchsetzungsfähiger Befugnisse privaten Dritten wie der öffentlichen Verwaltung gegenüber.[180] Art. 92 HV ist für beide Institute verfassungsrechtliche Grundlage.[181] Hinsichtlich des erforderlichen Quorums für den Antrag auf Ein-

[175] Unter Bezugnahme auf die Rechtsprechung des BVerwG, BVerwGE 79, 339; DÖV 1981, 300.
[176] Vgl. *Rupp-v. Brünneck/Konow,* in: *Zinn-Stein* (o. Fn. 1), Erl. 1 zu Art. 92.
[177] Zur Enquête-Kommission vgl. *Schmittner,* Bessere Rechtsgrundlagen für die Enquête-Kommission des Deutschen Bundestages, DÖV 1973, 694 ff.; *Achterberg* (o. Fn. 45), S. 160.
[178] Vgl. die Beispiele bei *Achterberg* (o. Fn. 45), S. 162.
[179] LT-Drucks. 14/2032.
[180] Vgl. *Schmittner* (o. Fn. 177), 696.
[181] Vgl. *Rupp-v. Brünneck/Konow,* in: *Zinn-Stein* (o. Fn. 1), Erl. 1 zu Art. 92.

setzung einer Enquête-Kommission ist ebenso wie für die Einsetzung eines Untersuchungsausschusses nach Art. 92 Abs. 1 HV ein Fünftel der Mitglieder des Landtags Voraussetzung.[182] Die folgenden Ausführungen konzentrieren sich auf die Untersuchungsausschüsse im engeren Sinne.

c) Zweck des Untersuchungsrechts

Der Zweck des Untersuchungsrechts des Parlaments ist die Aufklärung von Sachverhalten, die im öffentlichen Interesse notwendig erscheint, „unabhängig von der Regierung, Behörden und Gerichten" und „mit hoheitlichen Mitteln, wie sie sonst nur Gerichten und besonderen Behörden zur Verfügung stehen"[183]. Sofern das Thema hinreichend bestimmt ist, können Gegenstand von Untersuchungen staatliche, gesellschaftliche und andere Vorkommnisse sein, wenn hieran ein öffentliches Interesse besteht.[184] In seiner Reichweite ist der Untersuchungsausschuß insofern beschränkt, als er lediglich als Hilfsorgan des Parlaments fungiert und nicht selbständig über den erteilten Auftrag hinaus wirken kann.[185] Hieraus allein lassen sich die Grenzen des Untersuchungsrechts, was den Gegenstand der Untersuchung betrifft, nicht ableiten. Dazu werden die Gesichtspunkte der Gewaltenteilung, der Kontrollfunktion im Sinne einer nachträglichen Überprüfung von Regierungs- und Verwaltungshandeln und der jeweilige Zweck der Untersuchung, also Aufklärung von Mißständen oder Vorbereitung umfangreicher Sachkomplexe, herangezogen. Diese Bezugspunkte führen zu einer Begrenzung des Untersuchungsgegenstandes in zeitlicher, funktioneller und am Zweck ausgerichteter Hinsicht.[186]

d) Verfahren der Untersuchungsausschüsse

Art. 92 Abs. 1 S. 4 HV verweist wegen des Verfahrens der Untersuchungsausschüsse auf die Geschäftsordnung des Hessischen Landtags. In der Geschäftsordnung vom 31. Januar 1973[187] enthielten die §§ 26–31 Bestimmungen über die Einsetzung, Zahl der Mitglieder, den Vorsitz, die Berichterstatter, das Verfahren, die Aussetzung der Untersuchung und die Berichterstattung. Eine Regelung über die

---

[182] Derzeit ist in § 55 Abs. 1 S. 2 GOHLT ein Quorum von einem Viertel vorgesehen; für Enquête-Kommissionen wie für Untersuchungsausschüsse des Bundestages gilt, daß nur ein Viertel der Mitglieder deren Einsetzung verlangen kann, Art. 44 Abs. 1 S. 1 GG, vgl. *Ritzel/Bücker* (o. Fn. 72), § 56 GOBT, Anm. I.2. zu Abs. 1.

[183] BVerfGE 49, 70, 85; 77, 1, 42.

[184] Vgl. BVerfGE 77, 1, 44; Hess.VGH DÖV 1972, 568, Leitsatz 1: „jedes beliebige Beweisthema, sofern öffentliches Interesse"; *Achterberg* (o. Fn. 45), 153; *Kunig* (o. Fn. 45), 222; einschränkend: *Rupp-v. Brünneck/Konow*, in: *Zinn-Stein* (o. Fn. 1), Erl. 2 zu Art. 92: nur Vorgänge, deren Aufklärung für eine Entscheidung des Landtags im Rahmen seiner verfassungsmäßigen Zuständigkeiten notwendig oder dienlich ist.

[185] Vgl. StGH Urteil v. 24. November 1966, ESVGH 17, 1, 12; *Rupp-v. Brünneck/Konow* in: *Zinn-Stein* (o. Fn. 1), Erl. 2 zu Art. 92; *Partsch* (o. Fn. 11), 9, 16.

[186] StGH ESVGH 17, 1, 13; bestätigt in ESVGH 22, 136, 139.

[187] GVBl. I S. 63.

Einberufung zur konstituierenden Sitzung war nicht enthalten, wie bereits in der Geschäftsordnung von 1968 auch nicht.

Die §§ 54 und 97 der neuen Geschäftsordnung vom 16. Dezember 1993[188] bestimmen dagegen nur, daß sich Einsetzung, Zusammensetzung und Aufgaben der Untersuchungsausschüsse sowie das Verfahren nach der Hessischen Verfassung und den geltenden Gesetzen richten. Ein Untersuchungsausschußgesetz existiert bislang nicht, ein „Gesetzentwurf für ein Gesetz über die Einsetzung und das Verfahren von Untersuchungsausschüssen (Untersuchungsausschußgesetz – UAG)" ist in Vorbereitung. Der Entwurf versucht, die gegenwärtige materielle Regelungslücke zu schließen und einige der Reformvorstellungen umzusetzen, die auch für die Verabschiedung von entsprechenden Gesetzen in anderen Bundesländern mitbestimmend waren.[189] Beispielhaft sei hier die Frage der Stellung des Betroffenen genannt.

e) Geschäftsordnungsvorbehalt und Untersuchungsausschußgesetz

Unabhängig von der inhaltlichen Ausgestaltung einer zukünftigen Regelung für Untersuchungsausschüsse stellt sich die Frage, ob der Landtag eine Kompetenz für eine solche gesetzliche Regelung besitzt oder nicht durch Art. 91 S. 4 HV unabänderlich auf den Weg der geschäftsordnungsmäßigen Regelung verwiesen ist. Dies kann im Rahmen dieses Beitrages nicht ausführlich erörtert, geschweige denn abschließend geklärt werden. Die folgenden Überlegungen verstehen sich als Anregungen, den einen oder anderen Aspekt zu erwägen.

Der Regelungsgehalt des Art. 92 HV

Zunächst ist klärungsbedürftig, ob die Bestimmungen in Art. 92 HV überhaupt Raum für eine Ausgestaltung durch Geschäftsordnung oder Gesetz lassen. Art. 92 Abs. 1 S. 4 HV bestimmt, daß „die Geschäftsordnung" das Verfahren und die Zahl der Mitglieder eines Untersuchungsausschusses regelt. Art. 92 Abs. 2 HV verpflichtet die Gerichte und Verwaltungsbehörden zur Auskunft, Behörden und öffentliche Körperschaften zur Vorlage ihrer Akten.[190] Für das Beweiserhebungsverfahren bestimmt Art. 92 Abs. 3 HV die „sinngemäße Anwendung" der Vorschriften der Strafprozeßordnung. Diese Regelungen lassen theoretisch folgende Regelungsmöglichkeiten offen: Die Ausgestaltung des Verfahrens und die Bestimmung der Mitgliederzahl durch die Geschäftsordnung, die Präzisierung der Bestimmungen der Strafprozeßordnung, die im Einklang mit Sinn und Zweck eines

---

[188] O. Fn. 161.

[189] Vgl. Abschlußbericht der Kommission der Landtagsdirektoren zum Recht der Untersuchungsausschüsse, ZParl 1991, S. 406 ff.

[190] Unter den Begriff „Verwaltungsbehörden" im 1. Halbsatz fallen auch die öffentlichen Körperschaften, der Begriff „Behörden" im 2. Halbsatz schließt auch die Ministerien und die Gerichte ein, so daß im Ergebnis keine Akten von Behörden und der Aufsicht des Landes unterstehenden öffentlichen Körperschaften dem Untersuchungsausschuß vorenthalten werden könnten, vgl. *Rupp-v. Brünneck/Konow*, in: *Zinn-Stein* (o. Fn. 1), Erl. 8a) zu Art. 92.

Untersuchungsverfahrens „sinngemäß" Anwendung finden sollen, und die Regelung einer Auskunfts- und Aktenvorlagepflicht der Landesregierung als eigenständigem Verfassungsorgan gegenüber dem Parlament. Hierzu schweigt die Verfassung.

Inwieweit eine gesetzliche Ausgestaltung dieser Bereiche möglich ist, soll kurz untersucht werden.

Auskunfts- und Aktenvorlagepflicht der Landesregierung

Eine Auskunfts- und Aktenvorlagepflicht der Landesregierung kann weder durch die Geschäftsordnung, mangels fehlender Bindungswirkung,[191] noch durch Gesetz, mangels Gesetzesvorbehalts in der Hessischen Verfassung, originär geregelt werden; allenfalls könnten sie derlei Informationspflichten deklaratorisch wiedergeben, sofern sie der Verfassung immanent sind. Sie könnten sich unausgesprochen aus der Kompetenz des Parlaments, Untersuchungsausschüsse einzusetzen, ergeben. Als Anknüpfungspunkt kommt Art. 92 Abs. 1 S. 2 HV in Betracht, wonach die Ausschüsse in öffentlicher Verhandlung die „Beweise erheben, die sie oder die Antragsteller für erforderlich erachten". Auch Art. 44 Abs. 1 GG enthält ein solches Beweiserhebungs-, aber kein Aktenvorlagerecht. Beide Verfassungsbestimmungen gehen auf Art. 34 WRV zurück, in dem für Deutschland erstmals das parlamentarische Untersuchungsrecht Anerkennung fand.[192] Insofern scheint eine Bezugnahme auf die Rechtsprechung des Bundesverfassungsgerichts zur Auslegung des Art. 44 Abs. 1 GG gerechtfertigt. Im sogenannten „Flick-Urteil" hat das Bundesverfassungsgericht festgestellt, mit der Einräumung der Kompetenz des Bundestages zur Untersuchung sei bereits das Recht auf Aktenvorlage verbunden.[193] Zur Begründung wird auf die Ausprägungen des parlamentarischen Regierungssystems nach dem Grundgesetz hingewiesen, das auf Stabilität der Regierung angelegt und grundlegend durch die Kontrollfunktion des Parlaments geprägt sei. Gerade wegen dieser starken Stellung der Regierung erfordere der Grundsatz der Gewaltenteilung eine Auslegung des Grundgesetzes dahin, daß Kontrolle wirksam sein könne.[194] Der Untersuchungsausschuß sei als mit denjenigen Befugnissen ausgestattet anzusehen, deren er bedürfe, um seine Aufgabe erfüllen zu können. Hierzu gehöre die Einsichtnahme in Akten der Regierung als Bestandteil des Rechts, die erforderlichen Beweise zu erheben. Dieser Aktenherausgabeanspruch gehöre zum „Wesenskern" des Untersuchungsrechts und diene der Kontrollaufgabe des Bundestages gegenüber der Bundesregierung, die die verfassungsrechtliche Pflicht habe, die Ausübung des Kontrollrechts in geeigneter Weise zu unterstützen.[195]

Unter Zugrundelegung dieser Rechtsprechung könnte eine Auskunfts- und Aktenvorlagepflicht der Landesregierung zulässigerweise in die Geschäftsordnung oder

---

[191] Vgl. *Haug*, Bindungsprobleme und Rechtsnatur parlamentarischer Geschäftsordnungen, 1994, 130 f.
[192] Vgl. *Rupp-v. Brünneck/Konow*, in: *Zinn-Stein* (o. Fn. 1), Erl. 1 zu Art. 92.
[193] BVerfGE 67, 100, 128.
[194] BVerfGE 67, 100, 130.
[195] BVerfGE 67, 100, 134.

ein zukünftiges Gesetz aufgenommen werden, weil es sich hierbei nur um eine Konkretisierung der Verfassungslage handeln würde.

Die sinngemäße Anwendung der Strafprozeßordnung

Die in Art. 92 Abs. 3 HV angeordnete sinngemäße Anwendung der Vorschriften der Strafprozeßordnung für das Beweiserhebungsverfahren ist auslegungsfähig und gerade im Hinblick auf die möglichen Auswirkungen einer Untersuchung für Dritte, deren Verhalten selbst den Gegenstand der Überprüfung bildet, präzisierungsbedürftig.[196] Die Auslegung des Begriffes „sinngemäße Anwendung" bereitet seit jeher Schwierigkeiten, wie die unterschiedliche Interpretation durch das Bundesverfassungsgericht[197] einerseits und von *Schröer*[198] beispielhaft zeigt. Das Bundesverfassungsgericht hat ihn dahin interpretiert, daß Art und Umfang der Anwendung dem Sinn parlamentarischer Kontrolle durch einen Untersuchungsausschuß entsprechen sollen. Bezogen auf § 96 StPO hat es ausgeführt, daß dann, wenn die angeforderten Akten Dienstgeheimnisse enthielten, ohne deren Offenbarung dem Kontrollauftrag des Bundestages nicht genügt werden könne, die Bundesregierung den Untersuchungsausschuß in einer Weise zu unterstützen habe, die zugleich das Dienstgeheimnis nach Maßgabe dieser Vorschrift wahre. Das Bundesverfassungsgericht orientiert sich damit maßgeblich am Sinn und Zweck des Untersuchungsverfahrens und modifiziere, so der Vorwurf von *Schröer*, § 96 StPO nicht nur hinsichtlich seiner Voraussetzungen, sondern auch hinsichtlich seiner Rechtsfolgen. „Sinngemäß", so seine Kritik, bedeute aber „entsprechend", und eine entsprechende Anwendung führe nur zu einem Austausch von Tatbestandsmerkmalen, nicht zu einer Änderung von Rechtsfolgen einer Vorschrift. Die Meinungen über die Reichweite der „sinngemäßen Anwendung" gehen mithin weit auseinander. Eine gesetzliche Klarstellung wäre für alle Beteiligten eines Untersuchungsverfahrens aus Gründen der Rechtssicherheit anzustreben.

Unter einem weiteren Aspekt ist die Bestimmung des Umfangs der Verweisung in Art. 92 Abs. 3 HV wichtig, nämlich zur Feststellung dessen, welche Bereiche außerhalb des Beweiserhebungsverfahrens zum Untersuchungsverfahren gehören und damit für eine Regelung durch Geschäftsordnung nach Art. 92 Abs. 1 S. 4 HV offen sind. Der Hessische Verwaltungsgerichtshof hält die Frage der Rechtsstellung von Personen außerhalb des eigentlichen Beweiserhebungsverfahrens für

[196] Der 57. Deutsche Juristentag hat ohne Gegenstimmen vorgeschlagen, die Rechtsstellung des Betroffenen im Gesetz zu regeln, Beschluß Nr. 20, Sitzungsbericht, Bd. II, M 237, zitiert nach *Versteyl* in: *v. Münch/Kunig* (o. Fn. 129), Art. 44 Rn. 47; vgl. auch Abschlußbericht der Kommission der Landtagsdirektoren zum Recht der Untersuchungsausschüsse (o. Fn. 189); *Kretschmer*, Zur Organisationsgewalt des Deutschen Bundestages im parlamentarischen Bereich, ZParl 1986, 334, 342; ausführlich *Beckedorf*, Die Rechtsstellung des Betroffenen im parlamentarischen Untersuchungsverfahren, ZParl 1989, 35 ff.; *Achterberg* (o. Fn. 45), 697 ff.; siehe auch *Rupp-v. Brünneck/Konow*, in: *Zinn-Stein* (o. Fn. 1), Erl. 7 zu Art. 92.

[197] BVerfGE 67, 100, 133 f.

[198] Die Akteneinsicht durch Parlamentsausschüsse (einschließlich Kommunalausschüsse), DÖV 1986, 85 ff.

eine durch Geschäftsordnung regelbare Frage.[199] Hiernach bestünde eine verfassungsrechtliche Kompetenz zur Regelung eines Bereiches durch Geschäftsordnung, die Außenwirkung für Dritte hat. Eine solche Konsequenz dürfte mit der „Wesentlichkeitstheorie" des Bundesverfassungsgerichts[200] nur schwerlich zu vereinbaren sein.

Typenzwang oder Wahlfreiheit zwischen Geschäftsordnung und Gesetz?

Sprechen, wie erörtert, wichtige Gründe für eine gesetzliche Regelung des Untersuchungsverfahrens, so stellt sich die Frage, ob der Landtag hieran durch Art. 92 Abs. 1 S. 4 HV wegen des Geschäftsordnungsvorbehalts für das Verfahren der Untersuchungsausschüsse gehindert wäre. Die Frage, ob materielle Geschäftsordnungsangelegenheiten auch durch Gesetz geregelt werden können, sofern die Verfassung keinen Gesetzesvorbehalt für einen bestimmten parlamentarischen Organisations- und Verfahrensbereich aufweist, oder ob die Geschäftsordnungsautonomie, Art. 99 HV, zwingend die Regelung innerparlamentarischer Angelegenheiten in einer formellen Geschäftsordnung erfordert, ist nicht erst seit heute umstritten.[201] Bevor auf das Für und Wider dieses Streits eingangen wird, sollen kurz die Unterschiede zwischen beiden Regelungsinstrumenten genannt werden.

Vor- und Nachteile

Das Parlament als Geschäftsordnungsgeber und der Gesetzgeber sind nicht identisch. Die Landesregierung ist über ihr Initiativrecht, Art. 117 HV, ihr Recht zum Einspruch gegen ein vom Landtag beschlossenes Gesetz, Art. 119 Abs. 1 HV, und ihre Pflicht zur Ausfertigung und Verkündigung der Gesetze, Art. 120 HV, in den Gesetzgebungsprozeß einbezogen. Bei der Regelung durch Geschäftsordnung handelt es sich hingegen um ein vereinfachtes Rechtssetzungsverfahren durch das Parlament, ohne daß der Landesregierung ein Einfluß auf deren Erlaß oder ihr Inkrafttreten zukommt. Die Geschäftsordnung kann einfacher und schneller geändert oder aufgehoben werden und ist mit den Stimmen der Mehrheit der Mitglieder des Landtags im Einzelfall einer Abweichung zugänglich, § 115 GOHLT. Schließlich gilt die Geschäftsordnung nur für die Abgeordneten selbst und unterliegt nach h.M.[202] dem Grundsatz der Diskontinuität.[203]

Gründe für einen Typenzwang

Von den Verfechtern eines Typenzwangs werden die Ermächtigungen zum Erlaß einer Geschäftsordnung als zwingende Festschreibung auf die Form der Geschäfts-

---

[199] Vgl. HessVGH, Beschluß vom 29. Oktober 1995 – 11 TG 3617/95 –.
[200] Vgl. BVerfGE 49, 126 f.; 58, 268 ff.
[201] Vgl. *Haug* (o. Fn. 191), 47; *Kretschmer* (o. Fn. 196), 337.
[202] Mit guten Gründen dagegen: *Haug* (o. Fn. 191), 88 f.
[203] Vgl. zu den Vor- und Nachteilen *Kretschmer* (o. Fn. 196), 340; *Haug* (o. Fn. 191), 48.

ordnung verstanden.[204] Begründet wird dies u.a. mit dem Gedanken der Souveränität jedes neu gewählten Parlaments, das in der Ausübung seiner Geschäftsordnungsautonomie durch eine gesetzliche Regelung behindert werde, insbesondere wegen ihrer zeitlich unbeschränkten Dauer und ihrer erschwerten Abänderung. Die Geschäftsordnungsautonomie des Parlaments wird als Ausprägung des Grundsatzes der Gewaltenteilung gesehen, der im Grundgesetz zu einer Aufteilung von alleinigen und geteilten Zuständigkeiten der Verfassungsorgane geführt habe.[205] Diese Kompetenzaufteilung werde durch die Zulassung einer Wahlfreiheit zwischen Geschäftsordnung und Gesetz unterlaufen. Durch die Gewährleistung von Selbständigkeit bei der organinternen Arbeitsweise werde das gewaltenteilende Ineinandergreifen bei der Erledigung der Außenaufgaben sichergestellt. Diese nach außen gerichtete Kompetenzordnung würde ihrer gewaltenteilenden Wirkungskraft beraubt, könnte ein Organ durch Mitentscheidung über das Verfahren eines anderen Organs Einfluß auf dessen internen Willensbildungsprozeß nehmen.[206]

Gründe für eine Formwahlfreiheit

Für eine Formwahl werden Gründe der Rechtssicherheit und des Minderheitenschutzes genannt, der durch eine gesetzliche Regelung sogar besser gewährleistet werden könnte, weil einzelne Abweichungen nicht möglich seien und eine Änderung nicht so leicht wie bei einer geschäftsordnungsmäßigen Regelung vorgenommen werden könnte.[207] Gerade die Beziehungen zu Dritten, die wegen der fehlenden Bindungswirkung in einer Geschäftsordnung nicht wirksam geregelt werden könnten, erforderten eine Regelung von Organisations- und Verfahrensangelegenheiten mit „notwendiger oder gewollter Außenbindung" durch Gesetz.[208] Eine strikte Trennung von Geschäftsordnung und Gesetz gebe es ohnehin nicht, wie zahlreiche Fälle zeigten, in denen von der Sache her Parlamentsangelegenheiten durch Gesetz geregelt sind.[209] Entstehungsgeschichtlich sei die Geschäftsordnungsautonomie ein wichtiger Schritt hin zum Parlamentarismus gewesen, für das Grundgesetz stelle sie ein „verfassungssystematisches Minimum" dar;[210] die Ermächtigung zum Erlaß einer Geschäftsordnung erschöpfe sich bei Landesverfassungen darin, daß dem Parlament ein im Verhältnis zum Gesetzgebungsverfahren weniger umständliches

---

[204] Vgl. *Rupp-v. Brünneck/Konow*, in: *Zinn-Stein* (o. Fn. 1), Erl. 4b) zu Art. 99; Sondervotum *Mahrenholz*, BVerfGE 70, 366, 377; *Pietzcker*, Schichten des Parlamentsrechts: Verfassung, Gesetze und Geschäftsordnung, in: *Schneider/Zeh* (o. Fn. 5), § 10, Rn. 15, der eine Abweichung von der GO-Form nur bei Darlegung zwingender sachlicher Gründe für erwägenswert hält.

[205] Vgl. *Bollmann*, Verfassungsrechtliche Grundlagen und allgemeine verfassungsrechtliche Grenzen des Selbstorganisationsrechts des Bundestages, Beiträge zum Parlamentsrecht, Band 23, 1992, 143.

[206] Vgl. *Bollmann* (o. Fn. 205), 145.

[207] Vgl. *Kretschmer* (o. Fn. 196), 337 f.; *Schmidt* (o. Fn. 129), 239.

[208] *Kretschmer*, Geschäftsordnungen deutscher Volksvertretungen, in: *Schneider/Zeh* (o. Fn. 5), § 9 Rn. 41; *Bücker*, Das Parlamentsrecht in der Hierarchie der Rechtsnormen, ZParl 1986, 331 ff.

[209] Zu den zahlreichen Beispielen hierfür auf Bundesebene *Bücker* (o. Fn. 208), 326 ff.; *Schmidt* (o. Fn. 129), 239.

[210] Vgl. *Bücker* (o. Fn. 208), 332.

Verfahren und ein flexibleres Instrument zur Verfügung gestellt werde,[211] die Geschäftsordnungsautonomie sei in erster Linie als Verfahrenserleichterung zu begreifen.[212]

Die Rechtsprechung des Bundesverfassungsgerichts

In seinem Urteil vom 14. Januar 1986 hat das Bundesverfassungsgericht eine Formwahl des Bundestages unter drei Einschränkungen anerkannt. Danach ist eine gesetzliche Regelung möglich, „wenn das Gesetz und seine Aufhebung nicht der Zustimmung des Bundesrates bedarf, der Kern der Geschäftsordnungsautonomie nicht berührt wird und überdies gewichtige sachliche Gründe dafür sprechen, die Form des Gesetzes zu wählen“[213]. In seiner Begründung geht das Gericht auf die Entstehung der Geschäftsordnungsautomie ein, die vor allem dazu bestimmt gewesen sei, die Selbständigkeit des Parlaments gegenüber der – damals monarchischen – Exekutive zu sichern. Auch im parlamentarischen Regierungssystem des Grundgesetzes diene sie vor allem dem Schutz vor Gängelungsversuchen der Regierung. Sofern die Bundesregierung keine gewichtigen Einwirkungsmöglichkeiten auf das Verfahren und die Willensbildung des Bundestages erhalte, sei eine Regelung durch Gesetz unter den dann genannten Voraussetzungen möglich.[214]

Stellungnahme

Zutreffend ist die Feststellung, daß nicht ausnahmslos parlamentsinterne Verfahrens- und Organisationsangelegenheiten in der Geschäftsordnung geregelt werden. Abweichungen ergeben sich z.B. aufgrund entsprechender Gesetzesvorbehalte in der Hessischen Verfassung für die Nachprüfung der Gültigkeit einer Landtagswahl durch das Wahlprüfungsgericht in Art. 78 Abs. 4 HV und zur näheren Regelung u.a. der Erstattung von Reisekosten und Sitzungsgeldern der Abgeordneten in Art. 98 Abs. 3 HV. Auch wenn die Landesregierung gewisse Einflüsse auf das Gesetzgebungsverfahren hat, wird man diese Einwirkungsmöglichkeiten unter Zugrundelegung der Rechtsprechung des Bundesverfassungsgerichts als „nicht ins Gewicht fallend“[215] ansehen können, weil dessen ungeachtet ausschließlich der Landtag das zur Beschließung von Gesetzen berufene Organ ist und es in der Hand hat, gesetzlich geregelte parlamentarische Angelegenheiten in den Regelungsbereich der Geschäftsordnung zurückzuholen. Ob er von dieser Möglichkeit Gebrauch machen oder die „Macht des Faktischen“ ihn davon abhalten wird, ist eine andere, vor allem sein Selbstverständnis betreffende Frage. Hierauf ist auch gegenüber dem auf den ersten Blick plausiblen Argument, der Grundsatz der Ge-

[211] *Schmidt* (o. Fn. 129), 239.
[212] Vgl. *Haug* (o. Fn. 191), 51; *Kretschmer* (o. Fn. 196), 338.
[213] Vgl. BVerfGE 70, 324 (LS Nr. 6), 361.
[214] Vgl. BVerfGE 70, 324, 361.
[215] Vgl. BVerfGE 70, 324, 361.

waltenteilung spreche für einen Typenzwang,[216] hinzuweisen. Der Einfluß anderer Verfassungsorgane als der Landesregierung auf die Gesetzgebung des Hessischen Landtags ist, im Unterschied zum Bund, an dessen Gesetzgebung der Bundesrat beteiligt ist, nicht zu besorgen. Ob hieraus zu folgern sein wird, daß die Ermächtigung zum Erlaß einer Geschäftsordnung nach Art. 99 HV in erster Linie als Verfahrenserleichterung aufzufassen ist,[217] oder ob der These, es gebe grundsätzlich eine Wahlfreiheit zwischen Geschäftsordnung und Gesetz,[218] zuzustimmen ist, mag dahinstehen. Festzuhalten bleibt demgegenüber, daß es begründete Ausnahmefälle geben kann, die eine Regelung auch von Verfahrensregelungen des Parlaments in Gesetzesform rechtfertigen können. Die „gewichtigen sachlichen Gründe", die das Bundesverfassungsgericht fordert, sind für das hier in Rede stehende Untersuchungsverfahren in der Konkretisierung der Reichweite der Verweisung in Art. 92 Abs. 3 HV auf die „sinngemäße Anwendung" der Vorschriften der Strafprozeßordnung für das Beweiserhebungsverfahren und in der Drittwirkung gerade für die als „Betroffene" anzusehenden Personen zu sehen, die eine Regelung nicht nur als zulässig, sondern geradezu als „geboten" erscheinen lassen.[219] Dies ergibt sich aus dem Grundsatz des Vorbehalts des Gesetzes, den das Bundesverfassungsgericht aus Art. 20 Abs. 3 GG ableitet und dem zufolge der Gesetzgeber in allen wichtigen Lebensbereichen, insbesondere solchen, die Grundrechte der Bürger berühren, die grundlegenden und wesentlichen Entscheidungen selbst zu treffen hat.[220] Für den hessischen Gesetzgeber ist Art. 63 HV zu beachten,[221] wonach im Falle eines Gesetzesvorbehalts in der Verfassung die Beschränkung eines Grundrechts oder seine nähere Ausgestaltung das Grundrecht als solches nicht antasten darf, Art. 63 Abs. 1 HV. Gesetz in diesem Sinne ist nur eine vom Volk oder der Volksvertretung beschlossene Regelung, Art. 63 Abs. 2 S. 1 HV. Verordnungen, Hinweise im Gesetzestext auf ältere Regelungen sowie durch Auslegung allgemeiner gesetzlicher Ermächtigungen gewonnene Bestimmungen genügen nicht, Art. 63 Abs. 2 S. 2 HV. Art. 63 HV in Verbindung mit der Wesentlichkeitstheorie des Bundesverfassungsgerichts macht eine gesetzliche Regelung des Verfahrens von Untersuchungsausschüssen erforderlich, soweit Rechte Dritter berührt oder eingeschränkt bzw. Pflichten auferlegt werden. Wollte man hier einen Typenzwang annehmen, so würde die Hessische Verfassung das Parlament an der Erfüllung seiner Aufgaben, insbesondere an der Verwirklichung rechtsstaatlicher Prinzipien und der Einhaltung der Voraussetzungen des Art. 63 HV, sowie einer „Optimierung seiner Grundziele im parlamentarischen Bereich hindern"[222].

---

216 Vgl. *Bollmann* (o. Fn. 205), 143.

217 Vgl. *Schmidt* (o. Fn. 129), 239.

218 In diesem Sinne die Ausführungen von *Kretschmer* (o. Fn. 196), 339 f.

219 Vgl. *Bücker* (o. Fn. 208), 333.

220 BVerfGE 49, 126 f.; 58, 268 ff.

221 Zum Geltungsbereich dieser Bestimmung, insbesondere in Abgrenzung zu Art. 19 GG, vgl. *Stein*, in: *Zinn-Stein* (o. Fn. 1), Erl. 1 und 2 zu Art. 63; vgl. zur Beachtung der Grundrechte unabhängig von strafprozessualen Vorschriften durch den Untersuchungsausschuß BVerfGE 76, 363, 388.

222 Vgl. diese Schlußfolgerung von *Kretschmer* für das GG (o. Fn. 196), 338.

V. Informationsgleichgewicht

1. Die Regelungen im Hessischen Datenschutzgesetz (HDSG)

a) Informationsgleichgewicht als Aufgabe des HDSG

Bereits das weltweit erste, das Hessische Datenschutzgesetz vom 7. Oktober 1970,[223] sah neben dem Schutz persönlicher Daten auch das Streben nach einem Informationsgleichgewicht als Aufgabe des Gesetzes vor. Hintergrund für diese zweifache Konzeption, die eine Besonderheit gegenüber dem Datenschutzgesetz des Bundes und vielen anderen Landesgesetzen ist,[224] waren Befürchtungen, die Exekutive könnte im Zusammenhang mit der Einführung der automatischen Datenverarbeitung und dem Aufbau von Großrechenzentren einen das Gewaltenteilungsprinzip beeinträchtigenden Informationsvorsprung gegenüber dem Parlament erlangen.[225] Mit dem Einfluß der automatisierten Datenverarbeitung auf das Verhältnis zwischen den Verfassungsorganen hat sich 1974 der erste Datenschutzbeauftragte, Willi Birkelbach, beschäftigt[226] und insbesondere die Auswirkungen im Bereich der staatlichen Planung erörtert. Er befürchtete eine „technokratische Aushöhlung des Parlamentarismus"[227] und sah die Gefahr, daß das Parlament zunehmend zu einem Organ zur „Vermittlung von Legalität für das Regierungshandeln" werden könnte.[228] Der Gesetzentwurf der Landesregierung zur Novellierung des Datenschutzgesetzes von 1970,[229] die notwendig geworden war, um die hessische Regelung dem zwischenzeitlich in Kraft getretenen Bundesdatenschutzgesetz anzupassen, verzichtete auf die Formulierung des Informationsgleichgewichts als Aufgabe des Gesetzes. Hiergegen waren erhebliche Bedenken, nicht nur vom damaligen Datenschutzbeauftragten,[230] sondern auch vom Landesverband Hessen des Deutschen Richterbundes vorgetragen worden.[231] Letztlich wurde das Postulat des Informationsgleichgewichts in § 1 des Gesetzes als Aufgabe beibehalten.

In § 1 Nr. 2 HDSG vom 11.11.1986[232] wird die Bewahrung eines Informationsgleichgewichts als Aufgabe, „das auf dem Grundsatz der Gewaltenteilung beruhende verfassungsmäßige Gefüge des Staates, insbesondere der Verfassungsorgane

---

223 GVBl. I S. 625.

224 Außer in Hessen enthält z.B. § 2 des Gesetzes über die Organisation der automatischen Datenverarbeitung in Nordrhein-Westfalen vom 9. Januar 1985, GVBl. NW S. 41, eine ähnliche Bestimmung, vgl. auch *Burkholz* (o. Fn. 129), 208, Fn. 22.

225 Vgl. *Simitis*, in: *Meyer/Stolleis* (o. Fn. 15), 147; *Demke/Schild*, Hessisches Datenschutzgesetz (HDSG), Kommentar, 1989, Stand: Februar 1996, § 1 Rn. 17.

226 *Birkelbach* (o. Fn. 4).

227 *Birkelbach* (o. Fn. 4), 328.

228 *Birkelbach* (o. Fn. 4), 330.

229 LT-Drucks. 8/4745.

230 Vgl. Tätigkeitsbericht des Hessischen Datenschutzbeauftragten vom 10. März 1977, LT-Drucks. 8/3962.

231 Vgl. Protokoll über die Anhörung im Ausschuß für elektronische Datenverarbeitung am 21.11.1977, DVA/21/8.

232 O. Fn. 141.

des Landes und der Organe der kommunalen Selbstverwaltung untereinander und zueinander vor einer Gefährdung infolge der automatisierten Datenverarbeitung zu bewahren", beschrieben. Diesem Ziel dienen neben einem Auskunftsanspruch und dem direkten Zugriff auf Daten nach § 38 Abs. 1 HDSG die Verpflichtung, Auskünfte vertraulich zu behandeln,[233] die Aufgabe des Datenschutzbeauftragten, besonders darauf zu achten, ob sich die automatisierte Datenverarbeitung auf das Verhältnis des Parlaments zur Regierung im Hinblick auf eine Verschiebung der Gewaltenteilung auswirkt, und in diesem Fall erforderliche Gegenmaßnahmen vorzuschlagen, § 24 Abs. 2 HDSG, sowie die durch den Datenschutzbeauftragten vorzunehmende Prüfung der Ursachen für eine unterbliebene oder unvollständige Auskunftserteilung.[234] Hier soll nur kurz auf die spezifischen Informationsbefugnisse des Landtags nach § 38 Abs. 1 HDSG eingegangen werden.

b) Der Auskunftsanspruch nach § 38 HDSG

„Die Exekutive kann damit durch den Betrieb von Datenverarbeitungsanlagen nicht mehr einen Informationsvorsprung vor den parlamentarischen Organen erlangen"[235].

Der Auskunftsanspruch des Landtags, des Präsidenten und der Fraktionen des Hessischen Landtags nach § 38 Abs. 1 HDSG gegenüber der Hessischen Zentrale für Datenverarbeitung (HZD), den Kommunalen Gebietsrechenzentren (KGRZ) sowie anderen Landesbehörden, die automatische Datenverarbeitung betreiben, bezieht sich nicht auf persönliche Daten und ist vorbehaltlich eines entgegenstehenden gesetzlichen Verbots oder öffentlichen Interesses gegeben, wobei zugunsten des Auskunftsanspruchs des Hessischen Landtags eine widerlegbare Vermutung gilt, daß ihm öffentliche Interessen nicht entgegenstehen. Schließlich besteht der Anspruch nur insoweit, als Programme zur Auswertung vorhanden sind; d.h. der Landtag kann nicht verlangen, daß Programme zur Auswertung der gewünschten Informationen erstellt werden.[236] § 38 Abs. 2 HDSG bestimmt, daß der Landtag von der Landesregierung Auskunft über die bestehenden Dateien verlangen kann. In Nr. 1 bis 5 ist aufgezählt, auf welche Angaben sich dieser Anspruch im einzelnen erstreckt.

---

[233] § 4 HDSG erfordert grundsätzlich, daß die verarbeitende Stelle den Auftraggeber vor einer Datenweitergabe unterrichtet, der dann als „Herr der Daten" eine entsprechende Weisung zur Weitergabe erteilt. Dadurch, daß der Landtag, der Präsident des Hessischen Landtags und die Fraktionen aber direkt einen Auskunftsanspruch gegen die Hessische Zentrale für Datenverarbeitung haben, bedarf es dieser Rückkopplung nicht. Die Exekutive soll gerade keinen Einfluß auf den Inhalt einer erwünschten Auskunft haben, vgl. *Nungesser*, Hessisches Datenschutzgesetz, Kommentar, 1988, Erl. 5 zu § 38 HDSG.

[234] Vgl. *Simitis*, in: *Meyer/Stolleis* (o. Fn. 15), 147 f.

[235] Dieser Satz ist der Begründung zum Auskunftsanspruch im Datenschutzgesetz von 1970 (o. Fn. 223) entnommen.

[236] Vgl. *Nungesser* (o. Fn. 233), Erl. 4 zu § 38.

c) Der Zugriff auf Daten nach § 38 HDSG

Gemäß § 38 Abs. 1 S. 4 HDSG 1986 hat der Landtag „Zugriff auf die Daten". Die Entstehung dieses Zugriffsrechts geht auf die Beratungen anläßlich der erwähnten Novellierung des Datenschutzgesetzes zurück, die 1977 in Angriff genommen worden war. Nach erheblicher Kritik wurde nicht nur das Informationsgleichgewicht als Aufgabe des Gesetzes in § 1 Abs. 2 HDSG 1978[237] geregelt, sondern, quasi nebenbei, auch ein Zugriffsrecht auf Daten statuiert, das im Regierungsentwurf[238] nicht vorgesehen war. Dieses Zugriffsrecht wurde aufgrund eines Änderungsantrages[239] normiert und in der 2. Lesung einhellig begrüßt.[240] Der Abgeordnete Klocksin äußerte sich hierzu wie folgt: „Aber als Gesetzgeber und Kontrolle der Regierung haben wir das Recht und die Pflicht, allgemeine Daten für die eigene politische Arbeit erhalten und verwerten zu können"[241]. Betont wurde ferner, wie wichtig eine Beteiligung des Parlaments am Aufbau von informationsverarbeitenden Systemen sei. Die Relationen zwischen dem Informationsbedarf des Landtags und seiner Organe und den Informationsquellen seien so zu regeln, daß die Abgeordneten schneller und vollständiger mit den für ihre Arbeit erforderlichen Daten ausgestattet würden.[242] Auch aus den übrigen Wortbeiträgen zur damaligen Debatte ist deutlich herauszuhören, daß es als selbstverständlich angesehen wurde, dem Landtag dieses Zugriffsrecht zuzugestehen, damit dieser seine parlamentarischen Aufgaben, insbesondere im Bereich der Gesetzgebung und der Kontrolle der Regierung, erfüllen könne. Begründet wird dies vor allem mit dem Hinweis auf die Gewaltenteilung und dem gleichgewichtigen Verhältnis der Verfassungsorgane zueinander, das eine Balance auch der Informationen für die jeweiligen Aufgaben erfordere.

Verfassungsrechtliche Bedenken hiergegen wurden von keiner Seite geäußert.

Wie der Hessische Datenschutzbeauftragte in seinem 14. Tätigkeitsbericht[243] feststellte, werden die nach § 38 HDSG eingeräumten Informationsmöglichkeiten in der Praxis von den Abgeordneten nur wenig genutzt. Die Intensität, mit der damals die Diskussion geführt worden sei, stehe in keinem Verhältnis zu ihrem Ergebnis. Es bereite technisch keine Schwierigkeiten, den Abgeordneten Zugang zu den verschiedensten automatisierten Fachinformationssystemen, von denen es vor allem im naturwissenschaftlichen Bereich eine ganze Reihe gebe, zu verschaffen. Entscheidend sei aber der direkte Zugang zu parlamentsspezifischen Informationen, die von der Verwaltung verarbeitet würden, da die Interessen der Abgeordneten primär auf solche Daten gerichtet seien.[244]

---

237 GVBl. I S. 96.
238 O. Fn. 229.
239 LT-Drucks. 8/5368.
240 Sten. Ber. der 70. Sitzung, 8. Wahlperiode, 4249 ff.
241 Sten.Ber. (o. Fn. 240), 4258.
242 Sten.Ber. (o. Fn. 240), 4260.
243 14. Tätigkeitsbericht des Hessischen Datenschutzbeauftragten vom 31. Dezember 1985, 180 ff.
244 O. Fn. 243, 181.

Fraglich ist, ob ein Direktzugriff auf Datenbänke der Regierung, wie er derzeit in § 38 Abs. 1 S. 4 HDSG geregelt ist, überhaupt und die Weitergabe parlamentsspezifischer Daten in einer möglichen zukünftigen Regelung zulässig wäre.

2. *Vereinbarkeit eines Direktzugriffs auf Datenbanken der Regierung mit der Hessischen Verfassung?*

Es ist seit langem streitig, ob ein Zugriffsrecht des Parlaments auf Datenbanken der Regierung aus dem parlamentarischen Informationsrecht abgeleitet werden kann.[245]

Grundsätzlich wird eine Systematisierung der Informations- und Kontrollrechte nach der Unterscheidung „Fremdinformation" und „Selbstinformation" vorgenommen. Zu den ersteren sind als Auskunftsrechte das Zitierrecht nach Art. 91 HV, das Petitionsrecht, Art. 94 HV, sowie die parlamentarischen Fragerechte zu zählen, während die Befugnisse des Parlaments bei Untersuchungen nach Art. 92 HV die Möglichkeit beinhalten, Informationen selbst zu erlangen. Dieses Recht zur selbständigen Informationserlangung bedeutet im Gefüge der ausdrücklich in der Verfassung geregelten Kontrollmöglichkeiten eine Ausnahme.[246] Der direkte Zugriff auf Datenbanken der Regierung stellt sich danach als Durchbrechung dieses Regel-Ausnahmeverhältnisses von Fremd- und Selbstinformationsrechten dar. Hieraus wird überwiegend der Schluß gezogen, daß jede andere Möglichkeit des Parlaments, sich selbst Informationen zu beschaffen, mit der Verfassung nicht vereinbar sei.[247] Der Direktzugriff auf Datenbestände der Regierung wird als verfassungswidrige „Kreation eines Selbstinformationsrechts" aufgefaßt.[248] Hintergrund für diese Ansicht ist die Orientierung an ausdrücklich geregelten parlamentarischen Kontrollbefugnissen und die Ableitung der Fragerechte aus Art. 43 GG bzw. Art. 91 HV, die eben nur einen Anspruch auf Fremdinformation gewähren. Deutlich wird dies beispielsweise an der Argumentation von *Schnapp*, der ausführlich in Abrede stellt, daß den Parlamenten „an sich" ein Zugriffsrecht auf Daten aufgrund ihrer Stellung im Gefüge der Staatsfunktionen zukomme, um dann letztlich die Regelung eines Direktzugriffs auf in der Landesdatenbank gespeicherte Daten nach § 3 Abs. 2 ADVG NW für unproblematisch zu halten, weil dort nur allgemein zugängliche Daten gespeichert seien, es sich deshalb nicht um ein „Sonderrecht" des Parlaments handele.[249] Letztlich wird damit die von ihm aus grundsätzlichen Erwägungen kritisierte Empfehlung der Präsidenten der deutschen Landesparlamente unterstützt,

---

[245] *Dobiey* (o. Fn. 26).

[246] Vgl. zur Einteilung der Informations- und Kontrollrechte *Achterberg* (o. Fn. 45), 434; *Magiera* (o. Fn. 5), § 52 Rn. 29, 57 ff.; *Steffani* (o. Fn. 63), Rn. 23.

[247] Vgl. *Schröder* in: BK (o. Fn. 58), Art. 43 Rn. 19 m.w.N.; *Schnapp*, Der On-line-Zugriff des Parlaments auf Datenbestände der Regierung, NWVBl 1990, 186, 190.

[248] *Schnapp* (o. Fn. 247).

[249] Vgl. *Schnapp* (o. Fn. 247), 190.

die für rechtlich bedenklich nur einen Zugriff auf andere als Basisdaten oder solche allgemeiner Statistik halten.[250]

Der Charakter eines Informations- als Selbstinformationsrecht hängt aber nicht davon ab, ob auf allgemeine oder etwa persönliche Daten zugegriffen wird, sondern davon, ob ein Parlament Informationen bei der Regierung erfragen muß oder diese selbständig abrufen kann.

Die Qualifizierung eines Zugriffsrechts auf Datenbestände der Regierung als Selbstinformation bedeutet nach der hier vorgenommenen Ableitung des allgemeinen Frage- und Informationsrechts aus der dem parlamentarischen Regierungssystem immanenten Funktion parlamentarischer Kontrolle, in Verbindung mit dem Statusrecht des Abgeordneten und vor dem Hintergrund der Rechtsprechung des Bundesverfassungsgerichts, daß parlamentarische Kontrolle „wirksam" ausgestaltet sein müsse,[251] kein Indiz für seine verfassungsrechtliche Unzulässigkeit. Die Bedeutung, die der Kontrollfunktion im parlamentarischen Regierungssystem zukommt, würde verkannt, wäre sie nur ausübbar mittels der ausdrücklich in der Verfassung geregelten Kontrollbefugnisse. Diese Orientierung an normierten „Rechten" und korrespondierenden „Pflichten" geht auf eine Anleihe bei privatrechtlichen Begrifflichkeiten zurück, die für das Staatsrecht nicht ohne weiteres übernommen werden können.[252] Die explizit oder aus dem Zusammenhang der Verfassung sich ergebenden Zuständigkeiten eines Verfassungsorgans sind nicht subjektiven Rechten vergleichbar. Verfassungsorgane sind Willensträger der einen Staatsgewalt, die ihre Kompetenzen im Interesse des Gemeinwohls wahrzunehmen haben.[253] Das bedeutet: Diese Kompetenzen sind grundsätzlich zu respektieren. Erst dann, wenn beispielsweise ein parlamentarisches Auskunftsverlangen die verfassungsrechtlich geschützte Sphäre Dritter, etwa deren Recht auf informationelle Selbstbestimmung,[254] oder den Kernbereich der Zuständigkeiten anderer Verfassungsorgane[255] betrifft, stellt sich die Frage nach den Grenzen für die Ausübung der eigenen Kompetenzen. Entscheidend ist somit, inwieweit die Wahrnehmung der parlamentarischen Kontrollkompetenz im Wege der eigenständigen Informationsbeschaffung den zu respektierenden Zuständigkeitsbereich der Landesregierung berührt. Damit erweist sich die Vereinbarkeit mit dem Gewaltenteilungsprinzip als entscheidendes Kriterium.[256] Zum vor Übergriffen anderer Staatsgewalten geschützten Kernbereich der Regierung gehört ein unantastbarer Handlungs- und Initiativbereich zur Ausübung der exekutiven Aufgaben im Bereich der politischen Willensbildung und Gestaltung.[257] Die Frage der Zulässigkeit eines Direktzugriffs auf Datenbanken der Regierung wird differenzierend danach zu beurteilen sein, um

---

250 Vgl. Landtag intern vom 10.10.1989, S. 16, zitiert nach *Schnapp* (o. Fn. 247), 186, Fn. 1.

251 Vgl. BVerfGE 70, 100, 130.

252 *Bodenheim* (o. Fn. 54), 43 ff.

253 *Bodenheim* (o. Fn. 54), 44.

254 Hierzu ausführlich *Burkholz* (o. Fn. 129).

255 Zum Kernbereich der Exekutive ausführlich *Busse* (o. Fn. 5).

256 Vgl. *Leister*, Grenzen eines Direktzugriffs des Parlaments auf Datenbanken der Regierung und anderer Hoheitsträger, ZRP 1989, 212.

257 Vgl. nur *Leister* (o. Fn. 256), 213.

welche Daten es sich handelt und ob ihre Weitergabe den Kernbereich exekutiver Eigenverantwortung tangiert,[258] was für den Zugriff auf statistische, also Basisdaten, und Fachinformationen grundsätzlich ausgeschlossen ist, weil hier noch keinerlei politische Verwertung stattgefunden hat, an die sich exekutive Verantwortung anknüpfen könnte.[259]

Schlußbemerkung

Es besteht nach 50 Jahren Geltung der Hessischen Verfassung ausreichend Anlaß, über das Verhältnis zwischen Hessischem Landtag und Landesregierung nachzudenken und Überlegungen anzustellen, wie dem gedachten Modell der Machtbalance zu mehr Wirksamkeit verholfen werden könnte. Wegen des inneren Zusammenhangs des nach dem HDSG anzustrebenden Informationsgleichgewichts mit dem Grundsatz der Gewaltenteilung wäre eine Verankerung dieses Postulats im Rahmen einer Verfassungsreform in der HV selbst zu begrüßen. Impulse in diese Richtung könnten von einer Enquête-Kommission zum Thema „Künftige Aufgaben des Hessischen Landtags an der Wende zum 21. Jahrhundert" ausgehen, falls diese, wie beantragt,[260] eingesetzt würde. Im Interesse einer konstruktiven Auseinandersetzung über die Rolle des Landtags wäre zu wünschen, daß sich alle Fraktionen mit diesem Thema, unabhängig vom politischen Tagesgeschehen und über Parteigrenzen hinweg, befaßten. Den Diskussionsbedarf hieran aufzuzeigen und die eine oder andere problematische Frage anzusprechen und zu Lösungen anzuregen, war das Anliegen dieses Beitrages.

---

[258] Grundlegend *Dobiey* (o. Fn. 26), 323 f.; *Birkelbach* (o. Fn. 4); vgl. *Busse* (o. Fn. 5), 54; *Leister* (o. Fn. 256), 213.

[259] Vgl. *Dobiey* (o. Fn. 26), 323.

[260] LT-Drucks. 14/2196.

REINHARD HENDLER

Der Selbstverwaltungsgedanke in der Verfassung des Landes Hessen

I. Zur historischen Entwicklung der Selbstverwaltung

Es gehört zu den besonderen Merkmalen der deutschen Staats- und Verwaltungsorganisation, daß sie traditionell zu einem beachtlichen Teil auf Selbstverwaltungsinstitutionen beruht. Der Kreis dieser Institutionen umfaßt in Deutschland gegenwärtig sowohl die Gemeinden und Gemeindeverbände als auch die Universitäten, die Rundfunkanstalten, die wirtschaftlichen und berufsständischen Kammern, die (meisten) Studentenwerke, die Wasser- und Bodenverbände sowie – neben zahlreichen weiteren Einrichtungen – die Sozialversicherungsträger.

Die moderne Selbstverwaltung verkörpert in Deutschland eine freiheitliche Traditionslinie in der neuzeitlichen Entwicklung der über weite Strecken durch autoritäre Strukturen geprägten Staats- und Verwaltungsorganisation. Aus historischer Sicht erweist sie sich als ein Produkt der preußischen Reformzeit zu Beginn des 19. Jahrhunderts. Ihr Geburtsakt vollzog sich – wie ohne historische Vereinfachung festgestellt werden kann – mit dem Erlaß der preußischen Städteordnung vom 19. November 1808,[1] die im wesentlichen ein Werk des *Freiherrn vom Stein* darstellt und deshalb auch kurz als „Steinsche Städteordnung“ bezeichnet wird. Vom kommunalen Ursprungsort ausgehend hat der Selbstverwaltungsgedanke noch während des 19. Jahrhunderts etliche weitere Lebensbereiche erfaßt, darunter auch den ökonomischen, den akademischen sowie den sozialversicherungsrechtlichen Bereich.[2]

Zwar wiesen die im Verlauf des 19. Jahrhunderts entstandenen öffentlichrechtlichen Einrichtungen, mit denen allmählich der Selbstverwaltungsbegriff verbunden wurde (Gemeinden, Handelskammern, Universitäten, Wassergenossenschaften, Krankenkassen, Berufsgenossenschaften, Versicherungsanstalten etc.), häufig ältere Vorbilder auf. Erinnert sei in diesem Zusammenhang vor allem an die mittelalterlichen Formen der Städte- und Universitätsfreiheit. Doch waren die neuen bzw. neugestalteten Einrichtungen nicht einfache Fortsetzungen überlieferter Organisationsstrukturen, da sie in einem grundlegend veränderten gesellschaftlichen, politischen und staatsrechtlichen Kontext standen. Die modernen Selbstverwaltungs-

---

[1] Abgedruckt unter anderem in: *Christian Engeli/Wolfgang Haus* (Bearb.), Quellen zum modernen Gemeindeverfassungsrecht in Deutschland, 1975, S. 104 ff.

[2] Ausführlich zur historischen Entwicklung der modernen Selbstverwaltung aus institutionsgeschichtlicher Sicht *Reinhard Hendler*, Selbstverwaltung als Ordnungsprinzip, 1984, S. 7 ff., 70 ff.

einrichtungen waren vielmehr gegenüber etwaigen historischen Vorläufern durch einen neuen Existenzsinn und gewandelte Funktionen gekennzeichnet.

Während die ersten institutionsrechtlichen Neuerungen im Sinne moderner Selbstverwaltung bereits zu Beginn des 19. Jahrhunderts stattfanden, setzte die wissenschaftlich-theoretische Aufarbeitung des Selbstverwaltungsphänomens erst in der zweiten Jahrhunderthälfte ein. Insoweit sind zunächst die Arbeiten *Lorenz von Steins* und *Rudolf von Gneists* zu nennen.[3] Im weiteren hat hier auch die Genossenschaftslehre *Otto von Gierkes* wesentliche Impulse geliefert.[4] Hervorzuheben ist, daß alle drei Autoren das Partizipationsprinzip besonders betonten. Übereinstimmend rückten sie den Gedanken, die Bürger an der Aufgabenerfüllung der öffentlichen Verwaltung vermehrt zu beteiligen, in den Mittelpunkt ihrer – im übrigen recht unterschiedlichen – Selbstverwaltungsüberlegungen. Damit knüpften sie an die Reformvorstellungen des *Freiherrn vom Stein*[5] an, die für die preußische Städteordnung von 1808 bestimmend waren. *Steins* politisches Erneuerungskonzept zielte vor allem auf die stärkere Einbeziehung der Gesellschaft („Nation") in die hoheitliche Wahrnehmung der öffentlichen Angelegenheiten. Sein Anliegen bestand darin, der „Nation selbst einen Anteil an der Verwaltung zu geben"[6].

Die partizipatorische Zielrichtung der ursprünglichen Selbstverwaltungsidee wurde erst durch die rechtspositivistische Dogmatik des ausgehenden 19. Jahrhunderts zurückgedrängt. Die rechtswissenschaftlichen Bestrebungen gingen in dieser Zeit zunehmend dahin, eine streng juristische Selbstverwaltungslehre zu entwickeln. Hierbei traf *Heinrich Rosin*, der entsprechende Ansätze *Paul Labands* aufgriff und systematisch fortentwickelte, eine ebenso tiefgreifende wie zukunftsträchtige Unterscheidung. Denn er trennte die Selbstverwaltung im juristischen Sinn konsequent von der Selbstverwaltung im politischen Sinn[7]. Der juristische Selbstverwaltungsbegriff wurde in diesem Zusammenhang zu einer rein formalen Kategorie geformt. Er bezog sich nach der Definition von *Rosin* lediglich auf „die Anerkennung eines

---

[3] Näher zu den Selbstverwaltungskonzeptionen der beiden Autoren *Hendler* (Fn. 2), S. 50 ff. bzw. 57 ff.

[4] Vgl. dazu *Jörg-Detlef Kühne*, Die Bedeutung der Genossenschaftslehre für die moderne Verfassung, ZParl. 1984, S. 552 ff.; *Heinrich Heffter*, Die deutsche Selbstverwalung im 19. Jahrhundert, 2. Aufl. 1969, S. 626 ff.; *Karl-Jürgen Bieback*, Die öffentliche Körperschaft, 1976, S. 433 ff.; *Hendler* (Fn. 2), S. 64 ff.

[5] Näheres dazu bei *Dieter Schwab*, Die „Selbstverwaltungsidee" des Freiherrn vom Stein und ihre geistigen Grundlagen, 1971; *Gerhard Ritter*, Stein. Eine politische Biographie, 4. Aufl. 1981, S. 182 ff.; *Georg-Christoph von Unruh*, Die Veränderungen der Preußischen Staatsverfassung durch Sozial- und Verwaltungsreformen, in: *Kurt G. A. Jeserich/Hans Pohl/Georg-Christoph von Unruh* (Hrsg.), Deutsche Verwaltungsgeschichte, Bd. II, 1983, S. 399 (402 ff.); *Klaus Lange*, Die Entwicklung des kommunalen Selbstverwaltungsgedankens und seine Bedeutung in der Gegenwart, in: *Hans Schneider/Volkmar Götz* (Hrsg.). Im Dienst an Recht und Staat. Festschrift für Werner Weber zum 70. Geburtstag, 1974, S. 851 (852 ff.); *Hendler* (Fn. 2), S. 8 ff.

[6] *Freiherr vom Stein*, Schreiben an Minister Schroetter vom 27.6.1808, in: *Freiherr vom Stein*. Briefe und amtliche Schriften, bearb. von *Erich Botzenhart*, neu hrsg. von *Walther Hubatsch*, Bd. II/2. Teil (neu bearb. von *Peter G. Thielen)*, 1960, Nr. 729, S. 764. Besonders aufschlußreich für die Steinschen Reformvorstellungen ist die sog. Nassauer Denkschrift vom Juni 1807 („Über die zweckmäßige Bildung der obersten und der Provinzial-, Finanz- und Polizei-Behörden in der preußischen Monarchie", a.a.O., Bd. II, 1. Teil (neu bearb. von *Peter G. Thielen)*, 1959, Nr. 354.

[7] *Heinrich Rosin*, Souveränität, Staat, Gemeinde, Selbstverwaltung, Annalen des Deutschen Reichs 1883, S. 265 (319 f.).

untergeordneten Gemeinwesens durch das übergeordnete als verwaltende Rechtspersönlichkeit"[8]. Die binnenstrukturelle Ausgestaltung des „Selbstverwaltungskörpers" und damit der Gesichtspunkt der bürgerschaftlichen Beteiligung an den administrativen Geschäften erwies sich als völlig unbeachtlich.[9] Das partizipatorische Element wurde vollständig in den politischen Selbstverwaltungsbegriff abgedrängt. Die Folge davon ist die bis zur Gegenwart fortwirkende Isolierung des Rechtsbegriffs der Selbstverwaltung von den partizipationspolitischen Intentionen der ursprünglichen Selbstverwaltungsidee.

In der Weimarer Epoche wandte sich die wissenschaftliche Aufmerksamkeit insbesondere der Frage der wirtschaftlichen Selbstverwaltung zu, wobei vielfach eine sachliche Verknüpfung mit Konzepten der Gemeinwirtschaft und der Wirtschaftsdemokratie erfolgte.[10] Ferner ist hier vor allem auf die Entwicklung der Rechtsfigur der institutionellen Garantie durch *Carl Schmitt* hinzuweisen.[11] Diese Rechtsfigur hat für das Verständnis verfassungsrechtlicher Gewährleistungen kommunaler Selbstverwaltung wesentliche Bedeutung erlangt.[12] Im übrigen ist zur Weimarer Epoche anzumerken, daß es in dieser Zeit nicht gelang, Einigkeit über den Selbstverwaltungsbegriff zu erzielen.

Während der auf die Weimarer Epoche folgenden Phase der nationalsozialistischen Diktatur wurde die überkommene Selbstverwaltung in allen administrativen Bereichen, in denen sie sich seit dem 19. Jahrhundert in mehr oder minder ausgeprägter Form etabliert hatte, beseitigt. Sie vertrug sich offensichtlich nicht mit den ausgedehnten Zentralisierungs- und Gleichschaltungsbedürfnissen des totalitären Führerstaats. Gleichwohl wurden auch unter den Herrschaftsbedingungen des Totalitarismus bestimmte Institutionen weiterhin als Selbstverwaltungseinrichtungen bezeichnet. Doch wiesen die betreffenden Institutionen Organisationsstrukturen auf, die in krassem Widerspruch zu den partizipatorisch-freiheitlichen Gehalten der ursprünglichen politischen Idee der Selbstverwaltung standen. Die Wissenschaft übernahm in diesem Zusammenhang eine Rechtfertigungsfunktion. Denn sie befaßte sich vornehmlich damit, den Selbstverwaltungsbegriff so zu formen, daß er auf diejenigen Institutionen, für die ihn der totalitäre Staat vorgesehen hatte, auch anwendbar war. Zusammenfassend kann daher festgestellt werden, daß die Zeit des Nationalsozialismus für die Selbstverwaltung institutionsrechtlich verhängnisvoll und theoretisch völlig unergiebig gewesen ist.[13]

---

[8] *Heinrich Rosin*, Das Recht der öffentlichen Genossenschaft, 1886, S. 102 Fn. 4. Angemerkt sei, daß die ursprüngliche Definition des Autors (oben Fn. 7, S. 309) etwas anders gefaßt war.

[9] *Rosin* (Fn. 7), S. 312.

[10] Vgl. zu dieser Thematik im näheren *Hendler* (Fn. 2), S. 155 ff.

[11] *Carl Schmitt*, Verfassungslehre, 1928, S. 170 ff.; ders., Freiheitsrechte und institutionelle Garantien der Reichsverfassung (1931), in: ders., Verfassungsrechtliche Aufsätze aus den Jahren 1924–1954, Materialien zu einer Verfassungslehre, 1958, S. 140 (143 ff.).

[12] Vgl. aus dem neueren Schrifttum neben anderen *Klaus Stern*, Das Staatsrecht der Bundesrepublik Deutschland, Bd. I, 2. Aufl. 1984, S. 408 ff.; *Hans J. Wolff/Otto Bachof/Rolf Stober*, Verwaltungsrecht II, 5. Aufl. 1987, S. 81 ff. (Rdnrn. 156 ff.); *Theodor Maunz/Reinhold Zippelius*, Deutsches Staatsrecht, 29. Aufl. 1994, S. 120.

[13] Näheres dazu bei *Hendler* (Fn. 2), S. 173 ff.

II. Begriff der Selbstverwaltung

Heute besteht in der Staats- und Verwaltungsrechtslehre ein einheitliches Selbstverwaltungsverständnis ebensowenig wie in früherer Zeit. Bevor den Selbstverwaltungsregelungen in der Verfassung des Landes Hessen näher nachgegangen wird, empfiehlt es sich, zunächst über die zentralen Merkmale der Selbstverwaltung Klarheit zu gewinnen. Stellt man auf die politische Idee und die historische Entwicklung der modernen Selbstverwaltung in Deutschland ab, so bietet sich aus juristischer Sicht folgende Begriffsbestimmung an: Bei der Selbstverwaltung handelt es sich um öffentlichrechtliche Organisationseinheiten, die gegenüber dem staatsunmittelbaren Behördensystem institutionell verselbständigt, aber gleichwohl dem Staatsverband eingegliedert sind und sich dadurch auszeichnen, daß bestimmte öffentliche Angelegenheiten von den davon besonders berührten Personen, den Betroffenen, eigenverantwortlich (d.h. höchstens unter staatlicher Rechtsaufsicht) verwaltet werden.[14]

Die Selbstverwaltung weist hiernach drei konstitutive Merkmale auf, und zwar das Merkmal der öffentlichrechtlichen Rechtsform, das Merkmal der eigenverantwortlichen Aufgabenerfüllung (Staatsdistanzprinzip) sowie das Merkmal der Betroffenenmitwirkung (Partizipationsprinzip). Dagegen ist die ehrenamtliche Tätigkeit in den Selbstverwaltungsinstitutionen – mag sie auch verwaltungspolitisch höchst erwünscht sein und vielfach in eindrucksvoller Weise praktiziert werden – nicht begriffswesentlich. Es kommt vielmehr darauf an, daß den Betroffenen die rechtliche Befugnis zusteht, die administrative Aufgabenerfüllung der jeweiligen öffentlichrechtlichen Organisationseinheit (gegebenenfalls über bestimmte Vertretungsmechanismen) zu steuern. Hebt man diesen Gesichtspunkt hervor, so erweist es sich im übrigen auch als unerheblich, ob die betreffende Organisationseinheit körperschaftlich, anstaltlich oder stiftungsrechtlich verfaßt ist.[15]

Zu den Selbstverwaltungsinstitutionen gehören auf der Grundlage der vorstehenden Definition nur solche Organisationseinheiten, die eine *öffentlichrechtliche Rechtsform* aufweisen. Allerdings wird der Selbstverwaltungsbegriff nicht selten auch auf privatrechtliche Einrichtungen erstreckt.[16] Dem ist jedoch zunächst ein historischer Gesichtspunkt entgegenzuhalten. Denn ungeachtet des Umstands, daß sich die zu Beginn des 19. Jahrhunderts im kommunalen Bereich entstandene moderne Selbstverwaltung sukzessiv in zahlreichen weiteren Lebensbereichen etabliert hat

---

[14] *Hendler* (Fn. 2), S. 284. Der Sache nach ebenso *Matthias Jestaedt*, Demokratieprinzip und Kondominialverwaltung, 1993, S. 69. Ähnlich auch *Ingwer Ebsen*, Selbstverwaltung und Autonomie der Bundesanstalt für Arbeit, Festschrift für Rudolf Lukes zum 65. Geburtstag, 1989, S. 321.

[15] Im Ergebnis ebenso neben anderen *Wolff/Bachof/Stober* (Fn. 12), S. 22 f. (Rn. 37); *Hans Peter Bull*, Allgemeines Verwaltungsrecht, 4. Aufl. 1993, S. 74 (Rn. 202); *Jestaedt* (Fn. 14), S. 70. Abweichend z.B. *Ulrich Scheuner*, Wirtschaftliche und soziale Selbstverwaltung, DÖV 1952, S. 609 (611 Fn. 22 hinsichtlich der Anstalten).

[16] Vgl. z.B. *Klaus Stern*, Das Staatsrecht der Bundesrepublik Deutschland, Bd. I, 2. Aufl. 1984, S. 398; *Gunnar Folke Schuppert*, Selbstverwaltung als Beteiligung Privater an der Staatsverwaltung?, in: *Albert von Mutius* (Hrsg.), Selbstverwaltung im Staat der Industriegesellschaft. Festgabe zum 70. Geburtstag von Georg Christoph von Unruh, 1983, S. 183 (197 ff., 205).

(Wissenschaft und Forschung, Wirtschaft, Sozialversicherung, Berufsstandswesen etc.), ist der Selbstverwaltungsbegriff von der überwiegenden Lehre stets auf öffentlichrechtliche Organisationseinheiten beschränkt worden. Hinzu kommt speziell für die juristische Begriffsbildung insbesondere auch der Gesichtspunkt, daß der Selbstverwaltungsbegriff erheblich an Konturenschärfe und damit zugleich an Tauglichkeit als *Rechtsbegriff* verliert, wenn man ihn auf die privatrechtliche Sphäre ausdehnt. Rechtswissenschaftlich kann mit einem derart weitgefaßten Begriff kaum noch sinnvoll gearbeitet werden. Selbstverwaltung wird daher mit guten Gründen nach wie vor überwiegend als öffentlichrechtliche Kategorie betrachtet.[17]

Das zweite konstitutive Merkmal der Selbstverwaltung, die *eigenverantwortliche Aufgabenerfüllung*, sichert dem Selbstverwaltungsträger insofern Distanz zum Staat, als es hier um die Beschränkung der staatlichen Aufsichtstätigkeit auf eine reine Rechtmäßigkeitskontrolle geht. Diese zeichnet sich dadurch aus, daß allein die Rechtmäßigkeit der Aufgabenerfüllung überprüft wird. Sie steht im Gegensatz zur Fachaufsicht, die nicht nur eine Rechtmäßigkeits-, sondern auch eine Zweckmäßigkeitskontrolle umfaßt. Zwar ist es unter Selbstverwaltungsgesichtspunkten unschädlich, wenn eine öffentlichrechtliche Institution neben den eigenverantwortlich zu erfüllenden Aufgaben auch solche Tätigkeiten wahrzunehmen hat, bei denen sie unter staatlicher Fachaufsicht steht (sog. Auftrags- oder Weisungsangelegenheiten). Eine derartige Kombination ist im Bereich der Selbstverwaltung durchaus üblich. Von Selbstverwaltung kann jedoch dort nicht mehr die Rede sein, wo der *gesamte* Wirkungskreis einer öffentlichrechtlichen Organisationseinheit fachaufsichtlich überwacht wird.

Zu den konstitutiven Merkmalen der Selbstverwaltung gehört vor allem auch die *Betroffenenmitwirkung*. Wie bereits erwähnt,[18] beruht die moderne deutsche Selbstverwaltung auf der historisch-politischen Idee, die Mitwirkung der Staatsbürger an der administrativen Aufgabenerfüllung zu ermöglichen bzw. zu verstärken. Das Partizipationsprinzip ist demzufolge für die Entstehung und Entwicklung der Selbstverwaltung von zentraler Bedeutung. Im näheren geht es hier darum, denjenigen Personen, die von bestimmten öffentlichen Angelegenheiten nachhaltiger als andere berührt werden, den Betroffenen, besondere Möglichkeiten der Mitwirkung an der hoheitlichen Erledigung der entsprechenden Angelegenheiten einzuräumen. Die Selbstverwaltung erweist sich demnach als eine Form der Betroffenenpartizipation.[19]

---

[17] Vgl. beispielsweise *Werner Frotscher*, Selbstverwaltung und Demokratie, in: *Albert von Mutius* (Hrsg.), Selbstverwaltung im Staat der Industriegesellschaft. Festgabe zum 70. Geburtstag von Georg Christoph von Unruh, 1983, S. 127 (141 ff.); *Winfried Brohm*, Strukturen der Wirtschaftsverwaltung, 1969, S. 248 f. Fn. 33; *Jestaedt* (Fn. 14), S. 69 f.

[18] Vgl. oben Gliederungsabschnitt I.

[19] *Eberhardt Schmidt-Aßmann*, Zum staatsrechtlichen Prinzip der Selbstverwaltung, in: *Ingo von Münch/Peter Selmer* (Hrsg.), Gedächtnisschrift für Wolfgang Martens, 1987, S. 249 (253), charakterisiert die Selbstverwaltung treffend als „Betroffenenverwaltung". Vgl. hierzu ferner *Reinhard Hendler*, Das Prinzip Selbstverwaltung, in: *Josef Isensee/Paul Kirchhof* (Hrsg.), Handbuch des Staatsrechts, Bd. IV, 1990, S. 1133 (1139 f., Rn. 15 f.).

III. Selbstverwaltungsgarantien und ähnliche Regelungen in der Verfassung des Landes Hessen

Unter der diktatorischen Herrschaft des Nationalsozialismus war, worauf bereits hingewiesen wurde,[20] die Selbstverwaltung ihrer überkommenen partizipatorisch-freiheitlichen Substanz beraubt worden. Als es jedoch nach dem Ende des Zweiten Weltkriegs und dem damit verbundenen Zusammenbruch der nationalsozialistischen Diktatur an die Erneuerung deutscher Staatlichkeit ging, wurde auch der klassische Selbstverwaltungsgedanke wieder aktiviert. Es war der Wille verbreitet, bei der Ausgestaltung des neuen staatlichen Gemeinwesens nach Möglichkeit an die freiheitlichen Traditionen der deutschen Staats- und Verwaltungsgeschichte anzuknüpfen. Dies betraf vor allem auch die Selbstverwaltung im kommunalen Bereich.

1. Kommunale Selbstverwaltung

Die Wiedererrichtung der kommunalen Selbstverwaltung im traditionellen freiheitlichen Sinne war in den Nachkriegsjahren eine weithin unterstützte politische Zielvorstellung. Die Anhänger dieser Zielvorstellung kamen nicht zuletzt aus den Reihen des hauptberuflich tätigen Spitzenpersonals der Städte und Kreise, das sich unter den schwierigen Bedingungen jener Zeit um die Funktionsfähigkeit der öffentlichen Verwaltung besonders verdient gemacht hat und damals auch über einen erhöhten politischen Einfluß verfügte.

Die Garantie der kommunalen Selbstverwaltung in Art. 137 HV stellt – entstehungsgeschichtlich betrachtet – die verfassungsrechtliche Umsetzung des politischen Wunsches dar, das neu aufzubauende staatliche Gemeinwesen nach freiheitlich-partizipatorischen Grundsätzen zu organisieren. Während der Verfassungsberatungen bestand volle Übereinstimmung darin, daß eine kommunale Selbstverwaltungsgarantie in den Verfassungstext aufgenommen werden sollte. Wenngleich Formulierungsvarianten lebhaft erörtert wurden, so gab es doch zu den Grundfragen der Ausgestaltung keine substantiellen Meinungsdivergenzen. Insbesondere wurde Wert darauf gelegt, daß die verfassungsrechtliche Regelung zur kommunalen Selbstverwaltung eine Finanzgarantie zugunsten der Gemeinden und Gemeindeverbände enthielt. Die Stärkung der kommunalen Finanzhoheit galt als ein wichtiges Ziel.

Ein weiteres bedeutsames Anliegen ging dahin, in der Verfassung ausdrücklich die Befugnis des Landes zu erwähnen, den Gemeinden und Gemeindeverbänden staatliche Aufgaben (Auftragsangelegenheiten) gesetzlich zu übertragen. Bemerkenswerterweise wurde in diesem Zusammenhang zugleich geltend gemacht, es sei „wohl angebracht, eine besondere Bestimmung in die Verfassung aufzunehmen, wonach der Staat verpflichtet ist, diese Auftragsangelegenheiten auch selber zu

[20] Vgl. oben Gliederungsabschnitt I am Ende.

bezahlen"[21]. Aber eine derartige strenge Finanzierungsverpflichtung des Landes hinsichtlich der von den kommunalen Selbstverwaltungskörperschaften wahrzunehmenden Auftragsangelegenheiten fand letztlich nicht die erforderliche Zustimmung. Vielmehr entschied man sich für die allgemeine Finanzgarantie des Art. 137 Abs. 5 HV.

Schließlich wurde in der endgültigen Formulierung der kommunalen Selbstverwaltungsgarantie auch dem Wunsch eines Abgeordneten Rechnung getragen, das „schöne Wort ‚Selbstverwaltung'" in den Normtext aufzunehmen[22] (Art. 137 Abs. 3 HV). Dies war nicht in allen Entwürfen vorgesehen, da sie zum Teil lediglich – ähnlich wie später Art. 28 Abs. 2 Satz 1 GG – eine Umschreibung der kommunalen Selbstverwaltung aufwiesen.

Soweit es um die partizipatorische Zielrichtung der Selbstverwaltung geht, enthielt die Verfassung des Landes Hessen ursprünglich die Vorschriften, daß die Grundsätze des Landtagswahlrechts auch für die Gemeinde- und Gemeindeverbandswahlen gelten (Art. 137 Abs. 6 HV) und daß die hauptamtlichen Leiter der Gemeinden und Gemeindeverbände in schriftlicher und geheimer Abstimmung von den gewählten Vertretern gewählt werden (Art. 138 Abs. 1 HV). Zwar war seinerzeit die Vorstellung durchaus verbreitet, daß die hauptamtlichen Leiter der Gemeindeverbände (Landräte) wegen der ihnen obliegenden umfangreichen Staatsaufgaben von der Landesregierung ernannt werden sollten.[23] Doch fiel die verfassungsrechtliche Entscheidung letztlich zugunsten der Wahl durch die gemeindeverbandliche Vertretungskörperschaft aus, was nicht zuletzt auch den Wünschen der Militärregierung entsprach.

Schon bald nach dem Inkrafttreten der Verfassung des Landes Hessen wurde die Vorschrift des Art. 137 Abs. 6 HV gestrichen, um dem Gesetzgeber bei der Normierung des Kommunalwahlrechts ein höheres Maß an Gestaltungsfreiheit zu gewähren.[24] Und in jüngerer Zeit wurde durch eine Änderung des Art. 138 HV die Direktwahl der Oberbürgermeister, Bürgermeister und Landräte eingeführt.[25]

---

[21] Abg. *Stieler*, Drucksachen der Verfassungberatenden Landesversammlung Groß-Hessen, Abt. III a, Stenographische Berichte über die Verhandlungen des Verfassungsausschusses der Verfassungsberatenden Landesversammlung Groß-Hessen, 1.–18. Sitzung (7.8.1946–11.10.1946), S. 142.

[22] Abg. *Bleek*, a.a.O. (Fn. 21).

[23] Vgl. dazu die Diskussion im Verfassungsausschuß der Verfassungberatenden Landesversammlung Groß-Hessen, a.a.O. (Fn. 21), S. 202 ff.

[24] Gesetz zur Änderung der Art. 75 und 137 der Verfassung des Landes Hessen vom 22.7.1950 (GVBl. S. 131).

[25] Gesetz zur Änderung des Artikel 138 und zur Ergänzung der Verfassung des Landes Hessen vom 20.3.1991 (GVBl. I S. 101). Im Schrifttum wird geltend gemacht, daß die Verfassungsänderung verfahrensfehlerhaft zustande gekommen und daher ungültig sei. Vgl. dazu *Hans Meyer*, Kommunalrecht, in: *ders./Michael Stolleis* (Hrsg.), Staats- und Verwaltungsrecht für Hessen, 3. Aufl. 1994, S. 149 (173 f. mit Fn. 114).

2. *Akademische Selbstverwaltung*

Neben den Gemeinden und Gemeindeverbänden räumt die Verfassung des Landes Hessen auch den Universitäten und staatlichen Hochschulen ausdrücklich das „Recht der Selbstverwaltung" ein, wobei der besondere Zusatz besteht, daß die Studenten daran zu beteiligen sind (Art. 60 Abs. 1 HV). In dem Zusatz kommt deutlich zum Ausdruck, daß die Selbstverwaltung vom Verfassungsgeber nicht nur als eine gegenüber dem staatsunmittelbaren Behördensystem institutionell verselbständigte öffentlichrechtliche Organisationseinheit, sondern auch als ein auf Partizipation angelegtes Ordnungsmodell verstanden worden ist.

Anders als die Verfassung des Landes Hessen enthält das Grundgesetz keine ausdrückliche Garantie der akademischen Selbstverwaltung. Die herrschende Lehre entnimmt diese Garantie allerdings dem Grundrecht der Wissenschaftsfreiheit (Art. 5 Abs. 3 GG).[26] Hierbei geht sie davon aus, daß dieses Grundrecht neben dem klassisch-liberalen abwehrrechtlichen Individualschutz auch eine institutionsrechtliche Dimension aufweist. Das Bundesverfassungsgericht hat die Frage, ob Art. 5 Abs. 3 GG die akademische Selbstverwaltung gewährleistet, bisher ausdrücklich offengelassen. Es hat sich insoweit auf den Hinweis beschränkt, daß die Selbstverwaltung im akademischen, d.h. dem auf Forschung und Lehre unmittelbar bezogenen Bereich faktisch unangefochten bestehe, in den Hochschulgesetzen anerkannt[27] und in vielen Landesverfassungen[28] ausdrücklich garantiert sei.[29]

3. *Sozialversicherungsrechtliche Selbstverwaltung*

Die Verfassung des Landes Hessen gewährleistet ferner auch die Selbstverwaltung der Sozialversicherung, genauer: die „Selbstverwaltung der Versicherten" (Art. 35 Abs. 1 Satz 1 HV), von den Arbeitgebern ist bemerkenswerterweise nicht die Rede. Allerdings besteht insoweit ein historisches Vorbild, und zwar in Art. 161 WRV, wo es heißt, daß „das Reich ein umfassendes Versicherungswesen unter maßgeblicher Mitwirkung der Versicherten" schafft. Auch hier werden die Arbeitgeber nicht erwähnt.

Auffällig ist weiterhin, daß die Verfassung des Landes Hessen in der Regelung zur Sozialversicherung – abweichend von der Weimarer Reichsverfassung – das „schöne Wort ‚Selbstverwaltung'"[30] verwendet. Zudem wird in Art. 35 Abs. 1

[26] Vgl. z.B. *Thomas Oppermann*, Freiheit von Forschung und Lehre, in: *Josef Isensee/Paul Kirchhof* (Hrsg.), Handbuch des Staatsrechts, Bd. VI, 1989, S. 809 (838 ff., Rn. 52 ff.); *Hermann v. Mangoldt/Friedrich Klein/Christian Starck*, Das Bonner Grundgesetz, Bd. I, 3. Aufl. 1985, Art. 5 Rn. 230 ff., 243, 250; *Dieter Lorenz*, Wissenschaft zwischen Hochschulautonomie und Staatsintervention, JZ 1981, S. 113 (114 f.).

[27] Vgl. insbesondere § 58 Abs. 1 HRG.

[28] Vgl. neben Art. 60 Abs. 1 HV z.B. Art. 20 Abs. 2, 3, BaWüVerf., Art. 138 Abs. 2 BayVerf., Art. 16 Abs. 1 NRWVerf., Art. 39 Abs. 1 RhPfVerf., Art. 33 Abs. 2 SaarlVerf.

[29] BVerfGE 35, 79 (116).

[30] Vgl. oben Gliederungsabschnitt III 1 mit Fn. 22.

Satz 2 HV ergänzend angeordnet, daß die Selbstverwaltungsorgane in allgemeiner, gleicher, freier und geheimer Wahl gewählt werden. Damit wird die partizipatorische Dimension des Selbstverwaltungsgedankens angesprochen.

Das Grundgesetz enthält im Unterschied zur Verfassung des Landes Hessen (und einigen weiteren Landesverfassungen)[31] keine Garantie der sozialversicherungsrechtlichen Selbstverwaltung. Zwar hat es im rechtswissenschaftlichen Schrifttum bisweilen den Versuch gegeben, die Selbstverwaltung in der Sozialversicherung bundesverfassungsrechtlich abzusichern, wobei dem Art. 87 Abs. 2 GG eine besondere Bedeutung beigemessen worden ist.[32] Das Bundesverfassungsgericht vertritt jedoch bereits seit geraumer Zeit den Standpunkt, daß eine Verfassungsgarantie des bestehenden Systems der Sozialversicherung oder auch nur seiner tragenden Organisationsprinzipien dem Grundgesetz nicht zu entnehmen sei.[33] In Art. 87 Abs. 2 GG erblickt es eine reine Kompetenznorm, die lediglich die Verwaltungszuständigkeiten von Bund und Ländern betrifft.[34]

Der Standpunkt des Bundesverfassungsgerichts wird im Ergebnis vom Schrifttum zu Recht überwiegend geteilt.[35] Gleichwohl darf nicht übersehen werden, daß die durch einfaches Bundesgesetz (§ 29 SGB IV) eingeführte sozialversicherungsrechtliche Selbstverwaltung im Grundgesetz in mehrfacher Hinsicht normativ abgestützt wird, etwa als Erscheinungsform der vertikalen Gewaltenteilung durch das Rechtsstaatsprinzip. Außerdem ist hier u.a. ihre ausgeprägte Affinität zu den grundrechtlichen Freiheitsintentionen zu beachten, da sie ebenso wie die Grundrechte darauf gerichtet ist, Distanz zum Staat zu schaffen und seiner Macht Grenzen zu setzen.[36] Da die sozialversicherungsrechtliche Selbstverwaltung bundesgesetzlich geregelt ist, kommt dem Art. 35 Abs. 1 HV derzeit keine aktuelle Bedeutung zu.

4. Kirchliches Selbstbestimmungsrecht

Nach Art. 49 Satz 1 HV steht den Kirchen, Religions- und Weltanschauungsgemeinschaften die Befugnis zu, ihre Angelegenheiten selbständig innerhalb der Schranken des für jedermann geltenden Gesetzes zu verwalten. Mit dieser Regelung folgt die Hessische Verfassung fast wörtlich dem Vorbild des Art. 137 Abs. 2

---

[31] Vgl. z.B. Art. 57 Abs. 4 BremVerf., Art. 53 Abs. 4 Satz 1 RhPfVerf., Art. 46 Satz 2 SaarlVerf.

[32] Vgl. z.B. *Jürgen Salzwedel*, Zur rechtlichen Struktur der modernen Selbstverwaltung, ZfS 1963, S. 202 (203); *Arnold Köttgen*, Selbstverwaltung, in: *Erwin von Beckerath* u.a. (Hrsg.), Handwörterbuch der Sozialwissenschaften, Bd. IX, 1956, S. 220 (224).

[33] BVerfGE 39, 302 (314 f.); 72, 340 (344).

[34] BVerfGE 39, 302 (315).

[35] *Harald Bogs*, Die Sozialversicherung im Staat der Gegenwart, 1973, S. 155 ff.; *Wolfgang Rüfner*, Einführung in das Sozialrecht, 2. Aufl. 1991, S. 147; *Franz Ruland*, Sozialrecht, in: *Eberhard Schmidt-Aßmann* (Hrsg.), Besonderes Verwaltungsrecht, 10. Aufl. 1995, S. 667 (686, Rn. 220); *Josef Isensee*, Privatautonomie der Individualversicherung und soziale Selbstverwaltung, 1980, S. 12 f.

[36] Näher dazu *Reinhard Hendler*, Organisation und Selbstverwaltung der Sozialversicherung, in: *Bernd Baron von Maydell/Franz Ruland* (Hrsg.), Sozialrechtshandbuch (SRH), 2. Aufl. 1996, S. 207 (224 f., Rn. 54).

Satz 1 WRV, der über die Rezeptionsnorm des Art. 140 GG auch in das Grundgesetz eingefügt worden ist.

Ob es sich bei der verfassungsrechtlich garantierten administrativen Eigenständigkeit der Kirchen (denen die übrigen öffentlichrechtlichen Religions- und Weltanschauungsgemeinschaften insoweit gleichzustellen sind) um Selbstverwaltung handelt, ist seit jeher umstritten.[37] Bei der Würdigung dieser Frage gilt es zu beachten, daß sich der Selbstverwaltungsbegriff lediglich auf solche öffentlichrechtliche Organisationseinheiten bezieht, die zwar gegenüber dem staatsunmittelbaren Behördensystem institutionell verselbständigt, aber gleichwohl dem Staatsverband eingegliedert sind.[38] An dieser Eingliederung fehlt es bei den Kirchen, die nicht in gleicher Weise wie die übrigen Selbstverwaltungseinrichtungen als Bestandteile des Staatsverbands qualifiziert werden können. Dem steht das verfassungsrechtliche Prinzip der Trennung von Staat und Kirche entgegen, das insbesondere in den Vorschriften zum Ausdruck kommt, wonach keine Staatskirche besteht (Art. 48 Abs. 3 HV) und sich die Kirchen ebenso wie der Staat jeder Einmischung in die Angelegenheiten des anderen Teils zu enthalten haben (Art. 50 Abs. 2 HV). Dies bedeutet, daß die Klassifizierung der Kirchen als Körperschaften des öffentlichen Rechts (Art. 51 Abs. 1 HV) nicht die mit einer solchen juristischen Form üblicherweise verbundene Staatsnähe zum Ausdruck bringt, sondern exzeptionellen Charakter trägt. Das Bundesverfassungsgericht führt hierzu in ständiger Rechtsprechung aus: „Durch die Zuerkennung dieses öffentlich-rechtlichen Status wird die Kirche anderen öffentlich-rechtlichen Körperschaften nicht gleichgestellt. Dieser Status soll die Eigenständigkeit und Unabhängigkeit der Kirche vom Staat sowie ihre originäre Kirchengewalt bekräftigen. Durch sie wird die Kirche weder in den Staat organisch eingegliedert, noch einer besonderen staatlichen Kirchenhoheit unterworfen“[39]. Diese rechtlichen Besonderheiten hat das Bundesverfassungsgericht zwar im Hinblick auf das Grundgesetz herausgearbeitet, doch gelten sie für die Verfassung des Landes Hessen gleichermaßen. Sie verbieten es, die Kirchen ohne substantielle Einschränkungen in den Kreis der Selbstverwaltungsträger einzubeziehen. Zu Recht wird heute daher verbreitet nicht vom Selbstverwaltungsrecht, sondern vom „Selbstbestimmungsrecht“ der Kirchen gesprochen.[40]

---

[37] Bejahend: *Georg Jellinek*, Allgemeine Staatslehre, 3. Aufl., 7. Neudruck 1960, S. 643; *Josef Isensee*, Subsidiaritätsprinzip und Verfassungsrecht, 1968, S. 252 f.; *Frotscher* (Fn. 17), S. 143. Ablehnend: *Albert Haenel*, Deutsches Staatsrecht, Bd. I, 1892, S. 150 ff.; *Axel Freiherr von Campenhausen*, Selbstverwaltung – Autonomie – Eigenständigkeit im Kirchenrecht und Staatskirchenrecht, in: *Albert von Mutius* (Hrsg.), Selbstverwaltung im Staat der Industriegesellschaft. Festgabe zum 70. Geburtstag von Georg Christoph von Unruh, 1983, S. 977 (982); *Konrad Hesse*, Das Selbstbestimmungsrecht der Kirchen und Religionsgemeinschaften, in: *Joseph Listl/Dietrich Pirson* (Hrsg.), Handbuch des Staatskirchenrechts der Bundesrepublik Deutschland, Bd. I, 2. Aufl. 1994, S. 521 (521 Fn. 1).

[38] Zur Definition des Selbstverwaltungsbegriffs vgl. oben Gliederungsabschnitt II mit Fn. 14.

[39] BVerfGE 30, 415 (428). Vgl. ferner BVerfGE 18, 385 (386 f.); BVerfGE 42, 312 (321 f.); BVerfGE 53, 366 (387).

[40] Vgl. neben *Hesse*, a.a.O. (Fn. 37), sowie *von Campenhausen*, a.a.O. (Fn. 37), z.B. auch *Alexander Hollerbach*, Grundlagen des Staatskirchenrechts, in: *Josef Isensee/Paul Kirchhof*, Handbuch des Staatsrechts, Bd. VI, 1989, S. 471 (534 ff., Rn. 114 ff.).

Obwohl sich – wie bereits dargelegt[41] – das „schöne Wort ‚Selbstverwaltung'" in den Verfassungsberatungen besonderer Wertschätzung erfreute, ist davon abgesehen worden, es in der verfassungsrechtlichen Regelung zur Garantie der kirchlichen Handlungs- und Entfaltungsfreiheit zu verwenden (Art. 49 Satz 1 HV). Vielmehr hat der hessische Verfassungsgeber die Eigenständigkeit der Kirchen in der Formulierung des Art. 137 Abs. 2 Satz 1 WRV zum Ausdruck gebracht. Insoweit besteht ein auffälliger, aber sachlich durchaus begründeter Unterschied zur Sozialversicherung, bei der abweichend vom Vorbild des Art. 161 WRV nicht von der „maßgebenden Mitwirkung der Versicherten", sondern von der „Selbstverwaltung der Versicherten" (Art. 35 Abs. 1 Satz 1 HV) gesprochen wird.

5. Mitbestimmung der Erziehungsberechtigten bei der schulischen Ausbildung

Zwar sind die Schulen in der Verfassung des Landes Hessen (ebenso wie in den Verfassungen der anderen Länder sowie im Grundgesetz) nicht als Selbstverwaltungseinheiten ausgestaltet worden. Denn in Art. 56 Abs. 1 Satz 1 HV heißt es ausdrücklich: „Das Schulwesen ist Sache des Staates". Doch gewährt Art. 56 Abs. 6 HV den Erziehungsberechtigten das „Recht, die Gestaltung des Unterrichtswesens mitzubestimmen". Die Vorschrift gibt der Betroffenenbeteiligung Raum und greift damit ein wesentliches Merkmal der Selbstverwaltung (Partizipationsprinzip) auf.

6. Genossenschaftliche Selbsthilfe

Nach Art. 43 Abs. 2 HV ist zur Förderung sowie zum Schutz der selbständigen Klein- und Mittelbetriebe in Landwirtschaft, Gewerbe, Handwerk und Handel die „genossenschaftliche Selbsthilfe" auszubauen. Wenngleich aus diesem Verfassungsauftrag keine institutionelle Garantie von Selbstverwaltungseinheiten hergeleitet werden kann, so ist doch in dem hier behandelten Zusammenhang bedeutsam, daß zwischen Genossenschaftswesen und Selbstverwaltung eine enge Sachverwandtschaft besteht. Theoriegeschichtlich kommt diese Sachverwandtschaft in der – oben[42] erwähnten – Genossenschaftslehre *Otto von Gierkes* besonders anschaulich zur Geltung.

IV. Gesamtwürdigung

Die Verfassung des Landes Hessen weist – wie resümierend festzuhalten bleibt – eine betont selbstverwaltungsfreundliche Konzeption auf. Sie enthält für drei Sachbereiche ausdrückliche Selbstverwaltungsgarantien, und zwar für den kommunalen,

---

[41] Vgl. oben Gliederungsabschnitt III 1 mit Fn. 22.

[42] Gliederungsabschnitt I mit Fn. 4.

den akademischen sowie den sozialversicherungsrechtlichen Bereich. Während die kommunale Selbstverwaltung auch im Grundgesetz ausdrücklich gewährleistet wird (Art. 28 Abs. 2 GG), geht die Verfassung des Landes Hessen hinsichtlich der sozialversicherungsrechtlichen Selbstverwaltung (Art. 35 Abs. 1 HV) über das Grundgesetz hinaus. Denn im Bundesverfassungsrecht sind keine Regelungen zugunsten der Eigenständigkeit der Sozialversicherungsträger gegenüber dem staatsunmittelbaren Behördensystem sowie zur Betroffenenbeteiligung am Willensbildungs- und Entscheidungsprozeß dieser Träger enthalten. Auch in bezug auf die Selbstverwaltung der Universitäten und staatlichen Hochschulen ist das hessische Landesverfassungsrecht (Art. 60 Abs. 1 HV) wesentlich deutlicher als das Grundgesetz, dem sich die Selbstverwaltungsgarantie für den akademischen Bereich lediglich durch eine mehr oder minder aufwendige (und zudem nicht unumstrittene) Auslegungsoperation am Grundrecht des Art. 5 Abs. 3 GG entnehmen läßt.

Hinzu kommt, daß weitere Regelungen der hessischen Landesverfassung eine besondere Nähe zum Selbstverwaltungsgedanken aufweisen. Dies betrifft namentlich die Regelungen zum Selbstbestimmungsrecht der Kirchen (Art. 49 HV), im weiteren auch die zur Mitbestimmung im Schulwesen (Art. 56 Abs. 6 HV) sowie zur genossenschaftlichen Selbsthilfe (Art. 43 Abs. 2 HV). Insgesamt betrachtet stellt die Verfassung des Landes Hessen mit ihrer betont selbstverwaltungsfreundlichen Konzeption ein wertvolles Dokument für die politischen Bestrebungen in der Nachkriegszeit dar, bei der Schaffung einer freiheitlichen Staats- und Verwaltungsorganisation mehr zu leisten als die Bildung eines parlamentarischen Regierungssystems, die Einrichtung einer unabhängigen Rechtspflege sowie die Verbürgung des klassischen grundrechtlichen Individualschutzes.

Allerdings ist nicht zu übersehen, daß sich der hessische Gesetzgeber im Verlauf der nunmehr fünfzigjährigen Geschichte der Verfassung des Landes Hessen nicht immer so selbstverwaltungsfreundlich verhalten hat, wie es dem Geist der Landesverfassung entsprochen hätte. So hat er beispielsweise mit Beginn des Jahres 1970 die Land- und Forstwirtschaftskammern aufgelöst.[43] An die Stelle der Kammerselbstverwaltung ist die staatliche Agrarverwaltung getreten, an der zwar die Betroffenen über Beiräte (Agrarausschüsse) beteiligt sind. Doch stellt das Beirätemodell gegenüber dem Selbstverwaltungsmodell allemal die weniger freiheitliche Organisationslösung dar.[44] Wenig Aufgeschlossenheit gegenüber dem Selbstverwaltungsprinzip hat der Landesgesetzgeber auch insofern gezeigt, als er die hessischen Studentenwerke, bei denen es sich um öffentlichrechtliche Anstalten mit Betroffenenbeteiligung handelt, in § 5 HessStudWG unter eine durchgehende Fachaufsicht gestellt hat. Dies bedeutet, daß die hessischen Studentenwerke (im Unterschied zu denen anderer Länder) nicht als Selbstverwaltungsträger qualifiziert werden können.[45]

---

[43] Gesetz über die Auflösung der Land- und Forstwirtschaftskammern Hessen-Nassau und Kurhessen und die Mitwirkung des Berufsstandes bei der Förderung der Landwirtschaft vom 22.7.1969 (GVBl. I S. 142).

[44] Ausführlich zu dieser Thematik *Hendler* (Fn. 2), S. 246 ff.

[45] Näher dazu *Reinhard Hendler*, Die Studentenwerke als Selbstverwaltungsträger, DVBl. 1986, S. 968 ff.

Wenngleich – wie klarstellend vermerkt sei – in den erwähnten Beispielfällen keinesfalls ein Verfassungsverstoß vorliegt, so hat der Landesgesetzgeber hier doch nicht im Sinne der Selbstverwaltungsidee gehandelt, die in der Verfassung des Landes Hessen einen hohen Rang einnimmt. Der Landesgesetzgeber mag einwenden, daß er in der Vergangenheit gleichwohl auf vielfältige Weise zugunsten der Selbstverwaltung tätig geworden ist. Dies dürfte in der Tat kaum zu widerlegen sein. Aber mit der Selbstverwaltung verhält es sich wie mit dem Umweltschutz: Was immer der Staat dafür tut, er wird die Kritik nicht zum Verstummen bringen, daß es zu wenig ist.

WOLFRAM HÖFLING

Die Verschuldungsgrenze nach der Hessischen Verfassung – Zum Geltungsanspruch des Art. 141 HV

I. Staatsverschuldung als Rechtsproblem des gemeinschaftsüberlagerten Bundesstaates – eine einführende Problemskizze

Durch die Diskussion um die geplante Europäische Währungsunion ist einer breiteren Öffentlichkeit vor Augen geführt worden, daß die Bundesrepublik Deutschland hinsichtlich ihrer finanzpolitischen Stabilität und Solidität keineswegs mehr zur europäischen „Spitzenklasse" zählt. 1996 und auch 1997 wird Deutschland das haushaltspolitische Konvergenzkriterium des EG-Vertrages wohl nicht erfüllen können. Dieses fordert von den potentiellen Teilnehmern der Wirtschafts- und Währungsunion die Vermeidung übermäßiger öffentlicher Defizite.[1] Der Begriff „übermäßiges Defizit" wird näher konkretisiert durch das Protokoll über das Verfahren bei einem übermäßigen Defizit (5. Protokoll). Dessen Art. 1 bestimmt die Referenzwerte für das übermäßige öffentliche Defizit wie folgt: 3 % für das Verhältnis zwischen dem geplanten bzw. tatsächlichen öffentlichen Defizit und dem Bruttoinlandsprodukt zu Marktpreisen sowie 60 % für das Verhältnis zwischen dem öffentlichen Schuldenstand und dem Bruttoinlandsprodukt zu Marktpreisen. Durch Art. 2 des Protokolls ist festgelegt, daß zum öffentlichen Defizit im Sinne der Vorschrift auch die Defizite der regionalen und kommunalen Gebietskörperschaften sowie der Sozialversicherungseinrichtungen gehören.

Die gemeinschaftsrechtlichen Vorgaben richten sich zwar an die „Regierungen der Mitgliedstaaten". Art. 104 c Abs. 1 und 2 EG-Vertrag i.V.m. den Bestimmungen der einschlägigen Protokolle gehört zum staatengerichteten Gemeinschaftsrecht, das allein die Bundesrepublik Deutschland als Gesamtstaat verpflichtet. Allerdings werden im innerstaatlichen Verfassungsrecht durch das Prinzip der Bundestreue i.V.m. Art. 23 Abs. 1 GG auch die Bundesländer zur Befolgung aller vom Bund zur Durchsetzung des Gemeinschaftsrechts erlassenen Regelungen im Rahmen ihrer Gesetzgebung und Verwaltung verpflichtet.[2] Diese Bindung der Länder soll nach dem Willen des Bundesministeriums der Finanzen nunmehr durch bundesrechtliche Regelungen verschärft werden, welche einen unmittelbaren Zugriff des Zentralstaates auf die Gliedstaaten erlauben. Den Ländern sollen danach, wenn der auf

---

[1] Siehe Art. 109 j Abs. 1 EG-Vertrag und das 6. Protokoll (Protokoll über die Konvergenzkriterien); Art. 104 c EG-Vertrag und das 5. Protokoll.

[2] Hierzu siehe etwa *Wolfram Höfling*, Verfassungsrechtliche und gemeinschaftsrechtliche Zentralfragen der Staatsverschuldung, Staatswissenschaften und Staatspraxis 1995, 421 (439, 441) m.w. Nachw.

sie (einschließlich der Kommunen) entfallende, auf 50 % festgesetzte Anteil an den Defizitquoten überschritten wird, via „Schuldendeckel" verbindliche Vorgaben für ihre Haushaltspolitik gemacht werden.[3]

Vor allem diese im Blick auf die föderative Struktur hochbrisanten Entwicklungen lassen es angebracht erscheinen, das Staatsschulden(verfassungs)recht eines Bundeslandes und seine Steuerungskapazität etwas genauer ins Blickfeld zu nehmen. Darüber hinaus sind es aber auch die für nahezu jeden Einwohner eines Bundeslandes spürbaren Einschränkungen des mittelfristigen finanzpolitischen Handlungsspielraumes, die eine eingehendere Analyse sinnvoll erscheinen lassen.

Für Hessen stellt sich der Ausgangsbefund schuldenpolitischer Realität dabei wie folgt dar:[4]

Der Gesamtschuldenstand des Landes belief sich zum Ende des Jahres 1994 auf mehr als 36,5 Milliarden DM (ohne Bürgschaften und Garantien). Die Nettokreditaufnahme, also der Saldo aus der Aufnahme von Kreditmarktmitteln und Tilgung von Schulden, betrug nahezu 2,5 Milliarden DM. Eine vergleichbar hohe Kreditaufnahme hat es bislang nur 1976 in einer konjunkturellen Sondersituation bei gleichzeitigem Erwerb hoher Beteiligungen gegeben.[5]

So eindrucksvoll die Zahlen auch schon für sich genommen erscheinen mögen, aussagekräftiger sind zweifelsohne andere staatswirtschaftliche Maßstabsgrößen. Ein wichtiger Indikator für die Beurteilung der haushaltspolitischen Situation des Landes ergibt sich aus der Zinsbelastung. Diese betrug 1994 knapp 2,2 Milliarden DM.[6] Seit 1986 übersteigen die Zinszahlungen durchweg (Ausnahmen: 1990, 1994) die Nettokreditaufnahme. Der positive Haushaltsbeitrag des Jahres 1994 wurde nur durch die außergewöhnlich hohe Kreditaufnahme ermöglicht, die aber wiederum zu einer entsprechenden Zinsbelastung in den Folgejahren führen wird.

Die Zinsausgabenquote (d.h. Zinsausgaben in von Hundert der bereinigten Gesamtausgaben nach Länderfinanzausgleich) zeigt seit 1990 eine steigende Tendenz. Sie ist von damals 7,3 % auf 7,8 % im Jahre 1994 angestiegen und hat sich damit dem Durchschnitt aller alten Bundesländer (ohne Berlin) von 8,2 % genähert. Selbst unter den optimistischen Ansätzen der Finanzplanung wird die Quote schon 1997 die 9 %-Marke erreicht haben.[7]

Die Kreditfinanzierungsquote (Nettokreditaufnahme am Kreditmarkt in von Hundert der bereinigten Gesamtausgaben), die im Zeitraum 1987 bis 1989 deutlich zurückgeführt worden war, ist 1990 und 1991 wieder stark angestiegen. 1994 hat sie sich auf 8,2 % erhöht. Damit ist der mit Abstand höchste Stand der vergangenen 10 Jahre erreicht. Im Gegensatz zum Durchschnitt aller alten Länder (ohne Berlin),

---

[3] Siehe BMF, Innerstaatliche Umsetzung von EG-rechtlichen Vorgaben zur Vermeidung übermäßiger Defizite, 13. Juni 1996; dazu demnächst: *Wolfram Höfling*, Haushaltsdisziplinierung der Länder durch Bundesrecht?, ZRP 1997.

[4] Zum folgenden Bemerkungen 1995 des Hessischen Rechnungshofs zur Haushalts- und Wirtschaftsführung mit Bemerkungen zur Landeshaushaltsrechnung 1994, LT-Drucks. 14/1630, S. 28 ff.

[5] A.a.O. Tz. 28.

[6] Gegenüber 1993 stiegen die Zinsausgaben um 2,5 %; die Zinsausgaben aller alten Länder (ohne Berlin) wuchsen dagegen um lediglich durchschnittlich 1,6 %; a.a.O., Tz. 29.

[7] A.a.O., Tz. 31.

deren Quote im Durchschnitt von 5,4 % in 1993 auf 5,0 % in 1994 sank, ist es Hessen nicht gelungen, das Finanzierungsdefizit gegenüber dem Vorjahr zu begrenzen und die Kreditfinanzierungsquote zurückzuführen.[8]

Schließlich verzeichnet auch die Zins-Steuer-Quote (Zinsen in von Hundert der Steuereinnahmen nach Länderfinanzausgleich) für 1994 mit 10,5 % einen neuen Höchstwert. In den kommenden Jahren wird es zu einem weiteren drastischen Anstieg kommen. Bereits 1997 dürfte das Land fast 12 % seiner Steuereinnahmen nur für die Verzinsung seiner Schulden aufwenden müssen.[9]

Zusammenfassend kommt der Rechnungshof des Landes zu dem Schluß, „daß die bestehende Situation eine konsequente und nachhaltige Haushaltskonsolidierung erfordert". Eine stärkere Kreditfinanzierung öffentlicher Leistungen hält er auch im Hinblick auf künftige Generationen für nicht hinnehmbar.[10]

Diese Feststellungen und die schuldenpolitische Realität werfen die Frage auf, welche Steuerungskapazität dem geltenden Staatsschuldenrecht angesichts dieser Entwicklung überhaupt zukommt. Damit rückt aber zugleich Art. 141 HV ins Zentrum der Betrachtung, die zentrale Schuldennorm der Hessischen Verfassung, deren 50jähriges Jubiläum es zu würdigen gilt.

II. Die Regelung des Art. 141 HV in dogmengeschichtlicher Perspektive

Art. 141 HV bindet die Staatsschuldenpolitik – abgesehen vom staatsschuldenrechtlichen Gesetzesvorbehalt des Satzes 2[11] – dadurch, daß er die Beschaffung von Geldmitteln im Wege des Kredits „nur bei außerordentlichem Bedarf und in der Regel nur für Ausgaben zu werbenden Zwecken" zuläßt.

Die altertümelnde Begrifflichkeit der Vorschrift deutet auf einen weit zurückreichenden Traditionsstrang hin. Und in der Tat kann sich die Verfassungsbestimmung auf eine Reihe von Vorläufernormen berufen. Von dem bis Ende der 60er Jahre geltenden Art. 115 GG a. F. über Art. 87 der Weimarer Reichsverfassung von 1919 reicht die geltende landesverfassungsrechtliche Regelung Hessens zurück bis Art. 73 der Reichsverfassung von 1871 und Art. 103 der Preußischen Verfassung von 1850,[12] die allerdings die staatliche Kreditaufnahme allein an die Voraussetzung eines außerordentlichen Bedürfnisses knüpften. Diese staatsschuldenrechtliche Entwicklungslinie wiederum ist eng verknüpft mit den nationalökonomischen Theoriebildungen zur Rationalität der Staatsverschuldung.[13] Während die frühe schuldenpolitische Diskussion noch weitgehend ohne theoretische Maßstabsfunktionen blieb – dies gilt gleichermaßen für die schuldenfreundliche Haltung des Merkan-

[8] A.a.O., Tz. 31.

[9] A.a.O., Tz. 32.

[10] A.a.O., Tz. 34.

[11] Allgemein hierzu *Wolfram Höfling*, Staatsschuldenrecht. Rechtsgrundlagen und Rechtsmaßstäbe für die Staatsschuldenpolitik in der Bundesrepublik Deutschland, 1993, S. 12 ff.

[12] Siehe auch *von Zezschwitz*, in: *Zinn/Stein*, Art. 141 Erl. I 1.

[13] Ausführlich hierzu *Höfling* (o. Fußn. 11), S. 106 ff.

tilismus wie für den Staatsschuldenskeptizismus der klassischen Nationalökonomie der ersten Hälfte des 19. Jahrhunderts[14] –, formulierte gegen Mitte des 19. Jahrhunderts zunächst *Carl Dietzel* eine erste schuldenpolitische Deckungsregel.[15] Danach sind zwar die regelmäßigen, gewöhnlichen Ausgaben zum Betrieb und zur Instandhaltung des Staatswesens und seiner Einrichtungen durch die laufend geleisteten Abgaben der Bürger aufzubringen. Diejenigen öffentlichen Ausgaben aber, die in ihrer jeweiligen Form nur einmal anfallen und einem dauerhaften Verwendungszweck, d.h. dazu dienen, das „Immaterialcapital der Nation zu erhalten oder zu erweitern", müßten durch Staatsanleihen finanziert werden.[16]

So vage die Begriffe und Kriterien der *Dietzel*schen Deckungsregel auch sein mögen, so versuchen sie doch erstmals, Maßstäbe dafür zu liefern, welche Staatsausgaben durch Kreditaufnahmen finanziert werden sollen und welche nicht. Indes erst die Arbeiten von *Adolph Wagner* erreichten dann wenig später einen solchen Grad der theoretischen Differenzierung, daß sie die schuldentheoretische wie schuldenrechtliche Entwicklung in Deutschland für viele Jahrzehnte prägen sollten. Seine Deckungsregeln gewinnt *Wagner* durch die Zuordnung von Finanzbedarfkategorien und ihnen entsprechenden Deckungsmitteln. Im einzelnen entscheidet er die Frage der „Räthlichkeit der wirklichen Benutzung des Staatscredits" dahingehend:

- Größere Ausgaben für privatwirtschaftliche Kapitalanlagen „müssen unbedingt" aus außerordentlichen Einnahmen (insbesondere durch Kreditaufnahme) bestritten werden.
- Staatswirtschaftliche Kapitalanlagen sollten „besser ... durch ordentliche Einnahmen" gedeckt werden, wenn nicht eine in jeder Beziehung unbedenkliche Anleihe zur Verfügung stehe. Die günstigen Wirkungen solcher – zeitgemäß formuliert – Investitionen seien nämlich oft schwer abschätzbar.
- Die eigentlichen außerordentlichen Ausgaben, namentlich die Kosten der Kriegsfinanzierung, sollten wenigstens teilweise steuerfinanziert werden.[17]

Später hat *Wagner* seine Deckungsregel noch weiter verschärft und die Kreditaufnahme des Staates eingegrenzt auf die Fälle der genügend rentablen (zinskostendeckenden) privatwirtschaftlichen Kapitalanlagen und auf wenige Fälle der staatswirtschaftlichen Kapitalanlagen.[18]

Was bei *Dietzel* erstmals dogmatisch erarbeitet und von *Wagner* diskussionsprägend systematisiert worden ist, findet bei *Lorenz von Stein* seine spezifische Akzentuierung: Die Formulierung einer schuldenpolitischen Deckungsregel erfüllt die Aufgabe einer gerechten Lastenverteilung zwischen Gegenwart und Zukunft.

---

[14] Nachweise bei *Höfling* (oben Fußn. 11), S. 107 ff.

[15] S. *Carl Dietzel*, Das System der Staatsanleihen im Zusammenhang der Volkswirthschaft betrachtet, 1855.

[16] A.a.O., S. 152, 187 ff., 210 ff.; vgl. auch hierzu *Heinz Haller*, Carl Dietzels Staatsanleihenkonzept aus heutiger Sicht, in: FS für W. Ehrlicher, 1985, S. 125 ff.

[17] So *Adolph Wagner*, Finanzwissenschaft (Lehr- und Handbuch der politischen Oekonomie, 4. Hauptabtheilung), Erster Theil, 3. Aufl. 1883, S. 165 ff.

[18] Siehe *Adolph Wagner*, Die Ordnung der Finanzwirtschaft und der öffentliche Kredit, in: Handbuch der politischen Ökonomie, 3. Bd. 1. Halbbd., 4. Aufl. 1897, S. 747 (786).

Schon in der zweiten Auflage seiner Finanzwissenschaft findet sich der viel zitierte Satz: „Ein Staat ohne Staatsschuld thut entweder zu wenig für seine Zukunft, oder er fordert zu viel von seiner Gegenwart"[19].

In der zweiten Hälfte des 19. Jahrhunderts setzte sich dann immer stärker eine Lehre durch, wonach „rentable" Staatsausgaben im weiteren Sinne grundsätzlich durch Krediteinnahmen zu decken seien.[20]

Weitgehend parallel zur finanzwissenschaftlichen Entwicklung verlief die juristische Staatsschuldendebatte. Nachdem bereits die frühkonstitutionellen Verfassungsurkunden rudimentäre Elemente einer schuldenpolitischen Deckungsregel enthalten hatten und die Staatsrechtslehre die *Wagner*sche Konzeption rezipiert hatte,[21] erhielten die zugrunde liegenden Ideen schließlich durch die sogenannten klassischen Grundsätze der Weimarer Verfassung ihre verfassungstextliche Weihe. Während Art. 73 der Verfassung des Norddeutschen Bundes vom 26. Juli 1867 und Art. 73 der Reichsverfassung von 1871 die staatliche Kreditaufnahme lediglich durch die Voraussetzung eines außerordentlichen Bedürfnisses materiell begrenzten, statuierte Art. 87 Abs. 1 der Weimarer Reichsverfassung schließlich, daß „im Wege des Kredits ... Geldmittel nur bei außerordentlichem Bedarf und in der Regel nur für Ausgaben zu werbenden Zwecken beschafft werden (dürfen)". Die beiden Tatbestandselemente „außerordentlicher Bedarf" und „werbende Zwecke" griffen die traditionelle Orientierung an der Planbarkeit und Wirkungsdauer der Staatsausgaben normativ auf: einmal als Zeitargument, zum anderen als Produktivitätsargument.[22]

Die Staatsrechtslehre bemühte sich indes kaum um eine nähere Konkretisierung der damit verfassungsrechtlich positivierten Deckungsregel. Nur wenige, wie der Präsident des Rechnungshofes *Saemisch*, warnten davor, durch eine erweiternde Auslegung die Begrenzungsfunktion der Regelung zu verwässern[23]. Namentlich die finanzpolitische Praxis überspielte die Verfassungsbestimmung bedenkenlos[24]. Diese Tendenz zur Entgrenzung der verfassungsrechtlichen Schuldenbestimmungen setzte sich auch unter Geltung des Grundgesetzes, das mit Art. 115 GG a. F. dogmengeschichtliche Kontinuität wahrte, fort. Ja: Die ohnehin traditionell vage Begrenzungskraft der verfassungsrechtlichen Kreditregel wurde durch eine noch „großzügigere" Konkretisierung ihrer beiden Tatbestandselemente weiter geschwächt. Begriffliche Klärungsversuche des Terminus „außerordentlicher Bedarf" wurden von führenden Kommentatoren des Haushaltsrechts als „akademisch" abgetan, da im Ernstfall ohnehin die „finanzwirtschaftlichen Tatsachen die Behandlung

---

[19] So *Lorenz von Stein*, Lehrbuch der Finanzwissenschaft, 2. Aufl. 1871, S. 666.

[20] Zum ganzen s. *Höfling* (oben Fußn. 11), S. 115 f.

[21] Siehe etwa *Johann Caspar Bluntschli*, Lehre vom modernen Staat, 2. Theil: Allgemeines Staatsrecht (5. Aufl. des 2. Bandes des Allgemeinen Staatsrechts), 1876, S. 531 f.

[22] Siehe auch *Hartwig Donner*, Verfassungsgrenzen der Staatsverschuldung, ZParl 1987, 436 (438); *Karl-Heinrich Hansmeyer*, Der Öffentliche Kredit I, 3. Aufl. 1984, S. 74.

[23] *Ernst Moritz Saemisch*, Das Staatsschuldenwesen, in: *Anschütz/Thoma* (Hrsg.), Handbuch des Deutschen Staatsrechts, 2. Band, 1932, S. 435 (438).

[24] Hierzu mit Nachw. *Höfling* (oben Fußn. 11), S. 118 ff.

des Bedarfs als außerordentlich stets rechtfertigen" würden[25]. Selbst das einzige mit der Staatsschuldenproblematik befaßte Verfassungsgericht sah sich zu einer die schuldenpolitischen Akteure auch nur annähernd disziplinierenden Auslegung außerstande. Für die vergleichbare Vorschrift des Art. 111 Abs. 1 der Saarländischen Verfassung (alte Fassung) hat der Verfassungsgerichtshof des Landes eine einengende Interpretation abgelehnt. Die Vorschrift setze voraus, daß der Staat *„vollständige (!) rechtliche Freiheit in der Gestaltung von Einnahmen und Ausgaben"* habe.[26]

Zusammenfassend wird man feststellen können, daß die verfassungsrechtliche Rezeption der eher staatsschuldenrestriktiv konzipierten *Wagner*schen Deckungslehre deren Funktion verfehlt hatte. Rechtswissenschaftliche Verformungen und finanzpolitische Manipulationen hatten den einschlägigen verfassungsrechtlichen Normen nahezu jedwede Direktionskraft genommen.[27]

III. Art. 141 Satz 1 HV im System des geltenden Staatsschuldenrechts

Vor dem Hintergrund des vorstehend skizzierten dogmengeschichtlichen Rückblicks liegt es nahe, die normative Direktionskraft der Verschuldungsregel der Hessischen Verfassung als gegen Null tendierend einzustufen. Allerdings muß berücksichtigt werden, daß die Haushaltswirtschaft der Länder trotz der in Art. 109 Abs. 1 GG verbürgten grundsätzlichen Autonomie weitgehend eingebunden ist in ein bundeseinheitliches haushaltsrechtliches System.

1. Verpflichtung auf das gesamtwirtschaftliche Gleichgewicht

Für den staatsschuldenrechtlichen Problemkontext ist insoweit auf Verfassungsebene insbesondere Art. 109 Abs. 2 bis 4 GG von Bedeutung, der die gesamtstaatliche Solidarverantwortung in haushaltswirtschaftlicher Hinsicht ermöglichen will. Dies geschieht zum einen durch die Bund und Länder gleichermaßen treffende Verpflichtung, bei ihrer Haushaltswirtschaft den Erfordernissen des gesamtwirtschaftlichen Gleichgewichts Rechnung zu tragen (Abs. 2). Darüber hinaus kommt Art. 109 Abs. 3 GG weitreichende Bedeutung zu. Danach können durch zustimmungsbedürftiges Bundesgesetz für Bund und Länder gemeinsam geltende Grundsätze für das Haushaltsrecht, für eine konjunkturgerechte Haushaltswirtschaft und für eine mehrjährige Finanzplanung aufgestellt werden. Schließlich enthält Art. 109 Abs. 4 GG die Ermächtigung an den Bund zu einschneidenden konjunkturpolitischen Zwangskoordinierungen, zu denen auch die Limitierung der Kreditaufnahme in einer gesamtwirtschaftlichen Krisensituation gehört.

---

[25] So *Friedrich Carl Vialon*, Haushaltsrecht, 2. Aufl. 1959, Art. 115 Anm. 7 (S. 236).
[26] AS 11 (1972), 164 (170) – Hervorhebungen hinzugefügt.
[27] Zum ganzen *Höfling* (oben Fußn. 11), S. 121 ff.

Unter Inanspruchnahme der Grundsatzgesetzgebungskompetenz des Art. 109 Abs. 3 GG erging das Haushaltsgrundsätzegesetz, das am 1.1.1970 in Kraft trat.[28] Es enthält zahlreiche Vorschriften staatsschuldenrechtlichen Inhalts (siehe z.B. §§ 10 Abs. 3 und 4; 12 Abs. 1 Satz 2; 13; 17; 21; 35). Doch finden sich hierunter keine Regelungen mit speziellen Begrenzungsmaßstäben für die staatliche Kreditaufnahme. Durch diesen Verzicht wollten die Reformbeteiligten verhindern, daß die Länder zur Änderung ihres Verfassungsrechts gezwungen wurden,[29] das – wie das Grundgesetz bis zur Haushaltsreform Ende der 60er Jahre – die staatliche Kreditaufnahme mittels traditioneller Deckungsregeln zu regulieren versuchte.[30]

2. *Länderspezifisches Staatsschuldenrecht*

Hieraus resultieren zum Teil erhebliche Abweichungen in den Ländern gegenüber der Rechtslage auf Bundesebene. Hier war im Zuge der großen Haushaltsreform Ende der 60er Jahre Art. 115 GG neu gefaßt worden; Abs. 1 Satz 2 der Vorschrift schreibt nun vor, daß die Einnahmen aus Krediten die Summe der im Haushaltsplan veranschlagten Ausgaben für Investitionen nicht überschreiten dürfen. Ausnahmen sind nur zulässig zur Abwehr einer Störung des gesamtwirtschaftlichen Gleichgewichts.

Nach dem Vorbild der bundesverfassungsrechtlichen Kreditbegrenzungsvorschrift haben eine Reihe von Bundesländern ihre Kreditbegrenzungsvorschriften reformiert (z.B. Baden-Württemberg, Niedersachsen, Nordrhein-Westfalen). Ein Teil der (alten) Bundesländer behielt jedoch die traditionellen Deckungsregeln bei. Hierzu zählen neben den Stadtstaaten auch Bayern und Hessen. Insoweit bewirkt die durch Art. 109 Abs. 2 GG für Bund und Länder gleichermaßen statuierte Verpflichtung auf das gesamtwirtschaftliche Gleichgewicht keine vollständige Einebnung der staatsschuldenrechtlichen Pluralität.[31] Allerdings bewirkt das einfachrechtliche Haushaltsrecht eine weitgehende Harmonisierung dadurch, daß § 18 Abs. 1 nahezu aller Landeshaushaltsordnungen[32] – so auch § 18 Abs. 1 Hessische Landeshaushaltsordnung – eine mit Art. 115 Abs. 1 Satz 2 GG übereinstimmende Regelung enthält.

3. *Der normative Ergänzungszusammenhang von Art. 109 Abs. 2 GG und Art. 141 Satz 1 HV*

Betrachtet man nunmehr das für Hessen geltende Staatsschuldenverfassungsrecht, so ergibt sich folgender normativer Ergänzungszusammenhang zwischen der un-

[28] BGBl. 1969 I, S. 1273

[29] *Werner Patzig*, Zur Problematik der Kreditfinanzierung staatlicher Haushalte, DÖV 1985, 293 (296).

[30] Vgl. hierzu *Höfling* (oben Fußn. 11), S. 404 ff.

[31] Hierzu auch *Höfling* (oben Fußn. 11), S. 410 f.

[32] Vgl. *Erwin A. Pisluch*, Bundeshaltshaltsrecht, 2. Aufl. 1996, Anhang § 18.

mittelbar geltenden bundesverfassungsrechtlichen Direktive des Art. 109 Abs. 2 GG und der landesverfassungsrechtlichen Regelung des Art. 141 Satz 1 HV:

- Eine generelle Vorgabe für jede Kreditaufnahme enthält Art. 109 Abs. 2 GG. Die Vorschrift verweist auf den jeweiligen Stand der Konjunktur als eine zentrale Kategorie der Staatsschuldenpolitik.[33]
- Zulässig ist die Kreditaufnahme allerdings nur dann, wenn ein außerordentlicher Bedarf vorliegt.[34]
- Schließlich dürfen im Regelfall, d.h. in der gesamtwirtschaftlichen Normallage, die Einnahmen aus der Kreditaufnahme die investiven Ausgaben („für werbende Zwecke") nicht übersteigen.[35]

a) Die Maßstabsfunktion des gesamtwirtschaftlichen Gleichgewichts

Art. 109 Abs. 2 GG verpflichtet die Haushaltswirtschaften von Bund und Ländern auf das gesamtwirtschaftliche Gleichgewicht. Ihm ist somit auch bei der staatlichen Kreditaufnahme Rechnung zu tragen. Die modelltheoretische Maßstabsdominanz des verfassungsrechtlichen Begriffs für jede Schuldenpolitik steht damit außer Zweifel. Doch wird sie wegen der höchst vagen Normativität der Parameter dieser Orientierungsgröße in ihrer Praxiswirkung ganz entscheidend eingeschränkt.[36] Der Begriff verweist auf ein hochkomplexes Beziehungsgeflecht im Spannungsfeld zwischen staatlicher Nachfragesteuerung und staatlicher Einflußnahme auf das volkswirtschaftliche Produktionspotential. Der Prozeßcharakter des gesamtwirtschaftlichen Gleichgewichts, die nahezu unübersehbare Vielzahl der interdependenten Zusammenhänge seiner Teilkomponenten und die hieraus resultierenden enormen Diagnose-, Prognose- und Entscheidungsschwierigkeiten kennzeichnen Art. 109 Abs. 2 GG als inhaltlich offene Zielvorgabe und Verfahrensnorm. Mit der Formulierung auf der Rechtsfolgenseite der Norm, die Haushaltswirtschaften von Bund und Ländern hätten den Erfordernissen des gesamtwirtschaftlichen Gleichgewichts lediglich „Rechnung zu tragen", berücksichtigt die Verfassung die Komplexität und Offenheit des in Bezug genommenen Sachbereichs ebenso wie die Begrenztheit des staatlichen Einflußpotentials und die Struktur des haushalts- und finanzpolitischen Entscheidungsprozesses. Die normative Direktionskraft der Verfassungsbestimmung erschöpft sich nach allem in der Anordnung, daß die gesamte Einnahme- und Ausgabepolitik auf ihre gesamtwirtschaftlichen Bedingtheiten und Folgen zu prüfen ist bzw. diese zu berücksichtigen hat.[37]

In der Konsequenz einer solchen Deutung liegt es, daß sie eine Justitiabilität der auf der Grundlage von Art. 109 Abs. 2 GG getroffenen haushaltswirtschaftlichen Maßnahmen nur in höchst eingeschränktem Maße für möglich hält. In dem vom Bundesverfassungsgericht entwickelten System abgestufter Kontrolle, das

---

[33] Hierzu im folgenden a).
[34] Hierzu im folgenden b).
[35] Hierzu im folgenden c).
[36] Hierzu und zum folgenden ausführlich *Höfling* (oben Fußn. 11), S. 224 ff.
[37] Ähnlich auch *Werner Heun*, Staatshaushalt und Staatsleitung, 1989, S. 146.

relativ grobmaschig zwischen Inhalts-, Vertretbarkeits- und Evidenzprüfungen unterscheidet,[38] korrespondiert der dem Gesetzgeber bei der Beurteilung komplexer Regelungen und Sachverhalte namentlich auf ökonomischem Gebiet eingeräumten Einschätzungsprärogative auf der Kontrollebene grundsätzlich eine verfassungsrechtliche Prüfungskompetenz mittlerer Reichweite (sogenannte Vertretbarkeitskontrolle). Indes ist die normative Direktionskraft des Art. 109 Abs. 2 GG so schwach, daß sich allein die Evidenzkontrolle als sachgerechter Maßstab verfassungsgerichtlicher Überprüfung eignet. Nur eine willkürliche und offensichtliche Mißachtung der Erfordernisse des gesamtwirtschaftlichen Gleichgewichts durch eine schuldenpolitische Entscheidung etwa des Landeshaushaltsgesetzgebers kann danach vom Staatsgerichtshof mit dem Verdikt der Verfassungswidrigkeit belegt werden.[39]

Mit anderen Worten: Die bundesverfassungsrechtlichen Vorgaben für die Schuldenpolitik des Landes vermögen normative Steuerungskraft kaum zu entfalten.

b) Kreditaufnahme nur bei „außerordentlichem Bedarf"

Auch die Voraussetzung des Art. 141 Satz 1 HV, wonach die Beschaffung von Geldmitteln im Wege des Kredits nur bei außerordentlichem Bedarf erfolgen darf, engt den schuldenpolitischen Handlungsspielraum des Haushaltsgesetzgebers kaum ein. Der dogmenhistorische Rückblick auf diesen Zeitaspekt klassischer Deckungsregeln[40] hat die mangelnde Direktionskraft dieses Tatbestandselements bereits vor Augen geführt. *Albert Schäffles* Diagnose aus dem Jahre 1883, daß bei „Finanzpraktikern ... die Identification der außerordentlichen Bedarfe mit den *thatsächlich* ausserordentlich gedeckten Bedarfen sehr nahe" liege[41], ist ohne größere Abstriche auf die Finanzpolitik unter der Geltung des Art. 87 der Weimarer Reichsverfassung und des Art. 115 GG a. F. übertragbar. Mit Aufgabe des überkommenen haushaltssystematischen Dualismus von ordentlichem und außerordentlichem Haushalt muß der Begriff „außerordentlicher Bedarf" als weitgehend obsolet gelten.[42] Mehr als das vage Verbot, laufende oder in kürzeren Abständen wiederkehrende Ausgaben über eine Kreditaufnahme zu finanzieren, läßt sich dem Begriff nicht entnehmen.[43] Aber selbst dieses Verbot wird dadurch relativiert, daß wegen der durch Art. 109 Abs. 2 GG vorgenommenen Verpflichtung auf den gesamtwirtschaftlichen Prozeß auch solche Ausgaben zum außerordentlichen Bedarf zu zählen sind, die das Land im Rahmen etwa einer passiven konjunkturellen Schuldenpolitik leistet.[44] Das

---

[38] Grundlegend BVerfGE 50, 290 (322 ff.).

[39] Ausführlich hierzu *Höfling* (oben Fußn. 11), S. 243 ff.; in der Sache übereinstimmend etwa *Mahrenholz*, in: AK-GG, 2. Aufl. 1989, Art. 109 Rdnr. 30; *Peter Badura*, Staatsrecht, 1985, I 84.

[40] Dazu oben bei Fußn. 25.

[41] *Albert Schäffle*, Zur Theorie der Deckung des Staatsbedarfes, Zeitschrift für die gesamten Staatswissenschaften 39, 1883, 273 (283).

[42] So auch der Präsident des Hessischen Rechnungshofes *Udo Müller*, Investitionen und verfassungsmäßige Verschuldungsgrenze, DÖV 1992, 1005 (1006).

[43] Siehe auch *v. Zezschwitz* (oben Fußn. 12), Art. 141 Erl. IV 2.

[44] Ähnlich *v. Zezschwitz*, a.a.O.

aus Art. 109 Abs. 2 GG folgende Verbot einer fiskalischen Parallelpolitik gebietet es sogar, in Zeiten des Konjunkturabschwungs zur Aufrechterhaltung des regulären Ausgabenniveaus Kreditmittel zu beschaffen.[45]

c) Die Summe der Investitionsausgaben als Regelgrenze für die haushaltsjährliche Nettokreditaufnahme

Vor diesem Hintergrund ist um so nachhaltiger auf eine hinreichende Konkretisierung des verbleibenden kreditbegrenzenden Tatbestandsmerkmals des Art. 141 Satz 1 HV zu dringen. Zwar hat sich auch die Formulierung „Ausgaben zu werbenden Zwecken" dogmengeschichtlich betrachtet als Tatbestandselement mit kaum greifbarem Direktionsgehalt erwiesen.[46] Anders aber als der mit dem Wegfall der alten Haushaltssystematik obsolet gewordene Terminus „außerordentlicher Bedarf" kann der Begriff des werbenden Zwecks aus dem verfassungssystematischen Kontext heraus normzweckadäquat ausgelegt werden. Bei der gebotenen gesamtwirtschaftlichen Deutung der Verfassungsvorschrift, wie sie durch die Verpflichtung auch der Haushaltswirtschaft – und damit der Schuldenpolitik – der Länder auf das gesamtwirtschaftliche Gleichgewicht (Art. 109 Abs. 2 GG) vorgegeben wird, läßt sich der Begriff der Ausgaben für werbende Zwecke sinnvollerweise nur als „Investitionsausgaben" auslegen.[47] Auch der Hessische Landesrechnungshof versteht die für den Regelfall geltende Kredithöchstgrenze des Art. 141 Satz 1 HV in diesem Sinne.[48] Dem entspricht im übrigen die einfachrechtliche Bestimmung des § 18 Abs. 1 Satz 2 der hessischen Landeshaushaltsordnung. Im Ergebnis ist somit die Verfassungsbestimmung des Art. 141 Satz 1 HV im wesentlichen übereinstimmend mit der bundesverfassungsrechtlichen Junktimklausel des Art. 115 Abs. 1 Satz 2 1. HS GG zu deuten.

aa) Ökonomischer Sinngehalt und Substanz der Kreditbegrenzungsregel

Die landesverfassungsrechtliche Regelung teilt damit aber auch das Schicksal der schwierigen Konkretisierung mit der bundesverfassungsrechtlichen Parallelnorm.[49] Die Verknüpfung von haushaltsjährlicher Kreditaufnahme und investiven Staatsausgaben beruht auf der Vorstellung, die mit einer kreditären Staatsfinanzierung verbundene Belastung zukünftiger Perioden bzw. späterer Generationen müsse durch entsprechende zukunftsbegünstigende Ausgaben kompensiert werden. Hebt man die Begrenzungsfunktion der Verfassungsnorm hervor, so läßt sich for-

---

[45] Siehe hierzu schon *Wolfram Höfling*, Verfassungsfragen einer kreditfinanzierten Konjunkturpolitik, in:*Peter/Rhein* (Hrsg.) Wirtschaft und Recht, 1989, S. 9 (25 f.); zustimmend etwa *Karl-Heinrich Friauf*, Staatskredit, in: *Isensee/Kirchhof* (Hrsg.), Handbuch des Staatsrechts, IV, 1990, § 91 Rdnr. 34 f.

[46] Siehe dazu bereits oben bei Fußn. 22 ff.

[47] Im Ergebnis übereinstimmend *v. Zezschwitz* (oben Fußn. 12), Erörterung VI 3 zu Art. 141.

[48] Siehe etwa Bemerkungen 1994 des Hessischen Rechnungshofs zur Haushalts- und Wirtschaftsführung mit Bemerkungen zur Landeshaushaltsrechnung 1993, in: Hessischer Landtag, Drucks. 14/176, S. 28, Tz. 29.

[49] Zu dieser ausführlich *Höfling* (oben Fußn. 11), S. 158 ff.

mulieren: Der Staatskredit darf höchstens im Umfang der Ausgaben mit zukunftbegünstigendem Charakter in Anspruch genommen werden.[50] Der Konzeption der Verfassungsbestimmung liegt damit die Annahme einer intertemporalen Verteilungswirkung der Kreditfinanzierung zugrunde; Staatsverschuldung hat die Funktion einer „Zeitmaschine".[51]

Die Frage, worin die zu kompensierende Zukunftsbelastung der staatlichen Kreditaufnahme bestehe, läßt sich in Übereinstimmung mit der makroökonomischen Perspektive der Verfassungsvorschrift wie folgt beantworten: In einer wirtschaftlichen „Normallage" kann sich der Staat die Ressourcen zur Finanzierung seiner Aufgaben nur zu Lasten entweder des privaten Konsums oder der privaten Investitionen verschaffen. Stehen ihm nun zwei unterschiedliche Finanzierungsinstrumente zur Verfügung, von denen das eine stärker den privaten Konsum, das andere aber stärker die privaten Investitionen verdrängt, so hat die Art der Finanzierung eine Differentialwirkung auf die Höhe des an die Zukunft weitergegebenen Kapitalstocks. Der sogenannte aggregate investment approach, ein weit verbreiteter Erklärungsansatz der Nationalökonomie, geht nun davon aus, daß sich die Steuerfinanzierung der Staatsausgaben negativ auf den privaten Konsum auswirkt, während durch die Kreditaufnahme des Staates privates Anlagekapital in Anspruch genommen wird, auf diese Weise also private Investitionen zurückgedrängt werden (crowding out). Die in die Zukunft verschobene „Last" ist somit bei der staatlichen Kreditfinanzierung ein geringerer Kapitalstock, ein ermäßigtes Wachstum des Volkseinkommens und damit eine Einbuße an künftigen Konsummöglichkeiten.[52]

Nach Maßgabe des ökonomischen Sinngehalts der Verfassungsbestimmung läßt sich der Begriff „Einnahmen aus Krediten" (Art. 115 Abs. 1 Satz 2 1. HS GG) bzw. „im Wege des Kredits beschaffte Geldmittel" (Art. 141 Satz 1 HV) im Sinne einer Nettokreditaufnahme am Kapitalmarkt bestimmen. Nur diese bewirkt eine Zukunftsbelastung. Kreditoperationen, die lediglich der Umschuldung bzw. Prolongation von älteren Schuldaufnahmen dienen, fallen nicht unter die Verfassungsbestimmung. Dies entspricht der einhelligen Auffassung.[53] Dementsprechend ist allerdings auch der Begriff der Investitionsausgaben bzw. Ausgaben für werbende Zwecke im Sinne einer Nettobetrachtung zu konkretisieren. Damit das staatsschuldenrechtliche Lastenausgleichsprinzip funktioniert, muß ein Entsprechungsverhältnis zwischen „Last" und „Nutzen" bestehen. Der Investitionsbegriff muß

---

[50] So zu Art. 115 Abs. 1 S. 2 1. HS GG ausdrücklich BVerfGE 79, 311 (334); übereinstimmend etwa *Paul Henseler*, Verfassungsrechtliche Aspekte zukunftsbelastender Parlamentsentscheidungen, AöR 109 (1983), 489 (511); *Hans Herbert v. Arnim/Dagmar Weinberg*, Staatsverschuldung in der Bundesrepublik Deutschland, 1986, S. 108; *Friauf* (oben Fußn. 43), § 91 Rdnr. 45.

[51] Siehe auch *Thies Thormählen*, Ist die Staatsverschuldung eine „Zeitmaschine"?, Konjunkturpolitik 26 (1980), 77 ff.

[52] Siehe etwa die Darstellung bei *Otto Gandenberger*, Theorie der öffentlichen Verschuldung, in: Handbuch der Finanzwissenschaft, Bd. III, 3. Aufl. 1981, S. 3 (31 f.); *Arnim Bohnet*, Finanzwissenschaft: Staatliche Verteilungspolitik, 1989, S. 132 f.; *Rudi Kurz/Lothar Rall*, Interpersonelle und intertemporale Verteilungswirkung und öffentliche Verschuldung, 1983, S. 137 ff.

[53] Siehe nur *Höfling* (oben Fußn. 11), S. 172 ff. m. w. Nachw.

also im Sinne einer lastadäquaten Kompensationsgröße interpretiert werden.[54] Ebenso wie die wachstumsmindernde Zukunftsbelastung nur von der Nettokreditaufnahme ausgeht, kann ein über die laufende Periode hinausreichender positiver Wachstumseffekt allein von Nettoinvestitionen bewirkt werden.[55] Bloße Ersatzinvestitionen können – das ist eine entscheidende Konsequenz des staatsschuldenrechtlichen Investitionsbegriffs bzw. des Begriffs der Ausgaben für werbende Zwecke – bei der Berechnung der Kreditbegrenzungsregel nicht berücksichtigt werden.

bb) Verfassungswidrige Haushaltspraxis

Diesen verfassungsunmittelbaren Vorgaben für die Konkretisierung des Begriffs der Investitionsausgaben bzw. Ausgaben für werbende Zwecke wird die haushaltsrechtliche Praxis in keiner Weise gerecht. Nachdem das Bundesverfassungsgericht in seinem Grundsatzurteil zur Staatsverschuldung aus dem Jahre 1989 eine gesetzliche Regelung verlangt hatte, welche den Investitionsbegriff so präzisieren sollte, „daß er seiner Funktion möglichst gerecht werden kann, einer Staatsverschuldung vorzubeugen, die den Bundeshaushalt für die Zukunft zu stark belastet“[56], haben sich der Bundestag ebenso wie die Parlamente der Länder damit begnügt, die bisher in Verwaltungsvorschriften (sog. Gruppierungsplan) niedergelegte Begriffsabgrenzung auf parlamentsgesetzlicher Ebene festzuschreiben.[57]

Von der Größenordnung her eher sekundär sind dabei die zahlreichen Ungereimtheiten und Fragwürdigkeiten der Veranschlagungspraxis im Detail.[58] Dazu gehört etwa der Rückgriff auf das sog. Schwerpunktprinzip. Danach dürfen Ausgabenansätze, aus denen sowohl investive als auch nichtinvestive Ausgaben geleistet werden können, insgesamt als investiv behandelt und damit voll in die Berechnung der Kreditobergrenze einbezogen werden, wenn die investiven Elemente nur überwiegen. Völlig willkürlich ist auch die Handhabung der Wertgrenzen bei der Veranschlagung. Bei der Überschreitung von – in den einzelnen Ländern unterschiedlich gehandhabten – Grenzwerten mutieren konsumtive Ausgaben zu Investitionsausgaben. Durch die Bündelung mehrerer Einzelbeschaffungen wird so die Investitionsquote und damit zugleich der Verschuldungsrahmen erhöht.[59]

---

[54] Hierzu ausführlich *Höfling* (oben Fußn. 11), S. 188 ff.; im wesentlichen zustimmend (der Leiter der Präsidialabteilung und Prüfungsgebietsleiter im Landesrechnungshof Nordrhein-Westfalen) *Hans-Hermann Bücker/Uwe Michalke*, Von der Investitionssume zur Kredithöchstgrenze. Zur Korrektur einer fragwürdigen Berechnungspraxis im Anwendungsbereich von Art. 115 GG, Verwaltung und Management 1996, 156 (158).

[55] In diesem Sinne schon Wissenschaftlicher Beirat beim BMF, Gutachten zum Begriff der öffentlichen Investitionen, 1980, S. 44 f., 48; ferner etwa Sachverständigenrat zur Begutachtung der gesamtwirtschaftlichen Entwicklung, Jahresgutachten 1990/91, in: BT-Drucks. 11/8472, Tz. 351; Landesrechnungshof Nordrhein-Westfalen, Jahresbericht mit Ergebnissen der Prüfung im Geschäftsjahr 1990/91, S. 35 ff.

[56] BVerfGE 79, 311, 354 f.

[57] Zu diesem Affront *Höfling* (oben Fußn. 11), S. 207 ff.; von minimalistischer Umsetzung des Auftrags des Bundesverfassungsgerichts spricht *Müller*, DÖV 1992, 1005 (1009).

[58] Hierzu etwa *Müller*, DÖV 1992, 1005 ff.

[59] Zur Kritik aus jüngster Zeit namentlich *Bücker/Michalke* (oben Fußn. 54), S. 158 f.

Von erheblich größerer Bedeutung ist aber, daß die gesetzliche „Präzisierung" des Investitionsbegriffs im Blick auf seine verfassungsrechtlich fundierte Kreditbegrenzungsfunktion schon im Grundansatz verfehlt ist. Dies gilt namentlich für das Abstellen auf die Bruttoinvestitionen.[60] Die hiermit thematisierte Problematik wird anschaulich durch ein Beispiel, das der Nordrhein-Westfälische Rechnungshof in seinem Jahresbericht 1990/91 gebildet hat.[61] Beschafft ein Land im Jahre X einen Dienstwagen, so geht die betreffende Ausgabe in die Berechnung der Kreditobergrenze ein. Bei Zugrundelegung der realistischen Annahme, daß die effektive Kreditaufnahme des Landes nahe der verfassungsrechtlichen Höchstgrenze liegt, wird man sagen können, daß dem Dienstwagen Ende des betreffenden Jahres ein etwa dem Anschaffungswert entsprechender Kreditbetrag gegenübersteht. Im Endeffekt ist das Fahrzeug kreditfinanziert. Der auf das Fahrzeug entfallende Anteil des Schuldenstandes des Landes wird angesichts der seit zwei Jahrzehnten andauernden permanenten Nettokreditaufnahme verzinst, aber nicht getilgt. Wird der Wagen nach drei bis vier Jahren ausgemustert, so wiederholt sich der geschilderte Vorgang bei der Ersatzbeschaffung. Finanziell betrachtet, tritt zu dem Zinsaufwand für das ausgemusterte Fahrzeug nun der Zinsaufwand für das neue Fahrzeug hinzu. Nach ca. 10 Jahren „laufen" bereits drei verzinsliche Kredite, aber immer nur ein Fahrzeug. Mit anderen Worten: Der Steuerzahler des Jahres X plus 10, der für die Zinsen aufzukommen hat, zahlt Zinsen für Nutzungen, die längst nicht mehr vorhanden sind.[62]

Auch wenn man gewisse Bewertungsschwierigkeiten hinsichtlich der notwendigen Abschreibungen berücksichtigt, ist offenkundig, daß ein Investitionsbegriff, wie er von der Haushaltspraxis dem Haushaltsrecht zugrundegelegt wird, dem verfassungsrechtlichen Gebot der Lastadäquanz in keiner Weise gerecht zu werden vermag.[63] Um welche Größenordnung es sich handelt, wird deutlich aus einer Untersuchung des Rechnungshofs der Freien und Hansestadt Hamburg. Dieser hat beispielhaft den Werteverzehr bei staatlichen Investitionen für den Zeitraum 1970 bis 1992 berechnet und als Ergebnis festgestellt, daß „der Zeitwert aller kreditär finanzierten Investitionen seit 1970 lediglich etwa 45 % der fortbestehenden Verschuldung beträgt"[64].

Ohne das Problem hier noch weiter zu vertiefen, kann doch in Übereinstimmung mit dem Urteil erfahrener Rechnungshofpraktiker festgehalten werden: Eine verfassungskonforme Investitionsveranschlagungspraxis ergäbe „eine deutlich verengte Kreditobergrenze, die rechtsnormativ den Fluß der Kreditaufnahme in ein erheblich engeres Bett lenken würde, als es der bisherige Investitionsbegriff vermocht hat"[65].

---

[60] Zur Kritik näher *Höfling* (oben Fußn. 11), S. 187 ff.

[61] Siehe Jahresbericht 1990/91, S. 37. Das Beispiel wird seither von verschiedenen anderen Rechnungshöfen gern zitiert.

[62] Das Beispiel ist wiederholt bei *Bücker/Michalke* (oben Fußn. 54), S. 161.

[63] Dazu *Höfling* (oben Fußn. 11), S. 188; zustimmend *Bücker/Michalke* (oben Fußn. 54), S. 161.

[64] Jahresbericht 1994, S. 20 ff.

[65] So *Bücker/Michalke* (oben Fußn. 54), S. 157.

cc) Exkurs: Bindung an die Kreditobergrenze in der Haushaltsplanung und im Haushaltsvollzug

Die bei problemadäquater Verfassungskonkretisierung zumindest relativ wirksame Kreditbegrenzungsregel des Art. 141 Satz 1 HV, § 18 Abs. 1 Satz 1 LHO[66] gilt nicht nur für die Planaufstellung, sondern auch für den Haushaltsvollzug. Hierauf hat der Hessische Rechnungshof – und im Blick auf Art. 115 Abs. 1 Satz 2 1.HS GG vorher bereits der Bundesrechnungshof – in seinen Bemerkungen 1995 zu Recht in einer ausführlichen Begründung hingewiesen.[67] Die Landesregierung hat in ihrer Stellungnahme diese Ausführungen lediglich als einen „konstruktive Diskussionsbeitrag" gewürdigt, aber zum Ausdruck gebracht, daß sie an ihrer abweichenden Rechtsauffassung, wonach die Kredithöchstgrenze nicht für die Frage des Haushaltsvollzuges gelte, festhalten wolle.[68] Diese Rechtsauffassung beruht indes auf einer unzutreffenden Interpretation der einschlägigen (verfassungs-)rechtlichen Regelungen.

Für die vom Bundesrechnungshof und vom Hessischen Rechnungshof vertretene Auffassung[69] sprechen im wesentlichen und entscheidend teleologische Auslegungsgesichtspunkte, die die Begrenzungsfunktion der hier einschlägigen staatsschuldenrechtlichen Normen in den Mittelpunkt rücken. Die normative Begrenzungsintention der Verfassung wird erheblich geschwächt, wenn sich die Exekutive geradezu beliebig über die Bindung der Nettokreditaufnahme an die Investitionssumme hinwegsetzen könnte: Je unseriöser die Veranschlagungen durch den Haushaltsgesetzgeber, desto freier die Politik der Regierung. Die legitimatorische Idee der Akzessorietät von Nettokreditaufnahmen und Investitionsausgaben könnte in der Praxis zunichte gemacht werden. Nur wenn das Kreditlimit den Haushaltsvollzug einschließt, wird die verfassungsrechtliche Disziplinierung der Staatsschuldenpolitik effektiv.[70]

IV. Schlußbemerkungen

Ein realistisches Resümee kommt an der Feststellung nicht vorbei, daß das geltenden Staatsschuldenrecht in seiner herrschenden Auslegung für die hessische Finanzpolitik kaum wirksame Grenzen markiert:

---

[66] Die nach den vorstehenden Darlegungen unter a) und b) auch die einzige normative Grenze ist, die rechtspraktische Bedeutung erlangen könnte.

[67] Bemerkung 1995, in: LT-Drucks. 14/16390, S. 39 ff.

[68] A.a.O.

[69] Hierzu auch *Rudolf Kriszeleit/Jörg Molthen*, Kredithöchstgrenze und Haushaltsvollzug, DÖV 1995, 461 ff.; *Susanne Tiemann*, Die verfassungsrechtliche Kreditobergrenze im Haushaltsvollzug, DÖV 1995, 632 ff.; *Udo Müller*, Die Geltung der verfassungsrechtlichen Kredithöchstgrenze des Art. 115 Abs. 1 S. 2 GG im Haushaltsvollzug, DÖV 1996, 490 ff.; *Josef Isensee*, Staatsverschuldung im Haushaltsvollzug, DVBl. 1996, 174 ff.; zum Problem auch schon *Höfling* (oben Fußn. 11), S. 340 ff. m. w. Nachw.

[70] Die Argumentation nochmals zusammenfassend *Josef Isensee*, Schuldenbarriere für Legislative und Exekutive, in: Festschrift für Karl-Heinrich Friauf, 1996, S. 705 (719 ff.).

- Zum einen vermögen seine Maßstabsgrößen („gesamtwirtschaftliches Gleichgewicht“, „außerordentlicher Bedarf“) der staatlichen Kreditaufnahme lediglich Willkürgrenzen zu ziehen, deren Überschreitung durch den Staatsgerichtshof allein bei Evidenz konstatiert werden könnte.
- Zum anderen unterläuft eine – im Bund wie in allen Ländern gleichermaßen praktizierte – verfassungswidrige Konkretisierung des Begriffs der Ausgaben für werbende Zwecke/Investitionsausgaben die einzige normative Schuldengrenze, die rechtspraktische Bedeutung erlangen könnte.

Da offenkundig keine relevante politische Kraft ein Interesse daran hat, durch die Einleitung eines Normenkontrollverfahrens eine erneute verfassungsgerichtliche Prüfung der staatsschuldenpolitischen Praxis herbeizuführen, bleibt nur der Appell an die jeweils zuständigen Gesetzgeber, durch eine Präzisierung der normativen Vorgaben für die staatliche Kreditaufnahme die Steuerungskraft des geltenden Staatsschuldenrechts zu erhöhen. Möglicherweise geht von dem Konsolidierungszwang, der mit der angestrebten Wirtschafts- und Währungsunion verknüpft ist, ein entscheidender Anstoß zu einem solchen Schritt aus. Die innerstaatliche Umsetzung der gemeinschaftsrechtlichen Vorgaben bedarf zum einen der Verfassungsänderung,[71] zum anderen aber auch konkretisierender Bestimmungen im einfachen Recht. Dabei sollten dann endlich auch die Regelungsaufträge aufgegriffen und erfüllt werden, die das Bundesverfassungsgericht in seinem Staatsschuldenurteil von 1989, aber auch in seiner Entscheidung zum Länderfinanzausgleich aus dem Jahre 1992 formuliert hat. Darin hat es ausgeführt, Bund und Länder seien verfassungsrechtlich verpflichtet, ihre Haushaltspolitik so zu gestalten, daß sie nicht die Fähigkeit zu einem konjunkturgerechten Haushaltsgebaren und zu konjunktursteuerndem Handeln verlieren. „Normative Vorkehrungen hiergegen ... sind daher durch Art. 109 Abs. 2 GG nicht nur nahegelegt, sondern geboten“[72].

[71] Hierzu bereits *Wolfram Höfling*, Verfassungsrechtliche und gemeinschaftsrechtliche Zentralfragen der Staatsverschuldung, Staatswissenschaften und Staatspraxis 1995, 421 (437 ff.); demgegenüber geht ein im Juni 1996 vorgelegtes Diskussionspapier des BMF davon aus, eine Verfassungsänderung sei entbehrlich (s.o. Fußn. 3).

[72] BVerfGE 86, 148 (266).

III.

ERHARD DENNINGER

Zum Verhältnis von Landesverfassung und Bundesrecht

I.

Die Verfassung des Landes Hessen, die erste und älteste der noch geltenden deutschen Nachkriegsverfassungen, markiert schon in ihrer Präambel den Wiederbeginn einer *demokratischen* und *föderalen* Verfassungsstaatlichkeit in Deutschland: Hessen verfaßt sich „als Gliedstaat der Deutschen Republik", die nur als „demokratisches Gemeinwesen eine Gegenwart und Zukunft" haben könne.[1] Die Fünfzigjahr-Feier der Verfassung 1996 fällt in eine Epoche intensivierter Besinnung auf Chancen und Funktionsweisen der „Eigenstaatlichkeit" der Bundesländer, ein Vorgang, der durch die manifeste Krise des parteien- und staatsbürokratischen Zentralismus in Italien, durch die theatralische Proklamation einer „unabhängigen, föderalen Republik Padanien" in Venedig[2] einen besonderen Akzent erhält.

In Deutschland hat das wiedererwachte Interesse an Landesverfassungsrecht und Landeskompetenzen angebbare, konvergierende Ursachen: Zum einen hat der mit der Herstellung der deutschen Einheit angestoßene Prozeß der Verfassungsgebung in den neuen Bundesländern insbesondere auf dem Felde der Grundrechtsgewährleistungen und der Staatszielbestimmungen eine Fülle von neuen Ideen hervorgebracht, in denen das neue Verfassungsbewußtsein auch landesspezifischen Ausdruck finden konnte.[3] Es ist zu früh, ein verallgemeinerndes Urteil über die konkrete „juristische" Tragweite und Durchschlagskraft dieser neuartigen „Verfassungsphantasie" zu wagen,[4] aber sicherlich geht es um mehr als nur um „folkloristische Nischen" der Grundrechtsevolution.[5] Zum zweiten hat der institutionelle Ausbau der Landesverfassungsgerichtsbarkeit in den (neuen) Bundesländern mit Verfassungsbeschwerde- und Normenkontrollverfahren zahlreiche Zweifelsfragen sowohl der Grenzen der Jurisdiktionsgewalt als auch der Normenauslegung und der bun-

---

[1] Die nur um einen Tag jüngere Verfassung des Freistaates Bayern vom 2. Dezember 1946 beginnt mit den Charakterisierungen Bayerns als Freistaat, Volksstaat, Rechts-, Kultur- und Sozialstaat, Art. 1, 2 und 3. Die Bundesstaatlichkeit wird erst in den Schluß- und Übergangsbestimmungen, Art. 178, angesprochen. Die Verfassung des zuerst durch die Proklamation Nr. 2 der US-Militärregierung (General *Dwight D. Eisenhower*) vom 19. September 1945 (ebenso wie Groß-Hessen und Bayern) gebildeten und dann durch Verfassungsgebung bekräftigten Landes Württemberg-Baden datiert zwar schon vom 24. Nov. 1946 (RegBl. 1946, S. 277 ff.), wurde dann aber 1953 durch die Bildung des Landes Baden-Württemberg abgelöst.

[2] Am 15.9.1996 durch den demagogischen Anführer der Lega Nord, *Umberto Bossi.*

[3] Vgl. dazu, Sachsen betreffend, auch *Isensee*, Chancen und Grenzen der Landesverfassung im Bundesstaat, SächsVBl. 1994, 28 ff.

[4] Vgl. *meinen* Analyseansatz in: Menschenrechte und Grundgesetz, 1994, bes. S. 23 ff.

[5] Vgl. aber *Isensee*, a.a.O., 30.

desstaatlichen Normenhierarchie aufkommen lassen. Wichtige oder stark beachtete Entscheidungen von Landesverfassungsgerichten – der „Honecker-Beschluß" des Berliner Verfassungsgerichtshofes vom 12.1.1993[6] und das Urteil des Verfassungsgerichtshofes des Freistaates Sachsen vom 14.5.1996 im Normenkontrollverfahren zum Sächsischen Polizeigesetz i.d.F. vom 24.5.1994[7] seien hier beispielhaft genannt – haben die Fachdiskussion kräftig stimuliert. Drittens hat der mit dem Vertrag über die Europäische Union am 7. Februar 1992 vollzogene weitere Integrationsschritt die Länder aufgeschreckt und sie um die Erhaltung ihrer Staatlichkeit fürchten lassen. Das Gesetz über die Zusammenarbeit von Bund und Ländern in Angelegenheiten der Europäischen Union vom 12. März 1993[8] ist nur eine erste, prozedurale Reaktion auf die veränderten europäischen Rahmenbedingungen. Die Auswirkungen der Rechtsprechung des Europäischen Gerichtshofs auf Landesverfassungs- und -gesetzesrecht zumal in landesunterschiedlich sich entwickelnden Rechtsgebieten harren noch der juristischen Feinarbeit. Viertens schließlich spielt die Frage der Zuordnung von Bundes- und Landesverfassungsgerichtsbarkeit auch im Sinne einer arbeitsteiligen Kooperation in der Reformdiskussion zur Entlastung des an die Grenzen seiner Arbeitskapazität gelangten Bundesverfassungsgerichts eine erhebliche Rolle. Freilich darf eine wie auch immer ausgestaltete „Kooperation" – man denkt dabei ohne weiteres an das vom Bundesverfassungsgericht postulierte „Kooperationsverhältnis" auf der nächsthöheren Integrationsstufe, nämlich zwischen diesem und dem Europäischen Gerichtshof[9] – nicht dazu führen, daß Landesverfassungsgerichte sich „zu bloßen Vorschaltinstanzen des BVerfG degradieren".[10] Damit würde der ursprüngliche, im Parlamentarischen Rat 1949 zum Ausdruck gekommene Sinn der Aufnahme des Art. 142 in das Grundgesetz in sein Gegenteil verkehrt: die Erhaltung eines eigenständigen *Grundrechtsschutzsystems* auf Landesebene, mindestens dort, wo es vorgrundgesetzlich schon etabliert war.[11]

II.

Wer sich an dem Unternehmen beteiligt, das Landesverfassungsrecht, sei es in Hessen oder andernorts, vollends aus seinem Dornröschenschlaf zu wecken, muß

---

[6] BlnVerfGH VerfGH 55/92, JZ 1993, 259 u.a.; Literaturnachweise dazu bei *Poscher*, Landesgrundrechte und Bundesrecht, NJ 1996, 351, Fn. 5, ferner: *Koppernock* und *Staechelin*, Zur Debatte um Landesverfassungsbeschwerden gegen strafrichterliche Entscheidungen, StV 1993, 433 ff. m. zahlr. Nachw.

[7] Vollständiger Abdruck in SächsVBl. 1996, 160 ff.; LKV 1996, 273; dazu: *Paeffgen*, Polizeirecht und Grundrechtsschutz, NJ 1996, 454 ff.; *Bäumler*, Verfassungsrechtliche Prüfung des Sächsischen Polizeigesetzes, NVwZ 1996, 765.

[8] BGBl. I S. 313.

[9] Vgl. BVerfGE 89, 155, 175. Zur Kritik vergl. *E. Denninger*, JZ 1996, 585, 589, Fn. 36 m. w. Hinw.

[10] *R. Poscher*, Landesgrundrechte und Bundesrecht, NJ 1996, 351, 355.

[11] Zur „Entlastungsdiskussion" vgl. außer *Poscher*, a.a.O., jetzt *M. Schulte*, Zur Lage und Entwicklung der Verfassungsgerichtsbarkeit, DVBl. 1996, 1009, 1017. Aufsehen erregt hat die kritische Bilanz von *E.-W. Böckenförde*, Dem Bundesverfassungsgericht droht der Kollaps, Frankfurter Allgemeine Zeitung Nr. 120 vom 24. Mai 1996, S. 8.

damit rechnen, gleich vielen anderen in dem juristischen Dornengestrüpp, welches das Schloß umgibt, hängen zu bleiben und jämmerlich umzukommen.[12]

Die Intensität der Kritik, die zuweilen in der Diskussion aufkommt, mag als Indiz dafür gelten, daß hier sensible Fragen im Spiele sind, die jeweils das Grundverständnis von Bundesstaatlichkeit berühren. Die Auseinandersetzung um den erwähnten Beschluß des Berliner Verfassungsgerichtshofs machte dies deutlich, zumal das Gericht, kurz gesagt, erst ein in der Landesverfassung nicht geschriebenes Grundrecht aus der Bundesverfassung in die Landesverfassung „hineinprojizierte", um sodann die Anwendung von *Bundes*recht, nämlich der Strafprozeßordnung, durch Landesgerichte an dem *Landes*grundrecht zu messen. Die offenkundige Divergenz dieses Vorgehens zu einer gefestigten Rechtsprechung sowohl des Hessischen Staatsgerichtshofs als auch des Bayerischen Verfassungsgerichtshofs, die bei aller Differenzierung im einzelnen insgesamt als „bundesfreundlicher" bezeichnet werden kann, wurde teilweise als Provokation empfunden.[13] Und ein gestärktes „Verfassungsselbstbewußtsein" kommt in dem Vorlagebeschluß des Sächsischen Verfassungsgerichtshofs vom 21.9.1995[14] gemäß Art. 100 Abs. 3 GG zum Ausdruck, der vom Bundesverfassungsgericht nun endgültig geklärt wissen will, daß er – ebenso wie andere Landesverfassungsgerichte – durch Art. 31 GG nicht daran gehindert ist, Akte der Landesstaatsgewalt, die auf der Anwendung gerichtlichen Verfahrensrechts des Bundes beruhen, jedenfalls dann an der sächsischen Landesverfassung und an ihren Grundrechten zu messen, wenn diese den gleichen Inhalt haben wie entsprechende Gewährleistungen des Grundgesetzes.

III.

Will man im Dickicht der Einzelprobleme die Orientierung nicht verlieren, muß man sich auf die Bedeutung der Grundregeln, mit welchen das Grundgesetz das Bund-Länder-Verhältnis ordnet, besinnen. Hier kommen zunächst die *Kompetenzverteilungsnormen,* wie sie in den Artikeln 30, 70 ff., 83 ff., 92 ff., 104 a, 105 GG für die zentralen Staatsfunktionen statuiert sind, in den Blick. Sodann ist die Aufmerksamkeit auf die Normen *inhaltlicher Bindung* und der *Homogenitätssicherung* zu richten. Und erst dann kommt, falls wirklich ein Fall „echter" Normenkollision im Bund-Landes-Verhältnis vorliegt, die *Kollisionsregelung* in Be-

---

[12] Und dies nicht deshalb, weil der Dornröschenschlaf, folgt man den Brüdern Grimm, 100 Jahre und nicht nur 50 dauern muß, vgl. *H. Brackert,* Das große deutsche Märchenbuch, 1994, S. 190 f.

[13] Zur Rechtsprechung des HessStGH vergl. nur die Entscheidungen P.St. 862, ESVGH 30, 1 ff.; P.St. 908, ESVGH 31, 161; P.St. 924, ESVGH 31, 174; P.St. 982, ESVGH 24, 12; bis P.St. 1181, StAnz. 1994, 1488, 1490. Zur Rechtsprechung des BayVerfGH und zum ganzen Problemkreis vgl. die ausführliche Darstellung mit Nachweisen bei *K.-G. Zierlein,* Prüfungs- und Entscheidungskompetenzen der Landesverfassungsgerichte bei Verfassungsbeschwerden gegen landesrechtliche Hoheitsakte, die auf Bundesrecht beruhen oder in einem bundesrechtlich geregelten Verfahren ergangen sind, AöR 120 (1995), 205 ff., 209 ff.

[14] NJW 1996, 1736.

tracht. Über die föderale *Aufteilung der Kompetenzen* für Gesetzgebung, Verwaltung, Rechtsprechung usw. ist hier, von zwei Ausnahmen abgesehen, nicht zu reden:

1. Weder das Grundgesetz noch die Verfassung des Landes Hessen – und dies gilt für die anderen Landesverfassungen entsprechend – kennt eine besondere Kompetenznorm für den Erlaß von *Grundrechtsnormen.* Das gleiche ist für die Statuierung von *Staatszielbestimmungen* festzustellen. Im Schrifttum hat dies zu der Frage geführt, ob nicht auch die Grundrechtsgesetzgebung der Länder der Aufteilung der Gesetzgebungszuständigkeiten in den Art. 70 ff. GG unterworfen sein müsse.[15] Schon die bloße Fragestellung deutet auf ein elementares Fehlverständnis der „Staatsqualität" der Gliedstaaten in der Bundesrepublik hin. Deren Staatlichkeit erweist sich vielmehr insbesondere in ihrer „*Verfassungsautonomie*", das heißt in ihrer originären, im Landesvolk wurzelnden Fähigkeit zu eigener Verfassungsgebung einschließlich der für erforderlich gehaltenen Grundrechtsgewährleistungen und Staatszielbestimmungen. Mit den Worten des Bundesverfassungsgerichts ist es gerade „das Eigentümliche des Bundesstaates" (des Grundgesetzes), „daß die Gliedstaaten ebenso wie der Gesamtstaat in je eigener Verantwortung ihre Staatsfundamentalnormen artikulieren."[16] Obschon das Gericht die Beispiele für in Bund und Land divergierende „Staatsfundamentalnormen" überwiegend dem Organisationsrecht entnimmt,[17] steht es außer Zweifel, daß die Gewährleistung von Grundrechten in den Bereich der Verfassungsautonomie der Bundesländer fällt. Die Norm des Art. 142 GG, welche die Landeskompetenz zum Erlaß von Grundrechtsnormen voraussetzt, ist hierfür eine indirekte Bestätigung.[18] Das Thema der Abgrenzung von Bundes- und Landesverfassungsgerichtsbarkeit ist gerade deshalb so „spannend" (geworden), weil mehrere Bundesländer, und vor allem die „neuen", die Grundrechtskataloge ihrer Verfassungen im Vergleich zu der klassisch-lapidaren Kürze des Grundgesetzes erheblich erweitert und angereichert haben. Man vergleiche etwa Art. 2 Abs. 2 GG (Recht auf Leben und körperliche Unversehrtheit) mit Art. 8 der Brandenburgischen Verfassung von 1992. Im Bereich der Staatszielbestimmungen zeigt der Vergleich von Art. 20 a GG (Schutz der natürlichen Lebensgrundlagen) mit den Art. 39/40 der Brandenburgischen, aber auch mit Art. 141 der Bayerischen Verfassung ein ähnliches Bild.

2. Wie das Recht zur Verfassungsgebung, die Verfassungsautonomie, so ist auch das Recht des Landes zur Errichtung einer *verfassungsgerichtlichen Kontrolle* grundsätzlich unbestritten. Teils wird es in der Landesverfassung selbst (vergl. z.B. Art. 130 ff. HV), teils in besonderen Gesetzen über den Staats- bzw. Verfassungs-

---

[15] Zum Streitstand vgl. *J. Pietzcker,* in: HBStR IV, 1990, § 99 Rdn. 35 m. w. Nachw. Neuerdings *P. M. Huber* in: *Sachs* (Hrsg.), Grundgesetz, 1996, Art. 31, Rdn. 9; dazu u. im Text.

[16] BVerfGE 36, 342, 360 f.

[17] BVerfGE 36, 342, 361 f.

[18] In diesem Sinne auch *M. Sachs,* in: *Simon/Franke/Sachs* (Hrsg.), Handbuch der Verfassung des Landes Brandenburg, 1994, § 3 Rdn. 19; ebenso *ders.,* Die Landesverfassung im Rahmen der bundesgesetzlichen Rechts- und Verfassungsordnung, ThürVBl. 1993, 121 ff., 123.

gerichtshof wahrgenommen. Ebenso unstreitig sollte der Grundsatz sein, daß, ungeachtet aller Differenzen bezüglich des möglichen Beschwerdegegenstandes eines Verfahrens vor dem Landesverfassungsgericht, der *letztlich* entscheidende *Prüfungsmaßstab* desselben immer nur eine Norm der Landesverfassung sein kann. Das bedeutet jedoch nicht, daß das Landesverfassungsgericht nicht auch genötigt sein könnte, Bundesverfassungsrecht auszulegen und anzuwenden. Diese Notwendigkeit ergibt sich beispielsweise, wenn das Landesverfassungsgericht ein Landesgrundrecht oder eine andere Norm der Landesverfassung anwenden will und als *„Vorfrage"* darüber entscheiden muß, ob das Grundrecht mit einer Grundrechtsnorm des Grundgesetzes im Sinne des Art. 142 GG „übereinstimmt" oder ob die sonstige Norm der Landesverfassung sich im Rahmen des Homogenitätsgebotes des Art. 28 Abs. 1 GG hält und deshalb von der Wirkung des Art. 31 GG nicht erfaßt wird. In exemplarischer Weise hat der Hessische Staatsgerichtshof in seinem Urteil vom 30.12.1981[19] zum Gesetz über die Neuordnung der gymnasialen Oberstufe vorgeführt, wie eine solche zwiefache und vergleichende Auslegung der Bundesgrundrechtsnorm einerseits, der Landesgrundrechtsnorm andererseits aussehen kann. Weil das hessische Elternrecht des Art. 55 S. 1 HV im Kontext des Art. 56, besonders Abs. 4 und 5 HV, gesehen werden muß, sind zwar „Pflege" und „Erziehung" der Kinder zentrale Elemente des Eltern-Pflichtrechts auf Bundes- wie auf Landesebene, aber die Landesverfassung räumt den hessischen Eltern weitergehende kollektive und individuelle „aktive Mitwirkungs- und Bestimmungsrechte bei der Festlegung der Ausbildungsgänge und Unterrichtsziele im Schulbereich" ein. Der Hessische Staatsgerichtshof sieht die Fortgeltung des – über das Bundesgrundrecht hinausgehenden – hessischen Elternrechts durch Art. 142 GG gewährleistet: Nimmt man den oben zu III.1. skizzierten Ansatz des Bundesverfassungsgerichts zur Verfassungsautonomie der Länder ernst, so hätte es, streng genommen, des Rekurses auf diese Norm nicht bedurft; ihr kommt dann nur noch deklaratorischer Charakter zu.[20] Als „systematischer Ort" der normativen Verankerung der landesverfassungsrechtlichen Grundrechtsgewährleistungen bieten sich primär *Art. 30 und 28 Abs. 1 GG* an.

Zu einer Divergenzvorlage gemäß Art. 100 Abs. 3 GG bestand bei diesem Auslegungsergebnis für den Hessischen Staatsgerichtshof keine Veranlassung, lag doch gar keine Abweichung von der Auslegung des *Grundgesetzes* durch das Bundesverfassungsgericht vor. Vielmehr wurde ein *hessisches* Grundrecht ausgelegt, mit einem ähnlichen Bundesgrundrecht verglichen, in seiner Verschiedenheit festgestellt und angewendet. Wie vielfach bemerkt worden ist, setzt sowohl die Regelung der „konkreten Normenkontrolle" nach Art. 100 Abs. 1 GG wie auch das der föderalen Rechtseinheit dienende Verfahren der Divergenzvorlage nach Abs. 3 denknotwendig die Befugnis des Landesverfassungsgerichts voraus, Normen des Grundgesetzes auszulegen. Dies kann, wie gezeigt, Grundrechte betreffen, aber auch andere Normen,

---

[19] HessStGH P. St. 880, z.B. NJW 1982, 1381 ff. Vgl. dazu den Beschluß des BVerfG vom 26. 2. 1980, BVerfGE 53, 185, 195 ff.

[20] In diesem Sinne generell *v. Münch* in: *v. Münch* (Hrsg.), GG-Kommentar, Band 3, 1978, Art. 142, Rdn. 11.

z.B. Kompetenzvorschriften. Wenn in einem Verfassungsbeschwerdeverfahren die Verletzungsrüge mit dem kompetenzwidrigen Erlaß der angegriffenen landesgesetzlichen Norm begründet wird, dann muß das prüfende Landesverfassungsgericht die bundesrechtlichen Normen der Art. 70, 72 ff. GG auslegen und anwenden. Will es die Grundgesetzwidrigkeit des Landesgesetzes bejahen und folglich der Beschwerde stattgeben, so kann es die angegriffene Norm jedoch nicht selbst endgültig für grundgesetzwidrig erklären, vielmehr muß es den Vorlage-Weg nach Art. 100 Abs. 1 GG einschlagen.[21] Hierin drückt sich das Komplementärverhältnis der Verfassungskontrolle auf Bundes- und auf Landesebene aus: Die *letztlich* entscheidende Interpretationsherrschaft über das Grundgesetz soll beim Bundesverfassungsgericht liegen, den Landesverfassungsgerichten soll eine ähnliche Rolle bezüglich der Landesverfassung zukommen. Das Verfassungsgericht des Landes ist „Herr seiner Verfahren" ebenso wie das Bundesverfassungsgericht Herr der bei ihm anhängigen Verfahren ist.[22] „Die Landesverfassungsgerichte und das Bundesverfassungsgericht haben ... für ihren jeweiligen Rechtskreis die *abschließende* Entscheidungszuständigkeit." Und jedes Verfassungsgericht kann „den Maßstab 'seiner' Verfassung und seine Auffassung von ihrer Auslegung auch dann noch zur Geltung bringen, wenn ein anderes Verfassungsgericht diesen Maßstab bereits angewendet und die geprüfte Rechtsnorm hiermit für vereinbar befunden hat".[23]

In *diesem Zusammenhang* der Verfahrensunabhängigkeit gebraucht das Bundesverfassungsgericht die leicht zu Mißverständnissen führende Metapher von den „grundsätzlich getrennten Räumen", in denen sich jeweils die Verfassungsgerichtsbarkeiten vollzögen. Das Bild kann und soll nicht die Vorstellung erwecken, als entwickele sich auch – durch die Konkretisierungsarbeit der Verfassungsrechtsprechung – das jeweilige *materielle* Verfassungsrecht auf Landes- bzw. Bundesebene unabhängig voneinander in jeweils „getrennten Räumen". Die Vitalität, aber auch die gewaltenteilende Rationalität und der „bürgernahe" Pluralismus des deutschen Föderalismus und damit die Eröffnung realer Chancen für eine Politik der „Anerkennung" und der „Differenz"[24] erweisen sich nicht in Abschottung und gegenseitiger Isolierung, sondern in lebendiger Durchdringung der in den Verfassungen verschiedener Stufen niedergelegten Rechtsgedanken. Dies gilt für das Verhältnis von Land zu Bundesstaat ebenso wie für die dichter werdenden Wechselbeziehungen zwischen dem Bundesstaat und „Europa". Wer die „Föderalisierung" der Verfassungsrechtsprechung betrachtet, muß gleichzeitig auch deren „Europäisierung" mitberücksichtigen.[25]

---

[21] Vgl. auch *Benda/Klein*, Lehrbuch des Verfassungsprozeßrechts, 1991, Rdnr. 45.

[22] So BVerfGE 36, 357.

[23] So BVerfGE 69, 112, 118 (Hervorhebung vom Gericht).

[24] Vgl. *C. Taylor*, Multikulturalismus und die Politik der Anerkennung, 1993, S. 13 ff.; *M. Walzer*, Zivile Gesellschaft und amerikanische Demokratie, 1996, bes. S. 228 ff.: für eine Politik der Differenz; *G. Frankenberg* (Hrsg.), Auf der Suche nach der gerechten Gesellschaft, 1994; *E. Denninger*, Der Einzelne und das allgemeine Gesetz, KJ 1995, 425 ff., 436.

[25] Zutr. *Schulte*, DVBl. 1996, 1009 ff., 1017.

IV.

Das Verhältnis von Bundesverfassung zu Landesverfassung ist insgesamt nicht primär unter den Aspekten der Konkurrenz, der Verdrängung und der Dominanz (des Bundes) zu begreifen, sondern als ein Verhältnis wechselseitiger Durchdringung und der Ergänzung. Eine aufmerksame Lektüre des Grundgesetzes und der Landesverfassung wird den Blick nicht voreilig auf den groben Keil des „Bundesrecht bricht Landesrecht" fixieren, sondern sich den zahlreichen Bestimmungen zuwenden, welche die Landesverfassung *bundesstaatlich ergänzen.* Zwei Hauptformen lassen sich hier unterscheiden, denen aber die Aufgabe gemeinsam ist, die Landesstaatsgewalt inhaltlich *normativ zu binden* und damit ein Mindestmaß an *Homogenität zu sichern.* Wichtige Vorschriften sind zwar formell Bundesverfassungsrecht, *materiell* gelten sie aber einheitlich und unmittelbar für die Bundes- wie für die Landesstaatsorgane. Mit *K. Stern*[26] und *M. Sachs*[27] kann man hier von *„grundgesetzlichen Durchgriffsnormen"* sprechen. Der zweite Typus von Normen, meistens als Normativbestimmungen oder *Homogenitätsgebote* bezeichnet, unterscheidet sich vom ersten dadurch, daß er (nur) an die Landesverfassungs- oder Landesgesetzgeber adressiert ist und diese (nur) auf die Beachtung mehr oder weniger bestimmt gefaßter Grundsätze verpflichtet, ihnen im übrigen aber Gestaltungsspielraum freigibt. Beide Normtypen bewirken inhaltlichen Gleichklang oder doch mindestens eine gewisse Harmonie der Rechtsordnungen in Bund und Ländern.

Von größter praktischer Tragweite für die föderale Homogenitätssicherung sind die Vorschriften der Art. 1 Abs. 3 und Art. 20 Abs. 3 GG. Während die erste die Bundes-Grundrechte mit unmittelbarer Bindungswirkung auch gegenüber der Landesstaatsgewalt ausrüstet – Art. 1 Abs. 3 GG muß in enger Verbindung mit Abs. 1 und dessen Adressierung an „alle staatliche Gewalt" gelesen werden! –, bindet die zweite den Landesgesetzgeber nicht unmittelbar an die „verfassungsmäßige Ordnung" des Bundes (im engeren Sinne, z.B. des Art. 9 Abs. 2 GG), die sich weitgehend mit der „freiheitlichen demokratischen Grundordnung" (vgl. Art. 21 Abs. 2 GG) deckt.[28] Aber der Gesetzgeber und auch der Verfassungsgeber des Landes müssen den normativen Rahmen einhalten, den das Homogenitätsgebot des Art. 28 Abs. 1 GG absteckt. Auf diese Weise bleiben beide den grundlegenden Prinzipien der grundgesetzlichen Ordnung unterworfen.

Eine homogenisierende Normativbestimmung anderer Art begegnet uns in Art. 23 Abs. 1 GG. Zwar sind die inhaltlichen Bindungen nahezu dieselben wie die Grundsätze des Art. 28 Abs. 1 GG, ergänzt um „föderative Grundsätze" und um den Grundsatz der Subsidiarität, zwar wird die Europäische Union als Pflichtsubjekt der Normativbestimmung genannt, aber in Wahrheit bedeutet diese eine Art *Selbstverpflichtung* der Bundesstaatsgewalt, die eigene normative Identität auch im wei-

---

[26] *K. Stern,* Das Staatsrecht der Bundesrepublik Deutschland, I, schon 1977, § 19 III 5 b).

[27] *M. Sachs,* a.a.O., S. 72 f.

[28] Vgl. BVerfGE 2, 1, 12 f.; dazu *Denninger* in: *Benda/Maihofer/Vogel* (Hrsg.), Handbuch des Verfassungsrechts, 2. Aufl. 1994, § 16 Rdnr. 31 ff.

teren Integrationsprozeß zu wahren. Man kann sie als ein Verbot an die Bundes- (und evtl. Landes-) organe lesen, an künftigen Integrationsschritten mitzuwirken, welche die genannten Verfassungsgrundsätze gefährden könnten. In der Frage ihrer „Gewährleistung" zeigt sich der qualitative Unterschied zwischen der Homogenitätssicherung „nach innen" und derjenigen „nach außen"[29]: Eine dem Art. 28 Abs. 3 GG vergleichbare Kompetenz steht dem Bund „nach außen" nicht zur Verfügung.

Nur beispielhaft und ohne Anspruch auf Vollständigkeit seien hier einige weitere Vorschriften hervorgehoben, die deutlich machen, in welch hohem Maße die Landesverfassung auf Ergänzung durch Bundesverfassungsrecht angewiesen ist oder diesem ausgesetzt sein kann.

Die *territoriale Integrität* des Landes ist, wie Art. 29 GG zeigt, nicht für alle Zeiten festgeschrieben.[30] Wenngleich das frühere Neugliederungs-*Gebot* zu einer bloßen Neugliederungs*möglichkeit* herabgestuft wurde, könnte doch der eherne Zwang leerer Kassen eines Tages die „Neigung" zu territorialer Neugliederung „beflügeln".

Im übrigen indiziert schon die Überschrift des Zweiten Abschnitts des Grundgesetzes „Der Bund und die Länder", daß die dort getroffenen Regelungen der föderalen Verzahnung gewidmet sind. Das gilt für die Rolle der politischen Parteien und ihre innere Ordnung gemäß Art. 21 GG ebenso wie für die staatsbürgerlichen Rechte und Pflichten der Deutschen, für ihre Ämter-Zugangschancen und für die Rolle des öffentlichen Dienstes, Art. 33 GG. Staatshaftung, Amts- und Rechtshilfe, Art. 34, 35 GG, sind gleichfalls geltendes Recht nicht nur auf Bundes-, sondern ebenso auf Landesebene. Einem Juristen ist dies so selbstverständlich, daß er sich für gewöhnlich die verfassungsrechtlichen Wurzeln gar nicht mehr vergegenwärtigt. Dies mag bei den erst in jüngster Vergangenheit und sehr kontrovers diskutierten *Staatszielbestimmungen* anders liegen. Außer Zweifel steht, daß der Schutz der „natürlichen Lebensgrundlagen", den Art. 20 a GG normiert, als Verpflichtung nicht nur an die Bundesorgane, sondern ebenso an die Landesorgane adressiert ist. In zweiter Linie stellt sich dann die Frage nach dem Verhältnis dieses Schutzauftrages zu weitergehenden oder hinter ihm zurückbleibenden entsprechenden Klauseln der Landesverfassung.

V.

Im Zentrum unserer Überlegungen steht die wider alle Erwartung längst nicht erledigte und jüngst erst recht wieder streitig gewordene Frage nach dem Spielraum

---

[29] „Innen" und „außen" sind hier nur bedingt brauchbare, bildliche Kategorien, denn die Ordnung der Europäischen Gemeinschaft wirkt ja unmittelbar innerhalb der Staatsgrenzen. Immerhin stehen die Vertragspartner außerhalb derselben.

[30] Jüngster Vorstoß eines Landespolitikers in Richtung auf gebietliche Neugliederung: *W. Wallmann* in: Frankfurter Allg. Sonntagszeitung vom 15.9.1996: „Wir müssen die Zahl der Bundesländer drastisch verringern".

der Landesverfassung(en), nach ihren Wirkungsmöglichkeiten gegenüber dem offensichtlich dominanten Bundesrecht aller Rangstufen. Nur wenn diese Frage grundsätzlich geklärt ist, läßt sich die weitere Frage nach den Grenzen landesverfassungsgerichtlicher Prüfungskompetenz überzeugend beantworten.

Es ist also notwendig, über den Bereich der „Durchgriffsnormen" oder „Inhaltsbindungsnormen" hinaus (s.o. IV.) sich Klarheit über die Bedeutung der *Homogenitätssicherungsnormen im engeren Sinne* und der *Kollisionsnormen* sowie über ihr Verhältnis zueinander zu verschaffen. Mit anderen Worten: Es geht um die Auslegung und Verhältnisbestimmung der Art. 31, 28 Abs. 1 und 142 GG – eine Aufgabe, von deren Erledigung seit der Grundsatzentscheidung des Bundesverfassungsgerichts vom 29.1.1974[31] man meinte ausgehen zu können.

1. Die Rechtsfolge des Art. 31 GG, daß „Landesrecht" durch „Bundesrecht" „gebrochen" wird, tritt nur ein, wenn eine wirkliche *Kollision* zwischen den fraglichen Normen vorliegt. Dies ist (nur) dann der Fall, wenn, die Kollisionsnorm hinweggedacht, die beiden kollidierenden Normen auf *ein und denselben Sachverhalt* anwendbar sind und bei ihrer Anwendung zu verschiedenen Ergebnissen führen können.[32] Voraussetzung hierfür ist, daß beide Rechtsnormen rechtsgültig entstanden sind, insbesondere, daß sie *kompetenzgerecht* erlassen worden sind. Ein kompetenzwidrig ergangenes Bundesgesetz kann Landesrecht nicht „brechen", weil jenes als ex tunc nichtig anzusehen ist. Und kompetenzwidriges Landesrecht kann und braucht nicht gebrochen (zu) werden, weil es ebenfalls nichtig und rechtlich wirkungslos ist. Die Versuchung liegt hier nahe, die Zahl möglicher Kollisionsfälle dadurch zu minimieren, daß man nicht nur den (einfachen) Landesgesetzgeber, sondern auch den *Verfassungsgeber* des Landes an die Kompetenzverteilungsvorschriften der Art. 70 ff. GG gebunden sieht, weil ja auch dessen Normsetzung „Gesetzgebung" sei.[33] Abgesehen davon, daß dieses rein an der äußeren Form haftende Argument dem qualitativen Unterschied zwischen *Verfassungsgebung* und Verfassungs*gesetzgebung* oder Verfassungsänderung nicht gerecht zu werden vermag (ein Unterschied, welchen etwa die Hessische Verfassung in den Art. 123 und 150 deutlich anerkennt), verkennt diese Auffassung die vom Grundgesetz bejahte *Verfassungsautonomie der Länder*, von der Hessen schon Gebrauch gemacht hatte, als es das Grundgesetz noch gar nicht gab.[34] In dieser „Geburtstagsgabe" darf auch daran erinnert werden! Ein Gliedstaat, der seine „Verfassung" völlig an den Kompetenzkatalogen des Bundesstaates ausrichten muß, ist nicht in der Lage, seine Staatsfundamentalnormen *in eigener Verantwortung* zu artikulieren. Im übrigen würde die Bindung der Landesverfassungsgebung an die Kompetenzkataloge des Grundgesetzes nicht den Gewinn an Kollisionsvermeidung und an „Rechtssicher-

---

[31] BVerfGE 26, 342.

[32] So BVerfGE 36, 363; h. M.

[33] Neuestens vor allem *Huber* in: *Sachs* (Hrsg.), Grundgesetz, 1996, Art. 31 Rdn. 9, mit Berufung u.a. auf *Sachs*, ThürVBl 1993, 121, 122.

[34] In diesem Sinne auch: *S. Jutzi*, Gestaltungsräume der Landesverfassung gegenüber Bund und Europa, KritV 1996, 138 ff., 139.

heit" abwerfen, den man sich vielleicht erhofft. Die Staatsorganisationsnormen des Landes sind im wesentlichen nicht betroffen. Die *Grundrechts-* und die *Staatszielbestimungen* liegen aber ohnehin „quer" zu den Regelungsmaterien der Kompetenzkataloge. Normative Aussagen über den Schutz nichtehelicher Lebensgemeinschaften (z.B. Art. 26 Abs. 2 BrandenbVerf) oder der natürlichen Lebensgrundlagen (z.B. Art. 26 a HV) oder zur Förderung des Wohnungswesens (z.B. Art. 40 Sachsen-AnhVerf) berühren zahlreiche, ganz unterschiedliche Kompetenzmaterien und können nirgends, außer in Art. 30 GG, vollständig „angesiedelt" werden.

2. Der Schlüssel zur befriedigenden Lösung der streitigen Problemfälle liegt zunächst in der richtigen Zuordnung des Normsinns von Art. 28 GG, insbesondere Abs. 1 und 3, zu dem des Art. 31 GG. Das „Homogenitätsgebot" des Art. 28 Abs. 1 zeigt eine doppelte Funktion: die der *Vielfaltsermöglichung* wie auch die der *Vielfaltsbegrenzung.* Abs. 3 nimmt den Bund für die Einhaltung des prekären föderalen Gleichgewichts zwischen „zentrifugaler" Rechts- und Prinzipienzersplitterung einerseits und „zentripetaler" zentralistischer Uniformierung andererseits in Pflicht. Auf die für die Erfüllung dieser Pflicht dem Bund zur Verfügung stehenden Mittel wird nur implizit verwiesen; sie ergeben sich aus den an anderen Stellen im Grundgesetz normierten Instrumenten: von der Bundesaufsicht, Art. 84, 85 GG, über die zahlreichen Möglichkeiten verfassungsgerichtlicher Kontrolle bis hin zum Bundeszwang, Art. 37 GG. In diesem Zusammenhang kommt der Kollisionsnorm des Art. 31 die notwendige Funktion zu, eine klare föderale Normenrangordnung zu statuieren. Sie kann freilich nur dann zum Einsatz kommen, wenn der von Art. 28 eröffnete Rahmen landesrechtlicher Vielfalt überschritten wird. Homogenitätssicherung nach Art. 28 und Kollisionslösung nach Art. 31 sind somit einander ergänzende Instrumente. Ihr Verhältnis zueinander wird verkannt, wenn man Art. 28 (Abs. 1 und 2) so auslegt, „daß Art. 31 GG jedenfalls für das Verhältnis von Bundes- und Landes*verfassungs*recht nicht gilt".[35] Die „Sperrwirkung" des Art. 28 gegenüber dem Art. 31 GG kann sich nur – dies aber auch in voller Kraft – *innerhalb* der Spannbreite des geforderten „Mindestmaßes an Homogenität"[36] entfalten.

3. Damit ist allerdings der Weg für die Antwort in kritischen „Kollisionslagen" *zwischen Landesverfassungsrecht und einfachem Bundesrecht* nur erst in grundsätzlicher Richtung vorgezeichnet. Wie ist zu verfahren, um ein altbekanntes Beispiel aufzunehmen, wenn eine Landesverfassung, wie die hessische in Art. 29 Abs. 5, jegliche Aussperrung in Arbeitskämpfen für rechtswidrig erklärt, eine einfachgesetzliche Norm des Bundesrechts[37] Aussperrungen unter bestimmten Voraussetzungen jedoch

---

[35] So aber *H.-P. Schneider,* Verfassungsrecht der Länder – Relikt oder Rezept?, DÖV 1987, 749, 752. (Hervorh. v. Verf.).

[36] BVerfGE 36, 361.

[37] Ob die Norm auf Gesetz oder nur auf Richterrecht beruht, soll hier außer Betracht bleiben; das Beispiel ist idealtypisch vereinfacht.

ausdrücklich erlaubt? Wenn es zuträfe, wie behauptet wird,[38] daß Art. 31 GG auf Landesverfassungsrecht überhaupt nicht anwendbar sei, und „erst recht" nicht im Verhältnis von einfachem Bundesrecht zu jenem, dann könnten sechzehn divergierende Landesverfassungen jegliche bundesgesetzliche Rechtseinheit zunichte machen. Schon die „Väter" der Hessischen Verfassung wollten – vorausschauend – die Möglichkeit einer solchen Entwicklung durch die Aufnahme des Art. 153 Abs. 2 HV jedenfalls für Hessen ausschließen. Der hier zu erwartende Gegeneinwand, die „rigorose" Anwendung des Art. 31 GG führe dazu, daß der „einfache" Bundesgesetzgeber jederzeit jegliches Landesverfassungsrecht aushebeln könne, kann nicht überzeugen. Denn erstens bleibt der Bundesgesetzgeber auf die Regelung der ihm kompetenziell zugeschriebenen Materien beschränkt. Zweitens hat er die ihm durch die Bundesgrundrechte und durch die inhaltsgleichen Landesgrundrechte gezogenen Grenzen zu beachten. Hier entsteht allerdings die materiellrechtlich und verfassungsprozessual umstrittene Frage, ob (und wie) sich im Schutzgehalt „weitergehende" oder „überschießende" Landesgrundrechte, die nach *Art. 142 GG* grundsätzlich in Kraft bleiben, gegenüber widersprechendem einfachen Bundesrecht durchsetzen können oder nicht.[39] Drittens ist – parallel zur Grundrechtsproblematik liegend – zu bedenken, ob und inwieweit *Staatszielbestimmungen* der Landesverfassung, die über die Programmatik des Grundgesetzes hinausgehen, bei der Anwendung von Bundesrecht (durch Landesorgane, Art. 83 ff. GG!) Berücksichtigung finden können (oder müssen). Und viertens ist jenseits formaler normenhierarchischer Schwarz-Weiß-Malerei fallgruppenbezogen auszuloten, wie Normgehalte der Landesverfassung, seien sie in Grundrechten oder in Staatszielbestimmungen niedergelegt, *im Wege der Auslegung* des einfachen Bundesrechts zur Geltung gebracht werden können. Man könnte hier von einem Prinzip der *landesfreundlichen Auslegung* des Bundesrechts sprechen, das seinen „Sitz" in Art. 142 GG findet (ohne daß man auf den vagen Topos der „Bundestreue" zu rekurrieren brauchte). Hierzu steht es freilich in Widerspruch, wenn eine landesverfassungskonforme Auslegung von (einfachem) Bundesrecht mit dem scheinbar unangreifbaren Argument abgelehnt wird, da Bundesrecht wegen Verstoßes gegen eine Landesverfassung überhaupt nicht rechtswidrig sein könne, sei Landesverfassungsrecht auch kein brauchbarer Maßstab, um durch konforme Auslegung anhand desselben eine solche Verfassungswidrigkeit, die gar nicht eintreten könne, zu vermeiden.[40] Abgesehen von der im Vordersatz im Hinblick auf die Tragweite des Art. 31 GG steckenden petitio principii ist doch durchaus denkbar, daß die bundesrechtliche Norm einen Auslegungs- oder auch Ermessensspielraum eröffnet, in welchen der grundrechtlich oder durch Staatszielbestimmung („Verfassungsauftrag") statuierte landesverfas-

---

[38] Vgl. *H.-P. Schneider*, a.a.O. (N. 31).

[39] Aus der kaum noch übersehbaren Literatur hierzu seien hervorgehoben: *J. Pietzcker*, a.a.O. (Nr. 15), Rdn. 49 ff.; *P. Kunig*, Die rechtsprechende Gewalt in den Ländern und die Grundrechte des Landesverfassungsgerichts, NJW 1994, 687 ff.; *K.-G. Zierlein*, a.a.O. (Nr. 13); *S. Endter*, Zum Verhältnis von Bundesrecht und Landesverfassungsrecht und zur Reichweite der Prüfungskompetenz der Landesverfassungsgerichte, EuGRZ 1995, 227 ff.

[40] *Kunig*, a.a.O., 688.

sungsrechtliche Normgehalt einfließen kann. Man denke z.B. an eine Rahmenbestimmung des Bundes-Raumordnungsrechts mit unmittelbarer Landesgeltung, die durch bestimmte Umweltschutzklauseln der Landesverfassung interpretatorisch konkretisiert werden könnte. Sofern sich das Bundesrahmenrecht nur an den Landesgesetzgeber richtete, wäre dieser gehalten, die Vorgaben „seiner" Verfassung zu beachten. Entsprechendes gilt für die Wirkungsweise des „überschießenden Gehaltes" von Landesgrundrechten: Daß der *Landes*gesetzgeber ihn zu berücksichtigen hat, ist „selbstverständlich". Ob er bei der Auslegung und Anwendung von einfachem Bundesrecht zum Zuge kommen kann, hängt von dem in der Bundes-Norm zum Ausdruck gebrachten Willen des Bundesgesetzgebers ab. Dabei sollte man nicht schematisch danach differenzieren, ob die Norm dem Bereich der ausschließlichen oder dem der konkurrierenden Gesetzgebungszuständigkeit zuzurechnen ist.[41]

Es kommt vielmehr entscheidend darauf an, ob die bundesrechtliche Norm deutlich den gesetzgeberischen Willen erkennen läßt, gegenüber landesrechtlichen Varianten verschlossen zu bleiben. Im Zweifel ist dies anzunehmen, wenn ein Bundesgesetz, z.B. das Bundesgrenzschutzgesetz (BGSG) vom 19.10.1994,[42] durch – bundeseinheitlich ausgebildete – Organwalter des Bundes auszuführen ist. Deswegen wird etwa die 24-Stunden-Frist des Art. 19 Abs. 2 HV bei den nach § 42 Abs. 1 S. 1 Nr. 3 BGSG Festgehaltenen nicht angewendet werden können, auch wenn man davon ausgeht, daß Art. 19 Abs. 2 HV beim Präventionsgewahrsam überhaupt einschlägig und wegen Art. 142 GG insoweit auch nicht durch Art. 104 GG „gebrochen" ist.[43] Zu einem anderen, nämlich die Anwendbarkeit einer landesverfassungsrechtlichen Staatszielbestimmung *bejahenden* Ergebnis wird man möglicherweise gelangen, wenn die auszulegende Bundesrechtsnorm ohnehin einer grundgesetzlichen Staatszielbestimmung unterliegt und deren Entsprechung in der Landesverfassung nur Modifikationen oder Spezifikationen in bestimmten Hinsichten verlangt. Landesstaatsorgane, die, wie nach Art. 83 GG in der Regel, Bundesgesetze „als eigene Angelegenheiten" auszuführen haben, sind an die verpflichtenden Staatszielbestimmungen der Landesverfassung gebunden.[44] Der Bund kann auf allen normativen Ebenen, vom Gesetz über die Rechtsverordnung bis zu allgemeinen Verwaltungsvorschriften (Art. 84 Abs. 2 GG) und eventuell Einzelweisungen bei der Auftragsverwaltung (Art. 85 GG), die Ingerenz des Landesverfassungsrechts im Wege der Auslegung *ausschließen* und dadurch das von ihm gewünschte höhere Maß an Rechtseinheitlichkeit sichern. Tut er dies nicht, nimmt er die föderale „Artenvielfalt" insoweit in Kauf – wenn er sie nicht gar geradezu wünscht.

---

[41] Dies spricht gegen den Versuch von *Endter*, a.a.O. (Nr. 39), der im übrigen von vertieftem Problembewußtsein zeugt.

[42] BGBl. I S. 2978, 2979.

[43] A.A. *Zinn/Stein*, Verfassung des Landes Hessen, Art. 19 zu Abs. 2, Anm. 3, allerdings nach dem Erkenntnisstand von 1954.

[44] Vgl. die Definition von „Staatszielen" in Art. 3 Abs. 3 der Verfassung von Sachsen-Anhalt: „Die nachfolgenden Staatsziele verpflichten das Land, sie nach Kräften anzustreben und sein Handeln danach auszurichten. " Sinngemäß gilt dies auch in den anderen Bundesländern.

4. Auf dieser Basis sind auch die prozeßrechtlichen Fragen der *landesverfassungsgerichtlichen* Prüfungskompetenz zu klären, soweit der Landesgesetzgeber sie nicht entschieden hat. Verwaltungsakte von Bundesbehörden sind zwar, wie die Verwaltungsgerichtsordnung ohne weiteres erkennen läßt (z.B. in § 52 Nr. 2), *verwaltungsgerichtlich*, also vor Landesgerichten anfechtbar. Daraus darf aber nicht geschlossen werden, daß auch ihre *verfassungsgerichtliche* Kontrolle regelmäßig dem Landesverfassungsgericht obliegt. Mehrfach wird in den Gesetzen über den Verfassungsgerichtshof ausdrücklich statuiert, daß mit der Verfassungsbeschwerde nur eine Landesgrundrechtsverletzung durch einen Akt der *öffentlichen Gewalt des Landes* gerügt werden kann.[45] In Hessen scheitert die Grundrechtsklage spätestens, wenn „das höchste in der Sache zuständige Gericht kein Gericht des Landes Hessen", also z.B. das Bundesverwaltungsgericht oder der Bundesgerichtshof ist[46] und ein Rechtsmittel an das Gericht des Bundes möglich ist. Diese Beschränkung der Zulässigkeit einer Verfassungsbeschwerde zum Staatsgerichtshof in Wiesbaden gilt für Akte der Bundes- wie der Landesstaatsgewalt.

Trotz solcher Ansätze zu einer „Arbeitsteilung" zwischen den Verfassungsgerichten der Länder und des Bundes steht nicht zu befürchten, daß die Landesverfassungsgerichtsbarkeit an Bedeutung einbüßen wird; viel wahrscheinlicher wird das Gegenteil der Fall sein. Der Lebendigkeit der Verfassung des Landes Hessen kann dies nur zum Vorteil gereichen.

---

[45] Z.B. § 31 Abs. 1 ThürVerfGHG vom 28.6.1994; § 45 Abs. 1 VerfGGBbg vom 8.7.1993; § 27 Abs. 1 SächsVerfGHG vom 18.2.1993.

[46] § 44 Abs. 1 S. 3 StGHG vom 30.11.1994.

RUDOLF STEINBERG

Landesverfassungsgerichtsbarkeit und Bundesrecht

I. Einleitung[1]

Die Landesverfassungsgerichtsbarkeit kann es an öffentlicher und speziell wissenschaftlicher Aufmerksamkeit nicht mit dem Bundesverfassungsgericht aufnehmen.[2] Auch ein Landesverfassungsgericht wie der Hessische Staatsgerichtshof, der für zahlreiche Verfahrensarten, insbesondere auch die Grundrechtsklage – eine Sonderform der Verfassungsbeschwerde –, zuständig ist und als Prüfungsgrundlage über eine Vollverfassung mit Grundrechtskatalog verfügt, bleibt in der Anzahl seiner Verfahren[3] und in der begleitenden rechtswissenschaftlichen Kritik weit hinter seinem Bundespendant zurück.

In den letzten Jahren ist die Landesverfassungsgerichtsbarkeit aber verstärkt Gegenstand der rechtswissenschaftlichen Diskussion geworden. Anlaß dafür bot die von den verschiedenen Landesverfassungsgerichten unterschiedlich beantwortete Frage nach Prüfungsgegenstand und -maßstab der Landesverfassungsgerichtsbarkeit, insbesondere ob Landesverfassungsgerichte auf der Anwendung von Bundesrecht beruhende Gerichtsurteile auf eine mögliche Verletzung der Landesverfassung hin überprüfen dürfen. Im Mittelpunkt des Interesses stand dabei die „*Honecker*-Entscheidung" des Berliner Verfassungsgerichtshofs,[4] in der das Gericht weitreichende Prüfungskompetenzen für sich in Anspruch nahm und deren Ergebnis auch außerhalb juristischer Kreise hohe Wellen schlug. Dieselbe Zuständigkeitsfrage fand aber auch Niederschlag in der langjährigen Rechtsprechung der Verfassungsgerichte von Hessen und Bayern und in der Judikatur der neuen Verfassungsgerichtshöfe

---

[1] Für ihre Mitarbeit danke ich meiner wissenschaftlichen Mitarbeiterin Frau Heike Bußmann.

[2] *Grimm*, Verfassungsrecht, in: ders./*Papier* (Hrsg.), Nordrhein-westfälisches Staats- und Verwaltungsrecht, 1986, S. 1 ff., 2; *Stern*, Einführung, in: *Starck*/ders. (Hrsg.), Landesverfassungsgerichtsbarkeit I, 1983, S. 1 ff., 2.

[3] Verfahrensstatistik bis 1987 bei *Gehb*, Verfassung, Zuständigkeiten und Verfahren des Hessischen Staatsgerichtshofs, 1987, S. 107 und 277 ff.

[4] NJW 1993, 515; s. dazu *Bartlsperger*, Einstellung des Strafverfahrens von Verfassungs wegen, DVBl. 1993, S. 333 ff.; *Berkemann*, Ein Landesverfassungsgericht als Revisionsgericht – Der Streitfall Honecker, NVwZ 1993, S. 409 ff.; *Gehb*, Bricht Berliner Landesrecht Bundesrecht?, DÖV 1993, S. 470 ff.; *Löwer*, Kritische Anmerkungen zum Beschluß des Verfassungsgerichtshofes des Landes Berlin in Sachen Honecker, SächsVBl. 1993, S. 73 ff.; *Meurer*, Der Verfassungsgerichtshof und das Strafverfahren, JR 1993, S. 89 ff.; *Paeffgen*, Wozu dient der Strafprozeß und inwieweit darf ein Landesverfassungsgericht in ihn intervenieren?, NJ 1993, S. 152 ff.; *Pestalozza*, Der „Honecker-Beschluß" des Berliner Verfassungsgerichtshofs, NVwZ 1993, S. 340 ff.; *Schoreit*, Absolutes Strafverfahrenshindernis und absolutes U-Haft-Verbot bei begrenzter Lebenserwartung des Angeklagten?, NJW 1993, S. 881 ff.; *Starck*, Der Honecker-Beschluß des Berliner Verfassungsgerichtshofs, JZ 1993, S. 231 ff.; *Wilke*, Landesverfassungsgerichtsbarkeit und Einheit des Bundesrechts, NJW 1993, S. 887 ff.

von Sachsen und Brandenburg. Die unterschiedlichen Ansichten des sächsischen und des hessischen Gerichts haben dabei zu einer Vorlage dieser Frage an das Bundesverfassungsgericht durch den sächsischen Verfassungsgerichtshof geführt, deren Entscheidung noch aussteht.[5]

Das Problem der Zuständigkeiten der Landesverfassungsgerichtsbarkeit, gerade auch in Abgrenzung zur Bundesverfassungsgerichtsbarkeit, steht dabei in Zusammenhang mit anderen Fragen, die sich in einem Bundesstaat wie der Bundesrepublik stellen. Es geht um das Verhältnis der Landesverfassungen zum Grundgesetz und zu einfachem Bundesrecht, um die Eigenständigkeit des Landesverfassungsrechts und der Landesverfassungsgerichtsbarkeit und in letzter Konsequenz um das Verständnis des Bundesstaats und der in ihm bestehenden unitaristischen und föderalistischen Strömungen. Daher soll hier zunächst das Verhältnis von Grundgesetz und Landesverfassungen untersucht werden (II.). Dabei werden der Lehre von den getrennten Verfassungsräumen (II.1.) die bestehenden Verbindungen zwischen Bundes- und Landesverfassung kritisch gegenübergestellt (II.2.). Bei der Untersuchung, wie das Grundgesetz in die Landesverfassungen hineinwirkt (II.3.), wird insbesondere das Verhältnis von Bundes- und Landesgrundrechten betrachtet (II.4.). Schließlich werden die Konsequenzen dieses Befundes für die Kompetenzen der Landesverfassungsgerichte hinsichtlich Prüfungsmaßstab (III.1.) und Prüfungsgegenstand (III.2.) dargestellt.

II. Das Verhältnis von Grundgesetz und Landesverfassungen

1. Die Lehre von den getrennten Verfassungsräumen

In der Rechtsprechung des Bundesverfassungsgerichts wird das Verhältnis von Bund und Ländern so beschrieben, daß sie getrennte Verfassungsräume innehaben, die grundsätzlich selbständig nebeneinander stehen.[6] Der rechtliche Gehalt dieser Formulierung bezieht sich zum einen auf die Landesverfassungen, zum anderen auf die Landesverfassungsgerichtsbarkeit.

Die Frage nach den Landesverfassungen verbindet sich dabei mit der Interpretation des Bundesstaatsbegriffs durch das Bundesverfassungsgericht. Das Gericht geht davon aus, daß die Länder als Gliedstaaten selbst Staatsqualität besitzen[7] und als Bund zu einem Gesamtstaat zusammengefaßt worden sind, der seinerseits

---

[5] DVBl. 1996, 102 ff.

[6] BVerfGE 4, 178, 189; 6, 376, 382; 22, 267, 270; 41, 88, 118; 60, 175, 209; 64, 301, 317; auf diese Rspr. bezieht sich auch BayVerfGHE 16, 16; 19, 31; 20, 91; 26, 33, und der HessStGH in ESVGHE 20, 5, 8.

[7] BVerfGE 60, 175, 207: Die Länder sind „Staaten mit eigener – wenn auch gegenständlich beschränkter – nicht vom Bund abgeleiteter, sondern von ihm anerkannter staatlicher Hoheitsmacht"; zustimmend *Stern* (Fn. 2), S. 4; *Bethge*, Verfassungsgerichtsbarkeit im Bundesstaat, BayVBl. 1985, S. 257 ff., 258; *Klein*, Landesverfassung und Landesverfassungsbeschwerde, DVBl. 1993, S. 1329 ff., 1329, weist darauf hin, daß es sich hierbei um einen vom völkerrechtlichen Staatsbegriff verschiedenen staatsrechtlichen Begriff handelt.

ein Staat ist[8] (sog. zweigliedriger Bundesstaatsbegriff[9]). Die Lehre vom dreigliedrigen Bundesstaat[10] hat das Bundesverfassungsgericht ausdrücklich abgelehnt;[11] sie kann als überholt gelten[12]. Allerdings besteht noch insoweit eine Verbindung zwischen der Rechtsprechung des Bundesverfassungsgerichts und dieser älteren Lehre, als auch das Gericht von der grundsätzlichen Gleichordnung der Verfassungsräume von Bund und Ländern ausgeht,[13] soweit das Grundgesetz nichts anderes bestimmt,[14] während andere Vertreter eines zweigliedrigen Bundesstaatsbegriffs eine generelle Überordnung des Bundes über die Länder annehmen.[15] Andererseits verschließt sich das Gericht auch der neueren Konzeption vom „eingliedrigen Bun-

---

[8] So wird heute überwiegend in der deutschen Verfassungsrechtslehre auch der Begriff „Bundesstaat" im allgemeinen definiert, s. z.B. *Badura*, Staatsrecht, 1986, Rz. 67; *Stern*, Das Staatsrecht der Bundesrepublik Deutschland, Band I, 2. Aufl. 1984, S. 644 f.

[9] Heute h.M.; zustimmend zur Rspr. des BVerfG *Denninger*, Staatsrecht 2, 1979, S. 101; *Jutzi*, Landesverfassungsrecht und Bundesrecht, 1982, S. 13; *Dietlein*, Die Grundrechte in den Verfassungen der neuen Bundesländer, 1993, S. 8; *Zierlein*, Prüfungs- und Entscheidungskompetenzen der Landesverfassungsgerichte bei Verfassungsbeschwerden gegen landesrechtliche Hoheitsakte, die auf Bundesrecht beruhen oder in einem bundesrechtlich geregelten Verfahren ergangen sind, AöR 120 (1995), S. 205 ff., 206 f.; im übrigen für einen zweigliedrigen Begriff *Hesse*, Grundzüge des Verfassungsrechts der Bundesrepublik Deutschland, 20. Aufl 1995, Rz. 217; *Herzog* in *Maunz-Dürig*, Komm. z. GG, 1994, Art. 20, Erl. IV Rz. 15 ff.; *Grimm* (Fn. 2), S. 11; *Stern* (Fn. 8), S. 651; *v. Münch*, Staatsrecht I, 5. Aufl. 1993, Rz. 484; *Rozek*, Das Grundgesetz als Prüfungs- und Entscheidungsmaßstab der Landesverfassungsgerichte, 1993, S. 29; *Stein*, Staatsrecht, 15. Aufl. 1995, S. 115; die Staatsqualität des bündischen Gebildes, das sich aus Ländern und Bund als Teilstaaten zusammensetzt, ablehnend *W. Schmidt*, Der bundesstaatliche Aufbau der Bundesrepublik Deutschland, 1961, S. 48; *März*, Bundesrecht bricht Landesrecht, 1989, S. 172 ff., modifiziert für die Länder den Staatsbegriff zu einer „spezifischen, eingeschränkten, Gliedstaatlichkeit".

[10] Diese Lehre geht davon aus, daß Länder und Bund, die ihrerseits Staatsqualität besitzen, von einer dritten Staatsebene, dem Gesamtstaat Bundesrepublik, der nicht mit „dem Bund" identisch ist, „überwölbt" wird; sie wurde von *Kelsen*, Allgemeine Staatslehre, 1925, S. 199 f. und *Nawiasky*, Allgemeine Staatslehre, 3. Teil, 1956, S. 150 f. entwickelt; dagegen spricht *Bethge*, Artikel Bundesstaat, in: Staatslexikon, Band 1, 7. Aufl. 1985, Spalte 993 ff., 998 zwar von der das Landesverfassungsrecht „überwölbenden Bundesverfassung", bezieht dieses Bild aber auf einen zweigliedrigen Bundesstaatsbegriff.

[11] BVerfGE 13, 54, 77 – „Neugliederung"; in diesem Zusammenhang z.T. mißverstandene Formulierungen in E 6, 309, 364 – „Konkordat" –, die in Richtung Dreigliedrigkeit weisen könnten („Bundesrepublik Deutschland als Bundesstaat verwirklicht, deren Glieder der Bund und die Länder sind"), wurden ausdrücklich klargestellt.

[12] BVerfGE 13, 54, 77 f. legt dazu überzeugend dar, daß dem Grundgesetz keine Unterscheidung zwischen Organen eines Gesamtstaates Bundesrepublik und eines Zentralstaates Bund und auch keine Kompetenzaufteilung zwischen Bund, Ländern und einer dritten Staatsebene entnommen werden kann; ablehnend auch *Hesse*, Der unitarische Bundesstaat, 1962, S. 6, der in dieser Theorie einen Verstoß gegen den Wortlaut des Grundgesetzes, insbes. gegen Art. 79 Abs. 3 GG sieht.

[13] *Jutzi*, Grundrechte der Landesverfassungen und Ausführung von Bundesrecht, DÖV 1983, S. 836 ff., 838; *Bartlsperger*, Das Verfassungsrecht der Länder in der gesamtstaatlichen Verfassungsordnung, in: *Isensee/Kirchhof*, HdbStR, Band IV (1990), § 96 Rz. 24 unter Hinweis auf BVerfGE 1, 14, 34; 60, 175, 207; dagegen versteht *Sobota*, Kompetenzen der Landesverfassungsgerichte im Bundesstaat: Zersplittert die Rechtseinheit?, DVBl. 1994, S. 793 ff., 800, das Bild von den getrennten Verfassungsräumen als Annahme einer Überordnung des Bundes und lehnt es daher insoweit ab.

[14] BVerfGE 13, 54, 78; dieser Gleichordnungsbereich ist aber weit auszulegen, BVerfGE 4, 115, 136.

[15] *Stern* (Fn. 8), S. 720; dagegen als Vertreter einer Gleichordnungslehre: *Herzog* in *Maunz-Dürig*, 1994, Art. 20, Erl. IV Rz. 60; zwischen diesen Positionen wählt das BVerfG einen Mittelweg, s. *Storr*, Verfassungsgebung in den Ländern, 1995, S. 91.

desstaat"[16], in dem nur Bund und Länder durch ihr Zusammenwirken den einen Staat des Bundesstaates bilden.[17]

Aus der Staatsqualität der Länder leitet das Bundesverfassungsgericht deren Kompetenz ab, sich eine eigene Verfassung zu geben.[18] Der begrenzte Aussagewert von umstrittenen Begriffen wie „Bundesstaat", „Staatsqualität" oder „Souveränität" macht es notwendig, bundesstaatliche Probleme anhand des Grundgesetzes und der Landesverfassungen als positiver Ordnung dieses konkreten Bundesstaates zu lösen.[19] Das Grundgesetz selbst erkennt aber die Existenz von Ländern als Staaten mit eigenen Verfassungen und Verfassungsgerichten[20] an, deren Rechtsgewalt es voraussetzt und nicht wie bei den Gemeinden in Art. 28 Abs. 2 GG erst konstituiert[21] (vgl. Art. 28, 30, 93 Abs. 1 Nr. 4 b, 100 Abs. 1 und 3 GG). Zudem enthalten fast alle Landesverfassungen einen Artikel, der dieser Einstufung ihrer Position im Bundesstaat entspricht.[22] Dabei bestätigt die Existenz von Vorschriften wie Art. 28 Abs. 1 GG, die eine gewisse Homogenität zwischen Landes- und Bundesverfassung fordern, daß innerhalb des grundgesetzlichen Rahmens die Länder frei in ihrer Verfassungsgebung sind.[23]

Mit seinem Diktum will das Bundesverfassungsgericht aber auch ausdrücken – was für unser Thema von Interesse ist –, daß sich Bundes- und Landesverfassungsgerichtsbarkeit in diesen grundsätzlich getrennten Räumen vollziehen; das Bundesverfassungsgericht prüft am Maßstab des Grundgesetzes, die Landesverfassungsgerichte prüfen am Maßstab ihrer Landesverfassungen,[24] wobei die Landesverfassungsgerichtsbarkeit von der des Bundes nur so weit abhängig gemacht werden

---

[16] Diesen Begriff prägte *Hempel*, Der demokratische Bundesstaat, 1969, S. 182, in Anlehnung an die früheren Theorien, nicht ohne diese Begriffsbildung selbst zu kritisieren.

[17] *Hempel*, a.a.O.; das Problem bei diesem Konzept besteht darin, wie danach ein Unterschied zwischen einem Bundesland und einem hochgezonten Gemeindeverband begründet werden kann, s. auch *Leisner*, Landesverfassungsgerichtsbarkeit als Wesenselement des Föderalismus, in: FS zum 25jährigen Bestehen des Bayerischen Verfassungsgerichtshofs, 1972, S. 183 ff., 187: ohne Staatsqualität kein Föderalismus, sondern nur gesteigerte Kommunalisierung.

[18] BVerfGE 1, 14, 34; 36, 342, 361; 60, 175, 207; aus der Staatsqualität auf die Verfassungsautonomie schließen auch *Zierlein* (Fn. 9), S. 207; *Badura* (Fn. 8), Rz. 70; *Grimm* (Fn. 2), S. 13; *Dietlein*, Die Rezeption von Bundesgrundrechten durch Landesverfassungsrecht, AöR 120 (1995), S. 1 ff., 2.

[19] *Rozek* (Fn. 9), S. 30: die Staatlichkeit der Länder muß verfassungsintern, nicht -extern bestimmt werden; *März* (Fn. 9), S. 173: eine inhaltliche Erfüllung des Staatsbegriffs durch die Länder sagt nichts über ihre konkrete verfassungsrechtliche Lage aus; so auch *Held*, Die Verfassungsbeschwerde zum Verfassungsgerichtshof Rheinland-Pfalz, NVwZ 1995, S. 534 ff., 537 zum Umfang der landesverfassungsrechtlichen Jurisdiktion; *Bothe*, Die Kompetenzstruktur des modernen Bundesstaats in rechtsvergleichender Sicht, 1977, S. 8: der Begriff Bundesstaat muß aus dem Grundgesetz selbst heraus interpretiert werden.

[20] Für eine eigene Verfassungsgerichtsbarkeit als wesentliches Element der Staatlichkeit *v. Olshausen*, Landesverfassungsbeschwerde und Bundesrecht, 1980, S. 71; *Bethge* (Fn. 7), S. 261; *Pestalozza*, Verfassungsprozeßrecht, 3. Aufl. 1991, § 21 Rz.4.

[21] *Klein* (Fn. 7), S. 1330.

[22] S. *Grimm* (Fn. 2), S. 12: z.B. Art. 64, 65 HV oder Art. 44 Abs. 1 ThürVerf.

[23] S. BVerfG in Fn. 18; der eher abrundende Charakter dieses Spielraums darf allerdings nicht überschätzt werden, er besteht bei Aufgabenverteilung und Organisation, nicht bei den Grundfragen der Verfassung, s. dazu *Steinberg*, Organisation und Verfahren bei der Verfassungsgebung in den Neuen Bundesländern, ZParl 1992, S. 497 ff., 499; BVerfGE 83, 37, 50; 83, 60, 70 – kommunales Ausländerwahlrecht – zeigen, wie über Art. 28 Abs. 1 GG auch Verfassungsgrundentscheidungen aus Art. 20 Abs. 2 GG – in der Auslegung durch das Bundesverfassungsgericht – für die Länder verbindlich werden.

[24] BVerfGE 6, 376, 382; 11, 89, 94; 60, 175, 209.

darf, wie dies nach Bundesverfassungsrecht unvermeidbar ist.[25] Es wird zu untersuchen sein, wie weit diese „unvermeidbare Abhängigkeit" verfassungsrechtlich und faktisch geht.

2. Der bundesstaatliche Verfassungsverbund

Das Bild von den zwei getrennten Verfassungsräumen von Bund und Ländern bedarf jedoch erheblicher Korrekturen. Sowohl beim Inhalt der jeweiligen Verfassungen als auch bei der Bindung der Staatsgewalt an Verfassungsrecht bestehen Verschränkungen zwischen diesen Räumen. Zum einen ist die Landesstaatsgewalt neben der Landesverfassung auch an das Grundgesetz gebunden, vgl. Art. 1 Abs. 3 und 20 Abs. 3 GG. Zum anderen ist es als Grundaussage völlig unbestritten, daß der Text der geschriebenen Landesverfassungen nicht die vollständige Verfassung der Länder enthält. Dies zeigt sich z.B. im Bereich der Gesetzgebungskompetenzen: Welche Zuständigkeiten die Länder hier haben, kann man nicht den Landesverfassungen, sondern Art. 70 ff. GG entnehmen. Das Bundesverfassungsgericht entschied schon frühzeitig: „Die Verfassung der Gliedstaaten eines Bundesstaates ist aber nicht in der Landesverfassungsurkunde allein enthalten, sondern in sie hinein wirken auch Bestimmungen der Bundesverfassung. Beide Elemente zusammen machen erst die Verfassung des Gliedstaates aus ..."[26]. Grundgesetz und Landesverfassungen ergeben den „bundesstaatlichen Verfassungsverbund"[27]. Dieses Normgefüge spricht nicht gegen die Auffassung, daß die Länder Staaten sind. Wie auch das Verhältnis von Bundesrepublik und Europäischer Union zeigt, kann man auch dann noch von einem Staat sprechen, wenn sich seine rechtliche Ordnung erst in Verbindung mit Rechtsquellen außerhalb der eigenen Verfassungsurkunde ergibt. Die Verflechtung der Bundes- und Landesverfassungsräume zwingt also nicht dazu, einem eingliedrigen Bundesstaatsbegriff zu folgen.

Angesichts dieser Einwirkung des Grundgesetzes auf die Landesverfassungen drängt sich die Frage auf, ob umgekehrt auch die Landesverfassungen in das Grundgesetz hineinwirken. Es wird die Ansicht vertreten, daß Bundes- und Landesverfassung erst zusammen eine vollständige Ordnung enthalten und die Landesverfassungen Ergänzungsfunktion für das Grundgesetz haben.[28] Allerdings werden daraus keine Konsequenzen hinsichtlich einer rechtlichen Bindung des Bundes an

---

[25] BVerfGE 36, 342, 357; s. auch *Pestalozza* (Fn. 20), § 21 Rz. 4 – die Eigenständigkeit der Landesverfassungsüberwachung muß respektiert werden, weil die Glieder Staaten sind.

[26] BVerfGE 1, 208, 232; wiederholt in 27, 44, 55; 66, 107, 114; ebenso BerlVerfGH in NJW 1993, 515, 516 („Honecker").

[27] Das Verhältnis von Europäischer Union und ihren Mitgliedstaaten bezeichnet als „europäischen Verfassungsverbund" *Pernice,* Die Dritte Gewalt im europäischen Verfassungsverbund, Europarecht 1996, S. 27 ff., 29; das korrespondierende bundesstaatliche Phänomen nannte *W. Schmidt* die „bundesstaatliche Gesamtverfassung" in: Das Verhältnis von Bund und Ländern im demokratischen Bundesstaat des Grundgesetzes, AöR 87 (1962), S. 253 ff., 280 und in: Der bundesstaatliche Aufbau ... (Fn. 9), S. 61 f.

[28] *Wahl,* Grundrechte und Staatszielbestimmungen im Bundesstaat, AöR 112 (1987), S. 31 ff., 33; *März* (Fn. 9), S. 178 f.

die Landesverfassungen gezogen[29]; diese Überlegung beschränkt sich darauf, die Landesverfassungen als den Platz anzusehen, an dem Raum für Verfassungsrechtsnormen ist, die im Grundgesetz lange fehlten, wie etwa das Staatsziel Umweltschutz.

3. Das Hineinwirken des Grundgesetzes in die Landesverfassungen

Über die oben genannte Erkenntnis hinaus bestehen aber Unsicherheiten bezüglich der Frage, wie weit das Grundgesetz in die Landesverfassungen hineinwirkt und wie dieses Hineinwirken normtheoretisch einzuordnen ist. Die Beantwortung dieser Frage ist nicht nur bedeutsam für die Verpflichtung der Landesverfassungs- und Landesgesetzgeber, Grundgesetznormen zu beachten und umzusetzen, sondern gerade auch für die Prüfungskompetenzen der Landesverfassungsgerichte.

Bei der Betrachtung dieses „Phänomens der in die Landesverfassung hineinwirkenden Bundesverfassung"[30] müssen verschiedene Fragen beantwortet werden. Zunächst ist zu fragen, welche materielle Wirkung bestimmte Grundgesetznormen in Bezug auf die Länder haben. Darauf aufbauend muß geklärt werden, wie die prozessualen Konsequenzen dieser Wirkung für die Bundes- und Landesverfassungsgerichtsbarkeit aussehen. Als Ergebnis dieser Untersuchung kann dann auch festgestellt werden, ob das Hineinwirken von Grundgesetzbestimmungen in die Landesverfassungen als Durchgriff von Bundesverfassungsrecht auf die Landesstaatsgewalt zu bezeichnen ist oder ob diese Normen Bestandteil der Landesverfassung werden.

a) Materielle Wirkung von Grundgesetznormen im Bereich der Länder

Als eine Form des Hineinwirkens des Grundgesetzes in die Landesverfassungen erkennt das Bundesverfassungsgericht sogenannte Normativbestimmungen an, die verbindliche Vorgaben für die Gestaltung der Landesverfassung machen. Solche Vorschriften sind insbesondere Art. 28 Abs. 1 S. 1, 28 Abs. 1 S. 2[31] und 28 Abs. 2 GG, aber auch Normen, die die Staatsstrukturprinzipien des Art. 28 Abs. 1 S. 1 GG ausfüllen, etwa Art. 48 Abs. 3 GG[32], dagegen nicht Art. 69 Abs. 2 GG[33]. Diese Bestimmungen wirken zum einen *für* die Länder, die diese Vorgaben durch ihre Verfassung und Gesetze umsetzen müssen[34]. Eine mangelhafte Umsetzung

[29] Dies ablehnend auch *Löwer* (Fn. 4), S. 75, der auch die Rechtsprechung des Bundesverfassungsgerichts so versteht, daß der Bund keine Anleihen beim Landesverfassungsrecht machen darf, Fn. 36.

[30] So der Untertitel von *Rozeks* Abhandlung zu diesem Thema (Fn. 9).

[31] Zur Einordnung als Normativbestimmung, die Landesverfassungs- und -gesetzgeber bindet: BVerfGE 1, 208, 236; 6, 104, 111; 22, 180, 204; dagegen keine Verfassungsbeschwerde gestützt auf Art. 28 GG iVm Art. 38 GG: BVerfGE 1, 208, 236; 6, 104, 111; 6, 376, 384.

[32] BVerfGE 40, 296, 319.

[33] BVerfGE 27, 44, 55 – in diesem Bereich wird keine Homogenität gefordert, sondern den Ländern bleibt ein Spielraum bei der Verfassungsgestaltung.

[34] BVerfGE 1, 208, 236; 6, 104, 111; 22, 180, 204.

führt zur Nichtigkeit der entsprechenden Normen[35] und verpflichtet u.U. den Bund zum Eingreifen gemäß Art. 28 Abs. 3 GG. Daneben wirkt Art. 28 Abs. 1 und 2 GG aber auch unmittelbar als Mindestgarantie *in* den Ländern.[36]

Andere Normen des Grundgesetzes wenden sich gleichermaßen an Bundes- wie Landesstaatsgewalt und wirken daher auch unmittelbar in den Ländern, ohne daneben noch eine Umsetzung in Landesverfassungsrecht zu erfordern. Dies sind insbesondere Art. 1 Abs. 3 und 20 Abs. 2 und 3 GG[37], aber etwa auch Art. 21[38], 33 Abs. 5[39], 34, 100[40], das Rechtsstaatsprinzip[41] und möglicherweise auch Art. 137 GG[42]. Die materielle Wirkung der Bundesgrundrechte in den Ländern ergibt sich nicht unbedingt aus dem Wortlaut von Art. 1 Abs. 3 GG und ist im übrigen in einem Bundesstaat nicht zwingend;[43] aus der Entstehungsgeschichte des Art. 1 GG ergibt sich aber, daß auf die ausdrückliche Bindung auch der Landesstaatsgewalt schließlich nur verzichtet wurde, weil man sie für selbstverständlich hielt.[44] Weitere Normen mit unmittelbarer Wirkung sind solche, die das Verhältnis zwischen Bund und Ländern regeln: die Verteilung der Gesetzgebungskompetenzen[45] und dementsprechend auch die Zuständigkeitsregelungen der Finanzverfassung,[46] aber auch die Kollisionsnormen der Art. 31 und 142 GG. Es ist also festzuhalten, daß das Grundgesetz nicht nur das Verfassungsrecht des Bundes, sondern verschiedene

---

[35] Gemäß Art. 31 GG, so *Pietzcker*, Zuständigkeitsordnung und Kollisionsrecht im Bundesstaat, in: s. *Bartlsperger*, Fn. 13, § 99 Rz. 37; *Stern* in: *Dolzer/Vogel* (Hrsg.), BK, Art. 28 (Zweitbearb.), Rz. 16: nach a.A. gemäß Art. 28 GG, so *Löwer* in: *v. Münch/Kunig*, GG, 3. Aufl. 1995, Art. 28 Rz. 13; *März* (Fn. 9), S. 190 f.; *Rozek* (Fn. 9), S. 116.

[36] *W. Schmidt* (Fn. 27), S. 280; *Friesenhahn*, Zur Zuständigkeitsabgrenzung zwischen Bundesverfassungsgerichtsbarkeit und Landesverfassungsgerichtsbarkeit, in: *Starck* (Hrsg.), Bundesverfassungsgericht und Grundgesetz, 1. Band, 1976, S. 748 ff., 761; *Bartlsperger* (Fn. 13), Rz. 26; so für Art. 28 Abs. 2 GG auch *Stern* (Fn. 8), S. 419 (anders noch in: *Dolzer/Vogel* (Hrsg.), BK, Art. 28 Abs. 2 (Zweitbearb.), Rz. 14); *v. Mutius*, Gutachten E für den 53. DJT, 1980, S. 46 f.; *Püttner*, Kommunale Selbstverwaltung, in: s. *Bartlsperger*, Fn. 13, § 107, Rz. 11; *Nierhaus* in: *Sachs* (Hrsg.), Grundgesetz, 1996, Art. 28 Rz. 33; a.A. *Maunz*, Staatlichkeit und Verfassungshoheit der Länder, in: s. *Bartlsperger*, Fn. 13, § 94 Rz. 1; *Rozek* (Fn. 9), S. 107 ff. (für Art. 28 I); *Sachs*, Die Landesverfassung im Rahmen der bundesstaatlichen Rechts- und Verfassungsordnung, ThürVBl. 1993, S.121 ff., 122; *März* (Fn. 9), S. 191; *Jarass/Pieroth*, Grundgesetz, 3. Aufl., 1995, Art. 28 Rz. 1; auch das BVerfG führt in den in Fn. 31 angegebenen Entscheidungen aus: „Art. 28 GG gilt nicht in den Ländern".

[37] *Rozek* (Fn. 9), S. 41; s. zum Hineinwirken auch die Zusammenstellung bei *Stern* (Fn. 8), S. 704 f., und die systematische Einteilung bei *Franke*, Verfassungsgerichtsbarkeit der Länder – Grenzen und Möglichkeiten, in: FS für Mahrenholz, 1994, S. 923 ff., 927 ff.

[38] BVerfGE 1, 208, 227; 6, 367, 375; 23, 33, 39; 27, 10, 17; 60, 53, 61; 66, 107, 114.

[39] BVerfGE 4, 115, 135; 64, 367, 378.

[40] *Maunz* in *Maunz-Dürig*, Komm. z. GG, 1994, Art. 100 Rz. 49, Fn. 5.

[41] BVerfGE 2, 380, 403.

[42] So das Sondervotum *v. Arnim* in BrdbgVerfGH, DVBl. 1996, 363, 367; a.A. die diese Entscheidung tragende Meinung, S. 365.

[43] Anders etwa die Regelung in den USA: die Bundesgrundrechte gelten nicht unmittelbar in den Staaten, die einen eigenen Grundrechtsteil in ihren Verfassungen haben, aber durch das 14. Amendment wirken gewisse Mindestgarantien auch in den Staaten.

[44] S. die Entwicklung der verschiedenen Entwürfe für Art. 1 GG bei *v. Doemming/Füsslein/Matz*, Entstehungsgeschichte der Artikel des Grundgesetzes, JöR 1 (1951), S. 48 ff.

[45] BVerfGE 60, 175, 205 f.; HessStGH, DÖV 1982, 320 ff.; ebenso BayVerfGH, BayVBl. 1982, 273; BayVBl. 1990, 368 f.; NWVerfGH, DVBl. 1992, 1290.

[46] NWVerfGH, DVBl. 1993, 1205 (kommunaler Finanzausgleich „gemäß Art. 79 S. 2 LV, vgl. auch Art. 106 Abs. 7 GG").

Normarten enthält; neben der Ordnung der Bundesstaatsgewalt selbst wird das Verhältnis von Bund und Ländern und auch ein Teil der verfassungsmäßigen Ordnung der Länder geregelt.[47]

b) Die Prüfungskompetenzen der Landesverfassungsgerichte

Allerdings darf aus dieser unmittelbaren Wirkung noch nicht darauf geschlossen werden, daß es sich bei diesen hineinwirkenden Bestimmungen unbedingt um Landesverfassungsrecht und damit uneingeschränkt um einen möglichen Prüfungsmaßstab für die Landesverfassungsgerichte handelt. Aus der materiellen Wirkung folgt noch nicht zwingend die prozessuale Relevanz.[48] Die Landesverfassungen und das Landesverfassungsprozeßrecht enthalten Bestimmungen, die den Landesverfassungsgerichten als Prüfungsmaßstab nur die Landesverfassung zuteilen.[49] Die bisherige Untersuchung des Verhältnisses von Grundgesetz und Landesverfassungen hat aber gezeigt, daß die Lehre von den „getrennten Verfassungsräumen" so nicht aufrecht erhalten werden kann. Das Bundesverfassungsgericht läßt als Konsequenz seiner Auffassung, daß die Landesverfassung erst in Verbindung mit dem Grundgesetz vervollständigt wird, zu, daß die Landesverfassungsgerichte Akte der Landesstaatsgewalt auch an bestimmten Grundgesetznormen messen, die bei Verfassungsstreitigkeiten innerhalb eines Landes eine Rolle spielen können.[50] Die Verfassungsgerichtsbarkeit von Bund und Ländern vollzieht sich also doch nicht in strikt getrennten Räumen. Allerdings ist damit noch keine Abgrenzung erfolgt, welche hineinwirkenden Grundgesetzbestimmungen zum Prüfungsmaßstab der Landesverfassungsgerichte werden und welche nicht. Dabei muß an den Regelungen des Landesverfassungsprozeßrechts angesetzt werden. Bei der Prüfung, ob „diese Verfassung" verletzt wurde, sind auch Grundgesetznormen zu berücksichtigen, wenn die Landesverfassungsbestimmungen selbst durch das Grundgesetz modifiziert werden. Damit konzentriert sich die Prüfungsbefugnis auf Kompetenz- und Kollisionsnormen (Art. 70 ff., 83 ff., 104 a ff., 31, 142), aber auch Regelungsermächtigungen wie Art. 137 GG. Wenn die Landesverfassungsgerichte in diesen Fällen nicht auch das Grundgesetz anwenden dürften, müßten sie das Handeln der Landesstaatsgewalt u.U. für landesverfassungswidrig erklären, obwohl das Grundgesetz dieses Handeln gebietet,[51] oder umgekehrt. Für die präventive Normenkontrolle von Gesetzentwürfen im Volksgesetzgebungsverfahren sehen manche Landesverfassungen zudem ausdrücklich vor, daß das Landesverfassungsgericht prüft, ob der

---

[47] *Friesenhahn* (Fn. 36), S. 752.

[48] *Pestalozza* (Fn. 4), S. 341 f.

[49] Besonders deutlich Art. 113 BrdbgVerf.; Art. 53 MecklVVerf.; Art. 75 SachsAnhVerf.; Art. 81 SächsVerf.; Art. 80 ThürVerf.

[50] BVerfGE 60, 175, 205; s. auch E 1, 208, 232; 69, 112, 117.

[51] Vgl. *Bethge*, Organstreitigkeiten des Landesverfassungsrechts, in: *Starck/Stern* (Hrsg.), Landesverfassungsgerichtsbarkeit II, 1983, S. 17 ff., 30 f. zum „Startbahn West"-Fall, in dem der HessStGH, DÖV 1982, 320 ff., Art. 70 ff. GG heranzog, bestätigt von BVerfGE 60, 175, 205 f.; ebenso *Löwer* (Fn. 4), S. 76; s. auch NWVerfGH, DVBl. 1992, 1290.

Landtag zum Erlaß eines solchen Gesetzes zuständig ist,[52] wobei notwendigerweise auch Art. 70 ff. GG herangezogen werden müssen. Kein Prüfungsmaßstab für die Landesverfassungsgerichte ist dagegen Art. 28 Abs. 1 und 2 GG, sondern die entsprechenden Landesverfassungsnormen, die diese Vorgaben umsetzen.[53]

Grundgesetzbestimmungen, die zwar die Landesstaatsgewalt binden, jedoch nicht die Normen des Landesverfassungs*gesetzes* als Kern des landesverfassungsgerichtlichen Prüfungsmaßstabs modifizieren, gehören also nicht zum Prüfungsmaßstab der Landesverfassungsgerichte. Dies gilt insbesondere für die Bundesgrundrechte. Der Berliner Verfassungsgerichtshof hat dagegen die Menschenwürdegarantie aus Art. 1 GG zum eigenen Prüfungsmaßstab gemacht[54] und seinen Kompetenzbereich damit verlassen.[55]

Einen Sonderfall stellt in diesem Zusammenhang Art. 21 GG dar, der keine Kompetenz- oder Kollisionsnorm und damit kein Prüfungsmaßstab der Landesverfassungsgerichte ist, aber dennoch Wirkung für die Landesverfassungsgerichte entfaltet. Aus der materiellen Wirkung von Art. 21 GG in den Ländern folgt, daß politische Parteien auch beim Organstreit vor den Landesverfassungsgerichten beteiligtenfähig sein müssen.[56] Das Bundesverfassungsgericht und die meisten Landesverfassungsgerichte sehen Art. 21 GG darüber hinaus als materiellen Prüfungsmaßstab der Landesverfassungsgerichte an.[57] Im Gegensatz zu den oben angeführten Fällen ist diese Rechtsprechung aber schwerlich mit den Kompetenzbeschränkungen des Landesverfassungsprozeßrechts zu vereinbaren.[58]

c) Die Zuständigkeitsverteilung zwischen Landesverfassungsgerichten und Bundesverfassungsgericht

Wenn also unter diesen Voraussetzungen die Prüfungskompetenz der Landesverfassungsgerichte zunächst eröffnet ist, bleibt die Frage, ob die Landesverfassungsgerichte zu einer Divergenzvorlage zum Bundesverfassungsgericht gemäß Art. 100 Abs. 3 GG verpflichtet sind, wenn sie Grundgesetznormen anwenden und anders auslegen wollen als das Bundesverfassungsgericht. In diesem Zusam-

---

[52] Art. 76 Abs. 1 S. 1, 77 Abs. 2 BrdbgVerf.; Art. 59 Abs. 1 S. 1, Abs. 2 S. 2 MecklVVerf.; Art. 68 Abs. 1 S. 3, 6 NWVerf.; Art. 99 Abs. 1 S. 2, Abs. 3 SaarlVerf.; Art. 41 Abs. 1 S. 1, 42 Abs. 1 S. 2 SchlHVerf.

[53] Eine Ausnahme stellt hier die Entscheidung des Thüringer VerfGH – VerfGH 2/95 und VerfGH 6/95 – dar, in der das ThürNeugliederungsG an der „gemeindeutschen Garantie der kommunalen Selbstverwaltung in dem von Art. 28 Abs. 2 GG garantierten Ausmaß" gemessen wurde, weil dieses Gesetz vor Inkrafttreten der Landesverfassung erlassen worden war (Umdruck S. 21).

[54] NJW 1993, 515, 516.

[55] *Berkemann* (Fn. 4), S. 412 f.; *Löwer* (Fn. 4), S. 76; *Meurer* (Fn. 4), S. 92; *Dietlein* (Fn. 9), S. 12.

[56] BVerfGE 6, 367, 372 f.; 10, 331, 332; 27, 10, 17 f. und ihm folgend BadWürttStGH, VBlBW 1985, 329, 330; BayVerfGHE 23, 80, 84; NWVerfGH, DVBl. 1985, 691; SaarlVerfGH, NJW 1980, 2181, 2182.

[57] BVerfGE 1, 208, 232 (es agierte dort als Landesverfassungsgericht für Schleswig-Holstein); SaarlVerfGH, NJW 1980, 2181, 2182; HessStGH, ESVGH 27, 193, 194 f.; BremStGH, DVBl. 1984, 221, 222 f.; NdsStGH, DÖV 1985, 677; NWVerfGH, NWVBl. 1992, 275, 278; a.A. BayVerfGHE 23, 80, 85 f.

[58] Ablehnend auch *Rozek* (Fn. 9), S. 167 f., 182.

menhang spielt die Bezeichnung der hineinwirkenden Grundgesetzbestimmungen als „Durchgriff der Bundesverfassung" oder „Bestandteil der Landesverfassung" eine Rolle, denn Landesverfassungsgerichte und Bundesverfassungsgericht haben in ihrem jeweiligen Verfassungsrechtskreis die Befugnis zur letztverbindlichen Auslegung.[59]

Die Rechtsprechung des Bundesverfassungsgerichts ist bezüglich der dogmatischen Einordung unklar.[60] Bei der Verwendung des Begriffs „Verfassung" muß aber unterschieden werden zwischen Verfassung in einem weiteren Sinne als rechtliche Gesamtgestaltung einer politischen Einheit und Verfassung im engeren, rein formalen Sinn als Summe von Normen bestimmter Ranghöhe.[61] Bestimmte Grundgesetznormen sind ganz unzweifelhaft Teil der „Landesverfassung" im erstgenannten Sinne, sie wäre ohne diese nicht vollständig. Nach der strikt formellen, nicht funktionalen Einteilung in Bundesrecht und Landesrecht, der auch das Bundesverfassungsgericht folgt[62] und die in Art. 31 GG vorausgesetzt wird,[63] entscheidet die Person des Normgebers über die Einordnung einer Rechtsnorm; die Bestimmungen des Grundgesetzes, die auch in den Ländern gelten, bleiben daher Bundesverfassungsrecht.[64] Sähe man sie als Landesverfassungsrecht an, so könnte jedes Landesverfassungsgericht etwa die Kompetenzbestimmungen des Grundgesetzes unabhängig vom Bundesverfassungsgericht auslegen und damit auch über die Zuständigkeiten des Bundes entscheiden. Dabei handelt es sich aber um Bundesverfassungsrecht, das vom Bundesverfassungsgericht letztverbindlich ausgelegt werden muß.[65] Dies übersah das Bundesverfassungsgericht im „Startbahn West"-Fall, als es die Auslegung der Kompetenzbestimmungen des Grundgesetzes als Aufgabe des Hessischen Staatsgerichtshofs ansah und selbst nicht überprüfte.[66] Die hineinwirkenden Grundgesetznormen haben auch in den Ländern ihren im Grundgesetz bestimmten Inhalt, so daß ihr materieller Gehalt, ausgeformt durch die Rechtsprechung des Bundesverfassungsgerichts, auch einheitlich in der Rechtsprechung der Landesverfassungsgerichte gelten muß. Zwar könnte man Grundsatznormen wie z.B. Art. 21 GG, der zwar kein Prüfungsmaßstab ist, aber auch vor den Lan-

---

[59] BVerfGE 69, 112, 117; *Franke* (Fn. 37), S. 927; laut *Burmeister*, Vorlagen an das Bundesverfassungsgericht nach Art. 100 Abs. 3 GG, in: s. *Bethge*, Fn. 51, S. 399 ff., 429, versteht *daher* die BVerfG-Rspr. und die ihr zustimmende Lit. auch Grundgesetznormen als Teil der Landesverfassung, um dadurch die Vorlagepflicht nach Art. 100 Abs. 3 GG zu sichern; *Burmeister* selbst, S. 431, dagegen sieht eine Vorlagepflicht auch bei inhaltsgleichem Landesverfassungsrecht gegeben.

[60] Art. 21 GG wird einerseits als „Bestandteil der Landesverfassung" bezeichnet, andererseits sah das Gericht im selben Fall das Landesverfassungsleben „durch Bundesrecht, insbesondere durch das Grundgesetz" bestimmt, BVerfGE 1, 208, 227; für die Bezeichnung als „Landesverfassungsrecht" auch BVerfGE 60, 53, 61.

[61] *März* (Fn. 9), S. 180 f.; ebenso *Bartlsperger* (Fn. 4), S. 349: unterscheide „Verfassungsrecht der Länder" und „Landesverfassungsrecht".

[62] BVerfGE 18, 407, 414 f.

[63] *März* (Fn. 9), S. 180.

[64] *Vitzthum*, Die Bedeutung gliedstaatlichen Verfassungsrechts in der Gegenwart, VVdStRL 46 (1988), S. 7 ff., 11; *März* (Fn. 9), S. 181; *Rozek* (Fn. 9), S. 179; *Bartlsperger* (Fn. 4), S. 349; *Niedobitek*, Neuere Entwicklungen im Verfassungsrecht der deutschen Länder, 1994, S. 48 ff.; a.A. *Bethge* (Fn. 51), S. 30.

[65] *Rozek* (Fn. 9), S. 133 f.

[66] BVerfGE 60, 175, 208; kritisch *Rozek* (Fn. 9), S. 124 ff.

desverfassungsgerichten die Beteiligtenfähigkeit politischer Parteien im Organstreit garantiert, auch den Landesverfassungen selbst durch Auslegung als ungeschriebenes Verfassungsrecht entnehmen.[67] In ihrer konkreten Ausgestaltung wirken sie aber doch in der Form des Grundgesetzes, vergleichbar etwa dem in einzelnen Bundesländern rezipierten Grundrechtskatalog des Grundgesetzes. Auch das Bundesverfassungsgericht erkennt grundsätzlich an, daß die Anwendung von Grundgesetzbestimmungen als Prüfungsmaßstab der Landesverfassungsgerichte an die Vorlagepflicht gemäß Art. 100 Abs. 3 GG gebunden ist.[68] Diese Pflicht müssen die Landesverfassungsgerichte erfüllen.

4. Das Verhältnis von Bundes- und Landesgrundrechten

a) Landesgrundrechte, die von den Bundesgrundrechten abweichen

Besonders umstritten war stets das Verhältnis von Bundes- und Landesgrundrechten. Problematisch ist zum einen, wann Landesgrundrechte neben Bundesgrundrechten wirksam bleiben, wenn sie nicht „übereinstimmend" i.S.v. Art. 142 GG sind. Es ist allgemein anerkannt, daß „weiterreichende" Grundrechte in den Landesverfassungen wirksam bleiben,[69] die Länder also über den Grundrechtsschutz des Grundgesetzes hinausgehen können. Auf einem anderen Blatt steht die Prüfung im Einzelfall, ob eine Maßnahme der Landesstaatsgewalt, die einer großzügigeren Freiheitsgewährung der Landesverfassung entspricht, nicht Bundesverfassungsrecht, insbesondere die Grundrechte anderer, verletzt.[70] Zudem geht auch einfaches Bundesrecht den Landesgrundrechten nach Art. 31 GG vor.

Uneinigkeit herrscht dagegen bei der Frage, wie Landesgrundrechte zu behandeln sind, die hinter den Grundrechten des Grundgesetzes zurückbleiben. Man könnte

---

[67] BVerfGE 1, 208, 233; HessStGH, VerwRspr. 6, 422, 425; ebenso *Grawert*, Die Bedeutung gliedstaatlichen Verfassungsrechts in der Gegenwart, NJW 1987, S. 2329 ff., 2330 f.

[68] Mit Hinweis auf Art. 100 Abs. 3 GG wird die Prüfungskompetenz der Landesverfassungsgerichte gerade begründet: BVerfGE 1, 208, 232; 60, 175, 205 f.

[69] *Rozek*, Landesverfassungsgerichtsbarkeit, Landesgrundrechte und die Anwendung von Bundesrecht, AöR 119 (1994), S. 450 ff., 464; *Denninger* in: Alternativkommentar zum GG, 2. Aufl. 1989, Art. 142 Rn. 6; *Merten*, Grundgesetz und Verfassungen der neuen deutschen Länder, in: *Blümel* (Hrsg.), Verfassungsprobleme im vereinten Deutschland, 1993, S. 47 ff., 56 – soweit das Bundesgrundrecht nicht ausnahmsweise das Höchstmaß abschließend festlegt, ebenso *Jutzi* (Fn. 13), S. 838. Allerdings stellt *Vitzthum* (Fn. 64), S. 32 Fn. 91, in Frage, ob stets so eindeutig zu bestimmen ist, wann Landesgrundrechte „weiterreichend" sind. Hier sind Mischformen, etwa ein weiterer personeller Schutzbereich in Verbindung mit engerer Schrankenregelung, denkbar; ebenso *v. Olshausen* (Fn. 20), S. 108 f.

[70] Vgl. *Dietlein* (Fn. 9), S. 75 f., der darlegt, daß das für die Thüringer Verfassung vorgeschlagene, aber nicht angenommene Recht auf Abtreibung oder die grundrechtliche Gleichstellung nichtehelicher Lebensgemeinschaften mit der Ehe zwar die einen stärker schützt, aber die Grundrechte anderer nach der Grundgesetzauslegung durch das BVerfG einschränkt, ebenso *Pietzcker* (Fn. 35), Rz. 50 f.; *Jutzi*, Gestaltungsspielräume der Landesverfassung gegenüber Bund und Europa, KritV 1996, S. 138 ff., 143 (zur Unvereinbarkeit eines uneingeschränkten Landesgrundrechts auf Asyl mit Art. 16 a GG); a.A. *Sacksofsky*, Landesverfassungen und Grundgesetz – am Beispiel der Verfassungen der neuen Bundesländer, NVwZ 1993, S. 235 ff., 237, für Art. 6 GG im Verhältnis zu Art. 26 BrdbgVerf. (nichteheliche Lebensgemeinschaften).

annehmen, daß dann eine Normkollision vorliegt – das Landesverfassungsrecht erlaubt der Landesstaatsgewalt ein in die Rechtssphäre der Bürger eingreifendes Handeln, das durch Bundesverfassungsrecht verboten ist, so daß zwei sich widersprechende Rechtsbefehle aufeinandertreffen – und das Landesgrundrecht gemäß Art. 31 GG mit der Folge der Nichtigkeit gebrochen wird.[71] Diese Ansicht könnte man dahingehend modifizieren, daß die Rechtsfolge des Art. 31 GG nicht unbedingt Nichtigkeit ist,[72] sondern daß das Landesgrundrecht vom Bundesgrundrecht nur verdrängt wird und in anderen Zusammenhängen, in denen es nicht mit dem Grundgesetz kollidiert, weiterhin Rechtswirkung entfaltet.[73] Eine andere Ansicht will das zurückbleibende Landesgrundrecht mit dem entsprechenden Bundesgrundrecht, das den grundrechtlichen Mindeststandard darstelle, hinter dem die Länder nicht zurückbleiben dürften, „auffüllen".[74] Dies hätte nur zur Folge, daß die Landesstaatsgewalt zweimal einer identischen Grundrechtsbindung unterworfen würde, da nach dieser Auffassung kein Raum bliebe, dieses „aufgefüllte Grundrecht" anders zu interpretieren als seine Quelle, das Bundesgrundrecht. Daher spricht einiges dafür, ein zurückbleibendes Landesgrundrecht als fortbestehend anzusehen. Die Bindung der Landesstaatsgewalt an die Bundesgrundrechte als „Mindeststandard" durch Art. 1 Abs. 3 GG läßt den Grundrechtsschutz in den Ländern ungeschmälert, falls die Länder weniger weitreichende Grundrechte normieren.[75] Insofern könnte man auch annehmen, daß Art. 31 GG in diesem Fall überhaupt nicht anwendbar ist, weil das Landesrecht keine mit Bundesrecht unvereinbare Rechtsfolge setzt[76]: die Landesstaatsgewalt muß beide Grundrechte beachten und sich jeweils den engeren Bindungen ihrer Macht unterwerfen. Es ist richtig, daß ein im Einzelfall zurückbleibendes Landesgrundrecht dann keine eigene Wirkung mehr entfaltet,[77] aber auch die Bundesgrundrechte werden nicht „sinnlos", wenn in einem anderen Fall die Landesverfassung ein weiterreichendes Grundrecht gewährt und die Landesorgane dieses, nicht das zurückbleibende Grundgesetz beachten müssen. Zudem ignorieren die Befürworter des „Auffüllens", daß es einem Land auch unbenommen bleibt, überhaupt keine Grundrechte in die Landesverfassung aufzunehmen,[78] und eine automatische Übernahme der Bundesgrundrechte diese Entscheidung mißach-

---

[71] *Rozek* (Fn. 69), S. 463; *Dietlein* (Fn. 9), S. 57: *Merten* (Fn. 69), S. 54; *Maunz* in: *Maunz-Dürig*, Komm. zum GG, 1994, Art. 142 Rz. 18; *Denninger* (Fn. 69), Rz. 7.

[72] Dafür spricht BVerfGE 36, 342, 365: es „bleibt durchaus offen, was ‚brechen' im Einzelfall bedeutet."

[73] *Endter*, Zum Verhältnis von Bundesrecht und Landesverfassungsrecht und zur Reichweite der Prüfungskompetenz der Landesverfassungsgerichte, EuGRZ 1995, S. 227 ff., 228 f.; *v. Olshausen* (Fn. 20), S. 136.

[74] *Holtkotten* in: *Dolzer/Vogel*, BK, Art. 142, Erl. II 2 a; so auch BerlVerfGH, NJW 1993, 515 („Honecker"), für das in der Berliner Verfassung nicht vorhandene Grundrecht auf Achtung der Menschenwürde; *W. Schmidt*, Verfassungsrecht, in: *Meyer/Stolleis* (Hrsg.), Staats- und Verwaltungsrecht für Hessen, 4. Aufl. 1996, S. 35 ff., 51 zur Rundfunkfreiheit des Grundgesetzes iVm der dazu ergangenen Rechtsprechung des Bundesverfassungsgerichts, die die Hessische Verfassung auffüllt, die keine gesonderte Gewährleistung dieses Grundrechtes neben der Meinungsäußerungsfreiheit enthält; dagegen BayVerfGHE 8, 117, 123; 10, 20, 27; 11, 11, 17; 13, 133, 140.

[75] *Zierlein* (Fn. 9), S. 224; *Sacksofsky* (Fn. 70), S. 238.

[76] *v. Olshausen* (Fn. 20), S. 121; *Sacksofsky* (Fn. 70), S. 238; *Vitzthum* (Fn. 64), S. 32, Fn. 91.

[77] *Rozek* (Fn. 69), S. 463 f.

[78] So in Hamburg und Schleswig-Holstein.

tete.[79] Auch die ausdrücklichen Rezeptionsregelungen[80] in anderen Verfassungen würden dadurch überflüssig, obwohl aus ihnen klar ein anderes Verständnis des Verhältnisses von Landes- und Bundesgrundrechten hervorgeht. Zwar entschied auch das Bundesverfassungsgericht, daß grundgesetzlich gewährte Freiheitsräume nicht durch Landesverfassungen verkürzt werden können.[81] Angesichts der Möglichkeit, auf Grundrechte und damit auf jeden Freiheitsraum zu verzichten, kann damit aber nur gemeint sein, daß ein solches Landesgrundrecht dann nicht abschließend über die Verfassungsmäßigkeit einer Maßnahme entscheiden kann, sondern das Bundesgrundrecht am Ende den Maßstab setzt.

b) Mit den Bundesgrundrechten übereinstimmende Landesgrundrechte

Kein Kollisions-, aber ein Auslegungs- und Anwendungsproblem ergibt sich dagegen bei inhaltsgleichen Grundrechten in den Landesverfassungen. Dabei folgt eine Übereinstimmung zwischen Bundes- und Landesgrundrechten nicht unmittelbar aus dem Wortlaut.[82] Taugliche Kriterien können nur die Übereinstimmung der geschützten Lebensbereiche, der Grundrechtsträger und -adressaten und der Ausgestaltungs- und Beschränkungsmöglichkeiten durch den Staat sein.[83] Andererseits ist die vollständige Rechtsnorm ohnehin nicht im Normtext allein enthalten, sondern der dazugehörige Normbereich konstituiert die Norm mit.[84] Die Behauptung, daß ein Bundes- und ein Landesgrundrecht inhaltlich übereinstimmten, ist daher regelmäßig mit Zweifeln verbunden.

Sodann ist fraglich, welche Konsequenzen es hat, wenn ein Grundrecht in diesem Sinne tatsächlich inhaltlich übereinstimmend ist und neben seiner parallelen Grundgesetzverbürgung weitergilt – so ausdrücklich in Art. 142 GG, aber nach heutigem Verständnis auch schon gemäß Art. 31 GG[85]. Ein früherer Streit entzündete sich an der Frage, ob in diesem Fall ein und dasselbe Grundrecht mit demselben materiellen Gehalt nur mehrfach garantiert würde – so das Bundesverfassungsgericht[86] – oder ob es sich um zwei eigenständige Grundrechte handelt, die nebeneinander gelten. Die erstgenannte Ansicht verkennt jedoch, daß der materielle Gehalt eines Grundrechts identisch mit seiner Garantie ist; Grundrechte bestehen nicht in einer vorgegebenen naturrechtlichen Form, die unabhängig von einer

---

[79] *Sachs*, Die Grundrechte im Grundgesetz und in den Landesverfassungen, DÖV 1985, S. 469 ff., 474; *v. Olshausen* (Fn. 20), S. 122; *Sacksofsky* (Fn. 70), S. 238.

[80] So in Baden-Württemberg, Mecklenburg-Vorpommern, Niedersachsen und Nordrhein-Westfalen.

[81] BVerfGE 42, 312, 325.

[82] *v. Olshausen* (Fn. 20), S. 107.

[83] *Böckenförde/Grawert*, Kollisionsfälle und Geltungsprobleme im Verhältnis von Bundesrecht und Landesverfassung, DÖV 1971, S. 119 ff., 121; *Leisner* (Fn. 17), S. 17.

[84] *F. Müller*, Juristische Methodik, 6. Aufl. 1995, S. 122 f.

[85] BVerfGE 36, 343 ff. entschied, daß auch nach Art. 31 GG gleichlautendes Landesverfassungsrecht neben Bundesverfassungsrecht fortgilt.

[86] BVerfGE 22, 267, 271, zurückgehend auf *Geiger* (der Mitglied des entscheidenden Senats war), Die Bundesverfassungsgerichtsbarkeit in ihrem Verhältnis zur Landesverfassungsgerichtsbarkeit und ihre Einwirkung auf die Verfassungsordnung der Länder, in: FS für Laforet, 1952, S. 251 ff., 255; zustimmend *v. Mangoldt/Klein/v. Campenhausen*, Grundgesetz, 3. Aufl. 1991, Art. 142 Rz. 14; *Löwer* (Fn. 4), S. 76.

verfassungsrechtlichen Verbürgung wäre.[87] Inzwischen hat sich daher auch die zweite Deutung durchgesetzt.[88] Auch das Bundesverfassungsgericht zog in jenem Fall aus dieser dogmatischen Konstruktion keine Konsequenzen.[89] Hinter diesem Streit steht jedoch die immer noch nicht abschließend entschiedene Frage, ob Landesgrundrechte durch die Landesverfassungsgerichte anders ausgelegt werden können als die inhaltlich übereinstimmenden Bundesgrundrechte durch das Bundesverfassungsgericht[90] oder ob bei einer solchen beabsichtigten Abweichung eine Vorlagepflicht nach Art. 100 Abs. 3 GG entstünde, um die einheitliche Auslegung zu sichern.[91] Es ist also zu entscheiden, ob durch ein übereinstimmendes Landesgrundrecht nur eine zusätzliche Verfahrensgarantie, also doppelter Rechtsschutz, oder auch eine Verdoppelung der materiellen Garantie geschaffen wird.[92] Für die erste Ansicht scheint Art. 100 Abs. 3 GG zu sprechen. Dies setzt voraus, daß man die Grundrechtsauslegung durch die Landesverfassungsgerichte insoweit nicht als Auslegung der Landesverfassung ansieht, für die Art. 100 Abs. 3 GG nicht gilt, sondern als implizite Grundgesetzauslegung.[93] Andererseits wird von niemandem bestritten, daß Art. 142 GG die Normierung weiterreichender Grundrechte erlaubt. Auch so könnte die oft heraufbeschworene Einbuße an Rechtseinheit eintreten. Aber ausgehend von dieser Möglichkeit muß es den Landesverfassungsgerichten auch möglich sein, ein übereinstimmendes Grundrecht weiter auszulegen als das Bundesverfassungsgericht. Ob es sich überhaupt um ein identisches Grundrecht handelt oder nicht vielmehr um ein weiterreichendes, ist ein schwer feststellbarer Unterschied.[94] Art. 142 GG zeigt, daß die Normierung eigener Grundrechte Teil der verfassungsrechtlichen Eigenständigkeit der Länder ist, die nicht durch die Rechtsprechung des Bundesverfassungsgerichts verdrängt werden darf.[95]

---

[87] *Friesenhahn* (Fn. 36), S. 765; *v. Olshausen* (Fn. 20), S. 110 ff.; *Dietlein* (Fn. 18), S. 12.

[88] *Holtkotten* in: *Dolzer/Vogel* (Hrsg.), BK, Art. 142 Erl. II 1 b; *Dietlein* (Fn. 9), S. 14; *Tilch*, Inhaltsgleiches Bundes- oder Landesverfassungsrecht als Prüfungsmaßstab, in: s. *Bethge*, Fn. 51, S. 551 ff., 553; *v. Olshausen* (Fn. 20), S. 121; *Domcke*, Zur Fortgeltung der Grundrechte der Bayerischen Verfassung, in: s. *Leisner*, Fn. 17, S. 311 ff., 315; OVG Münster als NWVerfGH, VerwRspr 5, 9, 11 ff.; BayVerfGHE 11, 11, 16 f.

[89] S. in Fn. 86, S. 272: „Es kann dahingestellt bleiben, welche Folgerungen sich hieraus für das Verhältnis der Verfassungsbeschwerde nach Bundesrecht und nach Landesrecht im einzelnen ergeben."

[90] So *W. Schmidt* (Fn. 74), S. 69; *Friesenhahn* (Fn. 36), S. 764; *v. Olshausen* (Fn. 20), S. 124; *Vitzthum* (Fn. 64), S. 37; *Pietzcker* (Fn. 35), Rz. 58; *Degenhart*, Staatsrecht I, 11. Aufl. 1995, Rz. 544; *Klein* (Fn. 7), S. 1333 f.; HessStGH, DÖV 1982, 244.

[91] So *Burmeister* (Fn. 59), S. 431, der meint, daß die Bezeichnung als ein und dasselbe Grundrecht oder als Nebeneinandergelten zweier Grundrechte keine Konsequenzen für die von ihm angenommenen Rechtsfolgen hat; *Denninger* (Fn. 9), S. 209; *Kunig*, Die rechtsprechende Gewalt in den Ländern und die Grundrechte des Landesverfassungsrechts, NJW 1994, S. 687 ff., 689; *Sobota* (Fn. 13), S. 801, Fn. 83; *Zierlein* (Fn. 9), S. 240 f.

[92] *Dietlein* (Fn. 18), S. 25 – er bejaht letzteres.

[93] *Burmeister* (Fn. 59), S. 430 f.; *Löwer*, Zuständigkeiten und Verfahren des Bundesverfassungsgerichts, in: *Isensee/Kirchhof* (Hrsg.), HdbStR, Band II (1987), § 56 Rz. 126; *Denninger* (Fn. 9), S. 209 Fn. 31, der einräumt, daß der Wortlaut den Fall nicht unmittelbar erfaßt; dagegen *Maunz* in *Maunz-Dürig*, Komm. z. GG, 1994, Art. 100 Rz. 52; *Stern* in: *Dolzer/Vogel*, BK, Art. 100 (Zweitbearb.), Rz. 304; *Pestalozza* (Fn. 20), § 15 Rn. 1, insb. Fn. 2; *Dietlein* (Fn. 18), S. 21.

[94] Der HessStGH etwa hielt das Elternrecht aus Art. 55 S. 1 HV zunächst für inhaltsgleich mit Art. 6 Abs.2 GG, ESVGH 22, 4, 7 ff., änderte aber später seine Ansicht, ESVGH 32, 1, 7 ff.

[95] Diese Ansicht entspräche auch der Lehre von den „getrennten Verfassungsräumen", zu der sich das BVerfG bekennt, s.o. Fn. 6.

Die parallele Geltung von Bundes- und Landesgrundrechten ist anders strukturiert als das oben bei II.3.c) beschriebene Hineinwirken von Grundgesetznormen wie Art. 21 in die Landesverfassung. Dort entfaltete *eine* Verfassungsnorm im Bundes- und Landesbereich Wirkung und konnte daher nur einen einheitlichen materiellen Inhalt haben. Hier dagegen stehen zwei unabhängig voneinander erlassene Verfassungsnormen nebeneinander. Art. 142 GG besteht gerade um seiner auch prozessualen Wirkung willen: es soll nicht nur eine weitere Rechtsschutzmöglichkeit neben dem Bundesverfassungsgericht geschaffen werden, sondern die Landesverfassungsgerichte sollen die fortgeltenden Landesgrundrechte selbständig auslegen.[96] Sie sind damit nicht an die Rechtsprechung des Bundesverfassungsgericht gebunden und nicht der Vorlagepflicht nach Art. 100 Abs. 3 GG unterworfen.

c) Die Rechtsprechung der Landesverfassungsgerichte

Die grundrechtsdogmatisch mögliche Eigenständigkeit der Landesverfassungsrechtsprechung ist aber nur z.T. Realität geworden. In bestimmten Bereichen, insbesondere dort, wo die Länder nicht nur entsprechende Verfassungsnormen, sondern auch Gesetzgebungszuständigkeiten hatten, konnten die Landesverfassungsgerichte eine eigenständige Grundrechtsrechtsprechung entwickeln.[97] Das war z.B. beim Elternrecht in der Schule,[98] beim Hochschulrecht,[99] aber auch beim Parlamentsrecht[100] der Fall. In den Anfangsjahren der Bundesrepublik konnten die Landesverfassungsgerichte sogar Vorarbeit für das Bundesverfassungsgericht leisten,[101] und auch später stützte sich das Bundesverfassungsgericht gelegentlich auf die Landesverfassungsrechtsprechung.[102] Inzwischen paßt sich ihre Rechtsprechung aber in weiten Teilen dem Bundesverfassungsgericht an.[103] Oft bemühen sie sich nicht um eine eigene, abweichende Grundrechtsauslegung, sondern zitieren

---

[96] *Friesenhahn* (Fn. 36), S. 765; *Pietzcker* (Fn. 35), Rz. 41.

[97] S. die Übersichten bei *Stern* (Fn. 2), S. 19; *Rüfner*, Die persönlichen Freiheitsrechte der Landesverfassungen in der Rechtsprechung der Landesverfassungsgerichte, in: *Starck/Stern* (Hrsg.), Landesverfassungsgerichtsbarkeit III, 1983, S. 247 ff., 265; *Tettinger*, Die politischen und kulturellen Freiheitsrechte der Landesverfassungen in der Rechtsprechung der Landesverfassungsgerichte, in: s. *Rüfner* (Fn. 97), S. 271 ff., 275; *Schröder*, Entfaltung der Hessischen Verfassung durch die Rechtsprechung des Staatsgerichtshofs, in: *Stein* (Hrsg.), 30 Jahre Hessische Verfassung, 1976, S. 293 ff., 309 ff.

[98] S. HessStGH, ESVGH 22, 4, 7 ff. – Förderstufe –, der das Elternrecht restriktiver auslegte als BVerfGE 34, 165, 196 ff.; ESVGH 32, 1, 7 ff. – Oberstufe –, der wiederum anders entschied als BVerfGE 53, 185, 195 ff.

[99] BadWürttStGH, NVwZ 1982, S. 32.

[100] BayVerfGHE 30, 48, 58 ff. und HessStGH, ESVGH 17,1, 8 ff. zur Einsetzung von Untersuchungsausschüssen; RhPfVerfGH, DVBl. 1982, 782 zu Inkompatibilitätsvorschriften.

[101] BVerfGE 2, 266, 282 – zitiert BayVerfGH zur verfassungskonformen Auslegung; BVerfGE 4, 178, 188 f. – zitiert BayVerfGH zum Begriff des „Gesetzes" in Art. 100 Abs. 1 GG.

[102] BVerfGE 45, 187, 243 – bay. und hess. Rspr. zur Justiziabilität von Gnadenakten; E 48, 64, 88 – bay. und bad.-württ. Rspr. zu Wählbarkeitsbeschränkungen für den öffentlichen Dienst; E 50, 195, 203 f. – saarl., bad.-württ. und nordrh.-westf. Rspr. zur Anhörung im kommunalen Neugliederungsverfahren.

[103] *Vitzthum* (Fn. 64), S. 35 f.; *Pestalozza*, Die Bedeutung gliedstaatlichen Verfassungsrechts in der Gegenwart, NVwZ 1987, S. 744 ff., 748 f.; *Rüfner* (Fn. 97), S. 268; *Grimm* (Fn. 2), S. 5.

in ihren Urteilen Landesverfassungsnormen neben den parallelen Grundgesetznormen und übernehmen die Auslegung durch das Bundesverfassungsgericht.[104]

Darüber hinaus ist auch eine Neigung der Landesverfassungsgerichte festzustellen, ihre Landesverfassung so auszulegen, daß ihr dem Grundgesetz entsprechende Verbürgungen als ungeschriebenes Verfassungsrecht zu entnehmen sind.[105] Diese Auslegung fügt sich in das gesamte Normbild der Landesverfassungen und das dahinter stehende Menschenbild, sie übersieht aber die Möglichkeit, daß der Landesverfassungsgeber in einer bewußten Beschränkung keinen kompletten Grundrechtskatalog – neben dem ohnehin geltenden Grundgesetz – normieren wollte, sondern die mit Landesgrundrechten einhergehende zusätzliche Verfahrensgarantie nur bei bestimmten Grundrechten eröffnen wollte.[106] Vor dem Hintergrund dieser Überlegung erscheint es zweifelhaft, ob etwa bezüglich der Menschenwürdegarantie eine Lücke in der Berliner Verfassung durch das Gericht zu füllen war.

III. Landesverfassungsrechtliche Kognition

Im folgenden ist zu untersuchen, wie sich das oben beschriebene Normgefüge zwischen Bundes- und Landesverfassungen auf die Rechtsprechung der Landesverfassungsgerichte auswirkt.

1. Prüfungsmaßstäbe

Die Landesverfassungsgerichte prüfen Akte der Landesstaatsgewalt am Maßstab der Landesverfassungen, wie sich aus den Bestimmungen der Landesverfassungen und des Landesverfassungsprozeßrechts ausdrücklich[107] oder durch Auslegung ergibt.[108] Der Hessische Staatsgerichtshof hält sich konsequent an diese Einschränkung seines Prüfungsmaßstabs,[109] während andere Landesverfassungsgerichte trotz

---

[104] BerlVerfGH, NJW 1993, 513, 514; RhPfVerfGH, DVBl. 1992, 981 (zu Art. 28 Abs. 2 GG); ders., DÖV 1995, 66, 67 (zum Rechtsschutz für Bewerber zu öff. Ämtern nach Art. 33 Abs. 2 iVm Art. 19 Abs. 4 GG); NdsStGH, DÖV 1995, 994, 995 (zur kommunalen Finanzhoheit gem. Art. 28 Abs. 2 S. 3 GG); NWVerfGH, DVBl. 1982, 1043, 1044 (Prüfung von „Art. 4 Abs. 1 LV iVm Art. 3 Abs. 1 GG" und „Art. 78 LV (Art. 28 Abs. 2 GG)"); ders., DVBl. 1993, 1205 (Art. 28 Abs. 2, 106 Abs. 7 GG).

[105] BerlVerfGH in NJW 1993, 515, 516 zur Menschenwürdegarantie; HessStGH, StAnz 1988, 1873, 1874 leitet eine Garantie rechtlichen Gehörs aus dem Rechtsstaatsprinzip und der Menschenwürdegarantie der Hessischen Verfassung ab und wendet dann die Auslegung des Bundesverfassungsgerichts zum rechtlichen Gehör an; dies dient auch der Zuständigkeitsbegründung, ***Wilke*** (Fn. 4), S. 889.

[106] ***Berkemann*** (Fn. 4), S. 413; ***Starck*** (Fn. 4), S. 231; der Rspr. zustimmend ***Gehb*** (Fn. 4), S. 472.

[107] Deutlich Art. 113 BrdbgVerf.; Art. 53 MecklVVerf.; Art. 81 SächsVerf.; Art. 75 SachsAnh Verf.; Art. 80 ThürVerf. – Verletzung „dieser Verfassung".

[108] So in Hessen: Art. 131 Abs. 1 HV („von der Verfassung gewährtes Grundrecht verletzt" = Hess. Verfassung); aber jetzt deutlich im neugefaßten § 43 Abs. 1 HessStGHG („Verfassung des Landes Hessen").

[109] HessStGH, ESVGH 11/II, S. 10 f. Nr. 15 (L 2) = StAnz. 1950, Nr. 37, Beil. Nr. 7; VerwRspr. 6, 422, 425; ESVGH 17, 18, 36.

grundsätzlicher Anerkennung dieser Regel[110] Ausnahmen davon machen.[111] Auch das Bundesverfassungsgericht zieht die Konsequenz aus seiner Sicht der getrennten Verfassungsräume und prüft nur am Maßstab des Grundgesetzes, nicht an dem der Landesverfassungen, auch nicht über den Umweg, eine landesverfassungswidrige Regelung als Verletzung von Art. 2 Abs. 1 GG anzusehen.[112]

Wie oben bei II.3.b) dargelegt wurde, gehören zum Prüfungsmaßstab der Landesverfassungsgerichte auch bestimmte, jedoch nicht alle Grundgesetznormen, die in die Landesverfassungen hineinwirken,[113] die Letztentscheidung über deren Auslegung bleibt aber beim Bundesverfassungsgericht, so daß hier eine Vorlagepflicht nach Art. 100 Abs. 3 GG entstehen kann.

In einem anderen Zusammenhang wird dagegen das gesamte Grundgesetz zum Prüfungsmaßstab der Landesverfassungsgerichte, denn die Landesverfassung als Maßstabsnorm muß ihrerseits im Einklang mit dem Grundgesetz und einfachem Bundesrecht stehen, Art. 31 GG. Die Rechtmäßigkeit des Prüfungsmaßstabes muß das Landesverfassungsgericht mitprüfen, soweit hier Zweifel bestehen, und die entsprechende Landesverfassungsnorm bei Verstößen selbst verwerfen, falls es sich um eine vorkonstitutionelle Verfassung handelt, oder sie ansonsten dem Bundesverfassungsgericht nach Art. 100 Abs. 1 GG vorlegen oder die Landesverfassung, soweit möglich, grundgesetzkonform auslegen.[114] Diese „Vorfrage" haben die Landesverfassungsgerichte zu beantworten.[115] Diese Prüfungskompetenz steht nicht im Widerspruch zu der sonstigen Begrenzung des Prüfungsmaßstabs, weil die Landesverfassungsgerichte ihre Zuständigkeit zur Feststellung der Landesverfassungsmäßigkeit oder -widrigkeit einer Maßnahme nicht wahrnehmen könnten, wenn sie sich nicht vorher der Gültigkeit ihres Prüfungsmaßstabes versichern könnten.

Vereinzelt wird dagegen auch die Auffassung vertreten, daß die Landesverfassungsgerichte das Recht und die Pflicht hätten, Akte der Landesstaatsgewalt generell auch am Maßstab des Grundgesetzes zu überprüfen.[116] Diese Ansicht folgert aber aus der unbestrittenen materiellen Wirkung bestimmter Grundgesetznormen in den Ländern unzulässigerweise auf die völlige Aufhebung der verfassungsrechtlichen

---

[110] So HambVerfGH, VerwRspr. 25, 138, 144; BayVerfGHE 11, 23, 27 f.; 17, 94, 96; 22, 34, 37; 26, 28, 33; 28, 143, 156; 30, 1, 9 (anders noch in E 21, 131, 137; 23, 192, 196; 24, 1, 11).

[111] BayVerfGHE 21, 131, 136 f.; 22, 34, 37; 26, 28, 34 – das Gericht prüft, ob die streitige Norm schon aus anderen Gründen nichtig ist (nicht wirksam zustande gekommen, Verstoß gegen Bundesrahmenrecht), ist also v.a. prozeßökonomisch motiviert, zustimmend *Domcke*, Die bayerische Popularklage, in: s. *Bethge*, Fn. 51, S. 231 ff., 239; s. auch BayVerfGH, DVBl. 1996, 99, 100: Verletzung des Rechtsstaatsprinzips der Landesverfassung, wenn Landesrecht offensichtlich und schwerwiegend gegen Bundesrecht verstößt.

[112] BVerfGE 41, 88, 118 f.

[113] *Domcke* (Fn. 111), S. 239; *Zierlein* (Fn. 9), S. 236; *Gehb* (Fn. 4), S. 472.

[114] BayVerfGHE 26, 28, 34 f.

[115] *v. Olshausen* (Fn. 20), S. 152; *Rozek* (Fn. 9), S. 58 f.; *Gehb* (Fn. 4), S. 472; *Zierlein* (Fn. 9), S. 236; oft wird auch die Prüfung des Prüfungs*gegenstandes* am Maßstab des Grundgesetzes als „Vorfrage" für die Landesverfassungsgerichte bezeichnet, worauf unten bei Fn. 174 näher eingegangen wird.

[116] So *Burmeister* (Fn. 59), S. 435 ff.; *Sobota* (Fn. 13), S. 802; *Przygode*, Die deutsche Rechtsprechung zur unmittelbaren Demokratie, 1995, S. 143; auch die Rspr. des BerlVerfGH könnte man in letzter Konsequenz so verstehen, s. *Löwer* (Fn. 4), S. 76 f.; dagegen *Friesenhahn* (Fn. 36), S. 755; *Rozek* (Fn. 9), S. 68 ff., u. die Rspr. in Fn. 111 u. 112.

Trennung zwischen Bund und Ländern.[117] Die Landesverfassungsgerichtsgesetze legen die begrenzte Prüfungsbefugnis ihrer Gerichte fest. Aus Art. 100 Abs. 3 GG läßt sich kein Verfassungsrechtssatz entnehmen, der diese Einschränkung der Kompetenzen verbietet.[118] Zwar zeigt Art. 100 Abs. 3 GG, daß die Landesverfassungsgerichte in bestimmten Zusammenhängen auch das Grundgesetz auslegen (s.o. bei II.3.b)), doch kann diese Norm nicht das Grundgesetz zum generellen Prüfungsmaßstab der Landesverfassungsgerichte machen. Die Landesverfassungsgerichte sind „Hüter der Landesverfassung",[119] nicht Kontrolleure der Landesstaatsgewalt hinsichtlich aller für sie bestehenden Bindungen.[120] Die gleiche Funktion erfüllt etwa auch das Bundesverfassungsgericht als „Hüter des Grundgesetzes", das Akte der Bundes- oder Landesstaatsgewalt nicht am Maßstab des Europarechts mißt.

2. Prüfungsgegenstände

a) Akte der Landesstaatsgewalt

Gegenstand der landesverfassungsrechtlichen Prüfung sind Akte der Landesstaatsgewalt, wie z.T. ausdrücklich aus den entsprechenden landesrechtlichen Vorschriften hervorgeht,[121] sich aber auch im übrigen aus der bundesstaatlichen Ordnung ergibt.[122] Bundesbehörden und -gerichte sind den Landesverfassungsgerichten nicht unterworfen.[123] Abgesehen von der fehlenden prozessualen Kompetenz der Landesverfassungsgerichte zur Kontrolle der Bundesstaatsgewalt fehlt es auch schon an der materiellen Bindung von Bundesorganen an die Landesverfassung. Sie sind zwar auch an einschlägige Landesgesetze gebunden, soweit das Bundesrecht keine kompetenzgemäße andere Regelung trifft,[124] aber nicht an die Verfassung der Länder. Eine Selbstbindung der Bundesstaatsgewalt an die Landesverfassungen wurde

---

[117] S. bei *Burmeister* (Fn. 59), S. 435; *Sobota* (Fn. 13), S. 802, unter Hinweis auf die Bindung an Art. 1 Abs. 3 und 20 Abs. 3 GG.

[118] So aber *Burmeister* (Fn. 59), S. 441 f.; *Sobota* (Fn. 13), S. 802; *Przygode* (Fn. 116), S. 144.

[119] *Schumann*, Verfassungsbeschwerde (Grundrechtsklage) zu den Landesverfassungsgerichten, in: s. *Bethge*, Fn. 51, S. 149 ff., 201; *Lichtenberger*, Das Verhältnis der Landesverfassungsgerichtsbarkeit des BayVerfGH zur Verfassungsgerichtsbarkeit des Bundes, in: *Piazolo* (Hrsg.), Das Bundesverfassungsgericht, 1995, S. 75 ff., 78 f.

[120] So aber *Burmeister* (Fn. 59), S. 435.

[121] So § 49 Abs. 1 BerlVerfGHG; § 55 Abs. 1 SaarVerfGHG; § 31 Abs. 1 ThürVerfGHG.

[122] *Friesenhahn* (Fn. 36), S. 753; a.A. *Holtkotten* in: *Dolzer/Vogel* (Hrsg.), BK, Art. 142 Erl. II 3 d für Akte der Bundesverwaltung, allerdings nicht für Bundesgesetze.

[123] Der HessStGH vertrat früher die Ansicht, Bundesbehörden unterständen bei Tätigwerden in Hessen der hess. Verfassungsgerichtsbarkeit, inzwischen hat er diese Rspr. aber aufgegeben, entspr. Urteile zitiert bei *v. Olshausen* (Fn. 20), S. 31 f., Fn. 46, 47.

[124] BVerwG, DÖV 1984, 814 (Bindung bundesrechtlicher Planfeststellung an Landesdenkmalschutzrecht); BVerwGE 81, 220, 226 (Zahlung einer landesnaturschutzrechtlichen Ausgleichsabgabe durch eine Bundesbehörde); BVerwGE 82, 17, 21 (grundsätzliche Bindung an kompetenzgemäßes Landesrecht auch bei hoheitlicher Tätigkeit); HessVGH, DÖV 1992, 752 (Haftung der BRD nach HWG); HessVGH, ESVGH 42, 243, 249 (Haftung des Bundes als Störer nach Hess. BrandschutzhilfeleistungsG); zur Bindung der bundesrechtlichen Planfeststellung an Landesrecht s. *Steinberg*, Fachplanung, 2. Aufl. 1993, § 4 Rz. 17 u. § 6 Rz. 56.

verschiedentlich über Art. 20 Art. 3 GG konstruiert.[125] Die Gesetzesbindung steht aber selbst unter dem Vorbehalt, daß ein Staatsorgan Normadressat des in Frage stehenden Gesetzes ist. Die Landesverfassungen wenden sich aber nicht an Bundesorgane. Während also die Landesstaatsgewalt der Landes- und Bundesverfassung unterworfen ist, gilt für die Bundesstaatsgewalt nur das Grundgesetz. Dementsprechend unterliegt jene auch der Prüfung von beiden Verfassungsgerichtsbarkeiten, während für Bundesorgane nur das Bundesverfassungsgericht zuständig ist. Die sich daraus ergebende Asymmetrie in deren Prüfungsumfang[126] ist unvermeidbar.

Etwas schwieriger ist die Frage zu beantworten, ob Entscheidungen der Landesgerichte noch von den Landesverfassungsgerichten geprüft werden können, wenn sich bereits ein Bundesgericht mit der dazu eingelegten Revision befaßt hat. Dabei muß unterschieden werden, ob das letzte in der Sache ergangene Urteil von einem Landes- oder Bundesgericht stammt. Wurde die Revision nicht zugelassen und hat das Bundesgericht nur eine entsprechende Nichtzulassungsbeschwerde abschlägig beschieden, so ist die letzte Sachentscheidung die des Landesgerichts, das an die Landesverfassung gebunden ist. Eine Prüfung dieser Entscheidung durch das Landesverfassungsgericht bleibt daher zulässig.[127] Wenn dagegen das Bundesgericht über die Revision in der Sache entschieden hat, so ist auch ein Revisionsurteil, das die Entscheidung des Landesgerichts bestätigt, eine Entscheidung eines Bundesorgans, die nicht von einem Landesverfassungsgericht überprüft, geschweige denn aufgehoben werden kann.[128]

In dieser Situation kann nur die Frage gestellt werden, ob eine Landesverfassungsbeschwerde möglich wäre, die sich ausschließlich gegen das landesgerichtliche Urteil wendet.[129] Dies wäre grundsätzlich unbedenklich, da eine Verfassungsbeschwerde gegen das landesgerichtliche Urteil nicht zu einer mittelbaren Überprüfung der Bundesgerichtsentscheidung führte;[130] das Landesverfassungsgericht hat seinen eigenen Prüfungsmaßstab, der für das Bundesgericht nicht relevant ist, und sein Verfahren hat damit einen anderen Streitgegenstand als das Revisionsverfahren.[131]

---

[125] *Grimm* (Fn. 2), S. 51 f.; *Sobota* (Fn. 13), S. 800; einschränkend *Jutzi* (Fn. 13), S. 840 f.; a.A. *Pietzcker* (Fn. 35), Rz. 56.

[126] *Denninger* (Fn. 9), S. 209.

[127] HessStGH, StAnz. 1972, 1817, 1820 f. und ESVGH 18, 6, 7 f.; 20, 5, 7; BayVerfGHE 23, 190, 191; 25, 143, 145; 37, 85, 88.

[128] BayVerfGHE 22, 124, 126; 25, 143, 145; 26, 127, 139; HessStGH, NVwZ 90, 552; ebenso *Schäfer*, Die Kassation gerichtlicher Entscheidungen durch den Bayerischen Verfassungsgerichtshof, in: s. *Leisner* (Fn. 17), S. 259 ff., 276 f.; *Schumann* (Fn. 119), S. 203; *Held* (Fn. 19), S. 536.

[129] Dafür *Berg*, Kassation gerichtlicher Urteile, die in bundesrechtlich geordneten Verfahren ergangen sind, in: s. *Bethge*, Fn. 51, S. 529 ff., S. 545; *Held* (Fn. 19), S. 536; dagegen *Klein* (Fn. 7), S. 1334; *Pestalozza* (Fn. 20), § 27 Rz. 47; *Gehb* (Fn. 3), S. 249 f.; ablehnend auch die Rechtsprechung: BayVerfGHE 22, 124, 126; 25, 143, 145; 26, 127, 139; HessStGH ESVGH 11 II 21, 22; einzig RhPfVerfGH, NJW 1995, 444, 445, spricht sich für diese Möglichkeit aus, im dort entschiedenen Fall lag aber auch nur eine Nichtzulassungsentscheidung eines Bundesgerichts vor.

[130] So aber *Schumann* (Fn. 119), S. 204.

[131] *Held* (Fn. 19), S. 536; *Jutzi*, Zum Verhältnis von Landesverfassungsrecht und Bundesrecht sowie zur Durchsetzungskraft landesverfassungsrechtlicher Grundsätze, ThürVBl. 1993, Sonderheft, S. B 15 ff., B 20; RhPfVerfGH, NJW 1995, 444, 445; soweit stimmt auch der HessStGH noch mit dieser Auffassung überein, wenn er betont, daß er einen anderen Prüfungsgegenstand und -maßstab als das BVerwG habe, s. ESVGH 20, 5, 7 f.

Soweit Landesrecht nicht ausnahmsweise revisibel ist, ist auch der Prüfungsgegenstand ein anderer. Auch im Verhältnis zwischen Bundes- und Landesverfassungsgericht ist anerkannt, daß auf beiden Wegen gleichzeitig oder nacheinander eine Beschwerde eingereicht werden kann, da sie unterschiedliche Prüfungskompetenzen haben.[132] Wenn das Bundesverfassungsgericht die strittige Maßnahme für mit dem Grundgesetz vereinbar erklärt hat, kann das Landesverfassungsgericht sie noch wegen Verletzung der Landesverfassung aufheben – oder umgekehrt;[133] daß auf diese Weise das Bundesverfassungsgerichtsurteil oder im hier interessierenden Zusammenhang das Urteil des Bundes(fach)gerichts gegenstandslos wird,[134] müßte hingenommen werden. Obwohl diese Möglichkeit also mit dem Verhältnis zwischen Bundesgerichten und Landesverfassungsgerichten vereinbar wäre, steht ihr zumindest in Hessen das Landesverfassungsprozeßrecht entgegen. § 44 Abs. 1 S. 2 StGHG erlaubt nur, die Entscheidung des höchsten in der Sache zuständigen Gerichts zu überprüfen; diese Beschränkung wird vom Hessischen Staatsgerichtshof beachtet.[135] Aber auch ohne diese ausdrückliche Regelung wird durch die Sachentscheidung eines Bundesgerichts die landesgerichtliche Entscheidung in den Bereich der Bundesrechtsprechung einbezogen, und die verfassungsgerichtlich relevante Beschwer durch die hoheitliche Maßnahme liegt nicht mehr in der Landes-, sondern in der Bundesgerichtsentscheidung.[136]

In Hessen ist es auch nicht möglich, gegen das landesgerichtliche Urteil Grundrechtsklage beim Staatsgerichtshof zu erheben, ohne ein Revisionsverfahren zu betreiben, so daß dann ein Landesgericht das höchste in der Sache entscheidende Gericht wäre. Dieser Weg setzte voraus, das Erfordernis der Rechtswegerschöpfung im Landesverfassungsprozeßrecht als „Erschöpfung des Landesrechtsweg" auszulegen.[137] § 44 Abs. 1 S. 4 HessStGHG macht aber deutlich, daß der gesamte Rechtsweg bis zum Bundesgericht beschritten werden muß, es sei denn, ein weiteres Rechtsmittel werde nicht zugelassen. Mit der Änderung des Gesetzes über den Staatsgerichtshof vom 30.11.1994 ist auch der Sonderweg des § 48 Abs. 4 StGHG a.F. entfallen, der es erlaubte, Grundrechtsklage und Revision nebeneinander einzureichen.

---

[132] BVerfGE 69, 112, 117; dazu auch *Dietlein* (Fn. 18), S. 26 f.

[133] *Lichtenberger* (Fn. 121), S. 77 f.

[134] So die Kritik von *Schäfer* (Fn. 128), S. 277 f.

[135] ESVGH 11 II 22 f.; 19, 7, 9; NVwZ 1990, 552.

[136] BayVerfGHE 22, 124, 126; 25, 143, 145; 26, 127, 139 (anders noch E 4, 212, 217; 8, 52, 55: dort wurde auch nach Erschöpfung des Rechtswegs nicht das letztinstanzliche Urteil, sondern allein die zugrundeliegende Verwaltungsmaßnahme als Beschwerdegegenstand angesehen); in dieselbe Richtung geht das BVerfG, das nur die Wahl läßt, das letztinstanzliche Urteil allein oder iVm den Entscheidungen der Vorinstanzen anzugreifen, BVerfGE 54, 53, 64; gegen eine Verfassungsbeschwerde gegen vorinstanzliche Entscheidungen auch *Schäfer* (Fn. 128), S. 275; *Rozek* (Fn. 9), S. 192 f.

[137] *Gehb* (Fn. 3), S. 239 f.; *Pestalozza* (Fn. 20), § 23 Rz. 69 zum BayVerfGHG; *Rozek* (Fn. 9), S. 193 f.; anders aber die Rspr., BayVerfGHE 28, 14, 22; ablehnend auch *Schumann* (Fn. 119), S. 205 f.

b) Insbesondere Akte der Landesstaatsgewalt, die auf Bundesrecht beruhen

Die Prüfung von Landesgerichtsurteilen am Maßstab der Landesverfassung ist insoweit unproblematisch, als das ergangene Urteil bzw. die dort geprüfte staatliche Maßnahme auf Landesrecht beruht. In diesen Fällen sind Normanwender und Norm selbst an die Landesverfassung gebunden. Soweit sich eine Verfassungsbeschwerde also darauf stützt, daß die Anwendung von materiellem oder prozessualem[138] Landesrecht den Beschwerdeführer in Grundrechten verletzt hat, kann das Landesverfassungsgericht dies prüfen und die angegriffene Maßnahme – in der Regel ein Gerichtsurteil – aufheben. Dagegen wurde früher nur eingewandt, daß damit ein in den Prozeßordnungen nicht vorgesehenes Rechtsmittel eingefügt würde. Daher stellte der Bayerische Verfassungsgerichtshof in diesen Fällen auch nur die Verfassungswidrigkeit der Maßnahme fest, ohne sie aufzuheben.[139] Inzwischen hat sich aber die Erkenntnis durchgesetzt, daß die Verfassungsbeschwerde kein Rechtsmittel im Sinne der Prozeßordnungen ist, sondern ein außerordentlicher Rechtsbehelf, der die formelle Rechtskraft eines Urteils überwinden kann, ohne in den entsprechenden Prozeßordnungen normiert zu sein.[140] Auch der Bayerische Verfassungsgerichtshof nimmt inzwischen diese Kassationsbefugnis in Anspruch.[141]

Höchst umstritten ist jedoch die Frage, ob die Landesverfassungsgerichte Urteile, die auf materiellem und/oder prozessualem Bundesrecht beruhen, am Maßstab der Landesverfassung prüfen und gegebenenfalls aufheben dürfen. Es handelt sich bei solchen Urteilen oder den in ihnen geprüften Behördenmaßnahmen zwar auch um Maßnahmen der Landesstaatsgewalt, die an die Landesverfassung gebunden ist. Allerdings besteht die streitige Maßnahme in der Anwendung und Auslegung von Bundesrecht. Das Problem dreht sich damit um die Frage, ob die Landesorgane auch bei der Anwendung von Bundesrecht an die Landesverfassung gebunden sind oder ob die Landesverfassung gemäß Art. 31 GG durch die Anwendung von Bundesrecht „gebrochen" wird. Das Landesverfassungsprozeßrecht enthält grundsätzlich keine Antwort auf diese Frage. Die Ausnahme ist hier § 44 Abs. 2 RhPfLGVerfGH, der in S.1 die Landesverfassungsbeschwerde verbietet, falls die Landesstaatsgewalt Bundesrecht angewendet hat, sie in S. 2 aber erlaubt, falls die Landesverfassung weiterreichende Rechte als das Grundgesetz gewährt. Es handelt sich hier also um eine Subsidiaritätsvorschrift, die die Landesverfassungsbeschwerde

---

138 Diese Fälle sind allerdings selten, s. bei *Lemhöfer*, Landesverfassungsgerichte als kleine Bundesverfassungsgerichte?, NJW 1996, S. 1714 ff., 1715: Disziplinarrecht der Beamten, z.T. Enteignungsstreitigkeiten, landesrechtliche Wahlprüfung, landesrechtliches Freiheitsentziehungsverfahren.

139 BayVerfGHE 3, 4, 7 f.; 4, 21, 28 f.; diese von den anderen Landesverfassungsgerichten abweichende Rspr. liegt wohl auch in der Formulierung von Art. 51 Abs. 1 S. 2 BayVerfGHG begründet: „Der Verfassungsgerichtshof hat auch zu bestimmen, in welcher Weise der Beschwerde abzuhelfen ist."

140 *Berg* (Fn. 129), S. 533; *Rozek* (Fn. 69), S. 460; *Held* (Fn. 19), S. 535; *Lemhöfer* (Fn. 138), S. 1719 f., sieht die Bundesprozeßordnungen zwar grundsätzlich als abschließend an, so daß eine Kassation durch ein Landesverfassungsgericht nicht möglich wäre, kommt aber über den Umweg einer länderfreundlichen Auslegung der Bundesgesetze zu demselben Ergebnis, daß nämlich die Kassation von auf materiellem Landesrecht beruhenden Urteilen möglich ist.

141 BayVerfGHE 26, 127, 138 ff.; 27, 35, 43 ff.; 27, 109, 119; 29, 219, 223 f.; 33, 165, 167; ebenso auch SaarlVerfGH, NVwZ 1983, 604, 605.

ausschließt, wenn wegen der behaupteten Grundrechtsverletzung auch das Bundesverfassungsgericht angerufen werden kann. Aber auch über das Erfordernis eines weiterreichenden Landesgrundrechts hinaus sieht sich der Verfassungsgerichtshof von Rheinland-Pfalz nur zur Prüfung befugt, wenn das Bundesrecht nicht abschließend ist, was in seiner Spruchpraxis bisher noch nicht der Fall war.[142]

Die anderen Landesverfassungsgerichte beantworten diese Frage in ihrer Rechtsprechung unterschiedlich. Dabei sieht der Hessische Staatsgerichtshof seine Prüfungskompetenz am weitesten eingeschränkt. Er prüft keine Gerichtsurteile, die auf prozessualem oder materiellem Bundesrecht beruhen, auf ihre Vereinbarkeit mit der Landesverfassung.[143] Allein in den Fällen, in denen er eine willkürliche Anwendung von Bundesrecht und damit in seiner Interpretation überhaupt keine Rechtsanwendung erblickt, prüft er die Verletzung der Landesverfassung, da er sich hier nicht durch den Vorrang des Bundesrechts beschränkt sieht.[144] Das Verfassungsgericht des Landes Brandenburg folgt der grundsätzlichen Beschränkung der Prüfungskompetenz, läßt aber offen, ob das Ausfüllen von Spielräumen, die das Bundesrecht läßt, an der Landesverfassung gemessen werden kann.[145] Der Thüringer Verfassungsgerichtshof hat die Frage nach seiner Prüfungskompetenz in diesen Fällen bisher ganz offengelassen.[146] Der Bayerische Verfassungsgerichtshof verzichtet auf eine Prüfung der Anwendung von materiellem Bundesrecht,[147] mißt die Anwendung von Bundesverfahrensrecht jedoch an den Verfahrensgrundrechten der Bayerischen Verfassung, die mit solchen des Grundgesetzes inhaltlich übereinstimmen.[148] Bei der „Willkürprüfung" entspricht seine Rechtsprechung der des Hessischen Staatsgerichtshofs.[149] Anders urteilt dagegen der Berliner Verfassungsgerichtshof, der die Anwendung von prozessualem und materiellem Bundesrecht an den prozessualen und materiellen Grundrechten der eigenen Verfassung mißt.[150] In diese Richtung geht auch der Verfassungsgerichtshof des Freistaates Sachsen, der zumindest die Anwendung von Bundesprozeßrecht an Landesgrundrechten mißt.[151] Damit vertreten der Berliner und der Verfassungsgerichtshof des Freistaates Sachsen eine andere Auslegung des Art. 31 GG als der Hessische Staatsgerichtshof, der sich im Gegensatz zu jenen durch diese Norm beschränkt sieht. Daher hat der sächsische Verfassungsgerichtshof diese Auslegungsfrage dem Bundesverfassungsgericht gemäß Art. 100 Abs. 3 GG vorgelegt.[152] Der Berliner Verfassungsgerichts-

[142] S. *Held* (Fn. 19), S. 537 f.

[143] ESVGH 19, 7, 9; 30, 1, 2 f.; 31, 161, 164; 40, 1, 3; StAnz 1994, 738, 739 und 1488, 1490; NVwZ 1994, 64.

[144] ESVGH 20, 5; 31, 161, 174; 34, 12; jüngst StAnz 1994, 738 u. 1488.

[145] DÖV 1995, 331.

[146] Entscheidung des ThürVerfGH v. 24.11.1995 – VerfGH 21/95 – Umdruck S. 5.

[147] BayVerfGHE 7, 66; 12, 64, 70 f.; 14, 49, 54; 19, 30, 34; 20, 87, 92/95.

[148] BayVerfGHE 27, 109, 118; 42, 28, 33; 43, 12, 18; 44, 18, 20; NJW 1993, 518.

[149] BayVerfGHE 12, 165, 166; 14, 49, 54; 40, 108, 110; 42, 50, 53; 42, 117, 121.

[150] NJW 1993, 513, 514 u. 515, 517; NJW 1994, 436, 437; DVBl. 1994, 1189; NJW 1995, 1344; JR 1995, 497.

[151] DVBl. 1996, 102, 103 f.; zustimmend *Schneider*, Verfassungsgerichte der Länder – „Filter" für Karlsruhe?, NJW 1996, S. 1517 f.; *Schulte*, Zur Lage und Entwicklung der Verfassungsgerichtsbarkeit, DVBl. 1996, S. 1009 ff., 1017 f., insb. Fn. 106.

[152] Abgedruckt a.a.O.

hof ist zwar schon vor ihm von der Grundgesetzauslegung des hessischen Gerichts abgewichen – ohne diese Rechtsprechung in seinen Urteilen zu erwähnen –, hat die vom Grundgesetz geforderte Vorlage aber nicht eingereicht.[153]

Die Anwendung von Bundesrecht am Maßstab der Landesverfassung zu prüfen kann angesichts Art. 31 GG nur zulässig sein, wenn man in der Anwendung einer Norm einen von der Normsetzung grundsätzlich verschiedenen Akt erblickt. Diese Auffassung ist einem positivistischen Bild der Rechtsanwendung verhaftet, nach dem der Richter durch Auslegung den in der Norm bereits enthaltenen Inhalt aufdeckt: Der Inhalt der Bundesrechtsnorm steht also fest; die Landesverfassungsgerichte prüften demnach nur, ob der (Landes-)Richter oder Beamte diesen Inhalt auf verfassungsgemäße Weise festgestellt und auf den Fall angewendet hat. Nach dieser Auffassung wird nur das Handeln der Landesstaatsgewalt an der Landesverfassung gemessen, der Inhalt der Bundesrechtsnorm bleibt von dieser Prüfung vollkommen unberührt.[154]

Dieses positivistische Modell muß aber mittlerweile als überwunden gelten. Der Rechtsfindungsprozeß wird fehlinterpretiert, wenn man annimmt, der Rechtsanwender würde den Norminhalt in den oft dürren Worten des Gesetzes in feststehender Weise vorfinden. Rechtsanwendung ist Konkretisierung des Gesetzes angesichts des vorliegenden Falles, der Normbefehl findet seine Grundlage im Normtext des Gesetzes, wird in seiner konkreten Aussage aber durch den Rechtsanwender geschaffen.[155] Prüft man, ob Bundesrecht den Vorschriften der Landesverfassung gemäß angewendet wurde, so prüft man damit auch, ob der in diesem Fall konkretisierte Norminhalt mit der Landesverfassung vereinbar ist.[156] Der Inhalt von Bundesrecht muß aber nur dem Grundgesetz genügen, er steht gemäß Art. 31 GG über den Landesverfassungen, die damit für ihn kein Prüfungsmaßstab sein können.[157] Die Untrennbarkeit von Norm und Normauslegung ist damit nicht nur eine methodologische Erkenntnis,[158] sondern auch juristisch für die Normhierarchie und die daraus beschränkte Prüfungskompetenz relevant. Für dieses Ergebnis ist es nicht nötig, die Rechtsanwendung durch ein Gericht in jeder Hinsicht mit der Normsetzung durch den Gesetzgeber gleichzusetzen. Dies würde daran scheitern, daß Gerichtsurteilen, abgesehen von § 31 BVerfGG, die Verbindlichkeitserstreckung eines Gesetzes fehlt.[159] Der „Gerichtsgebrauch" ist nicht gleich „Recht", aber er konkretisiert Recht, und dieses konkretisierte Bundesrecht steht gemäß Art. 31 GG auch in der Hand von Landesorganen über der Landesverfassung.

---

[153] Kritik daran bei *Gehb* (Fn. 4), S. 474; ausdrückliche Ablehnung der Vorlagepflicht durch BerlVerfGH in NJW 1994, 436, 438 f.

[154] So *v. Olshausen* (Fn. 20), S. 141; *Berg* (Fn. 129), S. 547; *Schmitt Glaeser/Horn*, Die Rechtsprechung des Bayerischen Verfassungsgerichtshofs, BayVBl. 1992, S. 673 ff., 685; *Paeffgen* (Fn. 4), S. 159; *Sobota* (Fn. 13), S. 797.

[155] S. dazu *F. Müller* (Fn. 84), S. 166 ff.

[156] So auch *Rozek* (Fn. 71), S. 464; *Wilke* (Fn. 4), S. 889.

[157] *Berkemann* (Fn. 4), S. 415; *Gehb* (Fn. 4), S. 224 f.; *Löwer* (Fn. 4), S. 77; *Rozek* (Fn. 69), S. 466; *Dietlein*, Landesverfassungsbeschwerde und Einheit des Bundesrechts, NVwZ 1994, S. 6 ff., 9.

[158] So aber *Sobota* (Fn. 13), S. 797.

[159] *Zierlein* (Fn. 9), S. 235, der deswegen eine Prüfungskompetenz annimmt; SächsVerfGH, DVBl. 1996, 102, 103.

Bei grundsätzlicher Anerkennung dieses Ergebnisses werden allerdings in Rechtsprechung und Literatur verschiedene Versuche unternommen, dennoch in bestimmten Teilbereichen Prüfungskompetenzen der Landesverfassungsgerichte zu bejahen. Der Bayerische Verfassungsgerichtshof etwa prüft wie gesagt die Anwendung von Bundesprozeßrecht an Prozeßgrundrechten der Landesverfassung. Das Gericht selbst bleibt die Erklärung dafür schuldig, daß es Prozeßrecht und materielles Bundesrecht insofern unterschiedlich behandelt,[160] die Begründung könnte aber darin zu erblicken sein, daß bei der Beurteilung des Verfahrens das Handeln des Landesorgans gegenüber der Bundesrechtsgrundlage stärker in den Vordergrund träte als bei der Anwendung materiellen Rechts.[161] Diese Unterscheidung ist aber abzulehnen. Auch bei der Verfahrensdurchführung wendet das Landesgericht Bundesrecht an;[162] ob der „gesetzliche Richter" tätig war oder „rechtliches Gehör" gewährt wurde, hängt davon ab, wie man das Bundesprozeßrecht auslegt. Gerade der umstrittene *Honecker*-Fall zeigt, daß bei verfahrensrechtlichen Fragen die Auslegung der Strafprozeßordnung und, da sie an der dort einschlägigen Stelle sehr offen ist, sogar Rechtsfortbildung nötig ist.[163]

Das hessische und das bayerische Verfassungsgericht prüfen auch auf materiellem Bundesrecht beruhende Gerichtsurteile auf Verstöße gegen die Landesverfassung, wenn sie in diesen Urteilen „Willkür" erblicken. Die Gerichte gehen davon aus, daß in diesen Fällen überhaupt keine Anwendung von Bundesrecht vorliegt, weil das Fachgericht gerade ohne Beachtung der Rechtsgrundlage entschieden habe.[164] Nach dieser Auffassung besteht daher hier kein Konflikt mit Art. 31 GG. Es ist aber nicht verständlich, wo die Gerichte eine Grenze zwischen fehlerhafter Anwendung und willkürlicher Nichtanwendung von Bundesrecht ziehen wollen.[165] Auch das Übersehen des einschlägigen Rechts ist eine fehlerhafte Anwendung der zur Verfügung stehenden Gesetze.[166]

Es ist allerdings die Frage, ob die Landesverfassung einen Kontrollmaßstab für die Anwendung von Bundesrecht liefern könnte, wenn die Landesorgane Spielräume ausfüllen, die das Bundesrecht ihnen läßt, etwa im Bereich der Ermessensausübung und der Ausfüllung unbestimmter Rechtsbegriffe.[167] In diesen Fällen liegt nach einer Ansicht keine Konkretisierung von Bundesrecht und damit auch keine Prüfung desselben durch die Landesverfassungsgerichte vor, sondern nur Handeln von Landesorganen ohne Normvorgabe, das sich an der Landesverfassung orientieren muß.

---

160 Das kritisiert *Dietlein* (Fn. 157), S. 8.

161 *Dietlein* (Fn. 157), S. 10.

162 *Rozek* (Fn. 69), S. 477.

163 *Rozek* (Fn. 69), S. 480.

164 Urteile in Fn. 144, 149; zustimmend *Rozek* (Fn. 69), S. 475; *Pestalozza* (Fn. 20), § 23 Rz. 70 (allerdings nur wenige Fälle denkbar); *Lichtenberger* (Fn. 119), S. 82.

165 *Dietlein* (Fn. 157), S. 8; *Lemhöfer* (Fn. 138), S. 1721; kritisch auch BerlVerfGH, NJW 1994, 436, 438; *Gehb* (Fn. 3), S. 228, hält diese Rspr. im Prinzip für richtig, muß aber auch eingestehen, daß die Grenzen zwischen willkürlicher und nur fehlerhafter Rechtsanwendung fließend sind.

166 So auch *Berkemann* (Fn. 4), S. 416.

167 *v. Olshausen* (Fn. 20), S. 145 ff.; *Jutzi* (Fn. 13), S. 838 f.; *Pestalozza* (Fn. 4), S. 344 f.; *Sacksofsky* (Fn. 70), S. 238; *Klein* (Fn. 7), S. 1332; *Sachs* (Fn. 36), S. 123; *Rozek* (Fn. 69), S. 466, Fn. 72; *Franke* (Fn. 37), S. 936; *Held* (Fn. 19), S. 537.

Voraussetzung dafür, hier eine Prüfungsbefugnis anzunehmen, ist aber zunächst, daß das Bundesrecht tatsächlich Spielräume läßt, ohne selbst Vorgaben für die Ermessensausübung, Verhältnismäßigkeitsprüfung oder die Ausfüllung unbestimmter Rechtsbegriffe zu enthalten[168]. Im übrigen darf das Bundesrecht keine abschließende Regelung getroffen haben, und sein Zweck darf der Einwirkung von Landesverfassungsrecht nicht entgegenstehen.[169] Dies wird aber kaum einmal der Fall sein; inzwischen gibt es fast überall nur Ermächtigungen zur gebundenen Ermessensausübung.[170] Denkbar wäre eine Wirkung von Landesverfassungsrecht, wenn Bundesrecht der Staatsgewalt einen weiteren Handlungsspielraum läßt, ohne aber strengere, für den Bürger günstigere Regelungen der Länder auszuschließen. Dies wäre etwa bei der Festlegung des Zeitpunkts, zu dem Festgenommene spätestens dem Richter vorgeführt werden müssen, der Fall.[171] In anderen, ähnlich gelagerten Fällen ist aber schon umstritten, wann das Bundesrecht noch offen für Landesverfassungsrecht ist;[172] dessen Anwendungsmöglichkeiten werden jedenfalls nicht zahlreich sein.

Ohne Kollision mit Art. 31 GG käme daher nur noch eine Kontrolle landesgerichtlicher Tätigkeit, die von der Anwendung von Bundesrecht trennbar ist, in Frage. Die Möglichkeit einer vom einfachen Recht isolierbaren Grundrechtsverletzung durch die Entscheidung eines Gerichts wurde vom Bundesverfassungsgericht bisher uneinheitlich beurteilt.[173] Es handelt sich hier wohl nur um eine theoretische Möglichkeit.[174]

Einem grundsätzlich anderen Ansatz folgen die Landesverfassungsgerichte, die weiterreichende Prüfungskompetenzen für sich in Anspruch nehmen. Die Verfassungsgerichte von Berlin und Sachsen meinen, die Anwendung von Bundesrecht an allen Grundrechten der Landesverfassung überprüfen zu können, die mit entsprechenden Grundrechten im Grundgesetz übereinstimmen.[175] An den entspre-

---

[168] *Vitzthum* (Fn. 64), S. 34 f.; *Klein* (Fn. 7), S. 1332; a.A. *Erbguth/Wiegand*, Über Möglichkeiten und Grenzen von Landesverfassungen im Bundesstaat, DÖV 1992, S. 770 ff., 777 (bundesrechtliche Ermessenszwecksetzung nicht abschließend).

[169] *Klein* (Fn. 7), S. 1332; *Wilke* (Fn. 4), S. 889; *v. Olshausen* (Fn. 20), S. 139; dagegen kommt es nicht darauf an, ob das betreffende Bundesrecht in Ausübung einer konkurrierenden oder einer ausschließlichen Gesetzgebungskompetenz erlassen wurde, so aber *Endter* (Fn. 73), S. 230.

[170] Dies ergibt sich insbesondere aus der Grundrechtsbindung der Ermessensausübung und der Zweckbindung des Ermessens gemäß § 40 VwVfG und den entsprechenden Landesgesetzen.

[171] Art. 104 Abs. 2 S. 3, Abs. 3 S. 1 GG schreibt die Vorführung spätestens am Tage nach der Festnahme vor, Art. 19 Abs. 2 S. 1 HV und Art. 5 Abs. 2 S. 1 RhPfVerf. dagegen bestimmen, daß der Festgenommene binnen 24 Stunden vorzuführen ist; s. dazu *Jutzi* (Fn. 13), S. 837; *v. Olshausen* (Fn. 20), S. 149 f.

[172] S. etwa *v. Olshausen* (Fn. 20), S. 145 ff., zum Recht auf periodische Haftprüfung in Art. 19 Abs. 2 S. 1 HV und Art. 5 Abs. 2 S. 2 RhPfVerf und zu der Frage, ob dieses Recht im Rahmen von § 117 Abs. 5 StPO noch gelten kann.

[173] BVerfGE 35, 202, 219; 30, 173, 188 erwähnen eine solche Möglichkeit, eine Entscheidung wurde aber noch nicht darauf gestützt, sondern die Grundrechtsverletzung entstand bereits durch die Rechtsanwendung, vgl. *Schlaich*, Das Bundesverfassungsgericht, 2. Aufl. 1991, Rz. 289.

[174] Dies räumt *Dietlein* (Fn. 157), S. 10 f., der eine solche Möglichkeit annimmt, selbst ein; *Bartlsperger* (Fn. 4), S. 347, dagegen sieht im *Honecker*-Fall eine Verfahrenseinstellung unmittelbar von Verfassungs wegen und daher keine StPO-Auslegung; ebenso *Franke* (Fn. 37), S. 935 f.

[175] S. oben bei Fn. 150, 151; der BayVerfGH hat dagegen seine frühere Vorfragen-Rechtsprechung, BayVerfGHE 21, 131, 137; 23, 192, 196; 24, 1, 11, ausdrücklich aufgegeben, BayVerfGHE 26, 28, 33 ff.;

chenden Urteilsformulierungen ist richtig, daß auf der Grundlage der Lehre von „ein und demselben Grundrecht" (s.o. bei II.4.b)) beide Grundrechte parallel ausgelegt werden müssen und damit denselben Normbefehl geben. Die Argumentation der Gerichte und der ihnen zustimmenden Literatur folgert daraus, daß ein auf Bundesrecht beruhendes Gerichtsurteil, das gegen ein Bundesgrundrecht verstößt, als rechtswidrige Maßnahme nicht in das entsprechende Landesgrundrecht des Beschwerdeführers eingreifen darf.[176] Das ist materiellrechtlich korrekt. Aus diesem Befund folgt aber nicht die prozessuale Kompetenz der Landesverfassungsgerichte, wegen bundesverfassungswidriger Anwendung von Bundesrecht ein Urteil aufzuheben. Die Gerichte selbst bezeichnen diese Prüfung anhand des Grundgesetzes als „Vorfrage". Die Kompetenz dazu, notwendige Vorfragen, die einer anderen Rechtsmaterie entstammen, zu beurteilen, haben alle Gerichte. Die Prüfung der Grundgesetzmäßigkeit eines Urteils wird hier jedoch zur Hauptfrage.[177] Nach der Prüfung am Maßstab des Grundgesetzes, die grundsätzlich Sache des Bundesverfassungsgerichts wäre, ergibt sich die Verletzung der Landesverfassung als logische Folge, die keiner weiteren Prüfung bedarf. Wie oben dargelegt sind die Landesverfassungsgerichte jedoch grundsätzlich nur zur Auslegung ihrer eigenen Verfassung berufen. Auch auf diese Weise ist also eine Prüfungskompetenz nicht begründbar.[178]

Die Landesverfassungsgerichte sind damit grundsätzlich nicht berechtigt, Landesgerichtsurteile, die auf der Anwendung von materiellem oder prozessualem Bundesrecht beruhen, am Maßstab der Landesverfassung zu überprüfen;[179] ob es noch bundesrechtliche Spielräume gibt, deren Ausfüllung an die Landesverfassung gebunden wäre, ist nicht unzweifelhaft. Rechtspolitische Wünsche oder bundesstaatstheoretische Erwägungen, die bei der Diskussion dieser Frage eine große Rolle spielen,[180] können die Rechtslage nicht beiseite schieben, die sich aus dem Verfassungs- und insbesondere dem Verfassungsprozeßrecht ergibt.

---

dem BerlVerfGH zustimmend *Pestalozza* (Fn. 4), S. 344, da in diesen Fällen kein Wertungswiderspruch zwischen Bundes- und Landesverfassung bestehe; *Schoreit* (Fn. 4), S. 886, belegt allerdings, daß der BerlVerfGH bei seiner Auslegung von Bundesgrundrechten von der Rechtsprechung des Bundesverfassungsgerichts abweicht; ebenso *Wilke* (Fn. 4), S. 888; *Bartlsperger* (Fn. 4), S. 340.

[176] *Domcke* (Fn. 88), S. 322; *v. Olshausen* (Fn. 20), S. 137; *Franke* (Fn. 37), S. 936.

[177] *Pestalozza* (Fn. 20), § 21 Rz. 8; *Lerche*, Probleme der Vorfragenkompetenz in der Judikatur des Bayerischen Verfassungsgerichtshofs, in: s. *Leisner*, Fn. 17, S. 247 ff., 251, 253 f.

[178] So auch *Friesenhahn* (Fn. 36), S. 767; *Schumann* (Fn. 119), S. 201 f.; *Rozek* (Fn. 69), S. 465.

[179] Ebenso *Pfeil*, Die Grundrechte des Bonner Grundgesetzes und der Verfassung des Freistaats Thüringen, apf 1995 (Landesbeilage Thüringen), S. T 29 ff., 46.

[180] So erhoffen sich von einer umfangreicheren Prüfungskompetenz der Landesverfassungerichte eine föderale Belebung der Verfassungsrechtsentwicklung *Hesse*, Verfassungsrechtsprechung im geschichtlichen Wandel, JZ 1995, S. 265 ff., 269; *v. Olshausen* (Fn. 20), S. 145; *Bartlsperger* (Fn. 4), S. 347; *Sobota* (Fn. 13), S. 793; *Klein* (Fn. 7), S. 1334; *Zierlein* (Fn. 9), S. 244; *Held* (Fn. 19), S. 538; dagegen für die Sicherung der auch im Bundesstaat notwendigen Rechtseinheit *Starck* (Fn. 4), S. 232; *Schoreit* (Fn. 4), S. 886; *Wilke* (Fn. 4), S. 887; *Dietlein* (Fn. 157), S. 11; *Lemhöfer* (Fn. 138), S. 1719.

IV. Zusammenfassung

Die Untersuchung des Verhältnisses von Grundgesetz und Landesverfassungen hat gezeigt, daß keine strikte Trennung der Verfassungsräume von Bund und Ländern besteht. Verschiedene Grundgesetznormen wirken unmittelbar in die Landesverfassung hinein. Auch der Prüfungsmaßstab der Landesverfassungsgerichte beschränkt sich nicht ausschließlich auf die Landesverfassung. Sie prüfen auch anhand des Grundgesetzes, wenn unmittelbar wirkende Grundgesetznormen die Landesverfassung so modifizieren, daß andernfalls nicht feststellbar wäre, ob die Landesverfassung verletzt wurde. Die Grundgesetzbestimmungen bleiben aber Bundesverfassungsrecht, sie werden nicht zum Bestandteil der Landesverfassung. Die Landesverfassungsgerichte bleiben daher bei der Anwendung des Grundgesetzes an die Vorlagepflicht zum Bundesverfassungsgericht gemäß Art. 100 Abs. 3 GG gebunden. Anderes gilt für die Grundrechte in den Landesverfassungen. Neben der Freiheit der Landesverfassungsgeber, weitere oder engere Grundrechte zu normieren, haben die Landesverfassungsgerichte auch die Befugnis, mit Bundesgrundrechten übereinstimmende Landesgrundrechte anders auszulegen als das Bundesverfassungsgericht.

Während also Prüfungsmaßstab der Landesverfassungsgerichte nicht nur die Landesverfassung ist, so verhindert doch das Landesverfassungsprozeßrecht – jedenfalls de lege lata[181] – seine Erstreckung auf das gesamte Grundgesetz. Prüfungsgegenstand der Landesverfassungsgerichte sind dagegen ausschließlich Akte der Landesstaatsgewalt. Dies gilt aber nur, soweit die Landesorgane bei den betreffenden Maßnahmen Landesrecht angewendet haben. Die Anwendung von materiellem und prozessualem Bundesrecht ist dagegen nicht an die Landesverfassung gebunden und kann nicht von den Landesverfassungsgerichten überprüft werden.

---

[181] Durch eine Änderung des Landesverfassungsprozeßrechts wäre eine Ausweitung ihres Prüfungsmaßstabs auf weitere Grundgesetznormen, etwa auch die Bundesgrundrechte, und damit auch eine Umverteilung von Aufgaben vom Bundesverfassungsgericht zu den Landesverfassungsgerichten grundsätzlich möglich; zu dieser „Entlastungsdiskussion" s. *Kirchhof,* Die Aufgaben des Bundesverfassungsgerichts in Zeiten des Umbruchs, NJW 1996, S. 1497 ff., 1504; *Schneider* (Fn. 151), S. 1518.

MANFRED ZULEEG

Die Stellung des Landes Hessen in der Europäischen Union

I. Landesverfassung und europäische Einigung

Das Land Hessen feiert das fünfzigjährige Bestehen seiner Verfassung. Sie wurde kurz nach dem Ende des Zweiten Weltkriegs in einer Abstimmung des hessischen Volkes angenommen. Zu dieser Zeit gab es die ersten Anläufe zu einer europäischen Einigung. *Winston Churchill* rief in seiner Züricher Rede vom 19. September 1946 die europäischen Völker dazu auf, sich zusammenzuschließen. Als Heilmittel für das Elend in Europa empfahl er die Erneuerung der europäischen Völkerfamilie. Ihr Neuaufbau sollte unter einer Ordnung stehen, die Freiheit, Sicherheit und Frieden gewährleistet. Er forderte eine Art Vereinigter Staaten von Europa.[1] In Deutschland wurde 1946 die Europa-Union gegründet, deren Mitglieder den Zusammenschluß der europäischen Nationen fördern wollten. Solche Bestrebungen zeigten sich auch in anderen europäischen Staaten. Dem Willen zur europäischen Einigung lag die Erkenntnis zugrunde, daß die überkommene Konzeption des Nationalstaats eine wesentliche Ursache zweier Weltkriege gewesen ist. Nationalstaaten sind in Europa erst seit der Französischen Revolution von 1789 entstanden. Sie haben dynastische Staaten abgelöst und damit die Vorstellung, daß die in einem Staat lebenden Menschen Untertanen des Herrschers sind. Auf diese Weise wurde der Demokratie eine territorial begrenzte Wirkungsstätte verschafft und den Bürgern vielerorts Freiheit und Wohlstand ermöglicht. Das ist aber bei weitem nicht überall und zu allen Zeiten gelungen. Nationalistische Diktatoren kamen an die Macht, die im Namen der Nation die Menschen unterdrückten. Nach außen hin hatte jeder Nationalstaat potentiell jeden anderen zum Feind. So manche Nation versuchte, andere zu unterjochen. Ein übergreifendes Band fehlte, das das friedliche und gedeihliche Zusammenleben der Nationen hätte herbeiführen können. Völkerrechtliche Vereinbarungen, ja sogar internationale Organisationen waren zu schwach, um die nachteiligen Auswirkungen des nationalstaatlichen Gedankens zu unterbinden. Die europäische Einigung sollte deshalb eine engere Bindung zwischen Nationalstaaten begründen.[2]

In der Hessischen Verfassung ist davon nichts zu finden. In ihrem Vorspruch ordnet sich Hessen als Gliedstaat der Deutschen Republik ein. Nach Art. 151

---

[1] EA 1946, S. 175; *Walter Lipgens* (Hrsg.), 45 Jahre Ringen um die Europäische Verfassung, 1986, S. 214 f.

[2] Dazu *Armin von Bogdandy*, Skizzen einer Theorie der Gemeinschaftsverfassung, in: *Thomas von Danwitz/Markus Heintzen/Matthias Jestaedt/Stefan Korioth/Michael Reinhardt* (Hrsg.), Auf dem Wege zu einer Europäischen Staatlichkeit, 1993, S. 9–29.

HV wird Hessen alle Maßnahmen, die es auf Gebieten trifft, für welche die deutsche Republik die Zuständigkeit beanspruchen könnte, unter den Grundsatz stellen, daß die gesamtdeutsche Einheit zu wahren ist. In Art. 64 HV wird sogar vorweggenommen, daß Hessen ein Glied der deutschen Republik ist. Die Hessische Verfassung steuert also die Wiederherstellung des deutschen Nationalstaats an, ungeachtet der bösen Erfahrungen mit der ihm innewohnenden Gefahr. Freilich trifft sie Vorsorge, daß in Hessen die Übel des Nationalismus nicht wieder aufleben. Die Rechte des Menschen stehen am Anfang der Verfassung. Soziale und wirtschaftliche Rechte werden zugesichert. Der Staatsaufbau muß dem demokratischen Prinzip entsprechen. Der Vorrang des Völkerrechts vor Landesrecht ist in Art. 67 HV verankert. Gemäß Art. 68 HV darf niemand zur Rechenschaft gezogen werden, wenn er auf Tatsachen hinweist, die sich als eine Verletzung völkerrechtlicher Pflichten darstellen. In Art. 68 Abs. 1 HV bekennt sich Hessen zu Frieden, Freiheit und Völkerverständigung. Der Krieg ist geächtet. Nach Abs. 2 ist jede Handlung, die mit der Absicht vorgenommen wird, einen Krieg vorzubereiten, verfassungswidrig. Es fehlt jedoch eine Bestimmung, die es zur Bedingung der Zugehörigkeit Hessens macht, daß Gesamtdeutschland alle angeführten Sicherungen der hessischen Verfassung übernimmt, insbesondere die demokratische Gestaltung des Staatswesens. In der Präambel ist zwar die Überzeugung zum Ausdruck gebracht, daß Deutschland nur als demokratisches Gemeinwesen eine Gegenwart und Zukunft haben kann, aber die Gewißheit, daß Hessen keinem diktatorischen Deutschland unterstellt wird, haben sich die Schöpfer der Verfassung nicht verschafft. Die nationale Einheit wog offenbar schwerer. Die Zuversicht, daß die zukünftige deutsche Verfassung demokratischen und rechtsstaatlichen Erfordernissen entspricht, wurde allerdings im westlichen Teil Deutschlands nicht enttäuscht. Mit der Entstehung der Bundesrepublik Deutschland im Jahre 1949 ging die Verantwortung dafür, daß der Nationalstaat im Verhältnis zu anderen Staaten keinen Schaden mehr anrichtet, auf den Bund über. Hessen hat sich von vornherein damit abgefunden; denn Art. 64 und 151 HV ordnen das Land als Glied eines Bundesstaats ein, bevor dieser errichtet ist. Die Teilnahme an der europäischen Einigung hängt daher vom Bund ab, seit das Grundgesetz in Kraft getreten ist.

Im Grundgesetz legt der Verfassungsgeber ein Bekenntnis zur europäischen Einigung ab. In der Präambel heißt es nämlich, daß das Deutsche Volk von dem Willen beseelt ist, als gleichberechtigtes Glied in einem vereinten Europa dem Frieden der Welt zu dienen. Nach der Rechtsprechung des Bundesverfassungsgerichts ist der Vorspruch zum Grundgesetz nicht nur eine feierliche Eingangsformel. Er besitzt vielmehr rechtlichen Gehalt.[3] Die Bereitschaft zur europäischen Integration ist daher ein Verfassungsgrundsatz.[4] Der Begriff des „vereinten Europa(s)“ zeigt an, daß am Ende des Wegs ein europäischer Staat stehen kann, allerdings nur ein Bundesstaat, nicht ein Einheitsstaat, wie das Wort „Glied“ anzeigt. Als Mittel der

---

3 BVerfGE 5, 85 (127); 12, 45 (51); 36, 1 (17).

4 *Christian Tomuschat*, Bonner Kommentar, Zweitbearbeitung 1981, Art. 24, Rn. 5, spricht von einer „Staatszielbestimmung“.

Integration sieht Art. 24 Abs. 1 GG vor, daß der Bund durch (einfaches) Gesetz Hoheitsrechte auf zwischenstaatliche Einrichtungen übertragen kann. *Hans Peter Ipsen* hat dafür die anschauliche Bezeichnung des „Integrationshebel(s)" geprägt.[5] Er entspricht dem zwischen 1946 und 1949 gewachsenen Bewußtsein, daß ein bloßer Friedensschluß der europäischen Nationalstaaten nicht genügt, um eine erneute Katastrophe oder doch nutzlose Rivalitäten mit mißhelligen Folgen für alle Beteiligten zu verhindern.[6] Bereits 1952 kam es zur Gründung der Europäischen Gemeinschaft für Kohle und Stahl. Sie war eine neuartige Schöpfung in einer Welt der Nationalstaaten, weil ein Sachbereich aus der Zuständigkeit der Mitgliedstaaten ausgegliedert und der Hoheitsgewalt der Gemeinschaft überantwortet wurde.[7] Die Idee eines derartigen Zusammenschlusses stammt von *Jean Monnet*. Sie wurde von *Robert Schuman* in konkrete Politik umgesetzt.[8] Die Römischen Verträge führten 1957/58 zu zwei weiteren supranationalen Gemeinschaften.[9] In der Präambel des Vertrags zur Gründung der Europäischen Wirtschaftsgemeinschaft bekunden die Vertragsparteien an erster Stelle den festen Willen, die Grundlagen für einen immer engeren Zusammenschluß der europäischen Völker zu schaffen. Zu diesem Zweck baute die Einheitliche Europäische Akte, ein Vertrag zur Abänderung der Gemeinschaftsverträge, die Hoheitsgewalt der Gemeinschaften 1986/87 weiter aus.[10] Die Mitgliedstaaten sind ausweislich der Präambel von dem Willen geleitet, das von den Verträgen zur Gründung der Europäischen Gemeinschaften ausgehende Werk weiterzuführen und die Gesamtheit der Beziehungen zwischen deren Staaten in eine Europäische Union umzuwandeln. 1993 trat der Vertrag über die Europäische Union, bekannt als Vertrag von Maastricht, in Kraft. Die Mitgliedstaaten zeigen sich – wiederum in der Präambel – entschlossen, den mit der Gründung der Europäischen Gemeinschaften eingeleiteten Prozeß der europäischen Integration auf eine neue Stufe zu heben und den Prozeß der Schaffung einer immer engeren Union der Völker Europas weiterzuführen. Der Vertrag stärkt die Hoheitsgewalt der Europäischen Gemeinschaften erneut, gewährt dem Europäischen Parlament weitergehende Rechte und fügt den Sachgebieten, die der supranationalen Hoheitsgewalt unterstehen, weitere Bereiche hinzu, in denen zwischenstaatliche Zusammenarbeit stattfinden soll. Die Europäische Union wölbt sich als Dach über diese Säulen der europäischen Integration.[11]

Der Beitritt Deutschlands zum Vertrag von Maastricht bildete den Anlaß, das Grundgesetz zu ändern. Im neu gefaßten Art. 23 GG steht vornean: „Zur Ver-

---

[5] *Ipsen*, Europäisches Gemeinschaftsrecht, 1972, S. 58.

[6] *Wilhelm Cornides*, Die Anfänge des europäischen föderalistischen Gedankens in Deutschland 1945–1949, EA 1951, S. 4243 ff.

[7] Vgl. *Heinrich Matthies*, Die Bedeutung des Montanvertrages für das Gemeinschaftsrecht, in: Festschrift für Bodo Börner, 1992, S. 233–246.

[8] Siehe *Klaus Schwabe* (Hrsg.), Die Anfänge des Schuman-Plans 1950/51, 1989.

[9] Zur Entstehungsgeschichte *Hanns Jürgen Küsters*, Die Gründung der Europäischen Gemeinschaft, 1982.

[10] Dazu *H.-J. Glaesner*, Die Einheitliche Europäische Akte, EuR 1986, S. 119–152.

[11] Zur „Architektur" der Union *Christian Koenig/Matthias Pechstein*, Die Europäische Union. DerVertrag von Maastricht, 1995. Siehe auch *Armin von Bogdandy*, Die Verfassung der europäischen Integrationsgemeinschaft als supranationale Union, in: *von Bogdandy* (Hrsg.), Die Europäische Option, 1993, S. 97–127.

wirklichung eines vereinten Europas wirkt die Bundesrepublik Deutschland bei der Entwicklung der Europäischen Union mit, die demokratischen, rechtsstaatlichen, sozialen und föderativen Grundsätzen und dem Grundsatz der Subsidiarität verpflichtet ist und einen diesem Grundgesetz im wesentlichen vergleichbaren Grundrechtsschutz gewährleistet." Die Bestimmung läßt dem Adressaten keinen Spielraum, daher ist in ihr ein Verfassungsauftrag zu erblicken. Das Bundesverfassungsgericht nimmt eine bloße Ermächtigung an, ohne sich jedoch mit der Formulierung der Bestimmung zu befassen.[12] Selbst wenn man den Text nicht für aussagekräftig genug hält, ist in systematischer Zusammenschau die Präambel zu berücksichtigen, die von Beginn an Deutschland auf das Ziel eines vereinten Europas verpflichtet hat. Das Land Hessen als Gliedstaat der Bundesrepublik Deutschland ist nach dem Grundsatz der Bundestreue gehalten, dazu beizutragen, daß der Verfassungsauftrag mit dem Ziel eines vereinten Europas erfüllt wird. Art. 67 HV erleichtert diese Aufgabe; denn die Bindung an das Völkerrecht und dessen Vorrang vor Landesgesetzen kommt auch der Europäischen Union zugute, die auf völkerrechtlichen Verträgen aufruht. Nach der Rechtsprechung des Gerichtshofs der Europäischen Gemeinschaften, kurz Europäischer Gerichtshof genannt, „stellt der EWG-Vertrag, obwohl er in der Form einer völkerrechtlichen Übereinkunft geschlossen wurde, nichtsdestoweniger die Verfassungsurkunde einer Rechtsgemeinschaft dar. ... (D)ie Gemeinschaftsverträge (haben) eine neue Rechtsordnung geschaffen, zu deren Gunsten die Staaten in immer weiteren Bereichen ihre Souveränitätsrechte eingeschränkt haben und deren Rechtssubjekte nicht nur die Mitgliedstaaten, sondern auch deren Bürger sind"[13]. Auf diese europäische Rechtsordnung ist das Land Hessen nicht nur nach dem Europäischen Gemeinschaftsrecht, sondern auch nach seiner eigenen Verfassung verpflichtet.

II. Die Mitwirkung des Landes Hessen an der Europäischen Union

1. Die Mitwirkung auf europäischer Ebene

Die deutschen Länder haben sich im Vorfeld der Verhandlungen, die zu einer Europäischen Union führen sollten, und erst recht während der Verhandlungen dafür eingesetzt, daß ihre Interessen im europäischen Raum stärker als bis dahin berücksichtigt werden.[14] Der Vertrag von Maastricht hat den EWG-Vertrag in den Vertrag zur Gründung der Europäischen Gemeinschaft (EGV) umbenannt. In diesen Vertrag wurden Bestimmungen über einen beratenden Ausschuß aus Vertretern der regionalen und lokalen Gebietskörperschaften aufgenommen, der

---

[12] BVerfGE 89, 155 (179).

[13] EuGH, Gutachten 1/91 v. 14.12.1991, Slg. 1991, I-6079 (6102).

[14] Siehe *Rudolf Hrbek,* Der Ertrag der „Verfassungsdebatte" von Maastricht: Ein Erfolg für den Föderalismus und die deutschen Länder?, in: Festschrift für Bodo Börner, 1992, S. 125–149. Zur früheren Rechtslage: *Georg von Welck,* Die Bundesländer und die Einheitliche Europäische Akte, 1991.

„Ausschuß der Regionen" heißt (Art. 198 a – 198 c EGV).[15] Deutschland sind 24 Mitglieder zugestanden. Es versteht sich von selbst, daß die deutschen Länder regionale Gebietskörperschaften sind. Lokale Gebietskörperschaften müssen freilich hinzutreten. Deutschland erfüllt dieses Erfordernis. 21 der deutschen Mitglieder entsenden die Länder, drei die Kommunen. Für die Stellvertreter der Mitglieder gilt der gleiche Schlüssel. Nach § 14 des Gesetzes über die Zusammenarbeit von Bund und Ländern in Angelegenheiten der Europäischen Union (EUZBLG)[16] schlägt die Bundesregierung dem Rat die von den Ländern benannten Vertreter vor. Ihre Mitgliedschaft ist nicht an ein Amt oder Mandat geknüpft. Die Mitglieder des Ausschusses sind an keine Weisungen gebunden. Sie üben ihre Tätigkeit in voller Unabhängigkeit zum allgemeinen Wohl der Gemeinschaft aus (Art. 198 a Abs. 3 EGV). Personen können so im Ausschuß verbleiben, auch wenn sie ihren politischen Auftrag verloren haben. Die Bereitschaft der Mitglieder, auf die Erwartungen der gewählten Organe der jeweiligen Gebietskörperschaft einzugehen, wird dadurch herabgesetzt. Die Länder wünschen sich Mitwirkungsrechte, die über die Beratung hinausgehen. Dem stehen gewichtige Einwände entgegen. Die Gebietskörperschaften in den Mitgliedstaaten sind in unterschiedlichem Maße demokratisch legitimiert. Aufgrund der weit auseinandergehenden Strukturen träte eine Ungleichheit der Mitgliedstaaten ein. Manche könnten vom Staat abhängige Einheiten einsetzen, um die Stimme der Regierung zu verstärken. Andere, vor allem Bundesstaaten, müßten abweichende Voten selbständiger Träger hinnehmen.

Abweichend von der früheren Rechtslage sitzen im Rat nicht mehr nur Mitglieder der Regierungen der Mitgliedstaaten.[17] Nach Art. 146 Abs. 1 EGV besteht der Rat aus je einem Vertreter jedes Mitgliedstaats auf Ministerebene, der befugt ist, für die Regierung des Mitgliedstaats verbindlich zu handeln. Diese Regelung erlaubt eine unmittelbare Mitwirkung von Mitgliedern der Landesregierungen.[18] Innerstaatlich gilt dafür die Soll-Vorschrift des Art. 23 Abs. 6 GG. Wenn im Schwerpunkt ausschließliche Gesetzgebungsbefugnisse der Länder betroffen sind, soll die Wahrnehmung der Rechte Deutschlands vom Bund auf einen vom Bundesrat benannten Vertreter der Länder übertragen werden. Die Wahrnehmung der Rechte erfolgt unter Beteiligung und in Abstimmung mit der Bundesregierung; dabei ist die gesamtstaatliche Verantwortung des Bundes zu wahren. Dem Bundesrat ist also lediglich die Rolle zugedacht, den Vertreter zu benennen. Dieser tritt nach außen hin für den Gesamtstaat auf, im Inneren handelt er aber für die Länder. Man muß sich fragen, wem gegenüber er demokratische Verantwortung trägt, allenfalls doch der Volksvertretung des Landes, aus dem er kommt. Sollte diese stets die

---

[15] Zur Stellung der Länder in der Gemeinschaft vor Inkrafttreten des Vertrags von Maastricht: *Rudolf Hrbek/Uwe Thaysen* (Hrsg.), Die Deutschen Länder und die Europäischen Gemeinschaften, 1986; *Manfred Zuleeg*, Die Stellung der Länder und Regionen im europäischen Integrationsprozeß, DVBl. 1992, S. 1329–1337.

[16] Vom 12.3.1993 (BGBl. I S. 313).

[17] Auf die Rechtsstellung der beamteten Staatssekretäre des Bundes kann hier nicht eingegangen werden.

[18] Näheres bei *Angelika Kleffner-Riedel*, Mitwirkung der Länder und Regionen im EU-Ministerrat, BayVBl 1995, S. 104–108.

Auffassung der anderen Länder und die des Gesamtstaats widerspiegeln?[19] Die nähere Regelung findet sich in § 6 Abs. 2 EUZBLG. Eine Lösung der kniffligen Frage nach der demokratischen Verantwortlichkeit sucht man dort freilich vergebens. Obendrein beklagen Kommentatoren system- und sachwidrige Eingriffe in die Bundeskompetenz auf dem Gebiet der Außen- und Europapolitik.[20] Diese Bedenken verdichten sich schwerlich zu verfassungsrechtlichen Einwänden; denn die Regelung ist in der Verfassung selbst enthalten. Europäische Politik nähert sich auf diese Weise der Innenpolitik an.[21]

Nach wie vor ist es möglich, daß Beobachter der Länder an den Verhandlungen im Rat und in den Hilfsorganen, insbesondere im Ausschuß der Ständigen Vertreter, teilnehmen. Die für Deutschland auftretenden Verhandlungsführer können Bedienstete der Länder zu ihrer Unterstützung heranziehen. Die Büros der Länder in Brüssel dienen dazu, Informationen zu sammeln und den Standpunkt der Länder zur Politik der Gemeinschaft und jetzt auch der Union zum Ausdruck zu bringen.[22] In § 8 EUZBLG sind die Befugnisse und der Status der Länderbüros nunmehr festgelegt.[23]

§ 7 EUZBLG schreibt vor, daß die Bundesregierung auf Verlangen des Bundesrats von ihren Klagemöglichkeiten aufgrund des Vertrags über die Europäische Union[24] Gebrauch macht, wenn die Länder im Bereich ihrer ausschließlichen Gesetzgebungsbefugnisse betroffen sind. Die gesamtstaatliche Verantwortung des Bundes ist dabei aber zu wahren. Diese Regelung gilt entsprechend, wenn die Bundesregierung im Verfahren vor dem Europäischen Gerichtshof Gelegenheit zur Stellungnahme hat. Die Regelung des § 7 EUZBLG gilt unbeschadet eigener Klagerechte der Länder. Diese sind jedoch nur beschränkt gewährt.[25] Die Länder fallen nicht unter den Begriff der Mitgliedstaaten. Sie sind nur in dem Maße befugt, eine Nichtigkeitsklage nach Art. 173 EGV zu erheben, als sie wie ein einzelner

---

[19] Nach *Thomas Oppermann/Claus Dieter Classen,* Die EG vor der Europäischen Union, NJW 1993, S. 5 (12), bleibt die Klarheit der demokratischen Verantwortung auf der Strecke.

[20] *Rüdiger Breuer,* Die Sackgasse des neuen Europa-Artkels (Art. 23 GG), NVwZ 1994, S. 417 (428); in diesem Sinne auch *Matthias Herdegen,* Die Belastbarkeit des Verfassungsgefüges auf dem Weg zur Europäischen Union, EUGRZ 1992, S. 589 (593).

[21] Vgl. *Christopher Baumhof,* Die deutschen Bundesländer im europäischen Einigungsprozeß unter besonderer Berücksichtigung der Mitwirkung der Länder, 1990, S. 84 f.; *Peter Dröll,* Die deutschen Bundesländer und die Europäische Gemeinschaft, 1992, S. 130. *Ulrich Fastenrath,* Kompetenzverteilung im Bereich der auswärtigen Gewalt, S. 83–114.

[22] *Hermann-Josef Blanke,* Föderalismus und Integrationsgewalt, 1991, S. 272–275; *Michael Borchmann,* Bundesstaat und europäische Integration, AöR Bd. 112 (1987), 586 (590–598); *ders.,* Die Europäischen Gemeinschaften im Brennpunkt politischer Aktivitäten der Bundesländer, DÖV 1988, S. 623–633; *Rudolf W. Strohmeier,* Möglichkeiten der Einflußnahme auf den Entscheidungsprozeß der Europäischen Gemeinschaften durch die Deutschen Bundesländer, DÖV 1988, S. 633–637.

[23] Zur Rechtslage vorher *Michael Borchmann,* Verbindungsbüros der Bundesländer bei der EG – Berechtigte Interessenvertretung oder Nebenaußenpolitik?, NVwZ 1988, S. 218 ff.; *Ulrich Fastenrath,* Länderbüros in Brüssel, DÖV 1990, S. 125 ff.

[24] Nach Art. L dieses Vertrags ist allerdings in seinem Anwendungsbereich die Zuständigkeit des Europäischen Gerichtshofs bis auf wenige Ausnahmen ausgeschlossen. Weitreichende Klagemöglichkeiten sind nur in den Gemeinschaftsverträgen vorgesehen. Für § 7 des Gesetzes läßt sich nur dann ein Sinn erschließen, wenn man einbezieht, daß die Europäischen Gemeinschaften nach Art. A Abs. 3 des Vertrags von Maastricht die Grundlage der Union sind.

[25] *Manfred Zuleeg,* DVBl. 1992, S. 1329 (1331).

betroffen sind. Erwogen wird allerdings, die eingeengte, aber immer noch privilegierte Klagebefugnis des Europäischen Parlaments auf die Länder entsprechend anzuwenden. Die Rechtslage bei einer Unterlassungsklage gestaltet sich parallel zur Nichtigkeitsklage. Am Verfahren gegen einen Mitgliedstaat wegen einer Vertragsverletzung nach Art. 169 EGV dürfen sich die Länder nicht beteiligen. Eine Stellungnahme im Verfahren der Vorabentscheidung nach Art. 177 EGV ist den Ländern lediglich dann gestattet, wenn sie am Ausgangsverfahren vor einem mitgliedstaatlichen Gericht beteiligt sind.[26]

2. *Die Mitwirkung auf der Ebene des Mitgliedstaats im Verhältnis zwischen Bund und Ländern*

Auf der Ebene des Mitgliedstaats Deutschland ist in der Verfassung angeordnet, daß die Länder durch den Bundesrat in Angelegenheiten der Europäischen Union mitwirken. Zu diesem Zweck hat die Bundesregierung den Bundesrat umfassend und zum frühestmöglichen Zeitpunkt zu unterrichten (Art. 23 Abs. 2 GG). § 2 EUZBLG ergänzt, daß sich die Pflicht zur Unterrichtung auf alle Vorhaben erstreckt, die für die Länder von Interesse sein können. Der Bundesrat ist an der Willensbildung des Bundes zu beteiligen, soweit er an einer entsprechenden innerstaatlichen Maßnahme mitzuwirken hätte oder soweit die Länder innerstaatlich zuständig wären (Art. 23 Abs. 4 GG). Nach § 3 EUZBLG gibt die Bundesregierung dem Bundesrat vor der Festlegung der Verhandlungsposition zu einem Vorhaben der Europäischen Union rechtzeitig Gelegenheit zur Stellungnahme binnen angemessener Frist, soweit Interessen der Länder berührt sind. Art. 23 Abs. 5 GG bestimmt, in welchem Ausmaß die Stellungnahme des Bundesrats zu berücksichtigen ist. Die unterschiedlichen Spannweiten der Mitwirkung sind nur schwer auseinanderzuhalten. § 5 EUZBLG soll das Nähere festlegen, die Vorschrift schafft aber kaum größere Klarheit.[27] Das Bundesverfassungsgericht hat in seinem Urteil zur Fernsehrichtlinie bereits das Verfahren und die Grenzen der Zusammenarbeit zwischen dem Bund und den Ländern in Angelegenheiten der Gemeinschaft abgesteckt, wobei es den Grundsatz des bundesfreundlichen Verhaltens zu Hilfe genommen hat.[28] Das Bundesverfassungsgericht betrachtet den Bund als Sachwalter der Länder, soweit deren Rechte nach deutschem Recht berührt sind.[29] Der dem Urteil zugrunde liegende Sachverhalt spielte sich weit vor der Neufassung des Art. 23 GG ab, der heute für die Einzelheiten maßgeblich ist. Die grundsätzlichen Aussagen des Urteils behalten aber ihre Bedeutung, insbesondere die über das bundesfreundliche Ver-

---

[26] Ausführlich dazu *Martin Mulert,* Die deutschen Bundesländer vor dem Europäischen Gerichtshof, 1995, S. 47–206. Zur mittelbaren Beteiligung *ders.,* ebenda, S. 207–260.

[27] Zu allem *Georg-Berndt Oschatz/Horst Risse,* Die Bundesregierung an der Kette der Länder?, DÖV 1995, S. 437–451; siehe auch *Rupert Scholz,* Europäische Union und deutscher Bundesstaat, NVwZ 1993, S. 817–824.

[28] BVerfGE 92, 203 (230) = JZ 1995, 669 m. Anm. *Manfred Zuleeg,* S. 673–677.

[29] Dazu *Ingo Winkelmann,* Die Bundesregierung als Sachwalter von Länderrechten, DÖV 1996, S. 1–11.

halten der Beteiligten und die Aufgabe des Sachwalters. Bedenken werden geäußert, daß der neue Art. 23 GG die europäische Einigung behindern könnte[30] und daß im Übermaß Kompetenzen auf die Länder verschoben worden sind.[31] Bisher sind dafür kaum Anhaltspunkte zu erkennen, und in der Zukunft muß es nicht zu Gefahren für die europäische Einigung kommen, wenn sich die Verantwortlichen in Bund und Ländern der verfassungsrechtlichen Pflicht bewußt sind, zur Verwirklichung eines vereinten Europas beizutragen (Art. 23 Abs. 1 Satz 1 GG). Zwischen Staats- und Europarecht muß praktische Konkordanz statt Kollision herrschen.[32]

3. Die Mitwirkung auf der Ebene des Mitgliedstaats bei der Durchführung des Gemeinschaftsrechts

Das Europäische Gemeinschaftsrecht verlangt von den Mitgliedstaaten, daß die Rechtsordnung der Gemeinschaft ihre volle Rechtswirkung im innerstaatlichen Bereich entfaltet.[33] Die Mitgliedstaaten haben gemeinschaftsrechtliche Gebote zum Erlaß von Rechtsnormen auszuführen. Die vollziehende Gewalt und die Gerichtsbarkeit der Mitgliedstaaten haben das Gemeinschaftsrecht anzuwenden.[34] Die Mitgliedstaaten sind zwar frei, innerstaatlich die Kompetenzen zu verteilen; gibt ein Mitgliedstaat aber einzelne Kompetenzen an andere Einheiten ab, entbindet ihn dieser Umstand nicht von seinen gemeinschaftsrechtlichen Pflichten.[35] Darüber hinaus ist es Sache aller Gliederungen der Mitgliedstaaten, nicht nur der staatlichen Zentralgewalt, sondern auch der Gliedstaaten und sonstiger Gebietskörperschaften, die Einhaltung der gemeinschaftsrechtlichen Vorschriften zu gewährleisten.[36] Die Pflichten aus dem Gemeinschaftsrecht treffen alle Träger öffentlicher Gewalt in den Mitgliedstaaten, neben den gesetzgebenden Organen und Verwaltungsbehörden auch die Gerichte.[37]

Sind die Länder so in die Pflicht genommen, ist ihnen damit nicht eine unzumutbare Last aufgebürdet. Die in der Verfassung niedergelegte Bereitschaft, einem vereinten Europa anzugehören (Art. 23 Abs. 1 Satz 1 GG), spart die Gliedstaaten

---

30 *Oppermann/Classen* (o. Fn. 19), 11 f.

31 *Jürgen Schwarze*, Das Staatsrecht in Europa, JZ 1993, S. 585–594.

32 So zu Recht *Jürgen Schwarze* (o. Fn. 31), S. 591–594.

33 EuGH (Urt. v. 21.9.1989), Rs. 68/88 (Kommission/Griechenland), Slg. 1989, 2965 (2984 f.).

34 Dazu *Dirk Ehlers*, Die Einwirkungen des Rechts der Europäischen Gemeinschaften auf das Verwaltungsrecht, DVBl 1991, S. 605–613; *Hans D. Jarass*, Grundfragen der innerstaatlichen Bedeutung des EG-Rechts, 1994; *Hans-Werner Rengeling*, Das Zusammenwirken von Europäischem Gemeinschaftsrecht und nationalem Recht, insbesondere deutschem Recht, DVBl. 1986, S. 306–314; *Dieter H. Scheuing*, Rechtsprobleme bei der Durchführung des Gemeinschaftsrechts in der Bundesrepublik Deutschland, EuR 1985, S. 229–272; *Albrecht Weber*, Rechtsfragen der Durchführung des Gemeinschaftsrechts in der Bundesrepublik Deutschland, 1987; *Manfred Zuleeg*, Das Recht der Europäischen Gemeinschaften im innerstaatlichen Bereich, 1969.

35 EuGH (Urt. v. 25.2.1982), Rs. 96/81 (Kommission/Niederlande), Slg. 1982, 1791 (1804).

36 EuGH (Urt. v. 12.6.1990), Rs. C-8/88 (Deutschland/Kommission), Slg. 1990, I-2321 (2359).

37 EuGH (Urt. v. 10.4.1984), Rs. 14/83 (von Colson und Kamannn/Land Nordrhein-Westfalen), Slg. 1984, 1891 (1909).

der Bundesrepublik Deutschland nicht aus. Wer dies als Abwertung der Länder empfindet, sollte beachten, daß die aus dem Gemeinschaftsrecht erwachsenden Pflichten die Verpflichteten zu Akteuren im Prozeß der europäischen Einigung macht. Diese können der Integration Europas dienlich sein, sie aber auch behindern. Die Länder tragen dadurch in besonderem Maße Verantwortung. Soweit ihnen die Kompetenz zur Gesetzgebung zusteht, haben sie die gemeinschaftsrechtlichen Aufträge zur Gesetzgebung auszuführen, namentlich auf der Grundlage von Richtlinien der Gemeinschaft. Nicht immer besteht ein Gestaltungsspielraum. Ist das aber der Fall, füllen die Länder ihn aus. Der Bund ist nicht etwa deswegen zur Gesetzgebung berufen, weil einer gemeinschaftsrechtlichen Pflicht nachzukommen ist. Nach der innerstaatlichen Kompetenzverteilung liegt der Verwaltungsvollzug von Bundesgesetzen in den Händen der Länder. Gemeinschaftsrecht ist insoweit den Bundesgesetzen gleichgestellt. Eine Verschiebung von Kompetenzen findet also nicht statt.[38] Die Gerichte der Länder haben wie die Bundesgerichte das Europäische Gemeinschaftsrecht anzuwenden. Der Funktion nach sind sie dann europäische Gerichte. Der Europäische Gerichtshof setzt zwar die Maßstäbe, wenn er im Wege der Vorabentscheidung mit Fragen der Auslegung und der Gültigkeit des Gemeinschaftsrechts befaßt wird; die mitgliedstaatlichen Gerichte leisten aber dafür die Vorarbeit, indem sie den Sachverhalt ermitteln, die gemeinschaftsrechtlichen Fragen herausschälen, in der Begründung des Beschlusses über eine Vorabentscheidung Anregungen für die Antwort geben und den Zusammenhang mit dem mitgliedstaatlichen Recht beleuchten. Nach der Vorabentscheidung führen die mitgliedstaatlichen Gerichte das Verfahren vor ihnen zu Ende und bauen dabei die Auskünfte des Europäischen Gerichtshofs ein.[39] Im Vergleich zur Revision, die zu den Bundesgerichten führt, behalten die Gerichte der Länder eine wesentlich größere Bedeutung, wenn der Europäische Gerichtshof eingeschaltet wird.

Erfüllen die Länder ihre gemeinschaftsrechtlichen Pflichten nicht oder unvollkommen, ist der Mitgliedstaat, also die Bundesrepublik Deutschland, nach außen hin verantwortlich. Das Verfahren der Gemeinschaftsaufsicht nach Art. 169 EGV richtet sich allein gegen den Mitgliedstaat, der in diesem Zusammenhang formal zu betrachten ist, so daß sich die Kommission nur an die Zentralgewalt wenden kann. Das hat seinen guten Grund; denn dem Gemeinschaftsorgan wäre sonst das Risiko angelastet, die nach innerstaatlichem Recht zuständige Stelle herauszufinden, damit die Klage nicht als unzulässig abgewiesen wird. Zum Ausgleich bedarf der Bund eines wirksamen Mittels, um im Falle der Verletzung einer Pflicht auf die Länder einwirken zu können. Dazu sind die Instrumente der Bundesaufsicht einzusetzen. Die verfassungsrechtliche Grundlage dafür liefert der Grundsatz der Bundestreue.[40]

---

[38] Nach *Stefan Langer*, Unitarismus und Föderalismus im künftigen Europa, DÖV 1991, S. 823 (829), vermittelt der Verwaltungsvollzug durch die Länder dem Gemeinschaftsrecht die nötige „Bodenhaftung"; er sieht darin den „Kern des Subsidiaritätsprinzips".

[39] Näheres bei *Manfred Zuleeg*, Die Rolle der rechtsprechenden Gewalt in der europäischen Integration, JZ 1994, S. 1 (2–5).

[40] *Rudolf Streinz*, Der Vollzug des Europäischen Gemeinschaftsrechts durch deutsche Staatsorgane, in: *Josef Isensee/Paul Kirchhof* (Hrsg.), Handbuch des Staatsrechts der Bundesrepublik Deutschland, Bd. VII, 1992, S. 817 (839), fügt noch Art. 24 Abs. 1 GG hinzu.

III. Der Schutz der Länder

In der Politik und in der Wissenschaft ist immer wieder der Ruf zu vernehmen, die Länder müßten vor Europa geschützt werden.[41] Die Kompetenzen, die die Europäische Gemeinschaft an sich ziehe, engten die Länder so stark ein, daß ihre Eigenständigkeit als Staaten bedroht sei.[42] Dadurch werde vor allem deren Kulturhoheit bedroht.[43] „Es besteht die ernst zu nehmende Gefahr, daß Föderalismus und Gemeindeautonomie durch Maastricht ausgehebelt werden."[44] Sind solche Befürchtungen begründet, ist auch die Stellung des Landes Hessen in Mitleidenschaft gezogen.

Die Kompetenzen der Europäischen Gemeinschaft zur Ausübung von Hoheitsgewalt betreffen hauptsächlich die Gesetzgebung. Der Verwaltungsvollzug ist weitgehend den Mitgliedstaaten überlassen. Daran haben die Länder in der Bundesrepublik Deutschland einen erheblichen Anteil. Die Europäische Union ist zwar im Begriff, die supranationale Verwaltungstätigkeit auszudehnen, die deutschen Länder werden davon aber nicht wesentlich berührt. Selbst bei polizeilicher Tätigkeit ist nur an grenzüberschreitende Gefahrenabwehr gedacht, die die Länder ohnehin nicht allein bewältigen können. Die rechtsprechende Gewalt ist an die Entscheidungen des Europäischen Gerichtshofs im anhängigen Rechtsstreit gebunden, eine höhere Instanz kann allerdings erneut vorlegen. Darüber hinaus bewirkt die Vorlagepflicht, daß die vorlagepflichtigen Gerichte nur dann von der Rechtsprechung des Europäischen Gerichtshofs abweichen dürfen, wenn ihnen der Europäische Gerichtshof auf eine erneute Vorlage hin Raum dazu läßt.[45] Gerichte der Länder

---

[41] *Detlef Merten,* Deutsche Einheit und europäische Einigung im Lichte des Föderalismus, in: *Merten* (Hrsg.), Föderalismus und Europäische Gemeinschaften, 1990, S. 17 (25), trägt solche Äußerungen zusammen. Er selbst teilt diese Ansicht. *Jürgen Schwarze,* Kompetenzverteilung in der Europäischen Union und föderales Gleichgewicht – Zu den Forderungen der deutschen Bundesländer im Hinblick auf die Regierungskonferenz 1996 –, DVBl. 1995, S. 1265–1269, tritt mit guten Gründen überspannten Erwartungen entgegen. Ausführlich zum Problemkreis *Martin Meißner,* Die Bundesländer und die Europäischen Gemeinschaften, 1996, der zu dem Schluß gelangt, daß das Gemeinschaftsrecht die deutschen Länder nicht zu schützen vermag und die Beteiligung der Länder an der Gemeinschaftsgewalt wegen der Nachteile für unitarische Mitgliedstaaten scheitern muß. Daher sollte die Europapolitik Bund und Ländern gemeinsam zustehen. *Michael Schweizer,* Europäische Union: Gefahr oder Chance für den Föderalismus in Deutschland, Österreich und der Schweiz?, VVDStRL 53 (1994), S. 48–69, spricht sich ebenfalls dafür aus, drohende Gefahren auf der innerstaatlichen Ebene abzuwenden. *Torsten Stein,* Europäische Union: Gefahr oder Chance für den Föderalismus in Deutschland, Österreich und der Schweiz?, VVDStRL 53 (1994), S. 26–45, steht hingegen auf dem Standpunkt, daß der Vertrag über die Europäische Union keine wesentlichen neuen Gefahren für den Föderalismus mit sich bringt.

[42] *Peter Dröll* (o. Fn. 21), S. 15–82, listet eine Reihe von „Kompetenzverlusten" der Länder aufgrund der Tätigkeit der Gemeinschaft auf. *Rudolf Morawitz/Wilhelm Kaiser,* Die Zusammenarbeit von Bund und Ländern bei Vorhaben der Europäischen Union, 1994, S. 13 und 20, diagnostizieren eine „Auszehrung des deutschen Föderalismus", die auch auf den „schwerwiegenden Kompetenzabfluß" an die Gemeinschaft zurückzuführen sei.

[43] *Meinhard Schröder,* Europäische Bildungspolitik und bundesstaatliche Ordnung, 1990, S. 87. *Christian Hillgruber,* Grenzen der Rechtsfortbildung durch den EuGH – Hat Europarecht Methode?, in: *von Danwitz u.a.* (o. Fn. 2), S. 31–46, wendet sich vor allem gegen den „Zugriff des Gerichtshofs" auf den Bildungsbereich.

[44] *Karl Starzacher,* Begrüßung, in: *Franz Greß* (Hrsg.), Europa – Ende des Föderalismus?, Fachtagung des Hessischen Landtags, 1993, S. 13 (21).

[45] EuGH (Urt. v. 16.10.1982), Rs. 283/81 (CILFIT/Ministero della sanità), Slg. 1982, 3415 (3428–3430).

sind davon zum geringsten Teil betroffen. Damit schrumpfen die Bedenken auf den Bereich der Gesetzgebung zusammen.

Für die Europäische Gemeinschaft gilt das Prinzip der begrenzten Einzelermächtigung (Art. 3 b EGV). Das Bundesverfassungsgericht spricht sich selbst die Prüfungsbefugnis zu, „ob Rechtsakte der europäischen Einrichtungen und Organe sich in den Grenzen der ihnen eingeräumten Hoheitsrechte halten oder aus ihnen *ausbrechen*" (!).[46] Das Gemeinschaftsrecht bildet jedoch eine eigene Rechtsordnung, die auf dem Boden der Mitgliedstaaten mit Vorrang vor mitgliedstaatlichem Recht gilt. Die Einheit des Gemeinschaftsrechts wäre zerstört, wenn die mitgliedstaatlichen Gerichte Rechtsakte der Gemeinschaft für nichtig oder auch nur für unanwendbar erklären dürften. Art. 177 Abs. 3 EGV erlegt den Gerichten, deren Entscheidungen nicht mehr mit Rechtsmitteln des innerstaatlichen Rechts angefochten werden können, die Pflicht auf, wegen einer Frage nach der Gültigkeit einer Handlung der Organe der Gemeinschaft den Europäischen Gerichtshof anzurufen. Dies gilt selbst für das Bundesverfassungsgericht. Der Gerichtshof hat aber auch anderen Gerichten die Befugnis abgesprochen, einen Rechtsakt der Gemeinschaft für ungültig zu halten.[47] Die Kontrollbefugnis steht daher allein dem Europäischen Gerichtshof und jetzt auch dem Gericht erster Instanz zu.[48]

Es ist eine weit verbreitete Legende, daß der Europäische Gerichtshof seiner Aufgabe, die Kompetenzgrenzen der Gemeinschaft zu überprüfen, nicht oder doch zumindest nicht gründlich genug nachkommt. Als Leidtragende werden oft die deutschen Länder hingestellt. Es ist aber ständige Rechtsprechung des Gerichtshofs, daß es den Mitgliedstaaten überlassen bleibt, im Bereich von Rundfunk und Fernsehen Kulturpolitik zu betreiben. Den Mitgliedstaaten steht es vor allem frei, ein System zu errichten, das pluralistisch und nicht gewerblich gestaltet ist und die Meinungsfreiheit schützt, vor allem dann, wenn es um soziale, kulturelle, religiöse oder philosophische Themen geht.[49] Im Urteil zur Fernsehrichtlinie läßt sich das Bundesverfassungsgericht zu Recht nicht darauf ein, den angeblichen Übergriff der Gemeinschaft auf die den Ländern vorbehaltenen Kompetenzbereiche zu untersuchen, es trägt allerdings auch nichts dazu bei, den Vorwurf der mangelnden Überwachung der Kompetenzgrenzen zu entkräften,[50] obwohl doch die Rechtsprechung des Europäischen Gerichtshofs das Gegenteil beweist. Dies zeigt sich auf anderen Gebieten ebenfalls. Nach seiner Rechtsprechung gehört die Sozialpolitik

---

[46] BVerfGE 89, 155 (188). Hervorhebung vom Verf.

[47] EuGH (Urt. v. 22.10.1987), Rs. 314/85 (Foto-Frost/Hauptzollamt Lübeck-Ost), Slg. 1987, 4199 (4231).

[48] *Eckart Klein,* Der Verfassungsstaat als Glied einer europäischen Gemeinschaft, VVDStRL 50 (1991), S. 56 (66 f.). In diese Richtung geht nunmehr auch das BVerfG in seinem Urteil vom 22.3.1995, BVerfGE 92, 203 (227 f.), zur Fernsehrichtlinie, weil es die Überprüfung eines Rechtsakts der Europäischen Gemeinschaft im Bund-Länder-Streit ablehnt. Ein solcher Rechtsakt sei nicht dem Bund zuzurechnen.

[49] EuGH (Urt. v. 25.7.1991), Rs. C-288/89 (Antennevoorziening Gouda/Commissariaat voor de Media), Slg. 1991, I-4007 (4043); (Urt. v. 25.7.1991), Rs. C-353/89 (Kommission/Niederlande), Slg. 1991, I-4069 (4096 f.); (Urt. v. 3.2.1993), Rs. C-148/91 (Veronica Omroep/Commissariaat voor de Media), Slg. 1993, I-487 (518); (Urt. v. 5.10.1994), Rs. C-23/93 (TV 10/Commissariaat voor de Media), Slg. 1994, I-4795 (4832).

[50] BVerfGE 92, 203 (230 ff.) = JZ 1995, S. 669 m. insoweit krit. Anm. von *Manfred Zuleeg.*

zur Zuständigkeit der Mitgliedstaaten, soweit sie nicht Gegenstand besonderer Vorschriften des Gründungsvertrags ist.[51] Die kulturelle Eingliederung der aus Drittstaaten eingewanderten Bevölkerungsgruppen ist nicht so eng mit der sozialen Lage der Arbeitnehmer verknüpft, daß die Zuständigkeit der Kommission zur Organisation eines Verfahrens der Information und Konsultation für die Wanderungspolitik sich auf die kulturelle Seite erstreckt. Der darauf bezogene Teil einer Entscheidung ist daher für nichtig zu erklären.[52] In mehreren Verfahren hat der Europäische Gerichtshof Rechtsakte der Gemeinschaft für nichtig erklärt, weil sie nicht auf die passende Rechtsgrundlage gestützt worden sind.[53]

Die meisten Ermächtigungsgrundlagen in den Gemeinschaftsverträgen erfassen bestimmte Sachgebiete, beispielsweise die gemeinsame Agrarpolitik (Art. 43 EGV). Das Europäische Gemeinschaftsrecht kennt aber auch zielgerichtete Rechtsgrundlagen für gesetzgeberische Tätigkeit. Hierzu zählen die Bestimmungen über die Angleichung mitgliedstaatlichen Rechts (Art. 100, 100 a EGV), die der Errichtung und dem Funktionieren des Gemeinsamen Marktes, heute des Binnenmarktes dienen. Ferner ist an dieser Stelle die Ergänzungsklausel des Art. 235 EGV zu nennen. Gerade gegen Rechtsakte auf der Grundlage dieser Bestimmungen richtet sich der Einwand, daß die Länder Einbußen an Regelungsbefugnissen erleiden müßten. In der Tat ist es möglich, daß Sachgebiete betroffen sind, die nach der deutschen Verfassung den Ländern überlassen sind. Die Europäische Gemeinschaft ist aber ohnehin nicht an die innerstaatliche Kompetenzverteilung gebunden.[54] Das kann auch gar nicht anders sein, sonst wäre die Einheit des Gemeinschaftsrechts und damit die Gleichheit vor dem Gesetz im Anwendungsbereich des Gemeinschaftsrechts nicht mehr gewährleistet. Der Mitgliedstaat Deutschland kann sich nicht darüber hinwegsetzen, indem er die Befugnis in Anspruch nimmt, einzelne Rechtsakte der Gemeinschaft für unanwendbar zu halten, weil sie angeblich zu sehr in die nationale Entscheidungsgewalt eingreifen, wobei offenbar die Kompetenzgrenzen keine Rolle spielen; denn das Bundesverfassungsgericht, das diese Ansicht vertritt, erstreckt die angeblich mangelnde Bindungswirkung auf Akte auf der Grundlage des Art. 235 EGV, auf implied powers und auf die Auslegung von Befugnisnormen, ohne anzugeben, warum diese Rechtsakte und das Verhalten der Gemeinschaftsorgane rechtswidrig sein sollten. Selbst die Rechtsfortbildung durch den Europäischen Gerichtshof wird einbezogen,[55] obwohl diese doch es erst ermöglicht hat, die Anforderungen des Art. 23 Abs. 1 Satz 1 GG zu erfüllen.

---

[51] EuGH (Urt. v. 21.6.1988), Rs. 39/86 (Lair/Universität Hannover), Slg. 1988, 3161 (3195); bestätigt durch Urt. v. 7.12.1993, Rs. C-109/92 (Wirth/Landeshauptstadt Hannover), Slg. 1993, I-6447 (6471).

[52] EuGH (Urt. v. 9.7.1987), Rs. 281, 283 bis 285 und 287/85 (Deutschland u.a./Kommission), Slg. 1987, 3203 (3252, 3256 f.).

[53] Z.B. EuGH (Urt. v. 7.7.1992), Rs. C-295/90 (Parlament/Rat), Slg. 1992, I-4193 (4236) – Richtlinie über den Aufenthalt von Studenten.

[54] *Kathrin Weber,* Die Bildung im Europäischen Gemeinschaftsrecht und die Kulturhoheit der deutschen Länder, 1993, S. 103 f. Das geht nunmehr auch aus Art. 23 Abs. 5 Satz 2 GG hervor, der voraussetzt, daß die Gemeinschaftsgewalt die Gesetzgebungsbefugnisse der Länder betreffen kann.

[55] BVerfGE 89, 155 (188, 210).

Schutz für die politische Gestaltungsmacht der Länder kann aber im Rahmen der Rechtsordnung der Europäischen Gemeinschaft zu finden sein. Ein Vorschlag dazu lautet, aus der Gemeinschaftstreue abzuleiten, daß die Gemeinschaft verpflichtet ist, die innerstaatlichen Verfassungsstrukturen zu beachten, namentlich eine bundesstaatliche Gliederung, wenn sie in einem Mitgliedstaat errichtet ist.[56] Das Bundesverfassungsgericht hat sich solchen Vorstellungen in seinem Urteil zum Vertrag von Maastricht angeschlossen. Es beruft sich dabei auf die Entscheidung im Fall Zwartveld, in der der Europäische Gerichtshof durch Rechtsfortbildung die Pflicht zur Gemeinschaftstreue, die für die Mitgliedstaaten gegenüber der Gemeinschaft in Art. 5 EGV ausdrücklich festgelegt ist, auf die Europäische Gemeinschaft gegenüber den Mitgliedstaaten ausgedehnt hat.[57] Freilich ist der Gerichtshof an keiner Stelle so weit gegangen, der Gemeinschaft Kompetenzgrenzen aus einer mitgliedstaatlichen Verfassung aufzuerlegen. Das wäre mit der Gleichheit der Mitgliedstaaten nicht zu vereinbaren. Das Bundesverfassungsgericht hat daher entweder auf eigene Faust Rechtsfortbildung im Gemeinschaftsrecht betrieben, ohne Art. 177 Abs. 3 EGV Genüge zu tun, oder aber eine unverbindliche Verhaltensregel aufgestellt, wie sie der Leiter des Juristischen Dienstes der Kommission *Dewost* im Verfahren vor dem Bundesverfassungsgericht vorgeschlagen hat.[58] Die Gemeinschaftstreue hindert die Gemeinschaft also nicht daran, Regelungen auf Sachgebieten zu treffen, die innerstaatlich in den Zuständigkeitsbereich der Länder fallen.[59]

Ein Hemmnis, in diesen Bereich vorzudringen, könnte das Subsidiaritätsprinzip bilden. Es ist aufgrund des Vertrags von Maastricht nunmehr Bestandteil des EG-Vertrags. In dessen Art. 3 b Abs. 2 ist das Prinzip ausdrücklich genannt. Die Gemeinschaft darf nur tätig werden, wenn die dort niedergelegten Voraussetzungen erfüllt sind. Eine Ausnahme gilt für Bereiche, in denen die Gemeinschaft ausschließlich zuständig ist. Die Bestimmung weist also keine Kompetenzen zu und entzieht auch keine. Sie enthält vielmehr eine Regel, wie Kompetenzen auszuüben sind.[60] Es wird allgemein angenommen, daß die Bestimmung vor allem zugunsten der Länder und Regionen wirkt.[61] Dazu muß sie zunächst einmal justiziabel sein.[62]

---

[56] *Astrid Epiney*, Gemeinschaftsrecht und Föderalismus: Landes-Blindheit und Berücksichtigung innerstaatlicher Verfassungsstrukturen, EuR 1994, S. 301–324.

[57] EuGH (Beschl. v. 13.7.1990), Rs. C-2/88 Imm. (Zwartveld), Slg. 1990, I-3365 (3372). In diesem Sinne schon EuGH (Urt. v. 15.1.1986), Rs. 44/84 (Hurd/Jones), Slg. 1986, 29 (81).

[58] Die Anhörung von *Dewost* ist seltsam. Offensichtlich hat das Gericht die Auskunft über die Rechtslage nach Gemeinschaftsrecht für notwendig gehalten, um seine Entscheidung treffen zu können. Dann aber ist die gestellte Frage erforderlich im Sinne von Art. 177 EGV mit der Folge, daß der Europäische Gerichtshof eingeschaltet werden muß.

[59] *Thomas Remmers*, Europäische Gemeinschaften und Kompetenzverluste der deutschen Länder, 1992, S. 123–126, hält es zwar für möglich, der Gemeinschaftstreue Kompetenzgrenzen abzugewinnen, stellt aber nicht auf die bundesstaatliche Struktur eines Mitgliedsstaats ab, zumindest für den Bereich des Rundfunks.

[60] *Hans-Jürgen Lambers*, Subsidiarität in Europa – Allheilmittel oder juristische Leerformel?, EuR 1993, S. 229 (232); *Ingolf Pernice*, Europäische Union: Gefahr oder Chance für den Föderalismus in Deutschland, Österreich und der Schweiz?, DVBl. 1993, S. 909 (915).

[61] Vgl. z.B. *Thomas Remmers* (o. Fn. 59), S. 117–123.

[62] Bezweifelt von *Dieter Grimm*, Effektivität und Effektivierung des Subsidiaritätsprinzips, Kritische Vierteljahresschrift für Gesetzgebung und Rechtswissenschaft 1994, S. 6–12.

Beim Grundrechtsschutz gesteht der Europäische Gerichtshof den politischen Gemeinschaftsorganen einen Gestaltungsspielraum zu, dessen offenkundige Grenzen jedoch nachprüfbar sind.[63] Diese Abstufung läßt sich auf Art. 3 b Abs. 2 EGV übertragen. Das Subsidiaritätsprinzip hat also einen rechtlichen Gehalt.[64] Die Begründungspflicht nach Art. 190 EGV umfaßt die Überlegungen zur Ausübung der Kompetenz, so daß der Europäische Gerichtshof über Anhaltspunkte für seine Kontrolle verfügt, die ihm die politischen Gemeinschaftsorgane selbst liefern.[65] Hinzu kommt, daß sich an die offen ausgewiesene Subsidiarität des Art. 3 Abs. 2 EGV ein dritter Absatz anschließt, der die Maßnahmen der Gemeinschaft dem Grundsatz der Erforderlichkeit unterwirft, der eine Ausprägung des Grundsatzes der Verhältnismäßigkeit darstellt, an dem der Europäische Gerichtshof schon seit langem die Rechtsakte der Gemeinschaft mißt.[66] Er hat den Grundsatz mit seinen Unterarten der Geeignetheit, Erforderlichkeit und Angemessenheit aus dem deutschen Recht übernommen.[67] Die Erforderlichkeit setzt voraus, daß die gewählte Maßnahme geeignet ist. Die Angemessenheit wurde hingegen nicht einmal verdeckt in Art. 3 b Abs. 3 EGV übernommen. Die Erfordernisse der Geeignetheit und Erforderlichkeit wirkten nach der bisherigen Rechtsprechung zugunsten der einzelnen. Nunmehr können sich auch die Mitgliedstaaten darauf berufen, wie der Zusammenhang zu den beiden anderen Absätzen des Art. 3 b EGV anzeigt.[68] Die Erforderlichkeit richtet sich an die Gemeinschaftsorgane, die eine Kompetenz ausüben. Daher läßt sich die Erforderlichkeit dem Grundsatz der Subsidiarität zurechnen.[69] Damit ist ein weiterer Maßstab für die Justiziabilität des Subsidiaritätsprinzips gewonnen, wenngleich auch dafür die Einschränkung gilt, daß den politischen Gemeinschaftsorganen ein Gestaltungsspielraum eingeräumt ist.

Zur Justiziabilität muß die Bereitschaft des Europäischen Gerichtshofs hinzutreten, die Gemeinschaftsorgane in ihre Schranken zu weisen. Etliche Autoren äußern ihr Mißtrauen gegenüber dem Europäischen Gerichtshof.[70] Das Bundesverfassungsgericht teilt im Urteil zum Vertrag von Maastricht diese Einstellung.[71]

---

[63] EuGH (Urt. v. 21.2.1990), Rs. C-267 bis 285/88 (Wuidart/Laiterie coopérative eupenoise), Slg. 1990, I-435 (481); (Urt. v. 13.11.1990), Rs. C-331/88 (Fedesa), Slg. 1990, I-4023 (4063); (Urt. v. 5.10.1994), Rs. C-280/93 (Deutschland/Rat), Slg. 1994, I-4973 (5068 f.) – Bananen.

[64] Ebenso *Torsten Stein*, Subsidiarität als Rechtsprinzip?, in: *Detlef Merten* (Hrsg.), Subsidiarität Europas?, 2. Aufl., 1993, S. 27–36.

[65] *Hans D. Jarass*, EG-Kompetenzen und das Prinzip der Subsidiarität nach Schaffung der Europäischen Union, EuGRZ 1994, S. 209 (212 f.); *Stefan Ulrich Pieper*, Subsidiarität, 1994, S. 273; *Friedrich Schoch*, Die Europäisierung des Allgemeinen Verwaltungsrechts, JZ 1995, S. 109 (122).

[66] Nachweise bei *Jürgen Schwarze*, Europäisches Verwaltungsrecht, Bd. II, 1988, S. 661–842.

[67] EuGH (Urt. v. 11.7.1989), Rs. 265/87 (Schräder/Hauptzollamt Gronau), Slg. 1989, 2237 (2269).

[68] Im Erg. ebenso *Thomas Remmers* (o. Fn. 59), S. 111–117, für die Kompetenzverteilung.

[69] Übereinstimmend *Wolfgang Kahl*, Möglichkeiten und Grenzen des Subsidiaritätsprinzips nach Art. 3 b EG-Vertrag, AöR Bd. 118 (1993), S. 414 (424–428). Vgl. auch *Koen Lenaerts*, The Principle of Subsidiarity and the Environment in the European Union: Keeping the Balance of Federalism, Fordham International Law Journal Bd. 17 (1994), S. 846 (848–852).

[70] So *Markus Heintzen*, Subsidiaritätsprinzip und Europäische Gemeinschaft, JZ 1991, S. 317 (319 f.); *Dieter Kugelmann*, The Maastricht Treaty and the Design of a European Federal State, Temple International and Comparative Law Journal Bd. 8 (1994), S. 335 (351 f.).

[71] BVerfGE 89, 155 (209 f.), gestützt auf ein falsches Zitat aus einer Veröffentlichung des damaligen deutschen Richters am Europäischen Gerichtshof; vgl. dazu *Hans Forkel*, Das Bundesverfassungsgericht, das Zitieren und die Meinungsfreiheit, JZ 1994, S. 637–642.

Die Rechtsprechung des Europäischen Gerichtshofs läßt indessen nicht die Neigung erkennen, die politischen Gemeinschaftsorgane zu schonen. Davon zeugen allein schon die zahlreichen Fälle, in denen der Europäische Gerichtshof Rechtsakte der Gemeinschaftsorgane für nichtig erklärt hat. Seit dem Bestehen des Gerichts erster Instanz hat dieses die Aufgabe übernommen, rechtswidrige Rechtsakte zu annullieren. Der Rechtsschutz gegen die Hoheitsgewalt der Gemeinschaft ist fester Bestandteil der Gemeinschaftsverfassung.[72]

Der Vertrag von Maastricht hat dem Handlungsspielraum der Europäischen Gemeinschaft die berufliche Bildung[73] und die Kultur[74] zugeschlagen. Beide Bereiche stehen allerdings unter dem Vorbehalt, daß jegliche Harmonisierung der Rechts- und Verwaltungsvorschriften der Mitgliedstaaten ausgeschlossen ist.[75] Daraus wird gefolgert, daß alle Ermächtigungsgrundlagen des EG-Vertrags zur Rechtsangleichung die berufliche Bildung und die Kultur nicht mehr erfassen dürfen.[76] Früher wurde hingegen betont, daß es keine Bereichsausnahme für die Kultur gebe.[77] Das läßt sich heute in dieser Schärfe nicht mehr aufrechterhalten. Immerhin erfaßt das Verbot *jegliche* Harmonisierung. Ob aber sämtliche Hindernisse für die Grundfreiheiten des Binnenmarkts auf immer bestehen bleiben dürfen, ist zu bezweifeln. Art. 57 EGV über die Anerkennung von Diplomen, Prüfungszeugnissen und sonstigen Befähigungsnachweisen wäre weitgehend seiner Bedeutung entkleidet, obwohl er doch ausdrücklich die Änderung bestehender gesetzlicher Grundsätze der Berufsordnung hinsichtlich der Ausbildung umfaßt. Zumindest diese Bestimmung muß also als Rückausnahme betrachtet werden. In Anlehnung an Art. 36 Satz 2, 100 a Abs. 4 Unterabs. 2 EGV sollte der Gesetzgeber der Gemeinschaft ferner willkürliche Diskriminierungen und verschleierte Beschränkungen des Handels zwischen den Mitgliedstaaten ausschalten dürfen. Regelungen für das Verbot von Diskriminierungen aus Gründen der Staatsangehörigkeit nach Art. 6 Abs. 2 EGV müßten ebenfalls für die Bereiche der beruflichen Bildung und der Kultur erlassen werden können, heißt es doch in Abs. 1, daß *jede* Diskriminierung aus diesem Grund verboten ist. Schließlich sind Bestimmungen auszuklammern, die im Schwerpunkt andere Bereiche als die der beruflichen Bildung und der Kultur regeln. Ein Musterbeispiel dafür ist die Fernsehrichtlinie.[78] Die umstrittene Quotenregelung behält einem bestimmten Anteil der Fernsehsendungen europäischen Werken vor, ohne daß irgendeine Anforderung an den Inhalt damit verbunden ist. Die Regelung verfolgt somit kein kulturelles Anliegen, sie zielt vielmehr auf die Beschränkung

[72] *Wilfried Bernhardt*, Verfassungsprinzipien – Verfassungsgerichtsfunktionen – Verfassungsprozeßrecht im EWG-Vertrag, 1987, S. 270–373.

[73] 3. Teil, Titel VIII, 3. Kap. (Art. 126–127 EGV).

[74] 3. Teil, Titel IX (Art. 128 EGV).

[75] Zur Rechtslage vor Inkrafttreten des Vertrags von Maastricht: *Hermann-Josef Blanke*, Europa auf dem Weg zu einer Bildungs- und Kulturgemeinschaft, 1994, S. 35–65; *Stefan Cludius*, Die Kompetenzen der Europäischen Gemeinschaft für den Bereich der Bildungspolitik, 1993.

[76] *Hermann-Josef Blanke* (o. Fn. 75), S. 73–77.

[77] *Matthias Niedobitek*, Kultur und Europäisches Gemeinschaftsrecht, 1992, S. 197.

[78] Ausführliche Darstellung bei *José Martín Pérez de Nanclares*, Die EG-Fernsehrichtlinie, 1995.

des Handels mit Drittstaaten, insbesondere den Vereinigten Staaten, ab.[79] Die Kompetenzgrenzen für den kulturellen Bereich bereiten daher keine Probleme, wohl aber der Grundsatz der Verhältnismäßigkeit, die Europäische Menschenrechtskonvention und die völkerrechtlichen Handelsabkommen.[80] Trotz der genannten Einschränkungen bleibt festzuhalten, daß der Ausschluß jeglicher Harmonisierung eine wesentliche Begrenzung der gemeinschaftlichen Hoheitsgewalt mit sich bringt, nur haben dies viele noch gar nicht erkannt.

Als letztes Bollwerk zum Schutz der Länder gegenüber der Gemeinschaftsgewalt gilt die „Ewigkeitsklausel" des Art. 79 Abs. 3 GG.[81] Nach der Rechtsprechung des Europäischen Gerichtshofs kann aber eine Bestimmung der mitgliedstaatlichen Verfassung dem Europäischen Gemeinschaftsrecht nicht entgegengesetzt werden.[82] Die Bundesrepublik Deutschland hat dem Vertrag von Maastricht zugestimmt, der vom Bundesverfassungsgericht als verfassungsmäßig befunden worden ist. Dann können nicht einzelne Teile nachträglich herausgebrochen werden. Art. 79 Abs. 3 GG kann daher nur zum Zuge kommen, wenn die Übereinstimmung der Verfassungsgrundsätze entfällt. Davon kann keine Rede sein. Für die Eigenständigkeit der Länder hat der Mitgliedstaat Deutschland selbst zu sorgen. Art. 23 GG ermöglicht die Mitwirkung an der europäischen Gesetzgebung. Die „Auszehrung des Föderalismus" ist in erster Linie auf die ständig anwachsenden Gesetzgebungsbefugnisse des Bundes zurückzuführen.[83] Die bisherige Gesetzgebung der Gemeinschaft beeinträchtigt die Gesetzgebungsbefugnisse der Länder nur in geringem Maße.[84] Zu beachten ist auch, daß die Gleichstellung der Unionsbürger, beispielsweise beim Zugang zu Ausbildungsstätten, am Inhalt der Ländergesetze nichts ändert. Außerdem bietet das Gemeinschaftsrecht Ansätze zu Beschränkungen der gemeinschaftsrechtlichen Hoheitsgewalt, die sich zugunsten der Länder auswirken, wie wir soeben gesehen haben. Angesichts der Schwierigkeit, den verbleibenden Rest an Gesetzgebungsbefugnissen zu bestimmen, der ausreichend ist, um den Ländern die Eigenstaatlichkeit zu erhalten, fragt es sich, ob man nicht den Verfassungsgeber beim Wort nehmen sollte, der nur „die grundsätzliche Mitwirkung der Länder bei der Gesetzgebung" gewährleistet. Bisher wurde diese Wendung so ausgelegt, daß die Mitwirkung an der Gesetzgebung des Bundes gemeint ist.[85] Wenn sich aber keine deutliche Grenze für das Mindestmaß an Befugnissen finden läßt, ist es einer Bestimmung, die eine auf immer festgeschriebene Grenze setzen

---

[79] Siehe *Manfred Zuleeg*, Anmerkung, JZ 1995, S. 673 (675–677).

[80] *Armin von Bogdandy*, Europäischer Protektionismus im Medienbereich, EuZW 1992, S. 9 (13–17).

[81] Beispielsweise *Kathrin Weber* (o. Fn. 54), S. 104–107.

[82] EuGH (Urt. v. 17.12.1970), Rs. 11/70 (Internationale Handelsgesellschaft/Einfuhr- und Vorratsstelle für Getreide und Futtermittel), Slg. 1970, 1125 (1135); (Urt. v. 9.3.1978), Rs. 106/77 (Finanzverwaltung/Simmenthal), Slg. 1978, 629(644 f.); (Urt. v. 19.6.1990, I-2433 (2473).

[83] Das geben *Morawitz/Kaiser*, oben Fn. 42, S. 13 ff., auch zu, sie befürchten allerdings eine weitere Erosion; ebenso *Michael Friedrich Commichau*, Nationales Verfassungsrecht und europäische Gemeinschaftsverfassung, 1995, S. 80.

[84] Zu diesem Schluß gelangen auch *Meinhard Schröder* (o. Fn. 43), S. 87; *Kathrin Weber* (o. Fn. 54), S. 123, die beide grundsätzliche Bedenken äußern.

[85] *Schröder*, oben Fn. 43, S. 86.

will, eher angemessen, die grundsätzliche Mitwirkung an der Gesetzgebung schlechthin als geschützt anzusehen, wie es der Wortlaut nahelegt.

Noch wichtiger ist es freilich, daß Art. 79 Abs. 3 GG Verfassungsgrundsätze für unantastbar hält, die in Art. 1 und 20 GG aufgeführt sind. Art. 23 Abs. 1 Satz 1 GG verlangt von einer Einrichtung, auf die Hoheitsgewalt übergehen soll, daß sie auf die dort genannten Grundsätze verpflichtet ist, wenn ihr die Bundesrepublik Deutschland angehören will. Der Rechtsprechung des Europäischen Gerichtshofs ist es zu verdanken, daß die Europäische Gemeinschaft solche Grundsätze anerkennt.[86] Die Länder sind in diese Übereinstimmung der Verfassungsgrundsätze nach Art. 28 GG eingebettet. Die deutsche Rechtsordnung hat einen namhaften Beitrag zu den Verfassungsgrundsätzen der Europäischen Gemeinschaft geliefert.[87] Ein eigenständiger Beitrag des Europäischen Gerichtshofs ist der Wert, den er den subjektiven Rechten und ihrer Wirksamkeit beimißt.[88] Soweit die Kultur betroffen ist, sollte man auf allen Ebenen eingedenk sein, daß sie aus dem freien Wirken der einzelnen hervorgeht. Sie läßt sich nicht auf eine Nation oder gar auf ein Land festlegen. Die Öffnung der Grenzen, die Freizügigkeit der Unionsbürger und der Austausch von Menschen und Ideen innerhalb der Union sind Errungenschaften der europäischen Integration. Deswegen brauchen die deutschen Länder nicht in erster Linie Schutz vor Europa. Für ihre Bewohner ist es viel wichtiger, daß die Länder das europäische Einigungswerk unterstützen.[89]

---

[86] Dargestellt von *Michael Friedrich Commichau*, oben Fn. 83. Siehe auch *Manfred Zuleeg*, Die Verfassung der Europäischen Gemeinschaft in der Rechtsprechung des Europäischen Gerichtshofs, BB 1994, S. 581–587.

[87] *Manfred Zuleeg*, Die Rechtsprechung des Europäischen Gerichtshofs zum Europarecht im Lichte des Grundgesetzes und seiner Dogmatik, in: *Ulrich Battis/Ernst Gottfried Mahrenholz/Dimitris Tsatsos* (Hrsg.), Das Grundgesetz im internationalen Wirkungszusammenhang der Verfassungen, 1990, S. 227–245.

[88] Siehe *Manfred Zuleeg*, VVDStRL 53 (1994), S. 154 (184–192).

[89] In diesem Sinne überzeugend *Meinhard Hilf*, Europäische Union: Gefahr oder Chance für den Föderalismus in Deutschland, Österreich und der Schweiz?, VVDStRL 53 (1994), S. 7–25.

MICHAEL BOTHE

Rechtliche Rahmenbedingungen einer hessischen Europapolitik

I. Europapolitik der Länder

Daß es nicht nur eine Europapolitik des Bundes, sondern auch eine solche der Länder geben kann, ja geben muß und gibt, beruht ganz einfach auf der Tatsache, daß die Länder vielfältig unmittelbar in ihrem Wirkungskreis durch die europäische Integration betroffen sind. Sie sind aufgerufen und verpflichtet, im Rahmen ihres Wirkungskreises europäisches Recht zu vollziehen und umzusetzen. Europäisches Recht setzt ihrer Tätigkeit auch Grenzen, wie nicht nur an dem immer wieder aufkommenden Streit um die EG-rechtliche Zulässigkeit von Landessubventionen deutlich wird. Die Länder entfalten auch Tätigkeiten, die von der EG gefördert werden, im Bereich von Bildung und Wissenschaft, Industriepolitik, Regionalpolitik und manchem mehr. Aus diesem Befund ergibt sich zunächst ein hohes Informationsinteresse der Länder in bezug auf die Tätigkeiten der Europäischen Union und der Europäischen Gemeinschaften. Es ist beispielsweise für die Länder wesentlich zu wissen, welche Politik die Kommission im Medienbereich verfolgt oder welche Förderungsprogramme in der Regionalpolitik bestehen bzw. geplant werden. Darüber hinaus ergibt sich aber ein hohes Gestaltungsinteresse. Das fängt an bei der Rechtssetzung der EG und bei den Maßnahmen der EU, insbesondere der Zusammenarbeit im Bereich Justiz und Inneres. Angesichts der wesentlichen Auswirkungen dieses Rechts auf die Situation der Länder wäre es politisch töricht, wollten diese abwarten, bis in Brüssel alles (unter der Mitwirkung der Bundesregierung im Rat) entschieden ist, und dann nur noch passiv mit den Konsequenzen fertig werden. Die Art und Weise, wie dieses Länderinteresse zur Geltung gebracht wurde, hat im Laufe der Zeit erhebliche Änderungen erfahren. Die Diskussion der späten 80er und frühen 90er Jahre war gekennzeichnet durch eine eher defensive Haltung der Länder. Sie nahmen Brüssel als eine Art Bedrohung wahr, die den Ländern wesentliche Politikbereiche wegnahm[1]. Für diesen Verlust an Möglichkeiten eigener Gestaltung wollten sie eine Kompensation durch Mitwirkungsrechte. Dieses Konzept schlägt sich deutlich im neuen Artikel 23 des Grundgesetzes nieder. Wenn

---

[1] Vgl. dazu *Siegfried Magiera*, Als Bundesstaat in der Europäischen Gemeinschaft, in: *Siegfried Magiera/Detlef Merten* (Hrsg.), Bundesländer und Europäische Gemeinschaft, 1988, 11 f.; *Wolfgang Graf Vitzthum*, Der Föderalismus in der europäischen und internationalen Einbindung der Staaten, AöR 115 (1990), 281 (286 ff.); *Michael Schweitzer*, Rechtsetzung durch die Europäischen Gemeinschaften und Kompetenzverlust in den Mitgliedstaaten, in: Die Landesparlamente im Spannungsfeld zwischen europäischer Integration und europäischem Regionalismus, Bayerischer Landtag, Beiträge zum Parlamentarismus, Bd. 2, 1988, 20.

der Eindruck nicht trügt, dann sehen die Länder in ihren Mitwirkungsrechten formeller und informeller Art immer mehr eine Chance, Europa mitzugestalten. Es herrscht ein eher positiver Grundton.

Dies trifft sich mit einer Linie der Politik der Länder, die schon eine längere Tradition hat und darauf geht, im politischen Wirkungskreis der Länder die europäische Integration zu fördern. Dem dienen Partnerschaften der Länder mit anderen Regionen in Europa[2], Austauschprogramme im Bereich der Bildung und grenzüberschreitende Zusammenarbeit im Medienwesen, wie sie im Vertrag der Bundesländer mit Frankreich zum Europäischen Fernsehkanal vom 2. Oktober 1990 zum Ausdruck kommt[3].

II. Rechtliche Rahmenbedingungen

1. Übersicht

Bis die Entwicklung der Europapolitik der Länder einen Niederschlag in Institutionen und formellen Verfahren gefunden hat, war es ein langer Weg. Dies gilt sowohl für die Ländermitwirkung an den integrationspolitischen Entscheidungen des Bundes[4] als auch für die Errichtung eigener Vertretungen der Länder in Brüssel[5]. Das Zustimmungsgesetz zur Einheitlichen Europäischen Akte, das vorher geübte informelle Verfahren der Beteiligung des Bundesrates an Entscheidungen der Bundesregierung im Rat der Europäischen Gemeinschaften formalisierte, wurde von manchen für verfassungswidrig gehalten[6], ein Bedenken, das jedenfalls nunmehr durch die Konstitutionalisierung eben dieses Verfahrens in dem neugefaßten Art. 23 GG erledigt ist[7]. Gegen die Einrichtung der Länderbüros bestanden nicht uner-

---

[2] Zur Praxis der Länderpartnerschaften vgl. *Ondolf Rojahn*, in: *Ingo von Münch/Philip Kunig* (Hrsg.), Grundgesetzkommentar, Bd. 2, 3. Aufl., 1995, Art. 32 Rdn. 57; *Walter Rudolf*, Bundesstaat und Völkerrecht, ArchVR 27 (1989), 1 (15 f.); *Arthur Benz*, Die Länder in der Europäischen Gemeinschaft. Thesen zur Interessenvertretung und Legitimation, in: Europa – Ende des Föderalismus?, Hessische Schriften zum Föderalismus und Landesparlamentarismus, Bd. 5, 1993, 195 (204).

[3] Abgedruckt in *Ulrich Beyerlin/Yves Lejeune*, Sammlung der internationalen Vereinbarungen der Länder der Bundesrepublik Deutschland, 1994, 102 ff.

[4] Zur Entwicklung vgl. die ausführliche Dokumentation in: *Rudolf Hrbek/Uwe Thaysen* (Hrsg.), Die Deutschen Länder und die Europäischen Gemeinschaften, 1986, 219 ff.; siehe auch schon *Hans Eberhard Birke*, Die deutschen Bundesländer in den Europäischen Gemeinschaften, 1973, 36 ff.

[5] Zur Entwicklung vgl. *Michael Borchmann*, Verbindungsbüros der Bundesländer bei der EG – Berechtigte Interessenvertretung oder Nebenaußenpolitik?, NVwZ 1988, 218 ff.

[6] Vgl. *Rudolf Streinz*, Europarecht, 3. Aufl. 1996, Rdn. 285. Das Bundesverfassungsgericht hat dieses Gesetz allerdings ohne verfassungsrechtliche Beanstandung für anwendbar erklärt, BVerfGE 92, 203 (234 f.). Insgesamt zu diesem Gesetz *Michael Borchmann*, Bundesstaat und europäische Integration, AöR 112 (1987), 586, zur Verfassungsfrage insbesondere 612 ff.

[7] Vgl. dazu *Michael Borchmann*, Neue Bund-Länder-Vereinbarung über die Zusammenarbeit in Angelegenheiten der Europäischen Union, EuZW 1994, 172. Allerdings wird wiederum vertreten, das Ausführungsgesetz zu Art. 23 (Gesetz über die Zusammenarbeit von Bund und Ländern in Angelegenheiten der Europäischen Union – EUZBL, BGBl. 1993 I, 313) sei verfassungswidrig, da es die Einflußmöglichkeiten der Länder über das in Art. 23 vorgesehene Maß ausdehne, vgl. *Meinhard Hilf*, Europäische Union: Gefahr oder Chance für den Föderalismus in Deutschland, Österreich und der Schweiz? VVDStRL 53 (1993), 7 (18).

hebliche rechtliche Bedenken[8]. Deswegen betraten die Länder zunächst sehr schüchtern den Weg nach Brüssel. Bedenken gingen einmal dahin, daß dies eine gegen Artikel 32 Abs. 1 GG verstoßende Nebenaußenpolitik[9] der Länder sei, zum anderen scheinen sie auch auf völkerrechtlichen Unsicherheiten zu beruhen, ob denn die Tätigkeit der Landesvertretungen völkerrechtlich unzulässige Wahrnehmung von Hoheitsaufgaben im Ausland sei. Deshalb wählte das Land Hamburg, das mit seinem Hanse Office in Brüssel der Wegbereiter der Länderbüros wurde, zunächst eine privatrechtliche Organisationsform. Es dauerte eine Weile, bis sich die Länder entschlossen, die Büros mit aktiven Beamten zu besetzen.

Geht man den rechtlichen Bedenken etwas genauer nach, so liegen sie auf unterschiedlichen Ebenen. Zum ersten geht es um völkerrechtliche Grenzen der Tätigkeit von Untergliederungen eines Staates im Ausland. Zum zweiten ist die EG-rechtliche Problematik zu beleuchten, ob und inwieweit nicht der EG-Vertrag zwingend davon ausgeht, daß die Untergliederungen eines Mitgliedstaates gegenüber der EU/EG mediatisiert sind. Drittens ist zu untersuchen, welche Grenzen das Grundgesetz einer europapolitischen Tätigkeit der Länder setzt. Schließlich ist kurz auch die Bedeutung der hessischen Landesverfassung zu bedenken.

2. *Völkerrecht*

Grundsätzlich sind nur die souveränen Staaten Völkerrechtssubjekte, sie sind die Akteure der internationalen Beziehungen. Jedoch ist es jedenfalls seit der Bildung von Bundesstaaten in Europa stets so gewesen, daß die Gliedstaaten, soweit sie aus historischen Gründen ein entsprechendes Gewicht hatten, als Akteure in diesen Beziehungen nicht völlig ausgeschlossen waren. Das Völkerrecht verweist hinsichtlich der Zulässigkeit der Teilnahme der Gliedstaaten von Bundesstaaten am völkerrechtlichen Verkehr, insbesondere hinsichtlich ihrer Vertragsfähigkeit, auf die innerstaatlichen Verfassungen. Das Völkerrecht akzeptiert es, wenn die staatlichen Verfassungen den Gliedstaaten solche Freiräume zur Betätigung nach außen einräumen[10]. Aus dieser Sicht ist also das Problem Artikel 32 GG, nicht das Völkerrecht.

Völkerrechtliche Bedenken können aber insoweit bestehen, als die Tätigkeit von Ländervertretungen in Brüssel Ausübung von Hoheitsgewalt der Länder auf belgischem Territorium darstellt. Dies wäre ohne die Zustimmung Belgiens nicht zulässig. Allerdings bleibt noch näher zu erörtern, was eigentlich im Sinne dieser Regel Ausübung von Hoheitsgewalt ist. Informationsbeschaffung (wenn es sich nicht gerade um Spionage handelt) und Wirtschaftsförderung, ja generell Lobbyismus stellen jedenfalls aus der Sicht des Völkerrechts keine Ausübung von Hoheitsgewalt dar, deren Zulässigkeit von der Zustimmung des Gaststaates abhängt.

---

8 *Borchmann*, a.a.O.; *Ulrich Fastenrath*, Länderbüros in Brüssel, DÖV 43 (1990), 125 ff.

9 *Klaus Otto Nass*, „Nebenaußenpolitik" der Bundesländer, EA 41 (1986), 619.

10 Eingehend dazu *Walter Rudolf*, Federal States, in: *Rudolf Bernhardt* (Hrsg.) Encyclopedia of Public International Law, vol. 2, 1995, 362 ff., insbesondere 366 f., 371 f.; ders., a.a.O. (Anm. 2).

Andererseits sind solche Tätigkeiten wie das Ausstellen von Bescheinigungen, Legalisierung von Urkunden, Ausstellen von Pässen (im innerstaatlichen Bereich Aufgaben der Landesverwaltung bzw. der Kommunalverwaltung) typisch konsularische Funktionen, die nur dem dazu berechtigten konsularischen Personal, das ja einem besonderen Zulassungsverfahren im Gaststaat unterliegt, vorbehalten sind. In diesen Tätigkeitsbereich darf die Landesvertretung ganz gewiß nicht eindringen. Wo hier allerdings genau die Grenzen zu ziehen sind, ist im einzelnen nicht einfach zu beurteilen.

3. Das Recht der Europäischen Union/Gemeinschaften

Ein früher und sehr berufener Kommentator des Verhältnisses von europäischem Gemeinschaftsrecht und deutschem Föderalismus[11] hat gesagt, die Gemeinschaftsverträge seien mit Landesblindheit geschlagen. Da sie die Mitgliedstaaten gleich behandeln müssen, können sie grundsätzlich zwischen ihnen keine Unterschiede machen, die auf die innere Struktur dieser Mitgliedstaaten abstellen[12]. Gegenüber der EG/EU sind die Mitgliedstaaten danach eine Einheit, die von den Organen des Gesamtstaats vertreten wird. Untergliederungen der Mitgliedstaaten sind mediatisiert.

Dieser Befund galt jedoch nie undifferenziert[13]. Durchlässigkeiten gab und gibt es in beiden Richtungen, d.h. bei der Einflußnahme der Länder auf die Gemeinschaft und bei der Einflußnahme der Gemeinschaft auf die Länder[14]. Wenngleich diese Kontakte als „informell" bezeichnet werden, waren und sind sie nichtsdestoweniger offiziell. Ein Beispiel hierfür ist der intensive Kontakt zwischen Länderbehörden und den für die Beihilfenaufsicht zuständigen Stellen der Gemeinschaft[15]. Es ist keineswegs so, daß eine Regel des Gemeinschaftsrechts bestünde, daß sowohl die Länder in ihrem Kontakt mit der Gemeinschaft als auch die Gemeinschaft in ihrem Kontakt mit den Ländern den Dienstweg über Bonn einzuhalten hätten. Wenn man den EG-Vertrag jemals in diesem Sinne hätte auslegen können, so wäre die Praxis über eine solche Auslegung hinweggegangen. Heute muß man sagen, daß das gemeinschaftsrechtliche Verfahrensrecht gewohnheitsrechtlich dahin präzisiert ist, daß der offizielle Kontakt zwischen den Organen der Gemeinschaft, insbesondere der Kommission, und den Regierungen der deutschen Bundesländer gemeinschaftsrechtlich zulässig ist. Dasselbe gilt für Untergliederungen anderer

---

[11] *Hans-Peter Ipsen*, Als Bundesstaat in der Gemeinschaft, Festschrift für Walter Hallstein, 1966, 248 ff., 256.

[12] Kritisch dazu *Astrid Epiney*, Gemeinschaftsrecht und Föderalismus: „Landes-Blindheit" und Pflicht zur Berücksichtigung innerstaatlicher Verfassungsstrukturen, EuR 29 (1994), 301.

[13] Vgl. dazu schon *Michael Bothe*, Regional Autonomy and Independence: The Consequences for the Legal Order of the Communities, Common Market Review 15 (1978), 393 ff.

[14] *Claus-Dieter Ehlermann*, Die Einflußnahme der deutschen Länder auf den Entscheidungsprozeß in der Europäischen Gemeinschaft aus Brüsseler Sicht, in: *Rudolf Hrbek/Uwe Thaysen* (Hrsg.), a.a.O. (Anm. 4), 193 ff.

[15] *Ehlermann*, a.a.O. (Anm. 14), 145.

Mitgliedstaaten. Lediglich wenn es sich um formelle Verfahren handelt, bei denen kraft Gemeinschaftsrechts der Mitgliedstaat beteiligt ist, insbesondere also Vertragsverletzungsverfahren nach Artikel 169 EGV, gilt etwas anderes. Partei eines solchen Verfahrens ist nur der Mitgliedstaat, vertreten durch seine gesamtstaatliche Regierung. Ob denn etwa bei der Vorbereitung eines Vertragsverletzungsverfahrens auch direkte Kontakte zwischen der Kommission und Untergliederungen der Mitgliedstaaten zulässig sind, ist eine schwierige Frage. Da letztlich die Regierung des Mitgliedstaates für den Staat in diesem Verfahren Rede und Antwort stehen muß, wäre es wohl eine Verletzung des Prinzips der Gemeinschaftstreue durch die Kommission, wenn sie bei der Vorbereitung eines solchen Verfahrens die Regierung des Gesamtstaates umginge[16]. Hinsichtlich der gemeinschaftsrechtlichen Rahmenbedingungen der Mitwirkung der Bundesländer bei der Willensbildung der und in der Gemeinschaft sei nur auf den Beitrag von *Manfred Zuleeg*[17] verwiesen.

4. *Verfassungsrecht*

Die zentrale Bestimmung, die den verfassungsrechtlichen Rahmen für die europapolitische Betätigung der Länder darstellt, ist Artikel 32 GG. Nach Absatz 1 dieser Bestimmung ist die Pflege der Beziehung zu auswärtigen Staaten Sache des Bundes. Damit ist die auswärtige Gewalt insgesamt gemeint, d.h. auch die Beziehungen zu internationalen Organisationen einschließlich der Europäischen Gemeinschaften[18]. Diese Bestimmung kann allerdings kein absolutes Monopol des Bundes für den Bereich der auswärtigen Beziehungen bedeuten, von dem nur Artikel 32 Abs. 3 GG für den Abschluß von Verträgen durch die Länder eine eng begrenzte Ausnahme zuließe. Die Wahrnehmung der Länderkompetenz zum Abschluß von Verträgen mit anderen Völkerrechtssubjekten, die Absatz 3 vorsieht, ist gar nicht denkbar ohne darüber hinausgehende Kontakte, die überhaupt erst zum Abschluß von Verträgen führen und die weiter bei der Durchführung von Verträgen notwendig sind[19]. Die intensive Außenverflechtung unseres Staates läßt eine strikte Trennung der Sphären staatlicher Tätigkeit in eine innere, für die die allgemeine Kompetenzordnung des Grundgesetzes gilt, und eine äußere, für die nur der Bund zuständig ist, nicht zu[20]. Länder können ihre ureigenen Zuständigkeiten zur Schul- und Kulturpolitik und insbesondere zur Wirtschaftsförderung nicht wahrnehmen ohne Außenkontakte. Das bedeutet andererseits nicht, daß

---

[16] In der Tat gab es im Umweltbereich einige Vertragsverletzungsverfahren, in denen der Schwerpunkt des von der Kommission als vertragswidrig gerügten Verhaltens bei den Ländern oder einem Land lag. Vgl. als Beispiel die Leybucht-Entscheidung des EuGH, Slg. 1991 I, 915.

[17] Siehe oben S. 383 ff.

[18] *Rojahn*, a.a.O. (Anm. 2), Art. 32 Rdn. 11; *Fastenrath*, a.a.O. (Anm. 8), 128; *Manfred Zuleeg*, in: *Denninger* u.a. (Hrsg.), Kommentar zum Grundgesetz der Bundesrepublik Deutschland (AK-GG), 2. Aufl. 1989, Bd. 1, Rdn. 7 zu Art. 32.

[19] *Rojahn*, a.a.O. (Anm. 2), Art. 32 Rdn. 59; vgl. auch *Nass*, a.a.O. (Anm. 9), 625.

[20] *Rojahn*, a.a.O. (Anm. 2), Art. 32 Rdn. 6 m.w.N.; *Fastenrath*, a.a.O. (Anm. 8), 130 f.; ders., Auswärtige Gewalt im offenen Verfassungsstaat, in: *Armin Dittmann/Michael Kilian* (Hrsg.), Kompetenzprobleme der auswärtigen Gewalt, 1982, 1 (9 ff.).

Artikel 32 Abs. 1 GG obsolet geworden ist. Er bewirkt aber keine ausnahmslose Mediatisierung der Bundesländer gegenüber dem Ausland und internationalen Organisationen. Welche Aktivitäten dabei dem Bund vorbehalten bleiben und welche von den Ländern wahrgenommen werden dürfen, ist im einzelnen schwer zu bestimmen. Es gilt dabei vor allem das Gebot gegenseitiger Rücksichtnahme und Kooperation, das aus dem Grundsatz der Bundestreue folgt.

Diese Grundsätze gelten mutatis mutandis auch für die Beziehungen zwischen der Bundesrepublik Deutschland bzw. ihren Ländern auf der einen und der EU auf der anderen Seite. Nur ist im Bereich der europäischen Integration die erwähnte Verflechtung zwischen Innen- und Außenbereich so groß, daß hier weitere Spielräume für unmittelbare Beziehungen zwischen den Ländern und der EU gegeben sein müssen. Dies wird bestätigt durch den neuen Artikel 23 Abs. 6 GG, der die Wahrnehmung der Rechte der Bundesrepublik Deutschland als Mitgliedstaat der Europäischen Union in den Fällen betrifft, in denen es um Fragen geht, die der ausschließlichen Gesetzgebungszuständigkeit der Länder unterliegen. Hier kann die Wahrnehmung dieser Rechte einem vom Bundesrat benannten Vertreter der Länder übertragen werden. Diese Wahrnehmung muß dann unter Beteiligung und in Abstimmung mit der Bundesregierung erfolgen. Die gesamtstaatliche Verantwortung des Bundes ist zu wahren.

Diese Bestimmung ist ein guter Ausdruck des komplexen Dreiecksverhältnisses zwischen EU/EG, Bund und Ländern. Das zeigt sich gerade in solchen Fällen wie dem jüngsten Streit um staatliche Beihilfen in Sachsen[21]. Einerseits dürfen die Länder in solchen sie vital betreffenden Fragen unmittelbar mit der Kommission verhandeln. Hier muß der Bund unter dem Gesichtspunkt der Bundestreue die Kompetenzsphäre der Länder dadurch respektieren, daß er dies zuläßt. Ja noch mehr, er muß die Länder in solchen Verhandlungen auch unterstützen. Auf der anderen Seite hat der Bund die Aufgabe, die gesamtstaatliche Verantwortung zu wahren. Deshalb ist er nicht ausnahmslos auf eine Unterstützung der Position eines Landes festzulegen. Die Länder wiederum haben, ebenfalls aus dem Grundsatz der Bundestreue, diese gesamtstaatliche Verantwortung des Bundes zu respektieren. Verfahrensmäßig folgt daraus, daß sie bei solchen Verhandlungen mit der EU/EG den Bund frühzeitig einbeziehen müssen[22].

Um es zusammenzufassen: Artikel 32 hindert nicht eine aktive Europapolitik der Länder, die sich auch in direkten Kontakten und Verhandlungen der Länder mit den Organen der Europäischen Union/Gemeinschaft manifestiert. Bei ihrer Europapolitik haben allerdings die Länder auf die Interessen anderer Länder und des Bundes, insbesondere auf dessen gesamtstaatliche Verantwortung, Rücksicht zu nehmen.

---

[21] Vgl. dazu Frankfurter Rundschau vom 28.08.1996, 11; 27.08.1996, 11; 12.08.1996, 11; zu einem weiteren Fall von Landessubventionen für ein Automobilwerk vgl. *Wolfgang Graf Vitzthum*, a.a.O. (Anm. 1), 281 (287 f.).

[22] Diese Folgerung ist wohl insbesondere aus der verfahrensmäßigen Ausgestaltung des Prinzips der Bundestreue zu ziehen, die das Bundesverfassungsgericht in seinem Urteil zur Fernsehrichtlinie vorgenommen hat, BVerfGE 92, 203, 234 ff.

5. Die hessische Landesverfassung

In ganz anderer Weise kommt die hessische Landesverfassung als Rahmenbedingung für eine europapolitische Tätigkeit des Landes in Betracht. Zwar findet Europa dort keine ausdrückliche Erwähnung. Jedoch läßt sich die Staatszielbestimmung des Artikel 69 HV, worin sich Hessen zu „Frieden, Freiheit und Völkerverständigung" bekennt, hierzu fruchtbar machen. Ein Ursprung der Europäischen Gemeinschaften und ein bleibendes Ziel sind in der Tat Frieden, Freiheit und Völkerverständigung in Europa. Eine auf die Intensivierung der euopäischen Integration gerichtete Europapolitik Hessens findet hier eine zusätzliche, verfassungsrechtliche Legitimation. Die Frage, welche konkreten rechtlichen Bindungen sich aus Staatszielbestimmungen dieser Art ergeben, ist freilich umstritten. Man darf aber Bestimmungen wie den Artikel 69 HV keineswegs dahin abwerten, daß es sich lediglich um einen unverbindlichen Programmsatz handele[23].

III. Hessische Europapolitik im System der Gewaltenteilung

Beobachten wir die Europapolitik der Bundesländer, so stellen wir fest, daß sie im wesentlichen eine Domäne der Exekutive ist. Die Mitwirkung der Länder an den europawirksamen Entscheidungen der Bundesregierung geschieht nach Artikel 23 GG über den Bundesrat, ist also Sache der Landesregierungen[24]. Die Länderbüros in Brüssel gehören zur Ministerialbürokratie der Länder. Sonstige „informelle" Kontakte zwischen den Ländern und der EU werden vor allem zwischen den Landesregierungen und der Kommission gepflegt.

Bei diesem Befund verstärken sich gegenseitig zwei Trends, von denen der eine den deutschen Föderalismus, der andere die auswärtige Politik im allgemeinen betrifft. Der deutsche Föderalismus, und nicht nur der deutsche, ist sehr stark durch die Zusammenarbeit zwischen den verschiedenen Ebenen der Regierungsgewalt und zwischen den Ländern geprägt. Träger dieser Zusammenarbeit sind die Exekutiven. Einer der Gründe hierfür ist die zentrale Rolle des Bundesrates für das Funktionieren des deutschen Föderalismus, aber nicht der einzige. Es hat sich im deutschen Föderalismus ein System der Politikverflechtung zwischen Bund und Ländern entwickelt, in denen viele Entscheidungen getroffen oder jedenfalls vorgeprägt werden, die von Landesparlamenten kaum mehr korrigierbar sind. Die Landesparlamente sind die Verlierer in der Entwicklung des deutschen kooperativen Föderalismus[25].

---

[23] Zur Bindung der Außenpolitik an Verfassungsgrundsätze vgl. *Christian Tomuschat*, Der Verfassungsstaat im Geflecht der internationalen Beziehungen, VVDStRL 36 (1977), 7 ff. (38 ff.).

[24] Zur Kritik dieser Situation *Michael Schweitzer*, Europäische Union: Gefahr oder Chance für den Föderalismus in Deutschland, Österreich und der Schweiz?, VVDStRL 53 (1993), 48 (60 f.); *Benz*, a.a.O. (Anm. 2), 204 f.

[25] *Michael Bothe*, in : *Denninger* u.a. (Hrsg.), Kommentar zum Grundgesetz für die Bundesrepublik Deutschland (AK-GG), 2. Aufl. 1989, Bd. 1, Rdn. 36 zu Art. 20, Abs. 1–3 I m.w.N.

Der zweite angemerkte Trend bezieht sich auf die Stellung der auswärtigen Gewalt im System der Gewaltenteilung. Er hat, bei aller Besonderheit der Europapolitik, auch für diese Bedeutung. Außenpolitik wird traditionell sehr stark von der Exekutive bestimmt. Sie wird vielfach gar als ein der Exekutive vorbehaltener Bereich verstanden, in dem die Zustimmungsbedürftigkeit des Eingehens bestimmter vertraglicher Bindungen (Artikel 59 Abs. 2 GG, Artikel 103 Abs. 2 HV) eine Ausnahme bildet, die gern eng ausgelegt wird[26]. Die Rolle der Exekutive wird hier um so wichtiger, je mehr internationale Bindungen der Staaten nicht durch (nach Artikel 59 Abs. 2 GG der parlamentarischen Zustimmung bedürftige) völkerrechtliche Verträge, sondern durch politische Absprachen oder Beschlüsse internationaler Gremien erfolgen, in denen allein die Regierungen vertreten sind.

Was die Mitwirkung der Länder in europapolitischen Angelegenheiten angeht, so stellt der neue Art. 23 GG in der Tat eine Mischung beider Trends dar. Er etabliert eine „doppelte Politikverflechtung" der Exekutiven der Länder, des Bundes und der EG[27].

Diese Trends sind allerdings nicht unwidersprochen geblieben. Gegenbewegungen werden sichtbar, die sich einerseits auf das bundesstaatliche, andererseits auf das demokratische Prinzip berufen. Unter Berufung auf das bundesstaatliche Prinzip ist von den Ländern und insbesondere von den Landtagen eine Wiederherstellung gesetzgeberischer Gestaltungsspielräume durch Begrenzung der Bundeskompetenz gefordert worden, was allerdings in der Neuformulierung des Artikel 72 GG im Jahre 1994 nur einen halbherzigen Erfolg gehabt hat[28]. Vielfach wurden die Forderungen der Landtage auch an der eingangs erwähnten europapolitischen Debatte um ein behauptetes Übermaß an europäischer Zentralisierung festgemacht[29].

Was die allgemeinere Frage der Europa- und Außenpolitik im System der Gewaltenteilung angeht, so ist der Deutsche Bundestag in einer ähnlichen Lage wie die Landesparlamente. Die nunmehr in Artikel 23 GG ausdrücklich vorgesehene Mitwirkung des Bundestages bei europawirksamen Entscheidungen der Bundesregierung ist eine Reaktion auf diesen Befund.

Jenseits dieses (durchaus wichtigen) Details stellt sich die Frage grundsätzlicher Art, ob angesichts der oben bereits beschriebenen internationalen Verflechtung der Staaten, die eine strikte Trennung zwischen dem Bereich des Inneren und dem des Äußeren nicht mehr erlaubt, die Frage der Gewaltenteilung in der auswärtigen Politik und damit auch in der Europapolitik nicht neu überdacht werden

---

[26] So vor allem die Entscheidung des Bundesverfassungsgerichts zur Raketenstationierung, BVerfGE 68, 1 (84); vgl. dazu *Michael Bothe*, Bundesverfassungsgericht und Außenpolitik, in: Festschrift für Rudolf Bernhardt, 755 ff. (763 ff.).

[27] *Volker Neßler*, Die „neue Ländermitwirkung" nach Maastricht, EuR 1994, 216 ff.; *Michael Bothe*, Diskussionsbeitrag, VVDStRL 53 (1993), 133; *Wolfgang Graf Vitzthum*, a.a.O. (Anm. 2), 281 (285).

[28] Vgl. *Christoph Degenhart*, in: *Michael Sachs* (Hrsg.), Grundgesetz-Kommentar, 1996, Art. 72 Rdn. 3, 10 ff.; *Rüdiger Sannwald*, Die Reform der Gesetzgebungskompetenzen nach den Beschlüssen der gemeinsamen Verfassungskommission von Bundestag und Bundesrat, DÖV 1994, 629 ff.

[29] Vgl etwa den Beschluß der Ministerpräsidentenkonferenz vom 21. bis 23. Oktober 1987 zum Tagungspunkt „Föderalismus in der Europäischen Gemeinschaft – allgemeine Grundsätze", abgedruckt in: *Heinrich A. Große-Sender* (Hrsg.), Kommission „Erhaltung und Fortentwicklung der bundesstaatlichen Ordnung in der Bundesrepublik Deutschland – auch in einem vereinten Europa", Teil Eins, 1990, 228 ff.

muß. Ist nicht eine Reparlamentarisierung der Außenpolitik und gerade der Europapolitik ein Gebot der Stunde? Dies ist jedenfalls eines der letzten Motive des Bundesverfassungsgerichts in seinem Maastricht-Urteil, bei dem sich allerdings euroskeptische Ansätze mit einer begrüßenswerten Betonung des demokratischen Prinzips in merkwürdiger Weise mischen[30]. Zwei Wege kommen für die Reparlamentarisierung von Außen- und Europapolitik in Betracht: zum einen eine Ausdehnung parlamentarischer Zustimmungserfordernisse, zum anderen eine Aktivierung und Fortentwicklung traditioneller Methoden parlamentarischer Kontrolle.

Bei dem ersten Weg geht es um die Interpretation von Artikel 59 Abs. 2 GG sowie landesverfassungsrechtlicher Bestimmungen wie des Artikel 103 Abs. 2 HV. Das Bundesverfassungsgericht hat sich in seiner Somalia-Entscheidung im Ergebnis noch einer ausdehnenden Auslegung des Artikel 59 Abs. 2 GG verschlossen, allerdings mit einer Vier-zu-vier-Entscheidung[31]. Auf der jüngsten Tagung der Vereinigung der Deutschen Staatsrechtslehrer hat *Rüdiger Wolfrum* in eindrücklicher Weise für eine ausdehnende Auslegung der Parlamentsrechte in diesem Bereich argumentiert[32].

Ist der Bundestag und sind die Landtage bei dem ersteren Problem im wesentlichen in der Hand des Bundesverfassungsgerichts und der Landesverfassungsgerichte, so sind sie bei dem letzteren Problem selbst gefordert. Denn bei allen nicht zu verkennenden Schwierigkeiten sind die Landtage durchaus in der Lage, durch eine Aktivierung traditioneller parlamentarischer Verfahren Europapolitik mitzugestalten. Die Einsetzung von Europaausschüssen durch eine Reihe von Landtagen ist ein wichtiger und richtiger Schritt in diese Richtung[33]. Hierdurch wird es möglich, die Information des Landtages in europapolitischen Angelegenheiten und die Kooperation zwischen Landesregierung und Landtag in diesen Fragen effizienter zu gestalten. Diese erhöhte Transparenz der europapolitischen Tätigkeiten der Regierungen ist ein ganz entscheidendes Mittel, europapolitische Tätigkeit der Landtage zu motivieren und zu erleichtern. Europapolitik bedarf demokratischer Rückkoppelung, sie darf nicht entparlamentisiert, sie muß reparlamentisiert werden. Dies gilt auf der Ebene des Bundes wie auf derjenigen der Länder.

---

[30] Dazu *Bothe*, a.a.O. (Anm. 26), 768 ff.

[31] BVerfG EuGRZ 1994, 281 (302 ff.).

[32] *Rüdiger Wolfrum*, Kontrolle der auswärtigen Gewalt, VVDStRL 56 (1997) (erscheint demnächst).

[33] In Hessen wurde der Europa-Ausschuß durch Beschluß vom 05.04.1995 eingesetzt, HessLT-Drs. 14/10; vgl. dazu auch *Roland Johne*, Landesparlamentarismus im Zeichen der europäischen Integration, 1994, insbesondere 19 ff., für Hessen 139 f.

CHRISTIAN KOENIG

Der Gemeinschaftsrechtsvollzug durch Landesorgane – Braucht Hessen einen Landesbeauftragten für den Verwaltungsvollzug von Europäischem Gemeinschaftsrecht?

I. Eine Problemskizze

Der Vollzug von Gemeinschaftsrecht im Rahmen der mitgliedstaatlichen Verwaltungen stellt Bundes-, Landes- und Kommunalbehörden vor die schwierige Aufgabe, dem Anwendungsvorrang der *autonomen* Gemeinschaftsrechtsordnung gegenüber dem altbewährten Bundes- oder Landesrecht zu entsprechen. Dabei wandert das Vollzugsorgan zwischen zwei verschiedenen Rechtsordnungen hin und her, nämlich zwischen der einerseits bekannten innerstaatlichen Rechtsordnung und andererseits der immer komplexer werdenden Gemeinschaftsrechtsordnung. Nicht nur primäres Gemeinschafts- und sekundäres Verordnungsrecht, sondern zunehmend auch „unbedingt und hinreichend genaue" Richtlinienvorgaben, wie z.B. die UVP-Richtlinie im Fall des *Kraftwerks Großkrotzenburg*[1], dringen massiv mit einem unmittelbaren Anwendungsanspruch in das „bekannte und bewährte" Arbeitsfeld hessischer Behörden ein. Diese Entwicklung wird selbst denjenigen schmerzhaft deutlich, die noch vor Jahren das Gemeinschaftsrecht im fernen Reich des „internationalen Rechts" angesiedelt sahen. Zunehmend werden beispielsweise das Technik- und Umweltrecht, das Wirtschaftsverwaltungs- und sogar Teile des öffentlichen Dienstrechts von gemeinschaftsrechtlichen Vorgaben durchdrungen.

Den mit der Anwendung und dem Vollzug von Gemeinschaftsrecht betrauten einzelstaatlichen Behörden und Gerichten kommt eine für die Durchsetzung des Gemeinschaftsrechts und seines Anwendungsvorrangs kaum zu überschätzende Bedeutung zu. Nur wenn das Gemeinschaftsrecht im Hoheitsbereich der Mitgliedstaaten richtig, unbedingt und gleichförmig angewendet wird, kann es die ihm zugedachten *supranationalen* Wirkungen entfalten, insbesondere die Verschmelzung der nationalen Volkswirtschaften zu einem einheitlichen Wirtschaftsraum ohne Binnengrenzen wirksam flankieren (Art. 7 a EGV) und damit eine Grundbedingung der Wirtschafts- und Währungsunion[2] gewährleisten.

---

[1] EuGH – Großkrotzenburg – Rs. C-431/92, DVBl. 1996, S. 424; vgl. dazu *Pechstein*, Die Anerkennung der rein objektiven unmittelbaren Richtlinienwirkung. Anmerkungen zum UVP-Urteil des EuGH, Europäisches Wirtschafts- & Steuerrecht (EWS), S. 261 ff.; *Epinay*, Unmittelbare Anwendbarkeit und objektive Wirkung von Richtlinien – Zur Entscheidung des EuGH vom 11.8.1995 – Rs. C-431/92 – Großkrotzenburg – DVBl. 1996, S. 409 ff.

[2] *Koenig/Pechstein*, Die Europäische Union. Der Vertrag von Maastricht, 1995, S. 130 f.

Mit der Gründung der Europäischen (Wirtschafts-)Gemeinschaft wurde eine eigene Rechtsordnung geschaffen, die zu den einzelstaatlichen Rechtsordnungen in einem neuen – supranationalen – Verhältnis steht. Der Europäische Gerichtshof führt in seiner Entscheidung in der Rechtssache *Costa/ENEL*[3] aus: „Zum Unterschied von gewöhnlichen internationalen Verträgen hat der EWG-Vertrag eine eigene Rechtsordnung geschaffen, die bei seinem Inkrafttreten in die Rechtsordnungen der Mitgliedstaaten aufgenommen wurde und von ihren Gerichten anzuwenden ist". Ein Merkmal dieses Verhältnisses ist der Vollzug des Gemeinschaftsrechts durch nationale Behörden und Gerichte. Der Vollzug des Gemeinschaftsrechts durch einzelstaatliche Stellen darf dabei nicht den selbständigen Charakter der supranationalen Gemeinschaftsrechtsordnung relativieren. Deshalb dürfen gemeinschaftsrechtliche Normen und Begriffe (z.B. „Arbeitnehmer" [Art. 48 Abs. 1 EGV] oder „öffentliche Verwaltung" [Art. 48 Abs. 4 EGV]) im konkreten Anwendungsfall nur nach Maßgabe einer „autonomen" gemeinschaftseinheitlichen Auslegungsmethode und Begriffsbestimmung, nicht dagegen nach hiervon abweichenden Interpretationsgrundsätzen bzw. -methoden des nationalen Rechts angewandt werden. Soweit die Bundesrepublik im Rahmen von Art. 23 Abs. 1 Satz 2 GG (früher Art. 24 Abs. 1 GG) ihren legislativen und exekutiven Herrschaftsanspruch zugunsten der Gemeinschaft zurücknimmt, wird der dadurch geschaffene Raum durch das von der Gemeinschaft geschaffene supranationale Recht ausgefüllt.

Das aus der Perspektive des nationalen Rechtsanwenders zuweilen unübersichtlich wirkende Ineinandergreifen verschiedener Rechtsordnungen kann zu Normwidersprüchen zwischen dem Europäischen Gemeinschaftsrecht und dem einzelstaatlich gesetzten Recht der Mitgliedstaaten führen, welche aufgrund des Primats vom Anwendungsvorrang des Gemeinschaftsrechts aufzulösen sind. Tatsächlich bereitet die zutreffende Handhabung des gemeinschaftsrechtlichen Anwendungsvorrangs im praktischen Fall jedoch erhebliche Schwierigkeiten. So sehen sich vor allem die für den Gemeinschaftsrechtsvollzug zuständigen Landesbehörden häufig mit Sachverhalten konfrontiert, in denen die abstrakten Instrumente zur Auflösung von Normwidersprüchen nicht ohne weiteres weiterhelfen.

Wie soll etwa eine hessische Behörde, im Fall des *Kraftwerks Großkrotzenburg* das Regierungspräsidium Darmstadt, erkennen, daß schon die Vorgaben der UVP-Richtlinie „unbedingt und hinreichend genau" bestimmt sind, so daß die nach Art. 189 Abs. 3 EGV seitens der Mitgliedstaaten umsetzungsbedürftige Richtlinie auch ohne – damals noch nicht in Kraft getretenes – deutsches Umsetzungsgesetz unmittelbar anzuwenden ist?

Die Bundesrepublik Deutschland setzte die UVP-Richtlinie[4] nicht wie erforderlich bis 3. Juli 1988, sondern – gemeinschaftsrechtlich verspätet – erst zum 1. August 1990 durch das UVP-Gesetz[5] um. Nach Ablauf der Umsetzungsfrist, aber noch vor dem Inkrafttreten des UVP-Gesetzes genehmigte der Regierungs-

---

[3] EuGH – Costa/ENEL –, Rs. 6/64, Slg. 1964, S. 1251 (1269).

[4] ABl.EG Nr. L 175/40 vom 5.7.1985.

[5] Vom 12.2.1990; BGBl. I S. 205.

präsident in Darmstadt dem privaten Projektbetreiber Preussen Elektra AG die Errichtung eines neuen Blocks mit einer Leistung von 500 MW im *Kraftwerk Großkrotzenburg*. Zwar wurde zuvor eine Umweltverträglichkeitsprüfung im Rahmen der Bestimmungen des Bundes-Immissionsschutzgesetzes, nicht aber nach Maßgabe der UVP-Richtlinie durchgeführt. Nach Durchführung eines Vorverfahrens erhob die Kommission eine Vertragsverletzungsklage (Art. 169 EGV) zum Europäischen Gerichtshof, in welcher sie der Bundesrepublik vorwarf, diese habe ihre ***mitgliedstaatlichen*** Vertragspflichten verletzt, da in ihrem Hoheitsgebiet, zu dem das Bundesland Hessen gehört, die Bestimmungen der UVP-Richtlinie im ***konkreten Fall Großkrotzenburg*** nicht unmittelbar angewandt worden seien. Gegenstand des Verfahrens war also nicht der Vorwurf, die Richtlinie nicht rechtzeitig bis zum Ablauf der Umsetzungsfrist durch Gesetz innerstaatlich umgesetzt zu haben, sondern vielmehr die Nichtanwendung der noch nicht umgesetzten UVP-Richtlinie in einem Einzelfall durch eine mitgliedstaatliche Behörde, ohne daß sich ein Privater auf die unmittelbare Richtlinienanwendung berufen hätte.[6] Zwar hat der Europäische Gerichtshof die Vertragsverletzungsklage der Kommission im Ergebnis als unbegründet abgewiesen, da die im Rahmen der Bestimmungen des Bundes-Immissionsschutzgesetzes durchgeführte Umweltverträglichkeitsprüfung nicht ersichtlich hinter den Anforderungen der UVP-Richtlinie zurückbleibe. Im Rahmen der Zulässigkeitsprüfung der Klage hat der Europäische Gerichtshof allerdings die objektiv unmittelbare Richtlinienwirkung grundsätzlich anerkannt[7], ohne daß dies – wie von ihm bisher verlangt[8] – eine Begünstigung der Marktbürger voraussetzt. Die grundsätzlich anerkannte Richtlinienanwendbarkeit ***von Amts wegen*** setzt nunmehr lediglich den *Ablauf der Umsetzungsfrist* sowie die ***unbedingte und hinreichend konkrete*** Fassung der Richtlinienregelung voraus. Der Europäische Gerichtshof betont in seiner UVP-Entscheidung, daß diese objektiv unmittelbare Richtlinienanwendbarkeit von Amts wegen eine eigenständige Wirkungsdimension gegenüber der bisher von ihm schon anerkannten Möglichkeit darstelle, wenn sich der einzelne Marktbürger auf eine unbedingte und hinreichend konkrete, ihn begünstigende Richtlinienbestimmung beruft.[9]

Sollte die Behörde die UVP-Richtlinie auch ohne ein – damals noch nicht in Kraft getretenes – deutsches Umsetzungsgesetz unmittelbar anwenden, wenn deren Bestimmungen nicht mehr ausschließlich begünstigend wirken, dem Träger des Vorhabens gar aufwendige UVP-Mitwirkungsobliegenheiten[10] auferlegen? Hätte

---

[6] Zur Analyse des Verfahrensgegenstandes vgl. *Pechstein* (o. Fn. 1), S. 261 f.

[7] So *Pechstein* (o. Fn. 1), S. 264; kritisch zuvor *Calliess*, Zur unmittelbaren Wirkung der EG-Richtlinie über die Umweltverträglichkeitsprüfung und ihrer Umsetzung im deutschen Immissionsschutzrecht, NVwZ 1995, S. 339 ff. (341 f.).

[8] Vgl. nur EuGH – Kolpinghuis Nijmegen – Rs. 80/86, Slg. 1987, S. 3969 (3985 f.), wonach der Gerichtshof eine unmittelbare Wirkung von Richtlinien zu Lasten von Individuen bisher ausdrücklich ablehnte; *Streinz*, Europarecht, 2. Aufl. 1995, Rn. 400.

[9] EuGH – Großkrotzenburg – Rs. C-431/92, DVBl. 1996, S. 409 ff.; *Pechstein* (o. Fn. 1), S. 262.

[10] Der Träger des Vorhabens und die zuständige Behörde wirken im Rahmen des sogenannten „Scoping-Verfahrens“ schon bei der Bestimmung von Umfang und Methoden der durchzuführenden Umweltverträglichkeitsprüfung (freiwillig) zusammen (Art. 5 UVP-Richtlinie; § 5 UVP-Gesetz); vgl. *Hendler*, Die Umweltverträglichkeitsprüfung in Deutschland, in: *Hendler/Czechowski* (Hrsg.), Warschauer Gespräche zum

das Regierungspräsidium Darmstadt etwa vorhersehen müssen, daß auch eine unmittelbare „*objektive*" Wirkung von Richtlinien ohne Begünstigung in Betracht kommt, wie sie dann später der Europäische Gerichtshof in seiner Entscheidung vom 11. August 1995[11] erstmals zugrunde gelegt hat?[12] Die letzte Frage zeigt, wie wenig einem Landesvollzugsorgan der abstrakte Grundsatz vom Anwendungsvorrang des Gemeinschaftsrechts in der praktischen ex-ante-Beurteilung zu helfen vermag. Die UVP-Entscheidung des Gerichtshofs zeitigt vor allem weitreichende Folgen für die Landesvollzugsorgane im Bereich *verfahrensrechtlicher* Richtlinienregelungen, die nun im Falle ihrer unbedingten und hinreichend konkreten Fassung nach Ablauf der Umsetzungsfrist von Amts wegen unmittelbar anzuwenden sind, ohne daß sich ein (privater) Verfahrensbeteiligter auf die unmittelbare Richtlinienanwendung zu berufen hätte. Die – im Gemeinschaftsrecht begründete – Pflicht der innerstaatlichen Verwaltungsträger, dies zu erkennen und das Verwaltungsverfahren dementsprechend zu gestalten, verlangt insbesondere von den Bundesländern erhebliche Anstrengungen, um die notwendige gemeinschaftsrechtliche Expertise zu organisieren.

Da Behörden nicht dem Kreis der vorlageberechtigten *Gerichte* nach Art. 177 EGV angehören, ist für sie eine klärende Vorabentscheidung des Europäischen Gerichtshofs über die Auslegung von Gemeinschaftsakten ohne die Einschaltung eines Verwaltungsgerichts nicht erreichbar. Die folgende Abhandlung kann die im vertraglichen Gemeinschaftsgefüge sowie in der bundesstaatlichen Verfassungsordnung verwurzelten Probleme de lege lata nicht lösen. Vielmehr soll sie einige Grundprobleme beim Gemeinschaftsrechtsvollzug durch Landesorgane skizzieren. Angesichts der fehlenden Vorlagemöglichkeit der Behörden nach Art. 177 EGV schließt die Abhandlung de lege ferenda mit dem Vorschlag, die Stelle eines unabhängigen Hessischen Beauftragten für den Verwaltungsvollzug von Europäischem Gemeinschaftsrecht einzurichten. Dieser könnte die zum Gemeinschaftsrechtsvollzug berufenen Landesbehörden kurzgutachterlich sowie beratend begleiten. Gleichzeitig könnte mit dieser Stelle eine zuverlässige, durch moderne Datennetze getragene Einrichtung zur Sammlung, Systematisierung und länderübergreifenden Weitergabe von Vollzugsinformationen, -kenntnissen und -standards geschaffen

---

Umweltrecht. Umweltverträglichkeitsprüfung, Landwirtschaft und Umweltschutz, Stuttgart/ München/Hannover, S. 21 ff. (24); *Koenig*, Umweltverträglichkeitsprüfung und Öffentlichkeitsbeteiligung, ebenda, S. 36 ff. Da das „Scoping-Verfahren" fakultativ (freiwillig) bleibt, begründet es wohl noch keine Belastung im Rechtssinne. Allerdings hat der Träger des Vorhabens in der anschließenden UVP-Phase die Rechtspflicht, der Behörde alle „entscheidungserheblichen Unterlagen über die Umweltauswirkungen des Vorhabens" vorzulegen und mit der Behörde ggf. zu erörtern (vgl. § 6 UVP-Gesetz). Problematisch ist, ob diese UVP-Mitwirkungspflichten bzw. -obliegenheiten, deren Nichterfüllung zur Ablehnung des Genehmigungsantrags und damit zum Scheitern des Vorhabens führt, Rechtsbelastungen von Marktbürgern darstellen, die nach bisheriger Rechtsprechung des EuGH (o. Fn. 8) durch die unmittelbare Anwendbarkeit von Richtlinien nicht begründet werden dürfen. *Pechstein* (o. Fn. 1), S. 264 weist darauf hin, daß der EuGH der UVP-Richtlinie offenbar keine solche Belastungswirkung beigemessen hat, da er sonst eine derart grundlegende Änderung seiner Rechtsprechung kenntlich gemacht hätte.

[11] EuGH – Großkrotzenburg – Rs. C-431/92, DVBl. 1996, S. 424.

[12] Zur unmittelbar objektiven Wirkung von Richtlinien vgl. *Epinay* (o. Fn. 1), S. 409 ff.

werden, die dem einheitlichen Anwendungsvorrang des Gemeinschaftsrechts und damit dessen „effet utile" in den Ländern gerecht wird.

II. Der indirekte Vollzug von Europäischem Gemeinschaftsrecht und der Rechtsschutz gegen Vollzugsakte von Landesorganen

1. Vollzugstypen und gerichtliche Vollzugskontrolle

Beim Vollzug von primärem und sekundärem Gemeinschaftsrecht müssen zunächst folgende Konstellationen unterschieden werden:[13]

(1) Die Gemeinschaftsorgane vollziehen selbst das Gemeinschaftsrecht *(direkter Vollzug)*. Der direkte Vollzug läßt sich weiter unterteilen in

- (a) die *gemeinschaftsinterne Verwaltung*, wie z.B. die Personal- und Materialverwaltung, Haushaltsplanung sowie -vollzug (Art. 203 ff. EGV), und
- (b) die *gemeinschaftsexterne Verwaltung*, wie z.B. die EG-Kartellaufsicht (Art. 89 EGV) sowie die Beihilfekontrolle (Art. 93 EGV).

(2) Das Gemeinschaftsrecht wird durch nationale Behörden der Mitgliedstaaten vollzogen *(indirekter Vollzug)*. Im Rahmen des in der Praxis überwiegenden indirekten Vollzugs sind zu unterscheiden:

- (a) der *unmittelbare (indirekte) Vollzug*, wenn unmittelbar anwendbares Gemeinschaftsrecht durch die nationalen Behörden vollzogen wird, wie z.B. beim Vollzug unmittelbar anwendbarer EG-Verordnungen betreffend die landwirtschaftliche Marktordnung (Art. 40 Abs. 2 und 3, Art. 43 Abs. 2 EGV) oder den gemeinsamen Zolltarif (Art. 19 ff. EGV), und
- (b) der *mittelbare (indirekte) Vollzug*, wenn das die Gemeinschaftsrechtssätze erst in innerstaatliches Recht umsetzende bzw. durchführende nationale Recht vollzogen wird, z.B. das deutsche UVP-Gesetz, welches in Umsetzung der UVP-Richtlinie ergangen ist, oder die deutschen Durchführungsregelungen zum Öko-Audit-Verfahren, welche nach der EG-Öko-Audit-Verordnung zu erlassen waren.

Kommt es im Rahmen des *indirekten* Gemeinschaftsrechtsvollzugs [(2) a) und b)] zu Normwidersprüchen zwischen europäischem und nationalem Recht, sind diese Widersprüche durch die mitgliedstaatlichen Gerichte und Behörden zunächst

---

[13] Zum Ganzen vgl. *Vedder*, (Teil)Kodifikation des Verwaltungsverfahrensrechts der EG?, EuR 1995, Beiheft 1, S. 75 ff.; *Burgi*, Verwaltungsprozeßrecht und Europarecht. Eine systematische Darstellung, 1996, S. 46 f.; *Gornig/Trüe*, Die Rechtsprechung des EuGH zum europäischen allgemeinen Verwaltungsrecht, JZ 1993, S. 884 ff.; *Rengeling/Middeke/Gellermann*, Rechtsschutz in der Europäischen Union. Durchsetzung des Gemeinschaftsrechts vor europäischen und deutschen Gerichten, 1994, Rn. 957 ff.; *Classen*, Die Europäisierung der Verwaltungsgerichtsbarkeit. Eine vergleichende Untersuchung zum deutschen, französischen und europäischen Verwaltungsprozeßrecht, 1996, S. 24 ff.

mit Hilfe der *EG-rechtskonformen Auslegung* des nationalen Rechts zu lösen. Als primärrechtliche Pflicht der Mitgliedstaaten zur Gemeinschaftstreue (Art. 5 Abs. 1 EGV) ist das Gebot der EG-rechtskonformen Auslegung nationalen Rechts sowohl durch den Europäischen Gerichtshof als auch durch die mitgliedstaatlichen Gerichte justiziabel. Um „Übergriffe" der Rechtsprechung bzw. der Verwaltung in den Bereich der Gesetzgebung zu vermeiden, findet die EG-rechtskonforme Auslegung nationalen Rechts – vergleichbar mit der verfassungskonformen Auslegung – allerdings ihre Schranken in den äußeren Grenzen des Wortlautes sowie in der Sinn- und Zweckrichtung der nationalen Regelung.[14] Weder Rechtsprechung noch Verwaltung dürfen die deutsche Regelung EG-rechtskonform neu schreiben. Erst wenn eine EG-rechtskonforme Auslegung, insbesondere wegen des eindeutigen Wortlauts der nationalen Regelung, nicht möglich ist, stellt sich die Verwerfungsfrage. Dabei gilt aufgrund des Prinzips der Gesetzmäßigkeit der Verwaltung (Art. 20 Abs. 3 GG) ein verfassungsbewehrter *Vorrang der EG-rechtskonformen Auslegung* deutscher Gesetze und Verordnungen. Die Verwerfung nationaler Normen wegen des gemeinschaftsrechtlichen Anwendungsvorrangs bleibt in diesem Zusammenhang ultima ratio. Den deutschen Gerichten steht nach der Rechtsprechung des Bundesverfassungsgerichts eine Prüfungs- und sogar Verwerfungskompetenz für gemeinschaftsrechtswidrige förmliche Gesetze zu, die nicht mehr EG-rechtskonform ausgelegt werden können. Das Bundesverfassungsgericht lehnt in diesem Zusammenhang ein Vorlageverfahren nach Art. 100 GG ab, soweit nicht die Vereinbarkeit eines Gesetzes mit dem Grundgesetz in Frage steht, sondern es um die Vereinbarkeit des Gesetzes mit Gemeinschaftsrecht geht.[15] Vielmehr haben die Fachgerichte selbst zu entscheiden, ob das innerstaatliche Recht mit Gemeinschaftsrecht vereinbar ist und ob es noch gemeinschaftsrechtskonform ausgelegt werden kann. Fragen zur Auslegung des Gemeinschaftsrechts müssen die Fachgerichte dann dem Europäischen Gerichtshof nach Art. 177 EGV vorlegen.[16] Das Bundesverfassungsgericht erkennt dabei dem Gerichtshof die Funktion eines „gesetzlichen Richters" im Sinne von Art. 101 Abs. 1 Satz 2 GG zu.[17]

Soweit die innerstaatlichen Gerichte eine Kontrolle des indirekten Gemeinschaftsrechtsvollzugs durch die nationalen Verwaltungsbehörden wahrnehmen, kann man sie mit Blick auf die mitgliedstaatlichen Verpflichtungen aus Art. 5 Abs. 1 EGV als „Gemeinschaftsrechtsgerichte" qualifizieren.[18] Die Rolle der mitgliedstaatlichen Gerichte bei der „praktischen" Verwirklichung (effet utile) des Gemeinschaftsrechts und seines Anwendungsvorrangs gegenüber dem nationalen Recht hat der Europäische Gerichtshof besonders in der Rechtssache *Simmenthal* herausgearbeitet.

---

[14] *Jarass*, Grundfragen der innerstaatlichen Bedeutung des EG-Rechts, 1994, S. 95.

[15] BVerfGE 82, 159 (191); 31, 145 (174 f.); *Streinz*, Der Vollzug des europäischen Gemeinschaftsrechts durch deutsche Staatsorgane, in: *Isensee/Kirchhof* (Hrsg.), Handbuch des Staatsrechts der Bundesrepublik Deutschland, Bd. 7, 1992, S. 817 ff. (Rn. 5); vgl. dagegen *Pagenkopf*, Zum Einfluß des Gemeinschaftsrechts auf nationales Wirtschaftsverwaltungsrecht – Versuch einer praktischen Einführung, NVwZ 1993, S. 216 ff. (223).

[16] *Jarass* (o. Fn. 14), S. 101.

[17] Ständige Rechtsprechung, vgl. nur BVerfGE 73, 339 (366).

[18] *Burgi* (o. Fn. 13), S. 58.

Danach ist der „im Rahmen seiner Zuständigkeit angerufene staatliche Richter verpflichtet [...], das Gemeinschaftsrecht uneingeschränkt anzuwenden und die Rechte, die es den einzelnen verleiht, zu schützen, indem er jede möglicherweise entgegenstehende Bestimmung des nationalen Rechts, gleichgültig, ob sie früher oder später als die Gemeinschaftsnorm ergangen ist, unangewendet läßt."[19]

2. Rechtsschutz gegen den indirekten Vollzug

Vollziehen hessische Behörden Gemeinschaftsrecht, so ist gegen die Vollzugsakte Rechtsschutz von den hiesigen Gerichten zu gewähren. Letzteren kommt dann die aus Art. 5 Abs. 1 EGV folgende Aufgabe zu, im Rahmen der gerichtlichen Kontrolle des indirekten Vollzugs dessen Vereinbarkeit mit den Vorgaben des primären und sekundären Gemeinschaftsrechts zu überwachen.[20] Dieser Grundsatz gilt sowohl beim *unmittelbaren (indirekten) Vollzug*, wenn unmittelbar anwendbares Gemeinschaftsrecht durch die nationalen Behörden vollzogen wird, als auch beim *mittelbaren (indirekten) Vollzug*, wenn eine nationale Norm vollzogen wird, die eine Gemeinschaftsrichtlinie in innerstaatliches Recht umsetzt.

Hessische Gerichte müssen bei der Kontrolle des indirekten Gemeinschaftsrechtsvollzugs vor allem den Anwendungsvorrang des Gemeinschaftsrechts gegenüber deutschem Recht wahren. Der Europäische Gerichtshof geht in seiner ständigen Rechtsprechung seit der Grundsatzentscheidung in der Rechtssache *Costa / ENEL* von einem uneingeschränkten Anwendungsvorrang des Gemeinschaftsrechts vor dem nationalen Recht aus:

Die „Aufnahme der Bestimmungen des Gemeinschaftsrechts in das Recht der Mitgliedstaaten und [...] Wortlaut und Geist des Vertrages haben zur Folge, daß es den Staaten unmöglich ist, gegen eine von ihnen auf der Grundlage der Gegenseitigkeit angenommene Rechtsordnung nachträglich einseitige Maßnahmen ins Feld zu führen. Solche Maßnahmen stehen der Anwendbarkeit der Gemeinschaftsrechtsordnung daher nicht entgegen. Denn es würde eine Gefahr für die Verwirklichung der in Artikel 5 Absatz 2 aufgeführten Ziele des Vertrages bedeuten und [...] Diskriminierungen zur Folge haben, wenn das Gemeinschaftsrecht je nach der nachträglichen innerstaatlichen Gesetzgebung von einem Staat zum anderen verschiedene Geltung haben könnte. [...] Aus alledem folgt, daß dem vom Vertrag geschaffenen, somit aus einer autonomen Rechtsquelle fließenden Recht wegen dieser seiner Eigenständigkeit keine wie immer gearteten innerstaatlichen Rechtsvorschriften vorgehen können"[21].

Der Anwendungsvorrang des Gemeinschaftsrechts besteht nach der Rechtsprechung des Europäischen Gerichtshofs[22] sowohl gegenüber dem einfachgesetzlichen

---

[19] EuGH – Staatliche Finanzverwaltung./.Simmenthal – Rs. 106/77, Slg. 1978, S. 629 (644).

[20] *Fuß*, Die Verantwortung der nationalen Gerichte für die Wahrung des europäischen Gemeinschaftsrechts, in: Gedächtnisschrift für Christoph Sasse, Bd. 1, 1981, S. 171 ff.; *Streinz* (o. Fn. 15), Rn.68.

[21] EuGH – Costa/ENEL – Rs. 6/64, Slg. 1964, S. 1251 (1269).

[22] EuGH – Internationale Handelsgesellschaft – Rs. 11/70, Slg. 1970, S. 1125 (1135).

innerstaatlichen Recht als auch gegenüber dem Verfassungsrecht und damit auch gegenüber den vom Grundgesetz bzw. von der Hessischen Verfassung gewährleisteten Grundrechten.

Das Bundesverfassungsgericht begründet den Anwendungsvorrang des Gemeinschaftsrechts mit der Verpflichtung der Mitgliedstaaten, den innerstaatlichen Vorrang des Gemeinschaftsrechts herbeizuführen. Der im innerstaatlichen Zustimmungsgesetz zu den Gemeinschaftsverträgen liegende Rechtsanwendungsbefehl[23] (Art. 23 Abs. 1 Satz 2 GG bzw. früher Art. 24 Abs. 1 GG, jeweils i.V.m. Art. 59 Abs. 2 Satz 1 GG) erstreckt sich auf diese Verpflichtung zur Einräumung des gemeinschaftsrechtlichen Anwendungsvorrangs.[24]

Zunächst war das Bundesverfassungsgericht davon ausgegangen, daß der Vorrang des Gemeinschaftsrechts seine Grenze an den im Grundgesetz gewährleisteten Grundrechten finde. Das Bundesverfassungsgericht hatte sich in seiner Solange I-Entscheidung bei der Kontrolle des indirekten Vollzugs zunächst die Überprüfung des sekundären Gemeinschaftsrechts am Maßstab der Grundrechte des Grundgesetzes vorbehalten, „solange" die Gemeinschaft nicht über eigene ausformulierte Grundrechtsverbürgungen verfüge.[25] Nachdem der Europäische Gerichtshof zur Wahrung der Grundrechte als allgemeine Rechtsgrundsätze des Gemeinschaftsrechts eine gefestigte Rechtsprechung entwickelt hatte, gab das Bundesverfassungsgericht mit seiner Solange II-Entscheidung diesen Vorbehalt auf, „solange" die Rechtsprechung des Gerichtshofs einen wirksamen Schutz der Grundrechte gewährleiste, der dem vom Grundgesetz gebotenen Grundrechtsschutz im wesentlichen gleichzuachten sei.[26] Ungeklärt ist bisher, inwieweit das Bundesverfassungsgericht von dieser „Solange II"-Rechtsprechung in seinem Maastricht-Urteil vom 12. Oktober 1993 abrückt, wenn es davon spricht, den Grundrechtsschutz gegenüber Gemeinschaftsrechtsakten in einem „Kooperationsverhältnis" mit dem Europäischen Gerichtshof zu gewährleisten.[27]

Einigkeit zwischen Europäischem Gerichtshof und Bundesverfassungsgericht besteht jedenfalls darin, daß im Falle einer Kollision von innerstaatlichem Recht mit dem Recht der Europäischen Gemeinschaft die mitgliedstaatliche Norm nicht nichtig wird, sondern lediglich im konkreten Fall keine Anwendung findet. Man spricht daher nicht von einem Geltungsvorrang, sondern vom Anwendungsvorrang des Gemeinschaftsrechts. Da die mitgliedstaatliche Vorschrift im Kollisionsfall zwar unanwendbar ist, aber dennoch grundsätzlich in Kraft bleibt, regelt sie weiterhin

---

[23] Liegt der Rechtsanwendungsbefehl aber im innerstaatlichen Zustimmungsgesetz zu den Gemeinschaftsverträgen, so kann sich der Anwendungsvorrang des Gemeinschaftsrechts aus der Perspektive des deutschen Verfassungsrechts gerade nicht auf einen „autonomen" Rechtsanwendungsbefehl der Gemeinschaftsrechtsordnung selbst gründen; *Koenig*, Anmerkungen zur Grundordnung der Europäischen Union und ihrem fehlenden „Verfassungsbedarf", NVwZ 1996, S. 549 ff. (549).

[24] BVerfGE 73, 339 (374 f.); 37, 271 (280): Die Öffnung der innerstaatlichen Rechtsordnung für das Gemeinschaftsrecht bewirkt, daß der „Herrschaftsanspruch der Bundesrepublik Deutschland im Geltungsbereich des Grundgesetzes zurückgenommen und der unmittelbaren Geltung und Anwendung eines Rechts aus anderer Rechtsquelle innerhalb des staatlichen Herrschaftsbereichs Raum gelassen wird".

[25] BVerfGE 37, 271.

[26] BVerfGE 73, 339 (377).

[27] BVerfGE 89, 155 (175).

die Sachverhalte ohne gemeinschaftsrechtlichen Bezug. Das kann im Einzelfall zu einer Schlechterstellung der eigenen Staatsangehörigen führen, die sich mangels eines grenzüberschreitenden Bezugs nicht auf eine begünstigende Vorschrift des Gemeinschaftsrechts berufen können (Inländerdiskriminierung).[28]

Allerdings wird das nationale Recht des Verwaltungsvollzugs, insbesondere das hessische Verwaltungsverfahrensrecht, nicht im Wege des Anwendungsvorrangs durch das zu vollziehende Gemeinschaftsrecht verdrängt. Nationales Verwaltungsvollzugsrecht und zu vollziehendes (materielles) Gemeinschaftsrecht regeln nämlich ratione materiae unterschiedliche Gegenstände, so daß eine *unmittelbare* Kollision ausgeschlossen ist.[29] Freilich können sich hier *mittelbare* Kollisionslagen ergeben, die mit dem Grundsatz vom Anwendungsvorrang alleine nicht aufzulösen sind.[30] Auszugehen ist dabei zunächst von der sogenannten *„Soweit"-Formel* des Europäischen Gerichtshofs in seinem *Milchkontor*-Urteil vom 21. September 1983, welchem die Rücknahme (§ 48 VwVfG) einer gemeinschaftsrechtswidrigen Beihilfe zugrundeliegt:

„Soweit das Gemeinschaftsrecht einschließlich der allgemeinen gemeinschaftsrechtlichen Grundsätze hierfür keine gemeinsamen Vorschriften enthält, gehen die nationalen Behörden bei dieser Durchführung der Gemeinschaftsregelungen nach den formellen und materiellen Bestimmungen ihres nationalen Rechts vor"[31].

Allerdings müssen die nationalen Organe dabei zweierlei beachten: Erstens darf die Anwendung von nationalem Vollzugsrecht weder die praktische Wirksamkeit (effet utile) der gemeinschaftsrechtlichen Regelung vereiteln bzw. erheblich einschränken (*Effizienzgebot*), noch darf zweitens die Anwendung von nationalem Vollzugsrecht zu Diskriminierungen zum Nachteil der Teilnehmer des Gemeinsamen Marktes im Verhältnis zu den Teilnehmern des rein innerstaatlichen Wirtschaftsverkehrs führen (*Diskriminierungsverbot*).[32]

Ebenso wie der nationale Verwaltungsvollzug des Gemeinschaftsrechts obliegt auch die darauf bezogene Ausgestaltung des Rechtsschutzes, nämlich des Verwaltungsprozeßrechts, den mitgliedstaatlichen Rechtsordnungen. Letztere haben – in Ermangelung gemeinschaftsrechtlicher Vorgaben – selbst für einen wirksamen gerichtlichen Schutz gemeinschaftsrechtlich gewährter Rechte Sorge zu tragen.[33]

Der Gerichtshof betont in ständiger Rechtsprechung, so in einer Vorabentscheidung vom 14. Dezember 1995, daß die mitgliedstaatlichen Prozeßordnungen den gerichtlichen Schutz gemeinschaftsrechtlich gewährleisteter Rechte nicht ungünstiger gestalten dürfen „als bei entsprechenden Klagen, die nur innerstaatliches Recht betreffen, und sie dürfen die Ausübung der durch die Gemeinschaftsrechts-

---

[28] *Streinz* (o. Fn. 8), Rn. 706 f.

[29] *Ule/Laubinger*, Verwaltungsverfahrensrecht, 4. Aufl. 1995, § 4 Rn. 12 (S. 31).

[30] *Burgi* (o. Fn. 13), S. 47.

[31] EuGH – Deutsches Milchkontor – Rs. 205–215/82, Slg. 1983, S. 2633 (2665).

[32] EuGH – Kommission ./. Bundesrepublik Deutschland – Rs. C-5/89, Slg. 1990, S. I-3437 (3456); EuGH – Kommission ./. Bundesrepublik Deutschland – Rs. 94/87, Slg. 1989, S. 175 (192); EuGH – Deutsches Milchkontor – Rs. 205–215/82, Slg. 1983, S. 2633 (2664 ff.).

[33] EuGH – Ferwerda – Rs. 265/78, Slg. 1980, S. 617 (629); *Rengeling/Middeke/Gellermann* (o. Fn. 13), Rn. 985.

ordnung verliehenen Rechte nicht praktisch unmöglich machen oder übermäßig erschweren.[34] In diesem Zusammenhang ist auch daran zu erinnern, daß der Gerichtshof bereits entschieden hat, daß eine Vorschrift des nationalen Rechts, die der Durchführung des in Art. 177 des Vertrages vorgesehenen Verfahrens entgegensteht, unangewendet bleiben muß.[35] Für die Anwendung dieser Grundsätze ist jeder Fall, in dem sich die Frage stellt, ob eine nationale Verfahrensvorschrift die Anwendung des Gemeinschaftsrechts unmöglich macht oder übermäßig erschwert, unter Berücksichtigung der Stellung dieser Vorschrift im gesamten Verfahren, des Verfahrensablaufs und der Besonderheiten des Verfahrens vor den verschiedenen nationalen Stellen zu prüfen. Dabei sind gegebenenfalls die Grundsätze zu berücksichtigen, die dem nationalen Rechtsschutzsystem zugrunde liegen".[36]

Die deutschen Verwaltungsgerichte entwickeln zunehmend eine aufgeschlossene Haltung gegenüber den „effet utile-Postulaten" des Europäischen Gerichtshofs zum Rechtsschutz gegenüber dem (indirekten) Verwaltungsvollzug des Gemeinschaftsrechts. So hat beispielsweise der Verwaltungsgerichtshof Mannheim in zwei Entscheidungen vom 14. Mai 1992[37] sowie vom 18. April 1994[38] in Sachen *Hünermund* im Rahmen von Normenkontrollverfahren nach § 47 VwGO als mittelbaren Prüfungsmaßstab primäres Gemeinschaftsrecht zugrundegelegt, da letzteres über das Zustimmungsgesetz zum EG-Vertrag als „Bundesrecht" zum Prüfungsmaßstab geworden sei. Danach sind sowohl primäres als auch sekundäres Gemeinschaftsrecht als Prüfungsmaßstab anzulegen, da Landesrecht, welches gegen den Anwendungsvorrang von Gemeinschaftsrecht verstößt, zugleich indirekt Art. 23 GG (früher Art. 24 Abs. 1 GG) verletzt und somit nicht Bestandteil der verfassungsmäßigen Ordnung im Sinne von Art. 2 Abs. 1 GG werden könne.[39] Dagegen wird argumentiert, daß das Gemeinschaftsrecht als „autonome" Rechtsordnung nicht Bestandteil der deutschen verfassungsmäßigen Ordnung sei,[40] keinen Geltungs-, sondern nur einen Anwendungsvorrang gegenüber nationalem Recht entfalte und daher eine oberverwaltungsgerichtliche Nichtigkeitserklärung[41] von untergesetzlichen deutschen Rechtssätzen nach § 47 Abs. 6 Satz 2 VwGO ausgeschlossen sei.[42]

---

[34] EuGH – Rewe – Rs. 33/76, Slg. 1976, S. 1989 (Rdnr. 5); EuGH – Comet – Rs. 45/76, Slg. 1976, S. 2043 (Rdnr. 12 bis 16); EuGH – Just – Rs. 68/79, Slg. 1980, S. 501 (Rdnr. 25); EuGH – San Giorgio – Rs. 199/82, Slg. 1983, S. 3595 (Rdnr. 14); EuGH – Bianco und Girard – verb. Rs. 331/85, 376/85 und 378/85, Slg. 1988, S. 1099 (Rdnr. 12); EuGH – Kommission ./. Italien – Rs. 104/86, Slg. 1988, S. 1799 (Rdnr. 7); EuGH – Jeunehomme und EGI – verb. Rs. 123/87 und 330/87, Slg. 1988, S. 4517 (Rdnr. 17); EuGH – Kommission ./. Spanien – Rs. C-96/91, Slg. 1992, S. I-3789 (Rdnr. 12); EuGH – Francovich – Rs. C-6/90 und C-9/90, Slg. 1991, I-5357 ff. (Rdnr. 43).

[35] EuGH – Rheinmühlen – Rs. 166/73, Slg. 1974, S. 33 ff.

[36] EuGH – KG Peterbroeck, Van Campenhout & Cie. ./. Belgien – Rs. C-312/93, DVBl. 1996, S. 249 f. (250).

[37] VGH Mannheim VBlBW 1992, S. 333 (335).

[38] VGH Mannheim VBlBW 1994, S. 361 (363).

[39] *Rengeling/Middeke/Gellermann* (o. Fn. 13), Rn. 1123.

[40] BVerfGE 82, 159 (191) hat es abgelehnt, in der Unvereinbarkeit deutscher Rechtssätze mit Gemeinschaftsrecht einen Verstoß gegen Art. 2 Abs. 1 GG zu sehen.

[41] So auch *Hufen*, Verwaltungsprozeßrecht, 2. Aufl. 1996, § 30 Rn. 16.

[42] *Rinze*, Europarecht als Prüfungsmaßstab im Rahmen der Normenkontrolle nach § 47 VwGO, NVwZ 1996, S. 458 ff. (459).

Allerdings bietet sich hier in analoger Anwendung des § 47 Abs. 6 Satz 2 VwGO eine Unanwendbarkeitserklärung wegen Verstoßes gegen Gemeinschaftsrecht an. Sieht man nämlich im Fehlen einer Tenorierungsregelung zur Unanwendbarkeit eine plan- und systemwidrige Regelungslücke des § 47 VwGO im Hinblick auf den gemeinschaftsrechtlichen Anwendungsvorrang, erscheint eine Analogie geboten.[43]

Im *Süderdithmarschen*-Urteil vom 21. Februar 1991 hat der Europäische Gerichtshof seine „Soweit"-Formel dahingehend relativiert, „daß jedenfalls für die Aussetzung der Vollziehung von auf einer Gemeinschaftsverordnung beruhenden Verwaltungsakten im Verfahren des vorläufigen Rechtsschutzes, das hinsichtlich der Antragstellung und der Sachverhaltsfeststellung dem nationalen Verfahrensrecht unterliegt, ***in allen Mitgliedstaaten einheitliche Regeln gelten*** müssen. Da die Befugnis der nationalen Gerichte, die Vollziehung eines solchen Verwaltungsakts auszusetzen, der Befugnis des Gerichtshofs nach Artikel 185 im Rahmen von Klagen nach Artikel 173 entspricht, können diese Gerichte die Vollziehung nur unter den Voraussetzungen aussetzen, die für den Erlaß einer einstweiligen Anordnung durch den Gerichtshof gelten. Insoweit ergibt sich aus einer ständigen Rechtsprechung des Gerichtshofs, daß die Vollziehung eines angefochtenen Aktes nur ausgesetzt werden kann, wenn die Aussetzung ***dringend*** ist, wenn sie also vor der Entscheidung in der Hauptsache verfügt und wirksam werden muß, damit der Antragsteller keinen schweren und nicht wiedergutzumachenden Schaden erleidet." Das nationale Gericht darf dann aber „die Vollziehung eines auf einer Gemeinschaftsverordnung beruhenden nationalen Verwaltungsakts nur aussetzen, wenn es erhebliche Zweifel an der Gültigkeit der Gemeinschaftsverordnung hat und die Frage dieser Gültigkeit, sofern der Gerichtshof mit ihr noch nicht befaßt ist, diesem selbst vorlegt".[44] In der Literatur wird diese jüngst mit Urteil vom 9. November 1995 bestätigte[45] *Süderdithmarschen*-Rechtsprechung als Anerkennung einer sogar das nationale Verwaltungsprozeßrecht verdrängenden Wirkung allgemeiner Gemeinschaftsrechtsgrundsätze durch den Gerichtshof gewertet.[46] Meines Erachtens beschränkt sich diese Abkehr von der „Soweit"-Formel zunächst nur auf die Aussetzung der Vollziehung eines auf einer EG-Verordnung beruhenden nationalen Durchführungsakts. Prognosen zur künftigen Rechtsprechungsentwicklung in diesem Bereich sind gegenwärtig mit erheblichen Unsicherheiten verbunden. Im Rahmen des Vorlagerechts und der Vorlagepflicht mitgliedstaatlicher Gerichte nach Art. 177 EGV ergibt sich jedenfalls nicht zuletzt mit Blick auf das nationale Verwaltungsprozeßrecht ein – in Zukunft weiter auszudifferenzierendes – „Kooperationsverhältnis" zwischen den gemeinschaftsrechtlichen und den nationalen Rechtsschutzorganen.[47]

---

[43] Dagegen lehnt *Rinze* (o. Fn. 42), S. 460 eine analoge Anwendung ab.

[44] EuGH – Zuckerfabrik Süderdithmarschen AG u.a. ./. Hauptzollämter Itzehoe und Paderborn – Rs. C-143/88 und C-92/89, Slg. 1991, S. I-415 (436 ff.).

[45] EuGH – Atlanta Fruchthandelsgesellschaft mbH ./. Bundesamt für Ernährung und Forstwirtschaft – Rs. C-465/93, DVBl. 1996, S. 247 ff.

[46] *Rengeling*, Deutsches und europäisches Verwaltungsrecht – Wechselseitige Einwirkungen, VVDStRL 53 (1994), S. 202 ff.; *Rengeling/Middeke/Gellermann* (o. Fn. 13), Rn. 972.

[47] *Rengeling/Middeke/Gellermann* (o. Fn. 13), Rn. 984.

Für die Verwaltungspraxis des Sofortvollzugs sind die gemeinschaftsrechtlich geprägten Modalitäten des vorläufigen Rechtsschutzes gegenüber dem indirekten Vollzug von großer Bedeutung. So hat der Europäische Gerichtshof in seinem Urteil vom 9. November 1995 der *summarischen* Prüfungs- und Abwägungsprärogative mitgliedstaatlicher Verwaltungsgerichte beim Erlaß einstweiliger Anordnungen[48] gemeinschaftsrechtliche Grenzen gezogen:

„Bei der Prüfung der Voraussetzungen für den Erlaß der Maßnahme des vorläufigen Rechtsschutzes ist das nationale Gericht nach Art. 5 EGV verpflichtet, Entscheidungen des Gemeinschaftsrichters über die vor ihm aufgeworfenen Streitfragen zu beachten. So darf das nationale Gericht, wenn der EuGH eine Nichtigkeitsklage gegen die fragliche Verordnung als unbegründet abgewiesen oder im Rahmen eines Vorabentscheidungsverfahrens zur Prüfung der Gültigkeit festgestellt hat, daß die Prüfung der Vorabentscheidungsfragen nichts ergeben hat, was die Gültigkeit dieser Verordnung beeinträchtigen könnte, keine Maßnahmen des vorläufigen Rechtsschutzes mehr erlassen oder muß diese aufheben, sofern nicht vor ihm andere Rechtswidrigkeitsgründe geltend gemacht worden sind als die Nichtigkeits- oder Rechtswidrigkeitsgründe, die der EuGH in seinem Urteil zurückgewiesen hat."[49]

Ebenso wie nationale Gerichte beim Erlaß von Maßnahmen des vorläufigen Rechtsschutzes ist auch die Verwaltung bei der Aussetzung des indirekten Gemeinschaftsrechtsvollzugs (vgl. § 80 Abs. 4 VwGO) verpflichtet, Entscheidungen des Europäischen Gerichtshofs über die Auslegung oder Gültigkeit von einzelstaatlich zu vollziehenden Gemeinschaftsrechtsakten zu beachten. Dies setzt nicht nur einen entsprechenden Kenntnisstand der zuständigen Verwaltungsbeamten voraus, sondern darüber hinaus zuverlässige, durch moderne Datennetze getragene Einrichtungen zur Sammlung und Systematisierung der gemeinschaftsrechtlichen Spruchpraxis.

III. Der indirekte Vollzug von Europäischem Gemeinschaftsrecht durch die Verwaltung

1. Der institutionelle Rahmen beim indirekten Gemeinschaftsrechtsvollzug

Das Prinzip der Gemeinschaftstreue (Art. 5 EGV) verpflichtet die Mitgliedstaaten, für einen gesicherten Verwaltungsvollzug zu sorgen, der die Effektivität und die einheitliche Anwendung des Gemeinschaftsrechts gewährleistet.[50] Nach stän-

[48] Vgl. *Hufen* (o. Fn. 41), § 32 Rn. 40 (zu § 80 Abs. 5 VwGO) und § 33 Rn. 15 (zu § 123 VwGO).

[49] EuGH – Atlanta Fruchthandelsgesellschaft mbH ./. Bundesamt für Ernährung und Forstwirtschaft – Rs. C-465/93, DVBl. 1996, S. 247 ff. (249).

[50] *Streinz* (o. Fn. 15), Rn. 10, 19; *Grabitz*, in: *Grabitz/Hilf* (Hrsg.), Kommentar zur Europäischen Union, Stand: Mai 1995, Art. 5 Rn. 34f.

diger Rechtsprechung des Europäischen Gerichtshofs[51] erstreckt sich die Bindung an das Gemeinschaftsrecht nicht nur auf die Mitgliedstaaten als Vertragsparteien, sondern auf sämtliche Körperschaften des öffentlichen Rechts, insbesondere die Länder und Kommunen, auf öffentlich-rechtliche Anstalten sowie auf alle – selbst nicht rechtsfähigen – Organe der Legislative, Exekutive und Judikative, gleich welcher körperschaftlichen Gliederungsebene in den Mitgliedstaaten sie angehören. Bundes-, Landes- und Kommunalbehörden sind demnach im gleichen Umfang wie die Gerichte *gemeinschaftsrechtlich unmittelbar verpflichtet*, im Rahmen ihrer Zuständigkeiten Gemeinschaftsrecht anzuwenden und gegebenenfalls entgegenstehendes nationales Recht zu verwerfen, das heißt unangewendet zu lassen.

Welche Behörden das Gemeinschaftsrecht auf welcher Verwaltungsebene und in welchem Verfahren vollziehen, bleibt den nationalen Rechtsordnungen überlassen. Soweit der Gemeinschaftsrechtsvollzug durch Landes- oder Kommunalbehörden erfolgt, ist die Zuständigkeitsordnung des Landesrechts maßgeblich. Allerdings setzt der Europäische Gerichtshof der Verwaltungsautonomie der Mitgliedstaaten[52] zwei Grenzen: Das einzelstaatliche Recht darf zum einen die *praktische Wirksamkeit* des Gemeinschaftsrechts nicht in Frage stellen. Zum anderen darf es gemeinschaftsrechtliche Positionen *nicht schlechter behandeln* als innerstaatlich begründete Rechtspositionen. Sowohl der Bund als auch die Länder und Kommunen sind daher gehalten, ihre Verwaltungen und Zuständigkeiten so zu organisieren, daß ein effektiver und diskriminierungsfreier Vollzug des Gemeinschaftsrechts praktisch gewährleistet wird.

In der föderal organisierten Bundesrepublik bestimmt sich die Aufteilung der Verwaltungskompetenzen zwischen Bund und Ländern nach den Art. 30 und Art. 83 ff. GG. Werden gemeinschaftsrechtliche Bestimmungen *mittelbar*, das heißt in Form von Umsetzungs- oder Durchführungsvorschriften der Bundes- oder Landesgesetze vollzogen, so richtet sich die Verbandszuständigkeit direkt nach den Art. 30 (Landesvollzug von Landesgesetzen) bzw. Art. 83 ff. GG (Landesvollzug von Bundesgesetzen, Bundesverwaltung), da in diesen Fällen deutsches Ausführungsrecht zur Anwendung kommt.[53] Dagegen können die Art. 83 ff. GG im Rahmen des *unmittelbaren* (indirekten) Gemeinschaftsrechtsvollzugs lediglich analog herangezogen werden. Die Normen des Gemeinschaftsrechts gehören nämlich einer eigenständigen („autonomen") Rechtsordnung an, so daß es sich hier nicht um den Vollzug von „Bundesrecht" handelt. Wegen der insoweit planwidrigen Regelungslücke ist die *analoge Anwendung der Art. 83 ff. GG* verbandskompetenz-

[51] EuGH – Deutschland/Kommission – Rs. C-8/88, Slg. 1990, S. I-2355 (2359); E – Casagrande – Rs. 9/74, Slg. 1974, S. 773, (779); in diesem Sinne auch E – Fratelli Costanzo – Rs. 103/88, Slg. 1989, S. 1839 (1861)

[52] EuGH – Fleischkontor – Rs. 39/70, Slg. 1971, S. 49 ff.; EuGH – von Colson – Rs. 14/83, Slg. 1984, S. 891 (Rn. 15); EuGH – Harz – Rs. 79/83, Slg. 1984, S. 1921 (Rn. 15); EuGH – Rewe – Rs. 33/76, Slg. 1976, S. 1889; EuGH – Just – Rs. 68/79, Slg. 1980, S. 501 ff.; EuGH – San Giorgio – Rs. 199/82, Slg. 1983, S. 3595 ff.

[53] *Streinz*, in: *Schweitzer* (Hrsg.), Europäisches Verwaltungsrecht, 1991, S. 260.

rechtlich geboten.[54] Bei nächster Gelegenheit sollte hier eine Grundgesetzänderung differenzierte Regelungen zum *landeseigenen Vollzug bundesrechtlich umgesetzten Gemeinschaftsrechts* treffen.[55] Die Enquêtekommission Verfassungsreform des Deutschen Bundestages hat bereits im Jahre 1977 entsprechende Vorschläge unterbreitet,[56] die allerdings – nicht zuletzt wegen der Furcht vieler Bundesländer vor einem verfassungsrechtlich festgeschriebenen Kompetenzverlust – nicht realisiert wurden. Differenzierte Regelungen zum landeseigenen Vollzug bundesrechtlich umgesetzten Gemeinschaftsrechts sind vor allem mit Blick auf die *mitgliedstaatliche Verantwortlichkeit des Bundes* geboten, und zwar sowohl hinsichtlich des Vertragsverletzungsverfahrens (Art. 169 EGV) als auch im Hinblick auf die *gemeinschaftsrechtliche* Staatshaftung[57] gegenüber geschädigten Individuen im Falle von Vollzugsunrecht. In standortpolitisch sensiblen Bereichen kostenintensiver Regulierung durch Gemeinschaftsrecht, in denen die Kommission nicht selten geneigt ist, gegen einen Mitgliedstaat wegen Nichtvollzugs von Gemeinschaftsrecht, wie im Fall des *Kraftwerks Großkrotzenburg*,[58] ein Vertragsverletzungsverfahren (Art. 169 EGV) einzuleiten, sollte dem hierfür verantwortlichen Mitgliedstaat, dem Bund, eine *angemessene* Beteiligung an der Fachaufsicht gegenüber den mit dem Gemeinschaftsrechtsvollzug betrauten Ländern zur Seite stehen. Dabei müßten solche Fachaufsichtsinstrumente beim Gemeinschaftsrechtsvollzug durch die Länder *de lege ferenda* nicht notwendig die Intensität der Weisungs- und Kontrollbefugnisse der Bundesauftragsverwaltung (Art. 85 GG) erreichen, wie dies hingegen die Enquêtekommission Verfassungsreform des Deutschen Bundestages mit dem Entwurf eines Art. 90a GG in Verbindung mit einem seitens des Bundesrates zustimmungsbedürftigen Gesetz vorgeschlagen hat.[59] Vielmehr könnte für den Gemeinschaftsrechtsvollzug durch die Länder ein neues, auf Kooperation und Konsultation ausgerichtetes Fachaufsichtsinstrument entwickelt und in das Grundgesetz eingefügt werden. So wäre es denkbar, daß die Fachaufsicht anders als bei der bisherigen Bundesauftragsverwaltung nach Art. 85 GG nicht einseitig durch den Bund ausgeübt wird. Vielmehr könnte diese gemeinsam durch einen Bundesbeauftragten und einen Landesbeauftragten (unten IV.) gleichberechtigt wahrgenommen werden. Bundes- und Landesbeauftragte für den Verwaltungsvollzug von Gemeinschaftsrecht könnten sich auf Expertenebene um so leichter auf die angemessene Fachaufsichts-

---

[54] *Weber*, Rechtsfragen der Durchführung des Gemeinschaftsrechts in der Bundesrepublik, 1987, S. 47 f.; *Streinz* (o. Fn. 15), Rn. 58 f.

[55] Anderer Auffassung dagegen *Streinz* (o. Fn. 15), Rn. 60, der eine analoge Anwendung der Art. 83 ff. GG für ausreichend erachtet; zum Ganzen vgl. *Kössinger*, Die Durchführung des Europäischen Gemeinschaftsrechts im Bundesstaat. Bund/Länder-Verhältnis und Europäisches Gemeinschaftsrecht, 1989, S. 55.

[56] *Enquêtekommission Verfassungsreform des Deutschen Bundestages* in: Zur Sache 2/77, Beratungen und Empfehlungen zur Verfassungsreform (II), 1977, S. 93.

[57] Vgl. nur *Detterbeck*, Staatshaftung für die Mißachtung von EG-Recht, VerwArch 1994, S. 159 ff.; *Streinz*, Anmerkungen zu dem EuGH-Urteil in der Rechtssache Brasserie du Pecheur und Factortame, EuZW 1996, S. 201 ff.; EuGH – Francovich – Rs. C-6, 9/90, Slg. 1991, I-5357 ff.; EuGH – Brasserie du Pecheur S. A. ./. Bundesrepublik Deutschland und The Queen ./. Secretary of State for Transport, ex parte: Factortame Ltd. u.a. – Rs. C-46/93 und C-48/93, EuZW 1996, S. 205 ff.

[58] EuGH – Großkrotzenburg – Rs. C-431/92, DVBl. 1996, S. 424; vgl. auch *Epinay* (Anm. 1), S. 409 ff.

[59] *Enquêtekommission* (o. Fn. 56), S. 93.

maßnahme einigen, je mehr ihnen von ihren Anstellungskörperschaften Weisungsfreiheit gewährt würde.

2. Die Gewährleistung des gemeinschaftsrechtlichen Anwendungsvorrangs durch die Verwaltung

Landes- und Kommunalbehörden werden in zunehmendem Maße auch mit Fragen der Auslegung von Gemeinschaftsrecht, der Kollision von gemeinschaftsrechtlichen und einzelstaatlichen Rechtsnormen sowie mit Fragen der Gültigkeit von sekundärem Gemeinschaftsrecht konfrontiert. Das Verwaltungsrecht ist zu einem Ort nachhaltiger Spannungen zwischen Normen beider Rechtsordnungen geworden. Auch die Behörden sind verpflichtet, Kollisionen zwischen europäischem und nationalem Recht im Wege der gemeinschaftsrechtskonformen Auslegung nach Möglichkeit zu vermeiden. Nicht selten versagt aber diese der verfassungskonformen Auslegung ähnelnde Interpretationsmethode, wenn es um die praktische Auflösung von Kollisionen zwischen gemeinschaftsrechtlichen und bundes- bzw. landesrechtlichen Normen geht. Dies liegt zunächst an der hohen Regelungsdichte des (besonderen) Verwaltungsrechts sowie an der zunehmenden untergesetzlichen Ausfüllung „unbestimmter" Gesetzesbegriffe durch Rechtsverordnungen oder Verwaltungsvorschriften. Damit werden die von den äußeren Wortlautgrenzen sowie der Sinn- und Zweckrichtung der nationalen Regelung beschränkten Spielräume[60] für eine EG-rechtskonforme Auslegung zunehmend kleiner. Zudem muß der Rechtsanwender im ohnehin schon engen Rahmen der EG-rechtskonformen Auslegung die ungeschriebenen allgemeinen (Verwaltungs-)Rechtsgrundsätze des Gemeinschaftsrechts beachten;[61] letzteres erfordert eine beachtliche gemeinschaftsrechtliche Expertise. Verwaltungsbehörden, denen die Vorlagemöglichkeit nach Art. 177 EGV verwehrt bleibt, können vor diesem Hintergrund einer nicht unerheblichen Rechtsunsicherheit ausgesetzt sein. Hier könnte die Stelle eines Landesbeauftragten für den Verwaltungsvollzug von Europäischem Gemeinschaftsrecht helfen, welche die zum Gemeinschaftsrechtsvollzug berufenen Landesbehörden kurzgutachterlich sowie beratend begleitet und die Vollzugsstandards – auch länderübergreifend – sammelt, systematisiert und mit dem Ziel der einheitlichen Anwendung des Gemeinschaftsrechts weitergibt.

Die – nicht im Wege der EG-rechtskonformen Auslegung ausräumbaren – Normwidersprüche können eine unterschiedliche Intensität erreichen. Sie können auf Detailfragen beschränkt sein, wenn etwa das Gemeinschaftsrecht vorsieht, daß ein bestimmter Grenzwert im Gefahrstoffrecht auf einem im Verhältnis zum nationalen Recht niedrigeren Niveau festgesetzt wird. Lassen sich die Vorschriften beider Rechtsordnungen nicht im Wege der Auslegung in Einklang bringen, ist nur die

---

[60] *Jarass* (o. Fn. 14), S. 95.

[61] *Zuleeg*, Deutsches und Europäisches Verwaltungsrecht – Wechselseitige Einwirkungen, DVBl 1993, S. 1248.

Gemeinschaftsnorm anzuwenden und das entgegenstehende deutsche Recht unangewendet zu lassen,[62] es sei denn, es handelt sich um eine gegenüber dem gemeinschaftsrechtlichen Umweltstandard zulässige („verstärkte") mitgliedstaatliche „Schutzmaßnahme" nach Art. 130t EGV. Vielfach gehen die Konflikte aber über Detailkollisionen hinaus, wenn etwa gemeinschaftsrechtliche Regelungen eines bestimmten Tatbestandes von einem grundverschiedenen Regelungsansatz im Vergleich zum deutschen Recht ausgehen. So setzt beispielsweise das Immissionsschutzrecht in Deutschland vor allem am Anlagenbegriff an (vgl. §§ 4 ff. BImSchG). Dagegen zielen zahlreiche EG-Richtlinien bzw. EG-Verordnungen auf den Schutz bestimmter Umweltmedien und beanspruchen unabhängig davon Geltung, von welcher (Anlagen-)Quelle die Beeinträchtigung des geschützten Umweltmediums ausgeht.[63]

Kann die Behörde die Normkollision nicht im Wege der EG-rechtskonformen Auslegung ausräumen, so trifft sie hinsichtlich der kollidierenden innerstaatlichen Norm nicht nur ein Verwerfungsrecht, sondern eine Verwerfungs*pflicht*.[64] Problematisch wird der Anwendungsvorrang des Gemeinschaftsrechts für eine Verwaltungsbehörde, wenn lediglich *Zweifel an der Vereinbarkeit gemeinschaftsrechtlicher und nationaler Rechtsnormen* bestehen. Welche nationalen Gesetze mit Gemeinschaftsrecht vereinbar sind, läßt sich nicht immer eindeutig feststellen. In diesem Zusammenhang sei nur auf die Schwierigkeiten hingewiesen, welche die Bestimmung des Verhältnisses zwischen der UVP-Richtlinie und der Übergangsbestimmung des § 22 UVPG Lehre und Praxis bereitet hat. Die unterschiedliche Beurteilung derselben (gemeinschaftsrechtlich determinierten) Rechtslage durch verschiedene nationale Organe kann in einem Fall die Nichtanwendung, im anderen die Anwendung einer innerstaatlichen Rechtsnorm zur Folge haben. Gefährdet wird in diesen Fällen zunächst die *einheitliche Anwendung innerstaatlich gesetzten Rechts*. Die Prüfung der Vereinbarkeit von innerstaatlichem Recht mit unmittelbar geltendem Gemeinschaftsrecht setzt dabei die Auslegung der einschlägigen Gemeinschaftsrechtsnormen voraus, welche insoweit auch den mitgliedstaatlichen Verwaltungsstellen überantwortet ist. Stützt sich eine unterschiedliche Beurteilung der Gemeinschaftsrechtmäßigkeit innerstaatlicher Rechtssätze auf eine voneinander abweichende Auslegung von Gemeinschaftsrechtssätzen durch verschiedene nationale Behörden, so hat dies auch eine *uneinheitliche Anwendung des Gemeinschaftsrechts* zur Folge. Gemeinschaftsnormen, die durch den Europäischen Gerichtshof bisher noch nicht ausgelegt wurden – regelmäßig die Normen des Sekundärrechts –, sind durch die mitgliedstaatlichen Behörden selbst auszulegen. Eine Vorlagemöglichkeit an eine *unabhängige* Stelle gibt es bisher auch dann nicht, wenn Zweifel darüber bestehen, welche Auslegung den Vorgaben des Gemeinschaftsrechts ent-

---

[62] vgl. EuGH – Fratelli Costanzo – Rs. 103/88, Slg. 1989, S. 1839 (1879); *Mögele*, Deutsches und europäisches Verwaltungsrecht – wechselseitige Einwirkungen, BayVBl. 1993, S. 554; *Ehlers*, in: *Erichsen* (Hrsg.), Allgemeines Verwaltungsrecht, 10. Auflage 1995, § 3 Rn. 46; *Weber* (o. Fn. 54), S. 73.

[63] EuGH – Kommission ./. Deutschland –, Slg 1991 I, S. 2607 (2631).

[64] Ständige Rechtsprechung seit EuGH – Staatliche Finanzverwaltung ./. Simmenthal – Rs. 106/77, Slg. 1978, S. 629 (644 f.).

spricht. Solche Zweifel gefährden besonders die *einheitliche Anwendung des Gemeinschaftsrechts.*

Das Verwerfungsrecht und die Verwerfungspflicht der Verwaltungsbehörden hinsichtlich gemeinschaftsrechtswidriger Gesetze muß innerstaatlich nicht etwa jeden entscheidenden Beamten treffen. Vielmehr kann das innerstaatliche Dienst- und Verwaltungsverfahrensrecht bestimmen, daß die Anwendungsfrage einer oberen Behörde, dem Dienstvorgesetzten oder einer anderen staatlichen Stelle vor der Verwerfung gemeinschaftsrechtswidriger Gesetze vorgelegt wird. Auch obliegt es dem innerstaatlichen Recht, die Bindungswirkung von solchen oberbehördlichen Verwerfungsentscheidungen gegenüber dem entscheidenden Beamten zu bestimmen.[65]

Die Möglichkeit bzw. die Pflicht einer Behörde, eine oberbehördliche Verwerfungsentscheidung einzuholen, verlagert das Problem auf eine höhere Verwaltungsebene. Gleichwohl besteht angesichts der fehlenden Vorlageberechtigung der Verwaltung nach Art. 177 EGV ein Bedürfnis, den gemeinschaftsrechtsvollziehenden Behörden bei EG-rechtlichen Auslegungszweifeln eine fachlich unabhängige, am Gebot der einheitlichen und effektiven Gemeinschaftsrechtsanwendung orientierte Hilfestellung zu geben. Dieses Bedürfnis besteht nicht nur im Hinblick auf Kollisionen zwischen Gemeinschaftsrecht und deutschem Bundes- sowie Landesrecht. Vielmehr bedarf es der besonderen gemeinschaftsrechtlichen Expertise auch in Kollisionsfällen innerhalb der Gemeinschaftsrechtsordnung, wenn es nämlich zu Widersprüchen zwischen primärem und dem durch die nationale Behörde zu vollziehenden sekundären Gemeinschaftsrecht kommt. Verstößt eine sekundäre Norm des Gemeinschaftsrechts, wie z.B. eine agrarrechtliche EG-Verordnung, gegen das Primärrecht des EG-Vertrags, so hat dies die Rechtswidrigkeit der sekundärrechtlichen Bestimmung zur Folge. Der Europäische Gerichtshof verneint in diesen Kollisionsfällen jedoch – unabhängig vom Offensichtlichkeitsgrad des Verstoßes – eine Berechtigung der nationalen Verwaltungsorgane zur Verwerfung primärrechtswidrigen Sekundärrechts: „Jede gemäß dem Vertrag in Kraft gesetzte Verordnung muß als rechtswirksam gelten, solange ein zuständiges Gericht sie nicht für ungültig erklärt hat“[66]. Die Nichtanwendung einer für primärrechtswidrig gehaltenen Sekundärnorm verstößt nach Auffassung des Gerichtshofs gegen sein im EG-Vertrag festgeschriebenes Entscheidungs- und Verwerfungsmonopol (Art. 173, Art. 184, Art. 177 EGV). Die Versagung eines entsprechenden Verwerfungsrechts der vollziehenden Behörde sei zur Sicherung der einheitlichen Anwendung des Gemeinschaftsrechts unabdingbar. Die Monopolisierung des Verwerfungsrechts zwingt die Exekutive zur *einheitlichen Anwendung von Gemeinschaftsunrecht.* Der Gedanke, daß die Anwendung primärrechtswidriger Gemeinschaftsnormen durch die nationale Verwaltung als rechtmäßiges Handeln zu beurteilen wäre, erscheint fragwürdig. Gleichwohl erklärt der Generalanwalt *Capotorti* in der Rechtssache Granaria[67] –

---

[65] *Jarass* (o. Fn. 14), S. 104.
[66] EuGH – Granaria – Rs. 101/78, Slg. 1979, S. 623 (636 f.).
[67] Rs. 101/78, Slg. 1979, S. 640 (644).

insoweit auch konsequent –, daß eine Staatshaftung wegen Amtspflichtverletzung aufgrund der Anwendung einer primärrechtswidrigen Sekundärnorm vor deren Nichtigkeitserklärung durch den Europäischen Gerichtshof ausscheidet. Somit müssen nach der bisherigen Rechtsprechung des Gerichtshofs die nationalen Behörden auch solches Sekundärrecht vollziehen, das gegen primäres Gemeinschaftsrecht verstößt. Wenn man dieses Diktum für sachgerecht erachtet, besteht ein besonderes Bedürfnis nach administrativer Beratung aufgrund unabhängiger gemeinschaftsrechtlicher Expertise in Kollisionsfällen innerhalb der Gemeinschaftsrechtsordnung. Einerseits könnte ein Landesbeauftragter für den Verwaltungsvollzug von Europäischem Gemeinschaftsrecht zügig Zweifel an der Vereinbarkeit des Sekundärrechts mit dem primären Gemeinschaftsrecht entkräften. Ist er dagegen von der Unvereinbarkeit des Sekundärrechts mit dem Primärrecht überzeugt, könnte er andererseits sachkundig prozessuale Wege aufzeigen, um den Vollzug der Sekundärrechtsnorm einstweilen aussetzen zu lassen (vgl. Art. 185 Satz 2 EGV).

Der indirekte Vollzug des Gemeinschaftsrechts wird zunehmend von der unmittelbaren Richtlinienwirkung, der richtlinienkonformen Auslegung sowie von den damit verbundenen Prüfungs- und Nichtanwendungspflichten gegenüber nationalem Recht geprägt. Dabei ist zu berücksichtigen, daß die Richtlinien heute nicht mehr nur zu dem Zwecke eingesetzt werden, spezielle, überschaubare Sachbereiche, die üblicherweise von besonderen Fachbehörden verwaltet werden, zu harmonisieren. Viele Richtlinien erfassen heute Vorgänge, die in jeder Behörde relevant werden können. Mit dem praktischen Argument, die jeweilige Fachbehörde müsse sich eben auch über die einschlägigen Fach-Richtlinien informieren, kann man sich folglich nicht mehr beruhigen. Das Feld der Unsicherheiten wird daher im Bereich der Richtlinienharmonisierung zunehmend größer. Die Praxis einiger Ministerien, im Falle nicht fristgerecht umgesetzter Richtlinien den Vollzugsbehörden Empfehlungen an die Hand zu geben, wie sie Richtlinien unmittelbar anzuwenden haben, könnte dabei durch einen unabhängigen Landesbeauftragten für den Verwaltungsvollzug von Europäischem Gemeinschaftsrecht sachkundig flankiert werden.

IV. Fazit: Hessen braucht einen Beauftragten für den Verwaltungsvollzug von Europäischem Gemeinschaftsrecht

Während die Gerichte aufgrund der Vorlagemöglichkeit nach Art. 177 EGV immerhin ein gemeinschaftsrechtliches Klärungsinstrument in den Händen halten, bleibt den Verwaltungsorganen diese Vorlagebefugnis versagt. Die komplizierte Gemengelage aus nationalem und europäischem Recht, die Verpflichtung zur Wahrung der praktischen Wirksamkeit des Gemeinschaftsrechts unter gleichzeitiger Beachtung des Diskriminierungsverbotes sowie der Balanceakt zwischen gemeinschaftskonformer Auslegung und Verwerfung der nationalen Regelung wegen des gemeinschaftsrechtlichen Anwendungsvorrangs können die Landesbehörden zuweilen überfordern und die *Gefahr „selektiver Gesetzmäßigkeit“* heraufbeschwören.

In Anbetracht komplizierter gemeinschaftsrechtlicher Vollzugskonstellationen erscheint die Einrichtung der Stelle eines Hessischen Beauftragten für den Verwaltungsvollzug von Europäischem Gemeinschaftsrecht („der Beauftragte") überlegenswert. Gerade beim rechtlich komplizierten Balanceakt zwischen gemeinschaftskonformer Auslegung und Verwerfung der nationalen Regelung könnte der Beauftragte die zum Gemeinschaftsrechtsvollzug berufenen Landesbehörden kurzgutachterlich sowie beratend begleiten. Seiner Amtsinhaberin bzw. seinem Amtsinhaber sollten – vergleichbar mit dem Datenschutzbeauftragten[68] – geeignete institutionelle Garantien einer richterähnlichen Unabhängigkeit zukommen. Der Beauftragte würde sowohl auf die landeseinheitliche als auch – wegen der Länderpflicht zur Bundestreue – auf die bundeseinheitliche Anwendung des Gemeinschaftsrechts bei dessen unmittelbarem und mittelbarem Verwaltungsvollzug verpflichtet. Er könnte von „jeder Stelle, die Aufgaben der öffentlichen Verwaltung wahrnimmt" (§ 1 Abs. 2 HessVwVfG), einschließlich Anstalten und Körperschaften des öffentlichen Rechts, angerufen werden. Der rechtlich wie tatsächlich zu begründende behördliche Antrag an den Beauftragten wäre darauf gerichtet, eine in ihrem Anwendungsbereich für die Behörde unklare Gemeinschaftsrechtsnorm *anwendungsbezogen zu „erläutern"*, soweit dies angesichts eines ambivalenten Wortlauts und mangels eindeutiger oder einschlägiger Rechtsprechung der Gemeinschaftsgerichte sowie deutscher Gerichte für die Behördenentscheidung *erforderlich* erscheint. Diese Erläuterungen hätten den hohen Stellenwert unabhängiger juristischer Kurzgutachten, nicht jedoch strikt verbindlicher Vorlageentscheidungen. Mithin würde auch nicht das *gerichtliche* Auslegungsmonopol des Europäischen Gerichtshofs über Fragen des Gemeinschaftsrechts (Art. 164, Art. 177 EGV) in Frage gestellt. Die Stellungnahmen des Beauftragten könnten in das *Internet* oder in *Juris* nach Maßgabe begrifflich zu ordnender Unterverzeichnisse eingespeist und so von den Rechtsteilnehmern abgefragt werden. Sind die Stellungnahmen nach Auffassung des Beauftragten von grundsätzlicher Bedeutung, sollte zumindest ein kurzer Leitsatz mit der Zugangskennung des Fundortes (einschlägiges Datennetz) im Staatsanzeiger unter einer eigenen Rubrik veröffentlicht werden. Ein ständiger Austausch der Erläuterungspraxis müßte mit den zuständigen Stellen anderer Bundesländer stattfinden.

Darüber hinaus könnte der Beauftragte de lege ferenda in ein neues, auf Kooperation und Konsultation ausgerichtetes Fachaufsichtsinstrument gegenüber dem Gemeinschaftsrechtsvollzug durch die Länder eingebunden werden (oben III.1.). Durch eine Grundgesetzänderung könnte die Fachaufsicht über den Landesvollzug von Gemeinschaftsrecht – anders als bei der Bundesauftragsverwaltung nach Art. 85 GG – dahingehend ausgestaltet werden, daß sie nicht einseitig durch den Bund ausgeübt, sondern gemeinsam durch einen Bundesbeauftragten und einen Landesbeauftragten gleichberechtigt wahrgenommen wird. Bundes- und Landesbeauftragte könnten sich auf Expertenebene – ihre unabhängige Stellung vorausgesetzt –

[68] Vgl. zur Rechtsstellung, Unabhängigkeit und zu den Aufgaben des Datenschutzbeauftragten § § 21 ff. Hessisches Datenschutzgesetz; GVBl. 1986 I S. 309.

auf die angemessene, nicht zuletzt der mitgliedstaatlichen Haftung des Bundes gerecht werdende Fachaufsichtsmaßnahme einigen.

Um den zuvor skizzierten Aufgaben de lege ferenda gerecht zu werden, sollte der vom Landtag auf Vorschlag der Landesregierung zu wählende[69] Beauftragte von möglichen „Ressortquerelen", aber auch von einer parteipolitisch geprägten Rechts- und Wirtschaftspolitik freigehalten werden, zumal das Gemeinschaftsrecht nicht selten für bestimmte politische Deregulierungs- und Liberalisierungsanliegen instrumentalisiert wird. So sollte der Beauftragte weder dem Ressort des für Europaangelegenheiten zuständigen Ministeriums noch der Landesregierung oder dem Landtag „beigeordnet" werden, geschweige denn weisungsgebunden sein. Seine unabhängige Stellung müßte, ähnlich der des Datenschutzbeauftragten, institutionell durch Landesgesetz ausgestaltet werden. Langfristig könnte mit der Stelle des Beauftragten eine zuverlässige, durch moderne Datennetze getragene Einrichtung zur Sammlung, Systematisierung und länderübergreifenden Weitergabe von Vollzugsinformationen, -kenntnissen und -standards geschaffen werden, welche dem einheitlichen Anwendungsvorrang des Gemeinschaftsrechts und damit dessen „effet utile" in den Ländern gerecht wird.

Freilich wird die politische Akzeptanz dieses Vorschlags angesichts der leeren Kassen auch von den Ausgaben abhängen, mit welchen der Beauftragte im Landeshaushalt bzw. im Einzelplan des Landtags[70] langfristig zu Buche schlägt. In diesem Zusammenhang sollten auch die verschiedensten Finanzierungs- und sparsamen Organisationskonstruktionen bis hin zum haushaltswirtschaftlichen „Outsourcing" dieses öffentlich-rechtlichen Amtes auf gesetzlicher in Verbindung mit vertraglicher Grundlage[71] bedacht werden, ohne dabei Unabhängigkeit und höchste Fachkompetenz des Beauftragten praktisch zu gefährden. Auch könnte sich der Beauftragte beispielsweise aus den Reihen gemeinschaftsrechtlich erfahrener Richter, Verwaltungs- und Ministerialbeamter oder Hochschullehrer nebenamtlich[72] rekrutieren.

Selbst wenn es in Zukunft zu einer schrittweisen Kodifizierung gemeinschaftsrechtlicher Rahmenregeln zum indirekten Verwaltungsvollzug kommt,[73] wird das

---

[69] Vgl. als Vorbild etwa § 21 Abs. 1 und 4 Hessisches Datenschutzgesetz: „(1) Der Landtag wählt auf Vorschlag der Landesregierung den Hessischen Datenschutzbeauftragten. (...) (4) Der Hessische Datenschutzbeauftragte wird für die Dauer der jeweiligen Wahlperiode des Landtags gewählt; nach dem Ende der Wahlperiode bleibt er bis zur Neuwahl im Amt. Die Wiederwahl ist zulässig. Vor Ablauf der Amtszeit kann er nur abberufen werden, wenn Tatsachen vorliegen, die bei einem Beamten die Entlassung aus dem Dienst rechtfertigen. Er kann jederzeit von seinem Amt zurücktreten."

[70] Vgl. § 31 Abs. 1 Hessisches Datenschutzgesetz: „Dem Hessischen Datenschutzbeauftragten ist vom Präsidenten des Landtags die für die Erfüllung seiner Aufgaben notwendige Personal- und Sachausstattung zur Verfügung zu stellen; sie ist im Einzelplan des Landtags in einem eigenen Kapitel auszuweisen."

[71] Vgl. § 21 Abs. 5 Hessisches Datenschutzgesetz, der im Rahmen des öffentlich-rechtlichen Amtsverhältnisses eine vertragliche Vergütungsregelung vorsieht: „Die Vergütung des Hessischen Datenschutzbeauftragten ist durch Vertrag zu regeln."

[72] Vgl. § 21 Abs. 3 Hessisches Datenschutzgesetz: „Der Hessische Datenschutzbeauftragte steht nach Maßgabe dieses Gesetzes in einem öffentlich-rechtlichen Amtsverhältnis. Das Amt kann auch einem Beamten im *Nebenamt*, einem berurlaubten Beamten oder einem Ruhestandsbeamten übertragen werden."

[73] Dazu *Schwarze*, Konvergenz im Verwaltungsrecht der EU-Mitgliedstaaten, DVBl. 1996, S. 881 ff. (887 f.); *Sommermann*, Europäisches Verwaltungsrecht oder Europäisierung des Verwaltungsrechts?, DVBl. 1996, S. 889 ff. (896 f.).

nationale Verwaltungsrecht seine rechtsdogmatischen Eigenheiten und seine beherrschende Rolle bei der Steuerung von innerstaatlichen Ordnungsvorgängen in den Mitgliedstaaten nicht verlieren.[74] Mit dem Dualismus und dem häufig unübersichtlichen Ineinandergreifen von Europäischem Gemeinschaftsrecht und nationalem Recht werden also auch künftig Normwidersprüche und Systembrüche einhergehen. Solange diese auftreten, besteht ein Bedarf nach einem Hessischen Beauftragten für den Verwaltungsvollzug von Europäischem Gemeinschaftsrecht.

[74] Dazu *Schwarze*, Die Europäisierung des nationalen Verwaltungsrechts, in: ders. (Hrsg.), Das Verwaltungsrecht unter europäischem Einfluß – Zur Konvergenz der mitgliedstaatlichen Verwaltungsrechtsordnungen in der Europäischen Union, 1996, S. 843.

IV.

BRUN-OTTO BRYDE

Verfassungsreform der Länder unter bundesverfassungsrechtlichem Unitarisierungsdruck

I. Vom Beruf unserer Zeit zur Verfassungsreform

Die Art und Weise, wie der Auftrag von Art. 5 des Einigungsvertrages für „künftige Verfassungsänderungen“ erfüllt worden ist, kann kaum den Eindruck aufkommen lassen, daß die Zeit für eine Verfassungsreform besonders günstig ist. Hessen ist für die eher bescheidenen Ergebnisse und den weitgehenden Ausschluß der Öffentlichkeit aus diesem Prozeß am wenigsten verantwortlich, da es mit einem eigenen Verfassungsbeirat und der öffentlichen Diskussion von dessen Vorschlägen[1] versucht hat, eine breitere Diskussion in Gang zu setzen. Das bedeutet nicht, daß die Verfassungsordnung nicht unter Reformdruck steht: Krisensymptome zeigen sich insbesondere in einer Entfremdung von Bürger und politischem System,[2] die allerdings als „Politikverdrossenheit“ falsch gedeutet ist. Dem teilweise dramatischen Rückgang der Partizipation auf den herkömmlichen Wegen von Wahl und Parteimitgliedschaft entspricht nämlich wachsende Partizipationsbereitschaft in den Sphären der „Subpolitik“.[3] Eine Aufgabe einer Verfassungsreform könnte es sein, Politik und Subpolitik, Staat und Bürger wieder näher zusammen zu führen: *Willy Brandts* Aufforderung, „mehr Demokratie zu wagen“, entspricht zwar nicht mehr dem Zeitgeist,[4] bleibt in einer Demokratie aber auf Dauer zeitgemäß.

Angesichts geringer Aussichten auf bundesweite Verfassungsreformen wäre ein denkbarer Neuansatz ein Reformschub auf der Ebene der Länder. Es ist daher nur konsequent, wenn die Verfassungsreformdiskussion, gerade unter dem Gesichtspunkt einer Verbesserung der Demokratie, die Länder in den Blick nimmt.[5] Stärker als beim unbeweglichen politischen System Bund könnte man hier mit

---

[1] Die Reform des Grundgesetzes - Empfehlungen des Hessischen Verfassungsbeirats, hrsg. vom Hessischen Ministerium der Justiz; Symposium Verfassungsreform am 30./31.10.1991, hrsg. von der Hessischen Landesregierung und dem Hessischen Landtag.

[2] Vgl. *H. H. von Arnim*, Staat ohne Diener, 1993, S. 9 ff. m.w.N.

[3] *U. Beck*, Die Erfindung des Politischen, 1993, S. 149 ff.; besonders schön das Portrait der Frau, die wegen ihrer Arbeit in Grundbesitzervereinigung, Elternbeirat, Kirchenaktion für Obdachlose, Gemeindebücherei und als Geschworene für „Politik“ keine Zeit hat, bei *Benjamin Barber*, Strong Democracy, 1984, S. XII; ähnliche Beispiel ließen sich in Deutschland viele finden.

[4] Dieser wird besser durch die Auffassung repräsentiert, vornehmste Aufgabe des Bürgers sei es, sich um Familie und Arbeit zu kümmern und die Politik den Politikern zu überlassen: *Depenheuer*, Bürgerverantwortung im demokratischen Verfassungsstaat, VVDStRL 55 (1996), S. 90 ff.

[5] *Lange/Jobs*, in diesem Band; *v. Arnim*, a.a.O., S. 293 ff., Frankfurter Intervention, in: Recht und Politik 1995, S. 16 ff.

neuen Formen und Institutionen zur Verbesserung der Teilhabe der Bürger an der Staatsgewalt experimentieren. Einzelne Länder können voran gehen, andere brauchen nicht zu folgen. Die „Frankfurter Intervention“[6] hat dazu bemerkenswerte Thesen vorgelegt.

Eine solche Pionierfunktion der Länder wäre nicht ohne Vorbild:

Die Landesverfassungen, die dem Grundgesetz vorausgingen, einschließlich gerade auch der Hessischen Verfassung,[7] waren von einiger Originalität: Vieles, was später als genuine Leistung des Grundgesetzes erscheint, wurde hier vorgedacht. Auch die Landesverfassungsgebung in den neuen Ländern war teilweise innovativ,[8] allerdings ohne Einfluß in den Verfassungsdiskussionen anläßlich der Wiedervereinigung.

Bei der Frage, ob solche Impulse für die Verfassungsreform von den Ländern ausgehen könnten, ist allerdings nicht allzu viel Optimismus angebracht. Das Verfassungsrecht der Länder hat seine innovative Funktion ziemlich schnell aufgegeben. Viel kennzeichnender für seine Rolle ist eine immer stärkere Unitarisierung und Vereinheitlichung auf der Basis des Bundesmodells.

Dieser Beitrag wird den Gründen für diesen Unitarisierungsdruck nachgehen. Nur wenn man sich über ihn Klarheit verschafft hat, ist es vielleicht möglich, ihn zu überwinden und Reformprozesse auf Länderebene überhaupt erst denkbar zu machen.

II. Länderverfassungsrecht unter Unitarisierungsdruck

1. Befund: geringe Variationsbreite

Betrachtet man heute das Landesverfassungsrecht, so ist es im Vergleich etwa mit dem Verfassungsrecht der Schweizer Kantone[9] oder auch der amerikanischen Einzelstaaten von eher geringer Variationsbreite. Alle deutschen Länder haben im Prinzip dasselbe Regierungssystem, ein parlamentarisches Regierungssystem mit deutlichem Übergewicht des Ministerpräsidenten. Die Hansestädte, als einzige Ausnahmen, bemühen sich mit Nachdruck, ihre Besonderheiten aufzugeben. Da auch die Wahlsysteme überwiegend einheitlich sind, mit einigen (vorbildhaften) Besonderheiten in Süddeutschland,[10] was wiederum zu vergleichbaren politischen Systemen führt, erscheinen die meisten als kleinere Ausgaben des Bundes. Auch

---

[6] Fn. 5

[7] Zur Entstehung nunmehr umfassend: *H. Berding* (Hrsg.), Die Entstehung der Hessischen Verfassung von 1946, 1996.

[8] *P. Häberle*, Die verfassunggebende Gewalt des Volkes im Verfassungsstaat - eine vergleichende Textstufenanalyse, AöR 112 (1987), S. 54 (84 ff.).

[9] *G. Schmid*, Die Bedeutung gliedstaatlichen Verfassungsrechts in der Gegenwart, VVDStRL 46 (1988), S. 92 (98 ff.) m.w.N.

[10] Insbesondere dem System begrenzt offener Listen in Bayern (Art. 38 LWG), das die Enquête-Kommission Verfassungsreform vergeblich für das Bundestagswahlrecht vorgeschlagen hat: Schlußbericht, BT-Drs. 7/5924, S. 17 ff.

soweit die Texte, vor allem der Verfassungen, die älter sind als das Grundgesetz, Besonderheiten aufweisen, werden diese in der Praxis und durch Interpretation dem Bundesmodell angeglichen.

Diese Situation dürfte allgemein – und schon das ist ein wichtiger Grund, nicht auf zu viel Änderung zu setzen – nicht als kritikbedürftig, sondern als natürlich empfunden werden. Daß sie das nicht ist, ergibt sich aus einer verfassungssystematischen Überlegung und einem Blick ins Ausland, wie ja ohnehin die Verfassungsvergleichung immer ein besonders guter Weg ist, scheinbare Selbstverständlichkeiten zu problematisieren.

Der verfassungsrechtliche Grund, die Parallelität in der Staatsorganisation von Bund und Ländern eher erstaunlich als selbstverständlich zu finden, liegt in der grundlegend unterschiedlichen Verteilung der Staatsfunktionen auf Bund und Länder. Während im amerikanischen (Trennungs-)Föderalismus die Einzelstaaten wichtige zentrale Gesetzgebungszuständigkeiten (bis zum Zivil- und Strafrecht) haben und Union und Staaten jeweils die eigenen Gesetze mit eigenen Verwaltungen und Gerichten ausführen und durchsetzen, ist der deutsche Vollzugs- (bzw. Verwaltungs-)föderalismus[11] durch eine Verzahnung von horizontaler und vertikaler Gewaltenteilung gekennzeichnet: Die Gesetzgebung liegt weitgehend beim Bund (und zunehmend bei der Europäischen Union), die Ausführung aber bei den Ländern. Dieses traditionelle deutsche System hat seine unbestreitbaren praktischen Vorteile, aber auch große demokratietheoretische Nachteile, weil es einen „Verschiebebahnhof für parlamentarische Verantwortlichkeiten"[12] institutionalisiert: Anders als im klassischen parlamentarischen Modell vorausgesetzt kann die „Legislative" die „Exekutive" typischerweise nicht kontrollieren. Die Bundesgesetze werden nicht von der Bundesregierung, sondern von Landesexekutiven ausgeführt, über die der Bundestag keine Kontrolle hat, die Landesregierungen aber können sich ihren Parlamenten gegenüber häufig auf verbindliche Bundesvorgaben berufen. Die Verunklarung parlamentarischer Verantwortlichkeit auf Bundesebene durch die Konstruktion des Bundesrates als Vertretung der Landesregierungen (im Vollzugsföderalismus konsequent)[13] vervollständigt dieses Bild.

Eine aufgabenorientierte Verfassungsdiskussion könnte und müßte hier ansetzen.[14] Die Energie, die in der Verfassungsreformdiskussion des Bundes auf die ziemlich illusorische Hoffnung einer Rückholung von Gesetzgebungskompetenzen in die Länder verwandt wurde, sollte besser auf Landesverfassungsebene auf die Frage konzentriert werden, wie die demokratische Organisation und Kontrolle einer politischen Einheit verbessert werden kann, die ihre Hauptfunktion in der

---

[11] Zu den beiden Modellen *Bothe*, Die Kompetenzstruktur des modernen Bundesstaates in rechtsvergleichender Sicht, 1977, S. 224 ff.; *Ellwein*, Das Regierungssystem der Bundesrepublik Deutschland, 3. Aufl. 1973, S. 80 ff.

[12] *Ellwein*, a.a.O., S. 74; vgl. auch *v. Arnim*, a.a.O., S. 301 ff.

[13] *Bryde*, Stationen, Entscheidungen und Beteiligte im Gesetzgebungsverfahren, in: *H. P. Schneider/W. Zeh* (Hrsg.), Parlamentsrecht und Parlamentspraxis, 1989, S. 861.

[14] So auch *v. Arnim*, a.a.O., S. 293 ff.

Ausführung fremder Gesetze hat. Anleihen bei der Kommunalverfassung lägen dann (horribile dictu) näher als beim Nationalstaat.

Daß dies keine abwegige Vorstellung ist, lehrt – dies der rechtsvergleichende Hinweis – die Formenvielfalt des kantonalen Verfassungsrechts in der Schweiz. Dieses weist in der Tat, trotz des sehr bewußten Souveränitätsverständnisses schweizer Kantone,[15] sehr viel mehr Parallelen zur Kommunalverfassung, insbesondere der Magistratsverfassung, als zum Organisationsrecht von Nationalstaaten auf.

2. *Freiwillige Unitarisierung*

Gerade der Verweis auf die schweizer Kantone zeigt allerdings, warum ein Neuansatz in der Bundesrepublik schwer sein dürfte. Einerseits lassen sich natürlich Traditionen weder leugnen noch übertragen. Die deutschen Einzelstaaten haben seit 1871 ihre materiellen Verluste von Kompetenzen durch umso nachdrücklicheres Festhalten an der Darstellung von Staatlichkeit auszugleichen versucht. Diese finden sie ganz wesentlich darin, daß ihr Staatsorganisationsrecht dem Vorbild souveräner Nationalstaaten folgt. Noch wichtiger ist, daß man von den politischen Eliten der Bundesländer kaum erwarten kann, auf die durch solche symbolische Darstellung gewonnenen Ämter, Titel und Privilegien zu verzichten.

3. *Gesteuerte Unitarisierung I: Verfassungsrechtssystem*

In diesem Beitrag sollen jedoch weniger Vorwürfe an Politiker als vielmehr die Hindernisse für Verfassungsinnovationen im Mittelpunkt stehen, die aus dem System kommen, zu dem der Autor gehört: dem Verfassungsrechtssystem.

Eine erhebliche Gefahr für einen eigenständigen Verfassungsraum der Länder stammt nämlich aus der Verfassungsrechtsdogmatik. Die für die deutsche Rechtswissenschaft (im Unterschied etwa zur pragmatischen angelsächsischen[16]) typische Identifizierung von Wissenschaftlichkeit mit Systemdenken führt dazu, daß ein Großteil der Verfassungsrechtssätze als Konkretisierungen der grundlegenden, in Art. 20 und 28 GG geschützten Verfassungsprinzipien gesehen werden kann.[17] Das legt dann den Fehlschluß nahe, alle solche Konkretisierungen seien zwingende, die Länder nach Art. 28 GG bindende Bestandteile dieser Prinzipien.[18]

---

[15] *G. Schmid*, a.a.O., S. 93 ff. m.w.N.

[16] Für die *Oliver Wendell Holmes* weises dictum: „The life of the law has not been logic; it has been experience" stehen mag.

[17] Indiz ist der Aufbau von Staatsrechtslehrbüchern, die das Material (bis hin zu einfachrechtlichen Regelungen) unter die Überschriften „Demokratie, Bundesstaat, Rechtsstaat" ordnen: *J. Ipsen*, Staatsrecht I, 6. Aufl. 1994; *v. Münch*, Staatsrecht I, 5. Aufl. 1993.

[18] Zur Kritik an dieser Verwechslung von innerem und äußerem System: *Bryde*, Verfassungsentwicklung, 1982, S. 244 ff.

Solange das Verfassungsrecht der Länder noch nicht vollständig dem des Bundes assimiliert ist, wird es daher ein beliebtes Thema von Dissertationen bleiben, Restbestände grundgesetzwidriger Reservate in den Landesverfassungen aufzuspüren, und auch jede neue Originalität auf Landesverfassungsebene wird sich sofort dem Vorwurf des Verfassungsverstoßes ausgesetzt sehen.

Verfassungsrechtssoziologisch wird diese auf der Basis des Grundgesetzes unitarisierende Verfassungsrechtsdogmatik durch die bundesweit einheitliche verfassungsjuristische Sozialisation gesichert: Die Ausbildung im Verfassungsrecht erfolgt (natürlich und mit Recht) am Grundgesetz, und von daher ist es fast zwangsläufig, daß der Jurist in den Begriffen und Lösungen des Grundgesetzes denkt, wenn er mit landesverfassungsrechtlichen Problemen konfrontiert wird.

4. Gesteuerte Unitarisierung II: Bundesverfassungsgericht

In einem System mit justitiabler Verfassung werden solche dogmatischen Vorprägungen auch in der Rechtsprechung des Verfassungsgerichts wirksam.

Die Rechtsprechung des Bundesverfassungsgerichts bekennt sich zwar abstrakt zur Eigenständigkeit des Landesverfassungsrechts und dazu, daß die Länder in der Verwirklichung der ihrer Verfassungsordnung durch das Grundgesetz vorgegebenen Prinzipien des Art. 28 GG einen eigenständigen Gestaltungsspielraum haben,[19] aber in der Praxis neigt es doch dazu, die Länder auf seine bundesverfassungsrechtliche Linie festzulegen.

Ein typisches Beispiel ist etwa das Verordnungsrecht, wo das Gericht feststellt, daß Art. 80 GG nicht für Verordnungen aufgrund landesrechtlicher Ermächtigungen gilt,[20] nur um dann die Bestimmtheit der Ermächtigung auf dem Umweg über Art. 28 GG i.V. mit Demokratie- und Rechtsstaatsgebot doch nahtlos an den zu Art. 80 GG entwickelten Regeln zu überprüfen.[21]

Das hat mehrere Gründe.

Zum einen ist es gedanklich und argumentativ in einem dogmatischen System zweifellos schwer, die Interpretation, die man einem Verfassungssatz oder Prinzip für den Bund gegeben hat, nicht auf die Fragestellung in den Ländern zu übertragen. D.h., wenn das Bundesverfassungsgericht z.B. eine bestimmte bundesrechtliche Einrichtung mit der Auslegung des Demokratieprinzips für unvereinbar hält, ist es für das Gericht schon sprachlich schwierig, die Vereinbarkeit einer entsprechenden Regelung für ein Land festzustellen.

Ein Hauptgrund für die beschriebene Unitarisierung auf der Basis des Bundesmodells liegt denn auch gar nicht in mangelnder föderalistischer Sensibilität, sondern, noch vor dieser, in einer Neigung des Gerichts, Verfassungsprinzipien zu

---

[19] BVerfGE 9, 268 (279); 34, 52 (58 f.); 36, 342 (361).

[20] BVerfGE 34, 52 (58 f.).

[21] Nachweise bei *Bryde*, in: *v. Münch* (Hrsg.), Grundgesetz-Kommentar III, 2. Aufl. 1983, Art. 80 Rn. 2a.

überdehnen und ihnen Antworten für konkrete Fragen zu entnehmen. Die Rechtsprechung zum Demokratieprinzip ist das beste Beispiel (unten III.1.).

Größere Zurückhaltung des Gerichts dabei, in gesellschaftlich höchst kontroversen Fragen ein bestimmtes Verständnis abstrakter Verfassungsprinzipien zum allein verbindlichen zu erklären, würde natürlich auch den Ländern neuen Raum für Verfassungsinnovationen öffnen.

Aber selbst wenn das Gericht für den Bund anders verfährt, könnte es dennoch den Ländern einen größeren Spielraum lassen. Funktionell-rechtliche Faktoren in der Verfassungsauslegung sind in der deutschen Verfassungslehre ja durchaus anerkannt.[22] Man kann also einerseits Verfassungsprinzipien als Interpret einen prägnanten Inhalt geben, aber doch Konkretisierungskompetenzen unterschiedlicher Akteure anerkennen.[23] Anders ausgedrückt, die Bedeutung von Verfassungsrecht als Handlungsmaßstab für die Politik und als Kontrollmaßstab für ein Gericht lassen sich unterscheiden.[24] Das Bundesverfassungsgericht hat gelegentlich angedeutet, daß derartige funktionell-rechtliche Zurückhaltungsgebote nicht nur im Verhältnis von Gericht und den anderen Staatsorganen (judicial restraint) gelten, sondern auch einen spezifisch föderalistischen Inhalt haben könnten. So hat es im Schulrecht durchaus gesehen, daß die Kulturhoheit der Länder gefährdet wäre, wenn man die richtige Schulpolitik aus der Exegese der Art. 6, 7 GG auf bundesverfassungsrechtlicher Ebene vornehmen würde, und daraus die Konsequenz eines „federative restraint" gezogen.[25] Aber dieser richtige Ansatz ist doch vereinzelt geblieben.[26] Dem Vorschlag, ihn auf das Demokratieprinzip zu übertragen,[27] mochte das Gericht jedenfalls nicht folgen, und auch für die Behandlung des Parlamentsvorbehalts im Schulrecht ist er Ausnahme geblieben (unten III.2.).

Allerdings kann eine zu starke Einmischung des Gerichts in den Verfassungsraum der Länder auch viel schlichtere Gründe haben. Die Judikatur des Gerichts ist häufig auch institutionspolitisch zu erklären.[28] Die (berechtigten) Klagen des Gerichts über seine Überlastung sollten nicht übersehen lassen, daß das Bundesverfassungsgericht es äußerst ungern sieht, wenn wichtige Bereiche des Verfassungsrechts seiner Kontrolle entzogen bleiben. Bietet sich dann ein landesrechtlicher Fall an, um bundesverfassungsrechtliche Fragen zu klären, wird das Gericht geneigt sein, die Gelegenheit zu ergreifen, und da es ihm gerade um eine konkrete bundesverfassungsrechtliche Aussage geht, wird es dann auch keinen „federative restraint" üben.

---

[22] Grundlegend *Ehmke*, Prinzipien der Verfassungsinterpretation, VVDStRL 20 (1963) S. 53 (73); w.N. bei *Bryde*, Verfassungsentwicklung, a.a.O., S. 303 ff.; *Schuppert*, Funktionell-rechtliche Grenzen der Verfassungsinterpretation, 1980, m.w.N.

[23] *Bryde*, Verfassungsentwicklung, a.a.O., S. 303 ff.

[24] Grundlegend *James Goldschmidt*, Der Prozeß als Rechtslage, 1929, S. 227 ff.

[25] BVerfGE 34, 165 (181 ff.).

[26] Graf *Vitzthums* Aussage (Die Bedeutung gliedstaatlichen Verfassungsrechts in der Gegenwart, VVDStRL 46 [1987], S. 7 [29]), das Gericht habe das Gebot „landesverfassungsfreundlicher Auslegung" des Art. 28 im allgemeinen befolgt, vermag ich nicht zu folgen.

[27] Vgl. meinen Schriftsatz für den Schleswig-Holsteinischen Landtag, dokumentiert in *Isensee/Schmidt-Jortzig* (Hrsg.), Das Ausländerwahlrecht vor dem Bundesverfassungsgericht, 1993, S. 238 (242).

[28] *Bryde*, Verfassungsentwicklung a.a.O., S. 167 ff.

III. Landesverfassungsraum unter verfassungsgerichtlicher Restriktion: drei Beispiele

Betrachtet man Fälle von mangelndem „federative restraint" in der Perspektive des oben nur angedeuteten Programms einer aufgabenorientierten Reform des Landesverfassungsrechts, dann geraten vor allem die Entscheidungslinien des Bundesverfassungsgerichts ins Blickfeld, mit denen es Variationen auf der Ebene des Landesverfassungsrechts, „institutional choice"[29], behindert.

1. Demokratieprinzip

Zentral ist dabei insbesondere die Rechtsprechung des Zweiten Senats[30] zum Demokratieprinzip.

Die Länder sind, ohne daß sie dies bisher besonders bemerkt hätten, eines der Hauptopfer der dogmatischen Festlegung der westdeutschen Demokratie auf ein Demokratieverständnis, das ich an anderer Stelle als „volksdemokratisch" bezeichnet habe.[31]

Damit meine ich ein Konzept der Demokratie, in dem der Volksbegriff zum Kern des Demokratiebegriffs wird. Ausgehend von der Formulierung des Demokratieprinzips im Grundgesetz („Alle Staatsgewalt geht vom Volke aus")[32] wird Demokratie definiert als Herrschaft eines mit der Gesellschaft nicht identischen kollektiven Staatsoberhaupts namens „Deutsches Volk". Damit wird das schwierige Inklusionsproblem der Demokratietheorie – wer muß (jeweils für bestimmte Entscheidungen) zum Demos gehören, damit Demokratie als Ordnung der Selbstbestimmung und Gleichheit funktioniert?[33] – kurzgeschlossen.

Die entscheidende Schubkraft erhielt diese Theorie im Kampf um das Ausländerwahlrecht, denn mit ihr läßt sich der Ausschluß von Einwohnern ohne deutschen Paß von der politischen Mitwirkung besonders gut begründen. Dieser konkrete Fall ist für unser Thema unter dem Gesichtspunkt der Innovationsfähigkeit der Demokratie in den Ländern bedeutend. Dem nach seiner Verfassung besonders

---

[29] *Schuppert*, Institutional Choice im öffentlichen Sektor, in: *Grimm* (Hrsg.), Staatsaufgaben, 1993, S. 647 ff.

[30] Zur abweichenden Haltung des Ersten Senats (Demokratie als freie Selbstbestimmung aller) vgl. BVerfGE 5, 85 (147); 44, 125 (142).

[31] *Bryde*, Die bundesrepublikanische Volksdemokratie als Irrweg der Demokratietheorie, Staatswissenschaften und Staatspraxis 1994, S. 305 ff.

[32] Und in Deutschland meist unter Ausblendung der Tatsache, daß in der Urform dieser altehrwürdigen Formel, der Virginia Declaration of Rights, von Menschen, nicht von einem Kollektiv namens „Volk" die Rede ist: „That all power is vested in, and consequently derived from, the people; that magistrates are *their* trustees and servants, and at all times amenable to *them*". Historisch und philologisch abwegig daher die Berufung auf ausgerechnet diesen Text für ein kollektivistisch-nationales Demokratieverständnis bei *Merten*, Bürgerverantwortung im demokratischen Verfassungsstaat, VVDStRL 55 (1996), S. 7, 25. Weitere Belege zum Verständnis von „We the people" in der amerikanischen Theorie bei *Bryde*, Staatswissenschaft und Staatspraxis (a.a.O.), S. 312.

[33] *R. A. Dahl*, Democracy and its Critics, 1989, S. 119 ff.

auf Weltoffenheit verpflichteten Hamburg[34] und Schleswig-Holstein mit dem naheliegenden Versuch, dem skandinavischen Vorbild in der Behandlung von Ausländern zu folgen,[35] wird untersagt, die Frage anders zu sehen als andere Länder. Aber daß eine allgemeine Theorie gerade an diesem Thema zur „h.L." geworden ist, hat darüber hinausgehende (verfassungs-)politische Bedeutung. Die (partei-)politische Konfrontation zu diesem Thema verhinderte, daß gerade die Bannerträger des deutschen Föderalismus sich der föderalistischen Brisanz eines nationalen Demokratieverständnisses bewußt wurden. So machte sich die Bayerische Staatsregierung als Normenkontrollklägerin gegen ein schleswig-holsteinisches Gesetz die Ausführungen des Prozeßvertreters der CDU/CSU-Bundestagsfraktion ohne Einschränkung zu eigen, obwohl dessen Leugnung der Existenz von Landesvölkern[36] den Bundesstaat fundamental trifft. Tatsächlich ist die hier kritisierte Auslegung des Art. 20 GG schon aus bundestaatlichen Gründen nicht möglich, da im Bundesstaat die Staatsgewalt je nach Aufgabe von unterschiedlichen Völkern ausgeht.[37] Die Weimarer Verfassung, der das Grundgesetz die Formel unmittelbar entlehnt hat, hat entgegen einem ursprünglichen Entwurf bewußt auf die Formulierung „Alle Staatsgewalt geht vom Deutschen Volke aus" verzichtet, weil das mit der Staatsqualität der Länder unvereinbar gewesen wäre:[38] Warum das überholt sein sollte,[39] ist nicht ersichtlich.

Für unser Thema wichtiger als die Aufopferung des Föderalismus im Kampf gegen das Ausländerwahlrecht ist die Auswirkung eines kollektivistischen und zentralistischen Demokratiekonzepts mit dem Kollektiv „Deutsches Volk" als Monarchenersatz[40] auf die Möglichkeit von Verfassungs- und Verwaltungsinnovationen.

In der Sicht des Zweiten Senats, die jüngst im Beschluß zum schleswig-holsteinischen Personalvertretungsgesetz nachdrücklich und mit Schärfe bestätigt worden ist,[41] ist nämlich die Herrschaftslegitimation durch Teilvölker oder Volksteile, vor

---

[34] „Die Freie und Hansestadt Hamburg hat als Welthafenstadt eine ihr durch Geschichte und Lage zugewiesene, besondere Aufgabe gegenüber dem deutschen Volk zu erfüllen. Sie will im Geiste des Friedens eine Mittlerin zwischen allen Erdteilen und Völkern der Welt sein", Präambel, Abs. 1.

[35] Insbesondere weil Dänemark und Schleswig-Holstein in ihrer international beispielhaften Behandlung der jeweiligen Minderheiten vom Grundgedanken der gleichen Rechte auf beiden Seiten der Grenze ausgehen und deutsche Staatsangehörige in Dänemark ein Kommunalwahlrecht schon lange hatten.

[36] *Isensee*, Antragsschrift, in: *Isensee/Schmidt-Jortzig* (Hrsg.), a.a.O., S. 28; nunmehr explizit ders., Idee und Gestalt des Föderalismus, in: *Isensee/Kirchhof*, HStR IV, 1990, S. 542 ff.

[37] So deutlich *Herzog*, in: *Maunz/Dürig/Herzog/Scholz*, Grundgesetz, Art. 20 IV Rn. 26. Zu den faszinierenden Aspekten des „Zwillingsgerichts" Bundesverfassungsgericht gehört, daß der Zweite Senat zu keinem Zeitpunkt der Rezeption und Festschreibung des *Carl Schmitt/E. W. Böckenförde*schen Demokratieverständnisses für das Grundgesetz die grundsätzlich abweichende Auffassung des Gerichtspräsidenten *Herzog* auch nur erwähnt und daß dieser sich, soweit ersichtlich, auch nie dazu geäußert hat.

[38] *Anschütz*, Die Verfassung des Deutschen Reiches, 14. Aufl. 1933, Art. 1, S. 38.

[39] *Merten*, a.a.O., S. 25.

[40] Dies wahrscheinlich ein wichtiger geistesgeschichtlicher Hintergrund für die Entwicklung eines solchen deutschen Demokratiekonzepts in der Weimarer Republik: Es half die neue (und ungeliebte) Demokratie in vertrauten etatistischen Strukturen des monarchischen Staates zu denken: *v. Krockow*, Von deutschen Mythen, 1995, S. 52 ff.

[41] BVerfG NVwZ 1996, 574; ich habe in diesem Verfahren die schleswig-holsteinische Landesregierung vertreten (vgl. *Bryde*, Personalvertretung in der parlamentarischen Demokratie, Festschrift für Thieme, 1993, S. 9 ff.); zur Kritik der Position des Gerichts: *Plander*, Personalvertretungen als Grundrechtshilfe

allem aber auch die Beteiligung der unmittelbar Betroffenen bestenfalls „scheindemokratisch“[42]. Das Gericht formuliert radikal, als ob es eine Partizipationsdebatte nie gegeben hätte, daß „Bürgern, die von einer bestimmten Ausübung von Staatsgewalt individuell betroffen sind, keine besonderen Mitentscheidungsbefugnisse eingeräumt werden dürfen“[43].

Selbstverwaltung, Partizipation, Autonomie sind nicht Bestandteil des Demokratieprinzips,[44] sondern Gegensatz, rechtfertigungsbedürftige Ausnahme zur Durchsetzung der Herrschaft des Staatsvolks. Die Ernennung des Schulsprechers durch den Direktor wäre in solcher Sicht „demokratisch“, da dieser über die ministerielle Ernennung mit dem „demos“ in einer Legitimationskette verbunden ist, die Wahl durch die Mitschüler ist „scheindemokratisch“, denn Schüler sind kein „Volk“.

Damit liegt der Senat ziemlich quer (und ist darauf wahrscheinlich stolz) zu einem breiten Konsens in der internationalen Demokratiediskussion, die nach Möglichkeiten der Verbesserung von Demokratie unterhalb der staatlichen Ebene sucht. Die Erkenntnis, daß wichtige gesellschaftliche Prozesse sich nicht mehr vom politischen System auf der Ebene des Nationalstaats steuern lassen, stellt nämlich vor die schlichte Entscheidung, die Fixierung von Demokratie auf die nationalstaatliche Ebene zu überwinden und den Entscheidungen dorthin zu folgen, wo sie tatsächlich stattfinden, oder Demokratie für irrelevant zu erklären. Das normative Ideal demokratischer Autonomie („freie Selbstbestimmung aller“) wird sich unter heutigen gesellschaftlichen Bedingungen nur dann verwirklichen lassen, wenn solcher Partizipation andere Wege eröffnet werden, als sie ein Demokratiemodell bietet, in dem die Staatsgewalt zwar vom Volk ausgeht, anschließend aber weg ist. Hier knüpfen die unterschiedlichsten Ansätze in der internationalen Demokratiediskussion an (konkret z.B.: Versuche, Ökologieprobleme durch Schaffung von Selbstverwaltungskörperschaften auf der Basis ökologischer Grenzen[45] zu lösen, „citizen's juries“ zur Kontrolle von Versorgungsunternehmen;[46] allgemeiner: generelle Entwürfe „assoziativer“[47] und diskursiver[48] Demokratie). Eine am Gesamtvolk ansetzende Demokratiedefinition vermag hier, aber auch schon bei schlichteren Reformvorschlägen (z.B.: unabhängige Kommissionen zur Parteienfinanzierung

---

im demokratischen und sozialen Rechtsstaat, 1995; *Schuppert*, PersR 1993, S. 1 ff.; *v. Roetteken*, Verfassung und Personalvertretungsrecht, NVwZ 1996, S. 552; *Dopatka*, Mitbestimmung im öffentlichen Recht revisited, KJ 1996, S. 224 ff.

[42] *E. W. Böckenförde*, Demokratie als Verfassungsprinzip, in: *Isensee/Kirchhof*, HStR I, 1987, S. 906 ff.; deutlich auch BVerfGE 83, 60 (75): Das Demokratieprinzip verbietet im Grundsatz die Schaffung lokaler Autonomie.

[43] A.a.O., S. 576.

[44] Wie es der Erste Senat des Bundesverfassungsgerichts 1972 noch sah: BVerfGE 33, 125 (159). Vgl. auch fundiert zur demokratischen Legitimation funktionaler Selbstverwaltung: *Emde*, Die demokratische Legitimation der funktionalen Selbstverwaltung, 1991.

[45] Vielfältige Initiativen vor allem in Kalifornien: *D. P. Wheeler*, Ecosystem Management: An Organizing Principle for Land Use, in: *H. L. Diamond/P. F. Noonan* (ed.), Land Use in America, 1996.

[46] So der Plan der Labour Party: Times v. 28.10.1996.

[47] *P. Hirst*, Associational Democracy, in: *Held* (ed.), Prospects for Democracy, 1993, S. 112 ff.

[48] *Dryzek*, Discoursive Democracy, 1990.

oder eine Stärkung der Unabhängigkeit der Justiz einschließlich der Staatsanwaltschaft nach italienischem Vorbild), nur Verbotenes zu erkennen.

2. *Parlamentsvorbehalt und demokratische Organisation von Verwaltung*

Der zweite Beispielsfall ist weniger spektakulär, zeigt aber gut die Schwierigkeit auf, aus einer bundesverfassungsrechtlichen Sicht den spezifischen Besonderheiten der Länder als primär verwaltenden Einheiten gerecht zu werden. Zu den wichtigsten judiziellen Verfassungsschöpfungen gehört die Lehre des Bundesverfassungsgerichts vom Parlamentsvorbehalt.[49] Der demokratischen Neubestimmung des klassischen rechtsstaatlichen Gesetzesvorbehalts als Parlamentsvorbehalt ist grundsätzlich zuzustimmen.

Trotzdem ist angesichts der angedeuteten Unterschiede zwischen Bundes- und Landesfunktionen durchaus fraglich, wie weit Bund und Länder mit den gleichen Maßstäben behandelt werden können. Die Frage, was wesentlich ist, stellt sich sicher unterschiedlich. Viel grundsätzlicher fragt sich, ob für die Demokratie in den in erster Linie exekutiv tätigen Ländern die Lehre den gleichen Stellenwert hat wie für den Bund.

Zur Illustration soll eine überwiegend hochgelobte Entscheidung des Bundesverfassungsgerichts zur Lehre vom Gesetzesvorbehalt dienen, der Sexualkundeentscheid.[50] Wie oben erwähnt, geht es dem Gericht bei Entscheidungslinien häufig um grundlegende Aussagen, für deren bundesweite Festschreibung die Besonderheiten des Landesverfassungsrechts im konkreten Fall nur störend wirken. Weil das so ist und von den Rezipienten der Rechtsprechung auch akzeptiert wird, werden die Aussagen der Entscheidung, um die es hier geht, in gekürzte Fassungen des Urteils überhaupt nicht aufgenommen.[51]

Der hamburger Senat hat die Sexualkunderichtlinien nämlich u.a. damit verteidigt, daß derartige untergesetzliche Vorschriften in Hamburg von der Deputation der entsprechenden Behörde, hier der Schulbehörde, gebilligt werden müssen.[52] Deputationen sind eine „Hamburgensie“[53], durch die die „Mitwirkung des Volkes an der Verwaltung“ (Art. 56 Verfassung der Freien und Hansestadt Hamburg) sichergestellt wird. Da die Deputation ihrerseits von der Bürgerschaft gewählt ist, verleiht das hamburgischen Verwaltungsvorschriften eine zusätzliche demokratische Legitimation, die exekutiver Normgebung in anderen Bundesländern fehlt. Die hamburger Situation ist daher so atypisch, daß sie sich für das Thema, um das es dem Gericht mit dem Entscheid geht, nämlich inwieweit wesentliche schulpolitische Entscheidungen am politischen Prozeß vorbei in der Kultusbürokratie fallen

---

[49] BVerfGE 34, 165; 40, 237; 41, 251; 47, 46; 49, 89.

[50] BVerfGE 47, 46.

[51] Z.B. in der Studienauswahl von *Grimm/Kirchhof*, Bd. 1, S. 495 ff.

[52] BVerfGE 47, 46 (57 f.).

[53] Vgl *H. P. Bull*, Mitwirkung des Volkes an der Verwaltung durch die Deputationen der Hamburger Fachbehörden, Festschrift für Ipsen, 1977, S. 299 ff.

dürfen, im Grunde schlecht eignet, da das hamburger Verfassungsrecht gerade umgekehrt den pluralistischen politischen Prozeß (einschließlich der Opposition) in die Verwaltung holt. Da das Gericht die Frage aber dennoch beantworten möchte, weist es das hamburger Argument mit einem knappen Satz zurück, nach dem Kompensationen dieser Art unbeachtlich sind.[54]

Das ist über den konkreten Fall hinaus bedauerlich und ein Musterbeispiel dafür, wie das Bundesverfassungsgericht aus der Logik seiner Verfassungspolitik heraus die Eigenständigkeit des Landesverfassungsrechts verkennt.

Die hamburgischen Deputationen sind sicher zunächst einmal traditionelle Einrichtungen und daher immer in Gefahr, der Unitarisierung des hamburger Verfassungsrechts zum Opfer zu fallen.

Von der hier befürworteten Perspektive einer aufgabenzentrierten Reform der Demokratie in „Regierungsstaaten" sind sie jedoch nicht einfach Überbleibsel stadtstaatlicher Traditionen, sondern höchst modern. In Staaten, die vor allem Verwaltungsfunktionen haben, können Mitwirkungsorgane innerhalb der Exekutive nämlich mehr für demokratische Legitimation und Kontrolle tun als die Übertragung bundesverfassungsrechtlicher Parlamentsvorbehaltstheorien auf die Länder.

3. Abschied vom Teilzeitparlamentarier: Diätenurteil

Letztes Beispiel soll das Diätenurteil[55] sein, da sich an diesem vielleicht besonders gut zeigen läßt, welche Folgen es für die Reformfähigkeit der Länder hat, wenn sie als Auslegungsmaterial für Aussagen des Bundesverfassungsgericht herhalten müssen, die auf den Bund zielen.

Es ist historisch nicht zweifelhaft, daß es dem Bundesverfassungsgericht, insbesondere dem zuständigen Berichterstatter *Geiger*, in dem Urteil um den Bundestag, genauer um das von ihm seit langem für verfassungswidrig gehaltene Privileg der Steuerfreiheit der Diäten ging. Angesichts des numerus clausus von Verfahrensarten im Verfassungsrecht, fehlender Betroffenheit von Verfassungsbeschwerdeführern und fehlender Klagebereitschaft von Antragsberechtigten in objektiven Verfahren konnte das Gericht jedoch nicht damit rechnen, diese Frage je vorgelegt zu bekommen. So nahm es denn den kaum passenden Fall eines saarländischen Abgeordneten zum Anlaß, dem Bundestag die Leviten zu lesen. Mit dem konkreten Problem, mit dem es vom Verfassungsbeschwerdeführer angegangen worden war (der Unterschiedlichbehandlung von Beamten und Angestellten öffentlicher Betriebe), hat es nichts mehr zu tun. Dieses wurde durch ein Teilurteil entschieden, das an sich das Verfahren hätte beenden müssen.[56] Aber dieser Fall wird nunmehr zum Anlaß genommen, Grundsätzliches zum Amt des Bundestagsabgeordneten zu sagen. Da er Steuern zahlen soll, muß man sein Amt zum Vollberuf machen,

---

[54] BVerfGE 47, 46 (82).

[55] BVerfGE 40, 296.

[56] BVerfGE 38, 326. *Seuffert* hat in seiner dissenting opinion (S. 342 f.) nachgewiesen, daß dieses Urteil das Verfahren hätte beenden müssen: Das ganze Diätenurteil ist obiter.

und da man nur einen Landtagsabgeordneten ausgerechnet eines der kleinsten Länder zur Verfügung hat, muß das Gericht kontrafaktisch behaupten, daß das selbst hier gilt.

Eine Ausdifferenzierung der Länder in der Entscheidung für Vollzeit- oder Teilzeitparlament in Verbindung mit Berufsausübung wird damit im Ansatz beendet. Die Folgen sind bekannt und haben Wesentliches zu der eingangs erwähnten Entfremdung zwischen Volk und Repräsentanten beigetragen.

IV. Schlußbemerkung

Der Beitrag begann mit einem Plädoyer für eine Verfassungsreformdebatte auf Länderebene. Der Rest war dann im wesentlichen eine Darstellung der Hindernisse, die sich einer solchen Initiative entgegenstellen. Das sollte jedoch nicht das letzte Wort sein: Die Hindernisse wurden geschildert, damit sie bewußt werden und genau deshalb besser zu überwinden sind. Die Eigenständigkeit des Landesverfassungsrechts (und damit zugleich die Demokratie in den Ländern) ist einem ständigen Unitarisierungsdruck ausgesetzt, dem nur durch Offensive und Initiative, nicht durch die Resignation gegenüber Fehlentwicklungen im Bundesverfassungsrecht zu begegnen ist.

KLAUS LANGE und A. THORSTEN JOBS

Brauchen wir eine Verfassungsreform? Vom Beruf unserer Zeit zur Landesverfassungsgesetzgebung

I. Die grundsätzliche Frage einer Reform der Landesverfassung

1. Rahmenbedingungen einer hessischen Verfassungsreformdiskussion

a) Einleitung

Als *Friedrich Carl von Savigny* im Jahre 1814 seine berühmte Streitschrift „Vom Beruf unserer Zeit für Gesetzgebung und Rechtswissenschaft" veröffentlichte, wandte er sich damit gegen die Forderung *Thibauts* nach der Schaffung eines allgemeinen bürgerlichen Gesetzbuchs für Deutschland. Während *Thibaut* sich von einem solchen Gesetzbuch das Zusammenwachsen der geteilten Nation erwartete, einen Schutz gegen die Reaktion und vor allem die Verwandlung des Rechts in einen lebendigen politischen Besitz der Nation, betonte *Savigny*, daß alle Kodifikation unorganisch und daher schädlich sei; organisch bilde sich Recht vielmehr nur aus der Volksüberzeugung, d.h. durch Gewohnheit, Wissenschaft und Praxis.[1]

Die Situation ist grundverschieden, wenn es darum geht, ob die seit 50 Jahren bereits bestehende Verfassung eines Bundeslandes einer Reform unterzogen werden soll. Gleichwohl stellt sich auch hier die Frage, ob ein solches Reformvorhaben nicht eher künstlich wäre und die Entwicklung der Verfassung nicht besser Wissenschaft und Praxis überlassen bleiben sollte oder ob es hinreichend gravierende Gründe für eine Reform der Verfassung gibt.[2] Die Beantwortung dieser Frage, die im Kern keine Frage des Verfassungsrechts, sondern eine solche der Verfassungspolitik ist, setzt zunächst die Verdeutlichung einiger Begriffe und sodann die Klärung einiger Rahmenbedingungen einer hessischen Verfassungsreformdiskussion voraus.

b) Begrifflichkeit

Verfassungsentwicklung ist der Oberbegriff für die verschiedenen Formen der Fortbildung des Verfassungsrechts.[3] Hierzu gehören die Verfassungsänderung als

---

[1] Vgl. *Franz Wieacker*, Privatrechtsgeschichte der Neuzeit, 2. Aufl. 1967, S. 390 ff.

[2] Vgl. hierzu auch *Hans Meyer*, Warum brauchen wir und wie kommen wir zu einer modernen Verfassung? KritV 1996, 145 ff.

[3] Vgl. *Brun-Otto Bryde*, Verfassungsentwicklung, 1982, S. 22; *Stefan von Braunschweig*, Verfassungsentwicklung in den westlichen Bundesländern, 1993, S. 86 m.w.N.

die unter Einhaltung der von der Verfassung selbst aufgestellten Vorschriften vorgenommene Änderung des Verfassungstextes[4] und der Verfassungswandel. Unter letzterem wird ein Vorgang verstanden, in dem die Verfassung ohne Textänderung in ihrem Sinn insbesondere durch Interpretation geändert wird.[5]

Unter Verfassungsreform wird die umfassende Änderung des Verfassungstextes mit zumindest gewisser politischer Bedeutung verstanden.[6]

Mit dem Begriff der Verfassungsrevision wird gewöhnlich der gleiche Vorgang bezeichnet. Die Verfassungsrevision unterteilt man wiederum in die Total- oder Gesamtrevision als Gesamtdurchsicht mit dem Ziel, die Verfassung insgesamt und uneingeschränkt zu erneuern, und die Teilrevision.[7]

c) Verfassung und Zeit

Jede Verfassung ist „Verfassung in der Zeit".[8] Die Entscheidung darüber, ob die Zeit für eine Verfassungsreform reif ist, steht immer in einem Spannungsverhältnis. Einerseits sind Verfassungen der Idee nach auf unbegrenzte Dauer angelegte Fundamente des staatlichen und gesellschaftlichen Lebens. Sie dürfen nicht mit aktuellen politischen Wertvorstellungen befrachtet werden. Sie würden ihre Aufgabe verfehlen, wenn sie uneingeschränkt veränderten Gegebenheiten angepaßt würden. Sie wären dann nicht mehr in ihrer Normierung Maßstab der Verhältnisse, sondern die Verhältnisse würden zum Maßstab ihrer Normierung.[9] Andererseits bedürfen auch auf Dauer angelegte Verfassungen von Zeit zu Zeit der Anpassung. Die soziale Wirklichkeit, auf welche die Regelungen bezogen sind, unterliegt dem technischen und sozialen Wandel. Bleibt dieser unberücksichtigt, wird also der Inhalt der Verfassung „versteinert", wird diese über kurz oder lang ihre Aufgaben nicht mehr erfüllen können.[10] Es ist daher, um es in den Worten *Erwin Steins* zu sagen, „legitim, die demokratische Verfassung zu effektuieren, zu entwickeln und sie fortzubilden".[11]

---

[4] Vgl. *Bryde* (o. Anm. 3), S. 20; *v. Braunschweig* (o. Anm. 3), S. 72; s. auch *Gerhard Hoffmann*, in: *Rudolf Dolzer* (Hrsg.), Bonner Kommentar zum Grundgesetz (BK), Stand: Mai 1996, Art. 79 Abs. 1 u. 2 Rdnr. 6.

[5] Vgl. *Bryde* (o. Anm. 3), S. 21, 254 m.w.N.

[6] Vgl. *v. Braunschweig* (o. Anm. 3), S. 84.

[7] Vgl. *Hans-Peter Schneider*, Die verfassunggebende Gewalt, in: *Josef Isensee/Paul Kirchhof* (Hrsg.), Handbuch des Staatsrechts der Bundesrepublik Deutschland (HStR), Bd. VII, 1992, § 158 Rdnr. 45; *Bryde*, in: *Ingo von Münch* (Hrsg.), GG, Bd. 3, 2. Aufl. 1983, Art. 79 Rdnr. 4.

[8] *Konrad Hesse*, Verfassung und Verfassungsrecht, in: *Ernst Benda/Werner Maihofer/Hans-Jochen Vogel* (Hrsg.), Handbuch des Verfassungsrechts, 2. Aufl. 1995, § 1 Rdnr. 22.

[9] Vgl. *Hesse* (o. Anm. 8), § 1 Rdnr. 22; *Christoph Feddersen*, Die Verfassunggebung in den neuen Ländern: Grundrechte, Staatsziele, Plebiszite, DÖV 1992, 989 (998); *Friedrich Karl Schonebohm*, in: *Georg August Zinn/Erwin Stein* (Hrsg.), Verfassung des Landes Hessen, Stand: September 1984, Art. 123 Erl. 1 b.

[10] *Hesse* (o. Anm. 8), § 1 Rdnr. 22.

[11] *Erwin Stein*, Die Staatszielbestimmungen der Hessischen Verfassung, in: ders. (Hrsg.), 30 Jahre Hessische Verfassung 1946–1976, 1976, S. 183 (201).

d) Grenzen des Verfassungswandels

Die Verfassungsentwicklung ist bis zu einer gewissen Grenze durch Verfassungswandel, insbesondere durch die richterliche Rechtsfortbildung, möglich. Da zahlreiche Bestimmungen der Hessischen Verfassung auslegungsbedürftig sind und Lükken der Verfassungsbestimmungen geschlossen werden müssen, fließen in die Anwendung der Verfassungsbestimmungen Wertentscheidungen ein, die sich im Laufe der Zeit verändern können.[12] Damit können Gesetzesbestimmungen bei gleichbleibendem Wortlaut durch Veränderungen der Verhältnisse einen Bedeutungswandel erfahren.[13] Diese Anpassungsfähigkeit der Verfassung durch Wandel kann aber auf Dauer nicht die Fortentwicklung der Verfassung durch den verfassungsändernden Gesetzgeber ersetzen. Verfassungswandlungen sind Grenzen gesetzt,[14] insbesondere durch den Text der Verfassung. Eine veränderte Auslegung von Verfassungssätzen, die in eindeutigen Widerspruch zum Normtext treten würde, ist unzulässig.[15] Auch der Respekt vor der verfassungsändernden Gewalt des Landtages und des Volkes und die den Bestand der Verfassung und Minderheiten schützende Funktion der Regelung über Verfassungsänderungen in Art. 123 HV dürfen durch Verfassungswandel nicht unterlaufen werden. Ab einer gewissen Qualität des Reformbedürfnisses kann damit die Hessische Verfassung nicht mehr der Fortentwicklung durch Rechtsprechung, Staatspraxis und Wissenschaft überlassen werden, sondern fordert eine Verfassungsänderung durch Parlament und Volk.

e) Bisherige Änderungen der Hessischen Verfassung

Von Verfassungsänderungen ist in Hessen bisher nur zurückhaltend Gebrauch gemacht worden. Die bisherige Verfassungsentwicklung in Hessen ist durch eine große Beständigkeit des Verfassungstextes geprägt.[16] Die Hessische Verfassung ist nicht nur die älteste noch heute in Kraft befindliche Landesverfassung in der Bundesrepublik, sondern mit nur drei Verfassungsänderungen gleichzeitig die quantitativ am seltensten geänderte Landesverfassung der alten Bundesländer.[17]

Die beiden ersten Verfassungsänderungen betrafen das Wahlrecht. Durch das Gesetz zur Änderung der Art. 75 und 137 der Verfassung des Landes Hessen vom 22. Juli 1950[18] wurden die Bindung des Landtagswahlrechts an das System der Verhältniswahl und die Bindung des Kommunalwahlrechts an das System des Landtagswahlrechts aufgehoben. Durch das Gesetz zur Änderung der Art. 73 und 75

---

[12] *Schonebohm*, in: *Zinn/Stein* (o. Anm. 9), Art. 123 Erl. 2 d (2); *Hesse* (o. Anm.8), § 1 Rdnr. 23.
[13] BVerfGE 2, 380 (401); 7, 342 (351).
[14] Vgl. dazu ausführlich *Bryde* (o. Anm. 3), S. 264 ff.
[15] *Hesse* (o. Anm. 8), § 1 Rdnr. 24.
[16] *Rolf Groß*, Die Entwicklung des Hessischen Verfassungsrechts, JöR N.F. 29 (1980), S. 353.
[17] Vgl. *v. Braunschweig* (o. Anm. 3), S. 152; *Michael Stolleis*, Die Entstehung des Landes Hessen und seiner Verfassung, in: *Hans Meyer/Michael Stolleis* (Hrsg.), Staats- und Verwaltungsrecht für Hessen, 4. Aufl. 1996, S. 17 (32 f.).
[18] GVBl. S. 131.

der Verfassung des Landes Hessen vom 23. März 1970[19] wurden das Mindestalter für das aktive Wahlrecht zum Landtag von 21 auf 18 Jahre und das Wählbarkeitsalter von 25 auf 21 Jahre herabgesetzt. Im Zusammenhang mit der Landtagswahl 1991 wurden mit zwei Gesetzen vom 20. März 1991[20] im Wege der Änderung des Art. 138 HV die Direktwahl der Oberbürgermeister, Bürgermeister und Landräte und mit Art. 26 a HV das „Staatsziel Umweltschutz" eingefügt.

Auch weitere parlamentarische Initiativen zu Verfassungsänderungen waren nicht sehr zahlreich. Sie betrafen meist nur Veränderungen bei Einzelregelungen.[21] Sie blieben sämtlich ohne Mehrheit, wurden zurückgenommen oder fanden mit Ablauf der Legislaturperiode ihre Erledigung.

Als Versuch einer begrenzten Verfassungsreform kann der Initiativantrag der FDP-Fraktion vom 21. Januar 1970[22] bezeichnet werden, der davon ausging, daß es nach 23 Jahren Staatspraxis seit Inkrafttreten der Verfassung erforderlich sei, diese aufgrund der zwischenzeitlich eingetretenen Änderungen der Lebensverhältnisse und im Hinblick auf den Wandel der Rechtsüberzeugung zu überarbeiten. Es wurde die Änderung von insgesamt sechzehn Verfassungsartikeln angestrebt. Diese Initiative fand durch das Ende der 6. Legislaturperiode ihre Erledigung.

Auf den Antrag der Fraktionen der CDU und FDP vom 23. November 1990[23] sprach sich der Landtag am Ende der 12. Wahlperiode dafür aus, „zu Beginn der nächsten Legislaturperiode unverzüglich eine Enquetekommission" einzusetzen, weil die Hessische Verfassung der Verfassungswirklichkeit des Jahres 1990 nicht mehr gerecht werde. Nach dem Regierungswechsel ist diese Kommission in der 13. Wahlperiode jedoch nicht eingesetzt worden. In der 13. Wahlperiode hat ein Gesetzentwurf der Landesregierung[24], das passive Wahlrecht für den Landtag auf 18 Jahre abzusenken, zwar im Landtag die erforderliche Mehrheit gefunden[25], ist aber durch die Volksabstimmung am 19. Februar 1995[26] abgelehnt worden.

Ursache für die bisher geringe Verfassungsreformfreudigkeit dürfte zum einen die Tatsache sein, daß der Verfassungsgeber mit Art. 123 HV eine hohe Hürde für Verfassungsänderungen aufgebaut hat.[27] Eine Verfassungsänderung kommt nämlich nur dadurch zustande, daß der Landtag sie mit mehr als der Hälfte der gesetzlichen Zahl seiner Mitglieder beschließt und das Volk mit der Mehrheit der Abstimmenden zustimmt. Insbesondere die Notwendigkeit der Volksabstimmung wird als schwerfällig bezeichnet.[28] Weil der Erfolg einer Verfassungsänderungsinitiative im Hinblick auf die Volksbeteiligung weniger sicher vorausgesagt werden

---

19 GVBl. I S. 281.

20 GVBl. I S. 101 und 102.

21 Vgl. *Rolf Groß*, Die Entwicklung des Hessischen Verfassungsrechts, JöR N.F. 21 (1972), 309 (399); *ders.*, JöR N.F. 29 (1980), 353.

22 LT-Drucks. 6/2593.

23 LT-Drucks. 12/7694.

24 LT-Drucks. 13/6498.

25 Vgl. Gesetzesbeschluß des Hess. Landtags vom 23. November 1994, Plenarprotokolle, 13. Wahlperiode, 108. Sitzung, S. 6342.

26 Vgl. StAnz. 1994, 3712; 1995, 976 f.

27 *Schonebohm*, in: *Zinn/Stein* (o. Anm.9), Art. 123 Erl. 5; *Groß*, JöR N.F. 21 (1972), 310.

28 *Walter Schmidt*, Verfassungsrecht, in: *Meyer/Stolleis* (o. Anm. 17), S. 35 (37).

kann als bei einem ausschließlich parlamentarischen Verfahren der Verfassungsänderung, sind solche Vorstöße für die Initiatoren im Parlament mit einem nicht unerheblichen Risiko des Mißerfolgs behaftet. Zum anderen führt die Notwendigkeit des Einsatzes einer Volksabstimmung dazu, daß der Gegenstand der Volksabstimmung von gewisser anschaulich politischer Bedeutung sein muß, damit ihr Einsatz sich rechtfertigen läßt. Hieraus läßt sich gleichzeitig der Gedanke ableiten, daß eine Textänderungen erforderlich machende Fortentwicklung der Hessischen Verfassung weniger durch viele einzelne Verfassungsänderungen möglich ist als vielmehr durch ein Verfassungsreformpaket.

Aus der Tatsache, daß der hessische Verfassungstext seit 1946 nahezu unverändert geblieben ist, hat man geschlossen, daß die Bürgerinnen und Bürger des Landes Hessen kein dringendes Bedürfnis nach Änderung der Verfassung spürten.[29] Dieser mittelbare Schluß vom Textbestand der Verfassung auf den Volkswillen ist jedoch sehr vage. Es liegt näher, aus der weitgehenden Unverändertheit der Verfassung zu schließen, daß das Änderungbedürfnis bei den im Land maßgeblichen politischen und gesellschaftlichen Kräften bisher nicht sehr ausgeprägt war. Ob Ursache hierfür ist, daß sich alle Richtungen mit ihren jeweiligen Besitzständen so arrangiert haben, daß sie von einer Verfassungsrevision Einbußen ihrer Position befürchten,[30] mag hier dahingestellt bleiben. Jedenfalls läßt sich die praktizierte Zurückhaltung im Hinblick auf begrenzte einzelne Änderungen des Verfassungstextes schon mit den skizzierten Barrieren erklären, die gerade deren Verwirklichung erschweren. Ein Verfassungsreformpaket hingegen, das so geschnürt worden ist, daß es im Ergebnis von den maßgeblichen politischen Kräften im Lande einvernehmlich mitgetragen wird, dürfte auf wesentlich größere Realisierungschancen treffen.

f) Verfassungsänderungen in anderen Bundesländern

Das Landesverfassungsrecht der Bundesländer insgesamt ist in Bewegung.[31] In den meisten „alten" Bundesländern haben grundlegende Verfassungsreformen bereits stattgefunden, oder es wird über sie beraten.

Den Beginn machte das Saarland, indem es bereits 1976 eine Kommission mit der Totaldurchsicht der Verfassung beauftragte und 1979 den gesamten organisatorischen Teil der Verfassung modernisierte.[32]

Im Jahre 1987 nahm Rheinland-Pfalz eine grundlegende Bereinigung seiner vorgrundgesetzlichen Verfassung in Angriff. Vorbereitet durch eine Kommission wurden 1991 insbesondere die Vorschriften gestrichen, deren Regelungen das Grundgesetz wiederholten oder nicht mit ihm vereinbar waren.[33]

---

[29] *Schonebohm,* in: *Zinn/Stein* (o. Anm. 9), Art. 123 Erl. 5.

[30] *Stolleis,* in: *Meyer/Stolleis* (o. Anm. 17), S. 33.

[31] Vgl. *Niedobitek,* Neuere Entwicklungen im Verfassungsrecht der deutschen Länder, Speyerer Forschungsberichte (138), 1994, S. 7 ff.

[32] Vgl. *Peter Krause,* Verfassungsentwicklung im Saarland 1958–1979, JöR N.F. 29 (1980), 393 (435 ff.).

[33] Gesetz vom 15.3.1991, GVBl. 1991, S. 73; vgl. *Jutzi,* Bereinigung der Verfassung für Rheinland-Pfalz, DÖV 1988, 871 ff.

Die „*Barschel*-Affäre" des Jahres 1987 gab in Schleswig-Holstein den äußeren Anstoß zu einer Verfassungs- und Parlamentsreform, die insbesondere das Verhältnis der Regierung zum Parlament, eine verstärkte Beteiligung der Bürgerinnen und Bürger, die Stärkung und Effektivierung der Arbeitsweise des Landtages sowie Staatsziele zum Gegenstand hatte. Die Überarbeitung beschränkte sich nicht darauf, verfassungspolitischen Nachholbedarf zu decken, sondern war auch von dem Bestreben getragen, verfassungspolitisches Neuland zu betreten. Die Veränderungen fielen so tiefgreifend aus, daß von einer praktisch neuen Verfassung gesprochen wurde.[34] Diese Verfassungsänderungen vom 13. Juni 1990[35] waren von einer Enquetekommission[36] vorbereitet worden.

Nach der Vereinigung Deutschlands folgte Niedersachen 1993[37] mit einer grundlegenden Modernisierung seiner Landesverfassung. Anstoß für die Verfassungsreform war, daß Art. 61 Abs. 2 der Vorläufigen Niedersächsischen Verfassung bestimmte, daß die Verfassung ein Jahr nach Ablauf des Tages außer Kraft trete, an dem das deutsche Volk in freier Entscheidung eine Verfassung beschließe. Die neue Niedersächsische Verfassung wurde unter Einbeziehung der Öffentlichkeit in einem Sonderausschuß vorbereitet. An inhaltlichen Neuerungen weist sie u.a. die Neufassung der Staatsstrukturbestimmungen durch ein Bekenntnis zu Europa, die Einführung von Staatszielen, die Neuordnung des Verhältnisses von Landtag und Landesregierung insbesondere durch eine Umgewichtung der Informationsbeziehung zwischen Parlament und Regierung und die Einführung von Formen direkter Demokratie auf. Die Beratungen in den Landtagsausschüssen waren von dem Bemühen getragen, möglichst zu einem allseitigen Einvernehmen über alle Vorschriften der Verfassung zu gelangen.[38] Es gelang, eine wesentlich modernisierte Vollverfassung zu schaffen.

Auch in Berlin hat eine gewichtige Verfassungsdiskussion stattgefunden. Bereits durch Gesetz vom 3. September 1990[39] wurde die Verfassung erheblich geändert, indem das Staatsziel Umweltschutz, das Grundrecht auf Datenschutz und die Oppositionsrechte in ihr verankert wurden. Wegen eines in der Verfassung von 1990 verankerten Auftrages in Art. 88 Abs. 2 BerlVerf, wonach die Verfassung während der ersten Wahlperiode des Gesamtberliner Abgeordnetenhauses einer Überarbeitung zu unterziehen war, wurde die Verfassungsreformdiskussion fortgesetzt und endete mit einer erneuten Änderung der Verfassung vom 23. November 1995, der die Bevölkerung in einer Volksabstimmung zugestimmt hat.[40]

---

[34] *Rohn*, Verfassungsreform in Schleswig-Holstein, NJW 1990, 2782 (2784); *Lippold*, Eine Verfassung für Schleswig-Holstein, DÖV 1989, 663 (663).

[35] GVBl. S. 391.

[36] Vgl. Schlußbericht Schleswig-Holsteinischer Landtag vom 7.2.1988, Drucksache 12/180.

[37] Niedersächsische Verfassung vom 19.5.1993, GVBl. S. 107. Vgl. *Berlit*, Die neue Niedersächsische Verfassung, NVwZ 1994, 11 ff.

[38] Vgl. Schriftlicher Bericht zum Entwurf einer Niedersächsischen Verfassung, Niedersächsischer Landtag, Drs. 12/5840.

[39] GVBl. 1990, 1877.

[40] GVBl. 1995, 779.

Die Freie und Hansestadt Hamburg hat 1996, vorbereitet durch die Arbeit einer Enquetekommission Parlamentsreform, ebenfalls eine Reform ihrer Verfassung vorgenommen. Durch das fünfte[41], sechste und siebente[42] Gesetz zur Änderung der Verfassung wurden insbesondere die Regelungen über die Bürgerschaft verändert, Volksinitiativen, Volksbegehren und Volkspetitionen eingeführt und die tatsächliche Förderung der Gleichstellung von Frauen und Männern in die Verfassung aufgenommen.

In Bayern dagegen ist es bisher nicht zu einer Verfassungsreform gekommen. Aber auch hier ist die Diskussion über eine Verfassungsreform, die nicht nur auf eine „Entrümpelung" der Normen abzielt, sondern vielmehr eine Fortschreibung bei den Grundrechten und Staatszielen erreichen will, im Gange.[43]

Für die Bedeutung und Entwicklung des Landesverfassungsrechts vermutlich noch entscheidender ist die Verfassungsgebung in den fünf „neuen" Bundesländern.[44] In den Jahren 1992 und 1993 haben sich die Länder Brandenburg[45], Mecklenburg-Vorpommern[46], Sachsen[47], Sachsen-Anhalt[48] und Thüringen[49] Landesverfassungen gegeben. Alle diese Verfassungen regeln nicht nur die Landesstaatsorganisation, sondern formulieren auch Grundrechte und Staatsziele, sehen Volksabstimmungen vor und skizzieren eine Kultur-, Wirtschafts- und Sozialordnung. Die in einem schöpferischen Prozeß zwischen westlichen Vorgaben und östlicher Selbstbestimmung entstandenen Landesverfassungen stellen einen fortgeschrittenen Stand der Landesverfassungsentwicklung dar.[50] In ihnen sind Impulse enthalten, die auch für die alten Bundesländer fruchtbar sein können. Beispielhaft sei hier nur das in der Brandenburgischen Landesverfassung enthaltene – freilich von *Erwin Stein* sinngemäß schon in den Beratungen der Hessischen Verfassung von 1946 vorgeschlagene – Recht[51] auf politische Mitgestaltung (Art. 21 Abs. 1)

---

[41] Vom 29. Mai 1996, GVBl. I S. 78.

[42] Jeweils vom 20. Juni 1996, GVBl. I S. 129 und 133.

[43] Vgl. Bericht der Süddeutschen Zeitung vom 5.8.1996.

[44] Vgl. dazu *Hans-Peter Bull*, Die Verfassungen der neuen Bundesländer – zwischen östlicher Selbstbestimmung und westlichen Vorgaben, in: *Bernd Becker/Hans-Peter Bull/Otfried Seewald* (Hrsg.), Festschrift für Werner Thieme, 1993, S. 305 ff.; *Vogelgesang*, Die Verfassungsentwicklung in den neuen Bundesländern, DÖV 1991, 1045 ff.; *Feddersen*, DÖV 1992, 989 ff.; *Peter Häberle*, Die Verfassungsbewegung in den fünf neuen Bundesländern, JöR N.F. 41 (1993), 69 ff.; ders., Die Verfassungsbewegung in den fünf neuen Bundesländern Deutschlands 1991 bis 1992, JöR N.F. 42 (1994), 150 ff.; *Berlit*, Verfassungsgebung in den fünf neuen Ländern – ein Zwischenbericht, KJ 25 (1992), 437 ff.

[45] Verfassung vom 20.8.1992, GVBl. I S. 298; vgl. *Kneifel-Haverkamp*, Die brandenburgische Landesverfassung, JöR N.F. 42 (1994), 111 ff.

[46] Verfassung vom 23.5.1993, GVBl. S. 372.

[47] Verfassung vom 27.5.1992, GVBl. S. 243.

[48] Verfassung vom 16.7.1992, GVBl. S. 600.

[49] Verfassung vom 25.10.1993, GVBl. S. 625.

[50] *Bull* (o. Anm. 44), S. 305 (327).

[51] Drucksachen der Verfassungberatenden Landesversammlung Groß-Hessen, Abt. III a. Stenographische Berichte über die Verhandlungen des Verfassungsausschusses der Verfassungberatenden Landesversammlung Groß-Hessen. 1. bis 18. Sitzung (7. August 1946 bis 11. Oktober 1946), S. 112; dazu: *Klaus Lange*, Verfassungsrechtliche und gesetzliche Grundlagen des Wahlrechts in Hessen, in: *Bernd Heidenreich/Konrad Schacht* (Hrsg.), Hessen – Wahlen und Politik, 1996, S. 81 (85 f.).

genannt, durch das die bürgerschaftliche Mitarbeit wegen ihrer Bedeutung im demokratischen Prozeß anerkannt und gefördert wird.

Für die Frage der Reform der Hessischen Verfassung läßt sich aus den Verfassungsgebungen in den fünf „neuen" Bundesländern und den Reformergebnissen der meisten „alten" Bundesländer herleiten, daß eine intensive Phase der Verfassungsfortbildung in den Ländern im Gange ist, an die die Hessische Verfassung anknüpfen kann. Eine Reform der Hessischen Verfassung wäre jedenfalls kein einseitiges Vorwegeilen im Ländervergleich, sondern träfe auf einen schon vorbearbeiteten Boden.

g) Verfassungsrechtlicher Rahmen einer Verfassungsreform in Hessen

Eine Reform des hessischen Landesverfassungsrechts träfe weiterhin auf einen Rahmen, der durch das Grundgesetz und durch die bestehende Landesverfassung selbst gesetzt wird.

Eine Verfassungsänderung muß den durch das Homogenitätsgebot des Art. 28 GG gesteckten Rahmen und den Vorrang des Bundesrechts als Schranke beachten.[52] Die Schranken im einzelnen sind in dem Beitrag von *Brun-Otto Bryde*[53] in dieser Festschrift dargelegt. Für die Entscheidung über eine Verfassungsreform ist hier lediglich festzuhalten, daß Hessen als Land im Bundesstaat grundsätzlich das Recht hat, in eigener Verantwortung seine Staatsfundamentalnormen zu artikulieren. Jedenfalls die Regelungen über die obersten Verfassungsorgane des Landes, die Beziehungen des einzelnen zur Staatsgewalt des Landes, die Aufstellung zentraler Verfassungsstrukturprinzipien, die Schaffung von Landesgrundrechten und die Festlegung von Staatszielen liegen grundsätzlich im Kompetenzbereich des die Landesverfassung ändernden Gesetzgebers.[54]

Eine hessische Verfassungsreform wäre als Verfassungsänderung nach Art. 123 HV ein Akt der durch die derzeitige Verfassung konstituierten Gewalt, nicht Ausdruck der verfassungsgebenden Gewalt.[55] Sie ist daher außer an die formellen Voraussetzungen auch an die materiellen Schranken der Verfassungsänderung gebunden, welche die Landesverfassung selbst vorgibt. Art. 150 HV entzieht die Verfassung in ihren Kernbereichen der Einwirkung durch den verfassungsändernden Gesetzgeber. Keinerlei Verfassungsänderung darf die demokratischen Grundgedanken der Verfassung und die republikanisch-parlamentarische Staatsform antasten. Die Errichtung einer Diktatur, in welcher Form auch immer, ist verboten (Art. 150 Abs. 1 HV). Darüber hinaus sind die Grundrechte nach Art. 26 HV unabänderlich. Damit sind die Grundrechte der Art. 1 bis 25 HV auch der Disposition des verfassungsändernden Gesetzgebers entzogen.[56] Diese Grenzen der Landesverfas-

---

[52] *Hans-Ulrich Evers*, in: BK (o. Anm. 4), Art. 79 Abs. 3 Rdnr. 37; *Sacksofsky*, Landesverfassungen und Grundgesetz – am Beispiel der Verfassungen der neuen Bundesländer, NVwZ 1993, 235 (239).

[53] Verfassungsreform der Länder unter bundesverfassungsrechtlichem Unitarisierungsdruck.

[54] Vgl. *Kneifel-Haverkamp*, JöR N.F. 42 (1994), 144.

[55] *Schonebohm*, in: *Zinn/Stein* (o. Anm. 9), Art. 123 Erl. 1 a.

[56] *Stein*, in: *Zinn/Stein* (o. Anm. 9), Vor Art. 17 Erl. II; *Schonebohm*, in: *Zinn/Stein* (o. Anm. 9), Art. 123 Erl. 4 a.

sung, die für die derzeit im Landtag vertretenen Parteien ohnehin auch politischer Grundkonsens sein dürften, lassen dem verfassungsändernden Gesetzgeber genügend materielle Gestaltungsspielräume für eine grundlegende Verfassungsreform.

Problematisch ist allerdings, ob Art. 123 Abs. 1 HV den Umfang der Verfassungsänderung formell dahingehend beschränkt, daß eine Gesamt- oder Totalrevision der Verfassung unzulässig wird. Aus dem Wortlaut des Art. 123 Abs. 1 HV, wonach der Bezugspunkt der Verfassungsänderung „Bestimmungen der Verfassung" sind, wird hergeleitet, daß Gesamtrevisionen unzulässig seien. Die Hessische Verfassung dürfe nicht insgesamt zum Gegenstand einer Änderung gemacht und auf diesem Wege grundsätzlich umgestaltet werden.[57] Eine derartige Interpretation führt neben den materiellen Schranken der Art. 150 und 26 HV eine formelle Schranke für den Umfang von Verfassungsänderungen ein. Auf Bundesebene leitet man aus Art. 79 des Grundgesetzes keine derartige formelle Schranke der Verfassungsänderung her. Solange die materiellen Schranken des Art. 79 Abs. 3 GG nicht verletzt werden, kann eine in Form und Inhalt grundlegend neue Verfassung im Wege der Verfassungsänderung eingeführt werden.[58] Hätte der Verfassungsgeber in Art. 123 Abs. 1 HV neben den materiellen Schranken eine formelle Schranke gegen eine Gesamt- oder Totalrevision im Wege der Verfassungsänderung aufstellen wollen, hätte er dies im Verfassungstext deutlicher zum Ausdruck bringen müssen. Der Begriff „Bestimmungen" in Art. 123 Abs. 1 HV enthält keine klare quantitative und erst recht keine qualitative Grenze für die Reichweite von Verfassungsänderungen. Durch das Verändern einer großen Anzahl von Bestimmungen kann letztlich eine inhaltlich neue Verfassung entstehen. Es spricht damit einiges dafür, daß Art. 123 Abs. 1 HV kein formelles Verbot einer Gesamt- oder Totalrevision der Hessischen Verfassung enthält.

2. Fortentwicklung der Verfassung durch eine Verfassungsreform

a) Möglichkeiten

Auf der Grundlage der geltenden Hessischen Verfassung stehen theoretisch für deren Fortentwicklung fünf qualitative Stufen zur Verfügung, die allerdings ineinander übergehen und Zwischenformen bilden können.

Erstens kommt eine Total- oder Gesamtrevision der Verfassung in Betracht. Diese prinzipielle Gesamtdurchsicht würde innerhalb der Schranken der Art. 150 und 26 HV alle Regelungen und Prinzipien der Verfassung zur Disposition stellen mit dem Ziel, im Wege der Verfassungsänderung zumindest praktisch eine nahezu neue Verfassung zu schaffen. Die verfassungsrechtliche Zulässigkeit dieses Weges der Verfassungsänderung nach Art. 123 HV ist, wie dargelegt, umstritten.

---

[57] *Schonebohm*, in: *Zinn/Stein* (o. Anm. 9), Art. 123 Erl. 2 b.
[58] *Bryde* (o. Anm. 7), Art. 79 Rdnr. 4 m.w.N.

Zweitens kommt eine grundlegende Modernisierung in Betracht, die jedoch über die Schranken der Art. 150 und 26 HV hinaus auch die Grundprinzipien und Grundentscheidungen der Verfassung nicht in Frage stellt, sondern diese so fortentwickelt, daß die Verfassung gegenwärtigen und künftigen Anforderungen gerecht wird. Eine derartige „Teilrevision" der Hessischen Verfassung ist unbestritten im Wege einer Verfassungsänderung nach Art. 123 HV durchführbar. Selbst die Ansicht, die eine Gesamtrevision im Verfahren nach Art. 123 HV ausschließt, sieht in dieser Norm genügend Spielraum, notwendig werdende Anpassungen im Rahmen der Grundsatzentscheidungen der Hessischen Verfassung vornehmen zu können.[59]

Drittens könnte man sich auf eine Bereinigung der Verfassung konzentrieren. Eine derartige „Entrümpelung" der Verfassung würde sich darauf beschränken, die aus irgendeinem Grunde, insbesondere infolge der Überlagerung von Landesverfassungsrecht durch Bundesrecht, obsolet gewordenen Bestimmungen aufzuheben. Weiter könnten die durch Zeitablauf oder Erfüllung inzwischen gegenstandslos gewordenen Normen gestrichen werden. Darüber hinausgehende grundlegende Veränderungen würden aber unterbleiben. Auch diese Stufe wäre im Wege der Verfassungsänderung nach Art. 123 HV durchführbar.

Viertens könnte man Verfassungsänderungen wie bisher auf wenige Einzeländerungen beschränken, die sachlich jeweils ausschließlich aus sich heraus zu rechtfertigen wären. Eines Konzepts für eine übergreifende Verfassungsreform bedürfte es hierfür nicht.

Fünftens bleibt letztlich die Möglichkeit, keine Verfassungsänderungen vorzunehmen und die Fortentwicklung der Verfassung dem Verfassungswandel im Wege der Interpretation durch Wissenschaft und Praxis zu überlassen.

b) Grundlegende Modernisierung

Unter Berücksichtigung der dargestellten Rahmenbedingungen und des Entwicklungszustandes der Hessischen Verfassung ist eine grundlegende Modernisierung der Verfassung im Sinne einer Teilrevision unter Wahrung und Fortentwicklung ihrer Grundprinzipien (Zweite Stufe) im Wege der Verfassungsänderung aus folgenden Erwägungen in Betracht zu ziehen:

Die bestehende Landesverfassung ist ein wesentliches, wenn auch nicht das ausschließliche Fundament des politischen Lebens in Hessen.[60] Die Hessische Verfassung hat sich – bei aller im Umgang mit dem Begriff gebotenen Zurückhaltung – im wesentlichen bewährt.[61] Auch Verfassungen, die sich bewährt haben, können aber „altern" und bei fortgeschrittener Verfassungsentwicklung nicht mehr denjenigen Anforderungen genügen, an denen man sie künftig messen wird. Nicht

---

[59] *Schonebohm*, in: *Zinn/Stein* (o. Anm. 9), Art. 123 Erl. 2 b.

[60] *Klaus Lange*, Die Landesverfassung – Fundament des politischen Lebens, in: *Bernd Heidenreich/Konrad Schacht* (Hrsg.), Hessen: eine politische Landeskunde, 1993, S. 95.

[61] Vgl. u.a. Ansprache des Hessischen Ministerpräsidenten *Börner* beim Festakt aus Anlaß des 30. Jahrestages des Inkrafttretens der Verfassung des Landes Hessen, in: Hessen. 30 Jahre Hessische Verfassung, 1976, S. 31 (32); Abgeordneter *Jung*, in: Hessischer Landtag, Plenarprotokoll 12/122, S. 7245.

zuletzt aus der in der Vergangenheit geübten Zurückhaltung im Hinblick auf eine Fortentwicklung des Verfassungstextes ist ein gewisses Reformpotential entstanden.

Art. 123 Abs. 1 HV[62] liegt der Gedanke zugrunde, daß der Bestand des geltenden Verfassungsrechts sich aus der Verfassungsurkunde selbst ergeben soll, damit ihn jedermann ohne Schwierigkeit erkennen kann.[63] Eine Reihe von Bestimmungen der Hessischen Verfassung, die mit dem Grundgesetz oder mit den auf Grund des Grundgesetzes erlassenen Bundesgesetzen unvereinbar sind, hat mit dem Grundsatz des Art. 31 GG „Bundesrecht bricht Landesrecht“ ganz oder partiell ihre Wirksamkeit verloren.

Die verbale Aufrechterhaltung unwirksamer Verfassungsbestimmungen erschüttert die Verläßlichkeit und Glaubwürdigkeit der Verfassung. Damit Bürgerinnen und Bürger den geltenden Bestand des hessischen Verfassungsrechts dem Text der Verfassung entnehmen können, sollten die obsolet gewordenen Bestimmungen im Zuge einer grundlegenden Verfassungsreform aufgehoben werden.[64]

Art. 153 HV enthält das Bekenntnis der Hessischen Verfassung zum deutschen Gesamtstaat und die vorbehaltlose Anerkennung seines Vorrangs vor der staatlichen Ordnung Hessens. Durch die Formulierung „Künftiges Recht der Deutschen Republik bricht Landesrecht“ (Art. 153 Abs. 2 HV) hat die Landesverfassung Art. 31 GG bereits vorweggenommen. Diese Bestimmung war 1946 notwendig, da der Verfassungsgeber in Hessen 1946 keine Vorstellungen haben konnte, für welchen Bereich und in welcher Intensität das Grundgesetz für die Landesverfassungen verbindliche und sie einschränkende Regeln enthalten würde.[65] Der grundgesetzliche Rahmen für das Landesverfassungsrecht ist heute bekannt. Eine Verfassungsreform wäre ein Beitrag, die Landesverfassung an diesen Rahmen auch textlich anzupassen. Hierzu sind einerseits Normen, die die Gestaltungsgrenze des Grundgesetzes überschreiten, abzuschaffen und ist andererseits Gestaltungsfreiheit innerhalb des bundesrechtlichen Rahmens kreativ zu nutzen.

Die Hessische Verfassung ist in besonderem Maß Ausdruck des Geistes ihrer Entstehungsgeschichte. Ihr 1946 entstandener Inhalt ist maßgeblich von dem Erfahrungshintergrund des nationalsozialistischen Terrorregimes bestimmt. Mit der Verfassung sollte eine Entwicklung wie die des nationalsozialistischen Regimes in Zukunft unmöglich gemacht werden.[66] Diese Tradition gilt es zu bewahren. Die Hessische Verfassung muß aber am Ende des 20. Jahrhunderts auch auf neue Gefährdungslagen für den demokratischen republikanisch-parlamentarischen Staat und seine Bürgerinnen und Bürger vorbereitet sein.

---

[62] Und Art. 79 Abs. 1 Satz 1 GG.

[63] *Schonebohm*, in: *Zinn/Stein* (o. Anm. 9), Art. 123 Erl. 2 a.

[64] So schon *Lange* (o. Anm. 60), S. 109.

[65] Vgl. *Meyer*, KritV 1996, 146.

[66] Vgl. *Wiltraut von Brünneck*, Die Verfassung des Landes Hessen vom 1.12.1946, JöR N.F. 3 (1954), 213 (224); *Friedrich von Zezschwitz*, Zum verfassungsgeschichtlichen Standort der Hessischen Verfassung von 1946, in: Hessische Landeszentrale für politische Bildung (Hrsg.), Recht und Verfassung in Hessen, S. 73. Vgl. auch *Helmut Berding* (Hrsg.), Die Entstehung der Hessischen Verfassung, 1996.

Gesellschaftlicher Wandel und rechtlicher Wandel stehen in enger Beziehung zueinander. Die Lebensumstände, die Staatspraxis und das allgemeine Verständnis des Verhältnisses von Staat und Individuum haben sich seit 1946 auch in Hessen verändert. Die Landesverfassung hat diesen Änderungen bisher nur unzureichend Rechnung getragen. Sie enthält eine Reihe von Vorschriften, die Ausdruck einer sozialen und wirtschaftlichen Lage sind, welche heute nicht mehr existiert und die keine politische Kraft im Land ernsthaft reaktivieren will. Gleichzeitig reagiert sie auf neue Entwicklungen und Gefährdungen nur unzureichend, was ihr den Vorwurf eingetragen hat, sie gehöre „eher ins Museum oder ins Archiv als in die Hände (der) Bürger“[67]. Eine lebende Landesverfassung muß auch der politischen und gesellschaftlichen Entwicklung Rechnung tragen. Sie muß sich öffnen für neue Wertvorstellungen und schützen vor neuen Gefährdungslagen.

Diese Öffnung legt es nahe, Neuformulierungen von Regelungsinhalten in Erwägung zu ziehen wie beispielsweise den Schutz der informationellen Selbstbestimmung, die tatsächliche Förderung der Gleichberechtigung von Frauen und Männern, soziale Staatsziele, die Einordnung Hessens in ein Europa der Regionen, Unterrichtungspflichten der Landesregierung – hinsichtlich ihrer Mitwirkung im Bundesrat sowie in Ministerpräsidenten- und Fachministerkonferenzen, aber auch hinsichtlich der Zusammenarbeit mit der Europäischen Union – und die Verteilung der Aufgaben- und Ausgabenverantwortung zwischen dem Land und den Kommunen. Diese und andere Regelungsinhalte begründen aus ihrem jeweiligen materiellen Zweck heraus ein Modernisierungspotential für die Landesverfassung.

Die Verfassungsreformen in den anderen Bundesländern und die Verfassungsgebung in den neuen Bundesländern haben eine Phase der Verfassungsfortbildung im Landesverfassungsrecht hervorgebracht, der sich auch Hessen nicht völlig entziehen kann, ohne den Anschluß an die Entwicklung zu verlieren.

Allgemein wird gefordert, die Eigenständigkeit der Länder im Bundesstaat zu stärken. Die Verfassungsgebung in den Ländern ist hiervon nicht ausgenommen. Der Bundesstaat ist auch eine Werkstatt für Verfassungspolitik, in der in gewissem Umfang experimentiert werden kann. Manches, was zunächst auf Landesebene erprobt, auch gewagt wird, kann zu Veränderungen im Bundesrecht führen.[68] Bestes Beispiel hierfür ist die Hessische Verfassung von 1946 selbst, die eine nicht unerhebliche Wirkung auf den Inhalt des Grundgesetzes hatte.

Der Wettbewerb zwischen Bund und Ländern und den Ländern untereinander ist eine Stärke des Föderalismus. Er bewahrt vor Verkrustungen und Fixierung auf das eigene Modell. Zu diesem Wettbewerb kann Hessen mit einer Verfassungsreform einen Beitrag leisten.

Eine modernisierte Landesverfassung kann die Qualität und Effizienz staatlicher und politischer Aktionen erhöhen und im Rahmen eines öffentlichen Diskurses über eine Verfassungsreform zur politisch-sozialen Integration, Partizipation der Bürgerinnen und Bürger und Verfestigung der Identitätsbildung Hessens beitragen.

---

[67] *Meyer*, KritV 1996, 145 (151).

[68] Vgl. *Häberle*, JöR N.F. 42 (1994), 149 (195); *Sacksofsky*, NVwZ 1993, 239.

Danach läßt sich die Überlegung jedenfalls nicht ohne weiteres von der Hand weisen, im Wege der Verfassungsänderung eine grundlegend modernisierte Hessische Verfassung zu schaffen,[69] die die Grundprinzipen der bestehenden fortentwickelt und sich als Vollverfassung eines selbstbewußten Bundeslandes mit eigenem Profil versteht.

3. Initiative und Verfahren der Verfassungsreform

a) Initiative

Die Initiative zu Verfassungsänderungen kann in Hessen unstreitig von der Landesregierung ausgehen oder aus der Mitte des Landtags ergriffen werden.[70] Ob die Initiative zur Verfassungsreform auch vom Volk selber ausgehen kann, d.h. ein verfassungsänderndes Gesetz auch durch Volksbegehren nach Art. 124 Abs. 1 HV initiiert werden kann, ist umstritten.

Bisher wird überwiegend[71] vertreten, daß ein verfassungsänderndes Gesetz nach der Hessischen Verfassung nicht durch Volksbegehren eingebracht werden kann und so dem Volk kein Initiativrecht zur Verfassungsänderung zukommt. Begründet wird dies mit der Systematik und dem Sinn und Zweck der Verfassung. Das Verfahren der Volksgesetzgebung sei mit Art. 123 HV, durch den der Gang der Verfassungsänderung eine spezielle Regelung erfahren habe, nicht vereinbar. Nach Art. 123 Abs. 2 HV könne eine Verfassungsänderung nur durch Zusammenwirken einer qualifizierten Mehrheit des Landtags mit der Mehrheit der Ja-Stimmen bei obligatorischer Volksabstimmung zustandekommen. Der Beschluß des Landtags über ein verfassungsänderndes Gesetz sei danach unverzichtbar und könne nicht durch Volksentscheid ersetzt werden. Das Verfahren der Volksgesetzgebung nach Art. 124 HV wolle es aber dem Volk gerade ermöglichen, seinen gesetzgeberischen Willen auch gegen den Landtag mit dem Mittel des Volksentscheids durchzusetzen, was Art. 123 Abs. 2 HV ausschließe.[72]

Nach anderer Ansicht[73] kann ein Verfassungsänderungsgesetz durch Volksbegehren initiiert werden, weil nach Art. 117 HV Gesetzentwürfe auch durch Volksbegehren eingebracht werden können und Art. 123 HV nicht lex specialis zu Art. 117 HV sei. Diese Argumentation vermag indessen nicht zu überzeugen. Sie verkennt den untrennbaren Zusammenhang, in dem Art. 117 und Art. 124 HV stehen. Art. 124 HV bestimmt zwingend und ohne Ausnahme, wie im Falle eines

---

[69] Dafür *Meyer*, KritV 1996, 145 (155).

[70] *Schonebohm*, in: *Zinn/Stein* (o. Anm. 9), Art. 123 Erl. 3 a.

[71] *Schonebohm*, in: *Zinn/Stein* (o. Anm. 9), Art. 124 Erl. II 2, Art. 123 Erl. 3 a.; ders., Die Volksgesetzgebung nach hessischem Verfassungsrecht, in: *Hermann Avenarius/Hanns Engelhardt/Hermann Heußner/Friedrich von Zezschwitz* (Hrsg.), Festschrift für Erwin Stein zum 80. Geburtstag, 1983, S. 317 (322); *v. Brünneck*, JöR N.F. 3 (1954), 213 (248); *Jellinek*, DRZ 1947, 4 (6).

[72] *Schonebohm*, in: *Zinn/Stein* (o. Anm. 9), Art. 124 Erl. II 2; ders., in: Festschrift Stein (o. Anm. 71), S. 317 (322).

[73] *Meyer*, KritV 1996, 145 (156).

Volksbegehrens zu verfahren ist, nämlich insbesondere so, daß bei unveränderter Übernahme des dem Volksbegehren zugrundeliegenden Gesetzentwurfs durch den Landtag ein Volksentscheid unterbleibt, andernfalls aber das Gesetz auch gegen den Willen des Landtags durch Volksentscheid zustande kommen kann. Daß Art. 124 HV für alle Fälle gilt, in denen ein Gesetzentwurf nach Art. 117 HV durch Volksbegehren eingebracht wird, zeigt sich schon daran, daß Art. 124 Abs. 4 HV, der den Gesetzgeber – natürlich im Rahmen der verfassungsrechtlichen Vorgaben – zur Regelung des Verfahrens beim Volksbegehren und Volksentscheid verpflichtet, sich nach seinem Wortlaut offenbar auf sämtliche nach der Hessischen Verfassung überhaupt in Betracht kommenden Volksbegehren bezieht, andererseits aber sich Volksbegehren nach der systematischen Stellung der Vorschrift offenbar nur im Zusammenhang mit dem Volksentscheid und den Vorgaben der Absätze 1 bis 3 des Art. 124 HV vorzustellen vermag. Es wäre auch kaum verständlich, wenn Art. 124 Abs. 1 Satz 1 HV das Quorum des Fünftels der Stimmberechtigten nur für Volksbegehren vorschriebe, als deren Folge ein Volksentscheid herbeizuführen wäre, zugleich aber von der Zulässigkeit anderer Volksbegehren ausginge, deren Quorum im Dunkeln gelassen worden wäre. Darauf, daß Art. 124 HV sich ausnahmslos auf alle Volksbegehren bezieht, weist auch die Formulierung des Art. 124 Abs. 1 Satz 3 HV hin, wonach der Haushaltsplan, Abgabengesetze oder Besoldungsordnungen nicht Gegenstand „eines Volksbegehrens" sein können. Es ist außerdem schwer vorstellbar, daß Art. 124 Abs. 1 Satz 2 HV mit der Vorschrift, daß dem Volksbegehren ein ausgearbeiteter Gesetzentwurf zugrundeliegen müsse, nicht jedes Volksbegehren betreffen soll.

Vor allem aber bietet Art. 124 HV nicht den geringsten Anhaltspunkt dafür, daß es neben den dort vorgesehenen Volksbegehren, mit denen das Volk sich bei der Gesetzgebung über den Willen des Landtags soll hinwegsetzen können, noch Volksbegehren minderer Wirkung soll geben können. Die Verfassung enthielte keine Vorgaben für sie außer indirekt der, daß sie zur Unterscheidung von den „echten" Volksbegehren den Hinweis enthalten müßten, so wichtig sei dem Volk die Sache nun auch wieder nicht, daß es von den Möglichkeiten des Art. 124 HV Gebrauch machen wolle – man möge das Volksbegehren als bloße Ausübung des Initiativrechts verstehen. Wer würde ein solches Volksbegehren wohl stellen wollen und zustandebringen können? Daß die Hessische Verfassung nur ein Volksbegehren mit den Wirkungen des Art. 124 HV kennt, hat denn auch seinen guten Grund: Wenn das Volk selbst eine Gesetzesinitiative in die Hand nimmt, soll es an einer Durchsetzung seines eigenen Willens nicht dadurch gehindert werden können, daß seine Vertreter im Landtag den Gesetzesbeschluß verweigern. Das Volksbegehren soll sich nicht als verheißungsvolles, aber letztlich wenig wirkungsvolles Instrument erweisen. Zu Recht hat denn schon *Walter Jellinek* Volksbegehren, die letztlich vom Landtag abgelehnt werden können, als Schlag in die Luft bezeichnet und hinzugefügt, daß derartige hinkende Volksbegehren sicherlich nicht im Sinne des Art. 124 HV lägen.[74]

---

[74] Schreiben von *W. Jellinek* vom 17.3.1950 an den Hessischen Minister des Innern, zitiert bei *Schonebohm*, in: Festschrift Stein (o. Anm. 71), S. 323 Anm. 45.

Wenn es nach der Hessischen Verfassung aber nur Volksbegehren mit den Wirkungen des Art. 124 HV gibt, kommt ein Volksbegehren für die in Art. 123 HV geregelte Verfassungsänderung nicht in Betracht. Denn weder das in Art. 124 Abs. 2 Satz 2 HV vorgesehene Entfallen des Volksentscheids bei Übernahme des Gesetzentwurfs durch den Landtag noch das in Art. 124 HV vorgesehene Zustandekommen eines Gesetzes durch Volksentscheid gegen den Willen des Landtags ist mit dem in Art. 123 Abs. 2 HV für Verfassungsänderungen statuierten Zusammenwirken von Volk und Landtag vereinbar.

b) Verfahren

Bei einer Initiative für eine Verfassungsreform empfiehlt es sich, auch die einschlägigen Erfahrungen anderer Bundesländer fruchtbar zu machen, wobei allerdings die Diskussion als eigenständiges hessisches Ereignis geführt werden sollte.

Da die Vorbereitung einer Entscheidung über eine Reform der Hessischen Verfassung ein umfangreicher und bedeutender Sachverhalt ist, liegt es nahe, eine Enquetekommission nach § 55 der Geschäftsordnung des Hessischen Landtags einzusetzen.[75] Sie sollte den Auftrag erhalten zu prüfen, ob und inwieweit eine Modernisierung der Hessischen Verfassung erforderlich ist, damit diese unter Fortentwicklung ihrer Grundprinzipien den gegenwärtigen und voraussehbaren künftigen Anforderungen gerecht wird. Die Kommission könnte einen Entwurf für eine Verfassungsänderung erarbeiten, der dem Landtag zur Beschlußfassung vorgelegt wird und dann dem Volk nach Art. 123 Abs. 2 HV zur Abstimmung unterbreitet werden müßte.

Um die Öffentlichkeit an der Diskussion über die Verfassungsreform von Anfang an zu beteiligen, sollten in (entsprechender) Anwendung von § 89 Abs. 2 Satz 2 der Geschäftsordnung des Landtags die Beratungen in der Kommission grundsätzlich in öffentlichen Sitzungen abgehalten werden, an denen auch externe Sachverständige und Interessenvertreterinnen und Interessenvertreter beteiligt werden könnten. Die Bürgerinnen und Bürger des Landes sollten aufgefordert werden, Vorschläge zur Verfassungsreform in den Willensbildungsprozeß einzubringen, denn Verfassungsfragen sind in der Demokratie öffentliche Fragen.

II. Mögliche Gegenstände einer Verfassungsreform

Die nachfolgenden Ausführungen enthalten lediglich verfassungspolitische Anregungen an die politischen und gesellschaftlichen Kräfte des Landes, mit welchen

---

[75] Zur Vorberatung einer bestimmten Vorlage für eine Verfassungsreform kann auch ein Sonderausschuß nach § 51 GO-LT eingesetzt werden, der aus Mitgliedern des Landtags besteht. Sollen im Einvernehmen der Fraktionen benannte Sachverständige, die dem Landtag nicht angehören, mitwirken (vgl. § 55 Abs. 2 GO-LT), ist allerdings die Einberufung einer Enquetekommission zu empfehlen.

materiellen Fragestellungen sich eine Verfassungsreform auseinandersetzen sollte. Aus der Fülle der Fragestellungen werden nur einige Punkte herausgegriffen.

1. „Bereinigung" der Hessischen Verfassung

Erstes Element einer Verfassungsreform sollte die Bereinigung der derzeitigen Hessischen Verfassung sein, d.h. Bestimmungen, die auf Grund des Verhältnisses des Landesverfassungsrechts zum Bundesrecht obsolet geworden sind, und Bestimmungen, die durch Zeitablauf oder Erfüllung oder aus sonstigen Gründen gegenstandslos geworden sind, sollten aufgehoben werden.

a) Aufhebung von Bestimmungen, die durch Bundesrecht obsolet geworden sind

Das Verhältnis der Landesverfassung zum Bundesrecht wird im wesentlichen durch Art. 31, 142 und 28 GG einerseits und Art. 153 Abs. 2 HV andererseits geregelt. Im einzelnen ist manches zweifelhaft und umstritten.[76] Für die Durchführung der Bereinigung kann von folgenden gesicherten Leitlinien ausgegangen werden:

Nach Art. 28 Abs. 1 GG ist nur ein gewisses Maß an Homogenität der Bundesverfassung und der Landesverfassungen gefordert.[77] Im übrigen beläßt das Grundgesetz den Ländern, vorbehaltlich spezieller grundgesetzlicher Vorgaben für bestimmte Tatbestände, prinzipiell Entscheidungsfreiheit hinsichtlich der Ausgestaltung ihrer Verfassungen.[78]

Nach Art. 153 Abs. 2 HV bricht künftiges Recht der Deutschen Republik Landesrecht. Neben Art. 153 Abs. 2 HV ist Art. 31 GG getreten. Art. 31 GG ist eine Kollisionsnorm; sie bestimmt, welches Recht im Falle kollidierender Normsetzung des Bundes- und des Landesgesetzgebers gilt. Der für diesen Fall festgesetzte Vorrang des Bundesrechts mit der überwiegend angenommenen Folge der Nichtigkeit der entsprechenden Norm des Landesrechts greift nur durch, wo beide Gesetzgeber denselben Gegenstand, dieselbe Rechtsfrage geregelt haben.[79] Im einzelnen ist insofern festzuhalten:[80]

- Recht bedeutet geschriebenes und ungeschriebenes Recht jeder Rangstufe. Auch einfache Bundesgesetze, Bundesrechtsverordnungen und Bundesgewohnheitsrecht haben im Kollisionsfall Vorrang vor der Landesverfassung.
- Art. 31 GG setzt die Gültigkeit des Bundes- und des Landesrechts voraus.

---

[76] Vgl. u.a. *Walter Schmidt* (o. Anm. 28), S. 37 ff.; *Göbel-Zimmermann*, Asylrechte der Landesverfassungen im Verhältnis zum Bundesrecht, NVwZ 1995, 763 ff.; *Sacksofsky*, NVwZ 1993, 240; *Schneider*, Verfassungsrecht der Länder. Relikt oder Rezept?, DÖV 1987, 749 (751).

[77] BVerfGE 41, 88 (119).

[78] Vgl. BVerfGE 36, 342 (361 f.).

[79] BVerfGE 26, 116 (135).

[80] Vgl. *Theodor Maunz*, in: *Theodor Maunz/Günter Dürig/Roman Herzog/Rupert Scholz*, Grundgesetz, Stand: März 1994, Art. 31 Rdnr. 2 ff.; *Hans D. Jarass/Bodo Pieroth*, Grundgesetz, 3. Aufl. 1995, Art. 31 Rdnr. 1 ff.

- Die von Art. 31 GG vorausgesetzte Kollision zwischen Bundes- und Landesrecht liegt vor, wenn, die Kollisionsnorm hinweggedacht, Bundes- und Landesrechtsnormen auf denselben Sachverhalt anwendbar sind und bei ihrer Anwendung zu verschiedenen Ergebnissen führen können.[81]
- Rechtsfolge von Art. 31 GG ist nach überwiegender Meinung[82], daß in dessen Anwendungsbereich das Landesrecht nichtig ist. Bestehendes Landesrecht wird aufgehoben, zukünftiges wird gesperrt, d.h. kann nicht in Kraft treten.

Art. 142 GG will Art. 31 GG einschränken. Er formuliert aber nicht etwa allgemein, daß Art. 31 GG das grundsätzliche Verhältnis von Bundesverfassung und Landesverfassung nicht berührt, sondern bestimmt nur für Grundrechte, daß sie, soweit sie in Übereinstimmung mit den Art. 1 bis 18 GG stehen, dem Anwendungsbereich des Art. 31 GG nicht unterfallen.[83] Art. 142 GG will ein grundrechtliches Mindestniveau garantieren.[84] Grundrechte in der Landesverfassung, die ein Mehr an Grundrechten gewähren als das Grundgesetz, also für den Grundrechtsinhaber umfangreichere oder zusätzliche Rechte gewähren, bleiben deshalb in Kraft, soweit sie sonstigem Bundesrecht nicht widersprechen. Generell unberührt bleiben übereinstimmende Grundrechte. Gewährt ein Grundrecht in der Landesverfassung weniger an Schutz, ist umstritten, ob es in Kraft bleibt.[85] Nach herrschender Meinung tritt das Grundrecht außer Kraft, weil Art. 142 GG ein Mindestmaß gewährleisten soll. Nach anderer Auffassung bleibt das Landesgrundrecht in Kraft. Für eine Verfassungsreform braucht dieser Streit jedoch nicht unbedingt ausgetragen zu werden, denn aus Gründen der Rechtsklarheit und Rechtsvereinfachung sollte grundsätzlich das zurückbleibende Landesgrundrecht auf das Niveau des Grundgesetzes angehoben werden.[86]

Nach diesen Grundsätzen wäre die Hessische Verfassung zu durchforsten. Dies führt beispielsweise zu folgenden Ergebnissen:

Art. 21 Abs. 1 Satz 2 HV (Todesstrafe) ist aufzuheben, denn diese Norm ist durch Art. 102 GG obsolet geworden.[87]

Erörterungsbedürftig ist auch Art. 29 Abs. 5 HV („Die Aussperrung ist rechtswidrig."). Der jahrelange Streit[88] um die Fortgeltung des Ausperrungsverbots ist durch das Bundesarbeitsgericht[89] unter Berufung auf Art. 31 GG dahingehend entschieden worden, daß ein generelles Aussperrungsverbot mit den tragenden Grundsätzen des geltenden Tarifrechts unvereinbar und deshalb unzulässig sei.

---

[81] BVerfGE 36, 342 (363).

[82] Vgl. *Jarass/Pieroth* (o. Anm. 80), Art. 31 Rdnr. 5; *Maunz/Dürig/Herzog/Scholz* (o. Anm. 80), Art. 31 Rdnr. 2; *Peter M. Huber*, in: *Michael Sachs* (Hrsg.), Grundgesetz, 1996, Art. 31 Rdnr. 13.

[83] BVerfGE 36, 342 (362 f.).

[84] *Ingo von Münch*, in: ders. (o. Anm. 7), Art. 142 Rdnr. 5; *Jarass/Pieroth* (o. Anm. 80), Art. 142 Rdnr. 1 f.

[85] Vgl. *v. Münch* (o. Anm. 84), Art. 142 Rdnr. 7; *Jutzi*, DÖV 1988, 871 (872) m. w. Nachw.

[86] *Jutzi*, DÖV 1988, 871 (872).

[87] *Erwin Stein*, in: *Zinn/Stein* (o. Anm. 9), Art. 21 Erl. 2; *Walter Schmidt*, in: *Meyer/Stolleis* (o. Anm. 17), S. 38.

[88] *Barwinski*, in: *Zinn/Stein* (o. Anm. 9), Art. 29 Erl. 18; *Thilo Ramm*, Die soziale Ordnung der Hessischen Verfassung, in: *Erwin Stein* (o. Anm. 11), 204 (226); *Söllner*, RdA 1980, 15 f.

[89] NJW 1980, 1642 (1646).

Insoweit könne im Lande Hessen nichts anderes gelten als im übrigen Bundesgebiet, weil Landesrecht durch Bundesrecht verdrängt werde. Nach der Rechtsprechung des Bundesverfassungsgerichts[90] umfaßt der Schutz der Koalitionsfreiheit (Art. 9 Abs. 3 GG) unter den gegebenen Verhältnissen jedenfalls Aussperrungen mit suspendierender Wirkung, die bei der Abwehr von Teil- und Schwerpunktstreiks zur Herstellung der Verhandlungsparität eingesetzt werden. Eine Entscheidung darüber, ob streikende Arbeitnehmer ausnahmsweise auch lösend ausgesperrt werden können, hat das Bundesverfassungsgericht bisher nicht getroffen, so daß nur hinsichtlich dieser Aussperrungsart ein Regelungsspielraum für die Landesverfassung fortbesteht.

Art. 39 Abs. 1 bis 3 HV (Mißbrauch wirtschaftlicher Macht) ist aufzuheben. Das Verbot des Mißbrauchs der wirtschaftlichen Freiheit (Art. 39 Abs. 1 HV) ist durch das auf Grund des Art. 74 Abs. 1 Nr. 16 GG erlassene Gesetz gegen Wettbewerbsbeschränkungen und das auf Art. 74 Abs. 1 Nr. 11 GG[91] beruhende Gesetz gegen den unlauteren Wettbewerb verdrängt worden.[92] Die Direktive zur Überführung in Gemeineigentum (Art. 39 Abs. 2 Satz 1 HV) ist nach Art. 31 GG durch Art. 15 GG gebrochen, denn der Umfang der zulässigen Vergesellschaftung ist durch das Grundgesetz abschließend geregelt. Die Staatsaufsicht über Vermögen und deren Staatsverwaltung (Art. 39 Abs. 2 Satz 2 HV) sind als andere Formen der Gemeinwirtschaft i.S.d. Art. 15 Satz 1 GG durch diesen überlagert.[93]

Art. 42 Abs. 3 HV (Umlegung von Streubesitz) und Art. 42 Abs. 5 HV (Entschädigung) sind aufzuheben, denn diese Normen sind durch das Flurbereinigungsgesetz bzw. Art. 14 Abs. 3 GG gebrochen.[94]

Art. 109 Abs. 1 Satz 3 HV (Bestätigung eines Todesurteils) ist aufzuheben, weil mit der Abschaffung der Todesstrafe nach Art. 102 GG kein Bestätigungsgegenstand mehr besteht.

Im Bereich der Rechtsstellung, Amtsenthebung und Versetzung von Richtern kollidieren die Regelungen der Hessischen Verfassung (Art. 127 Abs. 1 und Art. 128) mit dem kompetenzgemäß erlassenen Deutschen Richtergesetz. Diese Kollision sollte behoben werden.[95]

Art. 147 Abs. 2 HV (Pflichten bei Verfassungsbruch) ist aufzuheben. Er ist durch § 6 EGStPO gegenstandslos geworden.[96]

Allgemein hat die Überlagerung der hessischen Wirtschafts- und Sozialverfassung durch Bundesrecht einen Verfassungstorso entstehen lassen, der durch eine Verfassungsreform auf seine tatsächliche Geltung reduziert werden sollte.[97]

---

[90] BVerfGE 84, 212 (225).

[91] Vgl. *Rengeling*, in: BK (o. Anm. 4), Art. 74 Nr. 11 Rdnr. 80.

[92] Vgl. *v. Zezschwitz* (o. Anm. 66), S. 73 (80).

[93] *Barwinski* (o. Anm. 9), Art. 39 Erl 1.

[94] *Barwinski* (o. Anm. 9), Art. 42 Erl. 1 b.

[95] Vgl im einzelnen *Reh*, in: *Zinn/Stein* (o. Anm. 9), Art. 127, 128 Erl. B.

[96] Vgl. StGH, StAnz. 1993, 178 – ständige Rechtsprechung –; *Reh* (o. Anm. 95), Art. 147 Erl. 7 a.; *Walter Schmidt* (o. Anm.28), S. 38.

[97] Vgl Beispiele bei *v. Zezschwitz* (o. Anm. 66), S. 73 (79).

b) Aufhebung von Bestimmungen, die durch Zeitablauf oder Erfüllung oder aus sonstigen Gründen obsolet geworden sind

Art. 101 Abs. 3 HV (Verbot für Angehörige ehemals regierender Häuser, Mitglied der Landesregierung zu werden) sollte aufgehoben werden. Auch wenn man diese Norm nicht wegen des Verbots der Ungleichbehandlung wegen der Herkunft (Art. 3 Abs. 3 GG) für nichtig hält, ist ihr Schutzzweck jedenfalls entfallen. Der Ausschluß der Angehörigen ehemals regierender Häuser von der Mitgliedschaft in der Landesregierung erfolgte, weil sie als potentielle Träger des monarchistischen Gedankengutes oder als Kristallisationspunkte von monarchistischen Bestrebungen angesehen wurden. In der jetzigen Entwicklungsphase der Demokratie sind die dem zugrundeliegenden Befürchtungen gegenwartsfremd[98]. Der Ausschluß der Nachfahren ehemals regierender Häuser von der Mitgliedschaft in der Landesregierung erscheint weder erforderlich noch gar verhältnismäßig.

Art. 153 Abs. 1 HV (Zuständigkeitsabgrenzung zwischen der Deutschen Republik und Hessen) ist aufzuheben. Die Norm ist mit der Grundgesetzgebung obsolet geworden, die Zuständigkeitsabgrenzung ist insbesondere durch Art. 30, 70 ff. und 83 ff. GG erfolgt.

Art. 157 HV (Grundrechtseinschränkungen zur Beseitigung der Nachkriegsnotlage) ist aufzuheben. Diese Norm ist gemäß Art. 157 Abs. 2 Satz 1 HV mit Ablauf des 31.12.1950 gegenstandslos geworden.

Art. 159 HV (Besatzungsrecht) ist aufzuheben. Seit dem Vertrag über die abschließende Regelung in bezug auf Deutschland (Zwei-plus-Vier-Vertrag) hat Deutschland volle Souveränität über seine inneren und äußeren Angelegenheiten (Art. 7 Abs. 2) erhalten. Die Siegermächte haben ihre Rechte und Verantwortlichkeiten in bezug auf Deutschland als Ganzes für beendet erklärt (Art. 7 Abs. 1). Eines Vorbehalts zugunsten des Vorrangs von Besatzungsrecht in der Hessischen Verfassung bedarf es daher nicht mehr.

2. Gleichbehandlung von Frauen und Männern in der Sprache der Hessischen Verfassung

Personen und Funktionen werden in der Hessischen Verfassung häufig (Ausnahme Art. 30 Abs. 2 HV) maskulin bezeichnet (z.B. der Ministerpräsident [Art. 100 ff. HV], der Präsident des Landtags [Art. 83 ff. HV], Minister [Art. 100 ff. HV], Deutscher [Art. 7 Satz 1 HV]). Im Zusammenhang mit einer Verfassungsreform sollte die Hessische Verfassung insgesamt soweit wie möglich so umformuliert werden, daß geschlechtsneutrale Personen- und Funktionsbezeichnungen verwandt und im übrigen feminine und maskuline Bezeichnungen in voll ausgeschriebener Form verwendet werden. Daß dies ohne Verlust der Rechtsklarheit und Rechtssicherheit möglich ist, zeigen die nach solchen Kriterien formulierte Verfassung

[98] Vgl. *Groß*, JöR N.F. 21 (1971), 309 (313).

des Landes Schleswig-Holstein[99] und die neuen in Hessen verabschiedeten Gesetze. Sprache ist Spiegel unseres Denkens und ein wichtiges Element der gesellschaftlichen Verhältnisse. Die bisher überwiegend männlich geprägte Rechtssprache der Landesverfassung birgt zumindest die Gefahr, überkommene gesellschaftliche Strukturen zu verfestigen und die Gleichberechtigung von Mann und Frau zu behindern. Da eine Verfassung nicht nur ein juristischer Text, sondern Ausdruck der kulturellen Entwicklung eines Landes ist, sollten auch in ihr Frauen und Männer gleichbehandelt werden.

3. Grundrechtsschutz von Freiheit und Gleichheit

a) Grundrechte in der Hessischen Verfassung

Es empfiehlt sich, die Entscheidung der Hessischen Verfassung für eine Vollverfassung mit eigenem Grundrechtsteil auch bei einer Verfassungsreform beizubehalten. Ein bloßes Organisationsstatut würde der Politik nicht in allen für die Menschen wichtigen Bereichen einen Rahmen geben und hätte weniger identitätsstiftende und bewußtseinsprägende Wirkung für die Bürgerinnen und Bürger des Landes. Es gilt daher, die im Ersten Hauptteil der Verfassung enthaltenen „Rechte des Menschen" im Hinblick auf neue und zukünftige Gefährdungslagen für die Freiheit, aber auch im Hinblick auf anderwärts längst aufgegriffene neue Dimensionen der Gleichheit weiterzuentwickeln.

b) Grundrecht auf informationelle Selbstbestimmung

Das Grundgesetz enthält kein ausdrückliches Recht auf informationelle Selbstbestimmung. Ein solches Recht wird seit dem Volkszählungsurteil des Bundesverfassungsgerichts[100] aus Art. 2 Abs. 1 i.V.m. Art. 1 Abs. 1 GG hergeleitet.

Auch die Hessische Verfassung weist ein Grundrecht auf informationelle Selbstbestimmung nicht explizit auf.

Eine ausdrückliche Regelung des Rechts auf informationelle Selbstbestimmung in den Landesverfassungen wird aber für zulässig erachtet. Auch einfaches Bundesrecht steht einer Regelung in Landesverfassungen nicht zwingend entgegen. Das Bundesdatenschutzgesetz gilt nach seinem § 1 Abs. 2 Nr. 2 für öffentliche Stellen der Länder nicht, soweit der Datenschutz – wie in Hessen – durch Landesrecht geregelt ist.

Für eine Aufnahme des Datenschutzes in die Hessische Verfassung spricht, daß die informationelle Selbstbestimmung Grundvoraussetzung für die freie Entfaltung der Persönlichkeit und die Kommunikation des Menschen ist. „Belanglose" Daten gibt es nicht mehr. Wer nicht weiß, von wem, für welche Zwecke und unter

---

[99] I.d.F. vom 13.Juni 1990 (GVBl. S. 391).
[100] BVerfGE 65, 1.

welchen Bedingungen Daten zu seiner Person zusammengestellt werden, wird sich nicht nur mehr und mehr überlegen, ob er etwa einer politischen oder gesellschaftlichen Organisation beitritt, sondern auch zunehmend davon Abstand nehmen, seine Meinung zu äußern.[101] Daher ist ein verfassungsrechtlicher Schutz auch erforderlich, um bei den Bürgern und Bürgerinnen die Motivation zur Grundrechtsausübung zu stärken.

Beim Recht auf informationelle Selbstbestimmung handelt es sich um eine neue grundrechtlich relevante Frage, die vom Grundgesetz nur unzureichend beantwortet wird. Gerade eine verfassungsrechtliche Verankerung empfiehlt sich, da einem solchem Grundrecht in unserer Informationsgesellschaft besondere Bedeutung zukommt. Die bloße Herleitung aus Art. 2 Abs. 1 i.V.m. Art. 1 Abs. 1 GG bedeutet, die Garantie gewissen Unwägbarkeiten der Rechtsprechung zu überlassen, die ein unter anderen Umständen und anderen Zielen entwickelter Schutz des Persönlichkeitsrechts unweigerlich mit sich bringt. Die informationelle Selbstbestimmung dient nicht allein einem solchen Schutz des Persönlichkeitsrechts, sondern auch der Sicherung der Kommunikationsfähigkeit des Menschen.[102]

Darüber hinaus ist eine verfassungsrechtliche Normierung nicht nur für die Auslegung einfachgesetzlicher Normen durch die Verwaltung und Gerichte von Bedeutung, sondern hätte auch politisch-psychologische Bedeutung. Der Respekt und die Sensibilität beim Umgang mit Daten würden erhöht, wenn der hessische Verfassungsgeber in dieser Weise auf die Entwicklungs- und Existenzbedingungen des einzelnen in einer hochtechnisierten, durch zunehmende Informationsverarbeitung gekennzeichneten Gesellschaft reagierte.

Die verfassungsrechtliche Verankerung des informationellen Selbstbestimmungsrechts könnte in Anlehnung an den Vorschlag, den der ehemalige Datenschutzbeauftragte des Landes, *Spiros Simitis*, auf dem vom Hessischen Landtag und der Hessischen Landesregierung am 30. und 31. Oktober 1991 veranstalteten Verfassungssymposium zum Grundgesetz gemacht hat[103], wie folgt formuliert werden:

„(1) Jeder Mensch hat das Recht, über die Verarbeitung der auf seine Person bezogenen Daten selbst zu bestimmen.

(2) Jeder Mensch hat das Recht auf Informationen über die Verarbeitung der auf seine Person bezogenen Daten und Einsicht in die Akten, die Daten zu seiner Person enthalten.

(3) Einschränkungen dieser Rechte dürfen nur durch Gesetz oder auf Grund eines Gesetzes erfolgen."

Parallel zur Aufnahme des informationellen Selbstbestimmungsrechts in die Verfassung sollten im IV. Abschnitt des Zweiten Hauptteils der Hessischen Verfassung

---

[101] BVerfGE 65, 1 (43).

[102] Vgl. Zwischenbericht des Hessischen Datenschutzbeauftragten gemäß § 30 Abs. 1 HDSG „Zur Aufnahme des informationellen Selbstbestimmungsrechts und der Informationsfreiheit in das Grundgesetz" anläßlich des vom Hessischen Landtag und von der Hessischen Landesregierung am 30. und 31. Oktober 1991 veranstalteten Verfassungs-Symposiums.

[103] Zwischenbericht des Hessischen Datenschutzbeauftragten (o. Anm. 102), S. 8.

(Landtag) Funktion, Wahl und Unabhängigkeit des Hessischen Datenschutzbeauftragten auch verfassungsrechtlich abgesichert werden.[104]

c) Gleichstellung von Frauen und Männern

Nach Art. 1 HV sind alle Menschen vor dem Gesetze gleich, ohne Unterschied des Geschlechts. Art. 30 Abs. 2 HV bestimmt, daß das Gesetz die Gewähr schafft, daß die Frau ihre Aufgaben als Bürgerin und Schaffende mit ihren Pflichten als Frau und Mutter vereinbaren kann.

Trotz der verfassungsrechtlichen Bestimmungen über die Gleichberechtigung von Frauen und Männern ist deren tatsächliche Gleichstellung in vielen gesellschaftlichen Bereichen bislang nicht erreicht worden. Die bisherige Entwicklung hat gezeigt, daß die Verschaffung gleicher Rechte allein noch nicht bewirkt, die Unterrepräsentanz von Frauen in politischen, beruflichen und kulturellen Bereichen zu beseitigen.

Als Antwort hierauf ist die Forderung nach tatsächlicher Durchsetzung der Gleichberechtigung bzw. Gleichstellung von Frauen und Männern in Art. 3 Abs. 2 Satz 2 GG, Art. 6 Abs. 2 BerlVerf., Art. 12 Abs. 3 Satz 2 BrandVerf., Art. 3 Abs. 2 Satz 3 NdsVerf., Art. 6 SchlHVerf. und Art. 2 Abs. 2 Satz 2 ThürVerf. ausdrücklich aufgenommen worden.

Im gleichem Sinne könnte auch die Hessische Verfassung reagieren. Es liegt insofern nahe, eine Verpflichtung des Landes zur Schaffung entsprechender Rahmenbedingungen in die Verfassung einzufügen. Sie könnte durch eine ausdrückliche Frauenförderklausel ergänzt werden, die in einer Übergangsphase zur Herstellung der Gleichberechtigung gerechtfertigt ist.

Danach könnte in Anlehnung an den Vorschlag des Hessischen Verfassungsbeirats zur Reform des Grundgesetzes[105] und den Änderungsantrag der SPD-Fraktion im Hessischen Landtag vom 7.12.1990[106] Art. 1 HV um einen Absatz 2 mit folgendem Wortlaut ergänzt werden:

„Frauen und Männer sind gleichberechtigt. Das Land, die Gemeinden und die Gemeindeverbände haben Rahmenbedingungen zu schaffen, die geeignet sind, die tatsächliche Gleichstellung von Frauen und Männern in allen Bereichen der Gesellschaft herbeizuführen. Dabei sind Maßnahmen zur Förderung von Frauen zum Ausgleich bestehender Ungleichheiten zulässig."

Für die tatsächliche Gleichberechtigung von Frauen und Männern ist die Vereinbarkeit der Erwerbsarbeit mit der Familienarbeit von großer Bedeutung. Ihrer Sicherstellung könnte ein wie folgt neu formulierter Art. 30 Abs. 2 HV dienen:

„Der Staat hat durch geeignete Maßnahmen darauf hinzuwirken, daß Frauen und Männer in gleicher Weise die Ausübung politischer Mitgestaltungsrechte und Erwerbsarbeit mit Familienarbeit vereinbaren können."

---

104 So schon die Empfehlung des Hessischen Verfassungsbeirats in: Hessisches Ministerium der Justiz (Hrsg.), Die Reform des Grundgesetzes (o.J.).

105 Hessisches Ministerium der Justiz (o. Anm. 104), S. 34.

106 LT-Drs. 12/7811.

4. Staatszielbestimmungen / Soziale Grundrechte

a) Bedeutung

Staatszielbestimmungen sind Verfassungsnormen mit rechtlich bindender Wirkung, die der Staatstätigkeit die fortdauernde Beachtung oder Erfüllung bestimmter Aufgaben – sachlich umschriebener Ziele – vorschreiben.[107] Sie unterscheiden sich von Grundrechten, die dem einzelnen unmittelbar geltende und einklagbare subjektive Rechte gegenüber der öffentlichen Gewalt gewähren, dadurch, daß sie zwar für die Staatsorgane, vorab für den Gesetzgeber, verbindlich sind und auch für die Auslegung der vom Gesetzgeber erlassenen Gesetze relevant werden können, aber grundsätzlich nur als objektiv-rechtliche Verfassungsnormen wirken.[108]

Eine allgemein anerkannte Definition sozialer Grundrechte fehlt dagegen. Zum Teil werden sie als Oberbegriff für unterschiedliche Rechtsfiguren von Programmsätzen über Staatszielbestimmungen bis zu korrelierenden Individualansprüchen verwendet.[109] Hier werden sie als verfassungsrechtlich verankerte Forderungen nach positivem staatlichen Handeln zur Schaffung der Voraussetzungen freier Persönlichkeitsentfaltung begriffen.[110]

Die Hessische Verfassung enthält mit Art. 26 a ein ausdrücklich als solches bezeichnetes Staatsziel Umweltschutz. Daneben bestehen ein Recht auf Arbeit in Art. 28 Abs. 2 HV und eine ganze Reihe weiterer Normen, die zumindest Komponenten sozialer Grundrechte enthalten (vgl. Art. 27 ff. HV). An diese Tradition kann eine Reform der Hessischen Verfassung anknüpfen.

Die Aufnahme von Staatszielbestimmungen und sozialen Grundrechten in eine Verfassung ist allerdings nach wie vor umstritten.[111] Doch sind Freiheitsrechte ohne die tatsächliche Voraussetzung, sie in Anspruch zu nehmen, wertlos.[112] Soll rechtliche Freiheit zur realen Freiheit werden, bedarf ihr Träger oder ihre Trägerin eines Grundanteils an den sozialen Lebensgütern, ja dieser Anteil an den sozialen Lebensgütern ist Teil der Freiheit, weil er notwendige Voraussetzung ihrer Realisierung ist.[113] Mit Staatszielbestimmungen und sozialen Grundrechten wird das in Form verbindlicher Verfassungsaufträge anerkannt und bekräftigt. Sie verpflichten regelmäßig den Gesetzgeber, dem Art und Weise der Umsetzung in politischer Verantwortung überlassen sind. Zugleich bilden sie Auslegungs- und Abwägungsgesichtspunkte für Verwaltung und Rechtsprechung.

---

[107] *Peter Christian Fischer*, Staatszielbestimmungen in den Verfassungen und den Verfassungsentwürfen der neuen Bundesländer, S. 4; *Helmut Simon*, Staatsziele, in: Handbuch der Verfassung des Landes Brandenburg, § 4 Rdnr. 2.

[108] *Helmut Simon* (o. Anm. 107), § 4 Rdnr. 2.

[109] Vgl. *Johannes Dietlein*, Die Grundrechte in den Verfassungen der neuen Bundesländer, 1993, S. 124.

[110] *Klaus Lange*, Soziale Grundrechte in der deutschen Verfassungsentwicklung und in den derzeitigen Länderverfassungen, in: *Ernst-Wolfgang Böckenförde/Jürgen Jekewitz/Thilo Ramm* (Hrsg.), Soziale Grundrechte, Dokumentation Teil 2, 1981, S. 49.

[111] Vgl. die Zusammenstellung bei *Fischer* (o. Anm. 107), S. 176.

[112] Vgl. BVerfGE 33, 303 (331 f.).

[113] *Böckenförde*, Die sozialen Grundrechte im Verfassungsgefüge, in: *Böckenförde/Jekewitz/Ramm* (o. Anm. 110), S. 7 (9).

Beim Einbau von Staatszielbestimmungen und sozialen Grundrechten in die Verfassung wird darauf zu achten sein, daß die Verfassungsaufträge von den Freiheitsgrundrechten erkennbar unterschieden und äußerlich getrennt werden.[114] Formuliert man sie deutlich als noch der Ausgestaltung insbesondere durch den Gesetzgeber bedürftige Zielvorgaben, wird verhindert, daß im sozial-, wirtschafts- und kulturpolitischen Bereich die Letztentscheidung von den unmittelbar politisch verantwortlichen Institutionen wie vor allem dem Parlament auf die Gerichte verlagert wird.

b) Recht auf Wohnung

Der im Sozialstaatsprinzip (Art. 20 Abs. 1 GG, Art. 28 Abs. 1 Satz 1 GG) enthaltene Auftrag an den Staat, für ausreichend Wohnraum zu sorgen, könnte durch ein Staatsziel im Sinne eines „Rechts auf Wohnung“ konkretisiert werden, in dem die Sorge für die Verfügbarkeit von Wohnraum als staatlicher Auftrag formuliert wird.

In Anlehnung an den Vorschlag[115] des Hessischen Verfassungsbeirats käme die Formulierung „Das Land trägt Sorge für die Sicherung, Schaffung und Erhaltung angemessenen Wohnraumes“ in Betracht. Diese könnte als Art. 26 b HV in Abschnitt II a des Ersten Hauptteils der Hessischen Verfassung eingefügt werden, der dann die allgemeine Überschrift „Staatsziele“ erhalten müßte.

Eine solche objektiv-rechtliche Verpflichtung des Landes könnte dazu beitragen, daß durch eine aktive Wohnungsmarktpolitik die insbesondere in den Ballungsräumen Rhein-Main und Kassel bestehende Unterversorgung mit angemessenem und finanzierbarem Wohnraum für breite Bevölkerungsgruppen behoben wird und diese Zielsetzung auch in Zeiten knapper Mittel in den öffentlichen Haushalten erhalten bleibt. Ein subjektiver Anspruch eines jeden auf eine Wohnung ist dagegen kaum realisierbar, da dem Land als Anspruchsadressaten die Verfügungsgewalt über den überwiegend im privaten Eigentum stehenden Wohnraum weitgehend entzogen ist.

c) Recht auf Arbeit

Art. 28 Abs. 2 HV normiert ein Recht auf Arbeit. Es wird nicht als subjektives Leistungsrecht des einzelnen auf Beschaffung eines Arbeitsplatzes interpretiert, sondern als objektiv-rechtliche Verpflichtung des Staates zum Ausbau der Arbeitsvermittlung und der Arbeitslosenunterstützung und -versicherung.[116] Der Wortlaut des Art. 28 Abs. 2 i.V.m. Abs. 1 HV kann aber auch als Staatszielbestimmung interpretiert werden, nach der das Land im Rahmen seiner Zuständigkeit auf die Schaffung und Erhaltung von Arbeitsplätzen hinzuwirken hat.

---

[114] Vgl. für das Grundgesetz *Böckenförde* (o. Anm.113), S. 7 (16).
[115] Hessisches Ministerium der Justiz (o. Anm. 104), S. 29.
[116] *Barwinski*, in: *Zinn/Stein* (o. Anm. 9), Art. 28 Erl. 1 m.w.Nachw.

Ein Recht auf Arbeit in unterschiedlichen Ausgestaltungen ist in Art. 166 BayVerf., Art. 48 BrandVerf., Art. 49 BremVerf., Art. 17 MVVerf., Art. 24 Abs. 1 Satz 3 NWVerf., Art. 53 Abs. 2 RhPfVerf., Art. 45 Abs. 2 SaarlVerf., Art. 39 SachsAnhVerf. und Art. 36 ThürVerf. enthalten.

Realistischerweise kann das „Recht auf Arbeit" auch in Hessen nur als Staatsziel ausgestaltet sein. Ein subjektives Recht des einzelnen auf Erhaltung und Schaffung eines konkreten Arbeitsplatzes entzieht sich weitgehend den tatsächlichen und rechtlichen Steuerungsmöglichkeiten eines Landesgesetzgebers.[117] Angesichts der hohen Arbeitslosigkeit empfiehlt es sich aber, das Recht auf Arbeit als Verfassungsauftrag an das Land, zur Erhaltung und Beschaffung von Arbeitsplätzen und zum Erreichen eines hohen Beschäftigungsstandes beizutragen, beizubehalten. Der Text des Art. 28 Abs. 1 und 2 HV braucht dazu nicht unbedingt verändert zu werden. Aus Gründen der Klarheit und Verständlichkeit wäre jedoch eine Umformulierung in Anlehnung an den Vorschlag des Hessischen Verfassungsbeirats sinnvoll.[118] Sie könnte lauten:

„Der Staat trägt zur Erhaltung und Beschaffung von Arbeits- und Ausbildungsplätzen und zum Erreichen eines hohen Beschäftigungsstandes bei."

d) Recht auf Bildung

Die Vermittlung von Bildung liegt auch in Hessen vorrangig in staatlicher Regie. Zentrale Bildungseinrichtungen wie Schulen und Hochschulen liegen überwiegend in der Hand des Landes oder stehen unter seiner Aufsicht. Ein „Recht auf Bildung", das insbesondere in den Verfassungen der ostdeutschen Bundesländer[119] Vorbilder findet, ist im Rahmen einer Verfassungsreform ebenfalls erörterungsbedürftig, zumal Art. 12 GG i.V.m. Art. 3 Abs. 1 GG bereits vom Bundesverfassungsgericht als Teilhaberecht an staatlichen Leistungen interpretiert wird.[120]

5. Landesstaatsorganisation

a) Politische Mitgestaltung, Parteien, Wählervereinigungen, Bürgerinitiativen und Verbände

Die politischen Parteien werden in der Hessischen Verfassung nicht erwähnt.[121] Angesichts der wichtigen Rolle der politischen Parteien auf Landesebene und der Entwicklung zur Parteiendemokratie auch in Hessen wird das Fehlen einer Regelung kritisiert.[122] Doch gelten die in Art. 21 GG aufgestellten Grundsätze des Partei-

---

[117] Vgl. *Dietlein* (o. Anm. 109), S. 128; *Zinn/Stein* (o. Anm. 9), Art. 28 Erl. 2; *Wipfelder*, Ein „Recht auf Arbeit" im Grundgesetz?, VBlBW 1990, 367 (368).

[118] Hessisches Ministerium der Justiz (o. Anm. 104), S. 29.

[119] Art. 29 BrandVerf., Art. 8 MVVerf., Art. 7 Abs. 1 SächsVerf., Art. 25 Abs. 1 SachsAnhVerf.

[120] BVerfGE 33, 303 (330 ff.).

[121] Vgl. *Wiltraut Rupp-von Brünneck/Gerhard Konow*, in: *Zinn/Stein* (o. Anm. 9), Art. 75 Vorbem. III.4.

[122] *Meyer*, KritV 1996, 145 (149).

wesens nicht nur für den Bereich des Bundes, sondern auch für die Länder; selbst die Ausgestaltung der in Art. 21 GG enthaltenen Grundsätze ist dem Bundesgesetzgeber vorbehalten.[123] Der Spielraum der Länder für Regelungen der politischen Parteien ist daher begrenzt.[124]

Kommunale Wählervereinigungen spielen im politischen Leben der hessischen Gemeinden und Landkreise eine bedeutende Rolle. Obwohl sie keine politischen Parteien i.S.d. Art. 21 GG sind und dem Landesgesetzgeber damit in Bezug auf sie größere Regelungskompetenzen als hinsichtlich der politischen Parteien zu Gebote stehen, hat sich der hessische Landesgesetzgeber auch insofern mit einer Normierung zurückgehalten. In der Hessischen Verfassung sind sie ebensowenig ausdrücklich angesprochen wie die Bürgerinitiativen, die als typische Erscheinungsformen einer aktiven Öffentlichkeit es den Bürgerinnen und Bürgern ermöglichen, sich relativ unmittelbar in den politischen Willensbildungsprozeß einzubringen.[125] Kommunale Wählergemeinschaften und Bürgerinitiativen sind jedoch genauso wie Verbände durch die Garantie der Vereinigungsfreiheit in Art. 9 GG und Art. 15 HV geschützt.[126]

Der Bedeutung von Parteien, Wählervereinigungen, Bürgerinitiativen und Verbänden für den demokratischen Willensbildungsprozeß entspräche deren ausdrückliche Aufnahme in die Verfassung. Im Hinblick darauf, daß mit den genannten Regelungen ein einschlägiger verfassungsrechtlicher Rahmen bereits existiert und darüber hinausgehende Bestimmungen weitgehend auf die Ebene einfachen Gesetzesrechts gehören würden, empfiehlt sich auf verfassungsrechtlicher Ebene eine auf das Recht auf politische Mitgestaltung begrenzte Neuregelung.

Im modernen Staat ist das politische Geschehen ein ständiger Prozeß gemeinsamen Handelns, in dessen Verlauf die vielfältigen und verschiedenartigen Ideen und Interessen zu einem Ausgleich gebracht werden. Die Mitwirkung und Mitgestaltung der Bürgerinnen und Bürger darf sich nicht auf die regelmäßig alle vier Jahre stattfindenden Landtagswahlen beschränken. Durch ein Recht auf politische Mitgestaltung sollte ein verfassungsrechtlich verbürgtes Recht zur Mitwirkung am politischen Prozeß garantiert werden.

Ein derartiges Recht kann jedoch nur begrenzt durch die Erfindung neuer Mitwirkungsrechte ausgestaltet werden. Es müßte im wesentlichen eine Klammer um die bestehenden Mitwirkungsrechte bilden. Insbesondere die Bestimmungen der Hessischen Verfassung über die Vereinigungsfreiheit (Art. 15), die Versammlungsfreiheit (Art. 14), die Meinungsfreiheit (Art. 11), die Informationsfreiheit (Art. 13) und das Petitionsrecht (Art. 16) gewährleisten Elemente eines solchen politischen Mitgestaltungsrechts.

---

[123] *Rupp-v. Brünneck/Konow* (o. Anm.121), Art. 55 Vorbem. III.6; *Jarass/Pieroth* (o. Anm. 80), Art. 21 Rdnr. 2.

[124] Dazu, daß ein solcher Spielraum immerhin vorhanden sein dürfte, vgl. *Klaus Lange* (o. Anm. 51), S. 104.

[125] Vgl. *Walter Schmitt Glaeser*, Die grundrechtliche Freiheit des Bürgers zur Mitwirkung an der Willensbildung, in: HStR (o. Anm. 7), Bd. II, 1987, § 31 Rdnr. 11.

[126] Vgl. BVerfGE 78, 350 (358); *Jarass/Pieroth* (o. Anm. 80), Art. 9 Rdnr. 2.

Die Brandenburger Verfassung (Art. 21 Abs. 1) und die Thüringer Verfassung (Art. 9) kennen ein Recht auf politische Mitgestaltung. In Anlehnung hieran und unter Aufgreifen der von *Erwin Stein* bereits in den Beratungen der Hessischen Verfassung von 1946 vorgeschlagenen Gewährleistung der politischen Freiheit[127] könnte in den III. Abschnitt des Zweiten Hauptteils der Hessischen Verfassung ein Recht auf politische Mitgestaltung eingefügt werden mit folgendem Inhalt:

„(1) Das Recht auf politische Mitgestaltung wird gewährleistet.
(2) Dieses Recht wird insbesondere durch Ausübung der politischen Freiheitsrechte und das Recht, sich in Parteien, Wählervereinigungen, Bürgerinitiativen oder Verbänden zur Beeinflussung der öffentlichen Angelegenheiten zusammenzuschließen und zu betätigen, wahrgenommen."

Kritisch kann gegen ein solches neues subjektives Recht auf politische Mitgestaltung eingewandt werden, daß es nicht mehr als eine Zusammenfassung bestehender Grundrechtsartikel mit lediglich deklaratorischer Wirkung sei.[128] Die übergreifende Zusammenfassung bestehender Freiheiten und Rechte unter dem Gesichtspunkt der politischen Mitgestaltung führt aber zu einem neuen Recht, das zu den Konstitutionsbedingungen einer modernen, nicht auf den Wahlakt beschränkten Demokratie gehört.

In diesem Zusammenhang könnte das Recht auf Information (Art. 13 HV) auf Daten der vollziehenden Gewalt ausgeweitet werden. Informationen sind häufig die wichtigste Voraussetzung zur Ausübung politischer Mitgestaltungsrechte. Art. 13 HV wird derzeit als Grundrecht verstanden, sich über allgemein zugängliche Tatsachen zu unterrichten, und bezieht sich nicht auf nicht veröffentlichte Informationen des Staates.[129] Es wäre zu erwägen, dieses Grundrecht dahingehend zu verstärken, daß jeder Mensch einen Zugang zu Informationen und Daten der vollziehenden Gewalt hat, soweit nicht schutzwürdige Interessen oder Rechte Dritter entgegenstehen. Eine nähere Regelung müßte durch ein einfaches Gesetz erfolgen.[130] Dementsprechend könnte ein Recht auf politische Mitgestaltung um den folgenden dritten Absatz erweitert werden:

„(3) Jedermann hat das Recht auf Akteneinsicht in Gesetz-, Verordnungs- oder Satzungsgebungsverfahren sowie in Verwaltungsverfahren, soweit nicht schutzwürdige Interessen oder Rechte Dritter entgegenstehen."

---

[127] S.o. Anm. 51.

[128] Vgl. *Joachim Linck/Siegfried Jutzi/Jörg Hopfe*, Die Verfassung des Freistaats Thüringen, 1994, Art. 9 Rdnr. 1.

[129] Vgl. *Erwin Stein*, in: *Zinn/Stein* (o. Anm. 9), Art. 13 Erl. 2.

[130] Vgl. Vorschlag des Hessischen Verfassungsbeirats zum Grundgesetz, Hessisches Ministerium der Justiz (o. Anm. 104), S. 39.

b) Stärkung des Landtags

Bei einer hessischen Verfassungsreform muß dem Umstand Rechnung getragen werden, daß der hessische Landtag ebenso wie die anderen Landesparlamente einem beträchtlichen Funktionsverlust ausgesetzt ist, während die Landesregierung durch ihren Informationsvorsprung und ihre gewachsenen Einflußmöglichkeiten auf Bundesebene und auf der Ebene der Europäischen Union erheblich an Macht und Bedeutung gewonnen hat.

Die „Unitarisierung ist einer der prägnantesten Bestandteile der Verfassungsentwicklung in der Bundesrepublik Deutschland".[131] Zunächst der Bund und nun vor allem die Europäische Union haben ihre Normsetzungskompetenzen zu Lasten der Landesparlamente erheblich ausgeweitet.[132]

Gleichzeitig haben die Landesregierungen gegenüber den Landtagen insbesondere deshalb an Macht gewonnen, weil viele Entscheidungen mit anderen Ländern, dem Bund und der Europäischen Union abgestimmt werden. Im Zuge der Politikverflechtung werden in Ministerpräsidentenkonferenzen und Fachministerkonferenzen durch Verhandlungen Mustergesetze erarbeitet und die Inhalte wesentlicher Politikbereiche festgelegt. Mit ihrem Abstimmungsverhalten im Bundesrat nimmt die Landesregierung auf die Bundesgesetzgebung maßgeblichen Einfluß. In Angelegenheiten der Europäischen Union wirken die Länder durch den Bundesrat mit (Art. 23 Abs. 2 Satz 1 GG). Auch hiermit ist ein Kompetenzzuwachs der Landesregierungen verbunden.

Diese Entwicklung könnte möglicherweise wenigstens zum Teil dadurch aufgefangen werden, daß die Informationspflichten der Landesregierung gegenüber dem Landtag ausgeweitet werden. Gegenstand dieser Informationspflichten könnten – in dem durch das Grundgesetz gezogenen Rahmen – die Mitwirkung im Bundesrat, die Zusammenarbeit mit dem Bund, anderen Bundesländern, anderen Staaten und der Europäischen Union sowie überhaupt Angelegenheiten von grundsätzlicher Bedeutung wie die Vorbereitung von Gesetzen und Rechtsverordnungen sowie Entscheidungen im Zusammenhang mit Großprojekten sein. Nur die Unterrichtung des Landtags kann es diesem ermöglichen, frühzeitig auf die Entscheidungen der Landesregierung Einfluß zu nehmen oder doch wenigstens Konsequenzen aus solchen Entscheidungen zu ziehen.

Der Umfang dieses Informationsrechts muß allerdings aus Gründen der Gewaltenteilung sorgfältig austariert und formuliert werden, damit nicht der vertrauliche, nicht ausforschbare Informations- und Beratungsbereich der Regierung[133] angetastet und in den Kernbereich exekutiver Tätigkeit und Verantwortung eingriffen wird.

Informationsrechte des Landtags gegenüber der Landesregierung zur Ausübung des parlamentarischen Kontrollrechts sind derzeit explizit im wesentlichen in Art. 91

[131] Vgl. Schlußbericht der Enquete-Kommission Verfassungs- und Parlamentsreform des Schleswig-Holsteinischen Landtages, Drs. 12/180, S. 66.

[132] Vgl. *Arndt Schmehl*, Die erneuerte Erforderlichkeitsklausel in Art. 72 Abs. 2 GG, DÖV 1996, 724 (729).

[133] BVerfGE 67, 100 (116 f.).

HV (Zitier- und Auskunftsrecht des Landtags gegenüber dem Ministerpräsidenten und den Ministern) und in §§ 25 f. der Geschäftsordnung des Hessischen Landtags geregelt.

Nach Art. 91 HV könnte eine Norm eingefügt werden, die die Informationspflicht der Landesregierung gegenüber dem Landtag ausgestaltet und erweitert. Deren Formulierung könnte sich an Art. 22 der Schleswig-Holsteinischen Verfassung und Art. 25 der Niedersächsischen Verfassung anlehnen. Danach ist die Landesregierung verpflichtet, den Landtag über die Vorbereitung von Gesetzen sowie über Grundsatzfragen der Landesplanung, der Standortplanung und Durchführung von Großvorhaben frühzeitig und vollständig zu unterrichten. Das gleiche gilt für die Vorbereitung von Verordnungen und – nach Art. 22 der Verfassung von Schleswig-Holstein – Verwaltungsvorschriften, für die Mitwirkung im Bundesrat sowie für die Zusammenarbeit mit dem Bund, den Ländern, anderen Staaten, der Europäischen Union und deren Organen, soweit es um Gegenstände von grundsätzlicher Bedeutung geht. Diese Informationspflicht müßte für den Fall ausgeschlossen werden, daß gesetzliche Vorschriften oder Staatsgeheimnisse oder schutzwürdige Interessen einzelner entgegenstehen oder durch das Bekanntwerden des Inhalts die Funktionsfähigkeit und Eigenverantwortung der Landesregierung beeinträchtigt würden. Das Nähere wäre einer einfach-gesetzlichen Ausgestaltung vorzubehalten.

c) Parlamentarische Opposition

Unter parlamentarischer Opposition ist jede nicht an der Regierung beteiligte, jedoch potentiell regierungsfähige und -willige Parlamentsfraktion zu verstehen.[134] Das durch das Demokratieprinzip (Art. 65, 150 Abs. 1 HV) gewährleistete Recht auf Bildung und Ausübung der Opposition gehört zu den Prinzipien der freiheitlichen demokratischen Grundordnung.[135] Die Aufgaben der Opposition sind in Art. 23 a Abs. 2 der Hamburger Verfassung zutreffend umschrieben: „Sie hat die ständige Aufgabe, die Kritik am Regierungsprogramm im Grundsatz und im Einzelfall öffentlich zu vertreten. Sie ist die politische Alternative zur Regierungsmehrheit."

In der Hessischen Verfassung ist die parlamentarische Opposition nicht ausdrücklich geregelt. § 73 Abs. 1 der Geschäftsordnung des Hessischen Landtags erwähnt im Zusammenhang mit Redezeiten die Oppositionsfraktionen als die Fraktionen, die nicht an der Regierung beteiligt sind.

Ausdrückliche Regelungen der Opposition finden sich demgegenüber in Art. 55 Abs. 2 BrandVerf., Art. 23 a HambVerf., Art. 19 Abs. 2 NdsVerf., Art. 40 SächsVerf., Art. 48 SachsAnhVerf., Art. 12 SchlHVerf. und Art. 59 ThürVerf.

Die Hessische Verfassung hat den in diesen Verfassungen zum Ausdruck kommenden fortgeschrittenen Stand der Entwicklung des Oppositionsstatus noch nicht aufzuweisen. Auch in der Hessischen Verfassung sollte die parlamentarische Op-

---

[134] *Schneider*, in: *Schneider/Zeh* (Hrsg.), Parlamentsrecht und Parlamentspraxis, 1989, § 38 Rdnr. 33.
[135] BVerfGE 2, 1; 5, 85 (140).

position als Alternative zur Regierung Erwähnung finden und explizit mit dem Recht auf politische Chancengleichheit versehen werden, was zugleich eine angemessene Ausstattung mit Sach- und Personalmitteln erfordert (vgl. einfachgesetzlich §§ 2, 3 des Hessischen Fraktionsgesetzes).

Als Orientierung für eine Textformulierung, die sich in den IV. Abschnitt des Zweiten Hauptteils der Hessischen Verfassung einfügen ließe, kann Art. 12 der Verfassung von Schleswig-Holstein dienen. Bei der Formulierung sollte der Verfassungsgeber darauf verzichten, die Arbeit der Opposition durch eine verfassungsrechtliche Aufgabenbeschreibung in ein zu enges verfassungsrechtliches Korsett zu zwingen. In welcher Weise eine Oppositionsrolle im konkreten Fall ausgeübt wird, obliegt dem Ermessen der Opposition.

d) Verschuldungsgrenze nach der Hessischen Verfassung (Art. 141 HV)

Nach dem Grundsatz des Art. 109 Abs. 1 GG sind Bund und Länder in ihrer Haushaltswirtschaft selbständig und voneinander unabhängig. Art. 115 Abs. 1 GG regelt die Kreditbegrenzung ausschließlich für den Bund und Art. 141 HV für das Land Hessen. Diese getrennte Regelung der Kreditaufnahme wurde auch nicht durch Art. 109 Abs. 3 GG in Verbindung mit dem Haushaltsgrundsätzegesetz verändert, denn das Haushaltsgrundsätzegesetz enthält keine Regelungen mit speziellen Begrenzungsmaßstäben für die Kreditaufnahme.[136]

Im Zuge einer Reform der Hessischen Verfassung sollten zumindest die Regelung über die Kreditbegrenzung in Art. 141 Satz 1 HV und die einfachgesetzliche Regelung in § 18 Abs. 1 der Hessischen Landeshaushaltsordnung (LHO) einander angepaßt werden.

Beide Normen regeln nämlich die materiellen Voraussetzungen für eine Kreditaufnahme unterschiedlich. Nach Art. 141 Satz 1 HV dürfen im Wege des Kredits Geldmittel nur bei außerordentlichem Bedarf und in der Regel nur für Ausgaben zu werbenden Zwecken beschafft werden. Demgegenüber dürfen nach Art. 18 LHO die Einnahmen aus Krediten nur bis zur Höhe der Summe der Ausgaben für Investitionen in den Haushaltsplan eingestellt werden; Ausnahmen sind nur zulässig zur Abwehr einer Störung des gesamtwirtschaftlichen Gleichgewichts.

Eine Übereinstimmung besteht noch insoweit, als Ausgaben für werbende Zwecke i.S. des Art. 141 Satz 1 HV mit Investitionen i.S. des § 18 Abs. 1 LHO gleichgesetzt werden.[137] Damit enden aber die Gemeinsamkeiten.

§ 18 LHO läßt – wie Art. 115 Abs. 1 Satz 2 GG – Ausnahmen von dem Grundsatz, daß Kredite bis zur Höhe der Summe der Ausgaben für Investitionen aufgenommen werden können, nur zur Abwehr einer Störung des gesamtwirtschaftlichen Gleichgewichts zu, während Art. 141 Satz 1 HV mit der Formulierung „in der Regel“ Ausnahmen ohne ausdrückliche materielle Begrenzung zuläßt. Darüber hinaus fordert Art. 141 Satz 1 HV zusätzlich für die Kreditaufnahme einen

---

[136] *Wolfram Höfling*, Staatsschuldenrecht, 1993, S. 406.

[137] *v. Zezschwitz*, in: *Zinn/Stein* (o. Anm. 9), Art. 141 Erl. IV 3.

außerordentlichen Bedarf, d.h. die zu finanzierenden Aufgaben dürfen keine laufenden oder kurzfristig wiederkehrenden Ausgaben erfordern und deswegen nicht zum allgemeinen Verwaltungsbedarf gehören.[138] Eine derartige Begrenzung der Kreditaufnahme ist einfachgesetzlich in § 18 LHO nicht mehr enthalten.

Auf den ersten Blick läge es nahe, die beschriebenen Unterschiede durch eine Anpassung der einfachgesetzlichen Norm der Landeshaushaltsordung an die Hessische Verfassung zu beseitigen. Daß ein derartiger Weg aber nicht zweckmäßig ist, zeigt der entstehungsgeschichtliche Grund der Divergenz.

Art. 141 Satz 1 HV und Art. 115 des Grundgesetzes i.d.F. vom 23. Mai 1949 entsprachen einander. Durch das 20. Änderungsgesetz zum Grundgesetz wurde Art. 115 GG neu gefaßt, um die gesamtwirtschaftlichen Erfordernisse bei der öffentlichen Haushaltswirtschaft zu berücksichtigen, was zwangsläufig zu einer Umorientierung der staatlichen Kreditwirtschaft führte.[139] Im Bund wurde in Übereinstimmung mit Art. 115 GG n.F. die Kreditbegrenzung in § 18 Abs. 1 der Bundeshaushaltsordnung (BHO) vom 19. August 1969 geregelt. Das Land Hessen regelte diese Kreditobergrenze in § 18 Abs. 1 der Landeshaushaltsordnung vom 8. Oktober 1970 mit einer dem § 18 Abs. 1 BHO entsprechenden Vorschrift. Einfachgesetzlich fand damit in Hessen eine Angleichung der Kreditbegrenzung an Art. 115 n.F. GG statt, ohne daß die für den hessischen Landeshaushalt primär maßgebliche Verfassungsvorschrift in Art. 141 Satz 1 HV selber angepaßt wurde. Aus Gründen des Bundesrechts war eine hessische Verfassungsänderung auch nicht erforderlich, weil Art. 115 GG für das Land nicht gilt und das Haushaltsgrundsätzegesetz ebenfalls keine Verfassungsänderung nötig machte.[140]

Motiv für das Unterlassen der Änderung des Art. 141 HV war vermutlich die Aufwendigkeit der Verfassungsänderung durch die Volksabstimmung nach Art. 123 Abs. 2 HV.

Im Zuge einer Verfassungsreform sollte zumindest diese Verfassungsänderung nachgeholt und Art. 141 Satz 1 HV an Art. 115 Abs. 1 GG angeglichen werden. Ergebnis einer Verfassungsdiskussion kann aber auch sein, daß mit Hilfe einer völlig neuen verfassungsrechtlichen Regelungskonzeption das strukturelle Defizit staatlicher Kreditfinanzierung unter Beachtung der gemeinschaftsrechtlichen Vorgaben[141] wirksamer angegangen wird[142] und so durch eine Minimierung der Zinsausgaben der dringend notwendige Freiraum für sachliche politische Gestaltung auch zukünftig in Hessen gesichert bleibt.

---

[138] *v. Zezschwitz* (o. Anm. 137) Art. 141 Erl. IV 2.

[139] Vgl. Begründung des RegEntw., BT-Drucks. V/3040, S. 39 Nr. 58.

[140] Vgl. *Höfling* (o. Anm. 136), S. 406.

[141] Vgl. insbesondere Art. 109 j Abs. 1 i.V.m. Art. 104 c Abs. 6 EG-Vertrag (Konvergenzkriterien).

[142] Vgl. *Meyer*, KritV 1996, 145 (154), und die Schlußbemerkung (V.) bei *Wolfram Höfling*, Die Verschuldungsgrenze nach der Hessischen Verfassung – Zum Geltungsanspruch des Art. 141 HV, in dieser Festschrift.

6. Schlußbemerkung

Zusammen mit weiteren an dieser Stelle nicht erörterten Regelungsgegenständen bietet die hier aufgezeigte Möglichkeit einer Verfassungsreform sowie der damit verbundene politische Diskussionsprozeß die Chance, auf Landesebene einige Grundprobleme der heutigen Staats- und Gesellschaftsordnung neu zu durchdenken und ihrer Lösung näherzukommen. Sicherlich bedeutet eine derartige Reform für die daran Beteiligten aufwendige und mühevolle Arbeit. Auch lassen sich der Verlauf und das Ergebnis eines derartigen Vorhabens im voraus nicht völlig sicher abschätzen. Dies allein sind aber keine durchgreifenden Einwände gegen ein solches Projekt. Zu Recht bezeichnete *Thibaut* 1814 in bezug auf das Bürgerliche Gesetzbuch die Summe der Kraft, die auf ein solches Werk zu verwenden sei, als einen Bruchteil dessen, was man zusetzen müsse, wenn in jedem Land, wie bisher, ein neues Gesetz das andere verdränge und damit sogar die Rechtsanwendung grenzenlos schwierig gemacht werde.[143] Mit nur einem Bruchteil der für das Bürgerliche Gesetzbuch notwendigen Kraft läßt sich heute die Landesverfassung so weiterentwickeln, daß nicht nur ihre Rechtsanwendungsprobleme im Verhältnis zum Grundgesetz beseitigt werden, sondern daß sie darüber hinaus auch an gestaltender Wirkung für die Zukunft gewinnt.

[143] *A.F.J. Thibaut*, Über die Notwendigkeit eines allgemeinen bürgerlichen Rechts für Deutschland, 1814, abgedruckt in: *Hans Hattenhauer*, Thibaut und Savigny, 1973, S. 92.

Verfassung des Landes Hessen*

Präambel

In der Überzeugung, daß Deutschland nur als demokratisches Gemeinwesen eine Gegenwart und Zukunft haben kann, hat sich Hessen als Gliedstaat der Deutschen Republik diese Verfassung gegeben.

Erster Hauptteil

Die Rechte des Menschen

I. Gleichheit und Freiheit

Artikel 1

Alle Menschen sind vor dem Gesetze gleich, ohne Unterschied des Geschlechts, der Rasse, der Herkunft, der religiösen und der politischen Überzeugung.

Artikel 2

(1) Der Mensch ist frei. Er darf tun und lassen, was die Rechte anderer nicht verletzt oder die verfassungsmäßige Ordnung des Gemeinwesens nicht beeinträchtigt.

(2) Niemand kann zu einer Handlung, Unterlassung oder Duldung gezwungen werden, wenn nicht ein Gesetz oder eine auf Gesetz beruhende Bestimmung es verlangt oder zuläßt.

(3) Glaubt jemand, durch die öffentliche Gewalt in seinen Rechten verletzt zu sein, so steht ihm der Rechtsweg offen.

Artikel 3

Leben und Gesundheit, Ehre und Würde des Menschen sind unantastbar.

* Beschlossen von der Verfassungberatenden Landesversammlung in Wiesbaden am 29. Oktober 1946, angenommen durch Volksabstimmung am 1. Dezember 1946 und am selben Tage in Kraft getreten; ausgefertigt am 11. Dezember 1946 und verkündet am 18. Dezember 1946 (GVBl. S. 229). Durch Gesetz vom 22. Juli 1950 (GVBl. S. 131) wurden Artikel 75 und 137, durch Gesetz vom 23. März 1970 (GVBl. I S. 281) Artikel 73 und 75, durch Gesetz vom 20. März 1991 (GVBl. I S. 101) Artikel 138 geändert sowie Artikel 161 angefügt und durch Gesetz vom 20. März 1991 (GVBl. I S. 102) wurde Artikel 26 a eingefügt. In der Verfassungsurkunde sind die Absätze der einzelnen Artikel nicht beziffert.

Artikel 4

Ehe und Familie stehen als Grundlage des Gemeinschaftslebens unter dem besonderen Schutze des Gesetzes.

Artikel 5

Die Freiheit der Person ist unantastbar.

Artikel 6

Jedermann ist frei, sich aufzuhalten und niederzulassen, wo er will.

Artikel 7

Kein Deutscher darf einer fremden Macht ausgeliefert werden. Fremde genießen den Schutz vor Auslieferung und Ausweisung, wenn sie unter Verletzung der in dieser Verfassung niedergelegten Grundrechte im Ausland verfolgt werden und nach Hessen geflohen sind.

Artikel 8

Die Wohnung ist unverletzlich.

Artikel 9

Glauben, Gewissen und Überzeugung sind frei.

Artikel 10

Niemand darf in seinem wissenschaftlichen oder künstlerischen Schaffen und in der Verbreitung seiner Werke gehindert werden.

Artikel 11

(1) Jedermann hat das Recht, seine Meinung frei und öffentlich zu äußern. Dieses Recht darf auch durch ein Dienstverhältnis nicht beschränkt werden, und niemand darf ein Nachteil widerfahren, wenn er es ausübt. Nur wenn die vereinbarte Tätigkeit einer bestimmten politischen, religiösen oder weltanschaulichen Richtung dienen soll, kann, falls ein Beteiligter davon abweicht, das Dienstverhältnis gelöst werden.

(2) Pressezensur ist unstatthaft.

Artikel 12

Das Postgeheimnis ist unverletzlich.

Artikel 13

Jedermann hat das Recht, sich auf allen Gebieten des Wissens und der Erfahrung sowie über die Meinung anderer durch den Bezug von Druck-Erzeugnissen, das Abhören von Rundfunksendern oder auf sonstige Weise frei zu unterrichten.

Artikel 14

(1) Alle Deutschen haben das Recht, sich ohne Anmeldung oder besondere Erlaubnis friedlich und unbewaffnet zu versammeln.

(2) Versammlungen unter freiem Himmel können durch Gesetz anmeldepflichtig gemacht werden.

Artikel 15

Alle Deutschen haben das Recht, Vereine oder Gesellschaften zu bilden.

Artikel 16

Jedermann hat das Recht, allein oder gemeinsam mit anderen, Anträge oder Beschwerden an die zuständige Behörde oder an die Volksvertretung zu richten.

II. Grenzen und Sicherung der Menschenrechte

Artikel 17

(1) Auf das Recht der freien Meinungsäußerung, der Versammlungs- und Vereinsfreiheit sowie auf das Recht der Verbreitung wissenschaftlicher oder künstlerischer Werke kann sich nicht berufen, wer den verfassungsmäßigen Zustand angreift oder gefährdet.

(2) Ob diese Voraussetzung vorliegt, entscheidet im Beschwerdewege der Staatsgerichtshof.

Artikel 18

Auf das Recht der freien Meinungsäußerung, der Verbreitung wissenschaftlicher oder künstlerischer Werke und der freien Unterrichtung kann sich ferner nicht berufen, wer Gesetze zum Schutze der Jugend verletzt.

Artikel 19

(1) Bei dringendem Verdacht einer strafbaren Handlung kann der Richter die Untersuchungshaft, die Haussuchung und Eingriffe in das Postgeheimnis anordnen. Die Haussuchung kann auch nachträglich genehmigt werden, wenn die Verfolgung des Täters zu sofortigem Handeln gezwungen hat.

(2) Jeder Festgenommene ist binnen 24 Stunden seinem Richter zuzuführen, der ihn zu vernehmen, über die Entlassung oder Verhaftung zu befinden und im

Falle der Verhaftung bis zur endgültigen richterlichen Entscheidung von Monat zu Monat neu zu prüfen hat, ob weitere Haft gerechtfertigt ist. Der Grund der Verhaftung ist dem Festgenommenen sofort und auf seinen Wunsch seinen nächsten Angehörigen innerhalb weiterer 24 Stunden nach der richterlichen Entscheidung mitzuteilen.

Artikel 20

(1) Niemand darf seinem gesetzlichen Richter entzogen werden. Ausnahme- und Sonderstrafgerichte sind unstatthaft.

(2) Jeder gilt als unschuldig, bis er durch rechtskräftiges Urteil eines ordentlichen Gerichts für schuldig befunden ist. Das Recht, sich jederzeit durch einen Rechtsbeistand verteidigen zu lassen, darf nicht beschränkt werden.

Artikel 21

(1) Ist jemand einer strafbaren Handlung für schuldig befunden worden, so können ihm auf Grund der Strafgesetze durch richterliches Urteil die Freiheit und die bürgerlichen Ehrenrechte entzogen oder beschränkt werden. Bei besonders schweren Verbrechen kann er zum Tode verurteilt werden.

(2) Die Strafe richtet sich nach der Schwere der Tat.

(3) Alle Gefangenen sind menschlich zu behandeln.

Artikel 22

(1) Kein Strafgesetz hat rückwirkende Kraft, es sei denn, daß es für den Täter günstiger ist, als das zur Zeit der Tat in Geltung gewesene Strafgesetz.

(2) Niemand darf für Handlungen oder Unterlassungen leiden oder strafrechtlich verantwortlich gemacht werden, die ihm nicht persönlich zur Last fallen.

(3) Niemand kann wegen derselben Tat mehr als einmal bestraft werden.

Artikel 23

Gefährdet ein geistig oder körperlich Kranker durch seinen Zustand seine Mitmenschen erheblich, so kann er in eine Anstalt eingewiesen werden. Er hat das Recht, gegen diese Maßnahme den Richter anzurufen. Das Nähere bestimmt das Gesetz.

Artikel 24

Sonstige Beschränkungen der persönlichen Freiheit sind nur im Rahmen der Gesetze und nur insoweit zulässig, als sie nötig sind, um das Erscheinen Geladener vor Gericht, die Zeugnispflicht, die gerichtliche Sitzungspolizei, die Vollstreckung gerichtlicher Urteile und den Vollzug gesetzmäßiger Verwaltungsanordnungen zu sichern.

Artikel 25

Jedermann hat nach Maßgabe der Gesetze die Pflicht, ehrenamtliche Tätigkeiten zu übernehmen, und persönliche Dienste für den Staat und die Gemeinde zu leisten. Steht er in einem Dienstverhältnis, so ist ihm die erforderliche freie Zeit zu gewähren. Näheres bestimmt das Gesetz.

Artikel 26

Diese Grundrechte sind unabänderlich; sie binden den Gesetzgeber, den Richter und die Verwaltung unmittelbar.

II a. Staatsziel Umweltschutz[1]

Artikel 26 a

Die natürlichen Lebensgrundlagen des Menschen stehen unter dem Schutz des Staates und der Gemeinden.

III. Soziale und wirtschaftliche Rechte und Pflichten

Artikel 27

Die Sozial- und Wirtschaftsordnung beruht auf der Anerkennung der Würde und der Persönlichkeit des Menschen.

Artikel 28

(1) Die menschliche Arbeitskraft steht unter dem besonderen Schutze des Staates.

(2) Jeder hat nach seinen Fähigkeiten ein Recht auf Arbeit und, unbeschadet seiner persönlichen Freiheit, die sittliche Pflicht zur Arbeit.

(3) Wer ohne Schuld arbeitslos ist, hat Anspruch auf den notwendigen Unterhalt für sich und seine unterhaltsberechtigten Angehörigen. Ein Gesetz regelt die Arbeitslosenversicherung.

Artikel 29

(1) Für alle Angestellten, Arbeiter und Beamten ist ein einheitliches Arbeitsrecht zu schaffen.

(2) Im Rahmen dieses Arbeitsrechts können Gesamtvereinbarungen nur zwischen den Gewerkschaften und den Unternehmungen oder ihren Vertretungen abgeschlossen werden. Sie schaffen verbindliches Recht, das grundsätzlich nur zugunsten der Arbeitnehmer abbedungen werden kann.

(3) Das Schlichtungswesen wird gesetzlich geregelt.

---

[1] Abschnitt II a eingefügt durch Gesetz vom 20. März 1991 (GVBl. I S. 102).

(4) Das Streikrecht wird anerkannt, wenn die Gewerkschaften den Streik erklären.

(5) Die Aussperrung ist rechtswidrig.

Artikel 30

(1) Die Arbeitsbedingungen müssen so beschaffen sein, daß sie die Gesundheit, die Würde, das Familienleben und die kulturellen Ansprüche des Arbeitnehmers sichern; insbesondere dürfen sie die leibliche, geistige und sittliche Entwicklung der Jugendlichen nicht gefährden.

(2) Das Gesetz schafft Einrichtungen zum Schutze der Mütter und Kinder, und es schafft die Gewähr, daß die Frau ihre Aufgaben als Bürgerin und Schaffende mit ihren Pflichten als Frau und Mutter vereinbaren kann.

(3) Kinderarbeit ist verboten.

Artikel 31

Der Achtstundentag ist die gesetzliche Regel. Sonntag und gesetzliche Feiertage sind arbeitsfrei. Ausnahmen können durch Gesetz oder Gesamtvereinbarung zugelassen werden, wenn sie der Allgemeinheit dienen.

Artikel 32

Der 1. Mai ist gesetzlicher Feiertag aller arbeitenden Menschen. Er versinnbildlicht das Bekenntnis zur sozialen Gerechtigkeit, zu Fortschritt, Frieden, Freiheit und Völkerverständigung.

Artikel 33

Das Arbeitsentgelt muß der Leistung entsprechen und zum Lebensbedarf für den Arbeitenden und seine Unterhaltsberechtigten ausreichen. Die Frau und der Jugendliche haben für gleiche Tätigkeit und gleiche Leistung Anspruch auf gleichen Lohn. Das Arbeitsentgelt für die in die Arbeitszeit fallenden Feiertage wird weiter gezahlt.

Artikel 34

Jeder Arbeitnehmer hat Anspruch auf einen bezahlten Urlaub von mindestens zwölf Arbeitstagen im Jahr. Näheres bestimmt das Gesetz.

Artikel 35

(1) Es ist eine das gesamte Volk verbindende Sozialversicherung zu schaffen. Sie ist sinnvoll aufzubauen. Die Selbstverwaltung der Versicherten wird anerkannt. Ihre Organe werden in allgemeiner, gleicher, freier und geheimer Wahl gewählt. Das Nähere bestimmt das Gesetz.

(2) Die Sozialversicherung hat die Aufgabe, den Gesundheitszustand des Volkes, auch durch vorbeugende Maßnahmen, zu heben, Kranken, Schwangeren und Wöchnerinnen jede erforderliche Hilfe zu leisten und eine ausreichende Versorgung für Erwerbsbeschränkte, Erwerbsunfähige und Hinterbliebene sowie im Alter zu sichern.

(3) Die Ordnung des Gesundheitswesens ist Sache des Staates. Das Nähere bestimmt das Gesetz.

Artikel 36

(1) Die Freiheit, sich in Gewerkschaften oder Unternehmervertretungen zu vereinigen, um die Arbeits- und Wirtschaftsbedingungen zu gestalten und zu verbessern, ist für alle gewährleistet.

(2) Niemand darf gezwungen oder gehindert werden, Mitglied einer solchen Vereinigung zu werden.

Artikel 37

(1) Angestellte, Arbeiter und Beamte in allen Betrieben und Behörden erhalten unter Mitwirkung der Gewerkschaften gemeinsame Betriebsvertretungen, die in allgemeiner, gleicher, freier, geheimer und unmittelbarer Wahl von den Arbeitnehmern zu wählen sind.

(2) Die Betriebsvertretungen sind dazu berufen, im Benehmen mit den Gewerkschaften gleichberechtigt mit den Unternehmern in sozialen, personellen und wirtschaftlichen Fragen des Betriebes mitzubestimmen.

(3) Das Nähere regelt das Gesetz.

Artikel 38

(1) Die Wirtschaft des Landes hat die Aufgabe, dem Wohle des ganzen Volkes und der Befriedigung seines Bedarfs zu dienen. Zu diesem Zweck hat das Gesetz die Maßnahmen anzuordnen, die erforderlich sind, um die Erzeugung, Herstellung und Verteilung sinnvoll zu lenken und jedermann einen gerechten Anteil an dem wirtschaftlichen Ergebnis aller Arbeit zu sichern und ihn vor Ausbeutung zu schützen.

(2) Im Rahmen der hierdurch gezogenen Grenzen ist die wirtschaftliche Betätigung frei.

(3) Die Gewerkschaften und die Vertreter der Unternehmen haben gleiches Mitbestimmungsrecht in den vom Staat mit der Durchführung seiner Lenkungsmaßnahmen beauftragten Organen.

Artikel 39

(1) Jeder Mißbrauch der wirtschaftlichen Freiheit – insbesondere zu monopolistischer Machtzusammenballung und zu politischer Macht – ist untersagt.

(2) Vermögen, das die Gefahr solchen Mißbrauchs wirtschaftlicher Freiheit in sich birgt, ist auf Grund gesetzlicher Bestimmungen in Gemeineigentum zu überführen. Soweit die Überführung in Gemeineigentum wirtschaftlich nicht zweckmäßig ist, muß dieses Vermögen auf Grund gesetzlicher Bestimmungen unter Staatsaufsicht gestellt oder durch vom Staate bestellte Organe verwaltet werden.

(3) Ob diese Voraussetzungen vorliegen, entscheidet das Gesetz.

(4) Die Entschädigung für das in Gemeineigentum überführte Vermögen wird durch das Gesetz nach sozialen Gesichtspunkten geregelt. Bei festgestelltem Mißbrauch wirtschaftlicher Macht ist in der Regel die Entschädigung zu versagen.

Artikel 40

Gemeineigentum ist Eigentum des Volkes. Die Verfügung über dieses Eigentum und seine Verwaltung soll nach näherer gesetzlicher Bestimmung solchen Rechtsträgern zustehen, welche die Gewähr dafür bieten, daß das Eigentum ausschließlich dem Wohle des ganzen Volkes dient und Machtzusammenballungen vermieden werden.

Artikel 41

(1) Mit Inkrafttreten dieser Verfassung werden

1. in Gemeineigentum überführt: der Bergbau (Kohlen, Kali, Erze), die Betriebe der Eisen- und Stahlerzeugung, die Betriebe der Energiewirtschaft und das an Schienen oder Oberleitungen gebundene Verkehrswesen,
2. vom Staate beaufsichtigt oder verwaltet, die Großbanken und Versicherungsunternehmen und diejenigen in Ziffer 1 genannten Betriebe, deren Sitz nicht in Hessen liegt.

(2) Das Nähere bestimmt das Gesetz.

(3) Wer Eigentümer eines danach in Gemeineigentum überführten Betriebes oder mit seiner Leitung betraut ist, hat ihn als Treuhänder des Landes bis zum Erlaß von Ausführungsgesetzen weiterzuführen.

Artikel 42

(1) Nach Maßgabe besonderer Gesetze ist der Großgrundbesitz, der nach geschichtlicher Erfahrung die Gefahr politischen Mißbrauchs oder der Begünstigung militaristischer Bestrebungen in sich birgt, im Rahmen einer Bodenreform einzuziehen.

(2) Aufgabe der Bodenreform ist vor allem, den land- und forstwirtschaftlichen Boden zu erhalten und zu vermehren und seine Leistung zu steigern, Bauern anzusiedeln und gesunde Wohnstätten, Kleinsiedlerstellen und Kleingärten zu schaffen.

(3) Streubesitz ist durch Umlegung leistungsfähiger zu machen.

(4) Grundbesitz, den sein Eigentümer einer ordnungsmäßigen Bewirtschaftung entzieht, kann nach näherer gesetzlicher Bestimmung eingezogen werden.

(5) Für die Entschädigung des seitherigen Eigentümers gilt der Artikel 39 Abs. 4 entsprechend.

Artikel 43

(1) Selbständige Klein- und Mittelbetriebe in Landwirtschaft, Gewerbe, Handwerk und Handel sind durch Gesetzgebung und Verwaltung zu fördern und besonders vor Überlastung und Aufsaugung zu schützen.

(2) Zu diesem Zweck ist die genossenschaftliche Selbsthilfe auszubauen.

Artikel 44

Das Genossenschaftswesen ist zu fördern.

Artikel 45

(1) Das Privateigentum wird gewährleistet. Sein Inhalt und seine Begrenzung ergeben sich aus den Gesetzen. Jeder ist berechtigt, auf Grund der Gesetze Eigentum zu erwerben und darüber zu verfügen.

(2) Das Privateigentum verpflichtet gegenüber der Gemeinschaft. Sein Gebrauch darf dem Gemeinwohl nicht zuwiderlaufen. Es darf nur im öffentlichen Interesse, nur auf Grund eines Gesetzes, nur in dem darin vorgesehenen Verfahren und nur gegen angemessene Entschädigung eingeschränkt oder enteignet werden.

(3) Soweit die Gesetze nichts anderes bestimmen, sind für Streitigkeiten über Art und Höhe der Entschädigung die ordentlichen Gerichte zuständig.

(4) Das Erbrecht wird nach Maßgabe des bürgerlichen Rechts gewährleistet. Der Anteil des Staates am Nachlaß bestimmt sich nach dem Gesetz.

Artikel 46

Die Rechte der Urheber, Erfinder und Künstler genießen den Schutz des Staates.

Artikel 47

(1) Das Vermögen und das Einkommen werden progressiv nach sozialen Gesichtspunkten unter besonderer Berücksichtigung der familiären Lasten besteuert.

(2) Bei der Besteuerung ist auf erarbeitetes Vermögen und Einkommen besondere Rücksicht zu nehmen.

IV. Staat, Kirchen, Religions- und Weltanschauungsgemeinschaften

Artikel 48

(1) Ungestörte und öffentliche Religionsübung und die Freiheit der Vereinigung zu Religions- und Weltanschauungsgemeinschaften werden gewährleistet.

(2) Niemand darf gezwungen oder gehindert werden, an einer kirchlichen Handlung oder Feierlichkeit oder religiösen Übung teilzunehmen oder eine religiöse Eidesformel zu benutzen.

(3) Es besteht keine Staatskirche.

Artikel 49

Jede Kirche, Religions- und Weltanschauungsgemeinschaft ordnet und verwaltet ihre Angelegenheiten selbständig innerhalb der Schranken des für jedermann geltenden Gesetzes. Sie verleiht ihre Ämter ohne Mitwirkung des Staates oder der bürgerlichen Gemeinde.

Artikel 50

(1) Es ist Aufgabe von Gesetz oder Vereinbarung, die staatlichen und kirchlichen Bereiche klar gegeneinander abzugrenzen.

(2) Die Kirchen, Religions- und Weltanschauungsgemeinschaften haben sich, wie der Staat, jeder Einmischung in die Angelegenheiten des anderen Teiles zu enthalten.

Artikel 51

(1) Kirchen, Religions- und Weltanschauungsgemeinschaften bleiben Körperschaften des öffentlichen Rechts, soweit sie solche bisher waren. Anderen Religions- und Weltanschauungsgemeinschaften kann auf Antrag die gleiche Rechtsstellung verliehen werden, wenn sie durch ihre Verfassung und die Zahl der Mitglieder die Gewähr der Dauer bieten.

(2) Der Zusammenschluß von Kirchen, Religions- und Weltanschauungsgemeinschaften unterliegt keinen Beschränkungen. Der aus mehreren öffentlich-rechtlichen Gemeinschaften gebildete Verband ist auch eine Körperschaft des öffentlichen Rechts.

(3) Kirchen, Religions- und Weltanschauungsgemeinschaften, die Körperschaften des öffentlichen Rechts sind, können nach näherer gesetzlicher Regelung auf Grund der bürgerlichen Steuerlisten Steuern erheben.

Artikel 52

Die auf Gesetz, Vertrag oder besonderen Rechtstiteln beruhenden Staatsleistungen an die Kirchen, Religions- und Weltanschauungsgemeinschaften werden im Wege der Gesetzgebung abgelöst.

Artikel 53

Der Sonntag und die staatlich anerkannten Feiertage bleiben als Tage der Arbeitsruhe und der seelischen Erhebung gesetzlich geschützt.

Artikel 54

Soweit das Bedürfnis nach Gottesdienst und Seelsorge in Krankenhäusern, Strafanstalten und sonstigen öffentlichen Anstalten besteht, sind die Kirchen, Religions- und Weltanschauungsgemeinschaften zu religiösen Handlungen zugelassen. Dabei hat jeder Zwang zu unterbleiben.

V. Erziehung und Schule

Artikel 55

Die Erziehung der Jugend zu Gemeinsinn und zu leiblicher, geistiger und seelischer Tüchtigkeit ist Recht und Pflicht der Eltern. Dieses Recht kann nur durch Richterspruch nach Maßgabe der Gesetze entzogen werden.

Artikel 56

(1) Es besteht allgemeine Schulpflicht. Das Schulwesen ist Sache des Staates. Die Schulaufsicht wird hauptamtlich durch Fachkräfte ausgeübt.

(2) An allen hessischen Schulen werden die Kinder aller religiösen Bekenntnisse und Weltanschauungen in der Regel gemeinsam erzogen (Gemeinschaftsschule).

(3) Grundsatz eines jeden Unterrichts muß die Duldsamkeit sein. Der Lehrer hat in jedem Fach auf die religiösen und weltanschaulichen Empfindungen aller Schüler Rücksicht zu nehmen und die religiösen und weltanschaulichen Auffassungen sachlich darzulegen.

(4) Ziel der Erziehung ist, den jungen Menschen zur sittlichen Persönlichkeit zu bilden, seine berufliche Tüchtigkeit und die politische Verantwortung vorzubereiten zum selbständigen und verantwortlichen Dienst am Volk und der Menschheit durch Ehrfurcht und Nächstenliebe, Achtung und Duldsamkeit, Rechtlichkeit und Wahrhaftigkeit.

(5) Der Geschichtsunterricht muß auf getreue, unverfälschte Darstellung der Vergangenheit gerichtet sein. Dabei sind in den Vordergrund zu stellen die großen Wohltäter der Menschheit, die Entwicklung von Staat, Wirtschaft, Zivilisation

und Kultur, nicht aber Feldherren, Kriege und Schlachten. Nicht zu dulden sind Auffassungen, welche die Grundlagen des demokratischen Staates gefährden.

(6) Die Erziehungsberechtigten haben das Recht, die Gestaltung des Unterrichtswesens mitzubestimmen, soweit die Grundsätze der Absätze 2 bis 5 nicht verletzt werden.

(7) Das Nähere regelt das Gesetz. Es muß Vorkehrungen dagegen treffen, daß in der Schule die religiösen und weltanschaulichen Grundsätze verletzt werden, nach denen die Erziehungsberechtigten ihre Kinder erzogen haben wollen.

Artikel 57

(1) Der Religionsunterricht ist ordentliches Lehrfach. Der Lehrer ist im Religionsunterricht unbeschadet des staatlichen Aufsichtsrechts an die Lehren und die Ordnungen seiner Kirche oder Religionsgemeinschaft gebunden.

(2) Diese Bestimmungen sind sinngemäß auf die Weltanschauungsgemeinschaften anzuwenden.

Artikel 58

Über die Teilnahme des Kindes am Religionsunterricht bestimmt der Erziehungsberechtigte. Kein Lehrer kann verpflichtet oder gehindert werden, Religionsunterricht zu erteilen.

Artikel 59

(1) In allen öffentlichen Grund-, Mittel-, höheren und Hochschulen ist der Unterricht unentgeltlich. Unentgeltlich sind auch die Lernmittel mit Ausnahme der an den Hochschulen gebrauchten. Das Gesetz muß vorsehen, daß für begabte Kinder sozial Schwächergestellter Erziehungsbeihilfen zu leisten sind. Es kann anordnen, daß ein angemessenes Schulgeld zu zahlen ist, wenn die wirtschaftliche Lage des Schülers, seiner Eltern oder der sonst Unterhaltspflichtigen es gestattet.

(2) Der Zugang zu den Mittel-, höheren und Hochschulen ist nur von der Eignung des Schülers abhängig zu machen.

Artikel 60

(1) Die Universitäten und staatlichen Hochschulen genießen den Schutz des Staates und stehen unter seiner Aufsicht. Sie haben das Recht der Selbstverwaltung, an der die Studenten zu beteiligen sind.

(2) Die theologischen Fakultäten an den Universitäten bleiben bestehen. Vor der Berufung ihrer Dozenten sind die Kirchen zu hören.

(3) Die kirchlichen theologischen Bildungsanstalten werden anerkannt.

Artikel 61

Private Mittel-, höhere und Hochschulen und Schulen besonderer pädagogischer Prägung bedürfen der Genehmigung des Staates. Die Genehmigung ist zu versagen, wenn die Privatschulen in ihren Lehrzielen und Einrichtungen sowie in der wissenschaftlichen Ausbildung ihrer Lehrkräfte hinter den öffentlichen Schulen zurückstehen, wenn sie eine Sonderung nach den Besitzverhältnissen der Eltern fördern oder wenn die wirtschaftliche und rechtliche Stellung der Lehrkräfte nicht genügend gesichert ist. Das Nähere bestimmt das Gesetz.

Artikel 62

Die Denkmäler der Kunst, der Geschichte und Kultur sowie die Landschaft genießen den Schutz und die Pflege des Staates und der Gemeinden. Sie wachen im Rahmen besonderer Gesetze über die künstlerische Gestaltung beim Wiederaufbau der deutschen Städte, Dörfer und Siedlungen.

VI. Gemeinsame Bestimmung für alle Grundrechte

Artikel 63

(1) Soweit diese Verfassung die Beschränkung eines der vorstehenden Grundrechte durch Gesetz zuläßt oder die nähere Ausgestaltung einem Gesetz vorbehält, muß das Grundrecht als solches unangetastet bleiben.

(2) Gesetz im Sinne solcher grundrechtlichen Vorschriften ist nur eine vom Volk oder von der Volksvertretung beschlossene allgemeinverbindliche Anordnung, die ausdrücklich Bestimmungen über die Beschränkung oder Ausgestaltung des Grundrechts enthält. Verordnungen, Hinweise im Gesetzestext auf ältere Regelungen sowie durch Auslegung allgemeiner gesetzlicher Ermächtigungen gewonnene Bestimmungen genügen diesen Erfordernissen nicht.

Zweiter Hauptteil

Aufbau des Landes

I. Das Land Hessen

Artikel 64

Hessen ist ein Glied der deutschen Republik.

Artikel 65

Hessen ist eine demokratische und parlamentarische Republik.

Artikel 66

Die Landesfarben sind rot-weiß.

II. Völkerrechtliche Bindungen

Artikel 67

Die Regeln des Völkerrechts sind bindende Bestandteile des Landesrechts, ohne daß es ihrer ausdrücklichen Umformung in Landesrecht bedarf. Kein Gesetz ist gültig, das mit solchen Regeln oder mit einem Staatsvertrag in Widerspruch steht.

Artikel 68

Niemand darf zur Rechenschaft gezogen werden, wenn er auf Tatsachen hinweist, die sich als eine Verletzung völkerrechtlicher Pflichten darstellen.

Artikel 69

(1) Hessen bekennt sich zu Frieden, Freiheit und Völkerverständigung. Der Krieg ist geächtet.

(2) Jede Handlung, die mit der Absicht vorgenommen wird, einen Krieg vorzubereiten, ist verfassungswidrig.

III. Die Staatsgewalt

Artikel 70

Die Staatsgewalt liegt unveräußerlich beim Volke.

Artikel 71

Das Volk handelt nach den Bestimmungen dieser Verfassung unmittelbar durch Volksabstimmung (Volkswahl, Volksbegehren und Volksentscheid), mittelbar durch die Beschlüsse der verfassungsmäßig bestellten Organe.

Artikel 72

Abstimmungsfreiheit und Abstimmungsgeheimnis werden gewährleistet.

Artikel 73[2]

(1) Stimmberechtigt sind alle über achtzehn Jahre alten Deutschen im Sinne des Artikel 116 Abs. 1 des Grundgesetzes, die in Hessen ihren Wohnsitz haben und nicht vom Stimmrecht ausgeschlossen sind.

---

[2] Art. 73 Abs. 1 wurde durch Gesetz vom 23. März 1970 (GVBl. I S. 281) geändert. Art. 73 Abs. 1 lautete in seiner ursprünglichen Fassung:

„Stimmberechtigt sind alle über einundzwanzig Jahre alten deutschen Staatsangehörigen, die in Hessen ihren Wohnsitz haben und nicht vom Stimmrecht ausgeschlossen sind."

(2) Das Stimmrecht ist allgemein, gleich, geheim und unmittelbar. Der Tag der Stimmabgabe muß ein Sonntag oder ein allgemeiner Feiertag sein.

(3) Das Nähere bleibt gesetzlicher Regelung vorbehalten.

Artikel 74

Vom Stimmrecht ist ausgeschlossen:

1. wer entmündigt ist oder unter vorläufiger Vormundschaft oder wegen geistiger Gebrechen unter Pflegschaft steht;
2. wer nicht im Vollbesitz der staatsbürgerlichen Rechte ist.

IV. Der Landtag

Artikel 75[3]

(1) Der Landtag besteht aus den vom Volke gewählten Abgeordneten.

(2) Wählbar sind die Stimmberechtigten, die das einundzwanzigste Lebensjahr vollendet haben.

(3) Das Nähere bestimmt das Wahlgesetz. Verlangt es neben anderen Erfordernissen, daß eine Wählergruppe eine Mindestzahl von Stimmen aufweist, um im Landtag vertreten zu sein, so darf die Mindestzahl nicht höher sein als fünf vom Hundert der abgegebenen gültigen Stimmen.

Artikel 76

(1) Jedermann ist die Möglichkeit zu sichern, in den Landtag gewählt zu werden und sein Mandat ungehindert und ohne Nachteil auszuüben.

(2) Das Nähere regelt das Gesetz.

Artikel 77

Die Abgeordneten sind Vertreter des ganzen Volkes.

---

[3] Art. 75 Abs. 1 und Abs. 3 Satz 2 wurde durch Gesetz vom 22. Juli 1950 (GVBl. S. 131), Abs. 2 durch Gesetz vom 23. März 1970 (GVBl. I S. 281) geändert. Art. 75 lautete in seiner ursprünglichen Fassung:

> „(1) Der Landtag besteht aus den vom Volke nach den Grundsätzen der Verhältniswahl gewählten Abgeordneten.
> (2) Wählbar sind die Stimmberechtigten, die das fünfundzwanzigste Lebensjahr vollendet haben.
> (3) Das Nähere bestimmt das Wahlgesetz. Es kann keine höhere Mindestzahl als fünf vom Hundert der abgegebenen gültigen Stimmen vorsehen, die eine Wählergruppe aufweisen muß, um im Landtag vertreten zu sein."

Artikel 78

(1) Die Gültigkeit der Wahlen prüft ein beim Landtage gebildetes Wahlprüfungsgericht. Es entscheidet auch über die Frage, ob ein Abgeordneter seinen Sitz verloren hat.

(2) Im Falle der Erheblichkeit für den Ausgang der Wahl machen eine Wahl ungültig: Unregelmäßigkeiten im Wahlverfahren und strafbare oder gegen die guten Sitten verstoßende Handlungen, die das Wahlergebnis beeinflussen.

(3) Das Wahlprüfungsgericht besteht aus den beiden höchsten Richtern des Landes und drei vom Landtag für seine Wahlperiode gewählten Abgeordneten.

(4) Das Nähere wird durch Gesetz geregelt.

Artikel 79

Der Landtag wird auf vier Jahre gewählt (Wahlperiode). Die Neuwahl muß vor Ablauf der Wahlperiode stattfinden.

Artikel 80

Der Landtag kann sich durch einen Beschluß, für den mehr als die Hälfte der gesetzlichen Zahl seiner Mitglieder gestimmt hat, selbst auflösen.

Artikel 81

Nach Auflösung des Landtags muß die Neuwahl binnen sechzig Tagen stattfinden.

Artikel 82

Die Wahlperiode des neuen Landtags beginnt, falls der alte Landtag aufgelöst worden ist, mit dem Tage der Neuwahl, im übrigen mit dem Ablaufe der Wahlperiode des alten Landtags.

Artikel 83

(1) Der Landtag versammelt sich in der Regel am Sitze der Landesregierung.

(2) Der Landtag tritt kraft eigenen Rechts am 18. Tage nach der Wahl zusammen. Falls an diesem Tage die Wahlperiode des alten Landtags noch nicht abgelaufen ist, versammelt sich der neue Landtag am Tage nach dem Ablauf dieser Wahlperiode.

(3) Fällt einer der vorgenannten Tage auf einen Sonn- oder Feiertag, so tritt der Landtag erst am darauffolgenden zweiten Werktag zusammen.

(4) Der Landtag bestimmt über Vertagungen, den Schluß der Tagung (Sitzungsperiode) und den Tag des Wiederzusammentritts.

(5) Der Präsident des Landtags kann den Landtag jederzeit einberufen. Er muß es tun, wenn die Landesregierung oder mindestens ein Fünftel der gesetzlichen Zahl der Mitglieder des Landtags es verlangt.

Artikel 84

Der Landtag wählt den Präsidenten, seine Stellvertreter und die übrigen Mitglieder des Vorstandes.

Artikel 85

Zwischen zwei Tagungen sowie bis zum Zusammentritt eines neu gewählten Landtags führen der Präsident und die stellvertretenden Präsidenten der letzten Tagung ihre Geschäfte fort. Sie genießen die in den Artikel 95 bis 98 festgelegten Rechte.

Artikel 86

Der Präsident verwaltet die gesamten wirtschaftlichen Angelegenheiten des Landtags nach Maßgabe des Staatshaushaltsgesetzes. Ihm steht die Dienstaufsicht über sämtliche Beamten, Angestellten und Arbeiter des Landtags, sowie im Benehmen mit dem Vorstand des Landtages die Ernennung und Entlassung der Beamten des Landtags zu. Er vertritt das Land Hessen in allen Rechtsgeschäften und Rechtsstreitigkeiten seiner Verwaltung. Er übt das Hausrecht und die Polizeigewalt im Landtagsgebäude aus.

Artikel 87

(1) Der Landtag kann nur dann beraten und beschließen, wenn mehr als die Hälfte der gesetzlichen Zahl seiner Mitglieder anwesend ist.

(2) Für die vom Landtag vorzunehmenden Wahlen kann die Geschäftsordnung abweichende Bestimmungen treffen.

Artikel 88

Der Landtag faßt seine Beschlüsse mit der Mehrheit der auf „Ja" oder „Nein" lautenden Stimmen. Stimmengleichheit bedeutet Ablehnung des gestellten Antrags.

Artikel 89

Die Vollsitzungen des Landtags sind öffentlich. Auf Antrag der Landesregierung oder von zehn Abgeordneten kann der Landtag mit Zweidrittelmehrheit der Anwesenden die Öffentlichkeit für einzelne Gegenstände der Tagesordnung ausschließen. Über den Antrag wird in geheimer Sitzung verhandelt.

Artikel 90

Wahrheitsgetreue Berichte über die Verhandlungen in den öffentlichen Sitzungen des hessischen oder eines anderen deutschen Landtags und seiner Ausschüsse bleiben von jeder Verantwortlichkeit frei.

Artikel 91

Der Landtag und jeder seiner Ausschüsse können die Anwesenheit des Ministerpräsidenten und jedes Ministers verlangen. Der Ministerpräsident, die Minister und die von ihnen bestellten Beauftragten haben zu den Sitzungen des Landtags und seiner Ausschüsse Zutritt. Sie können jederzeit – auch außerhalb der Tagesordnung – das Wort ergreifen. Sie unterstehen der Ordnungsgewalt des Vorsitzenden.

Artikel 92

(1) Der Landtag hat das Recht und auf Antrag von einem Fünftel der gesetzlichen Zahl seiner Mitglieder die Pflicht, Untersuchungsausschüsse einzusetzen. Diese Ausschüsse erheben in öffentlicher Verhandlung die Beweise, die sie oder die Antragsteller für erforderlich erachten. Sie können mit Zweidrittelmehrheit die Öffentlichkeit ausschließen. Die Geschäftsordnung regelt ihr Verfahren und bestimmt die Zahl ihrer Mitglieder.

(2) Die Gerichte und Verwaltungsbehörden sind verpflichtet, dem Ersuchen dieser Ausschüsse um Auskünfte und Beweiserhebungen nachzukommen; die Akten der Behörden und der öffentlichen Körperschaften sind ihnen auf Verlangen vorzulegen.

(3) Für die Beweiserhebungen der Ausschüsse und der von ihnen ersuchten Behörden gelten die Vorschriften der Strafprozeßordnung sinngemäß, doch bleibt das Postgeheimnis unberührt.

Artikel 93

Der Landtag bestellt einen ständigen Ausschuß (Hauptausschuß). Dieser Ausschuß hat, während der Landtag nicht versammelt ist und zwischen dem Ende einer Wahlperiode oder der Auflösung des Landtags und dem Zusammentritt des neuen Landtags, die Rechte der Volksvertretung gegenüber der Landesregierung zu wahren. Er hat auch die Rechte eines Untersuchungsausschusses. Seine Zusammensetzung wird durch die Geschäftsordnung geregelt. Seine Mitglieder genießen die in den Artikel 95 bis 98 festgelegten Rechte.

Artikel 94

Der Landtag kann an ihn gerichtete Eingaben der Landesregierung überweisen und von ihr Auskunft über eingegangene Anträge und Beschwerden verlangen.

Artikel 95

Kein Mitglied des hessischen oder eines anderen deutschen Landtags darf zu irgendeiner Zeit wegen seiner Abstimmung oder wegen der in Ausübung seiner Abgeordnetentätigkeit getanen Äußerungen gerichtlich oder dienstlich verfolgt oder sonst außerhalb der Versammlung zur Verantwortung gezogen werden.

Artikel 96

(1) Kein Mitglied des hessischen oder eines anderen deutschen Landtags kann ohne Genehmigung des Hauses, dem der Abgeordnete angehört, während der Sitzungsperiode wegen einer mit Strafe bedrohten Handlung zur Untersuchung gezogen oder verhaftet werden, es sei denn, daß das Mitglied bei Ausübung der Tat oder spätestens im Laufe des folgenden Tages festgenommen wird.

(2) Die gleiche Genehmigung ist bei jeder anderen Beschränkung der persönlichen Freiheit erforderlich, die die Ausübung der Abgeordnetentätigkeit beeinträchtigt.

(3) Jedes Strafverfahren gegen ein Mitglied des hessischen oder eines anderen deutschen Landtags und jede Haft oder sonstige Beschränkung seiner persönlichen Freiheit wird auf Verlangen des Hauses, dem der Abgeordnete angehört, für die Dauer der Sitzungsperiode aufgehoben.

(4) Ein Abgeordneter, der wegen einer ihm als verantwortlichen Schriftleiter einer Zeitung oder Zeitschrift vorgeworfenen strafbaren Handlung verfolgt werden soll, kann sich auf die vorstehenden Bestimmungen nicht berufen.

Artikel 97

(1) Die Mitglieder des hessischen oder eines anderen deutschen Landtags sind berechtigt, über Personen, die ihnen in ihrer Eigenschaft als Abgeordneten Tatsachen anvertrauen oder denen sie in Ausübung ihrer Abgeordnetentätigkeit solche anvertraut haben, sowie über diese Tatsachen selbst das Zeugnis zu verweigern. Auch in Beziehung auf Beschlagnahme von Schriftstücken stehen sie den Personen gleich, die ein gesetzliches Zeugnisverweigerungsrecht haben.

(2) Eine Durchsuchung oder Beschlagnahme darf in den Räumen des hessischen Landtags nur mit Zustimmung des Präsidenten vorgenommen werden.

Artikel 98

(1) Die Mitglieder des Landtags erhalten das Recht zur freien Fahrt auf allen in Hessen bestehenden staatlichen Verkehrseinrichtungen, ferner Erstattung der Reisekosten sowie Sitzungsgelder. Außerdem erhält der Präsident für die Dauer seines Amtes eine Aufwandsentschädigung.

(2) Ein Verzicht auf diese Rechte ist unstatthaft.

(3) Das Nähere bestimmt das Gesetz.

Artikel 99

Der Landtag gibt sich seine Geschäftsordnung im Rahmen der Verfassung.

V. Die Landesregierung

Artikel 100

Die Landesregierung (Kabinett) besteht aus dem Ministerpräsidenten und den Ministern.

Artikel 101

(1) Der Landtag wählt ohne Aussprache den Ministerpräsidenten mit mehr als der Hälfte der gesetzlichen Zahl seiner Mitglieder. Das Nähere bestimmt die Geschäftsordnung.

(2) Der Ministerpräsident ernennt die Minister. Er zeigt ihre Ernennung unverzüglich dem Landtag an.

(3) Angehörige der Häuser, die bis 1918 in Deutschland oder einem anderen Lande regiert haben oder in einem anderen Land regieren, können nicht Mitglieder der Landesregierung werden.

(4) Die Landesregierung kann die Geschäfte erst übernehmen, nachdem der Landtag ihr durch besonderen Beschluß das Vertrauen ausgesprochen hat.

Artikel 102

Der Ministerpräsident bestimmt die Richtlinien der Regierungspolitik und ist dafür dem Landtag verantwortlich. Innerhalb dieser Richtlinien leitet jeder Minister den ihm anvertrauten Geschäftszweig selbständig und unter eigener Verantwortung gegenüber dem Landtage.

Artikel 103

(1) Der Ministerpräsident vertritt das Land Hessen. Er kann die Vertretungsbefugnis auf den zuständigen Minister oder nachgeordnete Stellen übertragen.

(2) Staatsverträge bedürfen der Zustimmung des Landtags.

Artikel 104

(1) Der Ministerpräsident führt den Vorsitz in der Landesregierung und leitet deren Geschäfte. Bei Stimmengleichheit gibt seine Stimme den Ausschlag. Weitere Einzelheiten regelt die Landesregierung durch eine Geschäftsordnung.

(2) Die Landesregierung beschließt über die Zuständigkeit der einzelnen Minister, soweit hierüber nicht gesetzliche Vorschriften getroffen sind. Die Beschlüsse sind unverzüglich dem Landtag vorzulegen und auf sein Verlangen zu ändern oder außer Kraft zu setzen.

(3) Meinungsverschiedenheiten über Fragen, die den Geschäftsbereich mehrerer Minister berühren, sind der Landesregierung zur Beratung und Beschlußfassung zu unterbreiten.

Artikel 105

Die Mitglieder der Landesregierung haben Anspruch auf Besoldung. Über Ruhegehalt und Hinterbliebenenversorgung ergehen besondere gesetzliche Bestimmungen.

Artikel 106

Die Landesregierung beschließt über Gesetzesvorlagen, die beim Landtag einzubringen sind.

Artikel 107

Die Landesregierung erläßt die zur Ausführung eines Gesetzes erforderlichen Rechts- und Verwaltungsverordnungen, soweit das Gesetz diese Aufgabe nicht einzelnen Ministern zuweist.

Artikel 108

Die Landesregierung ernennt die Landesbeamten, soweit gesetzlich nichts anderes bestimmt ist. Sie kann die Befugnis auf andere Stellen übertragen.

Artikel 109

(1) Der Ministerpräsident übt namens des Volkes das Recht der Begnadigung aus. Er kann die Befugnis auf andere Stellen übertragen. Die Bestätigung eines Todesurteils bleibt der Landesregierung vorbehalten.

(2) Zugunsten eines wegen einer Amtshandlung verurteilten Ministers kann das Begnadigungsrecht nur auf Antrag des Landtags ausgeübt werden.

(3) Allgemeine Straferlasse und die Niederschlagung einer bestimmten Art gerichtlich anhängiger Strafsachen bedürfen der Zustimmung des Landtags. Die Niederschlagung einer einzelnen gerichtlich anhängigen Strafsache ist unzulässig.

Artikel 110[4]

Wenn die Beseitigung eines ungewöhnlichen Notstandes, der durch Naturkatastrophen oder andere äußere Einwirkungen hervorgerufen worden ist, es dringend erfordert, kann die Landesregierung, sofern der Landtag nicht versammelt ist und nicht rechtzeitig zusammentreten kann, in Übereinstimmung mit dem in Artikel 93 vorgesehenen ständigen Ausschuß Verordnungen, die der Verfassung nicht zuwiderlaufen, mit Gesetzeskraft erlassen. Diese Verordnungen sind dem Landtag

---

[4] Vgl. die Berichtigung in GVBl. 1947 S. 106 und wiederholt in GVBl. 1948 S. 68.

bei seinem nächsten Zusammentritt zur Genehmigung vorzulegen. Wird die Genehmigung versagt, so ist die Verordnung durch Bekanntmachung im Gesetz- und Verordnungsblatt unverzüglich außer Kraft zu setzen. Artikel 122 gilt sinngemäß.

Artikel 111

Beim Amtsantritt leisten der Ministerpräsident vor dem Landtag, die Minister vor dem Ministerpräsidenten in Gegenwart des Landtags folgenden Amtseid:

„Ich schwöre, daß ich das mir übertragene Amt unparteiisch nach bestem Wissen und Können verwalten sowie Verfassung und Gesetz in demokratischem Geiste befolgen und verteidigen werde.“

Artikel 112

Der Ministerpräsident kann jeden Minister mit Zustimmung des Landtags abberufen.

Artikel 113

(1) Der Ministerpräsident und die Minister können jederzeit zurücktreten. Rücktritt oder Tod des Ministerpräsidenten bedeutet zugleich Rücktritt der gesamten Landesregierung.

(2) Der Ministerpräsident und die Landesregierung müssen zurücktreten, sobald ein neugewählter Landtag erstmalig zusammentritt.

(3) Tritt die Landesregierung zurück oder hat ihr der Landtag das Vertrauen entzogen, so führt sie die laufenden Geschäfte bis zu deren Übernahme durch die neue Landesregierung weiter.

Artikel 114

(1) Der Landtag kann dem Ministerpräsidenten durch ausdrücklichen Beschluß sein Vertrauen entziehen oder durch Ablehnung eines Vertrauensantrages versagen.

(2) Der Antrag, dem Ministerpräsidenten das Vertrauen auszusprechen oder zu versagen, kann nur von mindestens einem Sechstel der gesetzlichen Zahl der Abgeordneten gestellt werden. Über den Antrag auf Herbeiführung eines Beschlusses zur Vertrauensfrage darf frühestens am zweiten Tage nach Schluß der Aussprache und muß spätestens am zehnten Tage, nachdem er eingebracht ist, abgestimmt werden.

(3) Über die Vertrauensfrage muß namentlich abgestimmt werden. Ein für den Ministerpräsidenten ungünstiger Beschluß des Landtages bedarf der Zustimmung von mehr als der Hälfte der gesetzlichen Zahl seiner Mitglieder.

(4) Kommt ein solcher Beschluß zustande, so muß der Ministerpräsident zurücktreten.

(5) Spricht der Landtag nicht binnen zwölf Tagen einer neuen Regierung das Vertrauen aus, so ist er aufgelöst.

Artikel 115

(1) Der Landtag kann jedes Mitglied der Landesregierung vor dem Staatsgerichtshof anklagen, daß es schuldhaft die Verfassung oder die Gesetze verletzt habe. Der Antrag auf Erhebung der Anklage muß von mindestens 15 Mitgliedern des Landtags unterzeichnet sein und bedarf der Zustimmung von zwei Dritteln der gesetzlichen Zahl seiner Mitglieder.

(2) Das Anklagerecht des Landtags wird durch die Amtsniederlegung oder die Abberufung des Beschuldigten vom Dienste, mag sie vor oder nach erhobener Anklage erfolgen, nicht aufgehoben.

(3) Näheres bestimmt das Gesetz.

VI. Die Gesetzgebung

Artikel 116

(1) Die Gesetzgebung wird ausgeübt

a) durch das Volk im Wege des Volksentscheids,

b) durch den Landtag.

(2) Außer in den Fällen des Volksentscheids beschließt der Landtag die Gesetze nach Maßgabe dieser Verfassung. Er überwacht ihre Ausführung.

Artikel 117

Die Gesetzentwürfe werden von der Landesregierung, aus der Mitte des Landtags oder durch Volksbegehren eingebracht.

Artikel 118

Durch Gesetz kann der Landesregierung die Befugnis zum Erlaß von Verordnungen über bestimmte einzelne Gegenstände, aber nicht die Gesetzgebungsgewalt im ganzen oder für Teilgebiete übertragen werden.

Artikel 119

(1) Gegen ein vom Landtag beschlossenes Gesetz steht der Landesregierung der Einspruch zu.

(2) Der Einspruch muß innerhalb fünf Tagen, seine Begründung innerhalb zwei Wochen nach der Schlußabstimmung dem Landtag zugehen. Er kann bis zum Beginn der erneuten Beratung im Landtag zurückgezogen werden.

(3) Kommt keine Übereinstimmung zwischen Landtag und Landesregierung zustande, so gilt das Gesetz nur dann als angenommen, wenn der Landtag mit mehr als der Hälfte der gesetzlichen Zahl seiner Mitglieder entgegen dem Einspruch beschließt.

Artikel 120

Der Ministerpräsident hat mit den zuständigen Ministern die verfassungsmäßig zustande gekommenen Gesetze auszufertigen und binnen zwei Wochen im Gesetz- und Verordnungsblatt zu verkünden.

Artikel 121

Gesetze treten, soweit sie nichts anderes bestimmen, mit dem vierzehnten Tage nach der Ausgabe des die Verkündung enthaltenden Gesetz- und Verordnungsblattes in Kraft.

Artikel 122

Kann das Gesetz- und Verordnungsblatt nicht rechtzeitig erscheinen, so genügt jede andere Art der Bekanntgabe des Gesetzes. In diesem Falle ist die Verkündung im Gesetz- und Verordnungsblatt alsbald nachzuholen.

Artikel 123

(1) Bestimmungen der Verfassung können im Wege der Gesetzgebung geändert werden, jedoch nur in der Form, daß eine Änderung des Verfassungstextes oder ein Zusatzartikel zur Verfassung beschlossen wird.

(2) Eine Verfassungsänderung kommt dadurch zustande, daß der Landtag sie mit mehr als der Hälfte der gesetzlichen Zahl seiner Mitglieder beschließt und das Volk mit der Mehrheit der Abstimmenden zustimmt.

Artikel 124

(1) Ein Volksentscheid ist herbeizuführen, wenn ein Fünftel der Stimmberechtigten das Begehren nach Vorlegung eines Gesetzentwurfs stellt. Dem Volksbegehren muß ein ausgearbeiteter Gesetzentwurf zugrunde liegen. Der Haushaltsplan, Abgabengesetze oder Besoldungsordnungen können nicht Gegenstand eines Volksbegehrens sein.

(2) Das dem Volksbegehren zugrunde liegende Gesetz ist von der Regierung unter Darlegung ihres Standpunktes dem Landtag zu unterbreiten. Der Volksentscheid unterbleibt, wenn der Landtag den begehrten Gesetzentwurf unverändert übernimmt.

(3) Die Volksabstimmung kann nur bejahend oder verneinend sein. Es entscheidet die Mehrheit der abgegebenen Stimmen.

(4) Das Verfahren beim Volksbegehren und Volksentscheid regelt das Gesetz.

Artikel 125

(1) Nur der Landtag kann feststellen, daß der verfassungsmäßige Zustand des Landes gefährdet ist. Dieser Beschluß bedarf der Zustimmung von mindestens zwei Dritteln der gesetzlichen Zahl seiner Mitglieder und ist von dem Präsidenten des Landtages zu veröffentlichen. Der Beschluß kann die Freizügigkeit, das Postgeheimnis, das Versammlungsrecht und das Recht der Pressefreiheit außer Kraft setzen oder einschränken.

(2) Der Beschluß wird nach drei Monaten unwirksam, wenn in ihm nicht eine kürzere Frist bestimmt ist. Er kann unter den gleichen Bedingungen wiederholt werden.

VII. Die Rechtspflege

Artikel 126

(1) Die rechtsprechende Gewalt wird ausschließlich durch die nach den Gesetzen bestellten Gerichte ausgeübt.

(2) Die Richter sind unabhängig und nur dem Gesetz unterworfen.

Artikel 127

(1) Die planmäßigen hauptamtlichen Richter werden auf Lebenszeit berufen.

(2) Auf Lebenszeit berufen werden Richter erst dann, wenn sie nach vorläufiger Anstellung in einer vom Gesetz zu bestimmenden Bewährungszeit nach ihrer Persönlichkeit und ihrer richterlichen Tätigkeit die Gewähr dafür bieten, daß sie ihr Amt im Geiste der Demokratie und des sozialen Verständnisses ausüben werden.

(3) Über die vorläufige Anstellung und die Berufung auf Lebenszeit entscheidet der Justizminister gemeinsam mit einem Richterwahlausschuß.

(4) Erfüllt ein Richter nach seiner Berufung auf Lebenszeit diese Erwartungen nicht, so kann ihn der Staatsgerichtshof auf Antrag des Landtages seines Amtes für verlustig erklären und zugleich bestimmen, ob er in ein anderes Amt oder in den Ruhestand zu versetzen oder zu entlassen ist. Der Antrag kann auch vom Justizminister im Einvernehmen mit dem Richterwahlausschuß gestellt werden. Während des Verfahrens ruht die Amtstätigkeit des Richters.

(5) Die Bestimmungen der Absätze 1 bis 4 gelten nicht für Laienrichter.

(6) Das Nähere regelt ein Gesetz, das auch auf die bereits ernannten Richter Anwendung findet.

Artikel 128

(1) Außer nach vorstehender Bestimmung können die auf Lebenszeit berufenen Richter wider ihren Willen nur kraft richterlicher Entscheidung und nur aus den Gründen und unter den Formen, welche die Gesetze bestimmen, dauernd oder zeitweise ihres Amtes enthoben oder an eine andere Stelle oder in den Ruhestand versetzt werden. Die Gesetzgebung kann Altersgrenzen festsetzen, bei deren Erreichung Richter in den Ruhestand treten.

(2) Die vorläufige Amtsenthebung, die kraft Gesetzes eintritt, wird hierdurch nicht berührt.

(3) Bei einer Veränderung in der Einrichtung der Gerichte oder ihrer Bezirke kann die Landesregierung unfreiwillige Versetzungen an ein anderes Gericht oder Entfernung vom Amt, jedoch nur unter Belassung des vollen Gehalts, verfügen.

Artikel 129

Niemand darf wegen Unzulänglichkeit seiner Mittel an der Verfolgung seiner Rechtsansprüche gehindert werden. Das Nähere bleibt gesetzlicher Regelung vorbehalten.

VIII. Der Staatsgerichtshof

Artikel 130

(1) Der Staatsgerichtshof besteht aus 11 Mitgliedern, und zwar fünf Richtern und sechs vom Landtag nach den Grundsätzen der Verhältniswahl gewählten Mitgliedern, die nicht dem Landtag angehören dürfen. Bei ihm wird ein öffentlicher Kläger bestellt.

(2) Die Richter werden vom Landtag auf Zeit gewählt, die übrigen Mitglieder zu Beginn jeder neuen Wahlperiode bis zur Wahl durch den neuen Landtag.

(3) Wiederwahl ist zulässig.

(4) Das Nähere über die Bildung des Staatsgerichtshofs, das Verfahren vor ihm, sowie über die Vollstreckung seiner Entscheidungen bestimmt das Gesetz.

Artikel 131

(1) Der Staatsgerichtshof entscheidet über die Verfassungsmäßigkeit der Gesetze, die Verletzung der Grundrechte, bei Anfechtung des Ergebnisses einer Volksabstimmung, über Verfassungsstreitigkeiten sowie in den in der Verfassung und den Gesetzen vorgesehenen Fällen.

(2) Den Antrag kann stellen: eine Gruppe von Stimmberechtigten, die mindestens ein Hundertstel aller Stimmberechtigten des Volkes umfaßt, der Landtag, ein Zehntel der gesetzlichen Zahl seiner Mitglieder, die Landesregierung sowie der Ministerpräsident.

(3) Das Gesetz bestimmt, in welchen Fällen und unter welchen Voraussetzungen jedermann das Recht hat, den Staatsgerichtshof anzurufen.

Artikel 132

Nur der Staatsgerichtshof trifft die Entscheidung darüber, ob ein Gesetz oder eine Rechtsverordnung mit der Verfassung in Widerspruch steht.

Artikel 133

(1) Hält ein Gericht ein Gesetz oder eine Rechtsverordnung, auf deren Gültigkeit es bei einer Entscheidung ankommt, für verfassungswidrig, so teilt es seine Bedenken auf dem Dienstwege dem Präsidenten des höchsten ihm übergeordneten Gerichts mit. Dieser führt eine Entscheidung des Staatsgerichtshofes herbei. Die Entscheidung des Staatsgerichtshofes ist endgültig und hat Gesetzeskraft.

(2) Das Nähere bleibt gesetzlicher Regelung vorbehalten.

IX. Die Staats- und die Selbstverwaltung

Artikel 134

Jeder, ohne Unterschied der Herkunft, der Rasse, des religiösen Bekenntnisses und des Geschlechts, hat Zugang zu den öffentlichen Ämtern, wenn er die nötige Eignung und Befähigung besitzt.

Artikel 135

Die Rechtsverhältnisse aller Arbeitnehmer der öffentlichen Verwaltungen sind im Rahmen des in Artikel 29 vorgesehenen einheitlichen Arbeitsrechts nach den Erfordernissen der Verwaltung zu gestalten.

Artikel 136

(1) Verletzt jemand in Ausübung der ihm anvertrauten öffentlichen Gewalt die ihm einem Dritten gegenüber obliegende Amtspflicht, so trifft die Verantwortlichkeit grundsätzlich den Staat oder die Körperschaft, in deren Dienst er steht. Der Rückgriff gegen ihn bleibt vorbehalten. Der Rechtsweg darf nicht ausgeschlossen werden.

(2) Näheres bestimmt das Gesetz.

Artikel 137[5]

(1) Die Gemeinden sind in ihrem Gebiet unter eigener Verantwortung die ausschließlichen Träger der gesamten örtlichen öffentlichen Verwaltung. Sie können

[5] Art. 137 Abs. 6 wurde durch Gesetz vom 22. Juli 1950 (GVBl. S. 131) gestrichen. Art. 137 Abs. 6 hatte folgenden Wortlaut:

„Die Grundsätze des Landtagswahlrechts gelten auch für die Gemeinde- und Gemeindeverbandswahlen."

jede öffentliche Aufgabe übernehmen, soweit sie nicht durch ausdrückliche gesetzliche Vorschrift anderen Stellen im dringenden öffentlichen Interesse ausschließlich zugewiesen sind.

(2) Die Gemeindeverbände haben im Rahmen ihrer gesetzlichen Zuständigkeit die gleiche Stellung.

(3) Das Recht der Selbstverwaltung ihrer Angelegenheiten wird den Gemeinden und Gemeindeverbänden vom Staat gewährleistet. Die Aufsicht des Staates beschränkt sich darauf, daß ihre Verwaltung im Einklang mit den Gesetzen geführt wird.

(4) Den Gemeinden und Gemeindeverbänden oder ihren Vorständen können durch Gesetz oder Verordnung staatliche Aufgaben zur Erfüllung nach Anweisung übertragen werden.

(5) Der Staat hat den Gemeinden und Gemeindeverbänden die zur Durchführung ihrer eigenen und der übertragenen Aufgaben erforderlichen Geldmittel im Wege des Lasten- und Finanzausgleichs zu sichern. Er stellt ihnen für ihre freiwillige öffentliche Tätigkeit in eigener Verantwortung zu verwaltende Einnahmequellen zur Verfügung.

Artikel 138[6]

Die Oberbürgermeister, Bürgermeister und Landräte als Leiter der Gemeinden oder Gemeindeverbände werden von den Bürgern in allgemeiner, unmittelbarer, freier, gleicher und geheimer Wahl gewählt.

X. Das Finanzwesen

Artikel 139

(1) Der Landtag sorgt durch Bewilligung der erforderlichen laufenden Mittel für die Deckung des Staatsbedarfs.

(2) Alle Einnahmen und Ausgaben des Staates müssen für jedes Rechnungsjahr veranschlagt und auf den Haushaltsplan gebracht werden. Dieser wird vor Beginn des Rechnungsjahres durch ein förmliches Gesetz festgestellt.

(3) Die Ausgaben werden in der Regel für ein Jahr bewilligt; sie können in besonderen Fällen auch für längere Dauer bewilligt werden. Im übrigen sind im Haushaltsgesetz Vorschriften unzulässig, die über das Rechnungsjahr hinausreichen oder sich nicht auf die Einnahmen und Ausgaben des Staates oder ihrer Verwaltung beziehen.

---

[6] Art. 138 geändert durch Gesetz vom 20. März 1991 (GVBl. I S. 101). Art. 138 lautete in seiner ursprünglichen Fassung:

> „(1) Die hauptamtlichen Leiter der Gemeinden und Gemeindeverbände werden in schriftlicher und geheimer Abstimmung von den gewählten Vertretern gewählt.
> (2) Die Dauer der Wahlzeit wird gesetzlich geregelt."

Artikel 140

Ist bis zum Schluß eines Rechnungsjahres der Haushaltsplan für das folgende Jahr nicht durch Gesetz festgestellt, so ist bis zu seinem Inkrafttreten die Landesregierung ermächtigt:

1. alle Ausgaben zu leisten, die nötig sind,
   a) um gesetzlich bestehende Einrichtungen zu erhalten und gesetzlich beschlossene Maßnahmen durchzuführen,
   b) um die rechtlich begründeten Verpflichtungen des Staates zu erfüllen,
   c) um Bauten, Beschaffungen und sonstige Leistungen fortzusetzen oder Beihilfen für diese Zwecke weiter zu gewähren, sofern durch den Haushaltsplan eines Vorjahres bereits bewilligte Beträge noch verfügbar sind;
2. Schatzanweisungen bis zur Höhe eines Viertels der Endsumme des abgelaufenen Haushaltsplanes für je drei Monate auszugeben, soweit nicht auf besonderen Gesetzen beruhende Einnahmen aus Steuern und Abgaben und Einnahmen aus sonstigen Quellen die Ausgaben unter Ziffer 1 decken.

Artikel 141

Im Wege des Kredits dürfen Geldmittel nur bei außerordentlichem Bedarf und in der Regel nur für Ausgaben zu werbenden Zwecken beschafft werden. Eine solche Beschaffung sowie die Übernahme einer Sicherheitsleistung zu Lasten des Staates dürfen nur durch förmliches Gesetz erfolgen.

Artikel 142

Beschlüsse des Landtags, welche Ausgaben in sich schließen oder für die Zukunft mit sich bringen, müssen bestimmen, wie diese Ausgaben gedeckt werden.

Artikel 143

(1) Haushaltsüberschreitungen und außerplanmäßige Ausgaben bedürfen der Zustimmung des Finanzministers. Sie darf nur im Falle eines unvorhergesehenen und unabweisbaren Bedürfnisses erteilt werden.

(2) Zu Haushaltsüberschreitungen und außerplanmäßigen Ausgaben ist die nachträgliche Genehmigung des Landtags erforderlich, die im Laufe des nächsten Rechnungsjahres eingeholt werden muß.

Artikel 144

Die Rechnungen über den Haushaltsplan werden vom Rechnungshof geprüft und festgestellt. Die allgemeine Rechnung über den Haushalt jedes Jahres und eine Übersicht der Staatsschulden werden mit den Bemerkungen des Rechnungshofs und der Stellungnahme der Landesregierung zu deren Entlastung dem Landtage vorgelegt.

Artikel 145

Das Finanzwesen der ertragswirtschaftlichen Unternehmungen des Staates kann durch Gesetz abweichend von den Vorschriften der Artikel 139 bis 144 geregelt werden.

XI. Der Schutz der Verfassung

Artikel 146

(1) Es ist Pflicht eines jeden, für den Bestand der Verfassung mit allen ihm zu Gebote stehenden Kräften einzutreten.

(2) Das Gesetz bestimmt, welche Rechte aus dieser Verfassung durch Entscheidung des Staatsgerichtshofes aberkannt werden können, wenn jemand dieser Pflicht zuwiderhandelt oder einer politischen Gruppe angehört oder angehört hat, welche die Grundgedanken der Demokratie bekämpft.

Artikel 147

(1) Widerstand gegen verfassungswidrig ausgeübte öffentliche Gewalt ist jedermanns Recht und Pflicht.

(2) Wer von einem Verfassungsbruch oder einem auf Verfassungsbruch gerichteten Unternehmen Kenntnis erhält, hat die Pflicht, die Strafverfolgung des Schuldigen durch Anrufung des Staatsgerichtshofes zu erzwingen. Näheres bestimmt das Gesetz.

Artikel 148

Sollte die Verfassung durch revolutionäre Handlungen ihre tatsächliche Wirkung auf kürzere oder längere Zeit verlieren, so sind alle, die sich beim Umsturz oder danach einer Verletzung der Verfassung schuldig gemacht haben, zur Rechenschaft zu ziehen, sobald der verfassungswidrige Zustand wieder beseitigt ist.

Artikel 149

Die aus Artikel 147 und 148 sich ergebenden strafrechtlichen Folgen bestimmt das Gesetz.

Artikel 150

(1) Keinerlei Verfassungsänderung darf die demokratischen Grundgedanken der Verfassung und die republikanisch-parlamentarische Staatsform antasten. Die Errichtung einer Diktatur, in welcher Form auch immer, ist verboten.

(2) Hiergegen verstoßende Gesetzesanträge gelangen nicht zur Abstimmung, gleichwohl beschlossene Gesetze nicht zur Ausfertigung. Trotzdem verkündete Gesetze sind nicht zu befolgen.

(3) Auch dieser Artikel selbst kann nicht Gegenstand einer Verfassungsänderung sein.

Übergangsbestimmungen

Artikel 151

(1) Hessen wird alle Maßnahmen, die es auf Gebieten trifft, für welche die deutsche Republik die Zuständigkeit beanspruchen könnte, unter den Grundsatz stellen, daß die gesamtdeutsche Einheit zu wahren ist.

(2) Vor allem wird es die bestehende Rechtseinheit nicht ohne zwingenden Grund antasten. Ob ein zwingender Grund vorliegt, entscheidet das Gesetz.

Artikel 152

(1) Bis zur Bildung einer gesetzgebenden Körperschaft für die Deutsche Republik kann die Regierung mit anderen deutschen Regierungen vereinbaren, daß für bestimmte Teile des Rechts eine einheitliche Gesetzgebung geschaffen wird, die der endgültigen gesamtdeutschen Einheit kein Hindernis bereiten darf.

(2) Solche Vereinbarungen bedürfen der Zustimmung des Landtags. Sie müssen vorsehen, daß die gesetzgebende Gewalt auf ein Organ übertragen wird, das mittelbar oder unmittelbar aus demokratischen Wahlen hervorgegangen ist. Gesetze, die von diesen Organen beschlossen werden, binden das Land Hessen nur, wenn sie dieser Verfassung nicht zuwiderlaufen.

Artikel 153

(1) Die Zuständigkeiten zwischen der Deutschen Republik und Hessen sind von einer deutschen Nationalversammlung, die vom ganzen deutschen Volk zu wählen ist, verfassungsmäßig abzugrenzen.

(2) Künftiges Recht der Deutschen Republik bricht Landesrecht.

Artikel 154

Inländer im Sinne gesetzlicher Bestimmungen sind alle Angehörigen der deutschen Länder. Inland ist das gesamte Gebiet dieser Länder.

Artikel 155

Es bleibt vorbehalten, durch ein Verfassungsgesetz nach Artikel 123 Abs. 2 in das Verfahren der Gesetzgebung ein weiteres aus demokratischen Wahlen hervorgehendes Organ einzuschalten.

Artikel 156

(1) Bis Zum Erlaß des im Artikel 56 Abs. 7 vorgesehenen Gesetzes bleibt es im Schulwesen bei dem derzeitigen tatsächlichen Zustand.

(2) Vorbehalten bleibt lediglich, die Verhältnisse, die am 30. Januar 1933 bestanden und nachher abgeändert worden sind, wiederherzustellen, wenn die Mehrheit der Erziehungsberechtigten im Schulbezirk es wünscht. Im übrigen darf an dem derzeitigen Zustand bis zum 1. Januar 1950 auch durch Gesetz nichts geändert werden. Die Umgestaltung des Bildungsganges wird hierdurch nicht berührt.

Artikel 157

(1) Gesetze, die aus Anlaß der gegenwärtigen Notlage ergangen sind oder noch ergehen werden, können unerläßliche Eingriffe in die folgenden Grundrechte zulassen:

a) in das Grundrecht der Freizügigkeit nach Artikel 6,

b) in das Recht nach Artikel 8 im Rahmen einer Wohnungszwangswirtschaft,

c) in das Recht auf freien Gebrauch der Arbeitskraft nach dem Artikel 28 Abs. 2 in Verbindung mit Artikel 2 im Rahmen von Notdienstpflichtgesetzen,

d) in das Recht auf den Gebrauch des Eigentums im Rahmen von Gesetzen zur Milderung des Mangels an Gegenständen des täglichen Bedarfs.

(2) Die im ersten Absatz zugelassenen Beschränkungen der Grundrechte fallen mit dem 31. Dezember 1950 weg. Mit mehr als der Hälfte der gesetzlichen Zahl seiner Mitglieder kann der Landtag diese Frist verlängern.

Artikel 158

Die verfassungsmäßigen Freiheiten und Rechte können nicht den Bestimmungen entgegengehalten werden, die ergangen sind oder vor dem 1. Januar 1949 noch ergehen werden, um den Nationalsozialismus und den Militarismus zu überwinden und das von ihm verschuldete Unrecht wieder gut zu machen.

Artikel 159

Der vom Kontrollrat für Deutschland und von der Militärregierung für ihre Anordnungen nach Völker- und Kriegsrecht beanspruchte Vorrang vor dieser Verfassung, den verfassungsmäßig erlassenen Gesetzen und sonstigem deutschem Recht bleibt unberührt.

Artikel 160

(1) Diese Verfassung tritt mit ihrer Annahme durch das Volk in Kraft. Gleichzeitig tritt das Staatsgrundgesetz vom 22. November 1945 außer Kraft.

(2) Die zu dieser Zeit die Staatsgeschäfte führende Landesregierung gilt bis zur Bildung einer neuen Regierung als geschäftsführende Regierung im Sinne des Artikels 113 Abs. 3 dieser Verfassung, der Hauptausschuß der Verfassungberatenden Landesversammlung als Ausschuß im Sinne des Artikel 93.

(3) Die am Tage der Annahme dieser Verfassung durch das Volk gewählten Abgeordneten bilden den ersten Landtag im Sinne dieser Verfassung.

Artikel 161[7]

Artikel 138 in der Fassung vom 20. März 1991 gilt erstmals für die nächste seinem Inkrafttreten folgende Kommunalwahlperiode. Die erforderlichen Übergangsregelungen trifft der Gesetzgeber.

Vorstehende Verfassung ist am 1. Dezember 1946 in der Volksabstimmung angenommen worden, mit ihrer Annahme durch das Volk in Kraft getreten und wird hiermit verkündet.
Wiesbaden, den 11. Dezember 1946.

Die Landesregierung
Geiler
Hilpert Häring
Zinnkann Oskar Müller
Dr. Schramm Binder
Zinn

[7] Art. 161 angefügt durch Gesetz vom 20. März 1991 (GVBl. I S. 102).

Autorenverzeichnis

Avenarius, Dr. Hermann, Universitätsprofessor	Deutsches Institut für Internationale Pädagogische Forschung, Frankfurt am Main
Bachmann, Ulrich, Referatsleiter	Hessisches Ministerium für Umwelt, Energie, Jugend, Familie und Gesundheit, Wiesbaden
Bothe, Dr. Michael, Universitätsprofessor	Johann Wolfgang Goethe-Universität, Frankfurt am Main
Bryde, Dr. Brun-Otto, Universitätsprofessor	Justus-Liebig-Universität, Gießen
Denninger, Dr. Erhard, Universitätsprofessor	Johann Wolfgang Goethe-Universität, Frankfurt am Main
Engelhardt, Dr. Hanns, Richter am Bundesgerichtshof a.D.	Karlsruhe
Franz, Dr. Eckhart G., Professor, Ltd. Archivdirektor des Hessischen Staatsarchivs Darmstadt a.D.	Darmstadt
Friedrich, Dr. Ottmar, Präsident des Hessischen Verwaltungsgerichtshofs a.D.	Wiesbaden
Frotscher, Dr. Werner, Universitätsprofessor	Philipps-Universität, Marburg
Gornig, Dr. Gilbert, Universitätsprofessor	Philipps-Universität, Marburg
Groß, Dr. Rolf, Ministerialdirigent	Hessisches Ministerium für Wirtschaft, Verkehr und Landesentwicklung, Wiesbaden
Hendler, Dr. Reinhard, Universitätsprofessor	Universität Regensburg
Höfling, Dr. Wolfram, Prof., M.A., Universitätsprofessor	Justus-Liebig-Universität, Gießen
Jobs, Thorsten A., Regierungsrat z.A., wiss. Mitarbeiter	Justus-Liebig-Universität, Gießen

Koenig, Dr. Christian, Universitätsprofessor	Philipps-Universität, Marburg
Lange, Dr. Klaus, Universitätsprofessor, Präsident des Staatsgerichtshofs des Landes Hessen	Justus-Liebig-Universität, Gießen
Polley, Dr. Rainer, Professor, Archivdirektor	Archivschule Marburg
Reitzmann, Claudia, Regierungsoberrätin	Hessischer Landtag, Wiesbaden
Richter, Dr. Ingo, Professor, Direktor des Deutschen Jugendinstituts	Deutsches Jugendinstitut, München
Schmidt, Dr. Walter, Universitätsprofessor	Johann Wolfgang Goethe-Universität, Frankfurt am Main
Steinberg, Dr. Rudolf, Universitätsprofessor, Mitglied des Thüringer Verfassungsgerichtshofs	Johann Wolfgang Goethe-Universität, Frankfurt am Main
Volkmann, Uwe, wiss. Assistent	Philipps-Universität, Marburg
Zuleeg, Dr. Manfred, Universitätsprofessor, Richter am Europäischen Gerichtshof a.D.	Johann Wolfgang Goethe-Universität, Frankfurt am Main
v. Zezschwitz, Dr. Friedrich, Universitätsprofessor, Richter am Hessichen Verwaltungsgerichtshof	Justus-Liebig-Universität, Gießen

SPRINGER NATURE

GPSR Compliance

The European Union's (EU) General Product Safety Regulation (GPSR) is a set of rules that requires consumer products to be safe and our obligations to ensure this.

If you have any concerns about our products, you can contact us on ProductSafety@springernature.com

In case Publisher is established outside the EU, the EU authorized representative is:

Springer Nature Customer Service Center GmbH
Europaplatz 3
69115 Heidelberg, Germany

FSC
www.fsc.org
MIX
Papier | Fördert gute Waldnutzung
FSC® C083411

Kolibri 360 GmbH
Ferdinand-Jühlke-Straße 7
99095 Erfurt, Deutschland
produktsicherheit@kolibri360.de